GESCHICHTE
DER FREIEN REICHSSTADT
NORDHAUSEN

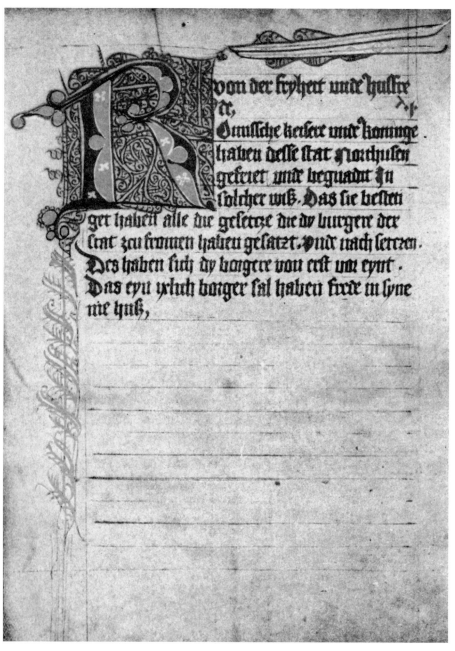

Blatt aus der Statutensammlung der Stadt Nordhausen vom Jahre 1350. Anfang des 1. Buches, Paragraph 1: Von der fryheit unde husfrede.

Pergament im Stadtarchiv.

DAS TAUSENDJÄHRIGE NORDHAUSEN

Hans Silberborth

GESCHICHTE DER FREIEN REICHSSTADT NORDHAUSEN

Herausgegeben vom
Stadtarchiv Nordhausen

Geiger-Verlag, Horb am Neckar
1997

Umschlagbild:
Ansicht der Stadt Nordhausen. Titelkupfer aus: Historische Nachrichten von der Kayserl. und des Heil. Röm. Reichs Freyen Stadt Nordhausen (von Fr. Christian Lesser), Frankfurt und Leipzig 1740, gestochen von Mentzel, Leipzig.

ISBN 3-89570-288-9

Alle Rechte bei der Stadtverwaltung Nordhausen
1. Auflage 1997
GD 0752 04 7 TB
Gesamtherstellung: Geigerdruck GmbH, 72160 Horb am Neckar

Gedruckt auf 100% chlorfrei gebleichtem Papier.

Vorwort der Ausgabe 1997

Im Jahr der Jahrtausendfeier 1927 bescherte die Stadtverwaltung der Bürgerschaft ein Geschenk, dessen Wert erst nach Jahrzehnten voll gewürdigt wurde: „Das tausendjährige Nordhausen", zwei reich illustrierte Bände mit zusammen 1282 Seiten. Darin hat Studienrat Dr. Silberborth die Geschichte der Freien Reichsstadt Nordhausen (bis 1802) geschrieben. Stadtarchivar Hermann Heineck behandelte die Stadtgeschichte von 1802 bis zum Ersten Weltkrieg, und Oberbürgermeister i.R. Dr. Contag versuchte eine Darstellung der Kriegs- und Nachkriegszeit. Mehrere Aufsätze – von Pfarrer Riemenschneider über die alte Heinrichsburg, von Mittelschullehrer Heinrich Heine über die Geschichte des Theaters und der Musik in Nordhausen und vom Museumsdirektor Dr. August Stolberg und Dr. ing. Friedrich Stolberg über Nordhausens Kunst- und Baudenkmäler – ergänzen das Werk in wertvoller Weise.

Von den drei erstgenannten geschichtlichen Darstellungen erfüllt die Behandlung der Zeit von 1802 bis 1927 nicht die Anforderungen, die wir an eine Stadtgeschichte stellen müssen. Die lobenden Worte in Rezensionen – das „Jahrbuch der Historischen Kommission für die Provinz Sachsen und für Anhalt" nennt das Jahrtausendwerk „nicht nur eine schöne Jubiläumsausgabe, sondern auch auf Generationen hinaus maßgebend für die Forschung" – gelten daher vor allem der „Geschichte der Freien Reichsstadt" von Hans Silberborth.

In den 45 Jahren zwischen der Zerstörung der Stadt und der Wiedervereinigung unseres Vaterlandes im Jahre 1990 war „der Silberborth" ein gefragter antiquarischer Artikel, galt bei den Älteren und allen stadtgeschichtlich Interessierten als **das** Standardwerk der Nordhäuser Geschichtsschreibung und fungierte auch inoffiziell als Nachschlagewerk selbst in den Amtsstuben.

Auch Dr. Hans Silberborth (1887–1949) war ein Kind seiner Zeit, wie wir an so manch einer kommentierenden oder aktualisierenden Äußerung feststellen, die auf den heutigen Leser befremdend wirken mag. Dennoch – das unmittelbar aus den Quellen geschöpfte Werk mit seiner anschaulichen, höchst lebendigen Sprache verdient es, durch einen Nachdruck einem größeren Leserkreis zugänglich gemacht zu werden, zumal durch Kriegsverluste ein Teil der Quellen für die Forschung verloren ist.

Offenkundige Druckfehler der Ausgabe von 1927 sind stillschweigend korrigiert worden. Der Inhalt selbst blieb unverändert.

Die Stadtverwaltung nimmt die 1070-Jahr-Feier des Jahres 1997 zum Anlaß, das verdienstvolle Geschichtswerk in moderner Gestalt herauszugeben. Möge es zu einem tieferen Verständnis der Geschichte unserer Stadt und somit auch ihrer gegenwärtigen Probleme beitragen!

Dr. Peter Kuhlbrodt

Vorwort
der Ausgabe 1927

Als sich im Sommer des Jahres 1925 die Stadt Nordhausen entschlossen hatte, die Feier ihres tausendjährigen Bestehens im Jahre 1927 zu begehen, lag der Gedanke nahe, zu diesem Jubelfeste ein Werk zu veröffentlichen, das einen Rückblick über den ganzen ungeheuren Zeitraum gewährte. Mir wurde dabei die Aufgabe zugedacht, eine Geschichte der Freien Reichsstadt Nordhausen zu schreiben. Da ich damals nach dreijährigem Bemühen gerade vor dem Abschluß einer Verfassungsgeschichte der Stadt Nordhausen stand, durch die ich in die innenpolitische Struktur und die rechtlichen Verhältnisse der Stadt genauen Einblick gewonnen hatte, glaubte ich den Versuch einer allgemeinen Geschichte wagen zu können. Aber trotz einiger Vertrautheit mit einem Teilgebiete Nordhäuser Lebens mußte ich doch bald bemerken, daß sich bei meinem neuen Werke Schwierigkeiten über Schwierigkeiten auftürmten. Denn abgesehen von den gedruckten Chroniken Lessers und Förstemanns sowie einiger handschriftlichen Aufzeichnungen aus dem 17. und 18. Jahrhundert, z.B. Frommanns und Filters, waren bisher trotz der eifrigen Forschertätigkeit besonders Julius Schmidts, Karl Meyers und Hermann Heinecks – um von anderen tüchtigen Forschern zu schweigen – nur einzelne Bausteine zu einer Stadtgeschichte geliefert worden. Vor allem machte sich der Mangel eines Urkundenbuches empfindlich bemerkbar. Dazu kam, daß ganze große Gebiete wie die des sozialen und wirtschaftlichen Lebens überhaupt kaum berührt waren. Manche Verhältnisse ferner, die schon den Blick auf sich gelenkt hatten, mußten ein ganz anderes Aussehen in dem Augenblick gewinnen, wo sie in die Gesamtheit historischen Geschehens mit allen seinen Bedingtheiten hineingestellt wurden. Überhaupt machte sich der fühlbare Mangel bei diesem ersten Versuch, eine umfassende Geschichte Nordhausens zu schreiben, dadurch geltend, daß, auch nicht für eine noch so kurze Spanne Zeit, das Leben und Werden der Stadt in allen seinen Äußerungen und Wechselwirkungen dargestellt, vorlag. Alles das hat natürlich Inhalt, Form und Arbeitsweise beeinflußt. Dennoch glaube ich, daß meine Geschichte der Freien Reichsstadt Nordhausen durch Gewinnung neuer Gesichtspunkte zur Grundlage für weitere Forschungen dienen kann, hoffe auch, daß durch meine Arbeit die Kenntnis vom Wesen und Wachsen des deutschen Bürgertums gefördert ist, und wünsche endlich, daß trotz aller Mängel, die diesem ersten Versuche anhaften müssen, ein rundes Bild voll mannigfaltigen und doch übersichtlichen Geschehens entstanden ist. Wenn aber dadurch zur Jahrtausendfeier der Stadt Nordhausen weitere Kreise in dieser Geschichte ihrer Heimat sich selbst, ihre Gewohnheiten, ihre Gedanken, ihrer Strebungen, gute und böse, große und kleine wiedererkennen, wenn sie, freilich durch den zeitlichen Abstand und durch die Bedeutsamkeit des Objekts geläutert und verklärt, in der Geschichte ihrer Vaterstadt auch manche Züge unserer Zeit und des augenblicklichen Zustandes unseres Gemeinwesens wiederfinden, wenn sie schließlich selbst in der dürftigen Geschichte einer kleinen Reichsstadt einen Hauch von der Gebundenheit und Tragik menschlichen Geschicks und doch auch von der Größe und Nachwirkung menschlicher Leistungen verspüren, dann sieht der Verfasser sein Ziel erreicht und freut sich, durch sein Werk der Stadt gedient und gedankt zu haben, die er als seine zweite, ihm längst liebgewordene Heimat bezeichnen kann.

Nordhausen, im März 1927

Dr. Silberborth

Inhalt

Abschnitt I.

Nordhausens Geschichte von den ältesten Zeiten bis zur Entstehung des mittelalterlichen städtischen Gemeinwesens 1–37

Kapitel 1. *Nordhausen in der fränkischen Zeit* 3–8
Die vorgermanische Zeit. Die Germanen in der Aue und am Südrande des Harzes 3. Die Thüringer; ihre Besiegung 531 4. Die fränkische Herrschaft, Karl der Große 4. Bildung des Helmegaues 4. Christianisierung 4. Die fränkischen Reichshöfe 5. Ableitung der Anlage von Altnordhausen aus den geographischen Verhältnissen 6. Die Natur der ältesten Siedlung 7.

Kapitel 2. *Die Entstehung der sächsischen Burg Nordhausen; die Schicksale des Gemeinwesens bis zum Jahre 1220* 9–37
Die Liudolfinger in Sachsen 9. Ihre Besitzungen am Südrande des Harzes 9. Anlage von Sicherheitsplätzen. Entstehung der Burg Nordhausen 10. Zeit der Erbauung, Lage der Burg 11. Ausstattung der Burg. Die Nordhäuser Flur 13. Art der Burganlagen. Der Markt zu Nordhausen 16. Gründung eines Nonnenstifts 20. Heinrichs I. Verhältnis zu Nordhausen 21. Mathilde 22. Nordhausen in der Zeit der letzten Ottonen 24. Die Salier und Nordhausen 25. Die Erweiterung der Stadt 27. Nordhausen im Besitze des Nonnenstifts 28. Nordhausens Eroberung im Jahre 1180 28. Dom und Frauenbergskirche 30. Allmähliche Auflösung der rein agrarwirtschaftlichen Verhältnisse 35. – Anhang: *castrum, locus, civitas, villa* 36.

Abschnitt II.

Nordhausen unter der Herrschaft der Geschlechter 39–171

Kapitel 3. *Nordhausen in der Zeit des Übergangs vom Feudalismus zum Bürgertum 1220–1290*. 41–71
Schlimme Lage des Nonnenstifts 41. Umwandlung des Nonnenstifts in ein Domherrnstift 42. Besitz und Verfassung des Stifts 43. Rechtliche und politische Lage der Reichsstadt Nordhausen 45. Siegel Nordhausens 46. Eingemeindung des Hagen; Blasii-Viertel 47. Klettenberg und Honstein in ihrem Verhältnis zu Nordhausen 47. Thüringen und Anhalt in ihrem Verhältnis zu Nordhausen 48. Die Verfassung Nordhausens; der Vogt 50;

der Schultheiß 52. Die Bürgerschaft 56. Schöffenkollegium 57. Das Marktrecht 58. Wirtschaftliche Verhältnisse 58. Das Ratskollegium 59. Stadtrecht 61. Die vornehmen Geschlechter 61. Äußere Lage der Stadt 62. Turnier zu Nordhausen 65. Befestigung der bürgerlichen Herrschaft 67. Nordhausen und Rudolf von Habsburg 68.

Kapitel 4. *Nordhausens erste Blütezeit unter der Herrschaft der Geschlechter* 72–147
Rudolf von Habsburgs Privileg vom Jahre 1290 72. Adolfs von Nassau Kriegszüge in Thüringen 74. Verpfändungen Nordhausens 75. Die Statuten des 14. Jahrhunderts 77. Die Reichsbeamten in Nordhausen; der Vogt 77; der Schultheiß 78. Die Verwaltung der Stadt durch den Rat 83: Das Rathaus 84. Tendenz der älteren Statuten, Charakter der gefreundten Geschlechter 85. Rat und Marktrecht; Marktfriede 86. Münze und Maße 89. Mittelstandspolitik 91. Vorrechte der Regierenden 92. Die fremden Händler in Nordhausen 93. Die Handwerker, Gewerbepolizei, Mitwirkung der Zünfte 94. Tagelöhner und Dienstboten 95. Die Nordhäuser als Ackerbauer 96. Die städtische Kämmerei 98. Sitten- und Baupolizei 98. Verteidigung der Stadt 100. Die Beamten der Stadt 101. Die Stadtflur 102. Die Befestigungsanlagen 106. Gebäude innerhalb der Stadt 110. Ilfelder, Walkenrieder, Sittichenbacher Hof 113. Kirchen- und Klostergut; Altendorfer Kloster; Frauenberger Kloster 115. Einstellung der Stadt zu den Erwerbungen der Kirche 118. Ernsthafter Konflikt zwischen Kirche und Stadt 121. Tendenzen der Zeit 122. Allgemeine Lage; Bündnis zwischen Erfurt, Mühlhausen und Nordhausen 127. Die Honsteiner 128. Der Kampf um das Thüringer Erbe; Beteiligung Nordhausens dabei 129. Kleinere Fehden 131. Versuch, die Stadt zu erstürmen, vom Jahre 1329 134. Das Spendefest 135. Verquickung innerer und äußerer Wirren 136. Verhältnis zum Kaiser; Kämpfe mit Honstein 139. Nordhausen und das Kloster Himmelgarten 141. Das Pestjahr 1348. Die Juden in Nordhausen; Judenverfolgung 143. Stellung der Stadt zum Kaiser und zu Thüringen 145. Ausgang und Würdigung 146.

Kapitel 5. *Der Kampf der Zünfte gegen die Geschlechter* 148–171
Allgemeine innenpolitische Lage in Nordhausen. Die Verhältnisse treiben zur Revolution 148. Fehde Nordhausens mit Kindelbrück an der Seite des Grafen von Beichlingen 149. Fehde mit Braunschweig-Grubenhagen 150. Fehde mit Braunschweig-Göttingen. Belagerung des Hansteins 151. Zwist mit Kaiser Karl IV. Endliche Beilegung desselben. Privilegien vom Jahre 1368

152. Ausdehnung der Herrschaft Thüringens 153. Thüringische Fehde um Kurmainz 153. Fehde Nordhausens mit Honstein 154. Datierung der Fehde, Bau der Schnabelsburg 155. Heringens und Kelbras Eroberung 156. Vertrag 156. Gütererwerb in Salza und am Kohnstein 157. Eigensüchtige Politik der Geschlechter 158. Eingemeindung der Neustadt 159. Die Wahlen zum Ratskollegium. Verschiebung innerhalb desselben während des 14. Jahrhunderts 160. Ständekämpfe 165. Die Revolution vom Jahre 1375 166. Neue Verfassung 167.

Abschnitt III.
Nordhausen in der Zeit des ausgehenden Mittelalters 173–289

Kapitel 6. *Nordhausens innere und äußere Politik im 15. Jahrhundert* 175–221
Allgemeine Tendenzen 175. Nachwirkungen der Revolution: die Torbaums, die Junges 176. Das Heilige Römische Reich 177. Bündnispolitik Nordhausens; Erfurt, Mühlhausen, Nordhausen 178. Bündnis mit den Städten am Nordrande des Harzes 179. Nordhausen und die Hanse 179. Prinzipielles über Dienstverträge, Bündnisse und Schutzverträge im Mittelalter 181. Nordhausen und die Kaiser 182. Die Fehden des 15. Jahrhunderts; Charakter der Außenpolitik Nordhausens 182. Unternehmen gegen Katlenburg 183. Nordhäuser Hauptleute 183. Fehdeansagung; Anlaß dazu 184. Fehde gegen die Herren von Schwichelde 186. Fehde gegen Grafen Dietrich von Honstein-Heringen 186. Heerfahrt gegen den Hanstein 189. Der Berchtenkrieg 189. Nordhausen und die heimliche Feme 192. Hussitenkriege 194. Bruderkrieg in Sachsen 1446–1451 196. Bestrafung von Raubrittern 197. Nordhausens Auseinandersetzungen mit Stolberg 198. Nordhausens Auseinandersetzungen mit Honstein-Klettenberg. Die Nordhäuser Vogtei 205. Das Schultheißenamt 214. Reichseinheit, Reichswehrmacht, Reichsrecht 219.

Kapitel 7. *Das Nordhäuser Innungswesen* 222–259
Die Handwerker im frühen Mittelalter; geschlossene Hauswirtschaft 222. Geschlossene Stadtwirtschaft. Einfluß der Kaufleute auf die Bildung der Innungen aus politischen und wirtschaftlichen Gründen; Auseinandersetzung mit von Below und Keutgen 223. Eigenart mittelalterlichen Gewerbes 225. Ratsfähige und nichtratsfähige Innungen 226. Rechtliche Stellung im Staate; der Schultheiß, der Rat und seine Stellung zu den Innungen 226. Wirtschaftliche Befugnisse der Innungen innerhalb des Staates 227. Verfassung der Innungen, Statuten, Siegel, Innungshaus 239. Wohnungen und Verkaufsstände der einzelnen Innungen

240. Geschlossene und offene Innungen 241. Zusammenschluß verschiedener Innungen 242. Spaltungen aus wirtschaftlichen Gründen; Kämpfe zwischen wesensverwandten Innungen 243. Übertritte aus einer Innung in eine andere 244. Kastengeist 244. Lehrlinge 244. Gesellen, Gesellenprüfungen 247. Die Meister; das innere Leben der Innung 251. Lebensgemeinschaft, Feste, Merwigslindenfest 255. Bruderschaften 257. Die wehrhafte Innung 258. Würdigung 259.

Kapitel 8. *Soziale und kulturelle Strömungen zu Nordhausen im Ausgang des Mittelalters*. 260–289
Allgemeine Tendenzen 260. Einwohnerzahl 260. Erwerbung des Bürgerrechts 261. Bürgerstolz; Verschwinden des „adligen" Von 261. Gerichtszeichen; der Roland 262. Befestigungen, Geschütze, Wehrhaftigkeit der Bürger. Söldner 263. Wirtschaftliche Bedingtheiten. Getreide, Bier, Salz, Wolle. Die Märkte von Mühlhausen und Querfurt 265. Der Farbstoff des Waid 266. Heringe 267. Braunschweig und Leipzig 267. Stellung der Juden 268. Einfluß der katholischen Kirche auf das gesellschaftliche Leben. Reformationen 268. Geistliches Gericht 269. Kirche und Schule 270. Priester als Rechtsbeistände 270. Geringfügige Abwehr der Stadt gegen die Macht der Kirche 271. Frommer Sinn der Bevölkerung. Vermächtnisse 272. Die Swellingrebels 272. Stiftung von Hospitälern: Georgsstift, St. Cyriaci, Martini, Elisabeth 273. Korporationen und Bruderschaften 276. Die Pfeil- und Schützenbruderschaft 277. Schützenfeste 278. Turniere 279. Verkehr Nordhausens mit adligen Herrn 280. Geselliges bürgerliches Leben, Mahlzeiten und Hochzeiten 282. Unterhaltungen bei Festen 282. Kleidung 283. Lockere Sitten 284. Bäder 284. Verbildungen des Gefühlslebens, die Geißlergesellschaften 285. Kunstwerke 287. Ausklang 289.

Abschnitt IV.
Nordhausen im Zeitalter der Reformation und der Religionskriege 291–433

Kapitel 9. *Humanismus und Reformation in Nordhausen* 293–341
Humanismus und Reformation 293. Erfurts und Wittenbergs Bedeutung für Nordhausen 293. Bildungsdrang 294. Bedeutende Männer in Nordhausen, die Ernst, Jakob Hoffmann, Erasmus Schmidt, Apollo Wiegand, Georg Wilde 294. Michael Meyenburg als Humanist 296. Humanisten und Reformatoren bei Meyenburg zu Gast 296. Johann Huter, Prior des Himmelgarten 301. Wolf von Rabyl, Lorenz Süße, Johann Spangenberg als Humanisten 302. Johann-Gigas, Cyriakus Spangenberg, Sieg-

fried Sack 303. Michael Neander, Blasilius Faber, Johannes Thal 303. Charakter der Zeit weniger humanistisch als religiös; Luther – Erasmus 305. Nordhausen und die katholische Kirche 307. Lutherische Unterströmungen unter der humanistischen Hauptströmung in Nordhausen 308. Blasius' Michels kleine Gemeinde 308. Woher kamen die Anregungen zur Reformation in Nordhausen? Franz Günther und Justus Jonas 308. Lorenz Süße 308. Die Reformation im Kampfe mit dem Humanismus; Mißtrauen der regierenden Kreise gegen die Reformation 309. Erste evangelische Predigt 309. Widerstand des Domstifts, erst daher Begünstigung der Reformation durch den Rat 310. Die deutschen Reichsstädte und ihre Einstellung zu religiösen Beeinflussung Nordhausens 310. Johann Spangenbergs Berufung zum Prediger an St. Blasii; sein Charakter 311. Ausbreitung der Reformation in Nordhausen, besonders Gewinnung der Nikolaikirche 312. Bauernaufstand, die Bewegung in Nordthüringen, vor allem im Honsteinschen 315. Luther in Nordhausen 317. Aufstand der Hintersättler in Nordhausen 317. Hilflosigkeit des Rates 319. Die Schlacht von Frankenhausen, die Reaktion 320. Unverständliche und kurzsichtige Haltung des Rates 321. Nicht Hemmung, sondern Förderung der Reformation durch den Bauernkrieg; Kostbarkeiten, Klostergut, Verfall der Klöster 322. Nordhausens Klostergüter 323. Politische Machtvermehrung des Rates durch den Aufstand 324. Michael Meyenburg als Begünstiger der Reformation 325. Lage im Reich günstig für die Reformation. Türkennot 325. Der katholische Herzog Georg von Sachsen 326. Johann Spangenbergs reformatorische Tätigkeit; Gründung der evangelischen Schule zu Nordhausen 326. Nordhausen und der Schmalkaldische Bund; Hemmungen bei Nordhausen 328. Türkenkrieg; Nordhäuser Bürger in Ungarn 329. Weitere Erfolge des Protestantismus in den dreißiger Jahren 329. Feldzug gegen Herzog Heinrich von Braunschweig 330. Mühlhausen protestantisch 330. Das Nordhäuser Kreuzstift im 16. Jahrhundert 331. Ilfelder Hof 336. Walkenrieder Hof 336. Michael Meyenburgs Politik; seine Stellung zur Wirtschaft; die Juden in Nordhausen 338. Johannes Spangenberg und Michael Meyenburg 340. Die Nachbarn Nordhausens evangelisch: Mühlhausen, Walkenried, die Grafschaft Honstein, Ständeversammlung zu Walkenried 340. Ausklang 341.

Kapitel 10. *Epigonen* 342–361

Die politische Lage in Deutschland um 1545 342. Der Schmalkaldische Krieg; Nordhausen und seine Stellung zum siegreichen Kaiser 343. Augsburger Interim und Beschickung des Tridentiner Konzils 344. Nordhausen und die Belagerung Magdeburgs 347. Meyenburgs Politik und die Nordhäuser Theologen; interimistischer Streit 347. Kriegerische Ereignisse; Moritz von Sachsen und Albrecht Alcibiades 349. Theologische Streitigkeiten in Nordhausen; der adiaphoristische Streit; der Majoristische Streit; de tertio usu legis 351. Antonius Otto und Fabricius 353. Anstellung und Abschaffung eines Superintendenten 356. Grumbachsche Händel 357. Ablehnung der Konkordienformel für Nordhausen, das corpus Julium 358. Der Calvinismus in Nordhausen 359. Die Schulgesetze von 1583 360. Organisation der evangelischen Kirche in Nordhausen 360.

Kapitel 11. *Die rechtlichen, wirtschaftlichen und sozialen Verhältnisse Nordhausens im Zeitalter der Reformation und der Religionskriege* 362–405
Nordhausen im Verbande des Reiches; seine Stellung zu Obersachsen und Niedersachsen 362. Die Vogtei im 16. und 17. Jahrhundert 365. Das Schultheißenamt 367. Nordhausen und das Heereswesen 370. Die Befestigung der Stadt 371. Landerwerb im Westen der Stadt 372. Himmelgarten und Stempeda im Besitze Nordhausens 373. Das Kirchhofholz und anderes Gelände 375. Brände 376. Finanzielle Notlage der Stadt 379. Das Nordhäuser Rathaus im 16. und 17. Jahrhundert 380. Anlegung von Brunnen und Wasserleitungen 380. Wirtschaftliche Depression; das Braugewerbe 381. Anfänge der Brennerei 383. Bergbau 385. Stiftungen 386. Vermächtnisse an Kirchen 387. Soziale Haltung in Nordhausen 388. Sittliche Verwilderung 388. Pestzeiten 389. Mandate gegen die sinkende Moral 390. Verwilderte Jugend 391. Nordhäuser Strafprozesse vom 16. bis 18. Jahrhundert 392.

Kapitel 12. *Nordhausen im Dreißigjährigen Kriege* 406–433
Gegenreformation; die Vorboten des Krieges 406. Heinrich IV. von Frankreich und Nordhausen 406. Bedrohung von Reichsstädten; Teilnahmslosigkeit Nordhausens 407. Beginn des Krieges. Reformationsfest 1617 408. Der Niedersächsische Kreis und seine Ansprüche an Nordhausen 408. Münzverschlechterung; die Schuld des Nordhäuser Rates 409. Die Kriegszeit bis 1626 413. Bandenwesen, Harzschützen 416. Schloß Honstein sinkt in Trümmer 417. Wendung zum Schlimmeren in der Lage der Protestanten 418. Eingreifen der Schweden; ihr Verhältnis zu Nordhausen 419. Nordhausen zu einseitiger Stellungnahme gezwungen 420. Verpflegung der Soldaten 422. Nordhausen von Ober- und Niedersachsen zu Kriegssteuern herangezogen 423. Friedenssehnsucht; Separatfriede von Prag 424. Die vier

bösesten Kriegsjahre für Nordhausen 1636–1639 425. Bessere Verhältnisse seit 1640. Vermittlung in Mühlhausen, Rektor Girbert, Brauordnung 428. Charakter der letzten Kriegsjahre unter schwedischem Regiment 430. Der Friede und seine Rückwirkung auf Nordhausen 431. Das Friedensfest 432.

Abschnitt V.
Die letzten 150 Jahre Freie Reichsstadt 435–581

Kapitel 13. *Verfallserscheinungen* 437–481
Die Lage des Reiches, die erstarkte Fürstenmacht 437. Erfurt, Mühlhausen, Nordhausen im 17. Jahrhundert. Stellung Nordhausens zu Kaiser und Reich; Huldigungen 438. Die Reichstage und die Städte 438. Tagungen des Niedersächsischen Kreises 439. Schützenkompagnie 440. Revision der Nordhäuser Statuten 441. Ratsverordnungen 441. Sitte und Kleidung 442. Tabakgenuß 443. Blüte des geistigen Lebens 443. Legate 445. Die Pest von 1681 bis 1682 445. Die Brände von 1686, 1710, 1712; Feuerordnungen 447. Außenpolitische Verhältnisse des Reiches 451. Der 3. Raubkrieg; Türkenkrieg 451. Ansprüche Brandenburgs auf Nordhausen 452. Sachsen verkauft Vogtei und Schulzenamt über Nordhausen an Brandenburg 453. Besetzung Nordhausens durch Preußen 455. Die Jahre der Besetzung, innere und äußere Wirren 456. Verkauf der Reichsämter von Preußen an Nordhausen 459. Korrupte Verhältnisse innerhalb Nordhausens 460. Das Wahlstatut vom 2. Januar 1627 462. Einkünfte und Bestechungen; Ratswahlen 463. Frommanns Vergehen 467. Das Spiel während der preußischen Besatzung 468. Allgemeines über Staatsformen 470. Chilian Volkmar Riemann und Franz Filter als Gegner des alten Regiments. Eingreifen des Reichskammergerichts. Beschwerdeschrift 471. Riemann wird Bürgermeister. Umsturz der alten Verhältnisse 474. Gewissenlosigkeiten im 18. Jahrhundert 478. Die Verhältnisse vom Standpunkt ihrer Zeit aus 481.

Kapitel 14. *Nordhausen vor 200 Jahren. Ein ziemlich barockes Kapitel* 482–524
Querschnitt durch das Kulturleben Nordhausens um 1730 482. Der „Hammer" auf dem Bielenrasen 483. Der Galgen vor dem Bielentore; Aberglaube der Zeit 484. Neue Befestigungen 485. Der Schützengraben, die Seilerbahn, Töpfertor, Töpferteich, alter Armbrustschützengraben 486. Der Geiersberg 486. Entstehung des Geheges 487. Altendorfer Kirche, Gasthaus zum Lorbeerbaum 488. Zorge, Schurzfell 489. Rotleimmühle, Salzburger Emigranten 490. Die Bleiche 491. Das Verhältnis der Stadt zum

Domkapitel 492. Der Teichdamm, Rektor Meier, die Einbürgerung des Tabakgenusses 494. Siechentor-, Sundhäuser-, Grimmelbrücke 495. Die Straßen Nordhausens, Pflasterung 496. Der Aar oder „Vogel", die Rautenstraße, Brunnen 497. Broihanhaus, alte Wage, Schandpfahl, Trillhäuschen auf dem Kornmarkte 498. Botanischer Garten 499. Weinkeller 499. Der Roland 500. Das Rathaus 501. Nikolaikirche, der Hausmann 503. Gottlieb Schröter 503. Das Waisenhaus 504. Schauspiele um 1730 506. Unterhaltung der Bürger, Straßenbeleuchtung 511. Gasthäuser in Nordhausen 511. Privatleben 513. Lesser, das Geistesleben der Zeit, Lessers Werk 515.

Kapitel 15. *Nordhausen in der zweiten Hälfte des 18. Jahrhunderts; der Verlust Reichsfreiheit.* 525–581
Das Verhältnis der Stadt zu Kaiser und Reich 525. Bürgerstolz 526. Einwohnerzahl 527. Tüchtige Männer in Nordhausen 528. Das Schulwesen, insbesondere die Mädchenschule 529. Armenfürsorge 530. Unduldsamkeit auf religiösem Gebiete; Entstehung der Loge 531. Die lutherische Kirche 531. Verkehrsverhältnisse und Postwesen 532. Industrien 534. Vertrieb der Bodenprodukte 535. Brauindustrie 536. Branntweinbrennerei 538. Viehhandel 542. Holzverbrauch, Kohle 543. Stärkefabrikation, Tabakindustrie 544. Wein 545. Verfassung und Verwaltung der Stadt 545. Innerpolitischer Hader; Johann Andreas Sigismund Wilde 551. Außenpolitische Lage in der ersten Hälfte des 18. Jahrhunderts; Konflikte mit Preußen; Nordhausen im Siebenjährigen Kriege 560. Der Fall Wilde-Liebenrodt 574. Nordhausen im Zeitalter der französischen Revolution; Verlust der Reichsfreiheit 575. Ausklang 579.

Tafel der Jahreszahlen 582–607

Orts- und Personenverzeichnis 608

Abschnitt I.

Nordhausens Geschichte von den ältesten Zeiten bis zur Entstehung des mittelalterlichen städtischen Gemeinwesens.

Kapitel 1.

Nordhausen in der fränkischen Zeit.

Undurchdringliche Waldgebiete und Sümpfe schieden im ersten Jahrtausend vor Christi Geburt die in der norddeutschen Tiefebene sitzenden Germanen von den die deutschen Mittelgebirge beherrschenden Kelten. Volcae, die Welschen, hießen diese Kelten, die ihre Ansiedlungen bis an die Grenze germanischer Stämme, bis in unsere damals so unwirtlichen Gegenden vorgeschoben hatten. Doch dann, seit dem Beginn des dritten Jahrhunderts vor Christi Geburt, setzten sich die Germanen auch in den Besitz der Landschaften zwischen dem Harze und dem Thüringer Walde. Kein Stein, kein Buch, kein Sang meldet von jenen heldischen Kämpfen, die damals wahrscheinlich um manches Fischerdorf auf Pfahlrosten, um manche Solquelle, um manche Wallburg durchgefochten worden sind, bis allmählich das weite Land bis an den Main und Rhein von germanischen Stämmen erobert war.

So ward in den letzten Jahrhunderten vor unserer Zeitrechnung auch das ganze Gebiet zwischen Harz und Hainleite, Saale und Leine germanisch. [1]

Wanderung auf Wanderung, Zusammenschluß und Trennung, Ansiedlung und Vertilgung erfolgten dann innerhalb der germanischen Stämme in den nächsten Jahrhunderten unaufhörlich. Die Cherusker scheinen auf unsere heimischen Gaue von Einfluß gewesen zu sein, die Duren werden sie lange Zeit besiedelt haben. Dann ergreift diese unbezwinglich der Wandertrieb; in die Öden rücken neue Stämme ein und verschmelzen mit den Resten der früheren Bewohner. So gelangen die Angeln und Warnen von Norden, vielleicht auch die Heruler von der Ostseeküste her in das Land zwischen Harz und Thüringer Waldgebirge und bilden schließlich im fünften Jahrhundert nach Christi Geburt den Hauptbestand-

---

[1] Arnold, Ansiedlung und Wanderungen germ. Stämme. Kossina, Die vorgeschichtliche Ausbreitung der Germanen in Deutschland; Spr. u. Lit. 20. Kluge in Pauls Grundriß der germ. Philologie I, 302 ff. Vergl. Meyer-Rackwitz, Der Helmegau, 46, 48 ff. - Von Ausgrabungen, die Nordh. Bürger vorgenommen haben, seien die von Perschmann und Arnold und in jüngster Zeit von Rausch am Solberge bei der Numburg angeführt.

teil des Thüringer Reiches. Dieses aber wird nach kurzer Blüte von den Franken und einer Schar Sachsen zerschlagen.

Es war im Jahre 531, wo eine der großen Tragödien, wie wir sie als Ausklang der germanischen Völkerwanderung mehrfach antreffen, ihren Abschluß fand durch den Untergang des Thüringer Reiches. Die Nachkommen des fränkischen Königs Chlodwig hatten die blutige Eroberungspolitik des Vaters fortgesetzt, und ihren Angriffen war Thüringen zum Opfer gefallen. 9000 Mann aus dem jugendfrischen Volke der Sachsen hatten den Franken bei der Unterwerfung geholfen. Auf diese Weise kam das Thüringer Land, abgesehen von kleineren Teilen zwischen Bode und Unstrut, welche die Franken den Sachsen überließen, an das Merowinger Reich. Seit diesen Tagen waren auch die Lande zwischen Harz und Hainleite, waren auch die heimischen Gaue, der Helmegau und der Zorgegau, in fränkischem Besitz. [2]

Das Ereignis vom Jahre 531 durchzuckt wie ein grelles Wetter das Dunkel, das sonst über den Jahrhunderten nach der Völkerwanderung lagert. Eine gewaltige Zeitspanne von 250 Jahren sollte wiederum vergehen, bis sich nach Zertrümmerung der antiken Welt bei dem ganz allmählichen Heranblühen einer neuen, germanischen Kultur auch für diesen östlichen Grenzstrich des Frankenlandes die geschichtliche Überlieferung einfindet.

Alles was damals am Ausgang des 8. Jahrhunderts in der westeuropäischen Welt entstand und geschaffen ward, knüpft sich an den Namen des großen Karl. Der ungeheure Wille dieses einen Mannes zwang die jugendlichen Völker und Staatsgebilde vom Tiber bis zur Eider zusammen und legte ihnen Ordnung und Gesittung auf. Damit kolonisierte die Tatkraft und der Machtwille dieses Mannes auch jene Gebiete, die heute so recht eigentlich im Mittelpunkte unseres deutschen Vaterlandes liegen. Gewaltige Einöden, Wälder und Sümpfe durchdrang die rastlose Tätigkeit des Herrschers, und sein schaffensfreudiges und scharf zupackendes Eintreten für das Christentum und die Kulturgüter seiner Zeit schweißte die germanischen Völkerschaften zusammen. Es war eine Kolonisationsarbeit, wie sie nur die ganz großen Männer der Geschichte geleistet haben: Pompeius im östlichen Kleinasien und Palästina, Cecil Rhodes im Kapland und Südafrika, stark zugleich und doch gezügelt durch eine seelische Haltung und ein inneres Gleichmaß, wie es Peter dem Großen fehlte und das vorhanden sein muß, um Dauerndes zu erreichen.

Mit dem Beginn des großen Sachsenkrieges im Jahre 772 war Karl darangegangen, durch Anlage von Sicherheitsplätzen und Heerstraßen in den östlichen Gebieten seines Reiches einen festen Ring um Sachsen zu legen, der dazu beitragen sollte, das Eroberte zu sichern und ihn selbst vor Rückschlägen zu bewahren. Zugleich verlangte eine geordnete Verwaltung eine Übersicht über alle Ländereien und deshalb eine Vermessung und Abgrenzung der einzelnen Besitztitel. So kamen denn in den siebziger Jahren des 8. Jahrhunderts die Marken-

---

2 Schmidt, Die Hermunduren, Hist. Vierteljahrsschrift 3. Devrient, Angeln und Warnen; Neue Jahrb. für d. klass. Altertum 7. Größler, Der Sturz des Thüringischen Königreiches; Zeitschr. des Vereins für Thür. Gesch. 11. Größler, Neues über den Sturz ...; ebenda 14. Jacobs, Gesch. der Provinz Sachsen.

scheider Karls des Großen in die Gegend des Helmetales, teilten nach fränkischem Brauch die Fluren in Hufen zu 30 Morgen ein, sonderten ein Zehntel allen Landes als Königsgut aus und erklärten Ödländer und Grenzstreifen als Eigentum des Reiches. Aus dem Gebiet der Goldenen Aue und den Südharzer Landschaften um Thyra und Wieda herum wurde der Helmegau gebildet. Sein Name ist seit 802 bezeugt. Durch die vermessenen Flächen aber zogen sich nach und nach die Heerstraßen zur Sicherung der neu gewonnenen und aufgeteilten Gebiete. Auf diese Weise wurde die Gegend südlich des Harzgebietes allmählich dem festgefügten Staatsgebilde der Franken einverleibt. Aus dem bloßen Anspruch der alten Merowinger hatte sich die militärische und verwaltungstechnische Besitzergreifung entwickelt, diese war die Vorarbeit für die wirkliche politische Einbeziehung, und endlich folgte die kulturelle und wirtschaftliche Durchdringung des Landes.

Nur von der Eroberung durch das Schwert reden die Quellen, kein Buch meldet die geistige Eroberung durch das Christentum. Winfried Bonifacius ist sicher nicht bis in unsere Gegenden gelangt, doch sein Schüler Wigbert verkündete schon am Ostrande der Aue in Riestedt und Allstedt das neue Heil. Das war in den siebziger Jahren des 8. Jahrhunderts, und um diese Zeit müssen auch unsere Landschaften zum ersten Male von der Erlösung der Welt durch den am Kreuze Verblichenen gehört haben.

Dann aber wurden Mittelpunkte des militärisch-politischen, des wirtschaftlichen und schließlich auch des geistigen Lebens die an strategisch und ökonomisch wichtigen Punkten angelegten Reichshöfe und die in ihrer unmittelbaren Nähe entstehenden bäuerlichen Siedlungen. Die Reichshöfe wurden mit einem königlichen Vasallen und einer Reihe unter seinem Befehl stehenden fränkischen Mannen besetzt, die zum Kriegsdienst zu Fuß verpflichtet, zu gleicher Zeit aber Bauern waren, welche aus den vermessenen Ländereien ihre Königshufe zur Bestellung empfangen hatten. Unterworfene Wenden und teilweise Sachsen dienten als hörige Knechte. Die wegen der günstigen geographischen Lage oder wegen des Schutz versprechenden Reichshofes entstehenden Kolonistendörfer aber erhielten ihre Bevölkerung zumeist aus der nächsten Umgebung, zuweilen wohl auch aus ferneren Landstrichen, wie Hessen und Rheinfranken, deren Auswanderer sich in den neu gewonnenen Gebieten günstigere Lebensbedingungen versprachen, als die ihrigen daheim es waren. So entstand auch die fränkische Siedlung Altnordhausen am Fuße des Frauenberges zwischen den Jahren 780 und 790.[3]

Leicht ist einzusehen, weshalb gerade hier ein Reichshof mit einer Siedlung emporwuchs. Die Gegend baut sich meistens aus leicht und sanft gewellten Buntsandsteinen auf. Gerade da aber, wo der Reichshof Nordhausen angelegt wurde, beginnt gegen Osten hin bis Roßla und, etwas schmaler werdend, bis gegen Sangerhausen eine tiefere, mit Sumpfland gefüllte Senke, die heutige

---

3 Förstemann, Chronik der Stadt Nordhausen. Karl Meyer, Das fränkische Reichsdorf Nordhausen, Festschrift 1910. Vergl. auch Meyer-Rackwitz, Der Helmegau.

Goldene Aue. Nordhausen und einige Kilometer südlich davon Sundhausen liegen auf dem Riegel, der im Westen die Riede und Sümpfe der Goldenen Aue abschloß. Wer von Norden nach Süden wanderte, war, um festen Boden unter den Füßen zu haben, auf die Straße aus Richtung Sondershausen-Sundhausen-Nordhausen oder Schernberg-Straußberg-Rüxleben angewiesen und traf im Osten erst wieder jenseits Roßla auf ähnliche Verhältnisse. Ebenso empfahl sich die Lage von Nordhausen und Sundhausen zur Belegung mit Reichshöfen auch für die west-östliche Orientierung. Durch den Schwemmlandboden der Aue, durch den heute die Eisenbahn und teilweise auch die Landstraße nach Cassel führt, war in jenen frühen Zeiten die Anlage von Heerstraßen unmöglich. Sie führten einstmals bei so sumpfigem Gelände immer an den Abdachungen und letzten Ausläufern der die Niederungen begleitenden Hügel entlang. Deshalb erscheinen zwar von Nordhausen nach Westen hin auf leicht zu überwindendem Terrain eine ganze Reihe von strahlenförmig auseinanderlaufenden Verkehrsstraßen, sie sammeln sich aber in Nordhausen, um nordwärts die undurchschreitbare Goldene Aue zu umgehen. Am deutlichsten sichtbar wird diese Art der Anlage bei der alten Heerstraße von Nordhausen über Bielen, Urbach, Görsbach, die sich ständig nördlich der heutigen Chaussee hält und bei der besonders der nach Norden ausweichende Bogen von Görsbach nach Bösenrode außerordentlich instruktiv ist, weil er zeigt, daß bei Berga, durch welches heute die Landstraße geht, sumpfiges Gelände umgangen werden mußte. Ob diese Straße, wie Karl Meyer will, erst von den sächsischen Königen angelegt worden oder ob sie schon in fränkischer Zeit entstanden ist, bleibe dahingestellt. Hier handelt es sich in erster Linie darum, an welche Beschaffenheit des Geländes die Straßen gebunden waren.

Aber auch die südlich die Aue umgehende Straße hält sich an den Abhängen der Berge, indem sie von Sundhausen über Uthleben, Heringen, Auleben, Numburg nach Kelbra führt.

Durch die Erklärung der Entstehung Nordhausens aus den geographischen Verhältnissen werden jedoch weitere wichtige Einzelentscheidungen bei der Anlage der Siedlung Nordhausen und vieler anderer Niederlassungen jener Zeit erhellt. K. Meyer hat in seinem lichtvollen Schriftchen über das fränkische Reichsdorf Nordhausen mit Recht darauf hingewiesen, daß Altnordhausen auf drei künstlich geschaffenen Terrassen angelegt sei, und da er bei anderen fränkischen Siedlungen eine ähnliche Anlage findet, so folgert er richtig daraus, daß „diese künstliche Terrassenanlage als eine den auf oder an Anhöhen belegenen fränkischen Anlagen angehörige Eigentümlichkeit angesprochen werden müsse". In der Tat waren die fränkischen Siedler gezwungen, ihre an Berghängen liegenden Ortschaften zu stufen; und wiederum an die Abhänge mußten sie ihre Siedlungen legen, weil diese an die an der Berglehne entlangführende Straße gebunden waren.

Aber noch eine zweite, selbst heute noch wichtige Anlage Nordhausens verdankt den geographischen Verhältnissen ihre Entstehung schon in der alten fränkischen Zeit: der Mühlgraben.

An Berghängen gibt es nur da, wo etwa Schichtquellen zu Tage treten, Wasser; im allgemeinen sind sie wasserarm. Bäche und Flußläufe, die imstande sind, Mühlen zu treiben, sind, längs der Anhöhe fließend, naturgemäß überhaupt nicht vorhanden. Für jede Siedlung ist aber Wasser und ein Wasserlauf unerläßlich. Unten im Tale der Zorge oder Helme, wo man Wasser hatte, war die Anlage der Ortschaft unmöglich; denn ganz abgesehen davon, daß eine Befestigung schwierig war, empfahlen auch die häufig übertretenden, Schlamm und Schotter mit sich führenden Flüsse, die stehenbleibenden Altwässer und Teiche, die Anlage innerhalb des Talbodens nicht. Wollte man also die vortreffliche Lage an der Berglehne nicht aufgeben, so blieb nichts weiter übrig, als einen künstlichen Graben so nahe wie möglich an die Ortschaft heranzuführen. So entstand der 5 Kilometer lange Mühlgraben, der ständig den Fuß der Höhenzüge begleitet und direkt unterhalb des Reichshofes hindurchführt. Hierher wurde auch die Mühle, die den fränkischen Reichshof mit Mehl versah, gelegt; es ist die heutige Klostermühle.[4]

Zwischen dem Mühlgraben im Süden und der Heerstraße nach Görsbach-Wallhausen im Norden lag der fränkische Reichshof mit seinem Herrenhause, den Wirtschaftshöfen, dem Wachthügel und der Kapelle an der Abdachung des heutigen Frauenberges. Zum Schutze des Reichshofes war im Norden und Westen wahrscheinlich eine Mauer aufgeführt, im Süden schützte der Mühlgraben, im Osten ein tiefer, künstlicher Graben die Anlage.

Auf dem Gelände bei und südlich der heutigen Frauenbergkirche bis an den Mühlgraben stand also einstmals der alte Reichshof, der den Namen Nordhausen bekam.

Östlich an ihn, durch den künstlichen Graben von ihm getrennt, schloß sich, wie Meyer gezeigt hat, der sogenannte Garthof an, eine mit Obstbäumen bestandene Wiese, zu deren Schutze abermals im Osten und wohl auch im Norden Gräben gezogen waren, während sie im Westen durch Reichshof und Reichsdorf, im Süden durch den Mühlgraben gedeckt war. Der Garthof findet sich auch bei anderen fränkischen Siedlungen und diente zur Unterbringung und als Lagerplatz für größere Truppenverbände, die im Reichshofe selbst nicht Platz finden konnten. Ob dieser Heerlagerplatz nur vom Mühlgraben bis an die heutige Sangerhäuser Straße reichte, wie es mir wahrscheinlich ist, oder ob er sich bis an die heutige Schützenstraße erstreckte, wie K. Meyer nachzuweisen versucht, steht dahin und ist auch ziemlich belanglos.

Nördlich des Reichshofes schließlich entstanden an der heutigen Frauenberger Stiege und der Lichtengasse eine Reihe von Siedlerhäusern, deren Bewohner z.T. eingesessene Bauern waren, die aber auch, wie wir aus Karls Kapitulare erfahren, von fränkischen Handwerkern, Schmieden, Schustern, Zimmerern, Schilderern, Fischern und Bäckern bewohnt gewesen sein müssen. Ja, selbst geübte Techniker aus dem Frankenlande waren darunter, die den Mühlgraben anlegten und Wassermühlen zu bauen verstanden.

---

4 Daß der Mühlgraben eine fränkische Anlage ist, hat zum ersten Male gezeigt: P. Höfer, Die Frankenherrschaft in den Harzlandschaften, Zeitschr. des Harzvereins, 1907, 147. Allerdings bestimmt Höfer die fränkische Siedlung falsch.

Da für diese Ortschaft und den Reichshof aus einer sehr frühen Zeit der Stadtgeschichte Nordhausens der Name Altnordhausen bezeugt ist, der offenbar gebildet wurde, als jüngere Bestandteile der Gesamtanlage den Namen der ersten Siedlung übernahmen, da ferner gerade südlich die ebenso unzweifelhaft fränkische Siedlung Sundhausen dem alten Nordhausen entspricht, so wird die fränkische Anlage schon um 790 den Namen Nordhausen geführt haben. In so frühe Zeit muß die Entstehung des Namens zurückverlegt werden. Dagegen hat sich aus diesem ersten Nordhausen nicht die spätere Stadt entwickelt, sondern diese hat erst später aus Ermangelung eines besseren von der alten, nahegelegenen Ortschaft den Namen entlehnt und jener selbst nun den Namen Alden Nordhusen, Altnordhausen, gegeben.

Kapitel 2

Die Entstehung der sächsischen Burg Nordhausen; die Schicksale des Gemeinwesens bis zum Jahre 1220.

Die Verlagerung des Schwerpunktes der Reichspolitik unter den Nachfolgern Karls des Großen nach Westen hin, an den Rhein und an die Maaß, hatte zur Folge, daß abermals mehr als ein Jahrhundert vergehen sollte, ohne daß gesicherte Nachrichten von den Landschaften am Südrande des Harzes auf uns gekommen sind. Diese spätere Karolingerzeit war friedlos im Innern, und von außen her wurde das Reich verheert von Normannen und Ungarn. In diesen Nöten, bei denen die Zentralgewalt und deshalb auch die fränkische Beamtenschaft versagten, erinnerten sich die bedrängten deutschen Stämme an ihre alten bewährten und berühmten Geschlechter, die zum Teil schon vor der Zeit, wo Pippin und Karl der Große sie unter ihren gewaltigen Willen gebeugt hatten, die Führer ihrer Stämme gestellt und als Herzöge die Geschicke ihrer Völker bestimmt hatten. So gelangten die berühmtesten Geschlechter in ihren heimatlichen Gauen wieder zu fast uneingeschränkter Macht, und es bildeten sich die deutschen Herzogtümer, die freilich nun, da ein wenn auch lockeres Band die Deutschen zu einer Einheit zusammenhielt, von ganz anderer Bedeutung sein sollten als die einstigen voneinander gesonderten heidnischen Volksstämme. Am kräftigsten und bewußtesten hatten sich die Herzogtümer der Baiern und Sachsen herausgebildet.

Bei den Sachsen war es das Geschlecht der Liudolfinger, das die Herzogswürde, so gut wie unabhängig vom fränkischen Könige, bekleidete. Schon Karl der Große hatte diesem edlen Geschlechte, das schon zu seiner Zeit am Mittellauf der Weser reich begütert war, karolingische Königsgüter nördlich und südlich des Harzes zur Bewirtschaftung übergeben. Zu diesen Besitzungen gehörten Tilleda, Wallhausen, Berga, Nordhausen, Duderstadt, Grona. Von hier aus hatte gegen Ausgang des 9. Jahrhunderts Otto der Erlauchte aus diesem Geschlechte der

Liudolfinger auf eigene Faust seine Herrschaft auch über Thüringen ausgedehnt und hier durch sein Eingreifen das Erstarken eines einzigen Geschlechtes gehindert, so daß es zu der Bildung eines Herzogtums Thüringen nicht kommen konnte. Verschiedene mächtige Geschlechter befehdeten sich innerhalb Thüringens, dieser oder jener Häuptling legte sich auch wohl den Titel eines Herzogs bei, tatsächlich aber bestand ein völliges Chaos, das Otto schließlich benutzte, die Herrschaft der Sachsen bis weit nach Süden hin in die Thüringer Lande auszudehnen.

Seitdem erforderte der Osten und Süden des Herzogtums Sachsen von seinem Beherrscher eine erhöhte Tätigkeit. Denn hier bot sich die beste Gelegenheit, das Herrschaftsgebiet gegen die Slaven auszudehnen. Merseburg und Magdeburg im äußersten Osten Sachsens wurden wichtigste Stützpunkte. Im Süden galt es aber vor allem die Anstürme der Ungarn von den Kerngauen der Sachsen fernzuhalten. Zu diesem Zwecke entstanden an den Grenzen nach den neu gewonnenen thüringischen Gebieten hin eine ganze Reihe von festen Plätzen.

Die Anlage dieser Sicherungen gegen feindliche Einbrüche nahm schon nicht mehr Otto der Erlauchte vor, sondern sein Sohn Heinrich, der spätestens seit 908, seitdem der mächtigste Stammeshäuptling der Thüringer Burchard bei einem Ungarneinfall den Tod gefunden hatte, vom Vater mit der Verwaltung der südlich des Harzes liegenden Landstriche betraut war. Damit war er auch Herr der alten Reichsgüter in diesen Gegenden geworden, und Sitze wie Memleben und Pöhlde, dann auch Duderstadt, Grona und Nordhausen behielt er aus diesen ersten Jahren seiner Herrschertätigkeit besonders lieb.

So entstand denn auf altem, fränkischem Reichsboden als Schutz gegen die Ungarn auch die Burg Nordhausen. Eine Burg, keine Stadt gründete Heinrich. Aber im Gegensatz zu dem alten, befestigten fränkischen Reichshofe, an dessen Nordseite sich nur ein paar elende Bauernköten befanden, sollte diese neue sächsische Burg der Stützpunkt für eine Marktansiedlung werden, die sich dann im Laufe der Jahrhunderte eine eigene Obrigkeit und ein eigenes Recht schuf und die damit allmählich eine Stadtgemcinde wurde. In diesem Sinne war mit der Gründung der Burg Nordhausen durch Heinrich I. auch die Stadt Nordhausen gegründet worden.

Nicht nur der alte, schon seit Jahren seinem Geschlecht gehörige Reichsboden hatte Heinrich veranlaßt, neben dem Reichsdorfe eine Burg zu bauen, sondern in erster Linie bestimmte auch ihn, wie einst die fränkischen Königsmannen, die geographische Lage dazu. Denn hier, an dieser Stelle eine Burg deckte ebenso wie der alte Reichshof wichtige Heerstraßen, konnte aber zugleich, wohlgesichert auf einer Anhöhe gelegen, selbst mit großer Übermacht erfolgenden feindlichen Anstürmen trotzen.

Damit die Wahl Nordhausens für eine Burganlage verständlich wird, müssen wir zunächst wieder die Gegend betrachten, wie sie sich damals um das Jahr 900 dem Auge Heinrichs darstellte.

Die aus leicht zerstörbarem Schotter bestehenden Hänge waren unbewaldet. Dünne Grasnarbe und Heidekraut, hie und da ein Dornstrauch oder eine Hecke bildeten die Vegetation. Oben auf der Hochfläche, wo die jäh vom Südhange herunterrauschenden Sturzbäche nach Gewitterregen oder bei der Schneeschmelze die Ackerkrume nicht mehr fortreißen konnten, fanden sich unberührte Waldungen oder Heidekrautflächen. Uralte Namen wie der Hain-oder Hagenberg für den ganzen Bergrücken von der heutigen Blasiikirche bis an die Schöne Aussicht oder das Dachloch für die niedrige Anhöhe zwischen den heutigen Ziegeleien im Osten der Stadt und der Kuckucksmühle weisen auf den Waldbestand der Gegend hin. Auf der Anhöhe des Hagenberges ging schon in ältesten Zeiten ein Triftweg entlang, die Wegelande auf dem Hain, der im Jahre 1868 den Namen Präsidentenweg erhalten hat. Kleinere Waldflecken dieses einst großen Bestandes erhielten sich bis ins 18. Jahrhundert hinein, so ein Wäldchen am Südabhange des Gumpetals an der Petersdorfer Landstraße und das Kirchhofholz unter dem Harz-Rigi. Andere Hänge und Hügel wiederum müssen nur mit Heidekraut bewachsen gewesen sein, wie der Heidelberg, die östliche Fortsetzung des Kuhberges. [5]

Der vegetationsarme Südhang des letzten Höhenrückens nach der Aue zu war von Wasserrunsen tief durchfurcht. Eine von diesen, in der die heutige Rautenstraße emporführt, sollte für die neue Burganlage von besonderer Bedeutung werden. Unten im Zorgetale schützten Teiche und Altwässer, sozusagen als Außenbefestigungen, den ganzen Hügel.

Wenn man auf diesem weit ins Flachland vorspringenden Schotterkegel eine Burg baute, mußte damit ein Luginsland gewonnen sein, der das Auge weithin über die ganze Aueniederung bis fernhin im Süden nach dem Steilrand der Hainleite schweifen ließ, und den in der Umgebung Wohnenden konnte die Burg bei nahender Gefahr eine sichere Zuflucht bieten. – Diese Lage bestimmte Heinrich zum Bau einer Burg etwa 800 Meter westlich vom alten fränkischen Reichsdörfchen Nordhausen.

Durchaus einwandfrei hat K. Meyer die Zeit der Burganlage zwischen 908 und 915 bestimmt. Vor 908 entfaltete nämlich Heinrich kaum eine größere Tätigkeit in Thüringen, und 915 wurde seine Tochter Gerberga wahrscheinlich in der Burg Nordhausen geboren. Damals bestand sie also vermutlich schon einige Jahre. Nimmt man ferner als ziemlich sicher an, daß Heinrich noch während der Zeit, wo ihm als Kronprinz nur eine Teilaufgabe, die Sicherung der Südgrenze Sachsens, anvertraut war, die Gegend gegen die Ungarneinfälle durch den Bau von Burgen geschützt hat, so kann man die Entstehung Nordhausens auf die Zeit zwischen 908 und 912 einschränken. Denn 912 starb Otto der Erlauchte, und Heinrich übernahm als Herzog die Regentschaft über ganz Sachsen. Also um 910 muß die Burg Nordhausen erbaut worden sein. Von einem Marktorte oder gar von einer Stadt war natürlich noch gar nicht die Rede.

Mit sicherem Blick hat Meyer auch die Lage der Burg sowie der Kirche, Gehöfte und Wohnhäuser im Schutze ihrer Mauern bestimmt. Als Anlage für eine Burg empfahl sich in erster Linie der westliche Steilrand des Hügels. Von

---
5 Meyer, Die Nordhäuser Stadtflur, in Festschrift der Nordh. Geschichts- u. Altertumsvereins, 1920

Westen her war die Burg unangreifbar. An dieser Westkante stieg von Süden her der Hügel am heutigen Primariusgraben zunächst etwa 30 Meter steil an, dann wölbte er sich weiterhin ganz flach empor bis zu dem Platze, auf dem heute der Dom steht, und senkte sich von dort nach Norden erst allmählich, dann ziemlich steil hinab zur heutigen Elisabethstraße. Auf dem höchsten Buckel der ganzen Erhebung, ein wenig südlich vom heutigen Dom, muß die Burg Heinrichs gestanden haben. Allerdings wird die Burg nicht, wie Meyer will, auf dem Raume zwischen der Wassertreppe und der Kranichstraße beschränkt gewesen sein. Wenn heute noch das südlichste der drei Häuser, die hier stehen, die Finkenburg heißt und Meyer diesen Namen in Zusammenhang mit Heinrich I., dem Finkler, bringt, so ist das mit aller Vorsicht aufzunehmen, da erst das spätere Mittelalter von der Sage des Finklers weiß. Doch das ist nebensächlich gegenüber der Frage, ob nicht die Burganlage über die Kranichstraße hinweg nach Norden gereicht hat bis auf das heutige Domgrundstück hinauf. Es sind ganz bestimmte Anzeichen vorhanden, die es sehr wahrscheinlich machen, daß das Gebäude der heutigen Loge und auch das des heutigen Doms bis an den nördlichen Steilabfall zur Elisabethstraße herab noch mit zum Burgraume gehörten. 1180 heißt es ausdrücklich *castrum Northusen et monasterium in eo situm igne consumtum est*, die Burg Nordhausen und das Münster in ihr wurden vom Feuer verzehrt. Erst auf dem Logengelände wird ferner der höchste Punkt der ganzen Erhebung erreicht, und Heinrich wird ihn in die Burganlage einbezogen haben; das Gelände nördlich davon, das leicht nach Norden abfällt, wird 962 *suburbium* genannt und auf ihm ein Nonnenstift errichtet. *Suburbium* kann aber nicht mit Meyer als Vorburg übersetzt werden, sondern *suburbium* ist der Raum unterhalb der Burg. Und endlich, dicht neben dem Dom stand früher als Turm der Stadtbefestigung der „Kaiserturm", und Jahrhunderte lang hat sich im Volke die Kenntnis fortgepflanzt, daß diese Stelle zur alten Kaiserburg gehörte.

Die Heinrichsburg stand also auf dem Raume zwischen der Wassertreppe und dem heutigen Dome. Wenn man vom Süden her kam, überschritt man vielleicht auf einer Zugbrücke einen Graben an der Wassertreppe. Dann gelangte man in die eigentliche Burg, deren stärkste Befestigung wahrscheinlich auf dem heutigen Logengelände gestanden hat. Von dieser Burg durch Befestigungsanlagen getrennt, aber durch einen weiteren, vielleicht nicht so starken Mauerbering geschützt, folgte dann „*in suburbio*" das Münster, das auf dem Boden des heutigen Doms gelegen haben muß. Das Domgelände wiederum reichte über die heute noch vorhandenen Reste der nördlichen Dommauer hinaus, die den Dom heute von der Knabenmittelschule trennen. Auf diesem nördlichsten Raume der ganzen Anlage fanden nach dem Jahre 962 die Klosteranlagen des Frauenstifts ihren Platz. [6]

Nach Osten hin war die Burg nur durch Mauern von der ziemlich ebenen Hochfläche getrennt. Doch gehörten zu der Gesamtanlage noch weitere Gehöfte

---

6 Meyer, Der Gründer und die Gründungszeit der Stadt Nordhausen, Festschr. 1910, 24 ff. – Eingehende, bisher noch unveröffentliche und deshalb hier nicht benutzte Untersuchungen hat in jüngster Zeit Pfarrer Riemenschneider angestellt.

außerhalb der Burgmauern. Südlich der Burg am westlichen Steilrande entlang bis an die Kutteltreppe und damit bis an den Südabfall zogen sich Wohnhäuser für Hörige, Stallungen und Höfe, und an der Südwestecke auf dem heutigen Königshofe selbst lag als stattlichstes Gebäude der Herrensitz, der eigentliche Wirtschaftshof, in welchem der Gutsverwalter wohnte und der auch wahrscheinlich den König und seine Familie aufnahm, wenn er in Nordhausen weilte. Hier auf bequemem Gutshofe und nicht in der Burg war die Residenz der Könige, wenn sie in Nordhausen einkehrten.

Neben der Burg und den Wirtschaftshöfen siedelten sich bald einige freie Kaufleute an, die für die Bedürfnisse der ziemlich großen Anlage sorgten und im Schutze der Burg ihrem Gewerbe nachgingen.

Diese Wirtschaftshöfe und diese kleine Kaufmannssiedlung wurde in den Jahren 910 bis 962 durch Gräben, Lehmwälle und Palisaden gegen Überfälle einigermaßen gesichert. West- und Südseite waren ja auf natürliche Weise durch die Steilabhänge geschützt, im übrigen benutzte man die durch Regenfälle in den Steilhängen geschaffenen Schluchten und schuf sie zu künstlichen Befestigungen um. Die Hauptrunse, die den Südharz tief einkerbte, kam die heutige Rautenstraße herab. Die Rautenstraße war also einst der Graben, der die Siedlung Heinrichs I. und Ottos I. gegen Osten schützte. Nach Norden ging eine kleine und kurze Schlucht die heutige Barfüßerstraße hinab, und auch diese wurde zu Befestigungen benutzt. So war nur die Strecke vom Südpunkte der Barfüßerstraße bis zum heutigen Kornmarkte ungeschützt. Hier hob man in der Straßenzeile der Kranichstraße einen künstlichen Graben aus, führte diesen auch über den heutigen Kornmarkt hinweg und vollendete den Ring der Befestigungen. An der gefährdetsten Stelle, an der Nordostecke, werden besonders starke Palisaden, vielleicht auch schon Steinmauern die Anlage geschützt haben. Die beiden hier parallellaufenden, 3 Meter starken Steinmauern aber, auf die man bei Erdarbeiten gestoßen ist, stammen wahrscheinlich nicht, wie Meyer annimmt, aus dieser frühen Zeit, sondern werden erst nach 1180 aufgeführt worden sein.

Von Westen und Norden und wahrscheinlich auch schon von der Südwestecke her, wo heute die Kutteltreppe die Stadtmauer durchbricht, konnte man auf Fußgängersteigen in die Stadt gelangen. Die eigentliche Fahrstraße aber, die nach der Burgansiedlung emporführte, muß von der alten Heerstraße Nordhausen-Wallhausen abgezweigt sein, vor den Vogel und die Rautenstraße neben dem Wallgraben emporgeführt und über den Graben hinweg in der Richtung des heutigen Marktes nach dem Königshofe und der Burg ihren Weg genommen haben. [7]

Nicht leicht ist die Frage zu lösen, wie König Heinrich seine Burg sowie den Königshof ausstattete, damit die Besatzung und die Insassen des Wirtschaftshofes ihren Lebensunterhalt gewinnen konnten. Trotz aller fehlenden Quellen und trotz Mangelhaftigkeit und Unzuverlässigkeit späterer Zeugnisse muß man sich doch

---

[7] Vgl. H. Heine, Der Name „Rautenstraße". Zeitschrift des Harzvereins 48, 153 ff. Meyer, Der Name „Rautenstraße", 49, 158 ff. Heine, Nochmals der Name "Rautenstraße", 49, 171 ff.

mit diesen Verhältnissen beschäftigen, weil sie für die Entwicklung und die Größe der Stadt und ihrer Flur sowie für die Zuständigkeit der späteren städtischen Behörden von großer Bedeutung sind.

Ohne Zweifel lagen schon bei der Gründung der Burg durch Heinrich eine Reihe von Weilern – Dörfer kann man diese Siedlungen, die aus vielleicht 3 oder 4 Gehöften bestanden haben, kaum nennen – eine Reihe von Weilern rings um die neue Schöpfung des Burgenerbauers herum. Im Tale lag damals das heutige Dorf Salza, zu jener Zeit Obersalza genannt; Salza abwärts, an der östlichen Seite lag der Weiler Niedersalza; noch weiter in der Ebene, zu beiden Seiten des Rodeweges, dicht nördlich der Helme war das Örtchen Niederode, später auch Girbuchsrode genannt, entstanden. Dicht unter der Burg, nordwestlich davon, durch Zorgealtwässer geschützt, lag die Widenburg, d.h. Weidenburg, an die noch heute der Name Wiedigsburg erinnert.[8] Nördlich der Burg Nordhausen in schon welligem Gelände befand sich das Dorf Hohenrode, und am Fuße des Borntals standen 3 oder 4 Häuser von Gumprechtrode.

Vor allem fand Heinrich am Südabhange des Frauenberges das fränkische Dörfchen Nordhausen vor, wahrscheinlich noch immer die stattlichste von allen Siedlungen. Man kann annehmen, daß alle diese Wohnstätten entweder ganz im Besitze des Reiches waren oder wenigstens ihre Fluren größtenteils dem Reiche gehörten. Von Altnordhausen, Obersalza, Niedersalza und Gumprechtrode kann dafür der Nachweis geführt werden.[9] Deshalb war König Heinrich auch in der Lage, seine neue Burg nach Belieben auszustatten und wirtschaftlich sicherzustellen. Er teilte seiner neuen Anlage den größten Teil der Flur Altnordhausen zu, die, soweit hier Vermutungen, nicht Behauptungen, aufgestellt werden können, den ganzen südlichsten Höhenrücken, also etwa von der Rautenstraße im Westen bis an den Roßmannsbach im Osten einnahm und ferner sich vor den Hügeln im Tale zu beiden Seiten der Zorge entlang bis an den heutigen Siechhof und die Wertherstraße erstreckte. Dieses letztere Gebiet im Süden verblieb wahrscheinlich noch dem alten fränkischen Reichshofe, das auf dem Höhenrücken gelegene bekam der neue sächsische Reichshof. Jedenfalls nicht zu Nordhausen gehörte das ganze Gebiet nördlich der Kranich- und Töpferstraße bis gegen die Petersdorfer Grenze hin und auch nicht das Gebiet westlich unter der Burg zu beiden Seiten der Zorge. Sehr groß und sehr wertvoll kann die ursprüngliche Flur Nordhausens also nicht gewesen sein. Das geht auch daraus hervor, daß Friedrich Barbarossa sie im Jahre 1158 dem Heiligen Kreuzstift für zwei Pfund Pfennige überließ, die das Stift aus den Dörfern Bielen und Windehausen bezog. Doch mußten zur Ausstattung und zum Unterhalt der Ritter auf der Burg und im Königshofe noch eine ganze Reihe anderer Dörfer beitragen. Kornzinsen entrichteten unter anderem die Dörfer Bielen, Windehausen, Leimbach, Urbach, Görsbach, Holzlieferungen neben anderen Crimderode, Steinbrücken und Petersdorf, Steine hatten im 14. Jahrhundert anzufahren Sundhausen, Ritterode, Großwerther,

---

8 Schmidt, Bau- und Kunstdenkmäler der Stadt Nordhausen, Halle, Hendel, 1887, 5.
9 Meyer-Rackwitz, Helmegau, 78 ff.

Hesserode, Kleinwechsungen, Hochstedt, Herreden, Hörningen, Steinsee. Das kleine Gumprechtrode am Bornthal leistete später eine geringe Geldabgabe. Reich ausgestattet wurde das später dicht bei der Burg von der Gemahlin Heinrichs, der Königin Mathilde, gegründete Kreuzkloster.[10]

Soweit ist es möglich, mit einiger Sicherheit die Lage der ältesten Burg, des zur Burg gehörenden Wirtschaftshofes, der kleinen Kaufmannssiedlung und des ältesten Flurbesitzes zu bestimmen.

Den Namen des alten fränkischen Reichshofes, mit dessen Flur sie von König Heinrich bedacht worden war, wird die Burg sogleich bei ihrer Gründung um das Jahr 910 angenommen haben, und immer sind seitdem diese beiden Siedlungen, so getrennt sie räumlich lagen und obwohl Altnordhausen nicht in die Befestigungen der neuen Burg einbezogen wurde, als Einheit aufgefaßt worden. Zum ersten Male, und zwar nicht ganz einwandfrei, nur durch sekundäre Quellen bezeugt ist der Name Nordhausen 927, wo am 13. Mai Heinrich I. sein Eigengut in Quedlinburg, Pöhlde, Nordhausen und Duderstadt, dazu die Einkünfte aus den Ortschaften Woffleben und Gudersleben im Zorgegau, seiner Gemahlin Mathilde vermachte.[11]

Den eigentlichen Ausgangspunkt für die Geschichte Nordhausens aber bildet eine Urkunde König Heinrichs aus dem Jahre 929. Am 16. September 929 vermachte nämlich Heinrich I. seiner Gemahlin Mathilde zum einstmaligen Wittum mit allen Einkünften für ihre ganze Lebenszeit seine Erbgüter in Quedlinburg, Pöhlde, Nordhausen, Grona und Duderstadt mit den Burgen daselbst und allem Zubehör dieser Ortschaften, den Hintersassen, Sklaven und Leibeigenen beiderlei Geschlechts.[12]

Was für eine Ansiedlung, mit was für einer Bevölkerung, mit welchen Rechten, mit welchen Aufgaben sehen wir hier vor uns?

Da muß zunächst mit aller Schärfe betont werden, daß Heinrich in Nordhausen nicht etwa eine Stadt erbaut hatte, auch nicht im mittelalterlichen Sinne. Seine Gründung war ein *castrum*, eine Burg, und nichts weiter. Als Besatzung legte Heinrich einige seiner Dienstmannen und ihre Hörigen in die Burg. Wenn Widukind von Corvey berichtet, daß auf Heinrichs Befehl jedesmal der 9. Mann vom Lande in den festen Ort ziehen mußte, so sind damit allein die im Lande verstreut sitzenden Lehnsmannen gemeint, nicht etwa die heerbannpflichtigen Bauern. Schon die dürftige Bevölkerungszahl der Burgen und der Gehöfte am Fuße ihrer Mauern läßt gar nichts anderes zu als die Annahme, daß nur einige adlige Mannen mit ihren Reisigen in die Burgen einzogen. Aber auch der Ausdruck *milites*, den

---

10 Meyer-Rackwitz, Helmegau, 81.
11 Joh. Heinrich Hoffmann, Rerum sive antiquitatum Walkenredensium libri, ed. Leuckfeld: Henrici literae ad annum 927, III. id maii datae (13. Mai 927), in quibus rex assensu filii Ottonis quicquid propriae hereditatis in Quitilingaburg, Palithi, Nordhusae ac Dudersteti habuit, census item in villis Wafilieba et Gudisleibon, sitis in pago Zurega, Mechtildi, coniugi augustae, donavit. Mon. Germ. Dipl. I. Nr. 20, S. 56.
12 Mon. Germ. Dipl. I. S. 55 f. Förstemann, Urkundliche Geschichte der Stadt Nordhausen, 1840, 10 f. Vgl. Meyer, a. a. O., 26.

Widukind gebraucht und der immer den zum Kriegsdienst verpflichteten Ministerialen, nicht den einfachen Bauern bezeichnet, weist darauf hin.

Als Burg allein erfüllte die Neugründung in dem Gürtel der übrigen Befestigungsanlagen, den Heinrich über die Südgrenze seines Herzogtums gegen die Raubzüge der Ungarn geschaffen hatte, ihren Zweck. Als die Ungarn im Jahre 933 sengend und mordend in Thüringen einfielen und ihr westlicher Flügel in dem offenen Tor der Hainleite bei Sondershausen, 20 km südlich von Nordhausen, erschien, da mögen die Feuersignale von den Bergen der Hainleite herab der Nordhäuser Besatzung das Nahen des Hunnengeheuls verkündet haben. Da sind die Bewohner der Umgebung mit Weib und Kind, auf dem Rücken die geringe Habe, in die schützenden Verhaue des Burgorts geströmt, da haben die Hirten ihre Herden durch die Rautenstraße empor in die Umwallung getrieben, da hat der Burgvogt an alle, die nur Waffen tragen konnten, die Waffenvorräte der Burg ausgegeben und die schwachen Palisaden besetzen lassen, da ist er selbst mit seinen Reisigen gen Süden gezogen, um die furchtbaren Feinde abwehren zu helfen. Und als dann die heidnischen Reiterscharen bei Sondershausen zurückgeschlagen waren, und als dann die Kunde kam von dem Siege des Königs am Unstrutried, da mögen Freudenfeste gefeiert sein, und auch die wendischen Knechte und Mägde mögen gute Tage gehabt haben.

Neben der Burg lag allerdings der Wirtschaftshof, *villa*, auch *curtis dominicalis* genannt, dessen Insassen die Bewirtschaftung des Landes übernahmen und für den Unterhalt der Mannen zu sorgen hatten. Auch hier führten, wie in der Burg, Adlige das Regiment.

Im übrigen wurde die kleine Ortschaft von Hörigen und Sklaven, vielleicht auch von einigen freien Bauern des alten fränkischen Reichshofes, die Heinrich zu seiner neuen Anlage emporgezogen hatte, bevölkert. Die Hörigen setzten sich aus den schon auf dem Reichsboden bisher wohnenden Bauern und dem von den Adligen mitgebrachten Gefolge zusammen; Sklaven waren die in Gefangenschaft geratenen und auf den meisten Reichshöfen der Sachsen als Knechte und Mägde dienenden Wenden. Die Bevölkerung war also mit Ausnahme weniger für den täglichen Bedarf arbeitenden Handwerker rein bäuerlich.

Doch alles das hob die ganze Siedlung noch nicht so vom flachen Lande ab, daß man sie als ein Sondergebilde, etwa gar als eine Stadt, betrachten könnte. Dazu waren drei Eigenschaften nötig: die Befestigung nicht nur der Burg, sondern der Gesamtanlage, das Marktrecht und die Herausnahme des Ortes aus der Landgerichtsbarkeit.

Die Befestigung der ganzen Siedlung muß sehr früh, muß schon in den Jahren zwischen 929 und 962 erfolgt sein. Das Wort *civitas*, das bald für unser Nordhausen auftritt, bedeutet im Gegensatz zu *castrum*, der Burg, und *villa*, dem offenen Gutshof und Dorfflecken, die befestigte Ortschaft. Wenn diese Befestigung mit flachem Graben, niedrigem Lehmwall und leicht zerstörbaren Palisaden auch schwach war, – es unterliegt keinem Zweifel, daß in dieser Beziehung sich Nordhausen spätestens bis 962 zu einem anderen Gebilde

Dom und Mauerreste auf dem Boden der alten sächsischen Burganlage.

Carl Schiewek, Phot.

Am Mühlgraben.

entwickelt hatte, als es Dörfer sind. Man kann es in politischer Beziehung seitdem als Stadt ansprechen.

Dennoch zeichnete sich diese bäuerliche Siedlung schon im 10. Jahrhundert nicht bloß durch ihre Befestigung von der Umgebung aus. Die Befestigung, dann aber vor allem auch die günstige geographische Lage, ließen die Ortschaft bald zum Mittelpunkt der ganzen Umgebung werden. Nicht allein der Wille des Königs, der, wie Widukind berichtet, *concilia et omnes conventus atque convivia in urbibus voluit celebrari*, der wünschte, daß alle Versammlungen, Zusammenkünfte und Festgelage in seinen Neugründungen abgehalten würden, – nicht allein der Wille des Königs, sondern auch die natürlichen Verhältnisse bedingten es, daß Versammlungen, Besprechungen, Gerichtstagungen und Festlichkeiten hier abgehalten wurden. Schon früh muß das *placitum generale*, das Generallandthing des mittleren Helmegaues in Nordhausen stattgefunden haben. Dadurch bekam die Ansiedlung erhöhte Bedeutung vor anderen Dörfern. Es blieb nicht dabei, daß die Ortschaft Selbsterzeuger und Selbstverbraucher war, sondern das zeitweilige Zusammenströmen größerer Massen schon verursachte einen lebhafteren Verbrauch, erweckte neue Bedürfnisse und regte den Austausch auch mit außerhalb der Ortschaft erzeugten Produkten an. So entwickelte sich der älteste Tauschhandel mit den umliegenden Dörfern. Flachs bezog man aus Werther, Hopfen aus Rossungen, Wolle von Hohenrode und Kehmstedt.

Auch die Gewerbe bekamen durch den erhöhten Betrieb einen Anreiz. Zunächst waren die Handwerker nur Hörige des Wirtschaftshofes und hatten für diesen alle Gebrauchsgegenstände und Gerätschaften herzustellen. Daß ein so berühmtes und altes Gewerbe wie das der Schmiede erst verhältnismäßig spät erscheint, deutet darauf hin, daß Schmiedearbeit von Hörigen besorgt wurde, die sich in keinem selbständigen Verband zusammenschließen durften. Dagegen konnten in den Zeiten, wo die *conventus, concilia, convivia* in Nordhausen stattfanden, die heimischen Bäcker, Fleischer, Gerber die Nachfrage nicht befriedigen, vielleicht daß man bei solchen Festlichkeiten sich auch mit besonders guten Dingen aufwarten lassen wollte und die heimische Backzunft und Lederbereitung nicht genügte. So wurden fremde Handwerker angelockt, die der Hörigkeit nicht unterworfen waren, und es entstanden als älteste selbständige Gewerbe die der Bäcker, Knochenhauer und Gerber.

Was für die Bedürfnisse der Ortschaft und ihrer Gäste aber die nächste Umgebung nicht liefern konnte, schafften die Händler herbei. Besonders verlangte man feinere Tuche, Kolonialwaren und kleinere Gebrauchsgegenstände, wie Klingen und Messer. Die Tuche brachten die eigentlichen *mercatores*, Kaufleute, später Gewandschnitter genannt, herbei, die anderen Waren die Krämer. Der Jahrmarkt wurde dort abgehalten, wo auf dem an sich hügeligen Boden das Gelände möglichst eben war, also im Nordosten der Siedlung. Bald ließ sich der eine oder andere Kaufmann auch dauernd in der Ortschaft nieder und brachte dadurch ein neues freies Element im Gegensatz zu den bäuerlichen Hörigen des Wirtschaftshofes hinein. Später erbauten diese Händler in nächster Nähe des Marktes, wo sie ihre Waren feilhielten, auch ihre dauernden Verkaufsstände: die *mercatores* gründeten dort ihr Kaufhaus, und die Krämer siedelten sich dicht daneben in der Krämergasse an. Und wenn auch erst das 12. Jahrhundert von *mercimonia* spricht, und wenn auch erst aus dem Jahre 1206 ein Wilhelm der *cremaere* bezeugt ist, – daß die Anfänge dieser Kaufmannssiedlung viel weiter, wahrscheinlich ins 10. Jahrhundert, zurückgehen und daß diese freien Händler sich auch als neuer Stand im Gegensatz zu den Bauern der Wirtschaftshöfe fühlten, zeigt die Gründung einer Kirche auf ihrem Verkaufsplatze, dem Markte, im Gegensatz zu dem *monasterium*, dem Münster, in der Burg. Wahrscheinlich schon im 10. Jahrhundert wurde die Nikolai- oder Marktkirche gebaut. Um sie herum lag der Friedhof der Kaufleute, und dieser wiederum war mit einer starken Mauer umgeben. Der Kaufmann gebrauchte, sollte sein Wohlstand gedeihen, vor allem des Friedens, viel mehr als der Bauer, dessen Acker wohl verwüstet, aber nicht entwendet werden kann. Und hier bei dem Heiligtume, im Schutze Gottes, hier wo die rauf- und raublustigen Adligen sie unbehelligt ließen, legten die Händler ihre Waren aus, möglichst dicht am Gotteshause. Ja, die Mauern des Friedhofes wurden als Auslage für Linnenstoffe benutzt, und direkt am Fuße der Mauer waren in späteren Zeiten die Verkaufsstände für Heringe aufgeschlagen.

Ging diese Entwicklung auch nicht plötzlich vor sich, so muß die Anregung dazu doch die Burganlage Heinrichs gegeben haben, und schon im 10. Jahrhundert muß Nordhausen durch Verleihung des Marktrechts eine Sonderstellung erlangt haben. Nach einer allerdings nicht ganz einwandfreien Überlieferung vermachte Otto II. zur Einweihungsfeier des von seiner Großmutter Mathilde gegründeten Nonnenstifts im Jahre 962 *mercatum, theloneum et monetam*, den Markt, den Zoll und die Münze, d.h. also die wichtigsten Einkünfte aus dem Marktflecken, dem neuen Kloster. Ist es auch nicht völlig verbürgt, daß diese Schenkung schon 962 dem Kloster vermacht wurde, so ist an der Tatsache selbst doch nicht zu zweifeln, und unter den Ottonen geschah das Vermächtnis sicher. Ob aber die Schenkung ein paar Jahrzehnte früher oder später erfolgte, ändert am Wesentlichen nichts, ändert nichts daran, daß Nordhausen noch im 10. Jahrhundert das Marktrecht erhielt.

So war es also, abgesehen davon, daß es sich durch seine Befestigung vom flachen Lande unterschied, schon früh auch in wirtschaftlicher Beziehung zur Stadt geworden.

Die dritte Eigenschaft, die einer mittelalterlichen Stadt zukommt, das eigene Recht und die Selbstverwaltung, fehlten Nordhausen aber noch und sollten ihm noch lange fehlen. Nordhausen gehörte zum mittleren Helmegau und war dessen Gerichtsbarkeit unterworfen. Das Generallandthing dieser Landschaft fand unter dem Vorsitz des Grafen von Bielstein in Nordhausen statt, und die Insassen des Ortes hatten an ihm teilzunehmen. Die eigentliche Verwaltung des Marktortes aber samt der Handhabung des Königsfriedens, der den Markt zu einer Stätte friedlichen Regens und Strebens machte, lag gänzlich bei den Königsleuten in der Burg und dem Wirtschaftshofe, von denen der Vogt und der Schultheiß die wichtigsten waren, und glitt erst allmählich in andere Hände hinüber, als sich unter veränderten wirtschaftlichen Verhältnissen der Schwerpunkt vom bloßen

Ackerbau zu Gewerbe und Handel verschob und als an die Stelle der feudalen Adligen und der Bauern die Bürger traten.

So ist alles organisch und langsam entstanden und gewachsen: die geographische Lage schuf die Burg, die Burg ward zum Mittelpunkt der Landschaft, der vor der Umgebung ausgezeichnete Ort lockte den Kaufmann und Handwerker herbei, und so entstand der Markt. Nicht durch den Willensentschluß eines einzelnen, wie Rietschel will, [13] sondern aus den natürlichen Bedingungen der Landschaft und den allmählich sich steigernden Bedürfnissen der Bevölkerung ist alles geworden und alles abzuleiten.

Die gesamte Ansiedlung zu Nordhausen, also Burg, Wirtschaftshof und Markt, stand auf dem Boden des Reiches und gehörte dem Könige. Sie konnte nach Belieben von ihrem Eigentümer ausgeliehen werden. So vermachte König Heinrich I. am 16. September 929 seiner Gemahlin Mathilde den Wirtschaftshof mit allem Zubehör, und dasselbe tat am 14. April 972, dem Tage seiner Vermählung, sein Enkel Otto II., indem er den Hof seiner Gemahlin Theophano schenkte. Rechtlich war damit nichts geändert; die Frauen bezogen aus Hof und Ländereien nur ihre Einkünfte. Im übrigen wurde das Besitztum von den Vasallen des Königs verwaltet, und nach dem Aussterben des Geschlechts ging der Besitz an die Salier und dann an die Staufer über. [14]

Auch der Markt stand auf königlichem Boden; doch sollten sich hier die rechtlichen Verhältnisse sehr früh anders gestalten. Im Jahre 962 konnte nämlich Mathilde, die in Nordhausen ihren Lieblingssohn Heinrich geboren hatte und die in Nordhausen besonders gern weilte, dicht nördlich der Burg, *in suburbio*, ein von ihr gegründetes Nonnenkloster einweihen. Und zum Unterhalt für dieses Kloster mußte nun der Markt Nordhausen dienen. Otto II. soll zur Einweihungsfeier im Jahre 962 dem Kloster die Einnahmen aus dem Handel, dem Zoll und der Münze des Marktfleckens vermacht haben.

Schon aus diesen allgemeinen Darlegungen ist ersichtlich, wie eng Nordhausen im 10. Jahrhundert mit dem deutschen Königs- und Kaisergeschlecht verwachsen war. Doch lassen die alten Chroniken und Lebensbeschreibungen jene Zeit auch lebendig werden, indem sie von manchem schönen, rein menschlichen Zuge erzählen, der uns in Lebensgewohnheit und Lebenshaltung, in Sinnesart und Gefühlswelt jener Jahrhunderte deutscher Geschichte Einblick gewährt.

Heinrich I. bewahrte dem durch ihn entstandenen Burgorte auch als deutscher König seine Zuneigung. Patriarchalisch, ein Landedelmann großen Stiles, verwaltete er seine Güter innerhalb seines Herzogtums Sachsen. Wohl verfolgte er weiten Blickes die Aufgaben, die eines deutschen Königs warteten, der sich besonders der großen kolonisatorischen Aufgaben des Deutschtums nach Osten hin bewußt war; bewußt war er sich aber auch dessen, daß die starken Wurzeln seiner Kraft in heimatlicher Scholle ruhten. Quedlinburg, Merseburg, Memleben,

---

13 Rietschel, Markt und Stadt in ihrem rechtlichen Verhältnis, Leipzig, 1897.
14 Förstemann, Urk. Geschichte, 17. Stumpf, Die Reichskanzler des 11. und 12. Jahrhunderts, 551. Meyer, Festschrift 1903, Die alten deutschen Könige und Kaiser in Nordhausen, 5 ff.

Nordhausen, Pöhlde, das waren für den Rastlosen die Stätten, wo er am heimatlichen Herde ausruhte und auf die er deshalb seiner Eigenart gemäß am meisten Sorgfalt verwandte. So müssen wir uns ihn auch stehen denken, oben an der heutigen Wassertreppe, wie er einem Baumeister Anweisung für die Anlage der Burg gibt, wie er den allmählich aus dem Boden wachsenden Bau von ungefügem Gebälk, das auf rohen Steinquadern ruht, umwandelt, hier einen wendischen Sklaven mit harten Worten zur Frohn treibt, dort für eine ermüdete Arbeiterschar Met herbeischaffen läßt; oder wie er in Begleitung seines Vogts und Schultheißen aus dem Königshofe hinausreitet, in scharfem Trab sich an der Waldkante des Hainholzes entlang gen Osten wendet, also etwa in der Straßenzeile der heutigen Töpferstraße reitend, am Ostende der heutigen Stadt einen großen Teich, den späteren Töpferteich, umgeht und dann die Felder besichtigt, die sich nach dem Roßmannsbache hinabziehen, hier bei einem säenden Bauern aus der alten Frauenberger Siedlung verweilend, dort vom Rosse Ausschau haltend und mit seinen Begleitern ratschlagend, wie jenes Brachland zu Acker gewonnen oder dieser Waldbestand gerodet werden könnte. – Hier in Sachsen, wir können sagen, hier in Nordhausen ruhte der König aus von großen Taten gegen Wenden und Ungarn, hier bereitete er große Pläne vor zur Einigung aller deutschen Stämme unter seinem Scepter, hier faßte er den recht eigentlich sächsischen Gedanken, das Ansehen des Reiches an der Nordmark dem Dänenhäuptling Gorm gegenüber herzustellen, oder jenen fremden, katholischen Gedanken, das Erbe des großen Karl in Italien anzutreten. Das war Politik, bedeutend und großzügig; aber schrittweise ging er vor, nur das Erreichbare jedesmal in Angriff nehmend, eingedenk jederzeit dessen, daß er sich allein auf die Kraft seiner Sachsen verlassen konnte. So wird er auch den Feldzug 934 gegen die Dänen hier in Nordhausen vorbereitet haben, weilte er doch im Juni 934 auf Nordhäuser Boden. 936 fiel ihm der Tod bei seinem größten Wurf in die Arme; er hinderte den Zug nach Italien.

Vielleicht daß Heinrich nicht selten auch seiner Gemahlin Mathilde wegen in Nordhausen einkehrte. Diese hing neben Quedlinburg ganz besonders an Nordhausen. Schon als Heinrich um sie freite und die zur Gemahlin Erkorene aus ihrer westfälischen Heimat um Herford herum in sein Stammland führte, staunte sie über die Schönheit und Eigenart der Gegend zwischen Harz und Hainleite: „Wem gehört dies schöne Land, Herr Heinrich?" so fragte sie oftmals, und jedesmal bekam sie die stolze Antwort: „Wohin Eures Rosses Huf hier tritt, Frau Herzogin, ist Euer Land." So gewann sie den Helmegau lieb. Zwei Kinder hatte sie in Nordhausen ihrem Gemahl geboren, Gerberga, die später an der Seite ihres zweiten Gemahls Ludwig IV. in Frankreich zu hohen Ehren kommen sollte, und ihren zweiten Sohn Heinrich, den ehrgeizigen Liebling der Mutter (920). Nordhausen hatte ihr Heinrich neben anderem Besitz 929 als Wittum geschenkt, in Nordhausen begann die alternde, nach dem Jenseits schauende Königin im Jahre 961 ein Nonnenstift neben der Burg zu bauen. Nach Nordhausen hin ritt auch nicht selten Otto, der Enkel Mathildens, zur Großmutter von seinem Lieblingsaufenthalte Wallhausen aus und willfahrte den Wünschen der ehrwürdigen Matrone, in Nordhausen fand auch jene von dem Lebensbeschreiber Mathildens mit rührenden Zügen ausgestattete Begegnung zwischen Mathilde und ihrem großen Sohne Otto im Sommer des Jahres 965 statt. Sieben Tage lang weilte damals Otto I. bei seiner Mutter in Nordhausen und widmete der frommen Frau zuliebe dem neugegründeten Jungfrauenkloster sorgfältigste Aufmerksamkeit. Rauh waren damals Männer und Zeiten, und glatte Höflichkeit verdeckte weniger als naive Schlauheit das selbstsüchtige Streben dieser Menschen eines erst langsam aus den ersten Kinderjahren zu klarem Bewußtsein erwachenden Zeitalters. So hatten roh und unbekümmert um kindliche Anhänglichkeit die königlichen Brüder Otto und Heinrich einst der Mutter die Hände gebunden, da sie allzu freigebig königliches Eigentum der Kirche zu vermachen schien. Dann waren sie, als sie Mißgeschicke trafen, bald von diesem Verhalten zurückgekommen und überhäuften nun die Mutter mit Ehren und Freiheiten, abergläubisch, dem Augenblick unterworfen, maßlos in Haß und in Liebe. Solche Szene unverhaltenen Gefühls spielte sich nun auch ab, als Otto endlich aus Nordhausen und von der Mutter scheiden mußte.

Aus der Kirche kommend, wo sie am frühen Morgen noch einmal die Messe zusammen gefeiert hatten, schritten sie über den Burghof bis an das Tor der Burg. Hier umarmten sie sich unter Tränen und gaben sich den Abschiedskuß. Voll Trauer und voll Stolz sah die Mutter dann dem Davonschreitenden nach. Nachdem er aber sein Roß bestiegen hatte, eilte die Mutter in die Kirche zurück und küßte dort die Spuren seiner Füße. Als dem schon Davonsprengenden dies gemeldet ward, kehrte er noch einmal zurück, und es galt noch einmal bittern Abschied. Schließlich sprach die Mutter: „So zieh' nun hin in Christi Frieden; mein Antlitz wirst im sterblichen Leibe du nicht wiederschauen. Es ist vollbracht und deiner Treu' ist alles anvertraut, was ich im Herzen trug. Nur diese eine Gunst erzeige deiner Mutter, daß dieses Klosters du mit Fleiß gedenkst."

In der Tat sollte Otto I., der 966–972 in Italien weilte, seine alte Mutter nicht wiedersehen. Die Herbst- und Wintermonate des Jahres 967 verbrachte Mathilde wieder in Nordhausen als treue Beraterin und Beschützerin ihrer Freundin Richburg, der ersten Äbtissin des Klosters. Doch fühlte sie ihr Ende nahen, und begraben wollte sie sein in Quedlinburg neben Heinrich, ihrem Gemahl. So nahm sie denn am 21. Dezember Abschied von ihrem geliebten Nordhausen mit den Worten: „Wie sehr hätte ich gewünscht, daß ich hier zu Grabe getragen würde, damit meines Sohnes Otto und meiner Enkel Sorge desto größer für Euch wäre. Doch ruht mein Herr und Gemahl in Quedlinburg, und neben dem muß ich bestattet werden, um den jüngsten Tag und die Auferstehung zu erwarten." So schied sie denn gen Quedlinburg und legte dort sich auf das Krankenlager. Doch die Sorge um das noch immer nicht ganz vollendete Kloster verließ sie nicht. Sie berief Richburg zu sich, und dem an ihrem Lager weilenden Wilhelm, Erzbischof von Mainz, einem natürlichen Sohne Ottos des Großen, empfahl sie ihre Lieblingsschöpfung zu treuen Händen. Wilhelm versprach dem Kloster Schutz und Hilfe, verstarb aber plötzlich noch vor der Mutter in Rottleberode. Am 14. März 968 verschied zu Quedlinburg auch Mathilde und ward an der Seite ihres Gemahls begraben.

Otto I., sein Sohn und sein Enkel aber vergaßen nicht, in dem Kloster zu Nordhausen die tote Mutter zu ehren. Mit reichen Gütern wurde es von ihnen ausgestattet. Sie vermachten den Hof Gamen an der Lippe, auf dessen Grunde heute die Stadt Lünen steht, den Königshof Bocholt, den Hof Bochorst und andere Güter im Bistum Münster dem Stifte. Dazu kam am 10. April 970 noch das Dorf Bliedungen bei Nordhausen und der Königshof Vogelsberg bei Kölleda mit reichstem Zubehör. Um Nordhausen herum besaß das Kloster bald durch fromme Schenkungen Besitz in Rossungen, beim jetzigen Gute Himmelgarten, in Leimbach, Vorrieth, Windehausen, Bielen, Großwerther, Obersachswerfen, Balrode, Kleinwerther, Bliedungen, Oberrode, Risla, Petersdorf, Sundhausen, Rüdigsdorf, Crimderode bei Urbach, Salza, Großwechsungen, Ritterode, Hunsdorf bei Steigerthal und Unterberga. Der Kaiserliche Hof Nordhausen aber ging nebst anderen Gütern am 14. April 972, dem Hochzeitstage Ottos II. mit der griechischen Prinzessin Theophano, durch einen Schenkungsakt Ottos an seine Gemahlin über und diente dieser ebenso als Ausstattung wie einst der Königin Mathilde.[15]

In diesen letzten Jahrzehnten der Ottonenzeit kam die zunächst sprunghaft einsetzende Entwicklung des neuen Burgortes Nordhausen zum Stillstand; doch dienten die leidlich ruhigen Zeiten Ottos III. und Heinrichs II. der Festigung und dem Ausbau des Bestehenden. Die Burg und der Königshof waren weiterhin die Mittelpunkte einer im wesentlichen ländlichen Siedlung. Ihre Äcker, Wiesen und Weiden erstreckten sich am Südfuße des von der Burg gekrönten Hügels um die Zorge herum und zogen sich im Osten bis an den Roßmannsbach hinunter. Durchaus in engster Verbindung mit dem Königshofe stand der alte Karolinger Hof am Frauenberge. Zum Reichsvogt, dem der König seine Liegenschaften in Nordhausen anvertraute, ernannte der König sogar meist den Besitzer jenes alten Herrensitzes. Dieser Vogt handelte bei der Verwaltung des königlichen Besitzes völlig selbständig und war niemandem als seinem königlichen Herrn Rechenschaft schuldig. Zugleich war ihm der Schutz des gesamten Reichsgebietes anvertraut. Er war der Führer des Königsaufgebotes, das er zum Schutze gegen feindliche Überfälle zusammenberief und gegen den Feind führte. Als 1069 Markgraf Dietrich *mit den gegen Heinrich IV.* und das Erzstift Mainz aufsässigen Thüringern bis Mühlhausen und Nordhausen streifte, traten ihm die Reichsvögte dieser beiden Städte entgegen, „begegneten ihm oft und jagten ihm ab, so daß er in dieser Gegend nicht viel schaffen konnte".

Der Marktort neben der Burg hatte sich zum Mittelpunkt der Landschaft herausgebildet. Über ihn handhabte der Schultheiß den Königsfrieden. Seine Einkünfte an Standgeldern, Zöllen und Münzgerechtsamen flossen gemäß königlichen Vermächtnisses dem Nonnenkloster zu. Der Münzmeister, ein weiterer königlicher Lehnsmann, aber wahrscheinlich von Anfang an unter der Aufsicht des Schulzen stehend, beaufsichtigte die Münzstätte. Verwaltung und Recht lagen

---

15 Vgl. Förstemann, Urkundliche Geschichte, 10 ff. Schmidt, Baudenkmäler, 40 ff., Karl Meyer, Festschrift 1903, 5 ff. Meyer-Rackwitz, Helmegau, 81. Dazu unter anderen: Heinemann, Cod. dipl. Anhalt I, 1. Stumpf, Reichskanzler, 551, 996, 997. Kindlinger, Münstersche Blätter III., 3. Dobenecker, Thüringische Regesten. Monumenta Germaniae, VI. und XII; vita Mathildis

in den Händen dieser königlichen Beamten; von einer wirklichen Mitbestimmung der Bevölkerung konnte keine Rede sein. Nur dreimal im Jahre versammelte sich die gesamte männliche Bevölkerung, und zwar sowohl aus der Ortschaft wie die aus den Weilern in den ländlichen Fluren unter Leitung des Vogts zum Thing, zur Kontrollversammlung.

An hervorragenden Bauten besaß Nordhausen, abgesehen von der Burg, nur einige Kapellen und das Stift zum Heiligen Kreuz. Dieses Nonnenstift mit seiner Kapelle nördlich neben der Burg muß ein weitläufiger Holzbau gewesen sein. Jahrelang wurde an ihm gebaut; 968, beim Tode Mathildes, war das Kloster noch nicht völlig fertiggestellt. Unter der Aufsicht dieses Stifts stand auch die Kapelle am Markte und ebenso die am Frauenberge bei Altnordhausen. Die kirchliche Oberaufsicht übte das Erzstift Mainz aus, das seit den karolingischen Zeiten Anspruch auf alle Gebiete südlich des Harzes und bis östlich Wallhausen erhob. Seitdem der berühmte Erzbischof Willigis von Mainz gegen Ende des 10. Jahrhunderts das Kloster Jechaburg gegründet hatte, war Mainz unbestritten im Besitz des Diözesanrechtes.

Nach 1024, als das Geschlecht der Ottonen mit Heinrich II. ausgestorben war, hörte die friedliche und stete Entwicklung Nordhausens mehr als ein Jahrhundert lang auf. Wohl richteten die Salier auch auf Sachsen und Thüringen ihr Augenmerk, aber während die letzten Könige aus diesem Geschlechte, Heinrich IV. und Heinrich V., die aufblühenden Städte am Rhein förderten, taten sie in Sachsen nichts für die Werke des Friedens, sondern Kampf durchtobte die Gegenden, und Heinrich IV. ist für die Landschaften des südlichen Harzrandes eigentlich nur bekannt als der Erbauer von zahllosen Burgen und Warten, welche das freiheitsliebende und selbstbewußte Volk der Sachsen zwingen sollten. Die Spatenburg über Sondershausen wurde erbaut; auf einem steilen Muschelkalkplateau des östlichen Eichsfeldrandes, der Hasenburg, entstand ein mit Königsmannen stark besetzter Wartturm; am Harzrande westlich Walkenried ward die Sachsenburg angelegt, unter Heinrich V. aber war als gewaltiges Bollwerk die Burg Kyffhausen, die über der uralten Kaiserpfalz Tilleda auf steilem Horste thronte, ein von wilden Kämpfen umtobter Königssitz, der 1118 von den siegreichen Sachsen erobert wurde.[16]

Nordhausen selbst war schon Ende der sechziger Jahre des 11. Jahrhunderts in den Krieg hineingezogen worden, wo sein königstreuer Reichsvogt dem aufsässigen Markgrafen Dietrich entgegentrat und den Reichsbesitz im nördlichen Thüringen schützte. Zeitweilig muß dann die Reichsburg, die in einem von den Sachsen rings umkämpften und besetzten Gebiete lag, dem König Heinrich IV. verloren gegangen sein. Ja, selbst nach der Niederlage von Homburg an der Unstrut am 9. Juni 1075 konnten die Sachsen das Gebiet bis an die Hainleite heran gegen den König behaupten. Aber neue Rüstungen des Königs und die Kriegsmüdigkeit der sächsischen Bauern ließen es geraten erscheinen, Friedens-

---

16 Meyers Erklärung Hasenburg = Asenburg ist unmöglich; Hasenburg bedeutet die Wiesenburg. – Im übrigen vgl. K. Meyer, Führer über das Kyffhäusergebirge, 58 ff.

verhandlungen mit dem Könige anzuknüpfen. Die vornehmsten sächsischen Fürsten, Herzog Magnus von Sachsen, Otto von Northeim, Erzbischof Wetzel von Magdeburg, Bischof Bukko von Halberstadt lagen damals mit ihren Kriegshaufen bei dem königlichen Hofe Nordhausen und entsandten von hier aus den Erzbischof von Bremen, den Bischof von Halberstadt und den Markgrafen Udo an den König. Dieser wiederum ließ süddeutsche Große mit den aufständischen Sachsen verhandeln, und so kam es im Herbst 1075 schließlich zu dem Frieden von Spier bei Sondershausen. Die Sachsen unterwarfen sich dem siegreichen Könige.

Doch der Bürgerkrieg wurde damit nur auf kurze Zeit beigelegt und sollte besonders die letzten Jahre des unglücklichen Königs noch dadurch verbittern, daß sein eigener Sohn Heinrich die Fahne des Aufruhrs gegen den Vater erhob. Um die Kirche für sich zu gewinnen, spielte sich Heinrich V. als ihr Beschützer auf, und kirchliche Große waren es deshalb vor allem auch, die den Sohn in seinem unkindlichen Beginnen unterstützten. Für Ende Mai des Jahres 1105 hatte die päpstliche Partei in Deutschland eine Synode nach Nordhausen ausgeschrieben, zu der auch Heinrich V. erschien. Eine glänzende kirchliche Versammlung fand damals in Nordhausen statt; die bedeutendsten Kirchenfürsten Deutschlands waren anwesend. Naturgemäß beschäftigte sich die Synode in erster Linie mit den kirchlichen Fragen, welche die Zeit bewegten: der Gottesfriede wurde bestätigt, Simonie und Priesterehe wurden verdammt; die Frage der Investitur dagegen wurde nicht erörtert. Doch waren es auch hochpolitische Angelegenheiten, zu deren Behandlung sich die hohe Geistlichkeit in Nordhausen zusammengefunden hatte. Immer mehr war das Bestreben des alten Kaisers hervorgetreten, sich auf die aufblühenden Städte am Rhein gegenüber den Fürsten zu stützen, und mit Steuern für das Reich waren Bistümer nicht verschont geblieben. Dagegen galt es Abwehr, und um deswillen fielen auch die von Kaiser Heinrich IV. eingesetzten Bischöfe Udo von Hildesheim, Heinrich von Paderborn und Friedrich von Halberstadt ab und schwuren ihrem Oberhirten, dem Erzbischof Ruthard von Mainz, und dem jungen Könige Treue.

Außerordentlich bezeichnend war das Verhalten Heinrichs V. auf dieser Synode zu Nordhausen. Alle die großen Eigenschaften seines Geschlechts, insonderheit Weltklugheit und diplomatisches Geschick, zeigten sich schon hier verzerrt und verbildet in diesem letzten der Salier. Um den kirchlichen Würdenträgern zu beweisen, wie hoch er sie einschätze, hielt er sich bei den Verhandlungen ganz im Hintergrund und erschien erst auf wiederholtes Drängen in schlichtem Gewande vor der Synode. Ein wie demütiger, ein wie leicht lenksamer Herr! Dennoch war die Tatsache seines schnöden Verbrechens an seinem Vater und kaiserlichen Herrn nicht gut zu umgehen. Doch, wie er mit Tränen im Auge erklärte, nur das Wohl der von seinem Vater mißhandelten Kirche hätte ihn zum Abfall getrieben. Ein wie frommer Christ und ergebener Diener der Kirche! So schickte man denn heiße Gebete zu Gott empor, daß er den harten Sinn des Kaisers erweiche und dem trefflichen Sohne gnädig sei. Die urteilslose, stets vom Augenblick überwältigte Menge aber, die dem würdelosen Schauspiel zusah, jubelte dem jungen Fürsten zu, und das *Kyrie eleison* erfüllte immer von neuem die Luft.

Das war zu Nordhausen im Jahre 1105. Zehn Jahre später kannte man Heinrich V. besser; damals wurden seine Scharen von den Sachsen am Welfesholze bei Mansfeld besiegt; den Einfluß, den einst die Salier auf Sachsen gehabt hatten, konnte er nie wiedererlangen.

Für unsere Heimat haben die Salier nichts getan. Erst die Ostpolitik Lothars von Süpplingenburg und seines großen Enkels hatten ein erneutes Aufblühen zur Folge. Die Kolonisation im Norden und Osten Deutschlands wurde nunmehr weitergefördert, insbesondere Zisterzienser Mönche rodeten den Wald und entwässerten den Sumpf. 1127 entstand damals das Zisterzienserkloster Walkenried und ward mit Mönchen aus Alten-Kampen am Niederrhein besetzt. Diese zogen weiterhin Bauern aus den Niederlanden herbei, und die „Fläminge" schufen das Ried der Goldenen Aue durch Entwässerung zu fruchtbarem Acker- und Wiesenland um. Görsbach wurde von ihnen besiedelt, und die später wieder eingegangenen Ortschaften Langenrieth, Vorrieth, Horne und Elre entstanden.

Dieses neue Regen und Streben kam auch Nordhausen zugute. Außerhalb der Stadtmauern wuchsen Gehöfte an der Nordseite des Petersberges und auf diesem selbst empor. Mit den Bauern aus Flamland waren nämlich auch Wollweber und Leineweber herbeigezogen und übten nun ihr Gewerbe, das ihre Heimat so berühmt gemacht hat, auch im neuen Vaterlande aus. Die „Vlamingen" oder Weber siedelten sich in der Weberstraße an. Am Nordabhange des Petersberges legten sie ihre Linnen zum Bleichen aus, und die Wollweber hatten hier ihre Tuchrähmen stehen. Auf dem Scheitelpunkte der Anhöhe aber, auf dem höchsten Punkte des ganzen alten Nordhausen, *in monte civitatis*, wie es 1220 heißt, erhob sich anstelle der heutigen Petrikirche eine neue Kapelle.

Am Mühlgraben südlich der eigentlichen Stadt ferner dehnte sich nach und nach das Neue Dorf an der Straßenzeile der alten Heerstraße. Wahrscheinlich nicht im Gegensatz zum Altendorf im Norden der Stadt, wie Meyer will, sondern im Gegensatz zu seiner östlichen Fortsetzung „Altnordhausen" erhielt dieses typische Straßendorf am Fuße der Stadtmauer den Namen das Neue Dorf, die spätere Neustadt.

Auch das sogenannte Altendorf, das nördlich der Nordhäuser Burg bei einem alten Herrensitz, die Widenburg, schon vor Erbauung der Burg Nordhausen durch Heinrich I. lag, suchte nun Fühlung mit der Ansiedlung auf dem Berge und schob seine Häuser gegen die spätere Barfüßerstraße empor. Sehr unwahrscheinlich ist es, daß das Altendorf erst durch die von Hohenrode in das Tal ziehenden Bauern im 13. Jahrhundert entstanden ist. Dennoch hat es natürlich gar keine Berechtigung, wenn Rietschel, der nur die Schriften Förstemanns und nicht die Meyers kennt und von der Lage der einzelnen Stadtteile Nordhausens nicht unterrichtet ist, dieses Altendorf als ältesten Bestandteil Nordhausens ansieht und daran seine Theorien bestätigt findet, daß die sächsischen Königshöfe stets außerhalb der Altstadt lagen. Das Nordhäuser Altendorf hat mit der Altstadt zunächst nicht das geringste zu tun und wurde auch im 13. und 14. Jahrhundert wegen seiner Lage in der Talsohle in die eigentliche Befestigung Nordhausens nicht einbezogen. Richtig dagegen ist, daß sich Heinrich I. bei der Gründung von Burgen nicht um schon vorhandene Ansiedlungen kümmerte, sondern sie dahin baute, wo sie ihren Zweck, eben als Burgen, am besten erfüllten.

In derselben Zeit aber, wo Nordhausen im 12. Jahrhundert Ansätze machte, einen neuen Aufschwung zu nehmen, ging der gesamte Besitz in und um Nordhausen an das von der Königin Mathilde gegründete Nonnenkloster über. Am 16. März 1158 stellte Kaiser Friedrich I. in Frankfurt eine Urkunde aus, in der die Burg, der Herrensitz mit Gebäuden und Hofstätten, angebautem und nichtangebautem Lande zu Nordhausen diesseits und jenseits des „Flusses", also der Zorge, auch die an dem Flusse liegenden Wiesen und alles, was er eigentümlich besaß in dem Orte Nordhausen, dem Kloster überließ und sich dagegen nur zwei Pfund Pfennige aus den klösterlichen Einkünften in den Dörfern Windehausen und Bielen vorbehielt. Das Reichsgut Nordhausen war damit in den Besitz des Stiftes übergegangen, Nordhausen als Marktflecken war dem Kloster und seiner Äbtissin untertan geworden. Die rechtliche Lage war dadurch nur insofern verändert, als die einstigen königlichen Vasallen nun Lehnsmannen des Klosters waren und die Aufträge ihrer Domina, der Äbtissin, zu erfüllen hatten.

Eine einzige Tatsache ist erwähnenswert: Mit der Aufgabe des Reichsgutes durch den Kaiser verlor das nunmehr klösterliche Gebiet jeden stärkeren Rückhalt und Schutz. Diesen gab ihm der Kaiser, indem er 1169 den Sachsenherzog Heinrich den Löwen zum Schutzherrn über das Besitztum des Nonnenklosters machte. Hierbei spielte nicht nur die Freundschaft mit, in der die beiden Vettern damals zueinander standen, auch erfolgte diese Ernennung zum Schutzherrn nicht nur wegen der überragenden Stellung Heinrichs in Norddeutschland, sondern es war auch die Erinnerung, daß Nordhausen immer zum Herzogtum Sachsen in enger Beziehung gestanden hatte, die diese Schutzherrschaft Sachsens über Nordhausen rechtfertigte. Daraus leitete 1180, als im Kampfe Friedrichs gegen Heinrich die Stadt Partei für den Kaiser ergriff, Heinrich der Löwe auch die Berechtigung her, Nordhausen zu erstürmen und zu züchtigen.

Friedrich I. war nach seiner Niederlage durch den Papst Alexander III. und die lombardischen Städte im Jahre 1178 nach Deutschland zurückgekehrt und hatte dort Heinrich den Löwen nicht nur in überragender Stellung, sondern auch bei Übergriffen aller Art vorgefunden. Das führte zunächst zu einem Rechtsverfahren, dann, da der Löwe sich nicht beugte, zu offenem Kampfe. Wieder wie in der salischen Zeit, als die Sachsen im Norden mit den deutschen Königen kämpften, deren Hauptstützpunkte in Süddeutschland lagen, waren es die Städte Goslar, Nordhausen und Mühlhausen, bei denen der Angriff der aufsässigen Sachsen auf die Verteidigung durch kaisertreue Mannen traf. Ohne Hilfe von Süden her waren diese Ortschaften dem Ansturm des schlachtengewaltigen Welfen preisgegeben. Im April 1180 spürte die Reichsstadt Goslar seinen Zorn, Anfang Mai legte er sich vor Nordhausen und erstürmte es nach kurzer Belagerung.

Kein eingehender Bericht ist von dieser Eroberung Nordhausens auf uns gekommen; aber wir können das Bild vor unserem Geiste erstehen lassen. Da lag auf der Anhöhe die kleine Feste Nordhausen mit den trotzigen Königsmannen und den zitternden Bürgern. Alles war zu den Waffen geeilt, Steinblöcke waren auf die Lehmmauern geschleppt, Töpfe mit siedendem Pech wurden bereitgehalten. Hier und da sprach wohl ein Zager von Ergebung, als die Heerhaufen Heinrichs mit den gewaltigen Belagerungsmaschinen herannahten; doch der Vogt des Stifts mahnte ihn mit rauhem Wort an seine Pflicht. Dann loderte Altnordhausen auf, auch seine Kapelle ging zu Grunde, dann fielen die Feuerbrände in die unbewaffnete Siedlung am Petersberge, die von den Bewohnern verlassen worden war. Jammernd sahen die Weber, die die Palisaden an der Ostseite der Stadt zu schützen hatten, ihre Habe in Flammen aufgehen. Doch auch Verzweiflung und Wut ergriff sie, und die starke Burg als Rückhalt mag ihren Widerstandsgeist belebt haben. So hielten die Bürger aus; doch nicht lange. Die Belagerer waren in tausend Fehden erprobte Männer; viele von ihnen hatten nicht umsonst bei den Kämpfen in der Lombardei die neuesten Belagerungsmaschinen kennen und bedienen gelernt, viele von ihnen standen auch nicht das erste Mal vor Gräben und Verhauen, sondern kannten den Festungskrieg aus den Wendenkriegen. Solchen Reisigen und solchen Waffen waren weder Besatzung noch Befestigung gewachsen. Sturmbock und Wurfmaschine hatten alsbald Bresche gelegt, und nun ging's mit stürmender Hand bis vor die Burg. Da rollten auch schon die Mauerbrecher nach. Hinab mit den Steinen von der Burgmauer! – und zerschmettert lagen Geschütz und Bemannung. – Feuerbrände und Brandpfeile her! Doch das hölzerne Gebälk der Burg beginnt erst in den oberen Stockwerken und besteht aus tüchtigen eichenen Bohlen. Zielsichere Bogenschützen erlegen die kühnsten der Anstürmenden. Nun, dann von der schwächsten Seite, von Nordosten her an die Feste heran! Dort steht das Nonnenkloster. Was, Heiligtum! Herüber über die Mauern, Feuer in das Kloster! – Da flüchten noch einige in den inneren Burgraum! Ihnen nach durch das offene Tor! – Auch die Burg ist erobert. [17]

Wie alle Städte und Landschaften, mit denen der Löwe Krieg führte, wurde auch Nordhausen furchtbar gestraft. Der Marktort wurde verwüstet, der Wirtschaftshof zerstört, die Burg und das bei ihr liegende Nonnenkloster wurden in Asche gelegt. Obgleich sich Nordhausen schnell wieder erholte und alsbald schöner, geräumiger und auch stärker befestigt wieder erstand, blieb der schreckliche Mai des Jahres 1180 doch der Bevölkerung noch lange im Gedächtnis. Als die Bürger, vielleicht gerade 100 Jahre später, darangingen, ein neues Rathaus zu bauen, ließen sie einen Stein mit einer auf die Zerstörung bezugnehmenden Inschrift verstehen:

Heinrich von Braunschweig, scharf und hart wie das Schwert,
hat Nordhausen durch Feuer völlig zerstört. [18]

---

[17] Die Quellen berichten nur: Castrum Northusen et monasterium Sanctimonialem in eo situm igne consumtum est. (Chron. mont. seren. Monum. Germ. Scr. 23.) Exussit civitatem, quae dicitur Koniges Northusen, villam, regiam Northusin. (Arnold von Lübeck.)

[18] Meyer, Festschrift 1903, 20 ff. Die Inschrift lautet: Post M. post duo CC bis novem sublatis inde, quum Imperium divum regeretur per Fridericum, Dux Brunwicensis Henricus, durus ut ensis, Consumpsit igne Northusen penitus ille.

Heinrichs Kriegsglück währte nicht lange, obwohl ihm bald nach der Eroberung noch ein großer Schlag gegen Bernhard, den neuen Herzog von Sachsen, und Landgrafen Ludwig von Thüringen bei Weißensee gelang. Schon Ende Juli stand Friedrich Barbarossa selbst dem mächtigen Manne in Sachsen gegenüber. Es ist nicht unwahrscheinlich, daß der Kaiser damals in den ausgebrannten Trümmern Nordhausens geweilt und den sofortigen Wiederaufbau angeordnet hat. Das Schutzverhältnis aber, in dem Heinrich einst zu Nordhausen gestanden hatte, war vom Kaiser schon vorher, im April 1180 auf dem Reichstage zu Gelnhausen gelöst worden. Zum Schutzherrn wurde zunächst Ludwig der Milde von Thüringen, dann dessen jüngerer und ehrgeiziger Bruder Hermann ernannt. Damit schienen sich die Beziehungen Nordhausens zu dem sächsischen Norden zu lockern. In der Tat sollte Nordhausen fortan mehr von Thüringen und später vom Kurfürstentum Sachsen-Meißen beeinflußt werden; aber daß es eine alte sächsische Gründung war und daß es, wenn auch die Beziehungen zu Mühlhausen und Erfurt zeitweilig sehr viel enger waren, doch auch mit Goslar und Braunschweig in Zusammenhang blieb, lehrt die Geschichte späterer Jahrhunderte.

Die Zerstörung der Stadt vermochte die im 12. Jahrhundert einsetzende Entwicklung nicht zu unterbrechen. Abgesehen von den oben geschilderten, für das Aufblühen Nordhausens günstigen Verhältnissen unter König Konrad III. nahm ganz allgemein in Deutschland seit dem Ausgang des 12. Jahrhunderts das Städtewesen einen Aufschwung. Hatten bisher nur wenige Städte, die mit Frankreich und vor allem mit dem hochentwickelten Oberitalien in Verbindung standen, einiges Ansehen erlangt, so teilte sich diese Bewegung nach und nach auch den tiefer im Innern gelegenen Ortschaften mit. Der ganze Charakter der Zeit, die aus der reinen Agrarwirtschaft hinauszustreben begann, brachte es mit sich, daß Nordhausen schnell den schweren Schlag verwand. Es wurde stattlicher, als es gewesen war, wieder aufgebaut; ansehnlichere Gebäude als bisher schmückten es, starke Befestigungen hüteten es mehr als früher. Unter den Bauten, mit denen damals begonnen wurde, waren auch der Dom und die Frauenbergkirche. Die ältesten noch heute stehenden Teile dieser beiden Baudenkmäler reichen in jene frühen Zeiten zurück.

Bei der Erstürmung im Jahre 1180 war vom Dom nur die im ersten Drittel des 12. Jahrhunderts erbaute Krypta sowie das steinerne Erdgeschoß der beiden Türme verschont geblieben. Jetzt zog man die Türme weiter aus Stein empor, baute in der Ausdehnung des heutigen Doms ein Langhaus aus Holz daran und schuf am westlichen Ende dieses Langhauses einen schönen romanischen Kreuzgang, von dem noch heute letzte Reste vorhanden sind. Nötig wäre es gewesen, den bei der Zerstörung stark mitgenommenen Chor ebenso wie die Türme gänzlich neu aufzubauen. Doch dazu langten offenbar die Mittel nicht; er wurde nur notdürftig geflickt, und sein Neubau wurde erst tatkräftig gefördert, nachdem 1234 das Langhaus durch eine große Feuersbrunst, die Nordhausen arg mitnahm, wiederum abgebrannt war. 1267 wurde der neue Chor, der als Bauwerk des 13. Jahrhunderts ganz den Übergangsstil von der romanischen zur gotischen Bauart zeigt, geweiht. Das heutige steinerne Langhaus erhob sich erst seit der Mitte des

14. Jahrhunderts und mußte sich dann im 15. Jahrhundert noch wesentliche Umbauten gefallen lassen. Damals erst entstand an Stelle des alten romanischen Kreuzganges auch der Kreuzgang, dessen spätgotische Formen trotz ihrer Verstümmelung uns noch heute entzücken.

Ebenso wurde gleich nach 1180 mit dem Bau von *St. Mariae novi operis*, der Frauenbergskirche, als kreuzförmiger romanischer Basilika begonnen; ihr Westportal zeigt noch heute einen rein romanischen Stil. Diese Kirche wurde dann im ersten Drittel des 13. Jahrhunderts, wahrscheinlich schon 1203, die Kirche des am Ausgang des 12. Jahrhunderts gegründeten Nonnenklosters auf dem Frauenberge. Jedenfalls ersieht man aus diesen Gründungen und Bauten am Frauenberge, daß neben dem ottonischen Burgort Nordhausen noch immer auch das alte fränkische Nordhausen seine Bedeutung hatte und außerhalb der Stadtmauer auch um 1200 noch die bedeutendste Siedlung war. [19]

Dann ließen es sich aber auch Ritter und Bürger angelegen sein, Burg und Befestigung neuer und stärker erstehen zu lassen. Man sah sich, durch die Erfahrung gewitzigt, vor und hütete sich nunmehr, sich zu vertrauensselig von der ruhigen Zeit täuschen zu lassen. Wie nötig und weise diese Vorsicht war, sollte man gar schnell erfahren.

Schon bald nach der Thronbesteigung Heinrichs VI. setzten die Unruhen wieder ein. War Heinrich auch ganz offenbar ein ebenso starker und bedeutender Herrscher wie sein Vater Friedrich, so mußten doch seine hart zugreifende Politik sowohl wie sein eigenwilliger, unduldsamer Charakter Konflikte heraufführen. Barbarossas letztes friedliches Jahrzehnt wurde alsbald abgelöst von unfriedlichen Zeiten. Schon 1192 brauste überall und besonders im Nordosten Deutschlands der Unwille gegen den neuen Herrscher empor, und als gerade damals auch der getreue Wichmann, Erzbischof von Magdeburg, starb, einer der eifrigsten und bedeutendsten Parteigänger der Staufer, mußte Heinrich selbst nach Sachsen ziehen, das Unwetter zu beschwören. Deshalb finden wir ihn auch im Oktober und Dezember 1192 in Nordhausen. Doch nicht sein Eingreifen, sondern nur der Glückszufall der Gefangennahme Richards des Löwenherzigen bannte die Gefahr. Und erst danach war es ihm möglich, sich mit dem alten Braunschweiger Löwen, der mit den Engländern verschwägert war, auszusöhnen. In den viel umstrittenen Grenzgebieten des nördlichen Thüringen, in der alten Pfalz Tilleda trafen sich der Staufer und der Welfe im März 1194, und erst seitdem hielt sich Heinrich auf seiner Burg Dankwarderode in Braunschweig ruhig, die kurze Lebensfrist, die ihm noch beschieden war, dazu benutzend, seine alten Heldentaten zu bedenken oder in den Jagdrevieren des Harzwaldes dem Weidwerk obzuliegen.

Der Tod dieser ganz Großen – Heinrich der Löwe starb 1195, Heinrich VI. 1197 – stürzte Deutschland in neues Unglück und neuen Bruderkrieg. Der Kampf Philipps von Schwaben und Ottos von Braunschweig um die Krone verheerte die deutschen Lande. Ganz besonders schwer berührte dieser Bruderzwist die Ge-

---

19 Schmidt, Bau- und Kunstdenkmäler der Stadt Nordhausen.

biete Nordthüringens, weil Landgraf Hermann von Thüringen an ihm in hervorragender Weise beteiligt war und in dem Wunsche, aus der jeweiligen politischen Lage möglichst große Vorteile für sich zu ziehen, fortwährend die Partei wechselte. Vor allem war es ihm darum zu tun, in den Städten Saalfeld, Ranis, Mühlhausen und Nordhausen Fuß zu fassen. Wer von den beiden Gegenkönigen ihm also diese Städte zusprach, hatte ihn als Freund. Ebenso wenig wie der charakterlose, prunkliebende Fürst wählerisch bei der Auslese seines Hofstaates war und neben edelsten Minnesängern die übelsten Raufbolde auf der Wartburg einzogen, ebenso wenig war er um die Wahl seiner Mittel verlegen, mit denen er seine meist nicht einwandfreien Ziele zu erreichen strebte. Er schloß sich deshalb zunächst Otto IV. an, der ihm Nordhausen als Lehen versprach. Doch die Stadt war nicht gewillt, sich zu einer thüringischen Landstadt machen zu lassen, und so mußte er versuchen, ihr mit Gewalt das Kränzlein abzuringen. Mehr als 6 Wochen lang lag er im November und Dezember 1198 vor Nordhausen und belagerte den festen Ort, ohne daß ihm seine Einnahme gelang. War 1180 die Stadt dem ersten Anlauf erlegen, so hielt sie jetzt einer langen Belagerung stand, die mit den modernsten Hilfsmitteln durchgeführt wurde, ein Zeichen dafür, wie trefflich man die Zeit seit 1180 zu ihrem Neubau und zum Ausbau ihrer Befestigungsanlagen benutzt hatte. Selbst die Bemühungen Hermanns, den Mühlgraben in die Zorge abzuleiten und die Einwohnerschaft durch Wassermangel mürbe zu machen, fruchteten nicht. Übrigens sieht man an dieser Maßnahme, daß Nordhausen noch immer auf die Gegend am westlichen Steilhang, wo die Burg lag, beschränkt war. Denn bei einer Belagerung war natürlich nur der Teil des Mühlgrabens, der sich an der Kaisermühle unterhalb der Burg durchzog, für die Verteidiger wichtig. Hier muß von der Burg aus auch eine Treppe oder ein Gang, der befestigt war, hinabgegangen sein, so daß sich die Burg mit Wasser versorgen konnte. Weniger wichtig war im Belagerungsfalle die Kaisermühle, denn mit Brotgetreide konnte man sich auf längere Zeit versehen.

Erst als Mitte Dezember Otto IV. seine Heerhaufen mit denen Hermanns vor Nordhausen vereinigte und der Druck auf die Stadt unerträglich wurde, ergab sich diese nach Verhandlungen und unter günstigen Bedingungen. Sie mußte die Tore öffnen; Otto IV. und Hermann zogen in die Stadt ein, und die Bewohner mußten dem Braunschweiger Treue schwören. Sonst geschah der Stadt nichts. [20]

Diese Belagerung sollte nicht die einzige Prüfung Nordhausens in den langen Streitigkeiten der Gegenkönige bleiben. Hermanns schwankende Haltung war daran schuld, daß noch mehr als einmal schwere Wolken heraufzogen, bis sich der Thüringer 1204 gezwungen sah, sich endgültig an Philipp anzuschließen. Damit fiel diesem auch Nordhausen, das wahrscheinlich schon lange auf den Staufer gehofft hatte, wieder zu. Am 15. August 1207 hielt Philipp *curiam satis celebrem*, einen ansehnlichen und feierlichen Hoftag, in Nordhausen ab und

---

20 Ann. Reinhardsbrun. Nam collectis, ut aiunt, mille octingentis militibus Nordhusii, regalis oppidi, muros obsedit, civitatensem fluvium per adulterinos alveos ab oppido reiecit, sitique et in muros facto impetu per multifaria murorum tormenta eis fortiter institit, atque duobus fere mensibus ibi exactis in detitionem eos infectis viribus ire coegit.

Krypta des Doms.
Carl Schiewek, Phot.

Frauenbergskirche.
Carl Schiewek, Phot.

Kaiser Ottos I. Abschied von seiner Mutter Mathilde. (Gemälde von Looschen im Stadtverordneten-Sitzungssaal.) Carl Schiewek, Phot.

verhandelte von hier aus mit Otto IV., der bei Goslar stand. Obwohl dieser hartnäckig an der Königskrone festhielt, schien er doch endgültig erledigt zu sein. Da fiel Philipp 1208 durch Mörderhand; die Großen des Reiches schlossen 1209 zu Speyer auf Kosten des Königtums ihren Frieden mit Otto und erkannten ihn als alleinigen Herrscher an.

Doch der Bannstrahl des Papstes, der ihn schon im November 1210 traf, entfachte von neuem den Widerstand gegen ihn. Furchtbar züchtigte der aus Italien zurückgekehrte Kaiser die Aufständischen, besonders den Erzbischof Albrecht II. von Magdeburg und Landgrafen Hermann von Thüringen. Es war ein Glück für Nordhausen, daß es nicht in Hermanns Händen war, sondern neben Mühlhausen von einem Parteigänger Ottos namens Gunzelin gegen die thüringischen Angriffe gehalten wurde. Denn während nun Thüringen und das Erzstift Magdeburg von Otto grausam verwüstet wurden, geschah diesen Städten nichts. Ja, Nordhausen war von ihm sogar ausersehen zu einer großen Festlichkeit: Hier feierte der Kaiser am 22. Juli 1212 seine Hochzeit mit der staufischen Prinzessin Beatrix. Jubelndes Gefolge umgab damals das Brautpaar, jubelnd stimmten die Bewohner Nordhausens ein; hatte doch jeder die Hoffnung, daß nun endlich der Streit in Deutschland aufhören werde, nachdem durch diese Hochzeit Staufer und Welfen verbunden waren.

Die Freude sollte kurze Zeit nur währen. Am 11. August starb die noch jugendliche Kaiserin, und die Anhänger der Staufer geben vielleicht nicht ganz mit Unrecht dem Kaiser, der von klein auf äußerst ungestüm und roh war, die Schuld an dem plötzlichen Tode. Von neuem entbrannte der Kampf, den der aus Sizilien herbeigeeilte Staufer Friedrich, der Enkel des Rotbart, mit Glück und Erfolg führte.

1218 starb einsam und bedeutungslos auf der Harzburg Otto IV., noch jung an Jahren. Der Schlag, der ihm seinen Einfluß endgültig genommen hatte, war an der Nordwestgrenze des Reiches, an der Brücke von Bouvines, gefallen. Otto, an der Spitze von deutschen und englischen Rittern, war hier einem französischen Bürger- und Bauernaufgebot erlegen. Eine neue Zeit brach an. Noch galten Roß und Rüstung vor allem in der Welt, noch entfaltete in der höfischen Dichtkunst das Rittertum seine edelsten und duftendsten Blüten, doch schon regte sich das Bürgertum, schon drängte die Zeit aus der Naturalwirtschaft heraus, schon trat neben den Bauern der Handwerker und Handelsmann, schon reckte sich neben dem feudalen Grundherrn freier Bürgerstolz. 1075 bei Homburg klopften die Ritter noch übermütig den sächsischen Bauern auf die Strohhüte und trieben das „Pack" zu Paaren. 1214 bei Bouvines in Frankreich senkte sich zum ersten Male stolzer Ritterhelm und Wappenzier vor den Streitkolben der Bürger. Eine neue Zeit brach an; auch in Deutschland, auch für das kleine Nordhausen. Auch Deutschland wuchs in derselben Zeit, wo der feudale Ritter seine höchste Kultur erreichte, ganz langsam schon aus der Naturalwirtschaft heraus; und mit dem Aufkommen einer neuen Wirtschaftsform kam auch hier in Deutschland empor ein neuer Stand, der Bürgerstand. Daß es Nordhausen, welches eben erst 1180 offenbar ohne Mühe von Heinrich dem Löwen eingenommen worden war, 1198 gelang, Hermann von Thüringen, der sich vor die Stadt legte, Monate lang abzuwehren und erst dann durch freien Willensentschluß die Tore zu öffnen, wirkt wie ein Symbol: die Bevölkerung einer kleinen, dürftigen Stadt trotzte dem gefeiertsten Ritter jener Tage. Wahrlich, eine neue Zeit brach an.

Anhang zu Kapitel 2.

Um über das Wesen der Siedlung Nordhausen in den ersten Jahrhunderten ihres Bestehens zur Klarheit zu gelangen, muß man die wenigen Quellen aus dieser Zeit nebeneinanderstellen und vergleichen:

Am 16. September 929 vermachte Heinrich I. seiner Gemahlin Mathilde zum einstmaligen Wittum mit allen Einkünften auf ihre ganze Lebenszeit seine Erbgüter: *in locis Quitilingaburg, Palithi, Northuse, Gronau, Tuterstete cum civitatibus ac omnibus ad praedicta loca pertinentibus, litis, servis, mancipiis utriusque sexus.* – 962 heißt es nicht ganz verbürgt: *Otto II., Romanorum Rex, donavit Monasterio S. Crucis civitatis Northusen mercatum, teloneum et monetam in dicta civitate, in victum Sanctimonialium in perpetuum.* – Die Urkunden des 11. Jahrhunderts nennen immer nur den Namen Nordhausen, höchstens erscheint, wie z.B. 1075 *curtis regia* bei Lambert und *villa regia Northusen* bei Ekhart. Wichtig ist erst wieder eine Urkunde Friedrichs I. aus dem Jahre 1158, in der am 16. März dem Kloster zu Nordhausen und dessen Äbtissin Cäcilie tauschweise *castrum, curtem dominicalem* mit Zubehör und alles, was der Kaiser in *villa Northusen* besitzt, übergeben wird, wofür er die Einkünfte *in villis* Windehausen und Bielen erhält. Schließlich gewähren die erzählenden Quellen zum Jahre 1180, wo Heinrich der Löwe Nordhausen mit stürmender Hand nahm, Einsicht in Nordhäuser Verhältnisse. Das Kloster auf dem Petersberge bei Halle berichtet, *castrum Nordhusen et monasterium Sanctimonialem in eo situm igne consumptum est*, und Arnold von Lübeck schreibt: *exussit civitatem, quae dicitur Koniges Northusen, villam regiam Northusen ...*

Danach ist folgendes mit Sicherheit auszumachen: Die in der Urkunde von 929 erwähnten *loca* sind der allgemeinste Ausdruck für die Ansiedlungen: Menschliche Siedlung und das bebaute Land um sie herum sind darunter zu verstehen. Andererseits bietet das Wort *castrum* den engsten Begriff und heißt jedesmal nur Burg ohne Wirtschaftshof, ohne bäuerliche oder bürgerliche Wohnstätten; *castrum* bedeutet bei Nordhausen den kleinen, mit Mauern umgebenen Raum am westlichen Steilhang. Das Münster ist in die Ummauerung eingeschlossen. Die älteste Urkunde unterscheidet *castrum* und *civitas* nicht genau: 929 ist *civitas* offenbar mit Burg zu übersetzen. Wo aber später, wie 962 und 1180, der Begriff *civitas* vorkommt, kann damit nicht nur die Burg gemeint sein, sondern eine Siedlung im Anschluß an die Burg. Denn 962 hat die *civitas* Handel, Zoll und Münze, und 1180 wird nicht die Burg allein, sondern die Ortschaft *civitas* genannt. Am wichtigsten ist die Unterscheidung von *civitas* und *villa*. 1158 wird *castrum, curtis dominicalis* und *villa* unterschieden. Dabei ist *castrum* die Burg und *curtis dominicalis* der herrschaftliche Wirtschaftshof. Danach kann *villa*, auch *villicatio* nur die Siedlung bei der Burg und dem Herrschaftshofe sein. Auch die Dörfer Bielen und Windehausen werden *villae* genannt. *Villa regia* ist der erste und vornehmste Wirtschaftshof, danach aber auch die gesamte Dorfanlage, die auf Reichsboden liegt, *villa* schlechthin ist die ganze bürgerliche Siedlung, untermischt mit Handwerkern und Kaufleuten, Unfreien und Freien. Daraus geht hervor, daß *civitas* die Ortschaft ist und *villa* auch. *Civitas* und *villa* ist dasselbe, streng unterschieden oder danach, ob man die politische oder wirtschaftliche Seite der Siedlung bezeichnen will. *Civitas* ist die befestigte *villa* im Gegensatz zu irgendeinem beliebigen Landsitze. Der Mittelpunkt der *civitas* ist das *castrum*, der Mittelpunkt der *villa* ist die *curtis dominicalis*. Der Name *villa* geht von der *villa regia*, dem königlichen Gutshofe, aus, und die *villa* ist eine zunächst rein bäuerliche Niederlassung, dann eine Ortschaft, in der sich auch Kaufleute angesiedelt haben. Der Aufsichtbeamte der *villa*, d.h. derjenige, der alle wirtschaftlichen Funktionen der Ansiedlung zu überwachen hat, ist der *villicus* oder *scultetus*, der Schultheiß. Will man dagegen betonen, daß die hier entstandene Niederlassung im Gegensatz zu anderen Dörfern ein durch ihre Burg und ihre Befestigung eigenartiges Gebilde ist, so spricht man von *civitas*, und der Aufsichtbeamte der *civitas*, der militärische Leiter und oberste Richter an Stelle des Königs, ist der *advocatus* oder Vogt.

Abschnitt II.

Nordhausen unter der Herrschaft der Geschlechter 1220–1375.

Kapitel 3.

Nordhausen in der Zeit des Überganges vom Feudalismus zum Bürgertum 1220–1290.

Seit dem Jahre 1158 hatte das Nonnenstift zum Heiligen Kreuze die Stadt Nordhausen im Besitze gehabt. Noch zeugen Blechmünzen, Brakteaten jener Zeit mit dem Bildnis der Äbtissinnen *Hedwig, Cäcilia* und *Beatrix*, von der Herrschaft des Stifts über das Gemeinwesen. Es war eine schwächliche Herrschaft gewesen, diese Klosterherrschaft, die zwar nicht der Entwicklung der Gemeinde, aber doch ihrem Ansehen geschadet hatte. Solange *Heinrich der Löwe* als vom Reiche eingesetzter Oberschutzherr seine starke Hand über die Ansiedlung gehalten hatte, mochten gröbere Eingriffe und Rechtsbrüche noch unterblieben sein. Als aber der Zorn *Barbarossas 1181 den Löwen* hinwegblies, war Nordhausen und sein Nonnenstift schutzlos den gierigen Zugriffen seiner Nachbarn preisgegeben. *Kaiser Friedrich* hatte zwar im November 1181 dem *Thüringer Landgrafen Hermann* die Stadt anvertraut, aber die Persönlichkeit *Hermanns* war nicht dazu angetan, Bedrängte vor dem Unrecht anderer zu wahren. Bei dem gewaltigen *Heinrich von Braunschweig* genügte ein kurzer Machtspruch, genügte fast ein Stirnerunzeln, den Friedensbrecher von seiner Beute hinwegzujagen, bei *Hermann von Thüringen* genügte nicht Fehdehandschuh noch Schwertgeklirr, die Meute vom Wilde zu bringen. Denn er, der Hab und Gut, wenig wählerisch in seiner Gesellschaft, mit edelsten Sängern und mit rohsten Schnapphähnen auf der Wartburg vertat, er, der selbst kleinliche und bedenkliche Mittel nicht verschmähte, eigenen Vorteil zu erjagen, war nicht der Mann dazu, andere zu Recht und Ordnung anzuhalten.

So geriet das Nonnenstift in Verfall: Äußerlich schwand sein Besitz, innerlich scheint Lockerung der Sitten das Ansehen gefährdet zu haben. Der *Vogt Ruprecht*, der um 1200 die Interessen des Stiftsbesitzes wahrzunehmen hatte, war ein wenig tatkräftiger Mann. Er hauste im alten fränkischen Reichshofe am Frauenberge und konnte kaum sein eigenes Leben bewahren, viel weniger das Gut der Nonnen kraftvoll verwalten. Kinderlos wie er war, und ohne Hoffnung, seinen Namen im Diesseits zu erhalten, setzte er alles daran, sich im Jenseits einen Platz zu sichern. Er gründete auf dem Boden des alten fränkischen Reichshofes das Zisterziensernonnenkloster Neuwerk und stattete es mit dem ihm noch verbliebenen Reichslehen aus.

In diesen schwankenden Zeitläuften erwuchs nun dem Stift und der Stadt in dem Propste *Dietrich von Honstein* ein Retter. Graf *Dietrich* hatte als ein jüngerer Sohn des Geschlechts den geistlichen Stand gewählt und war 1208 Propst des Nonnenstifts geworden. Lange hatte er während der Thronstreitigkeiten zwischen *Philipp* und *Otto IV.*, zwischen *Otto* und *Friedrich II.* mit gebundenen Händen dem Niedergange des Klosters zusehen müssen. Da, als sich nach dem Tode *Ottos IV.* und nach der allgemeinen Anerkennung *Friedrichs II.* die Verhältnisse in Deutschland gefestigt hatten, glaubte er endlich die Zeit gekommen, zum eigenen Nutzen, zum Wohle seiner Heimat und zum Vorteil des Reichs den entscheidenden Schritt tun zu können. Seine weitreichenden, einflußreichen Verbindungen mußten ihm dazu behilflich sein.

Das Geschlecht der Honsteiner, dem er entstammte, war ja vielfach bekannt und verwandt mit den meisten Thüringer Herren und Grafen. Dietrichs Onkel *Edgar III.* war mit *Oda*, einer Tochter des *Burggrafen von Magdeburg* verheiratet. Dieser wieder entstammte dem Geschlecht derer von *Querfurt*. Durch ihn, aber auch durch andere Beziehungen, war er mit dem damals blühenden Grafengeschlechte der *Käfernburger bei Arnstadt* bekannt geworden; er selbst hatte mehrfach als Gast auf der Käfernburg geweilt. Und aus diesem Geschlecht der Käfernburger stammte wieder der schon bei drei Königen überaus einflußreiche Erzbischof *Albrecht II.* von Magdeburg. Diesen seinen Gönner gewann er nun dafür, bei König *Friedrich* für seine Pläne einzutreten: Das alte *Mathildische* Nonnenkloster sollte aufgehoben werden und daraus ein Mannsstift mit Propst *Dietrich* an der Spitze entstehen; die in den letzten Jahrzehnten entfremdeten Liegenschaften des Nonnenklosters sollten mit Hilfe des Reichs an das Stift restlos zurückgebracht werden, und das städtische Gemeinwesen sollte statt dessen reichsfrei werden.

Friedrich II. wird leicht auf diese Pläne *Albrechts* von Magdeburg und *Dietrichs* von Honstein eingegangen sein. Die schwierige Lage der Nonnen, die Gründung eines neuen Nonnenklosters am Frauenberge durch *Ruprecht* und die Entwicklung Nordhausens als eines städtischen, allmählich schwer von einem Stift zu regierenden Gemeinwesens werden ihn zu dem Entschluß gebracht haben. Auch die Gelegenheit, altes, unter die Kirche geratenes Reichsgut dem Reiche zurückzugewinnen, mag ihn bewogen und dem Plane schnell geneigt gemacht haben. So ward denn am 1. April 1219 zu Hagenau auf Bitten des Propstes Dietrich und nach dem Vortrage der Erzbischöfe von Mainz und Magdeburg sowie des Kanzlers *Konrad*, Bischofs zu Metz, der Beschluß zur Umwandlung des Nonnenklosters in ein Domherrenstift und zur Stellung Nordhausens direkt unter das Reich gefaßt.

Eigenen Einblick in die Verhältnisse verschaffte sich der König im Sommer

1219, wo er in Thüringen und Sachsen weilte: Im Juni hielt er in Erfurt Hof, und in Goslar stellte er eine für diese Stadt wichtige Urkunde aus. Es steht nicht fest, daß er damals in Nordhausen selbst geweilt hat, doch muß er unsere heimatlichen Gaue durchzogen haben.

So war die Urkunde vom *27. Juli 1220*, die die Verhältnisse in Nordhausen auf längste Zeiten hinaus bestimmen sollte, wohl vorbereitet. Durch diesen kaiserlichen Spruch wurde das Kloster in das Mannsstift zum Heiligen Kreuze umgewandelt; den Propst des Stiftes wählte der König selbst aus, der *Erzbischof von Mainz* als Diözesan übertrug dem vom König Bestimmten die Geschäfte. Der Propst bekam das Recht, den Scholastikus zu ernennen; das Domkapitel besetzte die wichtigste Stelle aus seiner Mitte selbst, die des Dechanten. Dazu erhielt das Domstift wichtige Rechte: der gesamte Besitz des alten Nonnenklosters ging an das Stift über. Innerhalb Nordhausens wurde es samt seinen auf städtischem Boden wohnenden Insassen, auch den weltlichen, der städtischen Gerichtsbarkeit entzogen; es wurde befreit von allen städtischen Lasten: von den Steuern, vom Wachtdienst, von der Hilfeleistung zum Mauerbau. Zu diesen Freiheiten traten noch wichtige Rechte innerhalb der Stadt. Das Stift behielt die Einnahmen des Zinses an den Wohnstätten, des sogenannten Wortzinses,[1] es erhielt die Hauptkirchen Nordhausens, St. Nikolai, St. Petri, St. Marien auf dem Frauenberge unterstellt; 1234 kam St. Blasii noch hinzu. Trotz dieser gewaltigen Freiheiten und Rechte ward ihm aber eines genommen: die Stadt Nordhausen selbst. Diese nahm König *Friedrich* samt ihrer Stadtflur für sich selbst in Anspruch und unterstellte die Gerichtsbarkeit, den Zoll und die Münze königlichen Beamten. Damit ist das Jahr 1220 das Geburtsjahr der Freien-und Reichsstadt Nordhausen.

Gewiß, ein bedeutsamer Schritt für Nordhausen war damit vorwärts getan. Um aber alle Lebensbedingungen unserer Heimatstadt im Mittelalter wirklich verstehen zu können, muß man sich jederzeit vor Augen halten, daß in diesem nun selbständigen Gemeinwesen ein völlig selbständiges Gebilde, das Domherrenstift, lag. In der Tat ein Staat im Staate! Und König *Friedrich* sowie sein junger *Sohn Heinrich*, der für den nach Italien reisenden Vater die Regentschaft in Deutschland übernahm, wußten sehr wohl, daß sie für das, was sie der Kirche genommen hatten, dieselbe auch weiterhin entschädigen mußten. Auch *Heinrich* hielt nicht nur seine Hand über das Stift, sondern begünstigte es nach Kräften. 1234 hatte ein furchtbarer Brand große Teile der Altstadt Nordhausen zerstört. Auch die Domkirche hatte schwer gelitten. Das war ein erwünschter Anlaß, von neuem auf die Notlage der Kirche hinzuweisen, strenge Befehle zu erlassen, daß endlich Ernst gemacht werde, den der Kirche noch immer entwendeten Besitz zurückzuerstatten und neue Privilegien den alten hinzuzufügen. Die Päpste jener Zeit aber, *Honorius III. 1221* und *Gregor IX. 1235*, bestätigten durch ihre Bullen den von den deutschen Königen geschaffenen Zustand.[2]

Die reichen Liegenschaften des Domstifts erlaubten den Domherren ein

---
1 Wert- oder Wortzins. Wert, Werder bedeutet ein Stück festen Landes, auf dem man eine Wohnstatt gründen kann.

2 Zu allen diesen Verhältnissen vergl. Förstemann, Urkundliche Geschichte der Stadt Nordhausen.

stattliches und sorgenfreies Leben. Das Kapitel wurde fast ausschließlich eine Versorgungsstätte für die Söhne thüringischer und sächsischer, nach Einführung der Reformation in Nordhausen, Mainzer und Würzburger Adelsgeschlechter.

Der vom König ernannte Propst, fast immer ein hoher Adliger, brauchte nicht in Nordhausen zu residieren, sondern konnte sein Pfründe, wo es ihm beliebte, genießen. Der Dekan des Stifts war deshalb häufig die ausschlaggebende Persönlichkeit. Doch beide waren sowohl in der Verwaltung des Stifts wie in der Ausübung der Zucht von dem Kapitel der Domherrn abhängig. Jede wichtige Angelegenheit mußte dem Kapitel unterbreitet und darüber ein Beschluß herbeigeführt werden. Aus diesem Kapitel hob sich noch der Scholastikus heraus, der die Aufsicht über die Domschule führte und der den Leiter derselben, den Rektor, sowie dessen Unterlehrer auswählte. Sämtliche Stiftsherren waren Geistliche, hatten die Tonsur erhalten, trugen geistliches Kleid und selbst das für die Geistlichkeit vorgeschriebene Schuhwerk. Jeder von ihnen wohnte am Dom mit seiner Dienerschaft in einem besonderen Haus, seiner Kurie, in die er sich einkaufen mußte und für deren Instandsetzung er alljährlich eine kleine Summe zu entrichten hatte. Vornehme Absonderung nicht nur von der Bürgerschaft, sondern selbst von den städtischen Geistlichen war Pflicht der Domherren. Taten sie einen Gang durch die Stadt, so war ihnen gemessene Haltung und würdiges Auftreten geboten; daß jederzeit ein Diener sie begleitete, waren sie sich selbst und der heiligen Kirche schuldig.

Das Stift war seit der Ottonenzeit freigebig von gütigen Königen und frommen Christen beschenkt und ausgestattet worden. Am wenigsten Einkünfte bezog es noch aus Nordhausen selbst. Die alte Grund- und Gebäudesteuer, der Wortzins, der aus der Stadt dem Stifte zufloß, brachte nur geringe Ausbeute, da der einmal festgesetzte Satz nicht erhöht werden konnte und der Wert des Geldes ständig sank. Mehr schon brachten die Abhängigkeit der städtischen Kirchen und die Parochie Wechsungen ein, die dem Stifte gehörte. 21.50 M [3] Silbers wurden daraus verrechnet. Die Untertänigkeit (*signum subjectionis*) dieser Kirchen kam aber nicht bloß durch diese Abgaben zum Ausdruck, sondern auch durch die Verpflichtung der Geistlichen, an den Hauptprozessionen des Stifts, an den beiden Kreuzfesten, der Kreuzerfindung am 3. Mai und der Kreuzerhöhung am 14. September, teilzunehmen.

Die Haupteinnahmen flossen dem Stifte jedoch aus seinen liegenden Gütern zu. Diese lagen, nachdem 1253 die alten westfälischen noch aus Mathildischem Privatbesitz stammenden Besitzungen an das Bistum Münster verkauft worden waren, sämtlich in Sachsen und Thüringen. Nicht weniger als 84 Ortschaften hat man errechnet, in denen Höfe und Häuser dem Nordhäuser Kreuzstifte zinspflichtig waren. Die meisten Besitzungen lagen in Nordhausens Nähe selbst: So 900

---

[3] 1 M reinen oder lötigen Silbers gleich 1 Gewichtspfund Silber. 1 M (Nordhäusischen) Silbers oder ein Talent gleich einem Zählpfund, das seinen Kurs änderte und allmählich stark verschlechterte. Eigentlich sollen aus einem Pfund Silber nur 20 Schillinge = 240 Pfennige geprägt werden. Diesen Satz behielt das Zählpfund bei, während aus einem wirklichen Pfund, d.h. einer lötigen M 1344 in Nordhausen schon 50 Schillinge = 600 Pfennige geschlagen wurden. 1 M lötiges Silber hatte also damals 2 1/2 Zählpfund Silber.

Morgen Land in der Flur von Bielen und Windehausen, die einst zu Goslar gehört hatten und die der Dechant *Friedrich von Bila* erwarb. Die reichsten Erträgnisse aber kamen aus dem Gute Vogelsberg im Weimarischen, einem Vermächtnisse Kaiser *Ottos II.* vom Jahre 974, das mehr als 10 000 Morgen umfaßte und bis ins 19. Jahrhundert, also fast 850 Jahre, dem Stifte verblieb. Aus diesem Gute bezog das Stift im 14. Jahrhundert jährlich 10 500 Scheffel Getreide, 500 Hühner, 110 *M* Silber, 250 Pfund Pfennige. Die z.T. wendischen Leibeigenen standen in strenger Abhängigkeit, mußten bei einem Todesfall die verhaßte Steuer des Besthaupts, d.h. des besten Stückes aus dem Erbe, an den Zinsherrn abgeben, und bei der Verheiratung stand ihm die Abgabe des sogenannten Bettemunds zu. Aus diesen großen Einkünften kann man den Reichtum des Domherrnstifts ermessen und die glückliche, sorgenfreie Lage der Inhaber jener Pfründen erkennen.[4]

Obgleich nun aber auch im Jahre 1220 das Domstift außerordentliche Rechte zuerteilt bekommen hatte, war Nordhausen doch von ihm frei und unabhängig geworden; und das war das Wichtigste für die Entwicklung unserer Stadt. Machte sich schon in der zweiten Hälfte des 12. Jahrhunderts eine andere Einstellung der Bevölkerung in wirtschaftlicher Beziehung bemerkbar, waren schon gegen Ausgang des 12. Jahrhunderts die Händler und Gewerbetreibenden gegenüber den reinen Ackerbauern in der Mehrzahl, trieben schon damals einige der aus der Umgebung zugezogenen Adlige Handel und veranlaßten auch manchen Reichsministerialen auf der Burg und im Wirtschaftshofe zu Nordhausen ein bürgerliches und einträgtiges Gewerbe zu betreiben, so ist seit 1220 zum ersten Male festzustellen, daß diese Adligen, seien es nun bloße *milites*, Mannen mit Roß und Rüstung, oder seien es *mercatores*, vornehme Kaufleute, sich als eine Einheit fühlten, als in der Stadt gemeinsam wohnend, zu einer Schicksalsgemeinschaft verbunden gegenüber dem flachen Lande, gegenüber den benachbarten Territorien, ja, gegenüber ihrem Herrn und Könige selbst. Das ist die Bedeutung des Auftretens der *burgenses*, der Bürger, in einer Urkunde aus den zwanziger Jahren des 13. Jahrhunderts, also kurz nach dem Jahre 1220.

Wirklich „Stadt" – und das ist die zweite und außerordentlich wichtige Bedeutung des Jahres 1220 – wurde aber damals Nordhausen dadurch, daß es rechtlich vom Lande getrennt wurde. Bisher hatte es nur zwei Potenzen einer wirklichen Stadt gehabt, die politische als ummauerte *civitas*, und die wirtschaftliche als bevorrechteter Markt; jetzt erhielt es die dritte: Nordhausen wurde aus dem ländlichen Gerichtssprengel herausgenommen und bekam seine eigene städtische Gerichtsbarkeit. Hatte bisher der Vogt des Nonnenstiftes, wahrscheinlich unter der Aufsicht der *Grafen von Klettenberg*, die Gerichtsbarkeit über das gesamte Immunitätsgebiet des Klosters ausgeübt, so wurde er als Gerichtsherr der Freien Reichsstadt nunmehr unabhängig und hegte das Gericht nach eigenem Ermessen. Die Klettenberger blieben Vorsitzende des Landthings, das bei der

---

4 Vergl. Hellwig, Zur Geschichte des Dom- und Kreuzstiftes zu Nordhausen; Zeitschrift des Harzvereins für Gesch. und Altert. 27. Jahrg. 122 ff.
P. Oßwald, Liber feodalis et censuum perpetuorum ecclesiae S. Crucis, Zeitschrift des Harzvereins, 1889, 85 ff.

zentralen Lage Nordhausens noch weiter in Nordhausen, vielleicht, wie Meyer annimmt, auf dem Löseberg, dem heutigen Rähmen, tagte. [5]

Nimmt man die wesentliche Umgestaltung aller Dinge in Nordhausen durch die Königsurkunde vom Jahre 1220 zusammen mit dieser allgemeinen Entwicklung, dann tritt erst die ganze Bedeutung jener ersten Jahrzehnte des 13. Jahrhunderts recht in Erscheinung.

Eine wirkliche, freie Bürgerschaft war in Bildung begriffen, eine Bürgerschaft, die auch fühlte, daß sie nach außen hin unabhängig von jeder Gewalt ausgenommen der des Reiches war, und die sich bewußt ward, daß sie in ihrer inneren Zusammensetzung etwas anderes war als die Bauernschaften auf dem Lande oder die adligen Herren auf den Gutshöfen. Zum Zeichen aber der Freiheit und Selbständigkeit in ihren Willensentschlüssen begann diese Bürgerschaft bald nach dem Jahre 1220 ein eigenes Stadtsiegel zu führen. Dieses Stadtsiegel, das um 1225 zum ersten Male erscheint, trug die Umschrift: *Sigillum Northusensis Civitatis*; es ist ein untrügliches Zeichen für die Entwicklung Nordhausens zur Stadt im mittelalterlichen Sinne. An zwei Urkunden des Zisterzienserklosters Walkenried vom Jahre 1229 und 1230 ist das Siegel zuerst erhalten. Es zeigt zwei königliche Gestalten zwischen zwei Türmen. Förstemann hat diese Gestalten als *Friedrich II.* und seinen Sohn *Heinrich* gedeutet. Uns scheint diese Auslegung unmöglich; denn die linke Figur trägt das Kopftuch einer Frau, wie es im 13. und 14. Jahrhundert die Abbildungen von Frauengestalten immer zeigen. Deshalb werden die beiden Persönlichkeiten wohl die Gründer Nordhausens und seines Stifts, König *Heinrich I.* und seine Gemahlin darstellen.

Dieses erste Siegel der Stadt wurde um 1300 durch ein zweites mit der Umschrift *Sigillum Northusen Civitatis Imperii* ersetzt, und dies war dann bis ins 16. Jahrhundert im Gebrauch. Daneben führte die Stadt seit dem Jahre 1336 ein Sekretsiegel, das einen einfachen Adler zeigt, dessen Kopf von einem Helme mit zwei Büffelhörnern geschützt ist. Geringe Sachen wurden ferner seit der Mitte des 15. Jahrhunderts mit einem größeren Siegel versehen, das nur einen gekrönten Adler aufweist. Beide Siegel waren bis 1736 im Gebrauch. Der auf dem Sekret sichtbare Adler wurde Nordhausens Stadtwappen. Ob aber Nordhausen dieses Wappen, den Adler unter einem mit Büffelhörnern gezierten Helm, von dem der deutschen Kaiser oder dem der Thüringer Landgrafen entlehnt hat, bleibe dahingestellt. Kaiser wie Landgraf führen den gleichen Wappenschild, der Kaiser in goldenem, der Landgraf in silbernem Schmuck. [6]

Die Geschichte Deutschlands und besonders die seiner Städte wurde in den zwanziger und dreißiger Jahren des 13. Jahrhunderts weniger von *Friedrich II.*, den seine Sorgen an Italien fesselten, beeinflußt als von seinem Sohne *Heinrich* und seinen Ratgebern, die in des Kaisers Abwesenheit in Deutschland regierten. Jene Berater des jugendlichen Fürsten hatten die Bedeutung der Städte richtig erkannt und förderten ihre Blüte nach Kräften. Nordhausen nahm an diesem

---

5 Vgl. K. Meyer, Entwicklungsgeschichte der Reichsstadt Nordhausen, Halle, Hendel 1887, 10.
6 Vergl. v. Mülverstedt, Zeitschr. des Harzvereins 1870, S. 41 ff. Förstemann, Urk. Gesch., 49. f. – H. Heine, Nordh. Familienblätter, 1902, Nr. 48 f.

ersten Aufstieg deutschen Städtewesens teil. Nachdem schon, wie *Karl Meyer* gezeigt hat, im 12. Jahrhundert der Petersberg außerhalb des Mauerrings besiedelt worden war und die Zeile der Weberstraße sich gebildet hatte, rückte jetzt das Altendorf aus dem Zorgegrunde an die Stadt von Norden heran. Dieser Stadtteil ist nicht erst damals entstanden und hat nicht allein, wie Meyer meint, vom Dorfe Hohenrode her seine Einwohner empfangen, sondern hier müssen seit alters einzelne Gehöfte verstreut gelegen haben, deren Bewohner nun die Hut der Stadtmauer aufsuchten. Daß der Schutz, den Nordhausen gewährte, auch die Bauern von Hohenrode lockte, sie ihre einstigen Wohnstätten wüst liegen ließen und in die Altendorfer Bevölkerung aufgingen, soll nicht geleugnet werden.

In derselben Zeit von 1220–1234 ward auch der Hagen nördlich der Stadt gerodet, eine Kapelle wurde gebaut und dem heiligen *Blasius* geweiht, und um dieses Heiligtum entstand das Blasiiviertel, ein weiterer Stadtteil, aber auch noch außerhalb der eigentlichen Stadtbefestigung gelegen und nur durch Gräben und Flechtzäune geschützt.

So dehnte und reckte sich die kleine Stadt, ihre Insassen gewöhnten sich, gar trotzig und sicher daherzuschreiten, und ihre Ratsmeister dünkten sich wohl bald, nicht weniger zu sein als jene stolzen Grafen vor ihren Toren.

Die wichtigsten dieser Nachbarn der freien Stadt waren die Klettenberger und Honsteiner Grafen. Der klettenbergische Besitz lag in der Hauptsache westlich und nördlich der Stadt. Doch war der Glanz dieses Hauses schon im Erbleichen, und ihre Güter gingen bald in die Hände der Honsteiner über. Schon 1230 erwarben diese größere Teile der Grafschaft mit dem Hauptorte Ellrich, und wahrscheinlich 1267 brachten sie die ganze Grafschaft an sich.

Viel bedeutsamer, und zwar auf Jahrhunderte hinaus, sollten die Honsteiner und die sich um 1200 von ihnen abzweigende Linie der Stolberger Grafen für Nordhausen werden. Nachdem dieses Grafengeschlecht 1268 Greußen, 1295 Sondershausen und 1303 von den *Grafen von Beichlingen Roßla* erworben hatte, reichte sein Einfluß vom Ostabhange des Eichsfeldes im Westen bis vor die Tore von Sangerhausen im Osten; von den südlichen Harzbergen im Norden bis tief ins Thüringer Becken im Süden. Darunter befand sich auch mancher alte Reichsbesitz, dessen Reichsvögte, ungeschützt vom Reiche wie sie waren, in die Lehnsherrlichkeit der mächtigen Grafen geraten waren. Bedenkt man schließlich, daß die Stadt Nordhausen außerhalb ihrer Mauern nur eine sehr kleine Stadtflur besaß, die zu Beginn des 13. Jahrhunderts beinahe noch dieselbe war wie zur Ottonenzeit, so erscheint diese Stätte der Reichsfreiheit fast wie ein Inselchen, das rings von weiten Wellen honsteinschen Landes umbrandet war. Ja, einige Spritzer honsteinscher Macht schlugen in das städtische Gebiet hinein. Mit größter Wahrscheinlichkeit bekamen die Honsteiner gleich 1220 die Vogteirechte über Nordhausen und haben sie bis 1593, wo das Geschlecht ausstarb, innegehabt. Nordhausens Chronist *Förstemann* spricht einmal vorsichtig die Vermutung aus, daß die *Grafen von Klettenberg* im Besitz der Vogtei in Nordhausen gewesen seien, und *Meyer* nimmt diese Ansicht auf, indem er darauf hinweist, daß die

Namen von Nordhäuser Reichsministerialen häufig unter klettenbergischen Urkunden stehen und daß die Klettenberger mehrere Höfe in Nordhausen ihr eigen nannten, z.B. auf der Südseite des Petrikirchplatzes einen, den sie 1266 dem Kloster Ilfeld vermachten, und an der Töpferstraße einen zweiten, den sie dem Hospital *in subsidium pauperum* schenkten.

Viel weitergehend war der Einfluß der Honsteiner auf Nordhausen. In dem entscheidenden Jahre 1220 war ein Honsteiner Propst des Domstifts, die Nordhäuser Reichsministerialen kommen ständig in engster Verbindung mit den Grafen vor, in Nordhäuser Besitzverhältnisse, besonders im Frauenberger Gebiet, griffen sie öfter ein. Vor allem scheint mir dadurch auch das merkwürdige, bisher nie geklärte Schutzverhältnis verständlich, in dem das Nonnenkloster Neuwerk zu den Honsteinern stand und auf Grund dessen in späteren Jahrhunderten, besonders im 15. Jahrhundert, die Nachfolger der Honsteiner, die Stolberger und Schwarzburger, Anspruch auf Teile der Stadtflur und auf das Kloster erhoben. Der letzte *Vogt Ruprecht*, der das Nonnenkloster gründete, wird im Lehnsverhältnis zu den Honsteinern gestanden haben, und diese werden auf Grund der Vasallität ihre Rechte geltend gemacht haben. Alles deutet darauf hin, daß schon *Dietrich I.* von Honstein, der Sohn *Elgers III.*, die Vogtei in Nordhausen besessen hat.

Das waren mächtige Nachbarn, diese Honsteiner, und manches sorgliche Nachdenken haben sie den Nordhäusern bereitet in den 370 Jahren, wo sie durch die Aue ritten und vor den Nordhäuser Toren Zoll erhoben.

Eingeschränkt ward ihre Macht allerdings durch die Landgrafen von Thüringen, die als Pfalzgrafen von Sachsen des Königs Stelle in unseren Landen vertraten und das Schutzrecht über des Reiches Besitz ausübten. Dadurch hatte nach 1181 schon Hermann von Thüringen bedeutende Rechte über Nordhausen gewonnen, und er hatte sich wohl in den Kämpfen der Staufer und Welfen die Hoffnung gemacht, einstmals in Nordhausen als seiner Landstadt einreiten zu können. Doch hatte der königliche Akt von 1220 Thüringens Rechte beschnitten. *„Judiciariam, monetam et theoloneum"*, Marktgerichtsbarkeit, Münze und Zoll waren dem Reiche und seinem Schultheißen vorbehalten worden. Aber schon 1234 vergab diese Einkünfte der Kaiser gegen den Willen seines Sohnes an den *Landgrafen Heinrich Raspe von Thüringen*, nur das Schulzenamt allerdings und seine wichtigen Befugnisse, nicht die Stadt selbst, wie man wohl hat behaupten wollen; denn in einer Urkunde vom 21. Juni 1237 spricht der Kaiser die Herren der Stadt als *ministeriales Imperii* an. Wenn also Nordhausen nicht direkt zu einer thüringischen Landstadt herabgedrückt worden war, so besaß der Thüringer doch in der Ausübung des Schutzrechts und des Schulzenamtes genügend Gerechtsame über die Stadt. Freilich war das in der friedlosen Zeit des 13. Jahrhunderts, wo „Untreue im Hinterhalt lauerte und Gewalt auf der Straße daherfuhr", eher ein Vorteil als ein Schade für die Stadt.

Diese seit der Verbannung *Heinrichs* im Jahre 1235 so recht unruhige Zeit für Deutschland verlief für Nordhausen anscheinend ohne stärkere Erschütterung. *Heinrich Raspe* schützte sie. Als er dann 1247 starb, übernahmen die Anhaltiner als seine Verwandten seine Rechte. Diese Anhaltiner hatten von *Konrad von Mainz* die Ebersburg zu Lehen und hatten von dort aus schon seit längerer Zeit nach der Reichsstadt Nordhausen gierig ausgeschaut. Ohne vom Kaiser, der im fernen Italien weilte und sich dort mit dem Papste herumschlug, damit belehnt zu sein, traten die Anhaltiner 1247 einfach das thüringische Erbe an. Doch blieb Nordhausen auch nach 1247 eine königliche Stadt, nur das Vogteirecht übten die Honsteiner aus, das Schulzenamt und die Schutzherrlichkeit besaßen die Anhaltiner. Als Schutzherren Nordhausens verwandten sich dieselben am 21. August 1253 auch bei *König Wilhelm von Holland*, der den Bürgern alle ihre Rechte und Freiheiten bestätigte. Und wenn am 13. Oktober 1273 Otto von Anhalt seine Genehmigung für die Gültigkeit der von den Ratsleuten festgelegten Statuten gab, so tat er das auch nicht als Besitzer, sondern nur als Schutzherr der Stadt. Ja, daß die Landgrafen von Thüringen als Pfalzgrafen von Sachsen und damit als Vertreter des Königs nicht willens waren, die Rechte des Reiches aufzugeben, geht aus einem Zeugnis vom 15. Juli 1267 hervor, in welchem *Albrecht von Thüringen* und *Meißen* den Nordhäusern gestattete, keinem Kläger außerhalb der Mauern ihrer Stadt zu antworten. Schwerlich hätte auch *Heinrich der Erlauchte von Meißen* in den sechziger Jahren ein Turnier in Nordhausen abgehalten, wenn er dort nicht auf Reichsboden gewesen wäre. [7]

Auf dem so bedeutungsvollen Reichstage zu Nürnberg 1274, auf dem *Rudolf von Habsburg* die während der kaiserlosen Zeit abhanden gekommenen Rechte des Reiches wiederherstellte, faßte der König auch den Entschluß, mit der unsicheren Rechtslage in Nordhausen ein Ende zu machen und zu des Reiches Nutzen alle Rechte, die 1220 das Reich in Nordhausen gehabt hatte, ungemindert zu beanspruchen. Schon in einer Urkunde vom 24. August 1274 nennt er Nordhausen „seine" Stadt und gebietet „seinen" Reichsbeamten in ihr, das benachbarte Kloster Walkenried zu schützen.

Das waren die rechtlichen Verhältnisse, an welche die Stadt nach außen hin gebunden war. Wie ward sie nun im Innern verwaltet?

Daß sie rechtlich seit 1220 eine Sonderstellung innehatte und weder die Straf- noch die Zivilprozesse ihrer Bewohner vor dem Landgericht geführt wurden, ist gezeigt worden. Doch auch verwaltungstechnisch und wirtschaftlich waren ihr nunmehr Sonderaufgaben gestellt, die sie im Laufe der Zeit immer mehr aus ihrer rein bäuerlichen Umgebung hinauswachsen ließen. Da wirkte es fast wie ein Anachronismus, daß noch immer die Reichsministerialen der Burg und des königlichen Wirtschaftshofes bestimmenden Einfluß auf die städtische Verwaltung und Wirtschaft besaßen. Schon 1220 können es nur wenige Ritter noch gewesen sein, die mit Roß und Rüstung auf der alten Heinrichsburg hausten. Die meisten hatten schon einen bürgerlichen Beruf ergriffen und lebten in wirtschaftlich besseren Verhältnissen als ihre einstigen Standesgenossen. Und daß sie nun

---
7 Vergl. Förstemann, Urkundl. Geschichte. Meyer, Nordhausens Beziehungen zum Hause Anhalt, Festschrift des Harzvereins, 1903. Meyer geht zu weit, wenn er eine völlige Abhängigkeit Nordhausens von den Anhaltinern behauptet. Die Verhältnisse mußten hier z.T. anders als bei Förstemann und Meyer dargestellt werden.

unabhängig von der Gnade der Äbtissin oder des Königs leben konnten, wog ihnen das aufgegebene Schwert und Wappenzier bei weitem auf. Dennoch wurde die Stadt von den wenigen verbliebenen Reichsministerialen noch beherrscht.

An ihrer Spitze stand der *advocatus*, der Reichsvogt. Ihm kam in erster Linie zu, Ruhe und Ordnung in seinem Stadtbezirk zu halten und gegebenenfalls die Rechte der kaiserlichen Stadt auch nach außen hin zu schützen. Deshalb wurde er auch wohl „Schutzherr" genannt. Er war also der oberste Kriegsherr des Stadtbezirks und führte als solcher den Befehl über das Aufgebot der Reichsministerialen und der waffenfähigen Bürger. Auch die Verteidigungsanlagen der Stadt hatte er zu beaufsichtigen. Daß dieses Befestigungswesen der Stadt zunächst Sache des Reiches war, und erst später, gegen Ausgang des 13. Jahrhunderts, in die Hände der Bürger hinüberglitt, geht auch daraus hervor, daß noch in späteren Jahrhunderten eine Reihe ursprünglicher Reichsdörfer Steinfuhren zu der Befestigung Nordhausens beizutragen hatten. So hatte das Dorf Ryterode (wüst bei Großwerther) 4, das Dorf Steinsee 4, Kleinwechsungen 9, Hesserode 4, Hörningen 6, Sundhausen 24, Hochstedt 8, Herreden 4 Fuhren Steine zu liefern.

Wie der Vogt für Schutz nach außen hin zu sorgen hatte, so hatte er auch durch Ausübung der Polizeigewalt den Frieden im Lande zu wahren. Allerdings waren hierbei seine Befugnisse insofern stark eingeschränkt, als die Aufsicht über den Markt und das eigentlich städtische Getriebe dem Schultheißen zukam; aber die Überwachung des ganzen Stadtgebietes, besonders der Stadtflur und alles dessen, was nicht mit dem Markte, mit Handel, Gewerbe und fahrender Habe, zusammenhing, sondern sich auf liegende Gründe, Hofstätten, Äcker bezog, lag in seiner Hand. Das geht aus den Nordhäuser Statuten hervor, in denen es heißt: „Was an Häusern, Äckern, Ländern, Weingärten, Hopfenbergen, Wiesen und was sonst liegende Gründe sind, in der Stadt, Feld und Flur erklagt wird, dabei muß der Vogt sein. Vom Helfegelde gibt der Schultheiß dem Vogt ein Drittel." Auch aus dieser Abgabe ist die Abhängigkeit des Schultheißen vom Vogte hinsichtlich der Beaufsichtigung des Reichsbodens zu erschließen. Der Schulze hatte zwar als Finanzbeamter des Reiches die Überwachung des Grund und Bodens und die Einziehung der Grundsteuer, aber seine Abhängigkeit vom Vogte als Oberbeamten kommt hierin doch zum Ausdruck.

Der Vogt hatte die Oberaufsicht über die Verwaltung des gesamten Reichsgutes, doch ließ er die wirtschaftlichen, für die Stadt besonders wertvollen Angelegenheiten durch den Schultheißen bearbeiten. Daher war er auch mit der langsam emporkeimenden Stadt bei weitem nicht so verwachsen wie der Schultheiß. Er kann als der Vertreter der Vergangenheit, der feudalen, agrarwirtschaftlichen Zeit angesehen werden; der Schultheiß war dagegen der Vertreter der Gegenwart, der Zukunft und der bürgerlichen, geldwirtschaftlichen Gesellschaftsordnung.

Der Vogt hatte ferner als erster Reichsbeamter die dreimal im Jahre tagende Volksversammlung, das nach ihm genannte „Vogtthing", einzuberufen und zu leiten, das in erster Linie als Kontrollversammlung aufzufassen ist, dem aber auch alle wichtigeren Beschlüsse mitgeteilt wurden, über welche dasselbe dem Namen nach die oberste Entscheidung hatte.

Endlich war der Vogt auch der oberste Richter des Immunitätsbezirks; in seiner Hand lagen die Strafgerichtsbarkeit und der Blutbann.

Bald nach 1220 jedoch, und zwar unabhängig von jener mehr zufälligen Urkunde *Friedrichs II.* und vor allem durch die Entwicklung der gesamten Verhältnisse bedingt, begann sich schon die Bürgerschaft gegen die Herrschaft des Vogts zu regen. Die zwanziger und dreißiger Jahre des 13. Jahrhunderts sind bedeutsam wegen der städtefreundlichen Politik von *Friedrichs II.* Sohne *Heinrich*, die den Bürgern Bewegungsfreiheit gewährte und den allgemeinen Tendenzen der Zeit mehr entgegenkam, als das sonst bei den feudal eingestellten Staufern der Fall ist. Schon wünschte die Bürgerschaft nicht mehr ihre Interessen allein durch die Reichsministerialen vertreten zu sehen, sondern sich selbst als Wahrerin städtischer Belange zu fühlen. Das ist der Sinn eines Protestes der Bürger gegen einen Schenkungsakt, den der Vogt *Johannes Ruso* im Jahre 1247 vornahm und bei dem offenbar städtischer Besitz in fremde Hände übergehen sollte. Die Bürger waren nicht mehr gewillt, sich selbstherrlich regieren zu lassen oder unbesehen alle Willensäußerungen des Vogts auf dem Thing hinzunehmen.

Dieses dreimal im Jahre zusammentretende Vogtthing der werdenden Stadt muß überhaupt als die Keimzelle des Widerstandes und der Auflehnung gegen den Vogt angesehen werden. Trat doch hier eine gesellschaftliche Schicht zusammen, die in ihrer ganzen Haltung und Bildung nicht mehr mit der bäuerlichen Bevölkerung verglichen werden kann. Der Wohnsitz im Mittelpunkt einer weiten Landschaft, der Zusammenfluß und Austausch mannigfacher Beziehungen, die Anregungen, die durch das Zusammenleben verschiedenster gesellschaftlicher Kreise gegeben war, bedingten einen Weitblick, eine geistige Regsamkeit und schließlich auch ein Selbstbewußtsein, das nicht mehr einfach Gehorsam gegen aufgelegte Entschlüsse gestattete. Mancher Wortführer der Bürgerschaft im Thing mochte dem Verhandlungsleiter, dem Vogt, geistig überlegen sein. So scheint diese Versammlung, mehr als es bisher die Forschung über die Entstehung des Städtewesens zugegeben hat, gerade zum Emporblühen der städtischen Selbstverwaltung und zur Bildung eines städtischen Rates beigetragen zu haben. Hier in den Things hoben sich einzelne Bürger aus der Menge heraus, wurden allmählich wie selbstverständlich die Vertreter bürgerlicher Interessen und schließlich die anerkannten Vorsteher (*consules*) des Gemeinwesens.

Dazu kam, daß die Masse der Bürger sich ihrer materiellen Mittel bewußt wurde. Zunächst sprang schon die zahlenmäßige Überlegenheit den paar Reichsministerialen gegenüber ins Auge. Dann stärkte der Wohlstand der reichen Kaufmannsgeschlechter den ärmlichen, wirtschaftlich zurückgebliebenen Adligen gegenüber das Selbstvertrauen, vor allem war es aber, wie wir immer wieder bei geschichtlichen Entwicklungen feststellen können, die allgemeine Wehrpflicht, die dem Bürger das Rückgrat steifte. Alle Bürger waren zum Dienst mit der Waffe verpflichtet; daraus entsprach ein gleiches Recht für alle. Nicht mit einem Male trat dies ins Bewußtsein, aber unleugbar ist die Tatsache, daß die Bürger sehr bald merkten, wieviel sie für die Verteidigung der Stadt bedeuteten und wie wenig die paar Reichsministerialen und an der Spitze der „Schutzherr" der Stadt, der Reichsvogt.

Die Ritter selbst, denen dieser Umschwung nicht entging, suchten naturgemäß Rückhalt an den Adligen der Landschaft. So finden wir sie nicht selten im Gefolge der Klettenberger und Honsteiner Grafen. Doch, war dieser Rückhalt schon immer von zweifelhaftem Werte, so mußte er zu einem Nichts herabsinken, als die Klettenberger in den sechziger Jahren des 13. Jahrhunderts ihre Beziehungen zu den Gegenden um Nordhausen herum überhaupt lösten und die Honsteiner um deswillen immer schlechtere Bundesgenossen wurden, als sie in ihrem Drange nach Macht und Ausdehnung auch nach Reichsgut ausschauten und die Reichsritter durch ihren Zugriff ebenso in Gefahr kamen wie durch die Selbständigkeitsgelüste der Bürger.

Während die Reichsritter im allgemeinen und im besonderen unter ihnen der Vogt nach und nach an Ansehen in der Stadt verloren, gewann einer dieser Ministerialen doch immer mehr an Bedeutung für die Entwicklung des Gemeinwesens: das war der Schultheiß.

Ging das Amt des Vogts in erster Linie auf die politische Vertretung von Reichswegen, so war der Schultheiß das vornehmste Organ für die wirtschaftliche Seite. Er hatte besonders die Aufsicht über Nordhausen als Marktflecken, zugleich war er der wirtschaftliche Inspektor, der Finanzminister des Dominialbesitzes. Seine erste Amtsbezeichnung war *villicus*, d.h. Amtsvorsteher, Wirtschaftsverwalter, Gutsinspektor der villa. In dieser Stellung ist 1157 *Hermann de Northusen* bezeugt, und der Titel *villicus* hielt sich lange neben dem bald viel gebräuchlicher werdenden Titel *scultetus*, Schultheiß. 1236 wird noch der Schultheiß *Henrikus*, 1261 der Schultheiß Johannes *villicus* genannt. Im allgemeinen bürgerte sich seit Beginn des 13. Jahrhunderts allerdings die Bezeichnung Schultheiß ein. [8]

Als *villicus* oder *scultetus* hatte der Ministeriale die Aufsicht über die Lehnsgüter und ihre Bewirtschaftung und zog den Grundzins von ihnen ein. Auch den regelmäßigen Eingang von Naturallieferungen aller Art, Holz und Steinfuhren, Lieferungen von Flachs und Wolle hatte er zu überwachen. Doch war hierbei der Vogt sein Vorgesetzter. Dieser hatte die Gesamtaufsicht und hatte nur ein wichtiges, viel Arbeit erforderndes Verwaltungsgebiet, das gesamte Finanzwesen, an den Schulzen abgetreten. Daher erklärt es sich, daß die Eintreibung aller Steuern und die Erhebung der Zinsen in den Händen des Schultheißen lag. Als Finanzbeamter hatte er auch den Zoll an den Grenzen des Marktortes zu erheben und das Getriebe auf dem Markt zu überwachen. Ein- und Ausfuhr, Regelung des Marktverkehrs, Beaufsichtigung des Gewerbes waren aber so unauflöslich miteinander verbunden, daß hier eine scharfe Abgrenzung der Kompetenzen unmöglich war und der Schultheiß die Aufsicht über das gesamte Gebiet speziell

---

8 Vergl. die Urkunden des Stiftes Walkenried. Historischer Verein für Niedersachsen; Heft II-III. Hannover, 1852. Die Walkenrieder Urkunden sind für die ältere Geschichte Nordhausens von unschätzbarem Werte.

1. Ältestes Stadtsiegel.
Sigillum Northusensis Civitatis um 1200.

2. Zweites Stadtsiegel. Originalstempel im Städtischen Museum – Sigillum Northusen Civitatis Inperii – wohl bald nach 1230 angefertigt. Carl Schiewek, Phot.

Des Rats Sekret, angefertigt 1336.
Nunmehr richtig Imperii.

2. Siegel von einer Urkunde,
Ende des 17. Jahrhunderts.

3. Des Rats Siegel,
im Gebrauch seit Mitte des 18. Jahrhunderts.

Carl Schiewek, Phot.

städtischer Fragen übernahm. So kam es, daß ihm, was den Markt betrifft, auch eine wichtige Befugnis zustand, die eigentlich in den Machtbereich des Vogtes fiel: er handhabte an Königs statt den Königsfrieden, der über dem Markte lag, er besaß die Marktgerichtsbarkeit. Für den Schutz, den er auf diese Weise den Bürgern zur friedlichen Ausübung ihres Gewerbes und Handels gewährte, mußten die Kaufleute und Handwerker ihm kleine Abgaben leisten; ebenso entrichteten die Buden auf dem Markte ihre Gefälle an ihn.

Als Vorsitzender dieses Marktgerichtes führte er den Titel *praefectus*. Damit war sein Amt aufs engste mit dem Leben und Schicksal der Stadt verknüpft. Die Stadt war in lebenswichtigen Angelegenheiten vom Schultheißen abhängig. Solange der Markt von Nordhausen klein, Handel und Gewerbe auf ihm von geringem Umfange war, vermochte der Schultheiß die Gerichtsbarkeit und die Aufrechterhaltung der Ordnung allein oder unter Zuhilfenahme eines anderen Ministerialen vom Wirtschaftshofe zu bewältigen. Solange die Einwohner des Fleckens Hintersassen des Klosters, Ministeriale der Burg und wenige zugewanderte Händler waren, konnten die einfachen wirtschaftlichen Verhältnisse ohne Schwierigkeiten überblickt werden. Anders wurde es nach dem Jahre 1220. Einwohnerzahl und Verkehr stiegen, die wirtschaftlichen Verhältnisse wurden mit dem allmählichen Übergange zur Geldwirtschaft komplizierter, der Schultheiß, dazu erzogen, Roß und Rüstung zu führen, konnte sich allein nicht mehr in die gewerblichen und handelsrechtlichen Verhältnisse hineinfinden. Manche seiner Kameraden vom Burghofe waren schon Bürger der Stadt mit bürgerlichem Gewerbe geworden, wurden ihm entfremdet, und ihre Interessen waren mehr die der Bürger als der feudalen Ritter. Aus den Reihen dieser vornehmen Kaufleute mußte er nun aber seine Ratgeber wählen, sie wurden die Beisitzer, die Schöffen, beim Marktgericht, aus ihren Reihen nahm er den Münzherrn für den Schlagschatz. Auch die Unterbeamten, die er benötigte, die Büttel und Zollbeamten, mußte er aus den Kleinbürgern der Stadt nehmen. Er war freier nach oben hin, unfreier nach unten hin geworden. Jedenfalls zeigen alle diese Verhältnisse, daß der Schultheiß mit der Entwicklung und dem Gedeihen der Stadt aufs engste verbunden war und die Stadt ein weitgehendes Interesse an den Befugnissen dieses Reichsbeamten besaß.

Doch neben den alten, jetzt nur erweiterten und komplizierten Aufgaben wuchsen allmählich auch gänzlich neue empor. Natürlich nahm der Schultheiß auch für diese das Recht der Aufsicht in Anspruch. Doch die Bürgerschaft war nicht gewillt, ihm andere Rechte als die von alters überkommenen zuzugestehen. Wo die neue Zeit eine neue Einrichtung im Marktwesen mit sich brachte, machte die Bürgerschaft dem Schultheißen die Zuständigkeit streitig und fragte ihn, worauf er seine Ansprüche gründe. Sie schuf sich im Rate neben dem Schulzen eine eigene Behörde, die schon dadurch eine gewisse Überlegenheit über den Vertreter des Königs geltend machen konnte, daß ihr alle städtischen Verhältnisse besonders vertraut waren. Zugleich mußte es naturgemäß, da die Aufgaben sich vielfach verquickten, gar bald zu Kompetenzstreitigkeiten zwischen dem Schultheißen und dem Rate kommen. Unbestritten blieben ihm eigentlich nur die uralten

Reichsrechte an der Münze, am Zoll und an den Abgaben der Handwerker und Händler.

So erscheinen denn kurz nach 1220 die Bürger auch dem Schultheißenamte gegenüber im Angriff. Doch traf dieses zunächst nicht der stärkste Vorstoß der Bürgerschaft. Das Hauptverlangen der Bürger ging vor allem dahin, die Macht des Vogtes, der ihnen als der erste Vertreter des feudalen Landes gegen die bürgerliche Stadt galt, zu treffen. Das war leichter, weil er nicht so eng mit der Stadt verbunden war wie der Schultheiß, und das war wichtiger, weil er zu seinen Aufsichtsämtern viel weniger die Bürger nötig hatte als der Schultheiß und deshalb seine Ämter auch nicht unter dem Einfluß der Bürger allmählich städtische Organe werden konnten. Beim Vogt war eine völlige Beseitigung seines Einflusses möglich oder gar keine, beim Schultheißen konnte man langsam eine Position nach der anderen erobern. Das hatten die Bürger schnell begriffen und machten deshalb die Sache des Schultheißen zunächst zu ihrer eigenen, um mit Hilfe desselben den Vogt hinauszudrängen. Den Pflichtenkreis des Schultheißen, in welchem man selbst stand, galt es fürs erste zu erweitern, den des Vogt einzudämmen, allerdings mit dem Endziel, schließlich das Schulzenamt in städtische Abhängigkeit zu bringen und womöglich den Schulzen zu einem städtischen Beamten zu machen.

Die Angriffe auf die überragende Stellung der Reichsbeamten in der Stadt gingen nun nicht von der Masse der Bürger aus, – diese waren politisch noch zu unerzogen – sondern von einem kleinen Kreise angesehener Familien, die zum großen Teil selbst aus Reichsministerialengeschlechtern hervorgegangen waren. Sie hoben sich sichtbar von der Menge ab durch Bildung und Wohlhabenheit und wurden die Geschlechter oder Gefreundten genannt. Diese vornehmen Geschlechter begannen sich nun zu regen, begannen die Vormundschaft der Adligen abzuschütteln, begannen die Geschicke der Stadt herzhaft selber in die Hand zu nehmen. Hier tritt nun auch in der Nordhäuser Geschichte die wichtige Frage an uns heran, die für die Entwicklung des deutschen Städtewesens, die Entstehung der Bürgerschaft und ihrer Vertretung im Rate ganz allgemein von Bedeutung ist, die Frage, wie im Nordhausen des 13. Jahrhunderts sich der städtische Rat gebildet hat.

Über die Zusammensetzung der Bevölkerung in den alten Zeiten der ottonischen und salischen Kaiser fehlen uns alle Zeugnisse; doch lassen die späteren wenigstens Rückschlüsse auf jene früheren Jahrhunderte zu. Danach müssen wir annehmen, daß die meisten Einwohner aus der nächsten Umgebung Nordhausens stammen. Fast alle Dörfer zwischen Görsbach und Bleicherode und viele Dörfer zwischen Sangerhausen und Heiligenstadt sind in den Namen dieser ältesten Siedler Nordhausens, die sich meist nach ihrem Heimatorte nannten, vertreten. Da treffen wir auf adlige Geschlechter, die vielleicht schon im 10. Jahrhundert in die Burg *Heinrichs I.* gewandert sind und sich später im Marktflecken niedergelassen haben. Von anderen Adligen der Umgebung wiederum werden die zweiten oder dritten Söhne in den Marktort Nordhausen eingewandert sein, um in Beziehung zu treten mit den Ministerialen der Herrenhöfe, oder aber auch um die Produkte der väterlichen Güter, das Korn, den Hopfen, den Flachs, die Wolle, in dem aufstrebenden Flecken abzusetzen. Daneben finden wir Bauernsöhne oder dörfliche Handwerker, die in die Stadt gezogen sind, um dort ihr Glück zu versuchen.

Doch abgesehen von diesen Nordhausen bevölkernden Kreisen der ländlichen Umgebung Nordhausens müssen auch schon früh von weither Händler und Gewerbetreibende in die neue Marktgründung eingezogen sein. Besonders Krämer, die mit Waren handelten, welche die nächste Umgebung nicht hervorbrachte und nicht aufzuweisen hatte, scheinen bald eingewandert und zu Wohlhabenheit und Ansehen gelangt zu sein. Der älteste Zeuge, der als Nordhäuser mit bürgerlichem Gewerbe urkundet, ist ein Mann namens *Wilhelm* mit dem Beinamen *„Der Krämer"* (1206). In demselben Jahre begegnen wir auch der Bezeichnung *burgenses* zum ersten Male. Damals, um 1200, muß aber schon die Bevölkerung Nordhausens so stark gewesen sein, muß schon so vielerlei Handel und Gewerbe getrieben haben, muß die Stadt mit ihren Märkten schon so viele Fremde zu Kauf und Verkauf angelockt haben, daß der vom Reiche oder seit 1158 vom Nonnenstift zur Aufsicht über den Markt und seinen Verkehr eingesetzte Beamte, der Schultheiß, das ganze städtische Getriebe nicht mehr übersah und mit seinen wenigen ihm zur Verfügung stehenden Knechten nicht mehr beherrschen konnte, so daß er sich genötigt sah, sich aus der Bevölkerung selbst für die Ausübung seines Amtes Beistand zu suchen. In eine autoritative Stellung konnte er sie ohne weiteres befördern. Denn alle Stadtinsassen waren freie Leute, nahmen der Landbevölkerung gegenüber eine Sonderstellung ein und konnten bei ihrer von den Bedürfnissen der Bauern verschiedenen Lebenshaltung eine andere Behandlung von ihrem Grundherrn erwarten. Als Beisitzer im Marktgericht empfahlen sie sich aber als Sachverständige auf allen Gebieten des Marktrechtes insbesondere dadurch, daß ihnen nicht bloß die Gepflogenheiten des eigenen Marktbetriebes, sondern auch die Handhabung des Marktrechts in fremden Städten bekannt war. Handelte es sich nun gar um die Bestimmung des Wertes von Waren, die nach fremdem Maß und Gewicht erhandelt waren, so war der Sachverständigen schon gar nicht zu entraten. Auf diese Weise entstand das Schultheißengericht, bei dem einheimische, einem bürgerlichen Gewerbe nachgehende Bürger als Schöppen ihr Amt verrichteten. Naturgemäß traten nur angesehene, wohlhabende und einen weiteren Erfahrungskreis überblickende Bürger in diese richterliche Stellung ein.

Doch die Entstehung dieses Schöppenkollegiums erklärt noch nicht die Entstehung einer eigenen städtischen Verwaltungsbehörde, die unabhängig neben dem Reichsbeamten, neben dem Schultheißen, steht, wie wir sie in der 2. Hälfte des 13. Jahrhunderts in Nordhausen finden. Um deren Entstehung zu erklären, ist es nötig, daß man sich vergegenwärtigt, daß es sich ja bei der Meisterung des ganzen Marktbetriebes nicht bloß um die Ausübung richterlicher Funktionen handelte, sondern auch um die Organisation, Verwaltung und polizeiliche Beaufsichtigung des städtischen Verkehrs. Um diese Aufgaben zu bewältigen, fehlten den Immunitätsbeamten so gut wie alle Organe. Ihre paar Zollwächter an den

Toren, die Münzer in den Werkstätten der Münze und der dem Schultheißen zur Seite stehende Marktbüttel genügten jedenfalls in keiner Weise. So wuchsen denn aus den Bedürfnissen des Marktverkehrs, aus den Bedürfnissen der städtischen Bevölkerung heraus und begünstigt vom Schultheißen städtische Organe, welche die Verwaltung übernahmen und für eine reibungslose Abwicklung des Geschäftslebens sorgten. Die, welchen in erster Linie die Verwaltung der Stadt vom Schultheißen anvertraut wurde, und die dann auch ohne Genehmigung der Reichsbehörde gewohnheitsrechtlich ihr Amt versahen, waren wieder die Kaufleute, *mercatores* und *institores*, die besonders mit einheimischen und fremden Tuchen handelten und diese verschnitten, sowie die Krämer, die mit meist landfremden Produkten handelten.

Wenn Forscher über das deutsche Städtewesen wie Keutgen betonen, daß der *mercator* nicht nur der Kaufmann, sondern auch der Handwerker sei, der deshalb *mercator* genannt werde, weil er die selbstgefertigten Waren zugleich vertreibt, so gilt dieser Sprachgebrauch für Nordhausen wenigstens nicht.[9] In Nordhausen ist der *mercator* jedesmal der wohlhabende Handelsmann, meistens der Gewandschnitter, der seinen Namen gerade dem Handel mit von ihm selbst nicht hergestellten Produkten verdankt. Ihr weiter Blick, ihre durch den Reichtum bedingte unabhängige und angesehene Stellung befähigte sie in erster Linie zu Ämtern in der städtischen Verwaltung. Doch müssen auch schon in der ersten Hälfte des 13. Jahrhunderts, als noch der Einfluß des Schultheißen auf alle städtischen Einrichtungen ungebrochen war, Handwerksverbände bestanden haben, müssen schon, wenn auch nur lose Handwerker-Innungen in der Stadt vorhanden gewesen sein, deren Meister zwar nicht eine derart bevorzugte Stellung innehatten wie die Angehörigen der alten Kaufmannsfamilien, die aber doch wenigstens in Angelegenheiten ihres Gewerbes um Rat gefragt und gehört wurden. Nur so ist es erklärlich, daß die Zünfte in Nordhausen, die Kaufleute oder Gewandschnitter, die Fleischer, die Kürschner, die Bäcker, die Filzer, die Wollweber, die Leinweber, die Schuhmacher, die Schneider, die Krämer und die Becherer dem Schultheißen zu Abgaben verpflichtet waren. Wären diese Vereinigungen später, erst gegen Ende des 13. Jahrhunderts, entstanden, hätten sie sicher nur ihre Abgaben der städtischen Behörde, dem Rate, zu zahlen gehabt.

So sehen wir, wie sich aus dem Marktrecht, über dem der Schultheiß allein wacht, das Handels- und Gewerberecht herausbildet, bei dessen Handhabung der Schultheiß schon Bürger als Schöppen hinzuziehen muß, und wie endlich, neben dem Schöppengerichte, selbständige städtische Verwaltungsbehörden entstehen für die Bewältigung der immer mannigfaltiger werdenden Aufgaben des Marktverkehrs.

Zunächst hat der Schultheiß sicher versucht, die Oberaufsicht über die städtische Verwaltung noch beizubehalten, hat noch sein Recht an der Mitregierung der Stadt betont, aber allmählich sah er bei dem Mangel an jeglichen eigenen Hilfskräften die Unmöglichkeit ein, weiterhin einen solchen Anspruch geltend

---

9   Keutgen, Ämter und Zünfte. Jena 1903.

zu machen. Es ist nicht richtig, wenn Below behauptet, daß der mittelalterliche Staat wirtschaftlichen Aufgaben seine Aufmerksamkeit überhaupt nicht zuwendet, – er tut das schon, solange er es vermag, und eine freie wirtschaftliche Entfaltung gesteht er nicht ohne weiteres zu, aber der auf dem Boden der Naturalwirtschaft und des Lehnwesens aufgebaute, nur über primitive Tauschmittel und Verkehrsverhältnisse verfügende mittelalterliche Staat konnte mit seinen Mitteln und Organen die Verhältnisse nicht mehr meistern, als eine neue Gestaltung des Wirtschaftslebens sich durchzusetzen begann.[10] Da muß er denn neuen Mächten und Kräften nicht ohne Widerstreben, sondern notgedrungen das Feld überlassen. Es ist nicht richtig, einen Gegensatz zwischen dem mittelalterlichen Staat und seinem Verhalten zur Wirtschaft einerseits und dem modernen Staat und seiner Einstellung zu wirtschaftlichen Fragen andererseits zu konstruieren. Die germanische Völkerwanderung hatte eben das römische Weltreich mit seiner hochentwickelten Organisation und Zentralisation, seinen vorbildlichen Landstraßen und Posthaltereien zertrümmert, und nun konnte das Mittelalter bei fortschreitender wirtschaftlicher Entwicklung, bei dem langsamen Emporsteigen aus der Naturalwirtschaft zur Geldwirtschaft zunächst keine anderen Organe finden, die diesem wirtschaftlichen Aufschwung gewachsen waren, als die in den einzelnen Zellkörperchen des Gesamtstaats vorhandenen. So mußte der mittelalterliche Staat in wirtschaftspolitischer Beziehung die vielen kleinen Staaten im Staate dulden. Überall zeigt die Weltgeschichte, daß nicht der Staat die wirtschaftlichen Gebilde schafft und dafür seine Organe zur Verfügung hält, sondern die wirtschaftliche Entwicklung überstaatlich wächst, dann zunächst aus sich heraus selbständig die der augenblicklichen Wirtschaftsform angemessenen Einrichtungen findet und daß es erst zuletzt auch dem Staate gelingt, sich der wirtschaftlichen Entwicklung anzupassen und die Wirtschaft beherrschen zu lernen. Erst im 17. und 18. Jahrhundert gelang es, die Zustände wiederherzustellen, die wir im römischen Weltreich schon vorfinden, und heute sehen wir in den Trusts und Syndikaten wirtschaftliche Erscheinungen, die sich noch durchaus unabhängig vom Staate, ja ihn zuweilen recht unangenehm beeinflussend, nach eigenen Gesetzen ihre Einrichtungen schaffen, bis es vielleicht dermaleinst den politischen Gebilden gelingt, auch für diese Formen des Wirtschaftslebens geeignete Behörden zu finden.

Für die Zeit des germanischen Mittelalters um 1200 mußte jedenfalls der Staat wohl oder übel eine vollständige Dezentralisation in wirtschaftlicher Beziehung zulassen: Überall entstanden landschaftliche oder städtische Interessengemeinschaften, die in wirtschaftlicher Beziehung so gut wie selbständig waren oder es bald wurden, und zwar meist, indem sie dem Staate die Autonomie Stück für Stück abtrotzten. Aus dieser wirtschaftlichen Entwicklung heraus ist die Entstehung der Stadtstaaten Deutschlands mit ihren Ratsregimentern zu verstehen.

Diese städtischen Ratskollegien sind zunächst von den Aufsichtsbehörden gern gesehen oder zumindest geduldet, sie reißen dann aber eine staatliche Befugnis

---

10 v. Below, Die Entstehung der deutschen Stadtgemeinde, Düsseldorf, 1889.

nach der anderen an sich, und der Staat muß diese meistens aus der Hand geben, weil es ihm selbst nicht möglich war, der wirtschaftlichen Entwicklung zu folgen. Erst muß er die städtische Behörde in rein kommerziellen Dingen mitreden lassen, dann muß er aber auch alle die vielen anderen, häufig nur lose mit wirtschaftlichen Fragen zusammenhängenden Kompetenzen wie Polizei- und Steuerwesen, schließlich sogar Gerichts- und Kriegswesen notgedrungen an die Behörden der Gemeinden abgeben.

Diese Entwicklung läßt sich selbst auf dem kleinen Nordhäuser Schauplatze gar nicht schlecht verfolgen.

In der Stadt kann man für die erste Hälfte des 13. Jahrhunderts drei Schichten der Bevölkerung erkennen. Die erste wurde gebildet von den Reichsbeamten und den kaiserlichen Ministerialen, die zweite von den Geschlechtern oder den Gefreundten, wie sie genannt wurden, d.h. alteingewanderten, nunmehr Handel treibenden Adligen der Nordhäuser Umgebung und zugewanderten, allmählich zu Wohlstand gelangten Kaufleuten, die dritte von den Handwerkern und niederen Gewerbetreibenden. Die gefreundten Geschlechter treten bald als Patrizier mit dem Anspruch auf, die Gesamtheit der Bürgerschaft zu vertreten, und die grundherrlichen Beamten mußten sie bald bei der Mitregierung der Stadt dulden; ja dieselben suchten sogar sehr bald die Rechte der Stadt gegen Vogt und Schultheiß zu verteidigen.

In den ältesten Urkunden, in denen die herrschenden Geschlechter als Vertreter der Stadt selbständig urkunden, nennen sie sich noch nicht mit Namen, sondern treten schlechthin als *universitas* oder *universitas burgensium* auf. Aus den Jahren 1229, 1230, 1247 haben wir so gezeichnete Aktenstücke, und am 6. Mai 1253 urkunden *Konrad*, der Schultheiß, und die Gesamtheit der Nordhäuser Bürger in Buttstädt, ein Merkmal dafür, daß sich gewisse städtische Geschlechter, die im Gefolge des Schulzen zu Buttstädt weilten, als Vertreter der Stadt Nordhausen ansahen. Erst aus den sechziger Jahren des 13. Jahrhunderts sind uns dann auch einige Namen der vornehmsten Nordhäuser Bürger überliefert: *Conradus albus, Sifridus de Molehusen, Wernherus de Dorstedt* treten 1261 in einer Walkenrieder Urkunde auf; *Henricus de Talheym, Conradus Saxonis, Henricus et Fredericus dicti de Wizense, Conradus de Saxa* unterzeichneten 1268 eine Urkunde des Altendorfer Klosters.

Unterdessen waren aber die Ratgeber der Reichsbeamten und die Vertreter der Bürgerschaft nach dem Vorgange anderer deutscher Städte auch zu einer städtischen Behörde zusammengetreten und hatten sich den allgemein üblichen Titel „*consules*" beigelegt. Am 2. Februar 1266 urkunden in einer Walkenrieder Urkunde *Rudolfus advocatus, Conradus scultetus et consulum ac civium in Northusen universitas*. Das ist die erste Erwähnung des Nordhäuser Rates. Die Patrizier Nordhausens hatten sich in der Zeit von 1220–1266 langsam von den Reichsbeamten emanzipiert und nahmen nun in ihren ausgezeichneten Geschlechtern die Verwaltung der Stadt selber in die Hand.

Dabei ist der Rat, also die Gesamtheit der *consules*, als Magistrat aufzufassen. Denn diese Ratsherren werden jahrzehntelang allein als Vertreter der Stadt erwähnt, und erst als sich die Einrichtung des Rates als Verwaltungsbehörde schon völlig durchgesetzt hatte, wählte dieser Rat als *primi inter pares 2 Magistri consulum*, 2 Ratsmeister oder Bürgermeister, die zum ersten Male am 23. November 1290 bezeugt und die in erster Linie nichts weiter als die Vorsitzenden bei den Ratsversammlungen sind. Davon, daß sie die Exekutive, den Magistrat, darstellen gegenüber einer Legislative, dem Rate, wie Below will, kann keine Rede sein, sondern Ratsmeister und Ratsherren zusammen stellen die Exekutivgewalt dar, und eine durch den Rat des vorhergehenden und vorvorletzten Jahres erweiterte Ratsversammlung bildete die gesetzgebende Körperschaft.

In diesen 40 Jahren von etwa 1250–1290 waren nun aber auch sonst auf verfassungsrechtlichem Gebiete in Nordhausen die wichtigsten Veränderungen vor sich gegangen. In der Zeit, wo sich die Patrizier Nordhausens zum ersten Male als *universitas burgensium* fühlten, also zwischen 1250 und 1260, werden sie wahrscheinlich auch versucht haben, ein erstes Stadtrecht aufzustellen. Dieses ist uns nicht erhalten, wird aber in den späteren Rechtsbüchern, den sogenannten Einungen der Stadt, öfter erwähnt, und dieses, nicht das uns erhaltene älteste Stadtrecht, wie *K. Meyer* meint, wird auch 1273 *Otto von Anhalt* den Konsuln der Stadt bestätigt haben.

Diese Entstehung des Rates als selbständiger städtischen Behörde erscheint als die bedeutendste und weittragendste Entwicklung, welche das junge Gemeinwesen nach 1220 durchmachte. Nicht mehr die Reichsministerialen, sondern eine kleine Oberschicht war fortan von maßgebendem Einfluß auf die Geschicke der Stadt. Das Schwergewicht hatte sich von den agrarwirtschaftlich eingestellten Rittern zu den geldwirtschaftlich eingestellten Bürgern verschoben. Die Gewalt war von den Inhabern der königlichen Burg auf die Inhaber des bürgerlichen Kauf- und Rathauses übergegangen. Doch wenn sich auch eine Verlagerung der ausschlaggebenden Kräfte vollzogen hatte, – die staatspolitische Einstellung war die gleiche geblieben. Man kann von Nordhausen unter reichsritterlichem Regiment als einer aristokratischen Republik sprechen, – eine aristokratische Republik war der Stadtstaat auch unter der Herrschaft der bürgerlichen Geschlechter. Nur eine Reihe vornehmer Familien lenkten das Gemeinwesen, nicht etwa die Gesamtheit der Bürgerschaft oder ihrer Vertretung.[11]

Auch äußerlich trug die Leitung der Bürgerschaft nicht etwa die Kennzeichen einer Volksherrschaft, sondern einer Geschlechterherrschaft. Auch bei den vornehmen Gefreundten blieb ein starker, rittermäßig feudaler Einschlag bestehen. Schon ihre Wohnungen in der Stadt zeichneten sich vor denen anderer Bürger aus. Es waren feste, geräumige Patrizierhäuser, wie andere Häuser aus Fachwerk und Lehm in den Obergestocken, aber mit starkem steinernem Unterbau. Die Trachten der Patrizier waren reicher als bei den übrigen Bewohnern, und sie konnten sich bei ihrem Auftreten wohl sehen lassen neben den stolzen und

---

[11] Die Entstehung der Stadtgemeinde Nordhausen ist bisher noch nicht dargestellt worden. Es ist ihrer Entwicklung deshalb hier ein größerer Raum gewährt worden.

reichen Domherren. Auch führten sie das breite Schwert an der Seite, und locker trugen sie es im Gurt als wehrhafte Männer einer wehrhaften Zeit, die sich auch den selbstgesetzten Verordnungen des Marktfriedens nur schwer unterwarfen, wie es die Gesetze der ältesten Statuten erweisen. Und wenn sie gar ihre Felder in der Stadtflur besuchten oder in die Landschaft ritten, um ihre Vettern auf dem Lande zu besuchen oder in der Gesellschaft und im Gefolge der benachbarten Grafen zu erscheinen, dann traten sie stattlich gewappnet auf. Ihre Jugend schickten sie wohl in die Stiftsschule des Doms; denn einiges Lesen und Schreiben schien für das kaufmännische Gewerbe nicht ohne Vorteil. Aber sie sahen darauf, daß die Jünglinge nicht zu lang auf der Schulbank hockten, zu beschaulich und untauglich wurden für das harte Zupacken im Leben. Noch hatte unter der Ausübung der bürgerlichen Gewerbe ihr Blut die alte Rauflust nicht ausgestoßen. Und wenn sie sich auch als Bürger fühlten, so fühlten sie sich doch noch weit herausgehoben aus der großen Masse der städtischen Bevölkerung. Nicht weniger stolz, als die Adligen den Blick über ihre Hörigen schweifen ließen, schauten sie herab auf den einfachen Handwerker und Kleinbürger. Gewiß, in der Stadt hatten sie Wurzel gefaßt, die Eigenart städtischen Wesens bot ihnen Brot und Beruf, und so, organisch mit der Stadt verknüpft, wurde ihre Herrschaft als rechtmäßig angesehen, während die bisherige Gewalt der Reichsritter offensichtlich in den neuen Rahmen städtischer Kultur und Wirtschaft nicht länger hineinpaßte; aber die alte Herkunft konnten sie doch viele Jahrzehnte lang noch nicht verleugnen. Auch als Bürger fühlten sie sich deshalb mit der Landschaft noch naturhaft verbunden. Noch spannen sich Fäden hinaus in die alten Heimatdörfer, noch nahmen sie Anteil am Schicksal des offenen Landes, und ihr ganzes zu fröhlichem und starkem Handeln drängendes Wesen ließ sie nicht ihr Genüge finden im Weichbilde der Stadt, sondern trieb sie, die Stoßkraft der Stadt benutzend, draußen mitzuwandeln und mitzuhandeln.

Die Verbindung mit der heimatlichen Landschaft und den weiteren thüringischen Gauen beeinflußte die ganze Einstellung dieser vornehmen Geschlechter in ihrer auswärtigen Politik. Nordhausen, eine so kleine Stadt es war, nahm dennoch nicht nur leidend, sondern höchst aktiv Stellung zu allen Vorgängen im Lande. Dazu kam, daß es doch auch als Reichsstadt vor anderen Städten gleicher Größe von den Königen bevorzugt wurde, die eher auf ihnen gehörigem Reichsgut Aufenthalt nahmen und Hoftage abhielten als in anderen gleichgroßen Städten. Die deutschen Könige, heimatlos wie sie waren, rasteten im 12. und 13. Jahrhundert gern auch in kleineren Reichsstädten wie Goslar, Mühlhausen, Nordhausen, und auch diese Versammlungen der Großen des Reiches lenkten in den früheren Jahrhunderten die Aufmerksamkeit der Bürger und Reichsministerialen mehr auf die auswärtigen Händel als später, wo kein König mehr unsere Gegenden besuchte.

So weilte im August und September des Jahres 1223 *König Heinrich* mehrere Wochen in Nordhausen, begleitet von dem Reichsverweser *Erzbischof von Köln* und vielen anderen Fürsten. Doch war die Versammlung nicht nur zusammengekommen, um Feste zu feiern, sondern um höchst wichtige politische Entscheidungen zu treffen. In der Umgebung des Königs befand sich der Deutschordensmeister *Hermann von Salza*; hier auf dem Reichstag zu Nordhausen erschien auch Graf *Heinrich von Schwerin*. Die Anwesenheit dieser beiden Persönlichkeiten zeigt, um was für Dinge es damals in Nordhausen ging. Es wurden wichtige Beschlüsse über des Reiches Ostpolitik gefaßt, und mit dem Schweriner wurden bedeutsame Verhandlungen wegen der Nordmark gepflogen. *Heinrich von Schwerin* hatte nämlich im Mai 1223 den für die deutsche Nordmark immer gefährlicher werdenden *Waldemar II.* von *Dänemark* gefangen genommen, und *König Heinrich* versuchte den Grafen zur Auslieferung des Dänen zu bewegen, um dadurch ein Pfand in Händen zu haben bei den Verhandlungen über die Sicherung deutscher Lande nördlich von Elbe und Elde. Leider widerstrebte der eigene geistliche Berater des jungen Königs der Ausnutzung dieser so überaus günstigen Lage, da *Waldemar* versprochen hatte, einen Kreuzzug zu unternehmen. So konnten König *Friedrich II.* fern in Italien, sein Sohn *Heinrich* im Zwiespalt mit dem eigenen Reichsverweser leider diese für Deutschlands Größe und Macht so überaus wichtige Nord- und Ostpolitik nicht selber durchführen und mußten den deutschen Fürsten in jenen Grenzmarken die Vertretung der deutschen Interessen überlassen. Nicht immer konnten diese des Reiches Grenzen so glücklich verteidigen, wie in jenen Tagen, wo Graf *Heinrich von Schwerin* an der Spitze eines nordischen Fürstenbundes den Dänen 1227 bei Bornhöved schwer aufs Haupt schlug und für diesmal die Gefahr einer Abtrennung deutscher Lande beschwor.

Man sieht aber an diesen Dingen, welche schwerwiegenden Erwägungen damals die deutschen Fürsten in Nordhausen beschäftigten.

Leidlich ruhig waren dann für die Gegenden Nordthüringens die Jahre bis zum Ausgange *Heinrich Raspes* von *Thüringen* im Jahre 1247. Erst dann brachen schwere Unruhen herein, und an die 150 Jahre hörten Kriegsgeschrei und Waffenlärm für Nordhausen eigentlich nie gänzlich auf. Bald waren es Kriege, in denen wichtige Entscheidungen für den Bestand großer deutscher Landschaften fielen, bald waren es kleine und kleinste Fehden, in die unser Nordhausen verwickelt ward. Soweit Nordhausen selbst davon betroffen wurde, sind diese Kämpfe für die geschichtliche Entwicklung äußerst belanglos. Damals schienen sie freilich wichtig genug den Menschen, deren Leben und Glück ein Krieg nicht selten völlig zerstörte oder erst recht eigentlich begründete. Aber die Folgen solcher unruhigen Tage wirken nicht lange nach, schon nach wenigen Jahrzehnten sind sie vergessen und überholt durch andere einschneidende Ereignisse. Was jenen Zeiten deshalb am beachtlichsten schien, und was sie deshalb auch ausführlich und treu der Nachwelt überliefert haben, besitzt für uns nur noch geringes Interesse, und es lohnt kaum darauf einzugehen; genau so wie es heute wenig erquicklich und fast völlig sinnlos wäre, eine Geschichte von Prozessen einzelner oder ganzer Gruppen gegeneinander zu schreiben. Da es in seiner Wirkung kaum zeitlich Begrenzteres gibt, so ist es auch zwecklos, aller jener Wirren und Fehden früherer Tage zu gedenken.

Nur der Austrag der Steitigkeiten hat ja heute andere Formen angenommen:

Einst schlug man sich die Köpfe blutig, und heute läuft man vor den Richter und bezahlt den Rechtsanwalt. Der Gewinn aber aus der Erkenntnis, daß sich zu allen Zeiten die Menschen redlich geplackt und geschunden, herzhaft geschlagen und vertragen haben, ist zu dürftig, als daß man jeden kleinsten Zwist dem Leser unterbreiten müßte.

Kurzum, nach *Heinrich Raspes Tode* begann für Thüringen eine Zeit voll Blut- und Brandgeruch um das Erbe des Verstorbenen. Erst 1263 gingen die *Markgrafen von Meißen* aus dem Kampfe um die Beute siegreich hervor.

Da war Markgraf *Heinrich der Erlauchte*, kein großer Kriegsfürst, aber ein geschickter Diplomat, der vor allem Anspruch auf das Land zwischen Thüringer Wald und Harzgebirge erhob. Ihm entgegen trat *Sophie von Flandern*, eine Tochter der *heiligen Elisabeth von Hessen*, die auf Grund des mütterlichen Erbes – Thüringen und Hessen waren lange Zeit eng verknüpft gewesen – Anrechte geltend machte und die in ihrem Schwiegersohn *Albrecht von Braunschweig* einen eifrigen Parteigänger fand. Nicht allein der Verwandtschaft wegen, sondern um recht eigensüchtiger Bestrebungen willen. Wollte doch Braunschweig vom Harz und vom Leinetale her im nördlichen Thüringen Fuß fassen.

Von diesen Erbstreitigkeiten wurde nun auch Nordhausen berührt, umso mehr berührt, als der Krieg, wie es so üblich war in jenen Zeiten, sich jahrelang hinzog, ohne entscheidende Schlachten, aber mit reichlichen Plünderungen und Brandschatzungen. Da hatte der arme Bauer in schindelgedeckter Köte und der ängstliche Händler auf unsicherer Straße am meisten Not zu leiden. Ein Glück für Nordhausen war es, daß die thüringischen Grafen und Herren es mit *Heinrich dem Erlauchten* hielten, dem auch Nordhausen zuneigte, so daß die Stadt meist ungeschoren davonkam. Ja, zeitweise war die Stellung der drei wichtigsten Städte Erfurt, Mühlhausen und Nordhausen sogar dadurch außerordentlich günstig, daß sie wegen ihrer reichen Hilfsquellen an Geld und Mannschaften von mehreren Seiten umworben waren. Für Nordhausen kam noch der Vorteil hinzu, daß seit 1247 die Anhaltiner Schutzherren Nordhausens waren, denen *Heinrich der Erlauchte* den Einfluß auf die Stadt zwar nicht dauernd gönnte, die er aber doch gewähren ließ, da er noch nicht festen Fuß in Nordthüringen gefaßt hatte und mit den Anhaltinern auch verschwägert war. So brauste denn das Kriegsunheil, das Thüringen besonders während der sieben Jahre von 1256–1263, gerade 500 Jahre vor dem großen preußischen Siebenjährigen Krieg, erschüttert hat, noch leidlich gnädig an der Stadt vorüber. Die Entscheidung fiel am *27. Oktober 1263* bei Wettin, wo der schlachtenberühmte *Schenk von Vargula* den Braunschweiger, der gerade von einem Beutezug aus Thüringen nach Norddeutschland zurückkehren wollte, erwischte, schwer aufs Haupt schlug und selbst gefangen nahm. Durch diesen Sieg ward *Heinrich* anerkannter Herr von Thüringen.

Nordhausen ist auch insofern an diesem endgültigen Siege der Meißener interessiert, als selbst ernsthafte Forscher [12] meinen, aus Anlaß dieses Erfolges

---

12 Tittmann, Gsch. Heinrichs des Erlauchten. Förstemann, Göttinger gel. Anzeigen 1846, S. 779. Besprechung Tittmanns; Wegele, Friedrich der Freidige, 48. Jakobs, Gesch. d. Prov. Sachsen, 214.

habe *Heinrich der Erlauchte 1263* ein viel besagtes und besungenes Turnier in Nordhausen abgehalten. Unser Wissen von diesem glänzenden Stechen stammt nur aus späteren Quellen, die es für das Jahr 1263 ansetzen. Auf Grund des Sieges vom *27. Oktober 1263* soll es abgehalten worden sein. Dann wäre es also statt auf grünem Anger zur Maienzeit auf weißem Schneegefild um den Advent herum ans muntere Lanzen- und Knochenbrechen gegangen. Das ist ganz ausgeschlossen, und wir entscheiden uns eher für das Jahr 1267 als 1263. Denn 1267 und zwar am *15. Juli*, gab *Heinrich der Erlauchte* der Stadt Nordhausen das Privileg, sie brauche keinem Kläger außerhalb der Mauern Nordhausens zu antworten.

Im übrigen ist das Turnier ebenso wie diese Urkunde auch ein Zeugnis dafür, daß der Einfluß Anhalts über Nordhausen keineswegs so groß war, wie *Karl Meyer* ihn hinstellt. Schwerlich hätte der siegreiche Markgraf in einer anhaltinischen Landstadt sein großes Fest gefeiert. Es ist im Gegenteil wohl anzunehmen, daß er es gerade in die alte Reichsstadt verlegte, um seinen Anspruch auf sie als Erbnachfolger der Thüringer dadurch darzutun. Doch seien wir nicht kleinlich, und bekümmern wir uns nicht allzusehr darum, ob *Tjost* und *Buhurt* ein paar Jahre früher oder später stattgefunden. Genug, das Fest ward zu lustiger Lenzzeit hergerichtet, und vor den Toren Nordhausens spielte sich das weitberühmte Schaugepränge ab. Ergänzen wir den dürftigen Bericht davon, ohne der Kultur und Sitte jener Zeit Gewalt anzutun:

Kurz vor der Pfingstzeit war's, und die Natur hatte sich mit ihrem hellsten Grün und Weiß geschmückt. Da zogen schmucke Burschen ein zu Nordhausens Toren. Abgesandte des edlen Landgrafen waren es, die der Stadt künden sollten, ihr Herr habe Nordhausen ausersehen für ein seltenes Fest. Die Ritter aller deutschen Lande seien zu einem Turnier geladen in des Reiches guter Stadt. Die Kaufleute sollten Läden und Bänke versehen mit guten Dingen, die Handwerker sollten ihre Kunst zeigen in der Herrichtung des Festplatzes. Aufhorchten Vogt und Schultheiß der Stadt und machten schleunigst sich daran, die schon rostig gewordenen Ringe zu putzen und Lanzenschäfte in Auftrag zu geben. Aufhorchten auch die stolzen Ratsherrn und brachten eilig die Botschaft nach Hause. Da reckten sich die Jungherren höher, und die Mägdlein eilten zu Truhen und Laden, die Festgewänder zu prüfen. Die Gewandtschnitter hatten schon jetzt goldene Zeit und konnten kaum allen Aufträgen gerecht werden. Die Gewerke aber zogen mit den Boten des Landgrafen hinaus vor die Stadt auf den Bielenrasen. Da hub ein gar rüstiges und emsiges Treiben an. Der große Festplatz wurde abgesteckt. Im Osten des Planes ward ein ganzer Lustwald eingepflanzt, gegenüber im Westen erhoben sich weite Bretterhallen als Vergnügungsstätte der zuschauenden Volksmenge. Im Süden aber wurden Zelte und Gerüste aufgeschlagen und mit grünem Reisig wohl geziert. Hier sollten die Herren und Damen Unterkunft nehmen. Vor dem größten Zelt in der Mitte dielte man den Rasen zu einem Platz für Tanz und Schmauserei, und unweit davon erhob sich ein besonders seltner Baum, an dessen Gezweig goldene und silberne Blätter prangten. So hatte der Landgraf es geboten.

Und dann kamen die Festtage heran. Da hatten die guten Nordhäuser zu schauen und zu bewundern den ganzen Tag. Die hohen Herren zogen ein zu Roß und in blanker Rüstung, von prächtig gekleidetem Gefolge begleitet. Viel hundert Fähnlein flatterten in der heiteren Luft, an Helm- und Schildeszier erkannte man gar bald manchen berühmten Herrn. Und als nun gar die edlen Frauen Einzug hielten, war des Staunens kein Ende. Hier bewunderte eine Patriziertochter das um die Büste eng geschnürte Kleid, das einen edlen Wuchs hervortreten ließ, dort neidete ein anderes Mägdelein dem Edelfräulein die weiten modischen Ärmel, deren Saum den Boden fast berührte. Die ehrsamen Bürgerinnen reckten die Hälse nach den Armbändern und Kleiderspangen aus edelem Gestein, und manch eine verglich die eigne heiratsfähige Tochter zufrieden und nicht ohne Wohlgefallen mit einer schöngeputzten Dame hoch zu Roß. – Kaum daß für alle Gäste stattliche Herberge beschafft werden konnte.

Endlich kam der Landgraf selbst, und da Königsburg wie Wirtschaftshof schon zu altersgrau und unwohnlich geworden waren, nahm er beim vornehmen Propst des Domstifts Quartier.

Nun begann draußen auf dem Rasen das Treiben. Erwartungsvoll umlagerte die Menge der Bürger den Kampfplatz. Hinter dem Wäldchen schienen sich geheimnisvolle und bedeutende Dinge vorzubereiten. Hier rüsteten die Recken sich mit Hilfe ihrer Pagen. Im Süden des Platzes am goldnen Ehrenbaum standen die Sessel für den Landgrafen und die vornehmsten Frauen und Herrn, umflattert von tausend Wimpeln. Dahinter gruppierten sich die Ritter und Damen, die zuschauen wollten. Über den Platz selbst aber schritt eine hohe Gestalt in einfachem Rittergewand, maß Kampfbahn und Anlauf und bestimmte die Schranken. Und durch die Menge ging ein Raunen: das ist der *Schenk von Vargula*. Ihn, der in zwanzig blutigen Schlachten obgesiegt, gelüstete es nicht mehr nach wohlfeilen Ehren im Spiel; er hatte seine Erfahrung im Waffenhandwerk nur zur Verfügung gestellt und waltete als Kampfrichter seines Amtes.

Jetzt gibt der Landgraf das Zeichen. Fanfaren ertönen, und aus dem Wäldchen brechen zwei Ritter hervor. Bald krachen die Lanzen auf Schild und Platte, auf Helm und Gurt. Da splittert eine Lanze nach kunstgerechtem Stoß, Beifall ertönt, der Ritter wird als Sieger verkündet und erhält vom Landgrafen ein Silberblatt vom Ehrenbaum. So geht es fort. Da, im fünften Rennen ist's! Zum zweiten Male legen sie die Lanzen ein. Die Pferde brausen heran, und wohlgezielt trifft ein Lanzenstoß den Gegner an die behelmte Stirn. Der schwankt und fällt und vermag mit knapper Not beim Sturz die Füße aus den Bügeln noch zu reißen. Der Sieger wendet und springt ab, vom Beifallssturm umbraust. Ein goldenes Blatt empfängt er von dem Baum.

Der Eifer von Kämpfenden und Schauenden ist aufs höchste gestiegen. Da gibt der Landgraf das Zeichen zum Ende des Kampfes. Schweiß und Staub werden abgewischt, verrenkte Schultern und verstauchte Handgelenke sind vergessen. Fröhliches Festmahl und fröhlicher Tanz beginnen. Auch Sänger treten auf und lassen ihre Weisen von ritterlichem Kampf, hoher Minne und höfischer Sitte ertönen. Unendlicher Jubel aber erschallt, als der Sänger ein Minnelied anstimmt, vom *Landgrafen Heinrich* selber einst gesungen. Heiter schwingt der

Fürst und Dichter den Pokal und findet manches gute Wort zum Lob der schönen Frauen und ihrer Zucht.

So klingt das Fest aus. Sein Ruhm aber lebte fort und wurde in den Zeiten noch erhöht, da ritterlicher Sinn und Anstand dahin geschwunden waren und die Sehnsucht nach jenen früheren Zeiten ihre Sitten und Gebräuche verklärte. -

Auch dieses vielbesungene Turnier beweist, daß die Zeiten nach der thüringischen Fehde, trotzdem kein König über Deutschland herrschte, nicht unglücklich für unsere Heimat waren. Ganz besonders zog Nordhausens Bürgerschaft vielfache Vorteile aus der damaligen Lage. Die rechtliche Stellung der Stadt war durchaus unklar. Die Anhaltiner besaßen die Schutzherrlichkeit über Nordhausen, *Heinrich der Erlauchte* von Meißen und Thüringen beanspruchte sie. Daher kam es, daß sie eigentlich ganz sich selbst überlassen war, und ihre Herren, die Reichsritter in der königlichen Burg, nirgends Rückhalt gegen den Ansturm der neuen, bürgerlichen Zeit fanden. Schicksalsnotwendige Entwicklung und zufällige Ungunst der Verhältnisse vereinigten sich in den siebziger Jahren gegen die Reichsritterschaft und führten ihren Sturz herbei.

Die Bürger hatten die Zeit des siebenjährigen thüringischen Krieges benutzt, die Befugnisse der Reichsritter einzuschränken. Damals haben sie die ersten, uns nicht erhaltenen Statuten ausgearbeitet, die *Otto von Anhalt* bei seinem Aufenthalt in Nordhausen am *13. Oktober 1273* bestätigte. Die Schritte, die bald darauf der neue deutsche König *Rudolf von Habsburg* zur Wahrung des Reichsgutes unternahm, kamen den Bürgern noch entgegen. Im Jahre 1274 berief der König den wichtigen Reichstag nach Nürnberg ein, der sich in erster Linie gegen *Ottokar von Böhmen* und seine unrechtmäßige Aneignung österreichisch-babenbergischen Landes richtete, der aber dann auch ganz allgemein verkündete, daß alle Reichsgüter, die in der Hand *Friedrichs II.* gewesen seien, wieder ans Reich zurückgegeben werden müßten. Dieser Reichsbeschluß klärte auch Nordhausens rechtliche Lage; *Rudolf* stellte auch hier den alten, zu *Friedrichs* Zeiten herrschenden Zustand wieder her und lehnte zunächst jeglichen Anspruch der Fürsten auf sie, seien es nun die Anhaltiner oder Thüringer, ab. Da in der Reichsstadt nur des Königs Geheiß zu gelten hatte, befahl er ohne Mittelspersonen am 24. August 1274 seinem Vogt und Schultheiß in der Stadt, das Kloster Walkenried in seinen Rechten zu schützen.

Heller Jubel brach unter den Nordhäuser Bürgern über diese königliche Auffassung aus. Denn *Rudolf* selbst war weit weg, und seine paar den Bürgern verhaßten Reichsministerialen in der Burg waren nun schutzlos der Bürgerschaft preisgegeben. Sie harrten in der Tat auf einem verlorenen Posten aus. So begannen denn die Bürger das Wagnis, die Zwingburg zu zerstören. Ende der siebziger Jahre zogen sie vor jene alte Reichsburg an der Wassertreppe, nahmen sie ein und zerstörten sie gründlich. Den Reichsbeamten taten sie kein Leid; sie mußten aber außer Landes gehen und ins Erzstift Magdeburg fliehen. Die Anregung zu der Gewalttat ging natürlich von den vornehmen Bürgern, den Geschlechtern, aus. Doch scheinen diese die Hilfe der geringeren Leute bei der Vertreibung der Ministerialen gern in Anspruch genommen zu haben. Eine geringe Veränderung in der Zusammensetzung des Rates am Ausgang des 13. Jahrhunderts scheint darauf hinzuweisen, daß die Gefreundten wegen dieser Hilfeleistung den Handwerkern kleine Zugeständnisse haben machen müssen. Während nämlich in den siebziger Jahren als Ratsmitglieder nur Angehörige alter Geschlechter vorkommen, die Herkunft und Stammbaum treu bewahrt haben, treten um 1290 schon Ratsmannen auf, die sich allein nach ihrem Gewerbe zu nennen imstande sind. Der Rat wurde also schon am Ausgang des 13. Jahrhunderts auf einer etwas breiteren Grundlage gebildet. In den sechziger Jahren urkunden nur *Heinrich von Talheym, Konrad von Sachsa, Heinrich und Friedrich von Weißensee;* in den Urkunden der 90er Jahre finden wir schon unter anderen *Helmbertus institor*, also ursprünglich ein Krämer, *Haineko pellifex*, also ursprünglich ein Kürschner, *Ehrenfridus Faber*, also ursprünglich ein Schmied, *Conradus pistor de Solsted*, also ursprünglich ein Bäcker aus Sollstedt,*Heinricus colorator*, also ursprünglich ein Färber.

Rudolf, der Gewalttaten gerade unterbinden wollte und nun sah, welche Früchte seine Politik der unbedingten Rückforderung alles Reichsgutes trug, beeilte sich, am 27. September 1277 die Schutzherrlichkeit über Lübeck, Goslar, Mühlhausen und Nordhausen an die Herzöge *Albrecht von Sachsen und Braunschweig* zu übertragen, damit diese für das Reich nach dem Rechten sehen und den gar zu heftigen Freiheitsdrang der Bürger zügelten. Besonders in *Albrecht von Braunschweig* hatte *Rudolf* dabei eine wackere Stütze für das Reich gefunden, denn dieser war ein Fürst, der nicht um eigenen Nutzens willen, sondern um wahren Frieden zu fördern, dem Kaiser diente. Als die erste Verfügung des Königs noch nichts frommte, wiederholte er am 9. September 1279 seine Forderung wegen Herstellung von Ordnung und Recht und ernannte die mächtigsten Fürsten Norddeutschlands zu Reichsvögten in jenen Gegenden.

Unterdessen erfreuten sich die Nordhäuser völliger Freiheit und bauten sie schleunigst aus. Bis in ihren Winkel zwischen Harz und Hainleite scheint die Macht jener Brandenburger und Sachsen, die *Rudolf* zu seinen Reichsverwesern gemacht hatte, kaum gereicht zu haben. Damals, und nicht wie *Förstemann* annimmt um 1300, gingen die Nordhäuser auch an die abermalige Abfassung von Statuten. Die ganze äußere Form dieser Stadtgesetze zeigt, daß sie sehr schnell und flüchtig zusammengestellt sind. Der Rat hat sich keine Zeit genommen, die einzelnen Gesetze scharf zu formulieren, hat die einzelnen Artikel ziemlich planlos zusammenschreiben lassen, hat manche wichtige Bestimmungen aufzunehmen vergessen. Alles deutet darauf hin, daß es dem Rate nur darauf ankam, ganz obenhin seine Befugnisse schnell festzulegen und vor fremden Eingriffen zu sichern. Die Bewahrung und der Schutz des Marktfriedens durch die städtischen Organe war ihm die Hauptsache. Daher kommt es auch, daß er kaum 20 Jahre später in ruhigeren Zeiten, im Jahre 1308, wo seine Machtbefugnisse schon unangetastet dastanden, daran gehen mußte, neue und nunmehr stark erweiterte Einungen auszuarbeiten.

Für die Abfassung der ältesten uns erhaltenen Statuten vor 1290 spricht aber auch König *Rudolfs* Privileg vom 1. November 1290, in welchem er die vom

Kapitelsiegel St. Crucis, an einer Urkunde von 1441 hängend. (St. Eustachius.)

*Conventssiegel des Augustinerklosters.
15. Jahrhundert.*

*Frauenberger Klostersiegel.
(Novum opus) 14. Jahrhundert.*

Carl Schiewek, Phot.

Nordhäuser Münzen.

1. Äbtissin Bertha, Anfang des 12. Jahrhunderts.

2. 3. Zwei verschiedene Typen der Äbtissin **Cäcilie** *(Mitte des 12. Jahrhunderts).*

4. Brakteat auf Philipp von Schwaben zwischen 1204–1208.

Carl Schiewek, Phot.

Rate Nordhausens aufgesetzten Statuten der Stadt bestätigt. Die hier vom Könige gebilligten Gesetze werden die ältesten auf uns gekommenen Statuten sein.

Zunächst aber traf die Nordhäuser wegen ihrer Eigenmächtigkeit der heftigste Unwille des Königs. Am 29. März 1287 tat er die Stadt in die Acht und erklärte sie aller Rechte und Freiheiten für verlustig. Wenn nun auch jedermann wußte, daß es bei einem solchen Spruche nicht blieb, so war die Ächtung dennoch schlimm genug. Denn der Geächtete war vogelfrei, und jeder konnte über ihn herfallen, wie ihm beliebte. Das ließen sich die beutelüsternen Grafen und Herren der Aue nicht zweimal sagen und zögerten nicht, mit einem Schein des Rechtes der Stadt zu schaden. Die Honsteiner konnten sich nun ungestraft die Nordhäuser Feldflur aneignen, konnten die Äcker verwüsten, die Herden wegtreiben, die Zufuhr unterbinden, die Warenzüge ausrauben. Einen solchen Druck hielt keine Stadt lange aus, und so mußte denn auch Nordhausen schleunigst versuchen, die Gnade des Königs wiederzuerlangen. Es erklärte sich bereit, die Reichsministerialen wiederaufzunehmen und sich jedem Gebot des Königs zu fügen.

In den Jahren 1289 und 1290 hielt *Rudolf von Habsburg* ein ganzes Jahr lang in der Nachbarstadt Nordhausens, in Erfurt, Hof. Hier nahm er endlich Gelegenheit, alle Verhältnisse der nördlichen und östlichen Provinzen des Reiches zu regeln, denen er sich bisher noch nicht hatte widmen können.

Hier in Erfurt fand er deshalb auch Gelegenheit, über das Schicksal Nordhausens zu entscheiden. Nach der Unterwerfung der Stadt verfügte er am 28. Januar 1290 nicht nur die Aufhebung der über die Stadt verhängten Acht, sondern begnadete sie auch mit einer Urkunde vom 1. November 1290, deren Wichtigkeit hinter derjenigen *Friedrichs II.* vom Jahre 1220 nur wenig zurückbleibt.

Wenn wir aber von Nordhausen selbst absehen, so befriedete *Rudolf* in Erfurt dadurch die deutschen Lande, daß er 1289 einen allgemeinen Landfrieden verkündete, der erste von wirklicher Bedeutung, weil der König ihn trefflich organisierte. Wie man heute für ganz Europa, ja für die ganze Erde Schiedsgerichte einzusetzen versucht, so tat es *Rudolf* damals für Deutschland. Für jede Landschaft wurde ein Schiedsgericht bestimmt, das sich zu 2/3 aus Adligen und zu 1/3 aus Bürgern zusammensetzte. In den Thüringer Landen bildeten 4 Grafen, 4 adlige Herren und 4 Bürger das Schiedsgericht; von Bürgern stellte Erfurt 2, Mühlhausen und Nordhausen je einen zum Richter.

Friede und Recht waren wieder einmal eingekehrt; freilich, leider nur auf kurze Zeit. Nordhausens Reichsfreiheit aber war 1290 nach jahrelangen unsicheren Verhältnissen glücklich wiederhergestellt. Die Stadt mußte zwar die Reichsritter dulden, ihre Macht aber war für immer gebrochen. In den siebziger Jahren von 1220–1290 hatte die Stadt den Weg von der Herrschaft der feudalen Ritter zur Herrschaft der vornehmen bürgerlichen Geschlechter zurückgelegt.

Kapitel 4.

Nordhausens erste Blütezeit unter der Herrschaft der Geschlechter.

Am Tage seiner Abreise von Erfurt, am 1. November 1290, hatte Rudolf von Habsburg den Nordhäuser Bürgern eine Urkunde von weittragender Bedeutung ausgestellt. Diese Urkunde umschrieb die Rechte der Stadt genau und wurde deshalb in Ergänzung des königlichen Willensaktes vom Jahr 1220 die Grundlage für die Stellung Nordhausens innerhalb des Reiches bis zum Verluste seiner Reichsfreiheit im Jahre 1802. Drei Bestimmungen in diesem Privileg sind für die weitere Entwicklung des Rates und der städtischen Freiheiten besonders wichtig: 1.) Die Reichsbeamten sollen der Stadt Nordhausen gestatten, sich ihrer Rechte zu erfreuen; 2.) keiner darf die Nordhäuser Bürger außerhalb der Stadt vor ein Landgericht laden; 3.) Wenn die Stadt Nordhausen einen Rechtshandel hat, sollen zwei ihrer Ratsleute, Syndici oder Prokuratoren, die Gemeinde vertreten.[13] Damit hatte die Stadt Nordhausen ihre Autonomie erlangt, und der Rat der Stadt hatte freie Bahn für seine Betätigung in allen städtischen Angelegenheiten. Nach diesem Privileg durfte die Stadt Nordhausen sich eigene Statuten geben, die Reichsbeamten, Vogt und Schultheiß, hatten sich nicht dareinzumengen. Daß diese städtische Gesetzgebung vor den Rechten des Schultheißen, besonders wo diese im Schultheißengericht Handel und Wandel der Stadt berührten, nicht halt machen würde, daß diese bürgerlichen Satzungen sich selbst Eingriffe in die hohe Gerichtsbarkeit des Vogts erlauben würden, war vorauszusehen, da das Privilegium keinerlei Einschränkungen vorsah, sondern ganz allgemein gehalten war.

---

13 Volumus eciam, ut iudices eiusdem civitatis ipsam civitatem eo Jure gaudere permittent. Volumus, ut nullus cives nostros Northusenses extra civitatem ad iudicium provinciale debeat. Volumus, ut si Civitati Northusensi aliqua quaestio seu actio moveatur, quod duo ex consulibus, Sindici seu Procuratores, loco universitatis debeant respondere secundum quod exigit ordo juris.

Dieser Bewegung zur völligen Freiheit hin war das zweite angeführte Privileg ferner dadurch förderlich, daß es Nordhausen ausdrücklich die eigene Gerichtsbarkeit verlieh, von der aus an kein Gericht eines Landesfürsten, sondern nur an das königliche Gericht appelliert werden konnte. Nordhausen bekam seine eigene niedere und hohe Gerichtsbarkeit. Jener stand noch der Schultheiß, dieser der Vogt vor, doch die Beisitzer waren Nordhäuser Bürger und Ratsherren allein; der Rat mußte schließlich den Ausschlag beim Gerichtsverfahren geben und die Beamten der Aufsichtsbehörde zu bloß äußerlichen Repräsentanten der Staatsgewalt und zu Empfängern der festgesetzten Gebühren herabdrücken.

Das dritte der angeführten Privilegien aber bedeutete nichts anderes, als daß Nordhausen ein Staat wie jeder andere war unter eigenem Regiment, der auf gleichem Fuße mit anderen Mächten des deutschen Reiches verkehren und seine Händel selber austragen durfte. Der Rat hatte damit die Vertretung der Stadt nach außen hin allein in seine Hand bekommen und übernahm auch das Kriegs- und Befestigungswesen der Stadt.

Man kann nicht ohne weiteres urteilen, daß die Autonomie der einzelnen Teilgewalten im deutschen Vaterland zu dessen Unsegen gewesen sei. Sie hätte zum Segen werden können. Denn genau so wie heute die kommunale Selbstverwaltung für das ganze deutsche Volk im höchsten Maße ersprießlich ist, da sie jeden einzelnen zur Mitarbeit und Mitverantwortung erzieht und reichstes Regen und Streben erweckt, genau so hätte auch damals im Mittelalter diese Auflockerung wirken können. Daß sie zur Zersplitterung führte und dadurch Deutschland zum Verderben wurde, lag nicht daran, daß den einzelnen Teilen zuviel Macht und zuviel Freiheit gewährt wurde, sondern daran, daß die Spitze zu wenig Macht und zu wenig Freiheit behielt. Starke Zentralgewalt und starke Teilgewalt schließen einander durchaus nicht aus. So hätte z.B. 1290 Nordhausen ohne Schaden des Reiches alle oben angeführten Rechte bekommen können, wenn nur den Reichsbeamten die nötige Aufsichtsgewalt und die nötige Macht, dem Spruche des Reiches Geltung zu verschaffen, gesichert geblieben wäre. Doch scheint dem Deutschen, nicht nur jener Zeit, sondern auch heute, die Fähigkeit zu fehlen, gerecht abzumessen, was dem einzelnen zusteht und was dem Ganzen gebührt. Haben die einzelnen Teile gewisse Rechte erhalten, so suchen sie dieselben auf Kosten des Ganzen ohne Maß zu erweitern, und hat sich das Reich seine Rechte gesichert, so sucht es dieselben auszubauen auf Kosten der Sonderart des einzelnen Gebildes. Am Ausgang des 13. Jahrhunderts war jedenfalls die Zuständigkeit der Teilgewalten schon derart, daß es früher oder später zum gänzlichen Verfall der Zentralgewalt kommen mußte. Auch das Prinzip des Wahlkönigtums hatte sich gänzlich durchgesetzt. Neid und Gewinnsucht der Fürsten verhinderten die Wahl eines machtvollen Herrschers, und die auf ihre Rechte so sehr pochenden Teile des Reiches kamen gerade durch ihre zu große Selbständigkeit selbst in Gefahr, da kein König da war, der „nie stirbt ..., der dem Schwachen beisteht und den Bösen schreckt, der den Neid nicht kennet, denn er ist der Größte".

Auch Nordhausen kam bald nach dem Tode Rudolfs in die Lage zu spüren, was es heißt, wenn der König nicht „der größte" ist, sondern nur um seiner selbst willen danach strebt, „der größte" zu werden. Die Kurfürsten hatten aus Eigennutz nicht Rudolfs mächtigen Sohn Albrecht zum König gewählt, sondern Adolf, Grafen von Nassau. Ohne rechtes Ansehen und ohne eigene Macht, suchte dieser alsbald sein königliches Amt dazu auszunutzen, sich eine Hausmacht zu schaffen.

Der Kampf, der um die Lande der Wettiner, Meißen und Thüringen, ging, berührte auch Nordhausen aufs empfindlichste. Albrecht der Entartete von Thüringen, ein Mann, der in seltsamster Weise und ohne jedes Gefühl für die eigene Ehre oder die seines Hauses nur dem Augenblicke lebte, hatte an Adolf die Erbfolge in Thüringen verkauft ohne Rücksicht auf seine beiden Söhne Friedrich und Diezmann. Diese aber verwahrten sich sowohl gegen den Verkauf wie auch gegen die Einziehung Meißens durch den König, auf das sie berechtigte Ansprüche hatten. So kam es zum Kriege, der in den Jahren 1294–1296 eine fürchterliche Geißel für Thüringen werden sollte.

Adolf drang in Thüringen ein, um sich mit Waffengewalt des Landes zu bemächtigen. Im September und Oktober 1294 verwüstete er zunächst die Umgebung von Eisleben, dann das mittlere Thüringen um Erfurt herum. Die Thüringer Adligen hielten es fast sämtlich mit den ritterlichen Söhnen des entarteten Albrecht und scharten sich zur Abwehr zusammen. Nur Dietrich II. von Honstein scheint sich dem Gefolge des Königs angeschlossen zu haben; doch soll er den König ernstlich wegen des furchtbaren Treibens der königlichen Raubscharen zur Rede gestellt, aber nur die Antwort erhalten haben: „Ich kann meine Krieger nicht im Schubsacke bei mir führen."

Ende Oktober kehrte Adolf ins Meißensche zurück, wandte sich gegen Ende des Jahres aber nochmals gen Norden und erschien im Dezember in den Gauen des südlichen Harzvorlandes. Es war ein außerordentlich kalter Winter. Adolf selbst quartierte sich in Nordhausen ein, seine wüsten Mannen machten es sich in den umliegenden Dörfern bequem. Hier schwelgten sie im Haus und am Herd, lagen auf der Bank und im Bett. Je kleiner die Ortschaften und je einsamer gelegen, desto ungestörter konnten die königlichen Heerscharen ihr frevelhaftes Spiel mit den Bauern treiben. Karl Meyer wird recht haben, daß damals in nächster Umgebung Nordhausens die Ortschaften Rossungen, Gumprechtrode, Niedersalza, Girbuchsrode und Barbararode eingingen, weil die Bauern, soweit sie nicht erschlagen wurden, aus ihren Gehöften nach Nordhausen flüchteten.

Hier hielt unterdessen König Adolf Hof und ließ sich's wohl sein auf Kosten der Bürger. In seinem Gefolge befanden sich der Erzbischof von Magdeburg, der Bischof von Merseburg und die Markgrafen von Brandenburg. Die Herzöge Heinrich und Albrecht von Braunschweig trafen während des Aufenthaltes des Königs in Nordhausen ein. Damals war es auch, wo Adolf von Nassau mit dem gepfeilten Otto IV. von Brandenburg, der gewisse Anrechte auf Thüringen hatte, einig ward.

Am 9. Januar wandte sich der König nach Mühlhausen, um hier den Bürgern ebenso auf der Tasche zu liegen; doch traten die Mühlhäuser etwas kräftiger gegen die zuchtlosen Scharen auf, so daß Adolf alsbald einen recht kläglichen und unrühmlichen Rückzug antreten mußte. [14]

So nahm König Adolf für diesmal Abschied aus Nordthüringen und von Nordhausen. Ein trauriger König schied, und ein trauriger Aufenthalt war zu Ende, und vielleicht hat der Himmel die Gebete der Bürger, die unterm Sprechen wohl zum Fluche wurden, erhört: Kein erwählter Römischer König hat seitdem jemals wieder den Fuß auf Nordhäuser Boden gesetzt. In den ersten Tagen des Januar 1295 war es das letztemal, daß ein König des alten Reiches in Nordhausens Mauern weilte. Die Luxemburger und Habsburger beschränkten sich später auf Süd- und Westdeutschland. Die Schaffung einer Residenz und die verbesserten Verkehrsmittel machten nach und nach ein Umherziehen des königlichen Hofhaltes überflüssig. Die unmittelbare persönliche Berührung der Könige mit allen deutschen Volksstämmen hörte auf.

Viel nachhaltiger als das schnell vorbeiziehende Ungewitter war für die Reichsstädte Nordhausen und Mühlhausen, daß der ewig geldbedürftige König sie verpfändete, um zu Geld zu kommen. Und zum größten Schaden der Städte fand dieses böse Beispiel bis in die Mitte des 14. Jahrhunderts hinein getreuliche Nachahmung bei Adolfs Nachfolgern auf Deutschlands Thron, die ebenso goldhungrig waren wie er. Denn die einflußlosen Fürsten, die zu Königen gewählt wurden, mußten sich erst die nötigen Mittel für ihre Politik von ihren Untertanen erpressen. Bei einer solchen Einstellung hätte auch die Reichsstadt Nordhausen mehrfach beinah ihre Reichsfreiheit verloren. Um zu Geld zu kommen oder um Verbindlichkeiten einzulösen, verpfändeten sie die Kaiser des öfteren, und jedesmal waren solche Operationen für die Stadt, die ihre Freiheit behalten wollte, mit größten Opfern verbunden. So wurde die Stadt zusammen mit Mühlhausen dafür, daß Erzbischof Gerhardt von Mainz für die Wahl Adolfs von Nassau eingetreten war, dem Mainzer versprochen. Doch kam es nicht zu der Auslieferung, sondern am 4. Oktober 1294 verpfändete Adolf von Nassau die Stadt an Albrecht von Thüringen. Dasselbe Schicksal erduldete Nordhausen nochmals am 7. Mai 1323, wo Ludwig der Baier es abermals an Thüringen-Meißen verpfändete. Dennoch wurde Nordhausen nie eine thüringische Landstadt. Jedesmal übernahm es für den König namhafte Zahlungen, löste sich selbst damit aus und blieb beim Reiche. Das erste Mal dauerte es mehr als 10 Jahre, von 1294–1305, ehe sich Landgraf Albrecht von Thüringen für befriedigt erklärte; erst am 7. März 1305 bezeugte er auf der Wartburg, daß Nordhausen alles bezahlt habe, was der Kaiser ihm schuldig gewesen sei.

In diesen Zeiten der Bruderkämpfe war es nicht einmal vorteilhaft, nur Freie Reichsstadt zu sein ohne einen Rückhalt als den an einem schwachen und mit einem Nebenbuhler im Streite liegenden Kaiser. Besonders die mächtigen Honsteiner wurden der Stadt wieder und wieder gefährlich. Deshalb bestellte auf ihre Bitten am 5. Juli 1313 Kaiser Heinrich VII. zu Pisa den Brandenburger Heinrich von Landsberg zum „Richter und Verteidiger" für Nordhausen. Doch scheint

---
14 Vergl. K. Meyer, Festschrift 1903.

dieser einmalige, von einem todkranken Kaiser gegebene Befehl kaum von einiger Tragweite geworden zu sein; und da 1320 die Askanier in Brandenburg ohnedies ausstarben, so verliert diese Verbindung Nordhausens mit Brandenburg für die Stadt jede Bedeutung. Im Gegenteil, kurz darauf kam die Reichsstadt durch König Ludwig den Baier dadurch in neue Bedrängnis, daß dieser sie sowohl wie Mühlhausen an den Markgrafen Friedrich von Meißen verpfändete.

Ludwig hatte dem Markgrafen seine Tochter Mechthild verlobt und ihr als Mitgift 10.000 Mark Silbers versprochen, für die die beiden Reichsstädte Mühlhausen und Nordhausen aufkommen sollten. So wurde also Nordhausen 1323 abermals verschachert, und erst 10 Jahre später, im Jahre 1333, konnte die Stadt durch Zahlung von 3000 Mark Silber ihre Unabhängigkeit wiedererlangen. Doch hatte diese zweite Verpfändung eine tiefe Wunde hinterlassen, indem sie die Grundlage dafür wurde, daß seit den vierziger Jahren des 14. Jahrhunderts Thüringen-Meißen und damit später Sachsen die Schutzherrlichkeit und das Schulzenamt endgültig über Nordhausen zugesprochen erhielten. [15]

Im Jahre 1323 hatte Ludwig der Baier aber nur die Stadt und ihre Bevölkerung an Thüringen verpfändet, das wichtige Schultheißenamt hatte er davon abgetrennt, um aus ihm noch gesondert Kapital zu schlagen. Dieses hatte er am 21. August 1323 für 500 Mark an die honsteinsche jüngere Linie verpfändet. In deren Besitz war es von 1323–1342, dann wurde das Pfand, da es vom Kaiser nicht eingelöst wurde, von den Thüringern durch Kauf erworben.

Doch auch die Stadt selbst hatte noch einige Anfechtungen zu erleiden. Auch von Ludwigs Nachfolger, dem Kaiser Karl IV., wurde Nordhausen noch zweimal verpfändet, einmal an Thüringen, ein anderes Mal an Karls Gegenkönig, Günther von Schwarzburg, dem er 20.000 Mark Silber auszuzahlen versprach und dem er deshalb mehrere wichtige Reichsstädte abtrat. Dennoch brach unter ihm, etwa seit 1350, die Zeit an, wo sich die deutsche Stadt immer mehr durchsetzte und nicht bloß Städtebünde, sondern selbst einzelne Städte mit Erfolg ihren Landesherren oder dem Reiche die Stirne zu bieten wagten.

Zusammenfassend ist also noch einmal festzustellen: Man muß dreierlei unterscheiden: die Stadt, die Vogtei und das Schulzenamt samt der Schutzherrlichkeit. Die Stadt war dauernd Freie Reichsstadt und nur 1323 bis 1333 an Thüringen verpfändet, die Vogtei war und blieb dauernd im Besitze der Honsteiner, das Schulzenamt war mehrfach verpfändet, zuletzt 1323 bis 1342 an die Honsteiner, von denen es dann Sachsen-Thüringen erwarb.

Die Notlage des Reiches und die Abhängigkeit der Kaiser bedeuteten im 14. Jahrhundert jedenfalls wie für jede Reichsstadt, so auch für Nordhausen schwere Belastungen. Die Kaiser waren in den seltensten Fällen Beschützer ihrer Städte, meistens waren sie geradezu ihre Aussauger. Wenn man hinzunimmt die tausend Fehden jener Zeit, die Verwüstungen, die sie mit sich brachten, die Streitigkeiten mit einer zuweilen anmaßenden Kirche, Seuchen und Pestilenz, die schwere Menschenopfer forderten, schließlich noch die inneren Unruhen, welche die

---

15 Vergl. Förstemann, Chronik, 169 f.

Straßen der Stadt nicht selten durchtobten, dann kann wahrlich von einer Gunst der Zeiten und Verhältnisse keine Rede sein. Wenn man dann aber trotz alledem in derselben Zeit eine erste große Blüte der deutschen Städte, darunter Nordhausens, feststellen kann, so wird einmal daraus ersichtlich, wie die Natur sich trotz aller Hemmnisse durchsetzt, wenn die Zeit erfüllet ist, so wird zum anderen damit aber auch erwiesen, wie stark und tüchtig das junge deutsche Bürgertum sich damals allen Gewalten zum Trotz entfaltete.

Das Jahr 1290 hatte der Stadt die Bahn freigemacht für ihr Vorwärtskommen. Nach den ältesten, uns nicht erhaltenen Statuten ging Nordhausen im kurzen Zeitraum von 60 Jahren noch dreimal daran, sich Gesetze zu geben, weil die Entwicklung immer wieder neue Festsetzungen, nach denen die Bürger ihr Leben einrichten konnten, erforderte. Die ältesten Statuten wurden zwischen 1280 und 1290, die zweiten 1308, die letzten um 1350 aufgestellt. Alle späteren Gesetze sind großenteils nur Wiederholungen dieser älteren. Schon daraus wird der Glanz und das Machtbewußtsein der Bürgerschaft jener Zeit ersichtlich, daß sie sich damals einen rechtlichen Rahmen schuf, der Jahrhunderte lang paßte. Dann tritt diese Selbständigkeit aber auch zu Tage, wenn man die Rechte betrachtet, die den beiden Aufsichtsbeamten, dem Vogt und dem Schultheiß, verblieben waren.[16]

Der Vogt hatte als oberster Reichsbeamter noch die Befugnis, dreimal im Jahre das *voithdinc* abzuhalten. Die Gerichtsbarkeit, hohe wie niedere, war ihm schon großenteils entzogen. Die Voruntersuchung leitete jedesmal das Schöffengericht unter Vorsitz des Schultheißen, und erst wenn die Untersuchung völlig abgeschlossen war, wurde der Verbrecher dem Vogte ausgeliefert. Dieser hatte nur das Urteil auf dem Markte in aller Öffentlichkeit zu sprechen und den Stab über den Übeltäter zu brechen. Da aber alle Angelegenheiten der Stadt, besonders die der Verwaltung, Finanzen und des Heerwesens gemäß den ihr seit 1290 zustehenden Rechten fortan vom Rate selbst in die Hand genommen wurden, erübrigte sich bald auch das dreimalige Vogtthing im Jahre. Der Brauch kam schon im 14. Jahrhundert in Vergessenheit; die Sitzungen des Vogts wurden reine Gerichtssitzungen. Das geht auch aus den Fassungen des Schulzenbuches hervor. Die erste Redaktion aus der Zeit um 1300 hat noch ... *sed in tribus iudiciis, que voitdinc dicuntur, et tribus consimilibus iudiciis.*[17] Die deutsche Revision dieses Gesetzbuches aus dem Jahre 1538, die im allgemeinen wörtlich übersetzt, sagt nur: der voith spricht kein urtheil nicht, ... sundern in drei gerichten und dergleichen. – Also nur die Urteilverkündung bei Strafprozessen blieb dem Vogt. Sein Amt wurde sehr schnell eine völlig einflußlose Sinekure. Man ließ ihm nach altem Brauche noch gewisse Abgaben zukommen, von irgendwelcher realen Macht und tatsächlichen Bedeutung war er nicht mehr.

Seitdem aber der Vogt seine Stellung verloren hatte, konnte die Bürgerschaft

---

16 Neue Mitteil. III. 3. 42. 1. Von der Vriheit. Romische keysere unde koninge haben dose stat tzo northusen gevriet unde begnadet in solcher wis, daz sie bestetiget haben alle die gesetze, di di borgere der stat tzo vromen haben gesast unde noch setzen. Der haben sich di borgere voreynt von erst, daz eyn ichlich sal haben vrede in sime hus.

17 Neue Mitteil. zur thür.-sächs. Gesch. III. 1. 39.

umso tatkräftiger gegen den Schultheißen und seinen Pflichtenkreis anlaufen, um auch diesem Reichsbeamten das Heft aus der Hand zu winden und seine Befugnisse zu übernehmen. Das war allerdings viel schwieriger; denn dem Schultheißen kamen Obliegenheiten zu, die sich nicht nur nicht allmählich überlebten, sondern vielmehr mit der anwachsenden Stadt von immer größerer, insbesondere wirtschaftlicher Bedeutung wurden.

Wir hatten gesehen, wie schon nach 1220 die Anforderungen an den königlichen Aufsichtsbeamten über Handel, Gewerbe und Marktgericht so gewachsen waren, daß er, ein Adliger und zunächst diesem Pflichtenkreise fernstehend, gar nicht mehr das ganze Feld seiner Betätigung überschauen konnte und daß er deshalb in weitgehendem Maße Bürger heranziehen mußte. Immerhin war sein Amt selbst nach den kaiserlichen Privilegien vom Jahre 1290 nicht ganz bedeutungslos.

Als königlicher Beamter genoß der Schultheiß innerhalb seines Amtsbereiches eine Reihe von Vorrechten. Überall, wo er als Bevollmächtigter des Königs auftrat, war er von Verpflichtungen, die andere Bürger zu leisten hatten, befreit, wo er dagegen als Privatmann handelte oder als solcher innerhalb einer Genossenschaft stand, hatte er dieselben Leistungen aufzubringen wie jeder andere. So war er befreit von der Grundsteuer, denn Nordhausen stand auf dem Boden des Reichs, und der Reichsbeamte brauchte deshalb die auf diesem Boden ruhende Abgabe nicht zu zahlen. Dagegen mußte er natürlich von Gütern, die er während seiner Amtstätigkeit nicht als Schultheiß, sondern als Privatmann erwarb, Zins zahlen wie jeder andere. Ebenso war es die Stadt ihm schuldig, ihn von den gewöhnlichen Aufgaben und Pflichten eines Bürgers zu befreien. Er tat keinen Wachtdienst, er brauchte sich nicht zum Feuerlöschen zur Verfügung zu stellen. Das Umgeld, das auf das Bierbrauen gelegt war, brauchte er für zwei Bier, d.h. für die Menge, die er und seine Familie für ihren Lebensunterhalt benötigten, nicht zu bezahlen; wollte er mehr brauen, so hatte er dafür Umgeld wie jeder andere zu entrichten.

War er einerseits als Beamter von allen Lasten befreit, so hatte er andererseits als Angehöriger eines bestimmten Standes dieselben Lasten wie jeder andere zu tragen. Daher bestand die Anordnung, daß er, wenn er ein Handwerker war, allen seinen Verpflichtungen gegen die Zunft, der er angehörte, nachkommen mußte.

Der ursprüngliche Pflichtenkreis des Schulzen tritt in einzelnen weiteren Gerechtsamen und Einnahmen hervor, die er auch in die spätere Zeit, wo er fast zur Bedeutungslosigkeit herabgesunken war, hinüberrettete. Wir hatten schon gesehen, daß sein ältester und vornehmster Beruf die wirtschaftliche Beaufsichtigung des gesamten königlichen Grund und Bodens war. Daher rührte die Befugnis, die er bis in die Neuzeit hinein besaß, von allen Häusern und Erbgütern 28 Pfennig zu vereinnahmen. Jedes Haus in Nordhausen stand auf königlichem Boden, und deshalb zahlte der Besitzer eine Steuer nicht nur an die Stadt, sondern auch an den Vertreter des Reiches. Ebenso war es bei den Liegenschaften, die der Eigentümer direkt vom Reiche zu Lehen hatte, bei Gütern, die die Bauern als sogenannte Erbzinsgüter in erblichem Nießbrauch hatten; auch hiervon ging eine Steuer an den Schultheißen. Da aber keiner, der nicht Haus oder Grund und Boden in Nordhausen hatte, Bürger der Stadt werden konnte, so erteilte der Schultheiß im 13. Jahrhundert auch noch das Bürgerrecht. Als seit 1290 die Stadt hierfür zuständig wurde, zeigten doch die 28 Pfennig, die auch weiterhin für Erteilung des Bürgerrechtes an den Schultheißen zu zahlen waren, noch die alte Abhängigkeit. Der Rat der Stadt war zwar völlig selbständig in der Aufnahme von Bürgern geworden, aber wenigstens die Fiktion einer Oberaufsicht durch den Schultheißen war durch die Abgabe noch aufrechterhalten.

Eng mit dem Handel der Stadt zusammen hing der Verkehr von und nach dem Marktorte, und deshalb stand dem Schulzen auch das Geleitrecht zu. Jeder, der durch städtisches Gebiet reiste, wurde an den Grenzen in Empfang genommen, ihm die Erlaubnis zur Durchreise und zum Hausieren gegeben, ihm während dieser Durchreise Schutz zugesichert, und dafür hatte er an den Schultheißen das Geleitgeld zu zahlen. Erst in der Mitte des 16. Jahrhunderts übertrug *Karl V.* den Nordhäusern das Geleitrecht.

Endlich kann man auch darin noch die Befugnisse des Schulzen über Grund und Boden erkennen, daß er bis in die ersten Jahrzehnte des 15. Jahrhunderts hinein die Berechtigung hatte, Hypothekenbriefe auszustellen. Erst damals machte ihm die Stadt auch dieses Recht streitig.

Doch sein für die Stadt wichtigstes Amt bestand in der Ausübung der Marktgerichtsbarkeit. In erster Linie war der Schultheiß der Vorsitzende des Schöffengerichts, das die Zivilgerichtsbarkeit innehatte. Sein Titel war *praefectus*, die beiden Beisitzer hießen *iudices*, Schöffen, Gerichtsfronen oder *discreciores civitatis*. Zu diesen Schöffen wurden schon im 13. Jahrhundert einheimische Bürger herangezogen, die der Schultheiß als Sachverständige besonders nötig hatte.

Vor das Schulzengericht gehörten in ältester Zeit nur handels- und gewerberechtliche Angelegenheiten, ferner besaß es die Zuständigkeit über das Pfand-, Schuld- und Erbrecht. Die gesamte übrige Gerichtsbarkeit, besonders die Strafgerichtsbarkeit, besaß der Vogt. Da aber der Schulze auch die Marktpolizei ausübte, so zog er bald auch strafrechtliche Fälle vor sein Gericht. So besaß er schon am Ausgang des 13. Jahrhunderts die Gerichtsbarkeit über Friedensbrüche, über Räubereien während des Marktes und über Eigentumsvergehen jeder Art. Die Stadt aber hatte ein Interesse daran, die Kompetenzen des Schulzengerichts möglichst weit zu ziehen, da sie ja durch die Schöffen in diesem Gerichte ausschlaggebend war, während ihr dem Vogte gegenüber keine Handhabe gegeben war, ihren Einfluß zur Geltung zu bringen. Ja im alten Schultheißenbuche des 14. Jahrhunderts finden wir schon die Bestimmung: *si scultetus egerit in aliquem pro furto vel pro spolio vel pro qualicumque causa, et si secundum ius evaserit, solutus erit ab advocato pro tali causa.* Hier tritt ganz deutlich zutage, daß dem Schultheißen neben der Zivilgerichtsbarkeit nur über Diebstahl und Raub abzuurteilen obgelegen hatte; dann aber fügt man hinzu: *vel pro qualicumque causa* „oder über irgend eine andere Sache". Nach diesem Schulzenbuche führte also der Schultheiß auch die Voruntersuchung in jeder Strafsache, und erst, wenn die Schuld des Angeklagten feststand, verwies man den Prozeß an das

Blutgericht des Vogts. Flüchtete der Verbrecher, so ließ der Schultheiß ihn verfolgen durch seine Büttel, leitete die Voruntersuchung und stellte dem Geschädigten das entwendete Gut wieder zu. So erweiterte das Schulzengericht gegenüber der Vogtei seine Befugnisse mit Hilfe der Städter, und dann, nachdem der Vogt zur Bedeutungslosigkeit herabgesunken war, gingen diese gegen das Amt des Schultheißen vor. Die ursprünglichen Kompetenzen und insbesondere die gesamte Oberaufsicht über das Schulzenamt durch den Vogt läßt sich nur noch daran erkennen, daß ihm ein Drittel aller Gerichtsfälle vom Schulzengericht abgegeben werden mußte.

Der Schultheiß hegte die Gerichtsbank mit der Frage, ob jetzt Richtens Zeit sei. Wenn sie bejaht wurde, „stand" das Gericht. Dann trat man in die Verhandlungen ein; ein Gerichtsschreiber und ein Büttel standen dem Schulzen zur Seite. Wie beim gesamten Gerichtsverfahren des Mittelalters, so spielte auch im Zivilgericht der Reinigungseid der Hauptrolle. Er wurde bei gehegter Bank vor dem Schultheißen abgelegt; nur Juden legten ihn vor der Judenschule ab; doch entsandte der Schultheiß einen Boten dazu. Schwere Strafe, nämlich eine Buße über 3 Pfund Silbers, traf den, der den Eid leichtfertig und ohne Erlaubnis des Schulzen ablegte. Den Urteilsspruch fand das Gericht bei geringeren Sachen allein. Selbstverständlich fiel die Stimme des Schultheißen als Vorsitzenden des Gerichts zunächst gewichtig in die Wagschale; erst seit der Mitte des 14. Jahrhunderts bestritten die Nordhäuser dem Schulzen das Recht, den Urteilsspruch mitzufinden, und beanspruchten dieses Recht allein für die beiden Schöffen, auf die sie ja, da sie aus ihrer Mitte genommen waren, von viel größerem Einfluß waren als auf den Schultheißen. Diesem sollte, abgesehen vom Hegen des Gerichts und der Eidabnahme, nur noch die Verkündung des Spruches zustehen.

Wenn wichtigere oder schwer zu beurteilende Angelegenheiten zur Verhandlung standen, so daß das Schöffengericht nicht allein den Spruch abzugeben wagte, so „borgte" man sich das Urteil, holte ein „Weistum" ein. Im allgemeinen wandte man sich dabei an Goslar, dann, wenn das Goslarer Urteil nicht befriedigte, an Mühlhausen. Bei außergewöhnlich wichtigen Prozessen holte man sich das Urteil auch von ganz berühmten Schöffenstühlen, vor allem von Magdeburg, und ließ es sich dann auch gehörig Geld kosten, wie denn hinter einem Magdeburger Weistum anzumerken nicht vergessen wird: „unde hat gekost 23 Rinsche gulden". Schon zu Beginn des 14. Jahrhunderts wurde es übrigens üblich, die Prozeßakten an den Rat der Stadt einzuschicken und diesen nach seiner Meinung zu fragen, so daß allmählich der Syndikus der Stadt Nordhausen den Ausschlag bei der Urteilsfällung gab. Dieser Brauch, der gewohnheitsmäßig schon früh geübt wurde, erhielt Rechtskraft durch ein königliches Privileg vom *10. August 1349*, wo *Karl IV.* zu Köln der Stadt Nordhausen gewährte, daß die Urteile des Rates „Kraft und Macht" haben sollten. Und in einer zweiten Urkunde, die am *10. September 1354* in Zürich gegeben worden war, erweiterte der städtefreundliche Kaiser noch die Aufsichtsbefugnis der Stadt über das Schulzengericht. Diese beiden Urkunden neben der *Rudolfs* vom Jahre 1290 waren die Grundlagen, von denen aus die Hoheit der Stadt weiter ausgebaut werden konnte.

Im übrigen waren die Befugnisse und Einkünfte des Schultheißen durch sein Aufsichtsamt über den Verkehr und den Handel der Stadt bestimmt. Eine seiner wichtigsten Obliegenheiten in dieser Beziehung war die Überwachung der Münze zu Nordhausen. Im 12. und im Anfang des 13. Jahrhunderts standen die Münzmeister, *monetarii* oder *magistri monetae*, die ebenso wie Vogt und Schultheiß Ministeriale der Burg waren, noch fast selbständig neben diesen Beamten und traten auch selbständig in Urkunden auf. [18] Seitdem aber die Tätigkeit des Schulzen auf die Stadt beschränkt war, wurde ihm die Münze mitunterstellt, und der *monetarius* erschien nunmehr nur noch als Unterbeamter des Schultheißen. Dieser verpachtete meistens die Münzen an Unternehmer, behielt aber jederzeit die Oberaufsicht. Er bestimmte nach höheren Anweisungen Gewicht und Feingehalt der Geldstücke, er schloß auch mit anderen Städten über die Anerkennung der Nordhäuser Münze und ihren Wert Verträge ab. So sind z.B. aus älterer Zeit vom *30. März 1322* und *14. Juli 1360* Verträge über die Münze mit Ellrich auf uns gekommen. In den dreißiger Jahren des 14. Jahrhunderts galten 30 Schilling gleich einer Mark Silber, in den sechziger Jahren 50 Schilling, 1382 gar 52 Schilling gleich einer Mark. [19] Diese Verträge wurden nötig nach der Zeit, wo die Honsteiner um *1340* und *1350* das Schulzenamt besessen und damit einen wahren Raubbau betrieben hatten. Sie zeigen, wie wichtig selbst in jenen Zeiten, deren Handel doch noch großenteils auf der Naturalwirtschaft fußte, eine vollwertige Münze war, und daß die Verschlechterung der Münze zu der Zeit, wo die Honsteiner Besitzer des Schulzenamts waren, dem Handel und Verkehr sofort größten Schaden zufügte.

Aus der Münze flossen dem Schultheißen auch die stattlichsten Einnahmen zu, die sich schon im 14. Jahrhundert auf 30 bis 70 Mark jährlich beliefen. Stets war in Nordhausen die Ausprägung von Münzen üblich wie die in Sachsen und Thüringen. Der Nordhäuser Verkehr und Warenaustausch zeigte im Mittelalter nach Süden. So gab z.B. am *9. Oktober 1448 Wilhelm von Sachsen* als Inhaber des Schulzenamtes in Nordhausen der Stadt das Recht, für 400 Gulden Münzen auszuprägen, wie die zu Eisenach, Weißensee und Saalfeld, und 1538 lautet eine Bestimmung: „Item man zu Northausen münzet, so hat unser gnediger Herr von Doringen die schlegeschatze daran." Dieser wünschte auch nach der neuen vom Kaiser Maximilian geschaffenen Kreiseinteilung das Ausmünzen gemäß der Obersächsischen Kreisordnung, obgleich Nordhausen dem Niedersächsischen Kreise zugeteilt war und in der Tat schon seit dem 15.Jahrhundert wirtschaftlich mit Quedlinburg, Halberstadt, Braunschweig und Lüneburg ebenso im Verkehr stand wie mit den thüringischen Städten.

---

18 1232. Godescalcus monetarius. Walk. Urk. p. 131. Nr. 174. 1242. Walk. Urk. p. 171.237. Gottschalk kommt auch in einer Frauenberger Urk. vor. – 2. VII. 1298 Bruno monetarius in einer Altendorfer Urkunde. 1.7.1299 Hildebrand monetarius, Frauenbergs-Urkunde.

19 1322 heißt es: ouch glichen slegeschatz sell man neme beyder sit und uz der montze gebe 30 Schilling vor die mark.

Zur Aufrechterhaltung der Münzstätte und für ihre Überwachung flossen dem Schultheißen die Einkünfte von dem sogenannten „großen" Zolle und die Abgaben einer Reihe von nach Nordhausen hin steuerpflichtigen Dörfern zu. Unter dem „großen" Zoll verstand man die Steuer, welche auf dem nach Nordhausen eingeführten Wein ruhte und die zwischen 4 Pfennig für einen Wagen mit Wein und 1 Pfennig für eine Weinkarre schwankte. Wein, der nicht zum Selbstverbrauch oder sofortigen Ausschank verwertet wurde, sondern den man zu späterem Verkauf erst lagern ließ, wurde doppelt so hoch besteuert. Von den Dörfern zahlten im 14. Jahrhundert Bielen, Windehausen, Urbach, Görsbach, Grumbach bei Bielen, Vorrieth bei Kleinfurra, *Elre, Horn* und Wiechstädt besonders Hafer zur Nordhäuser Münze, [20] im 16. Jahrhundert leistete auch noch Steinbrücken eine Abgabe, von Crimderode kamen 4 Schock Reisholz, das Kloster von Ilfeld steuerte jährlich ein Fuder Holz, das Walkenrieder 10 Ellen graues Tuch bei. Ilfeld und Walkenried waren zu der Abgabe wegen ihrer in Nordhausen befindlichen Klosterhöfe verpflichtet, aus denen sie ja mancherlei merkatorischen Vorteil zogen.

Neben der Münze gehörte zu den Aufgaben des Schultheißen die Erhebung und Überwachung des Zolls. Von allen Waren, die in die Stadt eingeführt und dort verkauft wurden, wurde ein Zoll erhoben; nur die Waren, besonders Getreide und Lebensmittel, welche ein Bürger draußen aufgekauft hatte, um seinen eigenen Bedarf zu decken, waren zollfrei. Der Zoll ward erst entrichtet, wenn die Ware in der Stadt abgesetzt war. [21] Als Strafe für unverzollte, ohne Steuermarke ans Stadttor gelangende Waren sieht das Schulzenbuch von 1538 eine Geldbuße an den Schultheißen von 1 Pfund Geld 20 Schneebergern vor. Wenn die Ware zu geringfügig war, mußte der Versuch der Hinterziehung wenigstens mit 1 Gulden gebüßt werden. Eingeführt in die Stadt aber wurden besonders die Produkte der ländlichen Umgebung: Getreide, Mohn, Hanf, Hopfen, Holz, Weidenruten. Von weiterher kamen Fische, insbesondere Heringe, ferner Wein, Met, Bier, aber auch Farbstoffe wie z.B. Waid. Doch auch Fertigfabrikate der Umgebung sowohl, wie der weitesten Ferne gelangten nach Nordhausen, insbesondere Webwaren aus Wolle und Leinwand. Waren unter dem Werte von 1 Schilling ließ man zollfrei durch. Ebenso waren für die beiden Jahrmärkte im Frühjahr und Herbst Erleichterungen gewährt. Dann wurde für alles, was in einer Bude verkauft wurde, nur 2 Pfennige Zoll entrichtet; wenn der Verkäufer auf dem Jahrmarkt aber keine Bude besaß, zahlte er den gewöhnlichen Zoll, da ja jede Übersicht über das zum Verkauf Gebrachte fehlte und ein solcher Handel dem Jahrmarkt nicht zugerechnet wurde. Im späteren Mittelalter besuchten die Jahrmärkte auch gern einheimische und fremde Fleischer und Bäcker, die dann ähnlich wie alle übrigen Budenbesitzer besteuert wurden.

Ganz besonders tritt aber die Abhängigkeit der Stadt vom Schultheißen als

---

20 Neue Mitteil. III. 1. 36. N. M. V. 3. 45. f. Elre und Horn sind Wüstungen bei Heringen; Wiechstädt eine bei Kehmstedt.

21 Neue Mitteil. 1. 35. 59. Nullus eciam cogi debet ad theloneum, nisi prius vendiderit. Vergl. N. M. V. 3. 44. 35. u. V. 3. 52.

Marktherrn und Inhaber des Kaufmanns- und Gewerbegerichts hervor durch die Abgaben, welche die Innungen jährlich dem Schultheißen zu leisten hatten. Abgesehen davon, daß jeder Inhaber für seinen Stand auf den zunächst zwei, später drei Wochenmärkten ein kleines Standgeld zu entrichten hatte, mußten auch die einzelnen Interessengemeinschaften, die Zünfte, zum Zeichen der Anerkennung der schultheißlichen Gewerbehoheit alljährlich eine Abgabe entrichten. Sie unterlag naturgemäß in den vier Jahrhunderten von 1300–1700 Schwankungen, ist aber stets festgehalten worden. So entrichteten 1538 die Kaufleute 10 Schillinge (zu 9 Pfennig), die Schneider 3, die Fleischer 20, die Gerber 10, die Bäcker 6, die Wollweber 4, die Leinweber 6, die Schuhmacher 30, die Schmiede 4, die Krämer 4 Schillinge. Das Schulzenbuch aus dem Anfang des 14. Jahrhunderts zählt neben diesen noch die Filtores, die Filzer, und die Picariatores, die Becherer, auf, enthält dagegen noch nicht die Schneider. [22]

Sämtliche Einnahmen aus dem Zivilgericht, der Marktherrlichkeit, den Zöllen und der Münze mit geringen Ausnahmen hatte der Schultheiß an seine Oberherrn, seit 1352 also dauernd an Thüringen und Sachsen, abzuführen. Nur den Zoll für einige geringwertige Waren wie für Käse, Nüsse und Kastanien konnte er für sich einbehalten; ferner fiel ihm die Hälfte der Gerichtsstrafen zu, doch mußte er dafür die beiden Schöffen während der Gerichtssitzungen unterhalten. Im übrigen bezog er im 16. und 17. Jahrhundert ein jährliches Einkommen von 20 Talern und war von den städtischen Steuern befreit.

Aus allen diesen Darlegungen wird ersichtlich, daß das Schultheißenamt für die Stadt hochbedeutsam war, jedenfalls von viel größerer Wichtigkeit und viel weittragenderem Einfluß als die Vogtei. Das, worauf die ganze Daseinsberechtigung einer Stadt innerhalb eines Gesamtorganismus beruht, das, worauf die Bewohner einer Stadt ihr ganzes Sein begründen, das gesamte Wirtschaftsleben stand in irgendeiner Beziehung und meist auch in irgendeiner Abhängigkeit zum und vom Schulzenamt. Dementsprechend behandelten auch die Bürger das Amt: Es streckte seine Befugnisse in alle städtischen Verhältnisse, und deshalb mußte jeder Bürger zu ihm irgend eine Stellung nehmen; es erschien, je länger, je mehr, als die wirtschaftliche und staatliche Selbständigkeit einengend, und deshalb mußte jeder freie Bürger es als unbequeme Last empfinden.

Obenhin ist daher schon immer angedeutet worden, daß die Stadt Nordhausen bestrebt war, sich nach und nach die Rechte des Amtes anzueignen; wirklich erworben, wie es die Nachbarstadt Mühlhausen tat, hat Nordhausen das Schulzenamt erst zu Beginn des 18. Jahrhunderts und ist erst damit eigentlich wirklich „Freie" Reichsstadt geworden; aber an widerrechtlichen Eingriffen in das Schulzenamt, an Abtrennen einzelner Befugnisse von ihm, an durch keine Urkunden zu belegenden Behauptungen über das Machtbereich der Stadt, schließlich sogar an völligen Kassierungen des Amtes durch die Stadt hat es zu keiner Zeit gefehlt, von dem Augenblicke an, wo Nordhausen 1220 wirklich Reichsstadt geworden

---

22 Neue Mitt. III. 1. 36. und V. 3. 46. Frommann verzeichnet zu 1680 ähnliche Angaben. Archiv Z a 5 b.

war, bis zu dem Augenblick, wo es 1715 seine volle Souveränität von Preußen erkaufte.

Diese Schmälerung der Rechte des Reiches durch Nordhausen war ja auch leicht möglich; überall bot sich ja eigentlich das Schulzenamt den Eingriffen und Zugriffen der Stadt dar. Das lag ganz einfach an den eigenartigen mittelalterlichen Verfassungs-und Verwaltungsverhältnissen. Innerhalb eines nach möglichster Selbständigkeit strebenden Gemeinwesens war der Schultheiß der einzige Vertreter der gesamtstaatlichen Hoheitsrechte, keiner leistete ihm dabei Hilfe, ja das Reich selbst oder der Staat, an den das Reich seine Hoheitsrechte abgetreten hatte, besaß kaum mehr Interesse an deren Wahrung, als daß ihm der Anspruch auf das Amt gewisse Einnahmen davon sicherte. Man ist fast versucht zu erklären, daß das Mittelalter einen recht konservativen Zug an sich trug, daß es auf Tradition und verbriefte Rechte außerordentlich viel gab, wenn man sieht, wie ein Amt von solcher Bedeutung wie das Schulzenamt für Nordhausen, eigentlich durch keine reale Macht, sondern nur durch das Herkommen und durch alte, meist sogar halb in Vergessenheit geratene oder abhanden gekommene Urkunden gesichert, sich überhaupt solange hat behaupten können. Hinter dem Schultheißen stand bei Ausübung seines Amtes niemand, er war ganz und gar auf die Hilfe der Bürger angewiesen. Seine wichtigsten Berater, die Schöffen, mußte er aus der Bürgerschaft nehmen; ebenso waren die ausführenden Beamten, die Zollbeamten, die Büttel, die Gerichtsdiener Einwohner der Stadt. Alles, was mit dem Amte zusammenhing und darin irgendeine Tätigkeit ausübte, war städtisch.

Dennoch kann man sagen, daß, obgleich während des ganzen 14. Jahrhunderts die städtische Macht ausgebaut wurde, das Amt doch bis ins 15. Jahrhundert hinein, abgesehen von kleinen Einbußen, Bestand gehabt hat. Erst seit etwa 1450 ist ein wirkliches Abbröckeln einer Befugnis nach der anderen ganz offensichtlich.

Abgesehen von diesen Einschränkungen durch die Amtsgewalt des Schultheißen regierten sich die Bürger selbständig. Doch nahmen zunächst nur die Gefreundten, die Geschlechter an der Verwaltung der Stadt teil; erst im Laufe des 14. Jahrhunderts macht sich ein allmählich immer stärker werdender Druck der Bevölkerung, die Mitbestimmung verlangte, bemerkbar. Welche Aufgaben aber im Mittelalter dem Rate zufielen, ist ein für das deutsche Städtewesen so wichtiges Kapitel, daß wir auch hier auf sie eingehen wollen, besonders da sie bisher für Nordhausen noch nicht näher umschrieben worden sind.

Schon lange vor dem Jahre 1290 hatte sich der Rat der Stadt Nordhausen in einem Rathause für seine Sitzungen und Beratungen eine geeignete Stätte geschaffen. Wir pflichten *Karl Meyer* bei, daß dieses älteste Versammlungshaus zwischen den beiden Gäßchen, die heute das Westende der Krämerstraße nach dem Steinweg hin bilden, gestanden hat.

Hier lagen die Gewandkammern der Gewandschnitter, der ältesten und vornehmsten Gilde Nordhausens, deren Mitglieder als Patrizier im Rate saßen und die ihr Kauf- und Gildehaus zugleich als Rathaus benutzten.

Doch schon um 1280, wahrscheinlich bald nach dem Sturze der Reichsritterschaft und der Zerstörung der Reichsburg, gingen die reichen Kaufleute daran, in unmittelbarer Nähe der Marktkirche, auf dem Platze, auf dem es noch heute steht, ein neues Rathaus zu bauen. Auch jetzt war in ihm die Mehrzahl der Räumlichkeiten den Kaufleuten für das Feilhalten ihrer Waren vorbehalten. Es besaß 12 obere, 16 mittlere und 16 untere Kaufkammern. Doch seine wesentliche Bedeutung bestand darin, daß es der Mittelpunkt für die städtische Verwaltung war.

Dieses neue Rathaus genügte nur 80 Jahre den Ansprüchen der Bürgerschaft; im Jahre 1360 wurde es umgebaut. Nachdem dieses neue Rathaus gebaut und dorthinein die Gewandkammern gelegt worden waren, nannte man das älteste Rathaus *antiquum mercatorium*, das „alte" Kaufhaus. Das Rathaus in seiner neuen Gestalt vom Jahre 1360 war nun die Stätte, von wo aus die Ratsregimenter die Stadt Nordhausen lenkten und verwalteten.[23]

Es ist verständlich, daß in den Anfangszeiten des Rates, wo sich noch keine ganz fest umrissene Geschäftsordnung herausgebildet und wo die Behörde den Bürgern gegenüber noch keine feste Stellung und Tradition hatte, die Verwaltungstätigkeit auf manche Schwierigkeiten stieß. Hinzu kam noch, daß der Charakter der Zeit einem reibungslosen, friedfertigen Verkehr der menschlichen Gesellschaft durchaus widerstrebte. Bei hoch und niedrig war das Wort grob und schnell die Tat. Die stolzen Patriziergeschlechter kannten weder untereinander Rücksicht noch dem geringen Manne gegenüber, und dieser selbst war weit entfernt, sich in die ihm auferlegte Ordnung ohne weiteres zu fügen. Erst im 15. Jahrhundert zog größere Ruhe ein, kam größere Stetigkeit in den Geschäftsgang, festigten sich die Verhältnisse im Innern der Stadt.

Aus dieser Sachlage heraus sind die Verordnungen zu verstehen, die die Rechte der Ratsherrn zu umschreiben trachteten, den Verkehr untereinander regelten und ihre Stellung innerhalb der Gesamtbürgerschaft festlegten. Je älter die Statuten sind, desto mehr Anordnungen finden sich ausgesprochen und zwischen den Zeilen, welche gerade Übergriffe zu verhindern suchten; unter der Gesamtzahl der Gesetze befinden sich gerade in den älteren Zeiten viel, die sich mit der Sicherung des Rates beschäftigen.

Die vornehmen Geschlechter hatten die Reichsritter entthront. Die gemeinsame Sache hatte sie zusammengeschweißt, und fest hielten sie zusammen gegen oben und unten, darauf bedacht, ihre Rechte zu wahren. Doch so sehr sie aufeinander angewiesen waren, so ließ es ihre Streitbarkeit und ihr Stolz doch nicht zu, daß sie sich auch nur einem ihresgleichen unterordneten oder im Rate und mit der Tat vor einem der ihrigen zurückwichen. So trug ihre Herrschaft durchaus das Antlitz jeder oligarchischen Herrschaft: nach oben hin war sie anarchisch, untereinander waren sie monarchisch, nach unten hin war sie despotisch. Die Rechte der Aufsichtsbehörde suchten diese Ratmannen immer weiter einzuschränken, und in den Zeiten nachsichtiger und schwacher Schutzherrn galten ja schon im 14. Jahrhundert tatsächlich Vogt und Schultheiß überhaupt

---

23 Zinsbuch des Rates, 1310. Nordh. Archiv.

nichts mehr. In den Nordhäuser Statuten werden die Reichsbeamten gar nicht erwähnt; man tut so, als seien sie für die Stadt nicht vorhanden.

Bei den Sitzungen der Geschlechter untereinander, bei den Ratsversammlungen ging es nicht selten lebhaft genug zu. Beschimpfungen, ja Tätlichkeiten kamen vor, so daß die Statuten Bestimmungen treffen mußten, die dergleichen Ausschreitungen ahndeten. Auch der Hinweis darauf, daß die Beratungen streng vertraulich sein sollen, kommt immer wieder vor und beweist, daß die Herren vom Rate zuweilen die Lust verspürten, ihrem übervollen Herzen vor aller Welt Luft zu machen und dadurch den Interessen der bevorrechteten Kaste zu schaden. Besonders aber war es nötig, die Stellung der Patrizier nach unten zu sichern. Deshalb legen die Statuten dem eine doppelte Buße auf, der einen Ratsherren tötet, lähmt, verwundet, über ihn das Schwert zückt, ihn mißhandelt oder mit Worten beleidigt. Ebenso ist der gesamte Rat vor Angriffen geschützt. Üble Nachrede und böswillige Kritik an den Maßnahmen des Rates wird bestraft, Schmähungen bei der Ratswahl gegen in den Rat Gewählte werden mit 5 Mark Silbers und 5 Jahren Verbannung geahndet. Widersetzlichkeiten gegen Befehle des Rates werden ähnlich bestraft. Interessant ist es, daß die ältesten Statuten vor 1300 zwar Bestimmungen aufweisen über den Verkehr der Bürger mit den Behörden innerhalb und außerhalb des Rathauses, daß aber erst die späteren Statuten aus dem 14. Jahrhundert, also aus der Zeit der eigentlichen Ständekämpfe, Ahndungen vorsehen wegen Störungen der Ratssitzungen durch einen Auflauf oder gar durch Eindringen der Bürger in die Versammlung. Niemand darf sich mit Gewalt Gehör zu schaffen suchen. Der Bürger darf auf das Rathaus kommen, muß aber unbewaffnet sein, er darf zwar Einspruch dort erheben, aber mit der nötigen Wohlanständigkeit und Ehrerbietung. Ein wirklicher Einfluß wird den niederen Bürgern zunächst überhaupt nicht, später nur durch die Mittelsmänner aus den Zünften und den Vierteln der Stadt zugestanden. [24]

Die Befugnisse dieser bevorrechteten, durch zwiefältige Buße geschützten Ratsherren sind sämtlich aus dem Aufsichtsrecht über den Markt und seinen Verkehr abzuleiten. Der Markt bildet die Grundlage für die gesamte Verfassung und Verwaltung der Stadt, er ist die Keimzelle, von wo aus sich die Rechte des Rates und der Bürgerschaft in demselben Maße vergrößerten, wie die Stadt selbst und ihr Handel und Wandel. Schon zu Beginn des 13. Jahrhunderts hatten sich die Reichsbeamten nur das vorbehalten, was leicht übersehbar und verwaltbar war, was dennoch erfreuliche Einnahmen gewährte und was zugleich von der übrigen Verwaltung der Stadt, für die man doch keine Organe hatte und die man deshalb den Bürgern überlassen mußte, leicht abtrennbar war. Das waren der Zoll und die Münze. Diese blieben deshalb auch längste Zeit Reichsgut, wenn auch die Münze mit gewissen Einschränkungen. Das Dritte, was sich der Schutzherr der Stadt für seinen Vertreter, den Schultheißen, vorbehielt, war die Zivil- und niedere Strafgerichtsbarkeit. Doch war hier die Abgrenzung zwischen städtischer und oberherrlicher Kompetenz nicht so leicht vorzunehmen, und so bot denn das

---

24 Neue Mitt. III. 1. 47 22 ff. III. 2. 17. 81 ff. III. 2. 43. 226 f.

5. Brakteat Kais. Friedr. Barbarossas, † 1190.

*6. 7. 8. Typen des 13. Jahrhunderts,
welche in der Zeichnung von dem Barbarossatypus abhängig sind.*

9. Brakteat mit Namensbeischrift NOR.

Carl Schiewek, Phot.

10. 11. 12. halbierte, kursierende Brakteaten, 13. Jahrhundert.

13. 14. Brakteaten mit ausgeprägtem Honsteiner Schachbrett, 14. Jahrhundert.

15. 16. 17. Kleine Adlerbrakteaten, 14. Jahrhundert.

Carl Schiewek, Phot.

Schultheißengericht auch oft genug Anlaß zu Konflikten aller Art. Auf der einen Seite standen die Rechte des Schultheißen, dem eigentlich die gesamte Gewerbe- und Handelsgerichtsbarkeit zustand, auf der anderen Seite standen die weniger rechtmäßig begründeten als allmählich historisch erworbenen Rechte des Rates, der die gewohnheitsmäßige Handhabung der Verwaltung und die Aufsicht über den gesamten Produktions- und Konsumtionsprozeß innehatte.

Dieser Handel und Wandel spielte sich auf dem Markte ab und benötigte in erster Linie des Friedens. Deshalb war es auch die vornehmste Aufgabe des Rates, den Marktfrieden zu gewährleisten. Die Hälfte aller Bestimmungen der ältesten Statuten handelt daher von der Wahrung des Marktfriedens. Der König hatte einst der Ansiedlung den Markt geschenkt, und der Königsfrieden lag über der Stadt, aber ihn beschützen mußte der Rat. Jeder, der den Marktfrieden brach, handelt deshalb „wider des rates gebote" und wurde vom Rate gebüßt. Ja, auch des einzelnen Ratmannen wichtigste Aufgabe war die Bewahrung des Friedens. Wo es zu Streitigkeiten kam, hatte der Ratmann, der gerade anwesend war, Frieden zu gebieten. Jeder hatte ihm zu gehorchen und gegebenenfalls Hilfe zu leisten, denn: *he is in der stat botschaft*. Der Ratmann, der diese seine vornehmste Pflicht vernachlässigte, verfiel selbst der Strafe.

Über den so gefriedeten Markt und seinen Verkehr führte der Rat die Aufsicht. Sollte der Handel hier aber wirklich für die Bevölkerung ersprießlich sein, so war es besonders wichtig, daß mit bestimmten, von der Obrigkeit anerkannten Münzen gezahlt und einheitliches Maß und Gewicht bei Kauf und Verkauf benutzt wurde. Wenn nun freilich auch die Münze dadurch, daß sie unter die Kompetenzen des Schultheißen fiel, der Beaufsichtigung durch den Rat entzogen war, trifft das doch nur für die Ausprägung zu und für die Einnahme, die aus dem Regal flossen. Sowie die Münze in den Handel trat, griff der Rat ein; denn in diesem Augenblicke hatte ja der Schultheiß keine Organe mehr, seine Münze, etwa vor Nachahmung und Fälschung, zu schützen, und gerade das ist das Wesentliche für das Gedeihen der Stadt. Denn durch schlechte und falsche Münze wird der Marktbetrieb gestört und geschädigt. Deshalb sind in den Statuten auch Bestimmungen über die Nordhäuser Münze aufgenommen. Schon 1308 wird festgelegt, daß derjenige niemals Bürger werden soll, der mit Nordhäuser Münze die Stadt verläßt, sich anderwärts niederläßt und dort das Nordhäuser Geld nachzuahmen sucht. Auch der, welcher solche Münzen einwechselt oder wechseln läßt, wird mit Strafe bedroht. Der Einheitlichkeit wegen war ferner dem Rate daran gelegen, daß die Bürger Nordhausens möglichst nur Nordhäuser Geld in Zahlung nahmen und gaben. Zugleich erreichte er dadurch, daß die Nordhäuser Münze galt, soweit sich das Einzugsgebiet des Nordhäuser Marktes erstreckte. Von den Höhen des Harzes bis südlich der Hainleite, von Heiligenstadt bis über Kelbra hinaus war daher Nordhäuser Geld das gangbarste. Allerdings konnte man gleichwertige Münzen auch gegen Nordhäuser umtauschen. Daß auch diese Bestimmungen über den Geldwechsel vom Rate ausgingen, ist selbstverständlich, da die Kaufleute die besten Fachleute für Gültigkeit und Wert fremder Geldsorten waren. – So erscheint gerade beim Münzwesen sehr schön die Abgrenzung der schutzherrlichen und städtischen Befugnisse: Alles, was mit der Ausprägung der Münze zusammenhängt, ist königliches Regal, alles, was mit dem Verkehr der Münze in der Öffentlichkeit zusammenhängt, unterliegt der Aufsicht der Stadt.

Neben der Regelung und Vereinheitlichung der Zahlungsmittel erstreckte sich weiterhin die Sorge des Rates auf Maß und Gewicht. Diese nahmen insofern eine andere Stellung ein als die Münze, als sie nie in den königlichen Urkunden erscheinen, sondern die Aufsicht über sie von vornherein der Stadt zusteht, unbedingt eine Folge davon, daß der mittelalterliche Staat, wie Below schon ausgeführt hat, selbst den kleinsten Gemeinden die Sorge für rechtes Maß und Gewicht überläßt. Dieses Verhalten des Staates ist auch verständlich, weil die Münze als Tauschmittel für die Gesamtheit dient, Maß und Gewicht aber nur beim Handel und Verkehr von Einzelpersonen von allerdings einschneidendster Bedeutung sind. Hier haben wir es mit rein kaufmännischen Instrumenten zu tun, alles Kaufmännische aber hält sich der mittelalterliche Staat vom Leibe, weil es ihm dabei doch nicht gelingt, beaufsichtigend und regelnd einzugreifen. Maß und Gewicht unterstehen also durchaus der Verwaltung des Rates. Ihre Überwachung ist aber eine umso wichtigere Angelegenheit, als bei der Vielheit der gebräuchlichen Maße und Gewichte und der Ungenauigkeit bei der Herstellung dem Betruge Tür und Tor geöffnet war. Deshalb wurden auch Vergehen gegen Maß und Gewicht verhältnismäßig nur leicht geahndet; denn häufig war gar nicht nachweisbar, ob bloße Fahrlässigkeit oder wirkliche Fälschung vorlag. Trotzdem war natürlich dem Wirtschaftsleben sehr viel an genauem Maß und Gewicht gelegen, und der Rat suchte mit Verfügungen den Handel vor Ausbeutung zu schützen. „Wer unrechtes Gewicht, Scheffel, Ellenmaß, Molmetze hat, gibt dem Rate 1 Mark." [25]

Das wichtigste Instrument zur Bestimmung genauen Gewichts war die Ratswage, die in ältester Zeit wahrscheinlich im Rathause untergebracht war, im ausgehenden Mittelalter aber mitten auf dem Kornmarkte stand. Auf ihr mußten alle größeren Warenmengen gewogen werden; nur dem Detailhandel waren *eigene Wagen* gestattet. So konnten die Wollweber bis zu 3 Steinen Gewicht (1 Stein = 20 Pfund), die Krämer bis zu 7 Pfund, die Kupferschmiede bis zu 10 Pfund ohne Nachprüfung verkaufen. Jeder größere Posten mußte aber auf der Ratswage abgewogen werden. Dafür wurde ein geringes Wiegegeld, meistens ein Scherf, die kleinste Münze, von dem Ratswagenmeister erhoben. Für Tuche hatte die Stadt eine eigene Wage, die Schröterwage, auf der neues Gewand von 2 Ellen aufwärts gewogen werden mußte.

Die Hauptsache bei der Bestimmung des genauen Gewichts waren die Gewichtsstücke. Um völlig einwandfreies Gewicht zu haben, besaß die Stadt die Gewichtsstücke in dreifacher Ausfertigung. Die einen der Gewichte hatten die 4 Kämmerer der Stadt in Verwahrung, die anderen lagen in der Bornkammer, einem Anbau an das Rathaus. Diese dienten gewöhnlich dem Gebrauche. Die dritten

---
[25] Neue Mitt. III. 1. 66. 168. III. 2. 13. 55. Vergl. K. Meyer, Festschrift 1903, 63.

wurden im „Gewölbe der Privilegien" aufbewahrt, d.h. im Archiv auf dem Rathause; diese galten als die maßgebenden. Sie wurden nur gebraucht, um die Richtigkeit der anderen nachzuprüfen.

Schon in dieser Tätigkeit des Rates erscheint eine der Hauptobliegenheiten der städtischen Organe: dem Produzenten das Seine zukommen zu lassen und den Konsumenten vor Ausbeutung zu schützen. Dieses Bestreben zeigen auch weiterhin alle Bestimmungen des Handels, die der Rat als Inhaber des Marktes vornahm. Teilweise sind sie sehr einschneidend und mußten von den Handelsleuten häufig als recht lästig empfunden werden, wurden aber mit Rücksicht darauf, daß durch sie für jeden ein geringes, aber sicheres Auskommen gewährleistet wurde, in Kauf genommen; ja, wenn der Staat nicht eingriff, legten die Kaufleute und Handwerker selbst ihrem Handel und Gewerbe Fesseln an, um keinen zu reich, keinen ganz arm werden zu lassen. Diese Mittelstandspolitik, welche die Bewegungsfreiheit, die Rührigkeit und den Wagemut des Einzelnen stark beschränkte, entsprang aus einem starken demokratischen Gefühl des Mittelalters für die Gleichheit aller Angehörigen eines Standes. Sie alle nannten sich Bürger, und diese sollten alle unter annähernd gleichen Lebensbedingungen leben. Zur Überwachung des Handels hatte der Rat 2 Ratmannen bestimmt.

So verbot der Rat der Stadt Nordhausen den Vorkauf. Erst wenn zu einer ganz bestimmten Zeit das Marktfähnlein herausgesteckt erschien, war damit der Markt eröffnet, und der Handel begann. Dabei mußten zunächst die Bedürfnisse der einheimischen Bürger befriedigt werden, und erst dann, wenn dies geschehen, wurden auch Fremde zum Markte zugelassen. Ganz besonders aber betrieb der Rat Mittelstandspolitik durch seine Verfügungen über das Kredit- und Genossenschaftswesen. Anfang des 14. Jahrhunderts war es Einzelpersonen oder einer Gesellschaft überhaupt verboten, einen Kauf oder Verkauf über 24 Mark lötigen Silbers zu tätigen. Einige Jahrzehnte später durften zwar Waren, deren Wert 20 Mark überstiegen, eingekauft und auch weiterverhandelt werden, doch man glaubte, daß in Nordhausen ohne Unredlichkeit kaum jemand überhaupt imstande sei, so *en gros* einzukaufen. Deshalb wurden eigens 2 Ratmannen ernannt, die zu prüfen hatten, ob ein solcher Handel auch wirklich ehrlich vor sich gegangen sei. Kompaniegeschäfte waren im allgemeinen überhaupt verboten. Beim Verkauf gesalzener Fische durfte nur ein Kompagnon angenommen werden. Ebenso war der Kettenhandel unterbunden. Der Kaufmann, der in Nordhausen verkaufte, sollte sogleich an die Bürger, nicht erst an Unterhändler verkaufen.

Ferner dienten dem ökonomischen Gleichgewicht aller Bürger wichtige Bestimmungen über das Geben und Nehmen von Kredit. Unser modernerer Handel beruht ja gerade auf dem Kreditwesen, und dieses regt den Unternehmungsgeist des Einzelnen an, führt allerdings auch zur Armut auf der einen, zur Anhäufung ungesunden Reichtums auf der anderen Seite. Im Mittelalter war der Einkauf mit geliehenem Gelde im allgemeinen verboten. Schon 1308 wurde es verboten, Korn, Hopfen oder Wolle mit geborgtem Gelde zu erstehen, nur Bier durfte auf diese Weise gekauft werden. So konnte es zu einem Großkaufmannsstand kaum kommen.[26]

Gehen alle diese Bestimmungen darauf aus, jedem sein täglich Brot zu sichern und keinen zu reich und mächtig werden zu lassen, so lassen sie doch erkennen, daß die sozialen Unterschiede zwischen den beiden sich politisch gegenüberstehenden Gruppen der Bürgerschaft, den Patriziern und Plebejern, durchaus nicht völlig verwischt waren. Sah man innerhalb der Gemeinschaft der Standesangehörigen auch auf möglichste Gleichheit, so sollte doch ein merkbarer Abstand zwischen vornehm und gering vorhanden sein. Aus diesem Grunde privilegierten die städtischen Statuten eine Innung, die der Gewandschnitter, der eigentlichen *mercatores*, stark. Bei ihnen war der Absatz nicht abhängig von ihrer Hände Arbeit, sondern sie verkauften nur von ihnen nicht hergestellte Waren, konnten deshalb leicht zu größeren Umsätzen gelangen als andere Handwerker und dadurch einen gewissen, allerdings durch die Nachfrage der nicht allzu kaufkräftigen Heimat begrenzten Reichtum aufhäufen. Die Gefreundten hatten in dem ersten Jahrhundert des Ratsregiments die politische Macht so gut wie allein in Händen und gebrauchten sie auch zu ihren persönlichen Vorteilen. Wo sie amtierten, im Rathause, hatten sie auch ihre Verkaufsstände, aus denen sie ihre Tuche verkauften. Besonders das mittlere und obere Stockwerk war ihnen vorbehalten, die unteren Gewölbe durften auch andere Händler mieten und dort ihre Waren feilhalten, niemals aber durfte es ein „Tucher" sein, ein Kaufmann, der dieselben Waren verkaufte, wie die Gewandschnitter in den oberen Kammern. Auch gewisse Handwerker, die ähnliche oder gleiche Waren anfertigen und deshalb auch auf den Markt bringen konnten, wie sie sie verkauften, z.B. die Woll- und Leineweber, suchten sie als Konkurrenten durch Bestimmungen möglichst auszuschalten. Jeder Nordhäuser Bürger durfte bei diesen für sich und sein Gesinde Stoffe nur auf ein Jahr weben lassen. Der Handel wiederum mit nicht selbst gewirkten, sondern aufgekauften Tuchen war überhaupt jedem, der nicht Gewandschnitter war, verboten und verboten besonders auch der Verschnitt solches auf unrechtmäßige Weise erworbenen Tuches. Am eigenartigsten berührt aber die Bestimmung, daß kein Bürger auf seinen Leib Geld leihen durfte, daß sich also niemand in Schuldknechtschaft begeben durfte außer bei einem *„unsen burgen uf dem hûs"*, d.h. also bei den Ratsherren, den Patriziern, die vornehmlich aus Gewandschnittern bestanden. Jedem, außer ihnen, war es verboten, Bürger in persönliche Abhängigkeit von sich zu bringen. Bürger zwischen 40 und 50 Jahren erhielten 10 Mark geliehen bei einem jährlichen Zins von 1 Mark, zwischen 50 und 60 Jahren 8 Mark, und bei noch älteren entschied der Rat, wie hoch die ihnen geliehene Summe sein durfte, für die sie jährlich 1 Mark Zins zu zahlen hatten. Da den Leuten meist nicht mit Geld, sondern mit Nahrungsmitteln gedient war, wurde zugleich der Marktscheffel Getreide auf 8 Mark festgesetzt, den die in Abhängigkeit Geratenen durch einen jährlichen Zins von einer Mark abzahlen mußten. [27]

---

26 Neue Mitteil. III. 2. 14. 64. III. 2. 40. 216 f. III. 3. 50. 1. ff. III. 1. 65. 158. qui aliquid emunt cum pecunia aliorum. – Swelich burger oder burgerinne oder ein swester di hi (er) besezen ist in der stat, mit andere lute guete kofen korn, wollen, oder andern kof, swi des beret (beredet) wirt, der gibt dru phunt.

27 Neue Mitteil. III. 2. 14. 65. III. 4. 39. 48. III. 4. 38. 29.

So sorgte der Rat bei aller Mittelstandspolitik doch dafür, daß er nicht zu kurz kam. Vor allem ließ er es sich aber angelegen sein, den Handel seiner Bürger vor fremder Konkurrenz zu schützen.

Die Fremden besaßen in Nordhausen nur zu den beiden Jahrmärkten, dem Frühjahrs- und dem Herbstmarkte, volle Verkaufsfreiheit. Dann war auch der Zoll für die Waren herabgesetzt, und somit waren die Jahrmarktstage die Tage, an denen ihnen völlige Gleichberechtigung mit den Einheimischen gewährt war. Dafür, daß sie nicht gar zu lange in Konkurrenz mit dem heimischen Markte traten, sorgten schon die Zünfte, die den Stadtbüttel eigens dafür besoldeten, daß er nicht zuließ, daß die Fremden noch nach Schluß des Jahrmarktes in ihren Buden verkauften.

Auf den Wochenmärkten, die zunächst nur sonnabends, aber schon seit Mitte des 14. Jahrhunderts auch dienstags [28] stattfanden, waren fremde Händler, abgesehen von Lebensmittelverkäufern, meistens Hökern, nicht zugelassen. Nur eine Innung hatte hier zu ihrem Leidwesen mit der Konkurrenz des flachen Landes zu kämpfen, die der Fleischer. Daß sie diese nur unwillig ertrugen, einmal sogar tätlich gegen die ungern gesehenen Gäste vorgingen und deshalb vom Rate ums Jahr 1360 etwa 50 Fleischerfamilien aus Nordhausen verbannt wurden, beweist die Hartnäckigkeit, mit der die einheimischen Händler eine Monopolstellung zu wahren oder zu erstreben suchten. Doch diese Bestrebungen fanden an der richtigen Erkenntnis des Rates eine Schranke, daß sich die Bürgerschaft für die lebensnotwendigen Artikel keine allmächtige Monopolstellung gefallen lassen konnte. Deshalb war auch den Bäckern geboten, stets genügend Brot auf ihren Verkaufsbänken zu haben, und um Lebensmittel eher in die Stadt hineinzubekommen als solche hinausgehen zu lassen, durften die Höker Eier, Butter und Käse im Weichbilde der Stadt nicht aufkaufen.

Ausdrücklich wird in den Einungen als Grundsatz aufgestellt: Die Märkte, die der Rat und die Räte und die Vierteile und die Handwerksmeister eingesetzt haben, müssen allen, reich und arm, zugute kommen. Es ist unverkennbar, daß der Rat, wenn er auch hier und da einzelne Standesorganisationen bevorzugte, im allgemeinen doch das Bestreben hatte, die Sonderinteressen denen der Allgemeinheit unterzuordnen.

Danach standen die Fremden unter ständiger Aufsicht der Marktpolizei. Besonders war streng der wilde Handel auf der Straße oder in den Absteigequartieren der Fremden untersagt. Ja, um diesen der Marktaufsicht sich entziehenden Handel zu unterbinden, war es den Wirten sogar verboten, solche zu beherbergen. Fremde durften rechtsgültige Geschäfte nur im Wagehause abschließen. Fremden Krämern war zwar das Feilhalten ihrer Waren an einer Kirche gestattet, aber nicht länger als zwei Tage nacheinander. Es ist jedoch interessant, daß der Rat im Übertretungsfalle nicht selbst die Missetäter bestrafte, sondern es der Innung der Krämer überließ, die Fremden zu vertreiben; offenbar war also dieses Statut eine Konzession an die angesehene Krämerzunft, doch suchte der Rat, indem er sich

---

28 Neue Mitteil. III. 3. 62. 83.

weigerte, selbst einzugreifen, die Auswirkungen des Monopols der Krämer nach Möglichkeit zu verhindern. – Die Marktpolizei handhabte im Auftrage des Rates ein Marktmeister.

Neben der Überwachung des Handels gehörte zu den Obliegenheiten der Marktpolizei die Beaufsichtigung der Gewerbe. Die Gewerbetreibenden waren in Zünften oder Innungen zusammengeschlossen, deren das Schultheißenbuch aus der Zeit um 1300 elf nennt; sechs und nach Hinzutritt der Schneider sieben Zünfte wählten nach 1350 einen Vertreter in den Rat, neun Zünfte besetzten später den Rat mit je zwei ihrer Zunftmeister. Das äußerst blühende Braugewerbe war nicht zunftgemäß zusammengeschlossen, die Tagelöhner, zu denen auch die Bauhandwerker gehörten, bildeten keine Zunft. Müller, Schäfer, Barbiere und Scharfrichter waren überhaupt unehrliche Leute.

Die älteste Aufsichtsbehörde für alle Gewerbe war der Schultheiß; doch trat dieser die eigentliche Überwachung schon vor 1300 an den Rat ab. Da dieser aber zunächst aus ackerbau- und handeltreibenden Patriziern bestand, kümmerte er sich um die Gewerbe nur wenig. Die älteste Einung setzte allein für das Braugewerbe fest, daß kein Bürger jährlich mehr als 20 Fuder Bier brauen durfte. Eine andere Bestimmung setzte als Höchstpreis, den die Krämer für Messer nehmen durften, 3 Scherf fest. Das sind die einzigen Zeugnisse für die Bemühungen des ältesten Rates der Stadt Nordhausen um das Gewerbe.

Dennoch waren natürlich schon Marktgesetze für die Anfertigung und den Vertrieb der einzelnen Erzeugnisse der Handwerke da. Nur war es den Zünften selbst überlassen, über ihre Beobachtung zu wachen. Bald aber, spätestens zu Beginn des 14. Jahrhunderts, mußte die städtische Obrigkeit dazu übergehen, ihre Aufmerksamkeit dem ganzen Gewerbebetriebe zuzuwenden. Bei fortschreitender Komplizierung des Handwerks und Gewerbes mußte von dem Rat als Zentralbehörde doch die ganze Regelung ausgehen, um der Gesamtheit der Bürgerschaft gerecht zu werden und um das Ansehen Nordhausens als Marktplatz für die umwohnende Bevölkerung zu wahren. Diese wirtschaftlichen Aufgaben, die damit an den Rat herantraten, waren aber auch von politischen Folgen begleitet. Genau so wie der Schultheiß, als er den Handel nicht mehr überblicken konnte, die reichen Kaufmannsfamilien zu seiner Beratung heranzog, so mußten die Kaufleute nunmehr Handwerker als Marktbeamte neben sich zulassen. Der Rat dehnte seinen Einfluß auf die Gewerbe aus, diese verlangten aber auch Berechtigungen gegenüber dem Ratsregimente. Anteil an der wirtschaftlichen Regelung bedeutet stets Zuerkennung politischer Rechte.

Gegen Übergriffe der Handwerker suchte man sich im 14. Jahrhundert aber noch dadurch zu sichern, daß man den Handwerksmeister mit der hohen Strafe von 1 Jahr Gefängnis und 2 Mark Geldstrafe belegte, der Briefe öffnete, die an ihn in seiner Eigenschaft als städtische Vertrauensperson gerichtet waren. Dieses Statut hat sich übrigens auch nach dem Sturz der alten Geschlechter weiter erhalten, und noch im 18. Jahrhundert wurden Handwerksmeister, die Briefe widerrechtlich öffneten und nicht sofort dem Rate brachten, gebüßt, wenn auch nur mit einer Polizeistrafe. So wurden denn am Anfang des 14. Jahrhunderts 6

Handwerksmeister als Gehilfen des Rates ausersehen, um die Mitte des Jahrhunderts erhielten sie im Rate Sitz und Stimme, und 1375 rissen die Handwerker die politische Macht überhaupt an sich.

Der Rat unter Mitwirkung der Zünfte übte also die Gewerbepolizei aus. Diese ging in erster Linie auf die Sicherstellung der Ernährung der städtischen Bevölkerung, auf Preisregulierung und auf Überwachung der Materialverarbeitung aus. Die beiden wichtigsten Gewerbe für den Lebensunterhalt waren die Bäcker und die Fleischer. Auf sie war deshalb das Augenmerk des Rates besonders gerichtet. Ihre Zunftmeister mußten darauf sehen, daß das Brot auf den Brotbänken nicht ausging und daß es redlich jedem, arm und reich, verkauft wurde. Bei größeren Verkäufen mußten die Bäcker den Käufern Zugaben gestatten, ein Brauch, der sich gerade bei diesem Gewerbe bis in die neueste Zeit gehalten hat. Den Fleischern wiederum war nicht die Bestimmung auferlegt, ständig frisches Fleisch in ihren Buden in der Schmergasse und dem nördlichen Ende des Steinweges zu haben, dafür ließ aber der Rat zum großen Unwillen der Zunftgenossen auf dem Markte auswärtige Konkurrenz zu, damit es niemals an Fleisch in der Stadt mangele. Auch wurde darauf gehalten, daß nur gutes und gesundes Fleisch verkauft, zu Würsten nur das Fleischgut, nicht etwa Kutteln und Eingeweide, verarbeitet würde. Diese Überwachung des durch die Handwerker verarbeiteten Materials traf auch die anderen Gewerbe, besonders Gerber, Schuster, Goldschmiede und Kannengießer. So durften die Goldschmiede nur reines, lötiges Silber verarbeiten und mußten dem Käufer die Menge Goldes, die sie zum Verarbeiten bekommen hatten, in der Fertigware wieder zustellen; die Kannengießer durften bei der Verarbeitung zu 10 Pfund Zinn nicht mehr als 1 Pfund Blei zusetzen.

In die Preisregulierung scheint der Rat weniger eingegriffen zu haben. Abgesehen von unbedeutenderen Preisfestsetzungen für Krämer, Becherer und Bäcker finden sich für die in Zünften zusammengeschlossenen Handwerker selten dergleichen Bestimmungen. Im allgemeinen blieb es den Zünften selbst überlassen, die Preise für die Waren anzusetzen. Desto mehr ließ es sich aber der Rat angelegen sein, den Arbeitslohn für Tagelöhner aller Art festzusetzen. Es wurde genau angegeben, was ein Steinmetz, ein Ziegeldecker, ein Zimmermann, ein Tagewerker, ein Höker, ein Bierschröter täglich zu beanspruchen hatte. Die Höhe des Lohnes war bei gelernten Arbeitern durchaus angemessen, bei den Tagelöhnern aber so, daß die Leute wahrlich nicht übermütig werden konnten. Selbst die Kost, die täglich zu geben war, wurde vorgeschrieben, und jedem 10 Schilling Strafe angedroht, der etwa die festgelegten Sätze überschritt. Verweigerung der Arbeit, die man den Leuten bei dem Hungerlohne eigentlich nicht verdenken konnte, war verboten und wurde mit 5 Schilling oder einem Tage Halseisenstehen bestraft.

So ist festzustellen, daß auf Grund seines Rechtes am Markte der Rat wie über den Handel, so auch über das Gewerbe seine Hand hielt. Er benutzte aber zur Beaufsichtigung der Handwerker die von diesen selbst geschaffenen Organisationen und verpflichtete sie sich dadurch. So kam es, daß die Vertrauenspersonen der Zünfte zugleich die Vertrauenspersonen des Rates werden mußten, daß sich ihre wirtschaftlichen und politischen Funktionen verquickten und daß die Organisationen, denen sie entstammten, die Zünfte, selber solche Zwitterstellung bekamen. Die Handwerker waren in wirtschaftspolitischer Beziehung zunächst ihrem die Stadt beratenden Zunftmeister zu Gehorsam verpflichtet; die Zünfte selbst bekamen von den Strafgeldern ihrer Mitglieder wegen Überschreiten der Gewerbeordnung einen Teil; den anderen zog der Rat ein. Die erste Instanz für Zunftangelegenheiten war die Zunft selbst. Die Berufungsinstanz war der Rat. Je geringere Bedeutung ein Gewerbe für die Allgemeinheit hatte, desto größere wirtschaftliche Freiheit besaß es; je wichtiger es für die Gesamtheit der Bürger war, desto größer war seine Beaufsichtigung durch den Rat. Überall aber ließen sich die politischen Behörden von den wirtschaftlichen beraten, und diese bekamen dadurch mit Naturnotwendigkeit politischen Einfluß und politische Rechte.

War nun aber auch der Markt und die ummauerte Stadt mit ihren wirtschaftlichen Verhältnissen der Ausgangspunkt für das Stadtregiment und für alle politischen Änderungen in demselben, so war doch das Leben der Nordhäuser Bevölkerung dadurch nicht allein bedingt. Ganz abgesehen davon, daß die meisten Bürger bei ihrem Hause Gartenland besaßen und auch Vieh hielten, welches sie durch den städtischen Hirten auf die Weide treiben ließen, gab es auch zahlreiche Bürger, die neben ihrem Gewerbe eine kleine Landwirtschaft betrieben, gab es sogar, wenn auch in geringerer Anzahl, Bürger, die sich allein von Ackerbau nährten.

Diese ländliche Betätigung der städtischen Bevölkerung hielt man durchaus der Beachtung wert, sicherte sie doch wenigstens zum großen Teile die Unabhängigkeit der Stadt von den Dorfschaften der Umgebung. Und der Rat mußte umso mehr darauf Bedacht nehmen, die Landwirtschaft und Viehzucht des einzelnen Bürgers zu schützen, als die Stadt Nordhausen selbst, im Gegensatz zu anderen Städten ihres Charakters, so gut wie gar keine Ländereien und Forsten besaß. Vom Besitz weiträumiger Äcker träumten deshalb die hochfahrenden Patriziergeschlechter am liebsten, und als Ziel ihrer Wünsche und ihres politischen Ehrgeizes gaben sie deshalb schon Anfang des 14. Jahrhunderts alles Gebiet an innerhalb der Dörfer Bielen, Sundhausen, Steinbrücken, Rieterode, Groß- und Kleinwerther, Hesserode, Herreden, des Forstes des Kohnsteins, der Furt über die Zorge, Crimderode, Petersdorf und Leimbach. In den sechziger Jahren des 14. Jahrhunderts war man nahe daran, den Traum zu verwirklichen.

Jedenfalls spielte in Nordhausen zu allen Zeiten die Begrenztheit der Stadtflur eine Rolle bei der Einschätzung ländlichen Besitzes. Die Statuten zeigen, daß der Rat die Aufsicht über das Feld mit kaum geringerer Sorgfalt ausübte als über den Markt. Eine ganze Reihe polizeilicher Bestimmungen beweisen das. Den Schäfern war die Beachtung der Weidevorschriften auferlegt. Felddiebstahl war streng verboten, jeder Bürger mußte an den Toren offen zeigen, was er von draußen hereintrug, die Benutzung von durch fremde Flur führenden Wegen zum Viehtreiben oder Fahren war untersagt. Damit durch Nachlässigkeit oder Mißwirtschaft keine Frucht verloren gehe, durften die Seile für die Garben nicht aus Halmen mit Ähren gedreht werden, durfte die Frucht nicht unreif abgeerntet, das Futter nicht zu früh geschnitten werden. Knechten und Mägden aber, die Korn von der Ernte ihres Herrn veruntreuten, sollte man „burnen dorch die backen", sollte man durch die Wangen brennen, der einzige Fall, in welchem die Statuten eine schwere körperliche Züchtigung androhen. Der Rat ernannte aus seiner Mitte eigens zwei „Ackermeister", die über die Handhabung der Feldpolizei und über die Beobachtung der Vorschriften zu wachen hatten.

Die geringen Ausdehnungen der Stadtflur, die Begrenztheit des städtischen Besitzes machen es auch verständlich, wenn der Rat ängstlich darauf bedacht war, wenigstens den vorhandenen Besitz festzuhalten und für die Stadt Vorteil daraus zu ziehen. Kein Bürger durfte Anwesen oder Ackerland verkaufen, verleihen, vermieten, so daß die Stadt keinen Nutzen mehr davon hatte. Konnte der Bürger sein Gut in der Feldmark nicht selbst bestellen, so sollte er es gegen Kornzins verpachten; jede andere Verfügung darüber war ihm verboten. Noch größer war die Besorgnis, städtischer Grund und Boden könnte in geistlichen Besitz übergehen und damit dem Zugriff der Stadt entzogen werden. Die ältesten uns überkommenen Statuten übernehmen schon aus dem ersten, nicht erhaltenen Stadtrecht das strenge Gesetz, jeder verliere sein Leben und Gut, wer seinen Besitz der geistlichen Hand vermachte, doch mäßigten sie selbst die Bestimmung durch ein anderes Gesetz am Schlusse der Statuten, daß jeder die Stadt räumen müsse, bis er das der Kirche vermachte Gut der Stadt wieder zugebracht hätte. Ja, nicht bloß liegende Güter, sondern überhaupt jede Habe sollte der gewaltig um sich greifenden Kirche entzogen werden: der Bürger, der eines seiner Kinder in ein Kloster zu geben beabsichtigte, mußte es der Stadt anzeigen, und das Kind selbst mußte vor dem Rate auf seinen Erbteil verzichten.

Enthalten nun auch andere Stadtrechte ähnliche Bestimmungen, so drückt sich doch in dem von Nordhausen ganz besonders aus, daß man mit dem Pfennig zu rechnen hatte. War der Verkehr in der Stadt auch ziemlich bedeutend und beschränkte er sich auch durchaus nicht auf den Güteraustausch innerhalb der nordthüringischen Heimat, so fehlte der Stadt doch das rechte Rückgrat, es fehlte ihr ein größerer Eigenbesitz. Nicht Handel und Gewerbe begrenzten die wirtschaftlichen Möglichkeiten, sondern die kleine Feldflur und der geringe Grundbesitz der Bürger. Deshalb waren naturgemäß auch die Lasten begrenzt, welche der Rat seinen Bürgern auferlegen konnte. Freilich, die eigentliche Verwaltung verursachte wenig Ausgaben. Sie geschah teils ehrenamtlich, teils wurde ihr Apparat durch eine Anzahl kleiner Steuern in Gang gehalten: Wo die Stadt einem Einzelnen oder einer Körperschaft ihre Hilfe lieh, wo sie für diese oder jene Interessengemeinschaft etwas aufwandte, verlangte sie auch Abgaben. Auch ihre Beamten wurden großenteils auf diese Weise unterhalten; ihre Einkünfte setzten sich aus einer ganzen Reihe kleiner Posten zusammen. Doch erforderten natürlich viele Angelegenheiten der Stadt im Innern und ihre gesamte Vertretung nach außen hin auch eine zentrale Stelle, von der aus diese Ausgaben gedeckt wurden. Um diese städtische „Kämmerei" zu speisen, erhob die Stadt von jedem Bürger

Steuern. Mit ihrer Einziehung waren die beiden „Schoßherrn" betraut. Versäumnisse des Rates bei der Vereinnahmung der Steuern wurden bestraft.

Im 13. Jahrhundert standen der Stadt nur sehr spärlich fließende Steuerquellen zur Verfügung, da alle namhaften indirekten Steuern, besonders die Zölle, dem Reiche gehörten und von den direkten Steuern die Gebäudesteuer, der Wortzins, dem Kreuzstifte zufloß. Diese letztere vermochte allerdings die Stadt in der ersten Hälfte des 14. Jahrhunderts an sich zu reißen und war damit wenigstens Herrin aller direkten Steuern.

Der Besteuerung unterworfen war alles „legınde Gut" und „varnde habe". Die Grundsteuer lag nicht nur auf dem Grundbesitz innerhalb von Stadt und Flur, sondern auch auf dem Besitze in anderen Ortschaften. Hatte jemand, der Bürger in Nordhausen war, in der Stadt selbst gar kein Gut, wohl aber außerhalb, so bezahlte er gleichfalls eine allerdings geringe Steuer *„Zciu eime bekenntnisse seines borger rechtes"*. Steuerhinterziehungen wurden mit Einziehung des Gutes, das nicht versteuert worden war, bestraft, ein Verfahren, das auch heute noch sehr angebracht und nachahmenswert wäre. Schien es, als ob der Bürger sein Vermögen und Einkommen zu niedrig veranschlagt habe, so wurde er zunächst darauf hingewiesen; leistete er dann aber einen Eid, daß seine Angaben stimmten, so durfte er nicht weiter verfolgt werden. Abgesehen von diesen Vermögenssteuern mußte eine Abgabe bei Verleihung des Bürgerrechts und beim Eintritt in eine Innung gezahlt werden; die 28 Pfennig für Verleihung an den Schultheißen und die jährliche Steuer an ihn brachten seit 1290 nur noch die Oberaufsicht des Kaisers zum Ausdruck. Die Verleihung des Bürgerrechtes war von besonderer Bedeutung für die Stadt, weil sie es dadurch in der Hand hatte, jeden als Bürger abzulehnen. Solche Vorsicht war vor allem Pfahlbürgern gegenüber geboten, die nicht selten abhängig von anderen Herren waren, mit denen dann die Stadt womöglich in Konflikt geriet. Nachdem gar die Goldbulle von Metz 1356 die Aufnahme von Pfahlbürgern überhaupt verboten hatte, fügten auch die Nordhäuser ihren Statuten ein Gesetz ein, daß keiner als Bürger aufgenommen werden dürfe, der in irgendeiner Abhängigkeit von einem adligen Herrn stehe.

Auch sonst erhob die Stadt mancherlei Gebühren, von denen die einträglichste das Braugeld war.

Alle Einnahmen und Ausgaben überwachten die 4 Kämmerer, Ratsherrn, welche man als die obersten Finanzbeamten der Stadt ansprechen kann. Sie hatten das vereinnahmte Geld in der Schatzkammer auf dem Rathause niederzulegen, zwei von ihnen verwalteten die Einnahmen, die beiden andern die Ausgaben. Diese letzteren durften nur gemacht werden, wenn drei Kämmerer sie übereinstimmend beschlossen. Bei Ausleihung von städtischem Gelde mußte der gesamte Rat gehört werden.

Eng verbunden mit dem Steuerwesen ist stets die Ausübung der Sittenpolizei; wissen doch die Steuerkommissare am besten, welchen Aufwand der einzelne seinem Einkommen nach zu machen imstande ist. Daß das gesamte gesellschaftliche Treiben in früheren Jahrhunderten viel stärkerer Bevormundung als heute unterlag, ist bekannt. Da jedoch die Kirche das ganze Gebiet der Kultur für sich in Anspruch nahm, beschränkten sich bis zur Reformationszeit die Eingriffe des Staates darauf, dem Auftreten der bürgerlichen Gesellschaft ein möglichst einheitliches Gepräge zu geben. Wie die Kontrolle und Regulierung der Wirtschaft dauernd möglichst gleichbleibende Verhältnisse schaffen und jedem einzelnen einen möglichst gleichen Anteil am Wirtschaftsprozeß gewährleisten sollte, so waren auch die Bestrebungen der Sittenpolizei darauf gerichtet, daß keiner aus der Reihe tanzte. Der Wohlanstand erforderte für jeden Bürger einer bestimmten Gesellschaftsschicht eine möglichst gleichmäßige gesellschaftliche Haltung; Übertretungen wurden geahndet. Aus dieser Einstellung entspringen auch die Befugnisse des Nordhäuser Rates über die Sitten der Bürgerschaft. Aufwand und Geselligkeit der Bürgersöhne waren reguliert; die Töchter hatten sich auch bei der Wahl ihres Gatten als gehorsame Kinder dem Willen der Eltern zu fügen; Kleidervorschriften dienten dazu, daß keinem Hoffart nachgesagt werden konnte. Bürger und Bürgerinnen durften bis zu 1/2 M lötigen Silbers an ihren Kleidern tragen, nicht mehr. Von ihnen im gesellschaftlichen Range unterschieden waren die Dienstboten und die „unehelichen Wirtinnen". Ihnen durften keine neu gewirkten Gewänder gegeben werden, Dienstmädchen durften an ihren Kleidern kein Silber tragen. Ebenso sollte es bei Festlichkeiten möglichst einheitlich hergehen; allzu große Ausgaben bei Kindtaufen, Hochzeiten, bei der Einkleidung von Knaben oder Mädchen für den geistlichen Stand oder bei der Feier der Festtage des Jahres waren untersagt; häufig wird sogar die Zahl der bei Festen gestatteten Schüsseln bestimmt. Auch das Betteln und Singen vor den Türen unterlag polizeilicher Aufsicht; zur Weihnachtszeit, am Bartholomäustage, zu den ausgelassenen Festen des Flachsraufens und der Hopfenlese war aufdringliches Betteln verboten. Schließlich unterlag auch der Wirtshausbesuch und besonders das Würfelspiel der städtischen Kontrolle.

Natürlich übte der Rat auch die Baupolizei aus. Doch legte er sich dabei ganz im Gegensatz zum 17. und 18. Jahrhundert, wo eine Unmenge von baupolizeilichen Vorschriften erlassen wurden, große Zurückhaltung auf. Selbst die Aufsicht über das Aufschlagen der Buden auf dem Markte und die Herrichtung der dauernden Verkaufsstände, der Läden und ihrer Auslagen überließ er den Zünften. So findet sich denn in den gesamten Statuten eigentlich nur eine baupolizeiliche Verfügung: *„Welch man in sime house setzet eynen bagoven, eynen koben eder eyn heymelikeit, di sollen sten von der gebilwant dri vüze unde von der droufestat* (Dachtraufe) *drittehalben vuz."* Ferner war es aus hygienischen Gründen den Fleischern verboten, Schmutzwässer in die Gosse zu leiten und Schutt und Müll zwischen Töpfertor und Töpferteich abzuladen; Aas durfte nicht in den Teich geworfen werden.

Beschäftigen sich nun auch die Statuten in erster Linie damit, Frieden, Recht und Ordnung innerhalb der Stadt zu gewährleisten, und haben wir deshalb bisher den Rat in dieser Hinsicht zugleich als gesetzgebende und ausübende Körperschaft kennengelernt, so vertraten doch auch nach dem Jahre 1220 allmählich die Herrn der Stadt alle ihre Belange voll Eifer nach außen hin. Bis 1277 hatten noch die Reichsministerialen über der Außenpolitik gewacht und ungern eine Anteilnahme der vornehmen Geschlechter zugelassen. Doch dann waren ihre Befugnisse in die Hände des Rates hinübergeglitten, und seitdem vertrat sich die Stadt in den vielen kleinen Händeln des Mittelalters selbst, schloß Verträge, ging Bündnisse ein, bestand Fehden, verfocht ihr Recht beim Kaiserlichen Hofgericht. Auch für jeden einzelnen seiner Untertanen trat der Rat ein, erwartete allerdings von ihm Ersatz der entstehenden Kosten. Ebenso verlangte er unbedingtes Solidaritätsgefühl der Bürger gegen die Feinde der Stadt: Wenn eine fremde Macht Nordhäuser Bürger geächtet oder beraubt oder wenn dieselbe von Nordhäusern Geächtete aufgenommen hatte, durfte kein Bürger mit ihr irgendwelchen Verkehr pflegen.

Zum Schutze gegen auswärtige Feinde dienten die Mauern der Stadt. Diese im Stande zu halten und auszubauen war Pflicht des Rates. Deshalb waren zwei Ratmeister beauftragt, die Steinfuhren zu überwachen, die einerseits eine Reihe von der Stadt benachbarten Dörfern zu liefern hatte und welche andererseits die Stadt selbst aus den Steinbrüchen am südlichen Rande des Kohnsteins anfahren ließ. Ja, ein Statut verpflichtete jeden sitzenden Rat, immerfort am Ausbau der Mauer tätig zu sein, andernfalls jedem Ratsherrn eine Strafe von 1 M auferlegt würde. Ebenso hatte der Rat die Aufgabe, den Stadtgraben in ordnungsmäßigem Verteidigungszustande zu halten; Vieh durften die Bürger dort nicht weiden lassen.

Im übrigen war jeder Bürger zu Angriff und Verteidigung mit der Waffe verpflichtet. Damit bei plötzlichem Kriegslärm keine Verwirrung entstehe, war jeder Bürger einer Rotte zugeteilt, zu der er sich zu begeben hatte, wenn zum Sturm geläutet wurde. Ratmannen führten die Scharen der Bürger an; denn damals war es noch Sitte, daß die Vertreter der Bürgerschaft nicht nur mit dem Munde, sondern auch mit der Tat die tüchtigsten waren. Jeder Bürger hatte sich je nach seinem Vermögen selbst zu bewaffnen; dabei waren vier Abstufungen vorgesehen.

Neben dem Bürgeraufgebot warb die Stadt aber auch noch Söldner an und hielt sich seit der zweiten Hälfte des 14. Jahrhunderts einen auswärtigen Edelmann als Stadthauptmann.

Aus dem gesamten Rate als der gesetzgebenden Körperschaft wurde alljährlich am Tage des Ratswechsels, am Tage der Heiligen Drei Könige, jeder der ausführenden Beamten mit einem bestimmten Amte betraut. Die Ausübung geschah ehrenamtlich, doch erhielten die Ratmannen für gewisse außergewöhnliche Leistungen kleine Geschenke von der Stadt, zumeist nur in Wein und Semmelbrot, doch kamen auch Geldgeschenke vor. So erhielten z.B. die Kämmerer und Schoßherrn für das Aufstellen des Etats, die sechs Spendenmeister für die Arbeit zum Spendetage, dem Freitage vor Palmarum, Gratifikationen. Deshalb mußten sie auch vor ihrer Amtsniederlegung die Rechtmäßigkeit der empfangenen Geschenke nachweisen. Natürlich gewährte die Stadt für Unterhalt und Auslagen während der Dienstreisen Aufwandsentschädigungen; doch scheint der Stadtsäckel von den Herrn zuweilen etwas stark in Anspruch genommen zu sein. Um 1350 verlangt daher ein Statut, daß jedesmal ein Ratmann mitreite, die baren Auslagen bezahle und darüber dann Rechnung ablege. Außerordentlich praktisch! Die glückliche Rückkehr von solchen Missionen gab in älterer Zeit zu einem ausgiebigen Festmahl auf Kosten der Stadt Anlaß; das wurde später untersagt. Im übrigen gestattete sich der Rat am Tage der Heiligen Drei Könige ein Festessen auf Kosten der Allgemeinheit. 1456 wurde es abgeschafft. Für den Ausfall erhielt fortan jeder Ratsherr ein Stübchen Wein, ein Semmelbrot und ein Schilling Groschen; die Bürgermeister erhielten das doppelte. [29]

Frühzeitig war die Stadt aber auch gezwungen, ihre Geschäfte neben diesen ehrenamtlich tätigen Männern durch angestellte und festbesoldete Beamte besorgen zu lassen. Abgesehen von den Stadtknechten, die als Polizisten, Markthelfer, Austräger, Torknechte Dienst taten, ist als vornehmster Beamter seit der Mitte des 14. Jahrhunderts der Stadtoberschreiber oder Syndikus zu erwähnen. Dieser Mann, der die Stadt vor allem rechtlich beriet, wurde zunächst aus den Patriziergeschlechtern genommen. Doch beweist eine Bestimmung aus der Mitte des 14. Jahrhunderts schon die sich ankündigende Demokratisierung: *„Ouch sal der rat und di rete vortme* (fortan) *nicheynen schriber nemen, der eyn gefrunt man si in der stat, sondern sie sallen eynen nemen, der eyn gemeyne man si."* Später holte man sich auch rechts- und weltkundige Leute von auswärts als Syndici. Dieser Stadtoberschreiber erhielt im 14. Jahrhundert 8 Mk. Gehalt und 12 Ellen Tuch, dazu 100 Pfennige als Geschenk. Für eine ganze Reihe besonderer Leistungen bezog er außerdem entsprechende Entlohnung. Seit Beginn des 15. Jahrhunderts stand ihm noch ein Unterschreiber oder Sekretär zur Seite.

So sehen wir denn: Abgesehen von den in den früheren Kapiteln geschilderten Einschränkungen durch die Vogtei und das Schultheißenamt war der Rat nur dem Reichsgesetz und Reichsgericht unterworfen, sonst regierte er in der freien Reichsstadt vollständig selbständig. [30]

Liegt nun in den Bestimmungen der Statuten auch unzweifelhaft das Schwergewicht bei Handel und Gewerbe, so weisen sie doch eine Reihe von Gesetzen auf, die erkennen lassen, wie wertvoll jenen Geschlechtern der Besitz von Ackerland war. Die Nordhäuser Stadtflur war sehr klein, das Gewerbe aber, aus dem die Bürger besonderen Vorteil zogen, das Braugewerbe, war durchaus abhängig von der Gewinnung von Körnerfrucht und Hopfen. Und wenn auch die eigene Stadtflur den Bedarf niemals allein decken konnte, – es war doch wünschenswert, möglichst unabhängig von draußen, besonders von der nicht selten sich feindlich stellenden Grafschaft Honstein zu sein. Die vornehmen Geschlechter, die ausnahmslos Braugerechtsame besaßen, mußten deshalb darauf bedacht sein, den Landbesitz der Stadt zu vergrößern.

Dazu kam ihre Verbundenheit mit dem Lande, die vielen von ihnen von jener Zeit her im Blute lag, da sie noch auf ihren Dörfern saßen und den Acker bestellten. So mag sich manchem der wohlhabenden Gewandschnitter und

---

29 Neue Mitteilungen III. 4. 43. 75. ff. u. III. 4. 60. ff.
30 Hauptquelle sind die Statuten des 14. Jahrhunderts, ed. Förstemann in: Neue Mitteilungen III. 1. III. 2. III. 3. III. 4. – Über die Kompetenzen des Vogts, des Schultheißen und des Rates lagen bisher noch keine Untersuchungen vor.

Brauherrn die Brust geweitet haben, wenn er durch Wein und Kornwuchs, Hopfen und Hackfrucht reiten konnte. Aber auf wie engem Gebiete! Kaum war der Gaul bestiegen, da rannte seine Nase schon gegen einen honsteinschen Schlagbaum. Und das sollte einen tatkräftigen Mann nicht ärgern, der das Zeug in sich fühlte, in viel weiterem Wirkungskreis zu stehen, als ihm zugemessen war!

Dieser Tatendrang, dieses Selbstbewußtsein eines jugendlichen, gesunden Geschlechtes war das Entscheidende, was den Nordhäuser Rat im 14. Jahrhundert zu einer großartigen Expansionspolitik drängte. Und um sich dehnen zu können, um die Stadtflur zu erweitern, um seiner Waffenlust genüge zu tun, um für die Zukunft Vorteile zu erringen, scheute man keine augenblicklichen Opfer. Das aber bezeichnet stets den Unterschied zwischen einer kleinlichen, engstirnigen, schließlich doch geprellten und einer großzügigen, weitblickenden, schließlich zum Erfolge führenden Politik, daß eine solche Opfer und Entbehrung in der Gegenwart erträgt im Hinblick auf eine ertragreiche Zukunft. Diese Erkenntnis der Grundeinstellung des aristokratischen Regimentes in Nordhausen zu Beginn des 14. Jahrhunderts ist schließlich wertvoller als die bloße Kenntnis vom Zustandekommen der heutigen Stadtflur.

Unzweifelhaft hat *Karl Meyer* für die Geschichte unserer Stadtflur das bedeutendste geleistet. Vieles seht freilich heute noch auf recht unsicheren Füßen, manches wird immer im Dunkel bleiben. Deshalb ist es nötig, noch mehr als bisher das einwandfrei Feststehende von dem nur Vermuteten zu scheiden.

Bei der Gründung der Burg Nordhausen muß *Heinrich I.* dem Wirtschaftshofe den größten Teil der Flur Altnordhausen zugesprochen haben, und zwar den nordöstlichen Teil, auf dem auch die Altstadt steht und der vom westlichen Steilrand am Mühlgraben bis an den Holbach (Rossings- oder Roßmannsbach) im Osten reichte. Die Flur Altnordhausens ging im Süden auch über die Zorge hinfort; dieser Teil muß aber im Besitze der alten Siedlung geblieben und um 1200 größtenteils in den Besitz des Frauenbergklosters übergegangen sein. Die Befugnisse der alten Reichsvögte darüber sind ganz unklar: jedenfalls haben die Honsteiner Grafen nach dem Tode des letzten Vogts *Ruprecht* Ansprüche auf diesen südlichen Teil der Flur geltend gemacht. Sie besaßen noch im 15. Jahrhundert gewisse Schutzrechte über das Frauenbergkloster.

An dieses Flurgebiet hat vielleicht im Nordwesten die Flur des Dörfchens Hohenrode gegrenzt. Doch befinden wir uns hier auf ganz schwankendem Boden. Eine kleine Siedlung hat sicher seit uralten Zeiten am Nordrande des Geiersberges gelegen; sicher bezeugt aber ist sie nicht. Noch weniger kann natürlich ihre Flur festgestellt werden. Nur das ist gewiß, daß das Gebiet zwischen dem Zuge der heutigen Kranich- und Töpferstraße im Süden, dem Zorgelauf bis ans Schurzfell im Westen, dem Kuhberg und Tütcheröder Berg im Norden und dem Laufe der heutigen Stolberger Landstraße im Osten sehr früh zur Nordhäuser Stadtflur gehört hat. Meyer läßt ja Hohenrode kurz nach 1220 eingehen und dieses Gebiet, das er für die Hohenröder Feldmark ansieht, an Nordhausen fallen; das ist mit Gewißheit nicht auszumachen. Vielleicht ist es nicht von der Hand zu weisen, daß Altnordhausen schon viel früher, in fränkischer Zeit, einen Streifen

Die alte Lateinschule.

Landes im Zorgegrunde an den Abhängen des Geiersberges, des Wilden Hölzchens und des Kuhberges um des Mühlgrabens willen besessen hat und daß die bewaldeten Höhenrücken nördlich und südlich der Gumpe Reichsbesitz waren, die dann von den Kaisern zur Urbarmachung der Reichsstadt überlassen wurden.

Ebenso wenig gesichert sind die Forschungsergebnisse von dem Lande zwischen dem Töpfertor und der Windlücke. Auf dieser Flur hat nach Meyers Feststellung am Ausgange des Borntales das Dörfchen Gumprechterode oder Benderode gelegen. Schon der doppelte Name ist merkwürdig, und Benderode als Abkürzung für Gumprechterode anzusehen, leuchtet wenig ein. Urkundlich belegt ist nur, daß hier ein Dörfchen Gumprechterode 200 Morgen (6 1/2, später 7 Hufen) Land besessen und allmählich durch Urbarmachung weiterer Ländereien Gebiet bis an die Windlücke und den Roßmannsbach gewonnen hat. Man wird mit Meyer annehmen dürfen, daß das Dorf 1294 eingegangen ist und seine Bewohner nach Nordhausen geflüchtet sind. Die Gerichtsbarkeit über diese Feldmark besaßen die Honsteiner, die Äcker waren aber im Besitz der Bauern und späteren Nordhäuser Bürger. Durchaus einleuchtend hat Meyer klargelegt, daß die rechtlichen Verhältnisse in der Zeit, wo die Honsteiner bis zum Jahre 1342 auch das Schultheißenamt in Nordhausen besaßen, unklar geworden sind. Derselbe Schultheiß hatte damals sowohl die Aufsicht über die eigentliche Stadtflur wie über Honsteinsches Herrschaftsgebiet. Als dann den Honsteinern das Schulzenamt genommen wurde, beanspruchten die Nordhäuser, deren Mitbürger die Feldflur ja im Besitz, aber nicht innerhalb der städtischen Grenzen hatten, diese Feldmark auch als städtisches Gebiet, in dem der Rat Polizei- und Gerichtsbarkeit besaß. Im 14. Jahrhundert scheinen die Honsteiner deshalb keinen Einspruch erhoben zu haben; im 15. Jahrhundert kam es aber zwischen ihren Rechtsnachfolgern, den Stolbergern und Schwarzburgern, einerseits und der Stadt andererseits zu unglücklichen Streitigkeiten, die erst 1464 beigelegt wurden.

Viel klarer liegen die Verhältnisse im Süden und Westen Nordhausens. Hier war die Stadt am meisten eingeengt. Bis an den Mühlgraben hin, also bis unter die Burg reichte honsteinsches Gebiet. Das war um so drückender für die Bürger, als sich gerade hier unter dem Steilabfall mehrere neue kleine Stadtteile gebildet hatten. Der Sand, die Flickengasse und der Grimmel müssen sich gegen Ausgang des 13. Jahrhunderts besiedelt haben, und man kann auch hier annehmen, daß die Vertreibung der Bevölkerung des größeren Dorfes Niedersalza und des kleineren Niederrode im Jahre 1294 den Hauptanstoß zu der Niederlassung unter den Stadtmauern gegeben hat. Von ihren neuen Wohnsitzen aus bewirtschaftete die Bevölkerung weiterhin ihre ehemaligen Fluren, doch war der gesamte Grund und Boden honsteinsches Eigentum.

Um nun wenigstens die Wohnstätten jener Siedler dem Stadtgebiet zu gewinnen, schloß am 23. Juni 1315 die Stadt mit dem Grafen *Heinrich IV.* und *Dietrich III.* von Honstein einen Vertrag, nach dem Nordhausen für 100 Mk Silber einen rings um die Stadt gelegenen und durch Grenzsteine bezeichneten Streifen Landes von den Honsteinern erwarb. Die wesentlichsten Teile, die damals erworben worden sind, müssen die zwischen der Stadtmauer im Westen und dem

Flußbett der Zorge gewesen sein; doch erstreckte sich der Erwerb, wie aus dem „rings um die Stadt" hervorgeht, auch noch auf andere Ländereien. Hierüber ist aber gar nichts auszumachen. Die Gerichtsbarkeit jenseits der Zorge über die alten Besitzungen der nunmehr zu Nordhäuser Bürgern gewordenen ehemaligen Bewohner von Niedersalza und Niederrode behielt Honstein. Vor der Zorgebrücke am Siechhofe hielten die Grafen ihr Gericht. Die Zuständigkeit Honsteins wurde erst um 1500 angezweifelt. Scharfsinnig hat Meyer nachgewiesen, wie es zu diesen Nordhäuser Ansprüchen gekommen ist. In der zweiten Hälfte des 15. Jahrhunderts hatten die Honsteiner nämlich die ihnen gehörigen Vogteirechte über Nordhausen an die Stadt verpfändet. Dadurch wurden die Rechtsverhältnisse verdunkelt, was zu langjährigen Streitigkeiten zwischen der Stadt und der Grafschaft führte. Erst 1543 erwarb die Stadt die Gerichtsbarkeit und dehnte ihr Stadtgebiet dadurch auch im Westen und Süden etwa bis zu den heutigen Grenzen aus. [31]

So ungewiß aber auch vieles an dieser Flurgeschichte Nordhausens ist, so wunderschön beleuchtet sie doch den Kreislauf alles Irdischen: Fast das gesamte Gebiet von Nordhausen und seiner Umgebung hatte dem Kaiser gehört. Für Nordhausen, Niedersalza und Gumprechtrode steht es fest, daß sie auf dem Boden des Reichs gelegen haben. Später betrachteten die Grafen das, was sie ursprünglich vom Reiche nur als Lehen hatten oder worüber sie nur gewisse Aufsichtsbefugnisse besaßen, als ihr Eigentum. So wurden die Besitzungen dem Reich entfremdet. Mit dem Aufkommen der Städte versuchten diese von den adligen Besitzern möglichst große Gebiete um die Stadt herum an sich zu bringen. Das geschah häufig durch Kauf, zuweilen aber auch widerrechtlich. Schließlich, seit dem 16. Jahrhundert, riß wiederum die nicht zum wenigsten durch die Geldwirtschaft und das Städtewesen erstarkte Fürstenmacht ein Recht nach dem anderen an sich, so daß, wenn nun auch an Stelle der kaiserlichen Zentralgewalt die fürstlichen Teilgewalten getreten waren, doch wieder die Jurisdiktion in die Hände der Landesherren hinüberglitt. Damit war der Ring geschlossen.

Was Nordhausen angeht, so tritt jedenfalls die auf weite Sicht geführte Politik der Patrizier schon bei Betrachtung der Nordhäuser Flurverhältnisse zu Tage. Nachdem die Befugnisse der kaiserlichen Aufsichtsbeamten beseitigt worden waren, nachdem der Rat die Verwaltung der Stadt in die eigene Hand bekommen hatte, ging er sogleich auf eine bedeutungsvolle Expansionspolitik aus. Unglückliche Ereignisse für die Umgebung wie der Verwüstungszug *Adolfs von Nassau* förderten dabei die Stadt. Die Erwerbungen des Jahres 1315 sind an die Katastrophe des Jahres 1294 gebunden. Schwere und zähe Arbeit mußte dann allerdings geleistet werden, um den Honsteinern bald dieses, bald jenes Stückchen Land abzuringen. 50 Jahre später war man fast am Ziel: Von Herreden im Nordwest bis Bielen im Südost, von Petersdorf im Nordosten bis Steinbrücken im Südwesten sollte alles Nordhäuser Land sein. Da riß der zu straff gespannte Bogen, und nur einiges blieb im Besitze Nordhausens.

---

31 Vgl. K. Meyer, Festschrift, 1920. Die Nordhäuser Stadtflur. Vgl. unten Kapitel 6.

Eine solche Politik läßt freilich weder langfristige Ruhe noch auch nur eine Atempause zu, sie muß stets bereit sein zu Angriff und Verteidigung. Nun, die Ratsherrn, die damals städtische Politik machten, waren ein wehrhaftes Geschlecht in einer wehrhaften Stadt. Wir haben schon gesehen, wie das Kriegswesen der Stadt vom Vogt auf den Rat übergegangen war, und der Rat ließ es sich wahrlich angelegen sein, seine Stadt zu hegen und zu schützen.

Vom ältesten Befestigungsring der Stadt ist früher gesprochen worden; wann die späteren Mauern, Tore und Türme, deren Überreste wir zum Teil noch heute in Nordhausen sehen, aufgeführt worden sind, ist schwer zu sagen. Äußerste Verwirrung in unserer Kenntnis ist aus dem Grunde entstanden, weil man nicht bedacht hat, daß die zahllosen Befestigungswerke der Stadt, die dreifache Mauer der eigentlichen Altstadt mit ihren Zinnen, die mannigfachen Wälle und Gräben und Türme der Vorstadt und der Feldflur nicht in wenigen Jahren geschaffen sind, sondern daß drei Jahrhunderte an ihnen gebaut haben. Nur diese falsche Vorstellung konnte zu der unhaltbaren Ansicht *Karl Meyers* führen, daß zwischen den Jahren 1226 und 1234 „die heutige Stadtmauer" erbaut worden sei.[32] Vielleicht ist heute in ganz Deutschland überhaupt keine Stadtmauer mehr vorhanden, deren Alter bis an den Anfang des 13. Jahrhunderts zurückreicht. Die Reste des Nürnberger Mauerringes z.B. stammen aus dem 14. und 15. Jahrhundert; das Alter der meisten uns heute noch erhaltenen Türme, Pforten und Bastionen Nordhausens reicht nur bis ins 15. Jahrhundert zurück.

Der zweite Forscher, der sich über die Nordhäuser Befestigungen geäußert hat, ist *Julius Schmidt*. Er wird mit seiner Ansicht, daß die heutige Stadtmauer erst in der zweiten Hälfte des 15. Jahrhunderts entstanden sei, der Wahrheit näherkommen, obgleich wir manche seiner Darlegungen auch nicht gelten lassen können.[33]

Meyer wird zu seiner Ansicht dadurch verführt, daß er kurz nach 1220 einen bedeutenden Aufschwung der Stadt richtig erkannt hat. Daß aber damals schon der Petersberg und das Blasii-Viertel mit starken Steinmauern umgeben worden seien, dafür fehlt jedes Zeugnis. Dagegen muß der Adolfsche Raubkrieg im Jahre 1294, also 80 Jahre später als *Meyer* meint, einen kräftigen Anstoß zur Befestigung auch der bisher außerhalb der eigentlichen Mauer gelegenen Stadtteile gegeben haben. Unserer Meinung nach sind die Überreste der Befestigungen, die wir noch heute sehen, in dem langen Zeitraum von 1295–1487 entstanden.

Den Urkunden nach sind drei Perioden des Mauerbaus genau zu erkennen. Die erste umfaßt etwa die Zeit von 1290–1330; es ist die erste Blütezeit des selbstbewußten Bürgertums. Damals muß der innere Mauerring vom Barfüßertor am Steilhang entlang nach der Kuttelpforte, von dort über den Primariusgraben nach dem Rautentore und im Südosten weiter, den Petersberg einschließend, nach dem Töpfertor gegangen sein. Vom Töpfertor kehrte dann die Mauer, den ganzen Hagen mitumfassend, nach dem Barfüßertore zurück. Von diesem Ringe werden

---

32 Vergl. Karl Meyer, Festschrift 1887. 2. Die Reichsstadt Nordhausen als Festung.

33 Julius Schmidt, Bau- und Kunstdenkmäler der Prov. Sachsen, Heft 11, Die Stadt Nordhausen, 18 ff.

am spätesten die Befestigungen am Neuen-Wegstore entstanden sein. 1310 war der Neue Weg schon mit Häusern bestanden, 1315 wurde wahrscheinlich die Eingemeindung herbeigeführt, 1322 wird zum ersten Male das Neue-Wegtor genannt.

Diese erste Periode muß auch schon die Umschließung des Töpferviertels mit einer Steinmauer vorgenommen haben. Schmidt behauptet freilich, dieser Stadtteil sei erst in der zweiten Hälfte des 15. Jahrhunderts befestigt worden; bis 1441 habe das Töpfertor auf dem Kornmarkte gestanden. Es läßt sich aber mit vielen Zeugnissen beweisen, daß um 1300 der Ostring vom Rautentor über das Töpfertor zum Barfüßertor entstanden sein muß. Zwar wird es richtig sein, daß 1289 das Georgshospital auf dem Platze des heutigen Gasthauses von Sippel vor der Stadt angelegt worden ist -curia leprosum ante civitatem-. Aber schon standen hier überall Häuser, und 1308 ist das Töpferviertel eins der vier Viertel der Stadt, das sicher auch in den Bering einbezogen wurde. 1310 wird ferner das Blidenhaus, das Haus für die schweren Belagerungs- und Abwehrgeschütze der Stadt, auf dem Rähmenhofe am Nordabhange des Petersberges erwähnt. Die Bürger werden ihre Geschütze kaum in einem Hause außerhalb ihrer Mauern untergebracht haben: Weberstraße, Hundgasse und Töpferstraße werden also 1310 schon geschützt gewesen sein. 1370 ist auch der Kornmarkt vorhanden, und alle Befestigungen und Tore werden längst von ihm verschwunden gewesen sein, ja 1322 wird schon von der *curia calcificum*, dem Schuhmachergildehaus am Kornmarkt, berichtet, das die Gilde wahrscheinlich nicht direkt an das Tor gebaut haben wird. Ebenso beweisen der städtische Marstall auf dem Hagen, der 1322 erwähnt wird, und die Nachtigallenpforte der Stadtmauer in der Nähe des heutigen Bismarckdenkmals, daß eine wirkliche Steinmauer vom Töpfertore zum Barfüßertore in der ersten Hälfte des 14. Jahrhunderts schon vorhanden war. Also vor 1322 war die Töpferstraße befestigt, und das Töpfertor lag damals schon zwischen der heutigen Wirtschaft von Kohlmann und der Buchhandlung von Hornickel. Auch der tiefe Graben am Südostabhange des Petersberges am heutigen Rähmen ist zu dieser Zeit angelegt. In ihm durften die Juden ihre Toten bestatten.

Wenn Schmidt dieses ganze östliche Befestigungswerk erst in der zweiten Hälfte des 15. Jahrhunderts entstehen läßt, verfällt er in denselben Fehler wie Meyer, indem er glaubt, alles sei in wenigen Jahrzehnten entstanden. Es soll niemals behauptet werden, daß schon um 1300 die gesamte dreifache Befestigung samt ihren Toren, Zinnen und Türmen angelegt worden sei, aber die Hauptmauer mit einigen stark befestigten Toren und einem Graben davor muß zu jener Zeit hergestellt worden sein.

Die zweite Bauperiode setzte um 1365 mit der Eingemeindung der Neustadt ein. In dem damals zwischen den beiden Gemeinwesen geschlossenen Vertrage übernahm die Altstadt ausdrücklich die Verpflichtung, die Neustadt zu befestigen. Die rechtliche Grundlage zu dieser Ummauerung wurde 1368 durch eine Urkunde *Kaiser Karls IV.* geschaffen, der damals genehmigte, daß Nordhausen seine Vorstädte „gebessern, umgraben, umbmauern, weitern und vesten möge auf des Reiches Grund und Eigen". Daraufhin wurde am Ausgang der sechziger Jahre die Neustadt südlich des Mühlgrabens und nördlich des Pferdeteiches an der heutigen Arnoldstraße entlang durch einen Mauerzug mit fünf Türmen, von denen heute nur noch der *Oßwaldsche* steht, gesichert.

Bald darauf wurde auch der Frauenberg geschützt. Diese älteste Ansiedlung auf Nordhäuser Boden hat nie im eigentlichen Bering gelegen. Das empfanden die Bewohner aufs schmerzlichste und gingen schon früh daran, sich durch Gräben und Verhaue eine eigene Befestigung zu schaffen. Nach der Eingemeindung übernahm es dann im Jahre 1299 die Stadt, den Frauenberg zu schützen. Deshalb schloß die Stadt mit dem Propste des Frauenbergklosters einen Vertrag, nach dem ihr ein Stück Land für Befestigungsanlagen überlassen wurde. Die weiteren Befestigungen entstanden nach 1365, wo eine Mauer geschaffen wurde, die beim inneren Bielentore begann, die Sangerhäuser Straße bis zum Frauenbergsplan und dann die Schafgasse entlang ging und sich schließlich nach Süden hinabzog bis zu der Mauer, welche die Neustadt im Süden schützte. Darüber hinaus wurde noch das Martini-Vorwerk befestigt und hier das äußere Sundhäuser Tor angelegt.

Bald danach, bis etwa zum Jahre 1400, wurde die Südbefestigung der Neustadt über die Sandstraße hinfort bis ans Grimmeltor erweitert, d.h. also die Siedlung auf dem Sande, damals „zwischen den Brücken" genannt, der Grimmel und die Flickengasse wurden umfriedet. Abgeschlossen wurde diese zweite Periode mit der Befestigung der Feldflur, die geschaffen wurde vor 1406, wo Heringen von den Nordhäusern belagert wurde. Von diesen Außenbefestigungen mögen genannt sein: Der „neue Graben", der die Flurgrenze gegen Bielen und Sundhausen hin bezeichnete, der „Landgraben", der von der Zorge beim Siechhof nach Süden gegen die Helme hin lief und an den noch die Landgrabenstraße erinnert, der „lange Graben", der sich von der Zorge am Altentor nach Salza hin und bis auf den Holungsbügel erstreckte, und endlich der „Nordschlag", der vom Nonnenteiche aus über den Kuhberg, Heidelberg, Tütcheröderberg bis an die Stolbergerstraße verlief. Warttürme standen auf dem Holungsbügel, über Wildes Hölzchen, vor der Windlücke und an der alten Heerstraße nach Wallhausen im Osten der Stadt.

Die dritte Periode der Befestigung begann 1437 und endete 1487. Am 12. Dezember 1436 gestattete Kaiser *Sigmund*, sowohl die Stadt wie die Feldflur zu befestigen. In dieser Zeit entstand nunmehr, abgesehen von Verstärkungen der Feldanlagen, besonders der Ausbau der Hauptstadtmauer. Erst damals wurden die Torbefestigungen ausgebaut. An den Haupttoren der Stadt entstanden jedesmal zwei Tore hintereinander, ein inneres und ein äußeres. Auf diese Weise wurden das Rautentor und das Barfüßertor angelegt. Das äußere Tor wurde durch einen oder zwei Türme flankiert, so daß jeder von der Seite her beschossen werden konnte, der in feindlicher Absicht in das Tor eindringen wollte. Glückte es dem Feinde wirklich, dieses äußere Tor zu gewinnen, so war er in dem Raume zwischen den beiden Toren eingekeilt. Hier stand nun in der Mitte über dem inneren Tor ein weiterer Turm, von dem aus dem Angreifer ein heißer Gruß bereitet werden konnte. Die Anlage des Barfüßerturms begann im Jahre 1427,

1873 wurde der Turm abgebrochen. Das Rautentor wurde 1449 bis 1453 vom Steinmetzmeister *Werner* als Krummtor gebaut und damals zugleich die äußere, niedrige Mauer am Primariusgraben zwischen Rautentor und Kuttelpforte hergestellt. Derselbe Meister baute seit 1445 auch die Mauern zwischen Töpfertor und Barfüßertor dreifach aus, indem er, wie es üblich war, zunächst draußen eine Mauer aufzog, dann den Graben folgen ließ, dann am Grabenrande eine zweite Mauer und schließlich dahinter die Hauptmauer anlegte.

Am stärksten befestigt wurde damals das Töpfertor. Dieses, auf völlig ebenem Gelände gelegen, war sehr leicht angreifbar und mußte deshalb besonders verwahrt werden. Es wurde 1441 mit einem hohen Turme überbaut, der 1712 ausbrannte, jedoch noch einmal errichtet wurde. Vor das Tor aber wurde in den achtziger Jahren des 15. Jahrhunderts noch ein mächtiges Rondel, das man fälschlich Zwinger nannte, gesetzt. Dieser runde Turm, der 15 Meter im Durchmesser aufwies und 5 große Schießscharten unten sowie 5 kleine im Obergeschoß hatte, gestattet ein Bestreichen der ganzen Umgebung und besonders der beiden Wege um ihn herum, die an das eigentliche Tor heranführten.

In derselben Zeit des ausgehenden 15. Jahrhunderts wurden auf der Hauptmauer auch erst die vielen Zinnen angebracht, in deren oberes Stockwerk man vom Mauerumgange aus gelangen konnte und die allenthalben die Mauern stattlich überragten. Nach der Stadtseite zu waren diese Türmchen offen, damit sich der Feind in ihnen nicht festsetzen konnte, wenn es ihm wirklich gelungen war, einen dieser Trutztürme zu nehmen.

Hinter diesen Mauern und Türmen lag nun Nordhausen selbst, wohlverwahrt. Es nahm in der ersten Hälfte des 14. Jahrhunderts einen Aufschwung, der die stattlichste Zukunft erträumen ließ, doch die Blüte dauerte nicht an; schon im Ausgang des 14. Jahrhunderts überflügelte die Schwesterstadt Mühlhausen die Stadt am Südharze, und im 15. und 16. Jahrhundert hielt die Stagnation weiter an. Allerdings lag das vor allem an den Hauptheerstraßen im Mittelalter. Diese zogen sich im Westen und Osten an der Stadt vorbei, um den Harz zu umgehen, und ließen Nordhausen unberührt. Erst in der zweiten Hälfte des 19. Jahrhunderts, als die Zugehörigkeit zu dem ost-westlich orientierten Preußen zu wirken begann, kam es zu einem neuen Aufschwung. Nordhausen ward vor anderen Städten ein Verkehrsmittelpunkt und überflügelte dadurch die alte Nachbarin Mühlhausen.

Soweit es aber die ganz anders als heute gearteten Verkehrsverhältnisse des Mittelalters gestatteten, ließ es sich der Rat angelegen sein, die Stadt zu fördern und vorwärts zu bringen. In der Tat müssen Streben und Wohlstand ganz außerordentlich gewesen sein, wenn man die Leistungen und Opfer jener Zeit auf allen Gebieten bedenkt.

Die Wohlhabenheit einer Stadt spiegelt sich am besten in ihren Gebäuden und öffentlichen Einrichtungen wieder. Von diesen vermögen wir nun zwar bis 1290 einige der hervorstechendsten zu erkennen, besitzen auch noch aus dem Übergang vom 12. zum 13. Jahrhundert jene paar in früheren Kapiteln genannten uralten Reste, aber die Mehrzahl der bedeutenden und auf uns gekommenen Gebäude stammt erst aus dem 14. Jahrhundert, weil man erst damals begann, Kirchen und Häuser aus festem Stein zu fügen.

Das Haus, in welchem die vornehmen Gewandschnitter ihre Verkaufsstände hatten und ihre Zusammenkünfte abhielten, war zugleich der älteste Sitz des Rates. *Karl Meyers* Ansicht, daß dieses *antiquum mercatorium*, dieses alte Kaufhaus, am Ostende der Bäckerstraße gelegen habe, ist nicht von der Hand zu weisen.

Doch schon in der Zeit, wo dieses älteste Rathaus Nordhausens im Jahre 1287 von den Walkenrieder Urkunden bezeugt ist, entstand ein neues Rathaus, in das die Gefreundten nun ihre Kaufstellen und Beratungen verlegten. Es ist das Verdienst *J. Schmidts*, mit dem Glauben *Förstemanns* aufgeräumt zu haben, dieses zweite Rathaus habe mitten auf dem heutigen Kornmarkt gestanden. Schmidt hat einwandfrei nachgewiesen, daß das Gebäude auf der Stelle, auf der noch heute das Rathaus steht, zwischen den Jahren 1277 und 1286 errichtet worden ist. Seit 1300 ist sein Name vielfach bezeugt. Es besaß 12 obere, 16 mittlere und 16 untere Kammern, in denen die Gewandschnitter ihre Tücher aufgestapelt liegen hatten. Im Jahre 1360 wurde ein Neubau errichtet und eine dem Heiligen Leichnam des Herrn geweihte Kapelle hineingebaut, in der die Ratsherren vor jeder Sitzung die Messe hörten. Der Vikar der Kapelle bezog seinen Unterhalt von 60 Morgen Land in der Nordhäuser Stadtflur. 1421 stiftete der Rat noch eine zweite Kapelle. Beide Vikare standen unter der Aufsicht der Marktkirche. Dieses im Jahre 1360 aufgeführte Rathaus hat bis 1608 gestanden, wo unter teilweiser Benutzung der alten Grundmauern und Steinquadern das heute noch vorhandene erbaut wurde. [34]

Hinter dem Rathause lag die vornehmste Kirche der Bürger, die Markt- oder Nikolaikirche. Schon vor 1220 stand hier eine stattliche Kapelle. Rathaus und Marktkirche bezeichneten den Mittelpunkt der Stadt, bei ihnen und um sie herum wurde der Markt, auf dem der Königsfriede lag, abgehalten. Doch können wir uns kein Bild von dieser ältesten Marktkirche machen; ihre Mauern müssen aus Muschelkalk bestanden haben; ihr Baustil war romanisch. Die heutige städtische Hauptkirche wurde an derselben Stelle und unter Verwendung der alten Mauerreste zwischen 1360 und 1395 erbaut und erst 1490 noch durch eine Kapelle, die heutige Sakristei, erweitert. Die Kirche besaß 13 Altäre und 14 Vikarien.

Die zweite Kirche der Stadt, St. Blasii, ist um 100 Jahre jünger als die Nikolaikirche. 1234 war auf ihrem Standort schon eine Kapelle dem heiligen Blasius geweiht, doch die jetzige Kirche stammt erst aus der 2. Hälfte des 15. Jahrhunderts. Sie besaß einstmals zwei gleichhohe Türme, bis der eine der Türme am 24. April 1634 zur gleichen Stunde vom Blitzstrahl getroffen wurde wie der Turm von St. Petri.

Älter wiederum ist die Petrikirche. Mit ihrem Bau wurde um 1290 begonnen, so daß also das Kirchenschiff in der ersten Blütezeit deutschen Städtewesens entstanden ist. Mit dem Emporziehen des Turmes fing man 1362 an, vollendet

---

34 Vergl. zu den Nordh. Bauten: Julius Schmidt. a. a. O.

wurde er kurz nach 1400. Die Sakristei wurde erst in der zweiten Hälfte des 15. Jahrhunderts angebaut. Durch verschiedene Umbauten und Erneuerungen hat das Äußere der Kirche gerade nicht gewonnen; das Langhaus stellt sich als ziemlich arges Flickwerk dar.

Zu diesen drei noch heute vorhandenen Kirchen der Altstadt, abgesehen von der Domkirche und der noch unten zu erwähnenden Barfüßerkirche, kamen noch drei in den Vorstädten. Die älteste ist die schon besprochene Frauenbergkirche. Die zweite ist die Marienkirche im Tale, die Altendorfer Kirche; sie war schon 1294 vorhanden; der Propst des Kreuzstiftes war ihr Patron. Und an Stelle der dritten, der heutigen Neustadt- oder Jakobikirche, die erst in der zweiten Hälfte des 18. Jahrhunderts erbaut worden ist, erhob sich einst die alte Kirche für das Neue Dorf. Diese stammt schon aus dem Beginn des 14. Jahrhunderts, der Turm, der bei der Abtragung der alten Kirche 1744 stehen geblieben ist, soll schon 1310 errichtet worden sein.

Das Rathaus und diese Kirchen, abgesehen von der jüngeren Blasiikirche, sind sämtlich im 14. Jahrhundert erbaut worden und stehen großenteils noch heute als Zeugnisse für den frommen Sinn, die Schaffensfreude und den Wohlstand jener Zeiten. Wie groß die Tatkraft aber damals gewesen sein muß, geht daraus hervor, daß alle diese kostspieligen Bauten nicht etwa in einer behäbigen, ruhigen Zeit entstanden sind, sondern in einer Zeit voller innerer und äußerer Erschütterungen. Nie wieder ist soviel in Nordhausen gebaut worden, selbst nicht um unsere Jahrhundertwende herum, wo Deutschland reich und mächtig war und sich ganz andere Bedürfnisse zeigten als damals im Mittelalter.

Zu den Kirchen kamen die Klöster und Klosterkirchen, die zwar aus den Mitteln der Orden gegründet waren, deren Bau doch aber nur mit Hilfe des mildtätigen Sinnes der Bevölkerung vorgenommen werden konnte.

Schon die Altendorfer Kirche war zugleich Klosterkirche für die Zisterzienser Nonnen, die sich im Altendorfe 1294 angesiedelt hatten. Unfern davon erhob sich die große und schöne Barfüßerkirche der Franziskaner oder Barfüßermönche. Schon ums Jahr 1220 hatten sich die beiden soeben erst gegründeten Bettelmönchorden der Franziskaner und Dominikaner in Deutschland angesiedelt. Die Franziskaner tauchten in Norddeutschland 1223 zuerst in Hildesheim auf, 1225 waren sie in Magdeburg, bald darauf finden wir sie auch in Nordhausen. Danach klingt die Nachricht durchaus glaubwürdig, daß ihre erste Kapelle in Nordhausen 1234 ein Raub der Flammen geworden sei. Nach diesem Unglück bauten sie an der Barfüßerstraße in der Nähe der Stadtmauer in den siebziger Jahren des 13. Jahrhunderts eine neue Kirche, die 1278 eingeweiht wurde. Seit 1329 führte dieses Gotteshaus auch den Namen Spendekirche. Da sie einen großen und würdigen Innenraum aufwies, leisteten alljährlich am Dreikönigstage die Bürger dem neugewählten Rate die Huldigung in diesem Raume; erst später wurde diese feierliche Handlung in die Marktkirche verlegt. 1805 wurde der stolze Bau leider abgetragen.

Die Dominikaner oder Predigermönche, die sonst überall zugleich mit den Franziskanern auftraten, sind in Nordhausen erst spät, erst im Jahre 1286, erschienen. Am 5. März 1287 wies ihnen der Rat einige Hofstätten an der Kuttelpforte zum Bau ihres Klosters zu. Von hier aus erwarben sie auch noch Termineihäuser in Stolberg, Sondershausen und Frankenhausen. Nachdem 1525 die Bauern das Kloster ausgeplündert hatten und die Reformation in Nordhausen eingeführt worden war, bestimmte der Rat das alte Kloster zur Lateinschule der Stadt.

Außer diesen beiden Orden siedelte sich in der Neustadt noch der Bettelorden der Augustiner an. Er errichtete sein Kloster gegenüber dem südlichen Straßenausgang der Straße „Vor dem Vogel", auf einem Platze, den ihm Nordhausen im Februar 1312 geschenkt hatte. Dafür waren die Mönche verpflichtet, jedesmal Michaelis für alle Bewohner Nordhausens eine Messe zu lesen. Heute ist von dem Kloster nur noch ein Stück der alten Klosterringmauer vorhanden.

Zu diesen kirchlichen Bauten kamen im 14. Jahrhundert eine ganze Reihe stattlicher Profanbauten. Aus der Menge der strohgedeckten Lehm- und Holzhäuser der einfacheren Bürger ragten die Patrizierhäuser ansehnlich hervor durch ihre Größe, ihren meist steinernen Unterbau, ihre Vorbauten und Verzierungen. Hier möge nur zweier dieser Häuser gedacht werden: des Riesenhauses und des Hauses der Barte, des Riesenhauses, weil es bis heute den alten Namen bewahrt hat, des Bartehauses, weil es eins der wenigen altertümlichen Bauten Nordhausens ist.

Das Riesenhaus steht am Holzmarkte, dem heutigen Lutherplatze. Was ihm den Namen gegeben, ist unbekannt; schon im Mittelalter zierte seine Vorderseite die überlebensgroße Statue eines Geharnischten mit einer Lanze in den Händen. Im 14. Jahrhundert gehörte das Haus dem Patriziergeschlecht der Tettenborns. 1375 waren hier bei Thilo von Tettenborn die vornehmen Geschlechter versammelt, um die Maßnahmen gegen die aufständischen Handwerker zu beraten. – Das Haus der *Barte* liegt in der Barfüßerstraße, Ecke Blasiistraße. Die Familie saß schon im 13. Jahrhundert in Nordhausen. Aus ihrem vornehmen Thüringer Geschlechte stammt auch *Hermann Bart*, der 1206 in Palästina Deutschordensmeister wurde und 1210 daselbst starb. Sein Nachfolger wurde der berühmte *Hermann von Salza*. In Nordhausen war das Geschlecht, wahrscheinlich vom Könige selbst, von allen Lasten befreit, was am 13. April 1290 *König Rudolf* bestätigte. So vornehm das Geschlecht war, so scheint es sich doch nicht an der Verwaltung der Stadt beteiligt und in keiner Verbindung mit den anderen Gefreundten gestanden zu haben. Wohl aus diesem Grunde bestritt im Jahre 1336 der Nordhäuser Rat den *Bartes* ihre Vorrechte und wollte sie zu den Steuern heranziehen. Noch um 1500 ist die Familie in Nordhausen nachzuweisen; damals muß sie das heute noch stehende Gebäude errichtet haben. [35]

Es berührt den modernen Menschen seltsam, wieder und wieder im Mittelalter, selbst für Privatpersonen, auf dergleichen Ausnahmestellungen und Ausnahmerechte zu stoßen, wie es hier bei dem Geschlechte der *Barte* der Fall ist. Solche Sonderrechte schränkten die Staatsgewalt naturgemäß nicht unwesentlich ein, wurden deshalb bekämpft und doch immer wieder verliehen, weil man ja kein

---

35 Vergl. K. Meyer, Ein altes Fachwerkhaus der Stadt Nordhausen. Zeitschrift des Harzvereins, 40, 289 ff.

anderes Mittel, Verdienste zu belohnen, kannte. In Nordhausen haben wir nun schon eine ganze Reihe von Vorrechten kennengelernt, welche die Befugnisse des Rates durchkreuzten. Da waren der Vogt und der Schultheiß, die, obwohl nunmehr ihr Einfluß ausgeschaltet war, doch eine Sonderstellung einnahmen und von denen besonders der Inhaber des Schulzenamts die wichtigen indirekten Steuern des Zolls und der Münze erhob, welche der Stadt verloren gingen. Dazu kam die völlige Selbständigkeit des Kreuzstiftes, seine Aufsicht über Nordhausens Hauptkirchen und seine Besteuerung der Hofstätten in Nordhausen. Doch neben diesen wichtigsten und für die Stadt am schwersten erträglichen Exemtionen standen noch viele andere.

Am wenigsten beeinträchtigte noch die Besitzung des deutschen Ordens in Nordhausen die Stadt. Der Deutschorden hatte von je her in Mitteldeutschland viele Anhänger und viel Besitz gehabt; namhafte Führer des Ordens waren Thüringer von Geburt. So war der Orden auch in Nordhausen schon vor 1300 ansässig geworden. Am 11. August 1307 schenkte ihm König *Albrecht I.* auf Bitten der Nordhäuser Bürger die Höfe, auf denen einst die alte, 30 Jahr vorher zerstörte Königsburg gestanden hatte. Einen dieser Höfe überließ noch im November 1307 der Komtur *Gottfried von Körner* der Ballei Thüringen aus Freundschaft zur Stadt einem Nordhäuser Patrizier. Zu dem Grundstück des Ordens gehörten 120 Morgen Land in Salza, die der Orden erst 1574 verkaufte. Der Ordenshof selbst muß aber schon vor 1500 aufgegeben worden sein. Übrigens besaßen die Deutschritter auch sonst noch Rechte in der Nordhäuser Flur, und zwar in dem alten Reichsdorf Niedersalza, wo ihnen das Patronatsrecht über die Kirche sowie 120 Morgen gehörten. Allerdings kamen diese Eigentumsrechte nicht dem Nordhäuser Hofe, sondern dem Deutschordenshause in Mühlhausen zu.

Während die Stadt die Höfe des deutschen Ordens zu städtischen Lasten heranziehen konnte, waren andere Ordensbesitzungen in Nordhausen frei.

Als in den ersten Jahrzehnten des 13. Jahrhunderts die *Zisterzienser* und *Prämonstratenser* ihre für Deutschland so wertvolle Kulturaufgabe begannen, legten sie ihre Klöster meist einsam auf dem Lande an, das sie urbar machen wollten, oder in wenig besiedelten Dörfern. Doch was die Mönche hier der Bevölkerung Gutes taten, vergalt diese in reichlichem Maße. Bald gediehen die einzelnen Klöster und Abteien durch die Frömmigkeit und Mildtätigkeit der umliegenden Landschaften zu außerordentlicher Wohlhabenheit. Schließlich hatten die angeseheneren Klöster, zu denen auch Walkenried zählte, in allen deutschen Gauen Ländereien, Fruchtzinsen, Geldabgaben und in den Städten als den Zentren des Verkehrs Häuser und Höfe, die als Niederlagen für die aufkommenden Jahreszinsen benutzt wurden. So besaßen auch in Nordhausen drei Klöster ihre Höfe, in die von der Umgebung die Früchte gebracht wurden: *Ilfeld, Walkenried und Sittichenbach*.

Der Ilfelder Hof lag Ecke Pferdemarkt und „vor dem Hagen". Hier besaßen die Klettenberger Grafen ein größeres Grundstück, mit dem zwei Nordhäuser Bürger von ihnen zu Lehen gingen. Als sie in den sechziger und siebziger Jahren ihre Güter in unserer Gegend veräußerten, schenkten sie 1277 dem Kloster Ilfeld den Hof. Doch dieser blieb nicht das einzige Anwesen der Ilfelder Mönche in Nordhausen. 1321 vermachten die Honsteiner dem Kloster noch einen Hof vor dem Hagen, und am 5. Juni 1389 schloß der Rat mit dem Kloster einen wahrscheinlich für die Mönche nicht schlechten Tausch ab, indem die Stadt dem Kloster eine weitere Hofstätte auf dem Hagen frei von Wachtdienst und Grundsteuer überließ und selbst dafür Geld- und Hühnerzinsen einhandelte, zu denen eine Reihe von Nordhäuser Bürgern dem Kloster verpflichtet war. Durch diesen Vertrag erlangte der Ilfelder Klosterhof eine Ausnahmestellung in Nordhausen.

Ebensolche bevorzugte Stellung erlangte das noch bedeutendere Lagergebäude der Walkenrieder Mönche, die ja die halbe Aue an sich gebracht hatten und nach Nordhausen hin ihre Ernten abfahren ließen. Schon der erste Abt des Klosters, *Heinrich I.* (1127–1178), hatte einen Hof für sein Kloster in Nordhausen erworben, und die Kaiser *Otto IV.* und *Friedrich II.* hatten diesen Walkenrieder Besitz in Nordhausen vom Zoll und von Abgaben befreit; doch ist uns die Lage dieses Hofes nicht bekannt. Dann aber gelang es dem Kloster, an der Ecke der Ritter- und Waisenstraße von einem vornehmen Nordhäuser Patriziergeschlecht ein geräumiges Haus zu kaufen, und nunmehr grenzten die Mönche von Walkenried am 12. November 1293 den Nordhäusern gegenüber ihre Rechte umfassend ab. Der Rat befreite den Hof vom städtischen Wachtdienste, bekam dafür aber den Zins an anderen Häusern in Nordhausen, den bisher Walkenried besessen hatte. Ferner ward den Mönchen zugebilligt, daß alle Bewohner des Hofes innerhalb seiner Umgrenzung der städtischen Polizeigewalt nicht unterliegen sollten; dagegen sicherte sich wieder der Rat vor dem weiteren Umsichgreifen der Mönche dadurch, daß diese ohne Erlaubnis ihr Besitztum nicht erweitern durften. 1343 baute dann Abt *Konrad III.* für seinen Kornmeister in Nordhausen und dessen Arbeitsstätte ein neues, noch stattlicheres Haus. Dieses Gebäude ist durch Feuersbrünste mehrfach zerstört worden, doch steht noch immer ein Teil seiner alten Umfassungsmauer aus Dolomitquadern, und im Innern sind noch heute zwei Tonnengewölbe erhalten.

Nicht solche Vergünstigungen wie der Walkenrieder Hof besaß der kleinere des Klosters Sittichenbach. Zwar war auch er vom Wachtdienst und Geschoß befreit, doch zahlte er jährlich 4 Pfund Pfennige an die Stadt.

Obgleich diese Freiheiten einzelner Bürger oder gewisser Korporationen innerhalb des Gemeinwesens unbequem genug waren, so brachten wenigstens die bevorrechteten Klosterhöfe der Stadt doch auch allerhand Vorteil und glichen dadurch ihre Vorzugsstellung wieder aus. Die Bauern, die das Getreide in die Stadt brachten, kauften bei den Kaufleuten und Handwerkern ihre Bedarfsmittel ein, so daß die Bevölkerung daraus Nutzen hatte. Ferner lockte der Umschlag der Feldfrüchte, der auf den Höfen vorgenommen wurde, fremde Händler an, und dadurch stiegen Betriebsamkeit und Verkehr in der Stadt. Viel Getreide wurde von den Nordhäuser Bürgern auch selbst gekauft und blieb in der Stadt für die Bierbrauerei. Denn dies war das einträglichste Gewerbe vergangener Zeiten. Ehe Kaffee und Tee eingeführt wurden, waren ja Mehl- und Biersuppen ein Hauptnahrungsmittel, Bier das Hauptgetränk. So war der Verbrauch an Bier schon in der Stadt selbst sehr groß; der Bedarf an Bier erhöhte sich aber noch durch eine beträchtliche Ausfuhr in die umliegenden Ortschaften, die teilweise nicht brauen durften, damit den Bürgern durch den Absatz von Bier eine Einnahmequelle verschafft würde. Ja, am 28. März 1368 verbot Kaiser *Karl IV.* zum Nutzen der Nordhäuser ganz allgemein den Dörfern im Umkreise von einer Meile um Nordhausen jegliches Brauen. Tatsächlich war der Wohlstand der alteingesessenen Familien wesentlich auf die Braugerechtsame gegründet. So konnte der Fruchthandel der Klosterhöfe den Nordhäusern nur angenehm sein.

Lieber wäre es ihnen natürlich gewesen, wenn sie selbst genügend Getreide in ihrer Flur hätten bauen können. Die kleine Stadtflur wurde immer wieder als ein Übelstand empfunden. Dabei muß man noch bedenken, daß dem Anbau von Getreide damals viel Land durch die Hopfengärten entzogen wurde, die allenthalben in der Flur zerstreut, besonders aber bei Hohenrode und am Roßmannsbach lagen. Doch um die Haltbarkeit des Bieres zu erhöhen, konnte man den Hopfen nicht entbehren, viel weniger noch als heute, und dementsprechend war der Bedarf größer. Ferner nahmen die Weinanpflanzungen, die an allen nach Süden gerichteten Abhängen angelegt waren, den Platz für Getreideanbau fort. Kein Wunder, wenn die Nordhäuser so eifersüchtig auf den Erhalt ihrer Feldmark oder gar auf ihre Erweiterung bedacht waren. Deshalb erließen sie auch so scharfe Gesetze gegen die Entfremdung von Äckern innerhalb städtischen Gebietes, deshalb trafen sie besonders immer neue Abwehrmaßnahmen gegen den Übergang von Ländereien aus bürgerlichem in kirchlichen Besitz.

Dennoch gelangten große Teile, auch städtischen Bodens, in die Hand der Kirche. Der ganze Südwestzipfel der Nordhäuser Flur, fast die ganze Gemarkung von Niederrode, gehörte dem Domstift, dem Frauenbergkloster und dem Kloster Ilfeld. Nordhäuser Bürger bebauten das Land, zinsten aber der toten Hand, so daß der Stadt wesentliche Einnahmen verloren gingen. Auch sonst war in der ganzen Stadtflur die Kirche mit Ländereien reich gesegnet, vor allem das Domstift und das Zisterzienserkloster Neuwerk am Frauenberge. Wie ausgedehnt diese in der ganzen Umgebung Nordhausens auftretenden Besitzungen waren, haben wir beim Domstift schon gesehen; für zwei weitere Nordhäuser Klöster soll hier noch der Nachweis geführt werden, nur um zu zeigen, wie ungeheuer reich die Kirche im Mittelalter mit weltlichem Gut gesegnet war. Wir nehmen das Altendorfer und das Frauenberger Nonnenkloster.

Die Nonnen des Altendorfes besaßen ihr Kloster zunächst in Bischoferode bei Woffleben. Hier hatte *Graf Dietrich* von Honstein im Jahre 1238 13 Jungfrauen den Nicolausberg, den jetzigen Kirchberg, geschenkt. Sie brauchten davon nur eine kleine Abgabe an den Ortspfarrer zu entrichten. 1251 bestätigte Papst *Innozenz IV.* die Gründung, und schon ließen es sich die Grafen der Umgebung angelegen sein, das Kloster zu beschenken. Am 28. September 1262 überließ ihnen Graf Friedrich von Beichlingen 30 Morgen Land und 7 Hofstätten mit Wiesen, Wald und einem Fischteich in dem Dorfe Schate bei Steinbrücken; am 28. Januar 1268 kauften die Nonnen dem Grafen seine sämtlichen Liegenschaften

115

in Schate ab. 1264 bedachten die Klettenberger Grafen das Kloster mit Land in Groß- und Kleinwerther.

Trotz dieser Schenkungen ging es den Nonnen zunächst nicht gut. 1264 brannte ihr Kloster ab; auch wohnten sie in einer armen, damals noch völlig wilden Gegend, in *locis horroris et vastae solitudinis*; deshalb erhielten sie mehrfach Unterstützung von ihrem Oberhirten, dem Mainzer Erzbischof. 1271 schrieb dieser ihnen ein 40-tägiges Ablaßrecht zu, so daß ihr Kirchlein der Anziehungspunkt für viele Gläubige und Sünder wurde, die für den Ablaß ihr Scherflein stifteten, und 1281 bekamen sie Erlaubnis, in der Diözese Mainz für ihr Kloster zu sammeln. 1273 hatten sie ferner dadurch eine Erwerbung gemacht, daß sie ein Stück Wald bei Appenrode zwischen sich und dem Frauenbergkloster zu Nordhausen teilten.

Doch behaglich fühlten sich die frommen Schwestern in ihrer Einöde nicht, und als gar 1294 *Adolfs* Kriegsscharen in bedrohliche Nähe kamen, setzten es die Honsteiner bei ihrem Verwandten, dem Dompropst Elger zu Nordhausen, durch, daß ihre Schutzbefohlenen, die Nonnen vom Niclasberg bei Bischoferode, unter die Mauern Nordhausens flüchten durften. So kamen sie ins Altendorf und in die unmittelbare Nähe des schon bestehenden Kirchleins. Die Honsteiner blieben ihre Schutzvögte, da ja ihr Kloster ursprünglich auf ihrem Grund und Boden gelegen war. Im übrigen hatte Propst *Elger* die Übersiedelung nicht umsonst gestattet. Das Nonnenkloster gelangte in scharfe Abhängigkeit vom Domstift, die dadurch zum Ausdruck kam, daß der Propst des Altendorfer Klosters vom Stift ernannt wurde und das Domkapitel jede Erwerbung des Klosters gutheißen mußte.

Hier in der neuen Umgebung wurden nun die Nonnen bald reicher. Nicht lange nach der Verlegung gingen schon die Scherf- und die Rotleimmühle in ihren Besitz über. Der Rat focht zwar kurz vor 1300 diese Erwerbung an, doch wurde sie den Nonnen zugesprochen. Erst in Mai 1523, in der Reformationszeit, verkaufte das Kloster die Mühlen an die Stadt. Dazu gesellten sich nun aber eine Anzahl von Vermächtnissen alter Leute, die in die Beschaulichkeit traten, vom Kloster genährt und behaust zu werden, dafür aber ihren Besitz dem Kloster vermachten. Auf diese Weise erwarb das Kloster 1393 z.B. auch 10 Morgen Weinland bei Hohenrode.

Viel reicher war allerdings das Frauenbergs-Kloster Neuwerk. An ihm kann man besonders studieren, wie sich die Güter eines Klosters ins Riesige ausbreiten konnten, und deshalb sollen hier einmal ganz trocken und dürr nur die Erwerbungen, die es im 13. und 14. Jahrhundert machte, aufgezählt werden.

Schon bald nach seiner Gründung in den ersten Jahrzehnten des 13. Jahrhunderts besaß das Kloster Liegenschaften in Windehausen, Risla, Bielen, Sachswerfen, Woffleben, Mauderode, Limlingerode, Mörbach, Utheſelde, Salza und Kehmstedt. Kurz danach hatte es in den Bruderkämpfen *Philipps von Schwaben* und *Ottos IV.* mancherlei Anfechtungen zu erleiden. Hier und da wurden ihm Güter einfach entwendet, so auch von *Elger*, Grafen von Honstein; doch machten dessen Sohn *Dietrich* und sein Enkel *Heinrich* das Unrecht ihres Vaters wieder gut, indem sie dem Kloster 1242 75 Morgen zurückerstatteten. Von da an blieben die Honsteiner auch weiter die Beschützer und Beschenker des Klosters. Sie schenkten am 23. April 1256 die Parochie Bennungen, 1271 traten sie einen Wald, den Eichenberg, bei Petersdorf an das Kloster gegen Vergütung ab, am 21. Januar 1285 vermachten sie dem Kloster eine gewaltige Schenkung zur Abrundung seines Besitzes. Dazu gehörten 150 Morgen in Uthleben, ein Wald bei Appenrode, einige Hufen der Flur Gumprechterode, 15 Morgen auf der Hart über dem Eingang zur Windlücke, einige Hufen Hopfenland bei Rossungen am Roßmannsbach, 60 Morgen in Kleinwerther, 15 Morgen in Herreden. Dazu kamen am 10. Mai 1293 120 Morgen bei Bennungen, am 23. März 1298 30 Morgen und ein Hof in Thüringehausen, wozu zur Abrundung das Kloster im Juli desselben Jahres noch 30 Morgen kaufte, am 10. Juni 1312 90 Morgen, am 30. Mai 1351 15 Morgen, 1338 10 Morgen, sämtlich in Bielen, ebenso Wiesenland bei Berga, 1348 der Teich in Petersdorf. Alles das waren Honsteiner Schenkungen.

Von anderen Grafengeschlechtern hatten dem Kloster die Klettenberger schon 1242 generell den Erwerb von Gütern gestattet, die ihnen gehörten. Am 1. April 1277 erlaubte fernerhin *Albrecht*, Landgraf von Thüringen, den Ankauf von Liegenschaften im Thüringer Lande. Um die Fülle der Erwerbungen zeitlich weiter zu verfolgen, seien sie angeführt: 1251 wurden Güter in Rodeleben geschenkt, 1267 vermachten *Mathilde* von Anhalt und ihr Sohn *Otto* 75 Morgen in Ebersborn bei Urbach, 1274 wurden 60 Morgen in Heringen gekauft, ebenso 1275 90 Morgen in Obersalza, dem heutigen Salza. Am 24. Februar 1283 gingen 105 Morgen in Thüringehausen in den klösterlichen Besitz über, am 12. Januar 1285 wurden 60 Morgen von *Albert von Ebeleben* zum Seelenheil seiner Mutter geschenkt. 1307 wurden 115 Morgen in Talebra, 1308 45 Morgen in Kleinwerther, 1318 mehrere Hufen in Niederrode und Ritterode bei Werther erworben. 1323 bekam das Kloster 30 Morgen und einen Hof in Trebra, 1328 zwei Höfe in Uthleben, 1329 45 Morgen in Grona, 1331 vermachte *Friedrich* von Heldrungen ein Grundstück und einige Morgen in Kleinwerther. 1337 wurden 60 Morgen bei Oberspier gekauft, ebenso 1347 7 1/2 Morgen in Görsbach, 1350 37 1/2 Morgen in Rockstedt, 1367 30 Morgen in Berga, 1375 5 Morgen Wiesen bei Berga. Von den Erwerbungen in der weiteren Umgebung Nordhausens seien noch genannt: 1280 150 Morgen und 4 Höfe in Bückersleben, 1286 60 Morgen in Bellstedt, 1290 in Rockersleben, 1291 wieder 15 und 1309 37 Morgen in Bellstedt.

Dazu kamen die Güter, welche die Novizen, die in das Kloster eintraten, demselben vermachten. So wurde am 22. November 1306 vertraglich festgelegt, daß 90 Morgen in Bielen als Ausstattung einer Nonne gelten sollten, die nach deren Tode ans Kloster fielen; ebenso gingen am 28. September 1330 80 Morgen bei Schernberg in den Besitz des Klosters über. Am 1. Mai 1374 trat eine Tochter der angesehenen Nordhäuser Familie *Weißensee* ins Kloster ein, die einen Zins von 1 Mk. Nordhäuser Pfennige und 14 Hühner jährlich von mehreren Anwesen in Nordhausen mitbrachte.

Auch diesem Kloster wurde ferner, um Interesse für dasselbe zu erwecken, Ablaß erteilt. So gestatteten am 2. Mai 1338 vier Kardinäle dem Kloster einen zwanzigtägigen Ablaß. [36]

Wenn so reiche Klöster in der späteren Zeit des 15. Jahrhunderts gezwungen wurden, Kapitalien aufzunehmen, so ist das ein Zeichen dafür, daß die Freudigkeit im Geben allmählich nachließ und daß der Wert des Bodens in der Zeit der erstarkten Geldwirtschaft sank; wenn dagegen am 5. Juni 1364 das Frauenbergskloster die gewaltige Summe von 100 Mk. Silber zu 5 Prozent aufnahm, so geht daraus nur hervor, daß es mit diesem Gelde Geschäfte machen wollte.

Ein Kloster von diesem Besitzstande empfand natürlich auch die Abhängigkeit vom Domstift drückend und versuchte sie abzuschütteln. Zum Konflikt kam es, als der schon mehrfach erwähnte Propst *Elger* von Honstein im Jahre 1296, ohne die Nonnen zu fragen, ihnen einen Propst ernannte. Da ließen es die Nonnen auf eine Kraftprobe ankommen und wählten sich selber den Magister *Dietrich*, Pfarrer an St. Blasii, zum Propst. So kam es zum Streit, der schließlich vor einem Forum von sechs Geistlichen geschlichtet wurde. Das Recht des Klosters wurde erweitert, die Nonnen behielten die freie Propstwahl, nur das Aufsichtsrecht des Domstifts blieb bestehen. Als äußeres Zeichen der Abhängigkeit mußten die Geistlichen des Klosters an den Prozessionen des Domkapitels teilnehmen.

Nordhausen selbst hatte im 13. Jahrhundert noch kein Arg, wenn seine Bürger der Kirche Schenkungen vermachten. 1242 ging ein Hof in Nordhausen an das Frauenbergkloster über, und 1246 erwarb es beim Hause des Bürgers *Konrad Silberbalt* zwei Tuchrähmenplätze. Dann aber leistete die Bürgerschaft nach und nach Widerstand. Man befürchtete, die Hoffnung der Bürger, durch fromme Schenkungen sich einen Schatz im Jenseits zu erwerben, könnte die Schätze im Diesseits doch gar zu sehr vermindern.

So fiel seit der zweiten Hälfte des 13. Jahrhunderts kein eigentlich Nordhäuser Besitz mehr an die Kirche. Zu Auseinandersetzungen über den gegenseitigen Besitzstand kam es zwischen Stadt und Kloster nur mehrfach, wenn die Stadt Sicherheitsanlagen schaffen wollte. 1299 mußte der Rat deshalb beim Wehr der Klostermühle einen Platz erwerben, und auch noch im 14. Jahrhundert, z.B. 1355 und 1360, feilschte das Kloster mit der Stadt um Gelände zur Anlage von Befestigungen.

Solche Auseinandersetzungen mit der Kirche bereiteten der Stadt Nordhausen nicht geringe Schwierigkeiten, und die ernstliche Sorge, welche bei dergleichen Verhandlungen nicht selten die berufenen Vertreter der Stadt ergriff, mochte sich in Haß verwandeln, wenn man auf den Reichtum der Kirche in der Nordhäuser Feldflur und rings im Lande blickte, mochte gar zu blinden Wutausbrüchen führen, wenn man durch das hoffärtige Wesen mancher Geistlichen gekränkt war.

Das Verhältnis der Bürger zur Geistlichkeit sollte nun zum ersten Male auch die Spannungen aufdecken, die, innerhalb der Bürgerschaft selbst, schon in den ersten Jahrzehnten des 14. Jahrhunderts vorhanden waren. Es ist nicht leicht, die verschiedenartigsten seelischen Schwingungen der Menschen jener Zeit bloßzulegen; außerordentlich mannigfalt waren die Strebungen und Gefühlseinstel-

---

36 Sämtliche Urkunden in Nordhäuser Archiv.

Das Warttürmchen an „Wildes" Hölzchen.

Primariusgraben; Befestigungen und Zwinger im südlichen Bering der Stadt.

Neuer Weg und Teile der westlichen Stadtbefestigung. Carl Schiewek, Phot.

Die Judentürme; Befestigungsanlagen im südlichen Bering der Stadtmauer.

lungen, die durcheinandergingen. Die herrschende Klasse in Nordhausen, die Patrizier, waren mit der Geistlichkeit darin einig, daß das Bestehende möglichst erhalten bleiben müßte. Dennoch sahen gerade die Gewalthaber der Stadt die Vorrechte und den Reichtum der Kirche als eine Kränkung und Beschneidung ihrer eigenen Rechte an. Ferner: Auf der einen Seite sicherte der Bestand der augenblicklichen Verhältnisse Patriziern wie Klerikern ihre Vormachtstellung. Und wieviel kleiner, aber doch hochgeschätzter Hausrat hing nicht auch weiterhin damit zusammen! Lebens- und Umgangsformen, gesellige Haltung und Bildung verknüpften die alten Geschlechter und die Geistlichen fast unlöslich. Auf der anderen Seite wühlte doch auch wieder bei jenen tatenfrohen Menschen die Mißachtung vor den weichen, untätigen, ihnen geistig doch häufig überlegenen Priestern alle bösen Triebe auf.

Neben diesem Zwiespalt zwischen Gefreundten und Geistlichen klaffte aber noch ein zweiter, tieferer Riß in der damaligen Gesellschaft auf. Die Bevölkerungsschichten, die bisher keinen Anteil am Mitbestimmungsrecht besessen hatten, drängten zum Licht. Woran lag es denn, daß jene Reichen das ihr Eigen nannten, was die Menge selber gern besessen hätte? Sie war ausgeschlossen von den Bildungsmitteln und Kulturgütern ihrer Zeit. Erwürben sie Gewandtheit und Sicherheit im Auftreten, eine gute und klare Schulung im Denken, das nötige Wissen um Satzung und Recht, dann – so meinten sie – würde ihnen das übrige von selbst schon zufallen. Denn wenn große Massen sich ihres Anteils am Leben bewußt werden, ist es immer so, daß sie in dem Wunsche, mit einem Male den Gipfel zu erklimmen, nicht erkennen, wie wenig der bloße Unterricht und wieviel die Abstammung und langjährige Gewöhnung erzieht. Deshalb erstrebten sie auch damals eine eigene Schule. In der aristokratischen Kreuzschule wurden sie überhaupt nicht geduldet, oder ihre Kinder wurden dort in einer Richtung erzogen, die ihnen nicht genehm war. Die rechte Bildung konnte deshalb nur eine Bürgerschule, nicht eine Pfaffenschule vermitteln. So bäumte sich die große Masse des Volkes gegen den Klerus auf.

Und dazwischen standen, ohne vermitteln zu können, die vornehmen Geschlechter. Ihrem ganzen Herkommen nach fühlten sie sich der Geistlichkeit verpflichtet, als selbstbewußte Bürger aber dachten sie wie das Volk. Auf der einen Seite lockte das tief im Blute sitzende Standesgefühl, auf der anderen Seite zog das jüngere und verstandesmäßigere Staatsgefühl. Interessant aber ist es, daß da, wo um 1320 zum ersten Mal ein Gegensatz zwischen Patriziern und Plebejern schärfer hervortritt, der Kampf um die Erziehung und Bildung der Jugend ging.

Dieser Wunsch des Volkes zu Nordhausen nach einer eigenen Schule ihres Geistes fiel mit den Tendenzen der Zeit durchaus zusammen. In der ganzen westeuropäischen Welt wurde damals zum ersten Male die Frage aufgeworfen, ob es Pflicht und Recht des Staates oder der Kirche sei, die heranwachsende Jugend zu bilden, ob es Aufgabe der Schule sei, die Jugend im Sinne des Staates oder nach den Idealen der Kirche zu formen, ob der Mensch für das Diesseits und das *laborare* oder für das Jenseits und das *orare* vorbereitet werden solle.

Zum ersten Male tauchte in der christlich-katholischen Welt der Gedanke vom Eigenwert der Welt empor, vom Eigenwert der *civitas terrena* gegenüber dem bisher allein anerkannten der *civitas coelestis*. Das war eine Bewegung, die zum Protestantismus hinführen mußte.

Worum es damals im kleinen Nordhausen ging, darum ging es auch in der großen Welt. Zu derselben Zeit stand *König Ludwig der Baier* im Kampf mit dem Papsttum. Auf Seiten des Königs standen das Volk und von der Geistlichkeit diejenigen, welche im Volke wurzelten, die Minderbrüder und Bettelmönche; auf Seiten des Papstes stand die hohe Geistlichkeit. Zu derselben Zeit war es auch, wo es zum ersten Male der Berater des Königs, Marsilius von Padua, in seinem *Defensor pacis* wagte, von einer Souveränität des Volkes zu sprechen, wagte zu behaupten, daß alle menschlichen Einrichtungen zum Wohle des Volkes daseien, also auch die Kirche, also auch die Schule. Demokratie und Diesseitigkeit gegen Aristokratie und Jenseitigkeit!

Das war das Entscheidende auch für Nordhausen. In dem nach außen sichtbaren Begehren nach einer eigenen Schule äußerte sich das unsichtbare und noch unbewußte Verlangen nach einem Eigenleben überhaupt. Auch die große Menge begann allmählich zu erwachen und nach Lebensformen zu suchen, die ihr Genüge taten. Zunächst freilich schienen überall nur Widersprüche und Unzulänglichkeiten sichtbar. Hier hohe Geistlichkeit und Gefreundte, dort Kleinbürger; hier Landadel und Stadtadel, dort Bauern und Bürger; hier Freude am Angriff und Kampf und an allem Hasardspiel des Lebens, dort Wunsch nach Beschaulichkeit und Frieden und dem Glück im Winkel. Der andere Lebensrhythmus war es, der die verschiedenen Stände mit Naturnotwendigkeit gegeneinander trieb.

Und doch auch wieder diese staatliche Verbundenheit auf Tod und Leben zwischen allem, was damals Bürger hieß in Nordhausen, ob vornehm, ob gering. Auch hier waren tiefe Instinkte vorhanden, die dahin drängten, die städtischen Belange gegen jedes Sonderrecht zu verteidigen. Es war der Bürgerstolz, der in allen Einwohnern der Stadt lebte und sie gegen alle Feinde der Stadt zusammenführte.

Er lebte wohl in allen, aber nicht in gleicher Weise, weil eben Abstammung und Charakter und Lebensart ganz verschieden waren. So hatte man seit noch nicht langer Zeit ein Bündnis mit Erfurt und Mühlhausen geschlossen. Das war allen Bürgern recht; doch den einen, weil sie nun durch die größere Stoßkraft Macht und Ehre gewinnen konnten, den anderen, weil sie sich nun in größerer Sicherheit vor Gefahren glaubten. Der Kleinbürger hätte am liebsten gesehen, wenn die Erfurter und Mühlhäuser mit auf die Nordhäuser Mauern geklettert wären zu ihrem Schutze; da aber nicht sie, sondern die Gefreundten das Heft in der Hand hatten, führte das Bündnis zu einem langwierigen Zuge in thüringisches Land hinein zum Verdruß des kleinen Mannes.

So sehen wir uns einem fast unlösbaren Knäuel von Bindungen und Gegensätzen, Naturnotwendigkeiten und Widersprüchen gegenüber. Am tiefsten war damals aber doch der Gegensatz zwischen Geistlichen und Laien. Die großen Ländereien nicht nur heimischer, sondern auch auswärtiger Stifter in der Stadtflur, die Freiheit von den städtischen Lasten, die Abhängigkeit vieler Bürger von der Kirche wirkten demütigend und aufreizend. Dazu kam eine allmählich unerträgliche Anmaßung der Kirche auch in weltlichen Dingen, die sich besonders in der Handhabung der geistlichen Gerichtsbarkeit zeigte. Denn die Kirche zog nicht nur Streitigkeiten zwischen Geistlichen und Laien vor ihr geistliches Gericht, sondern auch rein zivilrechtliche Angelegenheiten, wie das Zinsennehmen, Erbanfälle und dergleichen mehr. Schließlich kam der Unwille zum Ausbruch.

Am 27. Juni 1319 gestattete Papst *Johann XXII.* den Bürgern auf ihre Bitten, eine Schule bei einer der Stadtkirchen zu errichten. Dafür war die Petrikirche in Aussicht genommen. Zwei Gründe hatten die Bürger für ihr Vorhaben angegeben: Die Stadt sei größer geworden, so daß manche Knaben die Schule des Kreuzstiftes wegen der Entfernung nicht besuchen könnten, und die Zahl der eingeschulten Kinder sei so angewachsen, daß ein Schulmeister für den Unterricht nicht mehr genüge.

Diesen Erlaß hatte die Bürgerschaft hinter dem Rücken der geistlichen Herren vom Papste erlangt. Er schien erschlichen zu sein, und so begann der offene Kampf. Hier stand das Domkapitel und der größere Teil der Gefreundten, dort standen einige andere Geistliche und besonders Minderbrüder, dazu die große Masse des Volkes und einige wenige Gefreundte. Noch stand man sich Gewehr bei Fuß entgegen. Doch dann kam 1321 der Heereszug der Stadt gen Thüringen, wider den die Kleinbürger murrten, und dann kamen die verhängnisvollen Entscheidungen des Königs vom Jahre 1323. Am 1. Mai 1323 befreite *Ludwig der Baier* Nordhausen von der geistlichen Gerichtsbarkeit, ein großer Erfolg der Bürger, eine große Niederlage der Kirche! Doch gleich darauf säte der König durch einen zweiten Erlaß Unzufriedenheit und Haß in die Gemüter der Nordhäuser. Am 7. Mai 1323 verpfändete er Nordhausen und Mühlhausen für 10000 *M* Silber an seinen Schwiegersohn *Friedrich von Meißen*. Das mußte der Stadt gewaltige Opfer auferlegen; und wenn auch die Gefreundten schuldlos waren an den neuen Steuern, so wurden diese von dem einfachen Mann doch in Zusammenhang mit den Unternehmungen der Geschlechter gebracht, und der Groll wuchs an. Riesengroß aber ward die Erregung, als der König noch in demselben Jahre am 2. August das wichtige Schultheißenamt den verhaßten Honsteinern verlieh. Auch hier traf niemanden eine Schuld, doch der alte Gegensatz zwischen Stadt und Land tat sich auf. Und die Geschlechter hielten es mit dem Lande; das war gewiß.

Das Maß war voll; 1324 kam es zu offenem Aufruhr. Jahrelang hatte die Masse, der Herr *omnes*, wie sie bezeichnend in einer Quelle heißt, gegrollt, doch nichts getan. Denn die Masse will einen Anführer haben, der ihr Halt und Richtung gibt; eher wagt sie nichts. Jetzt hatte sie einen Führer in *Heinz von Wechsungen*. Natürlich war es einer aus vornehmem Geschlecht. Das ist zu allen Zeiten so. Aus der Aristokratie entwickelt sich die Demokratie dann, wenn ein Aristokrat, von dem Ehrgeiz gepackt, allein zu regieren, seine Standesgenossen verläßt, sich an die Spitze des Herrn *omnes* stellt und sich mit dessen Hilfe zum Alleinherrscher – Tyrann, sagen die Griechen – aufzuwerfen sucht. Das Haus des Bürger-

123

meisters *Thilo* ward gestürmt, eine Anzahl Ratsherren wurden aus der Stadt vertrieben. Der Kleinbürger herrschte in der Stadt oder vielmehr *Heinz von Wechsungen*, den man auf den Schild erhoben.

Doch die Vertriebenen blieben nicht untätig und wühlten und hetzten draußen auf dem Lande gegen die Stadt. Erfurt, Mühlhausen und Greußen versuchten eine Schlichtung aus ehrlichem, bürgerlichem Solidaritätsgefühl. Es fruchtete nichts. Der König griff ein und befahl die Aufnahme der Verstoßenen. Es fruchtete nichts. Jetzt verquickten die Domherrn die Staatsumwälzung mit dem Streit um die Schule und ergriffen Partei für die vertriebenen Geschlechter. Da wurden alle Hemmungen mißachtet; der Sturm brach los. Der Pöbel drang in die Häuser und Höfe der Domherren, mißhandelte, vertrieb sie, verwüstete, riß nieder. Schließlich erregte jeder Besitz die Wut des Volkes. Vom Domstift aus ging es vor die Judenschule. Da saßen die Peiniger des Volkes ebenso wie im reichen Kapitelsaal. So ward auch die Synagoge geplündert, die Juden wurden mißhandelt, und fortgetragen ward alles, „was sie seit langer Zeit zusammengescharrt". So revolutionierte das Volk gegen alle Welt, gegen König und Herrn draußen, gegen Geistliche und Besitzende drinnen.

Nun aber griffen die großen Herren ein und machten die Sache der Vertriebenen zu der ihren. Die *Honsteiner Grafen* und sogar die *Braunschweiger Herzöge* begannen sich zu regen. Sie gedachten ganz allgemein gegen die aufsässige Stadt im Trüben zu fischen; doch der Honsteiner wußte auch, daß der Aufstand gegen ihn als Besitzer des Schulzenamtes ging. Da wurden die Straßen gesperrt, die Zufuhren abgeschnitten, die Felder verheert.

An die Seite der weltlichen Herrn trat der Mainzer Erzbischof und nahm sich des Domstifts an. Er ernannte eine Kommission zur Untersuchung des Streites, der die Domherrn *Hermann von Bibra* und *Siegfried von Halle* sowie der Pfarrer *Dietrich von Mildenstein* zu Erfurt angehörten. Die Verhandlungen sollten in Erfurt stattfinden, ein unmögliches Verlangen, da vor den Toren Nordhausens die Honsteiner samt den Vertriebenen lauerten, um die Unterhändler abzufangen. Deshalb baten die Nordhäuser um Untersuchung in Nordhausen selbst. Der *Mainzer* ging scheinbar darauf ein, wünschte nun aber seinerseits sicheres Geleit für die Kommission. Dies glaubten wieder die Nordhäuser nicht gewähren zu können, da sie außerhalb ihrer Mauern selbst in Gefahr waren, innerhalb der Stadt aber der Pöbel drohte. Es scheint so, als ob beide Teile Schwierigkeiten machten: Die Geistlichen wollten Nordhausen von vornherein ins Unrecht setzen, und die Nordhäuser trauten der Kommission keinen fachlichen Schiedsspruch zu.

Die Zuflucht der Bürger war wieder der Papst. Doch ehe sie noch zu dieser letzten Hilfe griffen, hatte der Erzbischof sie schon exkommuniziert. Nun übertrug der Papst auf das Hilfegesuch der Nordhäuser hin am 22. November 1325 die Untersuchung und Entscheidung den Äbten von *Walkenried, Volkerode* und *Seligenstadt*, und als er von dem Bannstrahl des Mainzer hörte, befahl er am 15. Dezember beschleunigte Verhandlungen. Die drei Äbte versuchten zwar im Februar 1326 die Sache zu klären, konnten sich aber der Mainzer Kommission gegenüber nicht durchsetzen. Das Eingreifen des Papstes hatte jedoch unzweifelhaft schon eine Wendung zum Bessern für Nordhausen herbeigeführt. Da verdarb der Wankelmut des niederen Volkes alles. Statt auszuharren und abzuwarten, wie die Auseinandersetzungen der beiden Kommissionen endigen würden, und statt aus diesem Kompetenzstreit Vorteile zu ziehen, gab die Masse unter dem Druck der augenblicklichen Not nach.

Der Streit mit den Honsteinern wegen des Schulzenamtes tobte 1325 heftiger denn je; die über die Stadt verhängte Sperre war lückenlos; Hungersnot drohte. So vergaß die Menge des Volkes über dem Augenblick die Vergangenheit und die Zukunft und verlangte den Frieden um jeden Preis. Zwar taten ihre Führer alles, um den Mut zu heben und den Widerstand neu zu entfachen: Es gelang ihnen, Boten nach Erfurt zu senden, welche dort um Vermittlung nachsuchen sollten; sie riefen das Thüringische Landfriedensgericht an. Alles war umsonst. Ohne weitere Schritte abzuwarten, forderte die Menge sofortige Abstellung ihrer Not. Das Volk vergaß, daß es selbst ja den Aufruhr gewollt und angezettelt hatte; es suchte nach einem Schuldigen, und gegen einen satten Magen nahm es gern die schwersten Demütigungen auf sich.

So mußte denn *Heinz von Wechsungen* dran glauben; sein Traum, an der Spitze des Volkes in Nordhausen Diktator spielen zu können, war ausgeträumt. Er mußte zwei Jahre ins Gefängnis wandern, 150 *M* lötiges Silber – d.h. 150 Pfund reinen Silbers – und 4 *M* Nordhäuser Silber – d.h. 4 Pfund dem Nennwerte nach – bezahlen. Vier weiteren Gefreundten ging es ähnlich; gerade ihre Verhandlungen mit Erfurt wurden ihnen zum Vorwurf gemacht.

Nachdem man so Selbstmord verübt hatte, blieb nichts weiter als Unterwerfung übrig. Im Frühjahr begannen in Erfurt die Verhandlungen mit der Mainzer Kommission, und zwar unter völliger Ausschaltung der päpstlichen. Sie kamen zum Abschluß am 24. Juni 1326 durch einen Spruch der drei Richter, der außerordentlich geringes Verständnis für die Wünsche der Bürger zeigte. Nordhausen erlangte nur, daß der über die Stadt verhängte Bann aufgehoben wurde und die gegenseitigen Übergriffe vergessen sein sollten. Im übrigen setzte der Schiedsspruch Nordhausen überall ins Unrecht. Die Schule auf dem Petersberg wurde verboten und die Domschule alleine anerkannt. Nur den weit entfernt wohnenden Schülern war ein Fehlen bei der Frühmesse gestattet. Außerhalb der Stadt durften die Bürger eine Schule anlegen; jedoch, so hieß es, sollten die Schüler dieser Bürgerschule die Domschüler „nicht betrüben", sonst sollte ihr Schulmeister sie züchtigen. Bald darauf entstand auch eine Schule in der Neustadt bei der Jakobikirche, und diese gemeinsame Schule trug später mit dazu bei, daß dieser neue Stadtteil seine Vereinigung mit der Altstadt fand.[37]

Doch die Niederlage der Bürger wird auch dadurch als vollständig gekennzeichnet, daß alle Beschlüsse der Bürger, die gegen die „geistlichen Freiheiten" gefaßt waren, aufgehoben wurden. Die Häuser der Domkapitulare behielten ihre Steuerfreiheit und standen weiterhin nicht unter Nordhäuser Gerichtsbarkeit,

---

37 Dieser die Grundstimmungen des 14. Jahrhunderts aufdeckende Kampf ist bisher noch nicht dargestellt worden. Deshalb wurde hier etwas ausführlicher darauf eingegangen. Im übrigen vergl. Förstemann, Chronik, 253 f.

auch wenn sie an Fremde vermietet waren. Auch Braugerechtsame durfte das Kapitel ausüben und dadurch den Bürgern Konkurrenz machen; ja, der städtische Bierschröter war verpflichtet, dem Stifte Hilfe zu leisten. Dem bürgerlichen Gerichte stand nicht zu, Geistliche zu pfänden oder sonst über ihre Habe zu verfügen. Schließlich mußten die zerstörten Stiftshäuser auf Kosten der Stadt so schnell wie möglich wieder aufgebaut und das geraubte Gut binnen einem Monat zurückgegeben werden.

Zu diesen Bestimmungen, die große Opfer verursachten und die jahrelange planvolle Erweiterung städtischer Rechte unterbanden, traten weitere, die Stadt tief demütigende. Den Geistlichen, die es mit dem Volke gehalten hatten, wurde auferlegt, nach Rom zu pilgern und daselbst Gnade zu erlangen. Ihrer Pfründen gingen sie für immer verlustig. Die Nordhäuser Ratmannen mußten den vertriebenen Geistlichen bei ihrem Einzug entgegenreiten, ihnen vor den Toren mitteilen, daß aller Zwist beigelegt sei, und sie danach in festlichem Zuge einholen. Die Kommission hatte weiterhin das Gehen vor dem Kreuze, das Tragen von Kerzen, die Stiftung von Altären zur „geistlichen Besserung" bestimmt; doch diese letzten Demütigungen wurden den stolzen Ratmannen auf Fürsprache des Erfurter Rates schließlich erlassen.

So wurden dann im Sommer 1326 die vertriebenen Geistlichen am Sundhäuser Tore erwartet und mit großem Gepränge begrüßt. Der Festzug, in welchem Kreuze und Fahnen mitgeführt wurden, ging durch die ganze Stadt, und stolz und höhnisch genug mögen die Stiftsherrn und die Pröpste vom Neuen- und Altendorfe, die besonders scharfe Gegner der Stadt gewesen waren, einhergeschritten sein.

Diesen Vergleich, d.h. die Unterwerfung Nordhausens, bestätigte Erzbischof *Mathias von Mainz* am 16. Juli 1326 und hob, „der Reuigen sich erbarmend", Suspension, Exkommunikation und Interdikt auf. Dafür durfte die Stadt ihm 600 *M* Silber zahlen, und da das Volk der Meinung war, es habe genug getan, auferlegte es die Bezahlung dieser Summe den vornehmen „Anstiftern". Diese sträubten sich zunächst, übernahmen dann schließlich aber doch die Bezahlung. Eine Reihe von Sühnungen aus den Jahren 1326 und 1327 zeigen die Aussöhnung unter den Bürgern. *Hermann von Urbach, Konrad Tockenfuß* und Sohn, *Syfert Walpurge* verzichteten auf Schadenersatz und gelobten, in Frieden mit den übrigen Bürgern zu leben.

Tiefe Wunden und tiefe Mißstimmung hatte der Streit in der Bürgerschaft aber doch zurückgelassen. 60 Bürger blieben verbannt, gingen an den Hof der Grafen von Honstein-Sondershausen und zettelten dort Umtriebe gegen ihre Heimatstadt an. Keinem war das aber lieber als den Grafen und Herren draußen, die, durch die Entwicklung der Wirtschaft selbst in eine z.T. schwierige Lage geraten, keine Gelegenheit ungenützt ließen, ihr Schäflein auf Kosten der Städter in Sicherheit zu bringen. –

Wenn man die vielfachen Wirren und Fehden des 14. Jahrhunderts verstehen will, so muß man die politischen Verhältnisse, unter denen die Deutschen damals lebten, ganz allgemein ins Auge fassen. Die Macht des Königs war seit dem

Interregnum gering, die der Fürsten noch nicht stark genug. Die Landfrieden, die von Zeit zu Zeit verkündet wurden, waren in bester Absicht geschlossen, bändigten die Selbstsucht einzelner aber nicht, weil keine reale Macht hinter ihnen stand. So löste sich eigentlich alles auf in Interessengruppen: Hier bildete sich ein Fürstenbund, der auf Kosten eines anderen seine politischen Grenzen hinausschieben wollte, wie der gefährliche Bund gegen den *Brandenburger Waldemar den Großen* vom Jahre 1316, dort bildeten sich ständische Vereinigungen, die ihre wirtschaftlichen Interessen den anderen Ständen gegenüber durchzusetzen strebten, wie die Hanse im Norden oder der rheinisch-westfälische Städtebund im Westen, und dort wieder schlossen sich in einzelnen kleinen Landschaften Ritter oder Bürger zusammen, die wenigstens innerhalb des kleinen Gebietes ihre Belange wahren wollten, wie etwa der Bund der Ritter in Schwaben oder der Städtebund in der Wetterau.

Auch in unserer Gegend bildeten sich solche Vereinigungen zur Durchsetzung irgendwelcher Forderungen. Die Grafen und Ritter des nördlichen Thüringen, die *Honsteiner, Sondershäuser, Stolberger, Beichlinger, Querfurter* finden wir nicht selten bei gemeinsamem Handeln. Doch waren diese Ritterbünde hier immer nur für den einzelnen Fall geschlossen, lösten sich alsbald wieder auf, und die bisher Verbündeten gingen neue Verpflichtungen ein. Deshalb waren diese Zusammenschlüsse wirklich gefährlich auch nur, wenn ihnen eine stärkere Macht, etwa *Thüringen* oder *Braunschweig*, Rückhalt verlieh. Anders war es mit dem Bündnis der drei thüringischen Städte *Erfurt, Mühlhausen* und *Nordhausen*. Das war nicht nur für den Augenblick geschlossen, sondern war gedacht und auch wirksam als dauernde Interessengemeinschaft der drei Städte. Es wurde im Jahre 1306 zum ersten Male geschlossen, nach drei Jahren, also 1309, erneut und hat dann gehalten und sich bewährt zwei Jahrhunderte hindurch.

Die drei Städte waren natürlich das Bündnis eingegangen, um sich gegenseitig zu schützen gegen die Übergriffe geistlicher oder weltlicher Fürsten, gegen die Fehdelust der Grafen, gegen die Raublust der kleinen Adligen. Für Nordhausen kam dabei immer wieder das Geschlecht der Honsteiner in Frage; ein Glück für die kleine Stadt, daß diese mächtige Familie sich durch Teilungen dauernd selbst geschwächt hatte. Kurz vor dem Jahre 1201 hatte sich zunächst, aus den Honsteinern hervorgehend, die Grafschaft Stolberg dadurch gebildet, daß *Heinrich von Honstein*, der Bruder jenes vielgenannten Propstes *Dietrich*, ein kleines Gebiet an den aus dem Harze kommenden Flüßchen Thyra und Krummschlacht übernahm. Es hatten sich nunmehr also zwei Herrschaften gebildet, die honsteinsche Stammgrafenschaft im Westen und die stolbergsche im Osten. Die beiden Häuser waren verschwägert und blieben in freundnachbarlichem Verhältnis zueinander. Hundert Jahre später, im Jahre 1312 nahm die westliche Linie, das eigentliche Haus Honstein, abermals eine Teilung vor, indem es die große, reiche Grafschaft in ein Herrschaftsgebiet nördlich und eins südlich der Wipper zerlegte, die nördliche Linie erhielt Honstein, Klettenberg, Heringen, Vockstedt und die Hälfte der Grafschaft Roßla, die südliche Sondershausen, Kirchberg, Ehrich, Greußen, Klingen und die Reichsvogtei über Nordhausen. Diese südliche starb

127

aber schon 1356 mit Graf *Heinrich V.* aus, und es erbten seine Schwiegersöhne, die Grafen von Schwarzburg-Arnstadt. Nur die Gebiete und Rechte, welche die Grafschaft noch nördlich der Wipper besaß, wie die Reichsvogtei über Nordhausen, gingen an die nördliche Linie Honstein-Klettenberg über. Diese nördliche Linie schwächte sich endlich am 7. November 1372 nochmals dadurch, daß *Heinrich VII.* als Begründer der älteren Linie Klettenberg, Lohra, Scharzfeld, eine Hälfte von Benneckenstein und die Vogtei über Nordhausen übernahm und *Ulrich* und *Dietrich* als Begründer der jüngeren Linie Honstein Heringen, Kelbra, Questenburg, Vockstedt, Morungen und den anderen Teil von Benneckenstein erhielten. Die Grenze zwischen diesen beiden Grafschaften, die für Nordhausen von besonderer Bedeutung waren, verlief gerade westlich Nordhausen, nämlich von der Dietfurt südlich Niedersachswerfen auf der Landstraße nach dem Altentor, dann an der Zorge entlang nach dem Siechhof vor Nordhausen und von da auf die Rodebrücke an der Helme zu.

Die Darlegung dieser Herrschaftsverhältnisse vor den Toren Nordhausens ist nötig, wenn man die Abhängigkeiten der Stadt von den Territorialherren und ihre Auseinandersetzungen mit ihnen verstehen will. In jener ersten Hälfte des 14. Jahrhunderts standen nun die Dinge meist so, daß die einzelnen aus der Linie Honstein hervorgegangen gräflichen Häuser unter sich und mit dem einen oder anderen benachbarten Geschlecht verbunden waren. Häufig standen die *Grafen von Beichlingen*, die an der unteren Unstrut und am Kyffhäuser Besitzungen hatten, an ihrer Seite, doch auch die Grafen nördlich des Harzes, *die Blankenburger* und *Regensteiner*, unterstützten sie wohl bei ihren Unternehmungen. Für Nordhausen am bedeutsamsten war die Stellungnahme der beiden Linien Honstein, der nördlichen, die für 20 Jahre das Schulzenamt innehatte, und der südlichen, sondershäusischen, die 1312–1356 im Besitze der Vogtei war. [38] Wegen der Ansprüche, welche diese Linien auf Nordhausen hatten, gestaltete sich das Verhältnis zu ihnen auch am unerquicklichsten. Den größten Haß auf die Stadt hatte Honstein-Sondershausen; doch auch mit Honstein-Klettenberg gedieh der Stadt mancher Span. Friedfertig war im allgemeinen Stolberg, doch fühlte es sich den übrigen Grafschaften verbunden und stand deshalb des öfteren an der Seite der Honsteiner. Die *Beichlinger* und *Regensteiner* aber traten jedesmal dann auf, wenn es irgendeine Beute zu erhaschen gab. Ihre Politik Nordhausen gegenüber war nicht durch größere Gesichtspunkte bestimmt, sondern nur der Ausfluß einer aus Fehdelust und Adelsgroll hervorgegangenen Gefühlseinstellung.

38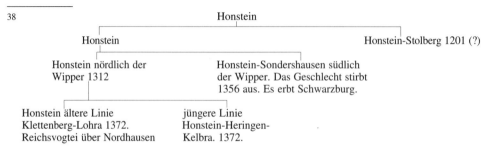

Die kleinen Plänkeleien und Reibereien der Grafen mit der Stadt haben nun aber nicht selten als Hintergrund die größeren Auseinandersetzungen zwischen dem Reich und den Fürsten. Die ersten Jahrzehnte des 14. Jahrhunderts waren ja für Thüringen ganz besonders mit Unruhe erfüllt, weil die Nachfolger *Adolfs* insofern seine Politik fortsetzten, als sie genau so wie dieser Ansprüche auf Meißen und Thüringen erhoben, aber die Söhne *Albrechts des Entarteten, Friedrich* und *Diezmann*, die Länder tapfer verteidigten. So kam es auch noch während der Regierung *Albrechts I.* und *Heinrichs VII.* zu blutigen Kämpfen, bis dann *Ludwig der Baier* einen anderen Weg einschlug: Er stellte dem Besitzer Thüringens eine seiner Töchter zur Verfügung und zog wenigstens durch diese Versorgung Nutzen aus dem umstrittenen Lande.

Nordhausen war ja eng mit dem Schicksal Thüringens verknüpft, umso enger, als am 4. Oktober 1294 *Adolf von Nassau* die Reichsstadt für 2000 M an *Albrecht den Entarteten* verpfändet hatte. Die Stadt wehrte sich zwar dagegen, die Pfandschaft durch Übernahme der Geldsumme abzulösen; was konnte sie aber schließlich tun! Sie konnte wohl, wenn König und Landesfürst entzweit waren, zu ihrem Vorteil auf der Seite des Königs gegen Thüringen Stellung nehmen oder umgekehrt. Hier waren sie aber im Bunde miteinander, und wohl oder übel mußte sie zahlen, wenn sie eine reichsfreie Stadt bleiben und nicht in den Besitz Thüringens übergehen wollte. Nach langem Sträuben übernahm sie die vom Könige eingegangene Verpflichtung, belastete gehörig die in der Stadt sitzenden Juden und bezahlte *Albrecht* in den ersten Monaten des Jahres 1305 die Restsumme. Am 7. März 1305 bezeugte dieser auf der Wartburg, daß die Stadt ihn befriedigt habe.

Doch bei diesen, nicht für das Gedeihen der Stadt, sondern zu ihrem Schaden verausgabten Summen sollte es nicht bleiben. Nachdem die Stadt 1305 wieder völlig unabhängig geworden war, hielt sie auch zu dem, dem sie gehörte, zum Könige. Sie mußte also gegen *Friedrich* und *Diezmann* von Thüringen, die ja ihr Land gegen den König zu verteidigen hatten, Stellung nehmen. Und in diese Kämpfe wurde sie umsomehr verwickelt, als sie 1306 zum ersten Male mit Erfurt und Mühlhausen ein Schutz- und Trutzbündnis eingegangen war. Es handelte sich dabei für Nordhausen und Mühlhausen darum, daß der König ihre Reichsfreiheit verbürgte, die Fürsten sie bedrohten; für Erfurt, das die treibende Kraft bei dem Bunde gewesen war, handelte es sich um mehr: Es war keine Freie Reichsstadt, sondern eine Landstadt, desto abhängiger also, wenn der Landesfürst zu mächtig wurde, und deshalb bestrebt, die Fürstenmacht zu bekämpfen. Dazu kam bei allen drei Städten, daß auf Seiten von *Friedrich* und *Diezmann* die thüringischen Adligen, die geschworenen Feinde der Städte, standen. Deshalb blieb den drei Städten bei diesen Kämpfen um Thüringen gar nichts weiter übrig, als treu zu König und Reich zu stehen und sich gegenseitig zu helfen. Reichlich zu leiden hatten sie allerdings dabei, und ein Glück für sie war es, daß es genug verarmte kleine Adlige gab, die gezwungen waren, um Gold bei den Städten zu dienen. Manch ein Ritter, den früher sein Gutshof stattlich ernährt hatte, litt Hunger, seitdem mit dem Aufkommen der Geldwirtschaft der Wert seines Landes gesunken war, ohne daß von den Hintersassen mehr Abgaben einliefen als früher. Diese kleinen Adligen hatten nun die Wahl, ihre Freiheit zu behalten, zu verhungern und Strauchritter zu werden oder sich in die Abhängigkeit von Fürsten und Städten zu begeben und diesen mit Lanze und Leben zu dienen. So stoßen wir im Solde Nordhausens auf Namen wie *Heinrich von Wernrode, Heinrich von Werther, Friedrich von Wolkramshausen, Konrad von Schiedungen, Brassel* und *Albert von Scharfe*, die nichts weiter als ihr Wappenschild besaßen und ihre Haut zu Markte trugen im Kampfe gegen ihre Standesgenossen, welche die Stadt befehdeten.

Schon um 1300 begannen in Verbindung mit den thüringischen Wirren die Streitigkeiten um Nordhausen herum und sollten fünfzig Jahre lang kein Ende finden. Am 20. September 1302 ward der erste Waffengang zwischen der Stadt einerseits und den Honsteinern und Stolbergern andererseits bei Himmelgarten beigelegt, und die Grafen versprachen, sich nicht an denjenigen Adligen zu rächen, die auf der Seite der Stadt gefochten hatten.

Als darauf die Nordhäuser Bürger einigermaßen Ruhe in ihrer eigenen Umgebung hatten, hielten sie es für ihre Bürgerpflicht, gemeinsam mit Erfurt und Mühlhausen überall in Thüringen da aufzutreten, wo bürgerliche Interessen von Adligen geschmälert erschienen und wo es galt, der Macht des Landesfürsten Einhalt zu gebieten. So brach denn ein starker Bürgerhaufe, aus den Mannschaften der drei Städte gebildet, im Jahre 1304 auf, um einen der mächtigsten Dienstmannen *Friedrichs* und *Diezmanns* zu bekämpfen. Das war Burggraf *Otto von Kirchberg*, der drei feste Burgen bei Jena besaß und damit den Schlüssel zu der Tür in der Hand hielt, die Meißen und Thüringen verband. Der Zug gelang, die Burgen wurden gebrochen, die Verbindung des Stammlandes Meißen mit dem hinzuerworbenen Thüringen war für die fürstlichen Brüder dadurch unterbrochen, und ihre Sache stand bedenklich. [39]

Dieser erfolgreiche Waffengang führte dann zu einem dauernden Bündnis der drei Städte im Jahre 1306. Das Kräfteverhältnis der drei Verbündeten kann man etwa daraus ersehen, daß sich 1308 Erfurt mit 250 Reitern und 510 Schützen, Nordhausen mit 40 Reitern und 20 Schützen den Mühlhäusern zu Hilfe zu kommen verpflichtete. Allerdings hatte Erfurt als gefährdetste Stadt auch ein ganz besonderes Interesse an diesen Unternehmungen, während Nordhausen durch seine Bündnispflicht eigentlich nur den Groll der adligen Herren Nordthüringens, die ausnahmslos Parteigänger *Friedrichs des Freidigen* waren, auf sich lud.

So kämpfte denn Nordhausen auch 1306 um Eisenach und die Wartburg eigentlich nur aus treuer Waffenbrüderschaft zu Erfurt und Mühlhausen, es sei denn, daß das rauflustige Blut der vornehmen Geschlechter und ihrer Jugend nach Abenteuern Verlangen trug und ihnen die eingegangenen Verpflichtungen gerade recht waren.

In dem nun schon jahrzehntelangen Streite der Könige um Thüringen, der

---
39 Wegele, 258 f. Flathe, Geschichte des Kurfürstentums und Königreichs Sachsen, Gotha, 1867, 249. Michelsen, Die Landgrafschaft Thüringen, Jena, 1860, 12 f.

Söhne *Friedrich* und *Diezmann* gegen ihren Vater *Albrecht den Entarteten* glaubten alle vorwärtsstrebenden Städte des Landes ihrer Untertanenpflicht ledig werden zu können, neben anderen Ortschaften selbst Eisenach am Fuße der thüringischen Residenz, der Wartburg. Als nun König *Albrecht I.* im Juli 1306 die beiden bedrängten Brüder *Friedrich* und *Diezmann* nach Fulda vor sein Gericht lud, diese aber der Aufforderung nicht folgten, weil sie vom Könige doch keine Anerkennung ihrer Ansprüche erwarteten, plante der König selbst einen Zug gegen Thüringen. Das war die rechte Zeit für die Städte, gegen ihre Landesfürsten loszuschlagen, und so unternahm es das freiheitsdurstige Eisenach für den König sogleich, die Wartburg zu belagern. Die gemeinsame Not führte kurze Zeit sogar den Vater und die ihm feindlichen Söhne zusammen, und Albrecht der Entartete hielt die Wartburg für seine Söhne gegen die Belagerer. Diese kamen aber dadurch in nicht geringe Verlegenheit, daß König *Albrecht* ausblieb, weil er die Regelung der Verhältnisse in Böhmen für dringender hielt als sein Eingreifen in Thüringen. Da war den Eisenachern die Hilfe der drei verbündeten Städte hochwillkommen. Gemeinsam legten sie sich vor die Burg, hofften sie nunmehr erobern zu können, dadurch dem Bürgertum zu nützen und zugleich den Dank des Königs zu verdienen.

Doch es kam anders. Auch der schwer bedrängten Burg nahte Entsatz. *Friedrichs des Freidigen* Schwager *Heinrich von Braunschweig* nahte nämlich mit einem starken Haufen Ritter, schnitt den Belagerern die Zufuhr ab, brachte ihnen in einigen Scharmützeln nicht unerhebliche Verluste bei und zwang sie schließlich mit blutigen Köpfen zum Abzuge. Als nun gar am 31. Mai 1307 der königliche Hauptmann *Heinrich von Nortenberg* von *Friedrich dem Freidigen* selbst in dem entscheidenden Treffen bei Lucca in Sachsen geschlagen worden war, stand es um die Sache des Königs und damit auch der Städte aufs schlimmste.

Da mußte sich denn König Albrecht doch selbst bemühen. Er rückte von Westen mit einem stattlichen Heere heran und schlug im Juli 1307 bei Mühlhausen ein Lager auf. Hier im Heerlager vor Mühlhausen belohnte er auch die beiden Reichsstädte für ihr treues Eintreten, natürlich mit einer Gabe, die ihn nichts kostete. Am 25. Juli ließ er durch einen Fürstenspruch Mühlhausen und Nordhausen für von Thüringen völlig unabhängige Reichsstädte erklären. Damit waren die Verpflichtungen, die *Adolf von Nassau* 1294 gegen *Albrecht den Entarteten* eingegangen war, endgültig erledigt.

Des Königs Kriegszug kam aber auch in diesem Jahre nicht zur Ausführung, da wieder andere Reichsgeschäfte drängten; und im Jahre 1308 erreichte den Herrscher das schwarze Geschick bei seinem Übergange über die Reuß.

Durch diese Gebundenheit des Königs und danach durch seinen Tod lächelte das Glück wieder *Friedrich dem Freidigen*. Zwar auch *Albrechts* Nachfolger, *Heinrich VII. von Luxemburg*, erhob Ansprüche auf das Land, zwar schadete ihm auch das trotzige Erfurt mit seiner Kriegsmacht, indem es manche Burg seiner adligen Anhänger rund um die Stadt herum ausräucherte, aber König *Heinrich* hatte andere, weitere, auf Italien zielende Pläne, und die Mühlhäuser und Nordhäuser, nicht so reich und auch nicht so bedroht wie Erfurt, machten allmählich Schwierigkeiten bei den weit ausschauenden Unternehmungen. Besonders die Kleinbürger Nordhausens waren kriegsmüde und murrten. So kam *Friedrich der Freidige* – sein Bruder *Diezmann* war in Leipzig ermordet worden – wieder oben auf, und nun sollten die Städte seine Faust zu fühlen bekommen. In ihrer Not wandten sich die beiden Reichsstädte an ihren königlichen Herrn um Hilfe. Dieser vermittelte auch bereitwillig, doch hätte dieser Einspruch des fernen Königs den Städten wahrlich wenig genützt, wenn *Friedrich der Freidige* nicht im Osten seiner Lande nach der Lausitz ausgeschaut hätte und ihn dort die Brandenburger nicht bedrängt hätten. So ward denn 1310 eine Sühne versucht; die in den Kämpfen gefangenen Nordhäuser sollten gegen Lösegeld zurückgegeben und Friede geschlossen werden.

An *Friedrich* lag es nicht, wenn dieser Vertrag nicht gehalten wurde. Denn dieser ewig rastlose Mann lag jetzt in schwerstem Ringen um die Osterlande mit *Waldemar dem Großen von Brandenburg*. Der Kampf lief für ihn so unglücklich wie möglich aus. Er wurde von einer feindlichen Streife im Jahre 1312 selbst gefangen genommen und mußte nun am 13. April 1312 im Frieden zu Tangermünde seinen Verzicht auf die Lausitz, auf Landsberg und auf das Osterland aussprechen. Diese seine Not brachte alle seine Gegner wieder auf den Plan. Die Städte, im Jahre 1310 von ihm schwer bedrängt und zum Frieden bereit, standen nicht an, gegen den Gefährdeten loszuschlagen. Eine große Koalition: Die *Äbte von Fulda und Hersfeld*, die im alten, zwischen Hessen und Thüringen strittigen Grenzlande ihre Herrschaft hatten, Erfurt, das ewig kampflustige, schließlich auch Mühlhausen und Nordhausen brachen von neuem los. Sehr zum Schaden unserer Stadt Nordhausen.

Die Chroniken berichten, *Friedrich der Freidige* sei selbst dahergezogen gekommen und habe die Fluren um Nordhausen herum verwüstet. Das ist unwahrscheinlich; doch er hatte streitbare Mannen genug, die seinem Wink und ihrem eigenen Gelüste gern gehorchten. Die *Herren von Hackeborn, von Schraplau, von Querfurt*, der *Schenk von Nebra, Ludolf von Morungen, die Honsteiner, die Beichlinger*, alles fiel über Nordhausen her, ehe es noch seine Mannschaft nach Thüringen schicken konnte. Da ward den guten Bürgern böse eingeheizt!

Wieder mußte der Kaiser seiner Reichsstadt helfen. Er war zwar fern in Italien, doch machte er auch von dort gute Politik. Auf Nordhausens Hilferuf ernannte er am 5. Juli 1313 in Pisa den Gegner *Friedrichs des Freidigen*, den Brandenburger *Heinrich von Landsberg*, zu seinem Stellvertreter und befahl ihm, sich der Bürger anzunehmen. Alles konnte der Landsberger auch nicht mehr retten, doch ging es, wenigstens für Nordhausen, noch leidlich glimpflich ab. Beide Teile waren zu erschöpft, als daß sie nicht den Frieden ersehnt hätten.

Erfurt büßte am meisten, es war auch am vorwitzigsten gewesen. Es mußte 1315 auf zahlreiche Gerechtsame verzichten und 10.000 *M* Silber bezahlen. Nordhausen gelang es, mit seinen Gegnern einzeln zum Frieden zu kommen. Am ehesten waren die *Beichlinger* befriedigt, denen es nur darauf ankam, aus den Händeln etwas herauszuschlagen. Sie wurden 1314 mit 50 *M* Silber abgefunden.

Mit den Honsteinern söhnte sich die Stadt 1315 aus; besonders die Geldnot der Grafen führte zum Frieden und zum Verkauf eines Stückes honsteinschen Gebietes an die Stadt. 1317 ward dieser Vertrag durch eine nochmalige Sühne bekräftigt, fünf Nordhäusische Bürger und Söldner, die Honstein noch gefangen hielt, wurden ausgeliefert. Endlich im Jahre 1319 und 1320 kamen Mühlhausen und Nordhausen auch mit den großen Herren ins Benehmen; im Jahre 1319 begrub *Friedrich der Freidige* seinen Groll gegen die beiden Städte, und 1320 schloß Friedrichs Schwager, *Heinrich von Braunschweig,* der wacker an der Seite Thüringens gestanden hatte, mit der Stadt einen Vertrag. Der kluge *Ludwig der Baier* aber, der jetzt auf Deutschlands Thron saß, hatte schon am 11. März 1317 durch den Frieden von Magdeburg den Streit des Reiches mit Thüringen beigelegt, indem er auf eine seiner noch unerwachsenen Töchter schaute und deren Glück für später väterlich in Bedacht zog.

Wie schnell man damals aber die blutigen Raufereien vergaß, geht daraus hervor, daß Friedrich der Freidige und seine grimmen Feinde, die Städte, schon 1321 in ungetrübter Freundschaft gemeinsame Politik trieben. Denn nachdem *Friedrich* 1317 endlich in den unangefochtenen Besitz Thüringens gelangt war, dachte er auch kein Spielzeug in den Händen seiner Vasallen zu sein. Er wollte als Landesfürst regieren; und damit Ruhe und Ordnung, Handel und Wandel in dem arg zerzausten Lande wieder Aufschwung nähme, konnte er das Stegreifreiten und die Fehden nicht mehr dulden. Als er erst einmal im Sattel saß, mußten vor seinem Throne Adlige, Bürger und Bauern gleich sein; nur so konnte sein Land gedeihen und damit seine eigene Macht. Nichts Schrecklicheres als Ordnung und einen starken Herrn konnte es aber für den ewig unruhigen, unfügsamen Adel geben. Da zauderte *Friedrich* nicht lange. Er wandte sich an die, die Friede und Ordnung für ihren Handel und ihr Gewerbe nötig hatten, und mit Hilfe der drei verbündeten Städte züchtigte er die Adligen einen nach dem anderen. So sorgte der Fürst, der während seines ganzen Lebens nur Unruhe gekannt, an seinem Lebensabend für Ruhe. Doch seine Nerven waren von den Anstrengungen zerrüttet; bald darauf starb er in geistiger Umnachtung. Seine tapfere und edle Gemahlin *Elisabeth* hielt aber das freundliche Verhältnis zu den Städten aufrecht und setzte sich 1323 mit Nordhausen auch wegen des Schultheißenamtes friedlich auseinander.

So gab es denn wenige Jahre lang ein Aufatmen. Die friedlichen Jahre um 1320 herum nahmen aber bald dadurch ihr Ende, daß Nordhausen am 7. Mai 1323 von *Ludwig dem Baiern* an seinen Schwiegersohn, *Friedrich den Ernsthaften* von *Thüringen,* verpfändet und das Schultheißenamt, abgesehen vom Schutze über die Juden, wenige Monate später den Honsteinern verliehen wurde. Dazu kamen die oben behandelten inneren Wirren und der Kampf mit der Geistlichkeit, der Nordhausen in den zwanziger Jahren an den Rand des Verderbens brachte. Nach Beilegung dieses Zwistes blieben noch immer 60 Nordhäuser Bürger aus der Stadt verbannt, irrten heimatlos und haßerfüllt in der Fremde und bildeten schließlich die treuesten Anhänger der Honsteiner gegen ihre frühere Vaterstadt. Es waren also für die Honsteiner genug Gelegenheiten gegeben, sich in die

Verhältnisse der Stadt einzumischen: die Reichsämter waren in ihrer Hand, die Vogtei besaß Honstein-Sondershausen, das Schulzenamt Honstein-Klettenberg-Heringen, und Nordhäuser Bürger waren ihre Parteigänger.

Doch auch noch andere Umstände bewogen sie, gegen Nordhausen einzugreifen. Während nämlich einerseits Nordhäuser Bürger die Honsteiner unterstützten, gab es andererseits draußen auf dem Lande unter ihren Lehnsleuten manchen kleinen Adligen, der sich nach einem ruhigeren Leben in der Stadt und nach einem weniger kümmerlichen Auskommen daselbst, als er es zur Zeit auf seinem Gute hatte, sehnte und deshalb mit den Bürgern sympathisierte. Zu diesen Adligen gehörte *Günther von Salza*, der am liebsten sein Land an die Stadt verkauft, mit dem Gelde ein bürgerliches und nahrhaftes Gewerbe begonnen, dadurch aber Ländereien dem Herrschaftsgebiet der Honsteiner entfremdet hätte. Schwere Gewitterwolken hingen also wieder über Nordhausens Himmel.

Bei diesen inneren und äußeren Verlegenheiten suchte Nordhausen zunächst einmal die kleinen Kläffer abzuschütteln. Am 8. Mai 1324 gelang ihm von neuem mit den *Beichlingern* eine Sühne unter geschickter Ausnutzung des gespannten Verhältnisses, in welchem diese Grafen damals gerade zu den Honsteinern wegen Liegenschaften südlich und westlich des Kyffhäusergebirges standen. Ebenso war es möglich, die *Regensteiner* zu beschwören; doch waren diese 1329, als es etwas zu plündern und anzuzünden gab, wieder pünktlich und gewissenhaft auf dem Plane.

Die Honsteiner hatten in den Jahren 1324–1326 den Bürgern während ihrer Fehde mit der Geistlichkeit nach Kräften Abbruch getan, versuchten aber nicht nur den Weg der Gewalt, um die Blüte Nordhausens zu knicken, sondern auch den Weg kluger wirtschaftlicher Förderung ihrer Lande. Deshalb erhoben sie das am Fuße eines ihrer Schlösser gelegene Dorf Heringen 1327 zur Stadt, hofften dadurch den Handel hierher zu lenken und den Nordhäusern ernsthaft Konkurrenz zu bereiten.

Waffenbrüderlich stand der nördlichen Linie Honstein die südliche Sondershäuser zur Seite in ihrem Kampfe gegen die Stadt, und als im Jahre 1328 Honstein-Klettenberg mit der Stadt Mühlhausen in eine schwere Fehde verwickelt und deshalb für Nordhausen ungefährlich war, übernahm Sondershausen getreulich die Führung unter den Widersachern der Stadt. Es wurde der Plan gefaßt, die Ortskenntnis der vertriebenen Nordhäuser auszunützen und mit ihrer Hilfe in die Stadt selbst einzudringen. Am 14. April 1329 ward der Sturm auf die Stadt versucht.

Leider hat ein ganzes Gespinst unglaubhafter Nachrichten über den Angriff die Überlieferung im Laufe der Jahrhunderte überzogen. Die einzig einwandfreie Quelle, der *liber privilegiorum*, berichtet nur: „60 vertriebene Bürger versuchten mit Hilfe zahlreicher benachbarter Ritter und Adligen, deren Führer Graf von Honstein-Sondershausen und die Herren von Stolberg und Beichlingen waren, mit großer Heeresmacht durch das Altentor feindlich einzudringen. Dabei wurden der Bürgermeister *Helwig von Harzungen* und drei andere Bürger getötet." [40]

Aus diesen und späteren Berichten ist einigermaßen einwandfrei auszumachen, daß die vertriebenen Nordhäuser das Altentor als die schwächste Stelle im Festungsring bezeichneten und sich selbst zu Führern erboten hatten. Das Tor wurde in der Tat überrumpelt, und die Verräter drangen die Barfüßer-Straße empor in die Stadt unter dem Rufe: „Hernach Honstein, hernach Honstein!" Doch schon in der Barfüßer-Straße muß der Kampf zum Stehen gekommen sein. Vielleicht, daß nicht nur die waffenfähige Mannschaft Nordhausens alsbald den Eindringlingen im Straßenkampfe entgegentreten konnte, sondern daß auch die Bewohner der Straßenzeilen, in denen der Kampf tobte, zum Aufhalten der Feinde beigetragen haben. Unverbürgt ist allerdings, daß die Frauen den Angreifern heiße Maische auf den Kopf geschüttet haben und daß die Getöteten nach dem Kampfe in den Frankenborn auf der Kranichstraße gestürzt worden sind. Dagegen steht fest, daß es dem Bürgermeister *Helwig von Harzungen* ziemlich schnell gelungen ist, eine Schar mannhafter Bürger in die Hand zu bekommen und den Feind wieder hinauszudrängen. Es scheint fast so, als ob allein die abtrünnigen Nordhäuser über das Altentor hinaus in die Stadt vorgedrungen seien. Den adligen Herren war ja ein solcher Straßenkampf, bei dem sie von ihren Rossen steigen mußten und mit Lanze und Langschwert nicht viel ausrichten konnten, nicht allzusehr nach dem Sinne. Kurzum, der Angriff scheiterte vollkommen. *Helwig von Harzungen*, als Vorkämpfer im Streit, und drei weitere wehrhafte Bürger bezahlten allerdings ihre Treue zur Vaterstadt mit dem Tode. Doch eine große Gefahr für die Stadt war überwunden, und die Bürger wußten wohl, welches Schicksal ihnen um ein Haar geblüht hätte. Denn allen war nur zu gut bekannt, was die Erstürmung und Plünderung einer Stadt in jener Zeit mit sich brachte. Dementsprechend groß war nach überstandener Angst auch die Rache an den gefangenen Feinden und die Freude über die glücklich abgewandte Gefahr. „.... *captivantes ex iis aliquos in numero quasi quatuordecim, quos mortificarunt miserabiliter et rotarunt.*" Die 14 Gefangenen wurden aufs elendeste zu Tode gebracht, indem man ihnen die Knochen brach und sie aufs Rad flocht. Auch in der Beziehung bahnte sich das spätere Mittelalter an, daß die Sitten verrohten und man Gefallen fand an entsetzlichen Exekutionen; kein Wunder, wenn das Volk das nachahmte, womit ihm die königliche Familie zur Sühnung des Mordes an *Albrecht I.* mit schlechtem Beispiel vorangegangen war.

Doch der Grundton war auf Jubel über die Errettung gestimmt. Man beschloß aus Dankbarkeit über die Rettung alljährlich am Freitag vor Palmarum ein großes Fest zu feiern, an dem jeder fröhlich sein sollte. Es ward an diesem Tage eine Prozession rings um die Stadt veranstaltet, danach in der Barfüßerkirche ein Gottesdienst gefeiert und für die Gefallenen eine Messe gelesen. Um den Tag aber für jeden zu einem Freudentage zu gestalten, ward eine reiche Spende gestiftet, aus der alt und jung, arm und reich alljährlich Gaben empfing. Die

---

40 Quidam de civitate amoti in numero quasi sexaginta pedestres adiutorio multorum equitum et nobilium in vicino, videlicet domini de Honsteyn dicti de Sondershusen, domini de Stalberg et dominorum de Bychelingen, qui magno collecto exercitu ad expugnandam civitatem per valvam veterem hostiliter introierunt, interficientes Helwicum de Harzungen pro tunc magistrum consulum cum aliis tribus, quorum anime pro innocenti eorum morte in Christo requiescant.

Statuten setzten genau fest, was jedem an diesem Spendefeste, nach dem die Barfüßerkirche fortan auch Spendekirche hieß, zufallen sollte. Die Geistlichen, Ratsherrn, Lehrer, Schüler, die Armen der Stadt, die Reiter und Schützen, die im Festzuge mitgingen, alle wurden mit Geldgeschenken, zum Teil aber auch mit Brot und Heringen bedacht; ebenso fiel auch für die Armen und Kranken in den Spitälern, vor allem im Martinihospital, eine schöne Liebesgabe ab. Der Rat veranstaltete in den ersten Jahrzehnten an diesem Tage auch ein großes Festessen, doch kam dieser Brauch später ab.

Nach dem mißlungenen Überfall kam es noch im selben Jahre 1329 zu verschiedenen Friedensschlüssen: am 22. August vertrug sich die Stadt mit Stolberg, am 31. Dezember mit den Regensteinern; Honstein-Sondershausen blieb feindlich gesinnt und benutzte die Vertriebenen weiterhin, die Stadt zu schädigen. Noch im Jahre 1331 versuchten es einige ehemalige Bürger, mit Nachschlüsseln Mauerpforten zu öffnen und mit Hilfe von Seilen und Leitern die Mauer selbst am Petersberge zu ersteigen. Doch der Anschlag ward bemerkt und vereitelt, einem Gefangenen wurden die Augen ausgestochen, vier andere zu Tode geschleift. Doch scheint die Schuld, daß immer neue Beunruhigungen eintraten, nicht nur auf Seiten der Sondershäuser gelegen zu haben, sondern auch bei den unversöhnlichen Bürgern. Die Nordhäuser konnten nicht verwinden, daß einige der Ihrigen abtrünnig geworden und nun draußen in der Landschaft eine ewige Gefahr für sie waren. So kam es denn erst am 19. Juni 1336 zum Ausgleich, nachdem Nordhausen endlich eingewilligt hatte, daß die Vertriebenen sich in einer bestimmten Entfernung von der Stadt ansiedeln, aber die Stadt nicht schädigen durften. Auch die Namen dieser Landflüchtigen sind uns überliefert. Es waren *Hermann von Hunoldisdorf*, zwei Gebrüder von *Wechsungen, Heinrich von Husacken, Thilo von Bockelnhagen, Lamprecht Wollenweber, Heinrich Kalwe u.a.m.* In welche Zuckungen aber der Streit zwischen Patriziern und Plebejern, zwischen Geistlichen und Bürgern die Stadt noch immer versetzte und zu welchen äußersten Mitteln die herrschende Klasse gezwungen zu sein glaubte, erkennt man daran, daß 1338 schon wieder 70 Bürger mit Weib und Kind aus der Stadt und ins Elend getrieben wurden. [41]

Dennoch bedeuteten diese dreißiger Jahre bis etwa zum Jahre 1338 hin gegenüber dem bösen vorhergehenden Jahrzehnt eine Entspannung und Entlastung. Nur dadurch war es auch möglich, die großen Summen aufzubringen, welche Nordhausen, das ja seit 1323 an Thüringen verpfändet war, *Friedrich dem Ernsten* schuldete. Im Jahre 1333 vermochte sich die Stadt mit Friedrich zu verständigen, und im folgenden Jahre leistete sie eine namhafte Abzahlung der schuldigen 3000 *M* Silber.

Ganz eigenartig gestaltete sich das Verhältnis zwischen Nordhausen und der Grafschaft *Honstein-Klettenberg* in diesem Jahrzehnt. Die Grafen waren ja ständige Gegner Nordhausens gewesen, hatten aber an allen den letzten Fehden

---

[41] Neue Mitteilungen des Thüringisch-Sächsischen Vereins zur Erforschung des vaterländischen Altertums III. 4. 65.

Blasiikirche. Carl Schiewek, Phot.

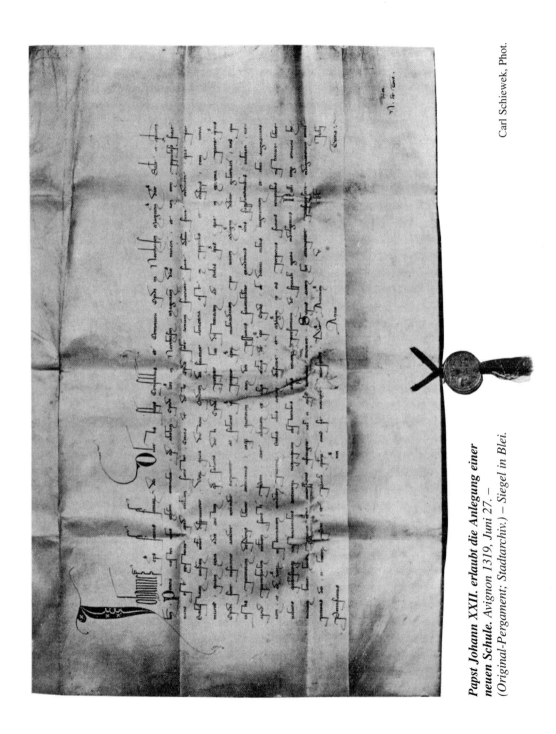

Papst Johann XXII. erlaubt die Anlegung einer neuen Schule. Avignon 1319, Juni 27. – (Original-Pergament; Stadtarchiv.) – Siegel in Blei.

Carl Schiewek, Phot.

gegen die Stadt nicht teilgenommen, obgleich sie mit der Erklärung Heringens zur Stadt im Jahre 1327 gegen Nordhausen zum mindesten einen unfreundlichen Akt vorgenommen hatten. Diese Haltung hatte ihre guten Gründe. Zunächst war es der Kampf mit Mühlhausen gewesen, der sie zum Stillehalten gezwungen hatte, dann aber auch ihre ewige Geldnot, unter der sie litten und die offenbar durch die Mühlhäuser Fehde nicht geringer geworden war. Sie schuldeten schon einer ganzen Reihe von Nordhäuser Patrizierfamilien bedeutende Summen und sahen keinen Ausweg, sich dieser zu entledigen. Ja, Graf *Heinrich IV.* wandte sich sogar 1333, als die Nordhäuser auf Zahlung drängten, beschwerdeführend an Papst *Johann XXII.* nach Avignon und bat ihn, den Bürgern das unchristliche Mahnen und das von der Kirche sogar verbotenen Zinsennehmen zu verbieten. *Johann XXII.*, selbst ein außerordentlicher Geschäfts- und Geldmann, scheint aber einiges Verständnis für das kaufmännische Gebahren der Nordhäuser gehabt und nicht allzuviel im Sinne der Grafen getan zu haben. In ihrer Not verfielen die Honsteiner schließlich auf den Plan, ihr Schultheißenamt und die Münze zu Nordhausen, die ja seit 1323 in ihrem Besitze war, möglichst auszunutzen und auf diese Weise den Bürgern das abzunehmen, was sie als vornehme Herren von den Krämern doch eigentlich verlangen konnten.

Unterdessen erlebte die Stadt aber noch ein kleines Zwischenspiel mit ihrem kaiserlichen Herrn *Ludwig dem Baiern*. Man denke: die Unruhen drinnen und draußen, die fortwährenden Aderlässe durch das Loskaufen aus den Verpfändungen, die kostspieligen Bauten an Befestigungen und öffentlichen Gebäuden, der Wunsch, die Stadtflur zu erweitern, die Darlehen an die Honsteiner, – was für Geldsummen waren dazu erforderlich, und wie außerordentlich rührig und hoffnungsfroh war die Stadt, die das alles zuwege brachte, eine Stadt, deren Einwohnerzahl die 3000 kaum überschritten hatte! Denn nur etwas mehr als 400 Häuser sind für das damalige Nordhausen nachweisbar, in denen 500–600 Familien gewohnt haben mögen. Bei allen diesen Unternehmungen und Ausgaben war man aber froh, daß man nicht auch noch ans Reich zu zahlen hatte. Man hatte schon genug getan, wenn man von Zeit zu Zeit die Schulden des Kaisers dadurch abtragen half, daß man sich aus der Pfandschaft löste, – zu irgendwelchen anderen Opfern für das Reich wollte man sich also nicht bequemen. Des Reiches Stadt nannte man sich gern, und gehorsam war man dem Kaiser, aber Kosten durften damit nicht verbunden sein. Nun gebrauchte der Kaiser aber Geld und Truppen zu seinen Unternehmungen in Tirol und in Mähren, am Rhein und in Italien, und deshalb legte er seinen Reichsstädten Umlagen auf. Nordhausen dachte aber gar nicht daran, dem fernen Kaiser Geld zu senden, ja selbst die Steuer, welche die Juden als des Reiches Kammerknechte zu entrichten hatten, zogen sie zwar ein, führten sie aber nicht ab. Ob dieser Mißachtung erzürnt, sandte der Kaiser seinen Sekretär *Johann von Augsburg* nach Nordhausen, der die Stadt am 5. August 1336 vor des Kaisers Gericht laden mußte. Wenn sie, um sich zu verantworten, keinen Vertreter schickte, sollte Nordhausen geächtet werden. *„... wellen wir iuch in diu Ohte* (Acht) *kunden und wellen iuch und iw' gut gemainlich offen und erlouben allermeneclich als recht Ohte; wir wellent iw* *dar zu nemen und och entw'en aller d'vriheit, gnade, ere und och alt' guter gewonhait ....."* Das war eine böse Drohung, ja, sie wurde sogar, als Nordhausen keine Schritte unternahm, wahrgemacht und Nordhausen geächtet. Dieses Druckmittel verfehlte ja einer kleinen Stadt wie Nordhausen gegenüber, die im Augenblick der Achtsverhängung sofort allen räuberischen Anfällen schutzlos preisgegeben war, nie seine Wirkung. So mußte denn auch diesmal Nordhausen sich beugen und dem Kaiser geben, was des Kaisers ist. Darauf zeigte sich dieser sehr entgegenkommend, verzichtete sogar zu Gunsten der Bürger am 24. Oktober 1337 auf den ihm zukommenden Judenzins und befahl dem Schultheißen Nordhausens, dem *Grafen von Honstein*, die über die Stadt verhängte Acht aufzuheben. Das geschah am 19. September 1338. [42]

Das war ein kleines, wahrscheinlich für die Stadt aber wiederum mit erheblichen Opfern verknüpftes Zwischenspiel.

In diesen Jahren begann sich nun aber auch das Verhältnis zu den *Honstein-Klettenbergern* eben wegen der Geldverlegenheiten der Grafen zu trüben. Zunächst gingen die Grafen dazu über, in der Münze zu Nordhausen Geld von geringerem Schrot und Korn herstellen zu lassen, um die aus der Verschlechterung der Münze stammenden Überschüsse in ihre Tasche fließen lassen zu können. Dadurch schädigten sie natürlich den Nordhäuser Handel alsbald empfindlich; die Einsprüche der Nordhäuser beachteten sie nicht. Dann hielten sie ihr Schulzengericht aber auch nicht in der Stadt, sondern widergesetzlich draußen in der Grafschaft ab und beugten dort das Recht, um von den Bürgern möglichst hohe Strafsummen einziehen zu können. Als nun wegen dieser Mißstände der Unwille der Nordhäuser stieg und es zu kleinen Reibereien kam, begannen sie den Nordhäusern ihre Halsstarrigkeit gehörig einzutränken. Zunächst untergruben sie damit die Autorität der Nordhäuser Ratsherren, daß sie sich offenkundig der vertriebenen Bürger annahmen, ein Vorgehen, das in diesen Jahren der Ständekämpfe stets den größten Groll hervorrief, da es ja den Widersetzlichen in der Stadt den Nacken steifen und so der ganzen bestehenden Ordnung gefährlich werden mußte. Dann benutzten die Grafen aber auch die alten bewährten Druckmittel, sperrten die Straßen, störten den Handel, nahmen Bürger gefangen und steckten sie in ihre Verließe, um Geld zu erpressen, fingen Klagebriefe der Stadt, welche diese wegen der Gewalttaten an den Kaiser richtete, ab und führten die Boten gefangen auf ihre Burgen. Unermeßlicher Schaden erwuchs der Stadt aus diesem Zwist mit ihrem Schultheißen. Schließlich gelang es der Stadt doch, ihre Klage vor den Kaiser zu bringen. Sie wurde 1342 vom Kaiserlichen Hofgericht als voll berechtigt anerkannt und den angeschuldigten Grafen schwere Buße auferlegt. Die Honsteiner mußten das Doppelte des festgesetzten Schadens, 4000 *M*, Buße zahlen, und das Recht auf das Schultheißenamt wurde ihnen abgesprochen. *Ludwig* gab es an den alten Besitzer des Amtes, an den Landgrafen *Friedrich von Thüringen*. [43]

---

42 Förstemann, Urkundliche Geschichte II. 16 f.

43 Förstemann, Urkundliche Geschichte II. 34 ff.

Dieser Spruch hätte die Nordhäuser recht befriedigen sollen; sie glaubten aber nach ihrem Erfolge noch größere Freiheiten erlangen und das für die Stadt so überaus wichtige Schulzenamt ganz in ihre Hände bringen zu können. Da aber auch Honstein seine Rechte nicht ohne weiteres herausgab, bewarben sich eigentlich drei, *Thüringen, Honstein* und *Nordhausen*, um das Amt. Der Streit dauerte bis 1352, wo Thüringen auf friedliche Weise den Honsteinern die Gerechtsame abkaufte und König *Karl IV.*, der Nachfolger des Baiern, den Nordhäusern ernstlich befahl, die Auflassung des Schulzenamtes an Thüringen anzunehmen, sonst müsse er dem Landgrafen die gewaltsame Besitzergreifung gestatten. Seitdem war das Schulzengericht mit Thüringen verbunden, und als 1423 die Wettiner Thüringen mit Meißen vereinigten, übernahm dies Geschlecht auch Thüringens Rechte an Nordhausen.

Das im Augenblick für Nordhausen Wesentliche war jedoch, daß die Honsteiner gezwungen waren, einzulenken. Ihre Schulden, die sie bei Nordhausen hatten, waren nicht verringert worden, sondern hatten sich noch vergrößert. 1344 betrugen sie 5744 *M* lötiges Silber, für die sie jährlich allein 600 *M* Zinsen aufbringen mußten. Da das an barem Gelde nicht möglich war, blieb ihnen nichts weiter übrig, als einer Reihe Nordhäuser Patrizier Dörfer und Schlösser zu verpfänden. Darunter waren Ober- und Niedergebra, Schloß Lohra, Sollstedt, Nohra, Groß- und Kleinwenden u.a.

Die gegenseitige Abhängigkeit verband wiederum die Stadt und die Grafen. Als „Landfriedensbewahrer" riefen die gräflichen Brüder *Heinrich, Dietrich, Bernhardt* und *Ulrich* die Landschaft und ihre Städte auf, Räuber und Friedensbrecher, deren es in jenen Zeiten genügend gab, aufzusuchen und zu züchtigen. Auch Nordhausen leistete 1344 diesem Rufe Folge, zog gemeinsam mit den Honsteinern vor die Heinrichsburg bei Harzgerode und wirkte an der Einnahme und Zerstörung mit. Überhaupt lagen damals im Harze, fern von bewohnteren Gegenden, eine ganze Reihe von Raubnestern, in deren Unzugänglichkeit sich die Stegreifritter und ihre Spießgesellen sicher wähnten. 1346 gab es schon wieder einen Zug gegen Raubritter. Diesmal galt es der Erichsburg bei Güntersberge im Harz; doch scheinen sich nicht die Nordhäuser, sondern nur Erfurter und Mühlhäuser an dem Unternehmen beteiligt zu haben. Auch dieses Raubnest wurde gebrochen, und mit den Insassen geschah, was Rechtens war: die adligen Strauchdiebe wurden geköpft, ihre Reisigen an den schönen, knorrigen Bäumen um die Burg herum aufgeknüpft.

So schien denn in den vierzig Jahren endlich Recht und Friede einzuziehen. Nordhausen blühte nach den letzten Schlägen sichtlich auf, die Bürger konnten sich wieder gestatten, stolz und sicher einherzuschreiten, und ihr Selbstbewußtsein wurde in diesen Jahren nicht wenig dadurch gefördert, daß sie selbst der Kirche gegenüber einmal recht behalten sollten.

Am Halbach oder Rossungsbach hatte aus Anlaß eines Wunders *Elger von Honstein*, Propst des Kreuzstiftes zu Nordhausen, im Jahre 1295 das Augustinerkloster Himmelgarten gestiftet. Das neue Kloster wurde mit Mönchen aus dem Paradieskloster in Hasselfelde besetzt. 1309 schenkten die Honsteiner ihm die

Fluren des 1294 im Adolfschen Kriege eingegangenen Dörfchens Rossungen. Bald darauf schienen sich den Mönchen zwei Hofstellen in der Töpferstraße zu Nordhausen zum Ankauf zu empfehlen. Es heißt zwar, daß die Einsamkeit die Sammlung des Geistes befördert; aber den Mönchen, denen es schon in Himmelgarten besser gefiel als in der Einöde oben im Harze, glaubten wohl, willensstark wie sie waren, ihre geistlichen Verrichtungen durchaus mit den Ablenkungen des städtischen Getriebes vereinbaren zu können. Zunächst machte jedoch die Stadt Nordhausen, die ja gegen den Übergang weltlichen Besitzes in geistliche Hand schärfste Bestimmungen erlassen hatte, Einwendungen. Doch die frommen Brüder wußten die sorgliche Stadt zu beschwichtigen, versprachen, außer diesen Hofstätten keine Erwerbungen in Nordhausen zu machen, auf den Grundstücken keine Gebäude mehr, vor allem keine Kapelle, zu errichten und sagten schließlich sogar zu, daß sie, wenn ihnen Gelände in der Stadt fernerhin geschenkt werden sollte, dieses binnen Jahresfrist an die Stadt verkaufen wollten.

Nun, die Mönche ließen einige Jahre darüber verstreichen und hielten sich harmlos und still, bis 1337 der Prior *Johann* den Grundstein zu einem Kirchlein in der Töpferstraße legte. Zu drei Mönchsklöstern in der kleinen Stadt, den Franziskanern, Dominikanern und den Augustinern in der Neustadt, noch ein viertes, das natürlich abgabenfrei sein mußte, den Gläubigen zahlreiche Spenden entlockte und, reich geworden, womöglich Anspruch auf städtischen Grundbesitz erhob! Sogleich schritt der Rat ein, wies auf den einstmals abgeschlossenen Vertrag hin und verbot den Bau. Unser Prior hatte sich aber vorgesehen und schon vorher vom Kaiser *Ludwig* eine Genehmigungsurkunde eingeholt. Als der Rat diesen kaiserlichen Erlaß für erschlichen erklärte, griffen die Mönche zu geistlichen Hilfsmitteln und ließen die Stadt, allerdings offenbar nur von untergeordneten Stellen, exkommunizieren. Im Gefühl ihres Rechts wandten sich die Nordhäuser an ihren Diözesan, den Erzbischof *Heinrich von Mainz*. Dieser sah den Unfug der kirchlichen Strafe auch sogleich ein, hob den Bann am 28. April 1338 auf, verfügte aber, daß die Kirche unter seiner bischöflichen Aufsicht bestehen bleiben sollte. Von diesem Spruch war nun keiner der beiden Teile, weder Mönche noch Bürger, befriedigt, und beide wandten sich an die höchste Instanz, an den Papst. Dieser bestimmte ein geistliches Schiedsgericht von drei Richtern, und nun gingen die Verhöre, Zeugenvernehmungen, Erkundigungen, selbst das Wechseln der Richter während des jahrelangen Streites los. Schließlich, am 11. März 1345, kam es aber unter dem Vorsitz *Hartungs von Northoven*, Scholasters des Marienstifts zu Erfurt, doch zum Spruche: die Mönche mußten die Kirche, das Klostergebäude und den Altar, den sie auf ihren Hofstätten errichtet hatten, abbrechen.

Die Freude der Nordhäuser, zu diesem Ende gekommen zu sein, drückt sich nirgends besser aus als darin, daß sie in einem Vergleiche den Mönchen sogleich die gesamten Prozeßkosten, zu denen sie auch noch verurteilt waren, erließen. [44]

Die geplagte Stadt hatte also in den vierziger Jahren Ruhe und schöne Erfolge.

---

44 Vergl. Karl Meyer, Urkundl. Gesch. des Augustiner-Marienknechts-Klosters Himmelgarten, Nordh. 1892.

Doch wenn die Menschen einmal aufhören, sich gegenseitig zu plagen, dann ist immer noch zu Glück und Frieden die Huld des Himmels nötig. Der schickte damals aber furchtbarstes Ungemach. Der schwarze Tod, die Pest hielt ihren Einzug im westlichen Europa und schlug die Menschen schlimmer, als Menschen jemals schlagen können.

Es ist seltsam, daß nicht die geringste Nachricht von dem großen Sterben in Nordhausen selbst auf uns gekommen ist; nur von Thüringen heißt es, daß dort der schwarze Tod gewütet habe. Dennoch wird Nordhausen nicht verschont geblieben sein, wenn auch nirgends sichtbar wird, daß die Pestzeit irgendwelchen Einfluß auf die Lebensgewohnheiten der Einwohnerschaft ausgeübt hätte. Im Gegenteil, selbst das Mißtrauen der Stände gegeneinander und der Haß der regierenden Geschlechter gegen die vertriebenen Bürger bestand ruhig weiter, wie aus einem Vertrage ersichtlich ist, den die Stadt mit Honstein-Sondershausen über ihre Grenzen im Jahre 1348 abschloß. Die Grafen gelobten darin nämlich der Stadt „Schutz und Treue" gegen ihre Widersacher, „sonderlich die aus der Stadt gewichen sind", und versprachen, im Süden nicht die Helme, im Westen nicht die Salza, im Norden nicht die Linie Crimderode-Petersdorf, im Osten nicht den Roßmannsbach und die Grenze von Sundhausen zu überschreiten.

Wirklich berührt zu sein scheint Nordhausen nur von den Judenverfolgungen im Verlauf der Pestzeit. Alte Jahrbücher berichten darüber folgendes: „In diesem Jahre war ein großes Sterben in Thüringen, und weil man die Juden in Verdacht hatte, daß sie die Brunnen vergiftet, wurden sie allenthalben erschlagen und verbrennet, desgleichen auch hier geschehen, und selbige mit Weib und Kind weggejagt und das ihrige geplündert wurde; sonderlich wurden sie auf Lichtmessen und in der Fasten über Gotha, Eisenach, Kreuzberg, Arnstadt, Ilmenau, Nebra, Wiehe, Tennstädt, Gerbsleben, Thomasbrück, Frankenhausen und Sondershausen alle miteinander erschlagen. Der Rat zu Erfurt hatte den aufgestandenen Bürgern Einhalt getan, aber nichts desto weniger sind ihrer, der Juden, bei 400, andere sagen 3000 zusammengelaufen und ihre eigenen Häuser angesteckt und sich miteinander verbrennet." –

In Nordhausen gab es im 14. Jahrhundert eine kleine jüdische Gemeinde, deren Mitglieder recht wohlhabend gewesen sein müssen; konnten sie doch allein Geld auf Zins ausleihen, was den Christen nach den Satzungen der Kirche verboten war. Und dieses Geschäft brachte bei den hohen Zinsen und dem Bedarf nach Geld viel ein. Denn die Bürger brauchten es zu ihrem Geschäft und die Adligen zu ihrem Vergnügen. Die Stellung der Juden als Ungläubige und Mörder des Heilands war die denkbar verachtetste, und zeitweise sah man sie nicht besser als Freiwild an. Da sie aber der Stadt zinsen mußten, hielt der Rat seine Hand über diese Einnahmequelle und verbot den Bürgern, seine Juden gar zu sehr auszubeuten und zu peinigen. *„Swelich burgere einen unsern iudin roft* (rauft) *oder slet oder erliche stozzit, wer daz tout, der gibt dra phunt unn rumet 8 wochen."* Wer einen Juden tätlich angriff, mußte 3 Nordhäuser Silbermark bezahlen und 8 Wochen die Stadt räumen. Als dann 1337 *Kaiser Ludwig* „für sich und alle seine Nachkommen" auf die Kopfsteuer, welche die Juden bisher an ihn hatten entrichten müssen, zu Gunsten der Stadt verzichtete, wurden die Juden dem Rate noch kostbarer. So scheinen sie denn einigermaßen unbehelligt ihren Gottesdienst in ihrem Jüdenhause in der Hütersgasse haben verrichten können. In der Nähe ihres Gotteshauses lag auch ihr Friedhof in dem Stadtgraben, der sich vom Petersberge nach der Rautengasse herunterzog. In der ersten Hälfte des 14. Jahrhunderts verlegten sie dann, wahrscheinlich weil sie noch wohlhabender geworden waren, ihre Judenschule in die Jüdenstraße, die danach ihren Namen erhielt. Erst aus dem 15. Jahrhundert ist eine dritte Stelle für die jüdische Synagoge in der Kickersgasse, der heutigen Neuen Straße, bezeugt.

Waren die Juden beim Adel und den vornehmeren Bürgern nur verachtet, so waren sie von dem niederen Volke, das in seinem Aberglauben ihnen alle möglichen Verbrechen andichtete, gefürchtet und ihm verhaßt. Schon 1324 war ihre Schule von einem skandalsüchtigen Haufen geplündert worden. Jetzt, in den Pestjahren, wurde dieser Unwille und diese Angst des Volkes vor den Juden dadurch für diese gefährlich, daß die Inhaber der Staatsgewalt den Verfolgungen die amtliche Genehmigung erteilten.

Der Nordhäuser Rat hatte sich vernünftigerweise lange Zeit recht gleichgültig gegen die Judenhetze auf dem Lande verhalten. Man sticht nicht gern eine Kuh in dem Augenblicke ab, wo sie am meisten Milch gibt. Nun schrieb aber der Schutzherr der Stadt, Landgraf *Friedrich von Thüringen*, am 2. Mai 1349, in Thüringen seien alle Juden „verderbt" worden, weil sie die Brunnen vergiftet und dadurch die Pest hervorgerufen hätten. Die Nordhäuser sollten nun endlich auch ans Werk gehen. Er werde zur Anklage *Heinrich von Snoze*, seinen Vogt in Salza, schicken.

Jetzt entwickelte sich das Drama binnen wenigen Tagen zur Katastrophe. Der *Rabbi Jakob* wurde auf das Rathaus befohlen, die Schandtaten seiner Gemeinde wurden ihm daselbst vorgehalten, und obgleich er seine und seiner Glaubensgenossen Unschuld beteuerte, wurde ihm doch verkündet, alle Nordhäuser Juden sollten sich bereithalten, den Feuertod zu erleiden.

Über den Vorgang, der sich nun am 5. Mai 1349 am Judenfriedhof auf dem Rähmenplatze abspielte, liegt ein späterer Bericht von jüdischer Seite vor, der ein hohes Lied auf den Opfer- und Glaubensmut der Nordhäusischen Judenschaft singt, aber ganz offensichtlich tendenziös gefärbt ist. *Karl Meyer* hat ihn in seiner Geschichte der Nordhäuser Juden abgedruckt. Der Rabbiner habe sich vom Rate die Musiker der Stadt ausgebeten, habe mit seinen Glaubensangehörigen vor der Synagoge in der Jüdenstraße einen Festzug gebildet, und unter Spiel und Freudengesang sei es dann zur Richtstätte gegangen. Auf dem Judenfriedhof sei eine gewaltige Grube, angefüllt mit Holz und Reisig, gegraben gewesen; darüber seien Bretter gedeckt worden. Diesen Platz hätten alle Juden, auch die Wöchnerinnen und Kinder, betreten; dann habe auf Befehl des Rabbiners die Musik eingesetzt, auf Befehl des Rates sei das aufgestapelte Holz angezündet worden. Unter Gesang und Tanz hätte die gesamte jüdische Gemeinde dann solange auf den Dielen ausgeharrt, bis diese angeschwelt worden seien, nachgegeben hätten und Beter und Bretter in die Glut gestürzt seien.

Wenn wir nun auch nicht glauben können, daß sich der Hergang so gestaltet habe, so ist durch mannigfache Überlieferung doch gewiß, daß die verfolgten Juden mit außerordentlicher Fassung und großem Bekennermut ihr Schicksal auf sich genommen haben. Sicher haben auch die meisten Nordhäuser Juden in den Flammen ihren Tod gefunden, einige werden aber verschont worden sein oder sich haben retten können. Ebenso wie der Erfurter Rat, der seine Juden vor der Wut des Pöbels zu schützen bestrebt war, wird auch der Nordhäuser Rat gehandelt haben. Nur dem durch die Seuche aufgeregten Volke und dem Befehle des Landgrafen mußten Opfer gebracht werden.

Daß sich in der Tat viele Juden haben in Sicherheit bringen können, geht auch daraus hervor, daß sich schon 1350 wieder ein allerdings getaufter Jude in Nordhausen friedlich niedergelassen hatte, *Laurentius, quondam Judaeus*. Bald kamen auch die ungetauften wieder, und ihr Pferdehandel und Zinsverleihen gedieh nach wie vor ganz prächtig, so daß es ein Menschenalter nach der großen Judenverfolgung der eifrige Jäger und Trinker *König Wenzel* an der Zeit hielt, ihnen einmal wieder einen kleinen außerordentlichen Tribut aufzuerlegen. Im Jahre 1390 verfügte der König nämlich, daß alle Schuldner von Juden ihrer gesamten Schuld los und ledig seien, für diese Gnade aber an ihn eine Geldsumme abzuführen hätten. Anfang des Jahres 1391 machte auch Nordhausen von diesem trefflichen königlichen Erlaß Gebrauch, und am 9. März 1391 bekundete *Wenzel*, daß er sich von dem Vorgehen der Nordhäuser durchaus befriedigt fühle.

Nachdem die Schrecknisse der Todesjahre 1348 und 1349 überwunden worden waren, kehrte wieder Beruhigung in die Bürgerschaft ein. Die fünfziger Jahre des 14. Jahrhunderts waren ähnlich friedlich wie die vierziger Jahre. Selbst die Reibungen innerhalb der Bürgerschaft, die nun seit 30 Jahren ununterbrochen gewährt hatten, hörten ums Jahr 1350 herum zeitweilig auf, nachdem der Rat den Zünften gewisse, aber auf die Dauer unzulänglich erscheinende Zugeständnisse gemacht hatte.

Alle Lebensverhältnisse nahmen für kurze Zeit ausgeglichene Formen an. Nicht wenig trugen die beiden schon oben erwähnten Privilegien *Karls IV.* vom 10. August 1349 und 10. September 1354 dazu bei, durch welche die Rechtsprechung völlig an den Rat überging und Vogt und Schultheiß als Vorsitzende des Blutgerichts und Zivilgerichts nur noch als Staffage dienten. Damals konnte die Stadt deshalb auch nochmals darangehen, ihre Gesetze auszubauen. Die Bürger ergänzten die Statutensammlung vom Jahre 1308 und paßten ihre Gesetze den Bedürfnissen der neuen Zeit an. Schließlich diente auch der Befestigung aller Verhältnisse ein wichtiger Vertrag, den die Stadt mit ihrem Schutzherrn *Friedrich dem Strengen* von Thüringen am 3. April 1351 abschloß, als sie endlich sah, daß sie ihn doch als Inhaber des Schulzenamtes anerkennen mußte. *Friedrich* bekannte darin, „daß er den Bürgern von Nordhausen helfen will, gegen ihre Feinde, mit Ausnahme des Reichs, des Stifts und des Bischofs von Mainz, mit 20 Mann mit Helmen und 10 Schützen." Schiedsrichter in Streitigkeiten der Stadt oder gegen dieselbe sollen von Seiten des Landgrafen *Jan von Lengefeld* und Ritter *Konrad Wurm*, von Seiten der Bürgerschaft die Bürger von Nordhausen *Hermann von*

Torstadt und *Dietrich von Ellrich* sein. Die Bürger sollen bei ihren verbrieften Rechten und Freiheiten bleiben. Der Landgraf will die Bürger auf den Landstraßen nicht hindern, sondern sie schützen. Wenn sie einander zu Hilfe auffordern, sollen sie binnen 14 Tagen kommen. Die Leute des Aufgeforderten sollen verpflegt werden. Erlittenen Schaden soll jeder selbst tragen; Gewinn aber soll man teilen nach der Zahl der Teilnehmer vom Zuge. Nimmt der Landgraf selbst oder einer der Herren oder sein Hauptmann teil am Streite, so erhält den besten Gefangenen der Landgraf, den folgenden die von Erfurt, darauf die von Mühlhausen und die von Nordhausen; die übrige Teilung geht wieder nach der Zahl der Mannen. – Also das richtige Verhältniswahlsystem zur Teilung des Lösegeldes. – Eroberte Festen, die dem Landgrafen zu Lehen gehen, bleiben ihm; andere werden gebrochen, wenn man nichts anderes darüber beschließt. Streitigkeiten der Teilnehmer an der Einung (Streitigkeit unter denen, die den Vertrag eingegangen sind) werden durch vier Schiedsrichter entschieden. Wollen noch andere in das Bündnis treten, so soll das mit Zustimmung der Teilnehmer geschehen. Suchen die Bürger ein Recht an einem Landgräflichen, so soll der Landgraf ihnen in einem Monat zum Rechte verhelfen. Sind die vier Schiedsrichter nötig, so sollen sie einreiten zu Weißensee oder zu Gotha und in 8 Tagen Recht oder Minne sprechen. Geht einer der vier Schiedsrichter ab, so wählt der betreffende Teil einen anderen, sendet ihn auch, wenn einer zu kommen behindert ist. [45]

Am 8. Juli 1354 erteilte der König diesem Schutz- und Trutzbündnisse der Stadt mit dem Landgrafen *Friedrich* seine Zustimmung und versprach zugleich für sich und alle seine Nachfolger, die Stadt solle nie wieder verpfändet werden, sondern stets des Reiches Stadt bleiben. Dieses Versprechen wird Nordhausen nach den Erfahrungen der letzten 60 Jahre außerordentlich gefreut haben.

Alle diese diplomatischen Handlungen dienten nicht wenig der Befriedung, und im Frieden gediehen Wohlstand und Ansehen. In dem ganzen Gebiet zwischen Harz und Thüringer Waldgebirge gab es nach Erfurt und neben Mühlhausen keine Stadt von der Bedeutung und Geltung wie Nordhausen. Das sprach sich auch in den Vermittlerrollen aus, die Nordhausen in diesen Jahren mehrfach übernehmen mußte. In Mühlhausen war der Zwist zwischen Geschlechtern und Handwerkern schon offen zum Ausbruch gekommen; die Stadt hallte wider vom Aufruhr. Da griff Nordhausen ein und vermittelte am 11. März 1351. Kurz danach kam Mühlhausen in schwere und blutige Auseinandersetzungen mit dem Grafen *Heinrich von Honstein-Sondershausen*. Als es keinen Ausweg aus dem Geflecht von gegenseitigen Beeinträchtigungen mehr zu geben schien, gab der Kaiser am 12. März 1354 den Städten Erfurt und Nordhausen den Auftrag zu vermitteln. Überall zeigt sich: Die Fürstenmacht begann sich endlich durchzusetzen und befriedete die Bürger, und beide zusammen befriedeten das Land.

So klingt dieser Abschnitt aus. Den aber, der deutsche Geschichte überdenkt, muß es mit größter Bewunderung erfüllen, wenn er die Leistungen der *burgenses*, der führenden bürgerlichen Geschlechter, in dem ersten Jahrhundert deutschen

---

45 Förstemann, Chronik 286 f.

Städtewesens überschaut. Es waren Zeiten voll Kampfgetümmel, voll Rauch und Mord, voll innerer Unruhe und äußerer Kriege. Die Opfer an Geld und Blut, die es kostete, bis sich die deutsche Stadt durchsetzte, waren ungeheuerlich. Und dennoch haben diese vollsaftigen, tatenfrischen Geschlechter Einzigartiges und Bleibendes geschaffen. Damals wurden die erhabensten Baudenkmäler, die Deutschland aufzuweisen hat, emporgezogen: Der Kölner Dom entstand und, wenn wir an unsere Heimatprovinz denken, der Dom zu Magdeburg. Reiche Patriziergeschlechter schufen den großen Rathaussaal zu Nürnberg und den Artushof in Danzig. Was in derselben Zeit Nordhausen, jeder deutschen Stadt darin ähnlich, gelitten und geleistet, haben wir erfahren.

Aber selbst die Kräfte jener starken Geschlechter waren überspannt, die Nerven zu gewaltig belastet worden. Das Volk, dem unerhörte Opfer immer wieder von neuem zugemutet wurden und das für sich selbst daraus doch nur geringen Vorteil erwachsen sah, hielt schließlich nicht mehr durch. Dennoch hat in ähnlich großartiger Weise wie im 14. Jahrhundert die deutsche Stadt Eigenes, aus sich heraus Entwickeltes nur noch im 16. Jahrhundert und dann wieder seit unserer Jahrhundertwende hervorgebracht.

Kapitel 5.

Der Kampf der Zünfte gegen die Geschlechter.

Mit den ausgehenden fünfziger Jahren des 14. Jahrhunderts war es für Nordhausen mit dem behaglichen Friedensleben vorbei. Das lag zum Teil an den Verhältnissen, zum Teil aber auch an den gefreundten Geschlechtern, die nicht lange Ruhe halten konnten. Die besten und tüchtigsten dieser vornehmen Nordhäuser trieb zu neuen Taten sicher eine weitausschauende Politik zum Wohle der Vaterstadt. Sie sahen es ja bei anderen Städten, bei Erfurt, bei Magdeburg, was regsamer Bürgersinn vor sich bringen konnte. Und wenn man auch mit diesen Städten nicht wetteifern konnte, so bemerkte man doch sehr wohl, was eine gute Politik zu erreichen vermochte, selbst wenn man zunächst viel Kapital in das Unternehmen stecken mußte. Freundschaften, auch ferne, ließen sich gewinnen, wirtschaftliche Beziehungen ließen sich anknüpfen, der Ackerbau ließ sich in einer größeren Stadtflur heben. Bei anderen Angehörigen dieser Geschlechter war es freilich in erster Linie die Lust an Abenteuern und an bewegtem Leben. Und wenn die Alten diese Lust nicht mehr besaßen, besaßen sie doch die Jungen. Manch bedächtiger Patrizier mag von seinen verwegenen Söhnen, die draußen etwas erleben wollten, verführt worden sein, verführt deshalb, weil ihn selbst das Blut noch lockte und er sich mit dem Tuchschneiden, dem Wollverkauf und dem Bierbrauen allein noch nicht befreunden konnte.

So sehen wir uns denn auch in den Jahren von 1359–1375 immerwährenden Fehden gegenüber. Diese führten die Bürger mit den Honsteinern in der besten Absicht, der Vaterstadt zu nützen und ihre Stadtflur zu erweitern. Aber zunächst erforderten diese Unternehmungen Opfer und wieder Opfer, brachten Unruhe und wieder Unruhe. Und den Kleinbürger und Handwerker, der nur das nächste sah, drückten nur die Lasten, und er bemerkte nicht die Erfolge. Dazu kam, daß er nicht genügend Anteil am Stadtregiment besaß, zu wenig Rechte und zu wenig Verpflichtung, und es ihm zum mindesten schien, als ob nur die Geschlechter die Vorteile aus den ewigen Unternehmungen zögen. Immer mehr machte sich deshalb unter diesen Kleinbürgern der Gedanke breit, sie brächten nur für einige wenige Blut und Geld dar.

Und der Unwille steigerte sich noch durch die Regierungsmethoden und das Auftreten der Gewalthaber. Jedes patriarchalische und aristokratische Regiment ist herzlich, bieder, freundlich gewährend, solange es Gehorsam und keinen Widerspruch findet, aber hart zupackend, ja roh, gewalttätig, selbst grausam, wenn die Masse das Recht der Mitregierung fordert; dann findet sich überall ein tarpejischer Felsen für den Frevler.

So war es auch in Nordhausen. Von 1280–1310, wo die Gefreundten das Heft unangefochten in der Hand hatten, war eitel Freundschaft in der Bürgerschaft; sowie aber die Massen zu bewußtem Leben erwachten und Ansprüche stellten, begann der Kampf, unerbittlich und auch kurzsichtig geführt von den Geschlechtern, trotz aller ihrer politischen Fähigkeiten. Die ursprüngliche, kaum durch Überlegung gebändigte menschliche Selbstsucht erstickte jedes politische Denken, das sich nun einmal auf Kompromisse einstellen muß. Alle diese Gegensätze, bei deren Aufeinanderprall die menschlichen Urtriebe sich regten, führten zur Katastrophe vom Jahre 1375.

Zunächst mußte eine ganze Reihe unnützer Feldzüge den berechtigten Unwillen des Volkes erregen. – Nordhausen war seit einigen Jahren, seitdem sich das Verhältnis zu den Honsteinern wieder zu trüben begann, geneigt, mit den Herren von *Beichlingen* nicht bloß Friede zu halten, sondern auch Freundschaft zu schließen. Städte aber fahren nie gut bei adligen Freundschaften; sie gehören an die Seite von anderen Städten, weil gleiche Strebungen sie miteinander verbinden, oder an die Seite der Fürsten, weil vor deren Thron in ihrem eigenen wohlverstandenen Interesse jeder gleich sein muß. So lief denn auch hier das Bündnis mit den adligen Spießgesellen schlimm genug aus.

Da war das thüringische Städtchen *Kindelbrück* an die *Beichlinger* Grafen verpfändet. Diese, wie die meisten Adligen damals, befanden sich in ewiger Geldverlegenheit, suchten aus der Pfandschaft das Menschenmögliche herauszuschlagen und preßten die Kindelbrücker nach Herzenslust aus. Die Kindelbrücker wandten sich zunächst an ihren Landesfürsten, den Landgrafen *Friedrich den Strengen*, der seit 1347 als Nachfolger seines Vaters *Friedrich des Ernsten* regierte. Der Landgraf half jedoch nicht, und so mußten die Kindelbrücker zur Selbsthilfe schreiten und verweigerten einfach die Zahlungen. Nun war der Beichlinger allein viel zu ohnmächtig, als daß er das Städtchen hätte zwingen können; aber sein Hilferuf verhallte bei den drei verbündeten Städten Erfurt, Mühlhausen und Nordhausen nicht ungehört.

Es war eigentlich toll, daß die Bürger die Hand zu einem Schlage gegen ihresgleichen boten; aber die Rauflust steckte jenem Geschlechte nun einmal im Blute, und der Gedanke, daß, während die Väter durch Handel ihr Gut vermehrten, die kampffrohe Jugend durch ein wenig Plündern das Ihre für des Hauses Wohlstand beisteuerte, dieser Gedanke schien weder gemein noch unnütz.

So zog denn das Nordhäuser Fähnlein wohlgemut durch die Aue davon. Vor Kindelbrück ward ein fröhliches Heerlager aufgeschlagen, und nun begann man mit den Scharmützeln und Streifzügen, wagte wohl auch einmal einen größeren Angriff auf die Wälle und Palisaden.

Eine gute Zeitlang wehrten sich die Kindelbrücker wacker und fügten den Belagerern mit ihren schweren Wurfmaschinen einigen Schaden an Roß und Wagen zu. Dann aber fiel das Städtchen in die Hände der Verbündeten, ward angezündet und trefflich ausgeraubt. Es war gewiß eine lustige Sache für die Nordhäuser Herrensöhnlein, so im Gefolge eines edlen Grafen zu erscheinen und über Bauern und Kleinbürger herzufallen.

Doch nun – leider viel zu spät – griff der Landesfürst als Hort der Bedrängten ein und verlangte für die Kindelbrücker vollen Schadenersatz, widrigenfalls er die Verbündeten als Landfriedensbrecher erklären müßte. Da aber der *Beichlinger* nicht bezahlen konnte, mußten die drei Städte allein die heiße Suppe auslöffeln. Sie mußten eine große Buße zahlen, wobei aber das Schönste war, daß diese schließlich noch der Beichlinger erhielt, damit er auf Kindelbrück verzichtete und dieses der Landgraf selbst übernehmen konnte. Da war der Unwille der Handwerker wohl berechtigt, wenn sie die leichtfertigen Anzettler dieses Unternehmens schmähten. Geld und Gut war vertan, vertan, um arme Bürgersleute zu berauben, und geflossen war das Geld in die Taschen eines der Erbfeinde der Stadt.

Das war im Jahre 1359. Zwei andere Kriegszüge, die der Stadt auch nichts weiter einbrachten als blutige Köpfe und schwere Opfer an Geld, waren nach Westen gerichtet. Hier hatten am Eichsfelde und dem Leine-Werragebiete abgesehen vom Erzstift Mainz drei Herrschaften Interesse: Thüringen von Osten her, das meist mit Thüringen verbundene Hessen vom Westen her, und dazu als dritter Braunschweig von Norden her.

Das Welfengeschlecht, das über Braunschweig regierte, war seit alters ein starkes, aber auch gewalttätiges Geschlecht, das sich jedoch durch ewige Teilungen dauernd schwächte. Hier, im Gebiete des Eichsfeldes kamen zwei Linien der Braunschweiger besonders in Betracht: Braunschweig-Grubenhagen und Braunschweig-Göttingen, beides durch die Teilungen so kleine Herrschaftsgebiete, daß sich ein Graf von Honstein sehr wohl mit den Herzögen von Grubenhagen oder Göttingen vergleichen konnte. So trug denn auch der Charakter ihrer Politik dieselbe Färbung wie bei den honsteinschen Grafen: Ohne große Gesichtspunkte in ihrer Politik suchten sie durch kleine Fehden ihr Gebiet zu erweitern und über den dauernden Mangel an Geld hinwegzukommen.

Nun war Herzog *Ernst von Braunschweig-Grubenhagen*, als er einst arglos durch das Städtchen Nörten an der Leine ritt, von Herrn *Heinrich von Hardenberg*, einem kurmainzischen Vasallen, angefallen, gefangen genommen und gar in den Block gelegt worden. Der tief Gekränkte starb darüber hin und konnte die Schmach nicht mehr rächen. Aber sein Sohn *Albrecht* machte sich bei nächster Gelegenheit daran, dem *Hardenberger* heimzuzahlen, und da er das feste Schloß nicht nehmen konnte, wütete er gegen das wehrlos am Fuße der Burg liegende Nörten. Das Städtchen ging in Flammen auf. Da rief *Heinrich von Hardenberg* die Hilfe seines Lehnsherrn an, der damals gerade in Heiligenstadt weilte. Und der *Mainzer*, der auf eigene Rechnung zwar nichts tun, aber seinen Vasallen doch auch nicht im Stiche lassen wollte, setzte sich mit dem Landgrafen *Friedrich dem Strengen* ins Benehmen. Dieser, schon lange empört über die schlimmen Räubereien des Braunschweigers an seinen westlichen Grenzen, nahm die Gelegenheit wahr. Er stellte im Jahre 1365 ein Ultimatum und forderte sofortige Einstellung jeglicher kriegerischer Unternehmungen, erhielt aber nur zur Antwort: Und wenn es Landgrafen vom Himmel regne, werde der Braunschweiger sich nicht darum scheren. Damit war der Kriegsfall gegeben.

Friedrich brachte ein Heer von 18000 Mann auf die Beine, darunter das Aufgebot der Erfurter, Mühlhäuser und Nordhäuser. Die Schlösser Hindenburg, Windhausen und Lichtenstein wurden erobert, das flache Land ward furchtbar verheert. Dann legte man sich vor Salzderhelden und Einbeck. Beide wehrten sich aber tapfer. Besonders Salzderhelden, die Residenz des Braunschweigers, machte alle Anstrengungen der Belagerer zunichte „mit Hilfe einer Bleibüchse, mit der Heinrich in die Werke schoß, der ersten Büchse, die in diesem Lande vernommen ward". – Trotzdem Salzderhelden nicht fiel, mußte schließlich Herzog *Heinrich* doch nachgeben, Nordhausen aber hatte nichts als Ausgaben von diesem Feldzuge. [46]

War schon Braunschweig-Grubenhagen ein unruhiger Gast, so der damalige Beherrscher des Hauses Braunschweig-Göttingen, *Otto, der Quade* genannt, noch viel mehr. Das Volk nannte ihn nur den „wütenden Hund". Ohne irgendwelchen höheren Zweck verritt er mit seinen adligen Spießgesellen von den Burgen an der Leine und Werra nur zu Raub und Plünderung. Schließlich bildete sich sogar ein Bund von Adligen, nach ihrem Abzeichen die Ritter vom Stern genannt, der vom Rhein bis an die Elbe reichte und dem, abgesehen von mehreren Hochadligen, 8 Grafen und 2000 Adlige angehörten. Gerichtet war der Bund natürlich in erster Linie gegen die Städte.

Die Raubzüge *Ottos* und dieses Bundes zielten zunächst auf Hessen, auf das der Braunschweiger Ansprüche erhob; dann belästigte er aber auch das Eichsfeld und Thüringen. Schließlich wurden die Plackereien so arg, daß am 15. Februar 1371 die Städte Erfurt, Mühlhausen und Nordhausen, die Grafen von *Gleichen, Schwarzburg-Sondershausen, Stolberg* und *Honstein* ein Schutz- und Trutzbündnis auf 10 Jahre eingingen, gegen alle Feinde außer dem Kaiser und dem Erzbischof von *Mainz*. Der gemeinsame Anführer war Graf *Heinrich von Honstein* als kaiserlicher Vogt. Dieser entbot noch in demselben Jahre die Verbündeten zur Belagerung und Brechung eines der festesten Raubnester, des Hansteins auf dem Eichsfelde.

Der Heerhaufe erschien also vor der Burg und begann die Belagerung. Doch mit den damaligen Belagerungsmaschinen waren so feste, mehrfache Mauerringe, wie sie der Hanstein aufzuweisen hatte, nicht ohne weiteres zu nehmen. Die Burg hielt stand, und die Belagerer konnten einstweilen nichts weiter tun, als sorglos vor den Mauern liegen. So gelang es *Otto dem Quaden* vom unfernen Göttingen

---

46 Vergl. von Heinemann, Geschichte von Braunschweig, II. 56 ff.

aus die Belagerer zu überraschen, in ihr Lager einzudringen, viele niederzuhauen und eine große Zahl gefangenzunehmen. Da gab es von den Krämern ein herrliches Lösegeld! Nordhausen mußte 800 *M* Silber zahlen, Erfurt nicht weniger als 12000 *M*!

Das war ein neuer schmerzlicher Aderlaß. Nordhausen, wie noch zu berichten sein wird, in den Vorjahren erst durch eine schwere Fehde mit Honstein arg mitgenommen, konnte diese Summe aus laufenden Mitteln nicht mehr aufbringen, um seine Söldner und Bürgersöhne zu lösen, sondern mußte eine außergewöhnliche Umlage erheben. Statt aber Einkommen und Vermögen zu besteuern, legte man eine Kopfsteuer von einem Schilling Pfennigen auf, so daß der Arme genau so betroffen wurde wie der Wohlhabende und die kinderreichen Familien, die das schwerste Durchkommen hatten, am schwersten betroffen wurden. Da schwoll die Wut des Volkes riesenhoch.

Dazu waren in diesen Jahren neue große Opfer für das Reich aufzubringen. *König Karl* hatte nämlich 1354 einen Römerzug unternommen und dazu des Reiches Mannschaft aufgeboten. Nordhausen aber, das damals endlich nach langen Kriegsjahren Ruhe in der Heimat hatte, war nicht lüstern nach fernen Kriegsfahrten gen Lampartenland, um dem deutschen Könige die römische Kaiserkrone einzuholen oder ihm dabei zu helfen, seinen Säckel mit lombardischem Geld zu füllen. Die Stadt hatte sich also für den Römerzug 1354 versagt, war aber deshalb wieder wie einst unter *Ludwig dem Baiern* der Acht verfallen und hatte nur mit dem Versprechen, 2500 Fl. kleine Goldgulden zu zahlen, den Zorn des Kaisers beschwichtigen können (8. April 1358). An der stattlichen Summe – zahlbar in der in Deutschland noch nicht lange heimischen Goldmünze – kann man die Stattlichkeit des kaiserlichen Grimmes ermessen.

Nun war die Acht von den Nordhäusern genommen worden, doch als der Johannistag kam und die Boten des Kaisers zu Erfurt warteten, um daselbst die gelben Florentiner entgegenzunehmen, mußten sie vergeblich warten. Nordhausen zahlte nicht.

Ein ganzes Jahrzehnt scheint *Karl IV.*, obwohl er ein tüchtiger Geschäftsmann war, diesen noch ausstehenden Posten in seinem Hauptbuche übersehen zu haben, und erst als er 1368 einen neuen Romzug plante, kam ihm die Schuld seiner „lieben getreuen" Nordhäuser in Erinnerung. Lange Verhandlungen müssen im März dieses Jahres, wahrscheinlich in Prag selbst, durch Abgesandte Nordhausens mit dem Kaiser gepflogen sein. Denn nicht weniger als sieben Urkunden vom 28. März und 2. April 1368 regelten das Verhältnis der Stadt zu dem Kaiser. Abgesehen davon, daß die Reichsacht endgültig aufgehoben wurde, bekam Nordhausen alle seine Wünsche, die es damals hatte, erfüllt: Den thüringischen Herren wurde befohlen, die Zölle für Nordhäuser Kaufleute herabzusetzen, die Nordhäuser Patrizier erlangten das alleinige Braurecht innerhalb eines Umkreises von einer Meile von der Stadt, ein für den Wohlstand der Stadt außerordentlich wichtiges Privileg, es ward ihnen ferner gestattet – worauf Nordhausen damals gerade besonders sein Augenmerk gerichtet hatte – Reichslehen in weitem Umkreis zu erwerben, der Kauf des Kohnsteins ward bestätigt, und schließlich erteilte der Kaiser die Erlaubnis, die Stadtbefestigungen weiter auszubauen. Wahrlich, geschickte Diplomaten muß Nordhausen damals besessen haben, daß sie alle diese Zugeständnisse herausholen konnten. Dafür erhöhte sich die ursprünglich auf 2500 Goldgulden festgesetzte Reichssteuer allerdings um 1000 Gulden auf 3500, denn umsonst war bei *Karl IV.* nichts zu haben; *vierdhalb Tusent guldein, das ir uns nu geben sullet, als wir des mit euch ubereyn kommen.* Daran durfte kein Heller fehlen; 2000 Gulden sollten übrigens sogleich in die Taschen des Grafen von Schwarzburg fließen, eine alte Schuld des Kaisers noch von seinen Anfangsjahren her, wo er mit *Günther von Schwarzburg* um die deutsche Krone stritt. [47]

3500 Goldgulden mußte die kleine Stadt aufbringen, d.h. alle Einwohner, während von den Privilegien, den Braugerechtsamen, der Erweiterung der Stadtflur, nur die vornehmen Geschlechter Vorteil hatten, wenigstens dachte der Kleinbürger so, obwohl er ja natürlich aus der Hebung von Handel und Wandel ebenso gut seinen Nutzen zog.

Doch der gewerbliche Mittelstand und die niederen Volksschichten waren nicht allein mit schweren Sorgen belastet; auch die gefreundten Geschlechter und Ratsmitglieder gingen ums Jahr 1370 manch einmal bedrückt genug einher. Zwar wirtschaftliche Nöte beschwerten sie nicht, desto mehr aber politische. Immer wieder drohte der kleinen Stadt, daß ihr die Reichsfreiheit von den benachbarten Fürsten, vor allem den Thüringern, genommen und sie zu einer Landstadt herabgedrückt werde.

Gewiß, bei den meisten Kriegszügen der letzten 20 Jahre stand Nordhausen im Bunde mit Thüringen, oder sie waren wenigstens, wie der letzte unglückliche gegen den Hanstein, im Sinne des Landgrafen. Doch schon seit längerer Zeit mußte weitblickendere Stadtväter die außenpolitische Entwicklung mit schwerer Sorge erfüllen. Die Landgrafen von Thüringen, einmal im Sattel, griffen immer weiter um sich, und immer mehr Länder, Burgen und Städte auch in Nordhausens Umgebung gingen in ihren Besitz über. Am 6. Juli 1365 hatten die Honsteiner die Burg Scharzfels, die ihnen erst seit 20 Jahren gehörte, aus Geldnot an Thüringen verpfändet. Wichtiger noch war die Erwerbung der Stadt Sangerhausen durch Thüringen im Jahre 1369 von den Braunschweigern, und als gar am 26. Januar 1370 der Landgraf sich noch einmal ausdrücklich seine Schutzherrlichkeit über Nordhausen vom *Kaiser Karl IV.* bestätigen ließ, nahm man das auch nicht gerade als beruhigendes Zeichen. Mit Besorgnis bemerkte Nordhausen diese drohende Umklammerung und griff deshalb freudig nach allem, was der wachsenden Macht der Thüringer hätte Einhalt gebieten können.

Noch viel argwöhnischer war freilich Erfurt und waren die adligen thüringischen Herrn, die für ihre Freiheit zitterten. So nahm denn alles, was in Thüringen selbständig sein und keinen Herrn über sich dulden wollte, die nächste Gelegenheit wahr, dem Landgrafen zu schaden.

Nun war um die Besetzung des bischöflichen Stuhles von Kurmainz ein Streit

---
47 Förstemann, Urk. Geschichte II, 25 ff.

ausgebrochen, an dem die thüringischen Lande insofern interessiert waren, als sie zur Diözese Mainz gehörten. Im Jahre 1373 war nämlich *Ludwig*, der Bruder *Friedrichs des Strengen* von Thüringen, zum Erzbischof gewählt und vom Kaiser und Papst bestätigt worden. Das Domkapitel wählte aber den Grafen *Adolf von Nassau*, bisherigen Bischof von Speyer, zum Kurfürsten von Mainz. In dem nun folgenden Streite unterstützten die Landgrafen *Friedrich* und *Balthasar* ihren geistlichen Bruder bei seinen Ansprüchen, die Grafen und Städte aber nahmen Partei für *Adolf von Nassau*, um zu verhindern, daß in Thüringen geistliche und weltliche Macht in den Händen einunddesselben Geschlechtes lag. Erfurt besonders, strotzend vor Macht und Reichtum und immer noch hoffend, die Reichsfreiheit zu gewinnen, war Gegnerin der landgräflichen Politik. Die Landgrafen hatten einmal wieder ihr ganzes Land im Aufruhr gegen sich. Doch die Verbündeten wurden im Jahre 1375 bei Gebesee geschlagen und mußten ziemlich ungeregelt die Flucht nach Mühlhausen hin ergreifen.

Nordhausen, so heißt es, sei seiner Bündnispflicht den Erfurtern und Mühlhäusern gegenüber nachgekommen und habe an dem unglücklichen Gefechte teilgenommen. Bezeugt ist dieser Zug der Nordhäuser ins Thüringische nicht, und die Ereignisse des Jahres 1375 innerhalb der Mauern Nordhausens sprechen nicht sehr dafür, daß Nordhausen in diesem Jahre aktive Außenpolitik getrieben habe. Alle Hoffnung und frommen Wünsche der Stadt haben aber sicher die Verbündeten begleitet, und der Sieg des Landgrafen war für sie eine herbe Enttäuschung.

Alle diese Fehlschläge in Ost und West und Süd berührten die Stadt jedoch nicht so wie ihre Streitigkeiten mit den Grafen von Honstein-Klettenberg im Ausgang der sechziger Jahre.

Die Bedeutung der Grafschaft für Nordhausen ist ja immer wieder hervorgetreten. Ihr Gebiet umspülte Nordhausen, ihre Herren waren Inhaber der hohen Gerichtsbarkeit in der Stadt, sie besaßen das Schutzrecht über das Altendorfer und Frauenberger Kloster. Dann waren sie auch jahrzehntelang vom Könige zu Wahrern des Landfriedens bestellt gewesen, sprachen als solche Recht und riefen den Heerbann gegen die Übertreter des Friedens auf. Daß sie andererseits aber auch abhängig von den Patriziern Nordhausens waren, daß sie in ihrer Geldverlegenheit wichtige Ortschaften an eine Reihe Nordhäuser Bürger versetzt hatten, ist oben gezeigt worden. Kurz, aus dieser gegenseitigen Abhängigkeit erwuchsen bald Freundschaften, bald Feindschaften. Während um 1350 herum leidliche Verhältnisse bestanden, kam es am Ausgang der fünfziger Jahre zu Reibereien. Die Grafen ließen nämlich in den Dörfern ihrer Herrschaft selbst Bier herstellen und verboten den Bauern den Bierkauf bei den Bürgern. Überhaupt sahen sie ganz begreiflich nicht gern, wenn ihre Untertanen das Geld in die Stadt trugen; einst hatten sie sich ja deshalb in Heringen eine eigene Stadt schaffen wollen. Wegen dieser Haltung hatten sich auch die Bürger zu ihrem Schaden an die *Beichlinger Grafen* angeschlossen und mußten dann nach der Kindelbrücker Affäre im Jahre 1359 den Honsteinern gegenüber einlenken. Diese gestatteten ihnen die Bierausfuhr wieder, Nordhausen zahlte dafür aber den Grafen 10 Jahre lang jährlich 50 *M* Silber. Um diese Zahlungen der Stadt zu erleichtern, hieß es in dem Vertrage verschämt, die Grafen nähmen die Stadt auf 10 Jahre in ihren Schutz. So schien alles wieder ausgeglichen, doch so recht traute man beiderseits dem Frieden nicht. Deshalb vereinigte sich auch im Jahre 1365 die Neustadt mit der Oberstadt mit der besonderen Verpflichtung der Oberstadt, für den Schutz der Unterstadt zu sorgen. Dieser Machtzuwachs Nordhausens erregte nun aber wieder die Besorgnis der gräflichen Herren und führte schließlich zu offenem Kriege.

Seit alters herrscht in der zeitlichen Festlegung dieser großen Fehde der Grafen von Honstein mit der Stadt Nordhausen eine rechte Verwirrung, die auch Karl Meyer nicht behoben hat.[48] Während nämlich Förstemann seiner Art gemäß nur registriert, geht Meyer durchaus richtig auf die tieferen Gründe zu den Auseinandersetzungen ein, nimmt aber als äußeren Anlaß zum Kampfe, einem Hinweise Förstemanns folgend, nur die Erweiterung der Nordhäuser Stadtflur im Februar 1368 an. Nun wurde aber im August 1368 die Fehde schon beigelegt. Da können also die Errichtung der Schnabelsburg, die Werbung von Truppen durch Nordhausen, die verschiedenen Streifzüge, die Versuche zum Ausgleich nicht sämtlich in der kurzen Spanne Zeit vom Februar bis August 1368 geschehen sein. Meyer faßt auch das offenbar, wenigstens in seiner Schrift vom Jahre 1903, selbst nicht so auf, obwohl er alle Ereignisse erst nach dem Kaufe der Nordhäuser vom 11. Februar 1368 erzählt; er versucht aber niemals eine Datierung des Baues der Schnabelsburg, der Truppenwerbung durch die Nordhäuser oder des Gefechtes bei Heringen.

Fest steht, daß im September 1367 die Fehde im vollen Gange war; die Truppenwerbung durch Nordhausen müssen also spätestens im Frühjahr dieses Jahres vor sich gegangen, der Anlaß aber zu den Werbungen, der Bau der Schnabelsburg, muß noch früher, etwa im Jahre 1366 gegeben gewesen sein. Etwas Bestimmtes läßt sich nicht ausmachen, aber auf das Jahr 1366 wird man für den Anfang der Fehde zurückgreifen müssen. Wenn dem aber so ist, so liegt die Vermutung nahe, daß nicht die honsteinschen Schulden an Nordhausen und noch weniger der Erwerb der Salzaer Flur, so sehr sie zum Groll der Grafen beigetragen hat, der äußere Anlaß für den Kampf gewesen sind, sondern die Vereinigung der Neustadt mit der Altstadt im Jahre 1365.

Um nun den Nordhäuser Handel zu sperren, um ein Ausfallstor zu haben, von dem sie leicht in die Nordhäuser Fluren einfallen, sie verheeren und das Vieh wegtreiben konnten, führten die Grafen auf dem östlichen Ausläufer des Kohnsteins eine Burg, die Schnabelsburg, auf, nach unserer Meinung im Jahre 1366. Vielleicht hat auch die Absicht der Nordhäuser, Salzaer Flur anzukaufen, die Grafen bewogen, die Burg gerade auf den Kohnstein zu legen. Nicht unmöglich ist aber auch das Umgekehrte, daß erst die Anlage der Burg die Nordhäuser veranlaßt hat, dem schon länger erwogenen Kauf näherzutreten, um an die Feste

---

[48] Meyer, Festschrift 1903, 27 ff. – Meyer, Die Burg Hohnstein, 29 steht allerdings eindeutig: „im Jahre 1368 entstand ... eine erbitterte Fehde".

heranzukommen. Mit den Grafen im Bunde stand der Braunschweiger *Otto der Quade*, der überall dabei war, wo es etwas zu rauben gab.

Jedenfalls entschloß sich nun Nordhausen zu einem regelrechten Kriege. Seinen Handel auf der alten Heerstraße nach Ellrich und Goslar konnte es sich durch die Zwingburg nicht unterbinden lassen, und die großen Erwerbungen in Salza, die in Aussicht standen, schienen doch so wertvoll zu sein, daß man keine Kosten scheuen durfte. Die Stadt schickte also Werber nach Thüringen und Hessen hinaus. Dort saßen auf den Burgen an der Werra die ewig kriegslustigen, aber armen Adligen, denen es gleich war, ob sie für *Otto den Quaden* oder irgendwelchen Krämer ritten, wenn sie nur Gold und gerechten Anteil an der Beute erhielten. Die Herren von der Boyneburg, von Brandenstein und Buttlar kamen und stellten sich in den Dienst der Stadt. *Andreas Buttlar* ward zum Feldhauptmann gemacht, und der verstand den Krieg.

Sogleich gingen nun im Sommer 1367 die Städter daran, Gleiches mit Gleichem zu vergelten. In hellen Haufen fielen sie in die Grafschaft ein, und der Bauer hatte einmal wieder die Zeche zu bezahlen. Heringen und Kelbra gingen in Flammen auf. Der Herr von Buttlar verstand den Krieg. Als die Städter Heringen angezündet hatten, trieben sie das Vieh als gute Beute von dannen. Da, in dem Augenblick als die Nordhäuser mit der Ordnung des Rückzuges samt ihrer Beute beschäftigt waren und die Haufen sich gelockert hatten, brachen die Grafen von Honstein, die im festen Schlosse zu Heringen gesessen und das Unheil untätig über ihr armes Dorf hatten hereinbrechen sehen, mit ihren Reisigen aus dem Schlosse hervor, sprengten heran und hieben auf die Scharen der Nordhäuser ein. Doch schneller, als es möglich schien, setzten sich diese zur Wehr, und nun kam es zu scharfem Schwertschlag. *Andreas von Buttlar* nahm den Grafen *Heinrich den Jüngeren* selbst gefangen; fürwahr, er verstand den Krieg. Nur schade, daß der Feldhauptmann kein Einheimischer war und den jungen Herrn nicht sogleich erkannte. Deshalb fragte er ihn nach Namen und Stand, und jener versetzte listig, er heiße *Heinrich von Kelbra*. Das war schon richtig, denn Heinrich hieß er, und Herr von Kelbra war er auch; der Buttlarer aber hielt ihn für einen schlichten Edelmann und ließ ihn los auf sein Gelübde hin, sich an bestimmtem Tage in Nordhausen zu stellen. So kam der Graf nach Heringen zurück, und die Nordhäuser hatten nach mannhaftem Streit ihre Beute gerettet. Im Schlosse zu Heringen aber wußten seine Oheime *Dietrich* und *Ulrich* den jungen Grafen zu bereden, sein Ritterwort zu brechen.

Die Fehde hatte nun aber solche Ausmaße angenommen, daß Kaiser *Karl IV.* sich genötigt sah, einzugreifen. Er verlangte im September 1367 durch einen Boten von den Landgrafen *Friedrich* und *Balthasar* Bescheid über den Stand der Dinge und forderte *Balthasar* zugleich auf, zu vermitteln. Diese Verhandlungen fanden im Januar 1368 zu Weißenfels statt, doch gaben hier nur die Nordhäuser die Erklärung ab, sich unbedingt dem Spruche des Landgrafen fügen zu wollen. Erst am 23. August kam es zu endgültigen Verhandlungen. Aus dem Vergleich, der nun tatsächlich abgeschlossen wurde, geht hervor, daß es sich dabei zunächst gar nicht um die Erwerbung Salzaer Güter handelt, sondern lediglich um die

Niederlegung der Schnabelsburg. Sonst hätte der Vergleich auch für Nordhausen gar nicht so ungünstig ausfallen können. Auch hieraus läßt sich erkennen, daß die Güter allein nicht der Anlaß zur Fehde gewesen sind. Nach dem Schiedsspruch *Balthasars* sollte die Stadt innerhalb dreier Jahre 1500 *M* lötigen Silbers an die Honsteiner bezahlen, dafür sollte die Schnabelsburg dem Schiedsrichter *Balthasar von Thüringen* zur Zerstörung übergeben werden.

Durch diesen Spruch war zwar die Zwingburg beseitigt, aber der Stadt waren große Kosten auferlegt. Über den Kauf der Güter aber sollte erst ein neuer Schiedsspruch entscheiden. *„Ouch sulln sie beidersit umb die gut eines fruntlichen tages vor uns wartin, ab wir sie darumb fruntlichin gerichtin mochtin."*

Worum handelte es sich nun bei diesem Gütererwerb? Im Jahre 1367 hatte sich für Nordhausen endlich einmal wieder die Aussicht geboten, seine kleine Stadtflur zu erweitern, und zwar nach Nordwesten gegen den Kohnstein zu. Hier waren in Obersalza, dem heutigen Salza, die Ritter von Salza schon lange städtefreundlich gesinnt; *Günther von Salza* hatte 1329 auf Seiten Nordhausens gegen die Stolberger Grafen gestanden. Jetzt am 11. Februar 1368, also in derselben Zeit, wo die Nordhäuser Unterhändler in Prag vom *Kaiser Karl* große Begünstigungen für die Stadt erhielten, gelang den Nordhäusern mit *Friedrich von Salza* ein günstiger Abschluß. *Friedrich* verkaufte an Nordhausen den halben Kohnsteinwald, drei Teiche mit Weidenbäumen, 165 Morgen Ackerland, seinen Rittersitz in Salza und mehrere Abgaben zinspflichtiger Salzaer Bauern sowie Gerechtsame am Salzaer Gericht. Flugs ließen am 28. März 1368 die Nordhäuser sich diesen Kauf auch noch vom Kaiser in Prag bestätigen. Wenige Wochen später, am 1. Mai 1368, ging auch noch *Johann von Salza* daran, ein Viertel des Kohnsteins und 4 Höfe in Salza, die ihm zu zinsen hatten, den Nordhäusern zu verhandeln. [49] Welche Aussichten boten sich da für Nordhausen! Über kurz oder lang mußte ihnen ja ganz Salza samt dem Kohnstein zufallen, ein Gebiet, zwar nur von mäßiger Fruchtbarkeit und meist mit Wald bestanden, aber doch nicht viel kleiner als die ganze bisherige Stadtflur.

Natürlich widerstrebten die Honsteiner auch diesem Ankauf; über ihn wurde aber, weil er gar nicht der Anlaß war, am 23. August 1368 zunächst nicht mitverhandelt, sondern er wurde nur erwähnt, und der Schiedsrichter vertröstete die Streitenden auf einen späteren Termin. Doch haben Verhandlungen niemals darüber stattgefunden, und es wird richtig sein, wenn Meyer vermutet, daß die Nordhäuser von dem Kauf haben Abstand nehmen müssen, da sie die Gelder dazu nicht mehr aufbringen konnten. Nur den Südostrand des Kohnsteins, an dem seit alters Steine gebrochen und Kalk gewonnen wurde, erhielten die Nordhäuser am 19. Juli 1370 durch Vergleich von den Honsteinern. Doch auch diese kümmerliche Abfindung ging im Laufe der Zeiten wieder verloren, so daß die Nordhäuser Stadtflur noch heute so klein ist wie einstmals. [50]

---

49 Förstemann, Kleine Schriften, 170 ff.
50 Vergl. Meyer, Fehde der Nordhäuser mit den Grafen von Hohnstein 1368. In: Festschrift des Harzvereins, 1903, 27 ff.

Uns aber kommt es darauf an nachzuweisen, was auch bei dieser Fehde das niedere Volk gegen die Herrschaft der Geschlechter aufgebracht haben mag.

Gegen den Kampf als solchen wird kein Widerspruch möglich gewesen sein; denn Nordhausen hätte sich ja selbst aufgeben müssen, wenn es bei den Übergriffen der Honsteiner stillgehalten hätte. Aber der Friedensschluß und die Zahlung von 1500 *M* Silber an die Grafen wird die Gemüter erregt haben. Denn die verschuldeten Grafen standen 1370 bei Nordhausen noch immer mit 3962 1/2 *M* in der Kreide. Warum verrechnete man diese nicht einfach gegen die 1500 *M*, die Honstein jetzt erhielt? Nun, diese fast 4000 *M* waren die Honsteiner nur 20 Familien schuldig, nicht der Stadt, während für die Schuld an die Grafen die ganze Stadt aufzukommen hatte. Da fragte sich aber natürlich der kleine Bürger, warum er hohe Steuerlasten tragen sollte, damit sich die Honsteiner bezahlt machten, während die Patrizier noch gar von dem Schuldner Nordhausens die Zinsen einsteckten. Hätten die Patrizierfamilien nicht wenigstens die 1500 *M* übernehmen und sie sich erst dann aus der Stadtkasse bezahlen lassen können, wenn die Bürgerschaft nicht mehr gar so belastet war! So mögen die Gedanken der Bürger damals gegangen sein, und der Gegensatz zwischen den Ständen ward nicht geringer.

Jedenfalls konnten die führenden Männer Nordhausens, so weitblickend ihre Politik war, auch diese ihre Pläne, die Stadtflur zu erweitern, nicht verwirklichen. Nur zwei tatsächliche Erfolge waren vorhanden: Die Privilegien *Karls IV.*, welche die Stadt 1368 erreichte, die aber in erster Linie den Geschlechtern zugute kamen, und die Angliederung der Neustadt an die ältere Oberstadt. Diese fand im Jahre 1365 statt.

Das Neue Dorf hatte sich als Zeilendorf an der großen ostwestlichen, einst durch das alte Reichsdorf am Frauenberge gehenden Heerstraße vorzüglich im Laufe des 13. Jahrhunderts gebildet. Seinen Namen wird es im Hinblick auf das östlich von ihm liegende Altnordhausen, nicht im Gegensatz zum Altendorfe am Nordabhange des Burgberges erhalten haben. Die kleine Gemeinde errichtete sich auch ein Rathaus, das gegenüber der Straßeneinmündung der Rautenstraße (vor dem Vogel) in die Neustadtstraße seinen Platz hatte. Als Zeichen dafür, daß die Bewohner des Neuen Dorfes im Rathause ihr Recht fänden, mag schon im 13. Jahrhundert vor dem Rathause irgendein Gerichtszeichen angebracht gewesen sein. Wenn sich dieses Dorf auch selbst verwaltete, so bestand doch eine gewisse Verbindung mit der Oberstadt schon seit Beginn des 14. Jahrhunderts. Eine Reihe von Neustädtern hatte Zutritt zum Nordhäuser Rate.

Die Eingemeindung, die nun 1365 vorgenommen wurde, bedeutete für die kleine Stadt doch nicht unerheblichen Zuwachs an Macht. Verwaltungsrechtlich und wirtschaftlich kam die Einigung vor allem der Altstadt zugute, politisch und militärisch war die Verbindung besonders für die Neustadt von Vorteil. Das geht aus dem bedeutungsvollen Vertrage vom 6. Februar 1365 hervor: Die Neustadt gab ihre Selbständigkeit auf, indem ihr Rat nicht mehr unabhängig von der Oberstadt tagen durfte; die öffentlichen Gebäude der Neustadt, das Rathaus, das Kaufhaus und die Wage, wurden geschlossen. Der Schwerpunkt für

Verwaltung und Wirtschaft verlegte sich also ganz nach der Oberstadt. An den Geschicken des nunmehr gesamten Gemeinwesens nahm aber die Neustadt dadurch teil, daß sie drei Sitze im Ratskollegium erhielt, und zwar einen, der den Geschlechtern, und zwei, die den Handwerkern vorbehalten waren. Die Mitregierung war also gewährleistet, und deshalb mußte naturgemäß die Neustadt fortan auch „gehorsamen, schwören und huldigen", wie es in der Altstadt üblich war. Ferner wurde vorgesehen, daß die Befestigungen der Neustadt mit Hilfe der Altstadt ausgebaut wurden. Karl IV. gab ja 1368 auch dazu seine Zustimmung. Auf dem Platze endlich, auf dem sich die Rautenstraße in zwei Straßen teilt, den Rumbach und die Neustadtstraße, wurde auf einer Säule ein der Altstadt zugekehrter Adler mit einem vergoldeten Ring im Schnabel aufgestellt. Nach diesem Wahrzeichen erhielt der Platz den Namen: Vor dem Aaren, später: Vor dem Vogel. Die Säule wurde 1693 und 1750 erneuert, 1836 aber beseitigt.

Diese Eingemeindung bedeutete unleugbar einen Erfolg der städtischen Politik, führte aber der Stadt noch mehr Kleinbürger zu, verstärkte dadurch deren Einfluß und verstärkte den Widerstand gegen die Geschlechter.

Mit diesen Darlegungen sind dann alle Beweggründe gewonnen, die die große Revolution vom Jahre 1375 erklärlich machen. Doch müssen wir mit der Darstellung der Katastrophe selbst noch zurückhalten und zunächst die ganze innenpolitische Entwicklung, insonderheit die Verschiebungen in der Zusammensetzung des Ratskollegiums des 14. Jahrhunderts betrachten.

Schon kurz nach Beginn des Jahrhunderts finden wir die Handwerker und Kleinbürger im Angriff gegen die städtische Verfassung. Wie nämlich die zweite Schicht der Bevölkerung, die alten Geschlechter, sich allmählich ihrer Macht und ihres Einflusses bewußt geworden war und die Reichsbeamten samt ihrer Ritterschaft gestürzt hatte, so lehnten sich je länger, je mehr die Handwerker, die Plebejer der Stadt Nordhausen, gegen die Patrizier auf. Diese mußten von Jahrzehnt zu Jahrzehnt ein Vorrecht nach dem anderen fahren lassen, den Innungen Anteil am Stadtregiment gewähren und schließlich die ganze Gewalt aus ihrer Hand in die der breiten Masse der städtischen Bevölkerung hinübergleiten lassen. Diesen Kampf des Volkes gegen die zunächst allein die Stadt Nordhausen repräsentierenden Geschlechter zeigen aber die Wahlen zum Rat und dessen Zusammensetzung im 14. Jahrhundert.

Es ist nicht immer ganz leicht, einen völlig gesicherten Nachweis von den Wandlungen, die der Rat im 14. Jahrhundert durchgemacht hat, zu führen und klarzulegen, wer denn eigentlich die berufenen Vertreter der Stadt Nordhausen damals gewesen sind. Die Schwierigkeiten erwachsen aus der Mangelhaftigkeit der Überlieferung. Denn die Hauptquellen für diese innenpolitischen Verhältnisse und Vorgänge, die Einungen, bemühen sich hin und wieder geradezu, die bestehende Rechtslage zu verschleiern. Gerade mehrere Stellen, die für die jeweilige Verfassung der Stadt am wichtigsten sind, weisen Radierungen auf, oder Worte und Satzglieder sind ausgekratzt und andere an ihre Stelle getreten, so daß der ursprüngliche Text nur noch mangelhaft festzustellen ist. Diese Behandlung wichtiger Statuten erklärt sich daraus, daß man nach einer Verfassungsänderung bemüht war, die die früheren Zustände festlegenden Gesetze durch Radierungen oder Ausmerzen und Neueintragung in Vergessenheit geraten zu lassen oder ihnen einen anderen Sinn zu geben. Wo aber die Überlieferung keine Eingriffe aufweist und unverändert auf uns gekommen ist, ist sie im Ausdruck doch zuweilen nicht so klar, daß man nicht hin und wieder über die Bedeutung der einzelnen Statuten im Zweifel sein könnte. Nur ein Vergleich der einzelnen zu verschiedenen Zeiten aufgestellten Gesetzessammlungen über die Zusammensetzung des Rates und über die Art des Wahlverfahrens ermöglicht es, die Zustände zu erkennen, besonders wenn man noch die Ratsmännerlisten heranzieht, die das *privilegium civium* für 1312–1345 und das *album civium* für die Zeit von 1346–1367 aufweisen.

Die ältesten uns überkommenen Statuten aus dem Ende des 13. Jahrhunderts nehmen den Rat als einfach gegeben hin, über Wahlen zu ihm und über seine Zusammensetzung erfahren wir aus ihnen nichts. Erst die bald darauf in den Jahren 1308–1324 angelegte zweite Statutensammlung bringt eine Reihe Gesetze über den Rat. Ganz offenbar sind diese in erster Linie aufgestellt, um die für den Rat bestehenden Verhältnisse der Gemeinde gegenüber zu sanktionieren und sie gegen Angriffe möglichst zu sichern. Widerstand gegen die bisherigen Maßnahmen des Rates muß sich schon erhoben haben, wie sich denn eine Bestimmung auch gegen „das Schelten" der Ratswahl wendet. Zudem erscheint schon die alte Zusammensetzung des Rates wenigstens insofern angetastet, als im Stadtregiment nunmehr die sogenannten Vierherren auftreten und die Handwerksmeister von 6 Zünften dem Rate dareinreden können.

Über die Wahl selbst geben zwei Statuten Auskunft, allerdings nicht ganz einwandfrei. [51] Unter dem Titel: „*Welche wis man den rat kyse sal*" erfahren wir, daß die Ratleute der Stadt alle Jahr einen anderen Rat wählen, und zwar am 12. Tage – nämlich nach Weihnachten, dem Heiligen-Drei-Königs-Tage. Soweit ist die Bestimmung durchaus klar: die Stadt erhält alljährlich einen neuen Rat nicht durch Gemeindewahlen, sondern dadurch, daß der alte, abgehende den neuen bestimmt. Das Volk ist ausgeschaltet, der Rat erneuert sich ständig selbst, und keiner gelangt in den Rat, den die einmal im Rate Sitzenden nicht hineinhaben wollen. Der Antritt des neuen Rates findet am 6. Januar statt und wird mit einem großen Festessen auf Stadtkosten begangen. Dieser Brauch des Festessens hielt sich bis ins 15. Jahrhundert. Noch 1426 wird festgesetzt, daß der alte Rat für das Essen 20 Schock Pfennige zurückbehalten solle. Sollten diese beim Essen nicht aufgebraucht werden, – was Gott verhüte! – so wird der Rest für das neue Rechnungsjahr gutgeschrieben; sollten die 20 Schock nicht reichen, – was wahrscheinlich ist! – so soll der neue Etat mit den Schulden belastet werden. Einen Zwang brauchte man sich also nicht aufzuerlegen. Im Jahre 1450 wurde dieses Festessen des Rates auf Stadtkosten verboten, und die Ratsherrn bekamen für Bemühungen zum Segen oder Unsegen der Stadt kleine Geschenke. Jedem Ratsherrn wurde ein Stübchen Wein – etwas über 4 Liter – zugewiesen, „*also*

---

51 Neue Mitteilungen III 2 p. 19. 89 und 90.

gut das uff dem winbure ist", dazu ward ein Semmelbrot und ein Schilling gelegt. Die 4 Bürgermeister bekamen das Doppelte; zudem durften sie die Hühner, „die man zu zinsen pflegt dem Rate", unter sich verteilen.

Die Anzahl der gewählten Ratsherren war 18, nämlich 2 Rats- oder Bürgermeister und 16 Ratsherrn. Diese Zahl ist seit 1299 nachweisbar, und der *liber privilegiorum* sowie das *album civium* führen sie ganz einwandfrei bis zum Jahre 1351. Auch in gleichzeitigen Urkunden treten 18 Namen als Zeugen auf. Also für die ganze erste Hälfte des 14. Jahrhunderts gibt es nicht mehr als 18 Männer, die als Ratsherrn die Stadt wirklich verwalten.

Nun fährt die oben angeführte Bestimmung über die Ratswahlen aber fort: „Vier Männer hat die Gemeinde gekoren." Offenbar hat also jedes der 4 Viertel der Stadt, das Neuewegsviertel, das Töpferviertel, das Rautenviertel und das Altentorviertel, durch Urwahlen einen Mann seines Vertrauens gewählt. Doch wird dieser Vorgang nicht ganz klargestellt, denn unsere Quelle berichtet weiter, daß bei späteren Wahlen der Wahlakt so gehandhabt werden solle, daß der gesamte Rat, also die 18 Ratsherrn, dazu die Vierherrn aus den Vierteln und die 6 Handwerksmeister, von denen gleich noch zu sprechen sein wird, 4 andere Viertelsherrn wählen. Wir haben es also hier mit einem Kompromiß zu tun. Jedenfalls war es dem Unwillen der Gemeinde gegen das Geschlechterregiment schon in den beiden ersten Jahrzehnten des 14. Jahrhunderts gelungen, 4 Leute ihres Vertrauens neben den Rat zu stellen. Dem Volksbegehren war in dieser Beziehung nachgegeben worden; aber nachdem die Vier einmal gewählt waren, wurden nach Ablauf ihres Amtsjahres 4 neue gewählt, nicht von den Urwählern, sondern von der Gesamtheit des Rates samt den alten Vier und den 6 Handwerksmeistern. Durch dieses Wahlverfahren hatten die Geschlechter ihren Einfluß behalten; denn da sie mit 18 Stimmen gegen die 4 + 6 = 10 Stimmen der Viertelsherrn und Handwerksmeister in der Mehrheit waren, konnten sie jedesmal ihnen genehme Viertelsherrn durchdrücken. Daß aber die Vierherren tatsächlich einen Vorstoß der demokratischen Elemente gegen die aristokratischen bedeuten und daß sie gewissermaßen dem Rate gegenüber eine Kontrollbehörde darstellen, geht aus den bestimmten Vorschriften hervor, daß die Vierherrn den Rate schwören sollen, dem Rate und der Gemeinde zu rechten Dingen zur Verfügung zu stehen, und daß sie sowohl bei allgemeinen Neuwahlen wie bei Wahlen zu besonderen Ämtern, z.B. zu dem wichtigen Amte der Kämmerer, mitzuwirken haben. [52] Diese Kämmerer waren bisher von den beiden Rats- oder Bürgermeistern allein ernannt worden, jetzt sollten die Vierherrn diesen beim Aussuchen einsichtiger und einwandfreier Männer behilflich sein. Dennoch wurden die Vierherrn nicht eigentlich zum Rate gerechnet, auch Mitte des 14. Jahrhunderts noch nicht. Das geht hervor aus dem dritten auf uns gekommenen Statutenwerk, in welchem bestimmt wird: Ein jeglicher Rat soll, wenn er bestätigt wird, die Männer, die in den Stadtvierteln und die draußen gewählt sind sowie die Handwerksmeister sich schwören lassen, daß sie dem Rate und den Räten

---
52 Neue Mitteilungen, III, 2. 89. 90.

beistehen wollen in aller Bescheidenheit, und wenn einer etwas erfährt, was den Räten schaden könnte, soll er es dem Rate anzeigen. [53]

Sowohl in den Statuten vom Beginn des 14. Jahrhunderts wie in den Statuten aus der Mitte des 14. Jahrhunderts ist nun jedesmal auch von 6 Handwerksmeistern bei den Ratswahlen die Rede. Diese Handwerksmeister bedeuten neben den Viertelsmeistern ein zweites schon zu Beginn des Jahrhunderts auftauchendes demokratisches Element. Die 6 Zünfte, welche die Handwerksmeister stellen, sind die Krämer, die Kürschner, die Knochenhauer, die Schuhmacher, die Bäcker, die Fleminge oder Wollweber. Die Knochenhauer scheiden um 1360 zeitweilig aus; dafür treten die Schmiede auf, so daß, als die Knochenhauer wieder ihren Zunftmeister dem Rate zur Verfügung stellen dürfen, 7 Zünfte vorhanden sind. Interessant ist es, daß die vornehmste Gilde, die der Gewandschnitter, unter den 6 Zünften nicht vertreten ist, obwohl diese Tucher oder Gewandschnitter unzweifelhaft schon um 1300 eine Zunft gebildet haben, – werden sie doch unter den 9 Zünften genannt, die dem Schultheißen zinsen müssen, und erwähnen doch die Statuten gerade auch das Fest, das die Gewandschnitter alljährlich am Andreastage feiern. Daß aber diese Gewandschnitter nicht unter den bevorrechteten Zünften zu finden sind, muß daher rühren, daß ihre Mitglieder zu den Gefreundten gehörten und im Rate selbst reichlich vertreten waren. Deshalb haben sie es auch nicht nötig, als Zunft einen Mann zur Beratung des Rates zu delegieren. Als Zunft bei Ratswahlen treten sie erst nach der Revolution vom Jahre 1375 auf, wo die Ratsherrnstellen an die Zugehörigkeit zu einer ratsfähigen Zunft gebunden sind. Genug, das Auftreten von 6 Zunftmeistern bei den Ratswahlen schon in den Statuten von 1308 bedeutet ein weiteres Zugeständnis an die Masse des Volkes. Um so leichter aber wurde es den Handwerkern, eine Beteiligung ihrer Vertrauensmänner am Stadtregiment den alten Geschlechtern gegenüber durchzusetzen, als diese die Zünfte bei Ausübung der Marktpolizei, besonders bei der Kontrolle über die Zünfte und die Waren fremder Händler, nötig hatten. Aber den Ratmannen gleichberechtigt waren diese 6 Handwerker deshalb doch nicht, ebensowenig wie die Viertelsherrn aus der Gemeinde. Das ist sowohl aus Urkunden wie aus den Statuten selbst klar ersichtlich. In den Urkunden der Stadt treten in jenen Zeiten immer nur 18 Mann als Vertreter des Gemeinwesens auf. Die Vierherrn und die 6 Zunftmeister werden nur mit beratender Stimme hinzugezogen.

Daneben trat bei wichtiger Beschlußfassung aber auch die ganze Gemeinde zusammen. *„Di gemeyne sal bisendet werden"*, bestimmen die Statuten vom Jahre 1350, bei der Beschlußfassung über fünf besonders wichtige Punkte, und *„man sal daz volg alles da bi habe"*, heißt es weiterhin. [54] Das Statut nennt als diese 5 wichtigsten Punkte, die das Wohl der Stadt berühren können: 1) Wenn dem neuen Rate gehuldigt wird. 2) Wenn die Stadt in einen Krieg eintritt. 3) Wenn die Stadt jemandem Geld über 50 *M* lötigen Silbers leiht. 4) Wenn die Einung der Stadt geändert werden soll. 5) Wenn die Stadt ein Bündnis mit einer

---

53 Förstemann, Statuten C, Neue Mitteilungen III. 4. 41. 64.
54 Neue Mitteilungen, III. 4. 42. 72.

fremden Macht eingehen will. Zu diesen wichtigsten Beschlüssen hatte also die ganze Gemeinde zusammenzutreten. Der Brauch, daß zum Ratswechsel jeder Bürger erscheinen und dem neuen Rate huldigen mußte, hat sich bis 1802 gehalten. Am Tage der Ratswahl zu den Heiligen Drei Königen mußte jeder anwesend sein; sonst traf ihn eine Polizeistrafe.

Diese Vollversammlung konnte nun aber naturgemäß nicht beraten, sondern nur durch einfache Abstimmung beschließen. Damit jedoch der Einfluß des Volkes schon bei den Vorverhandlungen zu seinem Rechte kam, stand in wichtigen Angelegenheiten noch ein Bürgerausschuß dem Rate zur Seite. Dieser bestand um 1320 aus je 6 Vertretern aus den 4 Vierteln und, um auch das Recht der Vorstädte zu wahren, aus 10 Vertrauensleuten der Vorstädte, von denen die *nova villa*, die Neustadt, 6, der *mons Mariae*, der Frauenberg, 2, die *vetus villa*, das Altendorf, 2 entsandte. Zusammen wurde also zur Vorberatung ein Ausschuß von 34 Männern hinzugezogen. Diese bei gewissen Veranlassungen hinzuzuziehenden Vertrauensleute wurden auch in das Ämterbuch eingeschrieben.

Um 1360 waren die Verhältnisse noch dieselben, nur die Zahl der Vertrauensleute hatte sich insofern verschoben, als jetzt 4 x 8 = 32 Männer aus den Stadtvierteln und 10 von den Vorstädten gewählt wurden. Was von diesem Bürgerausschuß mit einfacher Stimmenmehrheit – *di merer menige* – angenommen wurde, sollte zur Ausführung kommen. Nachdem der Beschluß gefaßt war, mußte er, wenn es sich um die oben genannten fünf Punkte handelte, der versammelten Gemeinde mitgeteilt und durch deren Zustimmung sanktioniert werden. [55]

Wir sehen uns also einem sehr komplizierten Apparat gegenüber. Zunächst sind nur die 18 Konsules vorhanden, entstammend den alten Geschlechtern. Daneben treten, sie dauernd beratend, 4 Vertreter der Gemeinde und 6 Handwerksmeister. Zu wichtiger Beschlußfassung werden außerdem noch um 1320 34, um 1360 42 Bürger hinzugezogen. Die Beschlußfassung über die für die Stadt bedeutsamsten Angelegenheiten lag beim gesamten Volke.

Die 18 Ratsherren regierten nun aber nicht dauernd die Stadt, sondern wechselten sich mit zwei anderen sogenannten Regimentern in je drei Jahren in der Führung der Geschäfte ab. Neben dem einen Rat aus den Geschlechtern standen also noch zwei weitere Räte. Das geht aus dem *liber privilegiorum* hervor, der, alle drei Jahre sich wiederholend, fast dieselben Namen aufweist. Und in den Statuten heißt es: *Unse hern di borgere han sich vor eynet, daz dry rete macht habe sullen.* (III. 4. 40,61.) Die Bedeutung dieser drei Räte ist klar. Der eine Rat war der sogenannte sitzende, der die Geschäfte auf ein Jahr führte, die beiden anderen, also zusammen 36 Mann, bildeten das Plenum, sozusagen die Stadtverordneten, die die Beschlüsse herbeiführten, welche zur Ausführung durch den ersten Rat kommen sollten. Diese Räte waren also dauernd am Stadtregiment und bestanden nur aus Patriziern, alle übrigen wurden nur beratend

---

55 Neue Mitteilungen, III. 2. 41. 223. III. 4. 42. 72.

hinzugezogen. Bis etwa 1350 blieb der Einfluß der bevorrechteten Kreise, die allein wirkliche Ratsmitglieder werden konnten, so gut wie ungebrochen.

Da erzielten die Handwerksinnungen, welche die Masse der Plebejer gegenüber den Patriziern darstellten, im Jahre 1351 einen großen Erfolg, indem es den 6 Innungen gelang, ihre Zunftmeister, die bisher nur beratende Stimme hatten oder als Beamte für die Marktpolizei gebraucht wurden, als vollberechtigte Mitglieder in den Rat hineinzubringen. Aus den Einungen der Stadt allein ist das Jahr, in dem diese wichtige Verfassungsänderung vor sich ging, nicht zu ersehen: aus ihnen ist nur auszumachen, daß es vor dem Jahre 1368 geschah. Aus dem *Album civium* ist aber dadurch das genaue Jahr zu entnehmen, daß dieses für das Jahr 1351 noch die üblichen 18 Konsuln oder Ratleute benennt, vom Jahre 1352 dagegen 24 Namen aufweist. Und die Statuten belehren uns, wie nunmehr, vom Jahre 1352 ab die Zusammensetzung des Rates ist. Unter dem Titel: *„von my rate zcu kisene, unde von der stat schriber"* erfahren wir da: Es sollen 3 Räte sein, jeder Rat soll 24, resp. 25 Mann umfassen, je nachdem man 6 oder 7 Handwerke und demgemäß Zunftmeister rechnet. Unter diesen 24 (25) Ratsherrn sollen 3 aus den Vorstädten sein; bleiben also für das eigentliche *Nordhausen* 21 Ratsmitglieder. Der Rat war also um 3 Sitze erweitert worden, die Handwerker hatten 6 Sitze gewonnen, die alten Geschlechter hatten 3 Sitze verloren. Der neue Rat sollte aus sich heraus jedesmal 2 Ratsmeister oder Bürgermeister für das 1. Halbjahr wählen, vom Tage der Heiligen 3 Könige bis zum Johannistage, für die 2. Hälfte des Jahres sollten dann aus dem sitzenden Rate 2 andere Bürgermeister genommen werden, diese aber nicht durch Wahl des sitzenden Rates, sondern der beiden augenblicklich nicht am Regimente befindlichen. – Das war ein großer Erfolg der Demokraten gegenüber den aristokratischen Gefreundten. Und dieser Erfolg wurde dadurch noch größer, daß sie es durchsetzten, daß fortan der einflußreichste Beamte der Stadt, der Ratsschreiber, der Protonotarius, der spätere Syndikus, der bisher aus den Geschlechtern genommen worden war, wie die Bestimmung lautet, ein *„gemeyne man"* sein mußte. Es ist möglich, daß damals *Heinrich Laran*, der erste Stadtschreiber, den wir namentlich kennen, der auch wichtige auf uns gekommene Urkundenbücher angelegt hat, einem neuen demokratischen Schreiber hat weichen müssen. Offenbar war bisher für dieses Amt keine oder nur eine ganz geringfügige Besoldung vorgesehen. Umsomehr scheint sich aber der Stadtschreiber für freundliche Dienstwilligkeit auf nicht ganz legalem Wege bezahlt gemacht zu haben. Diesen Durchstechereien trat nun die Bestimmung dadurch entgegen, daß ihm ein festes Jahresgehalt zugestanden wurde. Das war ein großer Sieg der Masse der Bevölkerung gegenüber den Geschlechtern. Er stärkte auf der einen Seite Mut und Selbstvertrauen, er erregte auf der anderen Seite Groll und Haß.

Dieser Rat in seiner neuen Zusammensetzung schwur bei seinem Amtsantritt der Stadt folgenden Eid:

„Daz wir dem riche und der stat zu Northusen und den borgern darinne rich und arm raten und urteiln daz allir beste, daz wir konnen und der stat eynunge, die beschreben ist, halden und vordern und helen (verheimlichen) *daz wir zcu*

rechte helen sullen, unde melden (offenbaren), *daz wir zcu rechte melden sullen, und des nicht enlazen dorch lieb noch dorch lit, und der stat were nicht verlien: daz swere wir, so uns got so helfe und di heilien."* [56]

Daß diese ganze Entwicklung nicht ohne große Erschütterungen, nicht ohne hartnäckige Angriffe von Seiten der niederen Bürger und nicht ohne schärfste Gegenmaßregeln der eigentlichen *burgenses* vor sich gegangen ist, haben die Darlegungen schon öfter erwiesen. In den zwanziger Jahren des 14. Jahrhunderts waren schon Ausweisungen erfolgt, und die herrschende Klasse war bestrebt, auch Eingriffe der Vertriebenen von draußen zu unterbinden. Am 19. Juni 1336 erst gaben die Patrizier in einem Vertrage mit Honstein-Sondershausen zu, daß sich die Landflüchtigen im weitern Umkreise der Stadt aufhalten durften. 1338 wurden weitere 70 Bürger verwiesen. Besonders Obacht gaben die vornehmen Geschlechter darauf, daß keiner ihrer eigenen Leute gemeinsame Sache mit dem Volke machte. Diese Abtrünnigen wurden aufs schärfste verfolgt. So mußten um 1360 mehrere Gefreundte die Stadt räumen: *Dietrich von Elrich*, Vater und Sohn, und *Andreas* und *Henze von Stolberg*. Man hatte ihnen den Vorwurf gemacht, sie hätten in Wort und Werk den Rat angegriffen, in der Nacht Bürger überfallen, als Kämmerer städtische Gelder unterschlagen, einen sittenlosen Lebenswandel durch Hasardspiel geführt. [57]

Viel bedeutungsvoller für den Zusammenbruch des patrizischen Regimentes war die Vertreibung der gesamten Fleischerzunft bis auf 5 Bürger. 51 Fleischer mußten um 1360 mit Weib und Kind die Stadt räumen, 8 waren in den Kerkern hingerichtet worden. Der Grund dieser Bestrafung ist durchaus einzusehen, nur die Durchführung mußte Anstoß erregen. Die Fleischer wollten nämlich in der Stadt den Alleinverkauf von Fleisch haben und die Pfahlbürger und Bauern, welche die Wochenmärkte beschickten, daselbst zum Verkaufe nicht zulassen. Als ihr Protest gegen diese Konkurrenz beim Rate nicht half, griffen sie zur Selbsthilfe, zerstörten die Buden der fremden Händler und mißhandelten diese, so daß sie den Markt nicht mehr beschickten und das Fleisch knapper und teurer wurde. Da griff der Rat ein und verbot diese gewaltsame Aneignung einer Monopolstellung. Doch die streitbaren Fleischer glaubten es mit dem ganzen Rate aufnehmen zu können, wählten 4 Hauptleute und machten Anstalt, gegen das Rathaus selbst vorzudringen. Da gebrauchte der Rat Gewalt und schloß die Aufsässigen samt Frauen und Kindern aus der Stadt aus.

Das Volk aber, das wegen der Fleischversorgung vielleicht mit den Beschlüssen des Rates zufrieden gewesen wäre, murrte doch über die Härte der Strafe, und die Zünfte, die ja sämtlich das Bestreben hatten, sich Monopolstellungen zu erwerben, fühlten mit den Fleischern und fürchteten, ihnen könne bei Gelegenheit ein ähnliches Schicksal drohen.

Unterdessen war durch die auswärtigen Verhältnisse und Mißerfolge die Abhängigkeit von der Geschlechter-Regierung zwar nicht drückender geworden,

---

56 liber privilegiorum, album civium im Archiv; Statuten, abgedruckt in den Neuen Mitteilungen a.a.O.
57 Neue Mitteilungen, III. 4. 67 ff.

wurde aber als drückender empfunden. Diese Mißstimmung zog sich in erster Linie nicht an der politischen Einflußlosigkeit groß, sondern an der wirtschaftlich gedrückten Lage. Je mehr die Geldwirtschaft überhandnahm, je mehr der Handel emporgeblüht war, umso mehr bildeten sich die sozialen Gegensätze zwischen arm und reich heraus. Hier standen die Reichen, die Handel trieben, die Bier brauten, von denen andere nicht bloß in dinglicher, sondern sogar persönlicher Abhängigkeit standen und in schwerer Fron ihre Schulden abdecken mußten, die Geld an auswärtige Adlige verliehen; dort standen die Armen, die Tag für Tag um kleinen Verdienst in der Werkstatt arbeiteten, denen Kopfsteuern auferlegt wurden in derselben Höhe wie den Wohlhabenden, die von auswärtigen Unternehmungen keine Vorteile, sondern nur Nachteile hatten. Dazu kam dann der geringe politische Einfluß. Die Interessenvertretungen beim Rate schienen nicht zu genügen, um eine eigenmächtige Politik zu verhindern, um unsoziale Umlagen zu unterbinden, um Unterschleife von Staatsmitteln zur Ausstattung einzelner zu verhüten. Schließlich erregte auch das Auftreten der Geschlechter größtes Ärgernis. Rücksichtslos verteidigten sie ihre Vorrechte, vor Gewalttaten schreckten sie nicht zurück, anmaßend und herausfordernd traten sie dem Volke entgegen. Als sich im Anfang des Jahres 1375 die Verhältnisse zuspitzten, fiel von Seiten der Geschlechter die unerhört rohe Äußerung: Man werde die gemeinen Bürger aufs Rad legen lassen, daß bald alle Räder in Nordhausen nicht ausreichen sollen. Da brach die Revolution offen aus.

Es war am 14. Februar 1375. [58] Die Bürger hatten die Gefreundten gebeten, Mitleid mit ihrer Not zu haben und eine gerechte Verteilung der Steuern vorzunehmen. Da die Geschlechter nicht auf das Verlangen der Bürgerschaft eingehen wollten und Unruhen befürchteten, ließen sie die Tore schließen und suchten mit Gewalt ihre Herrschaft zu festigen. Zur Beratung waren sie in einem der Häuser ihrer Gesinnungsgenossen, im Riesenhaus bei *Thilo von Tettenborn*, zusammengekommen. Als nun die Bürger sahen, daß es Ernst wurde und vielleicht viele von ihnen dran glauben sollten, rotteten sie sich zusammen und wagten den Sturm auf das Riesenhaus. Unsere Quelle berichtet folgendes darüber:

„Als es nun die Gemeinde und die Zünfte bedünkte, sie darauf acht hatten und meinten, daß die Gefreundten bei der Verwaltung der Stadt ungleich und unredlich umgingen, und als nun Gemeinde und Handwerke darüber verhandeln und die Gefreundten bitten wollten, daß sie auf ihre Ehre und ihren Eid Bedacht nehmen, arme Leute in der Stadt nicht also ins Verderben jagen und jeden Mann zu Geschoß und Geld nach seinem Vermögen heranziehen sollten, da kamen die Gefreundten zusammen mit ihren Freunden und Helfershelfern, ließen die Stadt schließen und wollten den gemeinen Bürgern und Handwerkern an Leib und Leben; denn etliche Gefreundte rannten auf die Straße und ließen sich vernehmen, sie wollten der gemeinen Bürger also viel auf Räder setzen, daß alle Räder in der Stadt nicht hinreichen sollten. Als nun Gemeinde und Handwerker dies vernom-

---

58 Neue Mitteilungen III. 4. 83. ff. Förstemann, Chronik 261 f., Meyer, Festschrift 1903, 34 ff. Förstemann hat richtig den 14. Februar, Meyer falsch den 13. Februar 1375. Auch 1775 wurde richtig am 14. Februar die Säkularfeier begangen.

men, kamen sie zusammen vor dem Rathause, nahmen Gott zu Troste und zu Hülfe, bedrängten die Gefreundten und belagerten sie im Hause zum Riesen auf dem Holzmarkte. Da trösteten der allmächtige Gott und die hochgelobte Jungfrau Maria und der Heilige Herr St. Valentin die Gemeinde und gaben ihr Stärke und Kraft. Und sie fingen die Gefreundten ohne Gegenwehr und steuerten auf diese Weise ihres Unfuges, Frevels und Mordes, den die Gefreundten an der Gemeinde und den Handwerkern hatten begehen wollen.

Dann wählten die Bürger aus der Gemeinde und aus den Handwerkern andere Ratsleute, die nun die Geschäfte der Stadt übernahmen, ... so daß ein jeder Bürger und arme Mann bleiben konnte bei Einigkeit und Recht und Freiheit." [59]

Die erste Aufgabe der neu gewählten Bürger war es nun, über die gefangengenommenen Gefreundten zu Gericht zu sitzen. Sie wurden der Stadt verwiesen und mußten Urfehde schwören. Das taten sie alle, und 41 Patrizier mußten ins Elend wandern. Einer von ihnen, *Henze von Urbach*, brach seinen Eid und fügte der Stadt, ohne ihr Fehde angesagt zu haben, durch Brand und Raub viel Schaden zu. Daß aber auch noch andere Familien, insbesondere die Familie *Junge*, sich nicht ohne weiteres in ihr Schicksal fügten, werden wir noch fernerhin sehen.

Nun aber gingen die Bürger an eine Änderung ihrer Verfassung. Viel Geschick und Geist zeigten sie freilich dabei nicht. Die Form blieb im ganzen die alte, nur der Inhalt änderte sich insofern, als nun statt der Gefreundten die Handwerker in den Rat zogen und ein Gesetz erlassen wurde, daß ein Gefreundter eine Ratstelle überhaupt nie mehr bekleiden dürfe. Interessant ist es, daß die Gewandschnitter, die bisher zwar eine Innung gebildet hatten, aber nicht zu den sieben Handwerksinnungen gezählt wurden, die schon immer von einigem Einfluß auf das Stadtregiment gewesen waren, sondern als vornehme Gefreundte abseits gestanden hatten, sogleich 1375 als Innung neben den anderen erschienen, um wenigstens als Innungsangehörige Mitglieder in den Rat wählen zu können. So waren die Gewandschnitter die 8. Innung. Dazu erhoben noch die Schneider als 9. Innung Anspruch auf Ratssitze.

Diese 9 Innungen wählten nun je 2 Mitglieder in den Rat, zusammen also 18. Das war auch die Zahl der alten Ratsmitglieder. Dazu traten nun aber aus den 4 Vierteln je 2 und aus der Neustadt 1 Vertreter, zusammen 9, so daß nun der Rat aus 27 Mitgliedern bestand. Ferner blieb auch insofern alles beim Alten, als man wieder 3 Räte bestehen ließ, die sich während dreier Jahre in der Geschäftsführung abwechselten. Das Plenum, Magistrat und die übrigen Ratsmitglieder, zählte also 81 Mitglieder, eine reichlich hohe Zahl für ein Städtchen von 3000 Einwohnern.

Der neue sitzende Rat wurde so gewählt, daß die zwei bisherigen Ratsherrn jeder Zunft zusammen mit 2 anderen Handwerksmeistern des betreffenden Handwerks, den sogenannten Ratsgefreundten, die neuen Ratsherrn wählten. Die abgehenden Ratsherrn aus den Vierteln wählten völlig selbständig und ohne Mitwirkung anderer Bürger ihre Nachfolger.

---

59 Vergl. Meyer, Die große Revolution am 13. Februar 1375; in Festschrift des Harzvereins 1903, 34 ff.

Auch nach 1375 gingen also die drei Räte nicht etwa aus Gemeindewahlen hervor, sondern der abdankende wählte jedesmal den folgenden Rat selbst. Daher konnte es auch nicht ausbleiben, daß sich allmählich eine neue Aristokratie herausbildete. Nur die alten Männer waren untergetaucht, und neue waren emporgekommen. Wie jede Revolution in der großen Weltgeschichte hatte auch diese Revolution im kleinen Nordhausen nicht etwa eine Erneuerung des Geistes verursacht, sondern nur eine Verschiebung der Kräfte. Die neuen Männer, die kamen, hatten ebendieselben, nur durch ihrer Herkunft und Erziehung etwas veränderten menschlichen Leidenschaften.

Aus dem sitzenden Rate erwählten dann noch die Handwerksmeister und die 4 abgehenden Viertelsmänner 4 sogenannten Viermänner, Männer besonderen Vertrauens und besonderer Fähigkeit. Diese waren in der Revolutionszeit als eine Art Aufsichtsinstanz über den gesamten Rat, auch über die Bürgermeister gedacht, wurden aber später neben den Bürgermeistern nur zu besonders wichtigen Ämtern herangezogen und genossen deshalb auch als Vierherrn besonderes Ansehen. Endlich wurden aus dem sitzenden Rate noch jährlich 4 Bürgermeister gewählt, von denen zwei vor und zwei nach Johannis die Geschäfte führten. Die 4 x 3 Bürgermeister aller drei Räte zusammen bildeten unter Zuziehung der Vierherrn das sogenannte *collegium seniorum*, das Ältestenkollegium.

Die Wahl selbst geschah in der Nacht vor den Heiligen Drei Königen auf dem Rathause. Während der Wahl bewachte die gesamte Bürgerschaft bewaffnet das Rathaus. Fehlen dabei wurde durch Geldbuße geahndet. Vor der Wahl hielt der erste Prediger von St. Nikolai morgens 4 Uhr eine Ansprache; auch einer der Bürgermeister oder, wenn dieser, was häufig vorkam, nicht redegewandt war, der städtische Syndikus, zeitweise nun die wichtigste Persönlichkeit, redeten wohl. Nach vollzogener Wahl gingen sämtliche Mitglieder der drei Räte in die Spendekirche, später in die Marktkirche zur Messe und zu einem Dankgebet. Danach rief der Ratsoberdiener die Namen der neuen Ratsmitglieder aus.

Erst 1626, nachdem die Pest sehr viele Ratsmitglieder dahingerafft hatte, schuf man eine neue Wahlordnung.

Daß nur zwei Brüder oder nur Vater und Sohn im Rate sitzen konnten, aber nicht mehr Verwandte zu gleicher Zeit, daß unehrliche oder unehrlich gewesene Männer von der Ratswahl ausgeschlossen waren, daß niemand die am Tage der Heiligen Drei Könige vorgenommene Wahl „schelten" durfte, – diese Bestimmungen finden sich auch schon vor 1375, sind also kein neues Element, und, fügen wir gleich hinzu, oft genug ist gerade gegen sie gesündigt worden. Ferner wurde das Bestehen der drei Räte als Vollversammlung durchaus beibehalten, jetzt also mit 81 Mann. Endlich bestand auch weiterhin bei den schon oben angeführten 5 Punkten die Einrichtung, daß ein Bürgerausschuß zu den Beratungen der drei Räte hinzugezogen wurde. Die diesem Bürgerausschuß angehörigen Männer, die Ratsgefreundten, wurden auch im Stadtregister namentlich aufgeführt. – Wir sehen, in *nuce* ist unsere heutige Stadtverfassung schon getreulich vorgebildet: Die 81 Ratsmitglieder bildeten zur Vorbereitung der Sitzungen Kommissionen, bei besonders wichtigen, vielleicht auch nur durch Fachleute zu

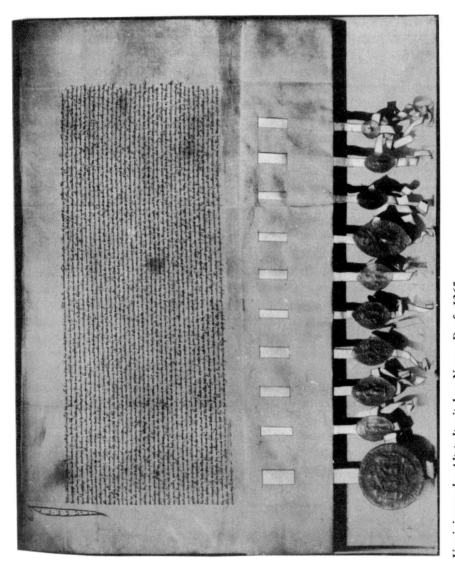

Vereinigung der Altstadt mit dem Neuen Dorfe 1365.
10 Siegel des Rats, Abts von Walkenried, von Ilfeld, Propst zum Heiligen Kreuz in Nordhausen, Propst zum Frauenberge, Propst im Altendorfe, Kapitel zum Heiligen Kreuz, Dechant, der Richter der Propstei Jechaburg und der Pfarrer zu St. Jakobi in der Neustadt.

Neustädter Mädchenschule. Carl Schiewek, Phot.

lösenden Fragen waren noch außenstehende Bürger zu Deputationen herangezogen. Völlig unverständlich ist es uns allerdings heute geworden, daß auch nach 1375 nicht etwa die Urwähler, sondern der Rat selbst den neuen Rat wählte. Von einem Mitbestimmungsrecht des Volkes konnte direkt also nicht die Rede sein, sondern nur indirekt insofern, als die aus den Zünften hervorgegangenen Ratsherren die Stimmungen und Ansichten ihrer Zunftgenossen kannten und deren Wünschen Geltung zu verschaffen versuchen mußten.

Der Rat schwur der Stadt folgenden Eid: Wir schwören, *„daz wir deme riche, der stat Northusen unde den burgern darinne, rich unde arm, rathen unde orteilen daz allerbeste, daz wir konnen, unde der stat eynunge, die beschreben ist* [60], *halden unde fordern wollen dem richen also dem armen, unde helen, daz wir zcu rechte helen sollen unde melden, daz wir zcu rechte melden sollen unde daz nicht laszen dorch lieb noch dorch leyt, unde der stat nicht verliehen wollen, esz enwere dann, daz die andern rethe mit uns eyns worden unde willeten unde ouch mit irkenten, daz der stat davon merclich nutz unde frome komen unde enstehin mochte: daz swern wir so uns got helffe unde die heiligen.*

An die Stelle der Heiligen trat nach der Reformationszeit die Formel: *so uns got helfe und sein heiliges Evangelium.* –

Die Kleinbürger hatten über die Geschlechter gesiegt. Eigene Schuld hatte die herrschende Gesellschaftsklasse gestürzt. Doch es war keine andere Schuld als die, in welche der Geist, der über allem historischen Geschehen waltet, jede aristokratische Herrschaft fallen läßt. Ein neues Regiment auf breiterer und deshalb demokratischerer Grundlage nahm das Steuer in die Hand, ein Regiment mit neuen Vorzügen und neuen Fehlern, wie auch sie jeder Demokratie vom Schicksal vorherbestimmt sind.

Was aber jene Geschlechterherrschaft in ihrem jugendfrischen Wagemut, ihrem unerschütterlichen Optimismus und ihrem rücksichtslosen Streben nach Macht und Glanz geschaffen hat, davon redet heute nicht bloß mancher Stein und manches Pergament, sondern das wirkt, in tausend feinsten Adern verteilt, lebendig auch heut noch.

---

60 Statt „unde der stat eynunge, die beschreben ist" trat im 18. Jahrhundert ein: „und wider der Stadt Einung in den Punkten, welche durch einen beständigen Gebrauch (Förstemann „Gegengebrauch") nicht aufgehoben oder geändert sind, wissentlich und fürsetzlich nicht handeln, sondern dieselben halten ..."

Abschnitt III.

Nordhausen
in der Zeit des ausgehenden Mittelalters.

Kapitel 6.

Nordhausens innere und äußere Politik im 15. Jahrhundert.

Die große Revolution vom Jahre 1375 ist immer im Gedächtnis der Nordhäuser Bürgerschaft lebendig geblieben. Noch 1775, als schon die letzten Strahlen der reichsfreiheitlichen Sonne am Abendhimmel verklangen, begingen die Innungen festlich das große Ereignis von einstmals, ein Ereignis, das mit seinem gewaltigen Charakter einzig dasteht in der von duldsamen und friedliebenden Bürgern bewohnten Stadt Nordhausen, und das deshalb durchaus ein Ereignis ist, nicht hervorgegangen aus der Eigenart der Bevölkerung, sondern emporgetragen mit Naturnotwendigkeit aus der ganzen großen Entwicklung des deutschen Volkes. Überall in deutschen Landen rührten sich zwischen 1350 und 1400 die Gewerbetreibenden gegen die herrschenden Geschlechter; in Süd-und Mitteldeutschland glückte vielfach die Bewegung, im Norden, besonders in den eigentlichen Hansestädten, konnte der alte aristokratische Rat sich behaupten. In Nordhausen jedenfalls gelang der Schlag vollständig, der Einfluß der gefreundten Geschlechter als solcher war für immer gebrochen. Neue Männer kamen ans Regiment mit neuen Neigungen und ganz anderem Charakter.

Sogleich die ersten Amtshandlungen der neuen Gewalthaber trugen ganz anderes Gepräge, als sie die der früheren gezeigt hätten. Voll Vorsicht und ohne Zutrauen in die eigene Einsicht ging man an die Änderung der Verfassung; so blieb sie in allen Grundzügen dieselbe. Dann hielt man es für angebracht, Rechtfertigungsschreiben an die benachbarten Städte zu senden, und legte in ihnen die Gründe für die Revolution zwar richtig dar, die Gewalttaten selbst aber suchte man zu vertuschen. Wann hätte jemals ein gefreundter Rat Rechenschaft gegeben, wenn sie nicht verlangt und er dazu nicht genötigt worden wäre! – Das waren die ersten Handlungen der neuen Männer; schon sie lassen die neue Zeit in ihrem Charakter erkennen.

Nicht mit einem Male freilich wurde das Steuer völlig herumgeworfen. Abgesehen davon, daß gewisse sich immer gleichbleibende Notwendigkeiten auch die gleiche Einstellung wie früher erforderten, boten auch manche Namen von schon früher an der Regierung beteiligten Geschlechtern die Gewähr, daß die neue Zeit langsam und schrittweise heraufgeführt wurde. Wohl hätten die neuen Ratsherren den früheren Einfluß gern völlig ausgeschaltet. Doch sie waren des Regierens noch zu unkundig, als daß sie jegliche Erfahrung des alten Rathauses hätten missen können. Daher mußten einige vorrevolutionäre Männer in den neuen Rat hineingenommen werden, deren Stimme ausschlaggebend war, deren Schritte man aber dennoch argwöhnisch belauerte. Und man hatte Grund dazu. Wer seit 100 Jahren des Herrschens gewöhnt war und mehr als einmal Leben und Gut für einen kühnen Entschluß gewagt hatte, der konnte nur schwer die Herrschaft mit denen teilen, die er bisher verachtet hatte.

So stand auch nach 1375 an der Spitze des Rates als Bürgermeister *Nicolaus Torbaum* aus altem Geschlechte. Er war übernommen worden, und seine Ehren blieben unangetastet, doch das alte Blut regte sich bald. Aus Gesinnungsgenossen, aus Vettern und Freunden suchte er sich einen Anhang zu schaffen, trat wohl auch mit den verbannten Geschlechtern in Verbindung und ging schließlich – die letzte Stufe vor dem Umsturz – dazu über, das Recht zu Gunsten seiner Freunde zu beugen. Zu voreilig war er ans Werk gegangen; er wurde gestürzt und 1383 vertrieben; Aufnahme sollte er nur für 800 Pfund lötigen Silbers finden, eine Summe, die so hoch war, daß er sie schwerlich aufbringen konnte und deshalb ewig in der Verbannung bleiben mußte. Doch andere Mitglieder seiner Familie blieben nicht nur unangetastet, sondern selbst in leitenden Stellen der Vaterstadt. 1397 unterzeichnete ein *Torbaum* als Bürgermeister einen Vertrag für die Stadt Nordhausen.

Der Umsturz selbst war ziemlich unblutig verlaufen; die meisten der Gefreundten wurden nur gefangengenommen, mußten Urfehde schwören und wurden dann der Heimat verwiesen. Doch einige Vornehme hatten daran glauben müssen. Im Augustinerkloster waren sie begraben worden, und seit 1397 hatten die Mönche die Verpflichtung, alljährlich Seelenmessen für die Erschlagenen zu lesen. Unter den Familien, die Blutopfer hatten bringen müssen, war die Familie *Junge* besonders hart betroffen. Ein *Berlt Junge* war getötet worden, und nach einer Duderstädter Urkunde war auch ein *Henze Junge* ums Leben gekommen. Im Namen der Familie hatten *Berlt Junge* und *Henze Junge*, Nachkommen der Erschlagenen, schon am 20. März 1375 vor dem Rate zu Duderstadt versprochen, an Nordhausen keine Blutrache üben zu wollen.

Dies zahlreiche Geschlecht der Junges zerflatterte seit seiner Verbannung aus Nordhausen in alle Winde. *Berlt Junge* trat in das Kloster zu Walkenried, zwei andere *Junges* befanden sich 1378 in Erfurt; von da gingen sie nach Köln am Rhein und ließen sich dort nieder. Von hier aus begann nun das wohlhabende und einflußreiche Geschlecht, obwohl es Urfehde geschworen hatte, sich an der Vaterstadt Nordhausen zu rächen. Es strengte einen Prozeß beim Königlichen Hofgericht gegen Nordhausen an, der sich zwei Jahrzehnte hinzog, der Kosten und Ungelegenheiten genug verursachte und der hin und wieder sogar in offene Fehden der Prozeßführenden gegeneinander ausartete.

Den Prozeß selbst führten *Bruno* und *Heinrich Junge*, wie es heißt, um Sühne dafür zu erlangen, daß ihr Vater bei „Nacht und Nebel" ermordet, Weib und Kind vertrieben und von ihren Gütern verstoßen seien. Als Sühneleistung verlangten die beiden Kläger nicht weniger als 100000 Gulden. Beiden Parteien aber leistete das Hofgericht zu langsame Arbeit, und so suchten sie, nach der Gewohnheit der Zeit, auf eigene Faust ihr Recht, oder vielmehr des anderen Schaden. So nahmen die Nordhäuser einen *Henze Junge*, als er aus Lamparten, aus der Lombardei, zurückkam, gefangen und beraubten ihn; die Junges wiederum sammelten einen Haufen verwegener Burschen um sich und schädigten damit die Nordhäuser Flur und Nordhäuser Kaufleute. Nordhausen selbst gab den dadurch erlittenen Verlust auf 1100 Gulden an. Man war also in der lustigsten Rauferei begriffen.

Erst seit 1418 machte der Prozeß sichtbare Fortschritte, und zwar zu Gunsten Nordhausens. Als am 2. November 1418 vor dem Hofgericht zu Regensburg die Nordhäuser erklärten, daß gleich nach der Ermordung ein Sühnevertrag geschlossen worden sei, fällte der Richter den Spruch, die Stadt solle vor dem Gericht des Landgrafen von Hessen diese Tatsache beeidigen, dann werde sie von allem Schadenersatz freigesprochen. Das geschah; doch mit diesem Ausgang ihres Handels gaben sich die Junges keineswegs zufrieden. Am 29. Februar 1420 stand Nordhausen abermals vor dem Hofgericht, diesmal zu Breslau. Da Nordhausen hier noch besser gerüstet war als einstmals und Zeugnisse auch von Erfurt und Mühlhausen beibrachte, daß jeder Zwist längst schon gütlich beigelegt sei, erfolgte abermals ein Freispruch. Und dabei blieb es trotz der äußersten Anstrengung der Junges, das Urteil noch zu ihren Gunsten umgebogen zu erhalten. Am 12. März 1426 bestätigte der Vorsitzende des Hofgerichts, *Rudolf Graf von Sulz*, zu Wien nochmals den Spruch vom Jahre 1420. Damals waren also mehr als 50 Jahre nach der glorreichen Nordhäuser Revolution vergangen, und doch versetzte sie noch immer die Gemüter zuweilen in Bewegung.[1]

Unterdessen hatte sich aber das neue Regiment in Nordhausen an seine Aufgaben gewöhnt; die neuen Verhältnisse hatten sich durchgesetzt, die neuen Ratsherrn hatten von den alten sehr schnell gelernt, mit dem gebührenden Anstand vor sich selbst und mit dem nötigen Abstand gegen ihre Untertanen auf den Ratsherrnbänken zu sitzen. Im nunmehr demokratischen Nordhausen bildete sich allmählich eine neue Aristokratie heraus, und das Spiel konnte von neuem beginnen. Die Form der Regierung war daher bald die gleiche wie einst, der Inhalt allerdings hatte sich wesentlich geändert, denn die neuen Männer mit anderem Charakter machten auch andere Stadtpolitik.

Mit dem Heiligen Römischen Reiche deutscher Nation ging es seit dem Tode *Karls IV.* unaufhörlich bergab, und diese Entwicklung war naturgemäß auf alle Verhältnisse im Reiche von Einfluß, selbst auf die katholische Kirche, die ja zwar als international ihren eigenen Gesetzen folgte, deren Haupt und Glieder von den

---

[1] Urkunden in Nordhäuser Archiv.

Zuständen im deutschen Reich aber dennoch nicht unberührt blieben. Die schwachen Könige suchten den Frieden zu erhalten, sie verkündeten von Zeit zu Zeit für einzelne Teile oder für das Ganze einen Landfrieden; doch drangen sie nicht durch, da keine Macht hinter ihnen stand. So hatte im Juli 1384 *König Wenzel* zwar in der Heidelberger Stallung für Süddeutschland einen Landfrieden zustande gebracht, der im August auf das ganze Reich ausgedehnt wurde, aber kurz darauf durchtobte gerade Süddeutschland der furchtbarste Bürgerkrieg. Einmal trug die schwankende Politik des Königs selbst dazu bei, der bald die Städte gegen die Fürsten stützte, bald die Fürsten gegen die Städte. Vor allem lag aber die Schuld an den Ständen, an Fürsten und Bürgern selbst. In dem Jahrhunderte langen Kampfe zwischen der Zentralgewalt und den Teilgewalten hatten sich zum Schaden Deutschlands die letzteren gegen das Königtum durchgesetzt. Dadurch ging das Gefühl der Zusammengehörigkeit immer mehr verloren, jeder pochte dem ohnmächtigen Haupte gegenüber eigensinnig auf seine Rechte, gab mißtrauisch nichts davon zum Wohle des Ganzen preis und beobachtete argwöhnisch den mit gleichen herrlichen Privilegien gesegneten Nachbarn. Man hat wohl die deutschen Könige gescholten, daß sie sich nicht, wie es die französischen getan haben, an die Spitze der Städte gestellt und mit einem großen Bürgeraufgebot die Fürsten zum Gehorsam gezwungen haben. Doch der Vorwurf ist unberechtigt; die Könige haben mehrfach dergleichen Versuche gemacht, doch sind sie gescheitert, gescheitert an dem in den Köpfen der Bürger genau so ausgebildeten germanischen Individualismus wie bei allen anderen, und gescheitert, weil es zu spät war: Die im Laufe von Jahrhunderten erlangte Selbständigkeit der Städte war zu groß geworden, als daß sie von ihrer Freiheit etwas aufgegeben hätten. Daß sie in ihrem kurzsichtigen Egoismus selbst sich schädigten und nach und nach der erstarkenden Fürstenmacht bedingungslos ausgeliefert waren, bemerkten sie damals noch nicht.

Während so das Reich zerfiel, suchten, um sich im allgemeinen Drunter und Drüber zu schützen, die einzelnen Interessengemeinschaften untereinander Verbindung und Zusammenschluß. Dabei war die Grundlage für Nordhausens Außenpolitik sein Bündnis mit Erfurt und Mühlhausen. Verträge zwischen diesen drei Städten bestanden ja schon seit dem Beginn des 14. Jahrhunderts; doch gestalteten sich die Beziehungen umso inniger, je rechtloser im Reiche die Verhältnisse wurden. Am 18. Februar 1400 wurde der Bündnisvertrag erneuert, nach welchem sich Erfurt bis zu 40 Mann und 20 Schützen, Mühlhausen bis zu 20 Mann und 10 Schützen der Stadt Nordhausen zur Hilfeleistung verpflichtete. Dieses engste Zusammengehen der drei Städte dauerte bis zum Jahre 1472; doch standen sie auch weiterhin noch bis über die Reformationszeit hinaus im besten Einvernehmen. Mühlhausen und Nordhausen hatten als schwächere Städte besonders den Schutz des mächtigen Erfurt nötig, und dieses wiederum, so blühend es dastand, bedurfte doch des Rückhaltes an den Reichsstädten, da seine Selbständigkeit als kurmainzischer Besitz und mehr noch wegen seiner Lage mitten im Gebiete der Thüringer Landgrafen oft genug gefährdet war.

Zeitweilig wurde das Dreistädtebündnis noch erweitert. Das erfolgreiche gemeinsame Vorgehen ließ es auch andere Städte, nördlich des Harzes, verlokkend erscheinen, Anschluß an die Thüringer Städte zu suchen. 1416 traten Halberstadt, Quedlinburg und Aschersleben dem Bunde bei. Dieses Freundschaftsverhältnis wiederum näherte aber die drei Städte dem großen norddeutschen Bunde der Hanse.

Halberstadt, Quedlinburg und Aschersleben hatten sich nämlich am 21. April 1426 mit Goslar, Magdeburg, Braunschweig, Hildesheim, Halle, Göttingen, Osterode, Einbeck, Hannover, Helmstedt und Northeim zu einem Bunde zusammengetan, um die Tagfahrten nach dem hanseatischen Vororte Braunschweig hin gemeinsam zu beschicken. Die genannten Städte erneuerten auch ihr Bündnis von drei zu drei Jahren. Was diese Städte durch den Zusammenschluß erhofften, lehren die Urkunden: Befriedung der Straßen, Unterstützung gegen Vergewaltigung, Widerstand gegen Eingriffe auswärtiger Gerichte in die eigene Gerichtsbarkeit, d.h. Einschränkung der Macht der heimlichen Feme. 1426 kamen sie in Braunschweig zusammen, *„umme schel und not als umb daz heimlige ding unde andere sach."*

Nun war natürlich auch den thüringischen Städten an der Bekämpfung der Stegreifritter auf den Straßen und an dem Widerstand gegen die Feme gelegen, und es war deshalb durchaus verständlich, daß Halberstadt, Quedlinburg und Aschersleben ihre Freunde von jenseits des Harzgebirges einluden, auch dem Hansebunde beizutreten. – Schon im Sommer 1426 wurden Erfurt, Mühlhausen und Nordhausen aufgefordert, doch auch in Braunschweig zu erscheinen.

Am meisten Bereitwilligkeit, sich dem größeren Bunde anzuschließen, zeigte Nordhausen. Nordhausen stand den norddeutschen Städten am nächsten; einflußreiche Nordhäuser Familien, wie die *Swellingrebel*, von denen wir noch mehrfach hören werden, hatten ausgezeichnete Handelsbeziehungen nach dem Norden. Geringe Lust war bei Mühlhausen und Erfurt vorhanden, und dadurch wurde auch Nordhausen ferngehalten. Schon 1426 scheint der Vertrag, der seinen Eintritt in die Hanse bekräftigen sollte, fertig vorgelegen zu haben, baten doch Göttingen, Duderstadt und Heiligenstadt, die auch Lust zum Anschluß hatten, um Einsicht in den Vertrag; doch die beiden anderen mit Nordhausen engbefreundeten Städte scheinen den endgültigen Beitritt Nordhausens verhindert zu haben. Auf der Tagfahrt vom 12. März 1427 nach Braunschweig hin war Nordhausen nicht vertreten. Trotz dieses Widerstrebens der thüringischen Städte ließen es die befreundeten Nordharzer Gemeinden nicht an Überredungen fehlen. Mehrfach führte Aschersleben mit Nordhausen weiter Verhandlungen, bat auch am 28. Juni 1428, die Einladung zu einer Zusammenkunft nach Braunschweig an Erfurt und Mühlhausen weiterzugeben. 1429 wurden Nordhausen und durch die Vermittlung Nordhausens auch die beiden anderen Städte wiederum entboten, diesmal nach Lübeck, dem Vororte der gesamten Hanse.

Jedoch nicht dieses Liebeswerben, sondern allein die Gefahr brachte die drei Städte endlich 1430 dazu, um Aufnahme in die Hanse zu bitten. Damals drohten nämlich die Hussiten mehr denn je, nach Thüringen einzufallen, und diese Not trieb besonders Erfurt, Hilfe und Anlehnung zu suchen. So waren denn die drei

Städte im Mai 1430 in Braunschweig vertreten, und die Urkunden, die den Eintritt erklärten, wurden aufgesetzt. Mit dem Herzen aber sind sie nie bei der Sache gewesen. Deshalb traten sie auch, sowie die Gefahr beschworen war, wieder aus. Schon am 3. Juni 1432 zeigte Mühlhausen der Nachbarstadt an, daß es ausgetreten sei, und dieser Entschluß wird auch Nordhausen noch in demselben Jahre zum Verlassen des Bundes bewogen haben. Der geringe Zusammenhang mit dem Norden und die verhältnismäßig hohen Bundesbeiträge führten den Austritt herbei. Erfurt hatte nämlich laut Bundesbeschluß von Mai 1430 jährlich 250 Gulden, Nordhausen und Mühlhausen hatten je 80 Gulden aufzubringen. Erfurt war mit seiner Summe überhaupt die am höchsten besteuerte Stadt des sächsischen Viertels; Magdeburg, Braunschweig und Halle hatten 200, Hildesheim, Göttingen u.a. 70, Goslar, Halberstadt, Hannover 50, Osterode und Helmstedt 30 Gulden zu bezahlen, Summen, die deshalb interessant sind, weil sie die Einschätzung, die Wohlhabenheit und Größe der Städte in damaliger Zeit erkennen lassen. – Was aber auch aus dieser Einstellung der thüringischen Städte hervorleuchtet, ist schimpflicher Eigennutz und Mangel an Solidaritätsgefühl, welcher die Städte die kurzsichtigste, sie selbst später schädigende Politik treiben ließ. Spießbürger machen auch heute gern solche Politik. [2]

Während sich das Verhältnis Nordhausens zur Hanse alsbald wieder lockerte, bestand das Bündnis *(eynunge unde ubirtracht)* mit Quedlinburg, Halberstadt und Aschersleben mehrere Jahrzehnte und trug gute Früchte. Welchen Wert dieses Freundschaftsverhältnis hatte, ersieht man daraus, daß Nordhausen an der Beilegung innerer Fehden in Halberstadt im Jahre 1426 bedeutenden Anteil hatte. Am 31. August 1433 ferner schickte Nordhausen, getreu seinem Bündnis, obwohl es durch den Berchtenkrieg selbst in Bedrängnis geraten war, dennoch eine Schar Söldner mit 12 Pferden gen Halberstadt als Hilfe in einem Kampfe, in den Halberstadt, Magdeburg und Zerbst gegen Adlige jener Gegenden verwickelt waren. 1435 wiederum kam Mühlhausen der Stadt freundnachbarlich zu Hilfe, und 1451 trat Nordhausen als Friedensvermittler zwischen Aschersleben und Quedlinburg einerseits und den Herrn von Veltheim andererseits auf.

So finden wir hier aus Interessen- und bürgerlicher Standesgemeinschaft ein Bündnis auf Gegenseitigkeit vor. Doch genügten diese Bündnisse bei den zahllosen Fehden jener friedlosen Zeiten des 15. Jahrhunderts allein nicht. Andere Bindungen mußten hinzutreten, sollte die Stellung der Stadt ungefährdet, sollte ihr der Friede gewährleistet sein. Dabei muß man nun zwischen Dienstverträgen, Bündnissen und eigentlichen Schutzverträgen unterscheiden. Dienstverträge z.B. gingen gern und häufig kleine Adlige oder Grafen mit der Stadt Nordhausen ein, meist nach Fehden. Bei solchen Dienstverträgen sagten die Adligen, welche die Stadt beunruhigt hatten, derselben für eine Reihe von Jahren ihren Schutz zu,

---

[2] Das interessante Kapitel „Nordhausen und die Hanse" ist bisher noch nicht behandelt worden. Vergl. Hanseatisches Urkundenbuch, vor allem VI. 347, 624. VI. 586, 1053, 1066. Bemmann, Die Hanse und die Reichsstadt Mühl. i. Th., Hansische Geschichtsbl. 1910. Ulrich Kleist, Die sächsischen Städtebünde zwischen Weser und Elbe im 13. und 14. Jahrh. Zeitschrift des Harzvereins 1892, 1 ff. Die tüchtige Arbeit umfaßt im wesentlichen nur ein Stück des Nordharzes.

versprachen wohl auch mit Mann und Roß der Stadt zu helfen. Dafür hatte dann die Stadt eine bestimmte, meist geringe Geldsumme, etwa 50 Gulden, jährlich zu entrichten. Wenn man bei solchen Verträgen auch nicht ohne weiteres von einem Abhängigkeitsverhältnis des Adligen von der Stadt sprechen kann, so war die Stadt bei dergleichen Übereinkünften doch dem anderen Kontrahenten mindesten gleichberechtigt. So übernahm z.B. 1405 Schwarzburg-Sondershausen 3 Jahre den Schutz Nordhausens, 1444 Schwarzburg und Honstein auf 4 Jahre für 200 Gulden, 1458 die *Herzöge Heinrich, Ernst und Albrecht* von Braunschweig auf 6 Jahre gegen jährlich 30 Gulden. Andere derartige Dienstverträge schloß die Stadt 1460 mit Schwarzburg, 1462 mit Honstein, 1464 mit Braunschweig, 1471 mit Schwarzburg und Stolberg auf 15 Jahre gegen jährlich 80 Schock Groschen, 1490 mit Schwarzburg, Stolberg und Honstein abermals auf 10 Jahre für 60 Gulden jährlich; dieser Vertrag wurde im 16. Jahrhundert verlängert.

Daneben standen nun die eigentlichen Bündnisse, welche die Stadt mit anderen Vertragschließenden auf völlig gleicher Grundlage einging. Alle Städtebündnisse sind derartige Bündnisse; aber auch mit Fürsten schloß die Stadt, wenigstens im 14. Jahrhundert, noch solche Verträge. So beruhte z.B. der am Martinitage 1351 zwischen Nordhausen und dem Landgrafen Friedrich dem Strengen eingegangene Vertrag durchaus auf Gegenseitigkeit. Beide Kontrahenten standen auf gleicher Stufe.

Doch gewann im Laufe des 15. Jahrhunderts das Bild ein gänzlich verändertes Aussehen. Die Fürstenmacht festigte sich nach und nach immer mehr. Das entscheidende Jahr für Süddeutschland war schon 1388, wo bei Döffingen und Worms der *Greiner* und der *Pfälzer Ruprecht* die Städte aufs Haupt schlugen. Und ein Menschenalter später setzte sich die Fürstenmacht auch in Mittel- und Norddeutschland durch. Während es noch *Friedrich I.* von Zollern-Brandenburg mit den Rittern zu tun hatte, demütigte schon *Friedrich II. Eisenzahn* die Städte, vor allem die Stadt Berlin-Cöln.

Ebenso ging die Entwicklung in Mitteldeutschland. Hier wurde die Fürstenmacht dadurch sowohl Adligen wie Städten überlegen, daß *Friedrich I.* 1423 Thüringen und Sachsen dauernd in der Hand eines Geschlechtes, der Wettiner, vereinigte und auf diese Weise eine mitteldeutsche Großmacht schuf. Zwar blieben hier gewisse Rückschläge nicht aus. So litt die Herrschaft der Wettiner in den dreißiger Jahren des 15. Jahrhunderts noch unter den Hussitenstürmen, und in den vierziger und fünfziger Jahren verhinderten blutige Bruderfehden die Festigung der Fürstenmacht. Doch dann konnten die Fürsten endgültig ihr Übergewicht behaupten. Das spürten in der zweiten Hälfte des 15. Jahrhunderts alle Städte Sachsens und Thüringens; auch Nordhausen. Und ihren Ausdruck fand die nunmehrige Überlegenheit der Fürsten darin, daß die Städte, also auch die Reichsstadt Nordhausen, nicht mehr als gleichberechtigt mit den Fürsten verhandelten, sondern sich gezwungen in ihren „Schutz" begeben mußten. Diese Schutzverträge bedeuteten also eine Schutzhoheit der Fürsten über die Stadt. Durch die ständige Zahlung einer Geldsumme und in bestimmten Fällen auch durch die Pflicht zur Heeresfolge anerkannte die Stadt die fürstliche Überlegenheit. Schon der Vertrag, den *Herzog Wilhelm von Sachsen* am 17. Dezember 1469 auf Lebenszeit mit Nordhausen schloß, war der Vertrag eines Stärkeren mit einem Schwächeren, und am 23. Oktober 1482 wurde Sachsens Schutzhoheit über Nordhausen völlig besiegelt dadurch, daß *Ernst* und *Albert* von Sachsen, die Begründer der beiden sächsischen Linien, Nordhausen auf 10 Jahre für 300 Gulden in Schutz nahmen, mit der Maßgabe, daß die Stadt den Schutz von 10 zu 10 Jahren aufs neue nachsuchen sollte. Das geschah dann auch bis 1604. Der Dreißigjährige Krieg unterbrach dann für fast ein halbes Jahrhundert dieses Verhältnis; seit 1660 zahlte Nordhausen aber wieder seine 300 Gulden. Daß aber der Rückhalt, den Sachsen der kleinen Stadt Nordhausen gewährte, derselben schon im 15. und dann besonders im 16. Jahrhundert von größtem Nutzen sein sollte, wird aus der weiteren Geschichte der Stadt hervorgehen. [3]

Bei allen diesen Verträgen und Bindungen war vom Reiche überhaupt nicht mehr die Rede. Während in früheren Jahrhunderten gerade das Eintreten des Königs für seine Reichsstadt ausschlaggebend war und die Zentralgewalt auch weitgehend die Nordhäuser Politik bestimmte, finden sich im 15. Jahrhundert kaum Spuren davon. Auch der Königsurkunden für die Stadt werden immer weniger, und meist sind sie völlig belanglos. So bestätigen *Sigmund* 1415 zu Konstanz, *Friedrich III.* 1442 zu Frankfurt die Privilegien Nordhausens. Sonst treffen wir kaum auf namhafte Urkunden, es sei denn, daß die Stadt sich 1436 von *Sigmund*, 1444 von *Friedrich III.* gewisse Hoheitsrechte besonders in der Feldflur zuschreiben ließ, kaiserliche Gnadenakte, die aber auch mehr von moralischer als praktischer Bedeutung waren, da der Kaiser natürlich auf jeden Versuch verzichtete, den der Stadt zugebilligten Ansprüchen mit der Tat Geltung zu verschaffen. Erst unter der Regentschaft *Maximilians* wurde das wieder anders; doch wurden ja schließlich auch seine und seines Enkels, *Karls V.*, Reformen zwar nicht mit untauglichen Mitteln, aber am nach und nach völlig untauglich gewordenen Objekt vorgenommen. Die Stadt mußte eben selbst sehen, wie sie durch die Fährnisse der Zeit hindurchkam.

Wie unruhig und friedlos die Zeit des 15. Jahrhunderts auch für Nordhausen war, geht aus dem Nordhäuser Fehdebuch hervor, in welchem uns ein beinah unübersehbares Wirrsal von Waffengängen, Plackereien, Überfällen entgegentritt. Und doch zeigen diese Fehden ein ganz anderes Antlitz als die des 14. Jahrhunderts. Ganz selten ging von Nordhausen die Initiative aus, ganz selten wurde bei den Unternehmungen ein bestimmter Plan verfolgt, ganz selten wurden die Schläge scharf und schneidig geführt. Es war ja auch ein Grund mit gewesen, weshalb die alten Geschlechter vertrieben worden waren, daß sie eine höchst aktive Außenpolitik getrieben hatten. Die neuen Männer wünschten Ruhe, sie beschieden sich mit dem, was sie besaßen, sie wünschten ihren leidlichen, behäbigen Wohlstand festzuhalten, wollten nichts aufs Spiel setzen. In jeder Beziehung war das neue demokratische Regiment ideenärmer und konservativer,

---
3 Vgl. Gebser, Bündnisse, Schutz- und Dienstverträge der Städte Erfurt, Mühlhausen und Nordhausen. Göttinger Dissertation 1909.

aber vielleicht gerade um deswillen der großen Menge viel genehmer. Der *bourgeois* gab die Richtung an, der *juste milieu* war das Ziel. Auseinandersetzungen mit Nachbarn waren höchst unbeliebt und wurden, solange es irgend ging, vermieden, Fehden wurden nur geführt, weil auch „der Frömmste nicht im Frieden leben kann, wenn es dem bösen Nachbarn nicht gefällt". Weitschauende Politik wurde nur ein einziges Mal begonnen, bei dem Versuch, sich dem norddeutschen Hansebunde anzuschließen, doch auch hier blieb es bei dem Versuch. Sonst wurde nur in einer Beziehung ein bestimmter Gedanke mit Zähigkeit festgehalten, daß nämlich die Stadtflur, die an sich schon klein war, unter allen Umständen der Stadt erhalten bleiben müsse. Um ihretwillen scheute man deshalb auch keine Fehden. Im übrigen aber war die Haltung Nordhausens, abgesehen von den ersten Jahrzehnten nach 1375, durchaus passiv.

Als ein Unternehmen, bei dem die alte Rauf- und Beutelust noch einmal durchbrach, kann man die Plünderung des Nonnenklosters Katlenburg im Jahre 1397 ansehen. Was eigentlich die Veranlassung zu diesem Streifzug gewesen ist, den Nordhausen im Bündnis mit den Grafen von *Beichlingen, Querfurt* und *Heldrungen* sowie mit den Herrn von *Wangenheim* ausführte, läßt sich nicht ausmachen. Wahrscheinlich waren es die wirtschaftlichen Beziehungen, die Nordhausen zu Querfurt hatte, welche die städtische Politik beeinflußten und die Bürger mehrfach an die Seite der Querfurter und der benachbarten Heldrunger und Beichlinger führte. Kurzum, im Jahre 1397 verheerten die Verbündeten die Besitzungen des Klosters, zündeten einige Weiler an und raubten das Kloster selbst aus. Papst *Bonifazius IX.* bannte Nordhausen deshalb, und erst am 16. Mai 1398 gelang dem Abte *Heinrich von Gerode* und dem Pfarrer von Klettenberg auf dem Rathause zu Nordhausen ein Vergleich zwischen Stadt und Kloster. Nordhausen mußte 280 Gulden bezahlen; die Kosten für die Vermittlung und die Lossprechung vom Bann mögen außerdem nicht gering gewesen sein.

Lag bei diesem Unternehmen ein durchaus freier Willensentschluß Nordhausens vor, so brachten die streitlustigen und degenschnellen Stadthauptleute die Stadt zuweilen sehr gegen ihren Wunsch in Ungelegenheiten. Als Anführer ihrer Söldner nahm ja schon im 14. Jahrhundert die Stadt kleine Adlige in Dienst. Auf diese Weise dienten der Stadt im 15. Jahrhundert, um 1430 z.B. *Balthasar von Harras*, dann *Wedekind von Uslar*, um 1440 der Herr von *Westerhagen*, später *Hans von Buhla, Hans von Sundhausen* und andere. In den sechziger Jahren erscheinen sogar einmal die Honsteiner im Solde der Stadt. Diese Hauptleute mußten mit ihren Gewappneten vor allem die Wagenzüge begleiten, die Straßen sichern, die Kaufleute und Fuhrknechte gegen Überfälle verteidigen. Doch das streitbare Blut der Herren konstruierte wohl auch manchmal einen Angriff, wo niemand an Belästigung gedacht hatte; oder offen daliegende Besitztümer reizten zu einem kleinen Raubzuge auf eigene Faust, wodurch dann der Brotgeber in nicht geringe Verlegenheit kam. So scheint z.B. *Balthasar von Harras* im Jahre 1429 großen Gefallen an Duderstädter Pferden gefunden zu haben, führte sie weg und freute sich des Fanges. Doch Nordhausen mußte nach kurzer Fehde für den

Übergriff 240 Gulden zu Elende, wo die uralte Richtstätte der Grafschaft lag, bezahlen.

Sonst finden wir Nordhausen kaum je im Angriffe. Selbst Unruhen innerhalb der Bürgerschaft führten nicht zu Verfolgungen der Vertriebenen, die der Stadt schaden wollten, und zu Verwicklungen mit den Nachbarn. Auch kamen ja Verbannungen ganzer Geschlechter oder gar ganzer Korporationen wie im 14. Jahrhundert nicht vor. Deshalb waren es, abgesehen von dem unten zu behandelnden Berchtenkriege, immer nur unbedeutende Zwischenspiele. So hatte z.B. die Stadt 1427 eine Fehde mit *Hans Böttcher aus Sachsa*, weil die Nordhäuser seinen Bruder gehangen hatten; doch war der Strauß von keiner Bedeutung und schnell erledigt.

Am meisten machten der Stadt die kleinen Adligen zu schaffen, welche durch die Not der Zeit und durch ihre Freude an Raufereien zu Stegreifrittern geworden waren. Beinahe alle Burgenbesitzer der Umgebung kamen von Zeit zu Zeit mit den Nordhäusern in Konflikt, und fast immer waren es Störungen des Handels oder Plünderungen von Nordhäuser Kaufmannsgut. Die *Honsteiner*, die *Hardenberger*, die *Morunger*, die *Boyneburger*, die *Uslarer* auf den Gleichen bei Göttingen, die Herrn *von Plesse*, die *Asseburger*, die *Pappenheimer*, die *Stockhäuser* von der Bramburg, hin und wieder die alten *Regensteiner*, alle kreuzten die Waffen mit den Nordhäusern, weil sie auf ihren hungrigen und windigen Burgen einen Haß auf die vollen Speicher der Städte hatten. Die meisten Fehden waren durchaus harmlos, kosteten wenig Blut und sicher weniger Geld als heutige Prozesse.

Für solche Fehden hatte sich in jener Zeit, wo hinter dem Landfrieden kein machtvoller Kaiser stand und jeder selbst sich helfen mußte, ein richtiger Komment herausgebildet; die Fehden wurden geradezu als von jedem anerkannte Rechtsmittel benutzt. Ein ungeschriebenes Gesetz diktierte für den Austrag dieser Händel ganz bestimmte Formen, als ob es in der Welt nichts Natürlicheres gäbe, als sein Recht mit dem Schwert in der Faust zu suchen. War ein Streitfall vorgekommen, so wurde die Fehde angesagt. Man schickte dem, von dem man sich verletzt fühlte, eine „Bewahrung", d.h. man machte ihn aufmerksam, daß er sich nunmehr vorsehen müsse; der Lehnsherr des Gegners bekam eine „Oberbewahrung". Ohne solche Ankündigung der Fehde, „unverwahrten Dinges", übereinander herzufallen, galt als nicht anständig. Die *Honsteiner, Uslarer* und *Stockhäuser* mußten sich von Nordhausen deshalb einmal den Vorwurf unfairer Handlungsweise gefallen lassen, weil sie am 22. August 1441 ohne Fehdeansage mit 150 Mann vor Nordhausen erschienen, 16 Bürger gefangen nahmen, Kühe, Schweine, Pferde wegtrieben und einen Bürger gar erschlugen.

Natürlich hatte eine solche unvermutete Fehde, wenigstens im Anfange, meist mehr Erfolg als eine angekündigte, da der Angegriffene sich keines Überfalls versah und völlig überrascht war. Ja, es gelang dann wohl selbst inmitten der wohlverwahrten Stadt ein guter Fang, wie z.B. am 30. Juni 1458 *Kersten von Berga* in der Hundgasse *Dietrich von Nantzesdorf* gefangen nahm und als gute

Beute nach Bennungen fortführte, da er den Stadtwächtern aufbinden konnte, er handele auf Ratsbefehl.

Nordhausen selbst schickte, dem Brauche der Zeit folgend, oft genug gleich ganze Serien von Fehdebriefen ab, wenn ihm Unrecht widerfahren war. So gingen 1441 infolge des erwähnten Überfalls zu gleicher Zeit an 4 Honsteiner, an die Uslarer und Stockhäuser sowie an Hans von Hardenberg Absagen. Dazu kamen Bewahrungsbriefe an viele Ritter auf dem Eichsfelde, die offenbar den Ritt mitgemacht hatten: an die Herren von *Gerweshausen, Eschwege, Kerstlingerode, Winzingerode, Buhla*. Den Oberbewahrungsbrief schickte man an Erzbischof *Dietrich von Mainz* als den Lehnsherrn der kleinen Adligen, welcher in seinem Palast zu Mainz beim Frühstück wahrscheinlich schmunzelnd diese Zeitung las.

Der Anlaß zu solchen Fehden waren fast immer Straßenüberfälle. Häufig war es nur auf die Pferde abgesehen, dann aber auch auf die gefüllten Geldkassen oder Waren, die Nordhäuser Händler mit sich führten. Selten brachen Fehden aus wegen Überfälle, die unter dem Vorgeben geschahen, der Angreifer könne sonst nicht zu seinem Gelde kommen, das ihm Nordhäuser Bürger schuldeten. Aus diesem Grunde wurden z.B. am 10. März 1442 dem Nordhäuser *Claus Wolf* 4 Pferde am Kohnstein weggenommen.

Oft war es auch auf die Reisenden selbst abgesehen, um Lösegeld zu erpressen. Setzten sich die Angegriffenen dann zur Wehr, so standen die edlen Strauchritter natürlich für nichts; es setzte Wunden oder ging gar ans Leben. So wurde *Hans Lorenz* aus Nordhausen 1442 auf dem Wege von Frankenhausen nach seiner Heimatstadt, als er zwischen der Falkenburg und Thalheim war, beraubt, geschlagen und durch den Leib geschossen. Noch schlimmer erging es einem Nordhäuser Krämer, der 1435 beim Mönchshofe der Numburg erschlagen ward. Hände und Füße wurden ihm abgehauen, eine gräßliche Verstümmelung des Körpers, die uns in den verrohten Zeiten öfter begegnet. Ebenso wurde am 20. November 1469 ein Nordhäuser bei Stempeda seines Pferdes und 30 Gulden Geldes beraubt, er selbst getötet. War eine besondere Schändung des Überfallenen beabsichtigt, so hängte man ihn, wie es am 6. Dezember 1437 einem armen Nordhäuser vor der Dorfschenke zu Klettenberg geschah, der vom Grafen *Heinrich von Honstein* und seinem Lehnsmannen *Walter von Werna* angehalten worden war; ein Knappe des adligen Gesindels warf ihm einen Strick um den Hals und knüpfte ihn auf.

Großer Beliebtheit erfreuten sich die Überfälle im Harzwalde beim Holzabfahren durch die Nordhäuser. Schon 1347, während die Nordhäuser in eine Fehde mit dem *Bischof von Halberstadt* verwickelt waren, wurden Nordhäuser Böttcher, die Holz holten, von Mannen des Hildesheimer Bischofs, des Amtsbruders des Halberstädters, überfallen, geschlagen und verstümmelt. Selbst der König wurde deshalb damals von den Nordhäusern in Anspruch genommen, natürlich ohne Erfolg. Der Bischof von Hildesheim schrieb in dieser Sache eigenhändig folgenden Brief an Karl IV.: *Leber Herre Karl, Römischer König und König tho Beheym. Also gy mek gescreven hebben umme de borgere von Northusen, des bidde ek yu tho wetende, dat myn Broder, de bischop van Halberstat, sek vele beklaget hett, dat de borgere van Northusen synen unde mynen vianden .... behilplich weren met spise und met lüden, des he dreppliken groten schaden hedde; dar öme nie umme wedder varen enkonde, des öme not ys, dar öme sy he öre viand: unde wes viand vorbenömbde brode ys, des viand bin ek also lange, wente öme wedderfaren mak, des öme not ys. Wanne ok de van Northusen sek met mynem vorbenömbden broder berichtet, so wolde ek öne nöde icht don nok thokeren.* [4]

Ein anderes Mal, im Jahre 1454, nahm *Hans von Hardenberg* im Walkenrieder Forst 5 Bürger gefangen und erbeutete 20 Pferde; 1479 wurden im Holze dem Martini-Hospitale Pferde abgenommen, der Hofmeister wurde erschlagen.

Gegenüber den zahllosen Fehden mit den Burgenbesitzern vom Eichsfeld, vom Werra- und Leinegebiet gedieh den Nordhäusern im 15. Jahrhundert nur selten Span mit den Herren nördlich des Harzes, mit den Regensteinern oder den Bischöfen von Hildesheim und Halberstadt. Nur ein kleiner Krieg, den Nordhausen im Verlaufe der unten zu erwähnenden Berchtenfehde führte, verdient Erwähnung:

Am Nordrande des Harzes hatten im Jahre 1409 die unruhigen und raublustigen Herren von *Schwichelde* auch den Wernigeröder Teil der Harzburg erworben und waren dadurch zu nicht unbeträchtlicher Macht gelangt, die sie in mancherlei Händeln aufs trefflichste zu nutzen suchten. Schon 1413 hatte deshalb *Otto Cocles* von Braunschweig-Göttingen, ein tüchtiger Regent, was immerhin bei den sonstigen Eigenschaften der Göttinger Herren bemerkenswert ist, im Bunde mit anderen Herren und Städten den Schwicheldern das Handwerk gelegt. Leider nicht gründlich genug. Die Plünderungen im Harzgebiete gingen weiter, und für unruhige Gesellen, welche die Stadt Nordhausen belästigen wollten, waren die Schwichelder immer zu haben. So machten sich denn im Jahre 1435 die Nordhäuser, vereint mit den *Heldrunger* und *Querfurter* Grafen, zusammen 150 Reiter und 300 Fußsoldaten, auf, besuchten die Gegenseite des Harzes und plünderten und verbrannten nach der Art der Zeit eine Reihe von Dörfern. Eine größere Fehde entstand, da nunmehr Wernigerode, Nöschenrode, Drübeck und andere Orte für die Herren von Schwichelde gegen die Eindringlinge kämpften. Da hielt man sich denn nicht allzu lange auf, sondern begnügte sich mit der Beute und kehrte, stattliche Viehherden vor sich hertreibend, in die Heimat zurück.

Größere Fehden, die Nordhausen stark in Mitleidenschaft zogen, wurden von der Stadt selbst gar nicht vom Zaune gebrochen. Die Anstöße dazu kamen stets von außen. Natürlich standen bei kriegerischen Verwicklungen die Auseinandersetzungen mit den Honsteiner Grafen an erster Stelle. Unter diesen Herren machte nun der Stadt Nordhausen in den ersten Jahrzehnten ein äußerst fehdelustiger, um keine Mittel verlegener Mann, Graf *Dietrich IX.* von Honstein-Heringen, das Leben schwer. Offenbar war *Dietrich* von klein auf an Unruhen und Kriegshandwerk gewöhnt, und so konnte er sein Lebelang nicht ablassen von rauhen Kriegssitten.

Die Honsteiner machten damals schwere Zeiten durch. Es ist ja schon oben

---

[4] Lesser, Chronik, 466. Förstemann, Chronik, 286 nach Cyracus Spangenberg.

gezeigt worden, wie Thüringen-Meißen auch in unseren Gegenden an Einfluß ständig gewann und seine Besitzungen ausdehnte. Die geringeren Burgenbesitzer hatten schnell den Fürsten gegenüber klein beigeben müssen; aber hier stand ein tüchtiges Grafengeschlecht auf dem Plane, das sich freilich dauernd durch Erbteilungen geschwächt hatte. Dennoch war dies alte Geschlecht widerstandsfähiger als viele andere Grafschaften und wahrte seine Rechte nach Kräften. 1380 hatten die Thüringer ihm schon den Krieg ins Land getragen und die Stammburg selbst erobert. 1397 mußten die Grafen sich wieder dem Landgrafen beugen und wurden auf diese Weise solange belästigt, bis sie sich gezwungen sahen, Teile ihrer Güter als Lehen von Thüringen zu nehmen.

Noch beschäftigt mit inneren Angelegenheiten und getreu ihrem neuen Grundsatze, sich friedlich zu halten, hatten die Nordhäuser bei diesen Fehden hinter ihren Wällen zugesehen, wie rings um ihre Stadt herum die Fluren der Honsteiner verheert wurden, wohl auch mit einiger Schadenfreude, da sie den alten Nachbarn und Gegner leiden sahen. Jetzt war nun aber *Dietrich IX.* großjährig geworden und alt genug, selbst auf Raub auszugehen.

Da lagen nun, wie geschaffen zu leichter Beute, reich und schutzlos die Besitzungen des Klosters Walkenried. Zwar war eigentlich kein Anlaß vorhanden, über das Kloster herzufallen, aber zur Erfüllung von Wünschen gibt es ja manchen Weg, und auch Dietrich fand seiner Meinung nach einen durchaus gangbaren, wenn derselbe auch reichlich schon mit Gras bewachsen war. Vor beinah 100 Jahren nämlich, im Jahre 1323, hatten die Honsteiner einen schlimmen Strauß mit den Mönchen von Walkenried gehabt, die einen der Grafen damals ermordet hatten. Dieser arme Graf ruhte noch immer ungerächt mit eingeschlagenem Schädel im Grabe. Da war unser Dietrich der geeignete Mann, die Bluttat an dem Ahnen dadurch zu rächen, daß er sich an den nahrhaften Gütern der Mönche in der Aue bereicherte. So stellte er an den Abt von Walkenried das Ansinnen, er solle ihm den vierten Teil der Ernte von den Klosterhöfen, die in seinem Grafschaftsgebiet lagen, als Steuer geben. Doch 25 Prozent Einkommensteuer schien dem Abte etwas reichlich hoch, er versagte sie dem Grafen, und so war denn der Kriegsfall gegeben.

Im Jahre 1404 begann der Kampf damit, daß Dietrich die Walkenrieder Klosterhöfe von Berga bis Bielen rein ausplünderte. Die Mönche schrieen Zeter, riefen des Königs *Ruprecht* Hilfe an, und dieser beauftragte die Reichsstädte Mühlhausen, Nordhausen und Goslar mit der Reichsexekution. Für Nordhausen war die Gelegenheit günstig, den verhaßten Nachbarn zu demütigen und ihm womöglich das eine oder andere Dorf, etwa Bielen, abzujagen. Auch die Gefahr war nicht groß dabei, da die Herrn Vettern Dietrichs, die Grafen von Honstein-Klettenberg im Westen und von Honstein-Kelbra im Osten, in die Reihe seiner Feinde traten. Daher kam es auch, daß das Übergewicht im Felde bald erlangt war und die Hauptstadt des Gegners, Heringen, zweimal, im August 1406 und im November 1407, belagert werden konnte.

Doch an dem befestigten Orte scheiterte der Angriff; denn wenn die Belagerer auch schon Feldschlangen mit sich führten, so waren doch die Verteidigungswaffen, Mauern und Wälle, noch immer beinahe unüberwindlich. Vor allem lag der Mißerfolg aber natürlich an der kläglichen Kriegsausrüstung des Reiches. Bei dieser vom Könige befohlenen Exekution zu Gunsten eines dritten, des reichen Klosters Walkenried, wollte keiner seine Haut zu Markte tragen. Dagegen wußte Dietrich, wofür er kämpfte. Sobald im Spätsommer des Jahres 1406 die Belagerung Heringens aufgegeben werden mußte, brach er hervor und verwüstete furchtbar die Walkenrieder Liegenschaften, die, ungedeckt von den Reichstruppen, seinen Angriffen ausgesetzt waren.

Nur wo man einen eigenen Vorteil aus dem Kampfe erhoffte, setzte man sich wirklich ein. So hielt das Nordhäuser Aufgebot mit Zähigkeit die beiden Grafendörfer Bielen und Windehausen. Doch die Machthaber der Stadt waren mit jener einfachsten Regel der Politik unvertraut, daß nur ein voller Sieg, wo er auch gewonnen sei, den erwünschten Lohn einträgt, kleine Teilerfolge aber auch wieder verloren gehen, wenn man nicht mit Mut und Lust ein siegreiches Ende herbeizuführen trachtet. Nordhausen besaß damals diese Einsicht nicht, trat nicht mit aller Kraft für Walkenried ein, und so kam es, daß, als endlich 1410 zu Ilfeld Friede geschlossen wurde, Walkenried in allen Stücken nachgeben und Nordhausen aus den besetzten Dörfern abziehen mußte.

Nachdem *Dietrich IX.* diesen bedeutenden Erfolg errungen hatte, trieb es ihn sogleich, mit seinem ungetreuen Vetter, dem Grafen von Honstein-Kelbra, abzurechnen. Auch hier war Beute zu erlangen; und ein Adliger von gleicher Gesinnung wie er, *Friedrich von Heldrungen*, der einen Haufen Raufbolde, Ritter, Knechte, ihrem Herrn entlaufene Bauern mit Sensen und Dreschflegeln, um sich gesammelt hatte, ließ sich nicht lange bitten, sondern zog ihm zu, um Anteil an Raub und Beute zu gewinnen. Im Jahre 1412 wütete dieser „Fleglerkrieg" in der Umgebung Nordhausens, und Dörfer und Bewohner hatten so zu leiden, wie seit dem bösen Winter des Jahres 1294 nicht, wo die zügellosen Scharen *Adolfs von Nassau* in der Aue weilten. 22 Dörfer und Weiler gingen in Flammen auf und wurden so zerstört, daß nachher ihr Aufbau nicht lohnte, sondern sie seitdem als Wüstung liegen. In Nordhausens nächster Nähe gingen damals unter: Krimderode bei Görsbach, Hunsdorf und Liebichenrode bei Steigerthal, Blicherode, Gunsdorf und Thiergarten bei Neustadt. Die Burg Honstein selbst wurde am 15. September 1412 nächtlicherweise überrumpelt, und Graf *Heinrich von Honstein-Kelbra* mußte sich fast unbekleidet in abenteuerlicher Flucht nach Ilfeld in Sicherheit bringen.

Da endlich schritt der Landgraf von Thüringen ein, und ihm mußten sich Dietrich von Honstein und Friedrich von Heldrungen beugen.

Bald darauf starb Dietrich ruhmlos und ohne Erben. 1417 erbten die Stolberger und Schwarzburger gemeinsam die Herrschaft Honstein-Heringen; *Graf Botho von Stolberg* ward im November 1417 durch Kauf alleiniger Besitzer der alten Stammburg Honstein.

Dadurch ergaben sich auch für Nordhausen ganz neue Verhältnisse. Den honsteinschen Besitz östlich und südlich der Stadtflur hatten nun die Stolberger und Schwarzburger an sich gezogen und waren unmittelbare Nachbarn der

Reichsstadt geworden; nur der Westen, die Herrschaft Honstein-Klettenberg, verblieb noch dem alten, einst so begüterten Geschlecht.

Als bedeutendere Heerfahrt der Nordhäuser sei nur noch die gegen den Hanstein im Jahre 1429 erwähnt, welche die Nordhäuser, um ihrer Bündnispflicht gegenüber Mühlhausen zu genügen, antraten. *„Darnach machte man eyne herfard vor hanstein, dy ward wendig* (notwendig) *umme des willen, das herczoge Otte von herczberg dy von northeim und osterode wedderbettin* (widerstritten).*"* Es handelte sich also darum, daß die Nordhäuser den Bürgern von Northeim und Osterode gegen *Otto von Braunschweig* zu Hilfe zogen und die Mühlhäuser, die unter den Räubereien der Hansteiner viel zu leiden hatten, in ihrem Kampfe gegen das Raubnest unterstützen. So lagen denn die Nordhäuser nach 60 Jahren wieder einmal vor dem Hanstein, und es mochten noch alte Leute vorhanden gewesen sein, die dem Nordhäuser Aufgebot vor der Ausfahrt von dem verunglückten Zuge voreinst erzählten und ihm den guten Rat gaben, ja recht vorsichtig zu Werke zu gehen. Übrigens konnten die verbündeten Städter auch diesmal dem stark befestigten Berge über der Werra nichts anhaben. Desto mehr ging es wieder über die armen Bauern her: 13 Dörfer der Hansteiner wurden geplündert und angezündet, auch das Dorf Rimbach am Fuße der Burg ging bis auf wenige Häuser in Flammen auf. [5]

Für die damaligen Verhältnisse in Nordhausen war es schon alles mögliche, daß sich die Bürger zu so weiter Fahrt herbeiließen. Es blieb auch bei dieser einen Unternehmung, und das umso mehr, als die Nordhäuser bald im eigenen Hause der Plackereien genugsam zu dulden hatten.

Am 9. Dezember 1428 nämlich war zu Nordhausen ein unglaublich frecher Diebstahl vorgekommen: Bei Nacht waren aus dem Rathause Gelder, die zu einem Feldzuge gegen die Hussiten dort gesammelt lagen, sowie silberne Geräte aller Art gestohlen worden. Die Diebe mußten mit der Örtlichkeit sehr vertraut gewesen sein, hatten aber ihre Spur so gut zu verwischen gewußt, daß sie lange unentdeckt blieben. Allmählich aber richtete sich der Verdacht immer mehr gegen einige hochgestellte Nordhäuser Persönlichkeiten. Man mußte annehmen, daß der Ratsherr *Hans Kirchhof*, der Syndikus der Stadt *Hermann Liebenrod* und sein Unterschreiber, ein Geistlicher und Angehöriger des Domstifts namens *Johann Schulze* aus *Frankenhausen*, die Täter waren. Der Rat wagte sich zunächst trotz dringenden Verdachts nicht an die Untersuchung. *Kirchhof* entstammte einer angesehenen Gewandschnitterfamilie, sein Vater *Apel Kirchhof* war ein um die Stadt wohlverdienter Mann, besaß auch einflußreichen Anhang in seinem Sohne *Gerke Kirchhof* und seinem Schwiegersohne *Kurt Berchte*. *Hermann Liebenrod* hatte dem Gemeinwesen schon in dem Jungeschen Prozesse große Dienste erwiesen, und die Persönlichkeit *Schulzes* war wegen des geistlichen Gewandes schwer anzutasten. Dazu kam, daß sich schon 60 Jahre nach der großen Revolu-

---

5 Vergl. Förstemann, Chronik, 296. Meyer, Honstein 37 ff. Lemke, Walkenried, 33. Botho zu Stolberg, Gesch. des Hauses Stolberg 179 ff. Zu der oben angezogenen Stelle vergl. Förstemann, 298. Hier hat Förstemann ein sinnentstellendes Komma gesetzt, weshalb die Stelle aus dem Fehdebuche wiedergegeben ist. Vergl. Neue Mitteilungen, VIII 4. 124.

tion aus den Männern ein neues Patriziat gebildet hatte, das fest zusammenhielt gegen die Menge des Volkes und lieber einen Schaden für die Stadt vertuschte als seine Angehörigen bloßstellte. Doch als die Sache nun ruchbar wurde und der Rat weiter zauderte, kam es zu Volksaufläufen und zu drohenden Gebärden wider den Rat, der die Missetäter nicht strafte, welche das von den Bürgern mit saurem Schweiß zusammengebrachte Geld gestohlen hatten.

So mußte man sich zum Einschreiten bequemen, der Volksstimmung nachgeben und *Liebenrod* und *Schulze* gefänglich einziehen. *Schulze* wurde gefoltert; die Stadt aber wurde sogleich, weil sie sich an einem Geistlichen vergriffen hatte, mit dem Interdikt belegt. Doch Schulzes Verbrechen war zu offenbar. Der Erzbischof von Mainz ernannte für den Inhaftierten zwar ein geistliches Gericht, dem unter dem Vorsitz eines Mainzer Kommissars die beiden Nordhäuser Domherren *Werner Rothe* und *Albrecht Echte* angehörten; aber auch dieses Gericht mußte das Ergebnis des ersten Verfahrens bestätigen. Deshalb wurde schon am 24. November 1430 der Bann über Nordhausen vom Papste Martin V. aufgehoben.

Über den weiteren Prozeß berichtet der Thüringer Chronist *Hartung Kammermeister* sehr gut. Auch *Liebenrod* wurde nach dem Geständnis *Schulzes* eingezogen, und die Nordhäuser *„worgeten den gar sere in dem gefengnisse"*. Nunmehr kam an den Tag, daß *Liebenrod* und der junge Ratsherr *Kirchhof* den Raub ausgeführt hatten, während *Schulze* hatte Schmiere stehen müssen. Auch *Kirchhof* wurde am 11. September 1430 peinlich verhört *„unde marterten den so sere, das er sprach, er hette es gethan unde die silberin schalen gein Erffote eyme goltsmed bracht"*.

Nun fällte das Gericht über die beiden weltlichen Übeltäter das Urteil; *Liebenrod* gab sich im Gefängnis selbst den Tod, *Kirchhof* wurde an eisernen Ketten morgens und nachmittags zweimal aufgehängt, bis er starb. Wir aber haben uns die Untersuchung darüber, was für eine famose Hinrichtungsart das war, gespart; denn wir gestehen, daß es uns nicht allzuviel Freude bereitet, den Spuren des erfinderischen menschlichen Ingeniums nach Gausamkeiten nachzugehen. *Kirchhof* beteuerte bei der langwierigen Hinrichtung aber immer wieder seine Unschuld. Er *„schrey dicke unde vil zcetir ubir gewalt unde unrecht"*.

Diese furchtbare Hinrichtungsform scheint bei der zuschauenden Menge doch das Mitleid mit dem Gemarterten erregt zu haben, und man wurde durch die Beteuerungen des Gequälten irre an der Rechtmäßigkeit des Verfahrens. Die angesehenen Verwandten empfanden es jedenfalls als ungeheuren Schimpf. Der Vater des Hingerichteten *Apel Kirchhof* ging außer Landes nach Weißensee und erhob dort Klage vor dem Landgericht des Landgrafen. Nicht so rechtmäßig gingen der Bruder des Getöteten *Gerke* und sein Schwager *Berchte* gegen Nordhausen vor. Sie schnitten schon am 21. September 1430 den Körper des Gehenkten heimlich ab und wandten sich an den Landgrafen von Hessen und die heimliche Feme.

Hier tritt uns nun zum ersten Mal dieses ursprünglich westfälische Gericht entgegen, das im 15. Jahrhundert mehr gefürchtet als wirksam war. Es war eine merkwürdige Macht, die den ordentlichen Gerichten damals Konkurrenz machte, in die Gerichtshoheit der Städte und Länder eingriff und deshalb verhaßt war und bekämpft wurde. Damals stand gerade die Feme in größter Blüte, und es konnte deshalb immerhin nicht ganz ungefährlich für Nordhausen sein, als die Verwandten des Hingerichteten bei dem „freien heimlichen Gericht zu Kreuzburg zum Wolfsheim unter dem Freigrafen *Hans Fegestock*" die Klage gegen die Stadt anhängig machten. Nordhausen sah sich genötigt, sich vor dem Gericht zu verantworten und schickte zum 26. und 27. Juli 1431 Bevollmächtigte unter dem Bürgermeister *Heinrich Stöckey* an das Femegericht. Doch dabei kam es nun zur offenen Fehde zwischen der Stadt und den Bluträchern: Auf der Rückkehr aus Hessen wurden nämlich die städtischen Gesandten am 29. Juli überfallen, und mit Mühe gelang dem Stadthauptmann *Balthasar von Harras* die Abwehr.

Nun ging aber auch Nordhausen energisch vor. Zunächst legte es Verwahrung bei *Kaiser Sigmund* ein, daß man gewagt habe, die Stadt vor ein auswärtiges Gericht zu ziehen, da man sich nur vor einheimischen Richtern zu verantworten brauche. Die Stadt stützte sich dabei abgesehen von einem Privileg *Albrechts von Thüringen* aus dem Jahre 1267 offenbar auf das Privilegium *Karls IV.* vom 10. August 1349: „Wenn wegen eines Urteils vor Gericht zu Nordhausen Zweifel beständen, so solle gelten, was die Ratsmeister darüber entschieden." Ferner hatte König *Wenzel* am 21. Oktober 1386 den Richtern des Landfriedens zu Westfalen verboten, Rat und Bürger von Erfurt, Mühlhausen und Nordhausen vorzuladen; und ein ähnliches Privileg gab er am 9. März 1391 noch einmal.

Da die Verwandten des Getöteten von auswärtigen Gerichten also nichts zu erwarten hatten, versuchten sie die Rache mit offener Gewalttätigkeit. Dabei scheuten sie weder Opfer noch Mühe. Sie gewannen den Bischof *Magnus von Hildesheim* und viele Grafen und Adlige zu einem Feldzuge gegen die Stadt. Diese ward 1432 regelrecht blockiert, und auch nach dem Abzuge der Heerscharen unterblieben Streifzüge *Gerkes* und *Berchtes* nicht. Im Februar 1433 schossen sie Brandpfeile über die Mauer ins Töpferviertel.

Bis 1435 blieb es unsicher in der Nordhäuser Flur. Nordhausen selbst rüstet sich zum Gegenschlage mit seinen Bundesgenossen, den Querfurtern und Heldrungern, und unternahm den eben geschilderten Zug gegen die Herrn von *Schwichelde*. Doch folgte dem Zuge der Gegenzug. 1436 gelang es *Kurt Berchte*, den Herzog *Heinrich von Braunschweig* für 200 Gulden zu bewegen, gegen die Stadt zu rüsten. Dieser trieb den Nordhäusern nicht nur alles Vieh hinweg, sondern wagte am 27. September 1436 sogar vom Töpfer- und Altentor her den Sturm auf die Stadt. Der schlug zwar fehl; in der Bedrängnis aber hatte Nordhausen begonnen, seine Außenbefestigungen zu verstärken und hatte dafür vom Kaiser *Sigmund* auch ein Privileg erhalten. Dadurch jedoch zog sich Nordhausen nur weitere Feinde in den Stolbergern und Schwarzburgern zu, die ihre Gerechtsame an der Stadtflur angetastet meinten. So wurden zu allem übrigen auch hier noch Wirrungen heraufbeschworen.

Den Höhepunkt erreichte dieser „Berchtenkrieg" im Jahre 1437, als *Heinrich von Braunschweig* mit *Kurt Berchte*, seinem Spießgesellen *Klaus Haferung* und

100 Reisigen die Nordhäuser, die zum Frankenhäuser Jahrmarkte zogen, überfiel. Die Bedeckung für die Nordhäuser Kaufleute war zu schwach. Der Stadthauptmann mußte samt seinen Söldnern in den Kirchhof von Badra flüchten. Hier fanden sie Schutz, und so kamen sie noch leidlich glimpflich davon. Was ihnen hätte geschehen können, zeigt das Schicksal des Bischofs *Burchardt von Halberstadt*, der in demselben Jahre kurz darauf, am 20. November 1437, nachdem er die Aue ausgeplündert hatte, von dem Grafen *Heinrich von Honstein* im Alten Stolberg in den Hinterhalt gelockt und bis zur Vernichtung geschlagen worden war.

Doch die Nadelstiche hörten nicht auf. Erst als 1441 vor Nordhausen wieder ein Bürger erschlagen worden war, 16 Gefangene und viel Vieh fortgenommen waren, organisierte der Stadthauptmann *Ulrich von der Nesse* den Widerstand. Seitdem wagten sich die Kirchhofs und ihr Anhang nicht mehr an die Stadt heran. Endlich, am 4. August 1443, 15 Jahre nach dem Diebstahl, gelang dem Grafen von Schwarzburg zwischen der Stadt und den Kirchhofs eine „Richtung". Die Kirchhofs verzichteten auf weitere Verfolgung ihrer Rachepläne und erhielten als Gegenleistung ihre Besitzungen an Ackerland und Gewandkammern wieder oder eine Entschädigung dafür. In ihrem Besitze war auch das nach ihnen genannte Kirchhofholz unter dem heutigen Harz-Rigi, das vor einigen Jahren erst durch die Fürsorge des Magistrats fröhliche Auferstehung gefeiert hat. [6]

Schon in den Berchtenkrieg hinein spielt das „heimliche Gericht zu Westfalen", die Feme, ein seltsamer Auswuchs am Baume des deutschen Gerichtswesens. Nur aus einer Rechtlosigkeit sondergleichen ist dieses Gericht zu verstehen, und nur aus dieser heraus konnte es Bedeutung erlangen. Von Westfalen ging es aus, wo die Bevölkerung seit uralter Zeit unverändert ihre Schöffengerichte beibehalten hatte. „Freigerichte" hießen diese Gerichtsstätten, weil nicht nur Adlige, sondern jeder freie Mann, auch Bauern und Bürger, Schöffen und „Wissende" sein konnten. Zunächst auf den westfälischen Sprengel beschränkt, erlangten sie nach und nach Ansehen im ganzen Reiche, besonders unter den Königen *Ruprecht und Sigmund*.

Das Gericht konnte eröffnet werden, wenn unter dem Vorsitz des Freigrafen mindestens 7 Schöffen, den alten fränkischen Rachinburgen entsprechend, beisammen waren. Da aber den Freigerichten der sichere Rechtsboden fehlte, sie sich auf keine Tradition außerhalb Westfalens stützen konnten, ihre Kompetenzen gegenseitig nicht abgegrenzt waren und der eine Freistuhl den Spruch des anderen nicht selten aufhob, auch keine Macht hinter ihnen stand, verloren sie bald an Einfluß. Besonders die Städte, die ihre eigene Gerichtshoheit durch die Feme beeinträchtigt sahen, wandten sich gegen diese Gefahr, und mehr als eine hanseatische Tagfahrt hatte deshalb als Gegenstand ihrer Beratung das „*heimliche gericht*". Am 21. April 1426 versuchten die Städte des Braunschweiger Viertels nördlich des Harzes sogar eine Abgrenzung der beiderseitigen Gerichtshoheit,

---

[6] Vergl. Lemcke, Nordh. Familienblätter, 1887, Nr. 98-100, Hartung Cammermeister, ed. Reiche, Halle 1896.

indem sie bestimmten: ... *darup hette wii uns vordrogen, alse de vrigreven neyn* (nicht ein) *gerichte uppe ostersiiden* (östlich) *der Wessere heben scholden.*[7] Also nur auf roter Erde jenseits der Weser sollten die Gerichte Recht sprechen können.

Die drei thüringischen Städte hatten diesen Beschluß nicht mitgefaßt, sympathisierten aber mit dem Vorgehen der Hanse, denn auch sie waren von der Feme bedroht. Nordhausen kam, abgesehen von dem Streitfalle im Jahre 1431, noch mehrfach mit ihr in Berührung. Besonders gern wandten sich die überall rechtlosen Juden an das heimliche Gericht, um dort ihr Recht zu suchen. So waren es auch zwei Fälle, bei denen sich Juden durch Nordhausen beeinträchtigt fühlten, welche Nordhausen vor das Fehmgericht brachten.

Im ersten Falle handelte es sich um einen Juden *Abraham* aus Magdeburg. Dieser hatte in Nordhausen geweilt und hier ein Vergehen begangen. Er floh zu *Botho* dem Älteren von Stolberg, der damals gerade den Nordhäusern wegen der Stadtflur gram war, und ward von diesem auch aufgenommen. Als sich Nordhausen aber seinetwegen an Kaiser *Sigmund* wandte, fühlte er sich unter den Fittichen des Grafen nicht mehr sicher und benutzte nun sein Untertänigkeitsverhältnis zu *Agnes von Hessen*, Herzogin von Braunschweig, um bei ihr Schutz vor der Rache Nordhausens zu erlangen. Hier klagte er vor dem Freigrafen *Manegold* zu Freienhagen in Hessen gegen die Stadt. Der Prozeß muß sich dann Jahre lang hingezogen haben, doch ist weiter nichts bekannt, als daß die Fürstin „Nordhausen mit dem heimlichen freien Gericht von Freienhagen sehr bedrängt habe". Jedenfalls wurde der Streit, der schon Ende der dreißiger Jahre des 15. Jahrhunderts seinen Anfang genommen hatte, erst 1444 durch den Landgrafen von Hessen gütlich beigelegt.

Über den zweiten Fall sind wir besser unterrichtet; er spielte in den Jahren 1455-1457 wegen des Juden *Moses Eltmann* vor dem heimlichen Gericht. Moses hatte in Nordhausen Handel getrieben, seine Schulden nicht bezahlt und war deshalb in Haft genommen worden. Hinterher klagte er vor *Niklas* von der Nieß, dem Münzmeister des Landgrafen von Hessen, vor *Manegold* und *Hermann Knulberge*, Freigrafen des Freistuhls zum Freienhagen. Wieder wandte sich Nordhausen wegen Antastung seiner Gerichtshoheit an den Kaiser, und dieser, es war *Friedrich III.*, verbot auch am 19. April 1455 das Verfahren. *Johannes Schope*, ein Mainzer Kleriker und Kaiserlicher Schreiber, sollte dem Femegericht das kaiserliche Schreiben übergeben. Doch erging es ihm dabei schlecht genug. Am 15. Juni 1455 kam er nach Wolfhagen zum Freigrafen *Manegold*, den er gerade beim Mittagessen traf, und es entwickelte sich nun zwischen beiden ein recht erbauliches Gespräch. Manegold fragte: „*wes baten* (Bote) *seyet ir*", und *Schope* antwortete, er „*sie von unsirs aller gnedigsten hern wegen des Kaisers*". Worauf der Freigraf schrie: „*Ir siet des kraden tufels bathen; ich schesse wol in des Keysers briffe unde in die von Northusen ... Ir soldet dem Keyser weddir brengen sine briffe und soldet on vor uns laden.*" Abgesehen von diesen Äußerungen, die man denn doch auch im 15. Jahrhundert, das an kräftige

---

7 Hanseatisches Urkb. VI: 350.

Redewendungen gewöhnt war, als Majestätsbeleidigung ansah, vergriff sich aber Manegold auch noch an dem Abgesandten des Kaisers und ließ ihn in einen Turm werfen, *„dar kroten und slangen inne sin"*. Hier mußte er sich 2 1/2 Wochen gedulden, wurde dann von *Niklas von Nieß* übernommen, der ihn weitere 4 Wochen, davon 2 in Fesseln, gefangen hielt. Während dieser Zeit äußerte sich ein anderer Freischöffe: *„der Keysser ist der man nicht, der uns unssir gerichte sal entlegen. Her hat auch obir uns nicht zcu gebitten."*

Welch trauriges Bild enrollt sich hier von der Machtlosigkeit und dem geringen Ansehen der Staatsgewalt! Doch hatten immerhin die Übergriffe der Freigrafen für Nordhausen den Vorteil, daß der Kaiser das ganze Verfahren gegen die Stadt sogleich unterband, die drei Richter *Niklas, Manegold* und *Knulberge* selbst aber ächtete.

Am 28. Juli 1457 bestätigte Landgraf *Ludwig von Hessen*, daß sein Münzmeister sich mit Nordhausen vertragen habe.

Seit der Mitte des 15. Jahrhunderts war der Einfluß der Feme gebrochen. Wir hören zwar noch in den achtziger Jahren, daß die Feme Nordhausen habe „kummern, aufhalten und hemmen wollen", doch war die Angelegenheit ohne Bedeutung. Im April 1498 wurde nochmals ein Nordhäuser Jude, der *„alde Josep"*, vor ein Freigericht geladen, erschien aber nicht, und zwar weil es ihm der Rat untersagt hatte. Als das Freigericht dagegen Einspruch erhob, wurde ihm im Dezember 1498 vom Abte *Nikolaus* des Schottenklosters zu Erfurt als Richter des geistlichen Gerichts die Exkommunikation angedroht, weil es Nordhausens Privilegien nicht geachtet habe. *Nikolaus* bezog sich dabei neben jener Urkunde *Wenzels* vom Jahre 1391 auf eine zweite, die erst neuerlich, am 12. Oktober 1497, *Maximilian* für die Stadt erlassen hatte und in welcher er der Stadt bestätigte, daß sie vor keinem fremden Gericht zu erscheinen brauche. – Ja, selbst im 16. Jahrhundert, im Jahre 1534 wurde Nordhausen noch einmal vor einen westfälischen Freistuhl vorgeladen, beschwerte sich aber sogleich beim Reichsgericht in Speyer, und dieses lud sowohl den anmaßenden Freigrafen *Stefan Simon* wie auch den Ankläger *Kaspar Krause* vor. Irgendwelche Bedeutung hatte die Angelegenheit nicht; der Einfluß der Femegerichte war längst beseitigt.[8]

Doch noch von anderen Widerwärtigkeiten wurde Nordhausen gerade in den dreißiger und vierziger Jahren des 15. Jahrhunderts belästigt. In jenen Tagen versetzten die Hussiten ganz Deutschland in Aufregung. Wie die Feme nur möglich war als Kind einer rechtlosen Zeit, waren es die Hussitenstürme nur als Kinder einer machtlosen Zeit. Die Deutschen jener Tage waren kriegsstark und kriegsgewohnt wie je, doch waren sie bei dem Zerfall jeder einheitlichen Kriegsverfassung und jeglichen Gemeinschaftsgefühls dem Ansturm dieser tschechischen Horden schutzlos preisgegeben.

Je mehr man in Frankreich gerade damals durch das Auftreten der *heiligen Johanna* Sinn für große nationale Aufgaben gewann, desto mehr ging in Deutsch-

---

8 Vergl. Michelsen, Rechtsdenkmale aus Thüringen, 238 ff. E.G. Förstemann, Urk. Nachrichten über Verhandlungen westf. Femegerichte mit Nordhausen. Zum letzten Fall vergl. Frommann, IV. 895.

land das Gefühl dafür verloren. Niemand wollte für den Nachbarn eintreten, und wenn er sich dazu aufschwang, wollten die zur Verfügung gestellten Truppen ihre Haut nicht für „Fremde" zu Markte tragen. Selbst für die allgemeine Not pekuniäre Opfer zu bringen, war man kaum noch gewillt. Eine Hussitensteuer wurde ausgeschrieben, die auf Vermögen von 1000 Gulden und darüber 1 Gulden, auf Vermögen von 200 Gulden und darüber 1/2 Gulden, auf noch geringeren Besitz 6 Straßburger Pfennige legte; die Juden durften auf den Kopf 1 Gulden bezahlen. Doch selbst in dieser Notzeit zögerte man, für das Reich die notwendige Belastung zu tragen. Nur dieses Verhalten ermöglichte es den Böhmen, ihre verheerenden Züge in die benachbarten Länder zu unternehmen, und ließ alle deutschen Unternehmungen gegen die Scharen *Prokops* und *Ziskas* scheitern.

Es war im Jahre 1426, wo zum ersten Male auch Nordthüringer im Kampfe mit den Hussiten bluteten. Damals waren diese angriffsweise gegen Außig vorgegangen und bedrohten Sachsen. Ein sächsisch-thüringisches Aufgebot, das 30000 Mann gezählt haben soll, war schließlich unter *Busse Vitzthum* zusammengebracht worden; die Grafen Nordthüringens waren in dem Heere zahlreich vertreten; Nordhausen fehlte. Im Juni rannte man bei Außig vergeblich gegen die Wagenburg der Hussiten an und erlitt große Verluste durch das Feuer der Gegner; dann brachen die Böhmen hervor und brachten dem in Verwirrung geratenen Heere eine furchtbare Niederlage bei. Da sanken dahin die Grafen *Ernst* und *Friedrich* von Gleichen, *Friedrich von Beichlingen* sank dahin; da ward *Ernst von Honstein* erschlagen, erschlagen ward der *Burggraf von Kirchberg*. Furchtbare Blutopfer brachte Nordthüringen damals; die Nordhäuser fehlten.

Und dann kamen die Einfälle der Hussiten nach Schlesien, nach Sachsen, nach Brandenburg. Da zitterten die Landschaften, da zitterten die Städte; Not und Gefahr wurden aber vielfach weit übertrieben. Die Heere der Böhmen bestanden aus einem Volksaufgebot, zahlreich waren ihre Mannschaften; das machte sie so furchtbar jenen Zeiten, die nur kleine Scharmützel von wenigen hundert Mann kannten. Sie waren fanatisch, begeistert, grausam, sie trieben den Krieg nicht als Sport, sondern als blutigen Ernst, nicht um Gefangennahme der Gegner, sondern um ihren Tod. Das ließ damals jeden erzittern.

Am meisten bedroht schien Erfurt. Hilfeflehend wandte es sich überall hin. 1430 brachte ihm Göttingen namhafte Hilfe, ohne daß es nötig gewesen wäre. Auch Nordhausen und Mühlhausen jammerten. Die beiden Städte sahen den *wilden Prokop* schon vor ihren Mauern, obwohl dieser gar nicht daran dachte, auf jene für die Böhmen abgelegenen Gegenden seine Züge zu richten. Nur die Hussitennot trieb die drei Städte auch in die Arme der Hanse. Augenblickliche Not und schäbiger Eigennutz war es allein, nicht eine große Idee. Am Neujahrstage 1430 hatte man schon in Lübeck über die Hussitengefahr verhandelt, und Herzog *Wilhelm von Braunschweig* hatte für seinen Oheim, den Markgrafen von Meißen, um Hilfe gebeten. Die Tagfahrt gen Braunschweig im Mai desselben Jahres war nur deshalb von den thüringischen Städten beschickt worden, weil die bleiche Angst sie dazu trieb. Es wurde beschlossen, jede dem Bunde angeschlossene Stadt sollte der anderen zu Hilfe kommen, wenn diese angegriffen werde.

Zu Hause sollte jeder Abgesandte seinen Mitbürgern die Größe der Gefahr ausmalen und über die „Anfertigung von Wagenburgen" reden.

So fühlte denn auch in Nordhausen schon jeder ein Hussitenschwert zwischen den Rippen. Damals war es auch, wo man die Befestigungen der Stadt deshalb verstärkte und die eigenen militärischen Hilfsmittel überdachte, *„imminente herreticorum invasione"*, da der Einfall der Ketzer drohte.

Der viele Lärm war um nichts. Die Gefahr war weder für Deutschland so groß, wie sie schien, noch kam sie für unsere Gegenden überhaupt in Betracht. 1430 und 1432 bei den Vorstößen der Hussiten gegen Brandenburg litt der östliche Rand Thüringens wohl etwas, doch seine eigentlichen Gefilde blieben verschont; Nordhausen selbst hat nie einen böhmischen Ketzer gesehen. [9]

Ebenso erfuhr Nordhausen Gnade bei dem furchtbaren Bruderkriege, der Thüringen und Meißen 1446-1451 furchtbar durchtobte und die Stadt Erfurt bis tief ins Mark hinein traf.

Sachsen wurde durch diesen Bruderzwist derart geschwächt, daß die Böhmen neue bedrohliche Einfälle versuchten. Deswegen schrieb Herzog *Wilhelm von Sachsen* am 7. Juli 1454 auch an die Nordhäuser, sie sollten Reiter, Fußtruppen und Geschütz bereithalten und auf Anruf gen Süden ziehen, ihm zu Hilfe zu kommen.

Während und im Gefolge dieser fast dreißigjährigen Unruhen, in die Thüringen und Sachsen erst durch den Hussitenkrieg, dann durch die Bruderfehde versetzt worden war, hatte natürlich das Raubzeug aller Art wieder gute Tage gehabt. Alles, was um Ruhe und Frieden rang, der Kaiser, die Fürsten, die Städte waren zu beschäftigt gewesen, alle Dinge waren zu sehr in Unordnung geraten, als daß man den kleinen Spitzbübereien hätte Einhalt gebieten können, die, wie in einem unbestellten Garten das Unkraut, damals wieder herrlich gediehen. Sobald aber *Herzog Wilhelm* Ruhe im eigenen Hause hatte, ließ er sich die Befriedung der Straßen angelegen sein. Am schwersten litt damals Mühlhausen unter der Wegelagerei der Herren vom Eichsfeld und vom Wesergebiet; doch auch bis hinunter in die Aue nach Nordhausen und in die Herrschaften der Harzgrafen hinein erstreckten sich ihre Raubzüge, *Hans von Jühnde* und *Hans von Gladebeck* nahe bei Göttingen, *Hans von Falkenberg*, ein Vorfahr des berühmten Verteidigers Magdeburgs im Jahre 1631, die Stockhäuser Herren auf der Bramburg im Wesergebiet waren wilde Gesellen, denen das Handwerk gelegt werden mußte, sollten Handel und Wohlfahrt nicht unerträglichen Schaden erleiden.

Ein großes Aufgebot unter Herzog *Wilhelm* selbst, das sich besonders aus Mühlhäusern und Nordhäusern zusammensetzte, machte sich also Anfang Juli 1458 daran, die Burgen der Raubritter zu brechen. Es waren böse Tage für die armen Schnapphähne. Jetzt halfen ihnen nicht mehr wie im 14. Jahrhundert Gräben und Mauern und Türme. Die Belagerer ließen ihre schweren Geschütze spielen, und alle Burgenherrlichkeit sank dahin. Schon am 6. Juli fiel die Burg

---

9 Vergl. Hanse-Recesse VIII. 458. – G. Schmidt, Beiträge zu der Gesch. der Hussitenkriege; Forschungen zur deutschen Geschichte VI. 1866. Botho v. Stolberg, a.a.O., 225 f.

Jühnde, am 11. Juli wurde die Bramburg erobert. Leider ging man nach dem Brauch der Zeit nur mit den armen Dienstmannen der Ritter scharf ins Gericht; einige wurden sofort gehängt. Die adligen Wegelagerer selbst konnten sich teils in Sicherheit bringen, teils wurden sie nur gefangen nach Weimar und Gotha an den Hof des Landgrafen abgeführt, und hier kamen sie mit gelinder Buße davon, nachdem sie Urfehde geschworen.

Raubritterdämmerung war hereingebrochen. Zwei Menschenalter später, als *Sickingen* auf dem Landstuhl durch ein Stück, aus einem fürstlichen Geschütz geschleudert, zu Boden sank, war es gänzlich um die Ritterschaft geschehen. Der Tag der Fürstenherrlichkeit brach an.

Ob wir aber bisher von großen oder kleinen Fehden zu berichten hatten, bei keiner war Nordhausen mit dem Herzen beteiligt, denn keine berührte das Lebensinteresse der Stadt. Das war während des ganzen 15. Jahrhunderts nur bei einer einzigen der Fall, die mit Unterbrechung 60 Jahre lang dauerte und in der Nordhausen um die Freiheit seiner kleinen Stadtflur rang.

Das Werden der Nordhäuser Stadtflur ist oben geschildert worden. Doch waren diese Ländereien nur ihrem Besitz nach in Nordhäuser Hände übergegangen, die Gerichtshoheit besaßen die *Honsteiner*. Außerordentlich verwickelt wurden aber die Verhältnisse dadurch, daß offenbar die Nordhäuser über den Teil der Stadtflur, den sie seit der Gründung der Burg durch König *Heinrich* besaßen, auch die Gerichtshoheit innehatten. Vogt und Schultheiß übten sowohl als Beamte des Nonnenklosters von 1158–1220 wie auch als Reichsbeamte seit 1220 innerhalb und außerhalb der Stadt die Gerichtsbarkeit aus. Ein kleines Gebiet der Stadtflur hatte Nordhausen also seit ältesten Zeiten auch hoheitsrechtlich im Besitz. In allem Lande aber, das die Stadt später erworben hatte, waren die Honsteiner Gerichtsherren; doch war bald ursprünglich städtischer und nachträglich erworbener Boden nicht mehr zu unterscheiden. Diese Unklarheit wurde noch dadurch begünstigt, daß die Honsteiner die Vogtei über Nordhausen besaßen, ihr Vogt also innerhalb der Stadt und außerhalb ihrer Mauern das Hochgericht abhielt, und wurde weiter begünstigt in den Jahren 1323–1342, wo die Honsteiner auch Inhaber des Schulzenamts in Nordhausen waren, also auch dieser Beamte in der gesamten Stadtflur die Zivilgerichtsbarkeit ausübte. Als nun 1342 die Trennung von Honstein erfolgte, waren die rechtlichen Verhältnisse völlig verdunkelt. Die Nordhäuser nahmen zu Unrecht an, ihnen gehöre die Stadtflur nicht nur zu eigen, sondern sie besäßen daselbst auch die Gerichtshoheit. Die Honsteiner nahmen zu Unrecht an, die Stadtflur gehöre zwar Nordhausen, aber die Gerichtsbarkeit gehöre ihnen. In der Tat konnten sie das Gericht in dem größeren Teil der Stadtflur hegen, in dem kleineren ursprünglichen Teil der Nordhäuser Flur besaßen es aber die Bürger.

Weitere Schwierigkeiten, die Hoheitsrechte auseinanderzuhalten, entstanden nach 1417, als die Honstein-Heringer-Linie ausgestorben war und ihre Verwandten die Erbschaft angetreten hatten. Zunächst waren für die Herrschaft vier Erben vorhanden, doch bald hatten nur die beiden nächsten Anlieger, die Stolberger und die Schwarzburger, alle früheren Gerechtsame und Besitzungen in ihre Hände gebracht. Diese beanspruchten nun als Erbnachfolger der Honsteiner die Gerichtshoheit in der ganzen östlich und südlich der Stadt gelegenen Flur.

Einfacher waren die Verhältnisse im Westen. Hier reichte bis an die Zorge heran städtisches Gebiet, jenseits der Zorge lag zwar auch noch städtischer Besitz; doch die Gerichtshoheit besaß, unangetastet von den Bürgern, die Linie Honstein Klettenberg. Diese hatte eine Gerichtsstätte am Siechhof auf dem Sande dicht an der Grenze städtischer Gerichtshoheit. Schließlich erhob aber Nordhausen auch diesen Honsteinern gegenüber Ansprüche, seitdem 1464 die Stadt von den Honsteinern die Vogtei als Pfand erworben hatte und nun behauptete, daß die Gerechtsame des Vogtes sich auch über den gesamten westlichen Teil der Stadtflur, über die Flur der früheren Ortschaften Niedersalza sowie Nieder- und Oberode erstreckte. Da kam es auch zum Streit mit der Linie Honstein-Klettenberg.

Mit der Gerichtshoheit war auch das Jagdrecht verbunden. Auch das beanspruchten einerseits die Grafen, im Osten also die Stolberger und Schwarzburger, im Westen die Honsteiner, andererseits die Städter. Denn auch hinsichtlich des Jagdrechts waren die ursprünglichen Rechtsverhältnisse aus dem Bewußtsein der Bevölkerung geschwunden. Seit Jahr und Tag hatten die Bürger die Jagd in ihrer Flur unangefochten ausgeübt.

Die Frage wurde aufgerollt, als nach dem Jahre 1417 die Stolberger und Schwarzburger Grafen Anspruch auf die Gerichtsbarkeit im östlichen und südlichen Teil der Stadtflur erhoben.

Noch verwickelter wurde aber der ganze Streit durch die Aufrollung der Frage nach der rechtlichen Stellung des Frauenbergklosters. Wir hatten schon oben gezeigt, daß die alten Honsteiner immer gewisse Gerechtsame an diesem Kloster besaßen, die wahrscheinlich daher rührten, daß der Gründer des Klosters Neuwerk, der Vogt *Ruprecht*, im Vasallenverhältnis zu den Honsteinern gestanden, daß aber die Stadt den Frauenberg immer als ihr Eigentum betrachtet hatte. Schon 1399 begann um das Frauenbergkloster der Kampf. Damals stifteten die reichen und frommen Brüder *Segemund* das Martinihospital und blieben seine Patrone. Davon soll noch unten berichtet werden.[10] Dieses Hospital aber trat bald in Verbindung mit dem Kloster, und dadurch wurde ein Streit mit diesem heraufbeschworen. Die Nordhäuser vertraten die Ansprüche des Klosters, das sie als ihren Besitz ansahen. Die Stolberger, obgleich sie damals noch nicht Schutzherrn des Klosters waren, da die Linie Honstein-Heringen noch blühte, standen auf Seiten der *Segemunde*, welche die Gerechtsame des Klosters über das Martinihospital nicht zulassen wollten. Im Verlaufe dieses Streites zerfiel *Simon Segemund*, der eine der Stifter, so sehr mit der Stadt, daß er gezwungen wurde, die Stadt zu verlassen und sich zu seinem Gönner, dem Stolberger Grafen, zu begeben. Dieser nahm ihn auf der Ebersburg, nach anderen, unwahrscheinlicheren Nachrichten in Questenberg auf. 1403 wurde der Streit gütlich beigelegt.

Doch diese Auseinandersetzung hatte nur die Bedeutung eines kleinen Vorpo-

---

10 Siehe unten Kapitel 8.

stengefechtes. Erst im Jahre 1436 wurde es ernsthaft. Damals nämlich befestigten die Nordhäuser, die mit den *Kirchhofs* und *Berchtes* in blutiger Fehde lagen, ihre Stadtflur und erlangten dafür auch ein Privileg vom Kaiser *Sigmund*. Das rief die Aufmerksamkeit und bald den Groll der Stolberger und Schwarzburger hervor, die ihre Hoheit in diesem Teil der Stadtflur angetastet glaubten. Auf der anderen Seite hatten aber auch die Nordhäuser Anlaß zu mannigfacher Beschwerde. Durch den Anspruch auf die Gerichtsbarkeit innerhalb städtischen Besitzes war es nämlich bald überhaupt nicht mehr möglich, der Verbrecher habhaft zu werden, die nur ihren Fuß aus den Mauern der Stadt in die Flur zu setzen brauchten, um vor Verfolgung sicher zu sein; denn sie befanden sich nun ja im Gerichtsprengel der Grafen. Das geschah z.B. im November 1436, als der Jude Abraham flüchtig wurde und sich in stolbergschen Schutz begab.

So brachen denn die Streitigkeiten Ende des Jahres 1436 aus, zunächst mit einem leichten Geplänkel, bei welchem man sich vor dem Gericht des Landgrafen in Weißensee noch zu einigen suchte. Doch schon kam es zu Übergriffen der Stolberger: Sie trieben Nordhäuser Vieh hinweg. Nordhausen wandte sich deshalb am 13. Dezember 1436 an Kaiser *Sigmund*. Am 17. Dezember zu Prag stellte der Kaiser die Stadt in den Schutz des Kurfürsten *Friedrich von Sachsen* und in einer zweiten Urkunde auch in den des Landgrafen *Ludwig von Hessen*. Diese mächtigen Fürsten vermochten die Stolberger noch einmal zum Nachgeben zu bringen. Die Streitigkeiten fanden gütliche Begleichung.

Überhaupt muß man anerkennen, daß die Stolberger und Schwarzburger immer zu friedlicher Austragung bereit waren. Es kamen doch allmählich Zeiten herauf, in denen wenigstens größere Herrn nicht sogleich zu Plünderungen und Brand griffen. Auch der ganze vornehme Charakter der Stolberger ließ es nicht zu, daß sie um kleiner Differenzen willen wie beliebige Stegreifritter ihr Recht oder Unrecht suchten. Auch wußten beide Parteien sehr wohl, daß sie bei der Wahrung des Friedens ihren Vorteil am besten fanden. Das Verhältnis gestaltete sich also nach und nach wieder freundlicher, ohne daß doch die rechtliche Lage geklärt worden wäre. 1458 kämpften Stolberger und Nordhäuser Seite an Seite die Raubritter der Burg Jühnde nieder. Selbst ein Übergriff der Nordhäuser im Jahre 1459, bei dem die Bürger zwei gräfliche Diener im Hoheitsgebiet von Stolberg, wie die Grafen behaupteten, aufgegriffen hatten, wurde noch gütlich beigelegt. Nordhausen ging sogar ein Bündnis auf 4 Jahre mit den Grafen ein und zahlte ihnen dafür 200 Gulden. In demselben Jahre erschien noch Graf *Heinrich der Ältere* von Stolberg auf einem großen Feste in der Stadt Nordhausen. *Graf Johann von Beichlingen* wurde mit einer Mansfelderin vermählt; der Ehekontrakt wurde in Nordhausen aufgesetzt. Zu diesem Feste war eine erlauchte Versammlung in Nordhausens Mauern anwesend. Erzbischof *Friedrich von Magdeburg*, ein geborener Beichlinger, war gekommen, Herzog *Heinrich von Braunschweig* war erschienen, die Schwarzburger, Stolberger und Mansfelder weilten in der Stadt.

Einen bedenklichen Charakter nahmen die Zwistigkeiten wegen der Flur erst wieder im Jahre 1464 an. Damals müssen die Nordhäuser weitere Befestigungen innerhalb ihrer Liegenschaften angelegt und besonders durch die Ausübung von

Jagd und Vogelstellerei die Schwarzburger und Stolberger wieder auf ihre Anrechte an der Flur aufmerksam gemacht haben. Es kam zu ernsthaften Auseinandersetzungen, in deren Verlauf die Nordhäuser den Herzog *Wilhelm von Sachsen* anriefen. Auf einer Tagung zu Weimar wollte dieser den Spruch fällen. Doch nahmen die Grafen außerordentlich ungern den Herzog zum Schiedsrichter an. Denn abgesehen davon, daß ihre Rechte durch das Anwachsen der Fürstengewalt schon vielfach geschmälert worden waren und sie deshalb vor diesem mächtigen Herrn auf der Hut sein mußten, schien ihnen Herzog *Wilhelm* sogar insofern Partei zu sein, als er Inhaber des Schulzenamtes in Nordhausen war und ein Interesse daran besitzen mußte, daß sich die Befugnisse seines Schulzen auch auf die städtische Flur erstreckten. Deshalb suchten sie jetzt auf eigene Faust ihr Recht. Sie erschienen im Sommer 1464 vor der Stadt, sperrten die Straßen und schnitten die Zufuhr an Holz, Kohle und Getreide ab, ja, drohten selbst mit Verwüstung. Jedoch, obgleich durch dieses Vorgehen ein friedlicher Ausgleich zunächst unmöglich schien, boten die Grafen dennoch die Hand dazu, die Rechtsverhältnisse durch Zeugenvernehmungen einwandfrei feststellen zu lassen. Beiderseits schaffte man Zeugen herbei und protokollierte vom Juli bis Dezember 1464 eifrig deren Aussagen, natürlich gänzlich erfolglos, da man sich nur auf die persönliche Erinnerung der zumeist uralten Leute, die man heranzog, stützen konnte. Die Stolberger Zeugen sagten also günstig für die Grafen, die städtischen Zeugen günstig für die Stadt aus. So behaupteten die einen, das Gericht der Grafen gehe bis an die „Zingeln", [11] bis an die Stadtmauern; die Jagd habe früher den Honsteinern gehört, und einige Bürger hätten nur die Erlaubnis zum Jagen und Vogelstellen erhalten; Befestigungen seien vor den Toren der Stadt nie vorgenommen worden. Ein Zeuge behauptete auch das Recht der Grafen am Neuwerkskloster. Die anderen wiederum, die der städtische Schultheiß *Heinrich von Wenden* am 30. Juli vernahm, behaupteten, daß erst im Jahre 1408 die Honsteiner vor den Toren der Stadt auf dem Sande nur für ihre eigenen Untertanen eine Richtstätte geschaffen hätten. Welche Bewandtnis es damit hatte, werden wir noch unten sehen. Ferner sagten sie aus, daß das Jagdrecht jederzeit von den Bürgern ausgeübt worden sei. Befestigungen dürften die Bürger allenthalben in der Stadtflur anlegen, und über das Kloster Neuwerk habe die Stadt das Schutzrecht, sie habe das Tor daselbst mit Nägeln geschlossen und empfange Ackerzins; auch sei das Kloster im Segemundschen Streit nicht von den Grafen, sondern von der Stadt geschützt worden.

Unterdes wagten die Stolberger nicht die Vermittlungen Herzog Wilhelms gänzlich abzulehnen, und so fanden am 3. Juli 1464 zu Weimar, am 20. August zu Erfurt und am 4. November in Mühlhausen Verhandlungen unter dem Vorsitze des Herzogs selbst statt. Doch blieb die Zufuhr während aller dieser Monate den Nordhäusern abgeschnitten.

Als das Eingreifen Sachsens den Nordhäusern keine Erleichterung brachte, versuchten diese, sich an den Kaiser zu wenden. Das hätten sie in früheren Zeiten

---

11 lat. cingulum; cingere umgürten, umgeben; vergl. umzingeln.

Das Riesenhaus; das Besitztum eines Nordhäuser Patriziers des 14. Jahrhunderts (der jetzige Bau seit 1710).   Carl Schiewek, Phot.

Gedächtnistafel *der Stifter des Hospitals S. Martini **Johann und Simon Segemund** († 1412, Febr. 5. und 1422, März 12.), angefertigt ca. 1420, früher in der Kirche S. Martini, jetzt im Städtischen Museum.*   Carl Schiewek, Phot.

wahrscheinlich sogleich getan; doch wußten sie, wie machtlos der arme Herrscher war. *Friedrich III.* zitierte schließlich auf Bitten der Nordhäuser am 4. April 1465 die Grafen vor sein Tribunal, doch hielten es diese nicht für nötig, der Einladung Folge zu leisten.

Mitten in diesen Auseinandersetzungen ereignete sich ein weiterer Zwischenfall: Die Nordhäuser bestatteten einen Verunglückten, der auf dem Gebiete stolbergischer Gerichtshoheit ums Leben gekommen sein sollte. Da begannen die Grafen die offene Fehde und beantragten ihrerseits gegen Nordhausen die Reichsacht. Daraufhin mischte sich *Herzog Wilhelm*, der, wie es scheint, seine Bemühungen als zur Erfolglosigkeit verurteilt, aufgegeben hatte, doch wieder ein und entbot die Streitenden zu einem großen Tage nach Mühlhausen. Sachsen selbst, dann die Grafen, die Nordhäuser, Erfurt, Mühlhäuser waren mit großem Gefolge anwesend. Herzog Wilhelm entschied: die Nordhäuser sollten den Toten wieder an die Stelle, von der er aufgenommen war, legen; im übrigen sollte die Fehde aufhören, und die Grafen sollten Verzicht auf ihre Ansprüche leisten.

Mit diesem Spruche jedoch waren Stolberg und Schwarzburg keineswegs zufrieden. Im Herbst 1465 zu Naumburg und im April 1466 zu Weimar fanden noch weitere Tagungen statt. Bei diesen Verhandlungen gelang endlich der Vergleich. Die Nordhäuser kauften erblich die Gerichtsbarkeit über die Stadtflur für 4004 Gulden. Die Flurgrenze selbst wurde genau festgelegt und versteint. Herzog Wilhelm ließ es sich nicht nehmen, selbst bei der Umreitung der Stadtgrenze zu sein: „*die beleytunge bereit der furste mite*", die Belegung mit Steinen beritt der Fürst mit. [12]

In diesem Vergleiche war das Schutzrecht der Grafen über das Frauenbergskloster beibehalten geblieben, und dieser Punkt der Abmachungen gab deshalb bald Anlaß zu neuen Streitigkeiten. Zwischen 1450 und 1480 baute ja die Stadt ihre Befestigungen bedeutend aus und verstärkte auch die Mauern und Gräben des Frauenbergs. Dieses Vorgehen schien nun den Schwarzburgern gegen ihre Hoheitsrechte zu verstoßen, und sie sandten deshalb ihren Lehnsmannen *Heinrich von Hagen* nach Nordhausen, der Einspruch erheben sollte. Doch die Nordhäuser nahmen diesen kurzerhand gefangen, und als der Schwarzburger selbst vor Nordhausen erschien, erlitten noch weitere Kriegsmannen des Grafen dieses Geschick. Wieder war es den Bemühungen *Herzog Wilhelms* zu danken, daß dieser neue Streitfall schnell beigelegt wurde. Am 17. November 1471 gaben

---

12 Vergl. Hoche, Vollständige Geschichte der Grafschaft Honstein; Halle 1790. Botho von Stolberg, Geschichte des Hauses Stolberg, besonders 361 ff. Meyer, Die Nordhäuser Stadtflur, Festschrift 1920. – Die Grafen treten ab: 1) alle Gerichtsbarkeit über Hals und Hand, sowie die niedere in dem versteinten Flurbezirk. 2) Das Recht, darin Befestigungen, namentlich Gräben und Zindeln anzulegen. 3) Das Recht der freien Jagd und des Vogelfangs, dagegen sollen die Grafen ihre Rechte am Frauenbergkloster behalten und die Bürgerschaft 4004 Gulden an die Grafen in Heringen entrichten. Damit sollte aller Unfriede aufgegeben sein. Das Kirchhofholz gehörte zum Gericht der Grafen, aber das Weidwerk durften die Nordhäuser ausüben. – Die Frommannschen handschriftlichen Aufzeichnungen bringen zahlreiche Hinweise.

sich die Parteien damit zufrieden, daß das Frauenbergskloster zwar im Schutze der Grafen von Stolberg und Schwarzburg bleibe, daß aber die Nordhäuser das Recht hätten, das Kloster mit Befestigungsanlagen zu umgeben.

Nun sollte man meinen, daß endlich klare Rechtsverhältnisse geschaffen worden seien. Dem war aber nicht so; 1477 und 1479 kam es zu neuen Reibereien, als die Nordhäuser einen Untertanen der Stolberger wegen einiger Verbrechen hinrichten ließen. Die Grafen, immer gern bereit, der Stadt entgegenzukommen, suchten auch hier zunächst eine gütliche Einigung. Im Sommer 1480 kam es zu Rüxleben zu Verhandlungen, bei denen die Erfurter und Mühlhäuser ihren Nordhäuser Freunden wieder sekundierten. Als deshalb der Streit sich gänzlich zum Vorteil der Nordhäuser zu wenden schien, brachen die Grafen die Verhandlungen ab und gingen zu offener Fehde über. Im August 1480 griffen sie zu ihrem alten, für die Stadt recht peinlichen Mittel, die Straßen zu sperren. Doch nun griff die Stadt, die in den letzten Jahrzehnten außerordentlich befestigt worden war, zu Gegenmaßregeln und ließ ihren Stadthauptmann Berld von Hanstein gegen die Stolberger reiten. Auch konnten die Nordhäuser auf Unterstützung von vielen Seiten rechnen: Erfurt und Mühlhausen, Wilhelm von Sachsen und die Grafen von Mansfeld standen auf ihrer Seite. Demgegenüber zogen den Stolbergern nur die Grafen von Regenstein zu. Ihr Werben um die Hilfe Braunschweigs hatte keinen Erfolg; *Wilhelm der Ältere* schickte das Schreiben Stolbergs an ihn den Nordhäusern zu.

Besonders nützlich erwies sich die Hilfe der verbündeten Städte: Die Erfurter und Mühlhäuser brachten ihre Proviantzüge für Nordhausen unter starker Bedekkung heran, so daß die Grafen keinen Überfall wagten.

Im November 1480 verhandelten die Parteien zu Weimar vor *Herzog Wilhelm* ergebnislos. Dann wandte man sich wieder an den Kaiser; doch nur mit dem Erfolge, daß dieser am 5. Dezember die Sache dem Sachsenherzog übertrug. Unterdessen rüsteten beide Teile weiter. Schwarzburg und Stolberg befestigten das Dorf Bielen an der Nordhäuser Stadtgrenze und machten von hier aus ihre Ausfälle in die Stadtflur. Daraufhin versuchte *Herzog Wilhelm* nochmals eine gütliche Einigung; als diese aber mißlang, schickte er den Städtern 40–50 Mann seiner „Einrösser"zu Hilfe, schwerbewaffnete Söldner zu Pferde. Dadurch kamen die Grafen wieder in Nachteil. Der stete Freund Nordhausens, *Herzog Wilhelm* selbst, starb über dieser neuen Fehde dahin.

Während der beiden Jahre 1481 und 1482 dauerte die Fehde mit kleinen Scharmützeln, Straßenraub, Blockierung weiter, ein Zustand, der nicht gerade der Befriedung der Landschaft günstig war. Denn allerhand Gesindel zeigte sich wieder auf den Straßen und schuf eine ungeheure Unsicherheit im ganzen Gebiete des Südharzes. Die Herzöge von Sachsen, denen um ihrer Untertanen willen am Frieden sehr gelegen war, beauftragten deshalb *Hans von Besa*, einen Nordhäuser Ratsherrn, damit, für die Sicherheit der Landstraßen zu sorgen, stellten ihm auch Reisige dazu zur Verfügung. So wurde eine Art Schutzpolizei organisiert. *Hans von Besa* ließ allenthalben von der Hainleite bis tief in den Harz hinein seine Bewaffneten herumstreifen und auf Wegelagerer fahnden. Das rief nun aber den neuen Unwillen der Stolberger hervor, deren Polizeigewalt dadurch beeinträchtigt wurde.

Als deshalb im Jahre 1483 vier Bewaffnete aus Heringen von den Reisigen des Nordhäusers aufgegriffen, nach Nordhausen gefänglich eingeliefert und dort sogar der Tortur unterworfen wurden, gingen die Grafen wieder schärfer gegen die Stadt vor. Erst am 16. Juli 1483 schien man des gegenseitigen Schabernacks müde zu sein: Nordhausen gab die gefangenen stolbergschen Untertanen heraus, die Grafen verzichteten auf die Blockade der Stadt. Doch verfolgte Herzog *Ernst von Sachsen*, dem man diese Beilegung zu danken hatte, seine Ziele nicht mit der Energie wie der alte Herzog *Wilhelm*. 1484 sah sich Nordhausen schon wieder blockiert.

Endlich am 16. Mai 1485 kam ein Vertrag zustande, den man als Vorfrieden bezeichnen kann. Die Grafen hoben die Sperre auf ein Jahr auf; die Nordhäuser durften ihr Bier in der Grafschaft verhandeln; die beiderseitigen Gefangenen wurden losgegeben; noch in demselben Jahre sollte die endgültige Regelung erfolgen. Zu dieser kam es zwar nicht, doch hörten nun wenigstens die offenen Kämpfe auf, und am 3. Juli 1490 wurde endlich der Friede wiederhergestellt, nachdem die Streitigkeit schon 1436 begonnen, seit 1464 aber fast dauernd Unfrieden geherrscht hatte. In diesem letzten Vertrage wurden eigentlich nur die Bestimmungen von 1466 wiederholt. Nordhausen war endlich völlig Herr seiner östlichen Stadtflur. [13]

Während dieser schwierigen Auseinandersetzungen Nordhausens mit den Stolbergern und Schwarzburgern um den Osten und Südosten seiner Stadtflur brachen ähnliche Streitigkeiten um den Westen und Südwesten der städtischen Liegenschaften mit den Honsteinern der Linie Honstein-Klettenberg aus. Zeitweise gelang es den Nordhäusern, ihre beiden Gegner auseinanderzuhalten, zeitweise, so z.B. in den sechziger Jahren, verbanden sich aber die Honsteiner mit den Stolbergern, und dann war die Bedrängnis der Stadt besonders groß.

Da die Honsteiner die Vogtei über Nordhausen innehatten, berühren sich die Streitigkeiten aufs innigste mit der Geschichte dieses Amtes. Es handelte sich besonders um die Nordhäuser und honsteinsche Richtstätte am Siechhofe. Hier befand sich das alte Hochgericht für Nordhausen; hier lag aber auch seit Beginn des 15. Jahrhunderts ein Zivilgericht der honsteinschen Grafschaft. Daß man dieses Gericht so nahe unter die Nordhäuser Stadtmauern gelegt hatte, war folgendermaßen gekommen:

Um 1400 kam es häufig vor, daß die Bauern aus der Grafschaft von den Nordhäuser Bürgern Geld und Waren borgten und mit der Zahlung im Rückstand blieben. Die Wiedererlangung war aber für die Bürger schwierig; denn kamen sie auf das Land, ihre Forderungen einzutreiben, so fanden sie widerstrebende Schuldner, ja, sie wurden mit Gewalt aus den Dörfern getrieben und mit Schlägen bedroht. Vielfache Klagen der Nordhäuser bei den Honsteinern hatten schließlich um das Jahr 1410 zu Verhandlungen in der Ortschaft Woffleben bei Nordhausen

---
13 Vergl. Botho von Stolberg, Geschichte des Hauses Stolberg.

geführt. Auf dieser Tagung waren die Grafen den Bürgern dadurch entgegengekommen, daß sie ein bürgerliches Gericht dicht unter die Mauern der Stadt nach dem Siechhof hinzulegen beschlossen, wo die Klagen zwischen Bauern und Städtern zum Austrag gebracht werden konnten: „ *... da die bürger ire schulden ohne abenthüre* (Abenteuer)*möchten gefordern"*, wie es in dem Abschied hieß. Über Erbgüter aber, die nach Nordhausen hin schoßbar waren, die also zur Nordhäuser Gemarkung rechneten, sollte dieses Gericht nicht bestimmen können. Es war nur ein Gericht für honsteinsche Hintersassen, nicht für eigentlich Nordhäuser Angelegenheiten. Deshalb hieß es auch noch zum Jahre 1529: „Die Honsteiner haben bei dem Gericht auf dem Eichholze oder der Bank, welche hart an der Bleiche liegt, vor dem Siechhofe Gericht gehalten über die ihrigen, nicht über die Nordhäuser." Der Rat gab 1410 den Honsteinern für ihr Entgegenkommen 50 Mark lötiges Silber. Doch die Honsteiner brachten nach Ansicht der Nordhäuser die Händel, welche die Städter mit den Bauern hatten, nicht unvoreingenommen zum Austrag, und die Bürger wandten sich daher, um überhaupt eine Stelle zu haben, wo ihnen Recht wurde – ein neuer Grund zu Mißhelligkeiten – an das geistliche Gericht zu Nordhausen. 1452 kam es deshalb zu erregten Auseinandersetzungen zwischen der Stadt und der Grafschaft. Die Verhandlungen mit Nordhausen führten damals als Lehnsleute der Honsteiner die von *Tettenborn* und die von *Wernrode*.

Als nun die Stadt 1464 die Vogtei pfandrechtlich von Honstein erworben hatte, versuchten die Nordhäuser das honsteinsche Gericht auf dem Sande überhaupt zu beseitigen. Natürlich erhoben die Grafen sogleich Protest, denn sie befürchteten nicht mit Unrecht, daß die Nordhäuser, nachdem sie die Vogtei von ihnen erkauft hatten, Anspruch auf die Gerichtsbarkeit auch in der Stadtflur erheben wollten. Wenn sie nun aber auch durchaus berechtigt waren, solche Machenschaften der Bürger zurückzuweisen, so schossen sie doch damit weit über das Ziel hinaus, daß sie nunmehr beanspruchten, die Zollgrenze zwischen der Stadt und ihrer Grafschaft an den Siechhof verlegen zu können. Das war natürlich unmöglich, denn die Stadtflur war im Besitz von Bürgern und gehörte wirtschaftlich zur Stadt, nur die Gerichtsbarkeit übten die Grafen in ihr aus, und nur diese durften sie beanspruchen, wenn die Nordhäuser sie ihnen schmälern wollten. Durch Zeugen wurde deshalb auch sogleich einwandfrei festgestellt, daß das Siechhofgericht, obgleich dort die Streitigkeiten zwischen den honsteinschen Bauern und den Nordhäuser Bürgern von den Grafen geschlichtet wurden, auf Nordhäuser Grund und Boden gelegen sei und die Zollgrenze sich bei der Kirche des Dorfes Salza und in Hesserode befinde. Gerade wegen dieser Grenzstreitigkeiten konnte man zu keiner Einigung kommen, und deshalb riefen endlich im Jahre 1480 die Nordhäuser den Kaiser *Friedrich III.* an, der dann den Streit zu Gunsten Nordhausens dahin schlichtete, daß Honstein vor dem Siechhofe keinen Zoll zu nehmen berechtigt sei. Damit es nicht wieder zu Unstimmigkeiten komme, wurde zugleich das honsteinsche Gericht auf Nordhäuser Boden aufgehoben. [14]

---
14 Nachrichten in den handschriftlichen Aufzeichnungen von Frommann.

Wir sahen schon bei diesen Streitfällen, daß verfassungsrechtliche Fragen bei ihnen eine bedeutende Rolle spielten und die Befugnisse des Vogts und des Schultheißen öfters berührt werden mußten. Von diesen beiden Ämtern und ihrer Entwicklung soll deshalb im folgenden weiter die Rede sein.

Die Vogtei hatte ja bis zum Jahre 1356 die Linie Honstein-Sondershausen inne, dann ging sie nach deren Erlöschen an die ältere honsteinsche Linie, Honstein-Klettenberg, über. Diese war im Besitze der Vogtei bis zu ihrem Aussterben im Jahre 1593. Doch lag gemäß dem kaiserlichen Privileg vom Jahre 1349 die gesamte Verfolgung des Übeltäters, die Untersuchung und die Fällung des Urteils in den Händen des Rates. Der Vogt hatte durch seine Anwesenheit dem Urteil nur Rechtskraft zu verleihen.

Die Beaufsichtigung der Strafgerichtsbarkeit, die Honstein in Nordhausen besaß, hieß: „An des Heiligen Reiches Stuhle zu Nordhausen". Dem Gerichte konnten die Honsteiner selbst präsidieren, sie ernannten aber meist, in späteren Zeiten immer, einen ihrer Ministerialen zu ihrem Vertreter. Jedenfalls weilte der Vogt nicht in der Stadt, sondern draußen in der Landschaft. Wollten die Nordhäuser einen Verbrecher richten, so mußten sie sich an den Grafen von Honstein wenden, und dieser sandte auf ihre Bitten seinen Vogt in die Stadt. Wenn auch die gesamte Gerichtsbarkeit in Händen der Stadt lag, – den Vollzug des Urteils konnte man nicht ohne Vogt vornehmen. War dieser dann auf Anforderung der Bürgerschaft herbeigekommen, so hegte er unter ganz bestimmten Formeln, die sich bis ins 18. Jahrhundert erhielten, das Gericht.

Doch Verfolgung, Inhaftierung, Untersuchung und Exekution hatte die Stadt Nordhausen seit dem Jahre 1349 unbeeinflußt von irgend einer Seite vorzunehmen. Natürlich lag es dem Rate auch ob, die Fehmstätten einzurichten und die Galgen zu erbauen. Deshalb heißt es in einer Urkunde, was später vielfach bei Verteidigung der städtischen Freiheiten wiederholt wird: „Nordhausen hat das Recht, Galgen zu errichten, zu greifen und zu fahen, ewig oder zeitlang zu verweisen, in Stöcken die Übeltäter zu versuchen, Statuten zu setzen, verwirkte Güter zu konfiszieren."

Die Hauptrichtstätte lag vor dem Siechentore auf dem Sande, eine andere war vor dem Töpfertore; doch heißt es z.B. zum Jahre 1464, daß zuweilen auch an anderen Stätten „nach des Rats Willen zu Nordhausen gerichtet werde". Im 18. Jahrhundert stand der Galgen vor dem Bielen-Tore. Um 1640, während des Dreißigjährigen Krieges, als man nicht gern mit einem Zuge vor die Tore Aufsehen erregte, wurden zwei Verbrecher sogar einmal an einem schnell auf dem Töpfermarkt mitten in der Stadt errichteten Galgen erhängt.

Immer wurde auch von der Stadt betont, sie sei reichsunmittelbar. Dieser Rechtszustand ist insofern wichtig, als dadurch zum Ausdruck kommt, daß vom „Stuhle zu Nordhausen" keine andere Appellation möglich war als an das Reichskammergericht. Es kam öfter vor, daß sich Verurteilte an die Honsteiner Grafen wandten; dann betonte Nordhausen jedesmal das Unstatthafte dieses Vorganges. Gefährlicher war es, als Sachsen, das schon im 16. Jahrhundert für einige Jahre die Vogtei besaß, beanspruchte, daß vom Vogteigericht zu Nordhau-

207

sen an seine Gerichte appelliert werden könne. Als 1542 *Moritz von Sachsen* Nordhäuser Gerichtsangelegenheiten vor sein Forum ziehen wollte, legte die Stadt sogleich Verwahrung ein, und *Meyenburg* verfaßte damals einen eingehenden Bericht über die Rechte Sachsens. „Dieweil wir dem Reiche mit leiblichen Eiden und sonst niemand verwandt sind", besitzt nur das Reich und nicht Sachsen die Berufsinstanz.

Nachdem also der Vogt alle seine Rechte an Oberaufsicht, Verwaltung, Heereswesen schon um 1300 eingebüßt, nachdem er seit der Mitte des 14. Jahrhunderts auch im Gerichtswesen allein formale Angelegenheiten zu erledigen hatte, war sein Amt völlig bedeutungslos geworden, ja, es war so ohne jegliche tatsächliche Macht, daß, als die Honsteiner ihr Amt 1448 an Nordhausen verkaufen wollten, die Stadt auf das Angebot nicht einging. Selbst die geringe Summe von 150 Gulden, die die Grafen dafür haben wollten, schien für das Amt zu hoch. Doch die Honsteiner wußten sehr wohl, wie sie trotz ihres geringen Einflusses einen Druck auf die Stadt ausüben konnten. Auf die Weigerung der Nordhäuser hin schickten sie einfach, wenn Anforderungen kamen, den Vogt nicht mehr in die Stadt, und da das Mittelalter an alten Bräuchen starr festhielt und nicht von ihnen ließ, selbst wenn sie keinen Inhalt mehr besaßen, so kam Nordhausen dadurch in die größte Verlegenheit; denn die Verbrecher konnten nun zwar abgeurteilt, die Vollstreckung des Urteils konnte aber nicht vorgenommen werden. Dazu mußte der Vogt den Stab brechen.

Noch einmal kam es zu einem Vergleich; als sich aber 1464 derselbe Vorgang wiederholte, mußten die Nordhäuser wohl oder übel auf das Angebot der damaligen Honsteiner Grafen, der Grafen Ernst und Hans, eingehen und die Vogtei in Pfand nehmen. Sie besaßen sie, wie schon erwähnt, von 1464 bis 1505.

Nun war also die Vogtei in den Händen Nordhausens, das andere Reichsamt, das Schulzenamt, nach wie vor in den Händen Sachsens. Wenn sich auch die Nordhäuser zunächst gesträubt hatten, das einflußlose Amt des Vogts für eine erkleckliche Geldsumme an sich zu nehmen, so zögerten sie, einmal in seinem Besitze, doch nicht, daraus Kapital zu schlagen. Sogleich gingen sie daran, die Gerechtsame des Schulzen durch die Vogteigerechtsame zu schmälern. So gehörte z.B. zu den alten Rechten des Vogtes die Oberaufsicht über alle Liegenschaften des Reiches in und um Nordhausen; der Schulze, der in Marktangelegenheiten überhaupt selbständig war, hatte nur die Zinseinnahmen daraus. Wie es denn in alten Urkunden heißt: „Was an Häusern, Äckern, Ländereien, Weingärten, Hopfenbergen, Wiesen und was liegende Gründe sind in der Stadt, Feld und Flur erklagt wird, dabei muß der Vogt sein. Vom Helfegelde gibt der Schultheiß an den Vogt ein Drittel." Diese Abhängigkeit des Schulzen vom Vogte war noch nicht aus dem Rechtsbewußtsein geschwunden, und als nun die Vogtei an die Stadt gelangte, benutzte diese sogleich ihre neue Zuständigkeit, die Rechte des Schultheißenamtes, d.h. Sachsens, damit zu schmälern. Hatte man bisher gern zugegeben, wenn der Schultheiß, der als Inhaber der Zivilgerichtsbarkeit durch die von der Stadt abhängigen Schöffen doch vielfach städtischen Eingriffen unterlag, abgesehen von den handelsrechtlichen Angelegenheiten auf Grund der

Steuerhoheit des Reiches auch über den Grund und Boden möglichst weitgehend und unter Ausschaltung des Vogts verfügte, so besann man sich jetzt auf die alten Befugnisse eben dieser Vogtei, um die Rechte des Schulzen auf liegende Güter und Häuser in Frage zu stellen und diese in die eigene Gewalt zu bekommen. Deshalb erinnerte gleich 1464, nachdem die Stadt die Vogtei von den Honsteinern pfandweise erhalten hatte, der Rat daran, daß „Freveltaten an solchen Gütern der Rat vom Schulzengericht an die Vogtei ziehen kann", was besagen will, daß seit 2 Jahrhunderten darüber vor dem Gericht des Schultheißen verhandelt worden war, daß jetzt aber dieser Teil der Gerichtsbarkeit von der Stadt selbst übernommen werden sollte. War die Erwerbung der Vogtei durch die Stadt dem äußeren Anschein nach unbedeutsam, – sie kam gelegen zur Einschränkung des Schulzenamtes.

Weitere, noch unten zu berührende Händel mit Nordhausen um eines Rechtes willen, das für die Honsteiner beinahe nur noch ideellen Wert besaß, ließen nun aber in ihnen den Entschluß reifen, die Vogtei gänzlich an Nordhausen zu verkaufen und sich damit gänzlich aller Rechte an Nordhausen zu begeben. Donnerstag nach Catharina im Jahre 1505 verkauften deshalb die vier Brüder, *Wilhelm*, Dommeister zu Mainz, *Heinrich, Ernst* und *Hans* von Honstein ihr Halsgericht, das sie „binnen und bussen der Stadt Nordhausen vom Heiligen Reiche zu Lehen hatten", redlich und erblich mit allen „Würden, Nutzungen, Gerechtigkeiten, Obrigkeiten, Zugehörungen und Gebrauchungen" für 600 Gulden an Nordhausen. Kaiser Maximilian bestätigte am *30. Oktober 1505* in Würzburg den Verkauf und „daß nun hinfür die gemeldeten Bürgermeister und Rat und genannte Stadt Nordhausen solch Ober- und Halsgericht von uns und dem Heiligen Reiche in Lehnsweise innehaben, gebrauchen und genießen sollen und mögen, inmaßen dieselben von Honstein gebraucht und genossen haben". Das Wiederkaufsrecht behielt sich Honstein vor. Und diese Klausel wurde alsbald den Nordhäusern zum Verhängnis. Nach vollzogenem Verkauf griff nämlich Sachsen ein, das im Besitze des Schulzenamtes war.

Sachsen hatte in den letzten Jahrzehnten, wo die Vogtei an Nordhausen verpfändet war, schon mehrfach erfahren, daß seine eigenen Rechte an Nordhausen durch die Vogtei geschmälert wurden, und befürchtete nun ein weiteres Abbröckeln seiner Befugnisse in Nordhausen. Doch wahrscheinlich nicht allein deshalb lag ihm daran, neben dem wichtigen Schulzenamt auch die weniger wichtige Vogtei in seine Hand zu bekommen. Hatte es beide Ämter in seinem Besitz, so gelang es vielleicht einmal, die Reichsstadt zu einer sächsischen Landstadt zu machen, ein kühner Plan, aber ein Plan, durchaus gelegen im Bereich der Möglichkeit jetzt zu einer Zeit, wo das Reich seiner Auflösung immer mehr entgegenging und an Stelle seiner Rechte die Fürstentümer ihre Macht nach außen erweiterten und im Inneren ausbauten. Zudem mußte gerade eine Stadt wie Nordhausen, die der Mittelpunkt für den gesamten Handel und Verkehr der z.T. in sächsischem Besitz oder unter sächsischer Schutzherrschaft befindlichen Goldenen Aue war, diesen mächtigen und ehrgeizigen Nachbarn zum Zugriff reizen. Sachsen knüpfte deshalb sogleich, nachdem Nordhausen die Vogtei erworben hatte, mit den Grafen von Honstein Verhandlungen an und bot einen viel höheren Kaufpreis für die Vogtei, als ihn Nordhausen bezahlt hatte. Darauf säumten die Grafen nicht, von ihrem Rückkaufsrechte Gebrauch zu machen und die Vogtei an Sachsen weiterzuverschachern. Sachsen gab am Sonntag nach Michaelis 1506 dafür 1600 Gulden; da aber augenblicklich Nordhausen die Vogtei für 600 Gulden innehatte, so sollte Sachsen 1000 Gulden an Honstein und 600 Gulden an Nordhausen zahlen. Die Stadt wurde zu dem Handel nicht hinzugezogen, sondern ihr nur der Verkauf angezeigt.

Diese für unser Rechtsempfinden ungeheuerliche Abmachung war, da sich die Grafen das Wiederkaufsrecht von Nordhausen vorbehalten hatten, rechtlich möglich, doch muß es befremden, daß die Honsteiner ohne weiteres annahmen, die Stadt werde ihnen das Amt für dieselbe Summe von 600 Gulden wiederverkaufen, wie sie selbst die Vogtei gekauft hatte.

Der Rat, geprellt wie er war, sah ein, daß er nach der rechtlichen Seite hin keine Einwendungen machen konnte, erhob aber dennoch gegen den Verkauf an Sachsen Bedenken. Es hieß, Sachsen könne sich nun vielleicht Eingriffe in die städtischen Hoheitsrechte erlauben. Diese wurden deshalb nachdrücklich festgestellt und zugleich damit die Richtigkeit der Vogtei dargetan. Man führte aus, der Rat habe die Handhabung der gesamten Strafgerichtsbarkeit; der Vogt spreche nur die Formeln und breche den Stab. Im einzelnen sei es Sache des Rates, die Verbrecher innerhalb und außerhalb der Stadt, soweit die nordhäusischen Landesgrenzen reichten, zu verfolgen, die Untersuchung läge in seiner Hand, ebenso die Formulierung des Urteils. Auch die Femstätten und Exekutionen unterlägen der Aufsicht des Rates; Galgen und Richtplatz seien vom Rate angelegt, die Vollstreckung des Richtspruches werde von ihm bezahlt und von seinen Dienern vollzogen. Kurz, der Rat habe das Recht, wie es immer wieder heißt: „Galgen zu errichten, zu greifen, zu fangen, ewig oder eine Zeit lang zu verweisen, in Stöcken die Übeltäter zu versuchen, Statuten zu setzen, verwirkte Güter zu konfiszieren."

Schließlich wurde das Dazwischentreten Sachsens durch neue Geldopfer an Honstein abgewandt. Zudem nahm die Grafschaft die Vogtei wieder an sich. Doch scheinen damals schon Abmachungen zwischen Honstein und Sachsen getroffen worden zu sein, daß Sachsen ein Anrecht oder mindestens das Vorkaufsrecht besitzen sollte. Daraus werden spätere Einmischungen Sachsens erklärlich, wie denn Sachsen auch immer, z.B. 1523 *Herzog Georg*, betonte, daß die Honsteiner die Vogtei von Sachsen zu Lehen trügen.

So waren denn seit 1506 die Grafen wieder Inhaber der Vogtei, und sie sollten sie bis zu ihrem Aussterben 1593 behalten. Erquickliche Verhältnisse waren damit weder für die Honsteiner noch für die Stadt Nordhausen geschaffen. Veranlassung zu Konflikten gab es die Menge; insbesondere lebten bald die alten Streitigkeiten wegen der Flurgerichtsbarkeit und wegen Anforderung des Vogtes durch die Stadt bei Exekutionen wieder auf.

In der Tat war es uralter Brauch, daß die Honsteiner jedesmal einen Gerichtsvogt in die Stadt schickten, wenn er von den Nordhäusern angefordert wurde. „Wir können beweisen, daß vor alters ist gewest, daß er (der Graf) einen Vogt auf einem Dorfe gehabt. Wenn wir haben wollen richten lassen, so haben wir dem Vogt den Gerichtstag verkündet." Der Rat schrieb dann folgendermaßen: „Gnädiger Herr, wir wollen einen Übeltäter für (vor) peinlich Gericht auf schierst ... stellen lassen, ist unsere Bitte, Ihr wollet den Gerichtsvogt dieser Tage einen, den Euer Gnade uns hiermit ernennen wollen, zu früher Gerichtszeit anhero schicken und das Gericht hegen lassen."

In Zeiten aber, wo, wie während der ersten Jahrzehnte des 16. Jahrhunderts, die Nordhäuser mit den Grafen auf gespanntem Fuße lebten, versuchten die Honsteiner, den Städtern Schwierigkeiten zu machen, ließen sich lange bitten oder behaupteten gar, nach ihrem Belieben den Vogt schicken zu können. Nicht selten traten in Nordhausen dadurch Verlegenheiten ein, die die Honsteiner den Städtern gern bereiteten, sei es, um sie nur ihre Macht fühlen zu lassen, sei es, um Vorteile für sich oder ihren Beamten, den sie entsandten, zu gewinnen. Besondere Nöte erwuchsen der Stadt daraus im Jahre des Bauernaufstandes 1525. Damals waren alle Bande gelockert, Zucht und Ordnung waren dahin, strenge Strafmaßnahmen schienen geboten, und Exekutionen waren deshalb häufig. Die Honsteiner ließen sich aber bitten und ließen die Nordhäuser warten. Schließlich beantragte Nordhausen, daß der Vogt innerhalb der Stadt wohnen bleibe, da alle Augenblicke Missetaten durch Hinrichtungen geahndet werden müßten. Es fanden darüber auch Verhandlungen in Nordhausen „im Schern zu den drei Eichen" statt; die Honsteiner sagten auch Abhilfe zu, es geschah aber nichts. Ja, in den nächsten Jahren verschlimmerte sich der Zustand noch; die Honsteiner vernachlässigten das Amt, das ihnen offenbar nichts einbrachte, immer mehr. So blieb den Nordhäusern als letzte Zuflucht nur der Kaiser. Sie wurden bei *Karl V.* im Jahre 1532 zu Regensburg daher vorstellig: der Vogt werde gar nicht oder nur unregelmäßig geschickt. Prozesse und Exekutionen erlitten Verzögerung, die Übeltäter blieben unbestraft. Der Kaiser erhörte die Bitte und gestattete ihnen für den Fall, daß kein Vogt geschickt werde, „so sollten sie das Malefiz-Recht selbst mit ehrbaren und verständigen Männern besetzen". Wer deshalb Nordhausen angreifen wolle, verfalle in eine Strafe von 15 *M* Silbers. Zwar versuchten die Honsteiner noch einmal die Vogtei auf die Stadt auszuüben dadurch, daß sie drohten, endgültig die Vogtei an Sachsen zu verkaufen, wenn sie nicht den Vogt nach Belieben schicken könnten; doch focht das die Nordhäuser, mit dem Edikt des Kaisers in der Tasche, nicht mehr an.

Nordhausen hatte in dieser Frage unbestritten einen Sieg errungen. Nicht so befriedigend war der Verlauf des Streites mit den Honsteiner Grafen über die Flurgerichtsbarkeit, obgleich auch hier das Recht unzweifelhaft auf Seiten der Stadt war. Wie schon 1464 und 1480, so bestritten auch nach dem Jahre 1505, nachdem die Honsteiner die Vogtei wieder an sich genommen hatten, dieselben den Nordhäusern ihre Strafgerichtsbarkeit vor den Toren der Stadt. Der Vogt, den sie nach Nordhausen schickten, sollte nur *intra muros*, aber nicht im ganzen Stadtgebiet zu richten haben. Die Nordhäuser Feldflur, so behaupteten sie, gehöre zu ihrer klettenbergischen Gerichtsbarkeit.

Die Nordhäuser, die wohl wußten, daß ihre Hoheit selbst im Weichbild der

Stadt in Gefahr war, stemmten sich mit allen Mitteln gegen diese Ansprüche und erhoben schon 1523 beim Reichskammergericht in Speyer Klage. Die Honsteiner wiederum wollten den Streit vom Reichskammergericht abziehen und vor ein sächsisches Gericht bringen mit der Begründung, sie gingen mit der Vogtei bei Sachsen zu Lehen. Doch hatten sie bei diesem Rechtsstreit nicht mit der Klugheit *Michael Meyenburgs* gerechnet, der soeben Oberstadtschreiber von Nordhausen geworden war. Dieser rettete 1525 durch einen trefflichen Schachzug die Situation. Auf seine Veranlassung ging nämlich 1525 ein Schreiben an *Herzog-Georg von Sachsen*, die Grafen von Honstein hätten zwar die Vogtei an Nordhausen verpfändet, behaupteten aber, das Nordhäuser Land außerhalb der Mauern gehöre zu ihrem klettenbergischen Gerichtssprengel, und sie trügen diesen vom Stifte Halberstadt zu Lehen. Damit fielen alle Gerichtsgebühren an sie und nicht an Nordhausen als den derzeitigen Inhaber der Vogtei: Auf diese Weise werde aber auch Sachsen beeinträchtigt, das ja das Nordhäuser Schulzenamt habe. Denn von allen Gerichtsgefällen auf städtischem Boden gebühre dem Schulzen 2/3, dem Vogte 1/3. Der sächsische Schultheiß gehe also der Gebühren für die Aburteilung der Straftaten in der Feldflur Nordhausens verlustig. – Dieser Brief verfehlte seine Wirkung auf Sachsen nicht; es erhob sogleich Protest bei Honstein, und die Grafen unterließen es wenigstens, sich weiterhin in dieser Angelegenheit der Flurgerichtsbarkeit an Sachsen zu wenden.

Unterdessen lief der Prozeß in Speyer, und dieses hochwohllöbliche Kammergericht war schließlich am 16. November 1528 so weit, daß es bemerkte, es könne aus der Ferne den Streit nicht entscheiden und müsse deshalb ein Schiedsgericht einsetzen. Zu Schiedsrichtern bestimmte es den Grafen *Botho von Stolberg* und den Rat der Stadt Erfurt. Doch auch hier kam es binnen fünf Jahren, von 1529-1534, zu keiner Entscheidung. Die Honsteiner lehnten jeden Spruch ab, der ihre Forderungen nicht anerkannte, und wollten nur für 1000 Taler Gericht und Zoll am Siechhof fallen lassen und in eine neue Grenzfestsetzung einwilligen. Dazu verstand sich wiederum Nordhausen nicht und hatte auf Grund der Kaiserurkunde vom Jahre 1480 ein gutes Recht auf Ablehnung. So ging es denn hin und her, bis am 24. Mai 1543 die Honsteiner für 500 Goldgulden und 100 Joachimstaler auf das Zivilgericht am Siechhof Verzicht leisteten, jede Erhebung von Zoll innerhalb städtischen Gebietes einstellten und die Gerichtshoheit in der Stadtflur an Nordhausen verkauften. Mit Hinweis auf die nun fast 40 Jahre währenden Zwistigkeiten heißt es in den Urkunden: Weil damals *Graf Ernst von Honstein* dem Rate an den peinlichen Gerichten und derselben Exekution wegen des Kaiserlichen Privilegiums nicht weiter hat können Einhalt und Verhinderung tun, hat er die Gerichtsvogtei dem Rate *anno* 1546 um 1500 Gulden versetzt. Nur die Lehnshoheit an der Werthermühle behielt sich *Graf Ernst V.* von Honstein vor. 1546 erwarben dann die Nordhäuser durch neue große Opfer, durch 1500 Gulden, pfandrechtlich die Vogtei.

Wie es damals bei einer Gerichtssitzung des Strafgerichtshofes zuging, daß der Vogt damals nichts weiter als Attrappe war, während der Rat und die von ihm eingesetzten Schöffen die gesamte Gerichtsbarkeit wahrnahmen, geht aus einer eingehenden Darlegung Meyenburgs aus dem Jahre 1542 hervor. Ergänzt man diesen Bericht durch eine Auskunft, die Nordhausen 1617 auf Ansuchen Nürnbergs über die Reichsämter an diese Stadt gab, so entsteht ein klares Bild von dem Amte des Vogtes und dem Gerichtsverfahren seit Beginn der Neuzeit. Es mögen einige Stellen aus der Meyenburgischen Darstellung folgen:

„Um das peinliche Gericht ist es also gelegen, wenn ein Übeltäter ergriffen wird, so hat der Rat Macht, denselben vor Gericht zu stellen oder stellen zu lassen und bürgerlich zu strafen oder ohne Strafe loszugeben. – Die Vogtei ist nichts anderes, denn wenn der Rat zu Nordhausen für sich selbst oder auf Ansuchen andere peinlich zu richten oder einen Übeltäter vor ein peinlich Gericht zu stellen vergünstigen will, dann ist der *Graf von Honstein* schuldig, den Vogt ans Gericht zu schicken. –Seit 1546 bestellte Nordhausen den Vogt selbst. – Wenn der Vogt erscheint, dann setzt er sich an die Gerichtsstätte, und schickt der Rat zwei des Rates zu Nordhausen als Gerichtsschöppen, welche der Rat, die ihm gefällig, zu kiesen und jederzeit zu ordnen hat, auch in das Gericht. Vor denen, als den Schöppen und dem Vogt, wird durch die Gerichtsfronen das Gericht gehegt. Und wenn zu dem Übeltäter geklagt, bis auf das Urteil, dann hat der Vogt kein Urteil zu befassen, zu sprechen oder zu erkennen, sondern die Räte der Stadt Nordhausen werden die Zeit, wenn man über den Missetäter richten will, alle bei ihren Eiden fordern. Dieselben müssen erstlich einträchtig erkennen, wenn sie des Übeltäters Bekenntnis haben lesen hören, ob die Tat genugsam sei, daß der Mensch darum vor Gericht soll gestellt werden. Wenn dann einträchtig erkannt worden ist, daß man den Missetäter vor das Gericht soll stellen, und ihm vergünstigen, was er sich mit Recht vergünstigen kann, das wird den Schöppen befohlen, daß sie das Endurteil den Scharfrichter, was die Missetat verursacht, sollen stellen lassen. Und wird also das Urteil durch den Rat an seiner Statt durch seine Schöppen zu sprechen befohlen. – Wenn auch das Urteil gefällt, so zerbricht der Vogt den Stab und setzt das Gericht auf und hat nichts mehr der Sachen zu schaffen, sondern der Rat gibt ihm 23 Pfennige zur Besoldung, und bestellt der Rat die Exekution durch ihre Diener. – Aus dem allen erscheint, daß der Schultheiß in bürgerlichen und der Vogt in peinlichen Sachen am Gericht gar nichts zu schaffen habe, was die Urteile anlangt, denn allein, daß sie das Gericht hegen lassen. Was aber die peinlichen und die bürgerlichen Urteile anlangt, die werden alle durch den Rat und desselben Schöppen fürder gesprochen." –

Danach ist also das Verfahren folgendes:
1. Der Rat verfolgt den Übeltäter und setzt ihn gefangen.
2. Er beschließt darüber, ob ein Verfahren anhängig gemacht werden soll.
3. Die Untersuchung, gegebenenfalls die Tortur, wird durch aus dem Rate bestimmte Personen geleitet.
4. Ist das Schuldbekenntnis erfolgt, beschließt der gesamte Rat, ob der Verbrecher vor das Gericht gestellt werden soll oder nicht.
5. Das Urteil spricht der Rat; im allgemeinen wird das Urteil von einem auswärtigen Schöppenstuhl oder der Juristenfakultät einer Universität eingeholt.

6. Nach erfolgtem Bekenntnis und nach erfolgter Festsetzung der Strafe konstituiert sich das öffentliche Vogteigericht. Ihm gehören der Vogt als Vorsitzender und zwei Schöppen aus dem Ratskollegium als Beisitzer an. Das Gericht wird öffentlich vor dem Weinkeller gehegt.
7. Hier erfolgt die in bestimmten Formeln vor sich gehende Verurteilung des Angeklagten.
8. Der Verurteilte wird dem Scharfrichter übergeben. –

Die seit 1546 gänzlich in den Händen des Rates liegende Rechtsprechung geschah meist weise und milde. In einem späteren Kapitel wird von den Strafverfahren und Exekutionen in der Reichsstadt Nordhausen zu sprechen sein.[15] Nur einige wenige Verbrechen, unter denen die Allgemeinheit besonders zu leiden gehabt hatte, wurden mit raffinierter Grausamkeit gesühnt. Im allgemeinen jedenfalls war man in Nordhausen, vielleicht mehr als anderwärts, zu Milde und menschlichen Strafen geneigt. Beugungen des Rechts kamen wohl vor, wie es bei der Rechtsprechung einer so kleinen Stadt mit allen möglichen Bindungen und Verwandtschaften unausbleiblich ist; doch überschritten die Fälle nicht das Maß des Erträglichen. Im großen und ganzen fürchtete man doch die öffentliche Meinung und verfuhr unparteiisch und kam dadurch der in den kaiserlichen Lehnbriefen immer wiederkehrenden Forderung nach, zu verfahren: „gegen den Reichen als den Armen, den Armen als den Reichen, auch darin nicht ansehen weder Liebe, Leid, Mut, Gabe, Gunst, Furcht, Freundschaft, Feindschaft noch sonst keine anderen Sachen, denn allein gerechtes Gericht und Recht, inmaßen das gegen Gott den Allmächtigen an dem jüngsten Gericht zu verantworten." –

Noch bedeutsamer als die Vogtei war für die Stadt das Schulzenamt. Der Kampf um seine Kompetenzen ging deshalb noch heftiger, wurde aber bis ins 16. Jahrhundert hinein von der Stadt so gut wie erfolglos geführt, weil das mächtige Sachsen im Besitze dieses Amtes war.

Nach der Umbildung des Rates im Jahre 1375, nachdem die Zünfte das Regiment an sich gerissen hatten, fühlten diese neuen, doch mehr aus dem niederen Volke stammenden Herrenschichten die Hoheit des Schulzenamtes umso mehr, als hier noch ein Stück alter, feudaler Zeit offenbar unangetastet und vor den Zugriffen der Stadt durch größere auswärtige Mächte geschützt, bestand. Aber auch wirtschaftliche Verhältnisse traten, mehr noch als im 13. Jahrhundert, hinzu, daß man das Schulzenamt als unzeitgemäß erachtete. Hatte das 13. und beginnende 14. Jahrhundert ganz allmählich die Geldwirtschaft heraufgeführt, so entfaltete erst gegen Ausgang des 14. Jahrhunderts überall in deutschen Landen das Bürgertum seine Blüte. Trotz aller Ungunst der Verhältnisse, trotz der zerfallenden kaiserlichen Macht, trotz der vielen Fehden mit großen und kleinen Adligen setzte sich das Bürgertum doch siegreich durch. Und auch das Nordhäuser Bürgertum, stolz auf seine Leistungen, wehrhaft eintretend für seine Freiheiten

---

15 Siehe unten Kapitel 11.

und Rechte, rüttelte und schüttelte an der alten Überlieferung und wollte überkommene Fesseln abstreifen.

Besonders in Erscheinung trat dieser Kampf der Bürgerschaft gegen den Schultheißen seit Beginn des 15. Jahrhunderts. In der ersten Hälfte dieses Jahrhunderts war das Schulzenamt in Händen derer von Mühlhausen. Da scheint nun der Schultheiß *Hans von Mühlhausen* sein Amt reichlich ernst genommen und dadurch die Bürger erbittert zu haben. Klagen wurden laut, der Schultheiß nehme zu hohen Zoll und lasse sich für seine Amtsgeschäfte teurer bezahlen, als festgesetzt sei. Was für ein *modus vivendi* in diesen Fragen gefunden wurde, steht dahin; nur soviel ist gewiß, daß es den Bürgern nicht gelang, dem Schultheißen auf diesen Gebieten Rechte abzutrotzen, denn zu eindeutig und klar waren hier seine Befugnisse umschrieben.

Anders dagegen war es bei den Eingriffen in die Marktgerichtsbarkeit des Schultheißen. Hier konnten die Kompetenzen nicht so abgegrenzt werden, da der Schultheiß das Recht „beim Rate borgte". Es war schon Brauch geworden, daß der Rat nicht nur bei einzelnen schwierigen Rechtsfällen um sein Urteil angegangen wurde, sondern daß er es dem Zivilgericht zur Pflicht machte, von ihm den Spruch einzuholen. 1424 gab *Hans von Mühlhausen* nach und bekundete dem Rate ausdrücklich, daß er nur durch den Rat „für Recht erkannte". Um aber die Gerichtsbarkeit selbst allmählich in die Hände zu bekommen, änderten damals auch die Bürger die alte Taktik, den Schultheißen gegen den Vogt auszuspielen, und beriefen sich nun auf alte Vogteirechte gegenüber dem Schulzenamte. Das Amt des Vogts war längst völlig bedeutungslos geworden und nicht mehr zu fürchten; jetzt galt es also, unter Hinweis auf die Kompetenzen des Vogts die des Schultheißen an sich zu bringen. Auch hierbei kam das Gerichtsverfahren, wie es üblich war, der Bürgerschaft zu statten. Für alle auf dem Markte vorkommenden Vergehen hatte ja der Schultheiß die Voruntersuchung, und erst wenn die Schuld feststand, wurde der Verbrecher dem Vogte zugeführt, ein Verfahren, über dem Nordhausen bisher eifrig gewacht hatte. Jetzt wollten die Bürger auf Grund der alten Bestimmung jeden Marktfrevel von vornherein vor das völlig von ihnen abhängige Gericht des Vogtes ziehen, den Schultheißen als Strafrichter ausschalten und sich selbst die Strafgerichtsbarkeit zulegen. Und als der Schultheiß dagegen Verwahrung einlegte, beschwerten sie sich darüber, daß der Schultheiß diejenigen dem Gerichte entziehe, „die das Gericht verdient hätten". Immerhin wurde auch hier die Feste nicht im Sturm genommen, und es blieb dabei, daß vor dem Schulzengerichte, allerdings nach Einholung des Urteils vom Rate, Recht gesprochen wurde.

Ebenso wurde schon damals gegen das Geleitrecht des Schulzen Einspruch erhoben; jahrelang übernahmen die Bürger den Schutz der Reisenden und Hausierer innerhalb des Stadtgebietes selbst und steckten dafür das Geleitgeld ein. Und genau so umkämpft wie das Geleitrecht war das auf den ältesten Befugnissen des Schultheißen beruhende Recht der Führung des Grundbuches und der Ausstellung von Hypothekenbriefen. Hierin erreichten die Nordhäuser schon vor 1424 einen Teilerfolg, indem der Graf von Stolberg einen Vergleich zustande brachte dahinlautend, daß sowohl dem Rate wie dem Schultheißen das Recht zustehen solle, die Eintragungen vorzunehmen: ... *als ist solcher irthumb gütlichen abgeteidigt, also das der Schultheiß und der Rath zu Northausen von beyden teylen widder abverkundigen lassen, und solche gebot solten von beyden teylen gantz abe sein, sundern wer fort mehr über hauß ader erbe brive geben ader nehmen wyll, das magk er thun vom Rathe ader Schultheißen, von welchen er wil, inmassen als hievor.* [16] Daß durch diesen Vergleich tatsächlich der Rat die Aufsicht über die Grundstücke und ihre Belastung bekam, ist klar, denn es wird fortan wenig Bürger gegeben haben, denen es einfiel, nun die Eintragung beim Schultheißen vornehmen zu lassen.

Schließlich spitzten sich die Verhältnisse so zu, daß die Bürger in der Mitte des 15. Jahrhunderts in offenem Widerstand gegen den Schulzen standen. 1445 zwangen sie *Heinrich von Mühlhausen* die Stadt zu verlassen. Er flüchtete zu seinem Oberherrn Herzog *Wilhelm von Sachsen*, und dieser verlangte kategorisch seine Wiederaufnahme und eine namhafte Entschädigung. Die Städte Erfurt und Mühlhausen vermittelten in dem Konflikt; gemäß ihrem Schiedsspruch kehrte der Schultheiß zurück, und Nordhausen mußte ihm 16 Schock alter Groschen bezahlen. [17]

Damals belehnte Sachsen Ritter, die in der Nachbarschaft der Stadt ansässig waren, mit dem Schulzenamte; diese sollten dem Schultheißen offenbar Rückhalt gegen die Stadt gewähren. Doch den Schulzen, die sie einsetzten, ging es nicht viel besser als ihren Vorgängern. Der Schultheiß *Hans Kornmann* mußte sehr schnell abberufen werden, und seinen Nachfolger *Hans Kling* ereilte bald dasselbe Geschick. Sachsen war teilweise selbst daran schuld, denn es übertrug gerade damals, am 9. Oktober 1448, der Stadt auf zwei Jahre eins der wichtigsten Schulzenrechte, nämlich die Münze für 400 Gulden. Doch sofort kam es zu Mißhelligkeiten, so daß Sachsen die Münze schon im Januar 1449 zurücknahm. Nunmehr übernahmen die sächsischen Rittergeschlechter das Schulzenamt selbst, damit das Amt „bie macht blibe", wie der Herzog schrieb. 1454 übernahm Hermann von Werther selbst das Schulzenamt, und 40 Jahre lang führten nun die Schulzen ein strammes Regiment. Und nicht bloß die Bürger mußten Sachsens Hoheitsrechte anerkennen, sondern auch gegen andere Übergriffe wurden die Rechte Sachsens energisch verteidigt. So wagte es der Schultheiß *Hans von Breitenbach* 1484 sogar, einen Ministerialen der Grafen von Honstein namens *Claus Walther*, der widerrechtlich im sächsischen Hoheitsgebiete Zoll eingenommen hatte, gefänglich einzuziehen und trotz der Reklamation der Honsteiner nicht freizugeben. Sachsen belobte seinen Schultheißen wegen dieses Vorgehens und befahl ihm, den Inhaftierten erst nach bezahlter Buße aus der Haft zu entlassen.

Doch *Hans von Breitenbach* (1482–1490) scheint den Bogen überspannt zu haben. Gerade unter seinem Regiment begannen neue Angriffe der Bürger gegen das Amt einzusetzen. Man warf ihm vor, er habe Zoll erhoben, ehe die Ware in

---

16 Neue Mitteilungen, V. 3. 53.
17 Neue Mitteilungen, V. 3. 54.

der Stadt abgesetzt gewesen sei, er habe auch zuviel Zoll verlangt, z.B. für einen Marktscheffel (12 Scheffel) Hafer 2 Pfennige, während diese Summe erst für eine Fuhre zu entrichten sei. Ebenso habe er den Kleinverkauf z.B. mit Käsen und Nüssen zu hoch besteuert, ein Vorwurf, der sich ganz persönlich gegen den Schultheißen richtete, da er den Zoll für diese Waren für sich vereinnahmte; auch auf Kleider, die in Nordhausen angefertigt würden, lege er einen Zoll. Schließlich halte er sich auch als Gerichtsherr bei Inhaftierungen nicht an die Bestimmungen und nehme Pfändungen unrechtmäßig vor.

Diese offenbaren Übergriffe nahm die Stadt ihrerseits zum Anlaß, die Rechte des Amtes anzutasten. Seit 1488 beanspruchte sie wieder das Geleitrecht, seit 1490 sabotierte sie die Zolleinnahmen. Da wich Sachsen dem Druck und berief *Hans von Breitenbach* ab. Doch seine Nachfolger konnten sich nun gar nicht mehr durchsetzen. Pfändungen, die der Gerichtsbüttel vornehmen wollte, wurden von der Stadt verhindert. Klagen ließ der Rat nicht vor das Schulzengericht gelangen, sondern entschied selbst über sie, ja, Befehle des Schultheißen wurden einfach vom Rate aufgehoben. Schließlich, es geschah in den Jahren 1492 und 1495, entzog man dem Schultheißen seine ältesten Vorzugsrechte und bestritt ihm die Steuerfreiheit, die Befreiung vom Wachtdienste und das Recht, ohne Abgaben Bier zu brauen.

Um des aufsässigen Nordhäuser Rates Herr zu werden, übertrug Sachsen das Schulzenamt wieder einem Adelsgeschlechte der Umgebung, den *Wurmbs* auf Furra, zwischendurch wurde auch der tatkräftige *Hans von Breitenbach* einmal wieder zum Schulzen ernannt. 1503 drohte *Georg von Sachsen* mit energischen Schritten; in dem Schriftstück, das damals an den Rat von Nordhausen gelangte, hieß es: „Damit an Euch kein Mangel der Billigkeit erscheine, verlangen Wir, daß Ihr dem Gerichte Beistand leistet, damit unsere Gerechtigkeit geschützt, gehandhabt und bekräftigt werden möge."

Die Bürger gaben nach, bis dann die Reformation mit ihren Umwälzungen und der unrechtmäßigen Aneignung vieler Titel und Rechte dazu verlockte, die Schulzenrechte wieder anzutasten. In diesen Jahren war ein Mann namens *Leonhard Busch* Schultheiß, dem die Bürgerschaft Schwierigkeiten bereitete und den wir als letzten Schultheißen betrachten können, der nicht nur dem Worte nach, sondern noch tatsächlich Hoheitsrechte über Nordhausen ausübte.

1520 ließ sich der Rat von Nordhausen zunächst dahin vernehmen, der Schultheiß gehe in Ausübung seiner richterlichen Tätigkeit vom Rate zu Lehen. Er begründete das damit, daß Nordhausen als Reichsstadt „*merum et mixtum imperium*" (die unbedingte Oberhoheit) in seinem Hoheitsgebiete innehabe, deshalb auch das Aufsichtsrecht über das Schulzenamt besitze und nur die Verwaltung vom Kaiser an Sachsen übertragen sei. Damit begann ein 18jähriger Kampf um das Schultheißenamt. 1523 versuchten die Bürger in die Münzgerechtsame des Schultheißen einzugreifen. Ein Jude war dabei betroffen worden, wie er falsche Münze unterzubringen suchte, und der Rat legte ihm deshalb eine Geldstrafe auf, obwohl die Sache vor das Schulzengericht gehörte. In den folgenden Jahren tasteten dann die Bürger eigentlich sämtliche Rechte des Amtes an. Der Rat gewährte unter Ausschaltung des Schulzen Schuldenerlaß oder -aufschub, er bestritt dem Schulzen das Recht, Hypothekenbriefe auszustellen, er zog Vergehen gegen die Marktordnung vor sein Forum und bemächtigte sich auf diese Weise der Zivilgerichtsbarkeit. Dann ging er daran, seine Bürger von den Lasten zu befreien: Er bestritt die Oberaufsicht des Schultheißen über die Handwerker und gestattete diesen, nicht mehr ihr Zeitgeld (jährliche Abgabe) zu entrichten, auch ließ er zu, um die Einfuhr zu erleichtern, daß 11 in der Umgebung liegende Dörfer keinen Zoll mehr zu bezahlen brauchten. Schließlich wandte er sich gegen die wesentlichsten Hoheitsrechte des Schultheißen, um wirklich zum Ziele des schon lange behaupteten *meri et mixti imperii* zu gelangen: Er nahm dem Schultheißen die Verleihung des Bürgerrechts und bestritt ihm die Besteuerung der Erbzinsgüter. Begünstigt wurden diese Versuche der Bürger, sich von lästigen Fesseln zu befreien, noch dadurch, daß Sachsen das Amt 1530 für kurze Zeit an Nordhausen verpfändete. Als dann Leonhard Busch nach Ablauf dieser Frist seine Tätigkeit als sächsischer Schulze wieder aufnahm, führte er nichts mehr als den Namen eines Schultheißen; ein Recht war damit nicht mehr verbunden. Da griff denn Sachsen doch noch einmal energisch ein. Herzog *Georg von Sachsen* ordnete eine eingehende Untersuchung über die Gerechtsame und die Zuständigkeit des Schulzenamtes an. Das führte zur Ausarbeitung des sogenannten Schulzenbuches vom Jahre 1538. Es wurde eine Kommission von einigen Ratsdelegierten und zwei Vertretern des Herzogs eingesetzt, nämlich *Melchior von Kutzleben* und *Georg Vitzthumb*, Amtmann zu Sachsenburg. Diese vertieften sich nun eingehend in das Schulzenbuch aus dem Beginn des 14. Jahrhunderts sowie in die späteren Akten, in denen bei Streitfällen um den Wirkungsbereich des Amtes die Entscheidungen niedergelegt waren. So entstand das neue Schulzenbuch, das im wesentlichen eine Abschrift des alten war, erweitert um einige Zusätze, und das damit die Bürger eigentlich um alle ihre schwer erkämpften Erfolge brachte.

Nur einige wenige und geringfügige Konzessionen machte die neue Ordnung: Hypothekenbriefe durften auch vom Rate aufgesetzt werden, bei Schuldforderungen durfte gemäß einem Nachtrag der Schultheiß für das Recht des Klägers erst eintreten, wenn diesem vom Rate sein Recht verweigert war; und die Urteilssprüche der Schöffen des Zivilgerichts, die sie selbst nicht finden konnten, mußten sie vom Rate erborgen.[18] Damit der Rat sofort sein Urteil fällen könne, hatte der Schultheiß die Verpflichtung, dem Rate 8 Tage vor der Gerichtssitzung die Akten zur Einsicht zugehen zu lassen. Wir sehen: Es sind alles Zugeständnisse, die zwar die Gerichtshoheit Nordhausens erweiterten, die aber nur dort gemacht wurden, wo mit ihnen keine nennenswerten Einnahmen verbunden waren. Überall wo das Schultheißenamt befugt war, Gelder einzustreichen, nahm Sachsen alle früheren Rechte voll in Anspruch. Starke Beschränkungen seiner Hoheit, wie es die Abgaben für die Verleihung des Bürgerrechts durch den Schulzen, die Abgaben der Zünfte und ähnliches waren, und ziemlich lückenlose

---

18 Neue Mitteilungen, V. 3. 51; vom Kommern.

Beaufsichtigung des Handels durch die Erhebung des Zolls und die Aufsicht über die Münze mußte sich Nordhausen gefallen lassen auf Grund des neuen Schulzenbuches, welches alte, z.T. in Vergessenheit geratene Rechte wieder zu Leben erweckt hatte. Was zwei Jahrhunderte ertrotzt und errungen hatten, war mehr oder weniger dahin. Unter dem Einfluß der neuen Zeit erhob sich die Macht der Fürsten, erste Anzeichen des Heraufkommens absoluten Regiments kündigen sich hier auch in der Nordhäuser Geschichte an. Mit der Erringung wirklicher Reichsfreiherrlichkeit und Souveränität für Nordhausen schien es aus zu sein; alles deutete eher darauf hin, daß Nordhausen eine sächsische Landstadt würde. Wie dann aber gerade die ehrgeizige Politik *Moritz' von Sachsen* dieses Äußerste verhinderte und Nordhausen seine Reichsfreiheit behielt, gehört einem späteren Kapitel an.[19]

Während des ganzen 15. Jahrhunderts war die königliche Gewalt so gut wie ausgeschaltet; unter *Friedrich III.* schienen sich die Reichseinheit, die Reichswehrmacht, das Reichsrecht überhaupt völlig aufzulösen. Die Teilgewalten, Fürsten und Städte, hatten den Sieg davongetragen. Im Zeichen der Geldwirtschaft, des Söldnerwesens und des Schießpulvers bahnte sich der Absolutismus an, die Entwicklung ging dahin, daß Deutschland in einzelne Teilreiche zerfiel. Nur der Macht der Beharrung und den Bemühungen *Maximilians* gelang es, das totsieche Reich noch 300 Jahre am Leben zu erhalten.

Die Reichseinheit! Zwei außerordentlich kluge Gedanken Maximilians bewahrten das Reich vor der gänzlichen Auflösung. Der eine war, die Städte mit ihrer zahlreichen Bevölkerung mehr als bisher am Reiche zu interessieren. Deshalb verschaffte ihnen der König 1489 eine Vertretung auf den Reichstagen; neben den Kurfürsten und Fürsten nahmen sie fortan, die dritte Kurie oder Bank bildend, an den Reichstagen teil. Die andere Maßnahme Maximilians, die das Reich zusammenhielt, war die Einteilung Deutschlands in 10 überterritoriale Kreise 1512 auf dem Reichstag zu Köln. Wurde dadurch die Sonderentwicklung der einzelnen Stände und Länder auch nicht völlig unterbunden, so wurden die in einem Kreise zusammengeschlossen und gemeinsame Tagungen abhaltenden Territorien doch immer wieder daran erinnert, daß sie zu einer Schicksalsgemeinschaft zusammengehörten. Wie bedeutsam diese Kreiseinteilung Maximilians war, lehrt auch die Geschichte Nordhausens recht gut. Nordhausen wurde dem niedersächsischen Kreise zugeschlagen. Dadurch wurde eine jahrhundertlange Entwicklung unterbrochen. Hatte es bisher politisch und wirtschaftlich durchaus zu Thüringen geneigt, hatte es bisher zwei Jahrhunderte hindurch im engsten Bündnis mit Erfurt und Mühlhausen gestanden, so lockerten sich nun allmählich die alten Beziehungen durch die neue Verbundenheit mit dem Norden. Hatte die Stadt schon immer gewisse Beziehungen auch zu Goslar und Braunschweig gehabt, so wurden diese jetzt enger und herzlicher, und neue Beziehungen, z.B. zu Lüneburg, traten hinzu. Nur die Tatsache, daß das Land ihres Schutzherrn, des

---

19 Urkunden über Vogtei und Schulzenamt im Ndh. Archiv unter II. S. a. 1–15. Manches bringen auch die Handschriften von Frommann und Filter.

Herzogs von Sachsen, dem obersächsischen Kreise angehörte, verband die Stadt auch noch mit dem Süden. Doch anstelle des langsam erlahmenden Erfurt trat immer mehr das aufblühende Leipzig.

Die Reichswehrmacht! Wie es um diese aussah, haben wir zur Genüge bei dem Hussitenkriegen gesehen. Und hier scheiterten alle wohlgemeinten Reformen *Maximilians* so gut wie ganz. Die „Reichsarmee" war und blieb das Gespött der ganzen Welt. Da halfen keine Reichstagsbeschlüsse, die den Territorien den „gemeinen Pfennig" auferlegten, da halfen keine Anforderungen von Bewaffneten, die nach dem Verhältnis der Kopfzahl der Bevölkerung zu stellen waren, da half nichts mehr gegen die Unlust, Gut oder Blut für das Reich aufzubringen. Zahlreiche Mandate des Königs auch an Nordhausen zeigen seine unablässigen Bemühungen, aber auch deren Erfolglosigkeit. Am 29. Juli 1489 wurden ganze 2 Reiter und 7 Fußsoldaten von Nordhausen verlangt, also wenig genug, doch keine Quelle bezeugt, daß die paar Mann wirklich gestellt seien. 1490 gelangte derselbe Befehl an Nordhausen; die Mannschaften sollten im Türkenkriege Verwendung finden. Nordhausen versprach statt der Truppen Geld, zahlte aber nicht, so daß der König 1492 mahnen mußte. Im April dieses Jahres bequemte sich die Stadt endlich zur Hergabe von 650 Gulden anstelle von 5 Reitern und 15 Fußsoldaten für den Krieg mit Frankreich. 1496 sollte als Reichsumlage der „gemeine Pfennig" in Höhe von 150000 Gulden erhoben werden. 430 entfielen davon auf Nordhausen; es bezahlte tatsächlich aber nur 200, und das war im Verhältnis zu anderen deutschen Staaten schon allerhand. Gänzlich fruchtlos blieben des Kaisers Mahnungen in den nächsten Jahren, so daß sich *Maximilian* am 27. Oktober 1506 herbeiließ, der Stadt ausführlich die schlimme Lage des Reiches zu schildern. Wir glauben nicht, daß die Stadt daraufhin etwas anderes tat, als das Rundschreiben zu den Akten zu nehmen. Und so ging es weiter: Jahr für Jahr Gesuche um Truppen oder Geld, und Jahr für Jahr verhallten die Bitten ungehört. Im wesentlichen konnte sich der Kaiser allein auf seine eigene Hausmacht verlassen und mit dieser allein die Reichspolitik durchführen. Kann man es Österreich da verdenken, daß es allmählich Hauspolitik statt Reichspolitik zu treiben begann?

Das Reichsrecht! Hier nahm man die Reformen *Maximilians* etwas williger auf, da sie mit weniger Opfern verknüpft waren. 1495 ward auf dem Reichstage zu Worms das Reichskammergericht geschaffen, dessen Entscheidungen in den folgenden Jahrhunderten zwar nicht immer von den einzelnen Ländern geachtet wurden und dessen Apparat äußerst langsam und schwerfällig arbeitete, das aber doch besonders für kleinere Staaten wie Nordhausen von wesentlicher Bedeutung war und das mit dazu beitrug, dem Fehdewesen ein Ende zu bereiten. Auf dem Gebiete der Strafjustiz schuf dann Maximilians Nachfolger *Karl V.* 1533 die Hals- oder Peinliche Gerichtsordnung, die allenthalben in Deutschland Anerkennung fand und auch für Nordhausen bis zum Ausgang des 18. Jahrhunderts als Strafgesetzbuch in Geltung war. Andere Ordnungen, z.B. die Reichshandwerksordnung, trugen weiterhin dazu bei, ein wenn auch noch so loses Band um die deutschen Länder zu schlingen.

So bereitete sich mit Beginn des 16. Jahrhunderts nicht nur auf Grund der unbewußten Entwicklung des westeuropäischen Kulturkreises, sondern auch auf Grund bewußter menschlicher Eingriffe allenthalben in Deutschland eine neue Orientierung vor, in politischer und wirtschaftlicher Beziehung. Unvergleichlich entscheidender für Deutschlands, Europas, der Menschheit Schicksal wurde aber die Bewegung auf geistigem Gebiete, die Luthersche Reformation. Ehe wir jedoch ihre Wirkung betrachten, müssen wir noch ein Bild vom wirtschaftlichen und gesellschaftlichen Leben in dem Nordhausen des 15. Jahrhunderts gewinnen.

Kapitel 7.

Das Nordhäuser Innungswesen.

 Wir haben gesehen, daß nach der Revolution vom Jahre 1375 eigentlich sämtliche Einrichtungen beibehalten wurden; nur neue Männer waren gekommen: der Rat setzte sich nicht mehr aus den alten Geschlechtern zusammen, sondern im wesentlichen aus Zunftmitgliedern. Diese gaben fortan dem städtischen Leben das Gepräge; es wurde bürgerlicher, handwerksmäßiger. Nordhausens Politik wurde weniger kraftvoll, aber auch weniger gefahrvoll, der ganze Lebenszuschnitt wurde weniger auf das Wagen als auf das Wägen eingestellt. Wie der Handwerker als Standesangehöriger sein gutes Auskommen hat, aber gewohnt ist, mit dem Pfennig zu rechnen und bedächtig ans Werk zu gehen, so tat er es nunmehr auch als Inhaber der Staatsgewalt. Man steckte sich keine hohen Ziele mehr, aber man erlitt auch keine Verluste. Man suchte nicht mehr Ruhm und Ehre in der großen Welt, sondern suchte sein täglich Brot und war treu im Kleinen. Die Ruhe, die Selbstgenügsamkeit, die Treue des Handwerkers beherrschte die ganze Stadt.

 Diese Welt des Handwerkers gilt es deshalb hier zu betrachten. Schon im vorigen Abschnitt, wo wir von den Befugnissen des Rates zu sprechen hatten, konnten wir das Gebaren der Handwerker und ihren Einfluß auf die städtische Verwaltung beobachten. Hier gilt es nun aber, den Handwerker bei seinen Lebensgewohnheiten selbst und bei seiner Arbeit aufzusuchen, und dieses Bild von seiner, des herrschenden Standes Lebenshaltung wird nicht unwesentlich dazu beitragen, ein Bild von Altnordhausen überhaupt zu gewinnen. Da sich aber im Gegensatz zu den wenigstens wirtschaftlich alleinstehenden und allein handelnden Angehörigen der Geschlechter das gesamte für die Öffentlichkeit wichtige Leben des Handwerkes in seiner Organisation, in seiner Innung abspielte und er nur durch diese Bedeutung gewann, müssen wir diese Innungen betrachten und ihr Wesen und Wachsen, wenn wir das Wesen und Wachsen des Handwerkers verstehen wollen.

Handwerker fanden sich schon in der ersten historischen Siedlung auf Nordhäuser Boden, in dem alten fränkischen Reichshofe am Frauenberge. Ein Kapitulare Karls des Großen verfügte, daß jeder Reichshof mit Schmieden, Schustern, Bäckern, Zimmerleuten u.a. besetzt werden sollte. Handwerker übten auch auf der sächsischen *curtis dominicalis*, auf dem Wirtschaftshofe, ihre Tätigkeit aus. Hier muß es auch in der langen Zeit von 900–1200 schon zu Zusammenschlüssen unter ihnen gekommen sein; doch waren diese Vereine, wie man sie nennen kann, noch weit davon entfernt, Innungen zu sein. Gleichgesinnte, Gleichstrebende schlossen sich zu gemeinsamen Vergnügungen und Unterhaltungen zusammen; es bildeten sich die sogenannten Trinkstuben. Ganz von selbst ergab es sich dann aber, daß man sich bei solchen Zusammenkünften auch über Angelegenheiten des Gewerbes unterhielt, Erfahrungen austauschte, Streitigkeiten zu schlichten suchte, wirtschaftliche Erfolge und Nöte besprach. Kaum wird man in der ältesten Zeit politische Fragen erörtert haben. Die Handwerker des Wirtschaftshofes waren Unfreie, und da sie noch keinen Vergleich zwischen ihrem Leben und dem Leben freier Gewerbetreibender ziehen konnten, waren Gelüste nach politischer Selbständigkeit oder gar politischer Macht ausgeschaltet. Erst seitdem in der Mitte des 12. Jahrhunderts freie flandrische Weber herbeizogen und sich neben einigen freien Bauern und Kaufleuten auch andere freie Handwerker niedergelassen hatten, begannen sie sich zu regen. Doch kann man von einer Entwicklung der Handwerker zu Nordhausen in dieser Beziehung bis zum Jahre 1220 kaum sprechen, obwohl in anderen deutschen Gemeinwesen, besonders in den westdeutschen Städten, schon straff organisierte Zusammenschlüsse bestanden. Auch die Einfachheit des ganzen Lebenszuschnittes in dem kleinen Nordhausen ließ die Bedeutung der Handwerker noch zurücktreten. Bis 1220 haben wir in Nordhausen noch durchaus die geschlossene Hauswirtschaft, wie sie der Frankfurter Wirtschaftshistoriker Bücher nennt. Seife, Kerzen, Webwaren, Netze, Tischlerarbeiten fertigte noch jeder Haushalt selber an; jedenfalls war der Umsatz gering. Andere arbeiteten nur für einen kleinen Kreis von Abnehmern; der bei weitem größte unter diesen blieb noch lange der Wirtschaftshof, welcher Schmiede, Gerber, Drechsler, Schilderer beschäftigte.

Ganz allgemein für Deutschland wurde um 1200 diese geschlossene Hauswirtschaft von der geschlossenen Stadtwirtschaft abgelöst; bei Nordhausen können wir den Ausgang auch für diese Entwicklung auf das Jahr 1220 festlegen. Seitdem bildete Nordhausen mit seiner Umgebung einen Wirtschaftsorganismus. Aus dieser näheren Umgebung der Stadt stammten die meisten *mercatores*, Händler, Brauer und Krämer; mit dem Lande standen sie in Zusammenhang. Hierher bezogen sie ihre Rohprodukte, das Korn, den Flachs, die Wolle, den Hopfen. Ihre Selbständigkeit und ihre Wohlhabenheit zeichnete sie vor den anderen Gemeindemitgliedern aus. *Burgenses*, Bürger nannten sie sich allein und betonten ihre Sonderstellung den übrigen gegenüber. Sie fühlten sich als die Gefreundten, als die Geschlechter, sie fühlten, daß sie durch Standes- und Interessengemeinschaft verbunden waren. So kam es unter ihnen zu einem ersten festeren Zusammenschluß. Aber auch dieses Band, das sie alle umschloß, war nichts weniger als eine Zunft; im Gegenteil, der Drang des einzelnen nach Freiheit gerade in wirtschaftlicher Beziehung war so groß, daß er nicht selten gegen die gemeinsamen Interessen verstieß. Ihr Zusammenschluß war mehr hervorgerufen durch die Anmaßung nach unten, gegen die Handwerker und Unfreien, und durch die Abwehr nach oben, gegen die Ritter der Burg, als durch den Wunsch, wirtschaftliche Interessen unter sich zu fördern. Sie waren es, die den Reichsministerialen den städtischen Rat abtrotzten, sie waren es, die die Gewerbetreibenden möglichst am Boden halten wollten.

Unterdessen hatten nämlich die Handwerker von den Geschlechtern gelernt, was man politisch erreicht, wenn man zusammenhält. Das war der Grund, weshalb sie sich im Laufe des 13. Jahrhunderts zu festeren Verbänden zusammenfanden. In dieser Beziehung hat Below recht, wenn er sagt, der Zusammenschluß sei erfolgt zur Ausübung des Zunftzwanges. Danach wären also die Zünfte nur eine Weiterentwicklung der alten Trinkstuben.

Und dennoch haben wir auch in diesen Korporationen noch nicht das vor uns, was wir eigentlich als Zunft bezeichnen. Zur Bildung solcher Zünfte kam der Anstoß nicht von den Handwerkern selbst, sondern von den einflußreichen Geschlechtern, die im Rate saßen. Zwei Gründe bewogen diese Geschlechter dazu. Der erste war wirtschaftlicher Natur, der Markt nämlich erzeugte das Bedürfnis nach Zünften. Wie die Ministerialen zur Beherrschung und Beaufsichtigung des Marktes der wohlhabenden Händler bedurft hatten, so bedurften die Händler dazu der Gewerbetreibenden. Diese allein waren die Sachverständigen, wenn es sich darum handelte, die Ware auf den Bänken des Marktes oder in den Werkstätten der Handwerker zu kontrollieren. Wir haben schon oben gesehen, daß unter Mitwirkung von Handwerkern Gesetze für Fleischer, Gerber, Goldschmiede und dergl. entstanden, daß unter Teilnahme von Gewerbetreibenden eine Preisregulierung stattfand, um Produzenten und Konsumenten gerecht zu werden, daß unter Zuziehung von Handwerkern die Beaufsichtigung fremder Händler und ihrer Ware erfolgte.[20] Eine solche Mitwirkung am Markte konnte aber nicht so erfolgen, daß die Geschlechter diesen oder jenen Handwerker, dessen Fähigkeiten sie gar nicht kannten, herausnehmen und mitbestimmen ließen, sondern das mußten die einzelnen Gewerke selber tun. Damit war deren Zusammenschluß zu einer eigentlichen Zunft gegeben.

Der andere Grund, um dessentwillen die Geschlechter eine straffere Organisation der Gewerbe begünstigten, lag auf politischem Gebiete. So scharf sie sich auch von dem niederen Volke abheben wollten, so sehr verbanden sie doch gemeinsame Interessen mit diesem gegen die feudalen Adligen. Sie allein konnten deren Niederzwingung und Vertreibung nicht durchsetzen; dazu bedurfte es der großen Masse des Volkes. Daß mit Hilfe dieser Kleinbürger die Zerstörung der Burg und die Vertreibung der Tyrannen kurz vor dem Jahre 1280 gelungen ist, beweisen die Handwerker, die kurz nach 1280 zwar nicht als vollberechtigte Ratsmitglieder, aber doch als Berater der Geschlechter in autoritativer Stellung

---

20 Siehe oben Kapitel 4.

erscheinen. Auch diese politischen Verhältnisse haben die Zünfte mitschaffen helfen.

Allein aus sich heraus, wie Below meint, haben sich die Handwerker also nicht in Zünften zusammengefunden, sondern die Ämter, welche sie im Markt und in der Polis erhielten, haben wesentlichen Anteil an der Bildung dieser Korporationen. In dieser Beziehung hat Keutgen durchaus recht. Nur darf man nicht vergessen, daß der erste Zusammenschluß, den man aber noch nicht als Zunft bezeichnen kann, allerdings der eigenen Initiative der Handwerker zuzuschreiben ist. [21]

Die wichtigsten und ältesten Gewerbe waren die, welche für den täglichen Bedarf arbeiteten: die Bäcker, die Fleischer, die Schuhmacher. Dazu traten auch in Nordhausen schon sehr früh die Weber. Viele von diesen kamen um die Mitte des 12. Jahrhunderts vom Rhein und aus Flandern und siedelten sich außerhalb der damaligen Stadtumfriedung am Nordfuße des Petersberges an. Sie kannten aus ihrer Heimat auch schon den Vorzug straffen Zusammenschlusses und ahmten ihn nun in Nordhausen nach. Schon 1149 erhielten in Köln die Weber den Stiftungsbrief für ihre Zunft. Zu diesen ersten Gewerben, die sich zusammenfanden, traten dann allmählich die anderen: die Kürschner, Schmiede, Becherer, Filzer, Knopfmacher, Sattler, Böttcher.

Mit fortschreitender Entwicklung des Handwerks kam es zu immer weiteren Abspaltungen von den ursprünglichen Gewerben. Man erreichte dadurch im Mittelalter ähnliches wie heute durch die Maschinenarbeit: möglichst genaue, möglichst schnelle, möglichst billige Arbeit, nur daß in der Neuzeit viele Maschinen nebeneinander tätig sind, bis ein Stück fertig ist, während im Mittelalter derselbe Mensch auf möglichst beschränktem Arbeitsgebiete ein Ganzes von Anfang bis zu Ende bearbeitete. Früher erzielte man schnelle und billige Fabrikate durch Teilung der Arbeit dem Stoffe nach, heute erzielt man sie durch Teilung der Arbeit den Arbeitern nach. –

Die Handwerker waren also im 13. Jahrhundert in strenger Abhängigkeit gehalten worden, hatten sich dann im Laufe des 14. Jahrhunderts wirtschaftliche und politische Rechte erkämpft, nachdem sie durch den Zusammenschluß in Zünften ihren Angriffen Wucht und Stoßkraft verliehen hatten, und hatten sich schließlich 1375 der Herrschaft in Nordhausen bemächtigt.

Die vornehmen Geschlechter waren von der Mitregierung ausgeschlossen worden, nur auf dem Umwege über die Zunft konnte ein Bürger in den Rat gelangen. Die 9 einflußreichsten und an Zahl stärksten Zünfte stellten die Mitglieder des Rates. Es waren so gut wie sämtlich. nur Bürger, die dem sogenannten Mittelstande angehörten. Eine größere Kapitalbildung verhinderten sie durch ihre eigenen Zunftgesetze; nur wo ein Zunftmitglied auch Braugerecht-

---

21 von Below, Die Entstehung der deutschen Stadtgemeinde; Düsseldorf 1889. Heusler, Der Ursprung der deutschen Städteverf.; Wien 1872. Keutgen, Der Ursprung der deutschen Stadtverfassung; Neue Jahrb. für das Klass. Altert. 5. Keutgen, Ämter und Zünfte, Jena 1903. Rietschel, Markt und Stadt in ihrem rechtlichen Verhältnis, Lp. 1897. Bücher. Die Bevölkerung in Frankf. a. M. im 14. u. 15. Jahrh. K. Hegel, Städte und Gilden der germ. Völker im Mittelalter, Lp. 1891.

same besaß, konnte es mit größeren Einnahmen rechnen. Doch war auch der Handel mit Bier beschränkt, da festgesetzt wurde, daß innerhalb der Stadt jährlich niemand mehr als 20 Fuder, in den Vorstädten niemand mehr als 10 Fuder Bier brauen durfte. Auch das Quantum Braugerste, das zum Einbrauen zugelassen war, unterlag Bestimmungen sowie die Zeit, in welcher gebraut werden sollte.

Dennoch waren die Zünfte, die von vornherein zum Markte und seiner Beaufsichtigung herangezogen wurden, weil sie lebenswichtige Gewerbe vertraten, bei weitem besser gestellt als diejenigen Berufe, die nicht am Markte teilhatten. Diese gingen aller wirtschaftlichen und politischen Rechte verlustig und waren nur als Tagelöhner angesehen. Zu ihnen zählten die Zimmerleute, Maurer, Erdarbeiter. Erst seit Ausgang des 16. Jahrhunderts, erst, seit man stattlichere Häuser baute, die berufstechnisch vorgebildete Arbeiter verlangten, kam ein Gewerbe wie das der Zimmerleute in Nordhausen zu Ansehen. Völlig für unehrlich galten die Barbiere und Leimmacher sowie die niederen Stadtangestellten, die Schäfer, Pfeifer, Feldhüter, Gossenkehrer, Scharfrichter.

So hatten sich die Zünfte gebildet. Welche Stellung zur Stadt und zur Allgemeinheit nahmen sie ein, welche Lebensformen schufen sie sich?

Die Geschichte des Nordhäuser Innungswesens umfaßt die Zeit von 1300–1800, also 500 Jahre. Einen so langen Zeitraum in einem einzigen Bilde einzufangen, ist immer mißlich. Denn naturgemäß ist ein stetes Werden und Wachsen vorhanden, und die Zustände, die für die Anfangszeit gelten, haben sich am Schlusse gänzlich verändert. Nicht selten können gerade kulturhistorische Schilderungen eben deshalb nur recht bedingt Anspruch auf historische Treue erheben, weil sie die Entwicklung unberücksichtigt lassen. So muß es auch als ein bedenkliches Unterfangen erscheinen, das Nordhäuser Innungswesen vom 14. bis 18. Jahrhundert in einem einzigen Kapitel zu behandeln. Und dennoch ist das hier möglich, weil sich kaum etwas Konservativeres als das Zunftwesen und seine Verfassung denken läßt. Eine ganz ähnliche Auffassung von Beruf, Lebenshaltung, Stellung zur Umwelt wie um 1300 findet sich noch um 1800. Mit der fortschreitenden Technik kommt es wohl zu Anpassungen, aber die Organisation des Zunftwesens und seine Geltung innerhalb des Staatsganzen bleiben fast unverändert. Deshalb besteht hier in der Tat nicht die Gefahr zu starken Zusammenlegens. Wo aber durch neu auftretende innerpolitische Strömungen kleine Wandlungen festzustellen sind, sollen sie nicht unberücksichtigt bleiben.

Zu den wichtigsten und lehrreichsten Betrachtungen führt die rechtliche Stellung der Innungen im Staate; deshalb soll auch hier zunächst die Eingliederung der Innungen in das Staatsganze erörtert werden. Manches, was schon oben bei den Auseinandersetzungen über die Befugnisse des Rates Erwähnung gefunden hat, muß dabei ergänzt werden; vor allem liegt hier auch der Blickwinkel ganz anders: Während dort vom Wesen des Marktes, seiner Organisation, den Aufsichtsbehörden die Rede war, sind hier die Zünfte und ihre Verfassung in den Mittelpunkt gerückt.

Die oberste und ursprünglichste Behörde für das wirtschaftliche Leben Nordhausens war ja der Schultheiß als Wahrer des Marktfriedens und Inhaber der

Zivilgerichtsbarkeit. Deshalb stand ihm auch die Aufsicht über alle Gewerbetreibenden zu. Diese entrichteten alljährlich kleine Gebühren an ihn als ihren Aufsichtsbeamten. So berichtet das alte Schulzenbuch, daß die Kaufleute oder Gewandschnitter 10 Schillinge, den Schilling zu 9 Pfennigen, die Knochenhauer 20, die Kürschner 10, die Bäcker 6, die Filzer 7, die Weber 4, die Leineweber 6, die Schuhmacher 30, die Schmiede 4, die Krämer 3 1/2, die Becherer 2 Schillinge an den Schultheißen zu entrichten hatten. Beinahe 250 Jahre später, im Jahre 1538, waren die Abgaben fast genau dieselben, nur die Becherer, die Anfertiger von hölzernen Trinkgefäßen, fehlen, weil sich der Beruf überlebt hatte; die Schneider sind mit 3 Schillingen hinzugekommen, die Krämer geben jetzt 4 Schillinge statt 3 1/2. Auch für die Buden auf den Märkten zahlten die Handwerker den Schultheißen ein kleines Standgeld, und nach den beiden Jahrmärkten hatten ihm einzelne Zünfte pflichtgemäß Geschenke darzubringen, z.B. die Bäcker Semmeln.

Doch in der Zeit, wo mit der aufsteigenden Geldwirtschaft das Bürgertum seine Einrichtungen, d.h. also hier die Organisation der Gewerbe, ausbildete, waren die Befugnisse des Schulzen schon fast sämtlich an den Rat übergegangen. Seit 1290, also seit dem Aufkommen der Zünfte in Nordhausen überhaupt, war deshalb der Rat ihre eigentliche Aufsichtsbehörde. Und das mit Recht; denn der Rat hatte sie ja erst mit derartigen Eigenschaften ausgestattet, daß sie zu wirklichen Zünften, d.h. zu Vereinen mit amtlichen Befugnissen geworden waren.

Wenn nun aber auch aus geselligen Vereinen erst in dem Augenblicke Zünfte entstanden waren, wo diese Organisationen öffentlich rechtliche Aufgaben zuerteilt bekommen hatten und unter ihrer Mitarbeit allgemein verbindliche Erlasse gegeben wurden, so kann doch nie von einer Nebenregierung der Zünfte in der Stadt die Rede sein. Niemals war es etwa so, daß die Innungen von sich aus für die Allgemeinheit maßgebende Beschlüsse hätten fassen können, es war selbst niemals so, daß sie sich ohne Rücksicht auf die Staatsgewalt allein für ihre Organisation hätten bindende Gesetze geben können. Im Gegenteil, je bedeutungsvoller eine Innung durch ihr Gewerbe für die Allgemeinheit war, je wichtiger es deshalb auch war, welche Verfassung eine solche Innung für die Gesamtheit der Bürger hatte, umso lebhafter interessierte sich die Behörde für sie und ließ sich keinen Augenblick das Recht nehmen, der Zunft selbst in ihre eigensten Angelegenheiten dreinzureden. Zu keiner Zeit konnten in Nordhausen die Zünfte ihre Beschlüsse ohne Beaufsichtigung des Rates fassen. Gewiß ist während des ganzen Zeitraumes von 500 Jahren die Haltung des Rates gegenüber den Zünften Schwankungen unterlegen; sein Aufsichtsrecht behielt er dennoch stets. Im 14. Jahrhundert bewahrte sich der Rat eine besonders starke Stellung und kontrollierte nicht nur ständig die Aufgaben der Innungen für die Allgemeinheit, sondern wachte auch eifersüchtig über sein Recht, Statuten und Privilegien zu genehmigen oder durch eigene Erlasse umzugestalten. Im 15. und 16. Jahrhundert, in der Blütezeit des Zunftwesens, ist dann ein Nachlassen dieser Bevormundung, ist ein Eingehen auf die Wünsche der Berufsorganisationen, manchmal bis zur Schädigung der Staatsinteressen, zu beobachten, bis seit dem

17. Jahrhundert, vor allem aber im 18. Jahrhundert wieder ein schärferes Zugreifen des Rates eintrat und dieser sich nicht scheute, Beschlüsse der Zünfte, die der allgemeinen Wohlfahrt abträglich waren, aufzuheben, oder aber, wo sich die Korporationen auf alte Privilegien stützen konnten, bei Verstößen einzelner Bürger gegen die Zunftordnungen gern die Augen zuzudrücken. Damit war dann die Überleitung zu der schließlichen Aufhebung der Zünfte zu Beginn des 19. Jahrhunderts gegeben. Doch selbst in den Zeiten ihres größten Einflusses konnten sie nur unter Aufsicht und mit Genehmigung des Rates handeln.

Als 1375 der Rat im wesentlichen aus Handwerkern gebildet wurde, kamen die Ratsherrn zwar als Mitglieder ihrer Innungen in den Rat, galten aber hier nicht als Vertreter derselben, sondern hatten als Vertreter der Gesamtheit der Bürgerschaft ihres Amtes zu walten. Natürlich sahen diese Ratmänner von Innungs Gnaden schon zu, daß ihre Berufsgenossen nicht zu kurz kamen; da aber 9 Zünfte dem Rate angehörten, die teilweise in scharfer Konkurrenz zueinander standen, war schon dafür gesorgt, daß die Vertrauensleute einer einzigen Zunft nicht zum Schaden der Allgemeinheit ihren Willen durchsetzten. Und wenn auch unzweifelhaft nach 1375 der Zuschnitt der ganzen städtischen Verwaltung durch die Innungen bedingt war, so hatten die beiden Innungsmeister für die Interessen ihrer Innung selbst doch kaum größere Bedeutung als zuvor. Gewiß war die Zunft durch ihre beiden Ratsherrn von Einfluß auf das ganze politische Leben der Stadt, – durch die Gesamtheit ihrer Mitglieder aber war sie es nach wie vor nur auf das wirtschaftliche Leben, und zwar nur so weit dieselben Fachleute waren. Sie leisteten nur Hilfe bei der städtischen Selbstverwaltung, wo dieser die Beamten oder sonstigen Organe fehlten. Eigentlich waren in dieser Beziehung die Innungen nichts weiter als unsere heutigen städtischen Deputationen, in die ja auch einerseits durch die städtischen Körperschaften, andererseits durch die Bürgerschaft diejenigen der Bürger hineingelangen, denen man ein besonderes fachmännisches Urteil oder Interesse zutraut, so daß sie den Magistrat und die Stadtverordneten bei der Verwaltung der Stadt beraten können. Wie aber heute den städtischen Körperschaften jederzeit die Revision der Deputationsbeschlüsse zusteht, so konnte auch damals der Rat jederzeit Stellung zu den Urteilen der als Fachberater herangezogenen Handwerker nehmen. Dabei ergab es sich ganz von selbst, ohne daß es rechtlich festgelegt zu werden brauchte, daß hier der Rat seine Autorität stark geltend machte, dort wiederum die Zunft selbständig bestimmen und anordnen konnte.

Bei dieser Tätigkeit der Innung für die Allgemeinheit kann man leicht drei Stufen unterscheiden und dementsprechend auch bei der Beaufsichtigung des Rates über die Innung. Wo die Innungen einschneidende Maßnahmen für die gesamte Bevölkerung vorzunehmen hatten, behielt sich der Rat stets ein unbeschränktes Revisionsrecht vor, wo zweitens die im städtischen Ehrendienst tätigen Handwerker als Sachverständige in reinen Gewerbesachen ihr Urteil abgaben, hielt sich der Rat meist, aber nicht immer an die Gutachten der Innung gebunden, wo schließlich die Innungsgenossen rein technische Aufgaben ihres Gewerbes, welche die Allgemeinheit nicht berührten, zu lösen hatten, ließ der

Rat sie gänzlich gewähren. Dasselbe war naturgemäß der Fall, soweit sich die Innung Gesetze gab, die nur ihr Eigenleben betrafen; auch hier hielt sich der Rat möglichst zurück.

Jedesmal da, wo die Innungsmitglieder im Dienste der Allgemeinheit standen, wachte der Rat zu allen Zeiten streng über die Innung. Wo also die Innungen zur Beaufsichtigung des Marktes herangezogen wurden, etwa zur Prüfung von Maß und Gewicht oder zur Überwachung der Fertigfabrikate, handelten sie wohl im Auftrage des Magistrats, aber doch stets unter seiner Kontrolle. Häufig, besonders wenn die Gutachten nicht über offen ausliegende Waren abzugeben waren, delegierte der Rat auch eines oder mehrere seiner Mitglieder, die zusammen mit den Handwerkern die Überprüfung vorzunehmen hatten. So mußten z.B. die Böttcher in Anwesenheit von zwei Ratmännern vierteljährlich die Fässer in den Brauhäusern „besichtigen und rechtfertigen".

Natürlich war der Rat besonders aufmerksam auf die Lebensmittelgewerbe. Bäcker und Fleischer standen deshalb unter seiner schärfsten Aufsicht. Damit die Stadt in Zeiten der Not, wenn etwa draußen der Feind lagerte oder Pestilenz einen Verkehr mit dem Lande unmöglich machte, nicht Hunger litt, gebot der Rat schon sehr früh, schon zu Beginn des 14. Jahrhunderts, den Bäckern, stets darauf zu sehen, daß sie genügend Brot auf ihren Bänken hätten. Ließ es ein Bäcker daran fehlen, so fiel er in die hohe Strafe von 5 *M* Silber. Ebenso war den Knochenhauern geboten, immer frisches Fleisch bereitzuhalten. Beide Innungen mußten auch einen besonderen Eid schwören, der für wichtig genug gehalten wurde, daß ihn die Statuten aufnahmen. Die Bäcker schwuren: *daz wir dy Innunge* (Innungsgesetze) *nach der stad eynunge* (allgemeine Gesetze der Stadt) *woln bewaren, so wir best kunnen, daz allirmelch an brot redelichen kouff gebe und daz in den bengen* (Bänken auf dem Markte) *nicht brotes gebreche zcu kouffe, an* (ohne) *arglist, daz swöret ir, daz uch got ezo helffe und dy heiligen.* – So lautete der Bäckereid um 1400; einen ähnlichen mußten die Fleischer schwören.

Ja, die Aufsicht des Rates in den ältesten Zeiten ging sogar so weit, daß ursprünglich er und nicht die Innung das Innungsrecht verlieh, damit ihm immer tüchtige Fachberater zur Seite standen. Erst im Laufe des 14. Jahrhunderts mit dem vermehrten Einfluß der Handwerker auf die städtische Verwaltung übernahm die Innung die Verleihung, doch behielt sich der Rat immer die Bestätigung vor. Jeder, der Meister geworden war, mußte sich dem Rate vorstellen, „wie es hier in den Gilden üblich ist". Und in den Artikeln der Fleischer heißt es: *und sol kein meister in die bennke dretten, die handwergsmeister haben in den* (ihn denn) *fur ein erbar radt gestellet.* Deshalb bestimmte auch schon eine alte Satzung, daß, wer sich seines Innungsrechtes begibt und es wiederhaben will, dem Rate und nicht etwa seiner Innung 2 *M* Silber zahlen muß.

Doch die Überwachung der Innung durch den Rat ging noch dadurch weit über eine bloße Kontrolle der Innungsmitglieder hinaus, daß die Behörde ihren Einfluß auch auf den Nachwuchs der Innung, auf Lehrjungen und Gesellen, ausdehnte. Der Allgemeinheit mußte daran liegen, daß ihr möglichst tüchtige Handwerker zur Verfügung standen, und deshalb war es das Bestreben des Rates, recht viele fähige Knaben einer Zunft zuzuführen. Die Zünfte wiederum strebten danach, möglichst wenige zum Handwerk zuzulassen, um die Konkurrenz auszuschalten; und von den wenigen bevorzugten sie auch wieder nicht die besten, sondern diejenigen, die schon Angehörige in der Zunft hatten. Nun konnten ja zwar die Zünfte gegen die Aufnahme von unbescholtenen Bürgersöhnen nichts einwenden, so ungern sie auch manchmal das Hineindrängen in die Zunft sahen; umso mehr war es aber ihr Bestreben, jeden, an dem ein Makel zu haften schien, auszuschalten. Schon sehr früh versuchten sie deshalb, die Zunft für uneheliche Kinder zu sperren. Demgegenüber erließ im 14. Jahrhundert der Rat noch den Befehl: *Eynen jungen, der da unelichen geborn ist, den mag man wol lere an eime iclichen hantwerke.* Allerdings blieb für das uneheliche Kind immer noch eine gewisse Erschwerung bestehen, insofern durch die abgelegten Lehrjahre noch nicht gesagt war, daß der betreffende als Meister zugelassen zu werden brauchte. Dazu mußte er erst ein Haus und das Bürgerrecht erwerben. Seit dem 15. Jahrhundert setzten die meisten Innungen überhaupt durch, daß uneheliche Söhne nicht einmal mehr die Lehre antreten durften. Nur die Böttcher ließen solche Kinder noch zu, doch auch diese strebten danach, sie auszuschließen. Da aber griff der Rat ein und verbot eine solche Beschränkung. Das war aber erst zu Beginn des 19. Jahrhunderts, als Aufklärung und französische Revolution schon auf den Sittenkodex eingewirkt hatten. Doch sieht man immerhin an dieser Haltung des Rates, daß er jederzeit großzügiger dachte und handelte als die einzelne Zunft.

Aber auch die Überwachung der Behandlung der Gesellen in den Innungen ließ der Rat sich nicht nehmen. Und er tat recht daran; denn nicht selten suchten die Meister ihre Stellung gegen Lehrlinge und Gesellen über Gebühr auszunutzen. Bei den Gesellen versuchten die Meister, auch wieder um möglichst die Konkurrenz auszuschalten, vor allem die Anfertigung des Meisterstücks zu erschweren. Um das zu erreichen, schlugen beispielsweise die Böttcher im 18. Jahrhundert ein recht merkwürdiges Verfahren ein. Sie fanden sich, wenn ein Geselle sein Meisterstück anfertigte, Tag für Tag in der Werkstatt ein, setzten sich zu ihm, plauderten und tranken und hielten ihn in jeder Weise von der Arbeit ab oder suchten zu bewirken, daß durch die Ablenkung allerhand Fehler in die Arbeit hineinkamen und er dann die Prüfung nicht bestand. Konnten sie dennoch die Herstellung des Meisterstücks nicht verhindern, so suchten sie, ehe der Geselle ihnen gleichberechtigt wurde, wenigstens möglichst viel aus dem armen Teufel herauszuschlagen. Er mußte sie freihalten; sie würfelten und tranken, während er arbeitete; und der Geselle, um sie sich gewogen zu erhalten, mußte die Zeche bezahlen. Da griff denn doch der Rat in diese erbaulichen Zustände am 17. Oktober 1768 energisch ein.

Der Rat übte also zum Wohle der Öffentlichkeit die Beaufsichtigung über die Zünfte aus. Als nun seit 1375 die Zünfte selbst in den Rat eingezogen waren, mußte er, um sich selber rein zu halten, nicht selten sogar die Ratswahl der Zünfte überwachen. Oft genug wählten die 9 ratsfähigen Gilden nämlich ihre beiden Ratsgefreundten nicht nach fachlichen Gesichtspunkten aus, sondern die Innungsmitglieder suchten aus ihrem Wahlrecht alle möglichen unsauberen persönlichen Vorteile herauszuschlagen. Sie ließen sich von den Ratskandidaten für das Versprechen, sie zu wählen, Gelder und andere Vorteile versprechen und schädigten auf diese Weise sowohl das Ansehen des Rates wie das ihrer Innung aufs schwerste. Unzählige Male mußte der Rat gegen solche Handlungsweise einschreiten und schärfste Maßnahmen gegen den Bestechenden wie den Bestochenen anwenden. Jahrhundertelang unterband er auch dadurch dergleichen Machenschaften; erst um 1700, als die Verwilderung in den herrschenden Kreisen Nordhausens aufs höchste gestiegen war, half kein Verbot mehr. Da mußte erst das stadtfremde Geschlecht der Riemanns Remedur schaffen.

Hatte der Rat, wenn auch zu verschiedenen Zeiten in verschiedenem Umfange, auf die einzelnen Mitglieder der Zünfte Einfluß, so bewahrte er diesen auch auf die Verfassung der ganzen Zunft. So unterlagen nicht nur die Gesetze, die das Verhalten der Zunftgenossen zur Öffentlichkeit regelten, seiner Aufsicht, sondern auch alle Bestimmungen, welche die Meister für das innere Leben ihrer Zunft trafen, erforderten wenigstens seine Genehmigung und konnten von ihm jederzeit revidiert werden. Zu allen Zeiten übte der Rat die Polizeiaufsicht über die Zünfte aus. So hatten die Krämer eins der ältesten Zunftprivilegien, das wir überhaupt kennen, im Jahre 1325 vom Rate erhalten, welches besagte, daß die Krämer nur in einer bestimmten Straße zusammenwohnen durften, und welches für ihren Handel ganz bestimmte Waren festsetzte. Oder weiter: wenn eine Innung ihre Statuten abänderte, so erhielten die neuen Artikel erst nach Bestätigung des Rates ihre Geltung, wie z.B. 1584 der Rat den Knochenhauern zwei Nachträge zu ihren Gesetzen genehmigte. Auf diese Weise konnte sich auch das internste Leben der Innungen den Eingriffen des Rates nicht entziehen. Das ging so weit, daß der Rat den Schuhmachern bei 5 Talern Strafe gebieten konnte, nach dem Umtrunke auf ihrem Schuhmacherhause sofort nach Hause zu gehen, nicht etwa auf der Straße zu randalieren oder die Festlichkeiten in noch festlicherer Stimmung an anderen Stätten fortzusetzen. Diese Bestimmung stammt freilich erst aus dem Jahre 1778, aus der Zeit der Juristenherrschaft. Und 1785 mußte der Rat nochmals gegen die trinkfreudigen Schuster eingreifen. Es war allerdings am 27. Juni, also zu heißer Sommerzeit, wo 4 Tonnen Bier im Gildehause aufgelegt worden waren und dieses Quantum für die durstigen Seelen keineswegs ausreichen konnte. Bei der gehobenen Stimmung der zechenden Meister befand man am Herrentische zwar für gut, daß des Umtrunkes genug sei; doch da kamen die Meister Bock junior, Vogt, Herbothe, Brachmann und Braune an den Herrentisch, nahmen den Handwerksmeistern ihr Bier weg und schütteten es in die eigenen Kannen. Darob entstand nun ein solcher Tumult im Hause, daß sich ein Volksauflauf vor dem Schuhhofe bildete. Wegen dieses Ärgernisses griff dann der Rat ein; die aufsässigen Meister mußten vor versammeltem Rate Abbitte tun und eine Geldstrafe entrichten. – Die überschäumende Fröhlichkeit der Schuster machte dem Rate überhaupt öfter zu schaffen. Als sich die Innung bei ihrem uralten Feste unter der Merwigslinde zu großer Ausgelassenheit befleißigte, mußte der Rat im Jahre 1736 das Fest aufheben.

Ebenso mußte der Rat gegen die Bäcker im Jahre 1753 einschreiten. Er erließ deshalb vier Verordnungen, deren wesentlicher Inhalt bestimmte: 1. Sie sollten sich bei ihren Zusammenkünften auf dem Bäckergildehause jedesmal friedsam, still und sittsam aufführen. 2. Sie sollten gegen die Herrn und Handwerksmeister diejenige Bescheidenheit und Gehorsamkeit bezeigen, welche ihre Schuldigkeit erforderte. 3. Sie sollten an dem Tische und dem Orte, wohin jeder gehörig, verbleiben und sich ruhig verhalten. 4. Sofern der eine oder andere von den Herrn und Handwerksmeistern vorgefordert oder wenn bei diesen von ihnen etwas anzubringen sein möchte, sollten sie vor dem Herrntisch erscheinen und dasjenige, was ihnen vorgetragen oder von ihnen angebracht wird, mit Bescheidenheit anhören oder vorstellen, überhaupt sich dabei so aufführen, wie es die Wohlanständigkeit eines jeden vernünftigen und sittsamen Bürgers ohnedies erfordert. Im Übertretungsfalle drohte der Rat Geldstrafen an: „Hiernach hat ein jeder mehrbemeldeter Bäckerinnung sich zu achten!"

Von allen diesen Eingriffen des Rates in das innere Leben der Zünfte hören wir allerdings erst im 18. Jahrhundert, wo die Riemanns begannen, mit dem alten Schlendrian einigermaßen aufzuräumen. Übrigens war noch ein Unterschied in der Behandlung der 9 ratsfähigen Gilden und der anderen Zünfte durch die Behörden vorhanden. Die ratsfähigen Gilden besaßen größere eigene Rechte und nahmen dem Rate einen Teil seiner Polizeigewalt über die Zunft ab. So heißt es in den Satzungen der Krämer: *Ein Handwerg der Kramer ist eines der Handwerge, daraus man Rath und Rethe bestätiget. Deshalb ist es mit dem „Gehorsam" privilegieret. Die vier Handwergsmeister haben Macht, Rath und Handwergs wegen Gehorsam zu gebieten jedem, der in der Gilde ist und ihnen Gehorsam gelobt.* – Doch auch über diese Zünfte besaß der Rat die polizeiliche Oberaufsicht.

Das geht auch daraus hervor, daß der Rat für Strafen, die von der Zunft verhängt waren, Appellationsinstanz war. Oft genug nämlich kamen unter den Innungsbrüdern Reibungen vor. Dafür sorgte schon der Konkurrenzneid. Nicht selten wurde den Meistern einer Zunft nachgesagt, sie hätten die Strafen über ihre Kollegen nicht nach sachlichen, sondern persönlichen Motiven verhängt. Dann ging man an den Rat. Um aber zu vermeiden, daß solche Einsprüche zu oft erfolgten und dadurch dem Ansehen der Zunft Schaden erwüchse, auch um den Rat vor Überlastung mit kleinlichen Querelen zu bewahren, wurde bestimmt, daß die den Zunftgenossen auferlegte Strafe sich verdoppelte, wenn der Rat die Klage nicht annahm, sondern die Sache an die Zunft zurück verwies. Von dem dann fälligen Strafgelde erhielt der Rat die Hälfte, die andere zog die Zunft ein. Dennoch kamen ärgerlichste Streitigkeiten innerhalb der Zunft oft genug vor. Einer der größten Konflikte brach im Jahre 1705 in der Schuhmachergilde aus. Da wünschten am 16. April 1705 die Schuster aus den Vorstädten, die schlechter gestellt waren als die mitten in der Stadt, in der Schuhgasse, wohnenden Meister, das Recht zu erhalten, ihre Buden auch auf dem Markte aufschlagen zu dürfen. Schon 1625 und 1679 hatten sie dieses nicht unbillige Verlangen gestellt, doch widersprach diesem Wunsche der Artikel ihrer Statuten, „daß kein Schuh verkauft werden dürfe, als wo er gemacht sei, abgesehen von den beiden Jahrmärkten". Da wollten nun die abseits Wohnenden in einer Zunftversammlung des Jahres 1705 ihre Forderung mit Gewalt durchdrücken. Nachher berichteten die Handwerksmeister der Zunft darüber an den Rat: „Bei neulicher Zusammenkunft der Gilde haben diese turbenten Meister sich nicht gescheut, wider Herkommen insgesamt vor den Herrentisch mit großem Ungestüm zu treten. Es hätte nicht viel gefehlt, daß sie uns Ältesten und Vorsteher der Schuhmachergilde nach den Köpfen gegriffen. Dabei haben sie öffentlich gerufen: ‚Der Teufel soll Euch danken, daß Ihr uns zum Meisterrecht angenommen habt.'" – Also Aufruhr vor versammelter Mannschaft! Da mußte der Rat eingreifen.

Ebenso hatte aber der Rat auch die Stellung der Innungen zueinander zu regeln. Auch hier nahm er seine Rechte in den verschiedenen Jahrhunderten verschieden wahr. Rücksichtslos griff er zum Wohle der Allgemeinheit im 14. und 18. Jahrhundert durch; mehr Entgegenkommen zeigte er in den dazwischenliegenden Zeiten. So mußte der Rat den Schiedsrichter spielen, als ein Streit zwischen Gewandschnittern und Wollwebern ausbrach. Es war ein altes Recht der bevorzugten Gewandschnittergilde, daß sie ihre Waren in den Kaufkammern des Rathauses feilhalten durfte. In diesen Gewandkammern wollten nun auch die Wollweber zugelassen werden. Doch da die alten Gerechtsame der Gewandschnitter dieser Änderung entgegenstanden, bestimmte der Rat, daß die Wollweber nie aus den Kammern selbst, wohl aber vor den Kammern verkaufen dürften, sonst sollten sie 1 M Silbers Strafe bezahlen, von der 2/3 den Gewandschnittern, 1/3 den Wollwebern zufallen sollte. – Mehrfach mußte der Rat auch Gelegenheit nehmen, in die Auseinandersetzungen der Krämer und der mit diesen in einer Zunft vereinigten Sattler einzugreifen. Welche Folgen solche Reibungen bei zwei in einer Gilde zusammengeschlossenen Gewerben haben konnten, ersieht man aus dem Streite der Schuhmacher mit den Lohgerbern, der dadurch entstand, daß die Schuster auch Rohleder verkauften, was die Gerber für sich allein in Anspruch nahmen. Der Rat versuchte dabei vergeblich eine Einigung und willigte schließlich 1734 in die Trennung der beiden Gewerbe.

Bedeutende Schwierigkeiten für den Rat entstanden auch immer durch das Verhältnis der einheimischen Gewerbe zu fremden Handwerkern und Kaufleuten. Zum größten und folgenreichsten Konflikt zwischen einer Zunft und dem Rate kam es deshalb in den sechziger Jahren des 14. Jahrhunderts, als die Knochenhauer nicht mehr fremde Fleischer auf dem Markte zulassen wollten. Damals mußten bekanntlich nach öffentlicher Widersetzlichkeit der Knochenhauer 60 Familien der Zunft die Stadt verlassen. Später traf der Rat die Regelung, daß auf der einen Seite vor dem Rathause – der westlichen, während die Wollweber im Süden standen – sämtliche Nordhäuser Fleischer feilhalten sollten, ihren Fleischbänken gegenüber alle fremden Fleischer. Übrigens durfte hier nur das gute Fleisch verkauft werden, Eingeweide und Kutteln wurden auf dem Königshofe vertrieben. Daher der Name Kutteltreppe.

Eine solche Maßregelung, wie sie damals die Knochenhauer traf, wagte der Rat später nie wieder vorzunehmen. Dadurch kam es, daß das laufende Publikum durch die Monopolstellung der einzelnen Zünfte schwer geschädigt wurde. Erst im 18. Jahrhundert vollzog sich in dieser Haltung des Rates ein bedeutungsvoller Umschwung. Diesen kann man am besten an der Einstellung der Stadtverwaltung zu der Krämerzunft verfolgen.

Schon im 17. Jahrhundert wurde es für die wenigen einheimischen Krämer immer schwieriger, alle Bedürfnisse der Bevölkerung zu befriedigen, bürgerte sich doch, nachdem die Entdeckung fremder Erdteile wirksam geworden war. fast Jahr für Jahr ein neues Kolonialprodukt ein. Zitronen, Gewürze, Kaffee, Zucker, früher kaum gekannte ausländische Waren, wurden vom Publikum immer mehr verlangt, und der Krämer konnte nicht immer die rege Nachfrage befriedigen. Ebenso war es mit den Modeartikeln aus Frankreich und England. Wie sollten sich die guten Nordhäuser Krämer über die neuesten Moden auf dem Laufenden halten und jederzeit die neuesten „englischen Mannsstrümpfe", die in einer Urkunde genannt werden, beschaffen! Dennoch gehörten dergleichen Waren „in die Krämerei", und die Innung erhob sogleich beim Rate Beschwerde, wenn sich etwa ein Fremder einfallen ließ, den Vertrieb zu übernehmen, obwohl die Innung selbst den Artikel nicht führte. Da war denn der Rat nicht selten in arger Verlegenheit. Auf der einen Seite standen die unantastbaren Privilegien der Innung und die beiden Ratsherrn der Krämer im Rate, welche die Forderungen ihrer Innungsbrüder mit Eifer verfochten; auf der anderen Seite stand das offenbare und berechtigte Verlangen der Bevölkerung, sich mit solchen Waren versehen zu können, wobei die Hausfrauen der Herrn Stadtväter auch nicht selten ein energisch' Wörtlein mögen mitgeredet haben. 1568 gaben die Privilegien der Krämer noch den Ausschlag. Damals hatte ein „Welscher" mit dem guten deutschen Namen Klaus Kirchner seidene Borten zunächst am Neuen Wege, hernach in einem eigenen Hause am Königshofe feilgehalten. Die sich darüber beklagende Innung erhielt Recht, und Kirchner mußte seinen Laden schließen. 100 Jahre später, im Jahre 1656, war man doch anderen Sinnes geworden. Ein fremder Zuckerbäcker, der mit Kaffee und Zucker handelte, setzte sich zum größten Ärger der Krämer in Nordhausen durch. Noch schlimmere Eingriffe in ihre uralten heiligen Privilegien mußten sich die Krämer nach und nach aber dadurch gefallen lassen, daß seit Ausgang des 17. Jahrhunderts immer öfter der Grundsatz durchbrochen wurde, keine Krämerwaren dürften anderswo als in der Krämergasse verkauft werden. Lange Zeit stützte der Rat auch dieses Recht der Krämer, das sie 1325 bekommen hatten. Doch die Stadt hatte sich vergrößert; in den Vorstädten, im Grimmel, im Altendorf, auf dem Sande, in der Neustadt, am Frauenberge wohnten fast mehr Einwohner als in der Altstadt. Und alle mußten wegen einer Stange Süßholz in die Krämergasse laufen. Besonders fühlbar machte sich dieser Zustand, wenn eine Hausfrau abends bemerkte, daß sie eine Kleinigkeit beim Einkauf vergessen hatte. Und wenn es die Gewürznelken zur abendlichen Biersuppe waren, – sie mußten „in den Krämern" geholt werden! Anderswo gab es keine, und durfte es keine geben. Das waren schließlich unhaltbare Zunftvorrechte. Bis ins 18. Jahrhundert hinein vermochten zwar die Krämer jeden fremden Händler, der sich einfallen ließ, sich in einer Vorstadt niederzulassen, erfolgreich zu bekämpfen. Dann aber sah der Rat solchem unstatthaften Handel immer mehr durch die Finger; denn hier hatten sich wahrlich Gesetz und Recht wie eine ew'ge Krankheit fortgeerbt. 1775 erlaubte der Rat schließlich offiziell, daß kleine Mengen Krämerwaren, bis zu 2 Loth Kaffee und bis zu 1/4 Pfund Zucker, in Kramläden am Neuen Wege und in der Neustadt geholt werden durften.

Noch schärfer als auf solche Händler, die sich in der Stadt niederließen, achtete man auf Hausierer. 1545 vereinigten sich „die ehrbaren Räte einträchtiglich, daß kein Hausierer, es sei mit wesserlei Waren, in der Stadt soll gelitten werden, sondern von Stund an durch unseren Diener abgewiesen werden." Und doch fanden sie sich, besonders die Juden, in den Straßen und Herbergen immer wieder ein und wurden auch ihre Waren los.

Ganz allgemein sah der Rat aber doch seit Beginn des 18. Jahrhunderts, daß viele der Innungsprivilegien nicht mehr in die Zeit hineinpaßten. Schwierig genug aber war seine Stellung gegenüber dem kodifizierten und zäh verteidigten Recht. Durch die Durchbrechung der Tradition hielten die Innungen ihr Dasein und das ihrer Mitglieder aufs Spiel gesetzt und wehrten sich bis aufs äußerste. Oft genug riefen sie deshalb über die Zuständigkeit des Rates hinaus die Entscheidung des Reichskammergerichts an, holten Urteile von Juristenfakultäten ein, führten die langwierigsten und kostspieligsten Prozesse um ihrer Vorrechte willen. Am meisten waren jederzeit die Krämer gefährdet, die alle möglichen Waren, welche schließlich jeder vertreiben konnte, im Handel führten. Als sie sich im Jahre 1681 neue Statuten gaben, bestimmten sie daher sogar in Artikel 12, daß, da die Krämer viel Prozesse mit großen Kosten führen müssen, jeder, der eine Krämerei anfängt, sogleich 3 Taler nur für gemeinschaftliche Prozeßkosten in die Innungslade bezahlen müsse. Ferner mußte schon 1691 jeder Krämer von einem Zentner Krämergut, das er von der Leipziger oder Braunschweiger Messe heimbrachte, 1 Groschen, 1714 gar 2 Groschen entrichten. 1736 hatten sie trotz mancher Prozesse 66 Taler 12 Groschen in ihrer Lade, die aber zu weiteren Rechthändeln nicht langten, so daß sie zu einer Sondersteuer ihrer Mitglieder gezwungen waren.

Dem Rate, der seine Befugnisse geschmälert fühlte, war das Anrufen des Reichskammergerichts natürlich nicht genehm. Dennoch ließ er sich das eigentliche Aufsichtsrecht über die Innungen zu keiner Zeit nehmen. Das geht besonders aus gewissen Anerkennungsgebühren hervor, welche die meisten Innungen dem Rate zu entrichten hatten. So kam z.B. von den Lohgerbern dem Rate die Hälfte des Lehrjungengeldes zu und ebenso das von den Gesellen angefertigte Meisterstück. Es bestand in einem Feuereimer, den der Rat dann auf der Diele des Rathauses aufhing und zum Nutzen der Stadt verwendete.

Doch auch Konventionalstrafen verlangte der Rat von den Innungen oder einzelnen ihrer Mitglieder. Hierbei kann man die Doppelstellung der Innung als bloßen Vereins und als Organs der Öffentlichkeit am besten erkennen. Hatte sich der einzelne nur gegen die Statuten seines Vereins vergangen, dann zog die Innung allein die Strafe ein. So geschah es wegen regelwidrigen Benehmens auf Kneipabenden, bei Besprechungen oder Festen, wegen Ungehorsams gegen die

Gebote der Innungsmeister oder wegen Verstoßes gegen Verpflichtungen aller Art, wie sie z.B. die jüngsten Handwerksmeister bei Zusammenkünften oder Begräbnissen zu erfüllen hatten. Häufig bestanden dann die Strafen nicht in Geld, sondern in Wachs für Kerzen oder in Bier für die gemeinsamen Umtrunke. War wiederum nicht die Innung, sondern die Allgemeinheit geschädigt, so zog der Rat die Buße allein ein. Der Bäcker, der zu kleine Brote buk und dadurch das Publikum betrog, mußte dem Rate 1 M Strafe bezahlen. Und dergleichen Strafen wurden viele verhängt, von der 5 Schillingstrafe an, die den Krämer traf, der Messer teurer als 3 Heller verkaufte, bis zu der Strafe von 1 M Silbers und 1/2 Jahr Gefängnis, in welche der fremde Händler fiel, der außerhalb des Wagehauses kaufte und verkaufte, von den paar Groschen Strafe, welche die Lohgerber für das Firnissen der Schuhe mit Erde zu entrichten hatten, bis zu der Strafe von 1 M Silbers, die der Goldschmied, der nicht lötiges Silber verarbeitet hatte, bezahlen mußte. Waren schließlich sowohl Innung wie Publikum durch das Verhalten eines Handwerkers geschädigt, so teilten sich Rat und Innung in die Strafgebühren. Wer z.B. von den Bäckern durch Zugaben die Kundschaft anzulocken suchte oder besseres Roggenbrot als festgesetzt buk, fiel in die hohe Strafe von 8 M. Hiervon erhielt der Rat 4 M und die Zunft 4 M. Denn durch ein derartig schmähliches Vergehen, wie es das Backen zu guten Brotes war, fühlte sich mit Recht auch die Innung geschädigt, und in die Zunftlade floß deshalb das Geld.

Trotz dieser unbedingten und unbeschränkten Aufsicht des Rates über die Innung waren diese dennoch für das wirtschaftliche Leben von allergrößter Bedeutung und besaßen in dieser Beziehung auch eine nicht zu unterschätzende Machtfülle. Wie heute die Handels- und Handwerkskammern die Behörden bei der Preisbildung, bei der Prüfung der Eignung, bei der Beaufsichtigung der Gewerbe unterstützen und beraten, so taten es früher die Innungen. Ja, ihre Befugnisse gingen deshalb noch weiter als die der heutigen wirtschaftlichen Organe, weil dem mittelalterlichen Staate irgendwelche Beamte hierfür durchaus fehlten. Die Innungen standen den Behörden keineswegs nur beratend zur Seite, sondern stellten ihre Mitglieder ehrenamtlich zur Verfügung. Diese wurden dadurch aus der reinen Interessengemeinschaft der übrigen Zunftmitglieder herausgehoben und bekamen gewissermaßen Beamtenqualifikation. Sie mußten auch dem Rate einen Eid leisten, daß sie nach bestem Gewissen nicht ihrer Innung, sondern der Allgemeinheit dienen wollten. Der Rat nahm diese im Ehrendienst der Stadt stehenden Handwerksmeister in Ordnungsstrafen, wenn sie etwa ihre Pflicht vernachlässigten; im allgemeinen wurden als Disziplinarstrafe vom Rate 10 Schillinge verhängt. Für ihre Tätigkeit lieh die Stadt diesen ihren wirtschaftlichen Aufsichtsbeamten zur Durchführung ihrer Anordnung ihre Diener oder stellte dieselben wohl gar der Innung zur Verfügung, wenn deren Rechte geschmälert schienen und deshalb eine Exekution nötig war.

Um nur einige Beispiele anzuführen: die Bäckerinnungsmeister mußten im Auftrage der Stadt an den drei Märkten, dienstags, donnerstags und sonnabends, Brot und Semmeln auf Größe und Güte prüfen. Ebenso war es den Fleischerinnungsmeistern geboten, an den Markttagen das feilgehaltene Fleisch zu besichtigen, und zwar das ihrer Zunftgenossen und das der fremden Knochenhauer. Da aber die beiden Innungsmeister trotz aller Beamtenqualifikation die auswärtige Konkurrenz vielleicht nicht ganz fachlich behandelt hätten, waren ihnen zu der Besichtigung noch die Ratsherrn, die von den Fleischern dem Rate angehörten, auf ihrem Kontrollgange beigegeben. So heißt es schon um 1400: *Ess solln ouch die zcwene uss deme hantwergke, die ime rathe sitzen mit yren hantwergksmeistern alle sunnabin und dinstage vorm koufhuse und in den schern* (Buden) *das fleisch besihe borgern und gesten.* Selbst auf die Hausschlachtung erstreckte sich das Aufsichtsrecht, wie Artikel 6 der Knochenhauerstatuten des 18. Jahrhunderts zeigt: *Welcher Bürger allhier ein Rind schlachtet, er sey wer er wolle, so soll das Rind nicht eher entzwey oder viertel weiss gehauen werden, es haben denn die Handwerksmeister der Knochenhauer-Gilde es besichtigt.*

Ähnliche Befugnisse über Kauf und Verkauf, auf offenem Markt und in der Werkstatt, über Einheimische und Fremde hatten die beiden Handwerksmeister jeder der Nordhäuser Innungen. Hier sei nur noch die Beaufsichtigung der Böttcher und ihrer Waren durch die Meister erwähnt, weil dieses Gewerbe für Nordhausen wegen seiner Brau- und Branntweinindustrie von größter Wichtigkeit war. Am 3. Februar 1428 wurde da festgesetzt: Kein Böttcher dürfte „weiß Holz" für Eichenholz verarbeiten, sondern müßte Eichen für Eichen, Tannen für Tannen ausgeben. Wer sich dagegen vergangen hatte, wenn die „Vormunde" Besichtigung hielten, mußte, weil er das Ansehen der Innung geschädigt hatte, jedesmal 1/2 Pfund Wachs zu Lichten der Zunft als Strafe geben. Ebenso mußten die Böttchermeister die Fässer auf ihre Größe prüfen und mit dem Eichstempel versehen. Alle Fässer, die in der Stadt verkauft werden sollten, mußten den Stadtadler erhalten zum Zeichen dafür, daß ihre Größe für richtig befunden war. Die Fässer mußten sämtlich 6 1/2 Eimer fassen, wobei 1/2 Stübchen mehr oder weniger, etwas mehr als 2 Liter, nichts schadete. Diejenigen Fässer, die nach außerhalb gingen, unterlagen dieser Prüfung nicht. Da es sich bei dieser Eichung um eine für die Öffentlichkeit sehr bedeutsame Angelegenheit handelte, wurden die Innungsmeister von zwei Ratsmitgliedern begleitet. Dasselbe geschah, wie 1457 festgesetzt wurde, bei der vierteljährlichen Nachprüfung der Fässer in den Brauhäusern.

Damit eine ordnungsgemäße Überwachung gewährleistet war, mußten die übrigen Zunftgenossen den Anordnungen der kontrollierenden Meister unbedingt nachkommen; sonst fielen sie in eine Strafe, die je nach dem an die Innung oder an Innung und Rat gezahlt werden mußte. Nicht selten mag sich, besonders auf dem Markte, wo die anderen Kollegen dem Gemaßregelten leicht beispringen konnten, Widerspruch geregt haben. Deshalb bestanden ausdrücklich Gebote, daß sich keiner um die Vorgänge an anderen Verkaufsständen zu kümmern habe. Für die Knochenhauer lautete noch im 18. Jahrhundert Artikel 23: *Wenn die Herrn und Handwerks-Meister im Scherren was zu tractieren und zu reden haben, so soll Meister und Meisterin, Meisters Sohn, Gesell oder Lehr junge dabey treten, es sey denn, daß er von den Herrn dazu ver langet wird; wer dawider handelt, gibt Straffe auf erkänntniss.*

Ebenso bediente sich der Rat bei Preisfestsetzungen der Zunftmitglieder als Sachverständige. Nur bei den lebenswichtigen Gewerben der Bäcker und Fleischer schrieb der Rat die Preise vor, doch offenbar auch nach Einholung von Gutachten. 1399 setzte der Rat für Brote fest:

    1 Herrenbrot   1 Pfennig
    1 Tretzschern 1 Pfennig (vielleicht: Klostergebäck; nach Heineck)
    2 Brezeln   1 Pfennig

1568 durften die Fleischer nehmen:

Gemästetes Rindfleisch	1 Pfund	8 Pfennig
Mageres Rindfleisch	1 Pfund	6 Pfennig
Gemästetes Kuhfleisch	1 Pfund	6 Pfennig
Geringes Kuhfleisch	1 Pfund	5 Pfennig
Kalbfleisch	1 Pfund	4 Pfennig
Kalbfleisch vom Kalb über 7 Wochen	1 Pfund	6 Pfennig
Hammel- und Ziegenfleisch 1 Pfund	höchstens	6 Pfennig
Schweinefleisch	1 Pfund	$7^1/_2$ Pfennig

Die Aufsicht darüber, daß diese Preise inngehalten wurden, hatten die Innungsmeister.

Schon bemerkt ist, daß die Dienstgewalt der Vertrauensleute des Magistrats sich auch über fremde Händler erstreckte. Unter deren Konkurrenz hatten besonders die Krämer zu leiden. Schon im 14. Jahrhundert hatten sie deshalb vom Rate erwirkt, daß fremde Krämer nirgends in Straßen oder an Kirchen länger stehen durften als zwei Tage nacheinander. Die Aufsicht über die Befolgung dieser Bestimmung war den Krämern selbst überlassen. Wenn sich die Fremden ihren Geboten nicht fügten, konnten sie „nach ihrer Gewohnheit" mit ihnen verfahren, wie es in den alten Statuten heißt. Als in späteren Jahrhunderten diese Selbsthilfe nicht mehr gestattet war, stellte der Rat den Krämern seinen Ratsbüttel zur Vertreibung der Hausierer zur Verfügung. Ähnlich wurden die Juden behandelt. Diese verkauften sehr gern Krämerwaren, vor allem Barchent, Zwillich, Zwirn, Seidentuch. Die Überwachung auch dieses wilden Handels stand den Krämerzunftmeistern zu; doch wenn sie einschreiten wollten, mußten sie sich an den Rat wenden. So geschah es z.B. 1684. Die Juden wurden überhaupt von Handwerkern und Kaufleuten recht unfreundlich bedacht. So hatten die Knochenhauer in ihren Statuten einen Artikel, der verbot, den Juden Fleisch zu verkaufen oder einen Juden anzulernen. Nun, zu Vegetariern sind sie ja trotz allem nicht geworden!

Auf diese Weise standen also die Vertrauensleute der Innung, die Innungsmeister oder „Vormunde", wie sie auch genannt wurden, unter der Oberaufsicht des Rates im Dienste der Allgemeinheit.

Alles, was nun die inneren Angelegenheiten der Innung betraf, regelte diese selbständig, genau so wie etwa heute ein eingetragener Verein, nur daß die Ausübenden der einzelnen Gewerbe verpflichtet waren, diesem Vereine beizutreten. Die Innungen früherer Jahrhunderte waren sämtlich Zwangsinnungen. Wer ein Gewerbe treiben, wer als Handwerker das Bürgerrecht erwerben wollte, mußte einer Innung angeschlossen sein und sich ihren Gesetzen unterwerfen. Daraus entsprang, so sehr sie unter der Kontrolle des Rats standen, doch die große Macht der Innungen. Sie besaßen bei der Mangelhaftigkeit des Verkehrs und des Warenaustauschs durchaus eine Monopolstellung, und durch den Zwang, den sie auf ihre Mitglieder ausüben konnten, durch ihren Einfluß auf Umsatz und Preisbildung, Festsetzung der Arbeits- und Verkaufszeit, Beaufsichtigung der Erziehung des Nachwuchses und Erteilung des Meisterrechts waren sie doch von höchster wirtschaftlicher und damit politischer und kultureller Bedeutung.

Die mit amtlichen Befugnissen ausgestattete wirtschaftliche Korporation hieß in Nordhausen im 13. und 14. Jahrhundert Innung, in späteren Jahrhunderten meistens Gilde, ganz selten kommt der Name „Zunft" vor. Zu Beginn des 14. Jahrhunderts hatten diese Innungen eine eigene Verfassung kaum entwickelt, sondern ihr Leben regelte sich noch nach den Gesetzen, die der Rat ihnen in den Statuten der Stadt gegeben hatte. Seit der 2. Hälfte des 14. Jahrhunderts schritten dann die Nordhäuser Zünfte aber zur eigenen Kodifizierung ihrer Verfassung. Diese Innungsstatuten änderten sich natürlich im Laufe der Jahrhunderte; man schuf sie um, wo sie nicht genügten oder überholt waren, man fügte hinzu, wo sich Lücken herausgestellt hatten. Dennoch behielten alle diese Innungsgesetze als Fundament die alten Privilegien und Grundsätze der Handwerker während der ganzen fünfhundertjährigen Zunftgeschichte bei und bewahrten deshalb trotz mancher Unterschiede im einzelnen doch ein sich außerordentlich gleichbleibendes Antlitz. So gaben sich die Knochenhauer um 1400, 1589, 1635, 1687 und im 18. Jahrhundert neue Statuten, die Bäcker 1625, 1717, 1800.

Ein weiteres Kennzeichen ihrer Zusammengehörigkeit nach außen hin war die Führung eines Innungssiegels. Das älteste uns noch erhaltene Siegel einer Zunft ist das der Schuhmacher aus dem 14. Jahrhundert. Das Siegel ist von geringem Umfang. Um seinen Rand laufen zwei Perlenreihen, zwischen denen als Inschrift, z.T. mit zusammengezogenen Buchstaben und abgekürzten Worten, steht: „Siegel der Schuhmacher, der Lower (Lohgerber) zu Nordhausen". Die Mitte nimmt ein dreieckiger, quergeteilter Schild ein, welcher oben einen Adler, unten nebeneinander zwei Handwerkszeuge, Schabeisen und Schneidemesser, zeigt. Andere Zünfte, z.B. die Krämerzunft, hatten in der Mitte des Siegels ihren Schutzheiligen, bei den Krämern war es der heilige Laurentius. Um das Bild herum stand dann die Aufschrift; etwa: „Der Kramer Insiegel zu Nordhausen." Dergleichen Siegel besaß jede Innung; sie wurden in der Lade der Innung aufbewahrt, standen aber jedem vollberechtigten Mitgliede zur Verfügung. Die beiden Meister jedes Handwerks führten die Aufsicht darüber, daß kein Mißbrauch mit dem Siegel getrieben wurde.

Das Zusammengehörigkeitsgefühl wurde weiterhin auch durch das Vereinshaus der Innung, das Innungs- oder Gildehaus, gestärkt, in welchem die Innungen ihre Versammlungen, ihre Beratungen oder „Morgensprachen" und ihre Feste abhielten. Die vornehmste Innung, die der Gewandschnitter, hatte das Rathaus als Innungsgebäude. Im 14. Jahrhundert, als noch die alten Geschlechter und vornehmen Kaufleute allein die Stadt regierten, waren Rathaus und Kaufhaus der Gewandschnitter noch dasselbe; bald hieß diese Stätte *rathus*, z.B. 1300 und 1308, bald *pretorium* oder *mercatorium*, z.B. 1300, 1310, 1321. Hier hielten sie ihre Besprechungen und Feiern ab. Hier auf dem Rathaus fand also auch die Jahreshauptversammlung der Gewandschnitter, die erste überhaupt nachweisbare Zusammenkunft einer Innung, statt. Die Nachricht stammt aus den Statuten vom Jahre 1308 und besagt, daß die Gewandschnitter alljährlich am Andreastage, dem 30. November, auf dem Kaufhause eine Versammlung hatten, den alten Vorstand entlasteten, ihre beiden Innungsmeister wählten und ein Festmahl genossen, zu dessen Ausstattung jeder Gewandschnitter, auch der dem Feste fernbleibende, 4 Pfennige beisteuern mußte. Der Jahresbeitrag war auf die geringe Summe von 1 Pfennig festgesetzt.

Am bekanntesten geworden ist das Schuhmachergildehaus am Kornmarkte, das links neben dem heutigen Gasthause „Zum Römischen Kaiser" lag. Es hat die mannigfachsten Schicksale durch gemacht. Schon 1322 wird es als *curia calcificum* genannt. Wahrscheinlich Mitte des 16. Jahrhunderts baute sich dann die Schuhmacherinnung ein neues Vereinshaus. Dieser „alte Schuhhof" brannte im Jahre 1612 völlig herunter, und genau 100 Jahre später, 1712, erlitt der neue Schuhhof bei einer großen Feuersbrunst dasselbe Geschick. Kurz darauf baute aber die zahlreiche und wohlhabende Gilde ihr Haus wieder auf und ließ zur Erinnerung an das Unglück über der Tür folgende, recht Hans-Sachsisch anmutende Inschrift anbringen:

Der Schuehoff
werde ich von alters her genannt,
Siebzehnhundertzehn und zwei bin ich wieder abgebrandt.
Das Jahr darauf ließ mich die Gülde neu aufführen,
Gott lasse sie davor den Segen spüren.

Nach der Trennung der Lohgerber von den Schustern im Jahre 1734 schufen sich die Gerber ein eigenes Gildehaus am Lohmarkte. – Die Bäcker hatten ihr Gildehaus in der Rautenstraße.

Doch nicht nur Innung und Siegel, Gewerbe und Haus stärkte den Innungen das Standesbewußtsein, sondern das alltägliche Zusammenwohnen und Zusammenarbeiten, das wohl auch kleinlichen Neid förderte, sie aber in erster Linie zu einer Schicksalsgemeinschaft verband. Die Mitglieder mehrerer Nordhäuser Gilden wohnten sämtlich oder doch in der Hauptsache in einer Straße beisammen. Daher stammen noch Namen wie Krämerstraße, Weberstraße, Töpferstraße, Flickengasse, wo die Ruze oder Schuhflicker wohnten, und bis vor kurzem noch die Schuhgasse. Die Böttcher wohnten auf dem Hagen zusammen.

Abgesehen von den Krämern, konnten die Angehörigen einer Gilde allerdings auch in anderen Straßen der Stadt wohnen; doch schienen die Inhaber von Häusern in den bestimmten Gildestraßen immer bevorzugt zu sein, weshalb ja die in den Vorstädten ansässigen Schuhmacher den in der Schuhgasse wohnenden Kollegen ihren Unwillen im Jahre 1705 etwas kräftig Ausdruck gaben. Am engherzigsten war das Prinzip des Zusammenwohnens jedenfalls bei den Krämern durchgeführt. In ihrer Krämerstraße standen 12 Häuser mit den Kramläden der Besitzer. Vom 14. bis tief ins 18. Jahrhundert hinein durften nirgends Kramwaren feilgehalten werden als in dieser Krämerstraße. Schon ein Statut vom Jahre 1325 bestimmte: „Es soll kein Krämer anderswo wohnen und soll keine Krämerei von Bürgern anderswo feilgehalten werden in der Stadt Nordhausen, denn zwischen St. Nikolai und der Schmergasse." Eifersüchtig wachten sie über diesem Privilegium, und erst das 18. Jahrhundert durchbrach ihr Vorrecht.

Doch auch auf den Wochen- und Jahrmärkten standen die Buden und Bänke der einzelnen Gewerbe beieinander. So hielten direkt vor den Kaufkammern des Rathauses die Wollweber feil. Am Steinweg empor, also an der westlichen Rathausseite entlang standen die „Schern", die Verkaufsstände der Fleischer oder Knochenhauer; gegenüber von ihnen durften die auswärtigen Metzger verkaufen. Da die Buden für den Verkauf nicht gleich günstig gelegen waren, regelten in späterer Zeit die Innungen den Besitz der einzelnen Stände. Bei den meisten entschied das Los, so z.B. seit 1533 bei den Bäckern, die ihre Brotbänke auf dem Kornmarkte hatten. Doch treffen wir auch auf Bestimmungen, welche die jüngsten Meister bei der Vergebung der Verkaufsstände benachteiligten.

Schon das Zusammenleben in Gassen von ganz bestimmter Ausdehnung und Häuserzahl, das Gebundensein von Arbeit und Verkauf an eine ganz bestimmte Zahl von Marktbuden legte es nahe, die Mitgliederzahl der einzelnen Innung zu beschränken. Man spricht deshalb von ungeschlossenen und geschlossenen Zünften, je nachdem die Mitgliederzahl unbeschränkt war oder nicht. Die meisten Innungen hatten allerdings die entsetzliche Stickluft, welche durch die unerhörte Gebundenheit des Individuums an die Korporation erzeugt wurde, dadurch wenigstens gemildert, daß sie eine bestimmte Mitgliederzahl nicht festsetzten. Doch verallgemeinert Heineck zu stark, wenn er schreibt: „Die sämtlichen Zünfte in Nordhausen waren ungeschlossen, niemals auf eine bestimmte Anzahl Mitglieder beschränkt." [22] Tatsächlich müssen mehrere Innungen doch als geschlossen angesehen werden. So hatten zwar die Krämer keine festgesetzte Anzahl Mitglieder; da aber nur 12 Häuser in der Krämerstraße zur Verfügung standen, konnten durchaus nicht beliebig viel Krämer in die Zunft eintreten. Die Zahl der Zunftgenossen betrug im 17. Jahrhundert durchschnittlich 35–38, davon waren aber mehr als die Hälfte Sattler, die zur Innung der Krämer rechneten, so daß nicht viel mehr Krämer übrigblieben, als Häuser vorhanden waren. Es ist falsch, wenn Heine aus dem sich immer gleichbleibenden Mitgliedbestande auf einen Stillstand der Innung schließt; nur die ständig gleiche Zahl der Häuser bedingte die ständig gleiche Zahl der Mitglieder. [23] Man kann also bei den Krämern sehr wohl von einer geschlossenen Zunft sprechen. Ähnlich stand es bei den Gewandschnittern, deren Zahl an die der vorhandenen Gewandkammern im Rathause gebunden war. Ja, eine Zunft, die der Knochenhauer, versuchte im 18. Jahrhundert

---
22 Heineck, Aus dem Innungsleben ... Nordhausens im 17. und 18. Jahrh., 2.
23 Heine, Gesch. der Krämer-Innung, Nordh. Zeitung, Familienblatt 1899, 2.

für ihre Mitglieder sogar eine ganz bestimmte Zahl zu nennen, wie sie denn im 20. Artikel ihrer Statuten festsetzte: „Es sollen allhier in Nordhausen nicht mehr als 40 Meister sein und auch keiner über bemeldete Zahl werden."

Die Anzahl der einzelnen Handwerke selbst und damit die der Innungen war außerordentlich groß. Allerdings hatten sich eine ganze Reihe Gewerke mit anderen zu einer Zunft vereinigt, um sich durch die größere Zahl mehr Geltung und Ansehen zu verschaffen. Neun von den Innungen, bei denen aber auch in mehreren verschiedene Handwerke zusammengekoppelt waren, konnten allein jährlich 2 ihrer Mitglieder in den Rat wählen. Durch diese Vereinigung ergaben sich aber gerade für die Ratswahl mancherlei Reibungen. Deshalb mußten Gesetze geschaffen werden, welche die Vertretung der einzelnen in einer Zunft zusammengeschlossenen Gewerke regelten. Das geschah dann nach der Zahl der Mitglieder und dem Ansehen des Handwerks in der Stadt. So war eine der größten Innungen die der Schuhmacher, bei der meist gegen 80 Schuster und mehr als 40 Gerber gezählt wurden. Deshalb wurde bestimmt, daß bei Ratswahlen jedesmal auf zwei Schuhmacher ein Lohgerber kommen sollte. Bei dieser Festsetzung hatten die Schuhmacher den Gerbern gegenüber nicht nur ihre fast doppelte Zahl geltend gemacht, sondern auch ihr vornehmeres, sauberes Gewerbe. Ja, zeitweilig versuchten es wohl die Schuhmacher, die Gerber ganz von den Ratssitzen zu ihren Gunsten auszuschalten. Ähnlich stand es bei den in einer Innung zusammengeschlossenen Krämern und Sattlern, und zu den Sattlern zählten wieder die Beutler und Riemenschneider. Zu allen Zeiten beanspruchten die Krämer als angeseheneres Handwerk einen Vorzug vor den Sattlern. Sie nannten sich selbst „eine der vornehmsten Gülden hiesiger Stadt", und von den Sattlern sagten sie, sie gehörten nur *pro numero*, um die Mitgliederzahl der Gilde zu verstärken, ihrer Innung an, da diese nur „hin und wieder in dieser oder jener Ecke ein kleines, auch nicht viel giltiges Häuschen hätten". Worauf dabei die Herrn Krämer ihren Stolz gründeten, ist uns heute nicht mehr ersichtlich; denn zur Meisterung ihres Krames gehörte unter den einfachen Verhältnissen jener Zeiten wahrlich nicht viel, wie sie deshalb als einzige Zunft auch keine Gesellenjahre hatten, während sich die Sattler abmühen mußten, die Mysterien ihres Handwerks zu begreifen. Auch hier tritt wieder hervor, daß die Anmaßung immer proportional der Unwissenheit ist. Jedenfalls gab es wegen der Ratssitze Streit genug zwischen den Gildebrüdern, und selbst die Bestimmung, daß abwechselnd Jahr für Jahr ein Krämer und ein Sattler in den Rat gelangen sollte, schaffte noch keine Ruhe. Unregelmäßigkeiten kamen dennoch vor, bis im Juni 1730 eine genaue Abgrenzung der beiderseitigen Rechte erfolgte.

Im Laufe der Jahrhunderte gingen einige Gewerbe ein, weil sie sich überlebt hatten oder ihr Handwerk von anderen mit übernommen wurde. So verschwanden die Filzer und die Becherer. Viel häufiger aber kam es im Laufe der Zeit und mit der Vervollkommnung der Technik zur Differenzierung einzelner Handwerke und damit zur Entstehung neuer. So gab es neben den Knochenhauern die Kotteler und Garbräter, bei den Bäckern unterschied man Weiß- und Heimbäcker, aus den Schmieden gingen die Huf-, Grob-, Bohr-, Nagel-, Messerschmiede hervor, die

Schlosser spalteten sich in eigentliche Schlosser, Sporer, Büchsen-, Uhr-, Winden-und Lotmacher. Von dieser Tendenz, durch Arbeitsteilung immer schneller und exakter arbeiten zu können, ist ja schon oben gesprochen worden.

Bei dieser Vielheit der Gewerbe war es aber häufig nicht leicht, das Arbeitsgebiet der einzelnen Handwerke scharf voneinander zu scheiden. Dadurch fand sich nun wieder genug Gelegenheit zu heftigsten Auseinandersetzungen. Das gab schon der Einung vom Jahre 1375 Veranlassung zu bestimmen: *„Ouch sal der hantwerk nicheyn dem andern noch nymant in syn hantwerk grifen met icheinerleye argelist."* [24] Dennoch waren Übergriffe unausbleiblich. Selbst die vornehmste und älteste Innung, die der Gewandschnitter, blieb davon nicht verschont. Handwerke, wie die der Woll- und Leineweber sowie der Schneider, verübten gar leicht Einbrüche in das eigentliche Arbeitsgebiet der Gewandschnitter. Mit den Wollwebern setzten sie sich deshalb schon im 15. Jahrhundert vor dem Rate auseinander, und es heißt darüber in den Akten: „Die Räte sind übereingekommen, daß unsere Herrn, die Wollweber, sollen schneiden die Tuche, die man hier macht und einer dem anderen abkauft. Dagegen die Gewandschnitter kaufen allerlei Tuch nach ihrer Bequemlichkeit." Ebenso gerieten die Schuhmacher und Gerber aneinander. Den Schuhmachern stand nämlich nur zu, Fertigfabrikate zu verkaufen, den Lohgerbern das Rohmaterial. Doch behaupteten 1679 die Schuster, „hiesige Schuhmachergilde und deren Glieder dürfen in ihren eigenen Gerberhäusern durch eigene hierzu gebrauchte oder gemietete Gerber und Gerbergesellen ihr roh eingekauftes Leder zu ihres Handwerks Benötigung nach Belieben zubereiten lassen". Das bestritten die Gerber, und es kam schließlich zu so unerquicklichen Auseinandersetzungen, daß die Gerber, die mit den Schuhmachern Jahrhunderte lang eine Zunft gebildet hatten, im Jahre 1734 austraten.

Am schwierigsten gestaltete sich aber wieder die Abgrenzung der Krämer von anderen Gewerben. Dabei lagen die Verhältnisse noch ziemlich einfach den Drogisten und Apothekern gegenüber. So konnten die Krämer zwar Gewürze, Spezerei und Farbwaren aller Art feilhalten, aber nicht Arsenik, Fliegenpulver, Senisblätter und Purgativa. Besonders das letztere wäre sicher auch nicht ungefährlich gewesen! Schwieriger gestaltete sich schon die Abgrenzung zu den Schmieden und Messerschmieden hin. Deshalb mußten die Gegenstände, welche Krämer verkaufen konnten, einzeln aufgezählt werden. So stand ihnen das Feilbieten von verzinnten Blech- und Eisenwaren zu, ebenso konnten sie kleine Messer bis zum Werte von 3 Scherflein verkaufen; alles andere blieb den Schmieden vorbehalten. Am schlimmsten aber stand es um die Auseinandersetzung mit den Sattlern und Riemenschneidern, mit denen die Krämer noch dazu in einer Innung zusammengeschlossen waren. Die Krämer durften zum größten Leidwesen der Lederbranche Gürtel, Sättel, Zäume und Riemen in ihrem Krame führen.

---

24 Neue Mitteilungen, III. 4. 89.

Trotz der Gebundenheit aller Verhältnisse waren bei diesem Ineinandergreifen Übertritte von einem Handwerke zum anderen nicht gar zu selten. Besonders wenn ein ehrgeiziger Handwerker aus einer weniger angesehenen Zunft in eine vornehmere strebte, kamen sie vor. Das geschah recht häufig bei den Schneidern und Wollwebern, die bei den Gewandschnittern Aufnahme suchten. So wurde 1571 dem Asmus Rinkleb von den Schneidern „ein ehrlicher Abschied" gegeben, als er zu den Gewandschnittern übertrat. Ebenso traten 1572 und 1582 Wollweber unter die Gewandschnitter. 1596 wurde Johannes Wilde in diese Gilde aufgenommen, und fast zwei Jahrhunderte hindurch sollte diese Familie nun für Nordhausen von Bedeutung sein.

Tritt schon hier in mancher Beziehung der Einfluß des Eigenlebens der Innung auch auf öffentliche Einrichtungen hervor, so macht sich dieser besonders dadurch geltend, daß die Innungen die Heranbildung des Nachwuchses so gut wie völlig selbständig handhabten. Selbst die Bestimmung darüber, wen eine Innung als Lehrjungen annehmen wollte, war ihr so gut wie ganz überlassen. So wachten die Innungen eifersüchtig darüber, daß kein Sohn, dessen Vater ein sogenanntes unehrliches Gewerbe betrieb, Mitglied der Innung werden konnte. Das waren die Innungen ihrer Standesehre, wie sie sie verstanden, schuldig. Doch auch die Heiraten mit Angehörigen unehrlicher Gewerbe waren verboten. Als z.B. 1618 Jakob Malitsch, der Ratsherr aus der Schmiedegilde war, die Tochter eines Herreder Bauern heiratete, wurde er seines Ehrenamtes entsetzt. Man hatte nämlich erfahren, daß der Vater des Mädchens, ehe er Bauer wurde, ein Schäfer gewesen war, also einem unehrlichen Gewerbe angehört hatte. Damit war auch seine Tochter unehrlich. Malitsch wandte sich wegen seiner Rehabilitierung sogar an den Kurfürsten von Sachsen. Dieser trat für ihn ein; drei Nordhäuser Pfarrer verwandten sich für den ehrenwerten Mann. Es half alles nichts. Die Innung ließ sich nur vernehmen: „Sie hätte ein Buch, über 350 Jahre alt, aber dergleichen sei nicht darin zu finden." – Man sieht also, daß wir gar keine Veranlassung haben, mitleidig auf das Kastenunwesen im alten Ägypten oder Indien herabzublicken. Bei einem bestimmten gleichen Stande der Entwicklung haben alle Zeiten bei allen Völkern eine ähnliche Einstellung zur Ordnung der menschlichen Gesellschaft.

Als unehrlich galten in Deutschland und in Nordhausen nicht immer dieselben Gewerbe. Bis ins 17. Jahrhundert hinein rechnete man selbst Bachmüller, Schäfer und Barbiere sowie niedere Beamte, wie Totengräber und Nachtwächter, dazu. Später setzte sich eine mildere Auffassung durch, bis im 18. Jahrhundert nur noch Kinder von Scharfrichtern und Juden als unehrlich galten.

Ebenso verlangten die Innungen schon früh die eheliche Geburt des Aufzunehmenden. Wir haben gesehen, daß die alten Statuten zwar noch außerehelich geborene Knaben als Lehrlinge zuließen, daß aber schon im 15. Jahrhundert die meisten Gewerbe die Ehelichkeit forderten. Bei diesen Vorurteilen blieb man bis ins 19. Jahrhundert hinein; der Name Bankert oder Bangert wurde einem solchen armen Kinde nicht selten als eigentlicher Name angehängt, und seine Nachfahren tragen ihn heute noch. Gestattete aber eine Innung wie die der Böttcher den

Eintritt unehelicher Knaben, so wollte sie von diesen doppelte Aufnahmegebühren haben. Das verbot jedoch der Rat.

Hatte nun ein Knabe vor, bei einem Handwerk als Lehrjunge einzutreten, so wurde er der Innung „vorgestellt". Vor der Versammlung der Handwerker mußten die Eltern „Bericht" über die eheliche Geburt und über ihr eigenes ehrliches Gewerbe beibringen. Waren dergleichen Zeugnisse schriftlich nicht vorhanden, so mußten zwei einwandfreie Zeugen über die Verhältnisse des Knaben an Eides statt aussagen. Am liebsten nahm man nur Kinder aus der einheimischen städtischen Bevölkerung, doch wurden auch Söhne vom Lande zugelassen, wenn sie die nötigen Unterlagen für ihren Eintritt in die Lehre beibringen konnten.

Im allgemeinen war es Brauch, den neuen Lehrling erst einige Wochen zu „versuchen"; d.h. ein Meister nahm ihn in die Lehre und beobachtete ihn zunächst eine Zeit lang auf seine Tauglichkeit. Damit der Meister diesen Brauch nicht ausnutzte, mußte er nach einer bestimmten Zeit – zwischen 2 und 10 Wochen kommen vor – dem Handwerke Bericht erstatten, ob er den Jungen weiter anlernen wollte oder ihn untauglich gefunden hatte. Erst nach dieser Probezeit wurde der Knabe als eigentlicher Lehrling vor dem Handwerk „aufgedungen" und damit den Gesetzen der Innung unterworfen. Für dieses Aufdingen mußte er der Innung eine Summe Geldes entrichten. Diese war je nach der Art des Handwerks verschieden; vornehme und wohlhabende Innungen, denen an einem standesgemäßen Auftreten lag, nahmen verhältnismäßig hohe Beträge. So verlangten die Krämer, die noch im 16. Jahrhundert bescheiden waren, seit dem 17. Jahrhundert die ungewöhnlich hohe Gebühr von 10 Talern 6 Groschen und dazu noch 2 Taler in die Innungslade. Dazu kamen dann noch die Einschreibegebühren und eine „Kollation" an Wein und Bier für das Handwerk. Ebenso mußten sich die Lehrlinge nach vollbrachter Lehrzeit ihren Lehrbrief erkaufen. Dafür beanspruchten die Krämer wieder 10 Taler 6 Groschen, die Schuster 1 Taler 15 Groschen, die Bäcker 1 Taler. Zugleich bestand bei allen Innungen der von übelstem Kastengeist und dem Wunsche nach degenerierender Inzucht zeugende Brauch, daß Söhne von Angehörigen der Innung selbst nur die Hälfte bei Antritt und Entlassung zu entrichten hatten. So setzten die Gewandschnitter schon 1469 fest, daß die Aufnahme eines Lehrlings in die Zunft 10 M Silbers, wenn er aber „in die Innung geboren" war, nur 5 M kosten solle. Dieser Brauch bürgerte sich allenthalben ein, wobei wieder die Krämer am meisten darauf bedacht waren, daß ihre Kramläden in den Händen von Innungsgenossen blieben. Sie bestimmten 1681 deshalb den Satz von 12 Talern beim Antritt und von über 10 Talern bei Beendigung der Lehrzeit; der älteste Sohn eines Meisters brauchte aber nur 1 Taler Einschreibegebühr und 1 Taler bei seiner Entlassung aus den Lehrjahren zu zahlen.

Daß die Lehrjahre keine Herrenjahre waren, häufig die Knaben von ihren Lehrmeistern sogar nicht ganz sanft behandelt und ausgebeutet wurden, davon geben eine Reihe Innungsgesetze Zeugnis, welche die Lehrjungen gegen gar zu arge Willkür in Schutz nahmen. Hier mag nur erwähnt werden, daß zwar der Lehrling, der seiner Lehre entlief, des eingezahlten Lehrgeldes verlustig ging, daß man in diesem Falle aber auch beim Meister die Schuld suchte und ihn dadurch bestrafte, daß er eine bestimmte Anzahl von Jahren keinen Lehrjungen wieder annehmen durfte.

Im übrigen standen die Knaben durchaus in der „Mund" ihres Lehrherrn, gehörten also zur Familie. Der Meister hatte seinen Lehrjungen nicht nur im Handwerk auszubilden, sondern auch auf sein geistiges und körperliches Wohl bedacht zu sein und seinen Lebenswandel zu überwachen. Natürlich mochte es nicht selten vorkommen, daß die Jungen, die in den Flegeljahren standen, sich allerhand dumme Streiche erlaubten und es nicht unberechtigt war, wenn eine etwas schwere Hand über ihnen waltete. Ja, eine solche Lehrlingsausgelassenheit gab wohl gar Veranlassung zum Eingreifen der ganzen Innung. Da wurde dann wohl bestimmt, daß kein Junge auf den Naschmarkt gehen dürfe; und 1614 beschlossen sogar die Schneider, die ihrer Lehrlinge nicht so recht Herr werden zu können schienen, daß ein Lehrjunge als „Pritschenmeister" ausgewählt werden sollte, der widerspenstigen Knaben die „Pritsche", d.h. eine Tracht Prügel verabreichen mußte: *„Demnach auch biß anhero ungezogene Jungen sich befunden, welche sich an keine Geldstrafe kehren wollen undt dennoch sich nicht wenig ungebürlich erzeiget, als ist denselben halsstarrigen Jungen eine Pritsche zur Straffe verordnet, zue welchem Ende denn ein Pritschmeister unter ihnen erwehlet werden soll. Wer sich dessen weigert, gibt Straffe ein Wochenlohn."*

Die Dauer der Lehrzeit war bei den einzelnen Handwerkern ganz verschieden. Die längste beanspruchten die Krämer mit 6 Jahren; dafür brauchten ihre Lehrlinge aber weder ein Gesellenstück anzufertigen noch überhaupt eine Gesellenzeit durchzumachen. Sonst schwankte die Lehrzeit zwischen 2 und 4 Jahren; die Bäcker lernten 3 Jahre, ebenso die Fleischer, die Lohgerber 2.

Da die Meister von der Arbeitskraft des Lehrlings Vorteile hatten, die Innung aber argwöhnisch den Wohlstand jedes Zeitgenossen beaufsichtigte und möglichste Gleichheit auf Kosten der Freiheit des einzelnen anstrebte, so finden sich bei allen Innungen auch Vorschriften über die Anzahl der Lehrjungen, die gehalten werden durften. Zugleich verhinderte man dadurch auch ein allzu starkes Hineindrängen in das Gewerbe und die spätere Konkurrenz. Deshalb war es üblich, nur einen Lehrjungen für jeden Meister zuzulassen; doch wurde diese Bestimmung zuweilen, z.B. bei den Krämern, dadurch gedehnt, daß eigene Kinder, die in der Werkstatt oder im Laden tätig waren, nicht mitzählten. Häufig treffen wir auch auf die Anordnung, daß ein Meister, der einen Knaben fertig ausgebildet hatte, erst einige Jahre warten mußte, ehe er einen neuen Lehrling zugewiesen erhielt. Der jüngste Meister bekam zunächst überhaupt keinen Lehrjungen. Auf diese Weise war also eine Art *numerus clausus* für Lehrlinge eingeführt.

Eine Verkürzung der Lehrzeit durch Geldzahlung war nur bei den Krämern gestattet. Hier durften die Jungen jedes Lehrjahr mit der Entrichtung von 10 Talern an die Innung abkaufen, wodurch denn manches Patriziersöhnlein nach einer gar kurzen Lehre mag Meister geworden sein.

Nach Ablauf der Lehrzeit meldete sich der Lehrling beim Vorsitzenden der Gesellen, dem Altgesellen, brachte den gewöhnlichen, ihm einstudierten Gruß vor und bat um „Bruderschaft". Dabei mußte er den Gesellen eine kleine Summe entrichten, etwa 1 Taler, und ihnen eine Kollation an Bier darreichen. Oft wurde auch die Stiftung eines silbernen Schildes, eines zinnernen Tellers, einer Kanne oder eines Trinkhumpens gefordert. Die Böttcher z.B. verlangten von einem neuen Gesellen 2 Taler oder ein Essen; war einer schon Geselle und kam nur, von auswärts zuwandernd, nach Nordhausen in Arbeit, so zahlte er einen Taler. Der neue Bursche mußte mit zwei auf die Gesellenlade gelegten Fingern geloben, den Gesetzen der Burschenschaft nachzuleben und ein wackerer Geselle zu sein, wie es z.B. bei den Bäckern heißt: „Daß er will über die Artikel halten und als ein Mitbruder will helfen legen, zechen, zahlen und tun, was andere fromme Bäcker tun und getan haben, es sei gleich hier oder anderswo."

Die eigentliche Lossprechung des Lehrlings nahmen jedoch die Meister der Innung vor. Er wurde bei offener Lade „losgesprochen" und ihm der Lehrbrief ausgefertigt. Dieser gelangte aber nicht in seine Hände, sondern wurde in der Innungslade aufbewahrt. Erst nach dieser Lossprache war er rechter Gesell oder, wie es in Nordhausen viel häufiger heißt, Knecht oder Diener.

Damit begann dann die Wanderzeit, der außerdem noch an dem Orte, an welchem sich der Gesell als Meister niederlassen wollte, ein „Mutjahr" folgte. Auch diese Wanderzeit war bei den einzelnen Innungen ganz verschieden lang. Die Krämer kannten gar keine Gesellenjahre, die Sattler verlangten 4 Wander- und 1 Mutjahr, die Schuster 3, später 4 Wander- und 2 Mutjahre, die Fleischer hatten 3, die Bäcker 4 Jahre festgelegt. Auch hier ging im Laufe der Zeit die Tendenz dahin, das Meisterwerden durch eine möglichst lange Gesellenzeit zu erschweren. Nur für die eigenen Nachkommen sorgten die Meister und verlangten von den eigenen Kindern nur die Hälfte der sonst festgelegten Wanderzeit. Welchen Schikanen in der Spätzeit des Zunftwesens der angehende Meister aber häufig ausgesetzt war, geht daraus hervor, daß man verlangte, daß, wer auch nur einen Tag zu früh von der Wanderschaft nach Nordhausen zurückkehrte oder wer während dieser Zeit nur einmal in Nordhausen geweilt hatte, daß dieser Geselle nochmals dieselbe Zeit, also nochmals 3 oder 4 Jahre wandern mußte. Ja, die Schuhmacher trafen sogar die unsinnige Bestimmung, daß ein Fremder, der sein Mutjahr antreten wollte und damit beabsichtigte, sich einmal in Nordhausen selbständig zu machen, genau 2 Tage vor Johannis Baptistä vor dem regierenden Handwerksmeister erscheinen und sich anmelden mußte, sonst mußte er noch ein Jahr warten. Hie und da konnte das Mutjahr abgekauft werden, aber für außerordentlich hohe Summen. Die Schuster verlangten z.B. 40 Taler.

Wenn nun der wandernde Gesell zur Arbeit in einer Werkstätte antreten wollte, so durfte er sich nicht etwa einen ihm genehmen Meister auswählen, sondern mußte dort eintreten, wo gerade eine Stelle frei war. Auch war den Meistern eine bestimmte Zahl von Gesellen vorgeschrieben. So durften z.B. die Schuhmacher nur 2 Schemel besetzen, d.h. nur einen Gesellen und einen Lehrling oder zwei Gesellen haben. Wohnten in einem Hause zwei Schuhmachermeister, so durften sie zusammen nicht mehr annehmen. Traf es sich aber, daß ein Geselle um Arbeit ansprach, aber kein Platz für ihn vorhanden war, so empfing er von der Innung ein Zehrgeld und mußte seinen Stab weitersetzen. Nur ein kurzer Aufenthalt von 2–3 Tagen auf der Gesellenherberge war ihm gegönnt.

Die Hausordnung in dieser Herberge aber ist kulturhistorisch so lehrreich, daß wir uns nicht versagen können, wenigstens 5 ihrer Artikel hier folgen zu lassen:

Artikel 1. Wenn ein fremder Gesell allhier einwandert und auf die Herberge kommt, so soll er zuvor den Gruß mit sich bringen. Hat er solchen abgelegt, soll er den Vater um Herberge ansprechen und sein Bündel in eine Ecke legen, wenn es der Vater nicht hindert.

Artikel 2. Auf den Abend zu rechter Zeit, um Glock 8, soll er ums Bruderbett bitten und nicht ungebeten darin liegen. Er soll das Hemde nicht anbehalten, noch die Kleider so nahe an das Bett legen, damit die Betten nicht verunreinigt werden. Nicht länger soll er darin liegen bleiben, bis die Glocke 7 geschlagen hat, bei Strafe von 6 Groschen.

Artikel 3. Keiner darf ohne erhebliche Ursache über 2 oder 3 Tage auf der Herberge liegen, bei Strafe von 6 Groschen.

Artikel 7. Ohne des Herbergsvaters Wissen und Willen soll keiner in der Stube Tabak trinken, bei Strafe von 3 Groschen.

Artikel 18. Kein Handwerksbursche soll seinen Degen ziehen oder eine andere Wehr entblößen. –

Während nun die Lehrlinge als unmündige Kinder angesehen und gehalten wurden, auch keine eigene Organisation hatten, waren die Gesellen durchaus selbständig und hatten innerhalb der Zunft ihren Gesellenverein. Sie besaßen ihre eigene Lade und ihre eigene Verfassung. An ihrer Spitze standen ein oder meist zwei Altgesellen. Sie hatten ihre eigenen Zusammenkünfte, konnten dabei über ihre Interessen beraten und Gelage abhalten. Der neu Aufgenommene oder der Zuwandernde hatte der Versammlung den „Willkommen" nach ganz bestimmten Formeln zu entbieten. Gelang ihm dieser nicht ohne Anstoß, so half der Altgeselle ein, doch büßte er seine Ungeschicklichkeit mit einer kleinen Geldstrafe.

Danach brachten seine neuen Kameraden dem Ankömmling den Willkomm dar. Bei den Schmiedegesellen heißt es darüber 1654:

... Ist auch den Gesellen vergönnt, einen „Willkommen" zu haben. Welcher Gesell zuvor nicht allhier gearbeitet hat und zum ersten Male aufleget, dem soll derselbe voll Bier eingeschenkt und demselben verehrt werden dergestalt, daß er ihn stehenden Fußes auf 3 Mal austrinke und zuvor mit bedeckten Achseln, unbedecktem Haupte, ohne Tuck, ohne Schnuck und ohne Bartwischen. Wer dawider tut, gibt einen guten Groschen Strafe. Jedoch soll vorher und bevor von den Altknechten einem Gesellen der Willkomm präsentiert wird, nach seinem Meister geschickt und Nachfrage gehalten werden, ob er als Geselle oder Junge arbeite.

Nach dieser Aufnahme wurde dem neuen Gesellen die „Schenke gehalten". Natürlich ging es in vorgerückter Stunde unter den jungen Burschen nicht immer ganz ordentlich zu. Da kam es dann wohl zum Volltrinken, zu Zank oder gar zu Prügeleien. Hielten sich die Ausschweifungen in solchen Grenzen, daß die Öffentlichkeit keinen Anstoß daran nahm, so war es der Gesellschaft verstattet,

Innungspokal.

Carl Schiewek, Phot.

Innungslade.

Carl Schiewek, Phot.

Siegel.

Siegel des Patriziers Johann Segemund, ca. 1400.

Innungssigel der Schuhmacher und Lohgerber, ca. 1450.

Innungssigel der Bäcker, 1671.

Carl Schiewek, Phot.

die Unruhestifter selbst zu bestrafen. Wegen des Volltrinkens verfügte z.B. ein Artikel der Schlosser: „Es soll auch keiner mehr Bier oder Wein zu sich nehmen, als er beherbergen kann. Würde es aber einer überflüssig zu sich nehmen, mehr als er kann über die Vordertürschwelle tragen, so soll er einen Wochenlohn, 8 Groschen, zur Strafe geben."

Im übrigen unterlagen aber auch die Gesellen nicht nur der Beaufsichtigung durch die gesamte Innung, sondern auch der einzelne Geselle der seines Meisters. Hierüber bestimmten z.B. die Knochenhauer schon sehr früh: *Welcher knecht, der allhier zu Northausen diennen will, der sol alsbalt sein brieff fur ein erbar handwerck bringen, das ehr gelesen wird, wo ehr gelernt hat und ob er dem hantwerge genugsam ist, und alsbalt ein groschen darann geben. Ehr soll auch gelobenn, das ehr alhier nicht spielen wil, weder mit karten noch wurffel, in der stat noch uff dem dorfe; wan ehr das bricht, so gibt ehr dem hantwerge ein daler zur straff. Wenn aber ein meister mit einem knechte spillt oder iungen, der sol geduppelt geben, auch sol er keinenn leste rer abkauffen noch verkauffen.*

Also ein gesitteter Lebenswandel wurde den Gesellen nicht nur von den eigenen Kameraden, sondern auch von der Zunft zur Pflicht gemacht. Das Gefühl für die Würde ihres Standes, das Gefühl der Kameradschaftlichkeit und Zusammengehörigkeit wurde bei ihnen aber auch durch eine Reihe wohltätiger Einrichtungen, die sie sich selbst geschaffen hatten, erweckt. Sie hatten ihre eigene Kasse, aus der sie die Ausstattungsgegenstände für ihren Versammlungsraum, auch zinnerne Kannen, Teller, silberne Schilder bezahlten, aus der aber auch Unterstützungsgelder für kranke Kameraden, für Beerdigungen u. dergl. flossen.

Nach Verlauf der Wanderjahre und nach einem oder zwei Mutjahren wurden die Gesellen endlich zur Meisterprüfung zugelassen. Welche Unsitten sich dabei zuweilen die Meister gegen sie erlaubten, ist oben schon erwähnt worden. Hier mag nur noch, indem wir dabei Heineck folgen, von einigen Gewerben angeführt werden, was sie als Meisterstück von ihren Gesellen verlangten. So wünschten die Flachmaler um 1600 folgendes Meisterstück:

Welcher in dieser Stadt sich in unsere Innung begeben will und Meister werden, der soll und muß
1. ohne Nachrichtung und Kunststücke, aus freier Hand, Adam und Eva aufreißen und mit Ölfarben zu ermalen wissen;
2. desgl. eine Geburt Christi auch also mit Wasserfarben verfertigen. –

Die Schneider setzten 1651 folgende Künste von ihren Meistern voraus:

Wenn einer Meister werden will, worauf ein ganz ehrbares Handwerk gezielet und sich vereiniget, so soll er etliche vornehme Stücke verfertigen, nämlich an Manneskleidern einen Priesterrock, einen langen Mantel, eine Harzkappe, ein ganz Kleid, einen Kutscherrock, einen Handschuh mit Däumling und ein Paar Fußsohlen. An Weibskleidern einen langen Faltenmantel, eine Schaube und ein Leibstück.

Und endlich die Kupferschmiede bestimmten gegen Ende der guten alten Zunftzeit, im Jahre 1772, folgendes:

Wenn ein fremder Geselle, der keines Mitmeisters Sohn ist, das Meisterrecht gewinnen will, so soll selbiger zuvor 3 Jahre gewandert haben und sich desfalls mit seinen Kundschaften und Attesten legitimieren und überdies seinen Geburts- und Lehrbrief beibringen. Hat er aber keine 3 Jahre, sondern nur 2 gewandert, so soll selbiger für das eine noch fehlende Wanderjahr 24 Reichstaler erlegen, wovon 12 Reichstaler in eines hochedlen Rates Kämmerei und 12 Reichstaler in unsere Meisterlade kommen.

Dann soll derselbe 6 Meisterstücke machen, als
1. einen kupfernen Kaffeekessel, welcher 4 Maß Wasser in sich enthält, plattrund und mit einem hohlen Fuß, $\frac{1}{2}$ Zoll hoch und den Deckel, daß er inwendig in den Hals hineinschließt, mit Kopf und Zarge aus einem Stück.
2. Eine Feuerkieke von Messing mit durchbrochenem Laubwerk und Blumen geziert nebst einem dazugehörigen Kohlenbehälter von starkem Eisenbleche.
3. Einen kupfernen Wasserständer, welcher 3 Eimer Wasser, jeden von 4 Stübchen, in sich enthält und inwendig verzinnt sein muß.

Diese 3 Stücke bekommen die regierenden Herren Bürgermeister, einer von denen regierenden Herren Bürgermeister bekommt den Kaffeekessel und die Feuerkieke, der zweite den Wasserständer.
4. Einen Stömbkessel, 2 Fuß und 2 Zoll weit, mit kupfernen Ringen, welcher am Boden abgehämmert und an der Seite geschlagen sein muß.
5. Eine Ofenblase, 1 Fuß, 4 Zoll weit, welche am Boden, an der Seite und auf dem Gelenke geschlagen sein muß.
6. Eine Bratröhre von starkem Eisenblech.

Diese 6 Stücke muß er im Beisein zweier Schaumeister, welche bei versammelter Innung ernannt werden, verfertigen. Wenn er solches verfertigt hat und er zur Aufzeigung derselben sich bei dem Obermeister meldet, so soll gegen Erlegung der Handwerksgebühr die Innung gefordert, die Meisterstücke besichtigt und wenn solche für gut befunden, derselbe gegen Erlegung von

15 Reichstalern Meistergeldes

für einen Meister erkannt werden. Ferner zahlt er noch den 2 Schaumeistern einem jeden einen Reichstaler für ihre Versäumnis und demjenigen Meister, bei welchem er die Meisterstücke verfertigt, 2 Reichstaler für Kohlen und Werkzeugbenutzung.

Bei einigen Innungen, denen sich für die Meisterprüfung nur wenige Gegenstände zur Anfertigung darboten, legte man auf die genaue Größe oder Stärke des Meisterstückes Wert. So hatte der angehende Seilermeister nachzuweisen, daß er Länge und Schwere eines Seiles möglichst genau traf, der Böttchergeselle hatte sein Meisterstück, einen Bottich, möglichst den vorgeschriebenen Inhalt gemäß anzufertigen.

Während solche Eignungsprüfung, wie sie die Herstellung eines Meisterstückes war, sowohl für das Ansehen der Innung wie auch für die ordnungsmäßige Belieferung des Publikums durchaus zweckentsprechend war, hatten andere Vorschriften über das Meisterwerden wiederum nur kleinlicher Konkurrenzneid und engstirnige Ausschaltung Fremder geschaffen. Dergleichen Bestimmungen verfügten die Zahlung nicht unwesentlicher Gebühren für die Erwerbung des Meistertitels von solchen Personen, die nicht das Handwerk vom Vater übernahmen, sondern neu in die Innung eintraten, oder verlangten, daß einer nicht eher Meister werden könne, ehe er nicht eines Meisters Witwe oder Tochter geheiratet habe. Einen solchen unsinnigen Beschluß faßten die Knochenhauer im 18. Jahrhundert. Hier hätte das Wohl der Öffentlichkeit doch verlangt, daß der Rat energisch eingriff. Daß im übrigen jeder Meister das Bürgerrecht erwerben und nach Möglichkeit ein eigenes Haus besitzen mußte, war selbstverständlich.

Die Gebühren für die Erlangung der Meisterschaft waren ganz allgemein recht bedeutend. Die Krämer verlangten im 17. Jahrhundert von Einheimischen 12, von Fremden 24 $^1/_2$ Taler, 1721 aber schon 83 Taler 5 Groschen, nämlich:

für die beiden Gildemeister	66 Taler	12 Groschen
für die Gilde selbst	4 Taler	9 Groschen
für Einschreibegebühren	2 Taler	8 Groschen
für einen Feuereimer	1 Taler	– Groschen
für eine Kollation (ein Essen)	9 Taler	– Groschen
Summa:	83 Taler	5 Groschen

Die Bäcker auferlegten ihren neuen Meistern schon im 16. Jahrhundert 30 Taler und eine Kollation; Fremde hatten außerdem noch 10 Taler an den Rat zu zahlen. 1738 hatte sich die Summe für Fremde auf 67 Taler 22 Groschen und einen zinnernen Teller gesteigert; Einheimische brauchten nur 10 Taler 14 Groschen zu entrichten. Man sieht auch hier, wie das Prinzip im Laufe der Zeit immer mehr überspannt wird und daß der Zusammenschluß, der vor Jahrhunderten notwendig und segensreich war, zu Inzucht, zu Stillstand, zur Terrorisierung der Käufer geführt hatte. Andere Innungen verlangten nicht ganz so hohe Verträge, neigten aber auch immer mehr dahin, sich mit chinesischen Mauern zu umgeben. So forderten die Schuhmacher 18 Taler und 1 Taler für einen Umtrunk.

Nach Anfertigung des Meisterstückes und Erfüllung aller ihm von der Zunft sonst noch auferlegten Verpflichtungen geschah vor der versammelten Innung die „Vorfahrung" des neuen Meisters. Er wurde als vollberechtigtes Mitglied aufgenommen. War er schon verheiratet, so mußte auch seine Frau in die Innung eintreten. Für ihre Aufnahme war eine kleine Summe, bei den Schustern 1 Taler, bei den Bäckern 1 Taler 9 Groschen, in die Zunftlade zu bezahlen. Damit war sie anerkannte Meistersfrau und genoß dieselben Rechte wie die männlichen Innungsmitglieder. Ihr kamen z.B. bei gewissen Anlässen, bei Familienfesten, bei Begräbnissen dieselben Ehrungen zu wie dem Gemahl. Starb der Mann, so blieb bei den meisten Innungen seine Witwe vollberechtigtes Mitglied, bei einigen besaß sie die „halbe Innung"; sie konnte das Geschäft mit Gesellen weiterführen, die Innung nahm auch an ihrem und ihrer Familie Geschick weiter Anteil, sie konnte aber bei den Innungsversammlungen ihre Stimme nicht abgeben.

Der Versammlung der vollberechtigten Meister stand in erster Linie zu, ihre beiden Innungsmeister, meist nur Handwerksmeister oder Vorsteher genannt, zu wählen. Diese hatten die Aufsicht über die Innungslade, in der die wichtigsten Briefe, die Privilegien und das Siegel der Innung aufbewahrt wurden. Ein Kämmerer wachte über die Gelder und Mobilien der Innung. Als Mitgliedsbeitrag bezahlten die Meister vierteljährlich einen geringen Betrag, das sogenannte Zeitgeld. Diese Beiträge gingen meistens drauf für Festlichkeiten, bei denen Wein, Bier, Branntwein oder das Essen aus der gemeinsamen Kasse bezahlt wurden. Dann sah es die Innung aber auch als ihre Pflicht an, sich an wohltätigen Spenden für Kranke, Arme, Abgebrannte, Vertriebene zu beteiligen. Besonders in den Religionskämpfen des 17. Jahrhunderts und am Anfang des 18. Jahrhunderts stoßen wir immer wieder auf Unterstützungsgelder für protestantische Emigranten. Ferner schuldeten die Innungen einigen städtischen Beamten kleine alljährliche Abgaben. Da mußte der Kantor der Kirche, in die man ging, bezahlt werden, da bekamen die Nachtwächter ihr Neujahrsgeschenk, da mußten Hausleute zur Bewachung von Läden und Ständen unterhalten werden. Endlich floß aus der gemeinsamen Kasse auch noch die uralte Anerkennungsgebühr an den Schultheißen.

Hatten die beiden Zunftmeister für ihre Innung eine Versammlung anberaumt, so tagte diese „Morgensprache" bei „offener Lade". Gehorsam und sittiges Betragen bei diesen Beratungen oder Festlichkeiten waren genau umschrieben. Verstöße gegen die Ordnung wurden mit Geld, Stiftung von Kerzen oder Verurteilung zu Freibier geahndet. Die jüngsten Meister hatten noch besondere Pflichten zu erfüllen. Sie hatten auf Geheiß der Innungsmeister die Mitglieder einzuladen, sie trugen bei Begräbnissen den Sarg des Verstorbenen, sie verfielen in gewissen Fällen in doppelte Konventionalstrafe.

Die Beratungen waren geheim, Schweigepflicht war jedem auferlegt. Auch den innungsberechtigten Frauen gegenüber durfte nichts ausgeplaudert werden. Die Seifensieder z.B. bestimmten darüber: „Es soll auch kein Meister seinem Weibe, wenn die Zusammenkunft gehalten, sagen oder offenbaren, bei einem Taler Strafe." Wir mutmaßen, daß die Seifensieder schlimme Erfahrungen gemacht hatten und daß trotz der hohen Strafe das Gebot oft überschritten worden ist, mehr auf Veranlassung der Frauen als der Männer. Nun, das kam der Kasse zugute!

Hier auf diesen Versammlungen wurden die Beschlüsse gefaßt über die Dauer der Arbeitszeit, über die Sonntagsruhe, über Verkauf an Sonn- und Feiertagen, über Beschickung der Märkte. Hier legte man fest, wie groß die Verkaufsstellen und Läden sein durften, wo die einzelnen Meister auf dem Wochenmarkte oder auf dem Jahrmarkte Bänke und Buden haben sollten, wieviel Tage lang sie an Jahrmärkten feilhalten durften. Hier schließlich setzte man auch einheitliche Preise fest, beriet über das Verhalten anderen Innungen oder fremden Kaufleuten gegenüber.

Um nur einiges herauszuheben: Die Gewandschnitter einigten sich schon im 15. Jahrhundert mit den Wollwebern, daß die Wollweber nur selbstgefertigte Waren, die Gewandschnitter aber auch fremde verkaufen durften. Während der Jahrmärkte, das war allgemein von den Zünften beschlossen worden, mußten die

Verkaufsstände in der Stadt geschlossen, durfte nur auf dem Markte verkauft werden. – Die Krämer hatten Auseinandersetzungen mit fast jeder Zunft und besonders mit fremden Hausierern, da jeder Handwerker und Kaufmann ihnen „in den Kram pfuschte". An den beiden Nordhäuser Jahrmärkten hielten sie zunächst 3 Tage feil, bis sie 1524 noch einen vierten Tag beschlossen. Die Sonntagsruhe hielten sie zwar inne, gestatteten aber seit 1556, daß auch sonntags an Fremde, die in die Stadt gekommen waren, verkauft werden dürfe. Ihre Waren wollten sie Zunftbeschluß gemäß nicht weiter auslegen, als das eigene Haus reichte. – Die Fleischer regelten, allerdings unter besonderer Aufsicht des Rates, die Fleischpreise, bestimmten im 15. Jahrhundert, daß Rind- und Schweinefleisch nicht zugleich verkauft werden durfte, ein Beschluß, der bis 1637 Geltung behielt. Fremde oder Juden wollten sie nicht im Schlachten unterrichten. Ihre Fleischbänke auf dem Markte losten sie alljährlich aus. Käufer auf dem Markte durch Anpreisen der Ware anzulocken war strengstens untersagt. 1589 beschlossen sie, sonntags Fleisch nur bis zum Kirchgange feilzuhalten. Auch der zweite Ankauf von Vieh auf dem Lande wurde von der Gilde überwacht. An Sonntagen durfte kein Fleischer zum Einkauf aufs Land gehen, auch keinen Gehilfen deshalb ausschicken. Ähnliche Bestimmungen trafen die Bäcker. Sie nahmen eine Abgrenzung vor zwischen Heim- oder Brotbäckern und Weiß- oder Feinbäckern, sie legten Wert auf gesittetes Betragen in der Öffentlichkeit und verboten deshalb das Vordrängen beim Müller, das Lästern und Fluchen im Brot- und Wagehaus. – Die Schuhmacher besaßen zu ähnlichen Satzungen noch die, daß ihre Fertigfabrikate nur da verkauft werden durften, wo sie hergestellt waren, Ausnahmen waren nur für die Jahrmärkte gestattet. – Böttcher und Kannegießer gaben sich Gesetze über die Größe und den Inhalt der Gefäße, die sie herstellen wollten. Die Böttcher auferlegten sich auch die von Wohlanständigkeit zeugende Verpflichtung, daß beim Holzkauf der reichere dem ärmeren nicht den ganzen Vorrat durch Überbieten wegkaufen durfte. Nur wenn das auf dem Markte oder im Walde lagernde Holz vorher bestellt war, durfte es der Besteller ganz für sich in Anspruch nehmen. Auch den Besuch fremder Märkte regelten sie und schrieben eine bestimmte Menge Ware vor, die mitgenommen werden durfte. Nur ein paar Jahrmärkte, z.B. der in Querfurt, waren völlig freigegeben.

Doch die Innungsmitglieder fühlten sich nicht nur als wirtschaftlicher Interessenverband, sondern fühlten sich verbunden auch zu innigster Lebensgemeinschaft. Die Innung war eigentlich gedacht als eine einzige große Familie, in der jeder Anteil nahm am Geschick seines Innungsbruders, sich freute seines Glückes, ihm beisprang im Unglück. Dieser Gedanke, eine wahre Lebensgemeinschaft zu bilden, wurde besonders gefördert dadurch, daß auch die Frauen der Meister der Innung angehörten. Dadurch erlebte die ganze Zunft Freud' und Leid der einzelnen Familien mit. Von Taufen, Hochzeiten, Begräbnissen bei den einzelnen Mitgliedern nahm die ganze Innung Kenntnis. Die Krämer bestimmten 1703, die Gilde solle bei der Hochzeit eines Meistersohnes oder einer Tochter einen silbernen Löffel, drei Loth schwer, als Hochzeitsgeschenk verehren. Alle Innungen hatten genaue Ordnungen für die Teilnahme an Begräbnissen. Beim Tode eines Meisters oder einer Meisterin folgte nach bestimmter Reihenfolge die ganze Innung, die 4 jüngsten Meister trugen den Sarg.

Fröhliche gemeinsame Innungsfeste verstärkten weiterhin das Band der Freundschaft. Alle Innungen feierten am 30. November, am Andreastage, ihr großes Innungsfest. Dann wurde dem abgehenden Vorstande Entlastung erteilt, den Innungsmeistern für ihre Mühewaltung ein Geschenk verehrt, der Zeitpfennig wurde bezahlt und schließlich ein Festessen abgehalten.

Für die 9 ratsfähigen Innungen war fernerhin der Tag der Ratswahl zu *trium regum*, der Tag der Heiligen Drei Könige, von größter Bedeutung. Da kamen die Innungen auf ihren Häusern oder in den für die Versammlung bestimmten Räumen zusammen und feierten dort die in der Nacht vorher zu Ratsherrn neu gewählten beiden Zunftmitglieder. Dabei kam es auch wohl zu Zank und Streit, wenn der eine oder andere ehrgeizige Zunftgenosse von der Wahl enttäuscht war oder wenn die Meinung aufkam, die Wahl sei nicht ordnungsgemäß erfolgt. Dergleichen mißgünstige Äußerungen rügte aber nicht nur die Innung, sondern der Rat selbst griff ein, wenn durch Verleumdung oder üble Nachrede sein Ansehen gefährdet schien. Selbstverständlich waren die neuen Ratsherrn ihrer Gilde eine gehörige „Kollation" schuldig, und sie durften damit, wie einmal die Knochenhauer bestimmten, nicht etwa ein Vierteljahr warten.

Doch auch sonst fand sich Gelegenheit zu Umtrunk und Gelage. Jedesmal wenn einer Meister geworden war, hatte er seine Kameraden freizuhalten, bei den vornehmeren Gilden durch ein Essen, bei den weniger wohlhabenden durch ein Faß Bier. Auch einzelnen Mitgliedern auferlegte Strafen für Verstöße gegen die Innungsstatuten verwandelte man für die Gesamtheit der Innungsbrüder gern in Annehmlichkeiten dadurch, daß man sie in Branntwein, Bier oder Wein festsetzte. Häufig ging es bei solchen Festlichkeiten ausgelassen genug zu, und die schönsten Vorsätze und noch schöneren Innungsgesetze wurden durch die zahlreichen vollen Humpen gebührlich über den Haufen geworfen samt den würdigen Meistern, die sie innezuhalten beschlossen hatten. Die Böttcher stellten 1758 wegen Ausschweifungen ihre Schmausereien ein; bei anderen Innungen mußte hin und wieder sogar der Rat mit Polizeistrafen eingreifen. Das bändigte ja dann wohl die allzu überschäumende Lebenslust, hat sie aber gottlob nie gänzlich unterdrückt. Leider fiel einer der schönsten alten Bräuche im Laufe des 18. Jahrhunderts einreißenden Unsitten und der Trennung der Lohgerber von den Schustern im Jahre 1734 zum Opfer: das alte Merwigslindenfest der Schuhmacher.

Einer alten Sage nach soll die Linde von dem alten Könige Merwig, eines Schuhmachers Sohn, gepflanzt worden sein. Der biedere König, der sich durch eigene Tüchtigkeit aus seinem niederen Stande zu dem geachteten, keinem Zunftzwang unterliegenden Handwerk des Scepter- und Reichsapfeltragens emporgearbeitet hatte, soll seine Abkunft nie vergessen und verleugnet haben, Grund genug, ihn an dem einzigen noch vorhandenen Zeugen seiner ersprießlichen Tätigkeit, diesmal seiner gärtnerischen, zu feiern. So zog denn seit alten Zeiten die ganze Schuhmacherinnung, die Lehrlinge mit ihren dreisten Mäulern, die

Gesellen mit frohen Bändern am Hute, die Meister mit ehrwürdigen Bärten, auch die Frauen und Kinder im Mai jeden Jahres, später alle 7 Jahre, in prächtigem Zuge mit Fahnen und Musik, die wehrhaften Innungsmeister selbst mit ihren Waffen ausgerüstet, hinaus an die Merwigslinde. Hier ward ein ausgelassenes Fest im Freien begangen. Am Abend nahm sich jeder einen Zweig von der Linde, und mit diesem Grün geschmückt, traten die lustigen Schuhmacher ihren Rückmarsch an. 1736 untersagte der Rat leider dieses Fest. Das 18. Jahrhundert war bedauerlicherweise zu vernünftig und deshalb zu verständnislos für dergleichen alte Volksbräuche, und bleiche Juristen mit spitzen Nasen regierten den Staat. Die Merwigslinde aber hat gern ihren Blätterschmuck hergegeben, um frohe Menschen zu putzen und ein Stücklein göttlicher Natur wenigstens eine Zeit lang in der dumpfen Werkstatt des Alltags grünen zu lassen. Die alljährliche Beraubung ist ihr auch außer ordentlich gut bekommen, und so rauscht und raunt sie noch heute alte Erinnerungen und freut sich, wenn sonntags fröhliche und geputzte Menschen an ihr vorbei ins Grüne wandern. Wir vermuten aber, daß sie einem mit seiner Familie vorbeiziehenden munteren Schuhmacher irgendein Pechgerüchlein noch heute mit allerschönstem Lindenduft vergilt.

Wie die Innung ihre Mitglieder zu heiteren Festen vereinte, so auch zu ernsterem Beginnen. Die Zeiten waren gottgläubig und kirchlich-fromm. Glaube und Kirche wurzelten tief im Volke und gaben dem Dasein Sinn und höhere Weihe. So waren auch die Zünfte mit dem kirchlichen Leben aufs innigste verbunden. Soweit sie vereint in besonderen Straßen saßen, gehörten sie auch einer bestimmten Kirche an. Die Krämer aus der Krämergasse, ebenso die Schuster aus der Schuhgasse gingen in die Marktkirche, die Böttcher vom Hagen in die Blasiikirche. Hier saßen sie auch nach Korporationen gemeinsam in ihren Kirchenstühlen. Die vornehmen Krämer mieteten 1692 auch für ihre Bedienten, welche sie in die Kirche begleiten mußten, 8 Plätze nebeneinander. Alle Innungen stifteten in der katholischen Zeit Nordhausens reichlich Wachs und Kerzen; auch Vergehen gegen die guten Sitten wurden gern mit Wachs gebüßt. Mag auch ein solches Mittel, Wohlanständigkeit zu erzielen, als recht äußerliche Erziehung erscheinen, so darf man doch den hohen Wert christlicher und kirchlicher Bräuche für die Gesittung nicht unterschätzen. Materialismus, Selbstsucht, Roheit wurden doch wesentlich gemildert durch den Einfluß der Religion. Besonders die Gesellen fanden sich nicht nur zu derben Trinkgelagen und rohen Späßen zusammen, sondern auch zu Vereinigungen, bei denen sie sich erbauten und ihr Menschentum emporzuläutern strebten. Diese Gesellenbrüderschaften sind etwa unseren christlichen Vereinen junger Männer zu vergleichen. Zur Gewinnung einer sittlich gefestigten Lebensanschauung trugen sie jedenfalls in hohem Maße bei. So wird die Bruderschaft Unserer lieben Frauen der Schmiedeknechte „in den Predigern" im Jahre 1541 genannt, die Schuhknechte hatten eine ebensolche 1514 an St. Nikolai, die Wollweberknappenbruderschaft war den Augustinern angeschlossen.

Doch auch die Meister hielten sich nicht zu gut, solche Bruderschaften zu bilden. Die Bäcker hatten 1500 eine bei den Barfüßern; die Bruderschaft der

Krämer nannte sich nach ihrem Schutzpatron, dem heiligen Laurentius. Andere Handwerker sind in den zahlreichen anderen Bruderschaften nachzuweisen.

In ihren Innungen oder in diesen Bruderschaften begingen sie auch die hohen kirchlichen Festtage und nahmen an den Umzügen teil. Von dem Festzuge zur Spende am Freitage vor Palmarum war schon die Rede; ebenso fand ein großer Aufzug alljährlich am Fronleichnamsfeste statt. In strenger Ordnung, die niedrigsten Gewerbe beginnend, ging der Festzug durch die Stadt. Die zuweilen noch als unehrliche Leute auftretenden Stübner, Badestubenbesitzer und Barbiere, sowie die Feldschützen, Ackerknechte und Leineweber eröffneten den Zug; dann folgten die ehrlichen Innungen in folgender Reihe: die Tischler, die Böttcher, die Knochenhauer, die Schuhmacher und Gerber, die Kürschner, die Kramer, die Schmiede, die Bäcker, die Wollweber, die Schneider, die Kaufleute oder Gewandschnitter, die Winzer. Hinter diesen Zünften kamen die Schulmeister und Schüler der Bürgerschule von St. Jakobi, dann die weltlichen Geistlichen der Kirchen, die nicht unter dem Kreuzstift standen; an diese schlossen sich die Mönchsorden der Stadt, darauf folgten die Schüler des Kreuzstiftes und endlich – der Gipfel der Vornehmheit – die Pfarrer und Vikare der übrigen Kirchen sowie die Domherrn. Der vornehmste und würdigste ging zuletzt, mit bedeutendem Gesichte. Überweht von hundert bunten Fahnen, fromme Gesänge anstimmend, durchzog man die Stadt, an vier Stationen haltmachend. Dann endete schließlich der Zug im Domstift, wo eine Messe gelesen wurde. [25]

So waren denn die Innungen gegen Tod und Teufel gehörig gewappnet; gewappnet waren sie aber auch gegen die Feinde dieser Welt, und mannhaft wußten sie wenigstens in älterer Zeit Gewehr und Schwert bei Aufläufen oder gegen den äußeren Feind zu führen. Nach Straßenzeilen geordnet, standen die Bürger im Kampfe. Die wehrhafteste Innung bildeten die wackeren Schuhmacher. Sie waren ebenso wie die Schützenkompagnie verpflichtet, bei Aufläufen oder bei Stürmen auf die Stadt als erste auf dem Platze zu erscheinen. Die Stadt hatte ihren Schuhhof dafür vom Wachtgelde befreit. Als 1786 der Rat mit diesem Brauche brechen wollte, da längst schon kein rauflustiger Honsteiner oder Braunschweiger mehr zu bekämpfen war, pochten sie auf ihr gutes altes Recht und fochten es ehrlich durch.

Am Tage der Heiligen Drei Könige wählte jede Zunft auch ihre „Kriegsmeister". Ferner unterhielt jede Zunft neben ihren Handwaffen eigenes größeres Geschütz. Bei den Gewandschnittern werden 3 lange Büchsen, 1 kurze Faustbüchse, 3 Pulverflaschen genannt. Doch im 16. Jahrhundert änderte sich fortwährend dieser Bestand an Waffenvorräten, nachdem der Gebrauch des Schießpulvers sich allgemein eingebürgert hatte. Die Krämer hatten 1595 5 Langrohre, 1685 3 lange Büchsen, 1 Faustbüchse, 3 Pulverflaschen. [26]

---

[25] Vergl. Heineck, Nordh. Familienblätter, Juni 1895. Heineck, Fronleichnamsfest in Altnordhausen, Nordh. Zeitung, 16. VI. 1914.

[26] Die Geschichte der Gewandschnitter und der Krämer ist nach den Akten des Nordhäuser Archivs (Signatur U b) dargestellt; im übrigen vergl. Heineck, Aus dem Innungsleben der Kaiserlichen Freien Reichsstadt Nordhausen im 17. und 18. Jahrhundert, 1903.

So stellt sich denn das Bild vom Leben der Nordhäuser Innungen dar: Es war ein wirtschaftlich kleinlicher Geist, der sie beherrschte, der nur durch einen engstirnigen Selbsterhaltungstrieb hervorgerufen war, der sich in erster Linie nur auf die Gewinnung und Sicherung der täglichen Nahrung richtete. Doch scheinen diese Zünfte für ihre Zeiten und ihre Verhältnisse nötig und naturnotwendig gewesen zu sein. Andere Zeiten schaffen sich andere, ihnen genehme Formen. Allerdings war gerade bei dem Leben der Zünfte das Gesetz der historischen Beharrung besonders stark, und so überlebten sie auch noch das 18. Jahrhundert, dessen wenigstens kulturell schon freierem Geiste auch eine freiere Wirtschaftsform angemessen gewesen wäre. Erst die reinigende Luft der Französischen Revolution blies die dicken, schweren Schwaden hinweg. Doch in ihren besten Zeiten, im 15. und 16. Jahrhundert, haben die Zünfte für das Gemeinwohl Außerordentliches geleistet und jene Ideen gefördert, die über die Nichtigkeiten dieser Welt hinaus- und hinüberzeigen in eine Welt höherer und allgemeingültigerer Werte.

Heineck, Bausteine zu einer Geschichte der Bäckerinnung, 1925.
Heine, Die Artikel der alten Knochenhauerinnung zu Nordhausen, Zeitschrift des Harzvereins, 1896.
Heine, Die alte Schuh- und Lohgerberinnung, Nordh. Familienbl. 1898.
Heine, Geschichte der Krämerinnung, Nordh. Familienblätter 1899.
Heineck, Aus der Chronik des ehrbaren Schuhmachergewerbes, Ndh. Ztg., Okt. 1925.
Heineck, Innungsgewohnheiten der Böttcher, in: Der Böttchermeister, 1924 Nr. 28, 29.
Heineck, Zur Geschichte des Schneiderhandwerkes, in: Europäische Modenzeitung.
Heineck, Die Statuten der Seifensieder- und Lichtzieher-Innung, in: Seifensiederzeitung, Verl. Chem. Industrie, Ziolkowsky, 1897.

Kapitel 8.

Soziale und kulturelle Strömungen zu Nordhausen im Ausgang des Mittelalters.

Schon in politischer und mehr noch in wirtschaftlicher Beziehung hatten wir im 15. Jahrhundert einen anderen Hauch verspürt als im 13. und 14. Jahrhundert. Der Eindruck davon verstärkt sich noch bei der Betrachtung der gesellschaftlichen Zustände des ausgehenden Mittelalters. Obgleich noch immer und für Jahrhunderte noch große Teile der Bevölkerung mindestens nebenbei Acker- und Gartenbau trieben, Hopfen- und Weinpflanzungen bestellten, ja, die Viehhaltung sogar außerordentlich stark entwickelt war, ging doch ein anderer landfremder, kleinbürgerlicher Atem durch die Stadt. Die Weber-, die Töpfer-, die Bäcker-, die Schuster-, die Krämergasse und ihr Leben beherrschten das Stadtbild. Den Hintergrund dieses Bildes füllt ehrliches Streben, Tages Last und Mühe, Wohlanständigkeit und Genügsamkeit aus.

Freilich, nicht völlig im hellen Grau des behäbigen Alltags gehalten darf man sich die Wand des Bildes denken. Mancherlei Farbenspiele zucken doch auf. Da bricht wohl auch einmal die Spätsommersonne hindurch und beleuchtet das üppige Treiben eines derben, arbeitsschwieligen, gesunden Geschlechts bei tüchtigem Trunk und Gelag; oder aber da zeigt sich die Natur seltsam verzerrt und verbildet, und grelle Blitze beleuchten ihre unerforschlichen Abgründe; die verborgensten Tiefen der menschlichen Seele tun sich auf und zeigen, daß selbst dem scheinbar derbsten und phantasielosesten Leben von irgendeinem Ahnen her die Züge krankhafter Hysterie nicht fehlen. –

Nordhausen mag im 15. Jahrhundert eine Stadt von 5000 bis 5500 Einwohnern gewesen sein; im 16. Jahrhundert zählte die Stadt in der Altstadt 614, in den Vorstädten 588, zusammen 1202 Bürger, so daß man für damals, den Hausstand zu je 5 bis 6 Personen gerechnet, auf 6000 bis 7000 Seelen kommt. Die Stadt war wenig kleiner als die Schwesterstadt Mühlhausen; der Stadt Erfurt dagegen muß man zu Beginn des 15. Jahrhunderts als einer der größten und wohlhabendsten deutschen Städte mehr als die dreifache Bevölkerungszahl zusprechen. Nur wenige deutsche Gemeinwesen wie Frankfurt, Köln oder Nürnberg hatten noch mehr Bewohner; Dresden war mit 5000 Einwohnern eine kleinere Stadt als Nordhausen. Im 16. Jahrhundert verschob sich allerdings das Bild; süddeutsche Städte, wie Augsburg mit 60000 Einwohnern, kamen durch ihre italienischen und überseeischen Verbindungen gewaltig voran, Erfurt ging langsam zurück, und andere Städte lösten es ab: Leipzig beherbergte im 16. Jahrhundert schon 15000 Menschen, Magdeburg beinah doppelt so viel.

War im 13. und noch zu Beginn des 14. Jahrhunderts der Zuzug an Fremden nach Nordhausen hinein kaum geregelt und der Erwerb des Bürgerrechtes gegen Hinterlegung der festgelegten Gebühren ohne weiteres zu erlangen, so hatte man im 15. Jahrhundert aus den Erfahrungen heraus genaue Richtlinien dafür aufgestellt. Hörige Bauern wurden nicht mehr aufgenommen, da die Stadt mehrfach um entlaufener Bauern willen mit adligen Herren in Konflikt geraten sein mag. Um ferner der Stadt Weiterungen zu ersparen, wurde jeder erst dann als Bürger angenommen, wenn es ihm gelungen war, jede Fehde, in die er verwickelt war, beizulegen. Kinder, die geboren waren, ehe ihre Eltern das Bürgerrecht erworben hatten, mußten nachträglich das Bürgerrecht erwerben. Der Bürgerbrief war also eine Urkunde, die etwas zu bedeuten hatte, Rechte verlieh, Pflichten auferlegte, und der Besitzer des Bürgerrechts fühlte sich stolz als Vollbürger des Gemeinwesens.

Deutschland war im Zeichen der Geldwirtschaft im Laufe des 15. Jahrhunderts sehr viel bürgerlicher geworden, als es vordem war. Jede politische Macht mußte nunmehr mit den Städten rechnen; auf dem Reichstage zu Frankfurt vom Jahre 1489, zu dem „alle und jegliche" Reichs- und Freistädte entboten waren, traten sie endlich zum ersten Male neben den Kurfürsten und Fürsten als dritte Kurie auf und behielten seitdem auf den Reichstagen Sitz und Stimme. Der Bürger, der schon im 14. Jahrhundert etwas bedeutete und sich selbstbewußt als solcher fühlte, hatte sich nun ganz vom Adel und Bauern losgelöst und fühlte sich nur noch als Angehöriger seines Gemeinwesens. Während im Nordhausen des 14. Jahrhunderts noch die meisten Bürger, die sich nach dem Geburtsorte ihres Geschlechts nannten, zwischen Vornamen und Ortsnamen das „von" führten und damit zum Ausdruck brachten, daß der alte Zusammenhang mit dem Ursprung noch nicht völlig gerissen, nahmen sie im Laufe des 15. Jahrhunderts den Ort nach und nach als einfachen Namen an. Statt der Heinrich von Erfurt, Konrad von Wolkramshausen, Berthold von Werther, Hermann von Stolberg, Kunigunde von Ellrich erscheinen die Christian Ildehausen, Heinrich Schade – aus der Wüstung Schate – , Clawes Rebbening – Röblingen – , Heinrich Werther, Heinrich Urbach. Von 28 Ratsherrn führten 1401 nur noch 7 das „von", 1421 von 27 nur noch 2, 1484 von 25 kein einziger mehr. Dagegen traten die Bürger, in deren Gedächtnis die Heimat überhaupt nicht mehr lebte und die sich nach ihrem Beruf, nach irgend einer Eigenschaft nannten, oder die ihren Vornamen als Hauptnamen angenommen hatten, immer mehr hervor. Immer häufiger erschienen die Bäcker, die Schuster, die Müller, die Köche, die Krämer, die Münzer, die

Färber, die Kürschner oder Kirschner, die Schreiber, die Wagner; die Reiche, die Kahle, die Weiße, die Starke, die Grimme, die Lange, die Strohmann; die Egge oder Ecke, die Schraube, die Stapfe; die Walter, die Simon, die Heyse, die Paul, die Mathys, die Thilmann, die Gottschalks, die Gebhardts, die Lamperts oder Lamprechts, die Hartmanns und viele a.m. [27]

Daher kam es auch, daß die ständischen Unterschiede innerhalb der Stadt im Gegensatz zum 14. Jahrhundert so gut wie ganz fehlten. Nur die aus der Gesellschaft Ausgestoßenen, die Angehörigen unehrlicher Gewerbe und wenige geringe Leute in völliger Armut und untergeordneter Stellung sah man über die Achsel an. Statt des früheren Standesbewußtseins einte jetzt alle das Bürgerbewußtsein; an die Stelle des Stolzes des einzelnen war der Stolz der Zugehörigkeit zu einer Stadt getreten. Im 13. und 14. Jahrhundert vertraute der einzelne auf sich selbst, im 15. Jahrhundert war er untergetaucht in der Masse und traute seiner Kraft nur noch als Angehöriger seines Gemeinwesens. Dem 14. Jahrhundert lebte die Sicherheit in der eigenen Brust, dem 15. Jahrhundert war sie gegeben durch Mauerring und Brustwehr. Stolz war der Bewohner Nordhausens nicht mehr aus seiner Kraft heraus, sondern als Nordhäuser. Stolz war er deshalb auch nicht mehr auf seine persönliche Freiheit, sondern auf die Freiheit seiner Stadt. In der Rolandsfigur schuf er sich das Sinnbild seiner städtischen Hoheitsrechte.

Sicher waren schon sehr früh als äußere Zeichen des Marktfriedens der Stadt Gerichtszeichen auf dem Markte oder in seiner Nähe angebracht. Säulen, Gottesbilder, Kreuze als Zeichen dafür, daß der Markt unter Gottes Hut steht, oder Adler, Löwen, Lanzenträger dafür, daß der Markt den Schutz der höchsten weltlichen Macht genießt, sind vielleicht so alt wie die Märkte selbst; vielleicht z.B. war der Aar, der später als Symbol für die Einigung der Neustadt mit der Altstadt angesehen wurde, ursprünglich das Hoheitszeichen für die Neustadt und stand vor dem Neustädter Rathaus. Doch wirkliche Rolandsbilder, die holz- oder steingehauenen Statuen eines Gewappneten zu Roß oder zu Fuß, gibt es erst aus dem Beginn des 15. Jahrhundert. 1405 erfahren wir zum ersten Male von dem Roland zu Bremen, kurz darauf hatte auch Nordhausen seinen Roland; 1411 wird er zum ersten Male für Nordhausen erwähnt. Er war auch für Nordhausen das Sinnbild der Reichsfreiheit und Gerichtshoheit und wurde deshalb hoch in Ehren gehalten. Vor seiner Statue am Rathause wurden im 15. Jahrhundert die Fehdeankündigungen verlesen; an seinem Schilde ließ der Rat seine Erlasse anschlagen. Um die Frage aber, warum gerade der Held aus der karolingischen Zeit als Hoheitszeichen diente, geht noch immer der Streit. Uns will es am einfachsten erscheinen, man nimmt den Roland als den, der er wirklich ist, als den Paladin Karls des Großen. Von den vielen Großen und Gewaltigen, die über die Erde gefahren sind, bleiben ja nur ganz wenige im Gedächtnis des Volkes leben. Zu ihnen gehört der große Karl, der überall ordnend eingriff und die Gerechtigkeit schützte, – wenigstens im Glauben des Volkes ist es so, wie die hübsche Sage

---
27 Vergl. Förstemann, Kleine Schriften, 57 ff.

von der bei Karl rechtsuchenden Schlange zu Aachen beweist. Ihn und seine Helfer nahm man also als Gründer des Friedens und des Rechtes an. Von diesen seinen Mannen wiederum lebte im Volksmund und Lied nur noch die sagenhafte Gestalt Rolands. So ward Roland der Hort des Rechts. Wo man fürchtete, daß irgendeine Macht altverbriefte Freiheiten antasten könne, wo man auf uralte Rechte hinweisen wollte, stellte man deshalb ein Rolandsbild auf. [28]

Nun konnte es freilich nicht genügen, auf den Roland hinzuweisen und durch die Gebärde allein Recht und Freiheit zu erlangen. Zu allen Zeiten ist es so gewesen, daß das Recht gänzlich abhängig ist von der Macht. Ganz besonders herrschte in den friedlosen Zeiten des 15. Jahrhunderts nur dort das Recht, wo die Macht es schützte. Deshalb vertrauten auch die Nordhäuser nicht allein ihrem Roland, sondern mehr noch ihren guten Mauern und Wällen.

Es ist ja schon oben gezeigt, daß diese gerade im 15. Jahrhundert und besonders zwischen 1450 und 1480 so geworden sind, wie wir noch heute sie in ihren Resten sehen. [29] Die Befestigungsanlagen besaßen, wie Karl Meyer errechnet hat, 4 große Tore mit 8 Tortürmen, nämlich das Barfüßertor, das Töpfertor, das Rautentor und das Neuewegtor, 2 Pforten, die Kuttelpforte und die Wasserpforte, 25 halbrunde und 4 eckige Türme an der inneren Hauptmauer und davor noch 10 besonders starke Bollwerke, zusammen 49 Türme, welche Mauern und Wälle überragten. Besonders dem vom Süden sich der Stadt Nähernden muß sich allein schon durch diese Zinnen und Türme ein ansehnliches, lustiges und trutziges Bild geboten haben.

Bollwerke und Türme hatten eine ständige Besatzung von einem oder mehreren Mann. Neben den älteren Wippen und Standarmbrüsten waren sie ferner mit allen Arten von Büchsen, Steinbüchsen, Hakenbüchsen, Handbüchsen, ausgestattet. Lunten, Pulver, Geschosse, Steinkugeln und eherne Kugeln, Pfeile und Bolzen, doch auch Leitern, Eimer und andere Geräte wurden zur Verteidigung der Stadt ständig auf ihnen bereitgehalten.

Die größten Belagerungs- und Verteidigungsgeschütze waren in der älteren Zeit im „Blidenhofe" auf dem Petersberge untergebracht. Hier standen die Sturmböcke und Widder zur Erschütterung der feindlichen Befestigungen, die Standarmbrüste zum Schießen großer Bolzen, die Säulen zum Pfeilschießen und vor allem die schwersten Geschütze, die Bliden und Mangen, welche die Feinde mit schweren Steinen, Balken, glühendgemachten Eisenstücken und ähnlichen nützlichen Gegenständen beglückten. Im 15. Jahrhundert bewahrte der Rat an einer ganzen Anzahl von Stellen in der Stadt und den Vorstädten Pulver und Geschosse auf. Das Hauptzeughaus war damals das alte Georgshospital am Kornmarkte. Hier standen 1484 16 grobe Geschütze, 1514 waren es 18, später 21. Von den Feldschlangen, die Nordhausen in dieser Zeit besaß, mögen nur zwei

---

28 Abgesehen von den zahlreichen Abhandlungen, welche die Frage der Rolandsbilder allgemein erörtert, sei verwiesen auf Förstemann, Kleine Schriften, 157. K. Meyer, Zeitschrift des Harzvereins, 32. Jahrgang, 625 ff. Meyer, Allg. Zeitung, 28. August 1925. Heineck, Nordh. Familienblätter der Nordh. Zeitung, 12. Sept. 1925.

29 Siehe oben Kapitel 4.

Erwähnungen finden: die ältere war der Schnellundebaldedavon, die im Jahre 1458 gegossen ward und einen künstlerisch ausgeschmückten Lauf besaß. Am vorderen Teil des Laufes standen die Verse:

Der Adelarn hat mich darczu erkorn,
Das ich thu den finden zorn.
Rulande unde dem Riche bin ich wol bekant.
Mich goss Curd solling med siner hant.

Darunter war der Büffelhornhelm des Stadtwappens und die Jahreszahl 1458 angebracht. Über dem Zündloch aber las man als Namen und Zweck der Kanone:

Ich heise snel unde balde dervon,
Northusen wil ich den pris beholden.

Das zweite und bedeutendste Geschütz aber war der von Andreas Pegnitzer, also wahrscheinlich einem Süddeutschen, 1519 gegossene Lindwurm. Es muß ein sehr schönes Stück Nürnberger Erzgießerei gewesen sein. An seinem Mündungsstück war, erhaben gegossen, ein Kindlein angebracht; auf dem Zapfenstück zeigte sich ein geflügelter Lindwurm, der von reichem Laubwerk und Delphinen umgeben war. Das erhabene Laubwerk wurde zu beiden Seiten von je einem sitzenden nackten Mägdlein gehalten. Auf dem Bodenstück war der einfache Stadtadler angebracht, und darüber standen die Worte:

Lindwurm bin ich genant,
der Stadt (n)Orthausen bin ich wol bekannt.

Am 3. Mai 1760, im Siebenjährigen Kriege, wurde der Lindwurm samt anderen Geschützen von den Preußen als gute Beute nach Magdeburg geführt und ward nicht mehr gesehen – trotz späteren eifrigen Nachforschens; vielleicht ist er schon in der Notzeit des Krieges oder kurz danach eingeschmolzen worden. [30]

Neben dem Georgshospital für die Feldschlangen und schweren Stücke diente das „Pfeilhaus" im Rathause als Aufbewahrungsort für Geschütz und Geschoß. Leichte Karrenbüchsen, d.h. Feuerwaffen, die auf eine Karre gelegt und von einem Pferde gezogen wurden, und Hakenbüchsen, d.h. Handfeuerrohre, die wegen ihrer Schwere auf Gabeln gelegt werden mußten, standen hier bereit. Vor allem lag hier die Munition. 1484 zählte man an Vorrat: 32 neue und 13 alte Mauerspannbüchsen, 6 Richtschwerter, 15 Spieße, 1 Winde zu einer Armbrust, 13 Tonnen und ungefähr 30 Kisten voll Pfeile und Bolzen; – nur gut, daß sie dort größtenteils unbenutzt liegen blieben oder, benutzt, selten Schaden anrichteten! Unter der Kämmerei lagen noch Blei, gestoßener Schwefel, Kohle, 192 Hakenbüchsen und andere Waffen.

Nach den Statuten von 1350 durften die Waffen und Geschütze, die damals also noch im Blidenhause aufbewahrt wurden, nicht verliehen werden. Die Gesetze von 1470 milderten diese Bestimmung, indem sie hinzufügten: *„ez*

---

[30] Siehe unten Kapitel 15.

enwere dan, ... daz der stat davon merclich nutz unde frome kome unde entstehin mochte."

Die Beaufsichtigung aller dieser unschätzbaren und menschenfreundlichen Gerätschaften war einigen Ratsherrn, den Pfeilmeistern, anvertraut.

Ihre Handhabung aber lag dem Bürgeraufgebot und den angeworbenen Söldnern ob. Als Rückgrat für Verteidigung und Angriff warb die Stadt ja schon früh Söldner an, die der Stadthauptmann, ein kriegskundiger auswärtiger Adliger, befehligte. Schon die alten Statuten vom Jahre 1308 erwähnen die Söldner, stellen für sie Gesetze auf und bestimmen, daß jeder seine eigenen Waffen haben müsse, die ihm nur ersetzt wurden, wenn er sie im Dienste der Stadt eingebüßt hatte. Gefangene Söldner löste die Stadt aus, doch durfte das Lösegeld einen bestimmten Satz, einen Jahressold, nicht überschreiten. Die Stadtsoldaten schwuren bei ihrem Dienstantritt der Stadt folgenden Eid: *daz wir den borgern zu Northusen getruweclichen dinen und der stat schaden warne unde bewaren wollwn und den vynden daz leydeste tun, daz wir mogen, und daz nicht lazen dorch lieb noch dorch leit: daz swe ren wir, daz uns got so helfe un die heilien.*

Doch Roß und Reisige allein schützen einen Staat nur schlecht. Für die Verteidigung der Stadt mußte jeder waffenfähige Bürger antreten, mit eigenen Waffen. Die Bürger waren in Rotten, denen die Kirchspieleinteilung zu Grunde lag, zusammengefaßt, und da eine ganze Reihe Gewerbe zusammen in bestimmten Straßen wohnten, standen sie auch im Kampfe nebeneinander; die lustigen und wackeren Schuhmacher genossen ein besonderes Vorrecht. Aus der Zahl des Mannschaftsbestandes ersieht man auch, daß die Größe Nordhausens im Laufe des ganzen 15. Jahrhunderts ungefähr die gleiche geblieben ist. 1430 zählte Nordhausen ein Aufgebot von etwa 575, 1491 ebenso, 1493 von 623 und 1499 von 577 Mann. Auf Ratsgebot mußte sich die waffenfähige Mannschaft versammeln und zum Ausmarsch bereit sein; bei plötzlichen Angriffen, wie sie z.B. in der Berchtenfehde oft genug vorkamen, wurden die Sturmglocken geläutet, und auf ihren Ruf mußte sich jeder Bürger an bestimmtem Orte um seinen Hauptmann und Rottenführer scharen.[31]

Bei der gesellschaftlichen Haltung jeder Zeit aber interessieren uns mehr die friedlichen als die kriegerischen Zustände; und das um so mehr beim 15. Jahrhundert, da wir an ihm am besten beobachten können, wie doch die westeuropäische Menschheit langsam aus dem Mittelalter herauswuchs. Im früheren Mittelalter war die Bedeutung Nordhausens in wirtschaftlicher Beziehung klein, in politischer groß, im späteren ist es umgekehrt: An politischem Ansehen verlor es immer mehr, seinen wirtschaftlichen Aktionsradius aber konnte es zunächst ständig erweitern. Die allmählich besser werdenden Straßen und die technisch vervollkommneten Verkehrsmittel brachten die einzelnen Gegenden einander näher, ein reger Austausch von Waren fand statt, und dadurch steigerten sich wieder die Bedürfnisse, welche ihre Befriedigung suchten. Das Nordhausen des 13. Jahrhunderts sah noch mehrfach die deutschen Kaiser in

---

31 Vergl. K. Meyer, Die Reichsstadt Nordhausen als Festung, 24 ff. Nordhausen, 1887.

seinen Mauern; auch das Nordhausen des 14. Jahrhunderts ließ sich noch in weit ausschauende politische Unternehmungen ein, aber wirtschaftlich war das Nordhausen des 13. Jahrhunderts ein Dorf, das des 14. trieb Handel nur mit der nächsten Umgebung. Im 15. Jahrhundert war Nordhausen politisch so gut wie tot, seine wirtschaftlichen Beziehungen spann es aber von Lübeck im Norden bis Augsburg im Süden, von Köln und Frankfurt im Westen bis über die Elbe hinaus im Osten. In ganz Deutschland waren jetzt die Heerstraßen belebt, schwere Warenzüge rollten aus weiter Ferne heran, begleitet von gewappneten Reisigen, die kostbaren Güter vor Überfällen zu sichern.

Für die nähere Umgebung braute Nordhausen nach wie vor besonderes Bier, ein unentbehrliches Nahrungsmittel bis tief ins 18. Jahrhundert hinein, da es zur Morgen- und Abendsuppe benutzt ward. Deshalb war das Privileg Karls IV. vom 28. März 1368, in welchem der Kaiser das Brauen in allen Dörfern eine Meile um Nordhausen herum untersagte, von so großer Bedeutung für den Wohlstand der Stadt. Leider konnte Nordhausen nicht das Rohprodukt, die Gerste, auf eigenem Grund und Boden in genügender Menge anbauen und war zur Einfuhr gezwungen. Hopfen dagegen, der für die Haltbarkeit des Bieres einstmals viel wichtiger war als heutzutage, baute man im Stadtgebiet in ausreichenden Mengen.

Weiter fort führte schon das Heranschaffen von Salz, das man aus den Solen von Frankenhausen gewann. Man zog an der Südseite der Aue entlang, unfern der Numburg ging man dann über die Höhe hinweg nach Süden an den Südrand des Kyffhäusers. Selbst für solchen kleinen Ausflug war es ratsam, die Wagen von Bewaffneten begleiten zu lassen, und doch waren Überfälle besonders in dem hügeligen und unübersichtlichen Gebiete südlich der Numburg nicht selten.

Von größeren Märkten in der Nähe besuchten die Nordhäuser regelmäßig die von Mühlhausen und von Querfurt; ebenso erschienen die Handeltreibenden dieser Städte auf den beiden Nordhäuser Jahrmärkten. Nach Querfurt zogen gern die Wagner, Böttcher und Stellmacher, in Mühlhausen dagegen waren alle Händler vertreten, insbesondere kaufte man Korn und Wolle ein. Nordhausen hatte zwar selbst bedeutende Schafherden, und die Schafzucht des Martini-Vorwerks war berühmt, aber der ganze Bedarf konnte doch noch nicht gedeckt werden. Nach Mühlhausen hin zogen die Nordhäuser Kaufleute auf der alten Kaiserstraße, die sich aus dem Wippertale heraus nach Lohra emporzog und dann über den Muschelkalkrücken der Hainleite über Windeberg und Groß-Keula gerade wegs auf die alte Reichsstadt hinführte.

Doch in Mühlhausen sowohl wie in anderen thüringischen Städten erhandelten die Nordhäuser Großkaufleute auch eine Pflanze, durch die Nordhausen mit den größeren Städten weit im Norden, im norddeutschen Flachlande, in Handelsbeziehungen trat. Das war der heute gänzlich vergessene Waid. Der Waid, von dem schon Caesar im 5. Buche seines gallischen Krieges zu berichten weiß, daß die Briten sich damit blau färbten, war in ganz Westeuropa der wichtigste Farbstoff vor Einführung des Indigo. Noch heute kommt diese Pflanze wildwachsend an Wegrainen und Böschungen in Erfurts Umgebung vor. Da sieht man sie mit ihrem holzigen, ziemlich starken Stengel, der unten von einem dichten Kranze länglicher, blaugrüner Blätter umgeben ist und an dessen oberen Ende zahlreiche gelbe Blütentrauben sitzen. Dieser Waid wurde einst in ganz Thüringen, um Erfurt, Arnstadt, Gotha herum, bei Greußen, Klingen, Tennstädt, Mühlhausen und Langensalza in weiten Feldern angebaut und diente als einziger Farbstoff für Wolle und Leinewand. Der Reichtum der Gegend beruhte auf dieser Pflanze, und im 16. Jahrhundert soll mancher Bauer jährlich 12–16000 Taler aus dem Anbau von Waid gezogen haben. Luther meinte deshalb einst: Die Taler vom Waid täten den Bauern zu wohl, Gott werde sie ihnen nehmen. Frankfurt und Görlitz, Köln und Nürnberg bezogen den Waid aus Thüringen. Und an diesem Handelsprodukt hatte nun auch Nordhausen bescheidenen Anteil. Nordhäuser Kaufleute kauften in Erfurt und Jena, Tennstädt und Mühlhausen den Waid auf und führten ihn in die Hansestädte Norddeutschlands. Der Handel mit dieser Pflanze legte wahrscheinlich den Grundstock zu dem Reichtum einer Nordhäuser Familie, die im 15. Jahrhundert jahrzehntelang eine der ersten in Nordhausen war, die der Swellingrebel oder Schwellengrobel. Nur eine Urkunde vom 1. Juli 1443 beleuchtet diesen Handelsartikel Nordhäuser Kaufleute, zeigt aber doch die Wichtigkeit dieses Farbstoffes. Swellingrebel hatte nach diesem Aktenstücke einen Anteil von 550 Gulden an großen Mengen Waid, die er und ein anderer Nordhäuser Bürger Heinrich Smed in Bremen lagern hatten. Auch ein dritter Nordhäuser, Claus Werd, wird noch als am Waidhandel beteiligt genannt. [32]

So spannten sich die Handelsbeziehungen Nordhausens von Süden aus dem Thüringer Becken heraus nach Norden hin bis an die Gestade der Nordsee. Der Norden aber empfing nicht nur, sondern er gab auch reichlich von der Beute des Meeres. Mehr noch als heute waren im Ausgange des Mittelalters Heringe ein Volksnahrungsmittel. Für den kleinen Bürger waren diese Fische während dreiviertel des Jahres ein beliebtes Zubrot, und alle Bürger aßen sie gern in der Fastenzeit; denn die Karpfen konnten sich nur die Mönchlein vom Walkenried, die reichen Nonnen vom Frauenberge oder vornehme Patrizier als tägliche Speise gestatten. Deshalb rollten die Warenzüge mit den Tonnen voll Heringen von Norden heran. An der Mauer des Friedhofs der Nikolaikirche waren die Verkaufsstände. Da drängten sich die kleinen Leute und erhandelten wohlfeil das willkommene Nahrungsmittel. Aber auch der Rat der Stadt und die Klöster kauften wacker ein, um die Armen und Hospitalinsassen speisen zu können oder um an Festtagen Spenden für das Volk zu haben.

Von ferngelegenen Märkten besuchten die Nordhäuser gegen Ausgang des 15. Jahrhunderts Braunschweig und Leipzig regelmäßig, Frankfurt am Main sehr häufig. Besonders mit dem neben Erfurt langsam aufblühenden Leipzig verband Nordhausen regsamer Handelsverkehr. Hierhin zogen die Krämer zum Jahrmarkt und versorgten ihre Kramlade.

---

32 Vergl. Caesar, De bello Gallico, Com. V. 14: Omnes vero se Britanni vitro inficiunt, quod caeruleum efficit colorem, atque hoc horridiores sunt in pugna aspectu. – Urk.-Buch der Stadt Jena, Bd. II. ed. Devrient, 1903, Urkunde vom 1. Juli 1443. – Der Chronist Bohne berichtet um 1700: Der Weid, ... wird vor und in unserer Stadt nicht mehr gezeuget ... Denn nachdem der Engländer aus Thüringen den Samen bekommen und der Indich (Indigo) in dieses Land gebracht, ist der Ruhm des Weids wegen ziemlich gefallen.

Bei diesem ganzen Handel, dem „ehrlichen" Handel, waren Juden ausgeschlossen, höchstens daß sie durch ein Hinterpförtlein an ihm teilnehmen konnten. Und doch fand sich schon um 1400 wieder eine kleine wohlhabende jüdische Gemeinde, die in der Jüdenstraße und dann in der Kickersgasse, der Neuen Straße, ihr Versammlungshaus hatte. Noch immer verdienten sie besonders durch Ausleihen von Geld, weil Zinsennehmen nach den strengen Gesetzen der Kirche eigentlich jedem Christenmenschen versagt war; auch als Pferdehändler und Hausierer machten sie ihr Geschäftchen. Der Rat von Nordhausen behandelte sie, wie jeder andere Rat auch, mit vollendeter Willkür. Sie wohnten in elenden Wohnungen zu höchstem Mietzins; wenn es aber schien, als ob sie noch weitere Abgaben tragen könnten, wurden sie einfach gesteigert. Beschwerten sie sich schließlich, so wurden sie ohne weiteres aus der Stadt gejagt, wie es 1447 geschah. Nur für die hohe Summe von 200 *M* Silber wurden sie wieder aufgenommen; sie bezahlten sie aber und ließen sich ruhig weiter schröpfen; wie z.B. ein wohlhabender Jude namens Liebau neben seiner Miete von 40 Gulden noch jährlich 80 Schock Groschen Steuer bezahlen mußte. Der Schutz der Stadt, die zu ihren Geschäften das jüdische Geld dringend bedürfenden Handelsleute und die zu ihrem Vergnügen noch mehr auf klingende Münze angewiesenen adligen Herren ließen die Juden immer wieder ganz leidlich gedeihen. Ob sie schon im 15. Jahrhundert ein bestimmtes Abzeichen an ihrer Kleidung, den gelben Ring, tragen mußten, ist nicht ersichtlich. Wie es scheint, hat ihnen diese weitere Demütigung ein hochwohllöblicher Rat erst in der unduldsamen Reformationszeit auferlegt. Spott und Hohn der Erwachsenen, Rohheit und Gejohl der Straßenjugend verfolgten sie, in den Gaststuben und Herbergen wurden sie geprellt und entehrt, beim Geschäft mit gröbsten Beleidigungen bedacht, aber sie machten das Geschäft, lebten still und ziemlich vergnügt, liebten Weib und Kinder und bauten auf ihren Gott. [33]

Die eigenartigste Note empfing das gesellschaftliche Leben des 15. Jahrhunderts aber weder von der politischen noch wirtschaftlichen Seite her, sondern von der kulturellen, von der katholischen Kirche. Schon seit Jahrhunderten dröhnten wuchtige Schläge gegen das eherne Tor dieses gewaltigsten aller Gebäude, die jemals errichtet worden sind. Doch in solchen Gemeinden wie Nordhausen, in denen sich die Bürger um die Sorgen des Tages kümmern mußten und wenig Zeit zu Gedanken über den Wert und Unwert ehrwürdiger alter Überlieferung hatten, merkte man kaum etwas von dem unterirdischen Grollen. Hatte man Ausstellungen, so hatte man sie an dieser oder jener Einrichtung, dieser oder jener Einzelperson, doch die Ehrfurcht vor der ganzen *ecclesia katholica* wurde dadurch nicht vermindert. Man mag die Geschichte Nordhausens im 15. Jahrhundert noch so genau durchsuchen, – nirgends findet sich ein Anzeichen, daß diese Stadt als erste am Südharze dem Evangelium zufallen sollte. Die Augustiner Mönche in der Neustadt müssen es im 15. Jahrhundert wohl arg

---
[33] Die wirtschaftlichen Verhältnisse des 15. Jahrhunderts sind bisher überhaupt noch nicht behandelt worden. Sie dürften ein dankbares Objekt für weitere Untersuchungen sein.

getrieben haben; doch deshalb fiel es keinem ein, an der Notwendigkeit und Gottwohlgefälligkeit des Mönchswesens überhaupt zu zweifeln. Ganz leidenschaftslos wird deshalb zum Jahre 1503 nur berichtet, man habe die Augustiner, die „so wüste Haus gehalten", hinweggejagt, doch sei nun der Generalvikar des Ordens Dr. Johann de Staupitz dabei, das Kloster zu reformieren. 1516 überzeugte sich der Professor Dr. Martinus Luther aus Wittenberg als Vertreter Staupitzens, welcher von dem eifrigen Reliquiensammler Friedrich dem Weisen auf der Jagd nach Heiligtümern in die Niederlande geschickt worden war, von dem Erfolg der Reform, inspizierte das Kloster, predigte daselbst und wies die Mönche an „zur Lesung Heiliger Schrift und einem heiligen Leben". Wenige Monate später, am 31. Oktober 1517, stand er vor der Schloßkirche zu Wittenberg, und ein neues Zeitalter begann.

In dem für die ganze Christenheit verkündeten Jubeljahre 1500 waren überall Ablaßkästen aufgestellt, und reichlich hatten auch in Nordhausen fromme Christen geopfert. Im Jahre 1503 kam als Kommissar des Kardinals und Erzbischofs von Mainz Graf Hartmann von Kirchberg, Kanonikus und Doktor zu Mainz, nach Nordhausen, um das gesammelte Ablaßgeld zu übernehmen. Die in der Domkirche aufgestellten, bisher wohlversiegelt gehaltenen Schreine wurden geöffnet. Man fand 1022 Gulden in einem großen, 475 Gulden in einem kleinen Kasten. Von diesem Gelde wurden $1/3$ dem Mainzer Kommissar für seinen Kardinal laut Reichsbeschluß von Nürnberg übergeben, die anderen $2/3$ behielt der Rat zur Abführung nach Rom. Kein Wort ward laut gegen den Ablaß; als guter Christ hatte jeder Nordhäuser sein Scherflein für den Heiligen Vater Alexander VI., den Borgia, im Kasten klingen lassen und war sehr erbaut davongegangen. Nordhausen ahnte nichts von der großen Reformation.

Freilich unbequem konnte der gut katholischen Stadt zuweilen doch die Kirche werden, ja, unbequemer noch als diese Kirche ward manchmal sogar die Frömmigkeit der eigenen Bürger. Das geistliche Gericht, dessen Vorsitzender gewöhnlich der Abt des Klosters Jechaburg als Offizial, dessen Beisitzer meist zwei Nordhäuser Domherrn waren, verhängte schnell gar harte geistliche Strafen und ließ sie von Mainz oder gar von Rom bestätigen. Das waren schwerempfundene Eingriffe in die reichsstädtischen Hoheiten. 1367 hatte ein junger Geistlicher namens Heinrich de Erich, der Unterleser an der Domschule war, einen Diebstahl begangen, und die Nordhäuser zogen ihn gefänglich ein, ließen ihn sogar, *quod deterius est*, was noch schimpflicher ist, in den Block spannen, obgleich das geistliche Gericht sogleich Einspruch erhoben hatte und den Verbrecher vor seinem Tribunal abstrafen wollte. Wegen dieser Antastung geistlicher Hoheitsrechte verhängte am 10. Juli 1367 der Offizial von Jechaburg sogleich den Bann über ganz Nordhausen: Eine böse Strafe, wenn um eines Diebes willen allen Sterbenden in der Stadt die letzte Wegzehrung verweigert wurde und sie um das Heil ihrer Seelen bangen mußten. 1397 war Nordhausen wegen Plünderung des Nonnenklosters Katlenburg im Bann, 1410 traf die Exkommunikation 13 Nordhäuser Bürger, weil sie sich an geistlichem Gute vergangen, Vieh und andere Güter geraubt hatten. 1430 ging die Gefahr schnell vorüber, denn die Schuld des von den Nordhäusern bestraften Geistlichen war zu offenbar. Es handelte sich um den Priester Johannes Schulze, der bei dem berüchtigten Rathausdiebstahle beteiligt und deshalb gefänglich eingezogen war. Das geistliche Gericht in Thüringen hatte sogleich wieder den Bann verfügt, doch Martin V. hob ihn alsbald wieder auf. Viele Verhandlungen und Bittgänge, reuige Worte und gutes Geld kostete es aber jedesmal, ehe die Kirche sich herbeiließ, die Frevler wieder in ihrem Schoße aufzunehmen. Dabei meine man nicht etwa, die Häufigkeit der Strafe hätte die Gemüter gegen sie abgestumpft. Sie wurde immer aufs schwerste empfunden: Kein Kirchengeläut, kein Meßgesang, keine Beichte und kein Begräbnis in heiliger Erde, keine Taufe, keine Eheschließung, keine letzte Oelung; das traf den frommen Christen fürchterlich. Da wird es verständlich, wenn sich der fromme Simon Segemund, sicher mit schweren Opfern, am 5. Juli 1404 von Bonifaz IX. die Erlaubnis erwirkte, daß ihm und seiner Familie auch an Orten, über die das Interdikt verhängt war, bei geschlossenen Türen still die Messe gelesen werden durfte. Ja, dem allmählich bigott Werdenden gestattete der Papst sogar, ständig einen tragbaren Altar mit sich zu führen, an dem er auch auf Reisen jederzeit des Meßopfers teilhaftig werden konnte. Da wird es verständlich, wenn im Jahre 1468 der Altar der Heiligen Drei Könige im Domstifte von den Gläubigen umlagert war, als die Stadt im Banne schmachtete und die Stiftsherrn die Genehmigung zu einer Frühmesse allein an diesem Altar bekommen hatten.

Auch wenn nur einzelne Bürger, wie es 1410 war, der Bannstrahl getroffen hatte, war das für die Gesamtheit verhängnisvoll. Denn unrein und aussätzig war die ganze Stadt, die sie beherbergte. Als ein unschätzbares Privileg sah es die Stadt deshalb an, als am 23. Juni 1421 Martin V. die Exkommunikation über die Stadt aufzuheben willens war, sobald die Betroffenen das Weichbild verlassen hatten. Am 3. März 1478 wiederholte Sixtus IV. diese Begnadung.

Auf eine wirkliche Lockerung der geistlichen Aufsicht treffen wir erst am Ausgang des 15. Jahrhunderts, im Jahre 1498, wo Berthold von Mainz Nordhausen auf 6 Jahre vom geistlichen Gerichte befreite, d.h. also viele Zivil- und Strafsachen, die das geistliche Gericht bisher an sich gezogen hatte, dem Rate zur Entscheidung überließ. 1515 gewährte der Erzbischof auf 8 Jahre diese Vergünstigung noch einmal.

Diese ungeheure Bedeutung der Kirche auch für durchaus weltliche Angelegenheiten tritt noch mehr hervor, wenn man bedenkt, daß das gesamte Bildungswesen in den Händen der Geistlichen lag. Die Kinder, welche die Domschule besuchten, waren staatlicher Aufsicht selbstverständlich völlig entzogen. Selbst über rein technische Dinge schloß der Scholaster des Stifts mit der Stadt Verträge ab; irgendwelche Vorschriften durften ihm nicht gemacht werden. So einigte sich 1394 der Scholaster Werner von Kahla mit dem Rate über das Schulgeld, das die Kinder zu zahlen hatten. Es waren jährlich 2 Taler. Nebenbei erfahren wir auch von den Lehrbüchern, welche die Knaben benutzten. Es waren die im Mittelalter allgemein üblichen: Donat, der *Cato moralisator* und Alexanders *Doctrinale*. Als arge Beeinträchtigung sah das Domkapitel es an, daß der

Rat schon im 14. Jahrhundert eine zweite Schule bei der Jakobikirche unter seiner Aufsicht durchgesetzt hatte. Doch die Zensur der Lektüre unterlag noch 1522 selbst an dieser Schule neben dem Rate der Kirche; und damit die Schüler dieser „weltlichen" Schule nicht gar zu abweichend von den Domschülern erzogen wurden, traf man ein Abkommen, das unter anderem festsetzte: Es darf in der Schule nur lateinisch gesprochen werden; die Schulmeister dürfen als Strafe kein Geld nehmen, sondern müssen die Rute gebrauchen; die Schüler, welche sich der Zucht nicht fügen, sollen entfernt werden; das Evangelium und die Paulinischen Briefe müssen fleißig gelesen werden. – Das Evangelium und die Paulinischen Briefe; das war im Jahre 1522; 1524 erschien Spangenberg in Nordhausen.

Von Geistlichen wurde die Erziehung in der Schule geleitet, Geistliche verkündeten auch von den Kathedern der Hochschulen die Wissenschaft. Selbstverständlich jeder Lehrer, aber auch jeder Jurist oder Mediziner war zugleich geistlich gebildet. Alle höheren Beamten waren durch die Schule der Theologie gegangen, meist bekleideten sie nebenbei noch immer ein geistliches Amt. Vom Notar am Kaiserlichen Hofgericht herab bis zum Unterschreiber Schulze in Nordhausen, der beim Rathausdiebstahl Schmiere stand, waren sie sämtlich Geistliche. Besonders gern widmeten sie sich der Jurisprudenz, seitdem Westeuropa begann, das Recht Justinians aufzunehmen, und es in Mode kam, an Stelle frischfröhlicher Fehden langwierige und kostspielige Prozesse treten zu lassen. Städte und Fürsten ließen ihre Sachen von Klerikern als Rechtsbeiständen führen. Johannes Schope, der 1455 in Hessen gegen die Femrichter auftreten mußte, war Mainzer Kleriker und Kaiserlicher Schreiber zugleich; ein Geistlicher Johann von Mainz vertrat die Stadt Nordhausen im Jahre 1420 in ihrem Prozeß gegen die Familie Junge; die Grafen von Stolberg und Schwarzburg ließen sich in ihren Fehden um die Nordhäuser Flurgerichtsbarkeit Dr. Georg Strauß und Vinzenz Borgh als besonders tüchtige Rechtsanwälte vom Erzbischof von Mainz verschreiben.

Alles also zeigt darauf hin, daß Lehre und Ansehen der katholischen Kirche so gut wie unerschüttert stand. Nicht die weltliche Macht konnte die geistliche, sondern die geistliche die weltliche einschränken. Denn die dürftigen Versuche des Rates, sein Recht zu wahren und die geistliche von der weltlichen Zuständigkeit abzugrenzen, bedeuteten nichts gegenüber dem geistlichen Gericht, gegenüber Bann und Interdikt. So verbot wohl der Rat, Geistliche aufzunehmen, die „der Stadt ungehorsam waren", d.h. die sich um keinerlei Zucht- und Sittengesetz der Stadt kümmerten; *„die sal man der stat wedersetczig kundigen"*; oder er legte ebenso wie im 14. Jahrhundert auch im 15. Wert darauf, daß kein städtisches Gut an die Kirche fiel und befahl deshalb, die Kinder, die man ins Kloster zu geben willens war, vor den Rat zu bringen, wo eine Urkunde über den völligen Verzicht des Kindes auf sein späteres Erbe aufgesetzt wurde; oder er versuchte, der vor ihm geschlossenen Zivilehe dadurch Rechtsgültigkeit zu verschaffen, daß er denjenigen mit der hohen Strafe von 15 *M* Silber und 5 Jahren Verbannung bedrohte, der allein vor dem geistlichen Gericht sein Jawort zurücknahm. Ließ es aber der Rat in solchen Fällen auf den Konflikt ankommen, so zog er doch stets den kürzeren. [34]

Natürlich hätte die Kirche nicht mit diesen Ansprüchen auftreten können, wenn sie nicht tief in den Herzen der Menschen einen sicheren Platz gehabt hätte. Das wird vor allem ersichtlich aus den vielen frommen und milden Stiftungen des Jahrhunderts. Während des ganzen Mittelalters entlud sich ja die Frömmigkeit in der Stiftung guter Werke, unseres Erachtens neben tapferer Arbeit für die Mitmenschen die einzige Möglichkeit überhaupt, fromm zu sein. Ein klarer Unterschied gegen das frühere Mittelalter ist aber dabei doch zu bemerken. Während im 14. Jahrhundert, dem ganzen monumentalen Charakter dieses Jahrhunderts durchaus gemäß, mehr die Allgemeinheit in wuchtigen Bauten die Kirche und ihre Lehre feierte, treffen wir im 15. Jahrhundert mehr auf das Bedürfnis einzelner, durch kleinere Stiftungen sich einen Hort im Himmel zu erwerben. Die tonangebenden Kreise des Bürgertums im 14. Jahrhundert waren auch in ihrer Frömmigkeit selbstsüchtiger, standen der Not der großen Menge verständnisloser gegenüber als die kleinen Gewerbetreibenden im 15. Jahrhundert, in deren milden Stiftungen sich mehr das Mitgefühl mit der leidenden Menschheit äußerte. So finden wir zwar in der ganzen mittelalterlichen Geschichte Nordhausens reiche Vermächtnisse an die Kirche, doch sie häufen sich im 15. Jahrhundert. Unzählig sind die Stiftungen von Altären und Vikarien für die Kirchen, nicht selten die Spenden für die Diener der Gemeinde oder für Arme und Notleidende, großartig die Gründungen von Spitälern für Alte und Sieche. Um aus der Fülle nur einiges wenige herauszugreifen: Der Nikolaikirche wurde 1390 ½ *M* Zins von 6 *M* Kapital vermacht. 1398 stifteten die vornehmen Familien von Werther, Weißensee, Segemund, Kirchhof und Swellingrebel zusammen 50 *M* Kapital, aus dem der Nikolaikirche jährlich 3 ½ *M* Zinsen zuflossen. 1454 überließ Hans Jungemann der Kirche ein schönes Vermächtnis. Auch Priester und auswärtige Adlige waren an den Schenkungen beteiligt: 1507 vermachte der Priester Johann Simon 60 Gulden, die 3 ½ Gulden Zinsen brachten, 1510 überließ Graf Botho von Stolberg 5 Gulden Zins aus Sachswerfen der Nikolaikirche. Natürlich wollte auch der Rat bei den frommen Stiftungen für seine Marktkirche nicht zurückbleiben. Seit 1405 unterhielt er eine ewige Lampe in der Kirche und stiftete dafür 23 *M* Kapital; der Altar des heiligen Jakobus in der Kirche wurde 1419 vom Rate mit 45 *M* Kapital ausgestattet, von dem die Vikarie 14 Gulden bezog.

Ähnlich wurden andere Kirchen bedacht. Für die Blasiikirche machten die Böttcher 1428 und 1475 Stiftungen; als Wohltäter für St. Petri werden besonders Nikolaus Stockfisch und seine Gemahlin genannt, die 1564, 1467 und 1477 der Kirche reiche Spenden zufließen ließen.

Durch besonders große Vermächtnisse tat sich die schon mehrfach genannte reiche Familie Swellingrebel hervor. Als Heinrich Swellingrebel 1442 seinen Tod

---

[34] Das Verhältnis des mittelalterlichen Nordhausen zur Kirche ist bisher noch gar nicht behandelt. Auch hier wäre noch manche Einzeluntersuchung recht verdienstlich.

herannahen fühlte, bedachte er Kirche und Stadt reich. Er setzte ein Kapital von 300 Gulden in Schuldverschreibungen der Städte Sondershausen, Frankenhausen und Greußen aus; von den Zinsen von 100 Gulden sollte alljährlich für Kranke und Arme eine Tonne Heringe angekauft werden, die Zinsen von weiteren 100 Gulden sollten jedes Jahr am Freitag vor Palmarum beim großen Spendefeste zur Verteilung kommen, die Zinsen der letzten 100 Gulden schließlich sollten an Räte, Schreiber und Stadtknechte verteilt werden. Derselbe Swellingrebel vermachte auch am 24. Januar 1442 der Stadt ein Anwesen neben dem Weinkeller, damit dessen Gastzimmer und Lagerräume ausgebaut werden konnten, die in älterer Zeit offenbar sehr eng waren.

Die wertvollste Mildtätigkeit zeigte sich aber in der Stiftung von Hospitälern für Arme, Kranke und alte Leute. Wahrscheinlich das älteste Heim für anstekkende Kranke, die *curia leprosum* oder *leprosorum*, war der Raum zwischen Kornmarkt, Töpferstraße und Hundgasse. Hierin verwiesen schon im 13. und 14. Jahrhundert die Nordhäuser ihre unheilbar Kranken, die Aussätzigen und Irren. Für diese Ärmsten stiftete Hartwig von Ellrich 1289 eine Kapelle, die St. Georgskapelle, die damals noch außerhalb der Stadtmauer lag.

Doch kurz vorher war schon eine neue *domus leprosorum* unten auf dem Sande gegründet worden, das Hospital St. Cyriaci oder der Siechenhof. Schon am 23. Januar 1281 gestattete Erzbischof Werner von Mainz dort ein Bethaus und gewährte den Andächtigen, die dort beteten und spendeten, 40 Tage Ablaß. Die Jahre 1284, 1287, 1289 brachten weitere Ablaßgewährungen, um das gute Werk zu fördern. Als man nun sah, daß der Siechhof und seine Kapelle sich erhielten und als auch schon um 1300 die Stadt sich über den Kornmarkt hinaus nach Osten hin stärker erweiterte, so daß das Georgshospital mitten in menschliche Siedlungen hinein zu liegen kam, duldete man die Aussätzigen daselbst nicht mehr, sondern verlegte sie hinab nach dem Siechhof. Das Georgshospital wurde eine bloße Zuflucht für Arme und Invaliden. Seit dem 14. Jahrhundert war also der dem Dämonenbezwinger Cyriacus geweihte Siechhof das eigentliche Nordhäuser Krankenhaus. In späteren Zeiten diente die Anstalt auch als Verbannungsort der Verseuchten während der Pestjahre oder als Lazarett während der Kriegszeiten. Erst seit dem 18. Jahrhundert wurde der Siechhof auch als Armen- und Altersheim benutzt.

Von der Cyriaci-Kapelle aus scheinen auch alljährlich Prozessionen in die Feldflur, vielleicht nach dem am Wertherschen Wege stehenden Stationskreuze, gemacht worden zu sein. Jedenfalls findet sich nach der Reformationszeit bis ins 19. Jahrhundert der Brauch, im Hofe des Hospitals drei „Flurpredigten" jährlich zu halten, bei denen der Rat und die Stadtsoldaten zugegen waren.[35]

Doch für diese ältesten Hospitäler finden sich keine privaten Stifter, sie scheinen nur aus Gründen der Zweckmäßigkeit von der Gemeinde angelegt zu sein; nur für die Georgskapelle ist der Stifter nachweisbar. Ganz anders dagegen

---

35 Von solchen Flurpredigten haben wir drei gedruckt erhalten, die der Chronist Lesser in den Jahren 1741, 1747 und 1750 im Hof des Hospitals gehalten hat. Vergl. unten Kapitel 14.

entstanden die beiden Spitäler des 15. Jahrhunderts. Der Opfersinn einzelner Familien hat sie geschaffen.

Das am reichsten ausgestattete Asyl für alte Leute wurde das 1389 von den Brüdern Segemund gestiftete Martini-Hospital. Die Segemunde müssen sich wohl erst im 14. Jahrhundert vor den Mauern des eigentlichen Nordhausen am Rumbach angesiedelt haben. Es war eine reiche und außerordentlich fromme Familie. Schon der Vater der Stifter, Hans Segemund, der vor 1379 gestorben war, erwies sich dadurch als Wohltäter der Kirche, daß er dem Frauenbergkloster im Eintausch gegen Zinsen an fünf Häusern auf dem Frauenberge einen großen Hof am Rumbach überließ. Seine Witwe und seine Söhne vermachten dann 1379 der Frauenberg-Kirche einen Altar und warfen die Mittel zu einer Pfarrstelle an diesem Altare aus. Mit nahendem Alter wandten sich die beiden Brüder Johann und Simon Segemund immer mehr von irdischen Dingen ab und göttlichen Dingen zu. So kauften sie denn am 5. November 1389 vom Frauenbergkloster für 40 *M* eine Stätte vor dem eigentlichen Klosterhofe, dem inneren Sundhäuser Tore gegenüber, am Mühlgraben und gründeten hier ein Spital für arme und alte Leute. Eine Kapelle wurde für diese Zufluchtsstelle der Schwachen und Verlassenen gebaut und ein Priester für ihre Betreuung angestellt. Dieser Priester sollte in gewisser Abhängigkeit vom Propste des Nonnenklosters stehen; die um die neue Gründung schon vorhandene Mauer sollte weiter dem Kloster gehören. Das Recht der Wohltäter an ihrer Stiftung war dadurch gewahrt, daß sie sich vorbehielten, die Stelle des Priesters sowie freigewordene Stellen von Hospitalinsassen neu zu besetzen. Am 31. Dezember 1389 erhielt die Anstalt ihre Bestätigung vom Propste Rüdiger von Hayn in Erfurt als erzbischöflichen Kommissar.

So schien alles aufs beste ausgestattet und besorgt. Doch gerade die Gerechtsame des Frauenbergklosters an der Stiftung sollten bald zum Streite zwischen den Segemunden und dem Kloster führen. Als die Stadt zu Gunsten des Klosters, die Stolberger Grafen zu Gunsten der Gründer in den Konflikt eingriffen, kam es um 1400 sogar zu Gewalttätigkeiten. Der Zwist wurde zwar 1403 beigelegt, flackerte aber um 1410 nochmals auf, und es kam vor dem päpstlichen Stuhl zu Prozessen fast der gesamten Nordhäuser Geistlichkeit, die sich in ihrem Aufsichtsrechte geschmälert fühlte, gegen die Brüder Segemund. Doch behielten die Segemunde das Patronat über ihre Stiftung; die Streitigkeiten hatten aber soviel Verdruß verursacht, daß sich Simon Segemund, als er den Tod herannahen fühlte, entschloß, die Stadt Nordhausen in seine Rechte eintreten zu lassen. Das geschah vor dem Reichsschultheißen der Stadt am 26. und 27. Juli 1421. Ein Jahr darauf starb Simon Segemund, 10 Jahre nach seinem Bruder Johann.

Die Hofstätte, auf der das Hospital und seine Kapelle stand, verband noch Simon Segemund durch einen über die Sundhäuser Straße hinwegführenden, das mittlere Sundhäuser Tor überbrückenden Gang mit einem zweiten Gebäude, das er 1413 seiner ersten Stiftung noch hinzufügte. Dieses Gebäude wurde das Herrenhaus genannt, weil darin in älterer Zeit die geistlichen Herrn und die Aufseher der Anstalt wohnten. Später wurde es das eigentliche Hospital, und in dem 1486 neu aufgeführten Bau auf dem ersten Platze wurden nun verwaiste

Kinder untergebracht. Als „Kinderhaus" ward es dann benutzt, bis Anfang des 18. Jahrhunderts das Waisenhaus in der nach ihm genannten Straße entstand.

Schon bald nach seiner Gründung machten sich, abgesehen von den Segemunden, reiche Nordhäuser Geschlechter durch Schenkungen um die neue Stiftung verdient. Insbesondere ließen die Werthers und Urbachs dem Hospital Wohltaten über Wohltaten zufließen. Ein Heinrich von Werther ward geradezu als „erster großer Wohltäter" des Stifts genannt. In der Stadt erwarb das Hospital eine ganze Anzahl von Häusern am Klosterhofe und im Rumbach. Doch auch stattliche Ländereien, Äcker, Wiesen, Waldungen, Teiche sowie ein großes Vorwerk mit einer großen Schäferei auf der Ostseite der Sundhäuser Straße zwischen den beiden Sundhäuser Toren kamen in den Besitz des Hospitals. Dieser Reichtum gestattete es, täglich eine bedeutende Zahl von Menschen aus den Vorräten der Anstalt zu speisen. Es waren 1523 66, 1597 sogar 107 Stadtarme, die dort ihr täglich' Brot erhielten.

Die Geräumigkeit der Gebäude und der Wohlstand der Stiftung ließ es auch schon 1428 angezeigt sein, das in der Stadt gelegene Georgshospital mit dem Martinistifte zu verbinden. Seitdem dienten die Räumlichkeiten des alten Stifts am Kornmarkte als Aufbewahrungsort für die Verteidigungs- und Belagerungsmaschinen der Stadt. In seiner Kapelle aber wurde nach wie vor noch zuweilen Gottesdienst abgehalten.

Neben dieser menschenfreundlichen Stiftung errichteten die wohlhabenden und angesehenen Nordhäuser Bürger Hermann von Werther und Hans Swellingrebel ein weiteres mildtätiges Werk, indem sie am 5. Januar 1436 das Elisabeth-Hospital unterhalb des Domes zwischen Altendorf und Grimmel im sogenannten Nydeck gründeten. Das Spital war als Herberge für Pilger und Reisende, Brüder und Schwestern, gedacht, die dort Unterkunft und Wegzehrung erhielten. Jedem, der dort einkehrte, sollten aus der milden Stiftung ein Pfennigbrot und ein Kofent, eine Portion Dünnbier, verabreicht werden. Mit der Herberge wurde eine schon früher hier stehende Kapelle verbunden und in sie hinein zwei Altäre überführt, der eine aus der verlassenen Egidienkapelle über dem Altentor, der andere aus der Wüstung Oberrode im Südwestzipfel der Stadtflur. Eine besondere Anziehungskraft erhielt die Kapelle seit dem Jahre 1430 dadurch, daß ihr ein Bürger namens Konrad von Tannrode und seine Gemahlin Sophie drei Kästchen voll Reliquien schenkten, die ihre Vorfahren einst von einer Pilgerfahrt aus dem Heiligen Lande mitgebracht hatten.

Das Patronat über die Herberge trat nach dem Willen der Stifter sogleich die Stadt Nordhausen an, die seitdem zwei Ratsherrn als „Vormünder" über die Stiftung ernannte; doch behielten die Gründer besonders an den Altären gewisse Gerechtsame. Als aber die Swellingrebel, wahrscheinlich schon am Ausgang des 15. Jahrhunderts, nach Quedlinburg übersiedelten, versuchte der Rat ihre Rechte am Hospital zu schmälern. Ein dadurch ausbrechender Streit wurde am 27. Januar 1524 beigelegt, indem Hans Swellingrebel für 200 Gulden auf alle seine Rechte zu Gunsten der Stadt verzichtete. Ein ähnlicher Vergleich wurde am 29. Mai 1549 mit der Familie Werther abgeschlossen. Von diesen beiden für die Nordhäuser

Geschichte des 15. Jahrhunderts so wichtigen Geschlechtern aber kreist das Blut der Werther noch heute in wohl 100 Gliedern in und um Nordhausen, die Swellingrebel aber leben jetzt in Dänemark. [36]

Doch es ist schon mehrfach erwähnt, daß nicht nur einzelne Bürger ihren wohltätigen Sinn und ihre Teilnahme am kirchlichen Leben bewiesen, sondern daß sich, dem Zuge des 15. Jahrhunderts zu Zusammenschlüssen folgend, auch ganze Korporationen bildeten, um gemeinsam in den Heiligtümern und in der Öffentlichkeit religiöse Feste zu begehen, Altäre zu stiften und mit Kerzen und Leuchtern, Meßgewändern und Fahnen die Kirchen auszustatten. Daß einzelne Innungen neben der Vertretung wirtschaftlicher Interessen auch für ihr Seelenheil besorgt waren, haben wir schon gesehen. Darüber hinaus jedoch, unabhängig von den wirtschaftlichen Vereinigungen, bildeten die Bürger auch Bruderschaften, welche nur als Zusammenfassung aller ihrer Mitglieder zur Begehung von Kulthandlungen dienten. Diese nahmen dann, unter dem Vorantritt ihrer Fahnen, an den festlichen Umzügen zum Spendefest und besonders Fronleichnamsfest teil. So gab es 5 Bruderschaften, die sich allein zur gemeinsamen Begehung des Fronleichnamstages zusammengefunden hatten. 6 andere wiederum, in denen auch Frauen zugelassen waren, hatten sich zu Ehren der Jungfrau Maria gegründet. Unter ihnen befand sich die Bruderschaft der „Diener", d.h. des Stadthauptmanns und seiner Söldner. Diese Bruderschaft besuchte gemeinsam die Kirche der Barfüßermönche, die Spendekirche. 1423 stifteten sie hier zu Ehren Gottes und der Mutter Maria, ihrer Patronin, um ihres Seelenheils willen eine ewige Kerze. Um diese Stiftung lebendig zu erhalten, mußte jeder, der in Nordhausen Söldner wurde, „ehe er ein Pferd mit Harnisch ritt", ein Pfund Wachs stiften. Dafür erteilten die Mönche ihnen „die Bruderschaft ihres Ordens nach des Ordens Würdigkeit und Gerechtigkeit und tun sie teilhaftig allen guten Werken, die uns Gott unser Herrgott gibt zu tun mit den Brüdern unserer Klöster, die in unsere Bruderschaft gehören." Auch die Frauen der Söldner gehörten der Bruderschaft an. Die städtischen Söldner waren also den Mönchen als Laienbrüder angeschlossen und hatten als solche eine Reihe von Verpflichtungen und Rechten ähnlich den Mönchen selbst. Ein solcher Anschluß war besonders für die Vertreter rohen Waffenhandwerks außerordentlich segensreich und erzog sie, ihren Blick hin und wieder auch einmal über die Dinge dieser Welt hinaus zu erheben. Wie genau sie es wenigstens in den Anfangsjahren mit ihrem Dienste an der Kirche nahmen, ersieht man aus einer Bestimmung vom Jahre 1426, die ihnen strengen Kirchenbesuch vorschrieb, ihrem „Vormund", der sie dazu nicht anhielt, eine Strafe von 1 Pfund Wachs auferlegte und sie selbst wegen Fehlens beim Gottesdienste um 6 Pfennige büßte.

Außer diesen Vereinigungen bestanden noch 7 weitere Bruderschaften, davon 2 der heiligen Anna geweiht und eine dem heiligen Sebastian. Das war die Sebastianbruderschaft der Pfeilschützen, die eine lange und mannigfache Geschichte aufzuweisen hat.

---

36 Vergl. Förstemann, Chronik. Schmidt, Bau- und Kunstdenkmäler.

Zum Dienst mit der Waffe waren ja alle Vollbürger verpflichtet, doch hatte sich unter ihnen wieder eine Anzahl zusammengefunden, die Aug' und Hand besonders im Bogen- und Armbrustschießen üben wollte. Daß diese Jünger des pfeilgespickten Märtyrers über die ganze Bürgerschaft hin verteilt waren, ist auch daraus ersichtlich, daß sie ihre Bruderschaft nicht bei einer städtischen Kirche, sondern bei den Dominikanermönchen in der Predigerstraße hatten. Hier taten sie sich im Jahre 1420 zur gemeinsamen Begehung des Gottesdienstes und Ausschmückung des Heiligtums zusammen. Die Mönche waren verpflichtet, die Verstorbenen der Schützenbrüder genau so in ihr Gebet einzuschließen wie ihre Konfratres. [37] Durch manche milden Gaben vergalten die offenbar zumeist aus wohlhabenden Kreisen der Bürgerschaft stammenden Schützen den Mönchen ihr Entgegenkommen. Aus dem ganzen 15. Jahrhundert sind die mannigfachsten Stiftungen von ihnen überliefert. Doch nicht nur die gesamte Bruderschaft, sondern auch einzelne spendeten reichlich, wie z.B. der Schützenmeister Kurt Friedrich, der 1428 während einer Krankheit 15 Rheinische Gulden, jährlich 12 Scheffel Kornzinsen und 2 Gulden für einen weiteren Marktscheffel stiftete. Dafür sollten für alle diejenigen, welche aus seiner Familie verschieden waren, alle Sonnabend 7 Lichter in der Kirche brennen. Die Bruderschaft besaß zudem unter anderem mehrere Casalen, d.h. Amtsröcke für Priester, mehrere Levitenrökke, d.h. Überröcke für die bei den heiligen Handlungen Bediensteten, zwei Kelche, von denen den einen die ganze Bruderschaft, den anderen Hans Mühlhausen gestiftet hatte, dazu vergoldete Spangen und mehrere kostbare Altartafeln.

Diese Pfeil- und Schützenbrüder hatten sich aber auch zur Ausbildung in der edlen Schießkunst und zur Begehung fröhlicher Schützenfeste zusammengeschlossen. Ihre Übungen stellten sie im „Armbrustgraben" an, dem Teile des Stadtgrabens, der vom Töpfertor nördlich zog und in der heutigen „Promenade" noch vorzüglich erhalten ist. Doch auch ihr Schützenfest, den sogenannten Schützenhof, feierten sie alljährlich und nahmen, um ihre Kunst auswärts zu zeigen, auch gern die Einladungen fremder Städte und Schützengesellschaften an. Freilich können wir diese Schützenbrüder, die sich aus den Pfeilschützen entwickelt hatten, nicht mehr völlig mit der alten Bruderschaft und ihren Gewohnheiten gleichsetzen. Doch die Tendenz war dieselbe.

Seit der zweiten Hälfte des 15. Jahrhunderts können wir den Einladungen zu Schützenfesten von beinahe sämtlichen Städten der Umgebung bis weit nach Thüringen und Sachsen hinein nachkommen. 1459 schon lud der Rat zu Erfurt die „Schießgesellen zu Nordhausen zu guter Gesellschaft und zu einem Schießen um 90 Schock alte Groschen" ein. Und dann traten neben Erfurt auch Mühlhausen, Stolberg, Sangerhausen, Leipzig, Mücheln, Frankenhausen, Langensalza, Kelbra, Kindelbrück, Allstedt, Artern, Eisleben, Pegau u.a. auf. Die Stadt Halle hielt am 30. August bis 7. September 1601 ein Schützenfest ab, zu dem 156 Städte, darunter auch Nordhausen, eingeladen waren. In diesen späteren Jahrhun-

---

37 1420 schreibt Frater Robertus aus Marburg: volo insuper et ordino, ut animae vestrae post decessus vestros recommendentur fratrum nostrorum orationibus in nostro capitulo, si vestri obitus ibidem fuerint nunciati.

derten luden wohl auch hohe Herren die Schützen zu ihren Festen ein, wie 1614 Kurfürst Johann Georg die Nordhäuser nach Dresden entbot, wo er am 21. September wegen der Ankunft vornehmer Gäste ein Schießen zu veranstalten gedachte. Ebenso erging auch nach dem Dreißigjährigen Kriege, der ja alle solche Veranstaltungen zeitweilig zum Erliegen brachte, am 25. Juli 1662 von Dresden aus eine Einladung an Nordhausen. Doch konnten dieser Einladung die Nordhäuser nicht nachkommen, da sich die Wunden des Krieges noch nicht völlig geschlossen hatten. Erst am 3. August 1694 wurde der Verein als „Büchsenschützen-Gesellschaft" von neuem begründet und vom Rate bestätigt. 1695 gab sich diese neue Schützenkompanie eine Schützenordnung mit 28 Artikeln. [38]

Wie es auf solchem alten Schützenhofe zuging, ist aus den Einladungsschreiben recht gut zu ersehen. Meist schrieb die Einladung sogleich die Zahl der Schützen vor, die zu entsenden waren. So wünschten 1460 die Erfurter 6 Nordhäuser Schützen, 1486 die Stolberger 12. Geschossen ward mit der Armbrust, aus dem Stand und im Sitzen, aufgelegt und freihändig. Auch die Zahl der Schüsse wurde vorgeschrieben. So sollte 1477 in Erfurt jeder Schütze 20 Schuß abgeben, 1486 zu Stolberg 8 Schuß, 1500 zu Leipzig 20 Schuß. Zugleich wurde die Entfernung der Scheibe mitgeteilt, die meist 150 Ellen, in Stolberg 1486 aber nur 138 Ellen betrug. Die Scheiben selbst hatten die verschiedensten Formen, 1477 zu Erfurt wurde „nach dem Weibe" geschossen; seit dem 16. Jahrhundert stellte man gern Türken auf. Doch auch Ringscheiben dienten als Ziel; sie hatten im Zentrum ein enges Loch, und wer den Bolzen hier hindurchzujagen verstand, hatte den „Meisterschuß" getan. Daneben kam im 16. Jahrhundert auch das Schießen nach einem auf einer Stange sitzenden hölzernen Vogel auf. Für Nordhausen ist ein solches Vogelschießen zum ersten Male am 17. Juni 1588 bezeugt. Als Preise gab es Geld und Kleinodien. Stolberg lockte 1486 die Schützen mit 42 zinnernen Kannen von je 3 Pfund, 42 zinnernen Becken von $3^{1}/_{2}$ Pfund, 8 silbernen Leuchtern im Werte von je 3 Rheinischen Gulden und 8 silbernen Bechern an. Die schlechtesten Schützen fielen wohl dadurch dem Spotte anheim, daß alle die, welche nichts gewonnen hatten, nach einer Scheibe schießen mußten und für ihre Schüsse je nach dem Sitzen des Schusses ein Filzhütlein mit einer Hahnenfeder oder einen Strohhut mit einer Häherfeder erhielten. Noch böser sollte es 1535 zu Mansfeld dem schlechtesten Schützen ergehen. Dem „Weitesten des Rumpelschusses" sollten nämlich eine Laute und eine Narrenkappe gegeben werden, welche er vor den Schützen her vom Schießstande bis zu seiner Herberge tragen sollte.

Daß während oder nach dem Schießen auf der Wiese und in den Zelten ein fröhliches Treiben einsetzte und ein tüchtiger Trunk beliebt wurde, ist selbstverständlich. Die Sieger mußten sich freigebig zeigen, und manchem wird sein Meisterschuß schon in jenen Zeiten wohl das Vielfache von dem gekostet haben, was er mit seiner Kunst gewonnen hatte. Das ist nur recht und billig. Aber auch auf Vorschriften, die zu große Ausgelassenheit unterbanden, stoßen wir. So war

---

38 Vergl. unten Kapitel 13.

es streng verboten, „freventlich das Gewehr zu zucken". Auch alles, wodurch Zank und Streit entstehen konnte, wie Höhnen und Anspielen oder, was gegen die guten Sitten verstieß, das Wetten, war untersagt. [39]

Mit der Schilderung dieser Schützenfeste stehen wir mitten in dem robusten geselligen Treiben des 15. Jahrhunderts. Bürgerlich war die Zeit geworden, und derb bürgerlich waren die Vergnügungen dieses handfesten Geschlechts, das seiner starken Lebenskraft nach den Sorgen des Alltags auch in handfester Fröhlichkeit Ausdruck geben wollte. Daß bei vielen dieser Feste und nicht zuletzt bei den Schützenfesten die Veranstaltungen des Adels als allerdings nie erreichte Vorbilder dienten, leuchtet ein, wenn man auch im 15. und 16. Jahrhundert noch von den vielen Turnieren hört und wenn man sieht, wie es die Bürger als Ehre betrachteten, von einem Adligen um eine Vergünstigung angesprochen zu werden, selbst wenn ein solches Entgegenkommen mit nicht geringen Opfern für die Bürger verbunden war.

Es ist hier nicht der Ort, auf die Turniere jener Zeit einzugehen, da sie die Stadtgeschichte Nordhausens nicht berühren; nur um dem Charakter der Zeit einen weiteren Zug hinzuzufügen und um zu zeigen, daß auch Nordhausen nicht selten festliches Gepränge großer Herrn in seinen Mauern sah, mag darauf hingewiesen werden. So kündeten am 21. April 1456 die Grafen Heinrich von Stolberg und Heinrich von Schwarzburg an, sie wollten im Sommer des Jahres ein „Stechen" in Nordhausen abhalten, und baten deshalb den Rat, für sie in den Predigern oder am Salzmarkte Quartier bereitzuhalten. Zwei Jahre vorher, im Jahre 1454, hatte Graf Heinrich von Honstein-Klettenberg zu Ellrich Hochzeit mit der Witwe des Grafen Vollrat von Mansfeld gehalten und diesen seinen Ehrentag auch durch ein Turnier festlich zu gestalten gesucht. Doch lief das ritterliche Kampfspiel böse dadurch aus, daß bei dem Speerebrechen Herr Bruno von Querfurt den Grafen Ernst von Honstein so unglücklich traf, daß er kurz danach verstarb. Die Honsteiner hatten damals überhaupt viel Unglück in ihrer Familie. Denn der junge Gatte selbst wurde auch bald nach der Hochzeit zu Grabe getragen: *und darnach starp grave Heinrich, der brutegam, uff sime bette, der ettliche tage gesuchet* (die Sucht gehabt) *hatte.* [40]

Viel berühmter als diese Kampfspiele waren die Turniere Ottos des Quaden zu Göttingen im Jahre 1370 und 1376, von denen man noch Jahrzehnte lang erzählte. Doch auch die Herren unserer Umgebung blieben eifrige Freunde dieser Ritterspiele. Wie häufig turnierlustige Herrn Gelegenheit fanden zum Lanzenstechen, zeigt Graf Heinrich von Stolberg am Ausgang des 15. Jahrhunderts. Er trat 1489 zu Leipzig gegen Herzog Johann an, beteiligte sich 1490 an den Stechen zu Torgau und Weimar, 1491 zu Dresden und Torgau und lud selbst 1492 zu einem „Fürstenhofe" nach Stolberg hin ein, bei dem er wieder dem Herzog

---

39 Förstemann, Kl. Schriften 110 ff. Heineck, Die Nordh. Schützenkompanie, Festzeitung der Schützenkompanie zu Nordhausen 1908. Heineck, Urk. Gesch. der Schützenkompanie zu Nordh. 1896, Selbstverlag des Museums.
40 Hartung Cammermeisters Chronik, 149.

Johann von Sachsen gegenübertrat. So ging es Jahr für Jahr: in Erfurt und in Beichlingen und in Torgau, kurz, überall wo der Preis der Tapferkeit aus schöner Frauen Hand zu empfangen war, erschien er, angetan mit dem schweren Stechzeug und geschlossenem Helme, aus dessen Krone der stolbergische Pfauenschweif, von Straußenfedern umrahmt, hervorragte, die schwere Lanze unter den Arm geklemmt, das Roß in die weite Turnierdecke gehüllt und am Halse geschmückt mit einem Schellenkranze. – In wundervollem Holzschnitt hat ja Meister Lukas Kranach ein solches Turnier jener Zeit festgehalten. [41]

Wenn diese hohen Herrn den verachteten und doch häufig genug von ihnen beneideten Bürgern nicht gerade gram waren und in Fehde mit ihnen standen, liebten sie es auch, von ihren ungemütlichen Burgen und Schlössern herabzusteigen in die wohnlichen Städte, dort eine Zusammenkunft abzuhalten und sich danach an allen Schätzen der Kaufleute gütlich zu tun. So kehrten am 12. April 1402 die Landgrafen von Thüringen, die Herzöge von Braunschweig und Lüneburg und der Landgraf von Hessen in Nordhausen ein und berieten hier ein Bündnis, ein „ewiges" natürlich. Die Mansfelder, Beichlinger, Schwarzburger, Stolberger weilten öfter aus festlichem Anlaß in Nordhausen, und am 3. Juli 1518 konnte die Stadt sogar einen der glänzendsten Fürsten in ihren Mauern sehen: den Kurfürsten und Erzbischof Albrecht von Mainz und Magdeburg, Administrator des Bistums Halberstadt, geborenen Markgrafen von Brandenburg, Primas von Deutschland.

Und nicht nur die guten Herbergen, die treffliche Bewirtung und städtische Annehmlichkeiten jeglicher Art nahmen die hohen Herrn recht gerne in Anspruch, sondern sie verschmähten es auch nicht, sich andere bürgerliche Guttaten gefallen zu lassen. Vor allem interessierte sie der mit tüchtigen Rossen wohlversehene Marstall, den Nordhausen am Hagen unterhielt. Die hier eingestellten städtischen Pferde waren in erster Linie für die Standespersonen der Stadt bestimmt, wenn sie in ihrem Dienste verritten oder bei festlichen Gelegenheiten in großer Aufmachung durch die Stadt kutschierten. Doch muß Nordhausen für gute, glatte Pferde viel Geld ausgegeben haben, denn sie waren auch bei den umliegenden Adligen, welche sich solchen kostbaren Besitz nicht leisten konnten, viel begehrt. Von 1457–1570 liegen zahlreiche Zeugnisse vor für das Ausleihen von schweren Pferden an vornehme Herren der Umgebung, meist zu Turnieren oder zum Besuch von Hoffestlichkeiten; doch auch für die Erzielung kräftiger Nachkommenschaft wurde wohl hin und wieder ein Hengst gefordert. Und immer scheint es sich die Stadt haben angelegen sein lassen, den Wünschen so schnell wie möglich nachzukommen. Am 28. Juli 1547 schenkte die Stadt dem jungen Kurfürsten Moritz von Sachsen sogar einen jungen schwarzen Hengst, allerdings wohl nicht allein aus rein freundnachbarlichem Verhältnis heraus, sondern weil sie nach der für die Protestanten unglücklichen Schlacht bei Mühlberg von dem ehrgeizigen und landgierigen Freunde Kaiser Karls V. Schlimmstes, womöglich den Verlust der Selbständigkeit, zu befahren hatte.

---
41 Vergl. Botho von Stolberg, a. a. O., 528 ff.

Neben der Entnahme von Rossen stellten die Herren wohl auch andere Ansuchen an die Stadt, um ihren Liebhabereien nachgehen zu können. So teilte am 4. September 1495 Graf Ernst von Honstein den Bürgern mit, seine beiden Jagdhabichte seien gestorben, und er habe Kenntnis, in Nordhausen sei ein Besitzer mehrerer dieser edelen Tiere. Er bäte deshalb den Rat um Fürsprache bei dem Besitzer für sich, damit er die Habichte bekomme. Es war damals die Zeit, wo die Reiherbeizen besonders in Aufnahme gekommen waren, ein Sport auch vornehmer Damen. Daß dieser Sport jedoch gefährlich werden konnte, zeigt das Schicksal der schönen Erbin von Burgund, der Gemahlin des Kaisers Max.

Aus dem allen scheint ein Bildchen hervorzuleuchten, als ob zwischen der Stadt Nordhausen und den umwohnenden Grafen nichts als eitel Friede und Freundschaft geherrscht habe. Und doch haben wir gesehen, wie hart sie nicht selten gegeneinander schlugen! Das war aber damals nicht so ernst gemeint, und wenn es auch schwere Beulen und Wunden, Totschlag und Brand gegeben hatte, – die erbittertsten Feinde von gestern waren die angenehmsten Freunde von heute; um das Morgen aber sorgte man nicht. Wenn wir deshalb auch von der grimmen, sechzig Jahre währenden Feindschaft der Stolberger und Schwarzburger Grafen mit der Stadt Nordhausen um der Stadtflur willen berichtet haben, so waren diese Streitigkeiten doch kein Hindernis, daß man zwischendurch in herzlichstem Einvernehmen stand. Seit den siebziger Jahren des 15. Jahrhunderts bürgerte es sich ein, daß die Grafengeschlechter Jahr für Jahr der Stadt einen auf der Hatz erlegten Hirsch verehrten, und regelmäßig antworteten die Nordhäuser mit einem Fuder Bier auf dieses Zeichen gutnachbarlichen Verkehrs. Ja, die Höflichkeit ging sogar soweit, daß sich die Grafen entschuldigten, wenn sie einmal nicht in der Lage waren, besonders stattliche Tiere zu überreichen, wie am 14. September 1599 Dietrich Speiser, Amtsschösser zu Sondershausen, dem Rate mitteilte, obwohl der Graf Anton Heinrich zu Schwarzburg gehofft habe, es sollte das Glück etwas Sonderliches von Wildbret geben, um den Rat damit zu bedenken, so sei doch bei allem Fleiß nichts als ein Spießhirsch und ein Hirschkalb zu bekommen gewesen. – Wir nehmen nicht an, daß sich daraufhin die Nordhäuser mit einer schlechten Gerstenernte herausredeten und nur ein Fäßchen Dünnbier sandten.

Die Überbringung des Wildbrets gab natürlich in Nordhausen jedesmal Anlaß, ein gewaltiges Essen zu veranstalten. Der Oberförster, der den Hirsch einlieferte, mußte ja doch standesgemäß traktiert werden, und da ließen es sich die Herren Stadtkämmerer nicht nehmen, auf Stadtkosten ihm Gesellschaft zu leisten. Was dabei die Herren an Karpfen, Hühnern, Tauben, Rindfleisch, Schöpsenbraten, Gebackenem, Obst, nicht zu vergessen die erstaunlichen Mengen an Bier und Wein, während zweier Tage vertilgten, ist uns aus der zweiten Hälfte des 17. Jahrhunderts überliefert und muß unsere höchste Bewunderung erregen. Solche gewaltigen Leistungen setzten bestimmt ein langjähriges, voller Hingabe und Selbstentäußerung durchgeführtes Training voraus. Das war allerdings in der Zeit der Heidelberger Fässer, wo wohlhabende Herrn Tag für Tag 5–10 Liter Wein in sich hineinzugießen verstanden. Mit 40 Jahren hatten sie freilich regelmäßig ausgetrunken. – Erst am Anfang des 18. Jahrhunderts, wahrscheinlich mit der preußischen Besetzung der Stadt Nordhausen im Jahre 1703, hörten die Geschenke zwischen der Stadt und den umwohnenden Grafen und damit die Gastereien auf. [42]

Solche Völlerei kam im 15. Jahrhundert jedoch kaum vor, obwohl selbst einfache Bürgersleute bei festlicher Gelegenheit sehr wohl zu leben wußten und manches draufgehen ließen. Deshalb sah sich auch der Rat veranlaßt, wenigstens die ärgsten Mißstände durch Verbot zu beseitigen. Es ist lehrreich, daß in den ältesten Statuten aus dem 14. Jahrhundert nur wenige Vorschriften über die Begehung der Festlichkeiten vorhanden sind, daß aber recht eingehende Artikel der letzten Statuten aus der Zeit um 1470 zeigen, für wie nötig die Behörden die Eindämmung allzu großer Ausschweifungen hielten; kam es doch vor, daß die Eltern bei allzu reichlicher Ausstattung des Hochzeitsmahles ihren Wohlstand gefährdeten und der Tochter nichts mehr in die Ehe mitgeben konnten. Deshalb bestimmten die Statuten immer wieder, daß nur Verwandte eingeladen und Fremde, die sich ungeniert zum Mittafeln einstellten, abgewiesen werden sollten. Daß es bei einem solchen Anlaß, wie es eine Hochzeit war, in diesen derben und fröhlichen Zeiten nicht mit einem einzigen Festessen abgetan war, ist selbstverständlich. Schon der Polterabend wurde gehörig begangen, dann setzte man sich am Morgen des eigentlichen Hochzeitstages wiederum hin zu löblichem Tun, wobei 30 Schüsseln für die Gäste, 10 Schüsseln für die Aufwärter und 6 für die Spielleute gestattet waren. Eine Nachfeier am dritten Tage beschloß das hohe Fest. Braut und Bräutigam aber mußten es sich angelegen sein lassen, während des Essens die Gäste mit allerhand Geschenken, wie Hemden, Schleiern, Gürteln, Badekappen oder Schuhen, zu bedenken.

Doch auch sonst benutzte man redlich jede Gelegenheit zu wackerem Geschmause. Von den vielen Festtagen, die man beging, seien hier nur noch die bei uns mehr gebräuchlichen Feiern zu Einkleidung von Kindern als Mönche oder Nonnen und die Feier des sogenannten Dreißigsten genannt. Unter letzterem Feste verstand man das Mahl, das die Hinterbliebenen am 30. Tage nach dem Tode des Verstorbenen ihren Angehörigen zu geben hatten. Jedenfalls aber befolgte man im 15. Jahrhundert durchaus den Grundsatz: „Bei der Arbeit tut man, was man kann, bei Tische übertrifft man sich selbst."

Für die nötige Unterhaltungsmusik sorgten die städtischen Spielleute oder Stadtpfeifer. Als solche sind in der älteren Zeit nur der auf dem Turme der Marktkirche wohnende „Hausmann" mit seinen drei Gesellen und zwei Lehrlingen nachzuweisen. Häufig mag man auf fahrendes Volk und wandernde Gesellen, die man auch als Sänger und Possenreißer schätzte, angewiesen gewesen sein. Die älteren Schüler der beiden Nordhäuser Schulen wurden in der katholischen Zeit wohl noch nicht zu Unterhaltungen bei Gelagen herangezogen. Das bürgerte sich erst im Laufe des 16. Jahrhunderts ein. Jedenfalls versuchten wenigstens

---
42 Förstemann, Kleine Schriften, 118 ff.

wohlhabende Bürger, auch darin die Sitten des Adels nachzuahmen, daß sie zu Festen Trompeter, Lautenschläger, Pfeifer, Pauker, Sänger und Narren auftreten ließen. Auch Tänze waren beliebt und fanden auf dem Tanzboden des städtischen Wagehauses statt, das mitten auf dem Kornmarkte lag und unten die Ratswage, im oberen Geschoß einen Tanzsaal enthielt. Doch bestanden die Tänze in sittsamen Reigentänzen, das Umdrehen beim Tanze war im 15. Jahrhundert noch bei Strafe verboten.

Wie Fest und Gelag, Essen und Trinken manche Eigentümlichkeiten aufwies, so auch die Kleidung des 15. Jahrhunderts. In der ersten Hälfte des 14. Jahrhunderts hatten die Männer über dem Hemd noch sittsam den langen, bis gegen die Knie hin reichenden Rock getragen, Unterleib und Beine bedeckte der Bruch, ein an einem Gurt über dem Hemd befestigtes Tuch, und die Strumpfhose, die ebenfalls am Gürtel durch Bänder gehalten wurde. Ältere Leute blieben auch während des 15. Jahrhunderts bei dieser Tracht, verschmähten es aber nicht, ihren Wert durch ganz weite Ärmel und durch die unmöglichsten Verzierungen der Kleidung zu heben. Der den Oberrock zusammenhaltende Gürtel wurde zu einem seltsamen Gestell aus Ketten und Spangen, die sich nicht nur um die Hüfte wanden, sondern auch über Brust und Schulter gingen. Das Feinste aber waren die Schellen von der Größe eines Tee-Eis oder einer kleinen Parlamentsklingel, die von dem Gürtel herabbaumelten und schon von weitem das Nahen das ehrenwerten Herrn verkündeten. Auch die Frauen huldigten dieser Mode, und die Schellen sagten bei jedem Schritt, wie eine alte Chronik uns versichert: Schurr, schurr, schurr, kling, kling, kling.

Mehr aber war an der Tracht der jungen Leute, Männer wie Jungfrauen, auszusetzen. Die Männer begannen seit dem Ausgang des 14. Jahrhunderts den Oberrock so arg zu verkürzen, daß der Bruch sichtbar wurde und Anstößigkeiten unvermeidlich waren. Und doch entwickelte sich aus diesem Ärgernis allmählich unsere Kleidung, indem man den Bruch zur Hose schloß, die bis an die Knie reichte. Die Mädchen wiederum trugen zwar nach wie vor über dem Hemde statt Oberrock und Bruch den langen Rock, doch schnürten sie das Kleid um die Büste ganz eng, um ihren Wuchs zu zeigen. Auch wurde der ganze Rock immer enger und der Ausschnitt am Hals immer tiefer. Dabei wurde es Sitte, die Ärmel so lang zu tragen und den Stoff in so viele Falten zu legen, daß zuweilen 18 Ellen Stoff zu einem Gewande benötigt wurden. An den Füßen liebten es Männer wie Frauen bei festlichen Gelegenheiten rote Schuhe mit langen, spitzen Schnäbeln zu tragen. Daß übrigens mit dem 15. Jahrhundert in den Städten durch den erwachenden regeren Austausch der Waren Wohlstand und Üppigkeit allgemein stiegen, ersieht man daraus, daß selbst Knechte und Mägde sich dergleichen kostbare Kleidung mit goldenen und silbernen Borten leisteten, so daß der Rat schon Kleidervorschriften für sie erlassen mußte.

Doch lassen wir uns die Kleidung des 15. Jahrhunderts mit den Worten des Thüringer Chronisten Kammermeister selber schildern: Die Männer trugen kurze Kleider mit langen Ärmeln, *so das sie eren schemen kome bedackten, sundern sie hatten zcwene lange ermele; der hingen sie eynen hinden unde den andirn forne ned der, damete sy sich bedacktin, unde die vrouwin unde jungfrawen trugen enge rocke mit grozcin soymen umme den ars, und umbe den hals weren sie bloz, daz sie yre bruste nummer bedackten. –*

Mit dem aufblühenden Wohlstand in den Städten wurden also auch die Sitten lockerer, und das umso mehr, als die Kirche seit alters zwar strenge Sittengesetze verkündete, ihre Vertreter selbst aber je länger, je mehr Anlaß zu Ärgernis gaben und die Herde sich deshalb erlaubte, was der Hirte tat. Von merkwürdig freien Sitten hören wir, die auf dem Konstanzer Konzil geherrscht haben, und bei einem Turnier, das Magdeburger Bürger im 15. Jahrhundert veranstalteten, ward gar eine schöne Frau namens Fei, Sophie, als Preis ausgesetzt. Beruhigend wird uns aber versichert, dem Goslaer Kaufmann bejahrteren Alters, der sie gewann, sei es möglich gewesen, sie unter die Haube zu bringen, und sie sei noch „eine ordentliche Wirtin" geworden.

Bei einer solchen Auffassung außerehelichen Verkehrs, dessen Möglichkeit die Behörden, um ihre Gäste in jeder Weise zu befriedigen, nicht nur duldeten, sondern sogar organisierten, ist es kein Wunder, wenn auch Nordhausen ein „gemeines Haus" besaß, das unter den Weiden lag, dessen Insassen unter der Aufsicht des unweit davon an der Johannistreppe wohnenden Henkers standen und die wie ihr Zuchtmeister selbst natürlich als unehrlich galten. Das hinderte aber nicht, daß „ehrliche" Leute daselbst ein- und ausgingen.

Erfreulicher als diese Erscheinungen, die sich nicht mehr ganz mit dem harmlosen und derben Geist des Jahrhunderts entschuldigen lassen, ist das Reinlichkeitsbedürfnis dieser Zeit. Die Notwendigkeit gründlichen Badens für jene Zeit wird freilich niemand ableugnen, wenn man daran denkt, daß die Möglichkeit noch herzlich beschränkt war, sich vor lästigen kleinen Gästen in Bett, in Kleidung, an Wänden, an Haut und an Haar zu schützen. Genug, auch die Nordhäuser Bevölkerung badete eifrig und gern, und der Brauch, daß Braut und Bräutigam bei der Hochzeit an ihre Gäste unter den Geschenken auch Badelappen austeilten, beweist, welche hohe Bedeutung man dem Baden im Mittelalter beimaß. Freilich wird zuweilen bezeugt, daß auch die öffentlichen Badestuben einem anstößigen Lebenswandel Vorschub leisteten, doch gereicht es den Nordhäuser Bürgern zur Ehre, daß sie ihre Badestuben, soweit ersichtlich, nur zu ihrem eigentlichen Zwecke benutzt haben. Daß die älteste bekannte Badestube „unter den Weiden" lag, wird hoffentlich nur bei Leuten mit abwegigen Gedankengängen Verdacht erwecken. Viel mehr besucht aber ward das zweite Badehaus, das im 15. Jahrhundert zwischen dem Klosterhofe des Frauenbergklosters und der Neustadt am Schackenhofe eröffnet wurde. Nach diesem Bade wurde sogar die Straße die Stuben- oder Badegasse genannt. Weitere Badegelegenheiten besaßen die Bürger in der zweiten Hälfte des 15. Jahrhunderts unter der Kutteltreppe und am Altentore. Doch wir denken, daß wenigstens die Jugend nicht nur diese geschlossenen Bäder benutzte, sondern nach Urväterweise hinauszog an die Helme, um dort sich zu tummeln. Gewisse Verbote in den Schulgesetzen des 16. Jahrhunderts, nachdem die Luthersche Reformation und im Gefolge davon auch der sich erneuernde Katholizismus manche gesunde

Lebensäußerung abgedrosselt hatten, scheinen wenigstens einen Schluß auf das Baden in fließendem kalten Wasser auch in Nordhausen zu gestatten.

So zeigt sich uns in dem Nordhausen des 15. Jahrhunderts ein Leben voll naiver Frömmigkeit, die durch äußerlich gute Werke sich einen gnädigen Gott zu schaffen suchte und die doch durchaus unverächtlich war, da sie dazu beitrug, die Not der Armen und Kranken zu lindern und die Menschen zum Dienste an den Mitmenschen zu erziehen. Neben die Furcht vor der Strafe im Jenseits trat aber bei den Bürgern im Gegensatz zum 14. Jahrhundert die Angst vor dem Alleinsein und Alleinhandeln. Es entwickelte sich daher ein außerordentlich starker Trieb zu gegenseitigem Anlehnen und zu Zusammenschlüssen aller Art. Politisch äußerte sich dieser Drang zur Herde in dem Bündniswesen der Städte, wirtschaftlich in dem die ganze Struktur der städtischen Gesellschaft beherrschenden Zunftwesen. Der einzelne fühlte sich nur noch in der Masse stark und opferte seine Freiheit zu Gunsten größerer politischer Sicherheit. Im übrigen dachte wenigstens die große Masse der städtischen Bevölkerung durchaus gesund und gegenständlich, trug geduldig des Lebens Last, suchte die am Wege liegenden Genüsse unbedenklich auf und stand jedenfalls mit festen Füßen auf der wohlgegründeten Erde. Und dennoch denke man nicht, nur Kraft und Gesundheit in diesen Bürgern des 15. Jahrhunderts zu finden. Schon seit der Mitte des 14. Jahrhunderts traten doch immer häufiger eigenartige Verbildungen im Gefühlsleben auf, die dann in den aufgeregten Zeiten des 16. Jahrhunderts ihren Höhepunkt erreichten. Schon das geschlechtliche Treiben der Zeit äußerte sich nicht mehr mit der Selbstverständlichkeit der früheren Jahrhunderte, sondern zeigte hin und wieder Überreizungen und Verirrungen. Dazu kam die sich immer mehr steigende Lust an grausamen Strafen und Hinrichtungen, die in aller Öffentlichkeit vor sich gingen, um die Schaulust des Volkes zu befriedigen. Die Freude an den Qualen anderer aber geht schließlich über in die Wollust, dem eigenen Körper Schmerzen zuzufügen. Auch daß Jahrzehnte größter Sinnenfreude plötzlich Zeiten Platz machten, in denen man sich in der Abtötung des Fleisches nicht genugtun konnte, deutet darauf hin, daß die Menschen ihr Gleichmaß verloren hatten. Kriegsnöte und vor allem Pestzeiten, die ja bis in den Ausgang des 17. Jahrhunderts die europäische Menschheit immer wieder furchtbar dezimierten, dazu gewisse Bußmittel der Kirche und die Vorstellung von den Strafen der Hölle scheinen bei zartnervigen Menschen das ihre zur Auslösung von krankhaften Gefühlswallungen beigetragen zu haben. In anderen Gegenden unseres Vaterlandes mehr als in Nordhausen. Unsere Heimat scheint sich durchaus gesund und unspekulativ, einfach und schlicht im Fühlen und Denken gehalten zu haben.

Ganz verschont von den nervösen Zuckungen des Volkskörpers nach furchtbaren Erlebnissen blieb allerdings auch Nordhausen nicht. Am berühmtesten und berüchtigsten sind ja die Geißlerfahrten in und kurz nach der großen Pestzeit der Jahre 1348 bis 1350 geworden. Auch im thüringischen Lande zogen damals die Flagellanten beiderlei Geschlechts herum, zunächst von der Kirche geduldet, bald aber verfolgt. Denn sie achteten ihrer Bußübungen, die sie noch dazu ohne Geheiß der Kirche vornahmen, mehr als die Gnadenmittel der Kirche, griffen auch wohl Geistliche wegen ihres Lebenswandels an. So wurde ihnen 1364 unter anderem nachgesagt, daß sie die Sakramente verachteten und meinten, die Kirchen seien Räuberhöhlen, *speluncae latronum*. 1415 bei einem Prozeß gegen Flagellanten in Sondershausen war von 25 Artikeln derselben die Rede, in denen auch stehen sollte, daß die Geistlichen die heiligen Handlungen nur, um sich selbst die Taschen zu füllen, *propter avaritiam*, vornähmen und daß die Geißler die Ansicht verträten, im Sakrament des Altars sei nicht der wahre Körper und das wahre Blut, sondern höchstens geweihtes Brot. [43]

In der Mitte des 14. Jahrhunderts scheinen die Gegenden zwischen Harz und Hainleite noch nicht von dem Taumel erfaßt worden zu sein. Auch sonst konnte die Bewegung bald erstickt werden. Doch im Verborgenen behielten die Bußübungen der Geißler ihre Anhänger; diese fanden sich immer wieder zusammen, wahrten ihr Geheimnis aufs strengste und sorgten auch dafür, ihre Gewohnheiten fortzuerben. Bleichsüchtige Mädchen, hysterische Frauen, alternde Männer fanden immer wieder Gefallen, ihren Körper durch Geißelhiebe zu zerfleischen.

Aus dem Jahre 1369 haben wir zum ersten Male für Nordhausen eine Nachricht, daß das Treiben von Flagellanten der Öffentlichkeit verraten ward und nun sich ein Inquisitiongericht mit den Ketzern beschäftigte. 40 Geißler beiderlei Geschlechts wurden damals eingezogen, 7 wurden verbrannt, die anderen widerriefen.

Mehr als im 14. Jahrhundert trat im 15. Jahrhundert diese ungesunde Geißlerbewegung in unserer Gegend auf. 1414 fand ein Gerichtsverfahren gegen eine größere Geißlergesellschaft zu Sangerhausen statt, 1446 griff das geistliche Gericht gegen 13 heimliche Geißler in Nordhausen ein. Es waren 5 Männer und 8 Frauen, gegen die der Dominikaner und Professor Friedrich Müller, apostolischer Ketzermeister in der Diözese Mainz, an der Spitze eines aus geistlichen und weltlichen Richtern bestehenden Kollegiums vorging. Die Verhöre fanden an 12. und 13. sowie 20. und 27. Juli in der Konsistoralstube des Heiligen Kreuzstiftes statt. Am 4. August erkannte das Gericht, Glaube und Treiben der Geißler sei ketzerisch, und verurteilte die Schuldigen zum Feuertode. Da uns aus demselben Jahre 1446 eine Nachricht vorliegt, es seien damals 12 Ketzer zu Nordhausen verbrannt worden, werden es wahrscheinlich diese Ketzer sein, die hier auf dem Scheiterhaufen und am Brandpfahl für ihr Vergehen büßten.

In jenen Jahren muß in Thüringen nach den sinnen- und lebensfreudigen ersten Jahrzehnten des 15. Jahrhunderts ganz allgemein die Sehnsucht nach Bußübungen dieser Art zugenommen haben. Ein Prophet namens Kurt Schmidt muß großen Anhang gefunden haben. 1454 forderte deshalb Herzog Wilhelm von Sachsen auf, gegen die Flagellanten vorzugehen, da sie sich *„hiewen mit pitzschin unde gloubeten nicht an die heiligen sacrament"*. In unserer Heimat fanden

---

43 Vergl. Neue Mitteilungen des Th.-Sächs. Vereins II. 1 ff. Stumpf, Historia flagellantium praecipue in Thuringia, mitget. von Ehrhard, Münster. Artikel 16: Credunt, quod in sacramento Altaris non sit verum corpus Christi et sanguis, sed simplex panis benedictus duntaxat.

damals in Sangerhausen, Weißensee, Sondershausen, Stolberg und Heringen Verfolgungen statt. Von dem widerlichen Prozeß, den man im März 1454 den Ketzern in Stolberg machte und der mit dem Feuertode von 30 Menschen beiderlei Geschlechts endete, hat unser Chronist Förstemann berichtet. Bei ihm mag nachlesen, wer in die Abgründe menschlichen Seelenlebens, die wahrscheinlich bei den Richtern nicht weniger als bei den Ketzern vorhanden waren, hinabsteigen will. Nordhausen blieb damals von Ketzergerichten verschont. [44]

Derlei seelische Verirrungen im Gefolge des Kultus kommen zwar zu allen Zeiten und überall auf der Erde vor, im allgemeinen führt aber gottlob ein erhöhtes, durch religiöse Übungen angeregtes Gefühlsleben eher dazu, die Menschheit durch edelste Äußerungen andächtigen Versenkens zu beglücken als sie vor religiösem Wahnsinn erschaudern zu lassen. So hat denn auch der fromme Sinn in dem Nordhausen des 15. Jahrhunderts eine ganze Anzahl schöner Kunstwerke erstehen lassen, die uns noch heute erfreuen und erbauen. Hier sieht man, wie durch die Religion die Ausübung mechanischer und schematischer Arbeiten aus dem rein Handwerksmäßigen emporgesteigert werden kann zu künstlerischen Taten.

Die noch am wenigsten geglückte Leistung ist die Gußarbeit des Taufbeckens in der Petrikirche aus dem Jahre 1429. Dieses Becken besitzt eine Höhe von 84 Zentimetern, einen Durchmesser von 68 Zentimetern. Es wird getragen von vier männlichen Gestalten mit Kinnbärten. Die äußere Fläche des eigentlichen Beckens zeigt nicht ungeschickt ausgeführte Kielbogenwimperge, unter denen 16 Heiligenfiguren stehen. Im ganzen ist die Ausführung besonders der menschlichen Nachbildungen steif und unbeholfen und läßt den lebensvollen Ausdruck der Steinmetzarbeiten des 13. und 14. Jahrhunderts vermissen.

Der Altendorfer Kirche schenkte ein Holzschnitzer in der Mitte des 15. Jahrhunderts das Bild einer sitzenden Maria mit dem Leichnam des Sohnes auf dem Schoße. Die Figuren waren bemalt; die ausdrucksvolle, faltenreiche Gewandung zeigte z.T. goldenen Schmuck. Nicht ohne Eindruck auf den Beschauer bleibt noch heute das schmerzerfüllte Gesicht der Jungfrau mit den herabgezogenen Mundwinkeln und dem traurigen Blick der Augen. Wenig geglückt ist dem Künstler dagegen der Leichnam des Herrn, der auf den Knien Marias liegt; Arm- und Beinhaltung sind steif, und das Antlitz erscheint zu schmerzverzogen, als daß es rühren könnte. Die Skulptur wird heute im Nordhäuser Museum aufbewahrt.

Ebendort hat eine Kreuztragungsgruppe Aufnahme gefunden, die einst eine Nische des Rondels am Töpfertore zierte. Sie ist gleichzeitig mit dem Bollwerk am Töpfertore im Jahre 1487 entstanden. Die in lange Gewänder gehüllte, überlebensgroße Holzfigur des Herrn wird von einem Söldner an einer Kette geführt; Simon von Kyrene, als Mönch gebildet, folgt dem Leidenszuge. Die Gestalten, die Jahrhunderte lang der Witterung ausgesetzt waren, sind stark mitgenommen. Am eindrucksvollsten wirkt noch der Landsknecht, dessen

---

44 Vergl. Förstemann, Neue Mitteilungen VII, 397 ff. Hartung Kammermeister, 136.

Schnurrbart und emporgezogene Brauen sowie die den Morgenstern schwingende Hand recht gut die Roheit des Kriegsknechts zum Ausdruck bringen.

Mindestens dieselbe Beachtung verdient eine Reihe eherner Grabplatten, welche aus dem Beginn des 15. Jahrhunderts stammen. Damals hatte in Nord- und Westdeutschland bei weiteren Kreisen wohlhabender Familien die Sitte Eingang gefunden, sich an Stelle der älteren Steinplatten gravierte oder in Relief gegossene, aus Messing bestehende Grabplatten anfertigen zu lassen. Daß sich der Brauch auch in Nordhausen findet, beweist, wie Nordhausen allmählich immer mehr Beziehungen zu den Gegenden nördlich des Harzes, zu Goslar, Hildesheim und Braunschweig knüpfte. Die Platten zeigen die Ganzbilder Nordhäuser Patrizier; sie lagen einst auf deren Gräbern im Martinihospital, wurden aber später in der Kapelle des Siechhofes untergebracht. Heute dienen sie den gotischen Räumen des Nordhäuser Museums als vornehmste Schmuckstücke. Künstlerisch am wertvollsten ist die Grabplatte der frommen und wohltätigen Gebrüder Johann und Simon Segemund. Die Figuren stehen unter gotischen Kielbogenwimpergen, in denen Rauchfässer schwingende Engelein schweben. Die Gestalten der Verstorbenen selbst lassen eine nicht geringe Gravierkunst erkennen.

Daneben befinden sich vier noch heute vorhandene Tafeln vom Grabmale Heinrichs von Werther. Die künstlerische Ausführung ist wenig tüchtig, doch ist die Gewandung des Verstorbenen kulturhistorisch interessant. Unter den üblichen, mit Zinnen überbauten Bogen als Rahmen steht der Patrizier. Er ist mit einem sogenannten langärmeligen Scheckenrocke bekleidet. Den Gürtel des Kleides bilden Hornfesseln, die mit Schellen behangen sind. Die mit modischen engen Strumpfhosen bekleideten Beine hat er zum Gebete gebeugt; an den Füßen sitzen lange Schnabelschuhe. Darunter ist das einen Windhund führende Familienwappen der Wertherschen Familie angebracht.

Neben diesen Platten verdienen aus der Kapelle St. Cyriaci noch die Grabplatten zweier Hermann Werther, der Katharina Werther, zweier Urbachs und zweier Priester Erwähnung, heute sämtlich im Museum.

Auf die Blüte der Erzgießerei im 15. und 16. Jahrhundert verweisen, abgesehen von den oben geschilderten Geschützrohren, aber auch noch die im 15. Jahrhundert gegossenen Glocken Nordhäuser Kirchen. Unter anderen erhielt 1413 St. Jakobi eine Glocke, 1440 die Frauenbergskirche, 1470 das Hospital St. Cyriaci von demselben Erzgießer Kurt Solling, der 1458 der Stadt eine Haubitze gegossen hatte, 1488 St. Blasii. Auch in die Türme des Doms ward im Laufe des 15. Jahrhunderts eine neue Glocke gehängt. Den schönsten Spruch weist die Glocke der Blasiikirche auf: *Sabbato pango, funera plango, noxia frango, excito lentos, paco cruentos, dissipo ventos;* des Herrn Tage künde ich, die Toten betrauere ich, ich wende ab alles Verderbliche, rufe die Saumseligen, bändige die Wütenden, zerstreue die Winde.

Das unseres Erachtens wertvollste Denkmal mittelalterlicher Kunst jedoch enthält die Domkirche in den Holzschnitzereien ihres Chorgestühls. Die dargestellten Szenen selbst zwar zeigen wenig Originales, sondern illustrieren, wie allgemein üblich war, nur die Geschichte des Gotteshauses und eine Reihe biblischer Erzählungen. So sehen wir Heinrich I. und seine Gemahlin Mathilde, die Gründer Nordhausens und des Stiftes, dargestellt, so finden wir die beliebten Szenen von Samson und Delila, von dem aus dem Rachen des Walfisches ausgespienen Jonas u.a. wieder. Doch die Ausführung selbst besitzt einen hohen Kunstwert. Überall finden sich drastische und charakteristische Züge, nirgends ist nach einem Schema gearbeitet, immer wieder entzückt geistvoll nachgebildetes Leben. Und doch hebt eine gewisse Stilisierung die Darstellung aus der bloßen Naturnachahmung heraus. Reiches Rankenwerk von sauberster Arbeit umgibt die figürlichen Bilder. Die Rückwände des Chorgestühls weisen Blendarkaden auf, die Bögen sind mit immer neue Formen zeigendem Maßwerk reich gefüllt. Der Stil der mittleren Gotik verweist die Arbeit in die erste Hälfte des 15. Jahrhunderts. Wir haben hier reifste Kunst des ausgehenden Mittelalters vor uns. –

15. Jahrhundert! Was weiß die Menschheit von ihm, und was braucht sie von ihm zu wissen! Heldenzeit und Heldensinn waren vorüber, große Taten und große Ideen, welche die Menschheit vorwärtsgeführt hätten, finden sich wenig im 15. Jahrhundert. Doch gelebt und geliebt und gelitten und sich als Angelpunkt des Weltalls gedacht hat auch damals die Menschheit; und Bausteine zu dem großen Dome der westeuropäischen Menschheit herbeigeschafft, wenn auch nur als Kärrner und nicht als Könige, haben damals die Menschen auch. Doch der nach und nach immer höher herauswachsende Bau regte auch zu neuen, schöpferischen Gedanken an. In Italien hatte es schon längst begonnen, und mit dem ausgehenden Jahrhundert spritzten die ersten glänzenden Schaumkronen über das Alpengebirge nach Deutschland. Und dann folgte Flut auf Flut, und es ward eine Lust zu leben.

Abschnitt IV.

Nordhausen
im Zeitalter der Reformation
und der Religionskriege.

Kapitel 9.

Humanismus und Reformation in Nordhausen.

Der Anfang des 16. Jahrhunderts führte eine Zeit herauf, die unser Vaterland auf jedem Lebensgebiete bis in alle Tiefen aufrüttelte und bewegte. Jahrhundertelang war sie vorbereitet; nun, da die Stunde erfüllt war, wurde die europäische Welt in wenigen Jahrzehnten so vorangerissen, daß alle Grundlagen der modernen Zeit damals geschaffen wurden. Da ward der Erdkreis voller Kampf mit Schwert und mit Feder, mit Wehr und mit Wort. Da gab es viel Werdendes, wenig Vollendetes, viel Glaubensmut und Begeisterung, wenig Verständnis und wahre Reife. Da zeigte sich neben höchstem sittlichem Ernste tiefste Verderbnis und Geilheit, neben reinstem Wollen und Selbstaufopferung schnödeste Begierde und Selbstsucht. Überall brodelte es, schäumte über, sank zurück voller Unruhe und Gärung; aber die Besten ahnten und fühlten, daß sie an zweier Zeiten Wende standen, daß sie mithalfen, etwas ganz Neues heraufzuführen. Und deshalb war es eine Lust zu leben.

Es hatte den Anschein, als ob der große Augenblick die Stadt Nordhausen völlig unvorbereitet getroffen habe. Nirgends war eine hastige Aufnahme der neuen Ideen vorhanden, keine laute Stimme verkündete die neue Zeit, weder die eines Apostels noch die eines Marktschreiers. Und doch wirkte und webte verborgen der Geist der Zeit auch in Nordhausen. Aber die Lage der Stadt fernab von den Zentren des Geschehens und der biedere, ruhige Sinn der Bevölkerung ließen nur langsam, fast unsichtbar heranwachsen, was anderwärts sogleich zu reifer Frucht gedieh. In aller Stille bereitete sich Nordhausen vor, hatte nicht den Ehrgeiz, selbst die Erfüllung zu bringen, sondern wartete ruhig ab. Als aber die Stunde da war, bejahte es freudig und bekannte offen und hielt fest mit Zähigkeit.

Die der Stadt nächsten Orte, welche das Weltgeschehen und die neuen Gedanken vermitteln konnten, waren Erfurt und Wittenberg. Mit Erfurt, das im Jahre 1392, zu einer Zeit, da es zu den größten und blühendsten Städten Deutschland zählte, seine Universität gegründet hatte, war Nordhausen politisch und wirtschaftlich ständig eng verbunden gewesen. Jetzt erstrahlte Erfurt durch das Licht des Humanismus zu hellstem Glanze und ward neben Nürnberg und Freiburg durch den Kreis um Mutian und Hessus herum eine Hochburg des neuen Geisteslebens. Nordhausen aber nahm keinen geringen Anteil an Erfurts Kunst und Wissenschaft. In den wenigen Jahren von 1506 bis 1521 zogen 46 Nordhäuser aus, um als Studenten zu den Füßen der großen Meister zu sitzen.

Daneben leuchtete auf und überstrahlte Erfurt bald, wie einst Jerusalem Athen, das neue Wittenberg. In Wittenberg studierten von 1502 bis 1560 75 Nordhäuser; und es waren die Besten. Denn es waren nicht einfache Studiosi, die schlecht und recht die Vorlesungen hörten und bald Examen machten, um dann gute Rats- und Richter- und Ruheposten zu bekleiden oder die bequeme Pfarre einzunehmen, sondern es waren Männer, die um Erkenntnis und um den Sinn des Lebens rangen und die deshalb für weite Kreise von Geltung und Bedeutung wurden. Und dieser Drang nach Wissen und Weisheit bemächtigte sich auch solcher Nordhäuser, denen es nicht vergönnt war, auf die hohen Schulen anderer Städte zu ziehen, sondern die daheim in der Vaterstadt bleiben mußten. In dem von Johannes Spangenberg neugegründeten Nordhäuser Gymnasium saßen damals neben Knaben und Halberwachsenen vollkräftige Jünglinge und lebenserfahrene Männer, die danach dürsteten, die neuen Ideen aufzunehmen. Aus der Nordhäuser Lehrerzeit des jugendlichen Michael Neander erfahren wir, daß der eben der Universität Entwachsene Furcht hatte, seine Klasse zu betreten, weil er glaubte, mit seiner Schulweisheit den reifen Männern nicht genugtun zu können. Denn „da saßen", wie er selbst berichtet, „an einer langen Tafel auch viele erwachsenen bärtige Gesellen, so daß mir alle Haare zu Berge stiegen".

Erstaunlich ist es auch, auf wieviele Männer mit Namen von gutem Klang wir damals stoßen, die sämtlich Nordhausen hervorgebracht hat oder die für Nordhausen tätig gewesen sind, erstaunlich auch, wieviele Geister plötzlich aus der Mittelmäßigkeit und Selbstgenügsamkeit des 15. Jahrhunderts herausgeführt und auf erhöhter Lebensbühne von Bedeutung wurden.

Da überragten zunächst drei Bürgermeister des 16. Jahrhunderts weit das Mittelmaß: Jakob Hoffmann, Ernst Ernst und Erasmus Schmidt.

Jakob Hoffmann war eine ruhige, abgeklärte Persönlichkeit. Selbstsicher und gewandt vertrat er die Heimat 1526 in Speyer und unterschrieb 1530 für Nordhausen das Bekenntnis von Augsburg. Ein fein gebildeter Humanist, war er, wie viele dieser Kenner der Künste, ein Feind alles grob Überstürzten und lauten Gepolters, aber ein treuer und fester Anhänger des Lutherschen Glaubens.

Der zweite, Ernst Ernst, entstammte einer alten Nordhäuser Familie, studierte in Wittenberg und ließ sich in seiner Vaterstadt als Rechtsanwalt nieder. Von seinem Wirken schreibt der alte Chronist Lesser: „Er diente den Klienten ... treulich und war weit entfernt von einer gewissenlosen Art Rabulisten, welche wie die Spinne lauren, ob sie zanksüchtige und unverständige Leute in das Netz verwirrter Rechtshändel als unvorsichtige Fliegen ziehen, ihnen das Blut aussaugen und sie im Elend zuletzt liegen lassen." Er sah es vielmehr als sein vornehmstes Amt an, für die Armen und Verfolgten einzutreten, und seine

Wohlhabenheit half still, aber unverdrossen. 1555 war er Bürgermeister, 1567 wirkte er für seine Vaterstadt bei den Grumbachschen Händeln; altersgebeugt starb er 1595, müde vom Streit und Gezänk der unwürdigen Nachfolger Luthers.[1]

Und schließlich Erasmus Schmidt. Er war eine den beiden andern verwandte Natur. Auch er liebte die Wissenschaften als Freund Philipp Melanchthons und Justus Jonas', als Patron Michael Neanders. Liebenswürdig, entgegenkommend und ausgleichend suchte er allen gerecht zu werden; gern ruhte er abends aus bei heiterem und gelehrtem Gespräch im Freundeskreis; und doch stand er mit beiden Füßen im Leben, als Verwaltungsbeamter geschickt, als Diplomat erprobt, als Gegner zäh und unnachgiebig.

Neben diese drei Nordhäuser Bürgermeister traten die beiden eigentlichen Juristen Nordhausens im 16. Jahrhundert: Apollo Wiegand und Georg Wilde. Bei ihnen vor allem stoßen wir auf die neue Rechtsauffassung der Zeit. Im Zeitalter der Renaissance kam auch der Kaiser Justinian und sein Werk wieder zu Ehren. Das Römische Recht mit all' seinen Vorzügen und Fehlern fand Eingang auf deutschem Boden und ward, ein fremdes Reis, germanischem Wesen aufgepfropft. Nordhausen, so konservativ es war, blieb doch auch von diesem Geschenk des Humanismus nicht unberührt, und Wiegand als bester Kenner des *Corpus iuris* erhielt den Auftrag, die alten ehrlichen Statuten der Stadt aus dem 14. und 15. Jahrhundert zu überarbeiten und neuen Anschauungen anzupassen. Apollo Wiegand mag sich alle Mühe gegeben haben, germanische und römische Rechtsauffassung in Übereinstimmung zu bringen. Doch Verfassung, Strafgesetz, Zivilgesetz und polizeiliche Anordnung waren in den alten Einungen so unlöslich verquickt, waren vor allem den Nordhäusern im Laufe der Jahrhunderte so lieb und wert geworden, daß der Versuch mißlang und Wiegand an dieser Aufgabe scheiterte, genau so scheiterte, wie sein Mitschüler von der berühmten Klosterschule zu Ilfeld Georg Wilde, der sich als zweiter an die Arbeit machte. Doch der Wert ihrer Wirksamkeit für Nordhausen konnte dadurch nicht herabgemindert werden. Apel Wiegand – bei dem Humanisten mußte natürlich aus dem biedern Apel ein strahlender Apollo werden – überwand durch seine hohen geistigen Fähigkeiten die Niedrigkeit der Geburt, wurde schon als ganz junger Student zu Wittenberg Melanchthons Freund, der sich 1547 in den Anfechtungen des Schmalkaldischen Krieges erlauben durfte, seinen Meister zu trösten, und erhielt dann einen ehrenvollen Ruf als schwarzburgischer Kanzler nach Sondershausen. Für seinen Fürsten wirkte er hier in erster Linie, doch versagte er sich seiner Vaterstadt nie. An der Seite Johann Spangenbergs wurde er 1546 zur Reformierung des Klosters Walkenried berufen, für Nordhausen war er in hundert Händeln als Sachwalter voll Selbstentäußerung tätig, für Nordhausen suchte er auch in den sechziger Jahren die Auseinandersetzung der Stadt mit dem Kreuzstift zu einem guten Ende zu führen. Wilde war Patrizier, Wiegand Plebejer, Wilde war starrer und neigte deshalb dem Genfer Reformator zu, Wiegand war biegsam und ein Anhänger Melanchthons, Wilde war Bekenner, Wiegand Diplomat; beide

---
1 Lesser, Das Leben ... Ernsti Ernsts, 1751, Nordhausen bei Cöler.

waren Rationalisten, aber Wilde kämpfte mit germanischem Keulenschlag, Wiegand mit italienischem Florett. [2]

Alle Nordhäuser Humanisten überragte jedoch ein Fremdling, der aber seit seinen Jünglingsjahren unserer Heimat sein Leben geweiht hatte: Michael Meyenburg. – Trotz Karl Meyers tiefgründiger Untersuchung über Meyenburgs Geburtsort müssen wir doch einigen Zweifel hegen, ob sich Steinach oder Marktsteinach in der Schweinfurther Gegend rühmen kann, Meyenburg hervorgebracht zu haben. Fest steht, daß er 1491 oder 1492 als Sohn armer Eltern in Franken geboren wurde und sein ursprünglicher Name Leyser war. 1506 kam der arme, erkenntnisdurstige und ehrgeizige Knabe nach Erfurt. Selbst die Einschreibegebühren konnte er der Universität nicht sogleich bezahlen. Drei Jahre studierte er dann kanonisches und weltliches Recht; 1509 schon fand er, der Achtzehnjährige, in Nordhausen Anstellung als Unterstadtschreiber. Sein Vorgesetzter war der Geistliche und Jurist Melchior von Aachen, Nordhausens Syndikus. Obgleich nun durch Berg und Wald vom Erfurter Freundeskreis getrennt, wo der Frühreife bald die Zuneigung der größten Humanisten erworben hatte, hielt er doch die Verbindung mit jenen Geistesverwandten stets aufrecht. Meyenburg war und blieb sein Leben lang Humanist, im Guten und Bösen. Er war von vollendeter und skrupelloser Diesseitigkeit, voll starker Lebenskraft und Lebenslust, voll Freude an Glanz und Üppigkeit und Reichtum. Doch ging er im Wohlleben nicht auf, sondern suchte jenen höheren Lebensgenuß, den der Umgang mit der Wissenschaft und den Künsten gewährt. Der mit Geschäften und Sorgen Überhäufte fand noch 1545 Zeit, einen Kommentar zu den Büchern Galens zu schreiben, für dessen Zusendung Melanchthon ihm dankte. Auch ein Kenner und Förderer jener bildenden Künste war er, deren Ruhm und Werke länger gelebt haben als die ihrer literarischen Weggenossen. Die beiden Kranachs hatte er kennengelernt, und sie verkehrten im Meyenburgschen Hause zu Nordhausen; dem älteren Kranach erteilte er den Auftrag, ein Epitaph für seine erste, jungverstorbene Gattin zu malen. Der jüngere Kranach schuf nach des Freundes Tode für ihn selbst ein leuchtendes Ehrenmal. Beide Bilder sind noch heute der wertvollste Schmuck der St. Blasiikirche.

Schon 1510 hatte das Examen zur Würde eines Baccalaureus Meyenburg wieder nach dem geliebten Erfurt zurückgeführt. In den Jahren von 1515 bis 1517 mag er voll jugendlicher, übermütiger Begeisterung die Briefe der Dunkelmänner aufgenommen haben. Als 1521 die Bilderstürmer Thüringen unsicher machten, in Erfurt die Stiftshäuser zerstört wurden und viele Professoren und Studenten vor dem rohen Treiben aus Erfurt wichen, lud Meyenburg die Freunde ein, und Eobanus Hessus kam und nahm vorlieb mit der einfachen Junggesellenwohnung Meyenburgs. Damals war es auch, wo der sinnenfrohe, sonst um religiöse Dinge unbesorgte Stadtschreiber bemerkte, wieviel Verwandtschaft die Luthersche Bewegung mit humanistischem Geiste hatte. Aus einem Gegner der Reformation wurde ganz allmählich ein Anhänger. Aber in seinem Herzen blieb er immer

---

[2] Lesser, Das Leben des Apollo Wiegand, Nordhausen, Cöler 1752.

Heinrich von Werther, † 1. Sept. 1397. (s. S. 288.)

Carl Schiewek, Phot.

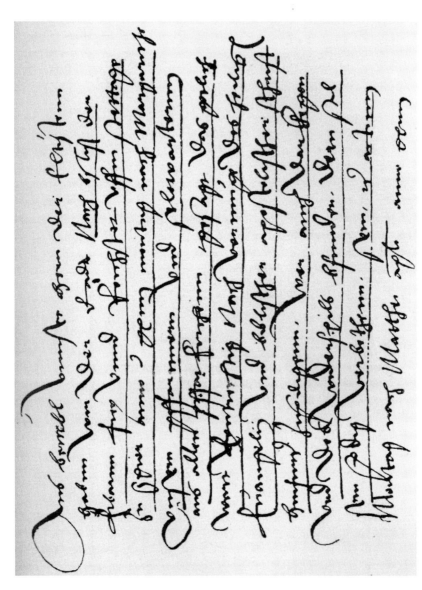

Ratsbeschluß, der im Jahre 1524 die Reformation einführte. (Aus dem Rats-Dekretenbuche.)

Carl Schiewek, Phot.

mehr Humanist als Protestant. Als er 1523 in der Ostzeile der Hagenstraße, der heutigen Baltzerstraße, ein Haus erworben hatte, ließ er hier das Hauptzimmer schmücken mit Bildern und Wappen berühmter Humanisten. Dort hingen seine verehrten Vorbilder Erasmus, Reuchlin, Mutian, Hessus, Hutten, Kamerarius, Nasenus, Held und Mosellanus; Eobanus Hessus schrieb unter jedes der Bildwerke ein glattes Distichon.

In demselben Jahre 1523 wurde der nun schon leidlich Wohlhabende Oberstadtschreiber oder Syndikus von Nordhausen, und nun gestaltete er sein Leben recht eigentlich nach seinem Geschmack. Neben den Humanisten hielten Einkehr in seinem Hause die Reformatoren Luther, Jonas, Melanchthon, Spalatin, Bugenhagen. Mit besonders herzlicher Zuneigung war ihm Melanchthon verbunden, und wir haben zahlreiche Beweise und Briefe von dieser Freundschaft. Das war nicht von ungefähr. War Meyenburg auch aus ganz anderem, härterem Holze geschnitzt als der große Mitarbeiter Luthers, so einte doch beide ebenso ihre Begeisterung für den Humanismus wie die Neigung, um nebensächlicher Glaubensfragen willen nicht die ganze reformatorische Bewegung zu gefährden. Freilich war die Reformation für Melanchthon doch viel mehr Herzenssache als für Meyenburg, dem der neue Glaube, so stark er sich für ihn einsetzte, in erster Linie das Mittel war, seine politischen Zwecke zu erreichen. Wie viele Politiker und Staatshäupter seiner Zeit, so hatte auch er bald bemerkt und begriffen, daß aus dem Kampfe Luthers gegen die Veräußerlichung und Verweltlichung der Kirche Kapital zu schlagen sei. Ja, er selbst scheute sich nicht, die Bedrängnis von Kirche und Kloster zu benutzen, für sich persönlich Gewinn daraus zu ziehen; erwarb er doch am 12. Januar 1525 von der Äbtissin Anna von Rüxleben für 100 Gulden 30 Morgen Klostergüter zu Bielen.

Sein Hang zum Wohlleben ließ ihn sein ganzes Leben lang bedacht sein, Reichtümer zu sammeln. Seitdem er im Jahre 1525 Nordhäuser Bürger geworden war und nachdem er Ursula Lachenper aus Gotha als Gattin heimgeführt hatte, trachtete er deshalb noch mehr als bisher danach, unter den Nordhäuser Geschlechtern Boden zu gewinnen. Daher ließ er sich auch 1530 in die Gewandschnittergilde aufnehmen. Selbst ihm, dem vielgewandten und geistig weit überlegenen Manne, wird es nicht ganz leicht gemacht worden sein, als Fremdling und Mietling der Stadt in einer Gilde Aufnahme zu finden. Doch vermuten wir, daß er damals den Widerstand dadurch gebrochen hat, daß er einen Ruf der Stadt Frankfurt am Main als Syndikus anzunehmen drohte, wenn man ihn in Nordhausen nicht Fuß fassen ließ. So ward er denn Kaufmann, und es eröffneten sich ihm neue Möglichkeiten, Schätze zu sammeln. Vor allem lag ihm aber daran, in die Ehrenämter der Stadt zu kommen, was ja beinah ausschließlich nur Innungsgenossen möglich war; nur als Gewandschnitter konnte er Ratsherr und Bürgermeister werden.

Bald nutzte er denn auch seine neu erworbene Stellung aus. Nachdem seine erste Gemahlin im Herbst 1529 gestorben war, benutzte er seine Beziehungen dazu, in die Kreise der Mansfelder Hüttenherren hineinzugelangen und heiratete die Tochter des Hüttenherrn Johann Reinecke, eines Freundes Luthers. Seitdem mit dieser zweiten Gattin neuer Wohlstand in sein Haus gezogen war, beteiligte er sich immer lebhafter an Geschäften aller Art. Als 1535 Graf Botho von Stolberg Anteile an dem Salzwerke der Numburg ausgab, erwarb Meyenburg sogleich zwei Kuxe; die Stadt Nordhausen selbst nahm vier. Schließlich vermittelte ihm seine Zugehörigkeit zu den Gewandschnittern 1545 eine Ratsstelle und 1547 den Bürgermeisterposten. In jenen Jahren, im Jahre 1549, war es auch, wo er ein großes Patrizierhaus für 700 Gulden am oberen Steinweg erkaufte.

Die bescheidenen Ehren aber, die Nordhausen ihm bieten konnte, waren dem ehrgeizigen, weltgewandten Manne nicht genug. Schon früh hatte er sich in ganz Deutschland einflußreiche Beziehungen zu schaffen gewußt, die er für sich und für Nordhausen weidlich zu nutzen verstand. Seine vielen Missionen im Auftrage der Stadt, seine Verhandlungen auf den Reichstagen führten ihn mit der großen Welt zusammen und knüpften manche flüchtige und dauernde Freundschaft. Am nützlichsten wurde ihm und der Stadt der Sekretär Karls V. Johann Obernburger, mit dessen Hilfe er besonders 1541 für Nordhausen manch schönes Privileg erwarb. Doch auch die Freundschaft bedeutender Männer der Wissenschaft wußte er sich nicht nur durch das Band der Geistesverwandtschaft, sondern auch durch die Gewährung materieller Annehmlichkeiten zu erhalten. Im Hause Melanchthons langte jedes Jahr von ihm ein Fäßchen Wein an, und Melanchthons Tochter verehrte er einmal einen Goldschmuck. Auch Darlehen empfing der Reformator von ihm. Nicht übergehen dürfen wir endlich seine berüchtigte und nur um des eigenen Vorteils willen geschlossene Freundschaft mit dem lockeren Abt von Walkenried Johann Holtegel. Dieser treffliche Trinker liebte mehr als die Waldeinsamkeit Walkenrieds das gesellige Treiben Nordhausens, und Meyenburg war der Mann dazu, ihn bei lustigen Zechkumpanen und ganz auf des reichen Klosters Kosten einzuführen. Bei den munteren Gastereien, bei Zechgelag und Würfelspiel blieb es schließlich nicht, sondern der Abt „schenkte seinem Freunde auch Bauholz zum Bau seiner Häuser". Durch einen armen und erblindeten Klosterbruder, den Holtegel schnöde behandelte, kam dieses heitere Spiel auch Luther zu Ohren, und der ergrimmte so, daß er einen seiner berühmten, herzhaft polternden Donnerkeile gegen Meyenburg schleuderte. Dieser Groll über das Benehmen des Schwiegersohnes seines verblichenen Freundes Reinecke war so stark und nachhaltig, daß er den Schaden nicht bedachte, den der Leiter des Nordhäuser Gemeinwesens dem jungen Glauben zufügen konnte, und Melanchthon den Freund von einer Zusammenkunft mit Luther dringend abraten mußte. 1555 ist Meyenburg gestorben.

So lebte und wirkte Michael Meyenburg – und nur von dem Humanisten Meyenburg ist hier die Rede – in der Stadt, die seine zweite Heimat geworden, wie ein Willibald Pirkheimer zu Nürnberg. Wie Pirkheimer in Nürnberg das ganze reich bewegte Leben des 16. Jahrhunderts in seiner Person darstellte, so in Nordhausen Meyenburg. Bei ihm liefen alle Fäden der kleinen Welt Nordhausens zusammen, und er wußte um alle die verwickelten Verhältnisse der großen Welt Deutschlands. Mehr als einem andern hatte Nordhausen ihm zu danken, wenn gar häufig die erlauchtesten Gäste in seinen Mauern weilten und immer wieder das geistige Leben befruchteten. Im Oktober 1525 kehrte Melanchthon bei Meyenburg ein, im Jahre 1527 flüchtete Jonas vor der Pest aus Wittenberg zu ihm, und im Unglücksjahr 1547 weilten Melanchthon und die Witwe sowie die Kinder Luthers in seinem Hause, während Jonas Unterschlupf fand im Gartenhause des Bürgermeisters Andreas Wende. Und nicht bloß um der Sache der Reformation willen nahm er diese Männer bei sich auf, sondern mehr noch, weil sie geistvolle Humanisten waren. Denn Justus Jonas, ursprünglich Jurist, war in seinen jungen Jahren ganz in humanistischen Studien aufgegangen und hatte noch 1519 den Kampf Ecks gegen Luther für einen Kampf des Ingolstädter Professors gegen den großen Erasmus aus Rotterdam erklärt. Auch die rednerischen Fähigkeiten Jonas', der nächst Luther für den besten Kanzelredner gehalten wurde, mögen Meyenburgs Freude an schöner Form geweckt haben. Ferner: Melanchthon selbst ist sein Leben lang mehr Humanist geblieben als Theolog, durch Luther aus seiner Bahn geworfen. Das machte ihn gerade anziehend für Meyenburg. Bezeichnend ist ferner ein Brief Melanchthons an Meyenburg vom 20. Oktober 1542, nachdem Luther Meyenburg abgekanzelt hatte, in welchem der Wittenberger Freund den Nordhäuser Staatsmann mit dem Schicksale von Themistokles, Aristides, Camillus, Scipio, Cicero und Belisar zu trösten suchte und schließlich beteuerte: „Ich erhalte auch so oft Fausthiebe, nicht etwa nur von den Gegnern, nein, von den Unsern. Wir wollen das Übel tragen und durch Mäßigung mildern."

Durch diesen Verkehr war das Meyenburgsche Haus für Nordhausen der Mittelpunkt des wiedererwachenden Altertums. Melanchthon nannte den Freund *homo magnae existimationis*, einen hochgelehrten Mann, und *communis litterarum patronus*, den Förderer aller Künste und Wissenschaften, und als solcher war er für das Geistesleben Nordhausens von größter Bedeutung.

Von ihm empfing auch Anregung und Unterstützung ein anderer wackerer Humanist, ein geborener Nordhäuser, Johann Huter, der gelehrte Prior im Himmelgarten zu Nordhausen. Huter war in der Blütezeit Meyenburgs schon ein bejahrter Mann; zunächst noch ein frommer Katholik, der 1518 zum Bau des Petersdoms eine reiche Spende nach Rom sandte, aber von jeher ein begeisterter Verehrer des klassischen Altertums. Auch er hatte die frische Luft der Erfurter Universität geatmet und daher eine ewige Sehnsucht nach altem Guten und Schönen behalten. Eifrig studierte er alle wissenschaftlichen Werke, deren er habhaft werden konnte und legte in seinem Kloster nach und nach eine stattliche Bibliothek an. Dieses Vermächtnis unseres Priors wurde vor dem Bauernsturme 1525 nach Nordhausen geflüchtet, wo die Bücherei zunächst Aufnahme fand bei dem Mönch Heinrich Thube in der Nordhäuser Besitzung des Klosters an der Töpferstraße, bis sie 1552 auf Ratsbefehl in die Blasiikirche überführt wurde.

Im Kloster Himmelgarten, das unter Stolbergs Schutz stand, trafen sich die Stolberger mit den Nordhäuser Humanisten. Hier fand sich der junge Tilemann Plattner ein, der begünstigte Kaplan Bothos von Stolberg, der von ihm gewürdigt wurde, die jungen Grafen Wolfgang und Ludwig als Erzieher nach Wittenberg zu begleiten, und der von unserem Humanistenkreise beneidet wurde, weil er auf einer von Eobanus Hessus veranlaßten Reise in die Niederlande dem göttlichen Meister Erasmus selber näher getreten war. Und mit Plattner kam der Stolbergsche Hauptmann Wolf von Rabyl, gleich ihm ein Schwärmer für die neue Blüte der Wissenschaft. Aus Nordhausen aber wanderten gar oft den Stationsweg nach dem Himmelgarten entlang Lorenz Süße und Johannes Spangenberg, der schon von seiner Stolberger Diakonzeit her mit Tilemann Plattner befreundet war. [3] Dieser Kreis, der oft genug den Lauf der Welt bedacht und für Luthers Werk gebetet haben mag, erfreute sich doch auch ebenso oft an dem süßen Gift des verdammten und gepriesenen Heidentums.

Johann Spangenbergs glücklicher Anlage und seinen organisatorischen Fähigkeiten war es dann zu danken, daß jene Freude am klassischen Altertum nicht auf einen intimen Freundeskreis beschränkt blieb, sondern der Jugend Nordhausens mitgeteilt wurde. Schon in Gandersheim und Stolberg war Spangenberg Jugenderzieher gewesen aus Freude an der jungen Generation; und um die neue Bildung und Gesittung auch in der Nordhäuser Jugend heimisch zu machen, eröffnete er kurz nach seiner Berufung im Jahre 1524 an der Pfarre zu St. Blasii eine Schule, aus der dann das Nordhäuser Gymnasium emporwuchs. Spangenberg, bei aller Fröhlichkeit eine ernste und sittlich gefestigte Persönlichkeit, aber wußte, daß zur Erziehung von jungen Menschenkindern, die Gott und den Menschen zum Wohlgefallen leben sollten, das Studium der klassischen Sprachen und die Freude an schöner Form allein nicht genügten. Deshalb waren die Sprachen des Altertums und die Dichtkunst ihm und seinen Schülern nicht Selbstzweck, sondern dienten ihm dazu, das Rüstzeug zur Verteidigung des Evangeliums zu liefern, dienten ihm dazu, die tiefsten Gedanken der Heilslehre zu ergründen, dienten ihm dazu, gefestigte, im lautern Christentum wurzelnde Persönlichkeiten heranzubilden. Dadurch, daß Johannes Spangenberg vor allen anderen seiner Zeitgenossen humanistischen und lutherischen Geist in sich vereinigte, war gerade er befähigt, beide Strömungen, Humanismus und Reformation, für die Bevölkerung Nordhausens zum Segen werden zu lassen.

So erstrahlte denn um 1520 herum auch in Nordhausen die Antike in neuem Glanze. Was jene ersten Verkünder für Nordhausen gewesen sind und geleistet haben, davon zeugen am besten ihre Schüler und ihre Nachfahren. Ein Meyenburg, ein Spangenberg waren es, die ein neues Geschlecht nach ihrem Geiste formten, sie waren es, die sich bemühten, von auswärts Jünger als Verkünder des neuen Heils nach Nordhausen zu ziehen.

Da seien von Nordhäuser Kindern, die im Geiste ihrer Eltern und Lehrer erzogen waren und wirkten, nur drei genannt: Johannes Gigas, Cyriakus Spangenberg und Siegfried Sack; Johannes Gigas, der erste Rektor der Fürstenschule zu Pforta, ein feinsinniger Dichter lateinischer Gedichte, Cyriakus Spangenberg, der älteste Sohn Johannes Spangenbergs, der ein streitbarer Theologe und großer Historiker wurde, Siegfried Sack, der Sohn des Bürgermeisters Thomas Sack,

---

3 Vergl. Otto Plathner, Tilemann Platner, Zeitschrift des Harzvereins, 1868, 63 ff.

Rektor der Domschule zu Magdeburg und später geschätzter Domprediger daselbst.

Schärfer als bei diesen Söhnen Nordhausens tritt das Eigentümliche und Neue des Zeitgeistes zu Tage bei den Fremdlingen, die aber in Nordhausens Mauern gewirkt haben: bei Michael Neander, bei Basilius Faber und bei Johannes Thal.

Neander wurde 1525 geboren und kam 1547 auf Empfehlung Melanchthons und Jonas' als Unterlehrer an das Gymnasium nach Nordhausen. Zugleich war er Hauslehrer bei Erasmus Schmidt, dem er während seines ganzen Lebens eine warme Zuneigung bewahrte. Am 30. Juni 1550 nahm er Abschied von Nordhausen, um sein Erzieheramt im nahen Ilfeld anzutreten. Hier wurde er zu dem, als der er noch heute gefeiert wird. Aus dem Ilfelder Rektor wurde ein *praeceptor Germaniae.*

Bei Michael Neander, einem der größten Pädagogen des 16. Jahrhunderts, tritt noch die neue Art der Geistesrichtung am wenigsten hervor. Doch wenn der große Ilfelder Rektor, schwächlichen und kränklichen Körpers, wie er war, von sich selber schrieb: „Von Jugend auf habe ich nie Verlangen gehabt nach dem, wonach junge Leute sollen und müssen Lust haben, nach Tanzen, Springen, Wohlleben, dabei man trinket, springet und fröhlich ist. – Ich habe auch viel Essen und Trinken nie vertragen können, obgleich ich gewünscht habe, daß ich es könnte. Ich bin mir selber böse geworden, daß ich es nie gekannt habe", – wenn Neander in dieser Weise seufzte, so geht daraus hervor, daß auch er eine der katholischen Kirche völlig fremde, humanistische Bejahung des Lebens und seiner Freuden zeigte. Diese positive Einstellung zum Diesseits ließ ihn auch zu einem großen Jugenderzieher und geschickten Diplomaten im Dienste seines Ilfelder Stiftes werden. Denn die Erziehung als Beruf kann eigentlich nur der erwählen, der den Glauben hat, daß das Leben auf dieser Welt nicht nur ein Vor- und Durchgangsstadium ist, sondern für sich selbst Wert und Würde hat. Deshalb gehört auch Neander, so sehr er verbissener theologischer Dogmatiker war, in den Kreis der Humanisten.

Der zweite, Basilius Faber, wurde 1520 zu Sorau geboren und kam schon als Jüngling in das Haus Spangenbergs als Erzieher von dessen Söhnen. Lehrer und Erzieher blieb er sein ganzes langes Leben hindurch. 1550–1553 war er Rektor der Lateinschule in Nordhausen. Sein 1571 erschienener *thesaurus eruditionis scholasticae* wurde noch 1726 von Gesner einer Neuauflage gewürdigt. Als streitbarer Humanist zeigte er sich aber besonders durch seine Mitarbeit an dem großen protestantischen Quellenwerk der Magdeburger Centurien, das Flacius Illyrikus herausgab und das den Bau der katholischen Kirche durch das Werkzeug historischer Kritik erschüttern sollte. Lorenzo Valla hatte die angeblichen Schenkungen Konstantins als Fälschung erwiesen, und auf der Bahn des italienischen Humanisten wandelten nun die Deutschen weiter. Die historische Kritik begann, mit dem abergläubigen Wust eines Jahrtausends aufzuräumen.

Die Selbständigkeit und Freiheit, welche die Renaissance der Menschheit gegenüber Glauben und Geschichte errang, wirkte sich nicht zuletzt auch in der Gewinnung einer neuen Einstellung zur Natur aus. Naturwissenschaft, Medizin, und Technik knüpften, das Mittelalter überspringend, an das Altertum an, und bald gewann das ganze Weltgebäude, Mikrokosmos und Makrokosmos, durch die unermüdliche Forschertätigkeit jener Jahrzehnte ein neues Gesicht. Ja, man ist versucht, zu sagen, daß neben der Wiedererweckung der bildenden Kunst die westeuropäische Renaissance nichts Größeres und Nachhaltigeres hervorgebracht hat als diese Taten auf naturwissenschaftlichem Gebiet. Das universale Genie Leonardo da Vincis befruchtete sämtliche Zweige der Technik, Paracelsus ward der größte Arzt seit dem Griechen Galen, und dem Domherrn Copernicus zu Thorn gelang die größte wissenschaftliche Umwälzung aller Zeiten. Hatte die Scholastik bisher mit der trefflichsten Logik eine supranaturalistische und metaphysische Welt ausgebaut, so ging man jetzt daran, erst einmal die sehr viel weniger schwierige Physik des Diesseits zu ergründen, in der stillen Hoffnung, nach der rechten Einsicht in die Dinge dieser Welt mit klarem Blick die Dinge jener Welt erschauen zu lernen.

Die Wertschätzung der Naturwissenschaften auch in Nordhausen drückt sich darin aus, daß am Anfang des 16. Jahrhunderts zum ersten Male nicht Scharlatane, sondern wirklich Physici in der Stadt erschienen. Und wenn den Nordhäuser Naturforschern auch noch manch krauses Zeug unterlief, – die Alchemie und die Astrologie jener Zeit haben doch die Wissenschaft gefördert, und auch der Pastor Melchior Leporinus von der Frauenbergkirche, der in den Jahren 1569–1587 über den Retorten sein Pfarramt vernachlässigte, wird nicht ohne Einsicht in das Leben und Weben der Natur geblieben sein.

Doch wichtiger für die Nordhäuser Bevölkerung wurden die Ärzte. Gleich der dritte eigentliche Arzt, den die Stadt im Jahre 1534 in ihre Dienste nahm, war ein an der griechischen Heilkunde vortrefflich geschulter Mann, Dr. Jonas Cornarius. Doch dieser Cornarius, der in Basel Erasmus nahestand und in Pavia den Doktorhut erwarb, gewann nicht solche Beziehung zu unserer Heimat wie Johannes Thal.

Thal wurde 1542 zu Erfurt geboren und unter Michael Neander in Ilfeld erzogen. Nach seinen Wanderjahren, die ihn über Jena führten, wo er Student war, und über Stendal, wo er als Arzt wirkte, gelangte er zu Brot und Ansehen in Stolberg und schließlich 1581 in Nordhausen. Jahrelang durchforschte er „mit Gefahr seines Lebens alle Winkel des Harzes, Thüringens und Sachsens", wie sein einstiger Lehrer Neander schreibt. Die Frucht dieser Studien war seine Silva Hercynia, das erste Buch einer Floristik Deutschlands, ein Buch, das auf jeder Seite den scharfen Beobachter und geschickten Gelehrten zeigt.

Auch als Arzt muß er Bedeutendes geleistet haben, denn Neander sagt von ihm, er sei „kein geringer, sondern ein Wundermann gewesen", und an viele Krankenbetten Sachsens und Thüringens wurde er berufen. Auf einer dieser Reisen, sie führte ins Magdeburgische zu einem Herrn von Bordfeld, den er von der Schwindsucht heilen sollte, erlitt er 1583 einen tödlichen Unglücksfall zwischen Halberstadt und Magdeburg. Die Pferde seines Reisewagens gingen durch, und als er sich durch einen Sprung aus dem Wagen in Sicherheit bringen wollte, brach er das rechte Bein. Lange Zeit lag er mit aus dem Fleisch herausragendem Schienbeinknochen hilflos am Wege. Die Kunst der herbeigeeilten Ärzte und seine eigene konnten ihn nicht mehr retten. In Peseckendorf bei Oschersleben ist er am 18. Juli 1583 gestorben. [4]

Welch ein Unterschied zwischen dem 15. und 16. Jahrhundert, wenn man das Leben und Wirken dieser Männer betrachtet! Kunst und Literatur, Geisteswissenschaften und Naturwissenschaften waren erwacht. Es war eine Lust zu leben. Und doch, man würde den Charakter der Zeit gänzlich verkennen, wenn man ihn nur von dieser einen Seite aus betrachten wollte. Gewiß, für die Menschheit und ihre Zukunft hat der Humanismus Größtes geleistet. Doch fähig dazu wurde er erst durch Luthers Befreiungstat. Und wenn man gar danach fragt, wer der ersten Hälfte des 16. Jahrhunderts ihr Gepräge gegeben und nicht nur die Gemüter der Besten, sondern, worauf es ankommt, des ganzen Volkes bewegt hat, so müssen doch Erasmus und Dürer und Lionardo weit zurücktreten hinter dem einen Martin Luther. [5]

Der revolutionäre Grundton führte Humanismus und Reformation zunächst zusammen. Wenn Luther auf den Zwiespalt zwischen den idealen Forderungen und der wirklichen, häufig ganz äußerlich frommen Einstellung der alten Kirche aufmerksam macht, dann zeigte sich bei ihm eine ganz ähnliche Kritik wie bei den übermütigen Verfassern der Dunkelmännerbriefe. Wenn Luther das deutsche Volk aus der Enge der scholastischen Logik herausführen wollte und dabei seine Bibel fest umklammert hielt, so kämpfte er damit Seite an Seite mit Erasmus. Wenn Luther anlief gegen die Allmacht der priesterlichen Stellung und ein persönliches Verhältnis herstellte zwischen Gott als dem lieben Vater und den Menschen als seinen lieben Kindern, oder wenn er der *civitas terrena*, dem Staate und der Gesellschaft, selbständigen Wert beimaß gegenüber der *civitas coelestis,* dem Gottesstaate, dann berührten sich seine Gedanken stark und unmittelbar mit der humanistischen Verehrung diesseitiger Herrlichkeit. Bei dieser Verwandtschaft war es kein Wunder, wenn Mutian 1515 auf den Wittenberger Mönch aufmerksam wurde und ihn für seinen Jünger ansah. Auch 1518 schien das Gemeinsame noch zu überwiegen, so daß der Humanist Melanchthon als Lehrer der griechischen Sprache nach Wittenberg berufen wurde, und 1519 sah ja noch Justus Jonas das Auftreten Ecks als einen Streit zwischen ihm und Erasmus an.

Dennoch fühlte bald keiner mehr als Luther selbst den fundamentalen Unterschied zwischen Humanismus und Reformation. Luther hatte eine geringe Meinung vom klassischen Altertum. Schon weil Aristoteles' Philosophie der Scholastik das ganze Rüstzeug geliefert hatte, verdammte er den Griechen als den verfluchten Heiden, dessen Lehre sich zur Theologie verhalte wie die Finsternis zum Lichte. Die Humanisten sahen die Dinge doch unter einem ganz anderen

---

[4] Vergl. Gymnasialprogramm Sondershausen, 1862. Irmisch, Über einige Botaniker des 16. Jahrhunderts ..., 44 ff. Irmisch, Einige Nachrichten über Joh. Thal, Zeitschrift des Harzvereins, 1875, 149 ff. Wein, Naturwissenschaftliche Bestrebungen in Nordhausen, Allg. Ztg., 10.XII. 26.

[5] Die Lebensdaten der meisten hier behandelten Humanisten bringt Förstemann, Kleine Schriften 14 ff. Wesentliche Ergänzungen haben eine Reihe hübscher Aufsätze von Heineck in der Nordhäuser Zeitung gebracht. Vgl. besonders: Heineck, Aus dem Leben Michael Neanders, 1925. Lesser gibt einigen Aufschluß über Wiegand u.a.

Blickwinkel als Luther. Ihr Sinn war ganz nur auf das Menschliche gerichtet; sie fanden Gefallen daran zu betonen, daß nichts Menschliches ihnen fremd sei. Luther dagegen stellt die Frage: Was muß ich tun, damit ich die ewige Seligkeit gewinne? Die Humanisten waren Realisten, ja Naturalisten, Luther holte sich in seinen Glaubensnöten Rat und Friede aus der deutschen Mystik. Deshalb ließ Erasmus als Realist dem freien Willen noch einigen Spielraum, Luther als Voluntarist gründete seine Theologie allein auf die göttliche Gnade. Dort finden wir das Vernünftigste, hier die Offenbarung in einer Zentralstellung; darum wurde Luther deutschem Geiste viel mehr gerecht als irgendein Humanist. Luther war übersinnlich, nicht sinnlich, Luther war grüblerisch, nicht spielerisch, Luther war faustisch, nicht mephistophelisch eingestellt.

Daß Luther mit diesem seinem Leben und seiner Lehre das Sinnen und Trachten und Dichten und das ganze Wesen des deutschen Volkes verkörperte, erkennt man, wenn man betrachtet, was die Deutschen jener Zeit lasen und an Geisteswerken schufen. – Seitdem um die Mitte des 15. Jahrhunderts Gutenbergs Erfindung eine völlige Umwälzung hervorgerufen hatte, erlebte die Welt von Jahr zu Jahr ein ungeheures Anschwellen der Neudrucke. Doch war auf dem Büchermarkte der Auftrieb an humanistischen Schriften kläglich im Vergleich zu den Drucken an Bibeln, Legenden, Postillen und ähnlichen Schriften geistlicher Erbauung. Gerade das Unbefriedigtsein mit der Kirche hatte die Beschäftigung mit religiösen Dingen in allen Kreisen anwachsen lassen. Dasselbe ist zu beobachten, wenn man die Kunstwerke der Zeit betrachtet. Die Kunst hat ja immer gern an die religiöse Gefühlswelt der Menschheit angeknüpft. Dabei blieb es trotz des Humanismus auch damals; und wenn auch ein Unterschied zwischen den Stoffen der mittelalterlichen und der modernen Kunst vorhanden war, wenn auch die religiösen Motive immer mehr Mittel zum Zweck wurden, wenn auch die Kunst mehr rein menschliche Züge in den Heiligenbildern darstellte, so war es doch unleugbar, daß Schongauer und Grünwald, Dürer und Kranach mit der Darstellung religiöser Stoffe dem Volksempfinden am meisten genugtaten. Alles wies darauf hin, daß die Religion viel tiefer im Volke wurzelte als der Humanismus. Erasmus war der Mann einiger weniger Gelehrten, Luther war der Mann des Volkes. Die geringe Oberschicht des gebildeten Deutschland war humanistisch gestimmt, die breite Masse des Volkes war religiös gestimmt. Nicht Erasmus trat sein Apostelamt an, sondern Luther.[6]

Wenn wir eben schon die Männer, die wir als Nordhäuser Humanisten bezeichneten, in ein anderes Licht rücken mußten, als es bisher von Nordhäuser Historikern geschehen ist, so glauben wir auch, in Berücksichtigung aller Zeitströmungen, von der Einführung der Reformation in Nordhausen ein anderes Bild entwerfen zu müssen.

Auch in Nordhausen war die Grundstimmung des Volkes nicht humanistisch, sondern religiös. Dabei hielt, ihrem konservativen und duldsamen Charakter entsprechend, die Bevölkerung durchaus am alten Glauben fest. Dennoch dürfen

---

6 Vergl. von Bezold, Gesch. der deutschen Reformation, Berlin 1890.

auch für Nordhausen gewisse Wandlungen in der Auffassung vom Wesen der Religion und der Kirche nicht übersehen werde. Die kulturellen Fortschritte hatte auch Nordhausen mitgemacht, und der einzelne, wacher geworden als bisher, strebte auch hier von mittelalterlichen Bindungen los.

Die Kirche mit ihrem feinen Gefühl für die seelische Struktur großer Massen hatte nicht gezaudert, Zugeständnisse zu machen, und schon seit Jahren hatte Mainz die Stadt von der geistlichen Gerichtsbarkeit entbunden. Auch die offenbaren Schäden der Kirche, insbesondere der Müßiggang und die Zuchtlosigkeit vieler Geistlicher sowie der Reichtum von Stiftern und Klöstern bei völliger Steuerfreiheit, wurden jetzt mehr beachtet und einer Kritik unterworfen als früher. Auch hier suchte die Kirche einzulenken und dem Empfinden des Volkes entgegenzukommen. 1488 wurde das Kreuzstift revidiert und den Domherren eine strenge Zucht auferlegt; doch blieb der Erfolg gering. 1503 brach offener Unwille über das Treiben der Augustiner Mönche in der Neustadt aus; 1516 weilte Luther deshalb in Nordhausen und suchte Abhilfe zu schaffen. Die leicht zufrieden zu stellende Nordhäuser Bevölkerung, die gern den gutem Willen für die Tat nahm, erkannte dergleichen Maßnahmen willig an und achtete nicht der verworrenen Stimmen von draußen. 1522 erzielte das Domstift noch eine Einigung mit der Stadt über die beiden Nordhäuser Schulen; es machte Zugeständnisse, behielt aber die alleinige Herrschaft über den inneren Schulbetrieb der Domschule. In demselben Jahre trug die Stadt in gutem Einvernehmen mit dem Stift zu den Kosten für die neue Einwölbung der Domkirche bei; 1523 unterstützte das Stift seinerseits die Stadt, indem es einen namhaften Betrag für den Türkenkrieg zeichnete. Wagte man auch schon anders mit der Kirche zu verhandeln und zu verkehren als früher, – die alte Überlieferung stand doch noch unangetastet. So entsprach es dem Nordhäuser Charakter.

Die Lage Nordhausens, abseits vom großen Getriebe der Welt, tat ein Übriges: es fehlte der rechte Anstoß von außen. Das war z.B. in dem Nachbarstädtchen Stolberg anders. Hier war der Hofprediger des Grafen Botho, Tilmann Plattner, mit dessen beiden Söhnen nach Wittenberg auf die Universität gezogen und erwarb dort am 14. Oktober 1521 zugleich mit Jonas den theologischen Doktorgrad. Graf Botho selbst weilte in demselben Jahre auf dem Reichstage zu Worms und nahm von dort den größten Eindruck von Luthers Auftreten mit. So fand in Stolberg die Reformation Eingang, während Nordhausen noch zauderte. Doch erhielt die Stadt bei ihren lebhaften Beziehungen zu Stolberg sicher von dort her einige Anregungen. Dagegen läßt sich die Einwirkung Mansfelds auf Nordhausen, wie Reichhardt behauptet, nirgends erweisen, und die geschäftlichen Beziehungen, die Perschmann den Apotheker Blasius Michel nach Wittenberg haben läßt, sind völlig aus der Luft gegriffen. [7]

Allmählich horchte freilich auch Nordhausen auf. Luthersche Unterströmungen unter der humanistischen Hauptströmung machten sich bemerkbar. Die

---
7 Vergl. Reichhardt, Die Reformation in der Grafschaft Hohenstein, Magdeburg 1912. Perschmann, Die Reformation in Nordhausen 1522–1525, Halle 1881.

einflußreichsten Kreise Nordhausens bemerkten allerdings noch nichts von der Reformation. Michael Meyenburgs Haus in der Hagenstraße blieb noch eine Hochburg allein des Humanismus, er selbst stand dem neuen Glauben völlig fremd gegenüber. Doch eine kleine Gemeinde, Konventiklern nicht unähnlich, biedere Handwerker zumeist, fand sich um den Besitzer der Ratsapotheke Blasius Michel zusammen. Hier am Holzmarkt trafen sich nach Wahrheit dürstende Männer aus dem Volke, dort in der Hagenstraße ging die von klassischer Schönheit trunkene Aristokratie ein und aus.

Ihre religiösen Anregungen erhielten die Freunde des Wittenberger Mönches vor allen von Franz Günther, einem Nordhäuser, der 1515 in Wittenberg Student geworden war, am 4. September für Luthersche Grundsätze disputiert hatte und 1519 Luthern mit Spalatin, dem Hofkaplan Friedrichs des Weisen, aussöhnte. Seit 1521 schrieb dann auch Justus Jonas, der Sohn des Nordhäuser Bürgermeister Jonas Koch, begeistert von Luther.

Jobst Koch oder Justus Jonas, wie er sich als Humanist nannte, hatte sich im April 1521, als Luther auf seiner Reise nach Worms durch Erfurt kam, dem Reformator angeschlossen und ging dann mit ihm nach Wittenberg. Diese beiden, Günther und Jonas, stellten die Verbindung zwischen Wittenberg und Nordhausen her. Sie waren es, durch die Luthers Thesen, seine Flugschriften, seine Predigten, seine deutsche Bibel in Nordhausen bekannt wurden. Durch sie erhielt der kleine Kreis um Blasius Michel seine geistige Nahrung, und begierig horchte er auf, wenn der Apotheker ein neues Druckwerk vorholen und vorlesen konnte. Auf diese Weise wurde die Apotheke am Holzmarkt, dem heutigen Lutherplatz, der Ausgangspunkt für die Reformation in Nordhausen, und Siegfried Sack konnte deshalb 1592 mit Recht schreiben, daß Blasius Michel es gewesen sei, dem von Wittenberg und anderen Orten fast alles, was zu jener Zeit gedruckt wurde, zugeschickt sei. Das habe er den Bürgern in seiner Apotheke vermittelt, „wodurch der Anfang bei vielen Bürgern gemacht worden, daß sie Lust und Liebe zum Evangelio gewonnen".

Als sich dann eine kleine Gemeinde treuer Lutheraner gebildet hatte, wagte man endlich, auch einen Geistlichen ins Vertrauen zu ziehen. Das war der Augustiner Prior Lorenz Süße.

Wenn man die Vergangenheit Süßes betrachtet, wird es ohne weiteres klar, warum die Freunde Luthers in Nordhausen sich gerade an diesen Mann wandten. Süße war aus Sachsen gebürtig und im Augustinerkloster zu Erfurt in der gleichen Zeit Mönch gewesen wie Luther; es geht die Sage, er sei sogar Luthers Stubengenosse gewesen. 1515 folgte er dem einstigen Kameraden nach Wittenberg, 1519 wurde er zum Prior in Nordhausen ernannt. Er war also eben erst aus Wittenberg gekommen, kannte Luther und seine Bestrebungen genau und mußte den Nordhäusern am besten Aufschluß über die reformatorische Bewegung geben können.

Die Nordhäuser Luthergemeinde hätte keine geeignetere Wahl für die erste Durchführung der Reformation treffen können als die des Augustinerpriors. Denn Lorenz Süße war von vermittelnder, ruhiger Sinnesart; alles Draufgängertum lag ihm fern, ohne Anstoß an äußeren Formen und dogmatischen Nebensächlichkeiten zu nehmen, kam es ihm nur darauf an, das religiöse Leben zu verinnerlichen und zu vertiefen. Das war gerade, was die Nordhäuser wünschten. Des eifrigen Lutherjüngers Justus Jonas Neigung zum Humanismus tat ein Übriges, um eine Brücke zwischen den Humanisten und den Anhängern der Reformation zu schlagen. Allgemach bahnte sich eine Verständigung zwischen der Hagenstraße und dem Holzmarkte an. [8]

Diese Bekehrung zum Luthertum denke man sich nicht so einfach, wie sie bisher immer dargestellt worden ist. Manch retardierendes Moment trat doch ein, das den völligen Sieg der Reformation immer wieder hintertrieb. Der junge Glaube fand besonders beim Volke Anklang, das am meisten unter den Vorrechten der Geistlichkeit zu leiden gehabt hatte und dem der Gegensatz zwischen dem eigenen kümmerlichen Dasein und der üppigen Lebensführung der Geistlichen besonders augenfällig sein mußte. Diese freudige Bejahung des niederen Volkes erweckte aber das Mißtrauen der regierenden Kreise. Dazu kam, daß man auch in Nordhausen von dem Lärm und den Übertreibungen der Bibelstürmer genügend hörte. Eobanus Hessus war 1521 vor ihrem Treiben in Erfurt nach Nordhausen zu Michael Meyenburg geflüchtet. Dergleichen Begleiterscheinungen der neuen Lehre ermutigten gerade die einflußreichsten Männer der Stadt nicht zum Anschluß an die Reformation. Deshalb war es noch ganz außergewöhnlich, als der Propst Konrad Jenis vom Frauenberge 1525 evangelischer Pfarrer in Bennungen wurde und die Äbtissin des Frauenbergklosters, Anna von Rüxleben, heiratete. Das hundertmal zitierte Wort Luthers über Nordhausen: „Ich weiß keine Stadt am Harze oder sonst dergleichen, die dem Evangelio so bald unterworfen als Nordhausen. Das wird sie vor Gott und der Welt vor anderen in jenem Leben Ehre haben", dieses Wort klingt für Nordhausen wohl sehr schmeichelhaft, entspricht aber doch nicht ganz den Tatsachen.

Es war nur ein erster zaghafter Schritt, als Lorenz Süße Anfang des Jahres 1522 von den Kirchenvorstehern Branderodt und Thomas Sack, dem Vater Siegfried Sacks, im Beisein der ganzen Gemeinde und mit Vorwissen des Rates zum evangelischen Pfarrer von St. Petri gewählt wurde und am 16. Februar 1522 über das Evangelium von den Arbeitern im Weinberge die erste reformierte Predigt in Nordhausen hielt.

Unklar ist bei diesem Vorgehen der Bürgerschaft das Verhalten des Domstiftes, dem eigentlich die Besetzung der Pfarre zukam. Wahrscheinlich erfolgte aber ein Einspruch der Stiftsherrn, und dieser Einspruch forderte nun ein eifrigeres Eintreten auch des Rates für den neugewählten Prediger heraus. Gerade der Widerspruch beschleunigte die Bewegung und verursachte eine größere Entschiedenheit, dem einmal beschrittenen Wege weiter zu folgen. Nordhausen ließ noch in demselben Jahre einen Feuerkopf und Eiferer wie Thomas Münzer in seinen Mauern predigen. Es ist nicht von der Hand zu weisen, daß Münzer mit jenem Mönche identisch ist, über dessen Predigten in der Georgskapelle sich das

---

[8] Lesser, Das Leben ... Laurentii Süßens, Nordhausen, Cöler 1749.

Domkapitel beschwerte und den Rat anklagte, daß er „wider kaiserliches Edikt und päpstlichen Bann die Martinbuben, z.T. verlaufene Mönche, auftreten und predigen ließe".

Dieser ernsthafte Widerstand des Domstiftes scheint uns für das Durchschlagen der Reformation in Nordhausen durchaus maßgebend gewesen zu sein. Denn nun kam zu dem religiösen das politische Moment. Das Kreuzstift hatte nicht nur seine eigene Gerichtsbarkeit in Nordhausen, sondern stand als völlig selbständiges Gebilde des Gemeinwesens da; ihm gehörten die Pfarren der Stadt, es hatte reiche Liegenschaften in der Stadtflur, die dem Zugriff des Fiskus entzogen waren. Das waren schwere Beeinträchtigungen der Nordhäuser Souveränität. Wie ganz anders mußten sich die Verhältnisse gestalten, wenn Nordhausen reformiert und das Stift womöglich gar säkularisiert wurde! Solche Gedanken zogen durch Michael Meyenburgs Kopf, und die leitenden Männer Nordhausens fanden, daß die religiösen Bestrebungen ihnen nicht nur für das Himmelreich, sondern auch für das irdische Leben durchaus wünschbare Vorteile sicherten. Seit Ende 1522 fand deshalb die Reformation in Nordhausen energische Förderung; aus dem rein privaten Interesse war die staatliche Anteilnahme geworden. So müssen die Verhältnisse gesehen werden, wenn man nicht verklären und verteidigen will, wie es bisher genugsam geschehen, sondern wenn man die Dinge auf ihre Gründe zurückführt.

1523 schon ist die Sachlage gänzlich verändert. Das Kapitel beklagt sich nunmehr schon, daß seinen Gerechtsamen viel Abbruch geschehe. Näheres erfahren wir nicht, doch wir können es ahnen, denn wir hören, daß in demselben Jahre 1523 der Rat für billiges Geld vom Nonnenkloster im Altendorf die Scherf- und Rotleimmühle erwarb und daß er eine Bestandsaufnahme von den Klosterkleinodien der Augustiner Mönche veranlaßte. 1524 griff der Rat sogar in die Rechte des Domstiftes selber ein, indem er Bevollmächtigte zur Öffnung der Gotteskästen und zur Prüfung ihres Inhalts entsandte.

Unterdessen hatte aber auch das Vorgehen anderer deutscher Städte Nordhausen beeinflußt. In jenen unruhigen Zeiten voller Kämpfe mit äußeren Feinden und voll innerer Wirren fanden alljährlich Reichstage statt, auf denen die Stände ihre Gedanken austauschten und jeder von allen Verhältnissen im Reiche erfuhr. Doch hatten die deutschen Städte auch unter sich Zusammenkünfte, um über die Dinge, die allein sie betrafen, zu ratschlagen. So hatten 1523 und 1524 zwei Städtetage in Speyer stattgefunden, die auch Nordhausen beschickt und auf denen es erfahren hatte, wie die anderen deutschen Reichsstädte über die Luthersche Reformation dachten. Am 18. Juli 1524 wurde dann von dem Städtetage zu Speyer der weittragende Beschluß gefaßt: „Von unseren Predigern soll nichts als das Evangelium, die prophetische und apostolische Schrift gepredigt werden."[9]

Nordhausen wurde in Speyer durch Meyenburg vertreten, und dieser führte dann am 26. September 1524 auf Grund dieses Beschlusses des Städtetages den Ratsbefehl herbei, der die Lutherische Lehre in Nordhausen zur Staatsreligion

---

9 Ranke, Deutsche Geschichte im Zeitalter der Reformation, II, 138. Berlin 1852.

erhob und der folgendermaßen lautete: „Auf Befehl unserer Herren der Ältesten haben wir, der Rat, nach Beschluß der Freien und Reichsstädte auf dem Städtetag zu Speyer anno 1524, Montag nach Margareten unseren Pfarrherren und Seelenwärtern aus allen Pfarrkirchen gesagt, das göttliche Wort einträchtiglich nach Vermöge des Heiligen Evangelii und biblischen apostolischen Schrift hinfür zu predigen. Wer auch dagegen und des Widerspiels befunden, dem soll seine Predigt verboten sein."

Damit war Nordhausen der Reformation gewonnen. Immer wieder aber wird sichtbar, daß sich die Stadt nur ganz langsam in die neuen Verhältnisse hineingetastet hat. Und es ist ihr Glück gewesen, daß sie erst in dem Augenblick die vollständige Umstellung beschloß, als auch der rechte Mann in ihren Mauern erschienen war, der sowohl imstande war, die Lutherschen Ideen tiefinnerlich zu begreifen, als auch die Gewandtheit besaß, die nunmehr nötige äußere Organisationstätigkeit zu entfalten. Das war Johannes Spangenberg.

An der St. Blasiikirche war nämlich der Pfarrer Georg Neckerkolb gegen Luther und sein Werk aufs schärfste aufgetreten. Da ließ ihn der Rat am 4. April 1524 wissen, daß er die reine Lehre predigen oder den Schutz der Stadt verlieren solle. Als aber dieses Gebot den Pfarrer nicht anfocht, sandte der Rat nach Stolberg, wo Tilemann Plattner seit 1522 die Reformation durchgeführt hatte, und dieser traf in seinem Gehilfen Spangenberg die richtige Wahl für Nordhausen.

Johannes Spangenberg war nach einer entbehrungsreichen Jugend 1521 als Leiter der Schule nach Stolberg gekommen, trat aber hier auch bald als Prediger und Vertreter Plattners auf und wurde schließlich Archidiakon. Jetzt wurde er nach Nordhausen an die St. Blasiikirche berufen, um Neckerkolb zu verdrängen. Dieser Mann wurde nun der eigentliche Reformator Nordhausens. Neckerkolb zog sich in das Kreuzstift zurück, wo er noch in den vierziger Jahren des 16. Jahrhunderts Kanoniker war.

Luther, der immer mehr fühlte, von wie wenigen seiner Zeitgenossen er wirklich verstanden wurde, war in den späteren Jahren seines Lebens recht sparsam geworden, seine Freundschaft zu verschenken; er glaubte, es gäbe nicht mehr als drei Männer, die in seinem Geiste lebten und lehrten. Zu diesen zählte Luther unsern Spangenberg, den er seinen echten und lieben Jünger nannte. – In der Tat scheint es, als ob mit der Ankunft Spangenbergs in Nordhausen der Bürgerschaft zum ersten Male klar wurde, worum es eigentlich bei dem Bekenntnis zum Evangelium ging.

Hatten bisher die Nordhäuser beim Lesen des geschriebenen Wortes doch noch mancherlei mißverstanden, hatte man bisher auch in Nordhausen manche Wirrung durch falsche Propheten, z.B. durch das Auftreten *Thomas Münzers*, erlebt, – *Spangenbergs* Predigten behoben alsbald jeden Zweifel und sprachen eindeutig und lauter von dem Kernstück Lutherscher Lehre, der menschlichen Gerechtigkeit und Gotteskindschaft durch den Glauben, welcher die ganze Lebenshaltung des Menschen für sein eigenes Heil und für seine Mitmenschen bestimmt. So ließ sich denn auch *Spangenberg* vernehmen: „Nicht das Fasten, Feiern, Beten, Barfußgehen, graue Kappen tragen, nichts Eigenes haben, große Demut und

Leiden vorgeben, was auch Buben und Heiden können, macht heilig, sondern vor Gott kann nur die christliche Demut und die ehrliche Erklärung bestehen: Und vergib uns unsere Schuld." Und wie Luther die Stellung des einzelnen zur menschlichen Gesellschaft klargestellt hatte, indem er lehrte, daß der Mensch einen zwiefachen Dienst erfüllen müsse, den an sich selbst um seiner Seligkeit willen und den am Staate um seiner Mitmenschen willen, so verkündete auch *Spangenberg*: „Es will uns allen sämtlich gebühren, daß wir allen Amtsleuten Gottes gehorsam und untertan seien mit Furcht und aller Ehre. Denn wie kann es einen höheren Gottesdienst geben, als Gottes Wort ehren, Frieden unter Adams Kindern stiften und erhalten, Witwen und Waisen beschützen, den Gottesfürchtigen Recht verschaffen und den Gottlosen stören!" [10]

So arbeitete Spangenberg in seinen Predigten das Wesentliche des Evangeliums für seine Zuhörer heraus, und da hinter seinen Worten kein windiger, verlaufener Mönch, sondern eine ganze Persönlichkeit stand, die auch mit der Tat für ihre Lehre zeugte, bekehrte sich die Bürgerschaft immer eifriger zum wahren Luthertum. Den Übergang aber vom alten zum neuen Glauben erleichterte Spangenberg den Nordhäusern dadurch, daß er allem Nebensächlichen gegenüber Duldsamkeit bewies. Er behielt Beichte und Meßopfer, Chorrock und Räucherfaß zunächst ruhig bei. Ihm kam es nicht an auf Äußerlichkeiten, sondern auf Lutherschen Geist. Dadurch versöhnte er auch die noch Widerstrebenden mit dem Wandel der Dinge. Überhaupt bewies er in allen Stücken, daß er nicht nur ein eifriger Gottesmann war, sondern auch die Menschen und Verhältnisse sehr wohl abzuschätzen und zu behandeln wußte. Bei aller Innerlichkeit war ihm doch Freude an Geselligkeit und Gewandtheit im Umgange eigen, bei aller Überzeugungstreue bewies er doch Nachgiebigkeit und diplomatisches Geschick. Diese Eigenschaften befähigten ihn, Nordhausen für immer dem evangelischen Glauben zu gewinnen, so daß des Chronisten Lesser Wort in der Tat zutrifft, wenn er von Spangenberg sagt, er habe Luthers Lehre „mit kluger Tapferkeit eingeführt und hernach mit unermüdlicher Wachsamkeit rein erhalten".

Nach der Berufung Spangenbergs und nach dem Ratsbeschlusse vom 26. September war die weitere Überleitung der Stadt zum Lutherschen Glauben im wesentlichen nur noch Organisationsarbeit. Die Petri- und die Blasiikirche besaßen evangelische Pfarrer. Die Geistlichen der anderen städtischen Kirchen unterwarfen sich der Anordnung des Rates. Allerdings können wir den Gang der Dinge in den übrigen Kirchspielen nicht genau überschauen. Alles war im Fluß; die Prediger wechselten häufig.

Die für die Stadt wichtigste Kirche war ja die Markt- oder Nikolaikirche. Hier begann schon Heinrich Simrott im Sinne Luthers zu predigen, ihm folgte 1524 Jakob Oethe. Dessen Berufung hatte sogar zunächst die Zustimmung des Kreuzstifts gefunden, denn er war ein maßvoller Mann und zugleich der Sohn des Bürgermeisters Andreas Oethe, und man wollte durch unnötigen Einspruch nicht

---
10 Vergl. G. Schmidt, Johannes Spangenberg, Nordh. Zeitung, 8. IX. 1924. Gerhard Schmidt hat eine Dissertation über die Reformation in Nordhausen geschrieben, die aber nicht gedruckt worden ist und deshalb hier nicht benutzt werden konnte.

Klosterruine Walkenried.   Carl Schiewek, Phot.

Kreuzgang des Klosters Walkenried.   Carl Schiewek, Phot.

Bürgermeister Meyenburg. Carl Schiewek, Phot.

maßgebende Kreise vor den Kopf stoßen. Doch den Anhang, den Oethe dadurch besaß, daß er aus eingesessener, angesehener Familie stammte, konnte der nunmehr Pfarrer Gewordene als Rückhalt benutzen, als er begann, energischer zu reformieren. Sogleich wurde der Abtrünnige denn auch von den Domherrn Valentin Heise und Johann Ehrenpfort heftig angegriffen. Doch die Hauptkirche Nordhausens war damit in der Hand der Evangelischen.

Das äußere Ereignis des Bauernkrieges, so viel Sorge es sonst dem Rate schuf, kam der Stadt dann ferner insofern zu Hilfe, als es die Mönche aus den Nordhäuser Klöstern trieb, auf diese Weise die Wirksamkeit gerade der katholischen Kreise, die von größtem Einfluß auf die breite Masse des Volkes waren, ausschaltete und die Klöster selbst, das Franziskaner-, das Dominikaner- und Augustinerkloster, für andere Zwecke freimachte. Aus diesem Grunde ist es auch hier nötig, in aller Kürze vom Bauernaufstande des Jahres 1525 zu sprechen.

Die Lage der Bauern war im 13. und 14. Jahrhundert geradezu glänzend gewesen. Das beweisen unter vielen anderen Zeugnissen Neithard von Reuentals schele Verse. Für die dann seit dem 15. Jahrhundert eintretende Notlage dieses Standes sind viele Ursachen verantwortlich. Wir erwähnen nur die immer weiter um sich greifende Geldwirtschaft, die dem niederen Adel keinen Platz mehr zwischen den Bürgern und den Fürsten zu gewähren schien. Dieser drückte, um weiter standesgemäß leben und es so den Großen in ihren Liebhabereien nachtun zu können, auf seine Hintersassen, die Bauern. Fortschreitende Entrechtung, immer drückendere Abgaben, immer härtere Fronden waren die Folge. Schließlich, als das Joch unerträglich wurde, griffen die Geknechteten zur Selbsthilfe. In dem weiter als Deutschland vorgeschrittenen Frankreich brach schon 1358 in der Jacquerie, in England zugleich mit der Wiclifitischen Bewegung 1381 ein furchtbarer Bauernaufstand aus. Hundert Jahre später bedrohten Bauernrevolutionen auch Deutschland. Sie waren durchaus sozialer Natur, standen mit der Reformation zunächst in keinerlei ursächlichem Zusammenhang. Durchaus etwas Schicksalmäßiges, nämlich die zwangsläufige Bildung größerer Kapitalien infolge der Geldwirtschaft, trug allein an den Unruhen Schuld; wie Luther sich einmal äußerte: Wer 100 Gulden besitze, könne jährlich einen Bauern oder Bürger fressen und leide darüber keine Gefahr, weder am Leib noch an Ware, sitze hinter dem Ofen und brate Äpfel. [11]

Der unruhigen Bewegungen wurden gegen Ausgang des 15. Jahrhunderts immer mehr. In unserer Gegend waren besonders die Mansfelder Bergleute mit ihrem Lose unzufrieden und traten seit dem 15. Jahrhundert, besonders aber während des ganzen 16. Jahrhunderts, immer wieder in Streiks ein. Dergleichen Arbeitsniederlegungen und Arbeitsvereinigungen waren dem Mittelalter nicht etwa unbekannt, nur konnten die herrschenden Kreise sie bei der lokalen Beschränkung, zu der sie notwendig durch den Mangel an jeder Verkehrsmöglichkeit und jeder Organisation verdammt waren, leicht unterdrücken. Auch die

---

11 v. Bezold, a. a. O. 452.

Nordhäuser Statuten und Polizeivorschriften kennen den Streik und belegen ihn mit den schweren und entehrenden Strafen des Prangerstehns und Stäupens.

Als dann Luther auf die von der Masse schon lange dumpf gefühlten, aber nie recht erkannten Schäden der Kirche aufmerksam machte, traten zu den sozialen Wünschen religiöse hinzu, und gewisse Wendungen des Evangeliums mußten zur Begründung weitgehender Ansprüche dienen. Man fragte wohl: „Als Adam grub und Eva spann, wer war da der Edelmann?" Dazu kam, daß viele aus dem Bauern- und niederen Bürgerstande hervorgegangenen Mönche, die durch die Reformation frei wurden, sich bei ihrem höheren Bildungsgrade und ihrer Fähigkeit, das Wort zu gebrauchen, zu Führern ihrer ehemaligen Standesgenossen aufwarfen und die Gefährlichkeit der Bewegung erhöhten. Am schlimmsten war es, daß diese Mönche bewußt oder unbewußt Luthers Lehren fälschten und der „Freiheit eines Christenmenschen" eine Ausdehnung gaben, die jede gesellschaftliche Ordnung über den Haufen werfen mußte. Das taten z.B. die Anhänger der Wiedertäufer. Wenn unser Nordhäuser Landsmann Justus Jonas von diesen schreibt, sie lehrten, ein Christ könne nicht göttlich in Fürsten-, Herren-, Richter- oder Obrigkeit-Amt sein oder solches üben und führen, Gericht sitzen, das Schwert wider die Bösen brauchen, so predigten sie ganz offenbar Anarchie; oder wenn sie sich vernehmen ließen, die Christen sollten nichts Eigenes haben, ihre Güter alle unter sich gemein geben, so standen sie damit völlig auf dem Boden des Kommunismus. [12]

Derjenige, der nun für den Bauernaufstand im nördlichen Thüringen und damit für Nordhausen von größter Bedeutung werden sollte, war der Mönch von Allstedt, Thomas Münzer. Dieser trieb schon seit 1522 am Südharzrande, auf dem Eichsfelde und in Thüringen sein Wesen. Vom Sommer 1522 bis Anfang 1523 weilte er in Nordhausen. Hier muß ihm der besonnene Lorenz Süße entgegengetreten sein. Denn Münzer warf Luthern und Süßen später in seiner hyperbelreichen Sprache nichts Geringeres vor, als daß sie ihm nach dem Leben getrachtet hätten. Dann wandte er sich nach Mühlhausen und fand hier in dem entwichenen Mönche Heinrich Pfeifer den rechten Spießgesellen. Mühlhausen fiel ihm zu.

Durch dieses Schicksal der Schwesterstadt wurde Nordhausen auf die Gefahr aufmerksam. Hier hatte sich in den 150 Jahren seit der Nordhäuser Revolution, welche die Geschlechterherrschaft gestürzt hatte, längst wieder eine Aristokratie gebildet, die genau von solchem Kastengeist beseelt war, genau so die Ämter unter sich verteilte, genau so den kleinen Mann, den Hintersättler, drückte, wie es einst die Geschlechter getan hatten. Kein Wunder, wenn die Herrn des Rats für Nordhausen ein ähnliches Geschick befürchteten, wie es Mühlhausen betroffen hatte. Und als sich 1524 nun gar Bilderstürmer in der Stadt bemerkbar machten und es sich bei ihrer Festnahme herausstellte, daß es Mühlhäuser Revolutionäre waren, mehrte sich die Angst. Um die Verwirrung aufs höchste zu steigern, legte Mühlhausen auch noch wegen der Inhaftierung seiner Mitbürger

---

12 Vergl. Heineck, Die Wiedertäufer am Südharz, Nordh. Familienblätter Sept., Okt. 1925. Ed. Jakobs, Die Wiedertäufer am Harz, Zeitschrift des Harzvereins, 1900, 423 ff.

Verwahrung ein und schrieb, man solle sie loslassen, da sie nur nach der Heiligen Schrift getan und gehandelt. [13] Gottlob, daß ein Spangenberg zur Stelle war!

Unterdessen hatten zu Memmingen die süddeutschen Bauern und Kleinbürger ihre Forderungen in 12 Artikeln niedergelegt, und alsbald durchflogen diese in Tausenden von Flugblättern Deutschland. Überall nahmen die Bauern sie als Grundlage für ihr Begehren an. In Mühlhausen wurde am 16. März 1525 der Rat entsetzt, die Stadt war nunmehr gänzlich in Thomas Münzers Händen. Auf dem Eichsfelde und am Südharzrande rotteten sich die Bauern zusammen und suchten mit Sense und Dreschflegel, mit Flinte und Spieß ihr Recht. Im April und Anfang Mai durchtobte der Aufstand auch die Grafschaften Honstein und Stolberg. Alle Klöster und Schlösser waren gefährdet, die meisten wurden geplündert oder gar zerstört. 800 Bauern raubten Kloster Walkenried aus und legten die edle gotische Kirche in Trümmer. Ilfeld wurde heimgesucht, der Honstein ausgeraubt und in Neustadt die Beute verteilt. Ganz in der Nähe Nordhausens mußte Kloster Himmelgarten dran glauben.

Luther weilte in jenen erregten Tagen des Aprils in Eisleben. Von dort aus unternahm er es sogleich, die Aufruhrherde zu besuchen und zum Frieden zu mahnen. Am 21. April predigte er in Stolberg, „daß die Taufe nicht Leib und Gut, sondern die Seele freimache". Am 24. April langte er in Nordhausen an und war Meyenburgs Gast. Auch hier stieg er auf die Kanzel und suchte den Aufruhr zu dämpfen. Doch die Geister waren zu erhitzt; der Inhalt der 12 Artikel hatte zu sehr Besitz von ihnen ergriffen, und als Luther, so sehr er das Los der armen Bauern und Kleinbürger erleichtern wollte, doch klarzulegen suchte, daß die 12 Artikel praktisch undurchführbar seien, erhob sich in der vom niederen Volke besetzten Kirche ein Sturm des Unwillens. Es wurde in die Predigt hinein gehöhnt, mit Schellen geklingelt, und fast wäre es zur Rauferei im Gotteshause gekommen. Kurz, der Reformator konnte das Unheil nicht bannen. Die regierenden Herren aber, feige wie sie meist sind, wenn sie gar zu lange unangefochten an vollen Tischen gesessen, wagten nicht, dem entfesselten Sturme mit Gewalt entgegenzutreten.

Die Vorboten zum Aufstande hatten sich ja auch in Nordhausen schon 1522 und 1524 gezeigt; jetzt am 29. April 1525 brach das Unwetter los. Der Hauptherd der Unruhe lag im Altendorf, wo die meisten kleinen Leute in gedrückten Verhältnissen lebten. Zwei Männer namens Jakob Walroth und Walter Stelze schürten die Flammen. Vielleicht haben sie an das Barfüßertor gelehnt gestanden und vor ihnen auf der Straße das Volk: Männer mit schwieligen Fäusten, gutmütigen, aber jetzt entschlossenen Gesichtern, daneben Frauen und Halbwüchsige, denen mehr die augenblickliche Wut oder die Lust an der Sensation als das Bewußtsein, einer gerechten Sache zu dienen, aus den Augen glühte, und dann wieder Hetzer und Aufpeitscher, die nicht um der guten Sache, sondern um des persönlichen Vorteils willen unter dem Volke standen und schürten. Hier ward

---

13 Vergl. Förstemann, Kleine Schriften, 76 ff. Vergl. Heineck, Das Drama von Frankenhausen, Nordh. Zeitung vom 3. März 1925.

jedenfalls Anklage gegen die Ratmänner erhoben, wie diese für kleinen Dienst großen Verdienst einsteckten, wie sie die Karpfen aus den Fischteichen als willkommene Fastenspeise auf ihrem Tische hatten, wie sie die Hühner aßen, die ihnen gezinst wurden, wie sie allein die Jagd in der Feldflur für billigste Pacht innehatten, wie sie stolz und aufgeblasen in der Staatskarosse saßen und sich von den städtischen Pferden aus dem Marstall ziehen ließen – auf Kosten der Hintersättler, wie sie die Nächte hindurch bankettierten, während den kleinen Mann in früher Abendstunde die Bierglocke nach Hause rief. Hier ward auch gegen die Pfaffen und Mönche zum Kampfe gerufen; gegen die Zisterzienser Nonnen im Altendorf und die Domherren im Kreuzstift, wie sie keine Arbeit leisteten, keine Steuern zahlten, ihre reichen Liegenschaften gegen hohen Zins ausgaben und ohne Erbarmen den Zehnten forderten, wie sie praßten und schwelgten und schlimmere Dinge taten, wie sie wegen ihrer Untaten angeklagt und von ihresgleichen doch freigesprochen wurden. Hier wurden auch die 12 Artikel verlesen mit der Überschrift: *„Die grundtlichen und rechten haupt Articel aller bauernschaft und hindersessen der Geistlichen und Weltlichen oberkeyten, vonn welchen sye sich beschwert vermeinen."* – Kraus genug sah es in den armen Köpfen aus, dumpf fühlten sie das ihnen angetane Unrecht. Keinen Ausweg sahen sie, ihren Zustand zu bessern, kein klares Ziel hatten sie vor Augen; nur das Verlangen trieb sie, irgendwie eine Besserung zu erreichen. Die Ungewißheit gab ihnen Unsicherheit, nicht wußten sie, ob sie Böses wollten oder Gutes. Da ließen die Rädelsführer sie schwören, „Leib und Gut beieinander zu lassen und zu stehen; was einen betrifft, solle den anderen auch anlangen".

Wenigstens soweit sicherten sie sich gegen Überrumpelungen aus der Oberstadt, daß sie Geschütze am Barfüßertor aufstellten, deren Mündung die Straße hinaufgerichtet waren. Dann wählten sie 4 Mann als Sprecher: Brüchter, Kloß, Dorfmann und Schönau. Zwei Abgesandte schickten sie auf den Sand, Friedrich Heise und Dorfmann, die dort mit den armen Hintersättlern über den Zusammenschluß verhandeln sollten. Doch da traf sie der erste Fehlschlag. Die Leute auf dem Sande blieben ruhig und lehnten die Teilnahme ab. Zwei besonders Beherzte, Hans Beier und der „lange" Friedrich Heise, mußten auf das Rathaus gehen und dort vorstellig werden. Bürgermeister Oethe schickte darauf zwei Ratsherrn ins Altendorf hinab, Bohne und Eilhardt, die das Volk beruhigen sollten.

Hier hatten die Rädelsführer den Aufsässigen eingeredet, daß das Frauenbergkloster und der Ilfelder Hof schon längst geplündert seien. Da wollten sie denn auch nicht zurückbleiben und fielen über das Altendorfer Nonnenkloster her. Die wirklich wertvollen Gegenstände im Kloster hatten aber das Domstift schon vorher an sich genommen, und späterhin verwahrte sie der Rat. So begnügten sich die Plünderer mit Speck, Butter und Bier. Als die Ratsherrn kamen, war die gesättigte Schar schon im Abzuge gegen Salza, um sich mit den aufständischen Bauern der Landschaft zu verbinden, und als die beiden den Nachtrupp baten, auf sie zu hören und in die Stadt zurückzukommen, ward ihnen nur zugerufen: Jawohl, sie wollten zurückkommen, aber mit 500 Bauern.

Ebenso tumultuarisch und ziellos war die Revolution der kleinen Leute des

Rautenviertes. Auf den Petrikirchplatz kamen die Männer mit Äxten und Sensen zu Hauf, und als sie beisammen waren, wußte niemand zu sagen, was sie wollten. Da erschien der Schultheiß Leonhard Busch und suchte zu vermitteln. Als er nach ihrem Begehren fragte, gab es das wirrste Durcheinander, und die kleinsten persönlichen Beschwerden wurden vorgebracht. Busch konnte, vom Rate beauftragt, ihnen nur versprechen, daß ihre Not beseitigt werden solle.

Am gefährlichsten, weil am organisiertesten, ging es in der Oberstadt selbst zu. Wie es scheint, hatte sich hier nur ein kleiner Haufe zusammengerottet, aber es standen an seiner Spitze verständige und entschlossene Leute; einige Knochenhauer, die offenbar persönlich vom Rate gekränkt waren, hatten die Führung übernommen. Sie kamen vor dem Kreuzstift zusammen, und Hans Sander sowie sein Stiefbruder Bertold Helmsdorf putschten sie auf. Der fähigste war aber ein gewisser Hans Kehner. Hier ging es nicht um die Mettwurst der Nonnen, um die Köchinnen der Chorherren oder um das Verlangen, Vogelschlingen legen zu dürfen, sondern hier war die Parole: Sturz des Ratsregiments, Verbindung mit Thomas Münzer. Der Knochenhauer Hans Sander ließ sich vernehmen: Es werde in Nordhausen so lange nicht gutgehen, man schlage denn den Regenten die Köpfe ab und setzte andere ein. Oder es hieß: Wenn die Herrn Ältesten beisammen wären, da wollte man das Rathaus stürmen und die Herrn vom Rathaus werfen. – Hier war auch das Bewußtsein vorhanden, daß man auswärtiger Hilfe bedürfe.

Thomas Münzer war am 2. Mai von Mühlhausen abgezogen, am Südfuße der Hainleite entlang auf Frankenhausen zu. Als er bei Ebeleben hielt, kam Hans Kehner zu ihm als Sendbote der Nordhäuser und bat ihn, am Straußberge vorbei oder durch die Sondershäuser Senke gen Norden zu ziehen und Nordhausen aufzusuchen. „Christliche Ordnung, deutsche Messe und deutsche Vesper" waren seine Forderungen, die er erfüllt wünschte.

In denselben Tagen, wo Kehner so mit Münzer verhandelte, standen die Boten des Rates vor Herzog Johann in Weimar und ersuchten um Hilfe. Doch dieser ließ sich vernehmen: Nordhausen sei ja eine wohlverwahrte Stadt, sie solle sich selbst helfen; wenn es aber wirklich schlimm werde, wolle er kommen. Das war ein schwacher Trost, und allein stand der Rat im brandenden Meere. Da versuchte er es mit Beruhigungen und Versprechungen aller Art: Die Viertelsmänner, also die von den Vierteln in den Rat gewählten, ließ er einzeln kommen und fragte nach den Beschwerden. Willig ward Abstellung der Not und Besserung der Verhältnisse versprochen.

Vollständig hilflos und kopflos war der Rat; ein zielsicheres Auftreten hätte die führerlose Schar der Aufrührer sofort in alle Winde zerstreut. Aber an der Spitze der Stadtsoldaten stand ein seltsames Gewächs, Johann von Stockhausen. Er war Hauptmann und Hypochonder. 1532 sah sich sogar Luther genötigt, den Lebensmüden aufzurichten. Er tat es in seiner tapferen Art, indem er schrieb: „Nur die Zähne zusammengebissen wider die Gedanken und in Gottes Willen solchen harten Kopf aufgesetzt und halsstarriger und eigensinniger sich gemachet, denn kein böser Bauer oder Weib, ja härter denn kein Amboß oder Eisen ist." [14] Ja, der Luther war ein Hauptmann; aber beim Stockhausen war alles vergebens, er mußte noch in demselben Jahre 1532 wegen „Schwachheit" entlassen werden. – Solch ein Honigkuchenmann paßte natürlich nicht in die Zeit.

Es war ein Glück für den Rat, daß die Aufrührer sich nur ans Plündern der Klöster gemacht hatten und nicht an die Beseitigung des Hauptübels gegangen waren. Anfang Mai wurde das Frauenberger Nonnenkloster von „drei Furchen böser Buben, einen Lärmen anzurichten" überfallen. Das Augustinerkloster in der Neustadt wurde bis auf seine Kirche völlig zerstört. Seitdem diente die Kirche nur noch als Leichenkapelle für die Neustadt, bis sie am 12. August 1612 ein Blitzschlag traf und gänzlich verwüstete. Am übelsten ging es den Dominikanern in den Predigern und dem Domstift. Das Predigerkloster wurde völlig ausgeraubt, Lebensmittel, Getränke, Möbel, Kleidungsstücke, Gebrauchsgegenstände aller Art wanderten in die Hände der Aufständischen. Manches flog auch achtlos über die Stadtmauer in den Primariusgraben. Noch schlimmer mitgenommen wurden der Dom und die Stiftskurien der Domherrn, und ihre „Köchinnen" wurden mißhandelt. Kleinodien aber, goldene und silberne Gerätschaften fanden die Plünderer nirgends. Am Frauenberge hatten die listigen Nönnlein sie selber versteckt; das übrige Gut lag in der Verwahrung des Rates.

Doch an wirklichem Mut scheint es den Aufständischen gefehlt zu haben. Rat und Rathaus blieben unbelästigt; denn die Drohungen taten keinerlei Schaden. Der Rat, selbst nicht angegriffen, ließ das Unwesen die Stadt ruhig durchtoben und hielt nur die Tore geschlossen, damit von draußen kein Bauer hereindrängte. Doch machten diese wohl kaum den Versuch, denn es gab ja auf dem Lande genügend zu plündern.

In die ganze Herrlichkeit hinein platzte dann das Donnerwetter von Frankenhausen am 15. Mai 1525. Münzer wurde geschlagen und gefangen, Tausende von Bauern wie Vieh hingemetzelt. Da liefen die Bauernhaufen der Grafschaft Honstein, die auf ihrem Zuge bis Heringen gekommen waren und Münzern zuziehen wollten, sporenstreichs auseinander, jeder in seine Köte. Die Hintersättler in der Stadt wurden plötzlich still und kleinlaut. Der Rat spitzte die Ohren und bekam frischen Mut. O, der armseligen Menschlichkeiten!

Alsbald trat der Rat mit den siegreichen Fürsten, mit Herzog Georg von Sachsen und Landgrafen Philipp von Hessen, in Verbindung. Michael Meyenburg – man weiß nicht, wo der feine Humanist und schlaue Diplomat in den Tagen des Aufruhrs gesteckt – wurde nach Schlotheim an die Fürsten abgesandt. Von hier aus verlangte Herzog Georg am 18. Mai von Nordhausen 30 Reiter sowie Bier, Wein, Brot und Hafer gegen Zahlung. Die Nordhäuser Gesandten selbst baten am 22. Mai um Bier und Brote sowie um ein Zelt vom Nordhäuser Pfeilhause. Natürlich mußte Meyenburg ein Zelt haben, denn wahrscheinlich war der Mai noch kühl und feucht.

Als dann die Fürsten gegen Mühlhausen zogen, ging hier der Jammer los. Erbärmlich flehte die Stadt um die Vermittlung der Schwesterstadt Nordhausen. Auch hierhin folgte Meyenburg den Fürsten und lehnte selbstverständlich jedes

---

14 Lesser, 355 f.

Eintreten für Mühlhausen ab; denn man muß sich immer zu der siegreichen Partei halten und nichts sagen noch tun, was ihr unangenehm sein könnte. – Höchste Weisheit!

Soweit war man also wieder; und in Nordhausen hatte das alte Regiment wieder durchaus das Heft in der Hand. Ende Mai hatten sich sogar die Verhältnisse wieder derart gefestigt, daß der Rat in einem scharfen Erlasse befehlen konnte, alle entwendete Habe zurückzugeben. Jegliches Waffentragen wurde verboten, den Rädelsführern am 21. Mai strenge Untersuchung angekündigt, hinter die Flüchtlinge wurden Steckbriefe erlassen. Ja, man konnte sogar entfernten Städten wie Magdeburg gute Ratschläge erteilen, was sie tun sollten, wenn Unruhen ausbrächen. Im übrigen nahm man sich Zeit, und die Nordhäuser Stockmeister und Henker wurden für gutes Geld erst einmal den umwohnenden Grafen ausgeliehen. Da ging es vielfach ans Foltern und Henken und Köpfen. Zwar trat die Reaktion nicht so furchtbar auf wie in Süddeutschland und auf dem Eichsfelde, schlimm genug erging es den armen Bauern aber doch.

Am besten kamen die Aufständischen der Grafschaft Honstein davon. Bei Schiedungen hatte sich die Ritterschaft unter dem honsteinschen Grafen zu strengem Gerichte versammelt. Die meisten rieten einfach, die armen Sünder in den Dorfteich zu treiben und zu ersäufen. Da trat Balthasar von Sundhausen mannhaft für sie ein, und Graf Ernst entschied: „Sundhausen, du hast heute geredet wie ein ehrlicher Mann, dein Wort soll Ehre haben." Die Bauern kamen mit schweren Geldbußen davon.

Wie sich die Herren und Grafen mit dem Schweiß und den Schwielen der Bauern bezahlt machten, geht aus den auferlegten Strafgeldern hervor. Um nur einige Ortschaften aus Nordhausens Umgebung zu nennen: Uftrungen mußte mit 100 Gulden, Rottleberode mit 100, Stempeda mit 60, Rodishain mit 50, Herrmannsacker mit 60, Heringen mit 1000 in zwei Jahren zahlbar, Görsbach mit 400 in zwei Jahren, Bielen mit 300, Leimbach mit 100 Gulden büßen. Selbstredend mußte Graf Ernst den Herrn von Sundhausen beim Nachhausereiten vor dem tätlichen Unwillen seiner Standesgenossen schützen; man hätte doch gar zu gern die Bauern gesäckt, gehengt, gebrannt, geviertteilt, geköpft.

Als nun der Nordhäuser Nachrichter endlich aus Stolberg, wo er blutige Arbeit verrichtet hatte, wieder daheim angelangt war, konnte auch ein ehrbarer Rat ans Untersuchen gehen. Man muß es den Nordhäusern zur Ehre anrechnen, und wir werden noch später mehr von diesem Charakterzug sprechen, daß sie ohne Grausamkeit und Blutdurst zu Werke gingen. Die Schöffen zu Leipzig, deren Urteil der Rat eingeholt hatte, erkannten allen Rädelsführern das Schwert zu. Doch der Rat ließ Gnade walten. Aus dem Altendorfe wurden nur 5 Aufständische auf ewig des Landes verwiesen. Nur die gefährlichsten Gesellen, Hans Sander und Hans Kehner, die mit den Aufrührern in Ebeleben verhandelt hatten, sollten hingerichtet werden. Doch für Hans Sander traten getreue und einflußreiche Fürsprecher ein, er brauchte nur 50 Gulden Strafe zu entrichten und wurde verwiesen. Nur Hans Kehner, der keine Gönner hatte, ereilte das Schicksal. Am 21. Juli 1526 wurde er enthauptet, wie es heißt, vor dem Rautentore. Zur

Erinnerung an die Strafe über einen Aufrührer soll eines eidbrüchigen Bürgers Kopf mit geöffnetem Munde und sichtbarer Zunge, daneben eine Hand mit erhobenem Schwurfinger, in die Mauer des Rautentores eingefügt worden sein. Wir aber glauben, daß, wenn man alle eidbrüchigen Ratsherren hätte richten wollen, die da laut ihres Eides geschworen, der Stadt „Einung zu halten und reich und arm gleich gerecht" zu behandeln, und die diesen Eid brachen, – daß man dann ganz stattliche Teile der Stadtmauern mit Köpfen und Schwurfingern hätte zieren können. [15]

Das Betrübendste aber bei dem ganzen Bauernsturm und seinem traurigen Ende war nicht das Vorgehen der Bauern und nicht der Widerstand der herrschenden Kasten dagegen; denn beides wird jeder Unvoreingenommene verstehen können und deshalb verzeihen; das Betrübendste war, daß scheinbar niemals jemand etwas aus der Geschichte lernt und daß deshalb nicht wenigstens den wohlbegründeten Beschwerden der armen Bauern und Hintersättler Gehör geschenkt ward, sondern daß sogleich nach der Beendigung der Unruhen die ärgste Reaktion eintrat. Zwar ging es auch in dieser Beziehung in unseren Landen und in Nordhausen nicht so schlimm zu wie in Süddeutschland, – das Verhalten der Sieger war dennoch tief bedauerlich. In seiner Angst hatte der Rat gute Wort gegeben und Versprechungen gemacht, – jetzt war alles vergessen. Keiner überdachte einmal die Ursachen des Aufstandes, schlug an seine Brust und rief nachdenklich: *mea culpa, mea culpa, mea maxima culpa,* sondern jeder war nur darauf bedacht, die alte Herrschaft aufs neue zu festigen und auf Kosten der besiegten Hintersättler seine eigenen Rechte zu vermehren. Nur aus dem Geiste heraus, die Entrechteten für immer Entrechtete bleiben zu lassen und sie auszubeuten, sind solche Ratserlasse wie die vom Jahre 1527 und 1532 zu verstehen, die jedem Hintersättler verboten, daß sein Haus jemals Braugerechtsame erlange, d.h. daß er zu einigem Wohlstande komme. Wahrlich, es zeigt sich dem Menschengeschlecht ein furchtbares Antlitz, wenn man ihm den Spiegel der Wahrheit vorhält! Wenn Bewegungen, die offenbare Mißstände beseitigen wollen, unterliegen, dann verdoppelt sich hinterher die Not; siegt aber die Revolution, dann sind die Sieger in wenigen Jahren ebensolche Narren und Toren wie die einstigen Herrscher und nehmen ganz und gar deren Gebaren an. Nichts weiter ist erreicht, als daß einige Geschlechter hinabgesunken sind und ein paar andere sich an die reiche Tafel gesetzt haben. Und wenn der Menschengeist noch so oft, zum Optimismus geneigt, wie er ist, gegen dieses Schicksal ankämpft, jedesmal treten ihm die Schranken entgegen, die die Natur dem Menschen durch seine Selbstsucht gesetzt hat. Diese historische Tatsache kann man nur feststellen und – resignieren.

Doch um zurückzulenken: Für die religiöse Bewegung brachte der Bauern-

---

15 Das Kapitel Nordhausen und der Bauernkrieg ist mehrfach behandelt worden; am besten von Förstemann in den kleinen Schriften, von Reichhardt a. a. O. und Heineck, das Drama von Frankenhausen. Wir haben keiner der Darstellungen ganz folgen können. Tragweite der Begebenheiten, Ursache und Wirkung schienen uns häufig anders zu sein, als bisher angenommen; auch glaubten wir, den Ereignissen ein anderes Kolorit geben zu müssen. Vergl. noch Ed. Jakobs, Die Wiedertäufer am Harz, Zeitschrift des Harzvereins, 1900, 423 ff.

sturm nur Vorteile; ganz falsch ist es, wenn Reichhardt von einer „Hemmung" der Reformation durch den Aufstand spricht.[16] Denn bis zum Jahre 1525 hatten sich wohl einige Mönche, und manchmal vielleicht nicht die besten, aus den Klöstern davon gemacht, doch diese Hochburgen des Katholizismus selbst hatten noch unberührt gestanden. Jetzt waren diese Klöster zerstört, die Mönche verstreut, und wenn der eine oder andere wirklich noch Sehnsucht nach dem Klosterfrieden hatte, so fand er nur kahle Mauern und verwüstete Räume bei seiner Rückkehr. So ging das Barfüßerkloster sogleich nach dem Bauernsturme ein, in der Altendorfer Kirche wurde seit 1526 evangelisch gepredigt, das Dominikanerkloster in der Predigerstraße bezog Johannes Spangenberg mit seiner Schule. In den kahlen Mauern der Augustiner fristeten noch ein paar altersgraue Mönche ihr Dasein; man ließ sie gewähren, bis sie ins Grab sanken. Nur die Nonnen vom Frauenberg, die klug genug gewesen waren, ihr klösterlich' Geschmeide nicht dem Rat zu sogenannten treuen Händen zu übergeben, sondern es selbst zu verstecken, verlangte es, zurückzukehren. Sie hatten wohl draußen nach einem Manne gesucht, die jüngste Nonne hatte wohl auch einen gefunden, doch die anderen fanden keine Stätte, die ihnen das Kloster ersetzte. Diese kamen 1527 zurück, und der Rat, der sie sonst nicht unterbringen konnte, gestattete ihnen das Verbleiben, nur sollten keine neuen Nonnen aufgenommen werden. Allein die Stiftskurien der Domherren waren voll besetzt, und nach wie vor klang die katholische Messe im Dom.

Auch sonst machte sich der Rat die Wirren des Jahres 1525 in mancher Weise zunutze. Er hatte, als das Ungewitter herannahte, die Kostbarkeiten der Kirchen und Klöster an sich genommen; von der Nikolaikirche z.B. 15 Kelche, 5 Kreuze, silberne Rauchfässer und Monstranzen und was dergleichen Kleinodien mehr waren, vom Augustinerkloster sämtliche Kleinodien unter dem Vorgeben, „daß die Ordensleute das eine und andere Ungehörige getan". Bald genug war er auch gezwungen, auf diese Gold- und Silberreserven zurückzugreifen. Denn die unruhigen Zeiten forderten viel Geld. Das meiste Kirchengut wanderte deshalb schon 1532 in den Schmelztiegel; und der Rat konnte dafür einen guten Grund angeben, verwandte er doch das einstige Kirchengold dazu, die ungläubigen Türken zu bekämpfen. Die meisten Kleinodien der Nikolaikirche wurden erst 1551 in anderer Notzeit für 704 Gulden verkauft. So wanderten die Kirchenschätze hinaus, Söldner zu bezahlen, Kontributionen abzuleisten, Brandunglück der Stadt wiedergutzumachen.

Aber auch die liegenden Güter entschwanden gerade in dem Drunter und Drüber des Bauernkrieges den Händen der Kirche. Schwer läßt sich nachkommen, auf welche Weise damals die Güter ihren Herren gewechselt. Denn die alten Besitztitel wurden nicht selten mutwillig zerstört, um die Vorgänge zu verschleiern. Tatsache ist jedenfalls, daß vieles Gut vom Ilfelder-, Walkenrieder-, Frauenberger-, Altendorfer-Kloster allmählich dahingeschwunden war. Aus solchem ehemaligen Klostergut stammen ja auch die einst dem Frauenberger Stifte

---

16 Reichhardt, a. a. O. 11.

gehörigen Ländereien, die Nordhausen z.T. noch heute besitzt, das Gut in Uthleben, der sogenannte Mönchhof, und das früher städtische Gut in Bielen.

Das bedeutendste der Güter, den Uthlebener Mönchshof, eignete sich Nordhausen 1557 an; 1558 gab Sachsen seine Erlaubnis zu der Auflassung. Das Gut besaß $360^3/_4$ Morgen.

Dasselbe Schicksal hatte das Klostergut in Bielen in der Größe von etwa 120 Morgen.

1558 wurde auch bestimmt, daß diese Güter als ehemaliger Kirchenbesitz steuerfrei bleiben und die Einkünfte aus ihnen zur Ausstattung des geistlichen Ministeriums und der Nordhäuser Schulen dienen sollten. Noch in den vierziger Jahren des 18. Jahrhunderts pochte Nordhausen auf diese alten Abmachungen, als Sachsen, in dessen Hoheitsgebiet die Güter lagen, die Ländereien besteuern wollte.

Daß übrigens Nordhausen von den Pächtern der Güter nicht unbedeutende Einkünfte bezog, ersieht man daraus, daß im 18. Jahrhundert jährlich zwischen 150 und 250 Taler in die Kämmereikasse flossen, Uthleben außerdem 108 Scheffel, Bielen 90 Scheffel Roggen, Weizen, Hafer und Gerste als Abgabe nach Nordhausen zu liefern hatte.

Im allgemeinen kann man aber den Säkularisationen des 16. Jahrhunderts nur schwer folgen, und oft lassen nur Nachrichten über spätere Wiederverkäufe vermuten, daß der Rat einstmals einfach säkularisiert hatte. So wurde der Mönchshof, den das Kloster Himmelgarten in der Töpferstraße hatte, später von Nordhausen für 200 Gulden verkauft, und am 14. März 1564 verkaufte der Rat 90 Morgen einstigen Altendorfer Ackerlandes für 1050 Gulden. Z.T. erwarb die Stadt, z.T. erwarben auch einzelne, besonders die bisherigen Pächter, das Klostergut für geringes Geld. So verkaufte z.B. der Deutschritterorden, Ballei Mühlhausen, seine Güter in der Nordhäuser Flur.

Die adligen Herren auf dem flachen Lande säkularisierten natürlich auch flott darauf los. Schon am 25. Oktober 1525 beschwerte sich die Äbtissin Elisabeth Truthe vom Frauenberg, daß Graf Ernst von Honstein sich Klostergüter angeeignet habe und dem Kloster Zinsen in Groß- und Klein-Werther entziehe. Ja, selbst die Kirchen nutzen die Konjunktur aus, wie z.B. die Frauenberger Kirche, die bis in die Mitte des 15. Jahrhunderts unter dem Frauenberger Kloster gestanden hatte, nach dem Bauernkriege als Rechtsnachfolgerin des Klosters auftrat und sich in der Tat in den Besitz mancher Güter gesetzt hat.[17]

Und schließlich hatte der Bauernaufstand auch noch eine politische Machtvermehrung des Rates im Gefolge. Als die Gefahr nahte, flüchteten die Mönche und Geistlichen unter die Fittiche des Rates, weil sie dort den nötigen Schutz zu finden glaubten. Dafür leisteten sämtliche Priester, Domherrn und Mönche der Stadt den Bürgereid und versprachen, die üblichen Steuern von Gebäuden und Grundstükken zu bezahlen. Nachdem sich der Sturm dann gelegt hatte, waren nur noch die Domherrn als katholische Geistliche geblieben; diese entließ der Rat zwar als

---

17 Vergl. noch Meyer, Urkundliche Geschichte des Klosters Himmelgarten, 1882; Lemcke, Walkenried.

reichsunmittelbar aus der Pflicht der Stadt, maßte sich nunmehr aber auch über sie die Jurisdiktion an, was später zu langwierigen Streitigkeiten führte. Alle anderen Geistlichen blieben dem Rat unterworfen. Der Rat wurde für alle Kirchen der oberste Kirchenpatron; er war nunmehr auch über die geistlichen Dinge der Herr im Hause. – Fürwahr, man muß die Verhältnisse von allen Seiten betrachten, und wenn man diese Ergebnisse des Bauernkrieges sieht, wird man nicht mehr von seinem „Hemmungen" für die Reformation sprechen können.

Die treibende Kraft bei allen diesen Umstellungen war Michael Meyenburg. Ihn leiteten dabei unleugbar in erster Linie politische Gründe. Er hatte längst durchschaut, daß die Einführung der Reformation der Stadt große Vorteile bringen mußte. Deshalb wurde er aus einem lauen Beobachter ein eifriger Verfechter. Er ließ sich für Nordhausen fortan die evangelischen Geistlichen von seinem Freunde Melanchthon verschreiben, er säkularisierte die Kirchengüter, er bekämpfte das Domstift als die einzige Beeinträchtigung der städtischen Souveränität. Deshalb konnte das Kapitel mit Recht in einer Beschwerdeschrift schreiben, *„Meyenburg habe das Volk in öffentlicher Kirche eifrig animiert und bey Anpreisung des Evangelii großen ingreß gefunden"*. Deshalb konnte er von sich selbst später rühmen, „er habe allezeit die Prediger des Heiligen Evangeliums nach seinem besten Vermögen aufs höchste und treulichste befördert, wollte auch bei dem Evangelio nicht allein Ehre, Wohlfahrt, Leib und Leben, sondern auch Gut und Blut lassen, wisse auch, daß alle miteinander, so das heilige Evangelium hier gepredigt, durch Schickung des allmächtigen Gottes durch ihn hierher gekommen". Für die späteren Chronisten stand dieses Verdienst Meyenburgs felsenfest, und sie schreiben nur: „Hierzu – zur Einführung der Reformation – soll Michael Meyenburg das meiste beigetragen haben."

Die Lage im Reich begünstigte in jenen Jahren weiterhin die Ausbreitung und Festigung des neuen Glaubens in Nordhausen. Für Kaiser Karl V. war die Bekämpfung der Reformation zwar eine Herzenssache, aber er war abwesend von Deutschland und lag seit Jahren im Kampfe mit Franz I. von Frankreich. Mehr noch als diese Bindung des Kaisers im Westen förderte die türkische Gefahr im Osten die Reformation. 1521 hatte Suleiman der Prächtige Belgrad erobert, war in den Folgejahren in Ungarn eingefallen und hatte 1526 bei Mohacs gesiegt. König Ludwig II. von Ungarn war gefallen. Damit standen die Türken an der Reichsgrenze, und viele Jahrzehnte lag nun die Türkengefahr als furchtbarer Albdruck auf Deutschland. Schon zu Anfang des Jahres 1522 beanspruchte Karl V. von den Reichsständen und also auch von unserer Reichsstadt eine Türkenhilfe; als sie Nordhausen nicht leistete, wurde es am 11. August 1522 vorgeladen. Am 7. Januar 1523 bewilligte ein Reichsbeschluß zu Nürnberg wieder eine Umlage wegen der Türkennot; auf Nordhausen fielen 936 Gulden. So ging es weiter. Selbst Gebete forderte Karl V., um die Gefahr, in der das Reich durch die Ungläubigen war, zu bannen. Am 28. März 1522 erging ein kaiserlicher Befehl an Nordhausen, täglich zum Himmel um Erlösung von diesem Übel zu flehen.

In solcher Notlage mußte der Kaiser versuchen, das ganze Reich gegen den äußeren Feind zusammenzubringen; den Widerstrebenden mußte er Zugeständnisse machen. Es blieb ihm also nichts weiter übrig, als den Evangelischen in Glaubensdingen entgegenzukommen, um sie zur Unterstützung seiner auswärtigen Unternehmungen geneigt zu machen. Aus dieser Situation heraus sind die Beschlüsse des ersten Reichstages zu Speyer im Jahre 1526 zu verstehen. Nordhausen war auf ihm durch Jakob Hoffmann vertreten. Hier zu Speyer setzten die Anhänger Luthers durch, daß das Wormser Edikt nicht ausgeführt und die evangelische Wahrheit nicht angegriffen werden durfte; die Religionsstreitigkeiten sollten auf einem allgemeinen Konzil beigelegt werden. Damit war, wie allen Ständen, so auch der Stadt Nordhausen von Reichswegen freie Hand in Glaubensdingen gelassen.

So drohte denn Ausgang der zwanziger Jahre für die Stadt nur noch eine Gefahr: Der streng katholische Herzog Georg von Sachsen aus der jüngeren albertinischen Linie. Besonders kritisch wurde Nordhausens Stellung durch ihn, als er im Jahre 1528 mit anderen katholischen Fürsten ein Bündnis gegen seinen evangelischen Vetter Johann von Sachsen und gegen den rührigen Landgrafen Philipp von Hessen einging, in Flugblättern gegen Luther auftrat und vom Rate zu Nordhausen verlangte, daß dieser sie durch Anschlag öffentlich bekanntgab. Freilich willfahrte der Rat diesem Wunsche nicht, der Herzog brachte die Stadt nun aber dadurch in Verlegenheit, daß er nach dem Verbleib der vom Rate in Verwahrung genommenen Kirchenkleinodien fragen und in Sonderheit seinen Amtmann Friedrich Uder zu Klingen sich nach den Klosterkostbarkeiten der Augustiner erkundigen ließ. In früheren Jahrzehnten, als die Fürstenmacht noch genügend mit den aufsässigen Adligen zu tun hatte, wären solche Nadelstiche von der Stadt in ähnlicher Weise beantwortet worden; jetzt, da die Fürstentümer eine überragende, gefestigte Stellung erlangt hatten, durfte es die kleine Reichsstadt nicht mehr wagen, trotzige Antworten zu geben. Allerdings konnte Nordhausen in diesen Zeiten, wo zu allem übrigen auch noch der Glaube Deutschland zerklüftete, den einen Fürsten gegen den anderen ausspielen, so daß die Stadt ohne wesentliche Beeinträchtigungen ihre Haltung in religiösen Fragen beibehalten konnte.

Ebenso klug, wie Michael Meyenburg, Jakob Hoffmann und andere Diplomaten in jenen Jahren das Schifflein Nordhausens durch alles Geklipp hindurchsteuerten, jede Hilfe, welche das Reich forderte, für die Reformation nutzten, mit den katholischen Fürsten der Nachbarschaft voll Geschick verhandelten, – ebenso vorsichtig und umsichtig reformierte Johann Spangenberg ganz allmählich weiterhin die Nordhäuser Kirchen und den Gottesdienst. Er hielt streng darauf, daß das Wesentliche der Lutherschen Lehre Allgemeingut wurde, nämlich, daß der Mensch allein durch den Glauben gerecht werden könne, durch den Glauben, der durch das Wort Gottes, durch die Bibel und ihre Auslegung in der Predigt, geweckt wird und der nicht die Unterwerfung unter eine kirchliche Norm, sondern die innerlichst empfundene Zuversicht zu dem gnädigen und väterlichen Gotte bedeutet. Waren aber die Köpfe der reifen und alternden Geschlechter für diese Gedanken nicht mehr zugänglich oder nahmen sie nur rein äußerlich auf, so sorgte Spangenberg dafür, daß die heranwachsende Jugend wenigstens in echt

Lutherischem Geiste erzogen wurde. Anstelle der eingegangenen Schule bei der Jakobikirche und anstelle der Domschule, die zu einer Winkelschule herabgesunken war, setzte er seine evangelische Schule, welche die Räumlichkeiten des alten Dominikanerklosters bezog und auf diesem Platze mehr als 250 Jahre Bestand haben sollte. Hier lehrte er selbst, hier lehrten als Unterlehrer die jungen Theologen, die aus Wittenberg kamen, und streuten das rechte Samenkorn aus. Durch seine Postillen, seine Katechismen für groß und klein diente er weiter dem Worte Gottes, und dadurch wurde, was den Vätern noch ungewöhnlich war, den Söhnen eine heilige Herzenssache.

In allen Nebensächlichkeiten war Spangenberg auch weiterhin duldsam und vielleicht auch von Herzen mit manchem katholischen Brauch einverstanden, der später aus dem protestantischen Gottesdienste verschwunden ist. Spangenberg wußte, daß eine würdige, weihevolle Handlung des Priesters vor dem Altare die Gemüter der Menge andächtiger stimmte, als eine Predigt. Vielleicht ist es auf dieses Vorgehen Spangenbergs zurückzuführen, daß seine Kirche, die Blasiikirche, von allen Nordhäuser Kirchen allein bis zum Jahre 1805 die katholische Priestertracht und Meßgewänder sowie gewisse katholische Gebräuche beibehielt.

Die Einsetzung der Pfarrer in ihr Amt, etwa durch Wahl ihrer Gemeinde, war noch nicht geregelt; meistens ließ sich Meyenburg von Wittenberg aus die Kandidaten verschreiben. Auch ein geistliches Ministerium für die Regelung aller kirchlichen Angelegenheiten war noch nicht vorhanden, denn noch wechselten die Pfarrer häufig, da ihre Vorbildung ganz ungleichmäßig war. Dennoch kam allgemach Ordnung auch in das Kirchenwesen.

So konnte 1530 der Bürgermeister Jakob Hoffmann zu Augsburg fröhlich für Nordhausen das evangelische Glaubensbekenntnis unterschreiben. Nordhausen war eine evangelische Stadt.

Damit hatte sie sich aber, obgleich sie eine Kaiserliche Reichsstadt war, offen gegen den Kaiser bekannt. Denn zu Augsburg wurde nach Ablehnung der *Confessio Augustana* das Wormser Edikt erneuert und dem Reichskammergericht aufgegeben, gegen die evangelischen Stände, die sich Kirchengüter angeeignet hatten, mit Prozessen vorzugehen. Es war ein schwerer Schritt, den Nordhausen damals für seinen Glauben tat. Durch Jahrhunderte war die Stadt stolz gewesen, daß sie allein dem Kaiser gehörte. War sie angegriffen worden von großen oder kleinen Gewalten, jedesmal hatte sie sich um Schutz und Hilfe an den Kaiser gewandt und hatte jedesmal einen gnädigen Kaiser gefunden. Der Kaiser war ihre einzige Stütze, und diese war gerade damals besonders vonnöten, wo die mächtig gewordenen Fürsten gierig nach ihrem Besitz Verlangen trugen. Alles das muß man sich vor Augen halten, um zu würdigen, was Nordhausen für seinen Glauben damals wagte. Es setzte, als es sich gegen den Kaiser auflehnte, geradezu die Axt an, seine eigene Stütze zu fällen. Bedenken stiegen auch genug empor, gerade bei den Reichsstädten, von denen die meisten evangelisch geworden waren. Dazu kamen von ihren eigenen geistlichen Führern die Warnungs- und Mahnrufe mit dem Hinweis auf das Schriftwort: „Jedermann sei untertan der Obrigkeit!" So suchte man denn damit auszukommen, daß man zwar für Luthers Lehre mit dem Worte eintrat, gegen Gewaltmaßnahmen des Reichs aber nur passiven Widerstand leistete. Doch man konnte sich nur kurze Zeit die Möglichkeit einer solchen Haltung vorspiegeln; denn der Kaiser machte jetzt Ernst, und die Restitutionen der Kirchengüter begannen. Da entschloß man sich denn doch, Gewalt gegen Gewalt zu setzen, auch gegen das Oberhaupt des Reiches. Es ist aber bezeichnend für die Zweifel, die gerade den schwächeren Städten kamen, daß, als am 31. Dezember 1530 einige Fürsten zum Schmalkaldischen Bunde zusammentraten, sich diesem von den Städten nur das trotzige Magdeburg und das weit im Norden liegende Bremen anschlossen. Anfang 1531 folgten dann Städte wie Frankfurt, Lübeck und Braunschweig, aus der Nähe Nordhausens Göttingen, Goslar und Einbeck. Und erst als die Schweizer Reformierten die Schlacht bei Kappel verloren hatten, trieb die Gefahr die süddeutschen, Zwingli zuneigenden Städte in den Schmalkaldischen Bund. Nordhausen selbst zauderte bezeichnenderweise noch immer. Seine besten und ältesten Freunde, Erfurt und Mühlhausen, konnten ihm nicht raten, Erfurt war kurmainzisch und Mühlhausen nach den Erfahrungen mit Münzer zu handfester Tat für die Reformation nicht bereit. Göttingen und Braunschweig allerdings, mit denen Nordhausen auch viele Beziehungen hatte, waren dem Bunde beigetreten. Und dennoch: Es ging gegen den Kaiser; Nordhausen zauderte. Da erwählten, nicht ohne Absicht, die Bündner Nordhausen selbst zur Kongreßstadt. Am 6. Dezember 1531 kamen in Nordhausen zusammen: Kurfürst Johann der Beständige von Sachsen und sein Sohn Friedrich, die Herzöge Ernst und Franz von Braunschweig-Lüneburg, der Landgraf Philipp von Hessen, die Anhaltiner sandten zu ihrer Vertretung die Grafen Albrecht und Gebhardt von Mansfeld. An Städten waren Magdeburg, Lübeck, Bremen, Braunschweig vertreten. Man beriet über kriegerische Gegenwehr und dauernde Hilfeleistung sowie über die Haltung des Bundes auf dem in Aussicht stehenden Reichstage. Da trat denn endlich auch Nordhausen bei. Zu Frankfurt, wo am 19. bis zum 27. Dezember abermals eine Versammlung der Schmalkaldener stattfand, wählte man zu Bundeshauptleuten Johann von Sachsen und Philipp von Hessen.

Nordhausen blieb auch nach seinem Anschluß weiterhin vorsichtig, obgleich sich die politische Lage für die Schmalkaldener außerordentlich günstig gestaltete. Die Türken, die erst 1529 vor Wien gelegen hatten, drohten schon wieder. So mußte das Reich zur Abwehr rüsten, und schon am 12. Januar 1531 verlangte Karl V. von Nordhausen die Stellung von 156 Fußsoldaten für 8 Monate. Seine Verhandlungen, die er noch mit den Türken führte, zerschlugen sich, und das Ungewitter rückte näher und näher. Da ließ sich der Kaiser schweren Herzens herbei, den Protestanten Zugeständnisse zu machen; er hatte die willige Hilfe aller Reichsstände nötiger denn je. Jetzt war es wirklich gefahrlos, sich zum Schmalkaldischen Bunde zu bekennen. Und dennoch war Nordhausen nur lauen Herzens bei der Sache. Auf einen Brief Johann Friedrichs von Sachsen, der von Nordhausen weitere Bindungen wünschte, antworteten die Nordhäuser Räte, sie „willigten ein, jedoch daß sie wegen ihres Eides und Pflicht dem Kaiser keinen Ungehorsam erzeigen, sondern allerwegen Ihro Majestät mit Leib und Gut gehorsam sich finden wollen lassen". Wahrlich vorsichtige Verschwörer! Doch war in jenen Tagen selbst solch Doppelspiel leicht. Der Kaiser mußte wegen der äußeren Schwierigkeiten im Jahre 1532 den Nürnberger Religionsfrieden gewähren, durch den die Kammergerichtsprozesse eingestellt wurden und der Kaiser sozusagen die Erlaubnis erteilte, Protestant zu sein. Nordhausen aber zeigte ihm, daß es sein getreuer und gehorsamer Untertan war, indem es willig die verlangte Türkenhilfe leistete. Es war die stattlichste Mannschaft, die Nordhausen je dem Reiche zur Verfügung gestellt hat, welche im Jahre 1532 gen Süden zog. Unter 3 Hauptleuten hatte die Stadt 168 Mann anwerben lassen, ja der Rat schwang sich sogar dazu auf, Bürgerkinder zum Heeresdienste heranzuziehen, und verfügte, daß, wenn die nötige Zahl durch Söldner nicht aufgebracht werden könne, auf die Handwerker und ihre Gesellen zurückgegriffen werden solle. So ging es denn gen Österreich, und die guten Nordhäuser Bürgerssöhne sahen den Stefansdom und die schöne Donau. Gefährlich wurde der bedenkliche Heereszug aber nicht. „Sie marschierten", wie die Quellen berichteten, „sogar in Ungarn, sind aber niemals in Aktion gekommen." Eigentlich war es doch betrüblich, daß die lustigen Nordhäuser Schuhmacher nicht von der Janitscharenmusik und vom türkischen Krummsäbel zu Hause berichten konnten. Doch als Ende Oktober 1532 ihrer 156, ohne des Feindes ansicht geworden zu sein, ihre Kirchtürme und ihre Mauerzinnen und ihre Merwigslinde und ihren Galgen wiedersahen und als sie die Rautenstraße bänder- und blumengeschmückt emporzogen und ihren Lieben daheim um den Hals gefallen waren, da konnten sie zwar nicht erzählen vom Türkenschädelspalten, aber herzhaft davon fabeln. Die alten Aufzeichnungen jedenfalls vergessen nicht anzumerken, daß Kurt Bringmann, einer der drei Hauptleute, dem Stadtschreiber Meyenburg einen türkischen Säbel als Präsent geschickt und dabei geschrieben, daß er solchen erbeutet habe, – wahrscheinlich von einem Andenken verhandelnden Juden. Ein einziger Wermutstropfen fiel in all den Wiedersehensjubel: Fast das ganze, schöne Gold und Silber aus den Kirchen und Klöstern war für die Ausstattung des Zuges draufgegangen!

Jedenfalls kam die außenpolitische Not des Reiches in den dreißiger Jahren den Protestanten immer wieder zustatten. 1536 erreichte der Protestantismus eine weitere Stärkung dadurch, daß dem Reformator Straßburgs, dem edlen Bucer, schließlich am 29. Mai 1536 eine Einigung zwischen Lutheranern und Zwinglianern durch die Wittenberger Konkordie gelang. Machtvoll dehnte sich jetzt das protestantische Deutschland von den Alpen bis an die nordischen Meere.

Bei diesem bedrohlichen Anwachsen des Protestantismus rafften sich endlich im Jahre 1538 auch die Katholiken zu einem Gegenbunde auf. In Nürnberg schlossen sie sich zusammen; für Norddeutschland wurde der eifrige Katholik Heinrich der Jüngere von Braunschweig-Wolfenbüttel, für Süddeutschland Herzog Ludwig von Baiern Bundeshauptmann. Doch gleich nach seiner Entstehung erlitt der Bund schwerste Schläge. Im April 1539 starb Herzog Georg von Sachsen, der unentwegte Gegner Luthers und der Besitzer des Schultheißenamts zu Nordhausen, um dessentwillen die Stadt nur widerwillig Farbe bekannt hatte. Über seinen Tod herrschte deshalb eitel Freude in Nordhausen, „daß sich viel

Christen gefreut, darum, daß sie nach ihm auch durften Gottes Wort lehren und predigen hören". Denn Georgs Nachfolger, sein Bruder Heinrich und dessen Sohn Moritz, der bald die Welt mit seinem Namen erfüllen sollte, waren evangelisch. Zugleich planten die Schmalkaldener gegen den für Norddeutschland gewählten katholischen Feldhauptmann Heinrich von Braunschweig, den „Hans Worst" Luthers, einen vernichtenden Schlag.

Der Herzog hatte sich nämlich Übergriffe gegen die protestantischen Städte Braunschweig und Goslar, Angehörige des Schmalkaldischen Bundes, erlaubt. Gerade lenkten einmal wieder die Türken, die Ofen eingenommen hatten, aller Augen auf sich, und das Reichsregiment rief um Hilfe. Doch der Nordhäuser Rat begnügte sich diesmal mit einem etwas weniger kostspieligen Auftreten wider die Ungläubigen. Er erließ einen Aufruf, der die Bürgerschaft wegen des Türkenkrieges zu Gebet und heiligem Wandel ermahnte. Alle Mittage sollte mit der großen Glocke zu St. Nikolai „ein Puls" geläutet werden, damit jeder beten könne. „Ingleichen sollen die Bürger ihre Kinder fleißig zur Schule schicken." – Das wird gegen den Türken geholfen haben! – Genug, als die Protestanten beschlossen, den Braunschweiger zu demütigen, waren aller Blicke wieder nach Südosten gerichtet. Die Gelegenheit war also günstig, der Kurfürst von Sachsen und der Landgraf von Hessen fielen mit Hilfe ihrer Bundesmitglieder – auch Nordhausen ließ 200 Pferde zu den 20.000 Bewaffneten stoßen – über Herzog Heinrich her und vertrieben ihn aus seinem Lande. Braunschweig-Wolfenbüttel wurde reformiert.

Und damit waren der Erfolge für den Protestantismus noch nicht genug! In demselben Jahre 1542 wurde nach langem Zaudern, sicher zur größten Freude Nordhausens, auch die Schwesterstadt Mühlhausen protestantisch. Vom kriegerischen Getriebe der Zeit bekam aber auch noch Nordhausen gegen Ende des Jahres ein gut' Teil zu sehen, als die schmalkaldischen Bundestruppen von Wolfenbüttel nach Süden abzogen und in Nordhausen Quartiere nahmen. Die Offiziere und Weibel wurden den Bürgern ins Haus gelegt, die Soldaten umlagerten auf offenem Markte die dampfenden Feldküchen.

Der Kaiser mußte das alles mit Ingrimm, aber ruhig geschehen lassen. Er führte damals den vierten Krieg gegen seinen alten Gegner Franz von Frankreich durch, und als dabei die erhofften Erfolge ausblieben, mußte er den Protestanten 1544 abermals zu Speyer größte Zugeständnisse machen. Jetzt wurde ihnen nicht mehr bloß Religionsfreiheit gewährt, sondern es wurden ihnen auch Beisitzer zum Reichskammergerichte zugestanden.

Vom Nürnberger Religionsfrieden im Jahre 1532 bis zu diesem Reichstag von Speyer im Jahre 1544 hatte der evangelische Glauben Erfolge über Erfolge zu verzeichnen gehabt. Und auch Nordhausen hatte diese 12 Jahre gut genutzt. Denn wenn auch durch den Bauernkrieg vom Jahre 1525 und den ersten Speyerer Reichstag vom Jahre 1526 die wesentlichsten Hindernisse für die Ausbreitung des Protestantismus beseitigt worden waren, so machten sich in der Stadt doch noch allerhand Hemmungen bemerkbar, die, wie wir sehen werden, schier unüberwindbar waren. Für Nordhausen fügte es wirklich ein gütiges Geschick, daß es in Meyenburg einen besonders tatkräftigen Führer besaß.

In erster Linie war es das Kreuzstift und sein Dom, die erste Kirche der Stadt, die allem Ansturm getrotzt und sich mitten in rein evangelischem Gebiete den alten Glauben bewahrt hatte. Wie andere Domherren, die schon als Kinder bemittelter Familien in Wohlleben aufgewachsen und dann in ein reiches Stift eingetreten waren, so hatten Müßiggang und Prasserei auch die Nordhäuser Domherrn zu allerhand Lastern verführt. Ihre geringe Amtstätigkeit versahen sie schlecht und nachlässig, die Messen lasen sie unregelmäßig, bei der Ausbildung der Bürgerkinder in der Domschule waren sie gleichgültig; dagegen war ihr Auftreten gegen die Bürger anmaßend, ihre Feste ausgelassen, und alle hielten sich eine *focaria*, eine Beischläferin, in ihren Stiftskurien. Die letzte große Revision, welche die Kirchenzucht wiederherstellen sollte, hatte Erzbischof Berthold von Mainz durch seinen Siegelbewahrer Simon Volzke, durch Dr. Ulrich Risbach und durch den Lizentiaten Nikolaus Kirchner im Jahre 1488 durchführen lassen. Diese Besichtigung hatte wohl einen augenblicklichen Erfolg, aber bald herrschten dieselben Zustände wie früher.

Doch der Unwille der Bürger richtete sich nicht sowohl gegen die persönlichen Sünden der Stiftsherrn, – in dieser Beziehung war man damals außerordentlich weitherzig –, als vielmehr gegen ihre politischen Vorrechte, gegen ihre Steuerfreiheit und die Freiheit von der Jurisdiktion der Stadt. Während der kleine Mann sich redlich quälen und hohe Steuern bezahlen mußte, lebten die Domherrn im Überfluß und gaben nicht einmal dem Gemeinwesen davon ab. Während dem Bürger bei kleinem Vergehen eine harte Polizeistrafe oder gar gefängliche Einziehung drohte, waren die Geistlichen bei Übertreten der gesellschaftlichen Ordnung dem ordentlichen Gerichte entzogen.

Im Jahre 1522 standen die Vorrechte des Stiftes noch unangetastet. Noch beteiligte sich der Rat mit einer Unterstützungssumme am Ausbau des Doms und schloß in Güte einen Vergleich mit dem Kapitel über die Nordhäuser Schulen. Doch schon 1523 war die Sachlage verändert; schon richtete das Kapitel eine Beschwerde über die Stadt an den Kaiser, daß „ihnen und ihren Kirchen mancherhand Beschwerung, Steuerung, Eingriffe, tätliche Angriffe der Personen und ihrer Wohnungen ... allerwege vorgenommen und geschehen." Der Rat hatte nämlich das reiche Stift mit 600 Gulden zur Türkenhilfe herangezogen und beanspruchte auch über die Geistlichen die Rechtsprechung. Das niedere Volk mag aber auch schon, von den „Martinsbuben" aufgereizt, unter stiller Duldung des Rates tätlich gegen die Stiftsherrn geworden sein. 1524 erfolgten dann dadurch, daß sich der Rat die Beaufsichtigung der durch milde Gaben eingekommenen Gelder in den Kirchen anmaßte, und durch die Verdrängung Neckerkolbs durch Spangenberg weitere Eingriffe. Am schlimmsten ging es dem Stifte im Bauernaufstand. Am 2. Mai wurde „der Mehrteil aller Priesterhäuser" durch die Bürger „aufgestoßen und geplündert".

Die Geistlichen beugten sich in ihrer Not unter den Rat, sie erhielten dann zwar am 18. August schon ihre Reichsfreiheit wieder, aber den 1525 erlittenen Schlag hat das Domstift doch niemals ganz verwunden: Die Kirche selbst war verwüstet, der edle Kreuzgang geschändet, die Wohnungen waren zerstört.

Allmählich kam das einst reiche Stift in materielle Not. Da begünstigten die Sorgen und die jetzt kümmerliche Lebenshaltung die Uneinigkeit der verwöhnten Stiftsherrn unter sich selbst. 1527 ließ der Rat zwei zänkische Pfaffen aus der Stadt treiben, mußte sie dann allerdings wieder aufnehmen. Von ihrem Lotterleben wollten sie aber trotz allen Rückganges ihrer Lebensverhältnisse nicht lassen und gaben dadurch in der Stadt Anlaß zu neuem Unwillen. 1534 mußte der Rat den Domherrn Johannes Fehr drei Tage auf dem Rathause hinter dem Rolande gefangen setzen, weil er mit einer Bürgerin Hurerei getrieben. Das Kapitel beschwerte sich bei seinem Vorgesetzten, dem Kardinal und Erzbischof Albrecht von Mainz, wegen dieses erneuten Eingriffes in die Jurisdiktion des Stiftes. Doch blieb Nordhausen fest und ließ den inhaftierten Fehr erst los, nachdem er Urfehde geschworen hatte.

Der schärfste Gegner des Kreuzstiftes und der eifrige Befürworter aller Maßnahmen gegen die Domherrn seit Ausgang der zwanziger Jahre war Michael Meyenburg. Er suchte jetzt, nachdem sich die Reformation durchgesetzt hatte, aus all' den Neuerungen für die Machtstellung der Stadt soviel wie möglich herauszuschlagen; daß ihm dabei das Domstift, in Sonderheit dessen selbständige Stellung als reichsunmittelbares Stift, schon immer eine schwere Belastung für Nordhausen und deshalb ein Dorn im Auge war und daß er seine Aufhebung zu Gunsten der Stadt anstrebte, liegt außer allem Zweifel. Daher wagte er wahrscheinlich sogleich nach dem Reichstage von Speyer im Jahre 1526 einen Hauptschlag: Er ließ lutherische Geistliche in der Domkirche predigen und, was noch bezeichnender ist, er ließ das Stadtwappen an der Kirche anschlagen. Den widerstrebenden Domherrn schleuderte er die Worte ins Gesicht, er werde sie, mit Ketten an Wagen angeschlossen, nach Mainz bringen lassen.

In dieser Bedrängnis war Karl V. der Retter der katholischen Domherrn. Auf das Ansuchen des Kapitels bestätigte der Kaiser zu Augsburg am 29. Juli 1530 die Reichsfreiheit und alle Privilegien des Stifts, und am 14. März 1531 stellte er ihm zu Brüssel einen Schutzbrief aus. Da mußte denn das loyale Nordhausen einlenken und schweren Herzens auch weiterhin die Ausnahmestellung des Domstifts anerkennen. Doch versuchte es wenigstens die Gerichtshoheit zu erlangen und die augenblickliche Not der Domherren soviel wie möglich auszubeuten.

Einigermaßen herrschte aber zunächst nach den Machtsprüchen des Kaisers Ruhe; denn die Stadt fürchtete den Kaiser, und die Domherrn wollten die Auseinandersetzungen in ihren bedrängten Umständen nicht auf die Spitze treiben; man umging es von beiden Seiten, die strittigen Fragen vorlaut zu diskutieren. Da brachte ein Heißsporn unter den Domherrn den Stein wieder ins Rollen. Das war Christian Heune, wohl fraglos ein Verwandter, wenn nicht gar der Bruder von Johann Gigas. Während Gigas aber Protestant geworden war, betätigte sich Christian als eifriger Katholik. Er versuchte seine Konfratres aus ihrer Gleichgültigkeit aufzustacheln, er setzte bei ihnen weitere Beschwerden über die Stadt an das Reichsoberhaupt durch, und er übernahm es, das Stift 1545 und 1546 zu Regensburg vor dem Kaiser zu vertreten. Überall warb er für sein

Kreuzstift, nur lässig unterstützt von den übrigen Domherrn. 1546 verschloß ihm Nordhausen wegen dieser Treibereien die Tore. Um so grimmiger wurde sein Haß, und seine Regsamkeit fand schließlich bei dem Kaiser 1547 Gehör. Der Kaiser verlangte von Nordhausen Rechenschaft. Der Rat übertrug die Antwort dem nie verlegenen Meyenburg.

In dem Hin und Her der nächsten Jahre gingen derlei Erörterungen aber völlig unter; der Kaiser hatte andere Aufgaben zu bewältigen, als an die kleinen Reibereien zwischen Nordhausen und seinem Domstift zu denken. Da wandte sich Heune an das Kammergericht, um dort das Recht des Domkapitels durchzufechten. Doch dieses schlug die Klage nieder und legte ihm „ewiges Stillschweigen" auf, und nun griff der seit vielen Jahren Rastlose und Heimatlose, verbittert durch sein Geschick und aufs äußerste eigensinnig geworden, zur Selbsthilfe. Wahrscheinlich mit Unterstützung von seinen Glaubensgenossen warb er eine Schar Bewaffneter, die in jenen Zeiten allenthalben zu bekommen waren, und wurde zum Strauchritter. Er versuchte, den Nordhäuser Handel zu schädigen, er wagte es, in die Stadtflur einzufallen, und er drohte, die Nordhäuser Mühlen anzuzünden. Doch diese Art mittelalterlicher Romantik hatte sich längst überlebt. Fürsten und Städte ließen sich die Stegreifritter nicht mehr gefallen.

Heune wurde schließlich im Braunschweigischen als Landfriedensbrecher gefangen gesetzt und auch mit auf Betreiben Nordhausens am 27. Nov. 1560 zu Einbeck mit dem Schwerte hingerichtet. „Die Exekution hat dem Rate 54 Taler 7$\frac{1}{2}$ Groschen 1 Heller gekostet", berichtet der gewissenhafte Annalist.

Die Ereignisse der fünfziger Jahre waren zu groß, als daß man hätte an Kleinigkeiten denken können; so ruhte denn der Zwist mit dem Kreuzstift. Meyenburg starb darüber hin, ohne seinen Lieblingswunsch, die Säkularisierung des Stiftes, verwirklicht zu sehen. Erst die Regierungszeiten des alternden Kaisers Ferdinand und des den Protestanten freundlich gesinnten Maximilian II. reizten dazu, die Säkularisierung des Stiftes nochmals zu versuchen. Den Vorwand dazu bot das Leben der Stiftsherrn und die Art, wie sie ihre Besitzungen verwalteten. In der Tat war das Stift, losgelöst von den übrigen katholischen Ländern, unbeaufsichtigt und unbetreut in geistlicher und weltlicher Hinsicht, arg heruntergekommen. Nur noch wenige Kanoniker hausten in den halb wüsten Stiftskurien, an regelmäßigen Gottesdienst dachte niemand, die Domschule war gänzlich eingegangen. Die Abgaben von den Liegenschaften kamen unregelmäßig oder gar nicht ein. Nur um das Leben zu fristen, und in dem Bewußtsein, auf verlorenem Posten zu stehen, veräußerten die Inhaber der Kurien Höfe und Güter. Der neu gewählte Propst Ausonius von Gelama fand die Propstei 1559 so wüst und den Verkehr mit den noch übriggebliebenen 4 Kanonikern und 6 Vikaren so wenig anziehend, daß er sich weigerte, nach Nordhausen zu ziehen, und die Propstei an den Rat von Nordhausen auf 40 Jahre für 50 Taler verpachtete.

Als die Stadt aber einen Fuß auf das geistliche Territorium gesetzt hatte, glaubte sie dem Ziele nahe zu sein. Der Rat gab vor, das Tun und Treiben der Geistlichen mit ihrem weiblichen Gesinde gäbe der Stadt ein solches Ärgernis, daß er einschreiten müsse. Er befahl die Entlassung der Frauen; im Weigerungsfalle wollte er die Stiftsherrn samt ihren Konkubinen verhaften. Doch die Stiftsherrn kehrten sich, auf ihre Privilegien gestützt, nicht an das Vorgehen des Rates. Dieser wollte auch nicht sogleich das Äußerste wagen und beauftragte Apollo Wiegand mit der Vermittlung. Als diese aber scheiterte, griff der Rat endlich zu. Er ließ die Stiftsköchinen austreiben, proklamierte seine Gerichtshoheit über das Stift und beschlagnahmte die Stiftsländereien in der städtischen Flur. Zu dieser letzteren Maßnahme glaubte sich der Rat deshalb berechtigt, weil die Kanoniker nach und nach immer tiefer verschuldet waren, wenigstens hatte 1564 das Stift 1500 Gulden Schulden bei der Stadt, so daß diese sogar Hand auf das reiche Gut Vogelsberg legte. 1581 ließ der Nordhäuser Schultheiß die Domherrn pfänden. Das Domstift schien dem Untergang geweiht.

Da legte sich eine auswärtige Macht ins Mittel, diesmal nicht der Kaiser, sondern Kursachsen. Nordhausen wollte nämlich doch nicht ohne Einwilligung seines Schutzherrn die letzte Gewalt anwenden und erbat daher von Sachsen Verhaltungsmaßregeln. August I. von Sachsen aber antwortete am 1. November 1565, daß die Stadt nicht berechtigt sei, das Stift einzuziehen, wenn es vor dem Religionsfrieden zu Augsburg reformiert worden sei. Das war aber 1488 geschehen. So kam es denn wieder nicht zur Säkularisation; nur die Gerichtshoheit behielt Nordhausen weiterhin. Mehrfach, z.B. 1564 und 1568, bestrafte es geistliche Herrn rücksichtslos und verteidigte diese Maßnahmen auch dem geistlichen Gericht in Erfurt gegenüber mit dem Hinweis, daß die Kleriker zuviel „Schande und Laster" trieben. Im übrigen versuchte der Rat nun allmählich die Stiftsherrn dadurch zu verdrängen, daß er ihre Kurien aufkaufte. Zugleich gewähren die weiteren Begebenheiten einen interessanten Einblick in die damalige Schulpolitik Nordhausens.

Spangenbergs Schule war ja im Dominikanerkloster in der Predigerstraße untergebracht worden; doch war dieses Kloster 1525 ausgeplündert und 1540 durch einen großen Brand schwer mitgenommen worden. Die Stadt war aber in solcher pekuniären Bedrängnis, daß sie keine Mittel für ihre Schule glaubte aufbringen zu können. Auch das aus dem Verkauf der Georgskapelle gewonnene Geld, das für die Schule verwandt werden sollte, fand eine andere Bestimmung. So sah es um die Räumlichkeiten der Schule trübe aus. Noch schlimmer aber stand es um die Besoldung der Lehrer und um die Gewährung von Freistellen an mittellose Scholaren. Nachdem Spangenberg 1546 Nordhausen verlassen hatte, fanden sich bei dem kärglichen Lohn, den man ihnen bot, kaum Lehrer; jedenfalls hielten sie immer nur kurze Zeit aus, so daß an einen regelmäßigen Unterricht nicht zu denken war. Darunter litten Ausbildung und Erziehung der Jugend. Bei diesen Verhältnissen dachte man doch zuweilen mit Wehmut an die alte Stiftsschule im Dom zurück. Dort ging es einstmals zwar recht gemütlich zu, auch war in den Wissenschaften nicht allzuviel geleistet worden, aber es war doch ein ordnungsgemäßer Unterricht und das Anhalten zu Wohlanstand gewährleistet gewesen. Kurz, Nordhausen trug Sehnsucht nach seiner alten Domschule. Seit den fünfziger Jahren drängte es deshalb immer wieder auf Wiederherstellung der Schule. Da dies die Verhältnisse nicht zuließen, stellte der Rat 1566 den recht naiven Antrag an Kaiser Maximilian II., die Einkünfte der nicht besetzten Kanonikerstellen zum Bau eines Schulgebäudes, zum Unterhalt der Lehrer und zu Stipendien für arme Schüler verwenden zu dürfen. Dieses Verlangen, katholische Einkünfte zur Erziehung protestantischer Kinder zu benutzen, gestattete nun freilich selbst der freundliche Maximilian nicht. Als dann auf dem Reichstage zu Regensburg ein weiterer Antrag Nordhausens, die Domschule wiederherzustellen, unerledigt liegen blieb, griff man wieder zu Verhandlungen mit dem Stifte selbst. Und die Domherrn, jetzt in der Zeit der größten Ausbreitung des Protestantismus und bei ihrer eigenen materiellen Not klein geworden, kamen der Stadt weit entgegen. Sie willigten nunmehr in die Jurisdiktion des Rates ein, nur mit dem Vorbehalt, daß eine Berufung an den Kurfürsten von Sachsen möglich sein solle, sie waren damit einverstanden, ein oder zwei Vikareinkommen für die evangelische Schule bereitzustellen, und sie gestatteten sogar, daß im Schiff des Domes evangelische Prediger auftreten könnten; nur den Chor behielten sie sich für ihre Messen und Gesänge vor. Für dieses Entgegenkommen sollte ihnen der Rat behilflich sein, zu ihren Zinsen zu gelangen.

Selbst dieser Vertrag bildete noch nicht den Höhepunkt der Erfolge Nordhausens gegenüber dem Domstift. Am 20. März 1569 verpachtete der Domscholaster zu Halberstadt und Dompropst zu Nordhausen, Johann Spitznase, Stiftshöfe und -güter an die Stadt, 1596 konnte Nordhausen sogar vier dem Dome gehörige Häuser in der Stadt, darunter eine Stiftskurie, käuflich erwerben. Doch war in diesen Jahren schon der Rückschlag eingetreten, die Gegenreformation machte sich nach und nach bemerkbar.

Die Grundlage für die Restitution aller Besitztitel des Stiftes wurde ein Schutzbrief Rudolfs II. vom 20. Juli 1582, der das Stift in alle Rechte, auch das der Exemtion von städtischer Gerichtsbarkeit, wieder einsetzte. Zu diesem äußeren Halt, der dem Stifte geboten wurde, kam die allmähliche innere Kräftigung und sittliche Erneuerung. Die segensreiche Reformation der katholischen Kirche durch das Tridentinum machte sich bemerkbar. Um die Jahrhundertwende war es nicht mehr möglich, das Stift unter dem Vorgeben, seine Insassen führten einen liederlichen Lebenswandel, anzugreifen, und die Unterstützung, die die katholische Kirche ihm in jeder, auch in materieller Beziehung angedeihen ließ, machte es auch gefährlich, Gewalt anzuwenden. Das offizielle Nordhausen wagte keine Vorstöße mehr, nur dem Mutwillen des Pöbels waren wohl zuweilen die katholischen Einwohner Nordhausens in diesen von Glaubenskämpfen durchtobten Zeiten noch ausgesetzt. Doch wenn der Rat 1617 auf eine Beschwerde der Kanoniker, daß sie insultiert worden seien, erwiderte, das Kapitel solle dem Rat in seiner Gerichtsbarkeit keinen Eintrag tun, dann wolle er das Stift unter seinen Schutz nehmen, so zeigt diese Antwort, daß Nordhausen noch nicht den Schmerz darüber verwunden hatte, daß ihm die Säkularisierung nicht gelungen war. Seitdem betrachtete der Rat das Domstift, die „Domfreiheit", als feindliches Ausland. Den Bürgern war jedes Betreten katholischen Bodens, jeder Verkehr mit den Bewohnern verboten. Ein Lächeln muß es uns aber abgewinnen, wenn zu dem Verbote jeden Verkehrs auch das Holen von Bier aus der Dombrauerei gehörte. Diese muß wohl ein ausgezeichnetes Getränk geliefert haben. Denn im 17. und 18. Jahrhundert gab es um die Zeit des Abendtrunkes immer wieder schändliche und durstige Fahnenflüchtige, die um des Bieres der Pfaffen willen das reine Wort Gottes verleugneten und den schäumenden Trunk aus der Dombrauerei holen ließen. Dabei ging es selbst nicht ohne einigen Heldenmut ab; denn wer sich fassen ließ, mußte unnachsichtig einen Taler Strafe bezahlen.

Ebenso wenig Erfolg wie mit der Beseitigung dieser Exterritorialität hatte die Stadt bei ihrem Bemühen, zwei weitere Stiftsbesitzungen zu erwerben: Es gelang ihr nicht, den Ilfelder und den Walkenrieder Hof in Besitz zu nehmen. Nach den kaiserlichen Urkunden von 1541 und 1565 hätten eigentlich der Ilfelder Hof und die übrigen nach Ilfeld zinspflichtigen 8 Häuser in Nordhausen nach der Säkularisation des Klosters zu Ilfeld an Nordhausen fallen müssen, doch büßte der Hof nur seine Steuerfreiheit und seine Herausnahme aus der Gerichtsbarkeit ein; der Besitz sowohl am Klosterhofe wie an den Häusern blieb der Ilfelder Klosterschule. Dadurch gelangte der Ilfelder Hof schließlich in die Hände Hannovers, das im 18. Jahrhundert eine hannoversche Posthalterei darin einrichten ließ.

Eine längere und ziemlich verwickelte Geschichte haben die Auseinandersetzungen Nordhausens mit dem Kloster Walkenried wegen seines Nordhäuser Grundbesitzes. Als ein Zwist, in welchen Ausgang des 15. Jahrhunderts Abt Heinrich VI. mit der Stadt geraten war, friedliche Beilegung gefunden hatte, wurde schon damals in einem eigenartigen Vertrage vom 22. Mai 1496 festgelegt, der Walkenrieder Hof solle an die Stadt übergehen, wenn mit dem Kloster selbst Umänderungen vorgenommen würden. Im Drange des Jahres 1525 überließ dann Abt Paulus der Stadt den Hof, doch gereute ihn nach der Beendigung der Bauernunruhen der Schritt, und auch die Stadt war am 1. Oktober 1525 zu einem Vertrage bereit, der den Hof dem Abte und seinem Nachfolger beließ, bis die drei Geistlichen, die den Hof bewohnten, gestorben waren. Dieser Vertrag wurde 1530 dahin abgeändert, daß die Stadt den Hof nach der Säkularisierung des Klosters erwerben sollte. Günstig schien dann die Gelegenheit, Rechtsnachfolgerin des Klosters zu werden unter dem munteren Abte Holtegel, der meistens in Nordhausen residierte und nach dem Stadtbrande vom Jahre 1540 den Hof wieder prächtig aufbauen ließ. Doch war Johann Holtegel trotz seiner Freundschaft mit Michael Meyenburg zu einer Abtretung des Hofes nicht zu bewegen.

Nun schien der siegreiche Zug der protestantischen Fürsten gegen Herzog Heinrich von Braunschweig-Wolfenbüttel im Jahre 1542 die Stadt der Erfüllung ihrer Wünsche nahezubringen. Auf ihrem Rückmarsche von Wolfenbüttel befahlen nämlich die Fürsten dem Kloster, „die aftergläubigen, papistischen und widerchristlichen Zeremonien abzustellen", d.h. das Kloster der Reformation zuzuführen. Doch sollten noch einige Jahre darüber vergehen, und erst ein neuer Anstoß von außen gab dann Anlaß, Walkenried beschleunigt zu reformieren.

Der jugendliche und ehrgeizige Moritz von Sachsen hatte nämlich ein Auge auf die reichen Liegenschaften des Klosters geworfen und wollte sie nach ihrer Säkularisation seinen Landen einverleiben. Er schickte deshalb im Februar des

Jahres 1546 seinen Amtsvogt in Weißensee August Büchel nach Walkenried, um die nötigen Vorkehrungen zu treffen. Doch diese Maßnahmen berührten die Interessen der drei Grafen von Honstein, Stolberg und Schwarzburg, die das Herzogtum Sachsen nicht noch weiter in der Aue und darüber hinaus nach Westen hin Fuß fassen lassen wollten. Unter diesen Umständen willigte sogar Graf Ernst von Honstein, der während der ganzen Jahre trotz aller Bekehrungsversuche ein treuer Katholik geblieben war, aus politischen Gründen in die Säkularisierung des Klosters, um Sachsen zuvorzukommen. So wurde denn ein schneller Entschluß gefaßt und vier bewährten Männern, Johann Spangenberg, dem Marschall Heinrich von Bülzingsleben, dem honsteinschen Kanzler Heinrich Rosenberg und Apollo Wigand als juristischem Beirat, der Auftrag gegeben, das Kloster in die neuen Verhältnisse überzuleiten. Am 10. April 1546 war das Werk schon beendet; Walkenried war der Reformation gewonnen. Dennoch trat der 1530 zwischen dem Kloster und der Stadt Nordhausen geschlossene Vertrag nicht in Kraft; auch nach seiner Reformierung behielt Walkenried seinen Klosterhof zu Nordhausen, bis im Jahre 1555 nach dem Religionsfrieden zu Augsburg Nordhausen den Hof gegen den Einspruch Honsteins einfach besetzte. Mehrfach, z.B. 1564 und 1575, suchten nun die evangelischen Äbte und die Grafen von Honstein ihre Rechte auf den Hof geltend zu machen. Jedesmal wehrte sich die Stadt mit Erfolg und erhielt auch auf eine Anfrage bei Kaiser Maximilian am 20. September 1564 den Bescheid, daß der Hof, wenn er nicht von geistlichen Personen besetzt sei, der Stadt gehöre. Um auch Sachsen gegenüber gedeckt zu sein, erwirkte sich Nordhausen auch von dort die Erlaubnis, den Walkenrieder Hof zu benutzen.

In diesen Notzeiten war der Rat durch die ewigen Kriegsunruhen und durch den furchtbaren Brand der Stadt im Jahre 1540 in eine schwierige Lage gekommen. Damals waren nicht einmal Geldmittel vorhanden, das völlig baufällig gewordene Rathaus wiederherzustellen. Da nun aber Abt Holtegel mit den reichen Mitteln des Klosters sogleich nach dem Brande den Klosterhof stattlich hatte aufbauen lassen, schien dieser zu Ratssitzungen wie geeignet. Nachdem am 16. Dezember 1565 Kurfürst August II. seine Einwilligung zur Benutzung des Walkenrieder Hofes als Rathaus gegeben hatte, fand am 28. Dezember in ihm die erste Ratssitzung statt. Ein derartiger Gebrauch des Gebäudes jedoch machte den Honsteinern nun klar, daß Nordhausen daran dachte, den einstigen Klostersitz für immer als sein Eigentum zu betrachten, und sie gingen nun etwas ernsthafter daran, den Hof der Stadt streitig zu machen. Sie griffen zu Zwangsmaßnahmen und traten in einen Zollkrieg gegen Nordhausen ein. Da dieser zu schweren wirtschaftlichen Schädigungen der schon in Not befindlichen Stadt führen mußte, gab Nordhausen nach einer vergeblichen Beschwerde beim Kaiser vom 30. Oktober 1568 klein bei und räumte wieder den Hof.

Erst als 1593 die Honsteiner Grafen ausgestorben waren und Walkenried an den Oberlehnsherrn der Honsteiner, an das Bistum Halberstadt und damit an Braunschweig fiel, wagte es Nordhausen noch einmal, sich in den Besitz des Hofes zu setzen. Von 1593 bis 1605 gehörte er damals der Stadt. Als aber Braunschweig deswegen Schwierigkeiten machte, räumte Nordhausen am 25.

Februar 1605 abermals den Hof und übergab ihn an Walkenried, bis ein Schiedsgericht eine Entscheidung über seine Zugehörigkeit gefällt habe. Damit war der einstige Klosterbesitz dem Zugriffe Nordhausens entzogen. Zusammen mit dem eigentlichen Kloster Walkenried gelangte auch sein Nordhäuser Hof 1648 an Braunschweig, dann war kurze Zeit Sachsen-Gotha im Besitze des Hofes, und schließlich ging er 1694 an Kurbrandenburg über. Dieses ließ in dem Hofe die Kornzinsen aus seiner Grafschaft Honstein aufspeichern, wie es einst das Kloster auch getan. Damit hatte Brandenburg-Preußen den ersten Fuß in die Stadt Nordhausen gesetzt.

Auch die Geschichte der beiden Klosterhöfe, des Ilfelder wie des Walkenrieder Hofes, zeigt das Erstarken der Fürsten gegenüber den anderen Gewalten des Reichs. Unter anderen Verhältnissen wäre es wahrscheinlich der Reichsstadt Nordhausen gelungen, die beiden Höfe zu erwerben; aber die Stadt war, besonders seit Ausgang des 16. Jahrhunderts, so abhängig von ihren mächtigen Nachbarn geworden, daß sie gegen deren Willen nichts mehr durchsetzen konnten. Nicht zuletzt hatte die Reformation, die den Landesherrn zum obersten Bischof gemacht hatte, dazu beitragen, die Machtfülle der Fürsten zu mehren. In dieser Beziehung nahmen freilich auch die Reichsstädte an der Entwicklung teil; auch sie hatte die Reformation von der geistlichen Aufsicht und Gerichtsbarkeit freigemacht und dieselbe auf die Lenker des Staatswesens übertragen. Das sehen wir auch bei Nordhausen. Je mehr Boden die neue Lehre gewann, desto freier wurde Nordhausen wenigstens in seinen Entschlüssen innerhalb seines Mauerrings.

Und hier kehren wir nun noch einmal zu dem Manne zurück, der sich bei allen seinen Maßnahmen nur davon leiten ließ, das Ansehen und die Macht des Rates zu stärken und der dadurch zu dem bewußten Vorkämpfer für die städtische Omnipotenz wurde, zu Michael Meyenburg.

Auch er blieb, was bei seiner Stellung und bei seinem Charakter nicht zu verwundern ist, nicht ohne Anfechtungen. Wir hatten schon gesehen, wie er sich den Haß Luthers im Jahre 1542 zuzog, wir hatten gesehen, wie Kersten Heune sein Todfeind wurde um des Domstifts willen. Und ebenso, um die Interessen der Stadt gegen Sonderansprüche zu wahren, verfeindete er sich mit der angesehenen Familie Busch. 1543 kam er dadurch sogar in Lebensgefahr: Auf einem Ritte nach Erfurt wurde er überfallen und gefangengenommen; sein Leben wurde bedroht. Durch dieses Abenteuer vorsichtig gemacht, erwirkte er am 1. Juni 1544 zu seiner größeren Sicherheit einen kaiserlichen Schutzbrief. Der Streit der Buschs gegen Nordhausen um ihrer Forderungen willen ging übrigens noch bis zum Jahre 1591.

Doch diese einzelnen persönlichen Widersacher konnten seinem Ansehen und seiner Wertschätzung bei dem größten Teil der Nordhäuser Bürger keinen Abbruch tun. Trotz mancher gewiß nicht vorteilhafter Charakterzüge erkannte man doch, was er der Stadt war und was er für sie leistete, und wenn er selbst schon auf den eignen Vorteil nicht wenig bedacht war, so konnte man ihm das nachsehen bei den Vorteilen, die seine Geschäftsführung der Stadt einbrachten.

Um der Bevölkerung Nordhausens wirtschaftlich zu nützen und die Kaufleute von lästigen Konkurrenten zu befreien, dienten ihm die durch die Glaubenskämpfe aufgestachelten religiösen Leidenschaften auch dazu, die Juden in Nordhausen unschädlich zu machen. Zeiten religiöser Kämpfe begünstigen immer die Unduldsamkeit Andersgläubigen gegenüber, selbst wenn keine unmittelbaren Streitigkeiten um des Glaubens willen vorliegen. So war es zur Reformationszeit auch im protestantischen Nordhausen, wo man sich gemüßigt sah, nicht nur gegen die katholischen Pfaffen des Doms vorzugehen, sondern auch gegen „die Mörder des Herrn", gegen die Juden. Schon 1530 erließ der Rat ein Dekret, daß niemand hinfür die Juden hausen, heimen noch herbergen solle, sondern die Juden, die in die Stadt kämen, sollten ihr öffentliches Zeichen, den großen gelben Ring, auf dem Kleide tragen und allein im Judenhause geherbergt werden. Mit Recht mutmaßt Karl Meyer, der die Geschichte der Nordhäuser Juden geschrieben hat, daß Meyenburg der Urheber des schärferen Vorgehens gegen die Juden war. Er war es auch, der immer erneut die Verfügungen gegen die Juden veranlaßte, um ihren Handel lahmzulegen, um ihre Einnahmen der Nordhäuser christlichen Kaufmannschaft zufließen zu lassen, um ihnen endlich ganz den Aufenthalt in Nordhausen zu verbieten. 1546, 1552, 1559, 1567 erschienen schärfste Judenmandate. Meyenburg ist es auch wahrscheinlich gewesen, der am 21. Mai 1551 das „herrliche Privileg wider die Juden", wie die Quellen schreiben, von Kaiser Karl V. erlangte, daß sich kein Jude gegen den Willen des Rates in Nordhausen aufhalten dürfe. Herausgefordert war dieses kaiserliche Privileg allerdings durch das anmaßende Verhalten eines Juden namens Joachim Färber, der im Jahre 1550 zu einem Zimmermann im Beisein des Diakonus Holzapfel gesagt hatte: „Euer Jesus ist auch ein Zimmermann und ein mutwilliger Student in Jerusalem gewesen, dessen Übeltaten mit Recht die Obrigkeit bewogen hat, daß sie solche mit ernster Strafe belohnt." Nur durch schwere Geldopfer konnte damals Färber die Einwilligung des Rates zu seinem Verbleiben im Judenhause erlangen; Meyenburg hatte sich dagegen ausgesprochen. Als dann aber Färber seine Sache noch weiter verfocht, bestätigte Ferdinand I. am 14. August 1559 nicht nur Karls V. Privileg, sondern verbot sogar jeden Handel von Juden innerhalb Nordhausens. Damit war Nordhausen für die Juden versperrt. Sie verließen die Stadt und ließen sich in Salza, Ellrich, Bleicherode und Immenrode auf der Hainleite nieder. Und dabei blieb es dann, bis Nordhausen im Jahre 1802 preußisch wurde. Bitten Ellricher Juden um Wiederaufnahme im Jahre 1591, 1619 und 1627 wurden jedesmal abgeschlagen. Nur in der Not des Dreißigjährigen Krieges, wo Nordhausen einmal ein Kapital von einem Juden Joseph aus Osterode aufnahm und dafür gestatten mußte, vier Verwandte dieses Juden in seinen Mauern zuzulassen, kehrten ein paar Juden auf wenige Jahre noch einmal nach Nordhausen zurück. Seitdem aber war Nordhausen für Juden verboten. Kam einmal einer zum Jahrmarkt herein, so mußte er abends vor Schließung der Stadttore die Stadt wieder verlassen haben. Die hohen Steuern, welche die Juden, solange sie in Nordhausen weilten, zahlen mußten, schienen doch die wirtschaftlichen Vorteile nicht wettzumachen, welche die Bürgerschaft durch Ausschaltung dieser gefährlichen Konkurrenz genoß.

So mußten denn die durch die Religionskriege aufgestachelten Leidenschaften auch zur Hebung der Wirtschaft dienen. Michael Meyenburg war der Veranlasser auch dieser Entwicklung gewesen.

Neben ihm stand bis zum Jahre 1546 als eigentlicher Reformator Nordhausens Johannes Spangenberg. Beide traten für die Luthersche Lehre ein, der eine mit reinstem Herzen, ehrlich und lauter, der andere aus politischer Überlegung mit diplomatischem Geschick. So verschiedenen Charakters beide waren, so ähnelten sie sich doch auch in mancher Hinsicht. Beide hatten stark ausgeprägt gesellige Neigungen, beide nutzten ihre ausgedehnten Bekanntschaften und Beziehungen für ihre Zwecke, beide besaßen nicht geringes organisatorisches Talent. Der eine wirkte für Nordhausen auf dem Rathause und auf den Reichstagen, der andere auf der Kanzel und mit dem Kiel. Beiden war es nicht immer ganz leicht gemacht, bei den Hindernissen, die sich ihnen in den Weg stellten, völlig kinderrein zu bleiben. Es galt Gedanken zu verheimlichen, Kompromisse zu schließen, den Gegner zu überlisten. Der Zweck heiligt die Mittel. Doch Spangenberg ist es in der Tat gelungen, mit unbeflecktem Gewissen aller Schwierigkeiten Herr zu werden; Meyenburg kam es nicht darauf an, auch einmal zu unlauteren Mitteln zu greifen. Meyenburg verstand die Vorteile Nordhausens und des evangelischen Glaubens alle Zeit mit seinen eigenen in Übereinstimmung zu bringen. Spangenberg blieb stets der treue Gottesmann, der in selbstloser Hingabe dieser und jener Welt diente, unbekümmert um das eigene Wohl.

Nordhausen wußte, wie wertvoll Johannes Spangenberg für die Stadt war. Seine Tüchtigkeit war längst in aller Welt bekannt, überall hin verlangte man ihn. 1543 erging von Markgraf Albrecht von Brandenburg an ihn ein Ruf, der ihn zum ersten Schulmann für seine Schulen machen wollte. Um Nordhausens willen lehnte Spangenberg ab. Größer war die zweite Versuchung: Im Jahre 1544 wollte ihn Magdeburg, unseres Herrgotts Kanzlei, für ein Predigtamt werben. Damals wandte sich Nordhausen an Luther selbst, damit er dafür einträte, daß Spangenberg der Stadt erhalten werde. Spangenberg blieb tatsächlich auch dieses Mal. Endlich 1546 schlug die Stunde, da er einem Rufe nach Eisleben als Generalsuperintendent der Grafschaft Mansfeld Folge leistete.

In diesen vierziger Jahren hatte die Reformation in Stadt und Umgebung weitere Fortschritte gemacht. 1542 war Mühlhausen evangelisch geworden, von Sachsen und Hessen, die gegen Braunschweig siegreich waren, gedrängt; 1557 wurde die Stadt durch Tilesius endgültig reformiert. Das Kloster Ilfeld war längst dem Lutherschen Glauben gewonnen. Abt Bernhard von Mützschefahl, angeregt durch die beiden Mönche Andreas Marhold und Thomas Stange, stand schon seit den zwanziger Jahren der Reformation freundlich gegenüber. 1544 führte Mützschefahl das Kloster gänzlich in die neuen Verhältnisse über; am 1. Juli 1550 wurde Michael Neander Rektor des Stifts und seiner Schule. 1546 folgte Walkenried, nachdem fast alle seine Mönche schon längst in alle Winde verstreut waren. Die meisten waren in den Ortschaften der Grafschaft Honstein evangelische Pastoren geworden. So war schon um 1530 Johannes Krause Pfarrer in Ellrich geworden, wo er 1532 heiratete, andere fanden in Großwechsungen, in

Mackenrode, in Bliedungen, in Hainrode, in Sachsa, in Appenrode, in Bleicherode, in Haferungen ihre Pfarre. [18]

Der nächste Nachbar Nordhausens, Graf Ernst V., blieb während seines ganzen Lebens ein treuer Katholik; doch war er duldsam und friedfertig. Er beließ sogar seinen Hofprediger Wennemann auf seinem Posten, als dieser sich zu Luther bekannte, und am 31. März 1546 gestattete er, daß die äußeren Zeremonien des katholischen Gottesdienstes, die Weihungen und die Messe, abgeschafft wurden. So hatte durch die Walkenrieder evangelisch gewordenen Mönche und durch diese offiziellen Schritte der neue Glauben auch in der Grafschaft schon lange Boden gefunden. Und als dann Graf Ernst am 25. Juni 1552 auf Schloß Scharzfels starb, führten seine drei schon protestantischen Söhne die Reformation sogleich gänzlich durch. Nachdem 1555 in Augsburg der Religionsfriede geschlossen war, der die Luthersche Lehre als gleichberechtigt anerkannte, beriefen die Grafen am 27. März 1556 eine große Ständeversammlung ihrer Grafschaft nach Walkenried, und hier beschlossen ihre Ritter, Pfarrer und Städte, am Augsburgischen Bekenntnis festzuhalten und dieses allein in der Grafschaft gelten zu lassen. –

Am 18. Februar 1546 starb Martin Luther in Eisleben, der Nordhäuser Justus Jonas hielt ihm die Gedächtnisrede und überführte seine sterblichen Überreste nach Wittenberg. In demselben Jahre 1546 verließ Johannes Spangenberg Nordhausen, die Stätte, wo er so lange seine segensreiche Wirksamkeit entfaltet hatte. Ruhig und ohne Besorgnis konnte er nach Eisleben gehen, denn Nordhausen war für immer dem neuen Glauben gewonnen, es kam nur darauf an, daß in Spangenbergschem Geiste weiter gelehrt und gepredigt wurde. Dann konnte der Stadt kein Schade erwachsen, nicht im Diesseits und nicht im Jenseits. Am 13. Juni 1550 ist Nordhausens Reformator dann an Überbürdung in Eisleben gestorben, nur wenige Jahre seinen großen Freund Luther überlebend. Kurz vor ihm, am 6. Februar 1549, war auch Lorenz Süße, der erste evangelische Pfarrer Nordhausens überhaupt, dahingegangen. Ein friedvoller Mann war er während seines ganzen Lebens gewesen, und hochbetagt ist er gestorben.

So schieden um 1550 die Männer dahin, die großen, die auf die Geschichte der Menschheit von Einfluß gewesen waren, und die kleineren, die Nordhausens Geschicke gelenkt. Neue Zeiten und neue Geschlechter wuchsen heran. Luthers Reformation aber hatte sich durchgesetzt und lebte und dauert noch heute.

---

18 Reichhardt, Die Reformation in der Grafschaft Hohenstein, 23.

Kapitel 10.

Epigonen.

Bald nach dem Tode Luthers kam es zum politischen und fast auch zum religiösen Zusammenbruche der protestantisch gewordenen Staaten Deutschlands; der politische entstand aus dem alten deutschen Erbübel der Uneinigkeit und Eigenbrödelei, der religiöse wurde beinah heraufbeschworen durch die evangelischen Theologen selbst.

Die Luthersche Reformation hatte zwar dem deutschen Vaterlande die Befreiung von Rom gebracht, nicht aber die Befreiung von seiner Kleinstaaterei. Sie hatte vielmehr der „teutschen Libertät" noch Vorschub geleistet, indem sie die Rechte der Länder vermehrt und den Gegensatz der einzelnen deutschen Staaten zum katholischen Reichsoberhaupte vertieft hatte. Die Geschichte Deutschlands ist reich an tragischem Geschick, welches immer wieder durch den deutschen Stammescharakter und durch die geographische Lage Deutschlands heraufbeschworen worden ist. Und mit zu Deutschlands größter Tragik gehört es, daß die Reformation, diese Bewegung, die so recht eigentlich aus germanischer Wesensart entsprungen ist und der ganzen Menschheit zum Segen gereicht hat, zugleich dadurch den Zerfall des Reiches befördert hat, daß bei ihrem Beginn ein katholischer Ausländer an der Spitze des Reiches stand.

Um das Jahr 1540 herum schien der Schmalkaldische Bund von einer derartigen inneren Geschlossenheit und äußeren Machtfülle zu sein, daß er imstande war, jedem Gegner mit Erfolg zu widerstehen. Die Uneinigkeit der Bundesmitglieder und die Selbstsucht Herzog Moritz' von Sachsen führten einige Jahre später die Katastrophe herbei.

Im Sommer des Jahres 1546 stand Kaiser Karl V. endlich bereit, mit den Protestanten abzurechnen. Die Vorbereitungen dazu hatte er seiner Art gemäß aufs sorgfältigste getroffen. Fremde Hilfsvölker, vor allem kriegsgewohnte Spanier, standen ihm genügend zur Verfügung, der protestantische Moritz von Sachsen an seiner Seite, um seinem Hause, der jüngeren Wettiner Linie, die Kurfürstenwürde und das Erzstift Magdeburg zu gewinnen. Glücksfälle begünstigten den Kaiser im Verlaufe des Feldzuges: Anfang des Jahres 1547 starben Franz I. von Frankreich und Heinrich VIII. von England, die vielleicht beide geneigt gewesen wären, die Protestanten zu unterstützen.

So wurde denn in wenigen Monaten Süddeutschland, soweit es protestantisch war, gebeugt, und schwer mußten die stolzen und reichen Städte büßen: Augsburg zahlte 150000, Ulm 100000, Frankfurt 80000 Gulden Strafgelder. Dann kam zu Beginn des Jahres 1547 Mitteldeutschlands Unterwerfung: Am 24. April 1547 wurde Kurfürst Johann Friedrich von Sachsen bei Mühlberg an der Elbe überrascht, besiegt und gefangengenommen. Nur Norddeutschland wehrte sich siegreich seiner Haut. Am 19. Juni 1547 aber mußte auch Landgraf Philipp von Hessen durch einen Fußfall vor dem Kaiser in der Moritzburg zu Halle seine Unterwerfung öffentlich dokumentieren.

Das war der Schmalkaldische Krieg; militärisch und politisch war das protestantische Deutschland in den Staub gesunken.

Nordhausen zitterte, als die ersten Schreckensnachrichten von den Siegen Karls in Süddeutschland eintrafen. Noch niemals war der Fall eingetreten, daß es seinem Kaiser ungehorsam gewesen war. Jetzt konnte es sich durch seinen Abfall die Ungnade des Kaisers zuziehen und dadurch beides verlieren, den evangelischen Glauben und seine politische Freiheit. Noch einmal atmete es auf, als Johann Friedrich aus Süddeutschland nach Norden kam, um seine eigenen Lande gegen Moritz von Sachsen zu verteidigen, und in guter Zuversicht an Nordhausen schrieb, die Stadt möchte ihm 2000 Gulden für seinen Kriegszug vorstrecken. Nordhausen leistete dieser Aufforderung Folge, und bald hatte es die Freude, von dem siegreichen Feldzuge Johann Friedrichs gegen den „Judas der evangelischen Sache" zu hören.

Dann aber kam Mühlberg. Furchtbar war die Gefahr. Schon zwei Tage nach der Schlacht, am 26. April 1547, hielt es Nordhausen für nötig, ein demütiges Schreiben an den Kaiser zu richten: Sie hätten sich mit den Ungehorsamen nicht eingelassen, ihnen auch nicht beigestanden. Das erstere war feige Lüge, das letztere entsprach leider der Wahrheit; denn wenn die Bundesmitglieder besser ihre Pflicht erfüllt hätten, wäre dem Kaiser ein so schneller Erfolg nicht beschieden gewesen. Karl antwortete übrigens am 7. Mai, seiner Art sich jederzeit freie Hand zu lassen entsprechend, er wolle alles für jetzt auf sich beruhen lassen. Nordhausen blieb also weiter in ängstlicher Ungewißheit.

Zugleich wurde die Stadt und am meisten ihr vielgewandter Syndikus Meyenburg noch dadurch in ärgerliche Verlegenheit gebracht, daß mehrere der protestantischen Häupter in ihre Mauern flüchteten, als der Kaiser nach der Schlacht bei Mühlberg gen Norden auf Wittenberg losging. Da erschienen flüchtend Philipp Melanchthon und Justus Jonas sowie Luthers Gattin samt ihren Kindern in Nordhausen. Sie alle waren durchaus nicht willkommen und mußten doch mit allen Ehren aufgenommen werden. Nun, man hielt die berühmten Flüchtlinge möglichst verborgen; Justus Jonas mußte mit einem Gartenhäuschen vorlieb nehmen. Der Kaiser würde ja nicht sogleich erfahren, daß in dem Ketzernest Nordhausen die Hauptketzer steckten.

Jedenfalls bemühte man sich, nach außen den unterwürfigsten Eindruck zu machen. Als Karls Heer im Lager vor Wittenberg verproviantiert werden mußte, beeilte sich Nordhausen, Fuhrleute und Wagen in genügender Zahl zu stellen, um nach bestem Vermögen die kaiserlichen Wünsche zu erfüllen. Ja, man sandte sogar an Karl nach Halle unaufgefordert 2000 Gulden.

Nun, das Unheil zog an dem stillen Winkel, in welchem Nordhausen lag, vorüber, wie schon so manches Unwetter die Stadt zwar aus der Ferne bedroht, sie aber nicht getroffen hatte. Karl V. sah mit der Niederwerfung Sachsens seine Aufgabe als gelöst an und überließ den weiteren Kampf, insbesondere gegen das trotzige Magdeburg, seinem treuen und braven Freunde Moritz von Sachsen, der ihn alsbald verraten sollte.

Kaiser Karl selbst hielt es für seine vornehmste Aufgabe, so schnell wie möglich die Einheit der Nation in religiöser Beziehung wiederherzustellen. Noch im Jahre 1547 brachte er die Protestanten in Augsburg zur Anerkennung und Beschickung eines Konzils. Unterdessen war auch eine Kommission eingesetzt worden, die eine für die Protestanten verbindliche neue Glaubensnorm ausarbeiten sollte. Der Hauptverfasser dieses sogenannten Augsburger Interims war der maßvolle Katholik Julius Pflug, dem der Mainzer Weihbischof Michael Helding und der frühere Eislebener Pfarrer, der damalige brandenburgische Hofprediger Agrikola, einer der eitelsten und erbärmlichsten protestantischen Theologen, zur Seite stand. Der edle Bucer aus Straßburg hatte die Mitarbeit abgelehnt. Mitte März 1548 hatte Julius Pflug sein Glaubensbekenntnis fertig; es sollte nur für die Protestanten maßgebend sein, nicht auch für die Katholiken. Wenn dieses Augsburger Interim wirklich von den Protestanten angenommen worden wäre, hätte die Luthersche Reformation bald ihre letzte Stunde erlebt. Denn in diesem Bekenntnis war den Protestanten nur die Priesterehe und das Abendmahl unter beiderlei Gestalt zugestanden worden, im übrigen kehrte es in Ritus und Glaubensnorm völlig zum Katholizismus zurück. Die katholischen Zeremonien beim Gottesdienst sollten wieder eingeführt werden, Messe, Fasten, Heiligenverehrung und die sieben Sakramente waren wieder vorgesehen. Das Hauptstück Lutherischen Glaubens von der Rechtfertigung und von den guten Werken war fallen gelassen worden zu Gunsten altkatholischer Anschauungen. Der Gesinnungslump Agrikola hatte freilich den Mut zu behaupten, er habe durch seine Mitarbeit an dieser Bekenntnisschrift den Papst reformiert und den Kaiser lutherisch gemacht.

Daß dieses Augsburger Interim bei allen guten Protestanten einen Entrüstungssturm hervorrufen werde und für sie unannehmbar war, mußte jeder Einsichtige voraussehen. Nur die Charakterschwächsten und diejenigen, denen Luthers Wesen innerlich immer fremd geblieben war, konnten sich mit diesem Interim abfinden. Dazu gehörte der Wittenberger Kreis um Melanchthon, der um des Friedens willen alles zu opfern bereit war. Melanchthon ging damals in der Verleugnung seines toten Weggenossen Luther so weit, daß er an Karlowitz, den Berater Moritz' von Sachsen, schrieb: „Ich habe ja schon ehedem eine recht häßliche Knechtschaft erduldet, da Luther offenbar mehr seiner Natur, in der eine

Der Roland am Rathaus.

nicht geringe Streitsucht steckte, als seiner Würde und gemeinem Nutzen Rechnung trug." [19]

Der Vorstreiter im Kampfe gegen das Interim aber wurde der Wittenberger Professor Flacius Illyricus. Er forderte öffentlich alles Volk zum Widerstande gegen das Interim auf, und die große Menge der Protestanten fiel ihm zu. Doch damit huben nun unter den Protestanten selbst theologische Streitigkeiten an, die 25 Jahre währen, die Gemüter nicht zur Ruhe kommen lassen und die beste Kraft des neuen Glaubens aufzehren sollten. Von diesen religiösen Kämpfen wurde auch Nordhausen aufs schlimmste durchtobt und mitgenommen.

Wenn man, natürlich recht sehr *cum grano salis*, eine Parallele ziehen darf, so könnte man das politische Geschick Meyenburgs in diesen letzten Jahren seines Lebens mit dem des alternden Bismarck vergleichen. Bei Bismarck verdunkelt seine unvergleichliche Politik in den sechziger Jahren gar zu oft und gar zu sehr diplomatisches Feingefühl in den achtziger Jahren des 19. Jahrhunderts. Ähnlich liegt es bei Meyenburg. Auch hier darf der alternde Routinier vor dem jungen Anfänger und dem gereiften Mann nicht ganz vergessen werden. Die tausend Fäden des feinen Gespinstes fordern unsere volle Bewunderung. Man bedenke: Die Bevölkerung Nordhausens hatte das Evangelium angenommen; besonders die große Masse der Kleinbürger haßte im Katholizismus die Religion der Knechtung und der äußerlichen Zeremonien zur höheren Ehre anmaßender Geistlicher. Irgendeine Umkehr zu früheren Zuständen oder die Unterstützung von Maßnahmen gegen auswärtige Glaubensgenossen war bei der Stimmung des Volkes für Nordhausen unmöglich. Auf der anderen Seite war Nordhausen eine kleine, fast wehrlose Reichsstadt. Der Kaiser war ihre wohl einzige Stütze, wenn fremde Übergriffe drohten. Dieser Kaiser aber war Katholik und hatte sich zur Aufgabe gesetzt, die Protestanten zum rechten Glauben zurückzuführen. Er verlangte Gehorsam, und er verlangte Beihilfe, die Ungehorsamen mit Waffengewalt zu unterwerfen.

Dieser schwierigen Lage sah sich Meyenburg seit dem Jahre 1547 mehr denn je gegenüber. Daß der Kaiser zu Augsburg von den evangelischen Ständen große Opfer verlangen werde, schien klar. Deshalb veranlaßte Meyenburg, daß dieser Reichstag von Nordhausen gar nicht beschickt, sondern Nürnberg mit der Vertretung Nordhausens beauftragt wurde. Nürnberg aber bekam eine recht weitläufige Mission. Es sollte sich für Nordhausen dem Vorgehen der Mehrzahl der Protestanten anschließen, doch so, daß sich Nordhausen „alle Glaubenssachen vorbehielt". Nordhausen gab also Nürnberg Vollmacht und zog diese Vollmacht in demselben Augenblick zurück. So kam es denn, daß Nürnberg der Beschickung des Tridentiner Konzils zustimmte und für Nordhausen seinen Namen unter das Augsburger Interim setzte, ohne daß sich Nordhausen damit einverstanden erklärt hätte. Um den in jenen Tagen allmächtigen Kaiser nicht zu beleidigen, stimmte es zu, konnte aber jederzeit behaupten, nicht zugestimmt zu haben.

Ähnlich war Nordhausens Haltung der Forderung des Kaisers gegenüber, dem

---

[19] von Bezold, a. a. O. 809.

nunmehrigen Kurfürsten von Sachsen, Herzog Moritz, Waffenhilfe gegen das widerspenstige protestantische Magdeburg zu leihen. Moritz hatte sich nämlich im Jahre 1550 zu Augsburg die Achtsvollstreckung gegen Magdeburg übertragen lassen und begann nun im Dezember 1550 die Einschließung der starken Festung. An den obersächsischen und niedersächsischen Kreis, dem auch Nordhausen angehörte, war die Aufforderung ergangen, Moritz bei seinem Kriegszuge zu unterstützen. Beide Kreise aber hielten im August 1550 eine gemeinsame Tagung zu Jüterbog ab und beschlossen dort am 18. August, die Kriegshilfe zu verweigern. Diesen Beschluß faßten auch die drei Abgesandten Nordhausens, Hans Hesse, Michael Meyenburg und Mathias Luder, mit. Der Bevölkerung gegenüber, die voll Begeisterung auf Seiten der Kanzlei unseres Herrgotts stand und dafür betete, daß ihre Belagerung mißlänge, konnte sich der Rat also jederzeit auf diesen Beschluß berufen. Um aber dem Kaiser und dem mächtigen Moritz von Sachsen, der noch dazu Nordhausens Schutzherr war, die Willfährigkeit der Stadt zu beweisen, schickte man zwar nicht die angeforderten Hilfsvölker, aber doch „ein Stück Geld" für die Belagerung, wie es in den Urkunden heißt.

Man kann nicht sagen, daß diese Meyenburgsche Politik ehrlich gewesen wäre, aber sie war gut; denn in der Politik ist alles gut, was zum Besten des Staates dient. Und dieses Spiel Meyenburgs brachte Nordhausen in der Tat durch die tausend Fährnisse der Zeit glücklich hindurch.

Leicht war die Durchführung dieser Politik auch deshalb nicht, weil es in Nordhausen selbst genügend Toren gab, deren grobe Finger die feinen Fäden durchaus zerreißen wollten. Das waren die Heißsporne unter den Theologen, welche allerdings mehr geschaffen waren, polternde Predigten zu halten als kluge Diplomatenkunst zu durchschauen, die mit eitler Gelehrtenweisheit alle Dinge beurteilen zu können glaubten und von der Welt Lauf keine Ahnung hatten, Schulmeister, denen über der Kenntnis ihrer Bücher alle Kenntnis ihrer Mitmenschen abhanden gekommen war, die aber voller Einbildung überall glaubten, mitreden zu können und die bei der viel zu großen Bedeutung, die man ihrer Wissenschaft und Meinung beilegte, auch von wirklicher Gefahr werden konnten. Dergleichen gelehrte Männer hat es zu allen Zeiten gegeben, und zu allen Zeiten hat man sie auch, wenigstens in Deutschland, statt sie auszulachen, viel zu ernst genommen. Dem Nordhäuser Gemeinwesen sollten sie jedenfalls damals recht fatal werden.

Lange Zeit, nachdem das Augsburger Interim angenommen war, ging alles gut in Nordhausen. Nürnberg hatte für Nordhausen unterschrieben, aber kein Mensch in Nordhausen kümmerte sich um das Interim. Ebenso war die Belagerung Magdeburgs schon seit Monaten im Gange, ohne daß Nordhausen Zuzug geleistet hätte und ohne daß dies von Moritz übel vermerkt worden wäre. Da mußte den Diakonus Johann Holtzappel von St. Nikolai eines Tages im Monat Mai des Jahres 1551 irgendein Geschäft auf die „Rathauskammern zu den Buchführern" treiben, und dort erfuhr er beiläufig, daß Nordhausen das Augsburger Interim mit unterschrieben habe. Unser Holtzappel hatte nun nichts Eiligeres zu tun, als diese Wissenschaft seinem ersten Pfarrer Antonius Otto zuzutragen. Und dieser legte sich nun sogleich, ohne beim Rate anzufragen, gehörig ins Zeug. Er benutzte das Pfingstfest dazu, um ausgiebig, wahrscheinlich mit feurigen Zungen, wider den Rat zu predigen und das Volk aufzuputschen. Er ließ sich vernehmen: „Die Räte sind gefallen in eine schwere Anfechtung und Sünde, Gott wolle sich über sie erbarmen und sie wieder herausführen", und nun folgten von der Kanzel herab die Anklagen: Der Rat habe das Interim angenommen, er habe in die Beschickung des Konzils gewilligt, er habe die Belagerung Magdeburgs unterstützt.

Der Rat war von dem Vorgehen Ottos aufs peinlichst berührt, um so mehr, als er nicht wagen durfte, gegen den Prediger vorzugehen, da dieser die Stimmung des ganzen Volkes für sich hatte. Wild wogte es durcheinander: Der Rat suchte zu beschwichtigen, er goß nur Öl ins Feuer, denn andere Geistliche hatten nun den Ehrgeiz, hinter Otto nicht zurückzustehen, und ließen dieselben Fanfaren ertönen. Der Rat suchte klarzustellen, er entfachte nur größeren Zorn, denn in Sachen des göttlichen Wortes gab es kein Paktieren und Verhandeln, sondern nur ein Bekennen.

Als Otto es schließlich zu arg trieb, wurde er denn doch im Juni 1551 offiziell auf das Rathaus zitiert, und Meyenburg mußte ihm zusetzen. Die uns überlieferte Rede, die damals Meyenburg an sämtliche auf dem Rathaus versammelten Geistliche richtete, ist ein Meisterstück diplomatischer Redekunst.[20] Er fragte, ob sie, die versammelten Prediger, an der Rechtgläubigkeit des Rates zweifelten, er hielt ihnen vor, durch wen sie nach Nordhausen ins Amt gekommen und wie gänzlich undankbar sie jetzt seien, er stellte voll Überzeugung die einwandfreie Handlungsweise des Rates dar, er bemäntelte mit vollendeter Geschicklichkeit sein eigenes durchtriebenes Doppelspiel, und schließlich suchte er dadurch Zwiespalt in die Geistlichen zu bringen, daß er den Antonius Otto haltloser Beschuldigungen seiner Amtsgenossen bezichtigte. Nordhausen habe niemals das Interim angenommen, führte er aus, – und das war richtig, denn Nürnberg hatte für Nordhausen unterschrieben. „Daß wir ins päpstliche Konzil gewilliget, sind wir keineswegs geständig, denn ich den Papst vor den Teufel halte", meinte er voll Emphase. Aber sie hätten in ein „freies und christliches Konzil" gewilligt, fügte er, fein unterscheidend, hinzu. Zur Belagerung Magdeburgs hätten sie keinen Pfennig gegeben, obwohl der Kaiser „geschwinde und harte Briefe" gesandt und „Hilfe, Zuzug, Geld, Proviant, Büchsen, Geschütz" verlangt habe. Sie hätten nur 1547 den Kaiser unterstützt, als von Magdeburg noch keine Rede gewesen sei. Weiterhin meinte er, durch die Behauptung Ottos, die anderen Prediger hätten mit Melanchthon paktiert, habe dieser die Luthersche Rechtgläubigkeit seiner Amtsbrüder angezweifelt. Und dann kam der gegen geistliche Herrschergelüste gerichtete Satz: „Ihr wollet uns imperieren, was wir tun und wie wir uns halten sollen!"

Mit dieser Meisterrede stiftete Meyenburg für den Augenblick Ruhe; doch der Zankapfel war unter das Volk geworfen. Die Bevölkerung war mißtrauisch geworden, und die Geistlichen taten nichts, sie zu beruhigen. Wie fehlte da der

---

20 Abgedruckt bei K. Meyer, M. Meyenburg, 53 ff., Nordhausen 1910.

guten Stadt Nordhausen ein Johannes Spangenberg! Der hätte sogleich von der Kanzel herab gepredigt: Interim hin, Interim her, unterschrieben oder nicht unterschrieben; das Wesentliche ist doch, ob dieses Interim in Nordhausen durchgeführt wird oder nicht. Und in der Tat wurde es nicht durchgeführt! War nicht alles beim alten geblieben? Mußte man nicht augenblicklich in gefahrvoller Zeit nach außen hin das Gesicht wahren? Wurde dadurch irgendwie der evangelische Glaube beeinträchtigt? Aber so klug waren die evangelischen Pfarrer Nordhausens damals nicht, und so begann seit diesem Interimstreit ein Pastorengezänk, das bis zum Jahre 1568, fast 20 Jahre lang, die Stadt aufs Schlimmste beunruhigen sollte.

Auch in Nordhausen war, wie in anderen Städten Deutschlands, der Streit um das Interim nur der Ausgangspunkt für den Kampf der Anhänger des Flacius Illyricus gegen die des Melanchthons. Um die Gemüter zunächst zu beruhigen, sah sich der Rat am 4. August 1551 gezwungen, offen Farbe zu bekennen. In langer Sitzung von morgens 6 bis mittags 12 Uhr entschloß er sich einhellig, öffentlich das Interim abzulehnen.

Doch kaum war in dieser Beziehung den Geistlichen genuggetan, da gerieten diese wegen der Beschickung des Tridentiner Konzils zusammen. Zwar berührte diese Frage keinen Menschen in Nordhausen, da nur einige Häupter der Evangelischen in Trient erscheinen sollten. Aber nun sollte für diese Gesandten in den Kirchen gebetet werden, was die drei gemäßigten Pfarrer von St. Blasii, Petri und Jakobi auch taten. Dadurch erregten sie aber den höchsten Grimm Antonius Ottos, der von der Kanzel herab verkündete, er werde für diese Unterhändler nie und nimmer zu Gott beten. So spalteten sich denn die Geistlichen in zwei feindliche Lager, die sich aufs heftigste mit leichtem und grobem Geschütz, meist aber mit grobem, bekämpften.

Unterdes sah auch Nordhausen einen guten Teil der damaligen kriegerischen Ereignisse. Im November 1551 hatte Magdeburg, ohne überwunden worden zu sein, freiwillig Moritz von Sachsen die Tore geöffnet. Dieser hatte aber schon während der Belagerung weitausschauende Pläne geschmiedet, mit Frankreich Verhandlungen angeknüpft und stand jetzt im Begriffe, gegen seinen einstigen Bundesgenossen, den Kaiser, zu ziehen. Im Winter 1551 auf 1552 fluteten seine Heeresvölker von Magdeburg aus nach Süden zurück. 20 Fähnlein Fußsoldaten und 3 Geschwader Reiter nahmen dabei auch ihren Weg über den Harz und erschienen vor Nordhausen. Die Stadt verschloß zwar ihre Tore vor der zuchtlosen Soldateska, mußte jedoch, um sie loszuwerden, 12000 Gulden bezahlen. Erst dadurch wurden die Truppen veranlaßt, nach Süden und Westen weiterzuziehen, nicht ohne daß sie in der Nordhäuser Umgebung 36 Dörfer geplündert hätten. Die 12000 Gulden, die Nordhausen nur mit größter Mühe aufgebracht hatte, galten als dem Kurfürsten Moritz vorgestreckt, und der Rat forderte sie später vom Reiche wieder ein. „Was aber der Rat für Mühe, Kosten und Ungelegenheiten desfalls gehabt, ist nicht zu beschreiben", liest man in den alten Quellen. Erst 1559 hörte wenigstens Nordhausen davon, daß die vorgestreckte Summe noch nicht ganz in Vergessenheit geraten war. Das Reich erhielt damals nämlich von der Stadt 216 Gulden Türkenhilfe, die es von den 12000 Gulden abzog, so daß es noch mit 11784 Gulden bei Nordhausen in der Kreide stand. Schließlich gelang es der Stadt, 1572 aus der Reichskasse zu Speier 3400 und dann noch einmal 4464 Gulden zurückzuerhalten; das übrige war als Abzüge für entstandene Kosten einbehalten worden.

Doch dieser Heereszug der Kriegsvölker, die vor Magdeburg gelegen hatten, blieb in jenen Jahren nicht der einzige, den die Stadt Nordhausen sah. Als nämlich Moritz von Sachsen nach Süddeutschland marschierte und hinter dem über die Alpen flüchtenden Kaiser herhetzte, trennte sich sein bisheriger Parteigänger Albrecht Alcibiades von Brandenburg, eine rechte Freibeuternatur, von ihm und brandschatzte auf eigene Faust in den reichsten Gegenden Deutschlands, in der Pfaffengasse am Main, die geistlichen Stifter und wurde für alle Landschaften von der mittleren Weser bis weit südlich des Mains eine furchtbare Geißel.

Endlich mußten sich die deutschen Fürsten gegen diese ewigen Beunruhigungen wenden, und Moritz von Sachsen selbst stellte sich an die Spitze eines gegen den Unhold marschierenden Heeres. Er gedachte, seine Truppen südlich des Harzes bei Nordhausen zu vereinigen und dann im Westen um den Harz herum gegen Albrecht zu ziehen. Da nun Nordhausen, immer vorsichtig hin- und herlavierend, nie recht Farbe bekannt hatte, schrieb Moritz am 4. Juni 1553 an den Rat, wessen er sich denn eigentlich in diesen Zeiten von ihm zu versehen hätte. Nordhausen aber trug, da Moritz nach Besiegung des Kaisers machtvoll dastand, kein Bedenken, am 11. Juni in der etwas emphatischen Sprache Meyenburgs zu antworten, die Stadt werde mit Gut und Blut für ihn eintreten.

So trafen sich denn Ende Juni die Truppen Moritz' von Sachsen mit denen seiner Verbündeten, besonders Heinrichs von Braunschweig, bei Nordhausen. Alle Dörfer um Nordhausen waren stark mit Landsknechten belegt. Moritz' Gemahlin, die um ihren schon wieder ins Feld rückenden Gatten besorgt war, hatte ihm nach Nordhausen hin das Geleit gegeben und wollte ihn hier davon abhalten, sich selbst am Kampfe zu beteiligen. Eine stattliche Versammlung von Fürsten und Adligen hielt damals ihren Einzug in Nordhausen. – „Als der Kurfürst Moritz hier einzog, schlug eben die Uhr, an welcher die Feder mitten im Schlage sprang, welches für kein gutes Omen angesehen worden." Es zeigten sich also bedenkliche Gesichter genug.

Schon zwei Wochen später, am 9. Juli 1553, kam es bei Sievershausen zu blutigem Strauß. Moritz besiegte den Unruhestifter, im Reiterkampfe aber hatte er schwere Verluste. Da fiel der letzte Beichlinger, und so endete dieses Geschlecht, das auch für Nordhausen nicht ohne Bedeutung im Mittelalter gewesen war, da fielen zwei Söhne des Herzogs von Braunschweig, da sank, tödlich verletzt, Moritz selbst auf die blutige Heide. Wenige Tage nach der Schlacht erlag er seinen Wunden, und schon am 13. Juli forderte sein Nachfolger Kurfürst August I. von Sachsen Nordhausen zur Treue gegen ihn als seinen Schutzherrn auf.

Nordhausen aber hatte nach dem Tode Moritz' von Sachsen nicht geringe

Sorgen. Albrecht Alcibiades hatte schon vor der Schlacht von Sievershausen unter Drohung von Nordhausen, das im Bunde mit seinen Feinden stand, 12000 Gulden verlangt. Als ihm dann der Rat seine Notlage vorstellte, ließ er mit sich handeln und begnügte sich mit 8000; schließlich willigte der Rat in 4000 Gulden, kam aber auch um diese herum. Denn Johann Friedrich von Sachsen, der die Kur an Moritz verloren hatte, aber auf ihre Wiedererringung hoffte und deshalb nach Freunden Ausschau hielt, trat für die Stadt ein, und auch Heinrich von Braunschweig zeigte sich um sie besorgt. Heinrich schrieb, man solle die Tore schließen und auf der Hut sein. Sollte die Stadt belagert werden, so wolle er zu Hilfe kommen. Für so treffliche Gesinnung mußte die Stadt dem Fürsten dankbar sein und ihm 1000, seinem Ratgeber 200 Gulden verehren.

Unterdes wartete Albrecht noch immer auf seine 4000 Gulden; doch Nordhausen dachte bei der gefährlichen Lage, in der sich der Markgraf jetzt befand, nicht daran, ihm Geld zu schicken. Da drohte Albrecht: Er werde sie schon zur rechten Zeit zu finden wissen. Das ängstliche, aber im Verweigern von Zahlungen hartnäckige Nordhausen ließ Albrecht im August nochmals durch Abgesandte aufsuchen, die ihn beschwichtigen sollten. Albrecht erwiderte aber auf ihre Vorstellungen drohend und grob, sie wollten nur nicht zahlen, weil es ihm gerade mißlich gehe. Da lockerten die Nordhäuser 500 Taler aus ihrer Geldkatze, und mit diesem Trinkgelde stellte man dann den Freibeuter zufrieden. Bald zog er sengend und brennend von Braunschweig nach Süden.

Trotz dieser von außen drohenden Gefahren ging in den Mauern der Stadt der Streit der Geistlichen um Nichtigkeiten weiter. Für Nordhausen galten seit Einführung der Reformation offiziell drei Glaubensnormen: Die Augsburgische Konfession vom Jahre 1530, die den Süddeutschen entgegenkommende Wittenberger Konkordie vom Jahre 1536 und die etwas schärfer den Lutherschen Standpunkt herauskehrenden Schmalkaldischen Artikel vom Jahre 1537. Machten sich sonst Unklarheiten in der Auffassung bemerkbar, so war die Meinungsäußerung Luthers maßgebend gewesen. Solange der große Reformer lebte, galt sein Schiedsspruch unbedingt und ließ theologische Streitigkeiten nicht aufkommen. Anders wurde das nach seinem Tode, als die Epigonen der Reformation das Erbe antraten.

Nordhausen besaß auch nach dem Weggange Spangenbergs unzweifelhaft tüchtige Theologen. Die Bedeutung der Stadt für die Reformation und Melanchthons sowie Jonas' Sorge um sie hatten stets für gute Prediger und eifrige Anhänger Luthers gesorgt. Gerade aber ihre geistige Regsamkeit, ihr großes Interesse an allen Glaubensdingen und ihre unbedingte Stellungnahme sollte der Stadt nicht geringe Ungelegenheiten bereiten.

Die Fragen, über die es in jenen Tagen zu Konflikten kam, scheinen uns heute kleinlich, und wir stehen oft verwundert, wenn wir hören, um was sich damals die Gemüter erregt haben. Manchmal waren es auch tatsächlich rechte Erbärmlichkeiten, derentwegen rechthaberische Federfuchser und Wortklauber aneinander gerieten; nicht selten aber waren jene Glaubensfragen, die uns heute unverständlich sind, den Männern damals innerste Herzensangelegenheiten, und manch' einer hat für seine Überzeugung gelitten und ist um ihretwillen ins Elend gegangen.

Bald nach dem Streite ums Interim erhob sich eine neue Fehde unter den Nordhäuser Pfarrern über die äußerliche Gestaltung des Gottesdienstes. Luther hatte mit Recht diese Äußerlichkeiten als adiaphora, als nebensächlich, angesehen. Nach seinem Tode jedoch kam man bald darüber in Zwist, wo denn die Grenzen zwischen Nebensächlichem und für den evangelischen Gottesdienst Wesentlichem im Gegensatz zum katholischen zu ziehen seien. Manche Theologen wollten nur einige wenige Ritualien geringfügigster Art vom katholischen Gottesdienst übernehmen, Melanchthon dagegen ging 1548 soweit, daß er selbst die Fasten, die 7 Sakramente, die Bilderverehrung für nebensächlich und also mit dem Evangelium durchaus vereinbar erklärte.

Unter den Nordhäuser Geistlichen ging der Streit zunächst besonders um die sogenannte Elevation, d.h. um das Emporheben von Brot und Wein nach der Konsekration durch den Geistlichen. Luther hatte diese Elevation beibehalten, Karlstadt dagegen hatte sie schon früh bekämpft, bis sie 1542 auch von Luther aufgegeben wurde. Daneben ging der Kampf um das Tragen von Meßgewändern und Chorröcken, um die katholischen Zeremonien bei Beerdigungen und um die Abhaltung des Gottesdienstes zu den einzelnen Tageszeiten. Noch die Nordhäuser Polizeiordnung vom Jahre 1549 kennt nach katholischem Vorbilde die Frühmesse, die Mittagspredigt und die Vesper. Die Pfarrer von St. Blasii, Petri und Jakobi waren katholischem Ritual entgegenkommend, die von St. Nikolai und vom Altendorfe waren radikal. Schließlich aber gingen die Pfarrer, abgesehen von Jakob Sybold an St. Blasii, allgemein dazu über, mit katholischen Überresten aufzuräumen, ohne den Rat darum zu fragen. Dieser gab dann nachträglich am 7. Juli 1556 durch Ratsbeschluß dem Vorgehen der Geistlichen seine Zustimmung, ermahnte sie aber, fortan nicht ohne Vorwissen des Stadtregimentes Änderungen zu treffen. Damit waren die Meßgebräuche, die Chorröcke, die Christmette und das Tragen von Lichtern bei Leichenbegängnissen für Nordhausen abgeschafft.

Dieser adiaphoristische Streit ging noch ganz glimpflich ab; Rat und Geistlichkeit waren nach einigem Hin und Her im ganzen einig. Desto toller „erhub sich das Lärmen" der Pfarrer beim Austrag grundsätzlicher Glaubensfragen.

Die katholische Kirche hatte ja immer größten Wert auf die guten Werke gelegt, durch die sich der Mensch einen Schatz im Himmel erwerbe. Dabei waren unleugbar im Laufe der Jahrhunderte vielerlei Mißbräuche entstanden, die Kirche und Geistlichkeit hatte die Mildtätigkeit der Gläubigen selbstsüchtig ausgenutzt, und häufig hatte eine ganz äußerliche Frömmigkeit ohne Bußfertigkeit der Seele Platz gegriffen. Wir glauben aber doch, daß die christliche Kirche gerade dadurch, daß sie die Menschheit zu den Werken der Nächstenliebe angehalten und damit die menschliche Selbstsucht bekämpft hat, ihre größte Missionsarbeit erfüllt hat; denn es gibt keinen erhabeneren Gottesdienst als den Dienst an den Geschöpfen Gottes. Und wir glauben, daß auch der Opfertod Christi, nur von diesem Standpunkt aus betrachtet, rechten Wert und Würde hat. Luthern war es auch nie eingefallen, die Bedeutung guter Werke zu bekämpfen, er bekämpfte nur die Fäulniserscheinungen einer alternden Kirche, gestützt auf das Pauluswort, daß der Mensch gerecht werde durch den Glauben; und er hatte auch auseinandergesetzt, daß der Christ, der als festen Anker in allen Anfechtungen die Zuversicht zu dem gnädigen Gott gefunden hatte, aus dieser seiner Lebensanschauung heraus ohne weiteres gute Werke tue, die ohne diesen Glauben wertlos seien. Das war ein ganz eindeutiger, unmißverständlicher Standpunkt.

Nach Luthers Tode glaubte nun Georg Major, Pfarrer in Eisleben, wieder den Wert der guten Werke für die Seligkeit betonen zu müssen. Nikolaus Amsdorf aber trat diesem „Majorismus" scharf entgegen. Ja, schließlich verstiegen sich Amsdorf und Flacius, die Führer der orthodoxen Lutheraner, zu der Behauptung, gute Werke seien dem Seelenheil der Menschen schädlich. Ein großer, grundlegender Meinungsunterschied lag u.E. natürlich gar nicht vor, sondern nur sozusagen ein methodischer: Luther und Amsdorf lehrten, daß der Mensch erst eine Weltanschauung gewinnen müsse und aus dieser heraus dann gute Werke tue, Major aber faßte die Sache praktischer an und meinte, daß gute Werke im einzelnen allmählich zu einer ganz bestimmten Lebenshaltung führten.

Der damaligen Welt aber schien die Seligkeit von dieser Frage abzuhängen. Sie bewegte auch die Nordhäuser Geistlichkeit aufs heftigste. Auf der Seite Amsdorfs standen der Pastor *primarius* Antonius Otto von St. Nikolai, Nicolaus Wirth von St. Petrie und sein Diakon Martin Hartkese, sowie Andreas Weber, Pastor im Altendorfe; Majoristen dagegen waren Pfarrer Sybold von St. Blasii und sein Diakon Tunger sowie Pfarrer Noricus von St. Jakobi.

Durch die Unduldsamkeit Ottos wurde eine außerordentliche Schärfe in den Streit hineingetragen. Dieser Antonius Otto scheint nicht von vornherein einen gelehrten Beruf ergriffen zu haben; es heißt, er sei zunächst Böttchergeselle gewesen. Der Hochbefähigte beschäftigte sich dann autodidaktisch mit den Wissenschaften, bis ihn Luther in Wittenberg unter seine Studenten aufnahm. 1543 empfahl ihn Melanchthon an Meyenburg, und dieser berief ihn an die Nordhäuser Marktkirche. Offenbar zeichnete unseren Otto ein scharfer Verstand aus, doch verführte ihn ein gewisses engstirnig doktrinäres Wesen, das Autodidakten besonders häufig zeigen, zu unausstehlicher Rechthaberei. Auch teilte er Luthers Ansicht durchaus, daß trotz der Beseitigung des katholischen Priesterbegriffs doch an der Unterordnung der Laien unter die geistliche Aufsicht festgehalten werden müsse.

Am ärgsten tobte der Streit um die guten Werke im Jahre 1553, wo „beide Teile Theologen also aneinander wuchsen, daß ein Teil den anderen verdammte und exkommunizierte". Der Nordhäuser Rat war in peinlichster Lage. Denn jederzeit ist es so gewesen, daß die Geistlichen, wenn sie unter die Autorität des Staates gezwungen werden sollten, ihre persönliche Sache als die Sache der heiligen Religion hingestellt und wider der Frevler am Heiligsten die Menge zum Kampfe aufgestachelt haben. So war es auch damals. Als der Rat nach langem Zögern, – denn er fürchtete die aufgeregte Stimmung im Volke – Ruhe gebot, erklärten die Geistlichen, sie dürften „wider ihr Gewissen nichts tun". Darauf erteilte der bedrängte Rat schließlich einem der hadernden Pfarrer, Andreas Weber vom Altendorf, die einzig richtige Antwort: Man wolle ihn wider sein Gewissen nicht drängen; weil er aber ein so enges Gewissen habe, so solle er sich binnen 14 Tagen bedenken, und wenn er es in dieser Zeit über sein Gewissen nicht bringen könne, solle er die Pfarre räumen. – Darauf brachte es Andreas Weber über sein Gewissen und hielt Ruhe.

Dennoch war der Rat vorsichtig in diesen Zeiten, wo die Kanzel immer wieder mißbraucht und das Volk nicht nur gegen die geistlichen Widersacher, sondern auch gegen die eingreifende Obrigkeit aufgestachelt wurde. Um Klarheit zu gewinnen, wandte er sich mit aller Sorgfalt an die berufensten Stätten protestantischer Theologie, an die theologischen Fakultäten in Leipzig, Wittenberg und Jena sowie an die Hochburg Lutherschen Glaubens, an Magdeburg, erhielt aber die widersprechendsten Urteile, und damit war ihm in keinem Falle geholfen. Endlich berief er drei angesehene Theologen, Dr. Schnepf aus Jena, Dr. Alesius aus Halle und Pfarrer Sarcerius aus Eisleben nach Nordhausen selbst. Diese vertraten etwa den Standpunkt Luthers: „Man soll und muß gute Werke tun, predigen und lehren, sie sind aber nicht zur Seligkeit nötig." Den Rat kostete dieses Gutachten 300 Gulden, welche u.E. für gute Werke besser Verwendung gefunden hätten.

Jedoch war mit diesem Schiedsspruch wenigstens für einige Zeit Ruhe geschaffen; doch wechselten nach einigen Jahren, besonders 1558 und 1559, die Geistlichen wieder „zweideutige Redensarten", so daß der Rat am 11. Februar 1560 sämtliche Pfarrer vor das *Concilium Seniorum*, d.h. vor das Forum aller 12 aus den drei Räten stammenden Bürgermeister, berief und sie ernstlich ermahnen ließ, sich nur an das Augsburgische Bekenntnis, an die Apologie und die Schmalkaldischen Artikel zu halten. Damals besuchte Antonius Otto auf Kosten der Stadt auch die in Jena anberaumte Disputation zwischen Flacius Illyricus und Victorinus Striegel, Professoren in Jena. Der starre Standpunkt, den Flacius bei dieser Disputation einnahm, entfremdete ihm allmählich die Gemüter der besten Anhänger Luthers; einem Otto jedoch war gerade diese unbeugsame Haltung recht. – Am 19. April 1560 ging bei noch immer währenden Streitigkeiten Philipp Melanchthon dahin. Der Tod erlöste den Humanisten von der *„rabies theologorum"*.

Doch waren diese Auseinandersetzungen über die immerhin nicht unwichtige Frage der Notwendigkeit guter Werke nicht die einzigen, welche damals die protestantischen Theologen und nicht zuletzt auch die Geistlichen Nordhausens erregten. Kaum war nach 1555 einigermaßen Ruhe eingekehrt über die Majoristische Meinungsverschiedenheit, da gerieten die Pfarrer über eine ähnliche Frage, über den „dritten Gebrauch des Gesetzes", *de tertio usu legis,* aneinander. Vom Gesetz erwartete man nämlich erstens, daß es die Menschen in Schranken halte, zweitens, daß es sie läutere und zu Christus bringe, drittens, daß es sie anhalte und unterrichte, wie sie gute Werke tun sollten als soziale Wesen. Diese dritte Eigenschaft des Gesetzes leugnete Antonius Otto und setzte sich mit ihr in 20 Thesen, die er 1557 an der Tür der Nikolaikirche anschlug, auseinander. Unter diesen Thesen Ottos lautete die 10.: *Lex non modo ad iustificationem nulla, sed neque ad ulla bona opera utilis et necessaria est.* Damit lehnte er die Wirksamkeit des Gesetzes in sozialer Beziehung ab.

Sogleich erhoben sich gegen diese Thesen Pastor Sybold von St. Blasii und Johann Fuß von St. Petri. Wieder versuchte der Rat eine Vermittlung. Er rief das Urteil Hallischer und Eislebener Theologen an und brachte nach langen Streitigkeiten auf diese Weise eine leidliche Einigung zustande. Nur Pastor Fuß blieb hartnäckig und wollte diejenigen seiner Pfarrkinder, die Ottos Predigten mitanhörten, nicht mehr zum Abendmahl zulassen.

So ging denn der Kampf weiter und tobte um so heftiger, als Antonius Otto bald in dem Rektor der Gelehrtenschule Andreas Fabricius einen der entschiedensten Kampfgenossen fand. Zwei ganz ähnliche Charakter von scharfem Verstand und verkrüppeltem Gemüt hatten sich hier zusammengefunden zum Unsegen für Nordhausen. Der Rat aber konnte keinen schlimmeren Mißgriff tun, als Fabricius 1560 vom Rektorate zu entbinden und ihn erst zum Diakonus von St. Nikolai und dann 1564 zum ersten Geistlichen von St. Petri zu machen. Daher kam es, daß 1565 ein „greulicher Lärm *de tertio usu legis*" in Nordhausen herrschte. Ja, dieser Streit wurde über die Stadtgrenzen Nordhausen weit hinausgetragen, als beide „Gesetzstürmer" ihre Ansichten in Streitschriften niederlegten und damit in der ganzen protestantischen Welt Aufsehen erregten. Otto und Fabricius vertraten in ihren Schriften denselben unnachgiebigen Standpunkt wie Flacius in seinem Weimarer Konfutationsbuche, dem die Anhänger Melanchthons das *corpus doctrinae christianae* entgegengestellt hatten. Dieses *corpus* aber war von Nordhausens Schutzherrn August I. von Sachsen ausdrücklich als *corpus doctrinae Misnicum* anerkannt worden, und als Fabricius es angriff, griff er zugleich die offizielle Lehrmeinung an. Das wäre ihm vielleicht noch hingegangen; doch bei seiner heftigen und ausfallenden Art hatte er es sich in seinem Buche vom heiligen, klugen und gelehrten Teufel nicht entgehen lassen, die sächsischen Universitäten gröblichst zu beschimpfen und von einer gewissen Persönlichkeit ein wenig schmeichelhaftes Gemälde zu entwerfen, in welchem Kurfürst August nicht ohne Grund sich selber wiederzuerkennen glaubte. Das schlug dem Faß den Boden aus. Am 19. September 1567 verlangten sächsische Gesandte vom Nordhäuser Rate Antonius Ottos und Andreas Fabricius' Entlassung.

Der Rat kam diesem Wunsche Sachsens nicht nach; er fürchtete Volksaufläufe und Schlimmeres. Denn die Geistlichen redeten dem Volke ein, es gehe gegen den evangelischen Glauben. Doch der beleidigte Kurfürst blieb unnachgiebig und drohte am 8. Januar 1568, er werde „auf Gegenmittel gedenken, wenn die Prediger nicht entlassen würden". In dieser Bedrängnis faßte der Rat am 10. Juli 1568 den Entschluß, sämtliche streitenden Geistlichen, Otto und Fabricius einerseits und Sybold und Noricus andererseits, zu entsetzen. Mit diesem Auswege glaubte er der Volksstimmung wenigstens einigermaßen Rechnung getragen zu haben, fand damit aber nicht die Zustimmung Augusts von Sachsen. Der Kurfürst verlangte, daß Sybold und Noricus wieder eingesetzt würden, und der

Rat wagte keinen Widerstand zu leisten. So blieben die beiden in Nordhausen, während Fabricius nach Eisleben, Otto nach Stöckey ging. [21]

Fabricius, ein echter Gottesstreiter, ließ es sich in seinem neuen Wohnsitz nicht nehmen, weitere Zwietracht anzuzetteln; Otto aber gefiel es in seiner Verbannung zu Stöckey gar nicht. Des öfteren versuchte er, wieder nach Nordhausen zurückzugelangen, und die Sehnsucht nach dem rechten Resonanzboden für seine Disharmonie, der ihm bei der Stöckeyer Bauernschaft offenbar fehlte, dämpfte seinen Kampfeseifer einigermaßen. Da aber durch die Verbannung Ottos für die Grafschaft Honstein die Gefahr bestand, daß der unvernünftige Theologenhader in Nordhausen auch die bisher vernünftige Landschaft ergriffe, rief Graf Volkmar Wolfgang 1569 seine honsteinschen Geistlichen nach Walkenried zu einer Synode zusammen und ließ sie hier den Beschluß fassen, sich in keine Streitigkeiten mischen, sondern das lauter und reine Evangelium predigen zu wollen.

Der Nordhäuser Rat verfiel damals auf einen merkwürdigen Ausweg, um die theologischen Streitigkeiten für immer zu unterbinden. Er glaubte nämlich, die bisherige Gleichberechtigung der Geistlichen habe dergleichen hemmungslose Meinungsäußerungen veranlaßt, und es werde eine Besserung erfolgen, wenn er in der Stadt eine Superintendentur einrichte, ein geistliches Amt, dessen Ansicht die anderen Geistlichen sich zu fügen hätten. Deshalb berief er an die Stelle des abgesetzten Antonius Otto im Jahre 1569 Martin Burggrav als Superintendenten. Dieser Schritt hatte bei der Arroganz und Disziplinlosigkeit der übrigen Geistlichen natürlich nur den Erfolg, daß sie sich sogleich gegen ihren Oberhirten empörten. Burggrav scheiterte kläglich und mußte schon 1570 Nordhausen wieder verlassen. Das ist das einzige Mal gewesen, daß es einen Superintendenten in der Reichsstadt Nordhausen gegeben hat.

Daß jedoch diese religiösen Wirren nicht etwa nur Auseinandersetzungen weniger Theologen waren, sondern daß die gesamte Bevölkerung leidenschaftlich Anteil nahm, ersieht man aus einer Reihe Spottgedichte, die in jener Zeit entstanden, im Volke umliefen und die Verbitterung vermehrten. Eines z.B., das die Überschrift trug: Sybold und anderen guten Freunden zu Ehren gemacht, wies folgende erste Strophe auf:

> Sankte Jutta hat mich geborn,
> Jesum zu verraten erkorn;
> Beschirmer Doktor Majors Lahr,
> Obwohl an ihr kein Wort ist wahr,
> Läßt er ihn dennoch und lügt gar sehr,
> Dienet allein dem Bauch zur Ehr'
> Und bringet sich in Sünd und Schand.
> Solches ist ihm kommen in die Hand u.s.f.

Oder ein anderes Spottgedicht mit der Überschrift: Ein hurtig' Liedlein von den Majoristen, dessen zweite bezeichnende Strophe folgendermaßen lautet:

---

21 Vergl. noch Heineck, Zur Antonius Otho-Frage, Nordh. Zeitung, 1913, 27. Dezbr.

Sie leben in großer Einigkeit
Mit Fressen und Saufen in großer Freud'.
In Jubilieren und Glossieren
Sie einer zu dem andern gehn.
Damit beweisen sie ihr Werk so rein
Und fahren dadurch zur Hölle hinein. –

Dann werden 6 Pfarrer, auf die das Pasquill gemünzt war, namentlich genannt. [22]

In dieser derben Volkspoesie fehlte es weder an Witz und Geist noch an Unflätigkeiten aller Art. So fand man eine ganz hübsche Einkleidung, indem man sich den Nordhäuser Roland mit Christus über die schändliche Haltung mancher jetziger Nordhäuser Pfarrer unterhalten ließ, oder aber man wagte die Schamlosigkeit, ein übles Pasquill nach der Melodie zu singen: „Von Gott will ich nicht lassen."

Unterdessen hatten noch einmal auswärtige Händel auch Nordhausen berührt. In Thüringen war es nämlich zu offenem Kampfe zwischen Johann Friedrich von Sachsen-Gotha aus der ältern, nunmehr der Kur verlustig gegangen ernestinischen Linie und August I. von Sachsen-Meißen aus der Albertiner Linie gekommen. Schuld daran war vor allem Wilhelm von Grumbach, ein alter Parteigänger Albrecht Alcibiades', der um dieser Gesellschaft willen seiner Würzburger Lehen verlustig gegangen und 1563 schließlich geächtet worden war. Dieser alte Unruhestifter ging nun an den Hof des unzufriedenen Johann Friedrich nach Gotha, wurde sein schlimmer Ratgeber und stiftete ihn zu allen möglichen Intrigen gegen das Kurhaus Sachsen an, bis am 12. November 1566 auch Johann Friedrich der Reichsacht anheimfiel. Die Vollstreckung dieser Acht wurde August von Sachsen übertragen, der nun mit allem Eifer ans Werk ging, den Nebenbuhler unschädlich zu machen. Ende Dezember 1566 wurde Gotha eingeschlossen, und als im April 1567 die Belagerten einsahen, daß sie die Stadt nicht mehr halten konnten, wollten sie sich nach Anzündung der Ortschaft auf die Burg zurückziehen und diese allein verteidigen. Gegen diesen Beschluß empörten sich aber die Bürger und Söldner des Herzogs und übergaben am 13. April 1567 die Stadt. Der Herzog selbst und Grumbach wurden gefangengenommen; Johann Friedrich kam nach Oesterreich in lebenslängliche Gefangenschaft, der dreiundsiebzigjährige Grumbach wurde geviertelt.

Nordhausen war an diesem Feldzuge Augusts insofern beteiligt, als an die Stadt im Februar 1567 zwei kaiserliche Mandate gelangten, zur Unterstützung der Heeresmacht Augusts Truppen anzuwerben und mit diesen dem kurfürstlichen Heere Zuzug zu leisten. Nordhausen schickte deshalb 60 Landsknechte nach Gotha und lieferte 2100 Säcke Korn zur Verpflegung. Als die belagerte Stadt dann gefallen war, verlangte August zur Schleifung der Befestigungswerke noch 150 Schanzgräber oder für jeden 12 Groschen.

---

22 Die Mißstände der katholischen Zeit wirken also insofern noch nach, als man die Verteidiger von guten Werken einfach für Leute hält, die um ihrer selbst willen diese guten Werke verlangen.

Der Rat war nur zur Stellung von 50 Leuten bereit und kam überhaupt den ihm auferlegten Verpflichtungen nur saumselig nach. Noch 1569 forderte der Kurfürst 1200 Gulden Schleifungsgelder von Nordhausen, die dann aber auf 357 herabgesetzt wurden. Alles in allem hatte die Niederwerfung Johann Friedrichs die Stadt mit 1889 Gulden und 9 Pfennigen belastet.

Für die allmählich von ihrem Wohlstande herabsinkende Stadt waren diese Ausgaben, die ihr selbst keinerlei Gewinn brachten, schwerer denn je zu tragen. Um so mehr hatte sie in ihrem Innern Ruhe nötig, und diese war ihr in religiöser Beziehung seit dem Jahre 1568 10 Jahre lang geschenkt. Wenigstens wurde eine neue Bewegung, die Unfrieden in die Bevölkerung hineintragen konnte, in den sechziger und siebziger Jahren noch glücklich unterbunden: das Vordringen des Calvinismus.

Obwohl nämlich 1555 im Augsburger Religionsfrieden die Lehre Calvins nicht als gleichberechtigt anerkannt worden war, hatte sie doch in Deutschland immer mehr Boden gewonnen, besonders seit 1563 die Kurpfalz den calvinischen Heidelberger Katechismus angenommen hatte.

Auch in Nordhausen hatten sich schon in den fünfziger Jahren wohl calvinische Strömungen bemerkbar gemacht, sie waren aber schnell abgelenkt und schließlich ganz beseitigt worden. Schon 1556 traten die Nordhäuser Pfarrer hinsichtlich der Abendmahlsauffassung auf den Lutherschen Standpunkt, daß die Gläubigen im Brot und Wein den wahren Leib und das wahre Blut Christi genossen. [23]

Während sich Nordhausen in dieser Beziehung auf den Boden strenger Lutherscher Anschauungen stellte, lehnte es doch die Formulierung ab, die das orthodoxe Luthertum in der Konkordienformel zu Kloster Berge bei Magdeburg gefunden hatte. Wahrscheinlich waren politische Momente bei dieser Stellungnahme maßgebend. Das bisher gemäßigte Kursachsen hatte sich nämlich, nachdem Kurfürst August mit dem Kryptocalvinismus schlimme Erfahrungen gemacht hatte, für die Konkordienformel entschieden und drängte auch Nordhausen zur Annahme. Der Rat jedoch fürchtete, daß er allmählich in immer größere politische, aber auch kulturelle Abhängigkeit von Sachsen geraten könne, sah seine Freiheit gefährdet und wandte alles auf, dieselbe zu bewahren. Eine Anlehnung Nordhausens an Braunschweig wird seitdem immer mehr sichtbar.

So suchte Nordhausen damals Sachsen zwar nicht mit einer glatten Ablehnung vor den Kopf zu stoßen, schrieb aber am 4. September 1577, es bäte sich Bedenkzeit aus, die Konkordienformel anzunehmen, und erbitte ferner, bevor es nach Sangerhausen zur Unterschrift komme, Einsicht in das Glaubensbekenntnis. Dieses wurde aber von Sachsen nie geschickt, und nie hat Nordhausen die Konkordienformel unterschrieben. [24] Statt dessen verpflichtete die Stadt fortan ihre Geistlichen auf das 1576 für Braunschweig erschienene und nach Herzog

---

[23] Ecclesiae urbis Nordhusanae semper retinuerunt doctrinam de coena Domini incorruptam, iuxta institutionem Christi atque constantem sententiam Lutheri, quod una cum pane et vino, verum corpus Christi et verus eius sanguinis sumentibus distribuatur.

[24] Hier muß ich meine eigene frühere Ansicht berichten. Vergl. Silberborth, Geschichte des Nordh. Gymnasiums, 14.

Heinrich Julius genannte *corpus Julium*. Die Augustana, die Apologie und das Corpus Julium waren seitdem die für Nordhausen grundlegenden Bekenntnisschriften.

Diese Verpflichtung der Geistlichen auf ganz bestimmte Glaubensnormen schien damals um so nötiger zu sein, als nunmehr der Calvinismus auch in Nordhausen wirklich Fuß faßte. Die große Geschlossenheit der Lehren des Genfer Reformators hatte für viele etwas Bestechendes, und nicht nur Calvins Abendmahlslehre, sondern auch sein starres, faszinierendes Dogma von der Allmacht Gottes, welche die einen der Menschen von Ewigkeit her zur Seligkeit, die anderen zur Verdammnis vorherbestimmt, prädestiniert, hatte ihm manche Anhänger zugeführt. Schon Anfang der achtziger Jahre waren der Pastor Johann Rindfraß und dann Johann Ratzenberg, der Rektor des Nordhäuser Gymnasiums, des Calvinismus verdächtigt worden. Ratzenberg wurde deshalb 1585 entsetzt.

Bedeutsamer wurde es, daß seit 1590 der erste Geistliche der Stadt, Johann Pandochäus, Pfarrer an St. Nikolai, dem Calvinismus zuneigte und dadurch die Gemüter erregte. In einer ganzen Reihe von Schriften, besonders in denen über die Prädestination vom Jahre 1596 und 1597, setzte sich Pandochäus immer unverhohlener für den Calvinismus ein. Gegen diese Schriften wandte sich sein eigener Diakonus Johann Siford und danach noch energischer und schärfer Johann Rüger, Pastor am Frauenberge.

In diesem Falle war die Lage für den Rat insofern schwierig, als einige der besten Männer der Stadt zu der neuen Lehre neigten, unter ihnen der Syndikus Wilde, den der streng logische Gedankengang des Calvinischen Lehrgebäudes bestochen haben mag. Doch konnte der Rat um dieser Männer willen die nach schweren, langen Kämpfen und Opfern erlangte Einigkeit des Glaubens nicht gefährden lassen. Er ließ deshalb 1597 eine *Confessio Nordhusana de praedestinatione* in 4 Artikeln aufstellen. Im 2. Artikel dieser Konfession wird bezeichnenderweise Luthers Lehre von der Gnadenwahl deshalb richtig hingestellt, weil sie nicht Luthers, sondern des Apostels Paulus und des Heiligen Geistes Lehre selber sei. Als trotz dieses Bekenntnisses der Stadt zu Luther Pandochäus nicht abließ, für den Calvinismus einzutreten, und die von den Universitäten Wittenberg, Jena und Tübingen eingeholten Gutachten seine Anschauungen als calvinistisch verdammten, wurde er 1600 seines Amtes entsetzt. Georg Wilde, der eben erst ein Gehölz am Abhange des linken Zorgeufers käuflich erworben hatte, das nach ihm genannte „Wildes Hölzchen", wurde entlassen.

1608 wurde dann eine Norm aufgestellt, nach der die Geistlichen ihre abweichenden Meinungen erörtern mußten. Fortan kam es nur noch zu geringfügigen Differenzen in Glaubenssachen, jedenfalls vermochten sie das Staatswesen nicht mehr so zu erschüttern wie die sechziger und neunziger Jahre.[25]

Alle diese religiösen Streitigkeiten hatten aber doch das eine Gute, daß sie das Auge für die Mängel schärften, die bisher noch in der Organisation des Kirchen-

---

25 Die Geschichte der Glaubensstreitigkeiten hat noch keine Behandlung gefunden. Einiges wenige bringt Lesser in seiner Jubiläumsschrift: Die der reinen Lehre Augsburgischer Konfession beständig zugetane Freie ... Reichsstadt Nordhausen, 1730.

wesens bestanden hatten. Deshalb hatten sie zur Folge, daß in den letzten Jahrzehnten des 16. Jahrhunderts nach und nach das gesamte Nordhäuser Kirchen- und Schulwesen eine Verfassung bekam.

Das Gymnasium wurde unter Aufsicht der ersten Pfarrer von St. Nikolai und St. Blasii gestellt, die Mädchenschule am Frauenberge unterstand dem dritten Geistlichen der Stadt, dem Pfarrer an St. Petri. 1583 wurden für das Gymnasium nach mehrfachen fehlgeschlagenen Anläufen auch endgültige Schulgesetze von Lucas Martini, Pfarrer an St. Nikolai, ausgearbeitet. Diese wurden in den späteren Jahrhunderten zwar mehrfach revidiert, behielten aber in ihren Grundzügen bis weit ins 18. Jahrhundert hinein Geltung.

Für alle geistlichen Angelegenheiten war das geistliche Ministerium zuständig. Dieses hatte sich schon seit den fünfziger Jahren herausgebildet, war aber bei den andauernden Meinungsverschiedenheiten kaum zur Arbeit gekommen. Im Jahre 1592 erhielt dieses Ministerium nun eine Verfassung. Es bestand aus 10 Männern, den 6 Pfarrern von St. Nikolai, Blasii, Petri, Jacobi, der Frauenberger und der Altendorfer Kirche, den 3 Diakonen von St. Nikolai, Blasii und Petri sowie dem Pfarrer für die Spitäler St. Cyriaci und Elisabeth. Der Rektor des Schule wurde zuweilen hinzugezogen.

Wollte jemand in Nordhausen Pfarrer werden, so hatte er sich bei dem ersten Prediger von St. Nikolai zu melden; war seine Meldung angenommen worden, dann hatte die Gemeinde die Wahl unter den Kandidaten zu treffen. Der Gewählte wurde ferner von den Pfarrern von St. Nikolai und St. Blasii einem Examen unterworfen, und erst nachdem er dieses bestanden hatte, konnte seine Ordination stattfinden, doch auch das nur, wie es in den *leges ministerii* heißt, wenn er für die Stadt erforderlich war und die Erlaubnis des Rates zum Antritt seines Amtes hatte. Die Einführung des neuen Geistlichen ging in der Nikolaikirche nach der Mansfelder Kirchenordnung vor sich. Dabei war das gesamte Ministerium anwesend. Die Reichung des heiligen Abendmahles schloß die feierliche Handlung ab.

Die Grundlage für Lehre und Predigt der Pfarrer waren nach den *leges ministerii* die prophetischen und apostolischen Schriften, das nicäanische und athanasianische Bekenntnis, die Augsburgische Konfession, die Apologie, die Schmalkaldener Artikel, die beiden Lutherschen Kathechismen und das Corpus Julium.

Die Sitzungen des Ministeriums fanden in der Pfarre von St. Nikolai statt. Jeder Nordhäuser konnte wegen seines Glaubens und seines Lebenswandels vor das Ministerium gefordert werden. Wurde ein Pfarrer selbst beschuldigt, so sollte der Pastor *primarius* zunächst eine Aussprache unter vier Augen herbeiführen, und erst wenn diese ergebnislos verlief, kam es zur Verhandlung vor dem gesamten Ministerium. Erfolgte keine Besserung des Beklagten, so konnte auf Enthebung vom Amte erkannt werden. Jedenfalls durfte zum Austrag der Streitigkeiten nicht die Kanzel gebraucht werden, damit „der gemeine Mann" daran kein Ärgernis nehme. Seit dem 1. Januar 1601 mußte jeder Geistliche, der in Nordhausen ein Pfarramt übernahm, einen Revers unterschreiben.

Auch der Ergötzlichkeiten der Geistlichen gedenken die Vorschriften ihrer Bedeutung entsprechend ziemlich eingehend. Nicht weniger als 7 Leges handeln von diesen „Convivia", darunter lautet eine: „Weiber sollen nicht sonderlich gebeten werden, sondern sich selbst einstellen." An diesen Gastereien des Ministeriums nahm auch der Rektor der großen Schule teil.

Hinsichtlich der Amtsverrichtungen wurde bestimmt, daß, wenn ein Pfarrer gestorben war, seine Amtsbrüder ein Vierteljahr lang sein Amt mitverwalten sollten. Die Witwe genoß während dieser Zeit noch das Gehalt ihres Mannes weiter. Ferner durfte keiner ohne Vorwissen des zuständigen Geistlichen in einer anderen Kirche predigen. Den Lehrern am Gymnasium und den Bürgersöhnen, die Pfarrer werden wollten, war es erlaubt, sich in St. Cyriaci zu „versuchen". Nötig schien endlich die Vorschrift, daß keiner seinem Amtsgenossen die Beichtkinder abspenstig mache. Kinderlehre und Konfirmandenunterricht sollten vom Trinitatisfeste bis Martini alle Mittwoch, in den Fasten alle Tage stattfinden.

Eheleute mußten vor der Eheschließung dreimal aufgeboten werden. Wünschten sie die Trauung in der Kirche, zu der die Braut gehörte, so fiel dem Diakon der Kirche die Trauung zu. Ein langer Streit der Geistlichen darüber, wer den armen Sündern auf ihrem letzten Gange zur Richtstätte Trost spenden sollte, wurde 1621 beigelegt. Es wurde eine genaue Reihenfolge, nach der die Begleitung des Verurteilten erfolgen sollte, bestimmt. [26]

Ebenso bekamen die Gemeinden ihre Verfassung, worin die Bestimmungen festgelegt waren, nach denen die Wahl des Pfarrers durch die Gemeinde erfolgen sollte. An den einzelnen Kirchen war die Pfarrerwahl etwas verschieden, bei einigen hatte vor allem der Rat einigen Einfluß; doch im allgemeinen ging sie folgendermaßen vor sich: Jede Gemeinde besaß zwei Kirchenvorsteher. Legte einer der beiden sein Amt nieder, so ernannte der verbleibende den zweiten. Waren beide Gemeindevorsteher gestorben, so schlug der Rat drei Personen aus der Gemeinde als Nachfolger vor; von diesen wählte die Gemeinde den einen, und dieser hatte dann das Recht der Zuwahl des anderen.

Bei der Pfarrerwahl wählte jeder der beiden Vorsteher einen Kandidaten, beide zusammen einen dritten. Unter diesen dreien hatte dann die gesamte Gemeinde die Auswahl. Stimmberechtigt war jeder Nordhäuser Bürger, der ein Haus besaß, dazu Gelehrte, Graduierte, Gildemeister und die Rechnungsführer der Kirche. Der Rat hatte jedesmal das Bestätigungsrecht der Wahl; das geistliche Ministerium nahm Prüfung und Ordination vor. –

Fast 100 Jahre hatte es gedauert, ehe sich die kirchlichen Verhältnisse nach der Einführung der Reformation eingespielt hatten. Ein langer Weg war von jener ersten evangelischen Predigt Lorenz Süßes im Februar 1522 bis zur Organisation des gesamten Nordhäuser Kirchenwesens zurückgelegt worden.

---

26 Die leges ministerii im Nordhäuser Archiv.

Kapitel 11.

Die rechtlichen, wirtschaftlichen und sozialen Verhältnisse Nordhausens im Zeitalter der Reformation und der Religionskriege.

Die religiösen Strömungen waren in dem Meere, das alle Ereignisse des 16. Jahrhunderts umflutete, die wesentlichen Erscheinungen; alles andere war von ihnen abhängig und irgendwie bedingt. Das war in Nordhausen so, und das war in der ganzen westeuropäischen Welt genau so. So eigenartig also diese Zustände und Vorgänge kultureller Art in Nordhausen auch sein mochten, so weisen sie doch mit denen des übrigen Deutschland überall durchaus ähnliche Züge auf. Will man deshalb die für Nordhausen in diesem Zeitabschnitt allein geltenden Verhältnisse kennen lernen, so muß man von seinen kulturellen Lebensformen absehen und nach den übrigen fragen. Hier wird sich dann zeigen, daß die Stadt Nordhausen, so sehr sie auch im 16. Jahrhundert eine Gestalt unter allen anderen war, doch ihr eigenes Gewand trug und in eigenem Schnitt und Tritt einherwandelte.

Eine ganz eigenartige Stellung nahm Nordhausen seit dem Beginn des 16. Jahrhunderts im Verbande des Reiches ein. Es gehörte seit den Reichsreformen Kaiser Maximilians zum Niedersächsischen Kreise. Damit mußte sich seine Bindung nach Thüringen und den Thüringer Städten hin, die dem Obersächsischen Kreise zugeteilt waren, nach und nach lockern. Insbesondere wurde Nordhausens Verhältnis zu Erfurt davon betroffen. Noch hatte die Geistesbewegung des Humanismus gemeinsame starke Bande um beide Städte geschlungen; auch protestantisch war Erfurt ebenso wie Nordhausen großenteils geworden. Dennoch besaß Erfurt auch weiterhin eine starke katholische Gemeinde und mußte wider Willen Rücksicht auf seinen Landesfürsten, den Erzbischof von Mainz, nehmen. Schon dadurch entfremdete es sich dem rein lutherischen Nordhausen. Ferner hatte Erfurt seinen politischen und wirtschaftlichen Höhepunkt überschritten, sein Einfluß konnte sich in dieser Beziehung nicht mehr wie früher geltend machen. Die Städte in Norddeutschland, die nach Holland hin oder übers Meer ihre Fäden spannen, die Städte in Süddeutschland, die mit Italien und der Levante in Verbindung standen, überflügelten es bald. Nordhausen, politisch an Niederdeutschland gefesselt, hatte auch wirtschaftlich nicht mehr so lebhaftes Interesse an der Stadt im Herzen Thüringens, sondern neigte allmählich immer mehr den Städten nördlich des Harzes zu. Braunschweig und Lüneburg, trotzdem sie schwieriger zu erreichen waren, spielten politisch und wirtschaftlich bald ebensolche und eine wichtigere Rolle für Nordhausen wie Erfurt. Auf den Kreistagen, welche Nordhausen mit den Städten Niederdeutschlands besuchte, wurden wichtigste, das Leben der Stadt im Kern berührende Angelegenheiten verhandelt. Die Reichsumlagen, das Münzwesen, wirtschaftliche Zusammenschlüsse, rechtliche Fragen, kurz, alles was Nordhausens wirtschaftliches und soziales Leben berührte, kam hier zur Sprache und schuf nach Norden hin Bindungen.

Andererseits war aber Nordhausen auch an Kursachsen, das wiederum dem Obersächsischen Kreise angehörte, stark interessiert. Die sächsischen Kurfürsten, im 16. Jahrhundert also vor allem Moritz und August I., waren Inhaber des Schultheißenamtes, nach dem Aussterben der Honsteiner auch der Vogtei in Nordhausen; zugleich übten sie über Nordhausen die Schutzherrschaft aus. Dazu kam, daß Sachsen mit seinem Sangerhäuser Bezirke von Osten her in der Goldenen Aue Fuß faßte, daß es vielleicht sogar hoffte, einmal die Reichsstadt Nordhausen selbst erwerben und seinen Landen einverleiben zu können. Auch kulturelle Beziehungen wiesen nach Sachsen. Die Universitäten Wittenberg, Jena und Leipzig übten nachhaltigsten Einfluß auf Nordhausen aus. In Wittenberg wirkte Luther, in allen drei Städten studierte in erster Linie die Nordhäuser Jugend.

Und doch war selbst in dieser Beziehung bei Nordhausen das Bestreben vorhanden, sich möglichst nicht von Sachsen seine Wege vorschreiben zu lassen. 1576 lehnte es die von Sachsen ihm anempfohlene Konkordienformel ab und unterzeichnete das braunschweigische *corpus Julium*.

So stand Nordhausen in seltsamer Zwitterstellung zwischen Ober- und Niedersachsen. Politisch gehörte es zu Niedersachsen, die auswärtige Macht aber, die politisch den größten Einfluß auf die Stadt besaß, gehörte zum Obersächsischen Kreise. Wirtschaftlich neigte es nach Norddeutschland hin, doch konnte es sich dem Einflusse des Südens und Ostens, besonders Leipzigs, nicht entziehen. Kulturell empfing es gar das meiste aus Sachsen.

In dieser merkwürdigen Lage begrüßte Nordhausen jedesmal ein gemeinsames Vorgehen beider Kreise, wie es 1550 in Jüterbog geschah, wo der Obersächsische und Niedersächsische Kreis unter der Teilnahme Nordhausens es ablehnte, die Belagerung Magdeburgs zu unterstützen. Leider blieb ein derartiges Zusammengehen vereinzelt.

Mußte aber die Stadt bekennen, wohin sie gehörte, so entschied sie sich immer für Niedersachsen, nicht aus Pflicht allein, sondern aus Neigung. So kam es vor, daß bei Behörden in fremden Landen wegen der dort weilenden Nordhäuser Zweifel entstanden, zu welcher „Nation" sie zu rechnen seien. Ein Hermann Böttcher aus Nordhausen beispielsweise mußte als Student in Leipzig bei der Erlangung der Magisterwürde im Jahre 1549 seine Nationalität angeben, und die Universitätsbehörden wollten ihn trotz seines Einspruchs *ad nationem Misnicam* rechnen. Erst der Nordhäuser Rat mußte dem Jüngling bestätigen, daß er *ad nationem Saxonicam* gehöre.

Bei einer solchen Betonung der politischen Zugehörigkeit spielte berechtigtes Mißtrauen gegen die sächsischen Absichten mit; denn beide sächsische Linien, die ernestinische wie die albertinische, ließen es an Äußerungen und Maßnahmen nicht fehlen, immer wieder ein solches Mißtrauen aufkommen zu lassen. So versuchte Kurfürst Johann Friedrich im Jahre 1542, den Rat von Nordhausen „gleich andere seiner Untertanen wegen des grausamen Türkenkrieges" nach Weimar einzuberufen. Der Rat lehnte jedoch die Teilnahme an der Tagung ab; wie er dem Fürsten schrieb, weil die unglückliche Lage der Stadt nach dem furchtbaren Brande des Jahres 1540 eine Beteiligung nicht zulasse, in der Tat aber, weil er als Folge der Mitwirkung in Weimar eine gesteigerte politische Abhängigkeit von Sachsen fürchtete.

Deutlicher wurde Nordhausen 1569, als Herzog Wilhelm wieder zu einem sächsischen Landtage einlud. Damals lautete die Antwort: „Sie seien Ihre Kurfürstlichen Gnaden Schutzverwandte; allein, da selbiger (Schutz) sich soweit nicht erstrecke, wie Ihre Kurfürstliche Gnade solchen extendieren wollte, indem sie niemand als Ihrer Kaiserlichen Majestät mit Eidespflichten zugetan, als wollten sie bitten, sie mit dergleichen Schreiben zu verschonen und auch hinkünftig dergleichen (nicht) tun."

Wie nötig es tatsächlich war, daß Nordhausen sich vor Sachsen hütete, zeigte sich besonders deutlich im ersten Jahrzehnt des 17. Jahrhunderts. Sachsen war es natürlich nicht entgangen, daß sich die Stadt bei ihrer niedersächsischen Zugehörigkeit immer mehr den mitteldeutschen Staaten entfremdete. Da suchte es denn durch seinen Einfluß auf das Schulzenamt und die zu diesem gehörige Nordhäuser Münze einen Druck auf die Stadt auszuüben und Nordhausen auch wirtschaftlich wieder mehr an Sachsen heranzuziehen. Es war nämlich bei der Stadt in Brauch gekommen, die Münze einem Privatunternehmer zu verpachten. Aus diesem Verfahren suchte nun Nordhausen besonders nach 1612, wo die halbe Stadt abermals einem großen Brande zum Opfer gefallen und Nordhausen dadurch in größter pekuniärer Notlage war, Kapital zu schlagen. Als Ersatz für den erlittenen Schaden sollten möglichst große Überschüsse aus der Münze dienen, und um eine recht stattliche Pachtsumme für die Erteilung des Schlagrechts zu erhalten, willigte wohl die Stadt den Pächtern gegenüber in eine zeitweilige Münzverschlechterung. Dieses Vorgehen lieferte aber naturgemäß die Stadt den Pächtern aus, welche immer schlechtere Münze prägten, um bei der hohen Pacht nicht zu kurz zu kommen. Dem trat nun Sachsen entgegen und verlangte zugleich, Nordhausen solle nicht nach der Münzordnung des Niedersächsischen, sondern des Obersächsischen Kreises münzen. Dadurch suchte

Sachsen Nordhausen vom niedersächsischen Wirtschaftsverbande abzuziehen und für den eigenen zu gewinnen. Wie die Stadt dieser Gefahr begegnete, soll unten gezeigt werden.

Jedenfalls tat Nordhausen alles, um bei den für die kleine Reichsstadt immer schwieriger werdenden Verhältnissen seine Selbständigkeit zu wahren. Deshalb betonte es jederzeit seine Reichsfreiheit, nur vorsichtiger als früher, wo der Kaiser noch eine reale Macht bedeutete. Deshalb ließ es auch bald nach dem Jahre 1533, in welchem Karls V. peinliche Halsgerichtsordnung veröffentlicht wurde, diese und kein anderes Strafrecht für seine Strafprozesse in Kraft treten. Und deshalb faßte es auch 1567 den Beschluß, daß in solchen Fällen, wo das Stadtrecht versagte, nach keinem Landrecht, sondern allein nach kaiserlichem Rechte geurteilt werden solle.

Auf jede Weise sollte der von Sachsen ausgeübte Druck paralysiert werden. Sachsens Einfluß blieb dennoch stark genug. Das zeigt die Geschichte der Vogtei und des Schultheißenamtes im 16. und 17. Jahrhundert.

Die Vogtei über Nordhausen war ja seit Jahrhunderten im Besitze der Grafen von Honstein; doch hatten diese sie während des größten Teiles des 16. Jahrhunderts an Nordhausen verpfändet. Nun starb im Jahre 1593 das alte, ruhmreiche Grafengeschlecht mit dem Grafen Ernst von Honstein aus. Das Anrecht Honsteins an der Nordhäuser Vogtei konnte also vom Reiche anderweit vergeben werden.

Am meisten Hoffnung auf das Amt machte sich Kursachsen, welches ja das wichtige Schultheißenamt über Nordhausen schon besaß. Die Entwicklung ging nun folgendermaßen:

Schon am 10. Juli 1593 wandte sich Friedrich Wilhelm von Sachsen mit einer Anfrage wegen der Vogtei an den damaligen Syndikus Nordhausens Georg Wilde. Ehe jedoch das Reich, ehe Kaiser Rudolf II. die Wünsche Sachsens, mit der Vogtei belehnt zu werden, befriedigte, suchte man sich in Wien über die Bedeutung des Amtes zu informieren. Der Kaiser ließ am 6. August 1593 der Stadt mitteilen, er werde einen Kammerboten entsenden, dem Nordhausen für seinen Bericht über die Vogtei die nötigen Unterlagen zu geben habe. Auf dieses Schreiben hin richtete Nordhausen unter dem 25. August ein Gesuch an den Kaiser, er möchte Nordhausen selbst mit der Vogtei belehnen, damit „allerhand Unrichtigkeit und Zwiespalte unterbleibe und die peinliche wie die bürgerliche Gerichtsbarkeit desto mehr befördert werden möge". Sollte aber, so fuhr das Gesuch fort, das Amt weiter verliehen werden, so solle der Kaiser bei dem damit Belehnten darauf dringen, daß die im Jahre 1546 an Honstein gezahlte Pfandsumme wenigstens an Nordhausen zurückerstattet werde. Eine ganze Reihe Anlagen zu dem Schriftstück sollte dazu dienen, dem Kaiser die Gerechtsame Nordhausens zu beweisen und die Befugnisse der Vogtei so eng begrenzt wie möglich hinzustellen.

Unterdessen verhandelte auch Sachsen weiter sowohl mit dem Kaiser wie mit der Stadt Nordhausen und erreichte schließlich sein Ziel. Der Kaiser übertrug ihm die Vogtei. Schon am 7. Januar 1594 schrieb Friedrich Wilhelm der Stadt: „... Ihr wollet hinfür solche kostbare Gerechtigkeit der Obergerichte vor des Churfürstlichen und Fürstlichen Hauses Eigentumb, auch Euch an niemand anders mit denselben denn uns ... halten, dagegen wir uns gnädigst erklären, daß Ihr hierinnen an Euren Pfandrechten wider die Billigkeit nicht beschwert werden sollet."

Damit war denn die Vogtei über Nordhausen von den Honsteinern auf das Kurfürstentum Sachsen übergegangen, und dieses besaß nun beide Reichsämter über die Stadt, die Vogtei und das Schulzenamt.

Doch war die Frage noch nicht geklärt, ob die Stadt, welche das Amt augenblicklich als Pfand innehatte, auch weiterhin dasselbe führen oder ob es Sachsen als Rechtsnachfolger der Honsteiner nach Auszahlung der von Nordhausen an Honstein gezahlten Summe an sich ziehen sollte. Darüber fanden weitere Verhandlungen statt, die für Sachsen Ludwig Wurm und zwei sächsische Räte in Wolkramshausen mit mehreren Vertretern Nordhausens führten. Es handelte sich vor allem um zwei Punkte. Zunächst kam der Anspruch Nordhausens auf Rückzahlung der 1500 Gulden, die die Stadt einst an Honstein bezahlt hatte, zur Sprache. [27] Auf diese Auszahlung ging Sachsen nicht ein. Deshalb machte Nordhausen am 31. März 1595 den Vorschlag, Sachsen solle die Vogtei zunächst noch auf 30 oder 40 Jahre der Stadt überlassen, dann brauche es die Summe nicht zurückzuerstatten, und nach Ablauf der Zeit falle das Amt ohne weiteres an Sachsen, wenn es nicht von neuem durch Nordhausen eingelöst werde.

Zweitens kam es aber auch noch zu lebhaftem Meinungsaustausch darüber, in wessen Namen in Nordhausen Recht gesprochen werden solle. Nordhausen vertrat die Ansicht, daß allein im Namen des Reiches das Urteil verkündet werden dürfe, da die Vogtei ein Reichsamt in einer Freien Reichsstadt sei. Sachsen dagegen verlangte, die Rechtsprechung solle auch im Namen des Kurfürsten erfolgen.

Schließlich kam über beide strittige Punkte am 13. Dezember 1595 ein allerdings für Nordhausen nicht günstiger Vergleich zustande: Das Gericht wurde gehegt im Namen des Kaisers, des Kurfürsten und des Rates. Die Stadt behielt die Vogtei auf zunächst 20 Jahre; die 1500 Gulden übernahm Sachsen von den Honsteinern und willigte in ihre Zahlung bei eigener Übernahme des Amtes. Der jedesmaligen Exekution nach Verurteilungen sollte ein Abgesandter Sachsens beiwohnen.

Ein kleines unbedeutendes Zwischenspiel erlebte Nordhausen wegen seiner Vogtei noch im Jahre 1596. Es wurde veranlaßt durch das Herzogtum Braunschweig. Am 26. Oktober 1573 hatte nämlich das Bistum Halberstadt auf dem Wege des Tausches die Herrschaft Lohra und das Amt Bodungen erhalten. Für diese Herrschaften gingen also die Honsteiner Grafen fortan bei Halberstadt zu Lehen. Darauf stützte das Stift Halberstadt seine Ansprüche auf die Nordhäuser Vogtei, die ja ihre Lehnsleute in Besitz gehabt hatten. So verlangte denn Heinrich Julius von Braunschweig als postulierter Bischof von Halberstadt auf Grund dieses Tausches die Vogtei, da sie „zu unserer Grafschaft Honstein gehört". Am 20. Dezember 1596 schrieb Heinrich Julius ohne Verhandlung und deshalb

---

27 Vergl. oben S. 203 ff.

offenbar völlig im unklaren über das bereits Geschehene, er werde die Vogtei Ostern 1597 übernehmen. Der Rat bedauerte am 3. Januar 1597 mit dem Hinweis, daß die Vogtei schon in den Händen Sachsens sei.

Während des ganzen 17. Jahrhunderts stand nun die Vogtei pfandweise unter Nordhäuser Verwaltung; allerdings ließ sich Sachsen sein Anrecht auf das Amt von Zeit zu Zeit teuer genug bezahlen. Doch fällt diese fernere Geschichte der Vogtei durchaus zusammen mit der des weit wichtigeren Schulzenamtes. Mit diesem Schulzenamt zusammen verkaufte Sachsen die Vogtei Ausgang des 17. Jahrhunderts an Kurbrandenburg, und von Preußen ging sie schließlich 1715 durch Kauf an die Reichsstadt Nordhausen über.

Ähnlich verlief die Entwicklung bei dem Schulzenamt.

Wir hatten gesehen, daß während der ersten Hälfte des 15. Jahrhunderts Sachsen der Stadt Nordhausen ziemliche Bewegungsfreiheit gelassen, später aber seine Rechte in Nordhausen wieder kräftiger geltend gemacht hatte. Besonders nachdrücklich betonte Georg von Sachsen 1538 seine Gerechtsame dadurch, daß er durch eine Kommission das alte Schulzenbuch aus dem 14. Jahrhundert revidieren und auf diese Weise seine fast in Vergessenheit geratenen Bestimmungen den Nordhäusern erneut einschärfen ließ. Alle in jahrhundertelangem, zähem Kampfe abgerungenen Vorteile schienen damit dem Ansturm des erstarkenden Fürstentums zum Opfer gefallen zu sein. Da rettete dieselbe Entwicklung, die Nordhausen fast seiner Freiheit beraubte, die Stadt und bereitete sogar das volle Hoheitsrecht in ihrem Gebiete vor. Denn gerade für den Aufbau und Ausbau des Absolutismus hatten die Fürsten bedeutende Mittel nötig, und sie waren daher geneigt, um in den Hauptgebieten ihres Machtbereiches ihre Herrschaft fest zu begründen, in nur mittelbaren Einflußsphären Rechte wenigstens auf Zeit abzutreten, um Geld zu erlangen.

Dem Sachsen der jüngeren, der albertinischen Linie waren schon 1538 und noch mehr in den folgenden Jahrzehnten durch den Ehrgeiz seiner Fürsten eine Unmenge innen- und außenpolitische Ziele gesteckt, die seine ganze Tätigkeit in Anspruch nahmen, die es darauf bedacht sein ließen, Geldmittel, woher es auch sei, zu bekommen, und die es abseits liegende Aufgaben venachlässigen ließen. Das Jahr 1538 hatte durch Aufsetzung einer neuen Schulzenordnung die Souveränität Nordhausens vernichtet, aber nur scheinbar vernichtet, denn in demselben Jahre brachte sich Sachsen, was Nordhausen betrifft, selbst um alle Erfolge, indem es sein Schulzenamt für 100 Gulden auf drei Jahre an die Stadt verpfändete. [28] Damit hatte Sachsen zwar seine Rechte über Nordhausen neu festgestellt, dieselben Rechte aber sogleich an Nordhausen übertragen. So gingen, wenigstens für kurze Zeit von Sachsen erkauft, die Zivilgerichtsbarkeit, die Erhebung der Zölle, das Geleitrecht und das wichtige Münzrecht auf Nordhausen über. Sachsen mahnte in dem Pfändungsbriefe nur, Nordhausen solle einen „Bürger aus seiner Mitte nehmen, der die Gerichte ordentlich weiß, daß jedermann Recht geschehe". Und Nordhausen war wenigstens damals selbst rechtlich genug, die Satzung zu

---
28 Vergl. oben S. 218.

treffen, daß kein Schultheiß aus der Mitte des Rates genommen werden dürfe, um möglichste Unabhängigkeiten des Schulzen zu gewährleisten. 1540 wurde die Verpfändung auf drei weitere Jahre verlängert, und 1541 setzte Meyenburg bei Karl V. durch, daß dieser das Geleitrecht vom Schulzenamt abtrennte und der Stadt verlieh. Damit war ein wichtiges Hoheitsrecht gewonnen, und Sachsen hat fernerhin das Geleit auf Nordhäuser Gebiet auch nicht mehr beansprucht.

Von größter Bedeutung für die Territorialherrschaft Nordhausens war die Regierungszeit des ehrgeizigen Moritz von Sachsen. Hatte nämlich Georg immer nur für kurze Zeit seine Rechte an Nordhausen preisgegeben, so verkaufte Moritz, um Geld zu gewinnen und seine großen Pläne auszuführen, das Schultheißenamt an die Stadt für 2000 Taler auf unbestimmte Zeit und behielt sich nur das Rückkaufsrecht vor. Die Kündigung des Vertrages sollte von jedem Kontrahenten ein Jahr vor der Auflassung geschehen. Seitdem, seit dem Jahre 1542 ist Nordhausen dauernd im Besitz des Schultheißenamtes gewesen und war damit, wenn auch rechtlich noch nicht völlig, so doch tatsächlich anderen deutschen Staaten in seinen Hoheitsrechten gleichgestellt.

Hier ist es am Platze in aller Kürze darzustellen, wie die Stadt nunmehr bis zum Jahre 1802, bis zu ihrem Übergang an Preußen, das Schulzenamt ansah und wie sie es ausüben ließ. Am besten lernt man die Stellung der Stadt zu ihrem Schulzenamte kennen aus einer Darlegung Meyenburgs aus dem Jahre 1542, die grundlegend für die Auffassung des Amtes geworden ist. Auch der recht instruktive Bericht vom Jahre 1617, wo Nürnberg bei Nordhausen anfragte, welche Befugnisse Vogt und Schultheiß in Nordhausen hätten, enthält nichts wesentlich Anderes als die Meyenburgsche Darstellung.

Danach hegte der vom Rate ernannte Schultheiß das Gericht im Beisein zweier Schöffen. Auch diese wurden vom Rate ernannt, und diese Schöffen, nicht der Schulze, sprachen das Urteil. Doch waren selbst sie dabei nur Strohmänner des Rates. Denn der Rat ging vor der Gerichtssitzung den Rechtsfall durch und gab danach den Schöffen Richtlinien für ihren Urteilsspruch. Das ging so weit, daß das Gericht neue Verhaltungsmaßregeln vom Rate einfordern mußte, wenn sich durch die Verhandlung neue Momente ergeben sollten. Auf jeden Fall mußte beim Rat das Urteil „geborgt" werden. Sollte es wirklich vorkommen, daß die Schöffen wagten, ein anderes Urteil, als vom Rate vorgeschlagen war, zu sprechen, so konnte der Rat als Appellationsinstanz die Verhandlung noch einmal eröffnen. Die Vollziehung des Urteilsspruchs hatte der Rat jedesmal in der Hand, weil er in den Polizeibeamten der Stadt allein die Organe dazu besaß. Der Schultheiß hatte den Auftrag, sich bei Pfändungen, Verfolgung von in Zahlungs-schwierigkeiten Geratenen und dergl. mehr an den Rat zwecks Veranlassung des weiteren zu wenden. Dem Herzog von Sachsen stand nur die Bestätigung des vom Rate ernannten Schulzen zu.

Das war aus dem alten Schultheißenamte geworden, nachdem es von Sachsen an Nordhausen verpfändet worden war. Es bestanden nach dem Gesetz der Beharrung nur noch die alten Formen, tatsächlich war das Amt aufgelöst, und alle seine Befugnisse waren auf den Rat übergegangen.

Bis auf ein kleines Zwischenspiel im Jahre 1567 blieb nun Nordhausen unangefochten im Besitze des Schultheißenamtes. Damals hätten die religiösen Streitigkeiten Nordhausen beinahe um diese Gerechtsame dadurch gebracht, daß trotz des kurfürstlichen Einspruchs die Stadt zunächst für den Pfarrer Fabricius, den „aufrührerischen, giftigen Buben", wie ihn August von Sachsen nannte, eintrat. Erst als Sachsen die Absicht aussprach, zu Ostern 1569 das Schulzenamt für die einst gezahlten 2000 Taler zurückzunehmen, entließ die Stadt Fabricius und mit ihm Antonius Otto. Damit war die Gefahr gebannt. [29]

Das Schlimmste aber war, daß ein recht starker Prozentsatz der Bürger gar nicht ungern gesehen hätte, wenn das Amt, ausgestattet mit seinen alten Befugnissen, wieder an Sachsen gefallen wäre. Wie nämlich überall in kleinen Staaten, wo eine Clique von wenigen einflußreichen Geschlechtern das Heft in der Hand hat, so war es auch in Nordhausen. Und diese allgemeine Vetternwirtschaft hatte sich nach Übergang der Zivilgerichtsbarkeit an Nordhausen auch auf die Handhabung der Rechtspflege ausgedehnt. Diese korrupten Verhältnisse hofften viele Bürger durch einen Übergang des Amtes an Sachsen zu beseitigen, und es war ärgerlich genug für den Rat, daß mehrfach, nachdem das Amt doch bei Nordhausen geblieben war, Bürger sich bei Sachsen über die Rechtsprechung beschwerten.

Dadurch erhielt Sachsen aber auch immer wieder Kenntnis von dem Werte des Gerichts und nutzte nun von Zeit zu Zeit diese seine Wissenschaft weidlich aus. So reklamierte es in den folgenden Jahrzehnten noch zweimal, 1609 und 1619 das Amt und machte Anstalten, die dafür von Nordhausen erlegte Summe zurückzuzahlen. 1619 kam es sogar tatsächlich zum Rückkauf, und selbst ein sächsischer Schultheiß, Simon Reinhardt, wurde von Sachsen ernannt. Dabei zeigte sich nun allerdings, wieviel Schwierigkeiten die Stadt einem solchen Beamten machen konnte, und deshalb war schließlich Sachsen doch genötigt, wieder in Verhandlung mit Nordhausen zu treten. Diese kamen erst am 8. Februar 1621 unter schwersten Opfern für die Stadt zum Abschluß. Nordhausen mußte sogleich 6000 Taler zahlen, dazu auf 5 Jahre noch jährlich 300 Taler. Außerdem übernahm es von neuem die Verpflichtung, den von ihm ernannten Schulzen dem Kurfürsten jedesmal zu benennen und nach der obersächsischen Kreisordnung zu münzen. Ostern 1626 sollte Nordhausen weitere 9000 Taler auszahlen und dafür das Amt endgültig erwerben.

Diese letzte Bestimmung kam unter den Ereignissen des Dreißigjährigen Krieges nicht zur Durchführung. Erst 1643 konnte Sachsen Nordhausen wieder an die eingegangenen Verpflichtungen erinnern. Damals mußte sich Nordhausen dazu verstehen, 10000 Taler zu 21 Groschen an Sachsen zu entrichten. Dafür war es auf 15 Jahre im Besitze des Amtes.

In den Folgejahren benutzte dann Sachsen seine Rechte in Nordhausen immer wieder dazu, von Zeit zu Zeit, man ist versucht zu sagen, wahre Erpressungen vorzunehmen, vor denen sich Nordhausen nicht retten konnte, wenn es seine Souveränität nicht einbüßen wollte.

---

29 Vergl. oben Kapitel 10, S. 356.

Pünktlich nach 15 Jahren, am 15. November 1658, kam Nordhausen um Verlängerung der Verpfändung bei Sachsen ein; doch diese erfolgte nicht, da Sachsen, das ja auch das Schutzrecht über Nordhausen hatte, für diesen Schutz 5700 Taler von Nordhausen haben wollte. Mit Recht konnte Nordhausens Syndikus Johannes Titius Sachsen fragen, worin denn der Schutz Sachsens für Nordhausen während des Dreißigjährigen Krieges bestanden habe, da Sachsen der „Kriegsfurie" ja ebenso hilflos preisgegeben gewesen sei wie Nordhausen selbst. Doch Sachsen drohte nun kurzerhand, das Schulzenamt „als fürnehmes Regal" einzuziehen, und erst nach längeren Verhandlungen gelang es Johann Titius und Johann Christoph Ernst im Februar 1660, den einst geschlossenen Vertrag auf weitere 15 Jahre bis 1675 für abermals 10000 Taler zu prolongieren.

Bei solchen hohen Summen war freilich das Amt kaum noch rentabel; Nordhausen brachte eben mehr für seine Reichsfreiheit das Geld auf, als daß es aus dem Amte einen materiellen Vorteil herausgeschlagen hätte. Immerhin versuchte es, aus den Gerechtsamen herauszuwirtschaften, was nur möglich war. Besonders benutzte es, um seine Einnahmen zu erhöhen, die Zölle, und es ging notgedrungen dazu über, allen Ortschaften der Grafschaft Honstein, von denen bisher viele zollfrei ihre Waren nach Nordhausen hatten einführen dürfen, den üblichen Zoll aufzuerlegen. Darüber führte 1689 das Amt Honstein Beschwerde, drohte schließlich mit Repressalien, und da Nordhausen selbstverständlich vom flachen Lande abhängig war, setzt die Grafschaft ihre Wünsche durch.

Unter diesen Verhältnissen erlebte das Schulzenamt dann zu Beginn des 18. Jahrhunderts das preußische Zwischenspiel. [30]

Alle diese Darlegungen lassen die nicht rechtlich, aber faktisch völlig veränderte Stellung Nordhausens im Reichsverbande erkennen. Die kleinen und kleinsten staatlichen Gebilde konnten sich gegenüber der Fürstenmacht nicht mehr durchsetzen und mußten ihr früher oder später zum Opfer fallen. Diese Entwicklung kann man weder bedauern noch gutheißen, sondern kann sie einfach nur als schicksalsmäßige Notwendigkeit feststellen.

So war es denn auch ein Zeichen der Zeit, daß die größeren Staaten allmählich einen immer stärkeren Willen zur Macht zeigten und daher auch alle Sorgfalt anwandten, die Mittel zur Erringung bedeutenderer Machtfülle auszubauen, daß dagegen die kleineren Reichsgebilde im Gefühl ihrer Ohnmacht bald ganz auf eine selbständige Politik verzichteten und ihre Wehrfähigkeit immer mehr abnahm. Hier schwand der Wille sich kraftvoll durchzusetzen oder auch nur ehrenvoll zu verteidigen nach und nach ganz, bis schließlich im 18. Jahrhundert die Reichsarmee ihre ganze Lächerlichkeit während des Siebenjährigen Krieges offenbarte.

Im Mittelalter war ja in Nordhausen jeder Bürger verpflichtet gewesen, die Vaterstadt mit der Waffe zu verteidigen, und geschart um einen kleinen Kern geworbener Söldner, hatte das Bürgeraufgebot es oft genug mit Grafen und Fürsten aufgenommen. Das war möglich zu einer Zeit, wo in den Fehden wenige

---

30 Akten im Archiv unter II Za 1 ff. Dazu die Handschriften Frommans.

hundert Mann gegeneinander scharmützelten. Seit aber die Fürsten ihren widerhaarigen kleinen Adel und ihre stolzen Städte gedemütigt hatten und ihnen große Mittel für ein ganzes Heer Reisiger zur Verfügung standen, konnte es keine ungeübte Stadtmannschaft mehr wagen, sich mit ihren Truppen zu messen.

So hielt denn auch Nordhausen im 16. Jahrhundert noch eine kleine Anzahl Söldner, es stand auch noch die Wehrpflicht aller Bürger auf dem Papier, aber für den Ernstfall kam diese „Armee" nicht in Betracht. Sie war nur noch gut, bei Schaustellungen, Aufzügen und Schützenfesten eine martialische und etwas komische Folie abzugeben.

Wenn auch die Zeit voller Kriegslärm war, so fühlte man doch die Ohnmacht und verlor die Lust, sich einzusetzen. Man hörte und sah noch die vielen Händel, in denen die Großen gegeneinander kriegten, man legte selbst aber die Hände dabei in den Schoß. In keiner der vielen Kriegshandlungen des 16. Jahrhunderts hat Nordhausen bestimmend eingreifen, an keiner tatkräftig teilnehmen können, wie es in den vorhergehenden Jahrhunderten geschah. So war es, als die Fürsten 1542 Heinrich von Braunschweig züchtigten, so war es, als sich 1547 der Schmalkaldische Krieg der Stadt näherte, so war es 1551 beim Abzuge des Kriegsvolkes von Magdeburg, so war es 1553 bei der Fehde Moritz' von Sachsen gegen Albrecht Alcibiades, so war es bei den Grumbachschen Wirren des Jahres 1567. Jahrzehntelang wurden die Aue und das Eichsfeld nicht frei von abgedankten, entlaufenen und versprengten Kriegsknechten. 1552 hausten Marodeure auf dem Eichsfelde, 1557 und 1560 mußte die Stadt vor „gardenden Landsknechten" ihre Tore schließen. Alles zeigte, daß man in einer wildbewegten Zeit lebte, aber nichts half, die Unlust am Waffenhandwerk zu bannen. Ja, selbst der Türkenzug vom Jahre 1532, an dem aus Mangel an städtischen Söldnern auch Bürgersöhne teilnahmen, vermochte den kleinen Reichsstädter für die Anstrengungen und Gefahren eines Feldzuges nicht zu begeistern.

Bei der allgemeinen Resignation, welche die Bürger allmählich ganz entnervte, wird es auch verständlich, daß die Stadt ihre Befestigungswerke immer mehr verfallen ließ. Die Berechtigung dafür kann man noch nicht in der Überlegenheit der Angriffswaffen suchen, denn eine Stadt wie Magdeburg hatte der elfmonatigen Belagerung durch ein großes Heer mit Erfolg getrotzt; sondern das Erlahmen jeglichen Interesses ist dafür verantwortlich zu machen.

Schon zu Anfang des 16. Jahrhunderts ließ der Rat die Befestigungen verkommen, indem er den Stadtgraben abschnittsweise als Weidennutzung verpachtete. Die dem Schmalkaldischen Bunde drohenden Gefahren lenkten dann wohl zeitweilig die Aufmerksamkeit auf die Bedeutung von Mauern und Wall. Hie und da ward gebessert und geflickt, wie z.B. die Instandsetzung des schönen, noch heute erhaltenen Oßwaldschen Turmes im Bering der Außenbefestigungen zeigte, der 1589 neu errichtet wurde. Im allgemeinen geschah aber wenig, und ernsthaft trat keiner der Wehrlosigkeit entgegen. Den Verfall beleuchtet ein Ratserlaß vom Jahre 1539 recht gut, in welchem es heißt: „A Senatu ist resolvieret, daß hinfür keiner, der den Stadtgraben um Zins innehat, sein Vieh, es mag wenig oder viel, klein oder groß sein, auf denselben Stadtgraben gehen lassen soll, heimlich oder öffentlich, und wer dawider handelt, soll dem Rate, so oft er es tut, 4 *M* zur Buße geben. Desgleichen daß auch niemand kein Reisholz oder Brennholz darin von altem oder jungem Holz oder Bäumen mehr holen, sondern was das (in dieser Beziehung) gemachet, soll durch den Rat geschehen und auf dem Weinkeller (als Ofenfeuerung) verbrannt werden, bei voriger Buße."

Genützt hat dieser Erlaß nichts. Und so erhalten wir denn den erbaulichsten Einblick in ein geruhsames Stadtidyll durch eine Gerichtsverhandlung aus dem Jahre 1590. Damals mußte ein Mann mit dem Schwerte hingerichtet werden, der als tüchtiger Fassadenkletterer die Stadttürme von außen erstiegen und die in den Türmen aufgestellten Büchsen und Geschütze gestohlen und zu Geld gemacht hatte. 26 Büchsen, darunter eine ganze Reihe schwere, und mehrere Hakenbüchsen, die nur auf Karren wegzuschaffen waren, hatte der Mann ungehindert nach und nach verschwinden lassen können.

Dennoch wäre es falsch, den leitenden Männern jener Zeit Initiative absprechen zu wollen. Nur die seelische Gesamthaltung der Bürgerschaft verlangte nach Ruhe und Behagen oder war durch andere Interessen, insbesondere religiöse, in Anspruch genommen. Die bedeutenden Führerpersönlichkeiten, die Nordhausen im 16. Jahrhundert ganz im Gegensatz zum 15. in großer Zahl aufzuweisen hatte, suchten durchaus ein Feld für ihren Tätigkeitsdrang. Nur mußten sie auf die gewaltsame Lösung ihrer Aufgaben verzichten und auf friedlichem Wege mit diplomatischem Geschick zum Ziele zu gelangen suchen. In dieser Beziehung ist trotz Mangels an kriegerischer Gesinnung im 16. Jahrhundert doch durchaus ein Rücklenken zu den Bestrebungen des 14. Jahrhunderts zu bemerken. Mehrfach und nicht ohne Erfolg bemühten sich die leitenden Männer, zu Landbesitz für die Stadt und zur Ausdehnung ihrer Hoheitsrechte zu kommen.

Schon oben ist davon die Rede gewesen, daß, wie in anderen Staaten, so auch in Nordhausen die Reformation die politische Begehrlichkeit beförderte. So eignete sich auch Nordhausen während und nach den Bauernstürmen des Jahres 1525 viele Liegenschaften der toten Hand an oder besteuerte sie wenigstens später. Völlig nachzukommen ist den Verschiebungen der Besitzverhältnisse jener Zeit nicht. Denn da diese Aneignungen offenbar rechtlich z.T. anfechtbar waren, wurden so schnell wie möglich die Spuren von dergleichen Säkularisierungen verwischt. Eine gewisse Rechtsgrundlage erhielten diese allerdings am 10. Juni 1544 durch den Reichsabschied von Speyer, der den einzelnen deutschen Ländern gestattete, eingezogenes Kirchengut zum Unterhalt von Kirchen und Schulen zu verwenden.

Schon mit diesem Erwerb von früher geistlichem Besitz war eine Ausdehnung städtischen Besitzes in den umliegenden Fluren eingeleitet. Die Tatkraft hervorragender Männer und die richtige Erkenntnis, daß die Stadtflur Nordhausens für eine selbständige Reichsstadt viel zu klein sei, führten dann aber auch trotz der schlimmen finanziellen Lage der Stadt durch Kauf und Vertrag zu weiteren kleinen Landerwerbungen.

Kaum nennenswert waren allerdings die Besitzverschiebungen zu Gunsten Nordhausens im Westen und Süden seiner Flur. Hier gingen 1574 nicht an die

Stadt selbst, wohl aber an einige Nordhäuser Bürger die 120 Morgen Land über, welche noch immer der deutsche Orden, Ballei Mühlhausen, auf Nordhäuser Boden besessen hatte. Die Bürger, die das Land bisher in Pacht gehabt hatten, kauften es jetzt dem Orden ab.

Ferner versuchte die Stadt selbst westlich des Dorfes Salza im sogenannten Lindei Fuß zu fassen. Hier und auf dem Holungsbügel gelang es 1559, aus Privathand für 180 Taler Landbesitz zu erwerben. 1568 wurde dann das Anrecht Nordhausens am Holungsbügel noch erweitert durch einen Vertrag mit dem Dorfe Hesserode. Die den Hesserödern dort gehörigen 30 Morgen Land durften die Nordhäuser fortan als Koppelweide benutzen. Sehr wertvoll waren diese Ländereien nicht, und da die Stadt in dauernden Geldschwierigkeiten war, wurden die Äcker schon 1570 wieder aufgegeben.

Viel bedeutender waren die Erwerbungen Nordhausens von der Grafschaft Stolberg im Osten der Stadt.

Hier hatte seit dem Bauernkriege das Kloster Himmelgarten verödet dagestanden. Der letzte Prior Johann Huter hatte die Besitzungen des Klosters auf 12 Jahre dem Nordhäuser Schultheißen Leonhard Busch und seinem Sohne Ludwig übertragen. Gegen diese Übereignung erhob aber damals Graf Botho von Stolberg Einspruch, setzte seinen Willen durch und übergab Himmelgarten seinem getreuen Hauptmanne Wolf von Rabyl, der ja ebenso wie Huter ein alter Bekannter von uns aus der Reformationszeit ist. [31] Später bewirtschaftete der stolbergsche Lehnsmann Heinrich von Rüxleben das Gut.

Dieser Rüxleben aber war für Nordhausen ein recht ungebärdiger Nachbar. Ein leidenschaftlicher Freund von Jagd und Hatz, setzte er sich, wenn er einmal eine Sau oder ein Stück Rotwild verfolgte, über alle privaten und staatlichen Gerechtsame hinweg und schonte wie der Wilde Jäger nicht Feld und Flur, nicht Hirt und Herde. Mehrfach ritt er auf Nordhäuser Grund und Boden die Saat nieder und spielte den Nordhäuser Schäfern übel mit. Deshalb ging am 29. April 1562 eine lange, 17 Beschwerdepunkte umfassende Klageschrift der Stadt an den Grafen von Stolberg. Als dieses Schreiben völlig erfolglos blieb, sah sich der Rat sogar genötigt, Kaiser Ferdinand I. um des bösen Rüxleben willen zu bemühen. Dieser trat dann am 1. Oktober 1562 für Nordhausen ein.

Kurze Zeit darauf mußten die Rüxleben Himmelgarten aufgeben. Wie viele Grafengeschlechter jener Zeit, so hatten auch die Stolberger sich mit mancherlei Schulden belasten müssen. So war auch Wilhelm von Hopfgarten zu Mülverstedt Gläubiger Stolbergs geworden, und die Rüxleben hatten sich als getreue Vasallen für sie verbürgt. Als nun die Hopfgarten nicht zu ihrem Gelde kommen konnten, beklagten sie sich bei Kurfürst August I. von Sachsen über Heinrich von Rüxleben, und der Kurfürst sprach am 10. Januar 1564 den Hopfgarten das Klostergut Himmelgarten zu.

Diesen neuen Herren aber, die ihre Hauptbesitzungen mehrere Meilen südlich von Nordhausen hatten, war an solchem Außenbesitz nicht viel gelegen. Deshalb

---

31 Vergl. oben S. 301.

verkauften sie ihn schon 1567 für 3432 Gulden 11 Groschen an Nordhausen. Dadurch fielen der Stadt etwa 250 Morgen Land, 7 Teiche und eine Schäferei mit 337 Schafen und 212 Lämmern zu. Das war eine recht ansehnliche Erwerbung. Nordhausen gab das Gut an Pächter aus, geriet aber mehrfach über Weidegerechtsame, Holzschlag und dergl. mehr mit den anliegenden Ortschaften Bielen, Leimbach und Steigertal in Konflikt. Doch konnten die kleinen Reibereien immer schnell beigelegt werden. Für die Weide auf der Hardt, dem nördlich Himmelgarten gelegenen, langsam ansteigenden Höhenrücken, erhielten die Steigertaler jährlich $^1/_2$ Schock Käse. Dafür durfte die Weide bis an den „Mannsbaum", noch heute eines der Wahrzeichen im Nordhäuser Landschaftsbilde, benutzt werden.

Zum Zeichen, daß der Himmelgarten unter sächsischer Lehnshoheit stand und nunmehr im Besitze Nordhausens war, heftete Sachsen im März 1565 sein Wappen an den Gutshof; daneben prangte das Nordhäuser Stadtwappen, der schwarze Adler im gelben Felde. [32]

Noch wichtiger war die Erwerbung des Dorfes Stempeda durch Nordhausen, des einzigen selbständigen Dorfes, das Nordhausen je besessen hat. Auch diese wurde durch die schwierige pekuniäre Lage, in der sich die Stolberger Grafen zeitweilig befanden, veranlaßt. Die Stolberger hatten nämlich nach und nach von Nordhausen mehr als 20000 Gulden geborgt, saßen aber außerdem noch bei Nordhäuser Privatleuten in der Kreide. So hatten die Grafen Ludwig, Heinrich und Albrecht Georg im Jahre 1555 von dem Nordhäuser Bürgermeister Johann Schultheiß 1000 Gulden zu 5 % aufgenommen. Die Zinsen wurden in 30 Marktscheffeln [33] Gerste, Roggen und Hafer im Werte von 50 Gulden bezahlt. Im Vertrage war ferner vorgesehen, daß das Dorf Stempeda für die Zinsen aufzukommen hatte und im Falle, daß die Grafen das Kapital nicht zurückzahlten, für die Familie Schultheiß als Pfandobjekt diente.

Nun waren die Grafen in der Tat nicht in der Lage, ihre Schulden abzustoßen, und so erhielten denn die Schultheißschen Erben 1592 das Dorf Stempeda samt allen Rechten darin. Doch da es für Privatleute schlecht möglich war, das Dorf zu verwalten, verkauften die Schultheiß, wohl den Wünschen Nordhausens damit entgegenkommend, ihr Besitztum am 15. Juli 1594 für 1187 Gulden 13 Groschen 4 Pfennige weiter an ihre Vaterstadt Nordhausen. Der Kurfürst von Sachsen als Oberlehnsherr erteilte die Erlaubnis dazu.

Damit war ein wertvoller Besitz, waren Bauern, die zinsen mußten, war die Gerichtsbarkeit über das Dorf, die Jagd, die Fischerei, der Holzschlag für Nordhausen gewonnen worden. Doch mußte Nordhausen erst den Widerstand der eigenwilligen Bauern brechen. Offenbar hatte sich das Dorf unter den Stolbergern und im Besitz der Schultheißschen Familie sehr wohl befunden. Als nun das Nordhäuser Regiment mit Steuern und Naturallieferungen einsetzte, wurden die Bauern widerspenstig und verweigerten ihre Abgaben. Doch Nordhausen ließ nicht mit sich spaßen. Nach mehrfachen vergeblichen Drohungen befahl der Rat

---

[32] Vergl. K. Meyer, Urkundliche Geschichte des Kloster Himmelgarten, 1892.
[33] 1 Marktscheffel = 12 einfache Scheffel.

im September 1596, Scheunen und Ställe zu vernageln, den Hirten von Stempeda gefänglich einzuziehen und eine Reihe von Bauern an den Pranger zu stellen.

Wahrscheinlich hätten die Bauern den Widerstand nicht gewagt, wenn sie nicht geglaubt hätten, an ihrem alten Grundherrn in Stolberg einen Rückhalt zu haben. Jedenfalls wandten sie sich alsbald an die Grafen, und diese schickten in der Tat am 2. Oktober 1596 zwei ihrer Beamten, Johann Rentwig und Joachim Schwalbe, nach Nordhausen. Hier kam es zu Verhandlungen, bei denen die Stolberger auch mit des Kaisers Gericht drohten. Doch die Nordhäuser blieben fest und drangen schließlich auch durch, da Stolberg offenbar einen zu starken Druck auf die Stadt nicht wagte; waren doch seine Schulden bei Nordhausen 1597 auf nicht weniger als 21559 Gulden 4 Groschen angelaufen. So mußten die Grafen sich wohl oder übel dazu verstehen, das Dorf Stempeda aus ihrer Untertänigkeit zu entlassen. Herzog Friedrich Wilhelm von Sachsen als Vormund für den Kurfürsten Johann Christian bestätigte als Oberlehnsherr den Übergang des Dorfes in Nordhäuser Besitz. Die Bauern mußten sich fügen. Nur die Wildbahn Stempedas ging bald wieder, im Jahre 1612, an einen stolbergschen Oberförster über. Gegen Ablieferung von 1 Wildschwein, 4 Rehen und 8 Hasen durfte er seit Michaelis 1612 die Jagd auf der Stempedaer Flur allein ausüben. [34]

Mehr als 100 Jahre sollte das Dorf nun in Nordhäuser Händen bleiben. Erst am 23. Dezember 1720 gelang es den Grafen von Stolberg, zugleich mit dem Wiedererwerb von Himmelgarten, auch Stempeda für zusammen 15559 Gulden einzulösen.

Schließlich glückte den Nordhäusern auch noch im Norden der Stadt bei Petersdorf eine kleine Erwerbung. Hier gehörte ja das Kirchhofholz, das allerdings stolbergisches Lehen war, zum Besitze der Stadt. Diesen Besitz erweiterte der Rat 1564 dadurch, daß er ein Wäldchen zwischen dem Kirchhofholze und Rüdigsdorfer Besitz für 110 Taler kaufte; dieser Wald hatte einst dem Franziskanerkloster zu Nordhausen gehört. Wie damals in der Reformationszeit die Liegenschaften ihren Besitzer wechselten, erhellt recht hübsch aus den Quellen, in denen es heißt: „Dieses Holz ist ehedem dem Barfüßer- oder Franziskanerkloster allhier erblich gewesen, und in dem Bauernaufruhr solches von der Herrschaft Stolberg an sich gezogen, hernach aber Ernst von Germarshausen von den Grafen wiederum wegen seiner Dienste verehrt worden nebst der Konzession derer Herrn Grafen von Stolberg, so dem von Germarshausen wegen dieses Holzfleckes gegeben worden, solches anderwärts zu verkaufen."

Von diesem Rechte machten die Germarshäuser also Gebrauch, und so kam das Holz in die Hand Nordhausens. Daß übrigens ein derartiger Waldbesitz für die Stadt nicht bedeutungslos war, sieht man daraus, daß im Jahre 1612 das Kirchhofholz auf 12000 Bäume geschätzt wurde. Da damals Nordhausen zum großen Teil abgebrannt war, konnte der Rat, ohne den Wald gar zu stark durchforsten zu müssen, seinen Bürgern freies Bauholz zum Wiederaufbau ihrer

---

34 Der Übergang Stempedas an Nordhausen ist den Frommannschen und Filterschen Aufzeichnungen entnommen.

Häuser zur Verfügung stellen. Jedem Brauherrn fielen, je nach der Größe seines Hauses, 9–16, den kleineren Hausbesitzern 4–8 „Baustücke" zu.

Der Umstand, daß das Kirchhofholz zwar Nordhäuser Besitz war, aber in Stolberger Herrschaft gelegen, führte freilich auch zu manchen Scherereien mit Stolberg und seinen Feldhütern. So nahm der Petersdorfer Flurschütz 1589 den im Kirchhofholze jagenden Nordhäusern Garn und Lappen für die Vogelstellerei weg, was zu Weiterungen führte. Aber auch die Berechtigung, Holz, Eicheln, Bucheckern und dergl. im Walde zu lesen, wurde den Nordhäusern zeitweilig bestritten, so daß es deshalb 1649 und 1664 zu Auseinandersetzungen mit Stolberg kam.

Waren diese Erwerbungen von Außenbesitz auch nur klein, und zeigten sie mehr ein gelegentliches Zugreifen als einen bestimmten Plan, wie ihn das Vorgehen der Geschlechter im 14. Jahrhundert aufwies, so war doch die Initiative des Rates erfreulich und von Erfolg begleitet. Auch muß man bedenken, daß im 16. Jahrhundert sich alle Verhältnisse schon viel mehr gefestigt hatten und unsere kleine Reichsstadt zwischen den Herrschaften der Großen bei weitem nicht mehr solche Geltung beanspruchen konnte wie einst, daß es also für sie viel schwerer geworden war, sich zu erweitern und Landbesitz zu erwerben. Dazu kamen noch die dauernden außerordentlichen Geldverlegenheiten, in denen die Stadt im 16. Jahrhundert steckte und die es nötig machten, mit dem Pfennig zu rechnen.

Um die Finanzen der Stadt war es nämlich im 16. Jahrhundert traurig bestellt. In erster Linie stellte das Reich in jener Zeit erhöhte Anforderungen. Dabei waren die Ausgaben für das Kammergericht und die Reichstage, die gerade damals sehr häufig zu beschicken waren, noch gering. Viel schwerer hatte die Stadt an den dauernden Umlagen für die vielen Kriege der Kaiser zu tragen. Im Westen waren die Franzosen, im Osten die Türken zu bekämpfen, und welche Opfer gerade die Abwehr der Türkeneinfälle immer wieder erforderte, ist ja schon oben klargestellt worden. Da gingen bald die Gelder, welche die Stadt aus dem Verkauf der Kirchenkleinodien gelöst hatte, drauf, und vieles andere dazu.

Dazu kamen die Unruhen im eigenen Lande, die Anforderungen an Proviant und Gespannen, die Verpflegung von durchmarschierenden Truppen in Nordhausen selbst, die Zufriedenstellung hoher Herren, um sie sich geneigt zu halten oder Unheil von der wehrlosen Stadt abzuwenden.

Besonders aber nahmen auch zwei Brände, welche Nordhausen in den Jahren 1540 und 1612 heimsuchten, die Stadt furchtbar mit. Bei der Bauart der Häuser und Straßenzeilen jener Zeit sowie den dürftigen und primitiven Beleuchtungsmöglichkeiten, bei denen nur Kerzen oder Öllampen mit ungeschützter Flamme Verwendung fanden, waren in früheren Jahrhunderten ausgedehnte Brände keine Seltenheit. So brannte z.B. in dem hier in Betracht kommenden Zeitraume, im Jahre 1590, auch das benachbarte Heringen so gut wie völlig nieder. Aber so oft und so schrecklich wie Nordhausen ist doch selten eine Stadt von Brandschaden befallen worden.

Am 19. August 1540 nachmittags 4 Uhr brach das Feuer am Königshof aus und ergriff alsbald den größten Teil des Rauten-und Neuewegs-Viertels. Damals

Nordhausen um 1650; Merianscher Stich.

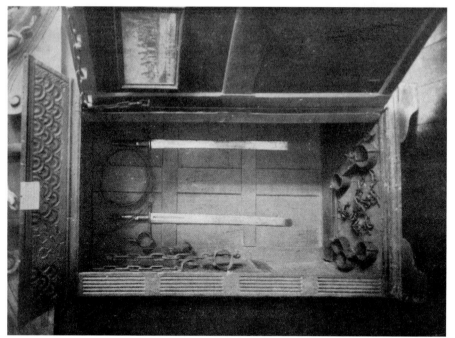

Richtschwerter und Fesseln. — Carl Schiewek, Phot.

Oßwaldscher Turm. — Carl Schiewek, Phot.

sank das ehemalige Dominikanerkloster, das seit Einführung der Reformation als Schule benutzt wurde, in Asche, damals brannte der Walkenrieder Hof ab, damals ward die Ratsapotheke, die ehrwürdige Anfangsstätte der Reformation am Holzmarkte, vom Feuer ergriffen. „Der vierte und beste Teil Nordhausens brannte ab", berichten die Quellen. Das Feuer sollte übrigens von Brandstiftern, Männern und Frauen, angelegt worden sein, die dann auf entsetzliche Weise gefoltert und hingerichtet wurden.

Noch schlimmer wütete der Brand, der am 21. August 1612, nachts zwischen 11 und 12 in der Bäckerstraße ausbrach, sich von dort verbreitete und 2 Kirchen, 3 Türme, 106 Brauhäuser sowie 141 Hintersättlerhäuser einäscherte. Besonders arg wurde damals die Kranichstraße, Gumpertgasse, Engelsburg, der Pferdemarkt, die Töpferstraße, Hundgasse, der Kornmarkt und die Krämerstraße mitgenommen. Die Nikolaikirche selbst stand in einem Meer von Flammen und brannte vollständig aus. Als ihr Dach zusammenbrach, stürzten auch die beiden schönen Türme herab, und die Glocken, die innere Ausstattung, die Orgel, die Kanzel und der Altar wurden vernichtet. 1613 und 1614 wurden Dachstuhl und Türme wiederaufgebaut.

Das waren furchtbare Verluste zu all' den übrigen Lasten, an denen Nordhausen schon zu tragen hatte. Viele der Abgebrannten waren völlig verarmt. Allen vom Feuer Betroffenen mußte die Stadt im Jahre 1540 acht Jahre lang die Steuern erlassen und sprang ihnen auch dadurch bei, daß sie jedem abgebrannten Brauherrn 50 Gulden, jedem Hintersättler 25 Gulden Beihilfe zum Neubau ihrer Häuser gab. Und doch blieb noch manche Wohnstätte lange Zeit wüst liegen. Ein Glück, daß Meyenburg gute Fürsprecher beim Kaiser hatte. Dieser gewährte wegen des Brandunglückes mehrere Jahre hindurch Erleichterungen bei den Reichssteuern und erteilte auf Meyenburgs Vorstellungen der Stadt im Jahre 1541 sogar die Erlaubnis zur Erhebung eines besonderen Wegegeldes, das 12 Pfennige für den Wagen, 6 Pfennig für die Karre betragen sollte.

Alles das konnte aber die Stadt nicht vor großen Schulden bewahren. 1540–1553 liefen diese auf 37000 Gulden an. Bei dieser Notlage mußte der Rat daran denken, weitere Geldquellen zu erschließen. Die alte Georgskapelle wurde verkauft und das Geld, das zunächst zum besten der Schule Verwendung finden sollte, in den großen Stadtsäckel gesteckt. 90 Morgen Acker, die dem Kloster im Altendorfe einst gehört hatten, brachten 1050 Gulden ein. Alles Kirchensilber, das der Türkenkrieg im Jahre 1532 noch nicht verschlungen hatte oder sonst noch nicht veräußert war, wurde nun für 2290 Gulden 6 Groschen verkauft; doch verzinste die Stadt den Kirchen die Summe. Ja, schließlich griff Meyenburg zu einer verzweifelten Maßnahme, dem Anfang jeder Bankrotterklärung: er ließ geringwertige Münzen ausprägen. 1556 wandte sich deshalb der Rat von Nürnberg beschwerdeführend an die Stadt und klagte, „daß die Taler, so in Nordhausen geschlagen worden, gar gering seien". Daneben traf man einschneidendste Sparmaßnahmen. Für öffentliche Bauten war kein Geld vorhanden, sie wurden auf bessere Zeiten verschoben. Die Befestigungsanlagen ließ man verfallen, die Zorge konnte nicht reguliert werden. Endlich setzte man auch die Bezüge der städtischen Beamten und Geistlichen auf ein Minimum herab. In den siebziger Jahren des 16. Jahrhunderts klagten deshalb die Pfarrer, sie könnten mit ihrem Gehalte nicht das Leben fristen; das Jahrgehalt des Rektors der Schule setzte der Rat schon 1554 auf 70 Gulden fest und traf die Bestimmung, daß es auf keinen Fall mehr betragen solle.

Unter diesen Umständen wagte man selbst nicht an den Umbau des alten baufälligen Rathauses aus dem Ende des 13. Jahrhunderts zu gehen. Dieser alte Bau hatte schon im 15. Jahrhundert manche Schäden gezeigt; am Anfang des 16. Jahrhunderts hatte er eine gründlichere Umgestaltung und verschiedene Ausbesserungen über sich ergehen lassen müssen. Damals war die bisher offene Bogenhalle an der Südfront des Gebäudes zu einem Gange ausgestaltet worden, der an beiden Seiten durch Freitreppen zugänglich war. Die Gewölbe unter diesem Gange wurden nun als Gefängnis benutzt; es sind die seitdem immer mit dem „Gefängnis hinter dem Rolande" bezeichneten Kammern. Im übrigen war aber am Hauptbau nichts Gründliches geschehen. So kam es, daß dieser in den folgenden Jahrzehnten ganz baufällig wurde und seine Benutzung lebensgefährlich erschien. Deshalb wurde endlich am 3. August 1562 der Neubau beschlossen.

Doch die große Geldnot der Stadt, die nicht bloß durch Unglücksfälle aller Art und durch Kriege, sondern auch durch die damaligen wirtschaftlichen Verhältnisse heraufbeschworen war, ließen den Beschluß vom Jahre 1562 nicht zur Ausführung kommen. Da aber Tagungen in dem alten Gebäude nicht mehr möglich waren, räumte der Rat „umb verhütung willen höchster leibesgefahr" im Jahre 1565 die ungastliche Stätte und verlegte seine Sitzungen in den nach dem Brande des Jahres 1540 vom Abte Holtegel prächtig wiederaufgebauten Walkenrieder Hof. Hier fanden nun von Dezember 1565 bis November 1569 die Ratssitzungen statt.

Unterdessen aber war das Rathaus nicht wohnlicher geworden, Ausbesserungen blieben Flickwerk. So hatte der Rat eigentlich kein Heim; er tagte hin und wieder in der Ratswage auf dem Kornmarkte, um 1600 wohl auch im Riesenhause. Das waren aber so unhaltbare Zustände, daß man im Jahre 1608 doch an einen wirklichen Neubau ging. 1610 konnte dieses neue Rathaus bezogen werden. In seiner Notlage hatte der Rat selbst für einen solchen Bau private Hilfe angenommen. Die Witwe des Nordhäuser Bürgers Martin Schieferdecker hatte die beträchtliche Summe von 1500 Gulden für den Rathausbau gestiftet. [35]

Trotz der finanziellen Schwierigkeiten der Stadt ließ sie es sich aber doch angelegen sein, einigermaßen mit der Zeit mitzugehen. So entstanden denn im 16. Jahrhundert zwei für die Stadt wichtige Werke, welche die Versorgung der Stadt mit Wasser ganz neu gestalteten.

Im Mittelalter hatte die Oberstadt ihren Wasserbedarf aus Brunnen bezogen. Die bekanntesten waren der Bäckerborn, der an der Ecke der Bäckerstraße und der Kalten Gasse lag, der Frankenborn in der oberen Barfüßerstraße, von dem die Sage schon im Jahre 1329 bei dem Sturme auf die Stadt erzählt, der

---

35 J. Schmidt, a. a. O., 173 ff.

Rautenborn, der an der Stelle sprudelte, wo die Kickersgasse, die jetzige Neue Straße, in die Rautenstraße mündet. Auch auf dem Kornmarkte stand ein Brunnen, und auf dem Königshofe war 1434 ein großer, wahrscheinlich mit schönem Zierrat geschmückter Brunnen erbaut worden. Weniger bekannte Brunnen waren der Petersborn vor der Hundgasse, der Töpferbrunnen an der Ecke der Töpfer- und Schreibergasse und der Judenborn am westlichen Ausgang der Jüdenstraße. Im 15. Jahrhundert hatte man auch schon einmal daran gedacht, das Wasser der Zorge für die Stadt nutzbar zu machen. Ein Hildburghäuser namens Mülich verpflichtete sich, das Zorgewasser oberhalb der Kaisermühle in kupfernen Röhren in die Stadt emporzupressen. Doch kam der Plan nicht zur Ausführung.

Jetzt, im 16. Jahrhundert, beschloß der Rat, die Straßen dadurch ausgiebiger und zu bequemerem Gebrauch mit Wasser zu versehen, daß er allen Teilen der Stadt Wasser durch unterirdische Röhren zuführte. Im Jahre 1546 erhielt Hans Laxner, ein Techniker aus Sachswerfen, den Auftrag, ein Druckwerk anzulegen, welches das Wasser aus dem Mühlgraben im Altendorfe auf den Geiersberg emportrieb, wo es in einem Wasserbehälter gesammelt und von dort durch Röhren in der ganzen Stadt verteilt wurde. Doch hatte Laxner offenbar den Röhren vom Geiersberg nach der Stadt zu ein zu geringes Gefälle gegeben, so daß 1598 Peter Günther aus Halle den Auftrag erhielt, das Werk zu verbessern. Dieser drückte nun das Wasser 52 Meter hoch in ein Häuschen am Geiersberg, das sogenannte Schöpfmännchen, leitete es von hier aus nach dem städtischen Marstall und führte es von dort, in 1100 Röhren verteilt, der ganzen Stadt zu. Das war die sogenannte Oberkunst der Stadt Nordhausen.

Zu gleicher Zeit legte derselbe Peter Günther noch die weniger wichtige Unterkunst an. Bei dieser wurde das Wasser dem Mühlgraben am Fuße der Johannistreppe entnommen und in einen großen Trog emporgedrückt, der im Neuen-Wegstore stand. Von dort leiteten dann 543 Röhren das Wasser in die Stadt.[36]

Diese Anlagen hatten natürlich beträchtliche Kosten verursacht; sie waren aber nötig gewesen. Daß dennoch der Rat mehr mit dem Pfennig rechnen mußte als der anderer Städte, sieht man daran, daß das Stadtbild im 16. Jahrhundert durchaus nüchtern blieb. Andere Städte bauten gerade am Ausgang des 15. und zu Beginn des 16. Jahrhunderts wundervolle Brunnen, die uns noch heute entzücken. Nordhausen hat dergleichen nicht aufzuweisen. Es wird aus dem 16. Jahrhundert auch nur von der Anlage eines Brunnens berichtet: Im Jahre 1583 wurde ein Brunnen, der wohl auch Zierrat besessen hat, auf dem Holzmarkte erbaut. Andere Brunnen oder „Künste", wie man sie nannte, legte erst das 18. Jahrhundert an.

Für die ziemlich engen und dürftigen Verhältnisse, in denen Nordhausen im 16. und 17. Jahrhundert leben mußte, liegen nun aber in erster Linie doch innere Gründe vor. Denn Unglücksfälle und Kriege haben die Stadt auch in früheren Jahrhunderten betroffen, nicht weniger als in jener Zeit, und doch konnte sie sich

---

[36] Vergl. J. Schmidt, a. a. O., 204. Förstemann, Chronik, 133. K. Meyer, Die Wasserversorgung der Stadt Nordhausen seit alter Zeit. Zeitschrift des Harzvereins, 1901, 519 ff.

immer wieder schnell und leicht zu neuer Blüte emporschwingen. Im 16. Jahrhundert bereitete sich aber in wirtschaftlicher Beziehung ein Wandel vor, der die Stadt aufs schwerste betraf. Verbunden mit der politischen Bedeutungslosigkeit, in welche die Stadt allmählich hinabsank, waren es die veränderten wirtschaftlichen Verhältnisse, die Nordhausen für lange Zeit von einstiger, immerhin achtbarer Höhe zu einer kleineren deutschen Mittelstadt herabdrückten.

Seit dem 16. Jahrhundert geriet Nordhausen in eine ähnliche Krisis hinein, wie wir sie bei Erfurt schon angedeutet haben. An den Verbindungen nach den Handelszentren, denen der Hanse im Norden, denen der süddeutschen und oberitalienischen Städte im Süden, hatte ja Nordhausen immer nur geringen Anteil genommen. Denn die bis ins 19. Jahrhundert hinein in der Hauptsache nordsüdwärts gerichteten Handelsstraßen umgingen die im Winkel zwischen Harz und Hainleite und Eichsfeld gelegene Stadt. In dieser Beziehung kam ihr erst die Ost-Westorientierung Preußens, besonders seit dem Jahre 1866, zugute. Aber Nordhausen hatte doch, eigentlich seit der Gründung durch Heinrich I., für eine weite und aufnahmefähige Landschaft eine zentrale Stellung gehabt. Diese behielt es ja auch seit dem 16. Jahrhundert, aber doch mehr für den Handwerker als für den Kaufmann. Damit blieb also für die Stadt wohl eine leidliche Durchschnittserwerbsmöglichkeit; aber die größeren Kapitalien, die sich in anderen Städten gerade damals bildeten, schwanden dahin. Schuld daran war vor allem, daß das bisher blühende Nordhäuser Braugewerbe schwere Schläge erlitt.

Die Grundlage für den Wohlstand des Braugewerbes, das in mehr als 200 Privathäusern, also in einem Drittel aller Häuser Nordhausens, betrieben wurde, war ja das alte Privilegium Karls IV. vom 28. März 1368 gewesen, welches das Brauen allen Dörfern in einem Umkreise von einer Meile um Nordhausen verboten hatte. Davon waren natürlich nicht nur diese Dörfer beeinflußt worden, sondern auch die weitere Umgebung, so daß die Nordhäuser tatsächlich von Heringen im Osten bis weit auf das Eichsfeld im Westen für ihr Bier Abnahme fanden.

Dieses kaiserliche Privilegium war nun in Vergessenheit geraten, und wenn die Nordhäuser es hervorzogen, kehrte sich keiner mehr daran. So gingen die Absatzgebiete verloren, und die Bevölkerung wurde offensichtlich ärmer. Dazu kam noch die Zerstörung der reichen Klöster in der Reformationszeit. Der Walkenrieder Klosterhof z.B., in dem das alte Kloster die Kornfrucht aller seiner reichen Liegenschaften in der Aue aufgespeichert hatte, verödete; die Bauern kamen mit ihrem Getreide nicht mehr in die Stadt und zum Markte, der Getreidehandel stockte. Kein Wunder, wenn man jetzt selbst in Nordhausen, das an schwerere Sachen gewöhnt war, wie in anderen Städten zum Brauen von leichterem Bier überging und sich mit diesem begnügte. Im Jahre 1602 wurde zum ersten Male im St. Martini-Hospital Broihan gebraut und auf dem Ratskeller verschenkt, und 300 Jahre lang sollte nun dieses dünnere Bier neben dem anderen seine Stellung behalten.

Daß die geringere Anfuhr von Getreide und der Verlust des Absatzmarktes für das Bier in der Tat ganz neue wirtschaftliche Verhältnisse schuf, lernt man am besten aus Verhandlungen kennen, die Nordhausen in den Jahren 1609 und 1610 mit Kursachsen über das Schulzenamt führen mußte. In einem dieser damals gewechselten Schriftstücke führte Nordhausen aus: Am Zoll werde nichts versäumt, und wenn das geschehen, so trage ja weiter keiner Schaden als der Rat zu Nordhausen selbst. Tatsächlich aber seien die Einnahmen zurückgegangen. Die Fuhrleute suchten jetzt andere Wege und mieden Nordhausen. Der früher billige Wein sei teuer geworden; er werde im Harze kaum noch getrunken. Die vornehmste Hantierung der Nordhäuser aber, das Bierbrauen, liege ganz danieder. Vor wenigen Jahren hätten die Bürger noch sieben- und mehrmals brauen können, jetzt genügten drei- oder viermal. Denn die Bauern in den Ortschaften brauten jetzt selbst, und vielfach sei es ihnen auch verboten worden, Nordhäuser Bier zu kaufen. Dadurch sei die Zufuhr von Getreide und die Ausfuhr von Bier zurückgegangen und damit die Zolleinnahmen.

Daß diese wirtschaftliche Notlage auch während des ganzen 17. Jahrhunderts anhielt, geht aus Verhandlungen hervor, die Nordhausen im Jahre 1666 mit dem inzwischen preußisch gewordenen Amte Klettenberg führte. Hieraus erfahren wir, daß Nordhausen ständig krampfhaft versuchte, seinen ländlichen Absatzmarkt wiederzugewinnen, daß ihm das aber nur in ganz bescheidenem Umfange gelang. Damals ließ sich das Amt Klettenberg zwar nicht dazu herbei, seinen Bauern das Brauen ganz zu verbieten, auferlegte ihnen aber wenigstens, zunächst 3 Jahre lang ihr Bier bei außergewöhnlichen Veranstaltungen wie Hochzeiten, Kindtaufen und dergl. aus Nordhausen zu beziehen. [37]

Für diesen Rückgang des einst so blühenden Braugewerbes bot die seit dem Ausgang des 15. Jahrhunderts in Nordhausen heimische Branntweinbrennerei nur schwachen Ersatz.

In der Nordhäuser Flur, besonders an den Südhängen der Hügel, war ja Wein angepflanzt; Nordhausen besaß mehr als 400 Morgen Rebenbestand. Aus den Trauben wurde ein Wein hergestellt, der ein vielleicht ganz wohlbekömmliches, aber wahrscheinlich nicht ganz wohlschmeckendes Getränk darstellte. Die verwöhnten Mönche aus Walkenried zogen jedenfalls den Wein aus ihren eigenen Weinbergen bei Würzburg vor, weshalb wir sie gewiß nicht tadeln wollen. Häufig reiften die Beeren in Nordhausen überhaupt nicht aus, so daß ein Keltern unmöglich war.

Nun kannte man schon seit Jahrhunderten das Brennen der Weinbeeren und ihrer Hülsen, um durch das Destillat ein Arzneimittel herzustellen. Auch das Fälschen des Weines durch Zusatz von Branntwein kannte man schon, wie aus einer Nürnberger Polizeiverordnung aus dem 14. Jahrhundert hervorgeht.

Seit dem 15. Jahrhundert aber kam es besonders in Norddeutschland in Gebrauch, den Branntwein, den man bisher nur äußerlich zur Einreibung bei Gicht und Rheumatismus gebraucht hatte, auch innerlich zu nehmen, und diese Arznei schien so heilsam und köstlich, daß sie bald bei Kranken und Gesunden

---

[37] Nordhäuser Archiv unter Pa 1 und S 1. Die wirtschaftliche Lage Nordhausens im 16. Jahrhundert ist bisher noch nicht behandelt worden.

ein beliebtes Genußmittel wurde. Um 1500 muß das Branntweinbrennen und der Branntweingenuß auch in Nordhausen bekannt gewesen sein.

Jedenfalls lag schon eine wahrscheinlich mindestens ein Jahrzehnt währende Entwicklung vor, als der Rat im Jahre 1507 den Branntwein zu besteuern beschloß. In dem Vermerk heißt es nur: *„Desgleichen wie ess mit dem borne wynne hinfuhr, eyne zinss daruff zcu setze, gehaltenn sul werden."* Es ist also nicht einmal ersichtlich, ob das Brennen oder der Ausschank besteuert werden sollte. Doch ist die Urkunde als erste Nachricht von dieser Industrie, die für Nordhausen so wichtig werden sollte, immerhin nicht ohne Bedeutung. [38]

Der Branntwein wurde zunächst nur aus Weinresten, aus Wein- und Obstträbern hergestellt. Bald begann man aber auch, schon aus Korn „Branntwein" zu brennen; doch wurde das im Jahre 1545 streng verboten. Einem solchen Brenner sollten die Branntweinblasen zerstört und ihm die Erlaubnis zu brennen für immer entzogen werden. 1574 wurde dieses Verbot des Kornbrennens nochmals wiederholt. Auch hierin kommt zum Ausdruck, daß der Rat keine unnütze Verschwendung von Roggen oder Gerste gestatten und alles nicht zur menschlichen Nahrung notwendige Getreide der notleidenden Bierbrauerei zukommen lassen wollte.

Doch stand die Brennerei noch ganz in ihren Anfängen, und nur kleine Leute betrieben sie als Hausindustrie. Das Fabrikat war keineswegs angesehen; nur der Hintersättler, der sich nichts Besseres leisten konnte, trank den Schnaps aus Obst- und Weintrestern. Der Ausschank von Branntwein im städtischen Weinkeller war zunächst untersagt.

Dennoch versuchte der Rat natürlich, die Brennerei für sich zu einer kleinen Einnahmequelle zu machen, und erhob seit 1528 deshalb auch eine Umsatzsteuer vom Branntwein. [39] Da diese Steuer aber bei dem kümmerlichen Betrieb und dem unkontrollierbaren Ausschank leicht zu hinterziehen war, erließ der Rat schon 1533 ein Gebot, welches das Verschenken von Branntwein, ganz im Gegensatz zu der früheren Maßnahme, gerade nur auf dem Weinkeller erlaubte. Erst durch diese Einschränkung scheint der Branntweingenuß mehr in Aufnahme gekommen zu sein. Auf dem Weinkeller tranken den Branntwein nun hin und wieder auch wohlhabendere Leute; und für den Hintersättler taten sich, da der freie Vertrieb innerhalb der Stadt verboten war, vor den Toren eine Reihe von Schenken auf. Jedenfalls mußte sich die Polizeiordnung vom Jahre 1549 mit dem Branntweintrinken außerhalb der Stadt beschäftigen, indem sie bestimmte, zur Zeit des Gottesdienstes solle sich keiner *„vor den frithoren zum Bornewyn odder anderer ende und anderst den in den Kirchen finden lassen"*, widrigenfalls er mit Gefängnis oder sonst „allen Ernstes" bestraft werde.

Jedoch kann während des 16. Jahrhunderts die Brennerei in Nordhausen nicht

---

38 Die Nachricht verdanke ich Herrn Archivar Heineck, der mir einen Artikel über die Geschichte des Nordhäuser Branntweins im Manuskript liebenswürdig zur Benutzung überlassen hat.

39 In der Verfügung heißt es: „... Wer mit dieser Ware handeln will, dieselbe ausschenken oder im ganzen verkaufen will, der soll sich erstlich mit uns, dem Rate, wegen eines "Ungelts" nach Erkenntnis des Rats vertragen, und es soll dann keiner ... mit dem gebrannten Wein handeln, wie das benannt, er habe denn dem Rate ein Umgeld, wie angezeigt, davon gelobt und zugesagt." – Bei 4 M Buße. 20. März 1528. Vgl. Frommann, IV, 878.

erheblich gewesen sein. 1574 werden nur 11 Namen von Brennern genannt, und 1586 flossen der Stadtkasse aus dem Umsatz von Branntwein auf dem Weinkeller nur 100 Gulden 18 Groschen 9 Pfennig zu. 1591 kaufte der Weinkeller für 237 Gulden 4 Groschen 3 Pfennig Branntwein ein und erlöste daraus 239 Gulden 11 Groschen, so daß ein Überschuß von 152 Gulden 6 Groschen 9 Pfennigen, also ein nicht unerheblicher Reingewinn von 60 %, vorhanden war.

Die Tendenz der Stadt ging aber noch immer dahin, das Brennen zu Gunsten des Brauens niederzuhalten. Kein Brenner durfte eine eigene Gaststube haben, und doch mußte er noch 1627 von seinem Hause ebenso 1 Taler Steuer bezahlen wie der Bierbrauer, obwohl gewiß die Brauhäuser stattlichere Gebäude waren. [40]

Das sind die Anfänge der Branntweinindustrie in Nordhausen. Ein neues Gewerbe war begründet, doch damit noch kein neuer Wohlstand.

Im Gegensatz zum Branntwein, der zwar im 16. und 17. Jahrhundert noch keinen größeren Gewinn abwarf, aber im 18. Jahrhundert die Wohlhabenheit Nordhausens begründete, gelang es einem anderen Erwerbszweig in Nordhausen niemals, zur Entfaltung zu kommen, da einfach die natürlichen Bedingungen für ihn fehlten. Das war der Bergbau, den man besonders im 16. Jahrhundert zu treiben begann.

Die Nordhäuser Flur hat an der Oberfläche diluviale Schotter und Buntsandsteine aufzuweisen, in einiger Tiefe darunter lagern die Schichten des Zechsteins, die ja für unsere heutige Wirtschaft von großer Bedeutung sind, da sie das kostbare Kali bergen, die man aber früher nur nach Kupferschiefer durchsuchte. Doch haben gerade die Schiefergänge auf Nordhäuser Boden nie viel Kupfer geführt. Es bestanden zwar schon im 15. Jahrhundert einige Gruben am Eichenberge bei Petersdorf, an denen auch der Rat von Nordhausen mit 8 Kuxen beteiligt war; doch war die Ausbeute so gering, daß man sie 1538 eingehen ließ. Private Unternehmungslust versuchte dann den Abbau nochmals zu beleben, und einigen Nordhäusern erteilte der Rat im Jahre 1544 und im Jahre 1557 die Erlaubnis, in der Gumpe und am Ortbache nach „Schiefern", d.h. also nach Kupfer, zu suchen, doch gingen die Gruben bald ein. Wenn überhaupt eine Ausbeute vorhanden war, so war sie so gering, daß sie die Mühe nicht lohnte.

Ähnlich erging es den Schürfungen nach Eisenstein. Am Südrande des Harzes bei Nordhausen führen die dort hervorgebrochenen Melaphyre und Porphyrite Brauneisenstein in solcher Menge, daß er noch im 19. Jahrhundert abbauwürdig erschien. Auf dergleichen Erzgänge glaubte man nun auch im Harzvorlande, auf Nordhäuser Flur stoßen zu können. Seit den zwanziger Jahren des 16. Jahrhunderts fanden sich immer wieder Unternehmungslustige, welche die Ausbeute lockte, und der Rat erteilte gern die Konzession zum Abbau, um eine neue Industrie in Nordhausen heimisch zu machen, das Schlagen von Münzen zu rechtfertigen und selber dabei zu Geld zu kommen. Doch die Hoffnungen erwiesen sich auch hier als trügerisch. Weder am Geiersberge, wo man 1522 und

---

[40] Vergl. Karl Meyer, Geschichte des Nordhäuser Branntweins, Nordhausen, 1907. K. Meyer, Neue Nachrichten über die älteste Zeit des Nordhäuser Branntweins; Nordh. Zeitung, September 1925. – Vergl. unten Kapitel 15.

1523, noch in der Gumpe, wo man 1529, oder am Tütcheröder Berg, wo man 1544 grub, stieß man auf Eisen und Erz. Alle Wünsche, dem Boden durch Bergbau Schätze abzuringen, blieben vergeblich, und nur einige dürftige Alaunschürfen in der Gumpe blieben in der zweiten Hälfte des 16. Jahrhunderts bestehen.

Also auch durch den Bergbau konnte der Wohlstand der Bevölkerung nicht gesteigert werden. [41]

Bei dieser wirtschaftlichen Not, die sich gegen Ausgang des 16. Jahrhunderts immer mehr verschärfte, wird es verständlich, daß nur noch wenige Familien Mittel besaßen, Stiftungen und Vermächtnisse für das allgemeine Wohl zu gründen. Eine Zeit, in der jeder sich selbst nur mit Mühe durchs Leben schlagen kann, ist nicht dazu angetan, durch Werke der Barmherzigkeit und der Großmut der Allgemeinheit zu dienen. Doch auch die katholische Kirche und ihre Erziehung zur Werktätigkeit fehlte. Denn unzweifelhaft hatte der Protestantismus den Wert und das Ansehen guter Werke herabgesetzt und damit den Anreiz vermindert. Die großartige Liebestätigkeit, die einzelne in früherer Zeit entfaltet hatten, hörte auf und wurde erst wieder im 18. Jahrhundert durch den von der Lutherschen Orthodoxie bekämpften Pietismus belebt. Alles, was im 16. und 17. Jahrhundert an sozialer Fürsorge erforderlich war, suchte man, gezwungen durch die wirtschaftliche Not, aber auch veranlaßt durch falsch verstandene und falsch ausgelegte Luthersche Lehren, auf den Staat abzuwälzen mit dem Hinweis, daß die Behörde mit der Übernahme des höchsten Episkopats und mit der Einziehung der Kirchengüter auch die Verpflichtung übernommen habe, die charitativen Bedürfnisse zu befriedigen. Durch die Reformation hatte sich gewissermaßen ein Sozialisierungsprozeß vollzogen, und solche Experimente übertragen jedesmal dem Staate alle Verantwortung und entlasten den einzelnen. Das „Noblesse oblige" geriet in Vergessenheit, nicht bloß weil keine Noblesse mehr vorhanden war, sondern auch weil die noch vorhandene sich nicht mehr obligiert, sich nicht mehr verpflichtet fühlte.

Gottlob hat es aber zu allen Zeiten, auch denen wirtschaftlichen Tiefstandes und sozialer Verantwortungslosigkeit, Menschen gegeben, deren Brust neben der natürlichen menschlichen Selbstsucht auch tiefes Mitgefühl mit dem Nächsten und Bruder beherbergte. Edle Menschlichkeit überwindet alle wirklichen und eingebildeten Hemmungen. Durch solchen wahrhaften Dienst an Gott und den Menschen zeichnete sich im 16. Jahrhundert vor allem die Familie Ernst in Nordhausen aus.

So stiftete Cyriax Ernst 1520 ein Legat von 125 Goldgulden, dessen Zinsen dazu verwandt werden sollte, an drei bedürftige und würdige Mitbürger alle Freitage eine kleine Geldspende auszuteilen. Bis 1585 kam das Geld unter Aufsicht des Rates zur Verteilung.

Ein anderer Ernst gründete 1578 für seine Familie ein Vermächtnis von 600 Gulden. Ein solches Familienstipendium würde uns nicht interessieren, da es

---

[41] Die Geschichte des Bergbaues zu Nordhausen ist noch nicht geschrieben worden.

nicht der Allgemeinheit zugute kommt, wenn derselbe Ernst nicht auch der Blasiikirche 100, der Schule 50, dem Siechhofe 30 Gulden u.s.f. vermacht hätte. Dieselbe Familie Ernst betätigte ihren frommen Sinn auch dadurch, daß sie mehrere Kirchen reich bedachte.

Neben der Familie Ernst ist Georg Blesse zu nennen, der 1550 der Blasiikirche 200 Gulden vermachte, Leonhard Thomas, der 1563 ein Stipendium von 200 Talern auswarf, Heinrich Horn, der in demselben Jahre für Studenten eine mildtätige Stiftung errichtete, die Witwe des Bürgermeisters Siegold, die 1604 für arme Schüler 100 Gulden spendete. Die schönsten Legate aber setzte u.E. der Bürgermeister Andreas Wende aus. Er stiftete schon 1556 nicht weniger als 600 Gulden; die Zinsen von 150 Gulden davon sollten 3 Armen zugute kommen, die Zinsen der übrigen 450 Gulden sollten Studenten der Theologie unterstützen. Von edelster Gesinnung aber zeugt seine Stiftung über 190 Gulden, deren Zinsen als Beihilfe zur Ausstattung von Dienstmädchen oder armen Bürgerstöchtern, die in die Ehe treten wollten, bestimmt waren.

Die veränderte Zeit und die veränderten religiösen Anschauungen treten natürlich besonders bei den Vermächtnissen für die Kirche zu Tage. In der katholischen Zeit wurden Altäre, Vikarien, Heiligenbilder gestiftet; jetzt, wo die Predigt und die beiden allein noch übrig gebliebenen Sakramente der Taufe und des Abendmahls im Mittelpunkte des Gottesdienstes standen, treffen wir auf Stiftungen von Taufsteinen, Kanzeln, wohl auch Orgeln. Nötig war es jedenfalls, daß private Liebestätigkeit die Kirchen unterstützte und für sie eine neue würdige Ausstattung schuf, seitdem sie z.T. ihres katholischen Prunkes beraubt waren, teilweise auch durch Bauernkrieg und Brand gelitten hatten und viele von ihnen bedenkliche Alterserscheinungen zeigten. Die Altendorfer Kirche z.B. war 1577 so baufällig, daß der Gottesdienst aus ihr in das St. Elisabeth-Hospital verlegt werden mußte.

Die Nikolaikirche erhielt 1585 auf Kosten des Bürgermeisters Andreas Michael einen Taufstein, 1589 eine neue Kanzel, die auf dem Standbilde Simsons ruhte, welcher einem Bären den Rachen aufreißt. Nach dem Brande vom Jahre 1612 wurde die Kirche schnell wiederhergestellt; ihre neue Orgel baute Ezechiel Greutscher aus Eisleben im Jahre 1619.

Für die Blasiikirche sorgte die oben erwähnte Familie Ernst. 1591 stiftete Ottilie Ernst das Taufbecken, 1592 Bürgermeister Ernst die Kanzel. Dem Künstler, der sie angefertigt hatte, konnte als erstem von ihr herab die Hochzeitspredigt gehalten werden. Und während des Dreißigjährigen Krieges, im Jahre 1627, brachte noch Nikolaus Helbig 200 Gulden für eine neue Orgel auf.

Andere Gemeinden, die nicht so wohlhabende Mitglieder aufzuweisen hatten, mußten sich selber helfen. So erhielt die Petrikirche 1597 eine neue Orgel; 1612 fanden sich in Bürgermeister Christoph Ernst und seiner Gattin Ursula Stifter für eine Kanzel.

Damit sind aber auch die namhaften Vermächtnisse erschöpft. Im allgemeinen reizte die wirtschaftliche Not die Besitzenden eher zum Ausbeuten als zum Opfern. Die in der Bedrängnis und in der Angst vor dem Proletariat im Jahre

1525 gegebenen Versprechungen waren bald vergessen, und vergessen waren auch die guten Vorsätze, durch Beseitigung wirklicher Mißstände dem Volke gerecht zu werden. Im Gegenteil, die eigene wirtschaftliche Lage verführte die Sieger bald zu schmählicher Unterdrückung der wirtschaftlich Schwächsten. Gewiß, die Brauherrn hatten damals schwere Zeiten durchzumachen, und der Verdienst war gering; dennoch hätten sie nicht schon ein Jahr nach dem Bauernaufstande, als sie die Macht wieder in der Hand hatten, zu beschließen brauchen, daß niemals ein Hintersättlerhaus zum Brauhaus werden dürfe. 1557 wurde derselbe Beschluß noch einmal wiederholt.

Trotz dieser rücksichtslosen Niederhaltung der wirtschaftlich Schwachen scheute man sich nicht, die Armen über Gebühr zu den öffentlichen Lasten heranzuziehen. So wurde z.B. 1531 das „Grabengeld", d.h. die Steuer für die von Zeit zu Zeit notwendige Säuberung des Mühlgrabens, für ein Brauhaus auf 8 Pfennig, für ein Hintersättlerhaus, das man im allgemeinen zum halben Werte eines Brauhauses veranschlagte, auf 7 Pfennig festgesetzt.

Gesinde und Tagelöhner, die schon immer in strengster Abhängigkeit gestanden hatten, wurden in den Zeiten des Niedergangs zu noch größerer Fron angehalten. So erließ der Rat 1569 ein Mandat wegen der Tagelöhner und Drescher. Keiner sollte ihnen neben freier Kost mehr als 15 Pfennig Tagelohn geben, und „welcher sich solches zu nehmen weigert, der soll hinter dem Rolande – d.h. also unter dem Rathause in das Gefängnis – gesteckt und dernach in der Stadt nicht mehr gelitten werden". Ebenso wurde bestimmt, daß Dienstboten, die ihre Stellung vor Ablauf des eingegangenen Vertrages verlassen hatten, drei Jahre lang ohne Verdienstmöglichkeit bleiben sollten.

Fehlte den Besitzenden jener Zeit zumeist jegliches soziales Gewissen und jegliches Verständnis für die Not des Proletariats, klaffte mehr als im 14. und 15. Jahrhundert ein Riß zwischen den wirtschaftlich Starken und wirtschaftlich Schwachen, so war beiden, Herren und Entrechteten, gemeinsam ein außerordentlicher Hang zu Unordnung und Unfläterei, zu Sittenlosigkeit und Verderbtheit.

Gewiß, die Verwilderung hatte schon gegen Ausgang des 15. Jahrhunderts begonnen; die neue und falsch verstandene Auffassung vom Werte des diesseitigen Lebens sowie die Entartung der katholischen Kirche hatten der allgemeinen Lasterhaftigkeit Vorschub geleistet. Im 16. Jahrhundert kam aber noch die größere Freiheit auf allen Lebensgebieten, die der Protestantismus gewährte, hinzu. Denn wenn auch die evangelische Kirche ein gewisses Aufsichtsrecht über die Sitten behielt und die Kirchenzucht auch Eingriffe in das Privatleben vorsah, so entsprach weder eine zu starke Gängelung dem Geiste des Protestantismus, noch standen ihm die alten Strafmittel der katholischen Kirche zu Gebote, sich Geltung zu verschaffen. Seitdem Luther zu Worms vor Kaiser und Reich gestanden und sein Bekenntnis abgelegt hatte, war die Mentalität der Menschheit eine andere geworden; sie war freier geworden in politischer, in wirtschaftlicher, in kultureller Beziehung. Carlyle hat recht, wenn er sagt: „Es ist der größte Augenblick in der modernen Geschichte der Menschheit. Englischer Puritanismus, England und seine Parlamente, die Amerikas und die großen Werke dieser beiden Jahrhunderte, die französische Revolution, Europa und seine jetzige Arbeit überall: von dem allen lag der Keim dort." [42]

Die Welt war freier geworden, aber sie war noch nicht mündiger geworden. Wenn man die Geschichte des 16. und 17. Jahrhunderts betrachtet, scheint es fast so, als ob Luther zu früh gekommen sei, als ob er zu hohe Anforderungen an die Menschheit gestellt habe, als ob sie die ihr geschenkte Freiheit noch nicht ertragen konnte, als ob erst seit dem 18. Jahrhundert langsam die Menschheit zu der schon von Luther geforderten Freiheit des Christenmenschen reif geworden wäre. Es scheint fast so, als ob die Menschen des 16. und 17. Jahrhunderts die vielen Bußübungen, Messen, Wallfahrten, Andachten noch nötig gehabt hätten. Übten sie auch nur einen ganz äußerlichen Einfluß aus, so wirkten sie doch mäßigend. Jedenfalls nahm die Sittenlosigkeit zunächst nicht ab, sondern verschärfte sich noch, als der Protestantismus seine Anhänger aus der strengen Schule des Katholizismus entließ. Die Menschen lebten eben noch ganz naiv in den Tag hinein, und nur die Furcht vor den Höllenstrafen hatte sie in Schranken gehalten. Seitdem aber das Fegefeuer beseitigt war und die Hölle einen Teil ihrer Schrecken eingebüßt hatte, lebte man ganz nur dem Augenblick.

Kriege und Krankheiten taten ein Übriges. Die Kriege mit ihren Plünderungen und Brandschatzungen nahmen den Menschen den Wunsch zu sparen; der Feind konnte ja jeden Augenblick die Frucht eines ganzen arbeitsreichen Lebens vernichten. Das Söldnerwesen hatte einen neuen Stand von herumschweifenden, nichtstuenden Menschen geschaffen. Die übelsten Gewohnheiten der Landsknechte nahmen aber Bauern und Bürger an.

Zu den Kriegen traten die Krankheiten. Durch die Kriegszüge war aus Italien und Frankreich zu Beginn des 16. Jahrhunderts zum ersten Male die Syphilis nach Deutschland eingeschleppt worden; sie wurde zunächst als Franzosenkrankheit gar leicht genommen und ward doch bald eine furchtbare Geißel. Dazu verfiel das von allen Seiten bedrängte und bedrückte Volk nicht nur einer zunehmenden geistigen, sondern auch körperlichen Unsauberkeit. Das einst so reinliche Volk der Deutschen, dem im kleinsten Dorfe die „Badestube" nicht gefehlt hatte, wurde unreinlich. Und diese Unsauberkeit ließ wiederum die Volksseuchen entsetzliche Verheerungen anrichten. Niemals hat so oft wie von 1500–1648 die Pest unser Vaterland heimgesucht. In Nordhausen wütete sie nachweisbar 1484, 1500, 1527, 1550/51, 1556, 1565, 1582, 1597/98. Zum Jahre 1550 erzählen die Annalen: „Dieses Jahr und das folgende ist das große Sterben dahier gewesen, welches 2 Jahre und 12 Wochen angehalten, worin 2500 Menschen – also etwa 40 % der Nordhäuser Einwohnerschaft – gestorben." – Zu 1565 heißt es : „Da die Pestilenz fast die ganze Welt durchzogen, hat man durch gewisse Ausrechnungen festgestellt, daß in Thüringen und angrenzenden Städten Sangerhausen, Mansfeld, Nordhausen und Mühlhausen 253000 Menschen gestorben."

Auch solche Seuchen rissen die Gemüter der Menschen hin und her, trieben

---

[42] Carlyle, Über Helden, Heldenverehrung ... Der Held als Priester.

sie bald in Gebet und Demut zu Gott, bald verführten sie zu Verjubeln und Verprassen, da man anderntags tot sein konnte.

Unordnung, Unsauberkeit, Vergnügungssucht machten sich auch in Nordhausen allenthalben breit. Als 1540 Nordhausen z.T. abgebrannt war, ließen die Bewohner trotz Vergünstigungen durch das Reich und trotz Hilfeleistung durch die Stadt die Brandstätten Jahre lang wüst liegen. Manchem fiel wohl der Neubau schwer, aber viele, die hätten bauen können, verpraßten auch lieber ihr Gut, als daß sie sich wieder an ehrliche Nahrung und Hantierung auf eigener Scholle gewöhnten. Anders ist die Ratsverfügung aus dem Jahre 1550 nicht denkbar, die verordnete, „daß ein jeder, so eine wüste Stätte habe, worauf vorher ein Haus gestanden, den rückständigen Schoß (Steuer), so darauf gelaufen, abtragen und die Stätte binnen einer gewissen Zeit wieder bebauen oder gewärtigen solle, daß alsdann solche dem Rat anheimgefallen sein solle". Aus demselben Jahre 1550 beleuchten zwei weitere Verordnungen die Verwilderung und Verantwortungslosigkeit der Zeit. In der einen mußte der Rat gegen die Spielwut auftreten und gebieten, daß niemand höher als um 1 Schilling spielen dürfe; in der anderen kündigte er denen, die Schulden halber unter Polizeiaufsicht gestellt waren, diese aber mißachteten, an, sie könnten in der Stadt nicht mehr geduldet werden.

Die ganze Entsittlichung und die ganze Unreife der Nordhäuser Bevölkerung für Luthers Werk geht aus der merkwürdigen Polizeiordnung vom Jahre 1549 hervor, die gar keine Polizeiordnung ist, sondern nur eine Ergänzung der Sittengesetze der alten Statuten. [43] Da mußten Strafen angedroht werden wegen Gotteslästerung und Versäumnis des Kirchganges, wegen Unzucht und Ehebruchs, da mußte das übermäßige Schwelgen, Feiern und der Kleiderluxus verboten werden. Was für unsinnige Verschwendung trotz der Verarmung der Stadt Platz gegriffen hatte, ersieht man aus den Hochzeitsvorschriften der Ordnung. Es wurde festgesetzt, daß zu einer Hochzeit nicht mehr als 100 verheiratete und 40 unverheiratete Männer und Frauen eingeladen werden durften. Um aber den Wohlhabenden entgegenzukommen, wurde diese Bestimmung zu Gunsten des Stadtsäckels sogleich eingeschränkt durch eine weitere: „Wollte aber jemand mehr Gäste einladen, so soll er dem Rat 10 Gulden entrichten, dann kann er noch einmal soviel einladen." Also 280 Personen waren zu einer Hochzeit immerhin gestattet, und wir können der Polizeiordnung nicht den Vorwurf machen, daß sie zu engherzig gewesen sei. [44]

Auch gegen den Kleiderluxus und die blöde Unsitte, jemanden durch dauerndes Zutrinken unter den Tisch zu trinken, mußte der Rat einschreiten. Über Essen und Trinken wurde verfügt: *„Und so der Misbrauch mit ubrigem essen und trincken, davor uns gott der herr warnt, als vor dem ende der welt, uberhandt nimpt, viel unser burger ihr habe und gut verschlemmen, mit mussigangk und Seufferey zubringen, wollen wir einen iddern* (jeden) *vor solchem Mißbrauch*

---

[43] Abgedruckt: Neue Mitteilungen des Th.-Sächs. Geschichtsvereins, V. 4. 94 ff.

[44] Daß man in Nordhausen immer recht stattlich zu leben wußte, geht daraus hervor, daß die fast gleichzeitige Magdeburger Hochzeitsordnung (1544) nur bei Patrizierhochzeiten 72 Personen gestattete, der gemeine Bürger und Handwerker durfte nur bis zu 40 einladen.

vorwarnt haben, und die wir hinfurder desselben misbrauchs befinden, ernstlichen Straffen."

Wie die Alten, so die Jungen. Wo sich das Elternhaus solcher Gewohnheiten befleißigte, konnte aus der Erziehung der Kinder nichts werden, hatten ja doch Knaben und Mädchen das schlimmste Beispiel täglich vor Augen. Dazu kamen die Schulverhältnisse der Zeit. Die große Menge der Jugend ging naturgemäß überhaupt durch keine Schule. Aber auch die gebildeten und gutsituierten Kreise, die bei Beginn der Reformation ein außerordentliches Interesse an Bildung und Gesittung gezeigt hatten, ließen seit den fünfziger Jahren eine Teilnahme für die Erziehung der Jugend durchaus vermissen.

Die beiden alten Schulen, die Domschule und die Jakobsschule in der Neustadt, waren eingegangen; eine neue Schule hatte Spangenberg gegründet. Doch sie blühte nur, solange der Gründer selbst in Nordhausen weilte. Dann erlosch die Anteilnahme der Bevölkerung an ihr fast ganz. Die Räumlichkeiten an der Predigerstraße ließ man verfallen, die Besoldung der Lehrer war kläglich, so daß sich außer jungen Studenten kaum Lehrkräfte fanden. Mit der 1557 aus den Mitteln des aufgehobenen Frauenbergsklosters ausgestatteten Mädchenschule ging es nicht besser. Kursachsen hatte die Umwandlung des Klosters in eine Mädchenschule genehmigt unter der Voraussetzung, daß das alte Kirchengut für die Schule Verwendung finde. Doch Nordhausen richtete sich nur in den ersten Jahren nach dieser auf dem Reichstag von Speyer im Jahre 1544 getroffenen Bestimmung. Bald ging der Rat daran, die Klosterländereien zu verkaufen, um sich Geld zu machen und die Erziehung im Argen liegen zu lassen. Am 25. März 1587 publizierte er die öffentliche Versteigerung der Güter, und da er, wahrscheinlich wegen Mangels an Privatkapital, die gesamten Äcker noch nicht hatte losschlagen können, bot er den Rest am 21. April 1598 nochmals zu billigem Verkaufe an.

Man kann sich denken, wie es bei einer derartigen Einstellung der Eltern zur Schule um die Zucht der Kinder aussah. Die Schulordnung für das Gymnasium vom Jahre 1583, vom Pastor primarius Lucas Martini aufgestellt, gewährt uns geradezu entsetzliche Einblicke in die Verwilderung des heranwachsenden Geschlechts. Ohne Ehrfurcht vor den Eltern, ohne Achtung vor den Lehrern besuchten die Schüler jener Zeit die Schule, wann es ihnen gerade beliebte. Ihren Eltern hatten sie die auffällige Tracht, die geschlitzten, mit Seide gefütterten Hosen sowie die breitkrempigen Federhüte, abgesehen. An der Seite trugen die Gesitteteren den kurzen Dolch, die Gröberen den langen Raufdegen. Während die Lehrer, unlustig solche Gesellschaft zu unterrichten, ihrer eigenen Beschäftigung nachgingen, „spielten die Schüler Karte oder fröhnten dem Würfelspiel, wie sie es bei den Vätern sahen".

Wenn die besseren Kreise solche Gesittung zeigten, was war da von dem Volke zu erwarten! Und in der Tat muß auch hier der Höhepunkt der Verwilderung, die um 1450 begann, um 1600 erreicht worden sein. Wie die Klage des Frauenbergs-Pfarrers im Jahre 1607 über die Verrohung seiner Pfarrkinder ertönte, so tönte sie wieder aus allen Gemeinden.

Wahrlich, das entsetzliche Treiben des Dreißigjährigen Krieges wird erst ganz verständlich, wenn man die Gesinnung und Gesittung des deutschen Volkes vor dieser großen Katastrophe kennt. Mit der Lust zu höherer Bildung und verfeinerter Kultur wenigstens einiger Kreise des deutschen Volkes durch den Humanismus hatte das 16. Jahrhundert eingesetzt, mit der Befreiungstat Luthers war der ganzen Menschheit ein großes Gut gewonnen, aber Westeuropa war weder für den Individualismus der Renaissance noch für den Protestantismus Luthers reif. Überall, ob in der katholischen, ob in der evangelischen Welt, in Italien, in Frankreich, in Holland, in England, in Deutschland tritt uns dasselbe Bild entgegen. Wer zuerst aus dieser Verwilderung wieder herausfand durch eine dem damaligen Kulturstande angemessene Bindung der Geister, mußte vor der übrigen abendländischen Welt einen gewaltigen Vorsprung gewinnen. Diese neue, vom Katholizismus gänzlich verschiedene Bindung schuf der Puritanismus Calvins, und Staaten wie Holland und Britannien kamen dadurch der übrigen Welt in jeder Beziehung voran.

Nirgends aber verrät sich der Charakter des Menschen mehr als durch seine Haltung beim Anblick menschlichen Elends und fremder Leiden sowie bei Vergeltungsmaßregeln für erlittene Unbill. Daß auch hier die Verrohung um 1600 auf ihrem Höhepunkt angelangt war, bewiesen die Strafprozesse jener Tage.

Es kann hier nicht der Ort sein, über die Strafjustiz Nordhausens eingehend zu sprechen, dazu fehlt der Raum und die Lust; einige Betrachtungen werden aber doch allerhand Schlaglichter auf die Kultur der Zeit werfen. Die Handhabung der Strafgerichtsbarkeit im Nordhausen des 18. Jahrhunderts aber mag zugleich hier ihre Erledigung finden.

Die Strafgerichtsbarkeit nannte man in Nordhausen, wie es meistens in früheren Jahrhunderten geschah, die peinliche oder die Hals-Gerichtsbarkeit. Sie lag seit alters in den Händen des Reichsvogts. Doch waren alle Rechte dieses Vogtes seit 1290 auf den Rat übergegangen.

Zu Richtern bestellte der Rat im allgemeinen drei der vier aus den Vierteln der Stadt gewählten Quatuorvirn. Auf diese griff er gerade bei der Strafgerichtsbarkeit besonders gern zurück, weil sich seit dem 16. Jahrhundert der Brauch herausgebildet hatte, zu Vertrauensleuten der Viertel so gut wie immer nur Akademiker, sogenannte *homines litterati*, zu wählen, um dadurch ein Gegengewicht gegen die übrigen nur aus den Zünften genommenen Ratsmitglieder zu schaffen. Diese akademisch vorgebildeten Männer, meistens Juristen, waren für die Bildung des Straftribunals naturgemäß am geeignetsten. Einer der drei Vierherrn, der dann Jurist sein mußte, war Vorsitzender des Gerichts, der eigentliche Gerichtsvogt, die anderen beiden amtierten als Skabini, als Schöffen. Der Stadtsekretär als Protokollführer vervollständigte die Gerichtsbank.

Kläger war der Geschädigte. Dieser hatte für die Unterhaltung des Angeklagten während der Dauer des Prozesses aufzukommen. Damit aber wegen dieser Belastung des Klägers Verbrechen nicht etwa verschwiegen und ungesühnt blieben, bestimmte die Halsgerichtsordnung Karls V.: *Es soll eyn anklager für eyns beklagten atzung und wartgelt dem büttel tag und nacht über sieben kreutzer*

Rathaus.

Münzen (Vollmünzen).

A.   *Taler 1556. Karl V.*   R.

A.   *Reichstaler 1616.*   R.

A.   *Dreier 1620 (sogenannte „Klippe").*   R.

Die Nummern beziehen sich auf Ernst Lejeune: die neueren Münzen und Medaillen der Reichsstadt Nordhausen. Dresden, C. G. Thieme 1910.

Carl Schiewek, Phot.

zu geben nit schuldig sein. (Artikel 204.) Natürlich war häufig die Stadt selbst Kläger oder machte die Sache des Klägers zu der ihren und ließ die Klage durch einen ihrer Beamten, den Syndikus oder einen der beiden Sekretäre, vorbringen.

Gerichtet wurde in Nordhausen nach der „Bürger-Einung" oder, wie diese mittelalterliche Gesetzsammlung gewöhnlich genannt wird, nach den Nordhäuser Statuten. Doch holte sich der Rat, wie es auch in anderen Städten allgemein üblich war, in Fällen, wo die Statuten versagten, auch Belehrung und Urteil, Weistümer, wie man sie nannte, von anderen Städten und ihren altberühmten Schöppenstühlen. Seit dem 16. Jahrhundert spielten die Nordhäuser Statuten in strafrechtlicher Beziehung kaum noch eine Rolle; man verwies wohl hie und da noch einmal auf sie, doch fanden sie praktisch keine Verwendung mehr.

An ihre Stelle trat die 1533 erschienene „Hals- oder Peinliche Gerichtsordnung Karls V". Diese setzte sich im Laufe des 16. Jahrhunderts in fast allen Teilen Deutschland als Strafrechtsnorm durch, besonders unter dem Einfluß der deutschen Universitäten, deren Juristenfakultäten dieses von einem deutschen Kaiser geschaffene Strafrecht in erster Linie lehrten und verbreiteten. Nordhausen aber, das immer Wert auf seine Selbständigkeit und Unabhängigkeit legte, mußte schon als Reichsstadt die Karolina als einziges in Betracht kommendes Strafgesetz ansehen. Daneben erschienen im Laufe des 16. Jahrhunderts freilich auch andere, von den einzelnen deutschen Ländern herausgegebene Strafgesetze, z.B. auch ein von Kursachsen aufgestelltes Strafrecht, das sogenannte Sachsenrecht. Und da Nordhausen sächsischen Gebietsteilen benachbart war, unter sächsischer Schutzherrlichkeit stand und einige sächsische Hoheitsrechte anerkennen mußte, so fanden Strafprozesse mehrfach auch nach Sachsenrecht ihre Erledigung.

Doch dieser Brauch, bald nach der Karolina, bald nach dem Sachsenrecht zu richten, verhinderte eine gleichmäßige Rechtsprechung und führte zu einer ganzen Reihe von Unzuträglichkeiten. Richtete man sich bei dem Prozeßgang nach der Karolina, so beriefen sich die Verteidiger für ihre Klienten auf das Sachsenrecht. Einsprüche und Verzögerungen aller Art waren unausbleiblich. Um diese Mißhelligkeiten zu vermeiden, führte der Rat 1567 einen Beschluß herbei, daß nach „Keyser Recht *in defectu Statuti* soll gesprochen werden". Die ehrbaren Räte erklären einmütig, „daß in Sachen und Fällen, so in Statutis eigentlich nicht vorgesehen, die gemeinen beschriebenen Kaiserlichen Rechte gehalten werden sollen, demnach die Stadt Nordhausen dem Heiligen Reiche ohne Mittel (unmittelbar) unterworfen und sich nach desselbigen Rechten billig zu richten habe".

Seitdem wurde also in Nordhausen allein nach der Karolina Recht gesprochen. Auch die häufigen Anfragen bei den Universitäten, die in erster Linie Verfahren und Urteil auf die Karolina gründeten, bestätigen, daß dieses Strafrecht mindestens seit 1567 für Nordhausen allein maßgebend war. Dabei blieb Nordhausen, bis es im Jahre 1802 preußisch wurde. Allerdings wurde die Karolina wie überall in Deutschland, so auch in Nordhausen während des 18. Jahrhunderts, besonders aber in der zweiten Hälfte desselben, nur noch ganz äußerlich zu Grunde gelegt. Der ganzen Zeit und ihren Anschauungen war dieses alte Rechtsbuch mit seinen ungeheuerlichen Strafbestimmungen fremd geworden, und man richtete nur noch danach, weil ein anderes, modernes Strafgesetzbuch dem Heiligen Reiche fehlte. Die Artikel der Karolina, besonders wo sie das Strafmaß festsetzten, wurden ganz willkürlich ausgelegt.

Aber nicht nur die Anschauungen wandelten sich im Laufe der Zeit, sondern auch das Verfahren wurde allmählich ein anderes. Noch im 16. Jahrhundert traute man in Nordhausen meist allein seiner Urteilskraft. Man legte wohlgemut die Karolina zu Grunde und urteilte dann darauflos. Nach und nach wurde es aber immer mehr üblich, nicht mehr ganz so leichtfertig zu verfahren, wo es sich um Glück und Gesundheit und Leben von Menschen handelte. Es wurde deshalb üblich, die Rechtsgutachten von Juristenfakultäten einzuholen. Bei schweren Fällen tat man das seit dem Ausgange des Dreißigjährigen Krieges stets. So war man vor einem Fehlspruch doch sicherer, wenn auch das naturgemäß schriftliche Verfahren außerordentliche Nachteile aufwies. Hunderte von solchen Gutachten der meisten deutschen Universitäten wurden im Laufe der Zeit angefordert; sehr viele liegen uns noch heute, wenn auch oft nur auszugsweise, vor. Die häufigsten Gutachten gab das benachbarte Erfurt ab; 22 sind noch heute nachweisbar. Dann folgte Halle mit 12 Sprüchen der Juristenfakultät und mit 10 des berühmten Hallenser Schöppenstuhls. Jenas Universität urteilte sechzehnmal, sein Schöppenstuhl dreimal, einmal wurde ein medizinisches Gutachten verlangt. Von weiter entfernten Universitäten wurde ziemlich häufig bei Frankfurt a. O. und bei Marburg angefragt; und so geht es fort bis zu dem einen Gutachten, das von Rinteln erbeten ward.

Die gesamte Voruntersuchung leitete das Richterkollegium unter Ausschluß der Öffentlichkeit in einem Zimmer des Rathauses. Schien es nötig, zur „peinlichen" Frage zu schreiten, so begab man sich im 15. und 16. Jahrhundert in den Marterturm am Primariusgraben, wo Meister Hans, der Scharfrichter, und seine Gehilfen mit ihren Instrumenten dem Inquirierten aufwarteten. Seit dem 17. Jahrhundert wurde die Folterung auf dem Rathause in der sogenannten Aktenstube vorgenommen.

Die Anwendung der Folter wird verständlich durch die Mangelhaftigkeit des Beweisverfahrens jener Zeiten und durch den Grundsatz, daß keine Verurteilung vor dem Eingeständnis des Angeklagten erfolgen konnte; im 16. Jahrhundert ist man aber leider berechtigt, zuweilen anzunehmen, daß die Tortur nur aus Lust am Quälen Anwendung gefunden hat.

Mit aller Scheußlichkeit und all' ihren Schrecken wurde die Folter im 16. und 17. Jahrhundert gebraucht. Nirgends ist ein so großer Unterschied zwischen diesen Jahrhunderten und dem gesitteteren 18. Jahrhundert festzustellen als bei der Anwendung der Folter. Tür und Tor für willkürliche Folterungen war geöffnet durch Artikel 58 der Karolina: *die peinliche frag soll nach gelegenheyt des argkwons der person vil, offt oder wenig, hart oder linder nach ermessung eyns guten vernünfftigen richters fürgenommen werden, und soll die sag des gefragten nit angenommen oder auffgeschriben werden, so er inn der marter, sondern soll sein sag thun, so er von der marter gelassen ist.* –Die Folter konnte also „viel, oft oder wenig, hart oder linder" vorgenommen werden; die Anordnung des

Foltergrades war ganz in das Belieben des Richters gestellt, und die Mahnung, der Richter solle bei Verhängung der Folter „vernünftig" sein, beweist nichts gegen ihren unvernünftigen Gebrauch.

Auf die Arten der Folterung in Nordhausen einzugehen, liegt kein Grund vor; wir begnügen uns mit der Feststellung, daß die schwereren Foltergrade Körper und Nerven völlig zerrütteten. So erfahren wir 1584 von einem Manne, der des Diebstahls angeklagt und gefoltert, aber nicht überführt worden war, daß er um Erlaß der Gebühren für die Verleihung des Bürgerrechts einkam, gewissermaßen als Entschädigung dafür, daß er durch die ungerechtfertigte Folterung so mitgenommen sei, daß „er sein Leben lang kein gerader Mensch mehr werden würde". 1586 starb eine der Hexerei beschuldigte Frau nach der Tortur im Haftlokal, und 1616 wurden zwei wegen Hexerei angeklagte Frauen kurz nacheinander so furchtbar gefoltert, daß sie bald darauf im Gefängnis verstarben.

Nicht ohne Interesse ist die Wirkung der Marter auf das seelische Verhalten der Gepeinigten. So wird zu 1540 von einer Frau, die wegen Teilnahme an einer Brandstiftung gefoltert wurde, berichtet: „Als sie im allerhöchsten Lärmen angeredet worden, da hat sie geantwortet, wenn die Stadt in Pulver sollte börnen (brennen), sie wollte nicht einen Eimer angreifen." Die furchtbare Qual hatte hier also nur den Widerstand, die Hartnäckigkeit und den Haß gegen die Peiniger gesteigert.

Noch beachtenswerter ist das Verhalten zweier weiblicher Angeklagten aus dem 18. Jahrhundert, die wegen Kindesmordverdachts gefoltert wurden. Beide hielten standhaft die geringeren Foltergrade, die im 18. Jahrhundert nur noch zur Anwendung kamen, aus und bekannten nichts, ließen dann aber, jede völlig unbeeinflußt voneinander, einige Tage später aus der Haft heraus durch den Gefängnisdiener den Richtern mitteilen, sie hätten wichtige Aussagen zu machen und wollten gestehen. Eine mißtraute nämlich der anderen, schrieb ihre Qualen den Aussagen der Mitangeklagten zu und wünschte dieser nun ein gleiches oder noch härteres Schicksal als das eigene, selbst auf die Gefahr hin, nunmehr verurteilt zu werden. Solche Geständnisse erst Tage lang nach der Folter aus dem Mißtrauen gegen die Aussagen der Mitbeschuldigten kommen öfter vor.

Während aus dem 16. und 17. Jahrhundert eine Unzahl von schwersten Folterungen bekannt ist, wurde die Tortur im 18. Jahrhundert milder und seltener. Mehr als 20 Fälle ihrer Anwendung werden im 18. Jahrhundert kaum noch vorgekommen sein. Oft hoffte man damals schon allein durch die Einschüchterung zum Ziele zu gelangen, namentlich bei Frauen. Mehrfach, z.B. 1696 und 1754, wurde bei einem angeklagten Ehepaar der Mann mit den Daumschrauben gefoltert, während man sich bei der Frau mit der Territion, der Entkleidung durch den Scharfrichter und dem Vorzeigen der Folterwerkzeuge, begnügte.

Auch vermied man es im 18. Jahrhundert, Folterungen anzuwenden, die schwere körperliche Schädigungen im Gefolge haben mußten, und endlich brach sich die Erkenntnis Bahn, daß die Folter ein „hartes und trügliches Mittel" sei. Schon 1737 nannte eine Universität in einem Gutachten an Nordhausen die Tortur eine *res fragilis et periculosa, quae veritatem fallit*. Auch die Gründe wurden angeführt, weshalb durch die Tortur keine einwandfreien Geständnisse zu erreichen seien. Die augenblickliche Marter beherrsche den Gequälten so, daß sie viel schreckhafter erscheine als die spätere Strafe, und wenn es die Todesstrafe sei. Die Gemarterten erdichteten eigene Verbrechen und schuldigten andere an, nur um von der Folter loszukommen.

Daß die Tortur tatsächlich häufig den wahren Sachverhalt durchaus unaufgeklärt ließ, konnten alle Strafrichter oft genug beobachten. So gab z.B. die Zimmermann, eine Mitangeklagte in einem Kindesmordprozesse vom Jahre 1737, sowie sie entkleidet war und die Instrumente des Henkers sah, alles zu, wessen man sie beschuldigte. Drei Tage später widerrief sie, fügte aber hinzu, wenn man sie foltere, würde sie wiederum alles gestehen, was man verlange.

Solche und ähnliche Vorgänge ließen die Bedenken gegen die Tortur nach und nach immer größer werden; man entschloß sich nur noch in den seltensten Fällen zu ihrem Gebrauch. – Im 16. und 17. Jahrhundert folterte man sogleich bei leisestem Verdacht und bei leichten Vergehen drauflos, im 18. Jahrhundert mied man die Folter nach Möglichkeit. Wie leichtfertig man noch im 17. Jahrhundert mit Menschenglück und Menschenleben umging, zeigt ein Fall vom Jahre 1641. Damals war eines Tages einem Bürger die Frau krank geworden; man sollte meinen, das sei nicht ganz außergewöhnlich. Der Mann aber war der Ansicht, bei der Krankheit gehe es nicht mit rechten Dingen zu, und auch der hinzugezogene Arzt, sicher ein Muster seiner Zunft, kam zu der Ansicht, daß Einwirkungen böser Kräfte im Spiele seien. Daraufhin beschuldigte der Ehegatte frischweg eine Frau aus Sülzhayn, sie habe seine Frau behext. Das arme Weib wurde nun schwer gefoltert, hatte allerdings so viel Nerven, nichts zu gestehen, wurde aber dennoch auf Grund anderer Vergehen mit einer halben Stunde Prangerstehens und ewiger Landesverweisung bestraft.

Im 18. Jahrhundert fielen unter dem Einfluß der Aufklärung ohne weiteres alle diese unsinnigen Beschuldigungen wegen Hexerei und Buhlschaft mit dem Teufel weg. Schon damit war viel gewonnen. Ferner wurde die Tortur im 18. Jahrhundert durch den Grundsatz eingeschränkt, daß sie nie schwerer sein dürfe als die eigentliche Strafe für das Verbrechen. Da sie aber mit dem Abhauen einer Hand, zuweilen sogar mit der Todesstrafe durch das Schwert gleichgeachtet wurde, wandte man sie nur noch bei dringendstem Verdacht der schwersten Verbrechen an. Auch wurde es schon zu Beginn des 18. Jahrhunderts Brauch, daß nicht nur eine „halbe Beweisung" (Karolina, Artikel 30), d.h. die Aussage eines einzigen „guten, tugendlichen" Zeugen zur Anwendung der Folter genügte, sondern daß zwei einwandfreie Zeugen vorhanden sein mußten. Schließlich wurde sogar vollste Klarheit des Verbrechens verlangt, so daß die Folter nur noch das zur Verurteilung nötige Geständnis aus dem leugnenden Verbrecher herausholen sollte.

In Nordhausen war die Folter rechtlich möglich bis zum Jahre 1802. Wirklich von ihr Gebrauch gemacht worden ist wohl das letzte Mal im Jahre 1766. 1768 wurde sie einem Giftmörder noch angedroht, er gestand aber vorher. Immerhin zeigt sich sowohl ihre tatsächliche Anwendung als auch deren bloße Möglichkeit, wie lange sich dieses barbarische Rechtsmittel selbst gegen den Geist der Zeit durchgesetzt und gehalten hat. Wenn man dies erwägt, kann man erst die sittliche Größe und Bedeutsamkeit der Anordnung Friedrich des Großen begreifen, der die Folter für seine brandenburgisch-preußischen Lande schon 1740 aufgehoben hatte.

Nach altem Brauch konnte die Verurteilung im Gegensatz zu unseren Rechtsgewohnheiten nur nach völligem Geständnis des Angeklagten erfolgen. Legte dieser das Geständnis trotz der „peinlichen" Frage nicht ab, so mußte er freigesprochen werden, selbst wenn sein Verbrechen ganz offensichtlich war. Diesen Rechtsgrundsatz hielt auch Karls V. Gerichtsordnung in Artikel 22 fest. So gestanden 1584 ein wegen Diebstahls angeklagter Mann, 1586 eine wegen Zauberei angeklagte Frau trotz Anwendung der Tortur nicht; sie wurden deshalb freigesprochen. Im 18. Jahrhundert, wo die Angeklagten nur noch den leichteren Graden der Folter unterworfen wurden, häuften sich natürlich diese Fälle. 1719 mußten ein Mann und eine Frau, bei denen die Daumschrauben vergeblich angewandt worden waren, von der Falschmünzerei freigesprochen werden, und ebenso legte 1722 ein Mann trotz Daumen- und Beinschrauben kein Schuldbekenntnis ab und wurde deshalb aus der Haft entlassen.

War die Untersuchung abgeschlossen und hatte der Verbrecher gestanden, dann beraumte man nach altem germanischem Brauche unter offenem Himmel die Gerichtsverhandlung an. In Nordhausen wurde die „Gerichtsbank" vor dem Weinkeller, gegenüber dem Rathause und dem Rolande, „gehegt". Hier ließ sich der Gerichtsvogt, der einen Stab in der Hand hielt, mit den Schöffen nieder und forderte den „Fiskal" auf, seine Anklage vorzubringen. Nach der Anklage wandte sich der Vogt an den Beklagten, legte ihm die Schuldfragen vor und ließ sie öffentlich von ihm beantworten. Meist erfolgte von dem Beklagten, der durch Haft oder Folter mürbe gemacht worden war, das Schuldbekenntnis; widerrief aber der Angeklagte, so mußte die Verhandlung abgebrochen und die Untersuchung von neuem begonnen werden. War aber das Geständnis erfolgt, so standen die drei Richter auf, begaben sich in das Rathaus, wo alle drei Ratsregimenter versammelt waren, und holten von diesen das Urteil. Erst danach verkündete der Vogt von der gehegten Gerichtsbank aus den Urteilsspruch, der mit den Worten endete: „Die Exekution wird dem gegenwärtigen Nachrichter N. N. anbefohlen." Auch der Scharfrichter mußte nunmehr in ganz bestimmten formelhaften Wendungen von dem, was seines Amtes war, sprechen und den Rat laut Artikel 97 der Karolina um „sicheres Geleit" bitten, d.h. wenn etwa Verwandte des Verurteilten an ihm Rache üben wollten, so stand er unter dem Schutze des Rates. Danach wurde der Delinquent zur Aburteilung abgeführt.

Selten wurde in früheren Jahrhunderten auf eine Freiheitsstrafe erkannt. In den Nordhäuser Statuten wird sie zwar für eine Anzahl Vergehen angedroht, viel häufiger wurden aber doch andere Strafen verhängt. Im allgemeinen erscheint die Gefangensetzung nicht als Bestrafung, sondern als Untersuchungshaft. Deshalb besaß Nordhausen auch kein eigentliches Gefängnis; eine Anzahl fester und ungemütlicher Räumlichkeiten dienten nur als Haftlokale. Kirchentürme, Tortürme, unterirdische Gewölbe wurden dazu benutzt, meist von Schmutz starrend und voll Ungeziefer, ungedielt, ohne Möglichkeit sie zu heizen, mit dürftiger Ausstattung. Für irgendwelche geistige Beschäftigung oder körperliche Bewegung war nicht gesorgt; Schwerverbrecher wurden nicht selten gar in den Block geschlossen. Die langen seelischen und körperlichen Qualen in diesen Gefängnissen mögen die Gefangenen oft mehr zermürbt haben als selbst die Folter. Noch das humanere 18. Jahrhundert war in dieser Beziehung so ohne jedes Verständnis für die Bedürfnisse der Inhaftierten, daß z.B. ein Mann namens Gründler, der aus angesehener Familie stammte, aber wegen Kindesmordverdachts 1736 lange Zeit in Untersuchungshaft gesessen hatte, sich danach sehnte, hingerichtet zu werden, nur um dem Ungeziefer, der Kälte und der seelischen Not seines Gefängnisses zu entfliehen.

Als einfache Haftlokale, auch zur Absitzung von Polizeistrafen, kamen die Haupttortürme der Stadt in Betracht. 1572 wird der Altenturm erwähnt, aus dem durch ein Loch „gegen der Badstuben über" eine Diebin entwischte. Zum Jahre 1624 werden die „Gruben" des Barfüßertores als Gefängnis erwähnt. Im 18. Jahrhundert erscheinen besonders das Töpfertor und das Barfüßertor als Gewahrsame.

Untersuchungsgefangene brachte man in älterer Zeit gern im Petersturme, seit dem 16. Jahrhundert aber meist „hinter dem Rolande" in den Gewölben des Rathauses unter. 1563 versuchte sogar ein Mörder und Dieb sich „aus dem Rulande" durchzugraben und ins Freie zu gelangen. Die Räumlichkeiten unter dem Rathause empfahlen sich jedenfalls deshalb besonders zur Inhaftierung von Untersuchungsgefangenen, weil man sie dann für die Verhandlung auf dem Rathause am besten zur Hand hatte.

Wenn nun auch im Mittelalter und in der frühen Neuzeit die Verhängung von Gefängnisstrafen möglich war, so wurde doch erst seit dem 18. Jahrhundert eigentlich öfter auf diese Strafform zurückgegriffen. Dieselben Zeiten, welche begannen, sich gegen die Tortur aufzulehnen, ließen allmählich auch die Festungs-, Gefängnis- und Zuchthausstrafe immer mehr in den Vordergrund treten. Die Juristenfakultäten jener Zeit empfahlen sie in ihren Gutachten immer häufiger mit der ausdrücklichen Motivierung, daß die Gefängnisstrafe oder die Strafarbeit zur Besserung dienlicher sei als die Staupe, der Pranger und die Landesverweisung, welche die Verbrecher völlig aus der menschlichen Gesellschaft ausstoße und sie dadurch auch weiterhin auf den Weg des Verbrechens treibe. Diese Ansicht findet sich z.B. 1740 bei einem Urteil ausgesprochen, das über eine Dienstmagd, die eine Reihe kleinerer Diebstähle begangen hatte, 6 Jahre Zuchthaus verhängte, eine Strafe, die besser sei als die sonst gebräuchliche Staupe und ewige Verweisung. Seitdem wurden Freiheitsstrafen öfter ausgesprochen.

Allerdings gerieten die Städte, und nicht zuletzt Nordhausen, durch dergleichen Urteile nicht selten in einige Verlegenheit, da sie für solche lange Haft keine Räumlichkeiten und für die Beschäftigung der Gefangenen keine Gelegenheit besaßen. Man behalf sich deshalb wohl damit, daß man zwar eine längere Freiheitsstrafe aussprach, diese aber auf eine kürzere Haft herabsetzte, die Zeit jedoch, während welcher der Verbrecher gefangengehalten wurde, durch allerhand Zusatzstrafen für den Gefangenen möglichst unerfreulich zu gestalten suchte. So bekamen 1745 drei Diebinnen $^1/_2$ Jahr Zuchthaus, „in Ermangelung der Gelegenheit" aber begnügte man sich mit 6 Wochen Gefängnis, doch mußten die Sünderinnen wöchentlich 2 Tage bei Wasser und Brot sitzen.

Mußten jedoch über Schwerverbrecher längere Zuchthausstrafen verhängt werden, so blieb der Stadt Nordhausen nichts anderes übrig, als ihre Sträflinge anderen Staaten, die dergleichen Wohlfahrtseinrichtungen zur Verbüßung der Strafe aufzuweisen hatten, zu übergeben und für den Unterhalt aufzukommen, soweit ihn die Gefangenen nicht durch Zwangsarbeit abverdienten. Ein Straßenräuber namens Fultsch z.B. wurde 1768, nachdem er schon 3 Jahre lang in den Kellerräumen des Rathauses in Untersuchungshaft gesessen hatte, zu lebenslänglichem Zuchthaus verurteilt und der hannöverschen Festung Nienburg als Gefangener zugeführt. Der Aufenthalt hier scheint ihm zwar nicht recht zugesagt zu haben, denn er unternahm einen Fluchtversuch, doch war die Luft von Nienburg seiner Gesundheit derart förderlich, daß er ein hohes Alter erreichte und, wie anzumerken nicht vergessen wird, „seine vieljährige Unterhaltung der Stadt eine ziemliche Summe gekostet". Ebenso brachte Nordhausen 1792 einen Einbrecher als Baugefangenen nach Lüneburg und später nach Heiligenstadt.

Die gewöhnlichen Strafen des Mittelalters und des 16. und 17. Jahrhunderts waren aber die Geldstrafe, die zeitliche und ewige Verweisung, die Körperstrafe und Verstümmelung sowie endlich die Todesstrafe.

Die Geldstrafe ist ja eine echt germanische Strafe. Sie wurde im Mittelalter häufig verhängt; für den angerichteten Schaden mußte der doppelte Ersatz geleistet werden. Das 16. und 17. Jahrhundert aber waren so harte Zeiten und hatten eine solche Freude an der körperlichen Züchtigung, daß damals Geldstrafen nur als Konventionalstrafen vorkamen. Erst im 18. Jahrhundert konnten geringere Vergehen wieder durch Geld gesühnt werden.

Zu Beginn der Neuzeit kannte man für kleinere Übertretungen der gesellschaftlichen Ordnung fast nur die zeitliche und „ewige" Verweisung. Landstreicher, Falschspieler, Diebe, die nur kleine Diebstähle begangen hatten, Unfriedenstifter wurden aus der Stadt gewiesen. War über sie die ewige Verweisung verhängt worden, so mußten sie Urfehde schwören und geloben, nie wieder die Stadt zu betreten. Brachen sie ihr Gelübde, so wurden ihnen die zwei Finger, mit denen sie geschworen hatten, abgeschlagen.

Eine Verschärfung der Landesverweisung bedeutete es, wenn zugleich die besonders ehrenrührigen Strafen des Prangerstehens und des Staupenschlages ausgesprochen wurden. Das geschah im 16. und 17. Jahrhundert sehr häufig, im 18. Jahrhundert selten.

Der Pranger, oder wie er in Nordhausen meistens heißt, der Gack oder Schandpfahl, stand auf dem Kornmarkte neben dem Brunnen. Er wurde 1528 neu errichtet, wie aus der Nachricht hervorgeht: *„1528 haben E. E. Rath einen neuen Gack bey dem Kornmarcksbrunnen machen lassen uff des Raths Lohn und Bezahlung, auch ohne Jemandes Insage."* Der Verbrecher wurde an das Halseisen dieses Schandpfahles angeschlossen, eine Zeit lang dem Gespött der Menge preisgegeben und schließlich vom Scharfrichter vor die Tore der Stadt zur Verweisung geführt.

Zuweilen verzichtete man auf ein längeres Prangerstehen, schlug aber den armen Sünder am Schandpfahl öffentlich zur Staupe, ja diese Bestrafung scheint häufiger vorgekommen zu sein als das bloße Prangerstehen, bei dem man der Ausgelassenheit des Volkes, die allerhand Auflauf und Unruhe mit sich brachte, keine Schranken setzen konnte. So erfahren wir 1541, 1551, 1552 von verurteilten Dieben nur, daß sie zur Staupe geschlagen wurden, 1558 wurden ein Mann und ein Weib wegen Unzucht in derselben Weise bestraft, 1559 eine Zauberin. Diese wurde vom Scharfrichter zur Belustigung des Publikums auf einem Karren zum Gack gefahren. Dagegen wird zu 1562 bezeugt, daß ein Dieb eine Stunde im Halseisen gestanden habe und dann erst zur Staupe geschlagen worden sei. Auch 1624 wurde ein Mann auf die Anklage seiner Ehefrau hin, er habe mehrfach mit Dienstmädchen Unzucht getrieben, an den Pranger gestellt und dann der Stadt verwiesen.

Meist waren es wirklich rechte Schelme und Verbrecher, die man auf diese Weise dem Volke preisgab, doch kamen auch Fälle vor, wo diese furchtbaren Ehrenstrafen, die dem Menschen jede Würde nahmen, auch wegen ganz geringer Vergehen und an Menschen vollzogen wurden, die sich nur einen Schritt vom rechten Wege entfernt hatten, denen man aber durch die öffentliche Preisgebung und Auspeitschung einen unvertilgbaren Makel anhaftete und die dadurch geradezu auf die Verbrecherlaufbahn gedrängt wurden. So wurde 1557 ein dreizehn- bis vierzehnjähriges Mädchen, das ganz offenbar von seiner Stiefmutter zu kleineren Diebstählen angestiftet war, gemeinsam mit dieser zur Staupe geschlagen und verwiesen.

Neben diesen oft verhängten ehrenrührigen Strafen teilt Frommann nur ein einziges Mal eine andere mit, die sonst in Deutschland öfter vorkommt: Das „Durch den Korb fallen", eine Strafe, bei der der Delinquent in einen Korb gesetzt wurde, welcher über einem Wassertümpel hing. Ihm wurde in diesem Korbe keine Speise gereicht, er wurde überhaupt in dem Korbe so lange sitzen gelassen, bis er sich einen Mut faßte, das ihm in den Korb gelegte Messer nahm und die Stricke, an denen der Korb hing, durchschnitt. Dieser fiel dann mit dem armen Sünder ins Wasser. – Mit diesem Bade wurde 1586 eine Diebin gesegnet und hinterher aus der Stadt gejagt. Doch ist die Strafe sonst nicht wieder belegt.

Dagegen ließ man noch im 18. Jahrhundert unredliche, ungehorsame und zanksüchtige Dienstmädchen die „Schandsteine" tragen. Die Sünderin mußte dabei mit einem Stein um den Hals eine Zeit lang vor dem Rathause auf- und abgehen und dem Gelächter der Menge dienen. Die schwerste Strafe war die im 16. und 17. Jahrhundert unzählige Male verhängte Todesstrafe. Damals war es auch, wo man ganz besonders erfinderisch war, diese Strafe innerlich und äußerlich zu qualifizieren, um die letzten Augenblicke des Verurteilten so schrecklich wie möglich zu gestalten. Enthauptungen, Hängen, Rädern und Verbrennen sind die häufigsten Hinrichtungsarten. Den armen Sünder begleitete die ganze Bevölkerung zur Richtstätte, die Stadtknechte traten dazu in Wehr und Waffen an, und von den Geistlichen wollte jeder dabei sein, um den Delinquenten zu trösten. Es scheint, als ob es für das entartete Geschlecht im Ausgang des 16. Jahrhunderts kein köstlicheres Schauspiel gegeben habe als das Rädern eines Mannes oder das Verbrennen einer Frau.

Die Haupthinrichtungsstätte befand sich am Siechentore auf dem Sande. Doch auch vor dem Töpfertore stand ein Galgen. Während des Dreißigjährigen Krieges, wo man draußen Gesindel und Soldaten zu fürchten hatte, wurden zwei Verbrecher sogar einmal auf dem Kornmarkte erhängt. Unwahrscheinlich dagegen erscheint die Nachricht, daß Hans Kehner, einer der Anstifter des Bauernaufruhrs in Nordhausen, 1526 vor dem Rautentore enthauptet worden sei.

Wir haben nicht im Sinne, hier auf die Hinrichtungen näher einzugehen. Um zu zeigen, wie roh und rachsüchtig jene Zeit war, mag nur angedeutet werden, daß 7 Männer und Frauen, die Nordhausen im Jahre 1540 in Brand gesteckt haben sollten, nach furchtbarer Tortur um die Brandstätte am Königshofe auf Schleifen geschleift, mehrfach mit glühenden Zangen gezwickt und schließlich dem qualvollen Tode durch Verbrennen unterworfen wurden. Man setzte sie auf hohe Säulen, fachte unter ihnen ein Feuer an und ließ ihre Glieder langsam verbrennen. Damit war allerdings der Höhepunkt aller Scheußlichkeit für Nordhausen erreicht. Andere Landschaften waren noch erfinderischer im Quälen ihrer Opfer.

Denn es ist ein Ruhmesblatt in der Nordhäuser Geschichte, und wir wollen es nicht als das geringste ansehen, daß im Verhältnis zu anderen Gegenden die Nordhäuser Bevölkerung und die Nordhäuser Richter immer zu Mitleid und Milde geneigt haben. Es ist uns kein Fall bekannt geworden, wo Nordhausen im Strafmaß über die Anordnungen des von einer Juristenfakultät eingeholten Gutachtens hinausgegangen wäre; häufig milderten die Nordhäuser Richter den Spruch der Universität und sprachen nur Enthauptung oder ewige Verweisung aus, wo die Juristen gräßliche Hinrichtungsarten vorgeschlagen hatten. Oft kommt es auch vor, daß, wenn den Nordhäusern das Urteil einer Fakultät zu streng erschien, die Akten einer anderen Universität zugeschickt wurden, um einen milderen Spruch zu erhalten. Die geradezu lächerlichen Urteile, die Marburg noch im 18. Jahrhundert im Gegensatz zu den anderen Universitäten fällte, sind nie zur Ausführung gekommen. – Auch in Nordhausen haben zu allen Zeiten die Menschen Untugenden genug gehabt, sie sind aber beim Quälen von Menschen dem Geist der Zeit nur widerwillig gefolgt und haben so die schönsten menschlichen Tugenden von Mitgefühl und Erbarmen jederzeit gezeigt.

Die Verbrechen oder vermeintlichen Verbrechen, die früher bestraft wurden, sind dieselben, wie sie auch heute noch vorkommen; für das 16. und 17. Jahrhundert kam nur noch das Verbrechen der Buhlschaft mit dem Teufel dazu. Um des kulturhistorischen Interesses willen mögen deshalb auch hier die Hexenprozesse kurz gestreift werden.

Es ist nicht erwiesen, daß die römische Inquisition für Folter und Hinrichtungsart verantwortlich zu machen sei; die Grausamkeit lag dem ausgehenden Mittelalter und der beginnenden Neuzeit nun einmal im Blute. Fest steht aber leider, daß die Kirche, die katholische wie die protestantische, dem Aberglauben des Volkes nicht entgegengetreten ist, sondern ihn geradezu in ein System gebracht hat, welches dann unter ihrer Anführung die schrecklichsten Blutopfer gekostet hat.

Leider hat die Luthersche Reformation die Hexenprozesse nicht ausgerottet. Luther selbst, auch darin ganz Mensch voller Widersprüche und Zweifel, war zu verschiedenen Zeiten der verschiedensten Ansicht über den Hexenwahn. Einmal schreibt er: „Man soll ja einen jeden glauben lassen, was er wolle. Glaubt er unrecht, so hat er genug Strafe am ewigen Feuer in der Hölle. Warum will man sie denn zeitlich martern, sofern sie im Glauben irren." Das ist der echte Renaissancemensch Luther, der Protestant, der Liberale, der Duldsame, und wenn er immer dieser Ansicht gewesen wäre, dann hätte sein gewaltiger Einfluß im protestantischen Deutschland dem blutigen Unfug wohl Einhalt gebieten können. Doch daneben steht der Theologe Luther, der, gestützt auf Moses II, 22, 18 „die Zauberinnen sollst du nicht leben lassen", ausruft: „Man töte sie! Es ist ein sehr gerechtes Gesetz, daß die Hexen getötet werden; sie richten vielerlei Schaden an."

So dämpfte denn die Reformation die Hexenprozesse nicht, sondern trug in den Jahren religiöser Leidenschaftlichkeit eher noch zu ihrer Vermehrung bei.

Den Hexen – Zauberer kommen selten vor, meist sind es dann Schäfer und Quacksalber – warf man also ihre Buhlschaft mit dem Teufel vor, die sie dazu benutzten, um von ihrem Galan allerhand Mittel zu erhalten, sich selber Reichtum und Wohlleben, ihren Mitmenschen aber Unheil und Schaden zu verschaffen. So gesteht z.B. eine Frau namens Else Schweinenfleisch am 27. Juni 1586 auf der Folter, sie habe mit dem Teufel zu tun gehabt. Dieser sei in Gestalt einer feinen Mannesperson zu ihr gekommen, habe schwarze Kleider an- und einen weißen Hut mit roter Feder aufgehabt. Das eine Bein sei wie ein Kuhfuß gestaltet gewesen. Für ihre Gefälligkeit habe der knausrige Liebhaber ihr einen Groschen gegeben. So geht der durch die Folter erpreßte Unsinn weiter, und der Protokollführer zeichnet gewissenhaft jede Frage des Richters und jede Antwort der in der Marter Schwebenden auf. In demselben Jahre 1586 bekannte eine andere Frau, der Teufel habe ihr beigebracht, wie man Wunden, die Franzosen und alle Schäden heilen könne. Mit dergleichen Quacksalberei mag sich wohl die Frau abgegeben haben, vielleicht ist sie auch sonst nicht von einwandfreiem Lebenswandel gewesen, – alle ihre zur Not noch verständlichen Aussagen genügten aber dem Untersuchungsrichter nicht. Die Ärmste wurde weiter gefoltert, und nun kommt es an den Tag: Ihr Liebster, der Teufel, habe wie ein anderer Mensch ausgesehen, alles an ihm sei kalt gewesen, er habe einen Menschenfuß und einen Kuhfuß gehabt u.s.f. Ähnliche Aussagen machten die vier Frauen, die im Jahre 1616 in Nordhausen furchtbar inquiriert wurden. Man sieht also, wie fest der Aberglaube der Zeit das Bild vom Teufel und dem Umgange mit ihm den armen Gehirnen eingeprägt hatte. Von den vier Frauen wurden übrigens zwei derart gefoltert, daß sie bald darauf in ihrem Gewahrsam gestorben sind.

So geht es weiter, und wir brauchen gar nicht auf das schon von Förstemann abgedruckte Protokoll des Prozesses der armen Katharina Wille, genannt Klötzgen, aus dem Jahre 1573 zurückzugreifen, um noch mancherlei von Aberglauben und Bosheit, wirklich bedenklichen Frauenzimmern und unschuldig Verfolgten mitteilen zu können. [45]

Jahrelang hört man auch in jenen vom Aberglauben verseuchten Zeiten nichts von Hexen und Hexenprozessen. Dann, mit einem Male fängt das Geschwätz und Getuschle an. Eine Frau wird beschuldigt, eingezogen, inquiriert und verbrannt, und sogleich weiß eine geschäftige und aberwitzige Phantasie dieser oder jener Person gleiche Verbrechen anzuhängen, bis die Sache langweilig wird, und Nordhausen nun wieder ein Jahrzehnt und länger vor Hexen Ruhe hat. So wurden 1586 gleich drei Frauen wegen Hexerei gerichtet, 1616 sind es sogar vier, zwischen diesen Jahren oder vorher und nachher weiß man nichts von derlei Teufelsspuk. – Übrigens überwand der gesunde Sinn der Nordhäuser Bevölkerung auch diese Geisteskrankheit schneller als der verdorbene anderer Gegenden. Außerordentlich früh, schon in der Mitte des 17. Jahrhunderts, wagte man die Anklage wegen Buhlschaft mit dem Teufel nicht mehr zu erheben, sondern glaubte nur noch an gewisse teuflische Künste, die dem Menschen Schaden zufügen konnten. Dementsprechend führte man die armen Weiber auch nicht mehr auf den Scheiterhaufen, sondern bestrafte sie wie andere Frauen anrüchigen Rufes, wie Buhldirnen und weise Frauen. Am 8. März 1644 wurden daher zwei „Hexen" nur noch ewig verwiesen. [46]

Verwilderung und Grausamkeit, Dummheit und Aberglauben aber hatten jenes Geschlecht des beginnenden 17. Jahrhunderts würdig vorbereitet auf den Dreißigjährigen Krieg.

---

45 Vergl. Förstemann, Kleine Schriften, 102 ff.

46 Über den Strafprozeß in Nordhausen ist bisher noch nicht geschrieben worden. Wertvollste Quellen sind einige Originalprozeßakten im Nordh. Archiv, z.B. Prozeß Gründler vom Jahre 1737. Gute Zusammenstellungen finden sich in den Handschriften von Frommann und – seit 1698 – von Filter. Hieraus hat auch P. Oßwald einen Abdruck geliefert: Oßwald, Nordhäuser Kriminalakten von 1498–1657. Zeitschr. des Harzv. 1891, Jahrg. 24. Über die Mordbrenner von 1540 vergl. Förstemann, a. a. O., 108 ff.

Kapitel 12.

Nordhausen im Dreißigjährigen Kriege.

Dem Katholizismus hatte die Reformation ein böses Erwachen aus angenehmem Traum gebracht. Eine rechte Verstörung war zunächst über ihn gekommen und ein hilfloses Staunen, als sich sogar treue Anhänger wie Heinrich VIII. von England von Rom lossagten und eine Landeskirche organisierten. Dann aber hatte sich die Kirche, in wahrstem Sinne eine *ecclesia militans*, aufgerafft und war erst zu herzhaftem Widerstande, dann zu siegesgewissem Angriffe übergegangen. Männer, denen, gestützt auf eine jahrhundertelange Tradition, das tiefste Wesen des Katholizismus und die verborgensten Winkel des menschlichen Herzens bekannt waren, hatten eine wirkliche Erneuerung an Haupt und Gliedern vorgenommen, und nun konnte die geeinte und gestärkte Römische Kirche ins Feld ziehen. Das Tridentiner Konzil hatte die Erneuerung gebracht, die Kompanie Jesu stellte die Vorkämpfer im Streit.

Seitdem mit dem Tode Maximilians II. in den siebziger Jahren des 16. Jahrhunderts ein den Protestanten freundlich gesinnter Kaiser dahingegangen war, befand sich der Katholizismus in Deutschland überall im Vordringen. Diesem Ansturm waren die Evangelischen in keiner Weise gewachsen; denn greulichste Uneinigkeit herrschte in ihren Reihen. Die Lutherischen befehdeten die Calvinisten genau so wie die Katholiken, unter sich wiederum waren sie uneins, in Glaubensdingen die anmaßenden Theologen, auf dem Gebiete der Politik die selbstsüchtigen Fürsten. Der Protestantismus bot ein jämmerliches und schmachvolles Bild; Luther war zu früh erstanden, die Menschen waren noch nicht reif genug für ihn. Erst die drohendsten Anzeichen veranlaßten einige kleinere evangelische Staaten, sich im Jahre 1608 zur Union zusammenzuschließen; doch die bedeutendsten, Kursachsen und Kurbrandenburg, hielten sich eigennützig dem Bunde fern. Mit sehnsüchtigen Augen schaute man nach französischer Hilfe aus; wahrlich auch kein erhebendes Schauspiel, deutsche Fürsten und Städte, die der eigenen Stärke mißtrauten, um die Gunst des französischen Königs Heinrich IV. buhlen zu sehen.

Auch Nordhausen ward in dieses schändliche Treiben verstrickt. 1591 ließ es sich herbei, auf den Vorschlag Sachsens Heinrich IV. 4000 Gulden zu 5 % zu leihen. Das Geld sollte nach drei Jahren zurückgezahlt werden; nach 21 Jahren, einige Jahre nach Heinrichs Tode, hatte man noch keinen roten Heller wieder. Erst dann gelang es den Bestechungskünsten einiger deutscher Bankiers, unter denen ein Erfurter namens Johann Mohr Bedeutendes in der Bestechung einflußreicher französischer Hofleute geleistet zu haben scheint, wenigstens einen Teil des vorgestreckten Geldes zu retten. Nordhausen erhielt 2500 Gulden zurück, alles andere war für Spesen und für Aufmerksamkeiten an französische Adlige draufgegangen. Erfurt und Mühlhausen waren ähnlich geschädigt worden wie Nordhausen. Jedenfalls war die Hilfe eines solchen auswärtigen Bundesgenossen von mehr als zweifelhaftem Werte. [47]

Unterdessen mehrten sich die Anzeichen auch für Nordhausen, daß der Protestantismus bedroht wurde. Die freien Reichsstädte waren fast sämtlich der neuen Lehre gewonnen worden; doch nun, im Zeichen des wiedererstarkenden Katholizismus, versuchte ihr Herr, der katholische Kaiser, einen Druck auf sie auszuüben, um die Widerspenstigen zu zähmen. Mehrfach waren ihnen ihre Privilegien nicht bestätigt worden, wodurch z.B. 1614 die drei Städte in der Ortenau, Offenburg, Gegenbach und Zell, in arge Bedrängnis kamen. Die Reichsstädte traten deshalb in Ulm zur Beratung zusammen. Doch was halfen Beratungen, wenn keine Beschlüsse gefaßt wurden, und was halfen Beschlüsse, wenn jede Möglichkeit zu ihrer Durchführung fehlte! Nordhausen war übrigens 1614 in Ulm nicht vertreten, sondern hatte seine Stimme einer anderen Reichsstadt übertragen.

Möglich, daß das schwere Brandunglück vom Jahre 1612 Nordhausen von einer so weiten Reise abgehalten hatte; sicher, daß eine gewisse Teilnahmslosigkeit und Selbstgenügsamkeit zu dem Entschlusse, nicht nach Ulm zu gehen, beitrugen. Immer wieder tritt uns diese Unlust bei Nordhausen entgegen, sich auf etwas einzulassen, was über Harzrand und Hainleite hinauslag.

Freilich mögen ernsthafte politische Erwägungen der Stadt Zurückhaltung auferlegt haben. Sie wollte es nicht mit dem Kaiser verderben. Sicher liegt dieser Grund bei der Antwort vor, welche Nordhausen in demselben Jahre 1614 dem Pfälzer Kurfürsten gab, der zu einem engeren Zusammenschluß der protestantischen Stände drängte. Nordhausen versagte sich auch da, und die Akten zeigen uns, welche Sorgen einen hochedlen Rat damals gedrückt haben: „*hoc anno* schreibet der Churfürst von Heydelberg an den Rat und invisieret sie auf den bevorstehenden Correspondenztag zur Union, darüber im Rat fleißig mit den Herrn Ältesten deliberieret. Letzlich aber in Ansehung der Kaiserl. Dehortations-Schrift und dann, daß der Nieders. Kreyß sich in eigene Verfassung stellen wird, wird beschlossen, solchen Tag nicht zu beschicken, sondern mit einem Schreiben sich zu entschuldigen, jedoch mit dieser Anzeige, daß man sich dem Evangelischen Wesen im begebenen Falle nicht entziehen werde." [48]

---

[47] Vergl. G. Schmidt, Zeitschrift des Harzvereins 1869, 155 ff.
[48] Filter, unter Za 2b im Nordh. Archiv.

Bedrohliche Anzeichen nahenden Sturms waren genügend vorhanden; doch Nordhausen achtete ihrer nicht und wollte ihrer nicht achten. Unvorbereitet traf der große Religionskrieg die Stadt, als er im Jahre 1618 in Böhmen ausbrach und bald ganz Deutschland in Mitleidenschaft zog.

Es ist ja bekannt, welche furchtbaren Wunden der Dreißigjährige Krieg dem deutschen Vaterlande geschlagen hat. Truppenzüge und Schlachten, Einquartierungen und Kontributionen, Hungersnöte und Seuchen verschonten keine deutsche Landschaft. Unendliche materielle und moralische Güter kamen dem deutschen Volke damals in seiner Gesamtheit abhanden. Wenn wir aber bei dem Namen des großen deutschen Krieges an jene völlig zügellose Soldateska denken, die mit Peinigen und Vergewaltigen, mit Ausplündern und Morden über eine wehrlose Bevölkerung herfiel, so dürfen wir nicht gar zu stark verallgemeinern. Von diesen letzten und schlimmsten Äußerungen menschlichen Trieblebens wurde wohl das ganze flache Land heimgesucht, aber die Städte blieben doch meist von ihnen verschont, es sei denn, daß sie mit stürmender Hand genommen wurden wie Magdeburg.

So erlitt denn auch Nordhausen während des Dreißigjährigen Krieges des Ungemachs genug; was aber dieser Krieg für die Landbevölkerung bedeutete, hat es doch kaum je erfahren, und nur vier Jahre von den dreißig waren wirklich schwer erträgliche Kriegsjahre für die Stadt. –

Im Jahre 1617 waren 100 Jahre vergangen, seitdem die Hammerschläge von Wittenberg die Welt durchdröhnt und erweckt hatten. Nordhausen feierte das Ereignis als gut protestantische Stadt mit dankbarem Herzen in tiefstem Frieden. Dann begann der Krieg; doch in den ersten 6 Jahren, von 1618 bis 1625, schlug nur aus weiter Ferne das Kriegsgeschrei in die stillen Auen und Berge Nordhausens herüber. Noch merkte die Stadt so gut wie nichts vom Kriege.

Zunächst stellte nur die erhöhte Kriegsbereitschaft des Niedersächsischen Kreises einige Anforderungen an Nordhausen. 30 Mann waren es, welche die Stadt für den Kreis aufbringen mußte. Natürlich waren es keine Bürgerssöhne, sondern Söldner, die im Jahre 1620 von Nordhausen über den Harz nach Norden wanderten. Sie scheinen rechte „Reichssoldaten" der guten alten Zeit gewesen zu sein, schlecht bewaffnet, schlecht ausgebildet, von schlechter Haltung, von schlechtem Humor. So nimmt uns die Nachricht nicht wunder, daß diese Soldaten „vom Kreyß-Obrist-Lieutenant übel angesehen und von denen Offizieren schlecht *accommodierret* worden, daß sie Hunger und Kummer leiden müssen". [49]

Als dann später der Krieg in die Pfalz getragen wurde und zu erwarten stand, daß die Kriegsfackel auch Norddeutschland in Brand setzen werde, sah der Niedersächsische Kreis ein, daß mit solchen Truppen der kriegsgewohnten Liga und ihrem schlachtenberühmten Anführer Tilly kein Widerstand geleistet werden könne. Der Kreis forderte deshalb die ihm angeschlossenen Mitglieder auf, Bürgerwehren zu bilden und gegebenenfalls ihm größere und gut ausgebildete

---

[49] Frommann VI, 175.

Kontingente zur Verfügung zu stellen. So wurde denn in den Jahren 1622 und 1623 auch die Nordhäuser Bürgerschaft neu aufgeboten und, nachdem man aus den Bürgern Offiziere und Korporale ausgewählt hatte, einexerziert. Die Auswahl der wehrhaften Mannschaft trafen die Bürgermeister Johann Wilde und Jakob Hoffmann. 100 Mann gingen 1623 an die Weser und stießen dort zu den Truppen Niedersachsens. Um weiterhin alle waffenfähigen Männer zu seiner Verfügung zu haben, erließ der Kreis den Befehl, daß kein Kreiseingesessener in den Kriegsdienst eines anderen Herrn treten dürfe.

Doch alle diese Vorkehrungen, die mehr den Eindruck einer schönen Geste als den ernstlichen Wollens machen, ließen Nordhausen noch immer die Not, in welche das deutsche Vaterland gestürzt war, kaum ahnen. Die größte Beunruhigung für die Stadt in diesen Anfangsjahren des Krieges war durch keine Kriegshandlung, sondern durch eine recht anfechtbare Maßnahme des Rates selbst veranlaßt worden. Wie viele kleine Münzstätten, so hatte sich nämlich auch Nordhausen dazu verführen lassen, der tatsächlichen oder erst im Herannahen begriffenen Teuerung durch eine Münzverschlechterung zu begegnen.

Die Reichsstadt Nordhausen besaß ja, seitdem sie von Sachsen das Schulzenamt pfandweise erworben hatte, auch die Berechtigung, eigene Münzen zu schlagen. Dieses Rechtstand aber im allgemeinen nur Reichsständen mit eigenem Bergbau zu. Mehrfach hatten die Kaiser deshalb auch die Ausprägung von Nordhäuser Münzen verboten mit der Begründung, Nordhausen besitze keine eigenen Gruben. Jedenfalls empfahl sich eine Einschränkung der Münzstätten im Reiche, um wenigstens einigermaßen einen Überblick über die zahllosen Arten der im Umlauf befindlichen Geldmünzen zu behalten. Daher hatte auch noch 1549 Ferdinand I. im Auftrage Karls V. der Stadt die Prägung untersagt, und dabei blieb es bis zur Abdankung Karls im Jahre 1556, da ja, wie wir im vorigen Kapitel gesehen haben, selbst die eifrigsten Bohrungen keine Erzgänge in der Stadtflur ergeben hatten. Erst nach dem Jahre 1556 wagte Nordhausen zu eigenem Münzschlag überzugehen. Seitdem kursieren bis zum Jahre 1686 in Deutschland auch Nordhäuser Münzen.

Die Ausmünzung geschah nicht durch die Stadt selbst, sondern in ihrem Auftrage durch einen Münzmeister, an den die Stadt die Münze verpachtete und der für diese Gerechtsame nicht unbedeutende Pachtsummen abführen mußte, 1615 z.B. 325 Gulden. Feingehalt und Gewicht der Münzen wurden dem Münzer vorgeschrieben; 8 Taler sollten 15 Loth 3 Gramm wiegen. Ein Ratsherr führte im Auftrage der Stadt über die Münze die Aufsicht und war für die einwandfreie Ausprägung verantwortlich. Der Münzmeister sowohl wie dieser Ratsherr wurden vom Niedersächsischen Kreise in Eid und Pflicht genommen. [50]

Noch im Jahre 1619 ließ der Rat schöne vollgültige Rheinische Goldgulden ausprägen. Dann aber begann er, die Praktiken anderer kleiner Münzstätten

---

50 v. Mülverstedt, Die Nordhäuser Münzen aus dem neueren Zeitalter, Zeitschr. des Harzvereins 1870, Festschrift, 30 ff. Die Schrift enthält hier und da schiefe Darlegungen. v. Posern-Klett, Sachsens Münzen im Mittelalter I, 158 ff. Lpg. 1846.

nachzuahmen und die Münze in, man ist versucht zu sagen, schamloser Weise zu verringern. Diese Zeit, in der unter Begünstigung durch den Krieg eine derartige Münzverschlechterung beliebt wurde, daß sie nur noch in unseren Tagen während der Inflationszeit übertroffen wurde, nennt man die Zeit der Kipper und Wipper, und man verstand unter diesen Fälschern Münzherrn, die gutes Geld einschmelzen und geringwertiges dafür ausprägen ließen. Besonders in den Jahren 1619 bis 1623, gerade 300 Jahre vor der Inflationszeit, grassierte diese wirtschaftliche Seuche in Deutschland, nur mit dem Unterschied, daß dadurch in unseren Tagen die einzelnen ehrlichen Bürger, damals die unehrlichen Staaten selbst ihr Geld verloren.

Wir stehen nicht an, dem Rate zu Nordhausen und nicht, wie es bisher geschehen ist, dem Münzmeister Heinrich Peckenstein aus Goslar die Hauptschuld zuzuschieben. Dieser Peckenstein machte nämlich, nachdem der vorhergehende Münzmeister der Stadt namens Gruber verabschiedet worden war, am 14. März 1621 dem Rat das Anerbieten, statt der bisher üblichen 300 Gulden Pacht 6000 zu zahlen, und zwar allein für das Halbjahr von Ostern bis Michaelis 1621 und dann nochmals 6000 Gulden bis Walpurgis 1622. Solche Verpflichtung konnte er natürlich nur eingehen, wenn er die Münze in unerhörter Weise verschlechterte, und der Rat, der offiziell von diesen Fälschungen nichts wissen durfte, war sich selbstverständlich durchaus im klaren, auf welche Weise Peckenstein seine Pachtsumme herauszuschlagen beabsichtigte. Noch schlimmer wurde eigentlich der Betrug durch das heuchlerische Versprechen, das man sich von Peckenstein geben ließ, seine Schreckenberger – 5 Schreckenberger sind gleich 1 Gulden – und seine Groschen sollten den magdeburgischen, goslarschen, braunschweigischen, lüneburgischen und denen aller niedersächsischen Reichsstände gleich sein. Damit versuchte man sich nur dem Kreise gegenüber zu decken und konnte in rechter Gaunerweise nachher darauf verweisen, daß man ja den Münzmeister ordnungsgemäß auf die Münzordnung des Kreises verpflichtet habe.

So münzte denn Peckenstein eine Zeit lang aus Kupfer und Blei gar treffliche Silbermünzen. Doch bald wurde die Einwohnerschaft unruhig. Die Bauern draußen wollten entweder gar keine Nordhäuser Münzen mehr in Zahlung nehmen oder verlangten für ihre Waren enorme Preise in Nordhäuser Gelde. Schließlich stockte in der Stadt selbst der Verkehr, die Zahlungsmittel wurden knapp, weil die Geschäftsleute nur für fremde Münzen und nicht für einheimische ihre Waren abgeben wollten. Unnachsichtig und voller Unverstand beharrte aber der Rat auf seinem verbrecherischen Treiben. Am 30. Oktober 1621 gab er bekannt, jeder Nordhäuser Bürger habe Nordhäuser Münze anzunehmen, und als sich die Fleischer dennoch weigerten, das Fleisch, das sie auf dem Lande nur für gutes Geld bekommen hatten, für minderwertiges auf dem Markte feilzuhalten, schrieb der Rat einen freien Fleischverkauf für jedermann aus.

In diesem Augenblick griff nun aber das Reich ein; der Rat erhielt am 11. Mai 1622 eine Vorladung vor das Reichsgericht in Speyer. Nun erst brannte ihm das Feuer auf den Nägeln, er nahm einen Juristen namens Georg Kraft in Speyer als

A. *Taler 1623.* R.

A. *Gulden 1685.* R.

A. *Groschen 1660.* R.

Carl Schiewek, Phot.

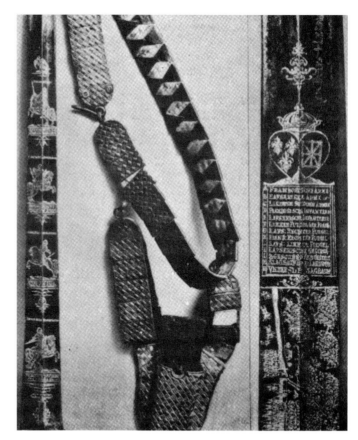

Prunkschwert und Bandelier.

Carl Schiewek, Phot.

Neustädter Pfarrhaus; Wohnhaus Lessers.

Carl Schiewek, Phot.

Rechtsbeistand an und zahlte ihm für seine Dienste jährlich 16 Gulden, wahrscheinlich in guter und nicht in Nordhäuser Münze. Der Rat selbst aber suchte sich in Speyer dadurch zu rechtfertigen, daß nicht er, sondern Heinrich Peckenstein die Schuld an der Falschmünzerei trage. Dieser habe alles ohne Einwilligung des Rates getan. Auf weiteren Druck von Speyer legte die Stadt auf das Peckensteinsche Münzgut und auf das Handwerkszeug des Münzmeisters ihre Hand, ihn selbst aber ließ sie unangefochten entkommen. Endlich wurde auch das Plätzer- oder Prätzergeld, wie es hieß, weil es „prahlte" und doch nicht hielt, was es dem Aussehen nach versprach, aus dem Umlauf gezogen.

Natürlich war durch diese Falschmünzerei eine Teuerung entstanden, denn die Schreckenberger, die 4 Groschen gelten sollten, von denen also 5 auf einen Gulden und 6 auf einen Taler kommen mußten, waren schließlich nur noch 4 Pfennig wert. Da nimmt es kein Wunder, wenn das Pfund Butter damals einen Taler, ein Ei einen Groschen und ein Hering vier Groschen kostete. Am meisten Einbuße aber erlitt die städtische Kämmerei, die natürlich auch die Steuer in geringwertiger Münze annehmen mußte und nun gezwungen war, das falsche Geld aus dem Verkehr zu ziehen und durch vollgültiges zu ersetzen. Die jährlichen Einnahmen der Kämmerei betrugen in jener Zeit 12.132 Taler 15 Groschen; die Stadt aber hatte einen Verlust, der diese jährlichen Einnahmen um ein Vielfaches überstieg. [51]

Das ganze Jahr 1623 ging noch mit der Liquidierung hin, und erst 1624 traten wieder einigermaßen normale Zustände ein. Doch während des ganzen Dreißigjährigen Krieges münzte Nordhausen nicht mehr, sondern verpachtete erst 1660 wieder die Münze. Von den 8 Bürgermeistern, die in den Jahren 1621 und 1622 für diese Zustände verantwortlich waren, sind Liborius Pfeifer (1621), Johann Günther Wiegand und Jakob Hoffmann (1622) durch ihre städtische Politik bekannter geworden.

Bald danach aber gingen die kleineren Sorgen und Gaunereien in den größeren des Dreißigjährigen Krieges unter.

Im eigentlichen Deutschland widerstand im Jahre 1624 eigentlich nur noch der Niedersächsische Kreis, zu dem auch Nordhausen zählte, den Tillyschen Truppen. Und dieser Kreis konnte umso eher die Hoffnung hegen, dem ligistischen Ansturm standzuhalten, als sich König Christian IV. von Dänemark seiner annahm, der als Herzog von Holstein dem Kreise angehörte und jetzt in der Not zum Kreisobersten ernannt wurde. Auch das protestantische England und Holland boten Rückhalt, und so gelang es in der Tat, ein Heer aufzustellen, das dem Tillyschen an Zahl überlegen war. In diesem bedrohlichen Augenblicke stellte sich jedoch Albrecht von Wallenstein dem Kaiser zur Verfügung und verschaffte dadurch wieder den Katholiken das Übergewicht. Deshalb umbrandeten, noch ehe im Jahre 1626 die entscheidenden Schlachten an der Dessauer Elbbrücke und bei Lutter am Barenberge geschlagen waren, kaiserliche und ligistische Truppen das ganze Harzgebirge. Am furchtbarsten schlugen die Wogen über das Stift

---
51 Vergl. Frommann II. In den Akten wird die Schuld des Rates verschleiert.

Halberstadt, die Sinekure der evangelischen Braunschweiger, herein; doch auch der Südharzrand blieb nicht verschont. Ende des Jahres 1625 lagen die Kriegsvölker in allen Ortschaften der Grafschaft Honstein.

Nun begann auch Nordhausen den Krieg zu spüren. Es hatte sich zwar kostbare Schutzbriefe ausstellen lassen, von Wallenstein am 20. September 1625, vom sächsischen Kurfürsten Johann Georg am 24. November desselben Jahres und am 19. Februar 1626 vom Kaiser Ferdinand II. selbst. Dieser erlaubte auch den kaiserlichen Adler „zum sichtbaren Zeichen des Schutzes" anzuschlagen. Aber recht bänglich mag den braven Bürgern doch zu Mute geworden sein, als die ersten Flüchtlinge von dem Lande in die Stadt strömten und davon erzählten, wie draußen die Soldaten hausten. Frauen und Kinder, die auf den Dörfern und Gütern jedem Mutwillen schutzlos preisgegeben waren, wurden von den Familienhäuptern in die Stadt gebracht. Adlige Damen, wohlhabende Bürgers- und Bauersfrauen suchten den Schutz der mit einer „*salva guardia*" begnadeten Reichsstadt. Die Männer blieben, solange es irgend erträglich war, auf dem Lande, sahen nach dem Rechten, betrieben das Geschäft weiter und bestellten das Feld, holten auch wohl Weib und Kind heraus, wenn die Luft rein schien. Doch haben wir Berechtigung anzunehmen, daß unter den 8000 Bewohnern Nordhausen schon im Jahre 1626 1500–2000 Fremde waren. Da zeigte die alte Reichsstadt ein recht belebtes Bild, und nicht selten herrschte auch ein buntes Drunter und Drüber in den engen, ungepflasterten Straßen, in den Winkeln und an den Brunnen der Plätze, in den kleinen, leichtgebauten Häusern und unter den Tordurchfahrten. Viele Frauen und Kinder blieben jahrelang in der Stadt, mieteten sich ein und dankten es den Hausbesitzern, wenn sie um ihretwillen in den Zimmern zusammenrückten; doch viele weniger Wohlhabende gab es auch, die keine Unterkunft fanden oder die nur während der schlimmsten Zeit in der Stadt weilen konnten und dann wieder hinaus mußten, um ihren Männern zur Seite zu stehen. So herrschte unter den Torbogen der Stadt und auf den gegen Nordhausen führenden Straßen ein immerwährendes Kommen und Gehen, bald strebten die angstverzerrten Gesichter der Flüchtenden den rettenden Mauern zu, bald strömten die Mengen voll Hoffen und Bangen zurück in die Heimat.

Im Laufe des Krieges und mit der zunehmenden Zuchtlosigkeit der Soldaten vergrößerte sich die Zahl der hin- und herfließenden Menschen immer mehr. Dazu kam, daß die Flüchtenden nicht nur das Bestreben hatten, wenige Wertsachen, die man in der Stadt zu treuen Händen abgeben konnte, mitzubringen, sondern auch alle möglichen Gebrauchsgegenstände, um Möbel, Betten, Küchengeräte vor der Zerstörungswut der Soldaten zu retten. Da kamen dann hochbeladene Wagen und Karren dahergefahren, flüchtende Männer, weinende Frauen, schreiende Kinder liefen nebenher und waren glücklich, wenn sie den Nordhäuser Mauerring erreicht hatten, waren glücklich, wenn sie ihre Habseligkeiten auf irgend einem Speicher oder Boden untergestellt hatten, waren glücklich, wenn sie sich unter einem Schwibbogen oder in den rauchgeschwärzten Mauerresten eines vom Brande des Jahres 1612 noch verlassen stehenden Hauses niederlassen konnten.

Wenn die gemächlich lebenden Nordhäuser dieses Flüchtlingselend sahen, mag sie die Furcht recht geschüttelt haben bei dem Gedanken, das wilde Heer der Tillyschen oder Wallensteiner könnte auch über die unbewehrte Stadt hereinbrechen. Zweimal drohte Einquartierung im Jahre 1626, zweimal konnte sie durch je 6000 Taler abgewendet werden, eine Kontributionssumme also, die dem Ertrage einer ganzen Jahressteuer ruhiger Zeiten gleichkam. Doch konnte Nordhausen mit diesem Schicksal recht zufrieden sein, und wenn die kaiserlichen Soldaten, welche die benachbarten Dörfer der Grafschaft Honstein, weil sie im Lehnsverhältnis zu dem verhaßten Bistum Halberstadt stand, rein ausplünderten, dabei auch in mehrere Nordhäuser Mühlen einfielen und ein paar Schafherden wegtrieben, dann durfte man von solchen kleinen Unfällen nicht weiter viel Wesens machen. Es war eben Krieg.

Ein viel furchtbarerer Feind als der Krieg war die Pest, die gleich im ersten Jahre, wo sich die fremden Heerscharen dem Südharze näherten, ausbrach und Nordhausen entsetzlich mitnahm. Denn war man schon in ruhigen Zeiten diesem Feinde gegenüber machtlos, so leisteten die durch den Krieg hereingebrochenen Verhältnisse der Ausbreitung der Seuche geradezu Vorschub. Unrat und Schmutz lagen mehr in den Straßen und wurden von dort mehr in die Häuser getragen als sonst. Das Wasser in den Flüssen und Brunnen war verdorben, die zusammengepferchten Menschen konnten sich nicht genügend sauber halten und übertrugen die Krankheit von einem zum andern. Die heiße Jahreszeit tat ein Übriges zur Verbreitung der Krankheit; die meisten Opfer erforderte der Juli. So raffte denn die Seuche $2/5$ aller Einwohner dahin. Unter 3283 an der Pest Gestorbenen überhaupt waren 2404 Einheimische und 879 Fremde. Von den 12 Bürgermeisterposten der 3 Ratsregimenter waren 11 Stellen besetzt; von diesen 11 Bürgermeistern starben 9, nur Johannes Wilde und Liborius Pfeifer blieben am Leben. Von den Geistlichen wurde die Hälfte hinweggerafft. Unter dem Rate wütete die Pest derart, daß man gezwungen war, eine neue Ratsverfassung zu beschließen, welche eine bedeutend geringere Zahl Ratsmitglieder aufwies als bisher.

Während aber in der Stadt die Pest wütete, wurde das Land immer mehr vom Kriege heimgesucht. Schon lange waren von Osten her Wallensteinsche Truppen hereingebrochen; seit im August 1626 Christian IV. von Dänemark und der Niedersächsische Kreis von Tilly bei Lutter geschlagen worden waren, tauchten aber von Norden her, über den Harz hinfort, und von Westen her ligistische Scharen am Südrand des Harzes auf. Da litten die Landschaften des Harzes und die am Fuß des Gebirges unter der Last der beiden Heere unsäglich. Besonders die kleinen Bauern, die Handwerker in den Dörfern, die armen Köhler und Holzfäller im Harze, alle, die keine Möglichkeit hatten, sich, die ihrigen und ihre geringe Habe in die Stadt zu retten, büßten häufig ihr Letztes ein. Der erste Haufe Soldaten mochte sich noch mit der Plünderung begnügen, der nächste aber, der nichts mehr fand, drangsalierte schon die Bewohner, und der dritte steckte in Brand und mordete.

Da verwilderten die Bauern, die heimatlos geworden waren und die Vergewal-

415

tigung und Mord gesehen und sich an Gräßliches gewöhnt hatten, gar schnell, wurden verwegene Gesellen und schlossen sich zu Bauernscharen zusammen, die zunächst Rache an den Soldaten zu nehmen suchten, bald aber mit Wegelagerei und Plünderung Freund und Feind heimsuchten. Das waren die sogenannten Harzschützen.

Besonders gefährlich wurden diese selbst den in Verbänden auftretenden Truppenteilen dadurch, daß dänische Offiziere aus der Armee Christians IV. sie organisierten und im Harzwalde den Kleinkrieg gegen die siegreichen Tillyschen Truppen eröffneten. Von diesen wilden Scharmützeln, Überfällen und Plünderungen wurde besonders der Oberharz und die Gegend von Harzburg betroffen, doch auch in unserer Gegend, um Walkenried und Stolberg herum, bildeten sich die Banden. Was dabei für Nordhausen gefährlich werden konnte, war das Verhältnis, das einige Nordhäuser Bürger zu den Banden eingegangen waren. Offenbar glaubten ein paar arme Teufel durch Anschluß an jene Freischaren von der Beute etwas erhaschen und dadurch ihr erbärmliches Leben fristen zu können. Aber auch der Rat scheint wenigstens anfangs das Treiben dieser Freischaren begünstigt zu haben, um die Ernährung der Bevölkerung sicherzustellen. Die Bauern führten nämlich Vieh fort, wo sie nur ein Stück oder eine Herde erhaschen konnten, und suchten es in den Städten am Harzrande loszuschlagen. Auf solche Art auf den Markt getriebenes Vieh scheint auch der Nordhäuser Rat aufgekauft und dabei nicht erst nach der Herkunft gefragt zu haben. Jedenfalls erhob Oberst David Becker in Halberstadt im Frühjahr des Jahres 1627 beim Nordhäuser Rate Vorstellungen deshalb, weil bei einer Streife, bei der eine Anzahl „Rebellen" gefangen genommen worden waren, verschiedene Gefangene bekannt hatten, sie seien von Nordhausen geworben worden, unter den Harzschützen dienten mehr als 20 Nordhäuser, geraubtes Vieh werde nach Nordhausen getrieben und dort durch den Rat verkauft.

Als auf diese Weise an den Tag gekommen war, daß die Stadt dem Treiben Vorschub leiste und Repressalien in Aussicht standen, hielt es der Rat doch für gut, am 21. Mai 1627 ein Dekret an den Toren anschlagen zu lassen, daß niemand verdächtige Personen mit Gewehren einlassen oder beherbergen dürfe, ein Erlaß, der am 5. Juli erneut eingeschärft wurde. Doch fanden die Harzschützen in Nordhausen auch weiterhin Zuflucht, so daß im Juli von allen Seiten Proteste und Anklagen erfolgten. Am 23. Juli warnte Herzog Christian von Braunschweig, am 25. Juli drohte der sächsische Oberst Christian Vizthum zu Eckstädt, und am 27. Juli kam sogar vom Kaiser Ferdinand ein Befehl an die Stadt, die Harzschützen nicht zu unterstützen. Am bedrohlichsten ließ sich Vizthum vernehmen, der schrieb, Nordhausen möchte seine Pflicht ein wenig besser in acht nehmen und „nicht den Harzschützen und allem leichtfertigen Gesindel in der Stadt Raum und Aufenthalt geben, auch den Untertanen nicht alles in die Stadt zu schleifen vergönnen, dadurch die Soldaten entweder Hungers sterben oder ausreißen müssen, welches den Herrn (des Rates) vielleicht in kurzem schwer zu verantworten sein will, sollen dagegen die Schützen helfen selbst verfolgen, sie nicht vor den Toren bankettieren lassen."

Um aber dem von vielen Seiten Vorschub geleisteten Kleinkriege Einhalt zu tun, blieb schließlich nichts anderes übrig, als einen Generalpardon zu erlassen für alle diejenigen Harzschützen, die sich freiwillig stellten und dann von ihren Streifereien Abstand nahmen. Am 5. August verkündete deshalb auch Nordhausen seinen Bürgern diesen Pardon, und manche kamen auch tatsächlich aufs Rathaus und versprachen Besserung. Am 28. August wurde der Rat angewiesen, die Schützen, die Gnade begehrt hatten, nach Lohra zu schicken, wo Hauptmann Hans Roßmann alle begnadigen wollte, „so Ihrer Kaiserlichen Majestät zu Füßen fielen". Daraufhin traten dann auch 14 Nordhäuser den Weg nach Lohra an, und abgesehen davon, daß sie dort etwas ausgebeutet wurden, scheint ihnen in der Tat nichts geschehen zu sein. Acht weitere wurden allerdings auf Antrag des Obersten Becker am 14. September nach Halberstadt gefangen abgeführt.

Damit verlor das Bandenwesen für Nordhausen seine Bedeutung. Der Rat, mit Recht bedenkliche Weiterungen fürchtend, ließ sich in späteren Jahren nicht mehr mit den Bauern ein. Als sie 1629, 1630 und 1631 nochmals am Südharze auftauchten und wiederum auch Nordhäuser ihnen Zuzug leisteten, ließ er schon im April 1629 drei Harzschützen gefangen setzen. [52]

Natürlich erwuchsen dem Rate aus der Nähe der kaiserlichen Heere auch sonst allerhand Unannehmlichkeiten. Besonders Offiziere, aber auch Soldaten kamen öfter in die Stadt und trieben dort Unfug. Schon 1626 hatten sie auf die Stadtwache in den Toren geschossen und sich ein Vergnügen daraus gemacht, hier und da einem arglosen Bürger in die Fensterscheiben zu knallen. In den Schenken trieben sie ein tolles Wesen, und auch hinter Mädchen und Frauen waren sie her. Der gesetzte Bürger nahm dieses Treiben als unabwendbar hin, doch die jungen Leute bekamen wohl Lust, mit dem einen oder anderen Offizier anzubinden, und mancher Soldat wurde dabei übel zugerichtet. Auch hier mußte der Rat eingreifen, um Unheil zu verhüten.

Das Jahr 1627 aber, das über das flache Land unsagbar Schweres gebracht hatte, sollte für unsere Gegenden noch mit einem traurigen Schauspiel enden. Als die Grafschaft Honstein so ausgesogen war, daß sie die neuerlich ausgeschriebenen Kontributionen nicht mehr aufbringen konnte, ließ Oberst Christian von Vizthum zu Eckstädt, wahrscheinlich sogar am Abend des 24. Dezember, in der Christnacht, das Schloß Honstein anzünden. So sank der herrlichste Zeuge mittelalterlicher Zeit, den die Harzberge aufzuweisen hatten, in Trümmer. Was nützte es, daß Graf Christoph von Stolberg, der Besitzer des Schlosses, sich beim Kaiser beschwerte und dieser dem Obersten auferlegte, auf seine Kosten die Burg wiederaufzubauen. Vizthum fiel in diesen wilden Zeiten bald im Duell, und noch heute schauen nur die kläglichen Trümmer des stolzen Baues auf die lachenden Auen und waldigen Berge herab. [53]

Mit einem anderen Vizthum zu Eckstädt, dem Obersten Damian Vizthum, Kaiserlichen Kommissar zu Erfurt, der die Einquartierungen und Kontributionen

---

52 Frommann IX. Vergl. Zeitfuchs, Stolbergische Kirchen- und Stadt-Historie 1717, 261 f.
53 K. Meyer, Die Burg Honstein, 56 f.

zu regeln hatte, sollte Nordhausen in den nächsten Jahren noch mehrfach schwierige Auseinandersetzungen haben.

Das Jahr 1628 lief noch glimpflich ab; Nordhausen zahlte nur 4000 Taler an Vizthum. Unangenehm spürte die Stadt im Jahre 1629 den Krieg. Als nämlich im Juli dieses Jahres einige in der Aue einquartierte Truppenteile herausgezogen und anderen Kriegsschauplätzen zugeführt wurden, suchte man, in der Erwartung, daß man auf dem Marsche die Löhnung von der Bevölkerung doch nicht erlangen könne, aus der Stadt die fällig werdenden Monatszahlungen für mehrere Kompanien herauszupressen, und als der Rat sich weigerte, erschienen 5 Schwadronen Reiter unter Oberleutnant Ewald von Podewils vor der Stadt, schlossen sie 14 Tage ein, stachen das Wasser von Zorge und Mühlgraben ab, vernichteten die Feldfrüchte und trieben 20 Stück Vieh hinweg. Auf diese Drangsalierung hin mußte der Rat wohl oder übel klein beigeben, und da in der städtischen Kämmerei kaum ein roter Heller war, blieb nichts anderes übrig, als 2500 Taler zu borgen.

Unterdessen hatte sich die Lage der Protestanten auf das Bedrohlichste gestaltet. Ganz Deutschland lag dem Kaiser zu Füßen, und Ferdinand II. ging nun daran, durch das Restitutionsedikt das seit dem Passauer Vertrage entfremdete Kirchengut der katholischen Kirche zurückzugewinnen. So wurden denn Anstalten gemacht, auch in Nordhausen eingezogene geistliche Güter ihren früheren Herren zurückzuerstatten und seit 100 Jahren geschlossene Klöster wieder zu eröffnen. Schon zu Beginn des Jahres 1629 langten Mönche aus verschiedenen Orden und eine kaiserliche Kommission in den Mauern Nordhausens an. Vor allem war es darauf abgesehen, das noch bestehende, aber gänzlich heruntergekommene Domstift zu altem Glanze zu erwecken und das Augustinerkloster in der Neustadt wieder mit Mönchen zu besetzen. Doch auch die Abteien Walkenried und Ilfeld sollten wiederhergestellt und in ihre alten Besitztitel eingesetzt werden. Dem Domherrn Thomas Schotte wurde die Verwaltung Walkenrieds übertragen, bis ein neuer Abt ernannt war. Auch der Walkenrieder Hof sollte von neuem dem Kloster zufallen, doch leistete der Rat lange Widerstand und räumte den Hof erst im Jahre 1633. Noch unangenehmere Auseinandersetzungen erwuchsen der Stadt durch das Vorgehen des Abtes Berthold Niehus von Ilfeld, der am 8. Oktober 1629 alle Rechte zurückforderte, die Ilfeld an 8 Höfen Nordhausen gehabt hatte, auch das der Jurisdiktion und der Befreiung von Steuern. Der Rat antwortete auf diese Forderung zunächst gar nicht, wurde aber am 20. Februar 1630 gezwungen, die Rechtslage zu erörtern. Er gestand den Besitz jener Häuser dem Kloster zu, verteidigte jedoch hartnäckig seine Hoheitsrechte über die Liegenschaften innerhalb des Nordhäuser Stadtgebietes.

Trotz dieser Bedrängnis ließ es sich die evangelische Stadt nicht nehmen, vom 25.–27. Juni 1630 mit aller Feierlichkeit das Jubelfest der Augsburgischen Konfession zu begehen. Das ist um so bemerkenswerter, als damals gerade der kaiserliche Kommissar Vizthum zu Eckstädt zum ersten Male eine wirkliche Einquartierung in die Stadt selber legte.

Seit Ende 1629 waren nämlich Tiefenbachsche Regimenter in Nordhausens Umgebung, besonders im Kloster Himmelgarten und in Stempeda, einquartiert.

Nordhausen hatte zunächst nur drückende Heereslieferungen zu leisten, dann aber wurden die Truppen auf ein halbes Jahr in die Stadt selbst gelegt. Diese Einquartierung kostete, ganz abgesehen von kleineren Zahlungen, mehr als 32000 Taler, und da es der Stadt in ihrer bedrängten Lage darum zu tun war, möglichst viele steuerkräftige Bürger in ihren Mauern zu wissen, ließ sie sich sogar dazu herbei, einigen Juden den Aufenthalt in Nordhausen zu gestatten. Im übrigen scheinen sich die Tiefenbacher, meist deutsche Truppen und wohlverpflegt und deshalb gutartig, wie sie waren, nicht schlecht aufgeführt zu haben. Jedenfalls kamen Ausschreitungen und Übergriffe nicht vor, wie sie sich die Kroaten und Italiener erlaubt hatten, die in den Vorjahren in der Grafschaft einquartiert gewesen waren.

Damals war der Höhepunkt kaiserlicher Macht erreicht. Es wurde für ganz Deutschland, und es wurde für Nordhausen hohe Zeit, daß eine Wendung eintrat, wenn nicht dem Protestantismus schwerste Verluste zugefügt werden sollten. Diese Wendung trat ein, als der Fürstentag zu Regensburg den Kaiserlichen Generalissimus Wallenstein zur Abdankung zwang und Gustav Adolf in Pommern landete.

Nur langsam rückte der Schwedenkönig vor. Die Haltung Georg Wilhelms von Brandenburg und Johann Georgs von Sachsen zwangen ihn zur Vorsicht; denn wenngleich diese Fürsten durch das Restitutionsedikt gegen den Kaiser erbittert waren und gern seine Niederlage gewünscht hätten, so hinderte sie doch ihr Fürstenstolz, dem nordischen Eindringling zu huldigen. Dazu kam, daß wenigstens Johann Georg von Sachsen auch ohne Anschluß an Gustav Adolf glaubte, den Kaiser zur Nachgiebigkeit zwingen zu können, indem er mit dem Übertritt zu Schweden nur drohte. Er berief deshalb im Februar 1631 einen Konvent nach Leipzig hin, auf dem eine machtvolle Resolution für die Aufhebung des Restitutionsedikts gefaßt werden sollte. Auch Nordhausen war bei der Wichtigkeit der Tagung hier in Leipzig vertreten; die Bürgermeister Johann Wilde und Andreas Ernst sowie der Syndikus Paul Michaelis nahmen an dem Konvente teil. Doch konnte man sich zu keiner Tat aufraffen. Man bat in einem Schriftstücke den Kaiser nur um Aufhebung des Edikts und Zurückziehung der Truppen aus Mitteldeutschland, drohte aber nicht mit dem Anschluß an Schweden, sondern erklärte sich neutral. Erst der Fall Magdeburgs am 20. Mai 1631 und neue Bedrückung der Protestanten führten den Anschluß Sachsens an Schweden herbei, und nun schlug die Stunde der Befreiung, zwar nicht von den Lasten des Krieges, aber doch von der Bedrohung des evangelischen Glaubens.

Noch bis in den August hinein lagerten Tillysche Truppen in Thüringen. Monatelang mußte Nordhausen für sie nach Mühlhausen und Frankenhausen hin täglich 1000 Pfund Brot liefern, während des Juli sogar 3000 Pfund, ja, Tilly legte wiederum eine Kompanie Soldaten in die Stadt und drohte mit schärferen Maßnahmen, weil die Stadt am Leipziger Konvente teilgenommen hatte. Nur die Versicherung, Nordhausen habe sich von der Teilnahme am Leipziger Konvent zurückgezogen, scheint Tilly zur Milde gestimmt zu haben.

Da wurde er am 7. September bei Breitenfeld geschlagen; Mitteldeutschland war befreit. Am 24. September forderten zum ersten Male die Schweden nach Erfurt hin 2000 Pfund Brot, 278 Eimer Bier und 48 Scheffel Hafer an. Sie wurden dankbar geliefert, und dankbar beging die Stadt ein Siegesfest zu Ehren des Siegers von Breitenfeld.

Nun hatte Nordhausen jahrelang in erster Linie mit den Schweden zu tun. Diese waren bei weitem nicht so zuchtlos und anmaßend wie die italienischen, kroatischen oder wallonischen Hilfsvölker des Kaisers, quälten und drückten auch nie mit solchem Raffinement und mit solcher Lust an der Grausamkeit die Einwohner wie die Truppen aus den südlichen und westlichen Grenzgebieten Deutschlands, aber schwere Kontributionen verlangten auch sie, und zu Plünderungen und Gewalttaten schritten sie auch, wenn die Bevölkerung durch vorangegangene Heereszüge ausgesogen war und nichts mehr hergeben wollte oder konnte. Das brachte die ganze Art damaliger Kriegsführung mit sich, die den Wallensteinschen Grundsatz anerkannt hatte, daß die Landschaft, in der ein Heer lagert, dasselbe auch zu verpflegen und zu besolden hatte. Auch muß man bedenken, daß wenigstens die deutschen Truppen des Kaisers oder des Kurfürsten von Sachsen in der deutschen Bevölkerung immerhin Stammverwandte sahen und daß sie nicht selten zu Verhandlungen mit den vom Kriege heimgesuchten Gegenden bereit waren, weil ihre rückwärtigen Verbindungen kaum bedroht waren und sie sich deshalb Zeit nehmen konnten. Demgegenüber waren die Schweden, auch schon unter Gustav Adolf, viel entschiedener und barscher und mußten es sein, weil sie Fremdlinge auf deutschem Boden waren, denen daran lag, daß sich die Bevölkerung schnell erklärte, ob sie sich freundlich oder feindlich zu ihnen stellen wollte. Daß sie schließlich das Eigentum der Katholiken als gute Beute ansahen und ihnen auch Menschenleben nicht viel galten, brachte die ganze leidenschaftliche Art mit sich, in der sich Auseinandersetzungen über Weltanschauungsfragen nun einmal abzuspielen pflegen.

Nordhausen war den Schweden als Reichsstadt von vornherein verdächtig. Es mochten ja gute Protestanten in der Stadt sein, aber das unentschiedene Schwanken der Stadt zwischen ihrem Herrn, dem Kaiser, und ihren evangelischen Glaubensbrüdern war den Schweden verhaßt. Sie wußten natürlich auch, daß Nordhausen Tilly gegenüber die Teilnahme am Leipziger Konvent im Jahre 1631 verleugnet hatte, um von ihm glimpflich behandelt zu werden. Dazu kam, daß Nordhausen kein Mittel verschmähte, um sich von den Lasten des Krieges zu drücken, ganz gleich, ob katholische oder protestantische Truppen Forderungen an die Stadt stellten. Gleich beim Erscheinen der Schweden in Mitteldeutschland, Ende des Jahres 1631 und Anfang 1632, nahm Nordhausen deshalb seine Doppelstellung zwischen Ober- und Niedersachsen wahr und machte Ausflüchte über Ausflüchte. In der Tat gehörte ja die Stadt zum Niedersächsischen Kreise und hatte bisher auch immer die von diesem ihr auferlegten Verpflichtungen übernommen. Anfang 1632 wurden aber größere Teile dieses Kreises nördlich des Harzes noch von Pappenheim gehalten, und so erging die Aufforderung an Nordhausen, in Erfurt gemeinsam mit Obersachsen über die Verproviantierung des schwedischen Heeres und seine Sicherstellung im Herzen Deutschlands zu verhandeln. Der Rat schickte auch im April Abgesandte nach Erfurt, die an der Tagung der obersächsischen Kreisstände teilnahmen. Doch diese weigerten sich, Heereslieferungen für die Schweden mitzuübernehmen und lehnten auch die Hilfeleistung bei dem Ausbau der Erfurter Befestigungswerke ab, welche die Schweden instandsetzen wollten, um an Erfurt eine Stütze für ihre rückwärtigen Verbindungen zu haben, alles unter dem Hinweis, sie gehörten dem Niedersächsischen Kreise an und müßten dorthin liefern und leisten.

Mit derlei Meinungsverschiedenheiten und Unlust zur Hilfe hatten die Schweden in Erfurt noch mehrfach zu kämpfen. Die erste Versammlung verlief deshalb auch ohne Ergebnis, so daß der schwedische Geheimrat Graf Alexander Eßke sie nach 14 Tagen nochmals einberufen mußte. Länger konnte er bei der gefahrvollen Lage nicht warten. Auf dieser zweiten Tagung erschien Nordhausen aber überhaupt nicht, was ihm naturgemäß verargt wurde; und noch mißtrauischer mußte es die Schweden machen, daß zu derselben Zeit die Stadt mit Pappenheim, der 2000 Mann in die Stadt legen wollte, freundschaftlich verhandelte.

So kann es nicht wunder nehmen, daß gleich die erste Begrüßung zwischen den Schweden und der Stadt in etwas unhöflichen Formen vor sich ging. Am 2. März 1632 erschien der schwedische Oberst von Wedel mit 800 Reitern vor der Stadt und begehrte Einlaß. Wenn Nordhausen der Aufforderung sogleich gefolgt wäre und die Schweden aufgenommen hätte, wäre ihm wahrscheinlich, abgesehen davon, daß es um einige 1000 Taler leichter geworden wäre, nichts weiter geschehen. Doch Nordhausen wollte verhandeln, wollte Wedel und seine Reiter auf Quartiere in den Dörfern verweisen und sie mit Proviant und einigem Gelde abspeisen. Da machte der Oberst nun freilich kurzen Prozeß, er ließ die Stadttore aufbrechen, legte seine frierenden Reiter in die warmen Quartiere und scheint auch nichts dagegen gehabt zu haben, daß sie auftauten und den Bürgern manchen Possen spielten. Die Bürger wurden je nach ihrer Wohlhabenheit um 5–30 Taler Kontribution geschädigt, einige Häuser wurden auch geplündert und die sich widersetzenden Bewohner mißhandelt. Am übelsten erging es den katholischen Stiftsherrn im Dom. Ihre Habe wurde als gute Beute angesehen, selbst die Domkirche wurde ausgeraubt. Doch nach drei Tagen schon, am 5. März, zog der ungebetene und grobe Gast davon.

Wenn die Stadt nicht bald darauf, wie soeben erwähnt, in freundschaftlicher Weise mit General Pappenheim unterhandelt und ihn auch mit 400 Talern zu unterstützen willens gewesen wäre, hätten sich auch die Schweden, deren Hauptmacht schon in Baiern stand, wohl mit den Subsidien, die nach Erfurt abzuführen waren, begnügt. So aber fürchtete man bei der unsicheren Haltung Nord hausens fortwährend, die Kaiserlichen könnten sich dort festsetzen und die von Erfurt nach Nordhausen führende Rückzugslinie bedrohen. Schwedische Streifen gelangten deshalb öfter in die an und für sich militärisch nicht allzu wichtige Gegend. Eine von ihnen, 300 Mann stark und von General Wrangel geführt, drang auch am 19. Juli 1632 unvermutet in die Stadt ein und ließ sie den Groll der Schweden recht unangenehm fühlen. 2792 Taler an barem Gelde kostete die Stadt der Aufenthalt der Schweden vom 19. Juli bis 6. August, ganz abgesehen von mancherlei Unbilden, welche sie zu ertragen hatte, „wobei viel Exzesse verübt worden, besonders aber das Stift St. Crucis noch völlig ruiniert worden und derer Domherrn Häuser geplündert. Dieser General fänget Tumulte an, wurde aber gestillet durch den Aufstand der Bürger, dabei Jakob Michel, ein Schneider, erschossen wird." 2 Bürger und ein Mädchen wurden schwer mißhandelt, ein auf Wache stehender Bürger wurde gar erschossen. Wrangel selbst ritt mit 12 Reitern vor die Tür des regierenden Bürgermeisters und drohte ihn niederzuschießen. Nachtwächter wurden von den Straßen verjagt. Die weimarischen Kommissare steuerten dem Unfuge nicht, ja der Kommissar schlug selbst eine Ratsperson auf offenem Markte und sagte, „dem Könige von Schweden läge nichts daran, wenn ein solches Rattennest zu Grunde ginge".

Diese bitteren Erfahrungen machten dem Nordhäuser Rate nun doch die Notwendigkeit einer eindeutigen Stellungnahme klar, und diese konnte nach Lage der Dinge nur in einer rückhaltlosen Unterstützung Schwedens bestehen. So beschloß Nordhausen, die neuen Besprechungen, die in Erfurt wegen der Kriegshilfe gepflogen wurden, zu beschicken, und auf den beiden Zusammenkünften vom 4. und 16. Oktober war auch Nordhausen vertreten. Es handelte sich darum, die Lasten zu verteilen, welche die ganze schwedische Armee verursachte, die nach dem Mißerfolg vor dem Nürnberger Lager Wallensteins aus Süddeutschland wieder nach Mitteldeutschland zurückgegangen war. Nordhausen weigerte sich auch bei diesen Verhandlungen wieder, Geld und Lebensmittel zur Verfügung zu stellen mit dem Hinweis auf die schweren Kontributionen, die es schon auferlegt bekommen habe. Doch mußte es, in einem stillen Winkel gelegen und deshalb recht geeignet zur Aufnahme eines Lazaretts, an Verwundeten 1 Hauptmann, 2 Leutnants, 12 Unteroffiziere und 90 Mann in Quartier nehmen.

Recht lehrreich ist ein Blick, den man an Hand der Verpflegungsvorschriften für die unterzubringenden Soldaten in die Lebenshaltung damaliger Zeit tun kann. Ein Oberst sollte nämlich für sich und sein Gesinde täglich 2 Mahlzeiten, je zu 12 Gerichten erhalten, ferner 10 Pfund Brot, 10 Maß Wein oder 20 Maß Bier; ein Oberstleutnant konnte 8 Gerichte zu jeder Mahlzeit, ein Kapitän oder Hauptmann 6, ein Leutnant und Fähnrich 4, ein Unteroffizier 3, ein Korporal oder Spielmann 2 Gerichte beanspruchen. Ein Gemeiner bekam 2 Pfund Brot und 1 Maß Wein.

Diese Verpflegungssätze sind noch recht anspruchslos gegenüber anderen in jener Zeit üblichen. So begehrte z.B. im Jahre 1627 der schon oben erwähnte Christian von Vizthum wöchentlich für seine Küche 1 Korb Rosinen, große und kleine, 2 Hüte besten Zuckers, 6 Pfund Mandeln, 2 Pfund Ingber, 1 Pfund Pfeffer, $^1/_2$ Pfund Nelken, $^1/_4$ Pfund Safran, 1 Pfund Zimt, 1 Pfund Muskat, $^1/_4$ Pfund Muskatnüsse, 1 Schock Zitronen, 3 Pfund Parmesan-Käse, 4 Fäßchen rote Rüben, 1 Fäßchen Gurken und Kapern, 1 Fäßchen Oliven, 1 Fäßchen Limonen- und Pomeranzen-Schalen, also zunächst offenbar vor allem Materialien, um bessere und scharfe Getränke und Würzweine herzustellen. Dazu für den verwöhnten Gaumen: 1 Fäßchen eingemachten Ingber, $^1/_2$ geräucherten Lachs, $^1/_2$ grünen Lachs, 20 Pfund Stockfische – diese wahrscheinlich für das Gefolge –, 8 Pfund geräucherten Aal, 6 Pfund dürre Forellen – wir nehmen an für den Herrn Oberstleutnant selbst –, ¼ Zentner Ungarische Pflaumen, 5 Pfund Rieß, 4 Pfund Hirse nebst der nötigen Milch, 60 Pfund Butter und 4 Schock Käse, ½ wohlgemästetes Rind, 3 Kälber, 4 Lämmer, 8 Hühner, soviel grüne Fische, als man wöchentlich bedarf – ein ansehnlicher Appetit, den der Herr Oberstleutnant und sein Gefolge entwickelten –, 2 Faß Bier, 1 Faß Broihan, 1 Eimer besten rheinischen Weins – was wir für die durstige Kehle der Soldaten nicht zu viel finden –, 1 Stein (20 Pfund) Lichte – unbedingt nötig beim nächtlichen Pokulieren –, 1 Scheffel Salz, 12 Scheffel Hafer jeden Tag für 24 Pferde, Heu und Stroh, soviel von nöten, 1 Maß Kirschmus und 1 Maß Pflaumenmus, 2 Schock Äpfel, große und kleine Nüsse, weißes und schwarzes Brot, soviel die Woche daraufgeht. [54]

Die 33 Positionen aber, die Nordhausen im Dezember 1641 in die Küche des Erzherzogs Wilhelm Leopold von Österreich in Frankenhausen zu liefern hatte, – wir nehmen als gewiß an, daß andere Ortschaften ähnlich an den Lieferungen beteiligt waren – können war hier nicht einzeln aufführen und erwähnen nur, daß 50 Pfund Lachs, 60 Karpfen, 46 Hennen, 370 Pfund Rindfleisch und 20 Pfund Kalbfleisch unter den in 10 Tagen verbrauchten Lebensmitteln waren.

Man sieht also, die Soldaten und besonders die Herren Offiziere wußten, wie in anderen Kriegen, so auch im Dreißigjährigen Kriege zu leben, und die Bevölkerung mußte die Kosten aufbringen und darben. –

Unterdessen war Gustav Adolf nach Sachsen zurückgekehrt und hatte am 16. November dem Generalissimus Wallenstein die Schlacht bei Lützen geliefert. Gustav Adolf verlor sein Leben, doch Mitteldeutschland blieb in der Hand der Schweden und Sachsen. Deshalb hatte Nordhausen auch weiterhin mit diesen beiden Mächten zu tun und verpflichtete sich am 16. März 1633 in Erfurt, 30 Mann zu dem alliierten Heere zu stellen und 5000 Gulden in 4 Terminen zu zahlen. Eine zweite Zusammenkunft am 4. Juni legte weitere Opfer auf. Da aber weigerte sich Nordhausen von neuem, für den Obersächsischen Kreis zu steuern, und machte wiederum seine Zugehörigkeit zu Niedersachsen geltend. Es glaubte nämlich, da Norddeutschland augenblicklich ziemlich unbehelligt war, hier mit geringeren Umlagen fortzukommen.

1634 zu Halberstadt wurde auch ausdrücklich bestätigt, daß Nordhausen nach dem Niedersächsischen und nicht nach dem Obersächsischen Kreise hin zu zahlen habe.

Doch wenn die Stadt geglaubt hatte, durch diesen erneuten Anschluß an Niedersachsen Vorteile zu gewinnen, so täuschte sie sich. Die Kontributionen waren hier genau so hoch und höher als in Erfurt. Schon im Jahre 1634 mußte Nordhausen 180 Mann für den Kreis aufstellen, monatlich 480 Gulden bezahlen, Munition und Proviant nach Kassel schicken und 308 Taler Artillerie-Gelder übernehmen. Dazu kamen von neuem schwedische Einquartierungen. Vom 19. Oktober bis 2. Dezember lagen 4 Kompagnien des Obersten Stalhanske in der

---

54 Zeitfuchs, a. a. O. 273.

Stadt, die nicht weniger als 7282 Taler, 14 Groschen 1 Pfennig kosteten. Auch Übergriffe kamen während der Besatzung vor, so daß Nordhausen froh war, als seine Vorstellungen bei dem Obersten des Kreises, dem Herzog Georg von Lüneburg, Erfolg hatten und General Baner in den Abzug willigte, wenn die Stadt noch 3000 Taler zahlte.

Doch kaum war die Stadt von dieser Last befreit, so legte Herzog Georg selbst Truppen in die Stadt, die bis zum Juni 1635 blieben. Nordhausen berechnete damals seine Kriegskosten vom 14. Februar 1634 bis zum 4. Juni 1635 auf 38037 Taler 15 Groschen.

Alle diese Ausgaben während des zweiten Abschnitts des Krieges, während der 10 Jahre von 1625–1635, konnte die Stadt aber immerhin noch tragen. Sie lag in einer fruchtbaren Gegend, ihre Einwohner waren nicht reich, doch durchschnittlich wohlhabend, der Krieg lähmte natürlich Geschäft und Verkehr, aber die Felder konnten doch meist ordnungsgemäß bestellt werden, die Kaufleute setzten noch ab, und die Handwerker verdienten. Die Einquartierungen waren natürlich schlimm, aber Mißhandlungen waren doch selten geblieben. Kurzum, in der ersten Hälfte des Krieges hatte Nordhausen weniger gelitten als viele andere Städte.

Wirklich unerträglich sollten erst die nächsten 4 Jahre werden, die wir als die dritte, furchtbare Periode bezeichnen, und gerade durch einen Friedensschluß, von dem Nordhausen viel Gutes erwartet hatte, mußte diese Leidenszeit heraufgeführt werden.

Ganz Deutschland sehnte sich schon lange nach Frieden und Ordnung, und auf protestantischer Seite war das Verlangen nach Verhandlungen mit dem Kaiser groß. Schon bald nach dem Tode Gustav Adolfs hatte der schwedische Kanzler Oxenstierna Mühe, die protestantischen Fürsten weiter an die Schweden zu ketten. Auf einem Fürstentage in Heilbronn im Jahre 1633 mußte er den Fürsten weitgehende Zugeständnisse machen: Ein Bundesrat von 7 deutschen und 3 schwedischen Mitgliedern wurde ihm zur Seite gestellt. Die Erfolge Bernhards von Weimar und Wallensteins Tod hielten dann das Bündnis noch aufrecht; als aber am 6. September 1634 Bernhard und der schwedische General Horn bei Nördlingen vernichtend geschlagen worden waren, gewann die Friedenssehnsucht wieder überhand. Die Protestanten waren zu Unterhandlungen bereit, und der Kurfürst von Sachsen als mächtigster Fürst tat die ersten Schritte zum Frieden. Selbst deutsche Herrn, die führende Stellungen in den schwedischen Heeren einnahmen, wie Herzog Georg von Lüneburg, der in Hessen kommandierte, und Herzog Wilhelm von Weimar billigten dieses Vorgehen und waren friedensbereit. Diese kleineren Fürsten weilten vom 15. bis 29. Mai 1635 in Nordhausen zusammen mit dem Landgrafen von Hessen und den Grafen von Schwarzburg und Stolberg, um über ihr künftiges Verhalten zu beraten. Auch General Baner war eingeladen, erschien aber nicht selbst, sondern schickte den Grafen von *Hoditz* zur Vertretung der schwedischen Interessen. Der schwedische Unterhändler wurde jedoch von den Anwesenden kühl und unfreundlich behandelt. Die Stimmung innerhalb der Fürstenversammlung und ihre Meinung über die Lage war allgemein bekannt und ging dahin: Der Kurfürst von Sachsen werde schon zusehen, daß er mit dem Kaiser einen solchen Friede schlösse, daß er nicht allein dem Römischen Reiche günstig sei, sondern daß auch sie, die Fürsten, bei ihren hohen Regalien, Freiheiten und Ausübung der Religion bleiben möchten. [55]

So traten dem Prager Frieden, den Sachsen unter recht günstigen Bedingungen für sich selbst mit dem Kaiser abschloß, bald die meisten protestantischen Fürsten und Städte bei, darunter auch der Niedersächsische Kreis mit allen seinen Mitgliedern, also auch mit der Reichsstadt Nordhausen. Gemäß dem Frieden wurde in Nordhausen der vor dem Kriege herrschende Zustand wiederhergestellt. Von irgend einer Einziehung geistlicher Güter oder Herstellung katholischer Klöster war nicht mehr die Rede, nur die Domherren, die seit 1632 von den Schweden vertrieben worden waren, kehrten ins Kreuzstift zurück.

Dieser Friede zu Prag war für Schweden ein harter Schlag, und Oxenstirna konnte ihn erst durch ein engeres Bündnis mit Richelieu einigermaßen wettmachen. Wenn aber Nordhausen gehofft hatte, nun in Frieden leben zu können, so hatte es sich ebenso getäuscht wie damals, als es zugleich mit den Kaiserlichen und den Schweden auskommen wollte. Gerade sein Beitritt zum Frieden machte die Stadt bald den Schweden verhaßt, und den Kaiserlichen war sie ein Dorn im Auge, weil sie trotz aller ihrer Bemühungen protestantisch geblieben war. Daß aber jetzt eine besonders schwere Leidenszeit begann, lag doch in erster Linie daran, daß noch einmal beide Parteien größte Anstrengungen machten, den Krieg für sich zu entscheiden, und daß die durch die 17 Kriegsjahre ausgesogenen Landschaften den Kriegsführenden nur noch kärglichen Unterhalt gewähren konnten, der Soldat also häufig hungerte, seine Disziplin immer schlechter wurde und er mit allen Mitteln und auf eigene Faust versuchte, sich schadlos zu halten. Erst die allgemeine Erschöpfung nach 1640 und die seltener werdenden großen Kriegshandlungen brachten wieder eine Erleichterung.

So lernte denn auch Nordhausen in den Jahren 1636–1639 den furchtbaren Charakter dieses barbarischen Krieges kennen. Was die Bevölkerung in diesen Jahren an Geld, Lebensmitteln und Materialien aufbrachte trotz der Verwüstung der Äcker, trotz des Forttreibens des Viehs, trotz der Zerstörung manchen Außengehöfts, grenzt ans Unwahrscheinliche. Und doch wurden auch diese Jahre durchlebt, und es zeugt für die unverwüstliche Widerstandskraft eines nicht gar zu bevölkerten Landes, welches in ruhigen Zeiten im Überfluß leben kann, daß bald nach dem Jahre 1640 die schwersten Schäden schon wieder überwunden waren.

Es kann hier nicht unsere Aufgabe sein, das Hin und Her des Krieges, die diplomatischen Winkelzüge, die Brandschatzungen und die Kontributionen sämtlich zu verfolgen und einzeln aufzuzählen. Daraus springt nicht der geringste Gewinn, und es ginge der Welt nichts verloren, wenn ein großer Teil dieses historischen Ballastes, unter dessen Last der alte Rücken Europas tiefgebeugt

---
55 Vergl. Förstemannsche Chronik, S. 227.

ächzt, für immer versänke in Nacht und Vergessenheit. Nur in großen Umrissen mag die Leidenszeit geschildert werden.

Entsetzliche Zustände traten ein, als die kaiserlichen Truppen nach der Schlacht bei Wittstock am 4. Oktober 1636 ungeregelt aus Norddeutschland zurückfluteten. Damals mußte Nordhausen nicht weniger als 5 Regimenter aufnehmen, fast soviel Soldaten, wie die Stadt Einwohner hatte. Und diese Soldaten, die wochenlang keinen Sold erhalten hatten, die ihre Ausrüstung eingebüßt hatten, die hungrig und erschöpft in die Stadt einfielen, galt es nun zu befriedigen. So wurden denn in kürzester Zeit nicht nur 12000 Taler aus der Bevölkerung herausgepreßt, sondern die Stadt mußte auch noch für die 3 Regimenter, die zu dauerndem Aufenthalt für Nordhausen bestimmt waren, wöchentlich 2500 Taler aufbringen, – wohlgemerkt bei einem Steueraufkommen von 12000 Taler jährlich in ruhigen Zeiten! Natürlich war die städtische Kämmerei sehr bald völlig am Ende angelangt, und Sonderumlagen mußten erhoben werden. Jedes brauberechtigte Haus mußte 50 Taler, jedes Hintersättlerhaus 25 Taler bezahlen, von den wichtigsten Lebensmitteln wurde eine Umsatzsteuer erhoben, auf 1 Pfund Fleisch kam 1 Pfennig, auf 1 Scheffel Mehl 1 Groschen. Und dennoch war es gänzlich unmöglich, wöchentlich 2500 Taler aus der Bürgerschaft herauszuziehen. Doch diese waren für den Sold und die Verpflegung der 3 Regimenter nötig, und so griffen die Befehlshaber rücksichtslos zu Zwangsmaßnahmen. Die Bürgermeister und die beiden Hauptbeamten der Stadt, der Syndikus und Sekretär, wurden verhaftet, und alle wohlhabenderen Häuser wurden doppelt und dreifach mit Soldaten belegt, die, um die Zahlung zu erpressen, drauf losprassen und die Bewohner schikanieren mußten. Diese Maßnahmen zwangen die Stadt, das ungemünzte Gold und Silber, silberne Löffel und Flaschen, Geschmeide und Edelsteine, schließlich Zinngerät aller Art herauszugeben. Nur so konnte man sich der Quälgeister einigermaßen erwehren.

Dennoch brachten die Einquartierungen dauernde Unruhe, dauernde Gefahren mit sich. Einmal, es war nachmittags um 4 Uhr, also schon dunkel, denn es war Winter, wurde Alarm geschlagen, die Schweden ständen in Halberstadt und rückten gegen Nordhausen an. „Da ging es über Hals und Kopf zur Stadt hinaus, als wenn der Donner sie herausschlüge, und in zwei Stunden war kein einziger mehr von ihnen in der Stadt." Die Einwohnerschaft aber, von diesen Gästen befreit, erwartete ausgeplündert und bangen Herzens die Schweden.

Statt ihrer zog schon am 8. Februar die ganze kaiserliche Armee unter dem Generalfeldmarschall von Götze, mehr als 30000 Mann, von der Weser heran und hauste beim Durchmarsche fürchterlich. Die Bewohner der Umgebung waren z.T. vor ihr in die Stadt geflüchtet; selbst die Regierung der Grafschaft Honstein, die schon im Jahre 1633 zeitweilig ihre Geschäftsräume in Nordhausen bezogen hatte, verlegte ihren Sitz wieder in die Stadt. Die Einwohnerzahl war also fast auf das Doppelte gestiegen. Und nun kam die kaiserliche Armee und legte ihre Stäbe und die Lazarette in die Stadt. In jedem Brauhause lagen 30, in jedem Hintersättlerhaus bis zu 20 Mann. Götze selbst schlug sein Quartier auf dem Rathause auf und amtierte in der sogenannten grünen Stube. Neben diesen Kosten für die Einquartierung mußte die Stadt 22000 Brote zu 3 Pfund an die in den Ortschaften liegenden Soldaten schicken.

Und kaum war diese Sintflut vorüber, da kam als Nachzügler der Oberst von Spork mit einigen hundert Mann und verlangte Verpflegung. Nordhausen konnte niemanden mehr verpflegen. Da begann die regelrechte Plünderung. Zunächst mußten die Vorstädte dran glauben, dann machten sich die Soldaten an das Töpferviertel, plünderten und schändeten Frauen, schließlich wurden sogar die Kirchen erbrochen, die Pfarre vom Frauenberge ward ausgeraubt. Als die Soldaten nichts mehr über der Erde fanden, wühlten sie unter der Erde und rissen die Messingröhren der beiden Wasserleitungen heraus. Da war aber auch das Maß voll. Die Bürger rotteten sich den paar hundert Soldaten gegenüber zusammen, leisteten mit der Waffe in der Hand Widerstand, und der zuchtlose Haufe, dem es mehr aufs Plündern als auf blutige Köpfe ankam, ergriff endlich die Flucht. Die Kirchen wenigstens hatte man vor der Ausplünderung bewahrt.

Seitdem fühlten sich kleinere Abteilungen nicht mehr sicher in der Stadt. Als im April 1637 wieder 2 Kompanien erschienen, wurden sie gezwungen, über die Verpflegung mit dem Rate zu verhandeln und gemeinsam mit den Bürgern die Ordnung aufrecht zu erhalten. Die Bürger gingen mit den Soldaten gemeinsam Patrouille und stellten Posten, griffen randalierende Soldaten auf und steuerten dem herrenlosen Gesindel, das sich in Scharen in der Stadt herumtrieb. Darunter befand sich manch ein Bauer, der früher redlich sein Land bestellt hatte, nun aber, völlig verarmt, zum Landstreicher geworden war.

Eine neue Kontribution von 7000 Talern konnte die Stadt nicht mehr leisten, und als der Rat aus Furcht vor Repressalien das Letzte aus den Bürgern herausholen wollte, wandten sich viele in den Harz oder nach Stolberg und ließen ihre Häuser verödet stehen. Da aber die Lasten für die Zurückbleibenden dadurch desdo größer wurden, mußte der Rat befehlen, daß jeder bei Verlust des Bürgerrechts in der Stadt ausharren solle. [56]

Bittschriften an den Kurfürsten von Sachsen, der immer recht lau war, hatten keinen Erfolg; jetzt versagten selbst die Eingaben an den Obersten des Niedersächsischen Kreises, den Herzog von Braunschweig-Lüneburg, der der Stadt schon manchen guten Dienst geleistet hatte.

Diese Not des Jahres 1637 steigerte sich noch in den beiden folgenden Jahren. Unsäglich litt das flache Land, Schwerstes hatte aber auch Nordhausen zu tragen. Nachdem man in den Vorjahren Geschmeide und Gold hingegeben hatte, mußten jetzt die für die Ausübung des Handwerks notwendigsten Gerätschaften ausgeliefert werden. Die Brauherrn mußten ihre kupfernen Braupfannen abgeben, 50 Zentner Kupfer wurden an die Juden nach Osterode hin verkauft, die in diesen schlechten Zeiten, wie immer, die besten Geschäfte machten. Die der Stadt auferlegte Kontribution konnte nicht mehr geleistet werden. Man gab hin, was man noch hatte, und darüber hinaus ging es eben nicht. Nur noch Gebrauchsgegenstände, Sättel, Stiefel, Decken konnten zur Verfügung gestellt werden. Viele

---
56 Vergl. Zeitfuchs, a. a. O., 295.

Einwohner flüchteten trotz Ratsgebots wieder nach Stolberg und Heringen. In der Oberstadt standen 177, in den Vorstädten 223 Häuser leer.

Der Heuschreckenschwarm der Kaiserlichen hatte alles verzehrt und alles verwüstet. Die Ländereien waren nicht mehr bestellt worden. 1639 brach deshalb eine Hungersnot aus: Fleisch war kaum vorhanden, und Körnerfrüchte ebensowenig; man war gezwungen, Kleie und Haferbrot zu essen.

Nordhausen ging es in jenen Tagen fast ebenso schlimm wie im Kohlrübenwinter 1916 und 17. Vor einem einzigen blieb Nordhausen damals in allem Unglück bewahrt: Die Pest, die im Gefolge des Krieges Deutschland wiederum heimsuchte und der 1639 auch Martin Opitz, noch jung an Jahren, erlag, hielt sich fern von unsern heimatlichen Gauen, so daß wenigstens keine Menschenopfer zu beklagen waren.

Und nun ward es endlich besser; in den letzten 8 Jahren, der vierten Periode des Krieges für Nordhausen, kehrten erträgliche Zustände zurück. Schweden nahm wieder Besitz von den Gegenden am Südharzrande, und mit ihnen, da den Schweden an der Freundschaft des Niedersächsischen Kreises lag, ließ sich verhandeln. Jetzt wurde auch wieder der Einspruch Herzog Georgs von Braunschweig-Lüneburg wirksam; zu starke Belastungen wurden dadurch unterbunden. Freilich, den Reichstag zu Regensburg im Jahre 1640 konnte Nordhausen noch nicht beschicken, er brachte auch noch nicht den heißersehnten Frieden, aber die Leute kehrten doch in ihre Häuser zurück, griffen wieder zu Schraubstock und Ahle und bestellten wieder die Äcker. Mancher einstmals wohlhabende Brauherr mag auch einmal wieder das an heimlichem Orte vergrabene Geschmeide ausgegraben, überprüft und gefunden haben, daß immer noch ein Sümmchen zur Verfügung stand, mit dem man von den Juden neue Kupferkessel kaufen konnte. Zwei Kompagnien lüneburgische Truppen, deren Verpflegung die Stadt allerdings übernehmen mußte, sorgten für Ordnung, und ihre Anwesenheit zeigte etwa einrückenden Schweden, daß sie in Freundesland waren. Auch die Stadt selbst errichtete eine Kompagnie Stadtsoldaten von etwa 100 Mann. Diese Einrichtung blieb auch noch nach Beendigung des großen Krieges bestehen, allerdings wurde die Zahl der Truppen stark herabgesetzt.

Das fruchtbare Land, das schon immer eine bedeutend zah reichere Bevölkerung, als vorhanden war, ernähren konnte, lieferte den dezimierten Menschen guten Ertrag; die Wunden klafften zwar noch weit, aber sie entzogen dem Körper doch nicht mehr so viel Blut. Man lenkte allmählich in alte Bahnen ein.

Schon im Jahre 1640 konnte Nordhausen an verschiedene friedliche Aufgaben herangehen. So war in der Nachbarstadt Mühlhausen ein Zwist ausgebrochen zwischen den vornehmen Geschlechtern und den übrigen Bürgern wegen der Umlegung der einzelnen Kriegsabgaben. Offenbar hatten die Ratsherrn ihre Machtbefugnisse und ihren Einblick in die Geschäfte mißbraucht und bei den Heereslieferungen nicht jeden nach Vermögen gleichmäßig besteuert. Das kam, wie wir im folgenden Kapitel noch zeigen werden, auch in Nordhausen vor, aber die Ratmannen gingen hier in Nordhausen nicht so ungeniert vor wie in dem seit alter Zeit aristokratischeren Mühlhausen. Schließlich wurde der Unwille über die ungerechte Belastung so groß, daß sich die Bürgerschaft beim Kaiser beklagte, und dieser beauftragte den Erzbischof von Mainz und die Stadt Nordhausen, einen Ausgleich zu finden. Nordhausen stellte seinen Dienst, um der Schwesterstadt den inneren Frieden zu bringen, gern zur Verfügung. Es kam in Eisenach zu Verhandlungen, und am 27. Juni 1641 konnten der Syndikus Michaelis von Nordhausen und der Ratsherr Stange einen Vergleich unterschreiben.

Auch eine neue, von dem Rektor der großen Schule Girbert ausgearbeitete Schulordnung kam schon im Jahre 1640 heraus. Dieser tüchtige Pädagoge hatte es selbst unter den Drangsalen der dreißiger Jahre verstanden, die gänzlich heruntergekommene Schule neu auszubauen, und krönte nun gleich nach der Entlastung von der Soldateska sein Organisationswerk mit dieser Schulordnung. In den Jahren 1641 und 1642 konnte er sogar die Schüler wieder Schauspiele einstudieren und sie in der Öffentlichkeit zur Aufführung bringen lassen, und im Jahre 1643 wagte er sich an eine ganz moderne englische Komödie, deren Witz und Geist allerdings so wenig von den regierenden Herrn und besonders den Geistlichen verstanden wurde, daß der Rektor um ihretwillen sein Amt verlassen mußte. Nordhausen brachte sich dadurch engstirnig selbst um einen der besten Köpfe der Stadt.

1641 gab der Rat auch eine neue Kindtaufordnung bekannt, 1643, nachdem sich das Braugewerbe erholt hatte, eine neue Brauordnung. Ja, wie friedlich die Zeiten allmählich wurden, erkennt man am besten daran, daß sich im Jahre 1645 der Nachfolger Girberts, Rektor Johann Günther Hoffmann, beim Rate darüber beklagen konnte, daß der Rittmeister Bergheuer und seine honsteinsche Polizeitruppe der Nordhäuser Schule für ihren Maiengang nach dem Konsteine den Weg durch Salza sperrten. Bergheuer versuchte mit diesem Verbot einen Druck auf Nordhausen auszuüben, da die Stadt an ihren Toren eine bisher nicht übliche Akzise von 6 Pfennig auf jeden aus der Grafschaft eingeführten Scheffel Getreide gelegt hatte, um den Stadtsäckel wieder etwas zu Kräften zu bringen. Der Rat gab dem Ansuchen seines Rektors auch statt und beschwerte sich bei der honsteinschen Regierung über dieses Vorgehen des Rittmeisters. Die Erhebung des Scheffelgeldes an den Toren sei kein neuer Zoll, sondern ein „Dankpfennig", den die Grafschaft der Stadt Nordhausen doch herzlich gern gönnen sollte, da Nordhausen der Landschaft in den letzten Jahren durch bereitwillige Unterstellung ihres Mobilars und durch Aufnahme ihrer Bewohner vielfach gute Dienste geleistet habe, obgleich sie selbst dadurch nicht selten in Ungelegenheit gekommen sei. Daraufhin gab dann die honsteinsche Regierung den Spaziergang auch frei, und die Schüler konnten an drei Tagen in der Woche vor Pfingsten im Kohnstein unbehelligt nach altem Brauch ihre Maien schneiden. [57]

Daß trotz dieser Wendung zum Besseren im Jahre 1641 die Rotleimmühle ausgeplündert wurde, daß die Stadt noch erhebliche Zahlungen leisten mußte, z.B. für die Küche des Erzherzogs Leopold Wilhelm nach Frankenhausen hin,

---

[57] Die Nachricht war mir bei meiner Geschichte des Gynasiums entgangen. Frommann I. 610. Filter, Z a, 3 a.

daß auch das unruhige Hin und Her der sich bekämpfenden Heere nicht ganz aufhörte und mehrfach die Kaiserlichen die Schweden in der Herrschaft über die Stadt ablösten, konnte nicht ausbleiben. Noch war der Friede nicht geschlossen; für ein im Kriegszustande befindliches Land war jedenfalls die Lage erträglich.

Im allgemeinen hatten auch weiterhin die Schweden die Oberhand, und mit denen ließ sich auskommen. Manches Gute hat in diesen vierziger Jahren der schwedische General Königsmarck, der den Oberbefehl in den Harzgegenden führte, für Nordhausen getan. Freilich, wenn die Stadt die auf sie fallenden Kontributionen nicht zahlte, griff er scharf durch, wie z.B. 1644 ein Restbetrag von 2000 Talern, welche die Stadt schuldig geblieben war, ohne weiteres durch Exekution eingezogen wurde. Doch gab er in demselben Jahre dem Obersten Hans Heinrich von Ende, der mit seinem Regimente in Nordhausen und den Ämtern Heringen und Honstein einquartiert wurde, den gemessenen Befehl, „mit guter Disziplin und Schonung vorzugehen, damit der Vorrat auf unbestimmte Zeit reiche". Und als der Oberst von Ende dennoch, und zwar für sich persönlich, Erpressung versuchte, schrieb ihm Königsmarck mit aller Deutlichkeit, er erhebe in Nordhausen mehr als seine Order laute und stecke das Erhobene in die eigene Tasche. Er scheine die guten Tage in Nordhausen nicht ertragen zu können und lieber bei der Armee Hunger und Kummer leiden zu wollen. Er solle für sein Regiment statt für sich sorgen.

So kam man denn ganz leidlich bis ins Jahr 1647, wo noch einmal gegen den Willen des Oberstkommandierenden ein schwedischer Offizier sich schlimme Ausschreitungen gegen die Stadt erlaubte. Anfang dieses Jahres nahm Oberstleutnant Kannenberg mit seinen Truppen in Nordhausen Quartier und trieb es so arg, daß noch einmal 2000 Bürger nach Stolberg flüchteten. Kannenberg war es auch, der den Nordhäuser Roland umzulegen versuchte, indem er befahl, die Füße des Standbildes zu durchsägen. Da aber im Innern eiserne Schienen gezogen waren, mißlang diese von den Nordhäusern als größte Freveltat angesehene Schändung. –

Um hier am Schluß des gewaltigen Krieges noch einmal einen Einblick in die Not der Bevölkerung in jenen Tagen zu geben, mögen hier ein paar Zeilen aus der Stolbergischen Chronik des Zeitfuchs in unserer heutigen Sprache stehen: „Die Nordhäusischen streifenden Parteien – nämlich die in Nordhausen einquartierten Schweden – plünderten in Neustadt am 13. Februar 1647. Das gleiche Schicksal schien Stolberg bevorzustehen, doch die Streifschar wurde am folgenden Tage mit blutigen Köpfen abgewiesen, obwohl von den Einwohnern nicht mehr als 30 Widerstand leisteten, die Zahl der Soldaten aber mindestens 60 betrug. Stolberg gab immer her zur Verpflegung der in ihm einquartierten Schwadron Dragoner. Als aber eine böse Nachricht nach der anderen kam, wie die auf Furage befindlichen Soldaten bald dieses, bald jenes Dorf geplündert hätten, zog die Landbevölkerung in hellen Haufen nach Stolberg hinein, so daß sich auch hier unter alt und jung ein großer Schrecken verbreitete und alle Gassen voll Klagens und Weinens waren. Stempeda hielt sich tapfer und jagte die streifenden Soldatenhaufen mit Gewalt davon. Die Kriegsvölker aber zu Nordhausen führten sich so gottlos und tyrannisch auf, daß es nicht zu beschreiben, und hätten es Heiden und Türken nicht ärger treiben können." [58]

Sobald jedoch Königsmarck von diesem schändlichen Treiben seiner offenbar hungrigen Soldaten hörte, kam aus Halberstadt der Befehl „daß niemand von der schwedischen Armee sich unterstehen solle, die Untertanen in dem Stifte Halberstadt zu turbieren".

Noch einmal, am 2. Januar 1649, noch nach dem Friedensschluß mußte Nordhausen 1150 Taler Kontribution zahlen. Am 21. März 1649 lernte dann Nordhausen den General Königsmarck selber kennen. Er hielt hier auf der Durchreise an, nahm eine Mahlzeit ein und fuhr dann gen Stolberg weiter. Man kann sagen, dieser große schwedische General war der letzte Soldat, den Nordhausen im Dreißigjährigen Kriege in seinen Mauern gesehen hat. Voll Ehrfurcht und mit einigem Herzklopfen mag ihn die Bürgerschaft empfangen haben; mit einem Seufzer der Erleichterung mag man wieder ans Tagewerk gegangen sein, als sich die Pforten des Töpfertores hinter dem davonrollenden Wagen geschlossen hatten. Der Kriegsgott war auf und davon. [59]

Am 24. Oktober 1648 war der Doppelfriede zu Osnabrück und zu Münster geschlossen worden. Beide Friedensinstrumente unterzeichnete gemeinsam für die Freien Reichsstädte Lübeck, Goslar und Nordhausen der Lübecker Syndikus David Gloxinus. [60]

Für Nordhausen selbst beließen die Friedensverträge alles beim alten; doch war in religiöser Beziehung ganz allgemein dadurch ein großer Fortschritt erzielt, daß nicht nur die Calvinisten neben den Katholiken und Lutheranern als gleichberechtigte Glaubensgenossen anerkannt wurden, sondern daß nunmehr der Grundsatz des Augsburger Religionsfriedens überwunden war, daß der Landesfürst den Glauben der Untertanen bestimmte. Mit kleinen Einschränkungen war – wenigstens auf dem Papiere – fortan jedem Deutschen Religionsfreiheit gewährt.

Doch war für Nordhausen fernerhin noch wichtig der § 2 des Osnabrückschen Friedens. Durch diesen Paragraphen erhielt nämlich der Kurfürst Friedrich Wilhelm von Brandenburg, damals erst 28 Jahre alt und noch nicht der „Große Kurfürst", das Bistum Halberstadt, zu dem auch ein Teil der alten Grafschaft Honstein, nämlich die Ämter Klettenberg und Lohra, gehörten. Am 6. Oktober 1649 erfolgte die Übergabe dieser Landschaften an Brandenburg, und am 12. Oktober wurden sie tatsächlich in Besitz genommen. Damit wurde Nordhausen nächster Nachbar von Brandenburg-Preußen, und seine Schicksale mußten nunmehr auch von diesem Staate beeinflußt werden.

Von allen größeren Staaten bestanden ja die meisten Bindungen zwischen

---

58 Zeitfuchs, a. a. O. 310.
59 Benutzte Quellen sind im wesentlichen Frommann, IX, und Filter Z a 3 a. Förstemanns Chronik bringt eine genaue Aufzählung der einzelnen Kriegshandlungen. Nur zum Jahre 1640 mußte eine Berichtigung eintreten.
60 Nomine Rei publicae Lübecensis, eiusdem Syndicus David Gloxinus. Idemque nomine civitatum Goslar et Nordhausen.

Nordhausen und Kursachsen, und Sachsen sah, jetzt im Zeitalter des Absolutismus, die Freie Reichsstadt eigentlich schon als seine sichere Beute an. Schon im 16. Jahrhundert hatten die Kurfürsten mehrfach schüchtern versucht, ihre Schutzrechte über Nordhausen zu landesherrlichen auszubauen; seit dem Prager Frieden vom Jahre 1635 nannte sich der Kurfürst gar hin und wieder „Landesherr" von Nordhausen. Um diesen Ansprüchen gegenüber einen Rückhalt zu haben, schloß sich Nordhausen besonders während des Krieges immer mehr an den Niedersächsischen Kreisobersten, den Herzog von Braunschweig-Lüneburg, an, und auch dieser machte sich Hoffnungen auf die Reichsstadt. Zu diesen beiden Bewerbern kam jetzt das landhungrige und ehrgeizige Brandenburg als Dritter. – Die freireichsstädtische Sonne, die schon lange ihren Höhepunkt überschritten hatte, leuchtete nur noch matt am Abendhimmel.

Doch hier am Schlusse dieses Abschnittes, der vom Werden und Wachsen der Reformation und von Kummer und Kämpfen um Glaubensdinge handelte, ziemt es nicht, einen politischen Ausblick zu tun, sondern von der Stimmung der Menschheit am Ende des großen Krieges zu sprechen, dieser Menschheit, für welche die religiöse Überzeugung im Vordergrunde des Interesses stand.

Erst am 2. September 1650 beging Nordhausen sein Friedens-und Freudenfest. Am Abend vorher wurde um 4 Uhr in allen Kirchen eine feierliche Vesper gelesen, dann wurde von 4–5 Uhr mit allen Glocken geläutet, und wir freuen uns am meisten darüber, daß in den Klang der Glocken von St. Nikolai und Blasii und Petri und wie sie alle heißen, einträchtig einstimmten auch die Glocken des katholischen Domes. Die rein menschliche Freude über den Frieden hatte die Gegensätze der Konfessionen überbrückt.

Die Feier am Morgen des eigentlichen Festtages begann die Nordhäuser große Schule, das Gymnasium. Da standen am frühsten Morgen, wo eben die Sonne im Osten der Aue aufgegangen war, die jungen Chorsänger und Musiker auf einer Bühne, die der Rat in der Nähe der Schule am Primariusgraben hatte aufschlagen lassen, und schmetterten ihre Dankeslieder in den jungen Tag hinaus und hinein in das weite schöne Land zu ihren Füßen. Um 6 Uhr trat dann die ganze Schule an, und die Bürger ließen es sich nicht nehmen, auch ihre kleinen, noch nicht für die Schule reifen Kinder zum Mitmarschieren zu schicken. Die kleinen Kinder und Schüler hatten weiße Hemden übergezogen, grüne Zweige in der Hand und Kränze auf dem Haar, die größeren marschierten in ihrem schönsten Sonntagsstaat und mit der nur ihnen eigenen, unnachahmlichen Würde daher. So ging es unter Gesang auf den Markt vor das Rathaus. Hier wurde ein Danklied angestimmt, und dann zogen, nach einem Umgang um die Nikolaikirche, die einzelnen Klassen in die für sie bestimmten Kirchen zum Festgottesdienst. Diesem legte der Pastor primarius Emdenius den Text des 85. Psalms zu Grunde, und solange alljährlich am 2. September in Nordhausen das Friedensfest begangen wurde, wählten fortan die Pfarrer immer diesen Psalm.

Um 12 Uhr mittags wurde dann von 4 Kirchtürmen herabgeblasen, und zwar so, daß ein Turm immer dem anderen antwortete, um 1 Uhr war zum zweiten Male Gottesdienst, dann wurde von 4–5 nochmals mit allen Glocken geläutet und endlich um 6 Uhr wieder von den Kirchtürmen geblasen und das *Tedeum* gesungen.

Von ganzem Herzen mögen damals nach Beendigung des Krieges auch die Nordhäuser das Danklied Martin Rinckarts gesungen haben, und für jeden von ihnen wird es nicht nur Lippenlaut gewesen sein, sondern heiliger Herzensklang, wenn der Pfarrer am Altare die Verse aus dem 85. Psalme sprach:

> „Herr, erzeige uns deine Gnade und hilf uns!
> Ach, daß ich hören sollte, was Gott der Herr redet;
> daß er Frieden zusagte seinem Volk und seinen Heiligen,
> auf daß sie nicht auf eine Torheit geraten!
> Doch ist ja seine Hilfe nahe denen, die ihn fürchten,
> daß in unserem Lande Ehre wohne;
> daß Güte und Treue einander begegnen,
> Gerechtigkeit und Friede sich küssen;
> daß Treue auf der Erde wachse
> und Gerechtigkeit vom Himmel schaue,
> daß uns auch der Herr Gutes tue,
> und unser Land sein Gewächs gebe;
> daß Gerechtigkeit fürder vor ihm bleibe
> und im Schwang gehe."

Abschnitt V.

Die letzten 150 Jahre
Freie Reichsstadt.

Kapitel 13.

Verfallserscheinungen.

Der bedeutendste und weitschauendste Staatsrechtslehrer des 17. Jahrhunderts, Samuel Pufendorf, hatte im Jahre 1667 unter dem Pseudonym *Severinus de Monzambano* ein geistvolles Büchlein geschrieben, in welchem er zum Entsetzen seiner Heidelberger Kollegen das Gebilde des Heiligen Römischen Reiches deutscher Nation einem „Monstrum ähnlich" erklärte. Tatsächlich lag dieses Römische Reich schon seit Jahrhunderten schwer krank, nach 1648 lag es auf dem Sterbebette.

Unter diesem langsamen Absterben litten naturgemäß vor allem diejenigen Glieder des Reiches, die sich ihm noch am meisten deshalb verbunden fühlten, weil sie allein durch das Reich bestehen konnten und für die der Untergang des Reiches zugleich der eigene werden mußte. In dieser Lage war Nordhausen nach dem Jahre 1648.

Die ärgsten Bedroher der städtischen Reichsfreiheit waren die Nutznießer beim Tode des Reiches, die souverän gewordenen deutschen Fürsten. Wir hatten ja schon gesehen, daß Kursachsen zwar von 15 zu 15 Jahren für 10000 Gulden sein Schultheißenamt über Nordhausen der Stadt überließ, daß es aber dennoch hoffte, endlich einmal die Freie Reichsstadt seinem Territorium einverleiben zu können. Wir hatten ferner gesehen, wie dem Kurfürstentum Sachsen in Braunschweig-Hannover dadurch ein Nebenbuhler entstand, daß Hannover im Niedersächsischen Kreise eine entscheidende Stellung besaß; und wir hatten endlich gesehen, wie durch die westfälische Beute vom Jahre 1648 Brandenburg-Preußen auf Nordhausen Einfluß gewann. Drei gefährliche Katzen lagerten um der Zufluchtsstätte eines kleinen, dürftigen Mäusleins, welches sein Leben nur noch dadurch eine Zeit lang fristete, daß keines der Katzentiere den anderen den Bissen gönnte.

Jedenfalls stand die Zeit nach dem Dreißigjährigen Kriege ganz im Zeichen der nunmehr völlig befestigten Fürstenmacht. Hatten vom 12. bis 14. Jahrhundert Bauer und Adliger der Zeit ihr Gepräge gegeben, können wir die beiden Jahrhunderte von etwa 1350–1550 als die Zeit bürgerlicher Vorherrschaft bezeichnen, so hatten sich nun im 17. Jahrhundert die Fürsten allen anderen Ständen gegenüber durchgesetzt. Die Geldwirtschaft hatte ihnen die Stützen für ihren Thron geschaffen, treuergebene Soldaten und Beamte, und diese scharten sich um den Fürsten, nicht nur um ihn zu schützen, sondern auch, im wohlverstandenen eigenen Interesse, um seine Macht zu erweitern. Diesem wuchtigen Imperialismus der Fürsten gegenüber besaßen weder das Reich noch die Freien Reichsstädte die Organe, die das Vordringen hätten aufhalten können.

Nichts beleuchtet diese Zustände besser als ein Vergleich zwischen der politischen Lage der drei Städte Erfurt, Mühlhausen und Nordhausen im 15. und im 17. Jahrhundert. Im 15. Jahrhundert konnte das Bündnis der drei Städte bestimmend in die Gestaltung sächsischer und thüringischer Verhältnisse eingreifen, Fürsten und Herren fürchteten ihre Macht und gingen mit den Städten Bündnisse auf gleicher Grundlage ein. Im 17. Jahrhundert waren die Städte zur Ohnmacht verdammt; am 28. Oktober 1664 mußte das einst so trotzige Erfurt dem Erzbischof Johann Philipp von Mainz huldigen, nachdem eine nur kurze Belagerung den Widerstand der Stadt gebrochen hatte. Diese Belagerung hatten Truppen der ganz im Banne Frankreichs stehenden Allianz gemeinsam mit Truppen Ludwigs XIV. selbst durchgeführt, Ludwigs XIV., dem die deutschen Fürsten nicht nur als unerreichbarem Vorbilde nachzuahmen suchten, sondern dessen Hilfe zur Befestigung ihres Absolutismus zu gebrauchen sie keine Scheu trugen. Wo aber waren bei dieser Not Erfurts Mühlhausen und Nordhausen geblieben, deren wehrhafte Bürger einstmals mit Gewaffneten und Geschütz ungesäumt zu Hilfe geeilt wären! Sie waren froh, daß sie vorerst vor einem ähnlichen Schicksal bewahrt waren und klammerten sich um so fester an den einzigen schwacken Halt, der ihnen noch geblieben war, an Kaiser und Reich.

In der Tat hielt sich Nordhausen, nachdem der Gesamtheit des deutschen Bürgertums die einstige Kraft entschwunden und die eigene reichsstädtische politische Macht dahin war, nur noch an diesem Anker. Deshalb ist auch zu verstehen, daß es trotz des Bekenntnisses zum Evangelium keine kaisertreueren Untertanen geben konnte als in der Reichsstadt Nordhausen. Voll Loyalität nahm man an den Geschicken der Habsburger teil, feierte ihre Feste und ihre Siege, trauerte bei Tod und Unglücksfall. Besonders feierlich wurde jedesmal der Regierungsantritt eines neuen Kaisers begangen. Gern leistete man dann auch dem neuen Reichsoberhaupte den Huldigungseid, in Sonderheit weil damit jedesmal die Bestätigung der reichsstädtischen Privilegien verbunden war. Zu einer solchen Huldigung entsandte dann der Kaiser irgendeinen Hofrat in die Stadt oder ernannte einen hohen Herrn der nordthüringischen Heimat, der als Stellvertreter des Kaisers die Huldigung in Empfang nehmen sollte. So sprach man noch Jahre lang von der großen Huldigung der Stadt im Jahre 1661, wo Graf Anton Günther von Schwarzburg im Auftrage des Kaisers Leopold in Nordhausen die Huldigung entgegennahm. Für diesen Festakt war auf offenem Markte eine mit rotem Tuche ausgeschlagene Bühne errichtet worden, und hier huldigte nach einer Rede des Stadtsyndikus die gesamte Bevölkerung beim Grafen, unter Mitwirkung des Gymnasiums, dessen Schüler in festlichem Aufzuge und mit

Kränzen geschmückt zur Ausgestaltung des Festes beitragen mußten.[1] Damit hatten sich also die Nordhäuser wieder einmal ihrem Kaiser verbunden, den sie später Leopold den Großen nannten, weil er sie gegen Brandenburg zu schützen versuchte, und die städtischen Annalen vergessen nicht zu bedauern, daß die Stadt im Jahre 1706 dem folgenden Kaiser Joseph I. den Treueeid, den Albrecht Anton von Rudolstadt abnehmen sollte, nicht schwören konnte, weil damals die Stadt von den verhaßten Preußen besetzt war, „daß also dem Kaiser Joseph niemals gehuldigt worden".

Ebenso wie Nordhausen an dem Kaiser als seinem einzigen Beschützer festhielt, so auch an den völlig veralteten Einrichtungen des alten Reichs. Beim Reichshofrat im Wien und beim Reichkammergericht in Speyer, später in Wetzlar, unterhielt die Stadt Agenten, die für ein Jahrgehalt die Geschäfte der Stadt bei diesen Behörden führten und sowohl die Stadt gegen andere Reichsstände vertraten, als auch die Interessen des Rates gegen einzelne nicht selten mit dem städtischen Regimente hadernde Teile der Bürgerschaft wahrnahmen. Die wichtigste Vertretung der Stadt aber bestand auf dem Reichstage zu Regensburg, der seit 1662 bis zur Auflösung des Reiches im Jahre 1806 dauernd tagte. Um sich gegen die beiden anderen Kurien, die der Kurfürsten und der Fürsten, wenigstens einigermaßen zur Geltung zu bringen, beschlossen die deutschen Reichsstädte im Jahre 1670 eine Umlage, zu der Nordhausen mit jährlich 13 Gulden 5 Groschen 4 Pfennigen, d.h. dem 6. Teile eines sogenannten Römermonats von 80 Gulden, herangezogen wurde.

Wie veraltet im übrigen die Vertretung hier auf dem Reichstage war, sieht man daran, daß, obgleich im 16. und 17. Jahrhundert in wirtschaftlicher Beziehung eine völlige Umwälzung stattgefunden hatte, doch noch an den Verhältnissen des 15. Jahrhunderts festgehalten wurde und Städte, die längst von anderen überflügelt worden waren, bei den Abstimmungen des Reichstages noch immer größere Bedeutung hatten als die jugendlich aufstrebenden. So stimmte Nordhausen noch um 1700 nach Mühlhausen, aber vor Bremen und Hamburg.

Sonst blieb der Stadt nichts weiter übrig als der Versuch, innerhalb ihrer engeren Interessensphäre den alten Einfluß zu behalten. Deshalb beschickte Nordhausen auch regelmäßig die Tagungen des Niedersächsischen Kreises, erschien also in Lüneburg, in Halberstadt oder wo sonst die Zusammenkünfte stattfanden und beriet hier mit über die Stellung des Kreises zu politischen Verwicklungen und zu wirtschaftlichen Maßnahmen, insbesondere zur Vereinheitlichung der Münze. Nicht selten mußte sich die Stadt auch mit den beiden benachbarten Freien Reichsstädten Mühlhausen und Goslar ins Benehmen setzen über das Kontingent, das sie der Reichsarmee in den vielen Kriegen jenes Zeitalters des Absolutismus zuführen wollte. So einigte sich Nordhausen in den achtziger Jahren des 17. Jahrhunderts, als der dritte Raubkrieg Ludwigs XIV. bevorstand, mit Mühlhausen und Goslar dahin, daß die drei Städte zusammen eine Kompagnie unterhalten wollten, zu der Mühlhausen 71, Goslar 54 und

---
[1] Bohne, Nordhäusische Chronica, ed. Heineck, 1901, 61.

Nordhausen 36 Mann stellten. Diese Truppen bestanden natürlich nicht aus Landeskindern und Bürgerssöhnen, sondern aus angeworbenen Söldnern. Denn die alte Freude am Waffenhandwerk war längst dahin, obwohl der Rat bestrebt war, sie gerade in diesen Zeiten der ewigen Raub- und Erbfolgekriege wieder anzufachen. Daher bedeutet es auch nichts mehr als eine schöne Geste, daß in Nordhausen von Zeit zu Zeit die waffenfähige Mannschaft gemustert wurde. 1661 traten bei einer solchen Musterung 926 Mann an. Die Bürger aber wurden deshalb doch nicht kriegslustiger, und das einzige Blut, das bei dergleichen kriegerischen Maßnahmen Nordhausens vergossen wurde, war das Blut eines armen Knaben, der im Jahre 1684 so vorwitzig war, einer solchen Musterung zuzuschauen, und von einem sich zufällig lösenden Schusse aus dem Gewehr eines sicher sehr kriegsgeübten Bürgers zu Tode getroffen wurde.

Doch immerhin, die unruhige Zeit und die Soldatenspielerei der Fürsten förderte selbst in Nordhausen die Neigung, von Zeit zu Zeit statt Ellenmaß, Pfriemen oder Gänsekiel ein Mordgewehr in die Hand zu nehmen. So lebte denn nach dem Dreißigjährigen Kriege auch in Nordhausen die uralte Büchsenbrüderschaft wieder auf. Seit 1694 hielt diese neue „Schützenkompagnie" ihre Übungen auf dem Bielenrasen ab, und der Rat unterstützte diese zunächst nur der Pflege der Geselligkeit entsprungenen Bestrebungen deshalb, um in den Schützen wenigstens für örtliche Verhältnisse eine billige und brauchbare Schutzpolizei zur Verfügung zu haben. Am 2. August 1694 bestätigte er die noch heute bestehende und blühende Schützenkompagnie, und im folgenden Jahre erhielt sie ihre Statuten. Aus ihnen ersehen wir auch, daß sich die Tätigkeit der Schützen nicht nur auf die montags stattfindenden Scheibenschießen zunächst auf dem Bielenrasen, doch bald im Frauenberggraben beschränkte, sondern daß sie der Stadt auch durchaus wertvolle Dienste durch den Schutz der Grenzen und die Verfolgung von diebischem Gesindel, besonders von Zigeunern, zu leisten hatten.
[2] Natürlich war das Eingreifen der Kompagnie nur in ganz besonderen Fällen vorgesehen; sonst hatte man ja zur gewöhnlichen Überwachung der Flurgrenzen Polizisten und Zollbeamte. Aber die Stadt besaß in den Bielschen Bauern Nachbarn, die immer wieder versuchten, am Roßmannsbach die Grenzsteine gegen städtisches Gebiet vorzurücken, besaß im Kirchhofholze an der Petersdorfer Grenze ein vielumstrittenes Wäldchen, besaß auch in dem heimischen Geschlechte der Rüxleben dauernd ziemlich unruhige adlige Herren, an denen eine friedliche Bürgerschaft den größten Anstoß nehmen mußte. Noch 1675 soll ein Herr Wilhelm von Rüxleben wegen Stegreifreitens in Dresden hingerichtet worden sein, und am 1. Mai 1681 – wegen der Walpurgisnacht plädieren wir für mildernde Umstände – holte die Nordhäuser Polizei einen anderen Rüxleben aus einer verrufenen Gasse des Frauenberges heraus, und da der streitbare und lustige Herr den Stadtsoldaten offenbar nicht wenig zu schaffen machte, mußten 300

---
2 Heineck, Urkundliche Geschichte der Schützenkompagnie, 1896. – Offizielle Festzeitung, 24. V. 1908. – Vergl. oben S. 269 ff.

Bürger aufgeboten werden, ihn in Ketten zu legen und also schmachvoll gefesselt an Schwarzburg auszuliefern.

Ein weiteres Kennzeichen der Zeit war es, daß das römische Recht allenthalben das alte bodenständige verdrängt hatte und Juristen nunmehr die Staaten regierten. Die Prozeßakten häuften sich, die neuen Verordnungen überstürzten sich, und eine hochmütige Bürokratie ließ sich von den hochbesteuerten Bürgern und schwer fronenden Bauern gut bezahlen. Wir nähern uns bedenklich dem tintenklecksenden Säkulum.

Freilich war es nach dem großen Kriege dringend nötig, in die während der Kriegswirren durcheinander geratenen Akten einige Ordnung zu bringen. Daher machte sich auch in Nordhausen der Syndikus Titius in den fünfziger Jahren zunächst einmal daran, die aus Brand und Pest und Krieg in die neue Zeit hinübergeretteten Urkunden und Archivalien zu sammeln und zu ordnen.

Schwieriger aber und zugleich wichtiger war es, die alten aus dem 14. und 15. Jahrhundert stammenden Gesetze der Stadt der neuen Zeit anzupassen. Schon Georg Wilde und Apollo Wiegand hatten sich ja vergebens an ihnen versucht, und da die Stadt sich scheute, ihre alten Statuten einfach über Bord zu werfen und sich der Rechtsnorm anderer Länder anzuschließen, war vorläufig alles beim alten geblieben. [3] Doch konnte man allgemach wirklich nicht mehr mit den primitiven Gesetzen des Mittelalters auskommen, und so übernahm denn Titius auch die Aufgabe, die alten Statuten zu revidieren. 1666 konnte er dem Rate anzeigen, daß er die beiden ersten Bücher überarbeitet habe. Doch auch Titius kam dann nicht mehr weiter; es war eben einfach unmöglich, die Gesetze den völlig veränderten Verhältnissen anzupassen, und am allerwenigsten für einen modernen Juristen, der, am römischen Rechte geschult, sich hier einem Wuste von allmählich aus Volkscharakter und Bedürfnis emporgewachsenen Bestimmungen gegenübersah.

So blieb nichts anderes übrig, als die alten Statuten in Geltung zu lassen und sie nur durch neue Verordnungen zu ergänzen. Titius selbst ging daran, eine besonders fühlbare Lücke auszufüllen, indem er in seinem 1659 erschienenen Werke „Erörterte Sukzessions- und Erbfälle" das wichtige und schwierige Erbrecht ausbaute. 1733 gab der Rat diesem Werke eines Privatgelehrten Gesetzeskraft. Im übrigen half man sich von Fall zu Fall mit Erlassen, sah auch wohl der Nachbarstadt Mühlhausen, die sich nach langen inneren Wirren 1692 ein neues Stadtrecht gegeben hatte, mancherlei ab. [4] So kamen denn, um nur einige der wichtigsten Ordnungen zu nennen, 1654 eine Hochzeitsordnung, 1658 eine Schulordnung, 1660 eine Marktordnung, 1661 eine Bettlerordnung, 1678 eine Ehe- und Verlöbnisordnung, 1708 wieder eine Hochzeits- und Kindtaufordnung heraus. Für die Stadt besonders wichtige Verordnungen wurden von Zeit zu Zeit immer wieder einer Durchsicht unterzogen. So entstanden mehrere „Feuerord-

---

3 Siehe oben Seite 295.
4 Vgl. Statuta und Willkühr der Kaiserlichen Freyen ... Reichs-Stadt Mühlhausen vom Jahre 1692; Mühlhausen, Daniel Müller, 1788.

nungen", die jedesmal die Erfahrungen bei den Bränden, denen die Stadt zum Opfer gefallen war, verwerteten. Nach dem Brande vom Jahre 1686 erschien im Jahre 1689 die erste bedeutende Feuerverordnung. Ebenso suchten die Erlasse des Rates immer wieder den Veränderungen in der wirtschaftlichen Lage der Bewohner gerecht zu werden. Dem allmählich völlig verzopften Zunftwesen gegenüber blieben allerdings alle Bemühungen vergebens; die Statuten, die die einzelnen Zünfte im 17. und 18. Jahrhundert erhielten, sahen sich untereinander und denen des 15. und 16. Jahrhunderts außerordentlich ähnlich. Dagegen mußte man immer wieder versuchen, das wichtigste Nordhäuser Gewerbe, das Brauegewerbe, zu reglementieren, und so entstanden denn im ausgehenden 17. und beginnen den 18. Jahrhundert immer wieder neue Brauordnungen. Die wichtigste ist aber doch die Polizeiordnung vom Jahre 1668, weil sie in eine ganze Reihe städtischer Verhältnisse und bürgerlicher Gewohnheiten regelnd und vorschreibend einzugreifen suchte. [5]

Diese obrigkeitliche Reglementierung selbst von Angelegenheiten, die dem Ermessen jedes einzelnen Bürgers vorbehalten sein sollten, ist ein weiteres Zeichen einer Zeit, in welcher sich der Beamte in alles mischte und der Bürger in allem zu gehorchen hatte. Allerdings scheint es wenigstens für Nordhausen so, daß die staatliche Beaufsichtigung selbst der privaten Lebenshaltung in jener Zeit nicht ganz unzweckmäßig erschien. Die Bevölkerung hatte die Drangsale des Dreißigjährigen Krieges außerordentlich schnell überwunden, war bald wieder einigermaßen begütert geworden und wollte nun, eine ähnliche Erscheinung, wie wir sie in unseren Tagen nach dem Weltkrieg erleben, an Vergnügen und Wohlleben das einholen, was sie im Kriege versäumt und entbehrt hatte. So kam es, daß nicht bloß die wohlvermögenden Brauherrn über Gebühr schwelgten und Luxus trieben, sondern daß die Vergnügungssucht alle Kreise der Bevölkerung ergriff. Den Dienstboten z.B. mußte das Tragen von silbernen und goldenen Stickereien an den Kleidern verboten werden, den Handwerksburschen das Tragen von Raufdegen nach Studentenart, ferner das andere Degenträger herausfordernde Wetzen des Seitengewehrs an den Rinnsteinen und das nächtliche Zechen und Schwärmen. „Sie bravieren", wie es heißt, „damit Nacht und Tag und laufen auf und nieder, auch damit ihre Kurage zu beweisen."

Besonders war es natürlich beliebt, die Sonn- und Festtage zu verjubeln. Deshalb mußte die Polizeiordnung bestimmen, daß sich jeder an Festtagen zu enthalten habe „alles Fressens, Saufens, Schwelgereien, Tumultuierens, Schlägereien, Zankes, Gassengehens, des Krazens mit den Degen in die Steine, des ärgerlichen Nachtschreiens". Und ganz allgemein muß die Polizeiordnung feststellen, daß in den letzten 20 Jahren „Übermut und teuflische Hoffart" gestiegen seien, und sie fährt fort: „Manche Leute wissen nicht vor Üppigkeit und neugierige Lust, wie sie die Kleidung und Zierrat, töricht genug, fast wöchentlich

---
5 Die meisten Verordnungen sind handschriftlich überliefert. Nordhäuser Archiv Nr. 28 a bis d. Manche von ihnen, wie die Polizeiordnung von 1668 und die Pestordnung von 1681 ließ der Rat auch im Druck erscheinen. Da sie die wichtigsten Dokumente der Zeit sind, sind sie für Kapitel 13 und 14 besonders herangezogen worden.

ändern, auch allen neuen Alamoden aus der Fremde nachäffen, ... sonderlich das Weibsvolk."

Wie in Kleidung und Sitte sich immer mehr französischer Einfluß geltend machte, so in anderer Beziehung englischer und holländischer. Das war besonders der Fall bei der Einbürgerung des Tabakgenusses, des Tabaktrinkens oder -schmauchens, wie man damals sagte. Schon der Syndikus Titius wetterte in einer seiner vielen Reden gegen den Tabak in recht drastischer Weise, indem er zunächst von den Unsitten der Spanier, Holländer und Engländer spricht und dann auf die deutschen Narren hinweist, die wie die Affen alle Untugenden nachahmen müßten. Dabei zitiert er die Verse:

> „Das teutsche Afrika, das sehr viel Affen heget,
> Tut es den Völkern nach; ein jeder sich fast träget
> Mit Pfeifen und Tabak und stänken wohl so sehr,
> Als wenn's der Feuer-Gott Vulkanus selber wär." [6]

Und noch zu Beginn des 18. Jahrhunderts fühlte sich der Rektor des Gymnasiums Meier, sonst ein weltmännischer, moderner Mann, bewogen, ein ganzes langes Gedicht, die Tabakomania, gegen den Tabakgenuß zu schreiben.

Gerade diese Zeit des ausgehenden 17. Jahrhunderts aber, in der sich Nordhausen von den Wunden des großen Krieges erholte, das Leben meist ruhig dahinfloß und im ganzen wenig Bemerkenswertes vorfiel, war eine Blütezeit des Nordhäuser geistigen Lebens, war besonders eine Blütezeit des Nordhäuser Gymnasiums unter ausgezeichneten Rektoren.

Von dem bedeutenden Syndikus der Stadt, Johannes Titius, ist schon mehrfach die Rede gewesen. Er war es, der wie einst Meyenburg eigentlich die Stadt regierte, er vertrat sie nach außen hin, er griff im Innern ordnend ein, er behielt noch Zeit und Muße genug, sich mit dem gesamten Gebiete menschlichen Forschens zu beschäftigen. Manche seiner Reden, besonders seine Schulreden zu Beginn des neuen Schuljahres, fließen geradezu über von angelesenem Wissen aus den verschiedensten Disziplinen. Er bildete daher auch den Mittelpunkt eines Kreises geistig hochstehender Männer des damaligen Nordhausen.

Unter ihnen ragen vor allem die Nordhäuser Rektoren hervor. Da hatte ein Girbert schon mitten in den schlimmsten Zeiten des Dreißigjährigen Krieges in der Reorganisation der Schule und in der Erziehung Bedeutendes geleistet. Als er dann 1643 der gegen ihn eifernden Geistlichkeit hatte weichen müssen, führte Johann Günther Hoffmann die Schule 20 Jahre lang unter ewigen Streitigkeiten mit einem recht streit- und herrschsüchtigen Priester, dem Pastor Lesche, weiter, bis 1663 die Anstalt in Friedrich Hildebrand einen ihrer bedeutendsten Rektoren erhielt. Unter ihm erlebte das Gymnasium die höchste Blütezeit unter reichsfreiheitlichem Regimente überhaupt, und die folgenden Leiter, besonders Dunckelberg und Meier, waren wenigstens so tüchtig, daß sie die Schule auf ähnlicher Höhe erhielten.

---

[6] Titius, Abgelegter Reden erster und ander Theil. Halberstadt, 1678, 228.

Hildebrand war wirklich ein ganz ausgezeichneter Mann, als Erzieher sowohl wie als Mensch. Er besaß ein angeborenes großes Lehrgeschick, so daß ihm nachgerühmt wurde, daß er selbst weniger Begabten vieles beigebracht habe. Größer aber noch als der Lehrer Hildebrand war der ganze prächtige Mensch und Erzieher. Er verstand es, sich ganz in die Ideenwelt der Jugend zu versetzen und sie dann, zunächst sich auf ihren eigenen kindlichen Standpunkt stellend, anzuregen und zu sich emporzuläutern. Voll Verehrung blickten seine Schüler deshalb zu ihm auf, verkündeten seinen Ruhm in aller Welt und zogen auf diese Weise selbst von fernher weitere Scholaren nach Nordhausen. Diesem Umstande war es zu danken, daß in der Prima zu Füßen Hildebrands zeitweilig 160 Schüler saßen.

Doch stand Hildebrand auch mitten im Leben und suchte auch der Bürgerschaft von seinen reichen Gaben liebenswürdig und ohne sich aufzudrängen mitzuteilen, was ihr dienlich sein konnte. Mit praktischem Rat war er immer gern bei der Hand, wenn man ihn verlangte; auf die Herausführung seiner Mitbürger aus bloßem materiellem Genuß zu höherem geistigem war er ständig bedacht. Eine solche Wirksamkeit war natürlich nur einer in sich gefestigten Persönlichkeit möglich, und eine solche spricht auch aus dem von Hildebrand verfaßten Lutherliede am Schlusse des 44. Diskurses in einer seiner zahlreichen Schriften. Für das berühmte Bildwerk von Christi Leiden unter den Bögen des Töpfertores aber schenkte er der Nordhäuser Bürgerschaft folgende Verse:

„Der Ketten strenges Band, der Kriegesleute schlagen,
„Der Dornen scharffe Kron, die muß ich für dich tragen,
„Das Creutze gar dazu: Ich leide diese Pein,
„Damit dein Creutze dir mag desto leichter seyn."

Es konnte nicht ausbleiben, daß sich dieser Mann, der neben einem scharfen Verstande auch ein weiches Herz besaß, von den jüngsten Bestrebungen in der evangelischen Theologie, die Religion aus der Verknöcherung der Dogmatik herauszuführen und ihr einen neuen Inhalt durch die Betonung des Gefühlsmäßigen zu gewinnen, angezogen fühlte und den Kreisen der Pietisten nahe stand. Dadurch erregte aber Hildebrand den Groll der Nordhäuser konservativen Geistlichkeit, besonders des Pfarrers Dielfeld an St. Nikolai, und verließ schließlich, des theologischen Gezänkes überdrüssig, 1674 Nordhausen. Er wurde Rektor in Merseburg und starb dort in hohen Ehren im Jahre 1687.

Hildebrand hatte es verstanden, noch einmal den alten tüchtigen Humanismus in Nordhausen zu neuem Leben zu erwecken. Sein vierter Nachfolger, der Rektor Joachim Meier, der von 1708–1722 an der Spitze des Gymnasiums stand, suchte dann die Gelehrtenschule in neue, moderne Bahnen überzuführen. Er war es, unter dem Deutsch und Geschichte, Geographie und Mathematik in der Schule allmählich Bürgerrecht gewannen und der seine Schüler zu „galanter, politischer und manierlicher Aufführung" zu erziehen strebte. So hatte Meier das Verdienst, die Schule mehr, als es bisher der Fall war, in das Leben hineingestellt zu haben.

Die nach dem Dreißigjährigen Kriege für Nordhausen anbrechende ruhige

Zeit, die Wohlstand und Wissenschaft förderte, ermöglichte es manchem Bürger auch wieder, seine hilfsbereite Gesinnung in wohltätigen Werken und Stiftungen zu beweisen. So treffen wir in der zweiten Hälfte des Jahrhunderts wieder auf eine ansehnliche Reihe edler Wohltäter. Da ist in erster Linie Johannes Hecklaur, eines Nordhäuser Ratsherrn Sohn, zu nennen, der zunächst in Nordhausen Orgelbauer war, dann aber in Holsteinschen Diensten als Baudirektor zu Ehren und Wohlstand kam und der seiner Vaterstadt in treuem Gedenken 1643 die stattliche Summe von 1000 Talern stiftete. Von drei Vorschlägen, die Hecklaur dem Rate für die Verwendung der Zinsen machte, schien dem Rate der beste derjenige zu sein, der die Zinsen des Stiftungskapitals zum Wohle der Lehrer der Schule und der Kurrende bereitstellte. 1645 kam die Stiftung an Lehrer und Schüler zum ersten Male zur Auszahlung. Die recht schlecht bezahlten Lehrer und die armen Schüler waren ihrem Wohltäter herzlich dankbar, und noch 1751 feierte ihn Rektor Goldhagen in einem Schulprogramme mit den Worten: „Du erkanntest, liebreicher Hecklaur, wie schlecht die mühsame Arbeit der getreuen Schullehrer insgemein belohnt wurde; du wußtest, daß Mangel nebst anderen Beschwerlichkeiten sie oftmals kleinmütig und niedergeschlagen macht. Du suchtest daher nach dem Vermögen ... unsere Last zu erleichtern und unsere Bitterkeit zu versüßen."

Ein weiterer Wohltäter für Nordhausen fand sich 1662 in dem Nordhäuser Hans Theuerkauf, der in erster Linie die Blasiikirche und die Schule, dann aber auch die drei Nordhäuser Spitäler bedachte und eine Summe auswarf, deren Zinsen dazu verwendet wurden, 12 Stadtarmen durch wöchentliche kleine Beihilfen das Leben zu erleichtern.

Ein schönes Stipendium war auch das des Stadtschultheißen Johann Heinrich Stender, der 1680 für Studierende 1000 Gulden stiftete. Und schließlich mag noch aus einer Reihe anderer Vermächtnisse das des Bürgermeisters Frommann hervorgehoben werden, der in dem Notjahre 1682, wahrscheinlich um den Himmel zu versöhnen und von ihm die Errettung aus der Pestgefahr zu erflehen, eine Reihe von ansehnlichen Legaten auswarf, durch welche die Kirchen und die Schule Nordhausens bedacht wurden. [7]

So behäbig man aber auch zu Nordhausen in leidlichem Wohl stand lebte, während am Rhein und an der Weichsel, an der Donau und am Belt die Völker aufeinanderschlugen, so blieb man doch auch von schwersten Schicksalsschlägen verschont, und nur der unverwüstliche Optimismus und die einzigartige Spannkraft eines im Kerne urgesunden Volkes sowie ein fruchtbarer Boden, der die geringe Zahl der Einwohner mit Leichtigkeit nährte und in kurzer Zeit wieder wohlhabend machte, konnten die Bevölkerung in wenigen Jahren immer wieder emporbringen.

Der erste und entsetzlichste Schlag traf die Stadt in den Jahren 1681 und 1682; die orientalische Pest suchte sie nochmals und nun zum letzten Male heim – in fürchterlichster Weise. Die Krankheit war 1679 aus dem Seuchenherd des Orients

---

[7] Besonders zu Hecklaur und Frommann vergl. Kindervater, Nordhusa illustris, Wolfenbüttel, 1715.

nach Ungarn eingeschleppt worden, fiel dann auf Österreich und Böhmen und gelangte von hier nach Sachsen und in die Länder der Norddeutschen Tiefebene. Als sich im Jahre 1681 die Anzeichen mehrten, daß sich die Krankheit auch in Nordthüringen ausbreite, traf man in Nordhausen unter der umsichtigen Leitung des Stadtmedikus und Bürgermeisters Frommann umfangreiche Vorbeugungsmaßnahmen. Eine scharfe Pestkontrolle wurde eingeführt; Nordhäuser Bürger, die von auswärts zurückkamen, mußten sich einer Quarantäne im Nordhäuser Stadtgefängnis unterwerfen, landfahrendes Volk und Juden wurden überhaupt nicht mehr eingelassen; „man zeiget ihnen den Stab", wie es heißt. Frommann veranlaßte weiterhin den Rat, eine Pestordnung zu erlassen, die das Verhalten der Bürger regelte, wenn die Krankheit wirklich ausbrach; und er selbst schrieb eine inhaltreiche Schrift „Medizinalisches Bedenken, wie nächst göttlicher Hilfe ... ein jeder notdürftig könne präserviert und verwahret ... werden".

Trotz aller Vorsorge brach Ende August 1681 die Pest in Nordhausen aus. Ein fremder Schlächter erkrankte plötzlich in Nordhausen, wurde ins Elisabeth-Hospital gebracht und starb alsbald daselbst. Kurz darauf ergriff die Krankheit den Hospitalsvater, seine Frau, seine fünf Kinder sowie andere Insassen des Stiftes. Weitere Infektionen beschränkten sich zunächst auf die nächste Umgebung des Hospitals, auf den Grimmel und das Altendorf, und der außerordentlich strengen Überwachung gelang es, den Seuchenherd zunächst noch zu beschränken. Von August 1681 bis zum Ende des Jahres erlagen nur 53 Personen der Krankheit, und auch bis zum Juni 1682 hielt sich das Sterben noch in mäßigen Grenzen. Dann aber kam der heiße Juli, und dieser Monat wurde der Stadt verderblich. Er forderte 638 Opfer, der August 919, der September 700, der Oktober noch immer 372.

Diese 4 Monate waren die schlimmsten; tief herab senkte damals der grause Vogel die schwarzen Flügel, daß alles Leben erstarb. Die Ratsapotheke war mit einem Staket umgeben worden, damit die Befallenen nicht hineindrängten. Die Medizin bekam man durch zwei Fenster auf die offene Straße gereicht, aus dem einen die Gesunden, aus dem anderen nur die Pestkranken. Trotz dieser Maßnahme wurde der Apothekenbesitzer Johann Henning Behrens nebst 3 seiner Kinder von der Krankheit ergriffen, und alle gingen an ihr zu Grunde. Frommann selbst als eigentlicher Stadtmedikus lehnte die Behandlung der Pestkranken ab. Es wurde, wie es in vielen Städten geschah, ein „Pestmedikus", der Medikus Merck aus Eisenach, angenommen, „damit der Physikus ordinarius die übrigen gesunden Leute abwarte". Der Pestmedikus starb bald, Frommann überstand die Pestzeit glänzend und wurde 90 Jahre alt.

Zu seiner Hilfe hatte der Pestarzt noch einen Stab von „Chirurgen" zur Hand, meist für hohen Lohn angenommene Bader, die die Kranken betreuen mußten. Der Medikus, die Chirurgen und die Hebammen trugen einen schwarzen Stab mit einem kleinen Kreuz, die Leichenträger und Totengräber dagegen waren kenntlich an einem langen weißen Stabe. Diese Personen allein hatten sich mit den Kranken zu befassen; jedem anderen war das Betreten eines Pesthauses streng untersagt. Arznei, Speise und Trank, welche andere Leute brachten, mußten durch die Fenster in einem Korbe herauf- und heruntergezogen werden. Das im Umlauf befindliche Geld mußte, ehe es von einer Hand in die andere ging, mit Essig oder scharfer Seifenlauge abgewaschen werden. Auf das Trüben der Brunnen und des Mühlgrabens stand schwere Leibesstrafe. Zu Friedhöfen für die Verstorbenen durften nicht die gewöhnlichen, noch immer mitten in der Stadt um die Kirchen herumliegenden Friedhöfe benutzt werden, sondern es waren dazu „sonderbare (besondere) Plätze ausgesucht". Die Nikolai-, Blasii- und Petrigemeinde begruben ihre Toten wie auch schon in früheren Pestzeiten auf dem Spendekirchhofe, die Neustadt und der Frauenberg im Garten des Klosterhofes und der Grimmel und das Altendorf zwischen Scherfteich und Bleiche.

Und trotz aller Not und allen Elends gab es doch Schurken, deren Herzen so verhärtet waren, daß sie die hilflosen Kranken beraubten oder sich wohl gar, um sich ihrer so schnell wie möglich zu entledigen, an ihnen vergriffen. Der Rat sah sich daher zu der ganz außergewöhnlichen Maßnahme veranlaßt, verkünden zu lassen: „Wenn Totengräber einen Kranken oder Ohnmächtigen ergreifen oder einen Lebendigen ersticken oder lebendigen Leibes begraben, dann werden sie lebendig verbrannt."

Im übrigen machte man, wie schon in früheren Zeiten, auch jetzt wieder die Erfahrung, daß zarte Personen, besonders Frauen und Kinder, viel schneller von der Krankheit ergriffen wurden als starke und kräftige. Auch aus den Verlusten unter den Schülern ist das zu ersehen; von 30 im blühenden Jünglingsalter stehenden Primanern starben nur 7, von 76 kindlichen Sextanern aber 54. Manche Menschen schienen überhaupt gegen die Seuche gefeit zu sein. Es gab Krankenwärter, die von Stadt zu Stadt zogen, überallhin, wo die Pest herrschte, für hohen Lohn in Dienst traten, sich äußerst wohl dabei fühlten und nie von der Krankheit befallen wurden. Dennoch erlag selbst von diesen gewiß nervenstarken Chirurgen, Krankenwärtern und Totengräbern, von denen 40 dem Medikus zur Seite gestanden hatten, mehr als die Hälfte der Krankheit. Im ganzen starben vom August 1681 bis März 1683 überhaupt 3323 Menschen. [8]

Neben dieser Pest suchten drei furchtbare Brände die Stadt in dem kurzen Zeitraum von 26 Jahren heim.

Es ist seltsam, wie unvorsichtig die Bevölkerung immer wieder mit dem Feuer umging trotz häufig vorkommender Brände und trotz der Not der von Brandschaden heimgesuchten Bewohner. Die Häuser waren ja damals, abgesehen von einigen Gebäuden, die einen steinernen Unterbau besaßen, sämtlich Fachwerkbauten und häufig nur mit Schindeln oder Stroh gedeckt. Auch die Polizeiordnung von 1668 hatte noch vergeblich die Strohdächer verboten. Die Enge der Straßen, der Mangel an Brandmauern, die Vorliebe, die oberen Etagen vor den unteren überstehen zu lassen, das Durcheinander von Wohnhäusern, Scheunen und Ställen, wenigstens in den Vorstädten, die Aufbewahrung von Flachs, Hanf, Holz, Öl und Schmer in den Häusern wurde ja in jenen Zeiten allen Städten gefährlich.

---

8 Hauptquellen: Die Pestordnung vom Jahre 1681 und die Medizinalischen Bedenken Frommanns. Vergl. ferner Förstemann, Chronik, 246 ff.

Dazu kam die Unvollkommenheit der Beleuchtungsgeräte; Öllampen mit ungeschütztem Docht und offen flackernde Kerzen dienten fast ausschließlich als Beleuchtung. Die unvorsichtig angelegten Backöfen der Bäcker, die Holzstapel und die Holzabfälle der Tischler und Drechsler ließen leicht ein gefährliches Feuer aufkommen. Für Nordhausen im besonderen waren die vielen Brauhäuser und vor allem die Branntweinbrennereien gefährlich. Und trotz dieser Gefahr und trotz mancherlei Bauvorschriften handelte man doch immer wieder leichtsinnig und kehrte sich an keine obrigkeitliche Maßnahme. Noch die Feuerordnung von 1689, nachdem soeben erst ein verheerender Brand gewütet hatte, mußte feststellen, daß „nicht ohne Erstaunen vermerkt worden sei, daß nicht allein solch kleines Holzwerk und Späne nahe bei der Feuerstätte unten im Hause hin und wieder zerstreut gelegen, sondern auch oben auf dem Boden um den Rauchfang und Schornstein, welcher doch gar nicht bis ans Dach, viel weniger außerhalb demselben geführet worden ist, sondern nur denselbigen Boden erreicht und solchem gleich gewesen, angehäufet befunden seien."

Bei solcher Unachtsamkeit kann es nicht wundernehmen, wenn immer wieder ganze Stadtteile in Schutt und Asche gelegt wurden. So brach am 4. Mai 1686 am „hellen Mittage zwischen 1 und 2 Uhr" in der Neustadt in der Scheune des Bürgers Reinhard durch einen unvorsichtigen, Tabak rauchenden Drescher Feuer aus. Bald waren die Neustadt, der Lohmarkt, die Flickengasse, Unter den Weiden, Auf dem Sande, die Kuttelmühle und die Häuser an der Kutteltreppe sowie Teile des Neuen Weges ein einziges Flammenmeer. 175 Häuser fielen dem Brande zum Opfer; nur mit Mühe konnte St. Jakobi gerettet werden.

Furchtbarer noch waren die Brände vom Jahre 1710 und 1712, welche die Oberstadt heimsuchten. – In der Nacht vom 23. auf 24. August 1710 brach das Feuer hinter einem Backhause zwischen dem Steinwege und der Kalten Gasse, also westlich des Rathauses, aus. Da 100 Zentner Öl, die in der Nähe des Brandherdes lagen, Feuer fingen, stand bald die ganze Ostseite der Kalten Gasse in Flammen, und von da breitete sich das Feuer über die Umgebung des Marktes, die Bäckerstraße, den Königshof, die Prediger-, Jüden-, Rautenstraße und Kikkersgasse aus. 16 Stunden dauerte der Brand, der 161 Gebäude, darunter 72 wohlhabende Brauhäuser, in Asche legte. Das Rathaus wurde teilweise vom Feuer ergriffen, von der Nikolaikirche blieb zwar das Gewölbe stehen, aber alles, was aus Holz war, brannte aus; das Dach wurde zerstört, die 5 Glocken schmolzen, die Uhr wurde vernichtet. Ganz herunter brannten der in der Reformationszeit neu aufgeführte Walkenrieder Hof und das alte, seit 1526 als Gymnasium dienende Dominikanerkloster in der Predigerstraße. Von dort aus hatte sich das Feuer auch an der Stadtmauer entlanggefressen, hatte die inneren Wehrgänge zerstört und den Aufbau der Kuttelpforte sowie den des Rautentores erfaßt. Es muß ein wildes Schauspiel für die Bewohner der Unterstadt und der in der Aue liegenden Dörfer gewesen sein, wie dort oben am Primariusgraben die halbe Stadt in Flammen stand.

Verhältnismäßig schnell ging man damals an den Wiederaufbau. Auf dem Rathause konnte schon im November 1711 „der Busch aufgesteckt werden", und die neue Schule, das „alte Gymnasium", von dem Teile bis in die achtziger Jahre des 19. Jahrhunderts gestanden, wurde gar schon am 30. Oktober 1711 „solenniter eingeweiht".

Noch gewaltiger war der Brand vom 21. August 1712. Er brach abends 8 Uhr in der Scheune des Bürgers Wilhelm Schneider in der Gumpertgasse aus, wahrscheinlich wieder durch Fahrlässigkeit, doch suchte das Gerücht alsbald den verhaßten Preußen, die in der Stadt lagen, die Schuld in die Schuhe zu schieben. Dieser Brand ergriff den ganzen Nordteil der Stadt, vom Töpfertor im Osten bis an den Neuen Weg im Westen, vom Pferdemarkt im Norden bis an die Webergasse im Süden. 281 Wohnhäuser, unter ihnen 106 brauberechtigte, fielen diesmal dem Brande zum Opfer. Die Nikolaikirche, die noch von 1710 ausgebrannt stand, wurde abermals vom Feuer ergriffen, der Walkenrieder Hof sank nun gänzlich in Asche, das alte Wagehaus auf dem Kornmarkte, das Zeughaus bei St. Georgi an der Ecke Kornmarkt-Töpferstraße, die erst 1711 in der Pfaffengasse erbaute Mädchenschule brannten nieder. Ebenso schlugen die Flammen in die hölzernen Aufbauten des Töpfertores und Neuenwegstores und brannten die darin befindlichen Torwächterwohnungen aus. Erst ein starker Regen, der gegen 2 Uhr morgens einsetzte, gebot dem Feuer Einhalt. Nur dadurch wurden das Rathaus und die völlig vom Feuer umringte Blasiikirche gerettet.

Besonders zwei wackere Männer, voll Gottesfurcht und deshalb ohne Furcht vor dem wilden Elemente, hatten die verstörten, hilflosen Einwohner um sich gesammelt und sprachen ihnen Trost und Mut zu: Der Pfarrer Kindervater von St. Blasii und der Rektor Meier vom Gymnasium. Auf den Platz vor der Kirche sowohl wie auf den Schulhof an der Predigerstraße war die Menge vor dem Flammenmeere geflüchtet, und hier nahmen sich ihrer diese tapferen Männer an.

Ein besonderes Glück war es, daß bei der Feuersbrunst vom Jahre 1710 nur ein Mensch, bei der noch größeren vom Jahre 1712 gar keiner ums Leben gekommen war. Schlimm genug aber war es, daß es, wie in der Pestzeit, so auch jetzt Gesindel gab, welches die Not zu Diebereien aller Art benutzte. Es „scheuten sich nicht nur Fremde, sondern auch einheimische boshaftige Leute, zu nehmen, was sie nur konnten".

Unendliche Not war durch diese beiden Feuersbrünste über die Bevölkerung gekommen; denn Versicherungen kannte man damals noch nicht; erst 1803 trat Nordhausen in die Magdeburger Landfeuer-Sozietät. So blieb nichts anderes übrig, als „Brandbriefe" zu schreiben und Hilfe für die Abgebrannten allerwärts zusammenzubetteln. Und es fanden sich auch nicht nur edeldenkende Privatleute, sondern auch ganze Gemeinden, die in aller Eile das Notwendigste an Lebensmitteln, Kleidung und Geld sandten; denn jedes Dorf, jede Stadt konnte damals ja im nächsten Augenblick von demselben Unglück heimgesucht werden und der Hilfe der Nachbarn bedürfen. So sandten Mühlhausen Viktualien und Geld, Frankenhausen, Kelbra und viele umliegende Dörfer Getreide, aber mit der Maßgabe, daß es „ordentlich" ausgeteilt werde, ein Wunsch, der keineswegs unberechtigt war, mußten sich doch die führenden Geschlechter in Nordhausen bald den Vorwurf gefallen lassen, daß sie die Kollekten allein zum Aufbau ihrer

Häuser verwendet hätten, so daß, während die Mehrzahl der Einwohner noch Jahre lang in Notwohnungen hausen mußte, sie bald wieder stattlichere Gebäude hatten als einst.

Diese drei Brände veranlaßten den Rat zu eingehenden „Feuerordnungen". Die wichtigsten sind die vom 21. Oktober 1689 und 28. Februar 1730. Daneben aber stehen zahlreiche Bestimmungen über die Feuerwehr (1716), über unvorsichtiges Tabakrauchen (1724, 1725, 1729) und über das Verbot des Branntweinbrennens in der Oberstadt (1717).

In erster Linie traf man Vorsorge, daß das Feuer sobald wie möglich bemerkt wurde. Deshalb war den Nachtwächtern, und zwar den sechs in der Oberstadt und den vier in der Unterstadt, geboten, etwa aufkommendem Feuer ernsteste Beachtung zu schenken. Auf dem Nikolaiturm, seit 1710 auf den Türmen von St. Blasii und Petri wurden Turmwächter stationiert, die Tag und Nacht über die Stadt zu wachen hatten. Sie mußten, sobald sie ein Feuer bemerkten, bei Tage die Feuerfahne, bei Nacht ein brennendes Licht herausstecken.

Ferner suchte man durch strenge Bauvorschriften und eingehende Verhaltungsregeln den Ausbruch des Feuers zu verhüten. Über die Anlagen von Backöfen, Branntweinblasen, offene Herdstellen ergingen Vorschriften; jeder Schornstein mußte jährlich zweimal gereinigt werden. Über das Umgehen mit ungeschützten Flammen und Tabakspfeifen kamen Bestimmungen heraus.

Alles, was zur beschleunigten Unterdrückung des Feuers geschehen konnte, wurde angeordnet. Wo Wasser aus dem Mühlgraben entnommen werden sollte, welche Maßnahmen eigens ehrenamtlich ernannte Brunnenaufseher und „Kunstmeister" treffen sollten, wurden bestimmt. An mehreren Stellen der Stadt wurden Spritzen aufgestellt, und aus jedem Stadtviertel wurde eine Anzahl Leute zu ihrer Bedienung beordert. „Nachdem aber zum füglichen und nützlichen Gebrauch solcher großen Instrumente eine ziemliche Kraft und Gewalt gehöret, so sind zu jeder (Spritze) ohngefähr 30 Personen von denen jüngeren und muntersten Bürgern, wobei diejenigen, so mit Schmiedesachen umzugehen wissen, am ersten herbeizusuchen, so nahe man dieselben mit ihrer Wohnung bei jeder Spritze haben kann, erwählt und aufgezeichnet." Da aber bei der Enge der Gassen diese Spritzen häufig nur langsam fort kamen, ließ der Rat bei einer Reihe von Brunnen Wasserschleifen oder sogenannte Leithen aufstellen, Bottiche aus Eichenholz, die umgelegt und dann von einem einzigen Pferde geschleift werden konnten, damit man auch „in gar schmalen Gassen fortkäme". Um endlich dem Diebesgesindel zu steuern, das während eines Brandes seinem schamlosen Gewerbe nachging, wurden bei Ausbruch eines Feuers alle Tore sofort geschlossen und mit doppelten Posten besetzt.

Trotz dieser Vorsichtsmaßnahmen blieben Brände nicht aus, doch war der Brand vom Jahre 1712, der größte von allen, von denen wir genauere Nachricht besitzen, zugleich der letzte, der ganze Stadtteile niederlegte. [9]

---

9 Hauptquellen die Feuerverordnungen von 1689 und 1730. Vgl. ferner: Kindervater, Feuer- und Unglücks-Chronika, Nordh. 1712. Förstemann, Chronik, 397 ff. Heineck, Feuerlösch- und Rettungswesen der Stadt Nordh., Nordh. Zeitung, 1895, 19. Juli.

Diese Anfälle von Krankheiten und Feuersbrünsten waren aber nicht das einzige, was in den Tagen des ausgehenden 17. und beginnenden 18. Jahrhunderts das scheinbar so behäbige Leben der Nordhäuser Bürgerschaft unterbrach und durchschütterte. Auch die Lage der Stadt nach außen wurde immer bedrohlicher, und im Innern gärte und brodelte es; außen- und innenpolitisch machte Nordhausen damals eine schwere Krisenzeit durch.

Das Geschrei des offenen Krieges drang freilich nur unbestimmt und kaum vernehmbar von den Grenzen des Reiches herüber. Im Osten tobten die Türkenkriege, im Westen trieb Ludwig XIV. seine Eroberungspolitik. Dort an der Donau litten die Kärntner und Österreicher unsäglich, und Wien war 1683 in höchster Gefahr; im Westen am Rhein wiederum hauste die große Nation in den Niederlanden und in der Pfalz viehischer als je ein Barbarenvolk unter Attila oder Dschingis Khan.

Nordhausen spürte von alledem nichts. Geruhig saßen die Bürger des Abends auf dem Weinkeller, ihre Tonpfeifen zwischen den Zähnen, das Glas Wein oder den Broihan vor sich, und ein angenehmes Gruseln überkam sie, wenn ein Krämer, von der Leipziger Messe zurückkommend, neue Botschaft aus Kärnten brachte, wie dort die Türken die Einwohner in den Kirchen eingepfercht und diese dann angezündet hatten. War man dann auseinander und nach Hause gegangen und hatte dort noch ein Kännlein wohltuenden Würzweins genossen, so legte man sich in die breiten, dick gestopften Betten, dachte noch einmal hinüber nach dem brennenden Heidelberg, glaubte das Gejammer der Ausgeplünderten und Geschändeten zu vernehmen und schlief mit einem erleichternden Seufzer friedlich ein. Alles, was man in Nordhausen gegen den bösen Türken unternehmen konnte, bestand darin, daß man den Segen des Himmels auf Österreich und seinen Fluch auf die Heiden herabflehte. 1663, als die Türken Neuhäusel belagerten, ordnete der Rat gewissenhaft drei Gebete wöchentlich für Errettung aus der Not an, und 1689, als die Türkengefahr noch einmal drohte, wandte man sich noch einmal um Hilfe an den Herrgott. Das übrige besorgten dann Max Emanuel von Baiern, Ludwig Wilhelm von Baden und der kleine tapfere Prinz Eugen.

Etwas mehr verspürte man schon von den Kriegen am Rhein. Hier war zunächst nur Friedrich Wilhelm von Brandenburg auf dem Plane und kam den befreundeten und verschwägerten Niederländern zu Hilfe. Dann raffte sich aber auch der Kaiser auf, und Ende August 1672 zog Montecuccoli, der Sieger von St. Gotthardt an der Raab, mit mehr als 12000 Mann – die Nordhäuser Annalen verzeichnen etwas übertreibend 15000 – durch die Goldene Aue, um den Brandenburger zu unterstützen, 1700 Zentner Brot, 500 Paar Strümpfe, 500 Paar Schuhe, Wein, Bier und Viktualien, nicht zu vergessen die Geschenke an die „Herrn Offiziers", mußte des Kaisers Freie Reichsstadt Nordhausen der durchmarschierenden Armee liefern. Auch brandenburgische Truppen benutzten wohl während dieses zweiten Raubkrieges Frankreichs den Weg zwischen Harz und Hainleite hindurch, um nach Hessen und Franken zu gelangen. Im August 1674 mußte die Stadt den Truppen des Kurfürsten 1400 Taler zahlen.

Wirklich aufgerüttelt aus seinem Winterschlafe wurde das Reich jedoch erst durch die Reunionen, die Ludwig Anfang der achtziger Jahre mitten im tiefsten Frieden vornahm. Damals flammte noch einmal so etwas wie Nationalgefühl auf, und der Reichstag beschloß am 23. Mai 1681, ein Reichsheer gegen Frankreich aufzustellen. Goslar, Mühlhausen und Nordhausen wollten zusammen eine Kompagnie von 161 Mann zu diesem Kriege aufbringen. Natürlich verpuffte die ganze Begeisterung alsbald, und der Bischof Eugen von Fürstenberg konnte ungestraft mit gotteslästerlichem Wort das deutsche Straßburg dem Sonnenkönig überliefern. Zu Wien stand kein Standbild von dieser Stadt im deutschen Elsaß, das mit schwarzem Flor umhangen ward.

Jedoch machten sich in den achtziger Jahren die Truppendurchzüge nach Ost und West auch für Nordhausen mehr als bisher fühlbar. Schon am 2. Dezember 1685 mußte die Stadt zwei Kompagnien hannöverscher Truppen, die aus Ungarn kamen, aufnehmen, und als am 10. Dezember abermals 800 Mann Einlaß begehrten und ihn nicht sogleich erhielten, wurden die Tore mit Gewalt erbrochen. Bis zum 27. Dezember lagen diese Truppen in der Stadt und ließen sich's wohlsein. Und da kurz danach der Große Kurfürst, um sich für seine Hilfe gegen die Franzosen bezahlt zu machen, Ansprüche auf Nordhausen erhob, blieb in den Folgejahren eine kleine hannöversche Garnison in der Stadt, um die Entwicklung der Dinge abzuwarten und gegebenenfalls Hannover mit Nordhausen schadlos zu halten. So spitzte sich die Krisis zu.

Brandenburg war 1675, mitten im 2. Raubkriege, vom Kaiser um Schlesien betrogen worden. Dann hatte es, von Kaiser und Reich verlassen, trotz aller Erfolge 1679 den Frieden von St. Germain schließen müssen. Auch dabei war es leer ausgegangen. Jetzt benutzte es die Schwierigkeiten des Reiches im 3. Raubkriege, um wenigstens einige Entschädigungen für sich herauszuschlagen. So gelang es ihm, am 22. März 1686 im Vertrage von Berlin den Kreis Schwiebus und die Anwartschaft auf Ostfriesland zu erhalten. Doch forderte es für die vielen dem Reiche schon geleisteten Subsidien auch noch die Städte Dortmund, Mühlhausen und Nordhausen. Schon im März 1687 erschien ein brandenburgischer Agent, Ernst Christoph Gander, in Nordhausen und leitete vorsichtige Verhandlungen mit der Stadt ein. Da merkte die Stadt, daß es um ihre Freiheit ging. Sofort wandte sie sich hilfeflehend an den Kaiser, beklagte sich über das böse Hannover, das noch immer Truppen in der Stadt hielt, und über das noch bösere Brandenburg, das schwärzeste Pläne schmiedete.

Die beiden Briefe vom 8. und 16. Juni 1687 erreichten natürlich nichts weiter, als daß die Anstalten, die Hannover und Brandenburg trafen, für die Stadt immer bedrohlicher wurden. Die hannöversche Garnison blieb in der Stadt, Brandenburg ordnete von seiner Grafschaft Honstein aus wirtschaftliche Repressalien an: Städtische Ländereien vor den Toren wurden besetzt und von den ein und aus verkehrenden Fuhrleuten neue Zölle erhoben. Verweigerte man sie, so wurden kurzerhand die Pferde ausgespannt.

Klagend wandte sich Nordhausen am 25. Januar 1688 an den Reichstag in Regensburg, und hier wenigstens fanden seine Beschwerden Widerhall. Georg

Wilhelm von Braunschweig-Lüneburg, der Brandenburg die Beute aus den Klauen reißen wollte, wurde der geschickte Führer einer starken Opposition.

Der Knoten schien sich zu Gunsten Nordhausens zu lösen, als der Große Kurfürst am 9. Mai 1688 starb. Doch da man nicht wußte, wessen man sich von seinem Nachfolger zu versehen hatte, blieb man wachsam. Nordhausen tat sich mit Mühlhausen und Goslar, das schließlich ebenso bedroht war wie die beiden anderen Städte, zusammen, und im Juli 1688 zu Duderstadt sowie im September zu Herzberg kamen die drei Städte überein, gemeinsam einen Agenten anzunehmen, der ihre Interessen in Wien beim Kaiser und Reichshofrat und in Regensburg beim Reichstag vertreten sollte.

Und in der Tat hatte man allen Anlaß, auf der Hut zu sein. Friedrich III., der den Kreis Schwiebus an den Kaiser zurückgegeben hatte, war doch nicht gewillt, dauernd auf alle Ansprüche des Vaters zu verzichten. Doch leistete der städtische Agent in Regensburg zunächst gute Arbeit, so daß alle drei Stände des Reichstages die Bitte Nordhausens beim Kaiser unterstützten, der Stadt ausdrücklich ihre Freiheit und ihre Privilegien zu bestätigen. So gab denn Kaiser Leopold der Stadt am 12. Mai 1695 ein feierliches *Diploma manutenentiae de non alienanda immedietate*, in welchem es hieß: „Wir erteilen ... in Kraft dieses Briefes gnädiglich, setzen, meinen, gebieten, ordnen und wollen für uns und unsere Nachkommen am Reich, daß ... Nordhausen ... wie bisher, forthin zu ewigen Zeiten bei ihrem Reichsstand und städtischem Herkommen und Würden, Indemnität ... Freiheiten, Rechten und Gerechtigkeit ... ungekränkt und ruhig verbleiben soll." Und am 6. Oktober 1695 erfolgte feierlich die Bestätigung der alten Privilegien.

Wenn nun auch Brandenburg zunächst davon Abstand nahm, sich Nordhausens mit Gewalt zu bemächtigen, so schien dem Kurfürstentum die Stadt doch zu wichtig zu sein, als daß es die gute Beute leichten Kaufes gänzlich aus den Händen gelassen hätte. Neben anderen Stützpunkten nördlich des Harzes bedeutete die Stadt für das in zersplitterten Teilen sich weit von Osten nach Westen erstreckende Brandenburg-Preußen einen wichtigen Pfeiler, und zugleich war sie wirtschaftlich der gewiesene Mittelpunkt für die schon preußische Grafschaft Honstein-Klettenberg. Dieser letztere Gesichtspunkt bewog Friedrich III. zuzugreifen, als er 1697 vom Herzogtum Gotha den Walkenrieder Hof als wichtigen Stapelplatz für die Produkte der Grafschaft in Nordhausen erwerben konnte. Nordhausen protestierte zwar gegen den Ankauf, erreichte damit aber nichts, da der Vertrag rechtlich einwandfrei zustande gekommen war. Brandenburg aber hatte nunmehr endgültig den ersten Fuß in die Freie Reichsstadt gesetzt.

Entscheidend für das Schicksal der Stadt wurde dann bald die polnische Politik ihres Schutzherrn und Besitzers der Reichsämter, der Vogtei und des Schulzenamtes, des sächsischen Kurfürsten August II. des Starken. Um die nötigen Gelder für die Erwerbung der Krone aufzubringen, befahl der Kurfürst seinen Räten am 20. Juli 1697, Länder und Gerechtsame für die hübsche Summe von 300000 Talern zu verkaufen. So wurden denn neben anderen auch die Erbvogtei Sachsens über Quedlinburg und seine Reichsvogtei und sein Schulzenamt über Nordhausen zur Veräußerung ausersehen.

Sachsen fand in Brandenburg einen Liebhaber und Käufer für die angebotenen Gerechtsame. Der Verkauf wurde am 27. November 1697 in Krakau vollzogen, und in den Tagen vom 12.–15. März 1698 übernahm Brandenburg die Nordhäuser Vogtei und das Schultheißenamt, die seit Jahrhunderten Sachsen gehört hatten. Auch hierbei mußte sich Nordhausen einfach fügen, da der ganze Handel juristisch unanfechtbar war, und Bürgermeister und Rat der Freien Stadt konnten nur wehleidig erklären, „es würde ihnen und der ganzen Stadt lieb und angenehm sein, daß Seine Kurfürstliche Durchlaucht zu Brandenburg solche Jura statt Ihrer Königlichen Majestät in Polen exerzierte und an sich nähme; sie wären auch nicht gewillet, sich wider deren hohes Interesse und Jura zu setzen, dazu sie auch viel zu ohnmächtig wären, vielmehr wären sie erbötig, mit aller Devotion zu begegnen." [10]

Schwierigkeiten entstanden nur dadurch, daß Nordhausen im Jahre 1687 zum letzten Male für 10000 Gulden die Reichsämter auf 15 Jahre, also bis Ostern 1703, von Sachsen erworben hatte und nun mit Recht darauf bestand, daß Preußen bei Übernahme der Ämter entweder das Geld für die noch ausstehenden 5 Jahre von 1698–1703 zurückzahlte oder sie der Stadt bis 1703 überließ. Nach langwierigen Unterhandlungen einigte man sich schließlich dahin, daß die Stadt die Gerichtsbarkeit noch behielt, die mit dem Schulzenamt verbundenen Zölle aber sogleich an Brandenburg abtrat.

Einmal im Besitze wichtiger Hoheitsrechte in Nordhausen, ging Brandenburg nun ganz systematisch daran, sich die Stadt allmählich gänzlich einzuverleiben. Der erste Schritt dazu war der, daß Friedrich III. dem Geschlechte Sayn-Wittgenstein, dem der Große Kurfürst wegen seiner außerordentlichen Verdienste um Brandenburg im Jahre 1648 zunächst die Grafschaft Honstein überlassen hatte, diese am 16. Dezember 1699 nahm und den Verkehr zwischen Landschaft und Walkenrieder Hof ausbaute. Dann aber erfolgte alsbald der Gewaltstreich, als Brandenburg erfuhr, daß Nordhausen hinter seinem Rücken mit den Braunschweigern verhandelte.

Braunschweig-Hannover hatte Nordhausen schon im Dezember 1699, als Brandenburg die Grafschaft Honstein endgültig übernahm, vor Überrumpelung gewarnt. Die Stadt, auf solchen Bundes genossen gestützt, hatte sich dann auch nochmals an Kaiser Leopold gewandt, und dieser hatte am 28. Februar 1701 und dann noch einmal am 10. Juli desselben Jahres Brandenburg aufgefordert, seinen Schultheißen aus Nordhausen abzuberufen. Der Rat selbst hatte am 1. Juli 1701 den Braunschweigern das Schulzenamt geradezu angeboten. Diesen Umtrieben gegenüber begnügte sich Brandenburg am 24. Januar 1702 zunächst mit einem einfachen Einspruch. Als dann aber die Verhandlungen in Dresden wegen der Ausfertigung der Urkunden ins Stocken gerieten und als infolge der Treibereien eine Besetzung der Stadt durch Hannover in Aussicht stand, wagte Friedrich III.

---
10 Heineck, Brandenburg-Preußen und Nordhausen, Haacke, 1902, 28.

am 7. Februar 1703 einen entscheidenden Schritt. Er ließ den Obersten von Tettau mit 1200 Mann zu Fuß und einem Fähnlein Reiter in Nordhausen einrücken.

Der eingehende Bericht, der über die Besetzung der Stadt durch preußische Truppen noch heute vorliegt,[11] läßt keineswegs ein völlig klares Bild über alle Vorgänge gewinnen, doch können wir uns ihren Ablauf folgendermaßen vorstellen:

Von Halberstadt her, durch den verschneiten Harz, war in den ersten Tagen des Februar eine starke Abteilung preußischer Truppen im Anmarsch. Kein Bote war in dieser Jahreszeit vorhanden, der etwa die Kunde in die Aue gebracht hätte, daß sich von Norden her Truppen ins Honsteinsche hinein bewegten. Unbemerkt und vorsichtig sichernd, langten deshalb zunächst die 40 Reiter des Obersten von Tettau in den südlichen Vorhöhen des Harzes an; unbemerkt und den Bauern Schweigen gebietend, rückten 1200 Mann zu Fuß langsam nach. Am Abend des 6. Februar stand alles in Hesserode und Werther bereit. Nordhausen hatte nichts bemerkt von den Dreispitzen und engen Gamaschen der preußischen Infanterie; es lag in tiefem Winterschlaf.

Unterdes bestimmte Tettau eine Kompagnie als Vorhut, die nächtlicherweile die Überrumpelung der Außenbefestigung wagen sollte. Nachts um 2 Uhr trat sie den Marsch an. Jegliches Feuer war verboten, jeglicher Laut untersagt. Das ungewisse Licht der sternklaren Nacht genügte, und der preußische Zolleinnehmer Andreas Schmid in Nordhausen wies den Weg. Vorwärts ging's ohne Benutzung der Landstraße, auf der man Fuhrwerk und Menschen begegnen konnte, vorwärts über die hartgefrorenen Schollen der Äcker, über die fast ganz ausgefrorenen Teiche beim Siechentore, den Schweineteich und den Pferdeteich; Nordhausen lag in tiefem Winterschlaf.

Da plötzlich verworrene Stimmen am Siechentore, von der Stadtseite her, die man über die Teiche erreicht hatte! Barsche Befehle, dann schon im Innern des Tores dröhnende Kolbenstöße. Entsetzt eilt der Torwart Bierlich aus seiner Wohnung herab. Nichts ist in der Dunkelheit zu erkennen, nicht von ihm, nicht von den Soldaten. Doch schreit er um Hilfe und eilt gegen die Stadt hin davon. 8–10 Schüsse fallen im Innenraum des Tores, und der Pulverdampf, der sich nun in dicken Schwaden über den Torweg legt, hindert noch mehr den Überblick über den Schauplatz der raschen Tat. Doch da tönen Befehle: Fackeln an! Äxte und Seitengewehre her! und polternd dröhnen die ersten Hiebe von innen gegen das äußere Tor, um es für die auf der Landstraße nachrückenden Truppen zu öffnen. Bald geben die Schlösser nach, die Flügel springen auf, herein strömen Tettaus Truppen und ziehen dem Lohmarkte zu. Die Vorstädte sind in der Hand der Preußen.

Doch nun gilt es, die Oberstadt zu nehmen, nun gilt es gegen wohlverwahrte Mauern zu stürmen, wo handfeste Bürger die Freiheit mit ihrem Blut zu verteidigen bereit sind. Ein furchtbarer Kampf wird beginnen. – Nichts von alledem! Zwar haben die Bürgermeister, hat der Rat schon Kunde von dem

---

11 Abgedruckt bei Heineck, a. a. O., 31 ff.

gewaltigen Anmarsch, zwar ist schon in jedem Bürgerhause Licht aufgeflammt, verstörte Gesichter zeigen sich an den Fenstern, ängstlich fragende Menschen durchfluten die Straßen, aber an Gegenwehr denkt niemand. Sie hätte auch wenig genützt; denn schon stehen im Walkenrieder Hof an 30 preußische Soldaten, die man tagsvorher als Fuhrleute in die Stadt geschmuggelt hat, bereit, von innen das Neue-Wegstor zu öffnen.

So geht's denn ohne Hindernis den Fahrweg vom Lohmarkt hinauf vor das Neue-Wegstor. Es steht offen; keiner weiß, wer es geöffnet, doch findet eine rasche Verständigung zwischen den Truppen drinnen und den von außen erschienenen statt. Schon ist das Tor besetzt, der Torwart vertrieben, seiner Familie bei Gefahr des Leibes und Lebens Schweigen geboten. Auch der Zugang zur Oberstadt ist in der Hand des Feindes.

Und nun treten die preußischen Truppen in Marschordnung an. Die Trommler voran, marschiert das Regiment in Nordhausen ein. Durch die Stille der Nacht, in der Enge der Gassen hallen die Trommelwirbel erschrecklich. Das junge Volk läuft zusammen und begleitet die Soldaten, die gesetzteren Leute seufzen in ihren Stuben und schicken ein ängstlich' Gebet gen Himmel. Manch Hintersättler aber reibt sich vor Schadenfreude die Hände und wünscht dem Rat, gegen den er manche Beschwerde hat, eine recht derbe Zuchtrute von den Preußen.

Bald ist der Marktplatz erreicht. Auf dem Kornmarkte werden zwei Geschütze aufgestellt, deren Mündung drohend die Rautengasse hinabgerichtet sind. Die Wachtstube im Rathause wird erbrochen; und dann tritt der Oberst von Tettau sporenklirrend in die Stube des Weinkellers, wo die Bürgermeister und Quatuorvirn bedenklich und ratlos sitzen, ohne fröhlichen Schoppen wie sonst. Und hier vernehmen sie nun aus barschem Munde die Gründe, die zur Besetzung der Stadt geführt haben. –

So gelangte Nordhausen, ohne daß Blut geflossen wäre, in die Hände der Preußen, und 12 Jahre lang sollte die Stadt die ungebetenen Gäste nicht wieder loswerden.

Bald war der Gewaltakt Preußens im ganzen Reiche bemerkt worden. König Friedrich I. suchte sein Vorgehen in Wien zu rechtfertigen, die Nordhäuser wiederum beklagten sich bitter bei ihrem Kaiser. Doch dieser selbst, noch dazu in den Spanischen Erbfolgekrieg verwickelt und auf Preußens Hilfsvölker angewiesen, hatte keine Mittel in der Hand, die bösen Preußen aus seiner getreuen Reichsstadt zu vertreiben. So blieb denn nichts anderes übrig, als zu unterhandeln, hinterhältig und voller Respekt mit den Preußen, offen und voller Ingrimm mit den Hannoveranern. Überwindung kostete es, als seit dem 11. März 1703 der König von Preußen in das sonntägliche Gebet eingeschlossen werden mußte. Nur in der Hoffnung auf baldige Hilfe und Abänderung ging man am 13. März einen Vertrag mit den Preußen ein, in welchem Nordhausen in die Schutzherrlichkeit Preußens einwilligte und die Reichsämter an Preußen mit der Bestimmung abtrat, daß sie noch ein Jahr von der Stadt selbst verwaltet, dann aber Preußen übergeben wurden. Diese Übergabe der peinlichen und zivilen Gerichtsbarkeit, des Zolles, des Geleitrechts, des Scheffelpfennigs geschah dann am 5. und 6. September

1704; Preußen zahlte 13215 Taler 12 Groschen dafür. Nordhausen versprach fernerhin, sich aller Intriguen gegen Preußen, besonders aller „Engagements" mit Hannover, zu enthalten und behielt 2 Kompagnien Infanterie in seinen Mauern.

Doch das Versprechen, nichts gegen Preußen zu unternehmen, wurde von Nordhausen nicht gehalten. In der Stadt bildeten sich nämlich alsbald zwei Parteien heraus, von denen man die eine die preußische, bürgerliche Partei, die andere die hannöversche und Ratspartei nennen kann. Die Anführer dieser hannöverschen Partei waren die Bürgermeister Weber und Hoffmann, ihr stand die Familie Offney nahe, von der ein Mitglied als hannöverscher Hauptmann in Walkenried stand, und ihr gehörten fast alle privilegierten Ratsherrn an; das Haupt jener preußischen Gruppe war der Bürgermeister Eilhardt, und er hatte hinter sich die große Menge der ärmeren, gänzlich einflußlosen Bürger. Diese preußische Partei war stärker an Zahl; aber ohne eigentliche Vertretung und willensstarke Führung, erst gegen Ausgang der Besetzungszeit machte sich der Einfluß des Advokaten Chilian Volkmar Riemann und des Kaiserlichen Posthalters Filter geltend, die aber, da sie keine öffentlichen Ämter bekleideten, nur mittelbar wirken und wühlen konnten; die hannöversche Partei dagegen hatte die Macht in Händen und ging mit Entschiedenheit vor. So blicken wir hier zum ersten Male in die Bewegungen hinein, wie sie damals Nordhausen durchfluteten, erblicken zum ersten Male die Risse, die tief und weit die Bürgerschaft durchzogen, sehen zum ersten Mal, wie äußere und innere Politik ineinanderspielen und die Gemüter nicht selten leidenschaftlich in Erregung setzen.

Die hannöversche Partei fand ihre Verbindung schon Ende Februar 1703 mit dem draußen in Walkenried, in Neustadt, ja im benachbarten Petersdorf die hannöversche Sache vertretenden Offney. Es wurde sogar der kühne Plan gefaßt, die preußische Garnison in Nordhausen des Nachts zu überrumpeln. Doch blieb es bei dem Vorhaben, und in späteren Jahren konnten die Hannoveraner nichts weiter tun, als sich in Wien und in Regensburg für Nordhausen einzusetzen.

Unterdes begann aber die Tätigkeit eines Mannes für Nordhausens Reichsfreiheit, der unzweifelhaft damals der geschickteste Diplomat der Stadt war. Das war der Bürgermeister Johann Günther Hoffmann. Hoffmann war von niedriger Herkunft, was ihm seine Gegner in jener Zeit, die den lächerlichsten Standesdünkel ausgebrütet hatte, gern vorwarfen. Doch, wie es sich selten bei Leuten, die sich aus kleinen Verhältnissen emporgearbeitet haben, vorkommt, vertrat Hoffmann als Bürgermeister nun gerade den Standpunkt der bevorrechteten Ratsmitglieder, und weniger um der Reichsfreiheit selber willen, als um durch die Reichsfreiheit die bisher regierenden Geschlechter am Ruder zu halten, trat er für Nordhausen gegen Preußen ein. Obgleich er durchaus kein überragender Geist war, vermochte ein Mann wie er mit großem Tätigkeitsdrang und leidlichem Verstande, ähnlich wie auch der Bürgermeister Frommann, in dem damaligen Nordhausen, das jeglicher Köpfe entbehrte, doch einige Bedeutung zu erlangen.

Hoffmann hatte nun bald begriffen, daß man wohl mit Hannover konspirieren könne, daß das aber ohne wesentlichen Einfluß auf den Gang der Dinge bleiben, ja dieses Spiel mit dem Feuer Preußen gar zu noch festerem Zugreifen veranlassen müsse, daß dagegen der Kaiser und das Reich als die rechtmäßigen Instanzen bei der ganzen gegen Preußen gerichteten Stimmung im Reich nicht ohne Nutzen für die Stadt gebraucht werden könnten. Er war es deshalb auch, der sich nach Wien wandte und nicht abließ, dort alle Hebel gegen Preußen in Bewegung zu setzen.

Im Dezember 1704 und im Frühjahr 1705 hatte er den Kaiser endlich so weit gebracht, daß dieser für Nordhausen eintrat. Am 20. Dezember 1704 langte aus Wien ein Schreiben an, das dem Rate jegliches Verhandeln mit Preußen verbot, und den Tag vor der Ratswahl, den 4. Januar 1705, benutzte der Rat, dieses Schriftstück der Bürgerschaft öffentlich bekannt zu geben. Doch auf diesen offensichtlich unfreundlichen Akt antworteten die Preußen, klug die wegen der innenpolitischen Machenschaften des Rates erregte Stimmung der Bürger benutzend, mit einer staatlichen Zwangseinquartierung bei den Bürgermeistern, und recht schadenfroh mögen die Bürger den Herrn, die damals in schamloser Weise die öffentlichen Einkünfte für sich benutzten, diese ungebetenen Gäste gegönnt haben.

Doch blieb es nicht bei dieser einzigen Verwendung des Kaisers für Nordhausen. Am 6. April 1705 befahl der Kaiser den Preußen die Räumung der Stadt, und am 19. Mai desselben Jahres erbot sich der Niedersächsische Kreis, für Nordhausen einzutreten. Nachdem auf diese Weise alles auf dem besten Wege für Nordhausen zu sein schien, ging Hoffmann noch einen Schritt weiter, für die Reichsfreiheit der Stadt und die vollen Beutel der Ratsherrn zu wirken.

In Wien war nämlich Kaiser Leopold gestorben; ihm folgte sein Sohn Joseph I., und diesen Regierungswechsel nahm Hoffmann zum Anlaß, selbst in Wien zu erscheinen und dem neuen Herrscher den unbedingten Gehorsam der Reichsstadt zu Füßen zu legen. Der Wiener Hof aber ließ keinen Zweifel darüber, daß man alles auf bieten wolle, um Nordhausen zu befreien, und guter Hoffnung voll kehrte der Bürgermeister zurück.

Diesem Spiel gegenüber konnte Preußen nur auf eine einzige starke Stütze rechnen, auf die Nordhäuser Bürgerschaft selbst. Denn so gerecht die Sache der preußenfeindlichen Bürgermeister Hoffmann und Weber an sich war, so ungerecht waren die Beweggründe, weshalb sie der Stadt die Reichsfreiheit bewahren wollten. Da setzte nun Preußen sehr geschickt ein, deckte die ungeheuerlichen Schiebungen bei den Ratswahlen auf, wies auf die parteiliche Rechtsprechung des Rates hin, machte auf die Unsummen aufmerksam, die unter einem Schein des Rechtes in die Taschen der regierenden Herren flossen. Demgegenüber suchte Hoffmann wieder die Bevölkerung zu veranlassen, ihre Rechtshändel nicht vor dem preußischen Schultheißen im Walkenrieder Hof, sondern vor dem Rate auf dem Rathause auszutragen.

Das Intriguenspiel ging also hinüber und herüber, und Außen- und Innenpolitik verwob sich unlöslich ineinander.

Schließlich machte sich die Gegenwirkung von Wien und von Hannover gegen Berlin aber doch so stark bemerkbar, daß der zaghafte Friedrich I. den auftauchenden Plan eines Schiedsgerichts nicht abzulehnen wagte. Am 17. August 1709 ernannte der Kaiser aus Bremen-Schweden, Braunschweig-Wolfenbüttel und Hessen-Kassel je einen Kommissar, die den Nordhäusisch-Preußischen Fall aus der Welt schaffen sollten. Am 25. Februar 1710 unterwarf sich Preußen diesem Schiedsgericht, legte aber Verwahrung gegen die Machenschaften Hoffmanns ein. Als Verhandlungsort war Hamburg ausersehen, was Preußen jedoch ablehnte. Deshalb verfiel man zunächst auf Goslar oder Mühlhausen. Dann trat man aber doch am 9. Mai 1710 in Hamburg zusammen; von Seiten Nordhausens erschien hier Hoffmann, Preußen blieb einfach aus. Daher gelangte man zu keinem Beschluß; doch befürchtete Preußen nun eine offene Überrumpelung der Stadt durch Hannover. So kam es, daß sich kurz vor den jedesmal unruhigen Tagen der Ratswahl im Jahre 1711 das Gerücht verbreitete, hannöversche Truppen seien im Anmarsch. Da wurden die beiden preußischen Kompagnien trotz der Januarkälte aus ihren Quartieren herausgezogen und mußten zwei Tage auf dem Kornmarkt unter Waffen in Bereitschaft stehen, bis Hilfe und besonders zahlreiche Artillerie in die Stadt rückte. 12 Geschütze wurden auf dem Kornmarkte aufgestellt.

Dieser energischen Haltung Preußens gegenüber war es ein schwacher Trost für Nordhausen, daß der Niedersächsische Kreis am 10. April 1711 die Stadt ermahnte, standhaft auszuharren. Preußen ließ nicht ab, die gegen den Rat erregte Bürgerschaft aufzupeitschen und am 5. Januar 1712 und ebenso 1713 auch in die Ratswahl mit der Erklärung einzugreifen, daß es sich gegen den Verwandtenklüngel wende und für „qualifizierte Leute" als Ratsherrn eintrete. Auch ein abermaliger Protest über Hoffmanns Verhalten ging am 24. April 1712 nach Wien.

Alle diese Ereignisse spielten sich um Nordhausen ab, während draußen im Spanischen Erbfolgekriege und im Nordischen Kriege größte Entscheidungen fielen. Auswärtige Verwicklungen, in die Hannover und Preußen hineingezogen wurden, schlugen schließlich auch den fast unlösbaren Knoten durch, in den sich die Nordhäuser Sache eingeschürzt hatte. Georg I. von Hannover war 1714 König von England geworden; fortan bekam Hannovers Politik dadurch eine andere Richtung. Für Preußen aber wurde jetzt dieser Staat eine mit äußerster Vorsicht zu behandelnde Macht.

In Berlin andererseits war schon 1713 Friedrich I. gestorben, und sein Nachfolger Friedrich Wilhelm verfolgte im Nordischen Kriege andere, auf Vorpommern gerichtete Pläne. So kam es ziemlich schnell und reibungslos zwischen Preußen und Nordhausen zu dem Vertrage vom 16. Oktober 1714. Für 50000 Taler verzichtete Preußen auf seine sämtlichen Rechte an Nordhausen. Hannover streckte der Stadt, die soviel Geld allein nicht aufbringen konnte, die Summe vor. Am 1. Mai 1715 nahm Preußen das Geld in Empfang, am 23. August quittierte Friedrich Wilhelm im Feldlager vor Stralsund darüber. Preußen blieb nur im Besitze des Walkenrieder Hofes und war Lehnsherr über die Werthermühle, das letztere als Rechtsnachfolger der Bischöfe von Halberstadt.

Im übrigen war Nordhausen jetzt vollkommen Freie Reichsstadt. Selbst die Vogtei und das Schulzenamt, die beide Jahrhunderte lang im Besitze Sachsens gewesen waren, gingen auf die Stadt über. Niemand als der Nordhäuser Rat gebot nun in Nordhausen. Am 6. August 1715 zogen die letzten preußischen Truppen aus Nordhausen ab, und am 19. August ließ der Rat sich von der Bürgerschaft in der Spendekirche erneut huldigen. Die Ratspartei hatte über die Bürgerpartei gesiegt und war gewillt, ihre Macht rücksichtslos auszunutzen. Schon am 27. Mai 1715, anscheinend das Nepotensystem verewigend, war Hoffmanns Sohn Andreas Jakob Hoffmann, mit ausdrücklichem Hinweis auf die Verdienste des Vaters um die Stadt, zum Stadtsekretär ernannt worden.

Die glückliche Abwendung dieser ersten wirklichen Bedrohung der Reichsfreiheit konnte jedoch niemanden darüber hinwegtäuschen, daß über kurz oder lang die Stunde schlagen mußte, wo des Reiches und des Kaisers Stadt die Stadt eines Landes und seines Fürsten werden würde. Das alte Reich näherte sich seiner Auflösung, und damit mußten auch alle die Gebilde absterben, die nur innerhalb dieses Reiches möglich waren. Der Verfall des Reiches und der Reichsstädte, der durch die Besetzung Nordhausens zu Beginn des 18. Jahrhunderts so recht offenbar wurde, war schon lange vorbereitet; wir stehen nicht am Anfang, sondern am Ende einer Entwicklung. [12]

Doch nicht nur Nordhausens Stellung zu seiner Umwelt ließ erkennen, daß es sich überlebt hatte, sondern auch die Verhältnisse, wie sie sich im Innern der kleinen Reichsstadt herausgebildet hatten, wiesen auf eine Auflösung hin. Hier gilt es nun Zustände darzustellen, die betrüblich genug sind, an die vielleicht gerade deshalb noch kein Historiker der Stadt gerührt hat, an denen man aber doch nicht vorbeigehen darf, wenn man ein wirkliches Bild von dem Leben einer kleinen, so gut wie völlig selbständigen Stadt gewinnen und dadurch lehrreichen Aufschluß über die Form und das Wesen von Staatsgebilden überhaupt erhalten will.

Wegen der ausschließlichen Herrschaft einiger untereinander verschwägerter Geschlechter war es zur Revolution vom Jahre 1375 gekommen. Damals hatten die Handwerker die Macht an sich gerissen, und da sie den lebenskräftigen, soliden Kern der Bevölkerung ausmachten, schien ein gerechtes Stadtregiment gewährleistet. Doch mußte bei der neuen Verfassung schon darin ein Mangel erblickt werden, daß die Handwerker nicht nur, wie es ihrer Geltung für die Stadt entsprach, ein Übergewicht in der städtischen Politik erlangten, sondern sogar die Stadt so gut wie allein regierten. Dadurch mußten, wenn auch auf breiterer Grundlage, bald dieselben Zustände wieder eintreten, wie sie unter der Geschlechterherrschaft vorhanden gewesen waren. Nach wie vor hatte ein Stand allein allen Einfluß und vermochte gar bald diesen Einfluß für seine Sonderinteressen zu mißbrauchen.

Schlimmer aber war die mangelhafte Wahlverfassung vom Jahre 1375. Indem man nämlich die Räte nicht von der Bürgerschaft wählen ließ, sondern dem jedesmal abgehenden Rat die Ernennung des neuen anvertraute, mußte die Mehrzahl der Bürger von der Teilnahme an den städtischen Geschäften ausgeschaltet werden. Denn natürlich wählten die drei Räte einander abwechselnd

---

12 Vergl. Heineck, a. a. O. Heineck druckt die Hauptdokumente ab. Die Verquickung von Innen- und Außenpolitik bringt er in seiner Jubiläumsschrift mit Recht nicht. Im übrigen sind die Filterschen Aufzeichnungen, besonders in Z a 2 b, und Christoph Bohne, Diarium, ed. Heineck, 1901, gute Quellen.

immer wieder, weil dadurch die beste Gewähr für den einzelnen Ratsherrn gegeben war, selbst wieder im Rat zu erscheinen. Der einmal gewählte Ratsherr behielt sein Amt auf Lebenszeit. Ganz langsam erneuerte sich deshalb der Rat nur durch Zuwahlen, die nach Todesfällen nötig wurden, und bei diesen Neuwahlen sorgte man auch dafür, daß nur Verwandte oder gute Freunde in den Rat gelangten. Die einflußreichen Vierherrn aber, die zunächst als besondere Vertrauenspersonen der Gemeinde und als Verhüter von Übergriffen des Rates gedacht waren, mußten in dem Augenblick ihre Stellung als Anwälte der Gesamtbürgerschaft verlieren, wo auch sie nicht mehr von der Gesamtheit der Urwähler aufgestellt und gewählt, sondern durch die Wahl der Ratsherrn selbst aus der Mitte des Rates entnommen wurden. Dadurch konnte es nicht ausbleiben, daß sich in kurzer Zeit ein neuer Patriziat bildete, eine kleine Gruppe von Machthabern, die nicht aus dem Schoße des Volkes hervorgegangen war und vom Vertrauen ihrer Mitbürger getragen wurde, sondern die einen bevorrechteten Stand gegenüber der großen Menge der übrigen Bürgerschaft bildete.

Gemildert wurde dieser Zustand seit der Mitte des 16. Jahrhunderts nur dadurch, daß die Handwerker und der angestellte Syndikus allein die Verwaltung der Stadt nicht mehr meistern konnten, sondern daß die sogenannten *homines litterati*, meistens am römischen Recht geschulte Juristen, doch auch Theologen und Mediziner, Anteil am Stadtregiment bekamen, Männer, die auf der Akademie vorgebildet worden waren und die dadurch, daß sie in der Welt herumgekommen waren, einen größeren Weitblick bekommen hatten. Wiederum verstärkt aber wurde der Wunsch, die einmal errungene Stellung als Ratsherr zu behalten, dadurch, daß bei den immer komplizierter werdenden Verhältnissen die Arbeitskraft einiger im Gemeindedienste tätiger Bürger immer mehr in Anspruch genommen und damit im Laufe der Zeit auch eine immer höhere Entschädigung, sei es durch Gehalt, sei es durch den Zuschlag von Gerechtsamen, und zwar an sämtliche Ratsherrn, üblich wurde. Vetternwirtschaft, Beugung des Rechts und Korruption schlimmster Art waren die Folgen dieser Entwicklung. Dadurch aber wurde das Vertrauen der Bürgerschaft in die leitenden Kreise untergraben, und das ganze Staatswesen, das seit dem 17. Jahrhundert immer bedrohlicheren Angriffen von außen ausgesetzt war, konnte sich in der Gefahr nicht als ein festes, nur von einem Willen beherrschtes Gefüge betrachten, sondern war im Innern morsch und krank.

Während des ganzen 16. und teilweise noch während des 17. Jahrhunderts konnte man das über diese Verhältnisse murrende Volk durch harte Strafbestimmungen niederhalten. Das „Schelten" der Wahl am Tage der Heiligen Drei Könige war streng verboten. Artikel 1 der Wahlstatuten hieß deshalb: „Wer die Küre öffentlich strafet, soll der Stadt widersetzig sein." Gespräche über städtische Angelegenheiten in öffentlichen Gaststätten wurden unterdrückt. Dazu taten die Gewalthaber alles, um die Herrschaft der Räte als von Gott verordnet hinzustellen. Das ganze Zeitalter des Absolutismus kam ihnen da ja entgegen. So heißt es denn auch einmal in einer Rede des Syndikus Titius: „Ist nun die Obrigkeit Gottes Dienerin und wir sind Gottes Gebot zu folgen schuldig, so will uns auch in allen

Wegen obliegen, der Obrigkeit ihren Respekt und Gehorsam zu leisten." [13] Die große Menge des Volkes aber war noch politisch unerzogen und daher zu wehrlos, als daß sie Einrichtungen, die aus der Beschränktheit und dem Eigennutz kümmerlicher Menschlein geboren waren, nicht für naturgeboten und unantastbar gehalten hätte. Immerhin regten sich bei gebildeteren und rechtlich denkenden Leuten schon früh Zweifel. Schon 1585 waren die Rechtsbeugungen, die sich das durch Pfandschaft in städtischen Besitz gelangte Schulzengericht erlaubte, so offensichtlich, daß sich einige Bürger bei Kursachsen über die nicht im Sinne des Rechts, sondern im Sinne der bevorrechteten Klassen gehandhabte Rechtsprechung beschwerten. Und Cyliax Ernst, der in den Jahren 1599–1611 als Bürgermeister genügend Einblick in die Mißwirtschaft gewann, konnte sich äußern: „Wenn ein Amtsschösser oder Schreiber so hauste, als wie Senatus es hielte, würde er an den lichten Galgen oder an einen Baum gehenkt." [14]

Ausgang des 16. Jahrhunderts war die Vetternwirtschaft und das gegenseitige Zuschanzen von Vorteilen auf Kosten der Stadt so groß, daß der Rat dem Unwillen des Volkes wenigstens ein kleines Opfer bringen zu müssen glaubte. Er beschloß am 6. Januar 1599, daß fortan ein Vater nicht mehr seinen Sohn oder Tochtermann in die Wahl bringen dürfe, ein Beschluß, der im Jahre 1600 noch dadurch erweitert wurde, daß diejenigen, welche Bruder- und Schwesterkinder miteinander zur Ehe haben oder sonst in demselben Grade miteinander verschwägert sind, in einem Rate hinfort nicht mehr sitzen sollten. Also nur in einem und demselben Rate durften sie nicht erscheinen, in allen drei Räten konnten sie sich dagegen weiter betätigen, wahrscheinlich deshalb, damit, was der eine Vetter in dem einen Rate erreicht hatte, der andere zu seiner Zeit in dem zweiten Rate festhielt und der dritte im letzten Rate weiter ausbaute.

So geringfügig also dieses erste Einschreiten gegen den Nepotismus war, so hatte man doch zum ersten Mal den Finger in die Wunde gelegt. Im Jahre 1622 kam auf Grund dieses Gesetzes Caspar Ernst wegen Verwandtschaft nicht in den Rat.

Die Pestzeit des Jahres 1626, die eine Unmenge Ratsherrn dahinraffte, schuf dann weiter Raum, um das Ratskollegium zu verbessern. Ein Mann aus dem eingesessenen Geschlechte der Wildes, der Gewandschnitter und Bürgermeister Johann Wilde, benutzte den durch die Pest hervorgerufenen Mangel an geeigneten Ratsmitgliedern, den ungefügen Apparat von 27x3=81 Stadträten in den drei Regimentern zu beschränken auf 14x3=42, nämlich den 3x9=27 aus den Gilden und 3x5=15 aus den vier Vierteln und der Neustadt. Am 2. Januar 1627 führte Wilde aus: Der Rat soll *propter defectum personarum* eingezogen werden, damit tüchtige Personen demselben hinkünftig vorstehen mögen, worauf resolvieret worden: daß 1. statt jährlich 4 Bürgermeister nur 2 sein sollen, daß 2. in den 9 Gilden statt je 2 Personen in einem Regimente nur 1 erkieset werden soll, daß 3. statt 4 Vierherrn nur 3, als 2 von den Gilden und 1 aus der Gemeinde sein sollen.

---

13 Titius' Reden, a. a. O., 39.

14 Frommann, V 739

Diese Bestimmungen vom Jahre 1627 bedeuten die einschneidendste Veränderung, welche den Rat von 1375–1802 betroffen hat. Es wurde wenigstens dadurch das erreicht, daß statt der 12 Magnifizenzen, wie sich die je 4 Bürgermeister aus den 3 Regimentern anreden ließen, sich nur 6 aus den Steuern der Bürger bereicherten, und daß statt 69 nur 36 Ratsherrn die verschiedenartigsten Abgaben und Lieferungen in ihre Taschen fließen lassen konnten.

Die Durchstechereien aller Art und der Nepotismus nahmen aber dennoch bald wieder überhand. Nicht ganz so schlimm wie in der Nachbarstadt Mühlhausen, die dadurch in schwere innere Wirren gestürzt wurde, aber doch zur Genüge nutzten auch die Nordhäuser Ratsherrn ihre Stellung aus, um die Lasten, die der Dreißigjährige Krieg an Einquartierungen und Kontributionen erheischte, von sich nach Möglichkeit abzuwälzen und auf die Schultern der übrigen Bürgerschaft zu legen. Und das Gesetz wegen zu naher Verwandten im Rat wurde oft genug mit der recht billigen Ausrede umgangen, daß es hieß: „Sie haben in ihrem Mittel kein *capabel Subject* angetroffen." – So waren die Verhältnisse nach dem Kriege schlimmer denn je.

Am meisten leistete die Art der Besoldung jener Zeit den Veruntreuungen und der Inanspruchnahme städtischer Mittel für persönliche Zwecke Vorschub. Die Geldwirtschaft war nämlich noch nicht so durchgebildet, daß die städtischen Beamten ein festes Jahresgehalt nur in Geld ausgezahlt bekamen, sondern es flossen ihnen Einnahmen aus allen möglichen Quellen, häufig in Naturalien geliefert, zu. Bei dieser Art der Besoldung war nicht ganz charakterfesten Personen Tor und Tür geöffnet, sich auf Staatskosten über Gebühr bezahlt zu machen. So setzte sich z.B. das Gehalt der beiden regierenden Bürgermeister zusammen aus 13 Titeln, die sie jährlich als „Ordinär-Lohn-Präsent", und abermals 13 Titeln, die sie vierteljährlich als „Quartal-Präsent" beanspruchen konnten. Unter dem Jahrgehalt befanden sich außer einem Fixum das Fischgeld, Kleidergeld, Handschuhgeld, Festbraten, Zwieback, Holzgeld u.a., bei den Quartalseinkünften treffen wir auf Neujahrsgeld, „Kollationen", Hausmiete, Schuhgeld a.a.

Doch waren diese Einkünfte noch einigermaßen zu übersehen. Im Laufe der Zeit hatten aber besonders die Bürgermeister und Kämmerer der Stadt, welche die Hauptgeschäfte führten, ihre Ämter dazu benutzt, immer weniger städtische Abgaben in das *Aerarium publicum* und immer mehr in ihre eigene Tasche fließen zu lassen.

Am wenigsten konnten sie ihre Einkünfte noch dadurch verbessern, daß ihnen an bestimmten Tagen des Jahres Geldgeschenke oder Naturallieferungen dargebracht werden mußten. So erhielten alle Ratsherrn im Frühjahr und Herbst zur Zeit der beiden Jahrmärkte bis 1604 ein Festessen, von da an 1 Taler; Martini war es ebenso, wofür sie fortan 2 Taler, 1 Pfefferkuchen und ¼ Malvasier ins Haus geliefert bekamen. Auch zu Fastnacht und am Tage der Ratswahl, am 6. Januar, waren dergleichen Geschenke üblich. Am wichtigsten aber waren die Einnahmen der Bürgermeister und Ratsherrn, welche ihnen die meisten Nordhäuser Mühlen in fetten Schweinen, Gänsen und in Getreide schuldeten. Auch diese Einnahmequelle wurde mißbraucht.

Viel schlimmer jedoch war es schon, daß Bürgermeister und Kämmerer die Einkünfte aus städtischem Gelände allmählich für sich gebrauchten. So beschlossen die drei Räte mitten im Dreißigjährigen Kriege am 23. Juni 1641, daß in jedem Regimente die beiden Bürgermeister einen „Hauptgraben" für sich als Weidennutzung gratis haben sollten. Städtisches Weideland in den Festungsgräben, das bisher verpachtet worden war, wurde dadurch an einzelne Personen verschenkt. Ebenso beanspruchten sie aus verschiedenen Fischteichen die Fische und legten sogar 1657 bei Salza, natürlich auf Stadtkosten, einen Ratsforellenteich an. Das Heu von den Wiesen vor der Windlücke, das zum Teil für den städtischen Marstall ausersehen war, benutzten sie für die eigenen Pferde und Kühe, und die Wellenhölzer, die Crimderode seit uralten Zeiten als Brennholz liefern mußte, wanderten gar bald allein in die Öfen der Herrn Bürgermeister.

Andere Einnahmen, die nach und nach auch beträchtlich ausgebaut wurden, flossen den Bürgermeistern aus den Abgaben der beiden städtischen Güter Bielen und Uthleben zu. Nach Martini, wenn der Gutspächter von den Bauern den Erbzins eingenommen hatte, mußte er den Bürgermeistern und einigen Ratsherrn ein reichliches Mahl anrichten. In der zweiten Hälfte des 18. Jahrhunderts erhielten statt dieses Essens die regierenden Bürgermeister, der Syndikus und die beiden Sekretäre vom Gute Uthleben 12 Taler zusammen, die Bürgermeister außerdem wie seit alter Zeit 8 Gänse, 8 junge Hähne, 4 Scheffel Weizen, und die 3 Klosterherren, d.h. die Ratsherrn, die das Gut zu überwachen hatten, 9 Scheffel Weizen. Das Gut Bielen, das bedeutend kleiner war als das zu Uthleben, mußte trotzdem an die Bürgermeister dieselben Abgaben von 8 Gänsen, 8 Hähnen und 4 Scheffeln Weizen entrichten. Damals war es also für die Frau Bürgermeister noch eine Lust, der Küche vorzustehen!

Besonders furchtbar aber waren die Mißstände, die dadurch entstanden, daß die regierenden Herrn ihre Amtsgewalt ausnutzten, um von den Bürgern, die irgend einen Vorteil haben, ein Gewerbe betreiben oder alter Gerechtsame nicht verlustig gehen wollten, Abgaben aller Art zu erlangen. So war es eine alte Einnahme der Bürgermeister, daß sie die Pachtgelder bekamen, die aus der Verpachtung der Buden auf dem Markte flossen. Allmählich aber ließen sie sich das Pachtgeld immer häufiger entrichten, und die Bürger mußten bezahlen, weil ihnen sonst mit der Entziehung ihres Verkaufsstandes oder mit der Zuweisung eines ungünstig gelegenen gedroht wurde. Den Knochenhauern ferner war nur erlaubt, bis zu 400 Schafe auf den städtischen Ländereien weiden zu lassen, damit auch das Vieh von St. Martini und das der anderen Bürger zu seinem Rechte kam. Da aber die Bürgermeister für jedes Stück weidenden Viehs von den Knochenhauern 6 Pfennig erhielten, gestatteten sie, daß viel mehr Vieh weiden durfte als vorgesehen war. 1666 führte diese Unsitte zu lebhaften Beschwerden.

Hausierern und Juden war nach altem Herkommen das Feilbieten in der Stadt überhaupt verboten, oder sie durften ihre Waren nur unter strengster Kontrolle der Zünfte absetzen. Die Bürgermeister aber drückten gern ein Auge zu, wenn die Hausierer ihnen ein Scherflein zukommen ließen, eine Unsitte, die wenigstens hinsichtlich der Juden durch Kaiser Leopold im Jahre 1666 dadurch Rechtskraft erhielt, daß der Kaiser der Stadt die Erhebung der sogenannten Kronensteuer von den Juden gestattete. Das aufkommende Geld mehrte allein die Einnahmen der Bürgermeister.

Endlich am trefflichsten bezahlt machten sich die Bürgermeister und Kämmerer durch die sogenannten Laudemiengelder. Die Pächter der Mühlen, des Weinkellers, der Ratsapotheke hatten nämlich, abgesehen von ihrer Pacht, die in den Stadtsäckel floß, an die regierenden Herrn eine zunächst ganz geringe Anerkennungsgebühr, eben das Laudemiengeld, zu zahlen, jedesmal wenn von 3 zu 3 Jahren die Pacht erneuert wurde. Diesen Brauch wußten nun die Bürgermeister dadurch herrlich zu nutzen, daß sie die Pacht immer niedriger ansetzten, die Anerkennungsgebühr immer höher, so daß immer weniger Geld der Allgemeinheit, immer mehr ihren eigenen Taschen zugute kam. Daß sie auch darauf bedacht waren, besonders den Weinkeller an Verwandte für billiges Geld zu verpachten, sei nur nebenbei erwähnt.

Starb während einer Wahlperiode von 3 Jahren ein Bürgermeister, so kamen seine bisherigen Einkünfte nicht etwa der Stadtkasse zugute, sondern sein Kollege aus demselben Regimente konnte die gesamten Bezüge für sich einstreichen. Nicht selten verstanden es auf diese Weise Bürgermeister unter dem Vorwande, daß kein geeigneter Nachfolger vorhanden sei, Jahre lang sich doppelt bezahlt zu machen. Der Bürgermeister Frommann z.B. regierte 1691–1692 ganz allein und gelangte dadurch zu prächtigen Einnahmen.

Ebenso schlimm war die Korruption bei den Ratswahlen. Jedes Gebot war dagegen machtlos. Es hieß zwar in dem sogenannten *iuramentum purgatorium*: „Ein teurer Eid muß geschworen werden von dem Bürgermeister, daß von einem zum Ratsherrn Erwählten vor seiner Wahl weder Geld noch Geldeswert etwas gewisses gegeben, versprochen oder bei einem anderen dafür niedergelegt, dergleichen auch nicht durch andere Personen oder auf andere Art und Weise geben noch verrichtet." Aber das half alles nichts. Während des ganzen 17. und 18. Jahrhunderts treffen wir in den Akten der Gilden immer wieder darauf, daß ein Handwerker einem seiner Kollegen, der schon im Rate war, Geld anbot, damit er ihn in den Rat hineinbrächte. Fortwährend gab es deshalb gegen einzelne Ernennungen von Ratsmitgliedern innerhalb der Gilde Proteste, weil die Bestechung alsbald ruchbar wurde. Und wenn die Handwerker dann durch solche unlauteren Mittel Ratsherrn geworden waren, gingen die Bestechungen weiter. Damit der neue Ratsherr nun auch zu Ämtern kam, mit denen hübsche Einnahmen verbunden waren, mußte er den Bürgermeister, der die Dezernate vergab, bestechen. Ein derartiges Spicken des Bürgermeisters nannte man recht euphemistisch „eine freiwillige Diskretion".

Obwohl diese himmelschreienden Verhältnisse offenes Geheimnis waren, kam es doch ganz selten vor, daß einer dieser Schmarotzer gefaßt und bestraft wurde. Jedenfalls konnte er sich dann keiner zahlreichen Verwandtschaft rühmen, die ihn schützte, weil jeder andere ebenso belastet war und weil nur die Korruption ihnen Einfluß und Stellung sicherte. So mußte im Jahre 1655 der Kämmerer und Ratsherr Konrad Zellmann, der Veruntreuung begangen hatte, daran glauben.

Doch behandelte man ihn recht glimpflich, stellte ihn nicht an den Pranger und verwies ihn nicht ewig der Stadt, wie man es mit kleinen Hehlern und Gaunern machte, sondern gab seine Verfehlungen lediglich der Öffentlichkeit bekannt, entsetzte ihn seines Amtes und ließ ihn 200 Taler Strafe bezahlen.

Sonst besserten sich Anfang der sechziger Jahre die Verhältnisse unter dem Einflusse des Syndikus Titius ein wenig. Dieser hatte die alten Statuten der Reichsstadt einer Nachprüfung unterzogen, und die Betrachtung der ehemaligen Zustände brachte ihn von selbst zu der augenblicklichen. So konnte er es sogar wagen, den Räten Vorschläge zu unterbreiten, die wieder einmal eine strengere Beobachtung der Vorschriften über zu nahe Verwandte im Rate vorsahen. Am 4. Januar 1666 stellte der Rat fest, daß häufig „nützliche Subjekte" übergangen seien und deshalb eine neue Festsetzung der Verwandtschaftsbestimmungen erfolgen müsse. In den folgenden Jahren, im Jahre 1667, 1671, 1674 wurde immer wieder daran erinnert, bis im Jahre 1680 eine durchgreifende Regelung erfolgte. Allerdings wurde auch damals wie 1599 nahe Verwandtschaft nur für einen und denselben Rat verboten, doch durften in allen drei Räten nur noch zwei Verwandte sitzen, z.B. ein Vater und ein Sohn, ein Bruder und dessen Bruder u.s.f. Auch schärften die Bestimmungen ein, daß niemand einen Anspruch auf Ernennung habe, sondern die Wahl vollkommen frei vor sich gehen müsse. [15] Aber schon am 7. Januar 1686 wurde das ganze schöne Statut über den Haufen geworfen, indem der Ältestenrat doch zwei nahe Verwandte in einem Ratsregimente zuließ. „Seniores beschließen, daß Senator Eilhardt und Senator Lohr, so beide Schwesters- und Bruderkinder geheiratet, in einem Regimente bleiben sollen, jedoch *citra consequentiam.*"

Auch die Bestechlichkeit und die Ämterkäuflichkeit schien ein unausrottbares Übel. Ganz offen besprach man diese Schändlichkeiten, keiner nahm daran Anstoß, und nur wenn eine an sichtbarer Stelle stehende Persönlichkeit wie der Konrektor Calenius vom Gymnasium rückhaltlos den Bürgermeister einen δωροφαγος, einen Geschenkefresser, nannte, erregte ein derartiger Angriff einiges Aufsehen. Nichts kennzeichnet diesen Groll mit den bestehenden Verhältnissen mehr als das Vorhaben gewisser Bevölkerungsschichten, sich die Not der Pestzeit zunutze zu machen und einen Umsturz zu wagen. 1681 wurde dem Rate hinterbracht, daß „etliche gottlose und aufrührerische Leute sich verlauten lassen, wenn die Pest recht überhandnähme und Mangel einträte, wollten sie die vornehmsten Häuser plündern und alles gemeinmachen". Eine Revolution mit kommunistischem Endziel stand also in Aussicht. Nicht einmal aller Handwerker war der Rat sicher und mußte deshalb anfragen, ob die Gilden im Falle eines Umsturzversuches hinter ihm ständen. Manche nicht ratsfähige Gilde mag damals abseits geblieben sein; doch die 9 Gilden, aus denen die Ratsherrn genommen wurden, zitterten für ihre Vorrechte, prüften ihren Vorrat an Gewehren und Munition nach und ernannten „Schützen- und Kriegsmeister" aus ihrer Mitte.

Die Not der Pestzeit ging vorüber, und der Rat behielt das Heft in der Hand.

---

15 Senatus Consultum wegen der Rats-Wahl, abgedruckt bei Lesser, Historische Nachrichten, 299 ff.

Von ganz bedenklichem Einfluß in diesen letzten Jahrzehnten des 17. Jahrhunderts scheint der Dr. med. und Bürgermeister Frommann gewesen zu sein. Das geht aus einer Denkschrift hervor, die ohne Namen und ohne Datum auf uns gekommen ist, aber in den Jahren zwischen 1698 und 1722 geschrieben sein muß. [16] Ganz gewiß ist es, daß diese Schrift von einem Gegner Frommanns herrührt, ganz gewiß muß man deshalb auch Abstriche bei dem, was Frommann unterstellt wird, vornehmen, aber im wesentlichen wird an der Richtigkeit ihres Inhaltes nicht zu zweifeln sein. Denn mit zu großer Sicherheit wird auf einzelne, ganz bestimmte Verfehlungen hingewiesen, als daß man die ganze Schrift nur als gemeinen Anwurf bezeichnen könnte.

Die Vorwürfe, welche die Denkschrift gegen den Eigennutz Frommanns erhebt, müssen berechtigt gewesen sein. Bevorzugungen von Ratsherrn bei Verpachtungen und bei der Auslosung der Braugerechtsame häuften sich gerade unter Frommannschem Regiment. Im Haushalt der Stadt herrschte eine kaum entwirrbare Unordnung, aus der die regierenden Herren ihre Vorteile zogen. Ja, Frommann ging soweit, seine Amtsgewalt für seinen Arztberuf zu mißbrauchen, indem er das alleinige Recht, Rezepte auszustellen, für sich in Anspruch nahm. Aus diesem Grunde fand nach dem Tode des Neunzigjährigen im Jahre 1706 sein Nachfolger als Stadtpysikus Georg Henning Behrens, der bekannte Heimatschriftsteller, ganz allgemein schärfsten Widerstand, als er sich um einen Ratsposten bewarb. Auch die Unterdrückung ehrenwerter und begabter Persönlichkeiten wird wohl nicht ganz mit Unrecht dem Bürgermeister zur Last gelegt. Schon den tüchtigen Stadtsekretär Johann Georg Michaelis verfolgte er, und später ließ er dessen Nachfolger Johann Martin Titius, einen Sohn des berühmten Syndikus Titius, nicht emporkommen. Auch daß der vielleicht bedeutendste Mann Nordhausens in den sechziger und siebziger Jahren, der Rektor Hildebrand, in Unfrieden aus der Stadt schied, gab man Frommann schuld. Aufstrebenden und tüchtigen Familien wie den alteingesessenen Ernsts und den erst zugewanderten Filters legte er Hindernisse in den Weg, dagegen begünstigte er überall seine Kreaturen. Selbst den Syndikus Harprecht, der sich in schwerster Weise an der Bürgerschaft verging, scheint er unterstützt zu haben. Dieser Johann Wilhelm Harprecht, Sohn eines Pfarrers aus Wolkramshausen, wurde im April 1687 Syndikus in Nordhausen. Seine Amtsgewalt mißbrauchte er dadurch, daß er sich als Getreidemakler betätigte, in großem Stile Früchte aufkaufte, die Preise in die Höhe trieb und daraus seinen Vorteil zog. Nicht ganz von der Hand zu weisen ist es, daß an dem ganzen schmutzigen Treiben der damals allerdings schon achtzigjährige Frommann beteiligt war; denn das Martinihospital mit seinen reichen Getreidevorräten wurde in den Skandal hineingezogen, und Frommann war lange Jahre gerade Vorsteher dieses Stifts. Jahrelang zog sich der Streit der Stadt mit ihrem Syndikus hin, und langwierige Prozesse mußten geführt werden. Die eingeholten Urteile von Schöppenstühlen und Juristenfakultäten der Universitäten sprachen sich gegen Harprecht aus; dagegen setzte sich das Reichskam-

---

16 Jetzt eingeheftet in Z a 1 D. des Archivs.

mergericht, das das alte Cliquenwesen gegen die unter der preußischen Besetzung neu aufstrebenden Männer unterstützte, für den Syndikus ein. Erst 1708 konnte Harprecht entlassen werden, 1715 ist er gestorben.

Manches freilich, was die Denkschrift an Frommanns Herrschaft auszusetzen hat, war ohne sein Verschulden geschehen. Für die Gefahren, in die übermächtige äußere Verhältnisse die Stadt stürzten, kann er nicht verantwortlich gemacht werden. Der Walkenrieder Hof wäre auch ohne Frommanns Zutun in die Gewalt der Preußen geraten, den Übergang der Vogtei und des Schultheißenamtes von Sachsen an Brandenburg hätte auch ein anderer nicht verhindern können, und von einer Schuld des Bürgermeisters bei der Besetzung der Stadt durch die Preußen kann keine Rede sein.

Diese Besetzung der Stadt war es gerade, welche der Bürgerschaft die gesamten korrupten Verhältnisse klar vor Augen stellte. Denn die Preußen ließen es sich natürlich angelegen sein, den Unwillen der großen Masse der Bürger mit dem Ratsregiment zu benutzen, um selber Fuß in der Stadt zu fassen. Bald stand deshalb auf der einen Seite der Kaiser, Johann Günther Hoffmann und der Rat sowie die von den Offneys geführte hannöversche Partei, auf der anderen Seite, der Preußen, standen alle bisher nieder gehaltenen befähigten Bürger, besonders die Riemanns, die eben erst eingewanderten Filters, und die Mehrzahl der Kleinbürger. Der preußische Schultheiß, der im Walkenrieder Hof residierte, suchte immer wieder den Unwillen der Bürger über die Schiebungen und Bestechungen bei der Ratswahl zu entfachen, der Kaiser dagegen suchte immer wieder den Rat zu stützen, dem natürlich alles an der Reichsfreiheit gelegen war, unter der er allein seine sauberen Machenschaften ungestört fortsetzen konnte. Als daher schließlich unter Preußens Einfluß im Januar 1706 zu befürchten stand, daß in die Menge der verschwägerten Ratsherrn einige neue Männer eindrangen, griff der Kaiser höchstselbst in die Wahl ein und verbot am 22. Dezember 1705 überhaupt die Ratswahl für das kommende Jahr. Der Rat vom Jahre 1705 sollte auch 1706 die Amtsgeschäfte führen. Die Lösung schien einfach. Doch hatte der Kaiser nicht mit dem Eigennutz der beiden anderen Ratsregimenter gerechnet, die nun ein Jahr länger von den fetten Pfründen ausgeschlossen waren und sich deshalb gegen diese Regelung auflehnten. Am 8. Januar 1706, also zwei Tage, nachdem sich der alte Rat laut kaiserlichen Befehls wieder konstituiert hatte, kamen sie auf dem Ratskeller zur Beratung zusammen, und hier verfaßten sie eine Eingabe an den Kaiser, die Verwahrung gegen die Aufhebung der Ratsneuwahl einlegte. Doch schon am 1. Februar 1706 lehnte der Kaiser den Einspruch in schroffer Form ab. Es sei höchst befremdlich, daß sie gegen kaiserliche Verordnung *in puncto* Ratswahl *oppositiones* erregt, auch Wege gewählt hätten, die nur verderblich ausfallen könnten. Bei Verlust von Ehre, Hab, Gut, ja Leib und Lebens hätten sie sich aller weiteren Opposition zu enthalten. Ihnen solle an Beförderung des gemeinen Bestandes mehr als an der einen oder anderen Privatkonvenienz gelegen sein. – Mit diesem Briefe schützte der Kaiser also die Freie Reichsstadt gegen Preußen, zugleich aber auch die Korruption gegen die Lauterkeit.

Diesem Eingreifen des Kaisers war es zu danken, daß der preußenfeindliche Bürgermeister Andreas Weber zwei Jahre lang am Ruder blieb und am Ende seiner Amtszeit, am 13. Dezember 1706, mit hannöverscher Hilfe auch durchsetzen konnte, daß nun ein anderer Gegner Preußens, der schon oft genannte Johann Günther Hoffmann, wieder Bürgermeister wurde.

Es würde zu weit führen, das ganze weitere Intriguenspiel zu verfolgen. Jedenfalls wiederholte sich bei jeder Ratswahl dasselbe Schauspiel, daß der preußische Schultheiß auf die Machenschaften der alten Geschlechter aufmerksam machte, diese selbst sich aber mit Hilfe des Kaisers und Hannovers immer wieder die einflußreichsten Posten in die Hände spielten. 1709 wollte Hoffmann sogar den hannöverschen Hauptmann Offney, der in Neustadt stationiert war, zum Bürgermeister machen. Der preußische Schultheiß aber verbot bei 1000 Talern Strafe die Wahl. So blieb denn der Bürgermeisterposten zwei Jahre lang überhaupt unbesetzt. Als dann am 5. Januar 1712 neben Hoffmann Christoph Wilhelm Offney zum Bürgermeister gewählt wurde, erreichte der Konflikt in der Bürgerschaft, der sich vor den Augen der Preußen abspielte, seinen Höhepunkt. Preußen setzte sich ganz offen dafür ein, daß „qualifizierte Personen gewählt werden sollten und nicht *propter ambitus*", daß also nicht das Amt durch die Partei erschlichen werden solle; es gewann damit reichen Beifall und großen Anhang in der Bürgerschaft. Und als dann im folgenden Jahre, nach Verausgabung von mehr als 2000 Talern für Geschenke, nach Ansicht der Bürger gänzlich unfähige Bürgermeister und Quatuorvirn, nämlich die Bürgermeister Pauland und Riedel, sowie die Vierherrn Koch, Müller, Dunckelberg und Kellermann gewählt wurden, „protestierte die Bürgerschaft und bat sich desfalls den Schutz beim Schulzenamt aus; worauf dieses ein Patent affigieren (anheften) lassen und die *neoelectos* (Neugewählten) nicht aufs Rathaus gelassen, welche sämtlich wieder umkehren müssen, da jenes mit preußischen Soldaten besetzt war".

Die Bürgerschaft beschritt wegen dieser Ratswahl auch den Rechtsweg und ging am 4. April an den Reichshofrat, dem die Klage natürlich außerordentlich fatal war, da er wohl wußte, daß die Bürger im Rechte waren, aber die Angeschuldigten doch des Kaisers Partei gegen Preußen vertraten. Selbst die Pfarrer griffen von den Kanzeln herab in den Kampf ein und wetterten gegen die δωροφαγια, gegen die Geschenkefresserei der Ratsmitglieder.[17]

Da mischte sich denn im Februar 1714 auch einmal Georg Ludwig, Herzog von Braunschweig-Lüneburg, des Heiligen Römischen Reiches Erzschatzmeister und Kurfürst, ein, indem er seinem Kommissar Triseberg in Niedersachswerfen den Auftrag erteilte, der Bürgerschaft gut zuzureden. „Die querulierenden Bürger werden wohlmeinend vermahnt und erinnert, sie möchten ihr eigenes und ihrer Nachkommen Heil wohl bedenken und nichts präzipitieren, welches doch nicht anders als zu ihrem eigenen Verderben gereichen könnte."

Bald darauf zog die preußische Garnison ab, der preußische Schultheiß

---

17 Die außerordentlich interessanten Dokumente befinden sich unter Z a 1 b im Archiv; hier auch weitere gravamina. Im übrigen siehe Filter Z a 1 d, Grotjan Z a 9 c, Pauland, Na 14. In auswärtigen Archiven, besonders in Wien, wird noch manches Material unbenutzt liegen.

verschwand, und die Vetternwirtschaft hatte wieder gute Tage. In den folgenden 10 Jahren erlebte Nordhausen das Schamloseste an Ausbeutung, was sich nur denken läßt.

Dieses Nordhausen zu Beginn des 18. Jahrhunderts ist wirklich ein Schulbeispiel, daß es kaum etwas Vieldeutigeres gibt, als die Begriffe, deren sich das Verfassungsrecht der Völker bedient. Die Formen, welche das menschliche Gemeinschaftsleben entwickelt hat, sind ungeheuer reich, und die Begriffsbildung dafür ist ungeheuer arm. Daher kommt es, daß es verantwortungslosen Demagogen immer wieder gelungen ist, den einzelnen Begriffen Inhalte zu geben, die in einer solchen Unbedingtheit, wie sie immer wieder vorgespiegelt wird, gar nicht vorhanden sind. Dadurch werden aber bei der großen Menge den einzelnen Verfassungsformen gegenüber Willensakte und Gefühlsäußerungen ausgelöst, die häufig jeder Berechtigung entbehren.

Ein absolutes Königtum sowohl wie ein Volkskönigtum können vortreffliche Staatsformen darstellen, wenn der absolute Monarch sich nur als erster Diener seines Staates fühlt oder der Volkskönig sich nur als Beauftragter des gesamten Volkes ansieht. Beide können aber verderblich werden, wenn die Monarchen degenerieren und eine Kamarilla von Hofschranzen Macht und Einfluß gewinnt. Und ebenso können sowohl aristokratische wie demokratische Republiken das Größte für das Volkswohl leisten, wenn nach Blut und Befähigung die Besten an die Spitze des Staatswesens treten; aber auch eine Republik kann sich zu der denkbar schlechtesten Staatsform entwickeln, wenn in ihr immer wieder dieselben Geschlechter die Gewalt in Händen haben oder aber aus dem Schoße des Volkes nicht die Edelsten und Tüchtigsten, sondern die Eitelsten und Selbstsüchtigsten emporsteigen. Sind in der Verfassung nicht alle Sicherheiten gegen eine Degeneration vorgesehen, so wird mit der Zeit jede Staatsform, ob Monarchie oder Republik, mangelhaft und mangelhafter werden bis zum Untergang des Staatswesens. Bei einem Volkskönigtum erblicken wir die vornehmste Sicherheit in der Möglichkeit des Königs und des Parlaments, einen Peersschub vornehmen zu können, damit zu rechter Zeit neue Säfte und Kräfte in den Staat einströmen; das Gedeihen einer Republik aber ist in erster Linie abhängig von dem Bildungsstande ihrer Bevölkerung. In einem politisch tief stehenden Volke wird dieses seine Vertreter wählen nach seinen Tagesbedürfnissen, nach dem materiellen Interesse des einzelnen Staatsbürgers. Ein berufständisches Parlament aber und aus diesem hervorgegangene ausübende Organe sind das Schlimmste von allem; denn sie bedeuten den Kampf aller gegen alle im Innern, und nach außen hin Kraftlosigkeit und das Gespött aller übrigen Völker, es sei denn, daß überstaatliche Gebilde menschlicher Gemeinschaft, denen wir heute noch keine Form geben können, den machtpolitischen Kampf von Volk gegen Volk ausschlachten. Doch werden auch dann Kompromisse zwischen den einzelnen Interessengruppen bestenfalls immer nur Annäherungsversuche an das Endziel einer glücklichen Volksgesamtheit darstellen können. Ein politisch reifes Volk dagegen wird die Männer an seine Spitze berufen, die, soweit es menschenmöglich ist, trotz ihrer Fähigkeiten jenseits allen Eigennutzes, aller Partei, allen materiellen Interessen stehen. Hält man aber eine derartige politische Bildung des ganzen Volkes für unerreichbar oder gar außerhalb des dem Menschen von Natur Möglichen liegend, dann kann eine gute Verfassung paragraphenmäßig immer noch dadurch den Eigennutz weitgehend ausschalten, daß sie von Interessengruppen bezahlte Funktionäre als Vertreter des ganzen Volkes nicht zuläßt.

Im übrigen wird jeder Einsichtsvolle von dieser und jener Staatsform nie alles Heil erwarten. Denn seit einigen tausend Jahren hat die Menschheit aus sich heraus alle nur denkbaren Verfassungen entwickelt, und keine hat jemals restlos befriedigt, weder die Gesamtheit der Bevölkerung noch auch nur ihre Mehrheit. Das scheint schicksalsmäßig an der Natur des Menschen zu liegen, der nur unter ganz bestimmten, die Gesamtheit niemals befriedigenden Formen ein Gemeinschaftsleben finden kann. Deshalb ist eine höhere Stufe des Zusammenlebens auch nicht aus dieser oder jener Konstruktion einer Verfassung zu gewinnen, sondern nur durch die ganz allmähliche Höherentwicklung des Menschengeschlechts überhaupt. Ob dabei das innerste Wesen, der Kern des Menschen im Laufe der Zeit einer Besserung fähig ist, bleibe dahingestellt, die äußeren Formen, in denen die Menschen miteinander verkehren, sind es ganz gewiß, und auf diese kommt es in der Praxis an, und damit könnten auch neue, mehr als die früheren befriedigende Staatsformen gefunden werden.

Nordhausen war zu Beginn des 18. Jahrhunderts dem Namen nach noch immer eine demokratische Republik, es hatte sich faktisch zu einer aristokratischen Republik entwickelt; jedenfalls hatte es so ziemlich die schlechteste Verfassung, die sich überhaupt denken läßt. Eine Reihe von Geschlechtern, die nur aus krassestem Eigennutz den Staat verwalteten und deren Treiben zu unterdrücken verfassungsmäßig kaum eine Möglichkeit vorhanden war, beutete die Mittel des Staates rücksichtslos aus. Rücksichtslos, denn diese Gesellschaft hatte nicht gelernt von den Vorgängen der letzten Jahrzehnte. Kaum, daß mit dem letzten preußischen Grenadier die letzte Hemmung gefallen war, stellte das edle Konsortium der Christian Ernst Offney, Georg Christoph Huxhagen, Johann Pauland, Walter Riedel, Johann Günther Hoffmann trotz aller ergaunerten Einkünfte schon im Jahre 1717 fest, daß die Besoldung der Bürgermeister zu gering sei. Im Jahre 1719 kam es wieder an den Tag, daß für die Wahl zum Ratsherrn hohe Summen geboten worden waren, 1721 wandte sich das Volk gegen Machenschaften Offneys an das Reichskammergericht, 1724 wurde die Wahl des *homo novus* Franz Filter, der erst seit 1704 als Postmeister in Nordhausen weilte, vom Rate unterdrückt.

Diese letzte Gewalttat schweißte nun aber die beiden tüchtigsten, aber noch immer machtlosen Verwaltungsmänner Nordhausens zusammen, Chilian Volkmar Riemann, seit 1720 Syndikus der Stadt, und Franz Filter, den Thurn- und Taxisschen Postmeister Nordhausens. Beide stellten sich an die Spitze der erregten Bürgerschaft, und 1724 ging eine Anklageschrift gegen das bisherige Regiment nach Wetzlar, die wenigstens zu einer zeitweiligen Erneuerung der Verhältnisse führen sollte. Diese Anklageschrift enthält alle Beschwerden, welche die Bürgerschaft damals gegen die Herren Nordhausens vorzubringen hatte.

Wenn wir die wesentlichen Einwände gegen das Stadtregiment, nach einzelnen Gruppen geordnet, herausheben, so ergibt sich folgendes:

Zunächst lagen Beschwerden wegen Verstöße gegen die Verfassung vor. Man habe zu den alten Statuten neue Gesetze treten lassen, ohne Wissen und wider die Einwilligung des Volkes. In der Eidesformel für Ratsherrn seien ferner Klauseln aufgenommen worden, welche das verbrecherische Tun der Ratsherrn schützen sollten. Endlich habe man die *tribunos plebis*, d.h. die aus den vier Vierteln gewählten Volksvertreter, abkommen lassen, welche der Stadt „*iura* und Bestes beobachten und helfen müssen". Prediger, „welche die stadtkundigen Ungerechtigkeiten hiesiger Regenten Amtes halber (!) gestraft", habe man „obrigkeitswidersetzlich" genannt.

Ferner wählten nicht mehr, wie es verfassungsmäßig festgelegt sei, die Regimenter die Ratsherrn, sondern die Bürgermeister, indem sie Ratsmitglieder, welche das Recht Ratsherrn vorzuschlagen hätten, dahin beeinflußten, daß sie niemanden wählten, der wider das Interesse der Bürgermeister sein könnte. Hätte sich einmal ein Ratsherr den Befehlen der Bürgermeister nicht fügen wollen, so sei er durch Drohungen oder Versprechungen zum Schweigen gebracht worden. Auf diese Weise seien viele Personen in den Rat gekommen, die völlig untauglich seien und der Stadt niemals nützen könnten. Jedenfalls seien die Stellen nach Gunst besetzt oder an Meistbietende verschachert worden. Nur dem Namen nach wähle das von den Geschäften zurücktretende Regiment noch das folgende; alle aber steckten unter einer Decke der Korruption.

Weitere Beschwerden betrafen die Handhabung der Justiz. Diese stände dem gesamten Rate zu, der sich nach den Statuten der Stadt richten müsse. Doch jetzt habe die Macht der Bürgermeister so überhandgenommen, daß sie ohne Vorwissen des Rates neue Gesetze schüfen und von den Kanzeln verlesen ließen. Die Rechtsprechung selbst geschehe „nach Gaben und Gunst zur Bekränkung des anderen Teils". Protokolle würden bei den Verhandlungen selbst nicht aufgenommen, meistens entständen sie hinterher, wenn sie gefordert würden. Bürgermeister Offney sei hier besonders schuldig. Wer gegen seine Rechtsprechung Einwendungen mache, werde ein Rebell genannt.

Doch nicht allein gegen Verfassung und Rechtsprechung lägen größte Verstöße vor, sondern größte Schäden machten sich auch in der Verwaltung bemerkbar. Durch die bisherige Verwaltung seien in erster Linie der Wirtschaft größte Nachteile erwachsen. Das Hauptgewerbe der Stadt, das Braugewerbe, bringe deshalb nicht genügend Steuern, weil die Bürgermeister und ihre Favoriten das Recht zu brauen nicht ausgelost, sondern je nach Größe der Bestechungssumme zuerteilt hätten. Trotz vielfachen Einspruchs hätten der Bürgermeister Offney und der Quatuorvir Kegel allein nach Gunst die Brautitel verliehen. Ja, der Bürgermeister Lerche habe sogar dadurch viel verdient, daß er zwei Braugerechtsame übernommen habe, die gar nicht vorhanden seien, da bei den großen Bränden 1710 und 1712 die beiden Brauhäuser abgebrannt seien. Auch hätten die Bürgermeister doppelt soviel Bier brauen dürfen wie andere Bürger. Vor allem aber sei bei ihnen nie visiert worden, so daß sie soviel Gerste hätten verbrauen können, wie sie wollten. Manche Bürger hätten auch die Bürgermeister bestochen, damit bei ihnen die Menge des gebrauten Bieres nicht nachgeprüft werde. Das hätte man dann scherzhaft „ein Bürgermeisterlos" genannt. Eine neue Brauordnung, die 1722 die Bürger beantragt hätten, sei zunächst gar nicht gegeben worden, 1723 sei dann eine völlig unzulängliche herausgekommen.

Ferner sei jede Marktordnung dahin. Die Marktfahne, deren Heraussteken die Eröffnung des Handels für Einheimische bedeutete und mit der durch Zeichen erst zu einer bestimmten Zeit auch fremde Händler zugelassen wurden, sei seit Jahren nicht mehr gesehen worden. Für die Marktbuden ließen sich die Bürgermeister zuweilen dreimal im Jahre bezahlen. Juden und Hausierern sei der Handel gegen Geschenke gestattet. Von den ehrlichen Handelsleuten aber nehme man ungebührlich hohen Zoll. Die Knochenhauer könnten soviel Vieh auf die Weide treiben, wie sie wollten, weil sie für das Stück eine Abgabe an die Bürgermeister entrichteten; die Weidegerechtsame anderer Bürger würden dadurch geschädigt.

Was die eigentliche Verwaltung betreffe, so würden die Steuerbücher nicht ordnungsgemäß geführt. Die Veranlagungen seien ungenau, schon abgeführte Steuern würden nochmals erhoben, die Rechnungslegung geschehe gewissenlos. Die Kämmerer schlössen die Rechnung schon 3–4 Tage vor Weihnachten; was dann bis zum Tage der Rechnungslegung, dem 6. Januar, noch einkäme, behielten sie für sich. Die Pachten, die der Stadtkasse zuflössen, seien gering, die Anerkennungsgebühren, welche den Bürgermeistern zukämen, aber hoch. In Pächtereien mit guten Einkünften kämen Verwandte der regierenden Herrn für eine geringe Pachtsumme. So habe Offneys Bruder den Weinkeller ganz billig gepachtet, während die Brauerschaft 700 Gulden geboten habe. Die gut bezahlten Beamtenposten der Stadt, wie die der Zolleinnahme und des Wagemeisters, seien sämtlich in Händen von Bürgermeisterssöhnen. Die niederen Beamten dagegen wie Visierer, Marktmeister, Torwirte, Ober- und Unterdiener müßten von ihrem kläglichen Gehalt noch jährlich den Bürgermeistern etwas bezahlen, damit sie nur ihre Stellen behielten. Die für arme Schüler und Studenten ausgesetzten Stipendien erhielten die Kinder der Bürgermeister. Das Heu von Ratswiesen käme nur zur Hälfte dem städtischen Marstall zugute, das andere verbrauchten die Bürgermeister für ihre Pferde. Die Marstallpferde aber würden statt zu „gemeinem Nutzen", wie etwa zu Steinfuhren für die Bürger, zu Spazierfahrten der Bürgermeister benutzt. Das Wasser des Mühlgrabens werde beinahe wöchentlich abgeschlagen wegen einer Hand voll Fische für die Ratsherrn. Den Schaden davon hätten die Schrot- und Mahlmühlen, ganz abgesehen davon, daß 1710 sowohl wie 1712 bei den großen Feuersbrünsten jedesmal aus diesem Grunde kein Wasser im Mühlgraben gewesen sei. Die öffentlichen Bauten lasse man verfallen, die Stadtmauern stürzten ein, das Pflaster sei schlecht, in der Ratsapotheke regne es durch, so daß Kräuter und Wurzeln verdürben.

Noch mehr aber erkenne man die Selbstsucht der regierenden Herrn daran, daß sie die von milden Händen gespendeten Brandsteuern nicht ausgeteilt, sondern für sich gebraucht hätten. Während deshalb noch heute eine Unmenge Herdstellen wüst lägen, hätten sie ihre Häuser schöner und stattlicher als früher wiederaufbauen können. Beim Bau ihrer Häuser hätten die Bürgermeister die Materialien von der Stadt bezogen, den Arbeitslohn der Kämmereikasse entnommen. Als die Stadt für das Gut Himmelgarten 1721 durch Einlösung von Stolberg 18000 Gulden erhalten habe, wären je 50 Gulden in die Taschen der Bürgermeister gewandert. – Man sieht, daß in dieser „weitläufigen Aufsetzung der *gravamina*" kaum etwas fehlt, woran sich die Regenten der Stadt nicht vergangen hätten. Das „arme Nordhausen", das durch „Brandschäden, Prozesse, äußere Feinde" ruiniert sei, werde nun auch noch durch seine Bürgermeister und Ratsherrn ausgesogen, die „alles dem Privatinteresse zinsbar machten und die Stadt keines wegs zum gemeinen Nutzen dirigierten".

Die Aufdeckung der ganzen Mißwirtschaft durch diese nach Wetzlar hin eingereichte Klage bewog endlich die Patriziergeschlechter, ihrem gefährlichsten Gegner, dem bisherigen Syndikus Chilian Volkmar Riemann, einen Bürgermeisterposten anzubieten. Man hoffte, den unbequemen Mund zum Schweigen zu bringen, wenn man ihn teilnehmen ließ an den bisherigen Raubzügen. Am 5. Januar 1725 wurde Riemann zum Bürgermeister gewählt.

Daß dieser selbst nicht abgeneigt war, durch seine städtischen Ämter sich persönlich Vorteile zu verschaffen, und daß deshalb die Kalkulation der regierenden Herrn nicht ganz unberechtigt war, werden wir später sehen. Vorerst aber konnte Riemann von dem einmal beschrittenen Wege nicht zurück. Er mußte als Bürgermeister die Reformen, von denen er den Bürgern so oft gesprochen hatte, durchführen. So hatten sich die alten Geschlechter also zunächst in Riemann verrechnet, und trauernd schrieben sie: „Anno 1725 warf Bürgermeister Chilian Volkmar Riemann unsere Gewohnheiten um als ein gewesener Advokat und Liebhaber des Römischen Rechts." [18] – Er warf unsere Gewohnheiten um. Treuherziger kann man wirklich die Beseitigung der zur Gewohnheit gewordenen Vetternwirtschaft, Bestechung und Veruntreuung nicht bezeichnen. – Aber schade war es doch um die gute alte Zeit!

In einem einzigen Jahre beseitigte Riemann die städtische Mißwirtschaft. Am 5. Januar 1726 erhoben die drei Ratsregimenter folgendes zum Beschluß:

Hinsichtlich der Ratswahlen sollten die Bestimmungen vom Jahre 1680 revidiert werden. Die abgehenden Ratsherrn sollten fortan unbeeinflußt ihre Nachfolger benennen. Zur Wahl untauglich mache das *crimen ambitus*, der Bestechungsversuch; ausgezahlte Gelder wurden fortan sogleich eingezogen, außerdem erfolgte Bestrafung.

Bei Handhabung der Justiz hätten sich die Bürgermeister zuviel Autorität angemaßt. Nur Rechtsstreitigkeiten, bei denen *periculum in mora*, Gefahr im Verzuge, sei, könnten die Bürgermeister fernerhin allein entscheiden, und auch dann nur im Namen des Gesamtrates. Erlasse von einiger Tragweite dürften nicht mehr ohne Vorwissen des sitzenden Rates veröffentlicht werden. Eine künftige Prozeßordnung werde demnächst erscheinen. Die Bürgermeister sollten regelmä-

---

18 Pauland, Archiv unter Na 14.

Barockzimmer im städtischen Museum. (Siehe Seite 482 ff.)   Carl Schiewek, Phot.

Ausschnitt aus dem Ölgemälde von Frantz Gebhard Stolberg, 1674 angefertigt, im Magistrats-Sitzungssaale befindlich. (Siehe Seite 491.)   Carl Schiewek, Phot.

ßig alle 14 Tage auf dem Rathause eine Sitzung abhalten und zwischendurch an der Verbesserung der Statuten arbeiten.

Waren die Bestimmungen für die Verfassung und das Gerichtswesen immer noch so dehnbar, daß neue Unregelmäßigkeiten vorkommen konnten, so boten eingehende Vorschriften für die Handhabung der Verwaltung eine ziemliche Sicherheit gegen Veruntreuungen und Ausbeutungen der Bürgerschaft.

Beim Brauen wurde jedes Vorrecht aufgehoben. Für den Fruchthandel, das Hausieren und das Feilbieten durch fremde Krämer wurden Übergangsgesetze geschaffen, bis eine neue Marktordnung den ganzen Verkehr regelte. Die städtischen Güter und Grundstücke mußten öffentlich zur Pacht ausgeschrieben und durften nur noch dem Meistbietenden zugeschlagen werden. Kein Bürgermeister oder Ratsherr durfte als Pächter auftreten. Jedem war es verboten, in seinem Privathause auf Stadtkosten zu bauen oder überhaupt irgendwelche öffentlichen Einrichtungen und Vorräte für sich in Anspruch zu nehmen. Alle Rechnungen mußten peinlich genau geführt werden, eine ordnungsgemäße Revision sollte stattfinden. Strafgelder hatten allein in die städtische Kämmerei zu fließen.

Schließlich wurde noch angekündigt: „In kurzem soll ein Salarium für die Bürgermeister ausgeworfen werden; auch sollen die Präsentien der Kämmerer und übrigen Ratspersonen wie auch deren Offizianten auf einen gewissen Fuß gestellt werden."

Mit dieser Ankündigung einer festen, in Geld zu erstattenden Besoldung der Bürgermeister bezweckte Riemann zweierlei: Er wollte erstens der Aneignung von allerhand Vorteilen begegnen, die eigennützigen Ratspersonen durch die bisherige Mannigfaltigkeit und ungenaue Festsetzung der Bezüge möglich war, und er wollte zweitens den juristisch vorgebildeten Bürgermeistern, auf denen ja doch so gut wie die gesamte Arbeit lastete, ein höheres Gehalt verschaffen als den aus den Zünften gewählten, die der im 18. Jahrhundert immer komplizierter werdenden Verwaltungstätigkeit in keiner Weise gewachsen waren. Doch wenn die Ratsherrn schon widerstrebend in die Abstellung der früheren korrupten Verhältnisse gewilligt hatten, so leisteten sie hier, wo es sich um die Differenzierung der Gehälter handelte, hartnäckigsten Widerstand; denn jeder von ihnen konnte einmal Bürgermeister werden und, ohne große Arbeit zu leisten, ein ansehnliches Gehalt beziehen neben den Erträgen aus seinem eigentlichen Zunftberuf.

Nachdem also die städtische Verfassung und Verwaltung umgestaltet worden war, ging der Kampf um die Gehälter der städtischen Beamten, vor allem die der Bürgermeister.

Schon zwei Monate nach seinem Amtsantritte als Bürgermeister hatte Riemann im März 1725 im Rate vorgetragen, die Bürgermeister müßten auf die Laudemiengelder unbedingt verzichten. Wenn dann aber ihr Gehalt nicht so gering sein sollte, daß sie „der Republik zu Schimpf und Schande leben" müßten, wäre eine Neuregelung der Gehälter überhaupt nötig. Doch stieß die Umgestaltung alter Bräuche zusammen mit dem Anspruch eines höheren Gehaltes für die Juristen auf so erbitterten Widerstand bei sämtlichen Ratsmitgliedern, daß sie ohne Hilfe des Reichskammergerichts nicht durchführbar war. Deshalb klagten schließlich am 15. Februar und am 7. Mai 1727 die beiden *„consules litterati"* Riemann und Kegel sowie die gesamte Bürgerschaft gegen die beiden Bürgermeister aus den Gilden Kellermann und Böttcher sowie gegen die übrigen Ratsmitglieder. In der Klagesache wurde unter anderem ausgeführt, daß die Präsentien an die Ratsherrn unter vielen und ungereimten Titeln ausgeteilt würden. Dadurch sei die Führung der Rechnung außerordentlich erschwert, es seien auch Irrtümer entstanden, und immer wieder sei Gelegenheit gegeben, im Trüben zu fischen „zum großen Nachteil *aerarii publici"*. Auch sei eine „gar schlechte Proportion in der Arbeit und Belohnung zu finden gewesen". Die Bürgermeister aus den Zünften aber beständen auf dem alten Modus und möchten, daß die ganze Neuordnung sich zerschlage und „es bei dem alten Schlendrian gelassen werde". Die Bürgerschaft stellte ferner noch fest, daß die Bürgermeister Riemann und Kegel das „Staatswesen um ein Merkliches gebessert hätten". Ein Hindernis zu weiterer Gesundung seien allein die Bürgermeister aus den Gilden, welche dieselbe Besoldung beanspruchten wie die *homines litterati*. Da ihre Verdienste um die Stadt viel geringer seien und sie ihren guten Beruf hätten, während die Juristen allein auf ihr Gehalt angewiesen seien, müßte wenigstens ein kleiner Unterschied in der Besoldung auftreten. Es sollte deshalb für sämtliche Bürgermeister ein Gehalt von 1800 Gulden vorgesehen werden, und zwar für die beiden regierenden Bürgermeister, für den Juristen 600, für den Handwerker 500 Gulden, für die augenblicklich nicht am Regiment befindlichen vier anderen Bürgermeister, für die Juristen 225, für die Handwerker 125 Gulden. Dazu sollten nur noch einige Naturallieferungen in Getreide und Vieh kommen, alles andere sollte abgelöst werden. Doch blieben die Naturalabgaben der Mühlen an Schweinen, Gänsen und an Getreide sowie die der beiden Apotheken an Materialien aller Art bestehen. Wenigstens die beiden regierenden Bürgermeister werden davon so gut wie ihren ganzen Haushalt haben bestreiten können.

Wie hoch selbst das Gehalt für die nicht amtierenden Bürgermeister, von denen die beiden Handwerker so gut wie nichts zu tun hatten und nur im Ältestenrat anwesend zu sein brauchten, noch immer war, ersieht man daraus, daß der erste eigentliche Beamte der Stadt, der Stadtsyndikus, nur 250 Gulden jährlich bezog, die übrigen Akademiker der Stadt aber, die Pastoren und die Lehrer des Gymnasiums, weit hinter diesen Sätzen zurückblieben. [19]

Das Reichskammergericht zu Wetzlar hieß die wohlbegründeten Forderungen der Bürgerschaft gegen den Rat gut und genehmigte am 7. Dezember 1727 die vorgeschlagene Neuregelung der Gehälter. Am 22. Dezember wurde diese dann in Nordhausen öffentlich bekannt gegeben.

Diesen Spruch von Wetzlar wagten nun endlich die Ratsmitglieder nicht mehr offen zu bekämpfen; doch leisteten sie noch immer versteckten Widerstand, indem sie ihre Ämter kaum noch verwalteten. Das konnte ja nun den Bürgermei-

---

19 Der Rektor des Gymnasiums bekam 150 Taler Gehalt, der Konrektor 100, die übrigen Lehrer 40-60 Taler, dazu 18-24 Scheffel Getreide.

stern betreffs der meisten Ratsherrn, die fast nichts zu tun hatten, gleichgültig sein; auf die Mitarbeit der 9 Vierherrn aber – aus jedem Regimente seit 1627 drei – konnten sie nicht verzichten, und so sahen sie sich gezwungen, die passive Resistenz dieser Ratsmitglieder durch Entgegenkommen zu beseitigen. Als die Vierherrn am Sylvestertage des Jahres 1728 um eine Erhöhung ihrer Bezüge einkamen, glaubten die Bürgermeister, diesem Verlangen entsprechen zu müssen. So kam es schließlich am 24. Mai 1729 zu einem Vergleich, der die Besoldung endgültig regelte. Den Bürgermeistern aus den Gilden wurde das Gehalt noch um 25 Gulden heraufgelegt, und die 8 Kämmerer bekamen 20 Gulden mehr, als bisher angenommen war. [20]

Dieser Vergleich schloß die langjährigen inneren Kämpfe in Nordhausen ab. Die Neuordnung übte bald den segensreichsten Einfluß auf das Gemeinwesen aus; Nordhausen konnte wieder den Anspruch erheben, ein Rechtsstaat zu sein.

Viele Jahre, von 1725–1763, blieb nun Riemann bestimmend und Richtung gebend in Nordhausen zum Heile der Stadt. Dennoch machten sich bei der Mangelhaftigkeit der städtischen Verfassung, welche die Mitwirkung der eigentlichen Bürgerschaft bei den Wahlen ausschloß, immer wieder Mißstände bemerkbar. Die Vetternwirtschaft und die Bereicherung auf Staatskosten waren nie ganz zu beseitigen, und der Versuchung, die Schwächen, welche die Verfassung bot, auszunutzen, konnte auf die Dauer selbst Riemann nicht widerstehen. Diesen Makel können alle die großen Verdienste, die er sich um die Stadt erwarb, dem befähigten und arbeitsfreudigen Manne doch nicht nehmen.

Auch Chilian Volkmar Riemann brachte später seine Verwandten in Ämter der städtischen Verwaltung. Johann August Filter, der Sohn Franz Filters, der eine Tochter Riemanns geheiratet hatte, ward Sekretär der Stadt Nordhausen, dessen Nachfolger wieder im Stadtschreiberposten war Johann Günther Riemann, der eigene Sohn des Bürgermeisters. Neben Chilian Volkmar Riemann wurde dessen Bruder Johann Gottfried Riemann 1730 Bürgermeister, und dessen Sohn Heinrich August wieder regierte als Bürgermeister der Stadt von 1763 bis 1801.

Selbst Bestechungsversuche, um in Ratsstellen zu gelangen, konnten auch die Riemanns nicht ganz unterbinden. So wagte 1741 Christoph Walter Frommann dem Ratsherrn Jödicke 200 Taler anzubieten. Jödicke nahm das Geld, und ein richtiger Vertrag mit gegenseitigen Verpflichtungen wurde aufgesetzt. Doch kamen einige Tuchmacher, deren Gilde die beiden angehörten, hinter den Ämterschacher, und so führte denn die Gilde gegen Frommann einen Prozeß. Dieser Prozeß scheint aber beiden Parteien zu weitläufig und kostspielig geworden zu sein; deshalb kam es zu einem merkwürdigen Vergleich, dessentwegen die Dinge hier nur berührt werden. Denn er läßt die sittliche Einstellung der Zunftmitglieder jener Zeit in recht eigenartigem Lichte erscheinen. Die Tuchma-

---

20 Für die Verwaltung des Schoßamtes wurden 80 Gulden ausgesetzt, das Bibal (Trinkgebühr) dabei auf 20 Gulden berechnet. (Punkt 5.)
Die Deputierten zur Einnahme des Kunstgeldes (Wassergeld) bekamen 30 Gulden (Punkt 6.)
Die Rechnungsrevision sollten 3 Herren vornehmen, hinzugezogen werden sollten aus der Bürgerschaft 3 Rechnungsverständige. (Punkt 8.)

chergilde und Frommann machten aus, daß Frommann sämtliche Prozeßkosten bezahlen, den Herrentisch, d.h. den Meistern der Gilde eine „Kollation" geben, das sogenannte Mützengeld doppelt erstatten und schließlich für die ganze Gilde ein Festessen veranstalten sollte. Für diese vortreffliche Abfindung der Zunft gab diese den Einspruch gegen die Ratswahl Frommanns auf. Jödicke durfte ihn 1744 präsentieren. [21]

Bald darauf wurden auch gegen das Riemannsche Regiment selbst schwerste Vorwürfe erhoben. Johann August Filter, der Schwiegersohn Riemanns, war städtischer Sekretär und zugleich Kaiserlicher Posthalter für Nordhausen. Als solcher war er aber, mehr als sich mit der guten Bedienung des reisenden Publikums und der Frachten vereinbaren ließ, auf seinen Vorteil bedacht, so daß andere Staaten, wie z.B. Hannover, die Gelegenheit benutzten, Konkurrenzlinien aufzumachen. Dadurch mußte natürlich für den Kaiserlichen Posthalter Filter ein empfindlicher Ausfall entstehen, und deshalb suchten er und sein Schwiegervater Riemann mit allen Mitteln die Eröffnung einer hannöverschen Postlinie vom Ilfelder Hof aus zu verhindern. Das gelang ihnen allerdings nicht, denn Hannover kannte die Beweggründe für den Widerstand genau so gut wie Sachsen, der andere am Nordhäuser Verkehr interessierte Staat, dessen Oberpostmeister Everdt in Leipzig die Gründe der Abneigung auf die Verschwägerung zurückführte und schrieb: „Da muß das Privatinteresse dem öffentlichen vorgezogen werden, das der Stadt so schädliche Postinteresse der Fürsten Taxis protegiert werden, damit nur Filter als des regierenden Bürgermeisters Schwiegersohn seinen Beutel füllen könne auf Kosten zweier großen Könige (England-Hannover; Polen-Sachsen) und der Bürgerschaft." [22]

Ein Jahr später, im Jahre 1747, wurden dann schwerste Anklagen gegen die beiden Brüder Riemann, die „Fürsten von Nordhausen", erhoben. Sie stammten aus dem Lager der alteingesessenen Wildeschen Familie, die mit den Riemanns im erbittertsten Kampfe lebten. Damals warf man den Riemanns vor, sie hätten den Ausschank im Ratsweinkeller, der hätte verpachtet werden müssen, seit 9 Jahren an sich gezogen und dafür nur 2000 Taler in die Kämmereikasse fließen lassen. Da der Weinkeller jährlich 1000–1200 Taler Gewinn bringe, hätten sie 9–10000 Taler am Ausschank des Weines verdient. Ferner hätten sie den sogenannten Marktpfennig, den fremde Verkäufer früher an das Schulzenamt zu entrichten hatten, abgeschafft, statt dessen aber einen Zoll an den Toren je nach der Menge der Waren eingeführt. Aus dieser Akzise würden viel höhere Einnahmen als früher aus dem Marktgelde erzielt, 800–1000 Taler jährlich, welche die Riemanns als Verwalter der Zivilgerichtsbarkeit für sich eingezogen hätten. Ohne diese ungeheuren Gewinne hätten die Riemanns, die arm nach Nordhausen gekommen seien, nicht in so kurzer Zeit reich werden können.

Diese verschiedenen Angriffe des Wildeschen Anhangs veranlaßten schließlich 1748 den Rat, sich wieder mit dem Gehalt der Bürgermeister zu beschäftigen.

---

21 Grotjan, Archiv III. Z a 9 c.

22 Heineck, Geschichte der Post in Nordhausen, Roland, II. 1926.

Man glaubte ausrechnen zu können, daß die Bürgermeister aus dem Hausier- und Geleitgeld [23], das ihnen auch nach dem Jahre 1727 noch geblieben war, 800 Taler Gewinn zögen. Auf diese Angriffe erklärten aber sämtliche Bürgermeister Rennecke, Riemann junior, Pöppich, Riemann senior und Lerche, man möchte ihnen das Geleitgeld entziehen und von der errechneten Summe den beiden regierenden Bürgermeistern den dritten Teil geben, dann seien sie schon zufrieden. Auf diesen Vorschlag ging dann der Rat auch ein, und vom 1. Januar 1749 ab erhielten beide regierenden Bürgermeister zusammen statt des Hausier- und Geleitgeldes 270 Taler, immer noch eine recht hübsche Nebeneinnahme.

Gänzlich waren also Nepotenwesen und Korruption in einem solchen kleinen, fast völlig unkontrollierten Gemeinwesen wie Nordhausen nicht zu unterbinden. Doch darf man die Unterschleife und die Ausnutzung öffentlicher Einrichtungen für persönliche Zwecke im 18. Jahrhundert nicht mit unseren Augen ansehen, sondern muß sie von den Verhältnissen jener Zeit aus betrachten. Und wenn man bedenkt, daß in jenen Zeiten des 18. Jahrhunderts deutsche Fürsten Land und Leute ganz nach Willkür für ihre privaten Interessen gebrauchten, daß Bauern und Bürger fronden mußten für die Maitressen und Vergnügungen ihrer Herrscherhäuser, daß einige Fürsten sogar ihre Untertanen als Soldaten verkauften und zur Schlachtbank führen ließen, um ihre Wasserkünste und Feuerwerke bezahlen zu können, dann wird man die größere Schuld für jene wenig ehrenwerten Vorkommnisse in Nordhausen mehr dem Gepräge der ganzen Zeit zuschreiben als einzelne Personen dafür verantwortlich machen müssen. Zugleich aber erstrahlt ein Fürst wie Friedrich II. von Preußen in um so hellerem Glanze, der sich nur als erster Diener seines Staates betrachtete, für sich selber nichts, alles aber von sich und seiner Arbeitskraft für das öffentliche Wohl verlangte und der durch sein Vorbild seine Untertanen zu einer solchen Pflichttreue, Selbstgenügsamkeit und Unbestechlichkeit erzog, daß im 19. Jahrhundert, von Preußen ausgehend, das deutsche Beamtentum das uneigennützigste der ganzen Welt wurde. – Immerhin, wie in Nordhausen, so waren auf dem ganzen europäischen Festlande die Verhältnisse reif geworden für eine Umwandlung von Grund aus. Diese gebracht zu haben ist das einzig dastehende Verdienst der Französischen Revolution.

---

23 Juden mußten einen Leibzoll entrichten; Hausierer, die ihre Waren absetzen wollten, mußten einen Geleitzoll bezahlen. Dieser Geleitzoll lag auch auf Waren, die auf Achse kamen und in Nordhausen verkauft wurden.

Kapitel 14.

Nordhausen vor 200 Jahren.

Ein ziemlich barockes Kapitel.

   Im vorhergehenden Kapitel war genugsam die Rede von Spannungen und Entladungen aller Art. Krankheiten und Brände, äußere Widersacher und innere Ärgernisse spielten der Bevölkerung Nordhausens um das Jahr 1700 übel mit. Fast schien es manchmal, als ob sie in ihrer Gesamtheit wie der Held in einem unerbittlichen Schicksalsdrama dem Untergange geweiht sei. Doch daß einige Jahrzehnte und wenige wuchtige Schläge genügen, um ganze Volkskörper vernichten zu können, kommt in der Geschichte selten vor. Einzelne Menschen, einzelne Geschlechter verschwinden oft schnell, aber eine aus den verschiedensten Ständen und Gruppen zusammengesetzte Volksgemeinschaft bildet sich wohl um, ändert ihren Charakter, aber geht selten ganz unter. Auch zeigt sich immer wieder, daß jeder einzelne aufs härteste von diesem und jenem Ereignis betroffen werden kann, aber Aussehen und Haltung der Gesamtheit bleiben noch lange davon unberührt, und erst allmählich treten die Wirkungen auch bei ihr zu Tage. Diese eigenartige Gesetzlichkeit menschlicher Entwicklung und menschlichen Erlebens zwingt u. E. den Historiker, der das ganze runde Bild eines Zeitabschnittes geben will, zwiefach zu verfahren, nämlich einmal mit großen Strichen und starken Kontrasten nach Art des Dramatikers das Wesentliche herauszuarbeiten, dann aber auch mit sachter Pinselführung und geruhsamer Schilderung nach Art des Novellisten die Kleinformen des Lebens festzuhalten.

   Das letztere soll nunmehr geschehen, und wir denken, nicht bloß, weil unser Gegenstand diese Art der Behandlung erfordert, sondern auch weil das Auge, nachdem es über einer unruhigen Landschaft mit schweren Stürmen geweilt hat, nicht ungern auf einem aus tausend Fäden lustig gewebten Gobelin ausruht, wird dieses Kapitel vonnöten sein. So wollen wir denn von den großen Geschehnissen und den Haupt- und Staatsaktionen absehen und das kleine Leben der Gesamtbevölkerung Nordhausens in der ersten Hälfte des 18. Jahrhunderts in Augenschein nehmen.

Von Bielen oder Sundhausen her betreten wir im Südosten der Stadtflur Nordhäuser Grund und Boden. Dort unten liegt der „Bielsche Rasen", ein seit Jahrhunderten durchaus nützlicher Anger für die Nordhäuser, diente er ihrem Vieh doch als trefflichste Weide, da die harten Zorgeschotter für den Fruchtanbau nun einmal nicht allzu geeignet sind. Auf dieser Weidefläche erhob sich aber seit 1689 ein merkwürdiges Gebäude, aus dem seltsam schwere Schläge erdröhnten: Das war der Schreibersche „Hammer".

1688 hatte der Ratsherr Joh. Christoph Schreiber den Rat um die Genehmigung gebeten, dort unten vor dem Bielentore einen Hammer und eine Ölmühle anzulegen, und Bürgermeister Frommann hatte gegen den Widerstand mancher Ratsherrn und vieler Bürger diese Bitte erfolgreich vertreten, eine seiner Amtshandlungen, die von Weitblick zeugte im Gegensatz zu dem Verhalten der Bürger, die nur darauf bedacht waren, daß jeder Morgen unfruchtbarer Weide ihren Schafen erhalten bliebe, und die deshalb noch in späteren Jahrzehnten Frommann wegen der Hergabe des Landes Vorwürfe machten. Auch die verschiedenen Arten der Schmiede, die Grob-, die Huf- und die Nagelschmiede hatten als Sachverständige gar manche Bedenken. Denn Sachverständige sind häufig Verständige in eigener Sache, und die verträgt sich nicht immer mit den Vorteilen der Allgemeinheit. Das tückische Ungetüm auf dem Bielenrasen, eine ähnliche englische Modesache wie die neu eingeführten „englischen Mannsstrümpfe", schlug ja in einem Tage so viel Eisen zurecht, wie sonst nicht 10 Meister mit ihren Gesellen. Das war eine durchaus verwerfliche Erfindung, welcher der Kampf galt bis aufs äußerste.

1726 wurde der Hammer samt dazugehörigem Garten, einem Teiche und einer Schenke an die Lerchesche Familie für 5000 Taler verkauft, die die gesamten Anlagen schon 1731 mit erklecklichem Gewinn für 8000 Taler an einen gewissen Siegfried Meyer weiterverhandelte.

Also neben Hammer und Ölmühle lag auch ein Obstgarten, und Tische und Bänke waren aufgestellt zur Rast und Bewirtung lustwandelnder Nordhäuser. Da gab es einen prächtigen sauren Nordhäuser Wein, aus den letzten Fässern, die noch gekeltert wurden. Denn der Weinbau war seit der Mitte des 16. Jahrhunderts immer mehr zurückgegangen, da die Gegenden um den Harz herum ärmer geworden waren und die Harzer lieber die billigeren Biere als den teuren und noch dazu ziemlich unschmackhaften Wein tranken. Zudem war der Güteraustausch leichter als früher, und gute Weine aus Westdeutschland, ja aus Frankreich und Spanien waren wohl zu bekommen. Das Aufkommen des Branntweingenusses hatte ein übriges getan zur Verdrängung des Weines. So war denn zu Beginn des 18. Jahrhunderts nur noch der Südhang vor dem Bielentore, der noch heute Weinberg genannt wird, mit Reben bestanden. Aber hier unten, der Ölmüller ließ es sich nicht nehmen: er verschenkte noch den guten alten Nordhäuser Landwein, und die Trinker machten nicht einmal saure Gesichter dabei.

Sonst gab es natürlich auch einheimisches Bier und Broihan. Doch beileibe nur einheimisches; denn kein Nordhäuser sollte sein Geld für fremde Ware weggeben, sondern nur den Nordhäuser Brauer bedenken. Deshalb mußten auch alle Schankwirte bei Übernahme ihrer Gastwirtschaft schwören, „daß sie niemals fremdes Getränke einlegen noch selbst oder durch andere dergleichen verkaufen würden".

Wenn sich dann der Nordhäuser Bürger hier beim „Hammer" gelabt hatte, spazierte er wohl noch ein weniges durchs Feld auf der alten Heerstraße nach Bielen zu, aber nicht gar zu weit; denn er liebte die Bielschen Bauern nicht sehr, da sie fortwährend um die Fluren am Roßmannsbach stritten und alle Augenblicke die Grenzsteine gegen die Nordhäuser Mark vorgerückt haben wollten. Wieviel Gezänk da wegen Grenzüberschreitung entstanden ist, wie oft die Grenze beritten und begangen werden mußte, und wieviel Land dennoch ewig strittig blieb, ist fast nicht zu sagen. Es war nur gut, daß der Herr Bürgermeister Chilian Volkmar Riemann, der so viel Gutes für den Nordhäuser Staat bewirkte, gleich zu Beginn seiner Regierung, schon im Jahre 1727, auch daran dachte, eine genaue Vermessung der ganzen Flur vornehmen zu lassen. Damals rechnete man für die Stadtflur 190 Hufen 2 $\frac{1}{2}$ Acker = 5702 $\frac{1}{2}$ Morgen. Zwar einige Jahre gingen noch darüber hin, ehe die Vermessung in Gang kam, aber 1732 und 1733 wurde vom Landmesser Johann Jakob Müller wenigstens das Töpferfeld genau vermessen. Dabei blieb es dann allerdings; die Ausmessungen wurden wohl doch zu langwierig und kostspielig, und so konnte auch um 1750 der Nordhäuser Bürger einem Wißbegierigen keine bessere Auskunft über die Größe der ganzen Feldmark geben als schon sein Ahnherr vor 100 und mehr Jahren. Es waren nicht ganz 6000 Morgen Land – so ungefähr, ganz genau wußte man es nicht, und wir wissen es deshalb heute auch nicht besser.

Kehrte man dann aber voll Ärger über die streitsüchtigen Bauern von Bielen in die Stadt zurück, so erwartete einen nördlich des Bielentores, wo heute noch die Anhöhe der Galgenberg heißt, ein recht schreckhaftes Gerüst. Da standen nämlich im 18. Jahrhundert Galgen und Rad. Der historische Richtplatz für Nordhausen war ja eigentlich der Sand beim Siechentore. Doch hier wohnten im 18. Jahrhundert schon zu viele Leute, die nicht ständig die Mordgeräte vor Augen haben mochten; und dann fürchtete man auch Streitigkeiten mit den Brandenburgern, seitdem diese die dort benachbarte Grafschaft Honstein-Klettenberg innehatten und womöglich die Richtstätte als ihren Grund und Boden ansprachen. Deshalb war man also nach der anderen Stadtseite hin gegangen, und hier machte sich, etwas erhöht gelegen und deshalb weithin sichtbar, der Galgen eigentlich auch recht gut. Erst jüngst hatte man zwei arge Sünder, die mehrere neugeborene Kinder ums Leben gebracht hatten, den Martin Gründler und die Einbrodtin, nach langer Inhaftierung und Folterung mit dem Schwerte vom Leben zum Tode befördert, der Einbrodtin Haupt aber zum warnenden Exempel auf das Spill des Rades genagelt. Also geschehen im August des Jahres 1738! – Um dieselbe Zeit saß Kronprinz Friedrich von Preußen zu Rheinsberg. Sehr aufgeklärte und menschenfreundliche Gedanken gingen ihm durch den Sinn, und wenn er jenes Haupt dort vor dem Bielentore zu Nordhausen gesehen, hätte er sich gewiß schauernd und entrüstet abgewandt: *fi donc*! Doch augenblicklich war er eben nur Kronprinz und sollte gar keine Veranlassung nehmen, sich über die Rückständigkeit des Nordhäuser Gerichtswesens zu mokieren, da ja sein eigener Herr Vater noch großen Wert auf den prächtigen Galgen vor dem Berliner Schlosse im heutigen Lustgarten legte, denselben Galgen, der, wie der vielgewandte Baron Pöllnitz erzählt, weiland des Zaren Peter ausnehmendes Wohlgefallen gefunden hatte. – Aber dennoch: Vorbei, schnell vorbei am lichten Galgen!

Hier war es zur Nachtzeit nicht recht geheuer, und auch am Tage sah man zu, daß man schnell vorüberkam. Denn daß dort unter dem Galgen Teufel und Hexen ihr Wesen trieben, war selbst dem aufgeklärten 18. Jahrhundert noch gewiß. Selbst so erleuchtete Geister wie der Nordhäuser Medikus Henning Behrens und der Pastor Lesser stellten den Teufelsspuk nicht in Abrede. Behrens, als großer Freund der Natur, war von Braunlage aus auch auf dem Brocken gewesen, hatte daselbst sogar eine Nacht voll Zähneklappens verbracht und berichtet darüber: „Ob ich nun schon also vorbesagtermaßen nichts von denen Gespenstern auf diesem Berge verspürt habe, so will (ich) doch damit nicht leugnen, daß nicht auch zu Zeiten der Teufel allhier wie in anderen Orten sein Wesen haben sollte."[24] Auch daß Fingerteile von Gehenkten von mancherlei unschätzbarem Vorteil als Talisman für den glücklichen Besitzer sein könnten oder daß Gespenster an vielen Orten, insonderheit beim Galgen oder auf Kirchhöfen ihr Wesen trieben, stand fest. Hatte doch erst 1724 noch der Rat dem Fischhändler Otto Stange die Erlaubnis gegeben, in seinem Garten nach einem Schatz zu graben, weil er sonst vor Gespenstern, die um den Hort nächtlicherweile spukten, keine Ruhe habe.[25] – Also vorbei, schnell vorbei am lichten Galgen.

So wandern wir denn durch das äußere Bielentor und sind wieder hinter Pforte und Pfahl der geliebten Heimatstadt, wohl verwahrt. Lange Jahre, Jahrhunderte fast, hatte es freilich schlimm genug um das Nordhäuser Befestigungswesen ausgesehen, aber auch hier war Bürgermeister Riemann besserer Einsicht zugänglich gewesen. Nicht nur daß die Haupttore der Stadt nach den großen Bränden von 1710 und 1712, etwa bloß des besseren Aussehens halber, neue Bekrönungen und Aufbauten erhalten hatten, nein, auch ernsthafte Befestigungsanlagen waren neu geschaffen worden. So war die Stadtmauer vom Töpfertor bis zur Stiege am Geiersberg 1734 ganz neu hergestellt worden, und sogar die Gräben und Wälle des Frauenberges waren in den Jahren 1739 und 1740 mit spitzen Pfählen neu besetzt. Eine Hauptwache wurde 1744 auf dem Holzmarkt, dem heutigen Lutherplatze, neu erbaut, und die Stadtsoldaten mußten tüchtig exerzieren. Ja, ja der Bürgermeister hatte etwas gelernt von den absoluten Herren der Zeit, *in mercaturis* sowohl wie *in politicis; in mercaturis* war er ein strenger Anhänger des Merkantilsystems und hielt darauf, daß möglichst viel aus dem Lande heraus und möglichst wenig ins Land hinein kam, *in politicis* war er fast wie ein kriegerischer

---

[24] Georg Henning Behrens, Hercynia curiosa, ed. Heineck 1899. – Wo nicht zitiert wird, stammen die Kenntnisse aus den Originalen im Nordhäuser Archiv.

[25] Heineck, Ein Nordhäuser Schatzgräber, Nordh. Zeitung, 24. Februar 1925.

Potentat, der, was er besaß, hütete, wie er nur konnte, und was er nicht besaß, gern hinzuerworben hätte, ein Imperialist im kleinen durch und durch.

Wenn wir uns aber des Montags dem Frauenberge nähern, dann hören wir munteres Gewehrfeuer im Schützengraben ertönen. Hier hielt im 18. Jahrhundert die 1694 neu erstandene Schützenkompagnie ihre Übungen ab, und der Rat, auf die Wehrhaftigkeit der Bürgerschaft bedacht, leistete den Schützen allen nur möglichen Beistand, feierte auch das Ausschießen des Schützenkönigs mit und setzte als Preis alljährlich einen silbernen Becher und zuweilen auch wohl einen Hammel aus den Beständen von St. Martini aus. Selbst die weiten Fahrten der Schützen nach Mühlhausen und Erfurt, Gotha und Frankenhausen begünstigten die Stadtväter, um die Freude am Waffenhandwerk zu heben.

Neben dem Schützengraben her lief die Seilerbahn, und Tag für Tag konnte man hier, etwa in der Zeile der heutigen Schützenstraße, das langsame Auf- und Abschreiten der Seildreher beobachten.

Doch bald wenden wir uns, den z. T. mit Kirschbäumen bepflanzten Taschenberg in unserem Rücken lassend, weiter nach Westen und treffen am Petersberge auf die innere Stadtmauer. Dieser folgen wir unter dem Petersberge durch nach dem Töpfertore zu. Dieses war selbst im 18. Jahrhundert noch ein gar trutziger Bau. Verkündet doch unser Gewährsmann, der brave Chronist Bohne, von ihm, daß selbst ein „erfahrener General-Lieutnant *en passant* ... darüber geurteilt, wenn die Stadt dergleichen Rondel (wie vor dem Töpfertore) *in quanto et quali* noch mehr hätte, ... so könnte die Stadt sich noch wohl eine Zeit lang wieder aufkommende Stürme schützen und aufhalten."

Um diese wegen der Ebenheit verwundbarste Stelle der Stadt auch fernerhin zu sichern, hatte der Rat auch Sorge getragen, das abgebrannte innere Töpfertor im Jahre 1719 und den Aufbau auf das äußere Tor 1722 wiederherstellen zu lassen. Damit aber alle diese kriegerischen Anlagen einen nicht gar zu furchterregenden Eindruck machten, waren schöne Lindenbäume vor den Toren angepflanzt bis gegen den Töpferteich, den heutigen Neumarkt, hin, und in dem tiefen Graben zwischen Töpfertor und Geiersberg, dort, wo heute die Promenade entlangzieht, wuchsen friedlich Äpfel und Pflaumen, die dem Rate reiche Pacht und den Pächtern reichen Verdruß brachten; denn den munteren Jungen aus der Töpfer- und Töpferhagenstraße (heute Schreiberstraße) war keine Mauer zu hoch, kein Pförtlein zu eng, kein Stadtsoldat zu wachsam, um nicht an die lockenden Früchte heranzukommen.

Nun aber sind wir im Norden der Stadt am Fuße des Geiersberges angelangt. Hier hatte sich 1733 ein Herr Wachtler angesiedelt, der hier einen Berggarten, wenn nicht schon vorfand, so doch anlegte, auf dessen Gelände später die Gastwirtschaft „Zur Hoffnung" entstehen sollte. Derlei Wirtshäuser vor den Toren der Stadt wurden übrigens damals beliebt. Hatte doch selbst eine so schöngeistige Dame wie Sophie Charlotte, Friedrichs I. von Preußen Gemahlin, ihr Gefallen daran, Gärten zu fördern, in denen der nach und nach Mode werdende Kaffee und hie und da sogar kostbare Schokolade verabreicht wurde. So entstanden denn damals auch rings um Nordhausen herum Wirtshäuser mit Gärten und

Kegelbahnen. Abgesehen von dem Schreiberschen Hammer erbaute 1735 ein Unternehmungslustiger namens Benjamin Lauer den Lorbeerbaum am Altentore, der 1735 in den Besitz des Rates überging, und schon 1728 waren die „Drei Linden" in der heutigen Grimmelallee entstanden, konnten sich allerdings im Privatbesitz auch nicht halten, so daß sie 1736 der Rat *sub hasta* übernehmen mußte. Die Stadt setzte seitdem in beide Schankstätten Pächter.

Doch da oben beim Wachtlerschen Garten am Geiersberge, – das war doch die lustvollste Gegend für den Nordhäuser Bürger. Deshalb wollen auch wir auf den Geiersberg einen Spaziergang wagen. Sein Westabfall nach dem Mühlgraben hinab muß noch im 17. Jahrhundert nur von einigem Gestrüpp bestanden, sonst aber kahl gewesen sein. Heidekraut, ein paar Dornsträucher und wilde Rosen, das war alles, was den dürren Schotterboden bedeckte. Droben stand einsam als weithin sichtbare Herrscherin die Merwigslinde, und nur fernab von ihr, in der Nähe der Geiersbergstiege und des Schöppmännchens, stand noch eine kleinere Linde, so, als ob sie sich nicht in die Nähe der stattlicheren Gebieterin wage.

Dieser kahle Geiersberg aber mit seinen zwei Lindenbäumen war seit undenklichen Zeiten so recht eigentlich der Tummelplatz von jung und alt. Im Sommer lagerte Sonntag für Sonntag ein fröhliches Menschengewimmel auf Rücken und Abhang des Berges. Die älteren Leute und die Mütter mit ihren kleinsten Kindern, die den weiteren Aufstieg fürchteten, ruhten schon an der kleinen Linde bei der Geiersberstiege aus; aber von da bis auf die Höhe am Lindenhofe bei der Merwigslinde herrschte das munterste Ergehen. Prächtig hat der Studiosus Theologiae Thiemroth im Jahre 1688 in seiner „Nordhäuser Kirschbergsfreude" das sonntägliche Leben und Treiben am Geiersberge in wohlgesetzten Alexandrinern geschildert: [26]

> Es sind die Weibergen mit Kindergen beflissen,
> Ja, was sich regen kann, den Kirschberg zu begrüßen
> Mit ihrer Gegenwart: Geh, mach das Feuer an
> Mein' Tochter, hole Mehl, damit ich backen kann
> Ein Mandel oder mehr der guten Eierkuchen,
> Wir wollen ausspazieren, den Kirschberg zu besuchen.
> Ja, herzen-Mutter, ja, das Feuer ist gemacht,
> Ach tummelt, tummelt euch, weil ißt der Himmel lacht.
> Du geh inzwischen hin und hole diese Flaschen
> Voll guten Gerstensafts, damit wir was zu naschen
> Und einen frischen Trunk bei unser' Freude han;
> Wie ächzt und lechzt ein Mensch, eh man gelangt hinan. U.s.f.

---

[26] Geiersberg, dialektisch Giersberg, Gierschberg, woraus der Volksmund Kirschberg machte. Der Name „Gehege" für den westlichen Abfall des Geiersberges kam erst zu Beginn des 19. Jahrhunderts auf. – Vergl. H. Heine, Zur Geschichte der öffentlichen Anlagen in Nordhausen. Festschrift des Geschichtsvereins, 1920, 111. Das Thiemrodtsche Gedicht heute am besten in dem von Heineck besorgten Abdruck der Bohneschen Chronik, 35 ff.

Nun, wir wollen hoffen, daß das „Ächzen und Lechzen" beim Hinaufsteigen nur vorgegeben ist, um den mitgenommenen „frischen Trunk" zu rechtfertigen. Dafür ist es ohne Zweifel dienlich; denn wenn wirklich dem Herrn Studiosus Thiemroth bei den paar Schritten bergan der Atem knapp geworden wäre, so glauben wir, daß er nicht nur in unsere wander- und sportlustige Zeit, sondern auch in seine Tage, wo Rektor Dunckelberg begann, das „Voltigieren" und den Eislauf zu pflegen, schlecht hineingepaßt hätte.

Eine stets gern besuchte Erholungsstätte blieb der Geiersberg auch, als der Rat daran ging, die westliche Flanke des Berges mit Bäumen zu bepflanzen. 1738 verordnete er, daß jeder neue Bürger bei seiner Aufnahme 6 Groschen erlegen sollte, damit von dem einkommenden Gelde Bäume angepflanzt werden könnten. 1740 erzählt Pastor Lesser schon von einem „lustigen Gehölz" am Geiersberg, und 1745 wissen die Annalen – wohl mit einer Null zuviel – zu berichten, daß die Stadt einen Wald von 15000 Bäumen dort habe aufforsten lassen, so daß 1753 Waisenvater Lauterbach, sich dreist mit Thiemroths fast vergessenen Federn schmückend, in seinem „Lob-und Ehrgedicht vom Kirschberge" den wohlweisen Stadtvätern ein glattes und hoffentlich für ihn einträgliches Kompliment machen kann. [27]

Oben auf der Höhe des Berges und dann weiter gegen Hohenrode zu lagen Obst- und Gemüsegärten. Die Nonnen vom Altendorf hatten hier auch einst Wein angebaut. Das war aber längst vorbei, und jetzt bestand neben der Merwigslinde ein Garten, der schon damals den noch heute nicht vergessenen Namen „Lindenhof" führte. 6 Morgen groß war er, davon etwa 1 Morgen Garten- und 5 Morgen Ackerland. Der Inhaber jedoch hatte, wie die meisten Besitzer von weiter in der Feldflur liegenden Gärten, seinen Ärger mit den Nordhäuser Jägern, die bei aufgehender Hühnerjagd weder Kohl noch Kraut schonten, so daß endlich 1788 der Magistrat dekretieren mußte, daß bis zum 16. Oktober überhaupt kein Garten betreten werden dürfe und daß man von da ab sittsam durch die Türen hineingehen und auf den Wegen bleiben müsse.

So stehen wir denn oben an der Merwigslinde, und die ganze Gegend scheint uns so lustvoll mit ihren sanften Höhen und Tälern und dem dunklen Harz im Hintergrund, daß wir noch einen weiteren Spaziergang wagen möchten. Die einen unserer Freunde möchten wohl sogleich durch das Mauerpförtchen an der Altendorfer Kirche hinunterschlüpfen, in die Kirche, die nach völliger Verwahrlosung 1697 endlich von Grund aus erneuert und neu eingeweiht worden war, einen Blick tun und dann unten am Altentore beim Wirt vom Lorbeerbaum versuchen, ob er Bier und Broihan gut zu halten versteht. Aber wir entschließen uns doch nach dem Abstiege an den Mühlgraben noch ein Stück gen Crimderode zu wandern, um zu schauen, was hier die Landschaft bietet. Hohenrode und das vom Wildeschen Geschlecht schon 1598 erworbene Hölzchen, bei dem auch Frommann Besitz angekauft hatte, bleiben zu unserer Rechten, ebenso der flache Nonnenteich, während wir selbst uns durch dichtes Weiden- und Erlenholz

---

27 Vergl. H. Heine a. a. O.

schlagen, das den Raum zwischen Mühlgraben und Zorge erfüllt. Doch führte schon damals eine wohlbefestigte Landstraße nach Ellrich durch die urwüchsige Gegend, und Magistratus hatte nicht versäumt, wenigstens einige Pfade, die bisher nur von den Liebhabern des Fischfangs ausgetreten waren, leidlich in Stand zu setzen, damit auch der eine und andere Bürger um der Erholung willen hier einen „ergetzlichen Spaziergang", wie Meister Bohne sagt, tun könne.

Gar zu weit wollen wir unseren Ausflug aber nicht dehnen; denn bald sind wir an der Grenze angelangt, wo reichsstädtisches Gebiet an preußisches und hannöversches Ausland stößt. – Dort über die Zorge hinweg lag schon das Schurzfell, eine alte Feldschmiede, bei der die Fuhrleute, welche die alte Heerstraße nach Ellrich, Walkenried, Osterode oder auch über den Harz hinweg nach Goslar benutzten, anhielten, um die Pferde beschlagen oder die Reifen an den Rädern neu befestigen zu lassen. Anfang des 18. Jahrhunderts hatte die preußisch-honsteinsche Verwaltung gestattet, bei der Schmiede ein Wirtshaus zu errichten und Wofflebener Bier zu verschenken. 1716 protestierte der wohllöbliche Rat bei der Regierung in Halberstadt dagegen, weil kostbare städtische Privilegien dadurch verletzt waren; hatte doch schon vor undenklichen Zeiten der glorreiche Karolus IV. befohlen, jegliches Bier in einer Meile Entfernung rund um die Stadt herum müsse aus Nordhausen bezogen werden. Doch was half gegen den Übermut der Landesherren im 18. Jahrhundert verbrieftes kaiserliches Recht! Preußen ließ die Schenke am Schurzfell bestehen, und so besteht sie noch heute. [28]

Wir aber scheuen uns, durch die Furt in der Zorge zu gehen und dort drüben auf preußischem Gebiet Einkehr zu halten; ein scharfes Mandat des Rates schreckt uns als gehorsame Bürger. So wollen wir denn nur noch einen Blick gegen den Kohnstein zu werfen, von wo der Stadt Kalksteinbrüche weiß herüberleuchten, und an den grausamen Erdfall denken, der 1710 unfern des Kohnsteins bei der Dietfurt im brüchigen Gipsgelände geschah und durch den die unterirdischen Wässer haushoch emporgepreßt wurden, wie ein Schäfer glaubhaft erzählte, der kurz vor dem Einbruch seine Herde über die Stelle getrieben hatte.

Durch Erlen- und Pappelngebüsch, auf hartem, grobem Geröll wenden wir unsere Schritte nach der Stadt zurück und folgen dabei dem Laufe der Zorge. Hie und da steht ein Nordhäuser Bürger, benutzt sein ihm als Bürger zustehendes Recht zu freier Jagd und freiem Fischfang und angelt. Denn unser Feldwasser, die Zorge, herbergt zahlreiche Fische wie „Karpfen, Hechte, Forellen, Aschen, Perschen, Ellritzen, Grund-Schmerlinge u.a.". Doch nicht immer gingen die guten Nordhäuser mit erlaubtem Gerät dem Fischfange nach. Dort hinten z.B. steht einer mitten im flachen Wasser und baut mit Steinen und Erde einen Damm, um an den Fischen in engem Wassertümpel gleich einen Massenmord zu begehen. Als er uns nahen sieht, steigt er ans Ufer empor und greift zur Angelrute; wir müssen ihm aber leider zutrauen, daß er auch Reiser und geflochtene Körbe im Wasser auslegt, in denen sich die Fische fangen sollen. Da jedoch unter solchem

---

28 Heineck, Vom Schurzfell und den Schankstätten außerhalb der Stadt Nordhausen, Nordhäuser Zeitung, 10. August 1925.

Raubbau der Fischbestand bald dahinschwinden würde, mußte der Rat 1684 scharfe Bestimmungen gegen das „Wasserdämmen und Reiserlegen" erlassen, und dennoch wagten böse Buben solchen verbotenen Sport immer wieder, wie die späteren Verbote von 1753 und 1765 beweisen. Nur die Ratsherrn selbst durften sich zeitweilig gestatten, durch dergleichen Mittel ihre Küchen zu versorgen, und ließen um das Jahr 1710 herum alle Augenblicke den Mühlgraben abstauen, um die Fische zentnerweise zu fangen.

Nun sind wir bei unserem Rückwege bei der Rotleimmühle angelangt und stehen auf einem erst jüngst historisch gewordenem Platze.

Noch immer litten selbst im 18. Jahrhundert die Völker Europas unter den Nachwehen der großen Religionskriege, und Duldsamkeit gegen Andersgläubige war selten zu finden. Ludwig XIV. in Frankreich hatte bald nach seinem Regierungsantritte mit der Austreibung der Hugenotten begonnen, seine berüchtigten Dragonaden hatten Herzeleid über tausende von braven Familien gebracht, und 1685 hatte er gegen sie zum letzten großen Schlage ausgeholt. Da aber öffnete Friedrich Wilhelm von Brandenburg, den wir nun den Großen Kurfürsten nennen wollen, die Pforten seines Landes weit und lud alle ein, die verfolgt wurden um ihres Glaubens willen. Am 22. Februar 1690 durchzogen 160 solcher französischen Emigranten auch Nordhausen und gingen dann weiter auf Hameln zu.

Dann aber begann die Verfolgung auch im Süden, wo sich noch immer im Ostalpengebiet viele gut protestantische Gemeinwesen befanden. Zwar in Österreich und in Steiermark hatten die Jesuiten Ferdinands II. schon längst ganze Arbeit gemacht, aber im Erzstift Salzburg hielten noch viele Gemeinden am evangelischen Glauben fest. Diese mußten nun um des Glaubens willen die Heimat verlassen und in großen Scharen nach Norden ins Elend ziehen.

Im Jahre 1732 war es, als auch Nordhausen zweimal diese armen vertriebenen Salzburger sah, die ebenso wie viele Hugenotten voreinst dem gastlichen und duldsamen Preußen zuwanderten. Nordhausen nahm sie bei ihrem Durchzuge einer evangelischen Stadt würdig auf. Als sich am 27. August 1732 ein Zug von 922 Auswanderern, von Mühlhausen kommend, der Stadt näherte, war alles bereit zum festlichen und gastlichen Empfang. Alle Geistlichen und die Lehrer des Gymnasiums samt ihren Schülern standen am Siechentore bereit. Auch die Stadtsoldaten und Schützen waren aufgezogen. Alle Glocken der städtischen Kirchen läuteten, und unter frommen Gesängen hielten die Glaubensbrüder aus dem fernen deutschen Süden ihren Einzug in die Stadt. Auf dem Markte sollten sie verteilt werden und ihre Quartiere empfangen; doch viele wurden schon in der Neustadt von gutherzigen Einwohnern bewogen, einzutreten, zu ruhen und zu bleiben. Hilfsbereit bewährten sich die Nordhäuser damals als wahre Christen.

Am 29. August mußten die Salzburger wieder von der gastfreundlichen Stadt Abschied nehmen, und dieser fand auf dem Platze vor der Rotleimmühle statt. Hier hatten sich die Salzburger mit all ihrer Habe, mit Karren und Wagen versammelt, hier waren auch wieder erschienen die Schule und die Geistlichkeit, die Ratsabgesandten und der Königlich Preußische Amtsrat vom Walkenrieder Hofe, und Pastor Lesser hielt, den erkrankten Pastor primarius vertretend, im

Anschluß an Römer X, 9 die Abschiedsrede über die „Beschaffenheit und den Nutzen des wahren Bekenntnisses von Christo".

Eine zweite Schar Emigranten, doppelt so groß wie die erste, nämlich 1869 Köpfe stark, traf am 13. September in Nordhausen ein, wurde ebenso empfangen, bewirtet und verabschiedet, und als sie am 15. September nach Halberstadt weiterzog, brachte eine am Altentor schnell ins Werk gesetzte Kollekte noch 800 Gulden. [29]

Beide Ausreisen der Emigranten waren also von dem Platze vor der Rotleimmühle aus geschehen, auf dem wir bei dem Rundgang um die Stadt uns jetzt befinden.

Noch sehnen wir uns nicht zurück in die Enge und in das Gewirr der Straßen, sondern gehen vom äußeren Altentore vor der Wiedigsburg durch gegen das Grimmeltor hin und überschreiten dabei die sogenannte Bleiche. Hier, wo heute im 20. Jahrhundert die Grimmelallee am Landratsamte, an der Badeanstalt und am Elektrizitätswerk vorbeizieht, befanden sich im Mittelalter mehrere Teiche, welche die Altwässer der Zorge gebildet hatten; doch waren diese im 18. Jahrhundert ausgetrocknet, und der Anger diente nun zum Bleichen der Wäsche, zur Musterung der Bürgerschaft und zum Einexerzieren der Stadtsoldaten. Mitten auf der Bleiche stand eine schöne alte Linde, die Vogelstange genannt, wohl deshalb, weil man bei ihr einen Schießstand angelegt hatte und dabei auch nach einem auf einer Stange sitzenden Vogel schoß. Meister Franz Gebhard Stolberg hat im Jahre 1674 von hier aus eine Stadtansicht von Nordhausen hergestellt, und auf ihr sehen wir im Vordergrunde eine Kompagnie Soldaten vor ihrem martialischen Kapitän ihre Übungen ausführen. Recht stattlich mag es auch ausgesehen haben, wenn hier die 4 Bürgerkompagnien aufmarschierten, jede mit ihrer Fahne, die 1. Kompagnie mit einer gelben Fahne, einem goldenen Kranz in der Mitte und darin einem schwarzen Adler, die 2. Kompagnie mit einer weißen, die 3. mit einer rot-weißen und die 4. mit einer gelb-schwarzen Fahne.

Neben den exerzierenden Soldaten auf dem Stolbergischen Bilde steht auch die Linde. Nur hat der Malermeister die Zorge, um sie auf sein Bild zu bekommen, zu nahe an die Stadtmauern gerückt, so daß die Bleiche, die tatsächlich früher zwischen der Wiedigsburg im Osten und der Zorge im Westen lag, jenseits des Flusses zu liegen kommt. [30]

Hier auf der Bleiche legen wir uns unter die augenblicklich einsam stehende Linde und haben nun einen besonders schönen Blick auf die alte Heinrichsburg, die einst dort oben hart an dem Steilabfalle lag. Deutlich erkennen wir den Zug der inneren Stadtmauer, überragt von den drei Bollwerken, der „Rose" an der Wassertreppe, dem Kaiserturm dicht bei dem Dome und dem Turme vor der Propstei. Zwischen Kaiserturm und Propsteiturm erscheint der dreieckige Giebel des Doms, sein ganzes gewaltiges Dach und daran die zu klein geratenen Türme, die ursprünglich gar nicht zu dem heutigen Langschiff gehörten.

---

29 Lesser, Umständliche Nachrichten von denjenigen 2790 evang. salzb. Emigranten.
30 Bohne, Chronik, 44. „Zwischen dem Alten- und Grimmels-Tore ist eine hohe alte ... Linde."

Der Spaziergänger, der im 18. Jahrhundert über die Bleiche ging und von dort hinüberblickte nach dem katholischen Dome, ballte einigermaßen ingrimmig die Faust in der Tasche, denn letzthin hatte es mit den Domherren wieder gar manche unangenehme Auseinandersetzung gegeben.

Die wichtigsten Streitpunkte der Stadt mit dem Stift seit der Reformationszeit betrafen ja die Befreiung des Stifts von der städtischen Gerichtsbarkeit und von jeglichen Steuern. Im katholischen Mittelalter war diese wichtige Sonderstellung dem Stifte ganz offenbar zuerkannt worden. In der Reformationszeit aber begann sich die Rechtslage zu verwischen, da in schwierigen Zeiten, wie z.B. im Jahre des Bauernkrieges und gegen Ausgang des 16. Jahrhunderts, das Stift nirgends Schutz fand als bei den städtischen Behörden und deshalb von manchem Rechte absah. Nach 1648 wiederum wurden die gegenseitigen Gerechtsame so gegeneinander abgegrenzt, daß die eigentlichen Stiftsinsassen zwar der städtischen Gerichtsbarkeit nicht unterlagen, aber auf Anforderung Zeugnis ablegen mußten, während die Bürger, die in den dem Stift gehörenden Häusern wohnten, auch unter der Gerichtshoheit der Stadt standen. Noch am 18. August 1706 hatte das Stift der Stadt dieses Recht zugestanden.

Dann aber hatten sich allerhand andere Mißhelligkeiten bemerkbar gemacht: Verbrecher, welche die Stadt verfolgte, waren in die „Domfreiheit" geflohen und waren dort vor Verfolgung geschützt worden. Protestantischen Kranken, die im Stifte gepflegt wurden, vorenthielt man den Seelsorger ihres Glaubens. Vor allem erweckten die wirtschaftlichen Befreiungen des Stifts und seine Konkurrenz das äußerste Mißfallen der Bürgerschaft. Das Stift nahm nämlich nicht bloß für die Stiftsherrn und ihre Bedienten in Anspruch, daß sie, ohne den Scheffel- und Mahlpfennig zu bezahlen, mahlen, schroten und Öl schlagen durften, sondern auch für die in stiftlichem Eigentum wohnenden Bürger. Lange Zeit gewährte die Stadt dieses Vorrecht auch, bis allerhand Durchstechereien vorkamen, indem sich Bürger, die gar nicht in Stiftshäusern wohnten, dem Müller als solche auswiesen und nun auch ohne Abgabe ihre Körnerfrucht gemahlen erhielten. Dazu kam, daß die Dombrauerei den Nordhäuser Brauherrn ärgere Konkurrenz als je machte. Sie unterlag nicht den städtischen Bestimmungen, die sonst jedem Brauer nur ein bestimmtes Quantum Gerste oder Weizen zu verbrauen zustanden, für sie gab es keine Gesetze, an die sie sich beim Einbrauen des Bieres zu halten hatte, und da ihr Getreide genug, auch von den eigenen Liegenschaften, zur Verfügung stand, gab es in der Domwirtschaft das beste Bier weit und breit, das von Jud' und Christ, von Katholiken und Protestanten gern getrunken ward – zum größten Ärger der Nordhäuser Brauer.

Alle diese politischen und wirtschaftlichen Verhältnisse führten nun schließlich zu einem derartigen Gegensatz zwischen Stadt und Stift, daß man vor dem Reichshofrat zur Klage schritt. Da aber hier der Prozeß kaum vorankam, so einigte man sich am 16. August 1718 „friedlich und in nachbarlichem Vernehmen" – auf Kosten der Stadt. Das hatte der gewandte Syndikus Eilhardt erreicht, den das Stift angenommen hatte und der den städtischerseits verhandelnden Bürgermeistern Hoffmann, Lerche, Huxhagen, Offney und Pauland offenbar weit überlegen war.

In diesem Vertrage wurde zunächst festgesetzt, daß das Stift *in temporalibus*, in allen Dingen des Diesseits und der Zeitlichkeit, dem Kaiser allein unterstehe, daß es *in spiritualibus*, in allen geistlichen und ewigen Dingen, dem Erzbischof von Mainz zu gehorchen habe. Danach war also das Domstift ein vollständig selbständiges Territorium innerhalb der Stadt. Demgemäß gestand ihm Nordhausen Befreiung von der Gerichtsbarkeit (Punkt 2 des Vertrages), Steuerfreiheit für alle Liegenschaften (Punkt 3), Befreiung vom Mahlgelde (Punkt 12) restlos zu. Die Braugerechtsame wurden nur durch den dehnbaren Zusatz, daß das Stift das „zur Zeche sitzen" nicht mißbrauchen möchte, eingeschränkt (Punkt 10). Demgegenüber brachten die übrigen Punkte des Vertrages nur dürftige Zugeständnisse an die Stadt.

Dieser von den auch sonst mit Schuld reichlich beladenen Bürgermeistern ausgefertigte und eingegangene Vertrag fand bei der gesamten Bürgerschaft Ablehnung. Doch war er vorerst geschlossen und nichts gegen ihn zu machen, bis Chilian Volkmar Riemann auch diese Angelegenheit von neuem aufrollte. Gleich im ersten Jahre seiner Regentschaft, im Jahre 1725, verbot er das Bierholen aus der Domkneipe, um die Konkurrenz auszuschalten, ein Verbot, das in den nächsten Jahrzehnten fortwährend wiederholt werden mußte und doch dauernd übertreten wurde, weil das katholische Bier die protestantischen Kehlen gar lieblich hinabrann.

Dann aber begann Riemann seit 1730 auch den Streit um die Gerechtsame des Stifts. Ihm schien die politische Freiheit des Doms eine unmögliche Beschränkung der Nordhäuser Souveränität. Und nun sollte der Kampf 60 Jahre lang nicht mehr aufhören.

Zunächst focht die Stadt den Vertrag vom Jahre 1718 an, den nicht die drei Räte, wie das Stadtrecht es vorsah, sondern nur das Kollegium Seniorum, die Bürgermeister, ausgefertigt hätten. Dann aber griff Riemann auch an das heiße Eisen der Befreiung der Stiftsinsassen von der städtischen Gerichtsbarkeit. Um sich diese zu bewahren, behauptete das Stift, – und nach der Urkunde von 1220 war es dazu berechtigt: *annumeretur aliis praepositis imperii* es sei ein Kaiserliches Freies Reichsstift, d.h. ein unmittelbar unter dem Kaiser stehender Reichsstand wie die Freie Reichsstadt Nordhausen selbst. Demgegenüber behauptete Riemann, das Domstift sei nur ein Kaiserlich Freies Stift, aber kein Reichsstift. Deshalb seien zwar alle Liegenschaften des Stifts *ab oneribus publicis*, von allen öffentlichen Lasten, befreit, aber nicht von der Jurisdiktion, bei der das Stift zunächst der Stadt Nordhausen und dann erst dem Reiche unterstehe.

Da eine Einigung in Nordhausen selbst unmöglich war, gingen die streitenden Parteien wieder vor den Reichshofrat in Wien, und hier zog sich der Prozeß ins Unendliche. Noch im August 1747 erhielt der Agent der Stadt Middelburg in Wien Vollmachten für diesen Prozeß. In den fünfziger und sechziger Jahren drehte sich der Streit immer noch um den Titel „Reichsstift", ohne daß man, wie es scheint, zu einem Ende gekommen wäre. In den achtziger Jahren des 18. Jahrhunderts griff die Stadt auch noch bauliche Anordnungen des Stifts auf seinem Grund und Boden an, verschärfte auch wieder den wirtschaftlichen

Kampf gegen die Bier brauenden Domherrn, bis dann endlich die Französische Revolution und ihr Vollzieher Bonaparte auch hinter diese Auseinandersetzungen den dicken Schlußpunkt setzte. [31]

Doch wir müssen eilen, denn manches gibt es auch noch in der Stadt zu besichtigen. So verlassen wir denn die gastliche Linde auf der Bleiche, erreichen in wenigen Minuten das Äußere Grimmeltor, das zwar ziemlich verfallen ist, so daß es 1750 erneuert werden mußte, wo uns aber wieder einige stattliche Linden erfreuen, und schreiten von dort auf dem sogenannten Teichdamm zwischen dem Ratsteich, dem Schwemmteich und dem Schweineteich im Osten und der Zorge im Westen dahin, um ans Siechentor zu gelangen.

Dieser Teichdamm bildete zu Beginn des 18. Jahrhunderts einen besonders beliebten Spaziergang für Leute, die sich in der Stille der Einsamkeit erholen oder ihren Gedanken nachgehen wollten. Er war, wie unser Gewährsmann schreibt, „zu einem ergetzlichen Spazier- und Studiergang bei herbeifließendem, hellem Wasser wohl aptieret". Und wir stellen uns vor, wie einst hier der Rektor Meier, der nun schon längst, schon seit dem Jahre 1725, als angesehener Pfarrer in Magdeburg wirkte, sich erging, in schwarzseidenen Strümpfen und einer Kniehose von derselben Farbe, angetan mit einem schönen violettsamtenen Rock, auf dem Kopfe die würdige, weißgepuderte Allongeperücke und in der auf den Rücken gelegten rechten Hand den Stock aus echt indischem Rohr mit dem goldenen Knopfe. Er dachte gewiß darüber nach, wie er an Hand der Oden des lateinischen Poeten Horatius seinen Primanern vom großen Potentanten Augustus und seinem Favoriten Mäcenas erzählen wollte. Doch ihn lenkten einige seiner munteren Tertianer, die hier im flachen Wasser des Schwemmteiches wateten, von seinen Betrachtungen ab. Als diese den strengen Herrn *Rectorem* von weitem gewahrten, nahm einer reißaus, die anderen aber zogen hurtig die grobwollenen Strümpfe über, nicht gerade recht anmutig, und zupften ihr Jäcklein zurecht. Also präpariert, schlichen sie etwas beklommen an dem Schulmonarchen vorbei, nicht ohne daß vorher der eine in der Verlegenheit sein Schmutznäslein mit dem Ellenbogen gesäubert, der andere aber die dem größeren Bruder entwendete Tabakpfeife voll Angst auf dem Rücken verborgen.

Alle diese bedeutsamen Zurüstungen, um zum Gruße bereit zu sein, beobachtete Meier aufmerksam und mit verstecktem und verstehendem Lächeln, erwiderte aber gemessen der Zöglinge Gruß, ohne etwa zu sagen. Auf dem weiteren Wege jedoch überdachte er den morgigen Bibeltext, mit dem er die Schüler vor dem Beginn des Unterrichts erbauen wollte. An diesen wollte er dann gehörige Adhortationes knüpfen, das Betragen der Schüler betreffend, und besonders eifern gegen die schlimme Tabakomania der Zeit. [32]

---

31 Die außerordentlich interessanten Auseinandersetzungen haben bisher noch keine Bearbeitung gefunden, konnten auch hier nur gestreit werden. Neben den im Nordhäuser Archiv befindlichen Akten müssen in Wien noch manche bisher nicht benutzte Dokumente liegen.

32 Vergl. K. Meier, Aus Schulprogrammen des Gymasiums zu Nordhausen 1712 bis 1722. Zeitschrift des Harzvereins 1903, 270 ff. – Meier, Ineuntis aetatis Tabakomaniam id est Abusum Herbae Nicotionae. 1720.

Dieses trefflichen Schulmonarchen gedenkend, erreichen wir das Siechentor, an das sich für jeden guten Nordhäuser die leidige Erinnerung an die Invasion der Preußen im Jahre 1703 knüpfte. Von hier nach Osten, wo sich heute im 19. und 20. Jahrhundert das ganze neue Bahnhofsviertel angesiedelt hat, zogen sich vor 200 Jahren bis an das Sundhäuser Tor weitere Teiche, insbesondere der Pferdeteich und der Martiniteich mit dem Pfingstgraben dahinter. Auf diese Teiche hatten wieder die wohlweisen und ehrenfesten Mitglieder des Rats ihre Hand gelegt; aus ihnen bezogen sie in erster Linie ihr Deputat an fetten Schleien und Karpfen.

Dicht vor dem Siechentore führte eine ganz neue steinerne Brücke über die Zorge. Die alte war nämlich am 21. März 1689 durch eine Hochflut fortgerissen worden, wobei leider auch ein Menschenleben zu beklagen gewesen war. Ein zehnjähriges Knäblein, das soeben aus der Schule gekommen sein mochte, stand mitten auf der Brücke und schaute voll Begeisterung in das wilde Wasserspiel zu seinen Füßen. Da begannen auch schon die unterspülten Pfeiler zu krachen und zu bersten, und Bursch und Brücke versanken in den Fluten. Erst am 13. August konnte man den Leichnam bergen; der treue Knabe hielt seine Schulbücher noch immer unter den Armen geklemmt.

Damals hatten die Wasser auch den Teichdamm durchbrochen und Schwemm- und Pferdeteich tüchtig ausgespült. Mit erheblichen Kosten mußte eine neue Brücke gebaut werden, die 1693 eingeweiht werden konnte. Im Juli 1727 wurde dann durch eine noch festere gewölbte Brücke auch vor dem Sundhäuser Tore die Zorge neu überbrückt; die steinerne Brücke, die in der Verlängerung des Grimmels über die Zorge führte, stammte aus dem Jahre 1745, bewährte sich wegen ihres zu starken Bogens aber nicht und wurde deshalb später (1789) durch eine Holzbrücke ersetzt. Auf dem Lohmarkt endlich wurde erst 1754 eine breite Brücke über den Mühlgraben gebaut, dieser selbst zugleich an den Ufern befestigt.[33] Beim Hochwasser des Februars 1775 wurden Siechen- und Sundhäuser Brücke abermals fortgerissen, die Sundhäuser Brücke wurde 1782 wieder erbaut. –

Wir aber lassen nun Siechenbrücke und Siechhof draußen vor den Toren liegen, nicht ohne uns mit Wohlgefallen an die letzten Flurpredigten[34] des Pastors Lesser daselbst zu erinnern, durchschreiten das Siechentor, wandern auf dem Sande entlang und biegen in die Neustadt ein.

Die Straßen der guten Reichsstadt waren bis zu Beginn des 18. Jahrhunderts wie die Straßen aller europäischen Städte hübsch eng und winklig. Man rückte die Häuser dicht aneinander, um möglichst warm zu sitzen; man führte auch die Gäßchen selten gerade durch: oft beschrieb die Straßenzeile einen Bogen oder brach gar im Winkel ab und setzte sich dann in völlig anderer Richtung fort, damit der böse Westwind überall sich stieß und seine Kraft, oftmals gehemmt, schließlich ganz erlahmte. Freilich gelangte nun bei der Enge der Gassen wenig

---

33 Im Juli 1789 wurde auf dem Lohmarkt eine steinerne Brücke gebaut, die Ufer wurden befestigt.
34 Siehe unten S. 520.

Licht und Luft in dieselben hinein; häufig waren sie voller Schatten und Dumpfheit, und die Gewohnheit, die oberen Stockwerke über die unteren zu bauen, um in den Etagen mehr Platz zu gewinnen, verdunkelte den Boden der Straßen noch mehr. Manche Gasse war so eng, daß es schwer war, mit Fuhrwerk hindurchzukommen, und bei Gefahr, etwa bei Feuersbrünsten, waren besondere Verhaltungsvorschriften nötig, damit Menschen und Fuhrwerke die Straßen nicht verstopften. Nur einige Hauptstraßen waren breiter, und die vielen Plätze für die verschiedensten Märkte ließen die Stadt geräumig erscheinen.

Mit grobem Pflaster waren allein die Verkehrszentren versehen, in Nordhausen also der „Steinweg" westlich von St. Nikolai und dem Rathause, im 18. Jahrhundert wohl auch der eine und andere Marktplatz und die Rautenstraße. Sonst aber sah es in den Straßen bedenklich genug aus. Nur an den Häusern entlang befanden sich hie und da Schrittsteine, welche die Straßenbewohner zu ihrer Bequemlichkeit gelegt hatten. In die offenen Gossen wurde aller Unrat und Spüllicht geleitet; bloß den Fleischern war es schon im Mittelalter verboten worden, mit Blut und Abfall die Straße zu verunreinigen, und die Bader durften das Blut von einem Aderlaß nicht in die offenen Kanäle schütten. Desto unsauberer aber waren die Straßen vom Kot der Schweine- und Schafherden, die durch die Straßen zogen. Geflügel aller Art, besonders Gänse und Hühner, liefen allenthalben unbeaufsichtigt auf den Gassen, besonders der Vorstädte herum; denn die glücklichen Besitzer dieser wohlschmeckenden und Eier legenden Tiere hatten in der Enge der Stadt oft nicht Gelasse genug, das Geflügel im Haus und auf dem Hofe zu halten. Nachts brachte man nicht selten das Vieh, Gänse, Ziegen, selbst junge Schweine, in Wohnräumen, in der Küche, ja selbst in Krankenstuben unter, wie denn noch im Jahre 1779 der städtische Unterdiener Wentzel einer Frau mitteilen mußte, sie sei gehalten, innerhalb dreier Tage ihre Ziegen und Gänse aus Küche und Krankenstube zu entfernen, widrigenfalls ihr eine Geldstrafe von 3 Talern drohe.

Die Straßen mußten zwar gekehrt werden; doch das war bei dem ungepflasterten, im Frühjahr und Herbst völlig durchweichten Boden nicht immer ganz leicht, und so beliebten nachlässige Anwohner nicht selten, allen Unrat einander zuzukehren, so daß es vor dem eigenen Hause hübsch sauber aussah, vor dem des Nachbarn aber sich wahre Berge von Schmutz und Kot ansammelten. Eine recht häßliche Sitte war es ferner, allerhand verrecktes Getier, selbst tote Schweine, auf die Straße zu werfen, wie die Polizeiordnung des Jahres 1668 zu berichten weiß.

Auch diese Zustände besserten sich erst im Laufe des 18. Jahrhunderts, und Bürgermeister Riemann mußte manche Polizeistrafe verhängen, ehe er seine Untertanen zu einiger Sauberkeit erzogen hatte. [35]

Das beste mußte natürlich die städtische Verwaltung selber tun, und das geschah, indem man nach dem Vorbilde anderer Städte in der ersten Hälfte des 18. Jahrhunderts daran ging, die Straßen zu pflastern. So wurden denn 1728 die Töpfer- und Töpferhagenstraße, 1739 der Lohmarkt und seine nördliche Fortset-

---

35 Polizeimandate des 18. Jahrhunderts im städtischen Archiv.

zung bis zum Neue-Wegstore, 1740 und 1753 der Neue Weg selbst, 1745 die Neustadt vom Vogel an bis auf den Sand, 1751 der Grimmel und unter den Weiden, 1752 die Jüdenstraße gepflastert. Das war ein gewaltiger Fortschritt; nach und nach bekam Nordhausen das Aussehen, das es bis in die sechziger und siebziger Jahre des vorigen Jahrhunderts bewahrte, bis die letzte große Entwicklung nach dem Siebziger Kriege einsetzte.

Wenn wir also um die Mitte des 18. Jahrhunderts, vom Siechentore kommend und über den Lohmarkt schreitend, die Neustadtstraße gen Osten verfolgen, wandern wir auf derbem Kopfpflaster daher; zur Freude der Dienstmägde, die nun nicht mehr gar zu schmutzige Schuhe zu säubern haben, und zur Freude der Schuster, in deren Werkstatt sich die von den grobkantigen Steinen arg mitgenommenen Schuhe zur Ausbesserung häufen.

Vor dem „Aarn" oder vor dem „Vogel", dort wo es aus der Neustadt in die Altstadt hinaufgeht, bewundern wir das seltsame, auf einer Säule hockende Vogelungetüm, das recht zerzaust und verwittert ausschaut und nach einer Auffrischung verlangt, und dann gelangen wir in die eigentliche Stadt durch das äußere Rautentor, das erst 1722 wieder überbaut wurde, nachdem es beim Brande 1710 fast völlig zerstört worden war.

In der Rautenstraße bemerken wir zu beiden Seiten schöne große Häuser mit hohen Giebeln von mehreren Stockwerken. Hier sowie in der Predigerstraße, der Ritterstraße und in den Krämern wohnten die wohlhabendsten Leute, und fast jedes Haus war mit Braugerechtsamen ausgestattet. Das Wasser zweier hölzerner, in der Rautenstraße aufgestellter Bottiche diente ausschließlich der Begegnung von ausbrechenden Bränden, während zwei weitere Wasserkünste mehr zur Zierde der Straße als zur Entnahme von Wasser errichtet waren. Unten in der Rautenstraße, dort wo die Kickersgasse (Neue Straße) abzweigte, stand ein Zierbrunnen, den der Bildhauer Meil aus Ilfeld 1755 mit einer Leda, weiter oben ein anderer, den derselben Künstler ebenfalls 1755 mit einem Laokoon schmückte.

Überhaupt ließ es sich Bürgermeister Riemann angelegen sein, nicht nur alle Vorkehrungen zu treffen, um Handel und Verkehr durch Pflasterung und Reinigung zu heben, sondern auch die Schönheit des Stadtbildes durch Anlage mancherlei Zierrates zu fördern. Meil schuf 1755 auf dem Holz- oder Kohlmarkte (Lutherplatz) auch einen Tritonsbrunnen, und einige Jahre vorher waren schöne Wasserkünste auf dem Kornmarkte (1698), auf dem Königshofe (1734) und auf dem Pferdemarkte (1735, 1738) erbaut worden. Den Brunnen auf dem Königshofe schmückte ein Neptun, den auf dem Pferdemarkte ein wasserspeiendes Meerpferd. [36]

Noch verweilen wir einen Augenblick dort, wo die Rautenstraße in den Kornmarkt einmündet, und stehen vor dem 1708 erbauten Broihanhause, dessen Hintergebäude sich bis nach der Hundgasse dehnten. Das Haus, das in den beiden

---

[36] Vergl. Riemenschneider, Über die geschichtliche Entwicklung der Wasserversorgung der Stadt Nordhausen, Nordh. Ztg., November 1913.

Feuersbrünsten 1710 und 1712 hart mitgenommen worden war, schaute schon wieder recht stattlich und hochgieblig drein, ein Zeichen dafür, daß man doch einigen Wert auf das Gebäude legte. Überhaupt fanden die Nordhäuser im 18. Jahrhundert an dergleichen Hefenbieren Gefallen; begannen sie doch 1721 auch Gose zu brauen und errichteten 1729 vor dem Hagen hierfür ein eigenes Gosehaus.

Auf dem Kornmarkt selbst stand bis zum Jahre 1712 das alte Wagehaus mit seinem Tanzsaal im oberen Stockwerk. Nachdem es aber 1712, zugleich mit manchen hundert Scheffeln Getreide, ein Raub der Flammen geworden war, hatte man es auf dem verkehrsreichen Platze nicht wieder erbaut, sondern neben die neue Apotheke in der Kranichstraße und am Pferdemarkt verlegt. Doch befand sich noch immer ein Brunnen auf dem Platze, und daneben standen zwei recht fatale und für das 18. Jahrhundert beschämende Werkzeuge: Der Gack oder Schandpfahl und das Trillhäuschen. Wie hätte wohl der große Leipziger und später Hallenser Rechtslehrer Thomasius, der Eiferer gegen unsinnige Folter und öffentliche Pein, mit dem Kopfe geschüttelt, wenn er diese mittelalterlichen Gerätschaften erblickt hätte! Freilich handhabten die Nordhäuser ihre Gerichtsbarkeit milde, viel milder als andere Städte; aber um moderne gute Gedanken hätten sie sich doch etwas mehr noch bemühen können. Dann hätten sie sich ein wenig geschämt, noch am 10. Juni 1740 und abermals am 30. Oktober 1754 mehrere Frauen, am 23. Juli 1762 noch einen Mann, und selbst noch am 12. Juni 1780 zwei Diebinnen und am 28. März 1781 nochmals eine Frau öffentlich Halseisen stehen und auspeitschen zu lassen. Und ein Zeichen dafür, daß die neu anhebende Zeit des Rationalismus noch nicht recht Wurzel gefaßt hatte in Nordhausen, ist es auch, daß man gar erst kürzlich noch das Schandgerät des Trillhäuschens, das man bisher in Nordhausen nicht kannte, aufgerichtet hatte. Wahrscheinlich war die Anregung dazu aus der Stadt Mühlhausen gekommen, von der man ja manches entlehnte und die ein prächtiges Trillhäuschen besaß. [37]

Uns war ein solches Schandkästchen bisher noch unbekannt geblieben, und so bemerken wir denn bei näherer Besichtigung einen drehbaren Pfahl, der in knapper Manneshöhe einen zylinderförmigen Käfig aus Holzstäben trägt. 1720 drohte ein Ratsmandat Erbsen- und Möhrendieben das Trillhäuschen an, wie denn überhaupt gern Gartendiebe und diebische Dienstmägde darin eingesperrt und zur Schau gestellt wurden. Die Henkersknechte mußten dann eifrig und schnell das Häuslein drehen. Auch suchte man wohl für die Leidenszeit der armen Schlucker solche Stunden aus, in denen ein rechter Verkehr auf dem Markte herrschte, etwa nachmittags 3 Uhr, wenn der Schulunterricht beendet war, die Knaben durch die Gassen eilten und sich nun ein peinliches Vergnügen daraus machten, das Trillhäuschen recht heftig und ohne Unterlaß zu drehen und sich an der Verzweiflung des armen Gefangenen zu weiden.

Als wir auf dem Kornmarkt standen, saß gerade ein kleiner Hintersättler, der

---

[37] Das Trillhäuschen ist in Nordhausen sehr wenig benutzt worden, es wurde 1777 nochmals neu hergerichtet und in der Nähe der Hauptwache auf dem heutigen Lutherplatze aufgestellt. Bestimmt war es vor allem für Feld- und Gartendiebe.

einige Ähren gesammelt, ehe das Feld abgeharkt war, in seiner Not. Unfern davon stand ein dicker Ratsherr mit einem Böttchermeister vom Hagen im Gespräch, und beide schienen ihren Spaß an dem widerlichen Schauspiel zu haben. Ein Unterdiener der Stadt aber, der beiläufig an uns herantrat, flüsterte uns ins Ohr, daß jener Ratsherr mit städtischen Geldern nicht ganz sauber verfahre und sein Spießgeselle, der Böttchermeister, trotz allen Visierens für einen Brauherrn zu kleine Fässer anfertige. Daß jene beiden eher an den Schandpfahl und ins Trillhäuschen gehörten als der arme Teufel, sagte unser Gewährsmann nicht, aber ein dumpfer Groll schien uns durch die Menge der zuschauenden ärmeren Bürger zu gehen.

Erfreulicher war uns der Anblick jenseits des Kornmarktes nach Osten hin. Hier war 1712 hinter dem alten Georgshospital, Ecke Kornmarkt-Töpferstraße, das alte städtische Zeughaus abgebrannt und manches gute Geschütz geschmolzen. Jetzt, bald nach dem Jahre 1730, konnte man noch immer zwischen den Häusern hindurchsehen fast bis nach der Hundgasse, und da konnten wir denn in einen recht wohlgepflegten Garten mit den mannigfachsten und seltensten Kräutern Einblick nehmen. Das war der Arzneigarten der alten Ratsapotheke und des städtischen Pysikus, den schon Konrad Frommann, dann nach ihm der große Naturfreund Henning Behrens betreut hatte und den jetzt der Stadtmedikus Christoph Gerber in guter Ordnung hielt. Denn die Zeit war den Naturwissenschaften und der Medizin hold, und soeben ums Jahr 1730 ging dieser Kunst, aus schwäbischen Landen geboren, ein neuer, ganz großer Stern auf, Albrecht von Haller. – So stehen Anfang des 18. Jahrhunderts wie überall, so auch in Nordhausen die Gegensätze noch kraß und unvermittelt nebeneinander: Hier wird, wie im schlimmsten 16. Jahrhundert, am Schandpfahl noch ein armer Sünder gestäupt, und daneben blüht eine neue Zeit und neue Erkenntnis empor.

Nun aber wird es für uns wirklich Zeit, erst ein Stündchen zu rasten und einen Labetrunk zu genießen. So eilen wir denn schnell über den Kornmarkt zurück, am Ausgang des Schuhgäßchens vorbei, über den Töpfermarkt, der an der Südostecke des Rathauses (wie noch heute) liegt, um in den Ratsweinkeller, gegenüber dem Rathause, zu gelangen. Hier treten wir ein und lassen uns eine Kanne blanken Weines geben, den der Pächter soeben von Fuhrleuten aus Frankfurt erhandelt hat.

Obgleich es noch nicht spät am Nachmittage ist, scheint doch schon mancher biedere Handwerker Hobel und Hammer beiseite gelegt zu haben, um den Dämmerschoppen zu trinken. Eifrig plaudernd sitzen sie an den Tischen, sie sprechen von Handwerk und Getreidekauf, von Familienereignissen in hoher Herren Häusern und von eigenen häuslichen Sorgen. Nur hin und wieder rücken ein paar mit den Köpfen zusammen und flüstern dieses und jenes. Wir wissen: die unterhalten sich von der Stadt und ihrem Regiment, von den zu hohen Zöllen, vom unbeliebten Mahlpfennig, vom Bürgermeister Riemann, der mit leeren Taschen nach Nordhausen gekommen und nun ein wohlhabender Mann ist. Schon vor vielen Jahren, besonders als es unter den alten, vor den Riemanns amtierenden Bürgermeistern zu arg war und die Bürger sich zur Aussprache auf dem Ratskeller zusammenfanden, hatte der Rat jegliches Politisieren und Raisonnieren verboten. Es hatte auch aufgehört, das Flüstern und Tuscheln, in den ersten Jahren Riemannscher Herrschaft, denn jeder hatte sich wohlbefunden; doch in letzter Zeit begannen die Klagen von neuem, und man vernahm wohl die Ansicht, die neuen Bürgermeister seien wohl tüchtiger und klüger als die alten, aber in ihre und ihrer Verwandten Taschen wüßten sie auch zu arbeiten, und wider den Stachel löcken dürfte kein Bürger, und die Zensur, die 1718 eingerichtet worden sei und Pastor Kindervater zunächst nicht unmilde ausgeübt, handhabten sie schärfer als je zuvor. So mußte man beim Stadtklatsche schon vorsichtig sein, insbesondere wenn etwa der Postmeister Filter, Chilian Volkmar Riemanns erklärter Günstling und seit 1732 sein Schwiegersohn, eintrat und Platz nahm.

An anderen Tischen wiederum saß junges Volk. Hier ging es lauter und ungenierter zu. Hier überboten sich zwei im Herzählen ihrer Heldentaten und schlugen selbstbewußt an den Degen, den sie selbst im Gasthause nicht abgelegt hatten, dort wieder ließen ein paar lockere Vögel die Würfel rollen, lachten und prahlten oder schlugen auf den Tisch und zeigten hämische Mienen. Es war nun einmal Landesbrauch in diesem wohlhabenden, wenig gestörten Winkel, daß man gern zusammensaß und zechte. Diese natürliche Lust eines starken Geschlechts an Gelag und Feiern konnte kein künstlicher Erlaß unterbinden. Unzählige Male war die Polizeistunde, z.B. 1708 auf 10 Uhr abends, festgesetzt worden, – sie wurde immer wieder überschritten; nichts nützte das Untersagen von Schlägerei und Schimpfwort (1722), das Untersagen von Völlerei und spätem Nachtsitzen (1723), das Untersagen von Randalieren und langem Sitzen auf dem Weinkeller (1726), – nach des Tages Last und Müh mußte der Nordhäuser sein Vergnügen haben, und zwar bis tief in die Nacht hinein.

So halten denn auch wir trotz aller Bescheidenheit wacker mit und lassen uns zwischen der einen und noch einen und der dritten Kanne Weins von einem wohlerfahrenen Bürger über den Roland, der gerade uns gegenübersteht, Auskunft geben.

Daß der Roland ein recht alter, würdiger Gesell ist, wissen wir schon, und daß er manches hat über sich ergehen lassen müssen, selbst den schnöden Versuch einer Beinamputation im Dreißigjährigen Kriege, wissen wir auch. Heute schaut er recht frisch und munter drein; denn nachdem er in den beiden letzten Bränden, ohne schwerer verletzt worden zu sein, doch etwas ramponiert und angeschmort worden, hatte ihn der Rat 1717 mit Erfolg einer Verjüngungskur unterzogen, worauf er so stolz ist, daß er die Jahreszahl seiner Auferstehung selbst den spätgeborenen Geschlechtern des 20. Jahrhunderts noch zeigt. Er kann aber auch stolz und feierlich blicken, denn er ist die vornehmste Standesperson Nordhausens überhaupt, ja wir können sagen, er verkörpert Nordhausen, seine Reichsfreiheit und seine eigene Gerichtsbarkeit und wird deshalb wie ein Heiligtum verehrt. In seiner Rechten trägt er ein mit Schwung und Anstand emporgehaltenes Schwert, in der linken einen mit dem Adler geschmückten Schild. Gerade tritt des Rates Ausrufer in seiner Amtstracht, einem hellblauen, mit gelben Streifen durchsetzten weiten Mantel, an den Roland heran, ruft ein neues Mandat des Rates aus und heftet danach den Erlaß für jedermann sichtbar an den Schild an. Eine besondere Zierde des Standbildes ist übrigens noch auf dem Knopfe des Schutzdaches das Nest eines Pelikans, der seine Jungen mit seinem Blute tränkt.

Über die Bedeutung dieses Pelikans weiß unser Gewährsmann keinen Bescheid; dafür kann er uns aber neben einigen Verslein über den Roland, die in aller Munde sind, auch mehrere weniger bekannte hersagen. Zwei davon beziehen sich vor allem auf den Roland als Wahrzeichen der Gerichtsbarkeit; die Gerichtsbarkeit wurde ja vor dem Weinkeller im Angesicht des Standbildes gehegt:

> „Ich Roland, edler Mann
> Und großer, starker Rese,
> Es hüten sich alle vor diesem Plan,
> Wolle sie vor meime Schwerte genese."

Und das andere Sprüchlein, das uns besonders wohlgefallen kann:

> „Richter, du sitzest an Gottes Statt,
> Darum, so richte mit gutem Rat.
> Verhör mit Fleiß beide Partei,
> Daß Gott dem Urteil gefällig sei."

Ein dritter Vers verkündet zugleich, daß der Roland das Sinnbild der Reichsfreiheit ist und diese Freiheit zu wahren wissen werde:

> „Ich Roland starker Mann
> Mit gar behendlicher Tücke,
> Ich stehe hier auf des Richters Plan,
> Trotz' dem, der mich will pflücke.
> Es soll ihm nicht gelücke."

Etwas dunkel bleibt der Sinn eines vierten Verses, der wahrscheinlich von einem schon etwas angejahrten Herrn stammt und der, wie es scheint, nur die alte gute Weisheit zum besten gibt, daß die Alten doch ganz andere Kerle gewesen sind als die Jungen:

> „Was die Alten von neuem haben gemacht,
> Können die Nachkommen nicht erhalten unter Dach;
> Sollten sie es von neuem bauen,
> Sie würden sich hinter den Ohren krauen."

Nun aber brechen wir auf, um dem Rathaus drüben einen kurzen Besuch abzustatten. Aus dem trefflichen Führer durch Nordhausen, dem Chronisten Bohne, wissen wir darüber schon mancherlei Bescheid, so daß wir uns nicht gar zu lange zu verweilen brauchen. So treten wir denn in das Erdgeschoß des Rathauses, auf dem die gelbe Fahne mit dem schwarzen Reichsadler weht, ein.

Die Kellerräume unter dem Rathause dienten als Gefängnis für Untersuchungsgefangene. Das „große" und das „kleine Loch" gewährten wahrlich schlimme Herberge; besonders von dem kleinen Loch für Schwerverbrecher wurde gesagt:

„*hic est mala mansio*", „hier ist eine böse Bleibe", und auch im 18. Jahrhundert verendeten noch elendiglich in diesem Loche Inhaftierte, die darin völlig vernachlässigt wurden und zuweilen noch am Blocke angeschlossen waren. Natürlich war der Raum nicht nur düster und kalt, sondern starrte auch von Schmutz und Ungeziefer.

Im Erdgeschoß lagen die Gewandkammern der Kaufleute. Eine von ihnen, die dem Stadtschultheißen Becker von Bleicherode gehörte und an der Südostecke des Rathauses nach dem Töpfermarkte hin lag, hatte der Rat im März 1725 angekauft, und Riemann bestimmte sie 1733 als Archivraum, nachdem vom ersten Stockwerk aus eine Treppe in sie hinabgelegt worden war. Dieser Schultheiß Becker war es übrigens auch, welcher am 14. November 1731 dem Gymnasium die bedeutendste Stiftung vermachte: 1 Haus, 3 Morgen Wiesen und 87 $^1/_2$ Morgen Land.

Durch eine im Treppenturm des Rathauses emporführende Wendeltreppe gelangte man in das erste Stockwerk. Gleich die Diele hier oben gewährte einen recht eigenartigen Anblick. Hier hingen nämlich die Meisterstücke der Schuhmacherzunft von der Decke herab, die sämtlich dem Rate anvertraut werden mußten, sowie eine ganze Anzahl lederner Eimer, die laut Bestimmungen der Feuerordnung vom Jahre 1689 jede der 9 ratsfähigen Gilden zu liefern hatte. Doch auch andere Gilden wollten nicht zurückstehen in der Spendung so wohltätigen Gerätes, und so hingen an langen Stangen auch die Ledereimer anderer Innungen quer über die Diele hinweg, jeder Eimer schön mit dem Wappen der Zunft geschmückt.

Einen kräftigen Ledergeruch noch in der Nase, trat man dann in die westlich der Diele gelegene Regimentsstube (vor Erbauung des Stadthauses Stadtverordnetensitzungssaal, jetzt Magistratssitzungszimmer.) Bis 1733 lagen hier auf dieser Seite zwei Stuben, der Regimentssaal und die Kämmereistube. Riemann ließ aber 1733 die Trennungswand herausnehmen, vergrößerte dadurch den Regimentssaal für die Sitzungen der Ratsherrn und ließ die Kämmerei auf die andere, östliche Seite des ersten Stockes verlegen.

Im zweiten Stock konnte den Besucher, abgesehen von der Pfeilkammer, in der auch noch im 18. Jahrhundert allerhand Mordgerät aufbewahrt wurde, besonders der Kaisersaal interessieren, so genannt, weil in ihm die Bilder Karls IV., Maximilians I., Ferdinands III. und Leopolds I. hingen. Auch Meister Stolbergs Stadtansicht Nordhausens vom Jahre 1674 zierte eine der Wände. Dieser Kaisersaal wurde von den Ratsherrn nur bei besonders feierlichen Gelegenheiten betreten: bei der Rechnungslegung der Kämmerer vor allen drei Regimentern und bei der Abgabe des Urteils über Verbrecher, das ja von allen Ratsherrn eingeholt werden mußte, ehe die Verurteilung auf offenem Markte vor dem Weinkeller geschah.

So haben wir denn auch einen, wenn auch nur flüchtigen Eindruck vom Rathause gewonnen. Während wir aber die Wendeltreppe hinabsteigen, erzählt uns noch ein Ratsdiener, daß oben im Dachgestühl des Treppenturmes eine Glocke hänge, die jedesmal um 8 Uhr morgens angeschlagen werde, wenn Rats-

oder Gerichtssitzung sei. Am Tage der Heiligen Drei Könige aber, zur Neuwahl der Ratsherrn, werde sie frühmorgens um 3 Uhr geläutet, und auf diese Weise werde der draußen auf dem Marktplatze harrenden Bürgerschaft angezeigt, daß nun die Wahl des neuen Rates vor sich gehe.

Damit treten wir wieder aus dem Rathause heraus und werfen noch einen Blick auf die Marktkirche hinter dem Rathause. Ein schweres Geschick hatte ja 1710 und 1712 die Kirche betroffen; seit 1712 war sie gänzlich ihrer Türme beraubt. Die beiden neugegossenen großen Glocken mußte man nun in Glockenstühlen auf dem Kirchhofe zwischen dem Rathause und der Kirche aufhängen, – ein betrüblicher Anblick, die, wenn auch nicht schönste, so doch wichtigste und vornehmste Stadtkirche so der Türme und ihrer aus der Höhe schallenden ehernen Stimmen beraubt zu sehen. Selbst der Hausmann auf dem Turme, der zugleich Stadtmusikus war, hatte auf St. Blasii übersiedeln müssen und blies nun von dort herab mit seinem „kleinen Hörnlein" tagsüber alle Stunde, von abend 9 Uhr an alle Viertelstunde. Ein gleicher Posten war außerdem auf dem Petrikirchturm errichtet; von diesem herab mußte der Hausmann mit seinen Musiklehrlingen außerdem morgens um 4 Uhr, mittags um 11 Uhr und abends um 8 Uhr ein geistlich' Liedlein blasen.

Ob diese Blechmusik der Hausmannslehrlinge immer recht rein und harmonisch geklungen, lassen wir dahingestellt; wir bemerken nur, wenn wir es jetzt einmal 8 Uhr abends sein und dieselbe gerade ertönen lassen wollen, daß ein etwas zu kräftig geratener Trompetenstoß sich hübsch schrill und schartig von den anderen Musikinstrumenten loslöst und daß ein ganz kleines, zartes Männlein in schwarzem, priesterähnlichem Rock, das gerade aus St. Nikolai herauskommt, bei dem Getön eine unlustige Grimasse schneidet und sich mit den Händen an die Ohren fährt. Das ist der erst im Jahre 1732 an St. Nikolai als Organist angestellte Gottlieb Schröter, der größte Musikus Nordhausens *in theoria et praxi*, der sich damals auch noch nicht träumen ließ, daß er hier in schlecht bezahlter Stellung 50 Jahre lang bis zu seinem Tode im Jahre 1782 ausharren müsse.

Schröter, aus dem musikfreudigen Sachsen stammend, war kein ganz großer Meister wie sein Zeitgenosse Bach, dessen Matthäuspassion ganz Leipzig im Jahre 1729 zum ersten Male in Entzücken versetzt hatte, oder Händel, dessen Oratorien ihm die Bewunderung der ganzen europäischen Welt eintrugen; aber er war doch ein Meister im Orgelspiel und in der Komposition. Als Künstler stand unserem Schröter seine Zeit und ihr zu vernünftiges Gebahren etwas im Wege; fast gewalttätig suchte er sein tiefstes, innerstes Gefühlsleben, aus dem ja doch allein die schönsten und duftendsten Blüten hervorsprießen, zurückzudämmen, um der überlegenden und grübelnden Ratio genugzutun. Generalbaß und Contrapunkt und die mathematischen Grundlagen der Musik galten ihm deshalb mehr als das Ausströmenlassen seines Gefühls in Tönen und Harmonien. Überall drängte sich bei ihm diese Eigenart hervor; lieber Klarheit als Wahrheit schien seine Parole zu sein, und so entsprach auch sein durchsichtiges Stakkatospiel wohl dem Charakter seiner Zeit, konnte sich aber an Schönheit nicht messen mit der Gebundenheit Bachscher Orgelmeisterschaft. Wenn er deshalb auch gegen törichte und anmaßende Schulmonarchen wie den Rektor Biedermann in Freiberg, der den großen Bach anzugreifen gewagt hatte, auftrat und die teure Musika verteidigte, so konnte er sich doch mit dem großen Leipziger Organisten nicht gänzlich befreunden. – Nun, die Geschichte hat auch da das Ewige vom Zeitlichen abgegrenzt, Bach lebt trotz amerikanischer Niggermusik, und Schröter ist vergessen trotz mathematischer Klügeleien. Aber eines bleibt unserem Nordhäuser Organisten Schröter doch unvergessen, daß er nämlich die Hammermechanik des Pianoforte ausgebaut und dadurch erst dem Klavier zu seiner zentralen Stellung im Musikleben verholfen hat. Mag ihm ein Italiener schon darin zuvorgekommen sein, daß er die leicht zerstörbaren Rabenfedern des *Clavi cembalo*, mit denen ein Piano- oder Fortespiel unmöglich war, durch Anschlaghämmer ersetzte, – für den deutschen Pianofortebau nutzbar gemacht und zweckmäßig ausgebaut hat doch erst Schröter die Hämmer. Das soll das dauernde Verdienst des Nordhäuser Organisten bleiben. [38] Wir grüßen also ehrfurchtsvoll den kleinen gravitätischen Mann, der da über den Holzmarkt schreitet und in den Königshof einbiegt, um nach der Ritterstraße zu gelangen. Wir selbst wenden uns dann durch die Kalte Gasse der Straße „vor dem Neuen Wege" (Waisenhausstraße) zu.

Hier stehen wir nun bald vor einem Hause, das erst jüngst erstanden ist aus wahrem, christlichem Geist heraus, dem Geiste tätiger Nächstenliebe; wir stehen vor dem Nordhäuser Waisenhause.

Das Versenken in die Liebe Christi, der ja nicht sowohl durch sein Wort, als durch seine opferbereite Tat das größte Vorbild aller Zeiten geworden, hatte am Ausgang des 17. Jahrhunderts den Pietismus und seine dienstwillige Nächstenliebe erweckt, und in Halle waren mit Unterstützung Friedrich Wilhelms I. von Preußen jene großartigen Schöpfungen Hermann August Franckes entstanden. Zwei Nordhäuser Pfarrer, der Pastor Kindervater von St. Blasii und der Frauenberger, später Neustädter Pfarrer Lesser, bereiteten diesem tätigen Christentume in Nordhausen den Weg, und die schönste Frucht pietistischen Geistes war die Entstehung des Nordhäuser Waisenhauses.

Beim Brande des Jahres 1710 war ein ziemlich großes Gehöft vor dem Neuen Wege, das dem Altendorfer Pfarrer Joh. Richard Otto gehörte, in Asche gelegt worden. Doch wie erstaunte der fromme Gottesmann, als sich unter dem Brandschutt, in den so manches Stück ehrwürdigen Hausrates zerfallen war, unversehrt die Hausbibel fand. Dies schien unserem Otto ein Fingerzeig Gottes zu sein, die öde Stätte fortan in den Dienst des höchsten Wesens und seiner Allliebe zu stellen. Er trat an den Rat der Stadt heran mit der Bitte, hier ein Waisenhaus gründen zu dürfen, „weil Gott diese Stätte durch die erhaltene Bibel signalisiert und geheiligt". Am 22. April 1715, dem 2. Osterfeiertage, gestattete der Rat zum ersten Male an den Kirchtüren eine Kollekte zur Errichtung des Waisenhauses, und am 5. Juni 1715 gab er die endgültige Zustimmung zum Beginn des Baues. Für

---

38 Schröter, Umständliche Beschreibung eines neu erfundenen Klavierinstrumentes, auf welchem man in unterschiedenen Graden stark und schwach spielen kann; Kritische Briefe für Tonkunst, 1763. Vergl. Nowak, Nordh. Generalanz. 9. und 10. August 1899. Heineck, Die Nordh. Musiker Gottlieb Schröter und Friedrich Einicke nach ihren Beziehungen zu Joh. Seb. Bach. Nordh. Zeitung, 19. VI. 1924.

„elternlose und hilfsbedürftige hiesige arme Bürgerskinder oder Waisen" war das neue Haus bestimmt. Noch in demselben Jahre 1715 wurden die Hintergebäude emporgezogen und am 17. September 1716 eingeweiht.

Fromme Menschen statteten schon im Jahre 1717 die neue Anstalt mit größeren Stiftungen aus, so Konrad Philipp Arens am 12. März 1717 mit 30 Morgen Landes, am 9. Mai 1717 die Frau von Gladebeck mit 1000 Gulden, und am 27. September 1717 ein Unbekannter mit 200 Talern, wofür auch arme Bürgerkinder zusammen mit den Waisen unterrichtet werden sollten. Am 20. September 1717 konnte der Richtkranz auf das Gebäude gesetzt werden, und am 2. November desselben Jahres wurde es feierlich eingeweiht. Mitten auf dem Hauptgebäude stand ein achteckiger Turm mit zwei Glocken, und das Bildnis Christi, „in romanischer Tracht" an der Front zeigte, wem das Haus geweiht war, sollte es doch auch den Namen „zur Aufnahme Christi" erhalten.

Inspektoren des Waisenhauses wurden die jedesmals drei ältesten Bürgermeister; die eigentlichen Verwalter aber waren drei Nordhäuser Pfarrer. Zur Betreuung der Waisen wurde ein Waisenvater angenommen, der zugleich auch Lehrer war. Am 17. September 1716 zog Christoph Günther Stolberg mit 9 Kindern als erster Waisenvater in das neue Heim. Bald aber wurde das Amt eines Waisenvaters, das fortan meist ein im praktischen Beruf stehender Bürger erhielt, von dem des Waisenlehrers getrennt. In den Jahren 1717 bis 1728 konnten schon 40 Kinder im Waisenhause aufgenommen werden, und der Chronist Förstemann rechnet aus, daß bis zum Jahre 1850 etwa 500 Knaben und 350 Mädchen in der Anstalt erzogen worden sind. Sie waren, ähnlich den Unterbeamten des Rates, kenntlich an ihrem hellblauen Mantel und einem gelben Kreuz am Ärmel.

Daß sich die Anstalt so schnell bewährte, war in der Hauptsache das Verdienst des Pastors Kindervater von St. Blasii (1706–1722 Pfarrer). Er war es, der für das Werk ganz besonders warb und es förderte mit Wort und Tat. Von seiner Pfarre aus, wo sich die Waisen mit ihrem Waisenvater versammelt hatten, geschah deshalb auch der Einzug in das neue Heim in feierlichem Zuge und unter Vorantragen der auf so wunderbare Weise geretteten Bibel. Und auch fernerhin wurde er nicht müde, für diese wohltätige Stiftung einzutreten. Als Administrator des Waisenhauses begann er alljährlich gedruckte Rechenschaftsberichte zu liefern, die neben mancher guten Nachricht über Nordhäuser Leben die eingegangenen milden Spenden veröffentlichten und mit Hinweisen und Bitten und Ermahnungen nicht müde wurden. [39]

Mancherlei von der guten Reichsstadt Nordhausen und ihrer Umgebung haben wir kennengelernt. Doch nun fragen wir als anspruchsvolle Reisende, ob die Stadt uns auch einiges zu lustvoller und anregender Unterhaltung bieten kann oder ob wir in ihr wie in einem abgelegenen Landstädtchen nur einen wenig besuchten, unfrohen Gasthof finden, in welchem wir uns vor abgestandenes Bier oder sauren Wein setzen und mißmutig auf die verödete Straße blicken müssen. Ein freund-

---

[39] 12 Bände Waisenbücher. (1715-1626.) Förstemann, Chronik, 79 ff. Riemenschneider, Zum 200jährigen Bestehen des Waisenhauses in Nordhausen, Nordhäuser Zeitung 21. IX. 1916.

licher Nordhäuser Bürger weiß Rat und gibt uns den Weg nach den „Drei Linden" an, einem Vergnügungslokal, das draußen vor dem Grimmel ganz allein auf dem Anger zwischen Mühlgraben und Zorge liegt, aber ganz neu eingerichtet und mit einem Saale ausgestattet ist. Erwartungsvoll machen wir uns auf den Weg, gehen durchs Neue-Wegs-Tor, steigen die Johannistreppe herab, machen schleunigst, daß wir am Hause des Scharfrichters vorbeikommen, das hier liegt, und folgen dem munteren Schwarme der Menschen, der den „Drei Linden" zuströmt, um das *spectaculum*, das dort gezeigt wird, zu sehen.

Treten wir nun um das Jahr 1730 an einem schönen Sommerspätnachmittage in den Drei-Linden-Saal, so finden wir da ein zahlreiches Publikum aus allen Ständen und jeglichen Alters versammelt in gespannter Erwartung, von einer fahrenden Truppe eine lustige und lehrreiche Tragödie aufgeführt zu sehen, vielleicht die von Dr. Faust und seinem Lasterleben. Schon vor dem Saale künden große und bunte Plakate das Schauspiel an. Ein großer Mann in rotsamtnem Frack und mit schlecht gepuderter Allongeperücke erklärt einem hochverehrlichen Publiko an der Hand dieser Bilder den wesentlichen Gang der Handlung, und der unvermeidliche Hanswurst neben ihm verdreht ihm die Wörter, ahmt, das Gesicht verzerrend, die Fratzen der Reklame nach und schmeichelt dem Publikum in deutlicher und einleuchtender Weise.

Im Saale selbst sind lange Tische und Bänke aufgestellt; auf den Bänken sitzt ein buntes Gemisch. Hier ein Trupp Jungvolk beiderlei Geschlechts, das sich das eben erst eingeführte und billige Getränk, die Gose, bestellt hat, dort wieder sitzt ein Grüpplein aufrechter Graubärte beisammen, die wacker aus langen Tonpfeifen schmauchen; dort in jener vorderen Saalecke haben sich einige befreundete Familien niedergelassen, zwei junge Mütter haben ihre Säuglinge mitgebracht und reichen ihnen in all dem Lärm und Getöse eifrig die Nahrung. In der ersten Reihe vor der Bühne stehen gar Stühle um die Tische für die Herren Ratsmitglieder und Standespersonen, soweit diese nicht vorziehen, auf der Bühne selbst Platz zu nehmen und aus nächster Nähe der ingeniösen Handlung zu folgen.

An einem Tisch vor der Bühne bemerken wir den Bürgermeister und Juristen Kegel in eifrigem Gespräch mit dem Bürgermeister und Krämer Lerche.

Kegel war der erste Mitarbeiter Riemanns am großen Erneuerungswerke. Er war es, der zuerst die Notwendigkeit der Straßenbeleuchtung für Nordhausen eingesehen hatte. Am 7. Oktober 1726 und dann nochmals am 21. Oktober hatten Bubenhände in der Sackgasse, der heutigen Wolfstraße, die Dunkelheit benutzend, Feuer anlegen wollen. Da brachten einige Bürger auf eigene Kosten vor ihren Häusern Laternen an, um das lichtscheue Gesindel zu vertreiben. Kegel nahm diesen Gedanken auf. Er setzte zunächst im Rate durch, daß die Märkte um das Rathaus herum mit Laternen versehen wurden und daß der Rat den Bürgern, die Lampen vor ihren Häusern brennen wollten, aus städtischem Vorrat die Pfähle dazu lieferte. So war denn schon 1730 in Nordhausen manches Licht aufgesteckt, so daß die Stadt in dieser Beziehung keineswegs zurückstand hinter der Residenz Kassel, die 1721, und hinter der neuen preußischen Universität Halle, die 1728 Beleuchtung bekam. Allmählich, bis zum Ausgang des 18.

Diele im Nordhäuser Rathause. Carl Schiewek, Phot.

Lesser. Carl Schiewek, Phot.

Jahrhunderts, erhielten alle deutschen Städte ihre Beleuchtung; in den engeren Gassen hingen die Öllampen an Drähten über den Straßen, in den breiten Straßen und auf den Plätzen ruhten sie auf hohen Pfählen. Fortan war bei einiger Aufmerksamkeit abends wenigstens auf 30 Schritt die Gewähr gegeben, daß man nicht in ein Schlammloch trat, in der Gosse entlanglief oder über einen noch nicht fortgekarrten Dunghaufen stolperte, sondern hübsch die festen Stellen im Erdreich aussuchte oder von einem Schrittstein zum andern „hinübervoltigierte".

Über derlei Verbesserungen städtischen Wesens unterhielten sich naturgemäß die Herren Kegel und Lerche, während sie vor leerer Bühne in Drei-Linden-Saale saßen. Wir nehmen wenigstens an, daß die beiden Bürgermeister von solchen ernsthaften Dingen sprachen und nicht etwa die Nordhäuser *chronique scandaleuse* vorhatten, da sie öfter auf den Herrn Rektor Weber deuteten, der mit dem Kantor Andreas Demelius und einem erwachsenen Sohn unfern von ihnen an der Seite des Saales stand. Mit jenem Sohne hatte es nämlich folgende Bewandtnis: Im Jahre 1707 vermählte sich der damalige Konrektor Weber mit einer Tochter des wohlansehnlichen Bürgermeisters K ... . Doch schon einen Tag nach der Trauung kam die junge Frau mit einem Knäblein nieder, und da dies dem vernünftigen 18. Jahrhundert ein unvernünftig' und unnatürlich' Wachstum erschien, mußte sich die junge Mutter etwas eingehender zu dem Falle äußern. Und sie erklärte, – wohl mit schwacher Stimme und unter einigem Erröten – daß der Schüler H ... des Kindleins Vater sei, so daß diesmal nicht der Schüler des Lehrers, sondern der Lehrer des Schülers Spuren gefolgt war. Der Schade war aber bei der hochansehnlichen Herkunft der Wöchnerin schon 1708 von Kaiser Joseph durch Dispensationsedikt kuriert worden, was freilich Vater K ... mancherlei Gulden mag gekostet haben.

Jedenfalls hatte Rektor Weber *anno 1730* einen dreiundzwanzig Jahre alten ansehnlichen Sohn, mit dem er in den Drei-Linden stand, um Komödie spielen zu sehen.

Das eigentliche Schauspiel hub freilich noch immer nicht an. Aber ein Komödiant, der fast wie ein fahrender Geselle auftrat, mit kurzer Jacke und offener Brust, trug einige der neuesten teutschen Gedichte vor, mit Leidenschaft und mit Feuer, ganz ihrem Inhalt entsprechend. Dem Rektor gefielen die Poemata gar nicht. Er hatte mitskandiert und fand nur selten einen richtig gebildeten Alexandriner. Absprechend äußerte er sich über die Roheit der Gedichte dem Kantor gegenüber, und sein Sohn, der viel auf gute Sitte hielt, pflichtete ihm eifrig bei. Doch Demelius trat warm für den Autor ein, einen gewissen Christian Günther, von dem er ein Bändchen Gedichte besäße, aus deren Sang heraus er endlich einmal des Menschen ganze Freud' und ganzes Leid vernähme.

Der junge Schauspieler auf der Bühne, der ein Feuerkopf schien und nicht ungebildet, war gerade dabei, noch eines der vom Herrn Rektor beanstandeten Gedichte vorzutrage, als Herr Postmeister Filter zu der Gruppe trat, dröhnenden Beifall klatschte und mit lauter Stimme noch ein Gedicht verlangte. Weber schaute sich mißbilligend um, doch machte er höflich Platz, da Filter ein angesehener Mann war und im Begriffe stand, sich mit der Tochter des allgewaltigen Bürgermeisters Riemann zu verloben. Alsbald unterhielt sich Filter auch mit dem Kantor über Christian Günther, dieses *„remarquable Ingenium"*, von dem er meinte, er habe endlich einmal wieder durch das Gestrüpp und elende Zeug der Hochzeit- und Kindtaufcarmina hindurch sich aufgeschwungen zum reinen Äther des Parnassus. Jene Gelegenheitsdichter schwitzten sich ihre klapprigen Alexandriner aus den Fingerspitzen, um ein paar Groschen willen, dieser Günther aber habe seine Gedichte mit seinem Herzblut geschrieben, und er halte ihn für einen Liederdichter, wie ihn die teutsche Nation seit Herrn Walter, der Nachtigall von der Vogelweide, nicht mehr besessen.

Eifrig stimmte Demelius ihm bei, und so schloß denn Filter die Unterhaltung mit den Worten: „Komm er, Herr Kantor, und Er auch, Herr Rektor, wenn er auch sauertöpfisch schaut, da er mit all seiner Gelehrsamkeit dergleichen Carminia doch nicht zuwege bringt, – ich lad' Sie ein zu einer *bouteille* französischen Rotweins!" Und damit schritt er auf den Tisch zu, an dem die beiden Bürgermeister saßen.

Bald lobten alle den guten Wein. Eine etwas spitze Bemerkung Kegels aber, man wisse wohl, woher das Geld für den Wein komme, da nirgends so teure Frachten wie in Nordhausen bezahlt würden, schnitt der Herr Postmeister Filter gewandt ab, indem er auf den Ursprungsort des Weines hinwies und fragte, ob schon einer der Herrn etwas gehört habe von dem hell leuchtenden Stern, der jetzt über Bordeaux zu strahlen beginne. Ein Charles de Sekondat, Baron de Montesquieu, Präsident des Parlaments zu Bordeaux, habe – zwar anonym, aber man kenne doch den Verfasser – eine geistvolle Satire, die *lettres Persantes*, auf die gesamten französischen Zustände veröffentlicht. Unter der Hand des Autors verwandle sich das glänzende Geschmeide Frankreichs in ein Häuflein widerlichen Geschmeißes. Solche Kritika sei für die bestehende gesellschaftliche Ordnung aus höchste gefährlich, doch müsse man den *esprit* bewundern. –

Unterdes hatte die Komödie begonnen; alles lauschte gespannt, folgte mit naivem Zittern dem furchtbaren Schicksal, dem der böse Dr. Faust verfiel, und ging mit größtem Entzücken auf die tollen und derben Späße des Harlekin ein, der die Szenen zwischendurch immer wieder mit seinen Bocksprüngen verwirrte. Filter und Demelius klatschten am Ende beträchtlichen Beifall. Herr Krämer Lerche aber berichtete mit Hinblick auf das Stück, er habe jüngst beim Besuch der Leipziger Messe vernommen, daß alldort ein junger Professor mit Namen Gottsched einen auf die reine Vernunft gegründeten „Versuch einer kritischen Dichtung für die Deutschen" herausgegeben habe. Herr Gottsched stehe auch im Begriff, mit der Neuberin, welche dort eine Theatergruppe leite, Verbindungen anzuknüpfen und das deutsche Theater zu reformieren. Im galanten Leipzig seien schon die groben Späße des Hans Wurst verpönt, und auf der Bühne gingen nur noch ernste und bedeutende Dinge vonstatten. Ihm als einem der Vernunft ergebenen Manne müsse solches Beginnen gefallen, und er trinke deshalb auf Meister Gottsched. Lachend erhob Filter sein Glas dagegen und meinte, die jetzige vernünftige Welt mit ihren Regeln und Gesetzen werde die edlen Künste noch allesamt umbringen. Er halte es mehr mit dem ganzen, vollen Gefühl, das allein den menschlichen Geist zu seinen höchsten Leistungen befähige, und diese allein könnten die Menschen begeistern. Er trinke deshalb auf die freie Dicht- und Schauspielkunst.

Bedächtig hatte der Jurist Kegel diese Trinksprüche mitangehört und meinte alsdann gelassen zu Filter, Gefühl und Überschwang seien ja wohl zu Zeiten recht gut, – *desipere in loco*, wie der jetzt auch bei deutschen Dichtern in Aufnahme kommende Poet *Horatius* sich ausdrücke – doch verwirrten sie ihm, dem Herrn Kegel, zu sehr die Menschen und Dinge, und mit Gefühl ließe sich jedenfalls ein Staatswesen nicht leiten und in Ordnung halten. Deshalb hätten ja schon ihre seligen Herrn Väter 1673 das ausgelassene Gregorsfest der Schüler abgeschafft, und jetzo sei man dabei, den Maiengang Gymnasii nach dem Kohnstein ebenso zu verbieten. Mit größtem Mißfallen habe jüngst Magistratus vernehmen müssen, daß den Primanern beim letzten Maienfest eingefallen, gar im Schurzfell zu kneipen und, was noch schlimmer, daselbst nicht Nordhäuser, sondern Wofflebener, d.h. verruchtes Preußenbier zu trinken. Das könne so nicht fortgehen; ebenso wenig wie die Zuchtlosigkeit der Schuhmachergilde beim Merwigslindenfest. Unter solchen Exzessen müsse das ganze Staatswesen leiden. [40]

Da schlug Johann Filter lachend auf den Tisch und rief: „Ihr Herrn Juristen und Rationalisten werdet den Menschen noch so lange alle fröhliche Lust zum Atmen nehmen, bis Euch ein Sturm und Drang um die Nase fährt, daß jedes Schnaufen Euch vergeht." – Damit hob er die Sitzung auf und verlegte sie für seine Person in des Rates Weinkeller am Markte. –

Sind wir nun müde von all dem Schauen, so lädt uns manches Gasthaus zu Ruh und Rast ein. Freilich die ältesten Herbergen, die Nordhausen aufzuweisen hatte, bestanden im 18. Jahrhundert schon nicht mehr oder waren zu gänzlicher Bedeutungslosigkeit herabgesunken. So weiß uns kaum noch ein Nordhäuser den Weg nach dem alten Gasthof „Zur roten Tür" zu zeigen, der an dem Platze lag, wo die Jüdenstraße nach der Predigerstraße einbog. Diese im 14. Jahrhundert berühmte Gaststätte war noch Ausgang des 16. Jahrhundert wohl bekannt, büßte dann aber ihr altes Ansehen ein. Dagegen war der „Adler" neben der Finkenburg, der seinen Namen von jener Zeit her trug, als der deutsche Ritterorden im Besitze dreier Höfe nördlich der Wassertreppe auf dem Boden der alten Heinrichsburg war, noch immer ein vornehmer Gasthof, in welchem auch Adlige gern abstiegen, vor allem diejenigen, die nebenan im Domstift einen Domherrn besuchen wollten. Ebenso stand ein anderes Gasthaus, „Der goldene Stern", vor dem Neuen Wege noch in bestem Flor. Es war schon 1413 eine anerkannte Gaststätte, war 1712 niedergebrannt, hatte dann aber noch einmal fröhliche Auferstehung gefeiert.

Neben diesen alten machten sich aber neue und neueste Gasthöfe breit. Die im 16. und 17. Jahrhundert nannten sich fast sämtlich, sieben an der Zahl, nach ihrem Besitzer, einer trug aber einen besonders vornehmen Namen. Das war der 1603 am Kornmarkt errichtete „Römische Kaiser". Ein Mann aus angesehener

---

40 Maienfest der Schüler und ebenso Merwigslindenfest der Schuhmacher 1736 verboten. Vergl. oben Seite 256 f.

Nordhäuser Familie, der Ratsherr Michael Rinckleb, hatte ihn erbaut und vom Rate dafür besondere Privilegien erhalten. Es hatte sich nämlich in der Stadt der Mangel an wirklich gut und modern eingerichteten Gasthäusern bemerkbar gemacht, in denen auch Reisende von Stand Quartier nehmen konnten. Um diesem Übelstande abzuhelfen, um Nordhausen nicht bloß als dauernden Ruhesitz für alternde Adlige und adlige Damen angenehm zu machen, sondern in der Stadt auch durchreisenden Herrschaften gefälligen Aufenthalt zu bieten, förderte der Rat das Unternehmen Rincklebs in jeder Weise. Sein gastliches Heim bekam Freiheit von der Grundsteuer, vom Ackerzins und vom Wachtgeld; zwei Fuder Heu von den städtischen Wiesen für die Pferde der Gäste erhielt der Besitzer umsonst geliefert. Für diese Vorteile verpflichtete sich Rinckleb, Fremde von Adel und Leute, die mit eigenem Wagen nach Nordhausen kamen, aufzunehmen; gewöhnliche Gespanne, Fußgänger und „sonst verdächtige" Personen durfte er dagegen abweisen. – Seitdem besteht also der „Römische Kaiser", und im 17. Jahrhundert mögen die in ihm bei vollen Weinkannen zechenden Adligen des öfteren nicht weniger ruhestörenden Lärm verursacht haben als nebenan in ihrem Zunfthause die lustigen Schuhmacher.[41]

Wir als bescheidene Wanderer müssen uns natürlich nach einer weniger anspruchsvollen Herberge umschauen und tun es auch gern, da eine ganze Anzahl modern eingerichteter Gasthäuser neu entstanden sind: Das „Weiße Roß", der „Englische Hof", der „Berliner Hof" und wie sie sonst heißen mögen. Hoffentlich hat in der Schenke, in der wir einkehren, nicht gerade ein hessischer, hannöverscher oder preußischer Werbeoffizier sein Quartier aufgeschlagen. Denn dann dürfte es dort wenig gemütlich sein, da fortwährend werbende Unteroffiziere mit entlaufenen Bauern, Handwerksburschen oder Gesellen, die wegen irgendeiner Schandtat vom Gericht gesucht werden und sich deshalb in den bunten Rock flüchten müssen, ein- und ausgehen, ihnen Schnaps und Bier spendieren und den ersten Blutsold auszahlen. Zuweilen konnte man in einem Gasthause, in dem ein solches Werbebureau aufgeschlagen war, selbst Zeuge recht häßlicher Auftritte werden, wie es denn wohl vorkam, daß jemand das Handgeld angenommen hatte, hinterher aber Reue über den Handel empfand und das empfangene Geld zurückzahlen wollte. Doch der Werbeoffizier wollte von seiner Beute nicht mehr lassen, und während er den Verführten mit Gewalt festhalten ließ, nahmen seine Freunde und Nordhäuser Bürger für den jungen Rekruten Partei und suchten ihn zu befreien. Dann war der Lärm da, es fetzte blutige Köpfe, und womöglich mußte, um die Ruhe wiederherzustellen, der Rat einschreiten. Das tat er freilich ungern genug, denn er wußte, wie leicht er dadurch recht folgenreiche Auseinandersetzungen mit großen Potentaten heraufbeschwören konnte. So geschah es z.B. 1742, als der preußische Leutnant von Wulffen wegen eines entlaufenen Handgeldempfängers sich in der Stadt voll Ungebühr benahm und deshalb in Arrest abgeführt wurde. Sein König, Friedrich II. von Preußen, hielt natürlich die Hand über den Werbeoffizier und nahm am 5. Januar 1743 die Inhaftierung seines

---

41 Heineck, Welches ist die älteste Gastwirtschaft in Nordhausen? Nordh. Zeitung, 4. Februar 1913.

Offiziers zum Anlaß, sich ganz allgemein über die Haltung der Stadt, die sich den Anwerbungen geflissentlich widersetzte, zu beschweren. [42]

Also etwas vorsichtig in der Wahl des Gasthauses mußte man im 18. Jahrhundert sein, und ehe man sich entschloß, einen Wirt um Herberge anzugehen, war es gut, erst den einen oder anderen Nordhäuser Bürger um Rat zu fragen; und wenn auch die Herbergsverhältnisse schon wesentlich besser waren, als sie noch 1610 der welterfahrene und weitgereiste Arzt Hippolyt Guarinonius beschreibt, so war immerhin Vorsicht geboten, und auch aus den soeben geschilderten Unzuträglichkeiten kann man verstehen, daß man noch immer nicht gern und weit reiste, sondern den glücklich pries, dem im eigenen Heim ein ruhiges und beschauliches Leben zu führen vergönnt war.

So saßen sie denn, die friedsamen Bürger Nordhausens, gern nach Feierabend vor ihren Haustüren; waren doch bei vielen Türen in den steinernen Türeinfassungen rechts und links schmale Steinsitze angebracht, auf denen man hocken und mit den Nachbarn plaudern konnte. Oder aber: Man klappte von der horizontal geteilten Tür einfach die obere Hälfte auf und lehnte bequem die Arme auf die untere Türhälfte zu einem Schwätzchen mit dem draußen stehenden Nachbarn. Manches Haus, besonders in den breiteren Straßen und auf den Plätzen, besaß auch eine Freitreppe, und oben auf den Treppenabsatz wurden dann gegen Abend Stühle zum Ausruhen gestellt. Die Frau Meisterin ging dann wohl die Treppe hinab, um mit ihrer Freundin von gegenüber Neuigkeiten auszutauschen und zwischendurch die Straße abwärts nach dem Brunnen zu schielen, von wo die Dienstmagd Wasser holte. Denn ein plauderndes Beisammenstehen mit anderen Mägden, die auch zum Schöpfen gekommen, war wohl erlaubt; aber wehe ihr, wenn sie einem Burschen, den das Treiben des jungen Mädchenvolks angelockt haben mochte, gar zu verheißungsvoll zunickte, die gute Sitte gröblich verletzend. Nicht nur eine tüchtige Strafpredigt setzte es dann, sondern die Kecke mochte sich auch vor der schlagfertigen Meisterin inacht nehmen; denn Lehrlinge und Mägde bekamen in jenen Tagen Riemen und Stock nicht selten zu fühlen.

Der Meister aber saß oben auf seinem Straßenthron, ließ die schwieligen Hände ruhn, rauchte sein Pfeifchen, blickte die Straße entlang, freute sich über dieses und jenes und über sein eigenes Anwesen und ärgerte sich auch wohl über das neue, höchst prunkhaft und kunstvoll geschmiedete Ladenschild seines Nachbarn und Konkurrenten, welches so sinnfällig die Ware des Ladeninhabers pries, daß auch ein des Lesens Unkundiger – und das waren damals noch die meisten Käufer – sogleich erfuhr, was er dort erhandeln konnte.

Vornehmere Leute zeigten sich natürlich nicht auf der Straße. Sie hielten sich in ihren weitläufigen Gärten hinter dem Hause auf, hatten sich dort ein hübsches Gartenhaus *à la mode* gebaut, nach dem neuesten Rokokogeschmack mit reichem Zierrat beladen, mit weißgestrichenen Bänken und Tischen ausgestattet und vielleicht gar mit einem galanten Gemälde im Geschmacke Watteaus geschmückt. Hier, bei solchem Lusthäuschen erlaubte sich nämlich auch der würdige Bürger

---

42 Heineck, Wirtshäuser früher und jetzt in Nordhausen. Nordh. Ztg., 1. Okt. 1924.

das leichtfertige Getändel der neusten Bauweise, während er von seinen Wohnhäusern die französische Art fernhielt und sie nach alter Weise einfach und mit hohem Dache baute, höchstens sich einen feierlichen und ernsten Barockaufsatz oder Giebel gestattete und die sanften Bögen und spärlichen Ornamente dieses Stils auch an seinen Haustüren anbringen ließ.

Am Tage standen die Haustüren meist offen; ungehindert konnte der Besucher ins Haus gelangen. Mit einbrechender Dunkelheit aber verschloß man sie, und dann mußte der späte Gast zum Türklopfer greifen, um sich bemerkbar zu machen. War er rücksichtsvoll und achtete die Ruhe der Nacht, so scharrte er nur mit dem Gehstock oder sonst wie an der Tür; doch wenn die Magd in der Küche hantierte oder in irgendeinem ferneren Stübchen beschäftigt war, mußte man schon etwas lauter pochen.

War man in das Haus eingetreten, so befand man sich in dem möglichst geräumig gehaltenen Flur. Nicht immer sah es hier ganz sauber und aufgekramt aus; denn der Flur diente als Stapelplatz für alles mögliche; Krämer und Handwerker lagerten hier gern den Vorrat, den sie im Laden nicht unterbringen konnten, Gänse- und Hühnerkäfige dienten nicht selten zu weiterer Zierde des Flures.

Hinter einem Holzverschlag führte die Treppe in den geräumigeren Keller hinab. Diese Keller waren einstmals viel wichtigere Gelasse als heute. Denn hier standen die verschiedenen Fässer Wein, daneben lagen die Heber und Trichter; aber auch ein Häuflein Pottasche und Schwefel fehlte nicht, die den Wein verbessern und ihm größere Haltbarkeit verleihen sollten. Einen Winkel füllte auch ein tüchtiger Berg weißer Sand, von dem zum Bestreuen von Flur und Diele genommen wurde, in dem aber auch Rüben und Früchte steckten, die sich hier frisch erhielten. Schließlich lag in den Kellerräumen auch meist die Waschküche des Hauses.

Eine weitere Treppe führte vom Flur hinauf in die Diele des ersten Stockwerkes. Diese Treppen waren fast stets dunkel, und die ungleichmäßige Zahl von Stufen zwischen den einzelnen Absätzen brachte den Besteiger nicht selten in Gefahr. Schön geschnitzte Geländer bemerkte man in Nordhausen fast gar nicht; zu schwer war die Stadt von den verschiedenen Bränden betroffen worden. Da hatte man möglichst schnell und billig aufbauen müssen und hatte sich Luxus nicht leisten können.

Einigermaßen wohnlich schaut oben die Diele drein. Einige mächtige Schränke und Truhen dienten zu ihrer Ausstattung. War das Haus nur einigermaßen wohlhabend, so legte man Wert darauf, wenigstens den einen oder anderen schön geschnitzten, mit Säulen und Simsen verzierten Schrank zu besitzen. Aber fast nirgends traf man in Nordhausen Möbel aus ausländischem Holze, etwa Ebenholz oder Mahagoni, an; auch waren sie in der ersten Hälfte des 18. Jahrhunderts noch nirgends modisch poliert. Denn der im guten Sinne konservative Charakter der Bevölkerung und die Entlegenheit von fürstlichen Residenzen, die am schnellsten der Mode folgten, ließ die Nordhäuser noch lange an altem Brauch und Hausrat festhalten. Es waren handfeste Schränke und Kisten, Tische und Stühle, welche in den Wohnungen standen, und das Holz stammte von den Eichen Ellrichs und Walkenrieds oder auch von den Eichen und Fichten des nahen Kirchhofholzes bei Petersdorf.

Und nun wollen wir von der Diele aus in das Wohn- und Arbeitszimmer des Mannes treten, der vielleicht in jenen dreißiger und vierziger Jahren des 18. Jahrhunderts den ganzen Sinn und Geist seiner Zeit von allen Nordhäusern am besten auszuschöpfen, zu verarbeiten und in sich aufzunehmen vermochte. Das war der Pastor Friedrich Christian Lesser.

Weilen wir im Geiste an einem Spätsommertage des Jahres 1746 gegen Abend im Pfarrhaus von St. Jakobi bei dem nun schon 54jährigen, etwas müden, kränkelnden Manne.

Eine wohltuende, friedvolle Dämmerung liegt in dem ziemlich großen Gemach. Die Wände sind nicht mehr wie im 16. und teilweise noch 17. Jahrhundert mit Holztäfelung versehen, weil diese den Ratten und Mäusen zuviel Schlupfwinkel gewährten, sondern sind mit einfachen Papiertapeten beklebt. Die Gipsdecke weist in der Mitte ein recht freundliches Stuckornament auf, und von hier herab hängt der eigentlich einzige wertvolle und etwas prahlende Schmuck des Zimmers, ein edler Kronleuchter mit vielem Bergkristall. In der Mitte der Stube steht ein derber, wachsgebohnter Tisch auf barock gedrechselten Beinen; hinter ihm hat das sogenannte Faulbett seinen Platz, eine hölzerne Bank mit steifen Rück- und Seitenlehnen, auf der das Sitzen oder Liegen nur durch Decken und Kissen bequem gemacht wird. Ein paar Stühle mit gepolsterten Sitzen und hohen geschnitzten Lehnen stehen hie und da. Auf dem Wandbord hinter dem Faulbett sind um eine schöne silberne Kanne mehrere zinnerne Flaschen und Schüsseln als Zierrat gruppiert. Daneben sind aber auch ein paar Leuchter und zinnerne Becher zu täglichem Gebrauche aufgestellt. Da sich unser Lesser mit den neuen eisernen Öfen, die in jüngster Zeit aus den Südharzer Eisenhütten geliefert wurden, nicht befreunden kann, befindet sich in der hinteren Stubenecke ein tüchtiger Kachelofen, dessen weißglasierte Kacheln ganz nettes Bildwerk zeigen. In der einen vorderen Ecke am Fenster steht der breite, mit einigen Geheimfächern versehene Schreibtisch; daneben hat ein Tischchen mit einem Schachbrett Platz gefunden, und darüber sind an der Wand Fächer für Briefe und für ein Kartenspiel angebracht. Ein paar gute Originalgemälde, wie sie in jener Zeit jeder leidliche Haushalt aufzuweisen hat, hängen an den Wänden. Im übrigen ist das Zimmer mit Büchern und zahlreichen Sammlungen von Steinen und von Getier aller Art über und über angefüllt. Auf den Fensterbrettern blühen etweiche Blumen in „Scherben", in Blumentöpfen.

Vor dem Schreibtisch am Fenster sitzt unser Pastor Lesser selbst, auf gepolstertem, hochlehnigem Sessel. Er hat von seiner Arbeit aufgeschaut, da das Tageslicht schon schwindet, blickt nun gedankenvoll über den Schreibtisch hin, auf dem neben ein paar schweren aufgeschlagenen Folianten mehrere Steine mit seltsamen Tierabdrücken ruhen, und blickt über den Schreibtisch hin auch zu dem schlichten Kruzifixus und zu dem Modell eines einfachen Gotteshauses daneben. Dieses Gotteshäuschen hat ihm schon manchen Seufzer entlockt und manches Verzagen, und der Gekreuzigte hat ihm immer wieder Trost gespendet.

Weit zurück fliehen in dieser Stunde der Besinnung die Gedanken des Ausruhenden. So denkt er an seine hier in der Heimat verlebte Jugend, da der Vater Diakonus von St. Nikolai war, denkt an seine Gymnasialzeit, wo er noch Schüler war in dem uralten Gemäuer des einstigen Predigerklosters an der Kutteltreppe, wo ihm, dem kränkelnden Knaben, das wilde Treiben seiner Kameraden und die nicht immer zarte Hand der Lehrer manche sorgenvolle Stunde bereitet hatten, wo ihn dann aber im Hause des Rektors Meier zum ersten Male die wohltuende Hand eines wahren Erziehers und bedeutenden Gelehrten geführt.

Von dieser ersten Lehrzeit schweift dann der Blick hinüber nach Halle und Leipzig, und ein Glanz tritt in die Augen des Sinnenden, als er der Tage gedenkt, da er an der eben erst gegründeten Universität Halle zu Füßen seines verehrten Lehrers und väterlichen Freundes A. H. Francke sitzen konnte. Hart hatte ihn damals das Schicksal angepackt, denn seine Familie war durch den Brand des Jahres 1712 arm geworden, und er mußte sich mit Stundengeben und Freitisch kümmerlich durchs Leben schlagen. Und doch hatte sein Gott es gut gemeint mit ihm, da er in Francke einen Lehrer gefunden hatte, der ihm den Kern des Christentums, eines Christentums nicht des Wortes, sondern der Tat, erschloß, und da er in Francke einen allzeit hilfsbereiten Freund gefunden hatte, der auch für seinen von schwerer Krankheit befallenen Jünger sorgte.

Durch sein erstes Studium, die Medizin, hatte er eine große Liebe zur Naturwissenschaft, zum Sammeln und Beobachten aller möglichen Steine und Kräuter und Tiere gewonnen, und durch sein anderes Studium, die Theologie, war er dazu gelangt, alle die einzelnen Beobachtungen, die er gemacht, die Erkenntnisse, die er gewonnen, zueinander in Beziehung zu setzen und sich Gedanken zu machen über ihr Werden und Sein, über ihren Wert im Weltall und ihre Stellung zu jenem höchsten, unerforschlichen Wesen.

Und rückschauend sieht sich Lesser weiterhin in Berlin die naturhistorischen Sammlungen studieren, gedenkt voll wehmütiger Freude seiner Ausflüge und Entdeckungsreisen in die Berliner Umgebung und nach der Orangerie von Schönhausen. Aus den Launen von Fürsten zog er lernbegierig manchen Gewinn.

Seine Hauslehrerzeit in Kinderode bei dem sächsischen General von Grosse und in Großwerther bei dem Herrn von Arnstedt bringt ihm die erste Muße zur Sichtung und Verwertung der bisherigen Studien. Vierundzwanzigjährig kehrt er dann schließlich, am 15. Dezember 1716 zum Pastor der Frauenbergkirche gewählt, in die Heimatstadt zurück. 1724, nach dem Tode seines Vaters, wird er auch Administrator des Waisenhauses.

Hier in Nordhausen schien er nun alles zu besitzen, um ein glückliches Leben führen zu können. Sein Amt und seine Seelsorge ließen ihn in den Spuren seines verehrten Lehrers A. H. Francke wandeln, und dennoch bedeutete dieses Amt nicht solche Last, daß es ihm nicht Zeit gewährte zu allen möglichen Lieblings-studien draußen in der Natur auf einsamen Wanderungen und drinnen am stillen

Tisch des Gelehrtenzimmers. Doch immer wieder trafen ihn neue Schicksalsschläge. Seine treue Weggenossin, die dem gesundheitlich nie ganz Kräftigen wacker zur Seite gestanden, wurde ihm durch dem Tod entrissen; eine zweite Gemahlin, eine Tochter des preußischen Rates Joh. Günther Riemann und Schwester der beiden Bürgermeister Riemann, zog in sein Haus ein. Jedoch mehr noch als bisher wurde er seit dem Tode der ersten Gattin von schwermütigen Anwandlungen gepeinigt, denen zu begegnen die Ärzte ihm weite Spaziergänge anrieten. Wenn er aber dann abends in sein Heim zurückgekehrt war, las er die neuesten Werke, in denen aufgeklärte Männer seiner Zeit ihre Anschauungen über Gott und Natur niedergelegt hatten und in denen er vieles als übereinstimmend mit seinen eigenen Naturstudien anerkennen mußte.

Und wenn er nun jetzt, nach vielen Jahren, dieses sein einstiges Studium überdenkt, dann verschlingen sich dem frommen, vom Pietismus ausgegangenen Manne krampfhaft Hände und Finger, aus der Brust löst sich ein tiefer Seufzer, nicht der Erleichterung, sondern der Qual, und in seinem Gedächtnis steigen jene ersten Verse eines alten Heldengedichtes auf, das ihm zufällig einmal aus vergilbten Blättern auf den Tisch geflogen war:

Ist zwivel herzen nâchgebûr,
daz muoz der sêle werden sûr.

Zweifel! Zweifel an dem Worte der Bibel! Zweifel, er der Sohn einer frommen Stadt, eines frommen Vaters, der Schüler eines frommen Lehrers, er, selbst erfüllt von tiefster Frömmigkeit und Zuversicht zu dem himmlischen Vater, der seinen Sohn auf die Erde geschickt, sie zu erlösen. Aber konnte man denn alles, was man mit eigenen Augen sah, mit den Fingern ertastete, was man verstandesgemäß überlegte, in Einklang bringen mit der Heiligen Schrift! Und wenn nicht? Log die Schrift? log die Natur? logen Verstand und Sinne? Wahrlich, der erste große Erneuerer der Wissenschaft, Baco von Verulam, hatte sich's leicht gemacht. Er vertraute seinen Sinnen und seiner Vernunft, und was er mit diesen nicht begreifen konnte, überließ er der guten Theologia. Damit war für unseren Lesser nichts gewonnen. Und ebenso wenig konnten ihn die späteren Engländer befriedigen. Hatte John Locke versucht, moderne Erkenntnis und christliche Grundanschauung in Übereinstimmung zu bringen? War der Menschheit mit der Verwässerung der Lehren des Christentums zu dem armseligen Bettel einer landläufigen Morallehre gedient, wie sie Locke und die Deisten vornahmen, um sich nach beiden Seiten hin zu salvieren?

Nun, mit diesem Engländer und seiner Willensfreiheit, die so arg gegen die Lehren des Kirchenvaters Augustin und Martin Luthers verstieß, wurde er noch fertig. Er glaubte fest an die Wahl durch die Gnade Gottes und damit an die Unfreiheit menschlichen Willens. Diese Anschauung lehrte ja aber auch der große Atheist Baruch Spinoza! Und nun tauchte dieser ganz große verfluchte Jude auf, dieser Spinoza, der Gott nicht außerhalb der Welt annimmt und als ihren Schöpfer bezeichnet, sondern Gott und Welt gleichsetzt, unendlich, ewig, zwecklos, nur sich selbst Zweck. Es muß ja eine Blasphemie sein, wenn der Jude erklärt, daß nicht ein göttlicher Wille in allen Dingen waltet, sie erzeugt, ordnet, lenkt nach einem bestimmten Endzweck hin! Ein *asylum ignorantiae* für den Naturforscher soll nach den Worten Spinozas diese Annahme von dem zweckmäßigen göttlichen Walten in der Natur sein? War er, der Pastor Lesser, nicht auch Naturforscher, und glaubte er nicht gefunden zu haben, daß der himmlische Vater alles schön und zweckmäßig eingerichtet? Aber dann wieder die bestechende Sicherheit in der Beweisführung Spinozas! Und wenn man's recht nahm, war es nicht ein erhabener Gedanke, die Unendlichkeit der Welt und die Unendlichkeit Gottes gleichzusetzen? Und dennoch! Kein Wille und kein Verstand sollte zu Gottes Wesen gehören? Fürwahr, gegen diesen Unglauben wollte er, der Naturforscher und Theolog Lesser, selbst zu Felde ziehen.

So entstanden neben kleineren Abhandlungen Lessers drei große Schriften, die Lithotheologie, die Testaceotheologie und die Insektotheologie, alles Werke, aus denen seine gründlichen Naturstudien über die Steine, die Muscheln, die Insekten hervorleuchten, und in denen er beweist, daß ein Gottesmann gründliche Kenntnisse von der Natur haben müsse, „denn ohne dieselbe wird er nicht imstande sein, den atheistischen Spöttern recht zu begegnen, da im Gegenteil er ihnen eher beikommen kann, wenn er geschickt ist, ihnen aus dem großen Buch der Natur ... die vernünftige Harmonie, die weise Ordnung und den abgezielten Endzweck jeglicher Kreaturen ... vor die Augen zu legen".

Und nun denkt unser Lesser daran, daß er als von der Obrigkeit berufener und eingesetzter Prediger auch von Amtswegen die Pflicht hatte, aufzutreten gegen die Atheisten auf der einen Seite und die Konventikler auf der anderen. Gewiß, er stand selbst gegen den unfruchtbaren Dogmatismus der alten Lutheraner, predigte eine verinnerlichte Religiosität und lehrte, daß sich die Frömmigkeit in guten Werken äußern müsse, aber er war doch ganz der Meinung der übrigen Nordhäuser Geistlichen und der regierenden Herren, daß die Kirche alle möglichen Sekten nicht dulden könne, die ihre Erbauung außerhalb des Gottesdienstes suchten, die das Predigtamt verwarfen, schließlich gar die Ehe angriffen, die menschliche Arbeit für unnütz hielten und alles Heil von der eigenen Erleuchtung und, den wackeren Jakob Böhme ganz verkennend, von einem mystischen Versenken in Gott erwarteten. So mußte er dem alten Haudegen Konrad Dielfeld recht geben, der schon 1680 die Nordhäuser Konventikler abgefertigt hatte mit seiner Schrift: „Gründliche Frage, ob neben der öffentlichen Kirchenversammlung auch noch einige Privat- und Hauszusammenkünfte zur Erbauung der christliche Kirche vonnöten." Und als 1719 die sogenannten Engelsbrüder in der Nordhäuser Kirche Verwirrung anstiften wollten, war er, der Pastor Lesser, selbst gegen sie aufgetreten, und der Anführer der Sekte Georg Kürmes hatte aus der Stadt weichen müssen.[43] Jetzt, in der Mitte der vierziger Jahre, schien wieder eine Bewegung der Sektierer im Gange zu sein, hatten doch schon mehrere verlauten lassen, daß die Abendmahlsfeier überflüssig sei. – Ein duldsames

---

43 Lesser, Die der reinen Lehre ... zugetane Stadt Nordh. 11, 25. Reinhardt, Schriftmäßige Prüfung des Geistes der neuen Engelsbrüderschaft. Kindervater, Die Neue Engelsbrüderschaft.

Lächeln flog über die verwitterten Züge des Nachsinnenden. Führten nicht viele Wege zu Gott? Sollte man nicht jeden frei gewähren lassen, seinen Gott zu suchen nach seiner Art und seinem Wesen? Hatte er als Pietist von den Orthodoxen nicht selbst Anfechtungen genug erfahren müssen? Wie war es denn vor 10 Jahren in dem berüchtigten Nordhäuser Gesangbuchstreit? – und Lesser fuhr mit der Hand über Stirn und Augen und stützte das Haupt dann in den auf der Sessellehne ruhenden Arm. – Das war damals ein munterer Federkrieg gewesen!

Der brave Kantor des Gymnasiums Christian Demelius hatte 1686 das erste von der Obrigkeit anerkannte Gesangbuch für Nordhausen herausgegeben, und der Vertrieb dieses Buches war nach dem Tode des Vaters auf den Sohn Andreas Demelius übergegangen. Das Buch war gewiß gut und recht brauchbar, doch schien es unserem Lesser allzuviel veraltete, im Text schwer verständlich gewordene, in der Melodie wenig ansprechende Choräle zu bergen. Wieviel neue, lieblichere und wohllautendere Lieder gab es nicht jetzt, welche das innige Versenken in den Herzensjesus verherrlichten oder gar dem „neuen Jerusalem" entgegenjauchzten. So hatte sich denn Lesser im Verein mit seinem Amtsbruder von St. Petri Joh. Christoph Tebel unter ausdrücklicher Billigung seines Verwandten, des allgewaltigen Bürgermeisters Ch. Volkmar Riemann, daran gemacht, ein neues Gesangbuch zusammengestellt und im Februar 1735 der Öffentlichkeit übergeben. Da aber brach der Sturm los. Die rechten Orthodoxen der Stadt Nordhausen, dann aber auch mancher auswärtiger Pfarrer, unter ihnen ein Anonymus, der unter dem Namen Paläologus Philymnus in der Querfurter Zeitung schrieb, griffen die Verfasser aufs schmählichste an. Da wurde nicht bloß die Behauptung aufgestellt, die alten Gesänge würden von Lesser und Tebel „schnöde, verächtlich und geringschätzig traktieret", während doch gerade die neuen Lieder „allezeit gefährlich" seien „mit ihren Galantismen und der bloßen Lieblichkeit ihrer Verse", sondern es wurde auch den Verfassern vorgeworfen, daß sie sich an den größten Glaubenshelden des Evangeliums, in Sonderheit an Luther selbst, vergriffen hätten. Dem Angriff folgte die Abwehr und der Gegenangriff, und der Streit erhitzte um so mehr die Köpfe, als Riemann und der Nordhäuser Rat das neue Gesangbuch mit ihrer Autorität deckten. Doch mochten einigen Ratsmitgliedern schließlich selbst Zweifel an der Güte des neuen Buches gekommen sein. Einige Ausmerzungen waren ja auch schwer zu rechtfertigen. So war der Choral „Es ist das Heil uns kommen her" verschwunden; die Herausgeber erklärten ihn als mangelhaft in der Form, im Vortrage undeutlich, inhaltlich z.T. anstößig. Es war ferner weggeblieben „Wie schön leucht't uns der Morgenstern", weil trotz der schönen Melodie die Verse schlecht gebaut seien; es fehle „Nun freut Euch, liebe Christen, g'mein", weil das Lied „dunkle und harte Redensarten" enthielte, und endlich war sogar ausgelassen Paul Gerhards „O Haupt voll Blut und Wunden", da es „theatralisch" anmute.[44]

Als schließlich der Rat gar angegriffen wurde und unter seinen Mitgliedern

---

44 Tebel und Lesser, Vorläufige Nachricht, daß der Studiosus Theologiä ... das Nordh. Gesangbuch ... freventlicher Weise des Fanaticismus beschuldigt habe, 1737. Chilian Volkmar Riemann, Verteidigung des Neuen Nordh. Gesangbuchs. Nordh. b. Groß, Februar 1736.

Bedenken entstanden, hielt Riemann im Februar 1736 eine große, außerordentlich geschickte Verteidigungsrede, die später durch den Druck verbreitet wurde und so auf uns gekommen ist. Und wie sonst, so setzte sich der Bürgermeister auch diesmal durch. Das Gesangbuch blieb eingeführt. Allerdings zogen die Verfasser aus dem Streite eine Lehre, und als 1737 die zweite Auflage ihrer Liedersammlung erschien, war diese um 143 Lieder vermehrt, unter ihnen fand sich auch wieder manch' altes, zunächst gestrichenes Lied, und in dieser Form blieb das Nordhäuser Gesangbuch dann weiter in Gebrauch. [45]

Er, Lesser, war es also, der die Lieder ausgesucht hatte, welche jetzt allgemein in Nordhausen gesungen wurden.

In dem Bewußtsein, im Kampfe für sein Werk seinen Mann gestanden zu haben, reckte sich der im Sessel Sitzende auf, und selbst etwas wie Stolz flog über seine Züge. Hatte er nicht auch Zeit seines Lebens vorangestanden unter den Nordhäuser Geistlichen, ohne Pastor primarius zu sein, nur als schlichter Pfarrer am Frauenberge, dann als Pfarrer an St. Jakobi? Er und kein anderer hatte 1730 zum Reformationsfest die Schrift verfaßt, die das freudige Bekenntnis Nordhausens zum evangelischen Glauben enthielt, er hatte für die Salzburger Emigranten gesorgt, er war der beliebteste „Flurprediger" im Hospital von St. Cyriaci, und er war seit 1739 auch Seelsorger des Martinihospitals. So stand er mitten unter der Nordhäuser Bürgerschaft als geachteter Mann, fühlte sich selbst als Bürger und seiner Vaterstadt tief und innig verbunden. Zu ihrem Ruhme nahm er, der Nimmermüde, deshalb auch den Gedanken seines längst verblichenen Freundes von St. Blasii, des Pfarrers Kindervater, auf, eine Chronik der Stadt Nordhausen zu schreiben. 1740 waren diese „Historischen Nachrichten von der Kaiserl. und des Heiligen Römischen Reiches Freyen Stadt Nordhausen" erschienen. Der Verfasser wußte selbst gut genug, daß er mit seiner lückenhaften und nicht immer kritischen Materialsammlung nur eine winzige Vorarbeit für die Geschichte seiner Heimatstadt geleistet hatte, und doch konnte er stolz auf dieses Werk sein; denn vielfach hatte er mit sicherem Blick für das Wesentliche die Auswahl getroffen.

So überschaute Lesser in einer Dämmerstunde des Jahres 1746 sein ganzes Leben und Streben. – „Mein ganzes Streben?" fragte er still; und voll zärtlichster Liebe glitt sein Blick zu dem kleinen Modell auf seinem Schreibtisch hinüber, dessen Umrisse bei den starken Schatten, die jetzt in der Stube lagen, nur noch undeutlich zu erkennen waren. So entzündete er denn die Studierlampe, deren weißlackierter Blechschirm zwar das Licht auf die Arbeit konzentrierte, deren Flamme aber noch von keinem Zylinder zusammengehalten war, so daß die offene Flamme des aus einem Ölbehälter gespeisten Dochtes rauchte und rußte und der Docht alle Augenblicke geputzt werden mußte.

Bei dem trüben, gelben Schein der Lampe hielt er nun das Modell in der Hand, das er sich für seine Studierstube nach einem größeren Holzmodell selbst gefertigt hatte.

---

[45] Schriftmäßiges Gesangbuch zu nützlichem Gebrauch Heyl-begieriger Seelen ... ., 1735. Vergl. Heineck, Friedrich Christian Lesser, 26 ff.

1741 war er vom Frauenberge herab nach der Neustadt als Pfarrer gekommen und hatte hier eine der ältesten und baufälligsten Kirchen vorgefunden. Die Altendorfer Kirche hatte man Ausgang des 17. Jahrhunderts noch einmal zusammenflicken können; diese Neustädter Jakobi-Kirche aber war durch Alter und Blitzschlag und Feuersbrunst so mitgenommen, daß nur ein Neubau übrigblieb. Als Lesser der Gemeindevertretung und dem Rate die Notwendigkeit dieses Neubaues vorstellte, stimmte jeder zu; aber die arme Gemeinde hatte kein Geld, und der Rat, der in den letzten Jahren die Stadt beleuchtet, gepflastert, bebrückt, befestigt, verschönt hatte, konnte für einen kostspieligen Kirchenbau auch keine Mittel flüssig machen. So hatte Lesser zwar die Genehmigung zum Neubau, aber kein Geld, ihn ins Werk zu setzen. Doch da bewährte er sich nun als echter Jünger Franckes, der auch nur eine winzige Kollekte als Grundstock für alle seine gewaltigen Bauten gehabt hatte. Er entfaltete eine rege und rührende Werbetätigkeit für seine Kirche, um die 10000 Taler zusammenzuscharren, die der Neubau erforderte.

Schon sein erster Aufruf im Jahre 1742 ward weithin gehört, und 1743 war wenigstens eine solche Summe beisammen, daß der Rat glaubte, die Einwilligung zum Abbruch der alten Kirche geben zu können. Am Sonntag nach Trinitatis 1744 hielt Lesser seine letzt Predigt in dem alten Gehäuse, dann siedelte er für die Bauzeit mit seiner Gemeinde in das Stift von St. Martini über, und nach der feierlichen Grundsteinlegung am 14. Juli 1744 konnte der Neubau endlich beginnen. Wieviel Sorge bei den unzureichenden Mitteln, wieviel Ärger mit den Maurern, wieviel Anfechtung von Übelwollenden hatte er schon in dem ersten Baujahre zu kosten bekommen! Und doch hatten sich auch edle Menschen zur Unterstützung gefunden, und das Werk war gefördert worden. Eine besondere Erleichterung war es, daß Herzog Karl von Braunschweig billiges Baumaterial zur Verfügung stellte. Es stammte aus den Klosterruinen von Walkenried, denen 4000 Kubikfuß Quadersteine entnommen werden durften. So reckten sich allmählich die Mauern empor.

Voll Hoffnung stellte Lesser sein Modell auf den Schreibtisch zurück. Denn auf der Treppe ließen sich Schritte vernehmen, und gleich darauf trat auch schon hinter der anmeldenden Magd Seine Magnifizenz, der Herr Bürgermeister Chilian Volkmar Riemann, selbst in die Stube. Der Bürgermeister lachte, da er noch flüchtig beim Eintritt gesehen hatte, daß Lesser soeben sein Lieblingsspielzeug aus der Hand gelegt hatte. Freudig streckte der Pfarrer dem Gast, der noch ein paar Jahre älter als er selber war (1687 geb.), aber voller Frische und Tatkraft, die Hand zum Willkommen entgegen, während die Magd die Talglichter eines dreiarmigen Leuchters entzündete. Denn die teuren Wachslichter des Kronleuchters, die nicht abgeschnuppt zu werden brauchten, brannten nur bei festlichen Gelegenheiten.

Beide Männer nahmen am Tische Platz, und Lesser mußte seinem Schwager Bericht erstatten über den Fortgang des Baus. Er war in letzter Zeit mehr gefördert worden, als Riemann angenommen hatte, und da er nun sah, daß das Werk gedieh, meinte er beiläufig, daß bei eintretender Geldknappheit wohl auch einmal

Ratsmittel zur Verfügung stehen könnten, aber in bescheidenem Umfang, wie er nicht zu betonen vergaß. [46]

Dann schüttete er aber dem Freund und Verwandten das Herz aus über die jüngste Bewegung der Separatisten und Sakramentsverächter und bat um des Pfarrers Rat. Der setzte sich zurecht und begann eine gründliche theologische Auseinandersetzung voll ernstlicher Sorge um das Seelenheil der Sektierer, aber doch mit dem Grundton von Duldung und Liebe auch zu den abseits der Kirche weidenden Schafen. Doch Riemann unterbrach ihn ungeduldig und erklärte, der Pfarrer verkenne das für ihn als Bürgermeister Wesentliche. Es handele sich um die Frage, ob dieser Seperatismus für das Staatswesen erträglich sei, ob man trotz Gefährdung von Ruhe und Ordnung dergleichen Gebahren dulden könne, und ob man – ein Seufzer entrang sich den Lippen des Staatsoberhauptes – im Rate selbst, ja an führender Stelle im Rate eincn Verächter des Abendmahls belassen dürfe.

Scharf blickte Riemann den Freund an, doch der senkte voll Bedenken die Augen. Er wußte wohl, auf wen der Bürgermeister zielte. Es war Andreas Sigismund Wilde, erst seit zwei Jahren Bürgermeister und Amtsgenosse Riemanns, aber schon immer sein Gegner. Wo er nur konnte, hielt er, der Sproß aus uralter Nordhäuser Familie, dem verhaßten Emporkömmling das Widerspiel. Die Lust aber, sich in Gegensatz zu offiziellen kirchlichen Anschauungen zu setzen, schien ihm im Blute zu liegen; hatte doch einst sein Urahn Georg Wilde seinen Syndikusposten wegen calvinischer Neigungen aufgeben müssen. [47] Jetzt, wo Wilde soeben sogar die persönliche Lauterkeit seines Gegners in Zweifel gezogen hatte, wollte Riemann diese Neigung zum Seperatismus benutzen, um den Feind unschädlich zu machen.

Lesser überlegte und sagte dann, auf seine Finger blickend, vorsichtig: „Der aufgeklärte Geist unseres Säkulums läßt es nicht zu, der Opinion eines einzelnen Fesseln anzulegen mit der Gewalt und den Armen des Staates, sondern gestattet nur Auseinandersetzungen mit Wort und Schrift, glaubt an Überzeugung und Belehrung, und was mich betrifft, so hoffe ich, daß der allgütige Gott den Abgeirrten erleuchtet. Die Freiheit Individui, zu spekulieren und raisonnieren, darf nicht beschränkt werden. Wird freilich die Bewegungsfreiheit des einzelnen so groß, daß ein öffentliches Ärgernis entsteht und daß die Interessen *rei publicae* violieret werden, müssen wohl Polizei und Zensur, Verbot und Ausstoßung herbei. Wo aber der Limes ist, an dem die Freiheit Individui aufhöret, muß zu Gunst und Gedeihen der Sozietas entschieden werden von Fall zu Fall."

„Hochwürden, Herr Pfarrer", lachte Riemann, „mit solchem Sprüchlein ist mir nicht gedient. Doch sehe ich schon, daß einem Regenten der neue Geist der Aufklärung und Toleranz, dem auch ich huldige, nicht selten rechtes Kopfweh bereiten kann. – Nun, wir werden sehen; geht es wirklich hart auf hart, so hoff'

---

46 1746 brachte eine Kollekte in Nordhausen nochmals 1000 Taler ein; 1749 wurden 100 Taler aus der Kämmereikasse bewilligt.

47 Vergl. oben Seite 359.

Stadtsoldat aus der Mitte des 18. Jahrhunderts.
Nach einer Abbildung aus Knötels Uniformwerk.

ich wenigstens auf die schreibgewandte Feder des Herrn Pastors von St. Jakobi. Und damit: *Bon soir!*" –

Wilde wurde am 5. April 1747 vom Amte suspendiert, beugte sich aber in religiöser Beziehung, als am 15. August 1751 eine Ratsordnung herauskam, die den Sektierern auferlegte, bis Michaelis in den Schoß der Kirche zurückgekehrt zu sein oder die Stadt zu räumen. Einige andere Separatisten verharrten bei ihrem Widerstand, und so mußten 1752 zwölf Familien auswandern. Die meisten fanden bei Friedrich dem Großen in Preußen Unterkunft.

Pastor Lesser hatte noch 1752 durch ein Schriftlein zum Guten reden wollen, doch Rat sowohl wie Sektierer blieben unbeugsam.[48] Mehr Freude als an dieser bedauerlichen Starrköpfigkeit hatte er an seinem Kirchenbau. Am 24. August 1747 konnte „der Busch aufgesteckt werden", am 12. Oktober 1749 fand die Einweihung statt. Sie ging unter größter Feierlichkeit vor sich, und wir erwähnen nur, daß der Rektor des Gymnasiums Goldhagen dazu eine Kantate gedichtet hatte, die von unserem Freunde, dem Organisten Schröter, in Musik gesetzt worden war. –

Am 17. September 1754 ist Lesser, 62 Jahre alt, gestorben; er wurde in seiner Jakobikirche zur rechten Seite des Altars begraben.[49]

---

[48] Lesser, Vorurteile, durch welche sich einige von dem Gebrauch des Heiligen Abendmahls abhalten lassen. Nordh. bei Groß, 1752.

[49] Heineck, Friedrich Christian Lesser der Chronist von Nordhausen. Nordh. bei Haacke, 1892. – Die Schrift zählt zu dem Besten, was über Nordhäuser Geschichte geschrieben worden ist.

Kapitel 15.

Nordhausen in der zweiten Hälfte des 18. Jahrhunderts; der Verlust der Reichsfreiheit.

Während Deutschland im 18. Jahrhundert in kultureller Beziehung ebenbürtig neben den am weitesten fortgeschrittenen Nationen stand und ein Leibnitz und ein Lessing den Vergleich mit den erleuchtetsten Geistern Frankreichs und Englands nicht zu scheuen brauchten, während Deutschland in wirtschaftlicher Beziehung zwar mit jenen großen Westmächten, die den Vorzug einer unvergleichlich besseren geographischen Lage als Deutschland besitzen, nicht Schritt halten konnte, durch den Fleiß und die Begabung seiner Bevölkerung aber hinter diesen doch nicht gar zu stark zurückblieb, lagen die politischen Verhältnisse des nunmehr 900jährigen Reiches derart im Argen, daß von der Auflösung dieses kläglichen Gebildes nur Vorteile für das deutsche Volk zu erwarten waren. Dennoch gab es genug Reichsstände, welche sich mit Händen und Füßen gegen jede Änderung der völlig veralteten Zustände sträubten. Besonders waren es die geistlichen Stifter und kleineren Freien Reichsstädte, die politisch längst jede Daseinsberechtigung verloren hatten, aber mit aller Gewalt sich am alten Reiche festklammerten und für sein Bestehen eintraten, weil sein Untergang auch der ihre war.

Gewiß, es wurde höchste Zeit, daß diese merkwürdigen Zeugen längst verschwundener Tage ausgelöscht wurden. Das soll aber unseren Blick nicht trüben für die Leistungen, welche diese staatlichen Gebilde für das deutsche Volk und für die Menschheit voreinst vollbracht haben; und für das späte 18. Jahrhundert müssen wir ihnen wenigstens das Recht der Selbstbehauptung zubilligen. Denn: „Alles, was lebt, hat eine Berechtigung zu leben und sein Leben zu verteidigen."

So verteidigte denn auch die Reichsstadt Nordhausen bis zum äußersten und bis zum letzten ihre alten Rechte und Freiheiten, und wie in den vorhergehenden

Jahrhunderten, so hielt sie auch in diesen letzten Lebensjahren des Römischen Reiches treu zu Kaiser und Reich als den einzigen Stützen ihrer Unabhängigkeit und ihres Eigenlebens.

Wie im 17. Jahrhundert, so gab es auch im 18. Jahrhundert keine loyalere Stadt als Nordhausen. Selbst bei jeder Schwangerschaft der Kaiserin wurden in Nordhausen behördlicherseits öffentliche Gebete für eine glückliche Entbindung angeordnet, so daß damals verhältnismäßig viel gebetet wurde, da Maria Theresia ihrem Gatten 16 Kinder schenkte. Und die ganze Treue Nordhausens zur kaiserlichen Familie spricht aus den Bestimmungen, die der Rat im Jahre 1780 nach dem Eintreffen der Nachricht vom Tode der großen Kaiserin erließ. Am Heiligen Abend dieses Jahres wurde eine sechs Wochen dauernde allgemeine Trauer angeordnet. Die Ratsherrn hatten schwarze Tracht anzulegen, jede öffentliche Festlichkeit, jede Musik war untersagt, die Altäre und Kanzeln in den Kirchen wurden mit schwarzem Flor umhüllt, 14 Tage lang wurde mittags von 11–12 Uhr mit allen Glocken geläutet, von der Petri- und Blasiikirche herab erklangen Sterbelieder, ja, die Nachtwächter mußten nachts Sterbelieder singen. Mit sehr viel größeren Ehren hat man selbst den Heilbringer Lenin in Sowjet-Rußland nicht zu Grabe getragen. Und uns scheint sogar beim Tode dieser Kaiserin die Trauer echt und herzlich gewesen zu sein. Denn wir wissen zwar nicht genau, ob es jemals eine größere Regentin gegeben hat als Maria Theresia, das aber wissen wir, daß niemals eine bessere Gattin und Mutter einen Thron geziert hat.

War die Trauer jedesmal groß beim Ableben eines Mitgliedes des Kaiserhauses, so war die Freude nicht geringer bei der Thronbesteigung eines neuen Habsburgsprosses. Zum letzten Mal wurden am 9. Juli 1792 zur Begrüßung des neuen Kaisers, Franz' II., die Kanonen abgefeuert und unter Pauken und Trompeten ein *Te Deum* angestimmt.

Sehr viel zurückhaltender war man anderen Herrscherhäusern gegenüber mit Freuden- oder Trauerbezeugungen. Als Friedrich II. im August 1786 die Augen geschlossen hatte, ging ein höfliches Kondolenzschreiben nach Berlin, und damit gut. Man hatte seine Gründe dafür.

Im allgemeinen merkte man sonst nicht viel vom Reiche. Regelmäßig wurden die Beiträge zur Unterhaltung von Reichstag und Reichskammergericht angefordert, auch mußte man bei Kriegen des Reiches außerordentliche Beisteuern leisten, und schließlich führte man Prozesse in hinreichender Zahl vor dem Reichskammergericht in Wetzlar und dem Reichshofrat zu Wien. Wirklich Ersprießliches für Handel und Wandel in Nordhausen leistete das Reich kaum, es sei denn, daß die im Jahre 1731 verabschiedete Reichshandwerksordnung am 30. September 1732 auch in Nordhausen angeschlagen und bekannt gegeben und damit den gröbsten Auswüchsen des verknöcherten Zunftwesens Einhalt getan wurde, wie sie sich besonders in den Reichsstädten, wo die Handwerker das Heft in der Hand hatten, in der immer größeren Einschränkung der Lehrjungen- und Gesellenzahl zeigte, so daß beinahe nur noch Meistersöhne ein Handwerk ergreifen oder es wenigstens in ihm zu etwas Rechtem bringen konnten.

Neben dem Reiche machte sich wohl hie und da der Niedersächsische Kreis, dem Nordhausen angehörte, bemerkbar; doch war er gegenüber dem 16. und 17. Jahrhundert nunmehr fast zur Bedeutungslosigkeit herabgesunken, da Hannover, Braunschweig und Preußen zu einer überragenden, diese alte Kreiseinteilung sprengenden Stellung gelangt waren.

So führte man denn zu Nordhausen in politischer Beziehung schlecht und recht und ziemlich inhaltlos sein Eigenleben. Je bedeutungsloser man wurde, desto stolzer wurde man auf die noch bewahrte Selbständigkeit. 1736 hatte Chilian Volkmar Riemann noch einmal ein neues Stadtsiegel anfertigen lassen, auf dem stolz der alte Reichsadler prangte. Im Siebenjährigen Kriege hatte man nicht wenig gezittert um die Bewahrung der Freiheit. Desto größer war beim Friedensschluß 1763 der Jubel darüber, daß kein altes Recht der Stadt angetastet worden war. Den hölzernen Tempel, der für die Friedensfeierlichkeiten auf dem Königshofe errichtet worden, erleuchteten 2000 Lampen, und 16 Inschriften zierten ihn, darunter als bedeutsamste: „*Libertas incolumis*", die der Konrektor Hake triumphierend übersetzte: „Noch stehet die Freiheit."

Eng verknüpft mit der Reichsfreiheit war die Vorherrschaft der Innungen; und wenn man auch sonst nicht allzu viel aus der alten Stadtgeschichte kannte, – daß im Jahre 1375 die Herrschaft von den gefreundten Geschlechtern auf die Handwerker übergegangen war, mußte jeder Lehrjunge wissen, und am Tage, wo sich der Tag der großen Nordhäuser Revolution zum 400. Male jährte, am 14. Februar 1775, feierten die Gilden ein großes Jubelfest, und die Annalen berichten: „Es wurde dieses Fest unter Pauken- und Trompetenschall, auch vielen Illuminationen und Schmausereien vollbracht."

Die bürgerliche Unabhängigkeit glaubte man einstmals errungen zu haben, und stolz war man auf sein Nordhäusisches Bürgertum. Man sah zwar gern, wenn Adlige sich Nordhausen als ihren Ruhesitz wählten und hier ihr Geld verzehrten, aber Bürger konnten sie ebenso wenig werden wie die Juden. Als Antastung eines uralten städtischen Rechtes faßte man es deshalb auf, als im 18. Jahrhundert ein Bürger namens Uckermann, der durch Getreidehandel im Siebenjährigen Kriege wohlhabend geworden war, vom Kaiser geadelt wurde und trotzdem Bürger bleiben sollte. Tief bekümmert wandte sich die Stadt an den Reichshofrat ob solcher unerhörten Beeinträchtigungen, und noch bekümmerter war sie, als der Reichshofrat des Grundsatzes: „Adlige Personen haben bürgerliche Jura in Nordhausen nie gehabt", nicht achtete und nach mehrfacher Resistenz der Stadt befahl, den Herrn „von" Uckermann ungekränkt in der Stadt als Bürger zu dulden.

Merkwürdig war es, daß die Einwohnerzahl trotz starken wirtschaftlichen Aufschwungs seit Jahrhunderten fast dieselbe geblieben war. 1581 schon zählte man 1192 Herdstätten, 614 in der Oberstadt, 588 in der Unterstadt, für die man etwa 7000 Einwohner annehmen muß. 1747 waren 1234 Herdstätten, und zwar 643 in der Oberstadt und 591 in der Unterstadt vorhanden, und bei der Zählung im Jahre 1771 fand man genau wie in den früheren Jahrhunderten etwa 1250 Häuser mit 4131 Einwohnern in der Oberstadt und 3676 in den Vorstädten, zusammen 7807.

Trotz der politischen Bedeutungslosigkeit und der Stagnation in der Einwohnerzahl war die Stadt kulturell durchaus mit der Zeit fortgeschritten. Aufklärung und bis zu einem gewissen Grade Toleranz hatten schon früh ihren Einzug in Nordhausen gehalten, und in den siebziger Jahren des Jahrhunderts stellte sich pünktlich die Neigung zum Sturm und Drang ein, die auch von Göckingk, weiland zu Ellrich Kanzleidirektor, genährt wurde.

Tüchtige Männer, die den Geist ihrer Zeit erkannt hatten, bewirkten, daß Nordhausen hinter der Welt nicht zurückblieb. Allen weit überlegen war unzweifelhaft der Bürgermeister Chilian Volkmar Riemann, ein Kommunalpolitiker von bedeutendem Rang, aber auch sonst ein vielseitig angeregter und anregender Mann. Trotz mancher Anfeindungen, die auch er, wie jeder im öffentlichen Leben Stehende, zu ertragen hatte, und trotz kleiner Makel, die nun einmal von ihm nicht wegzuwaschen sind, wußte Nordhausen doch, was es an diesem Manne besaß. Als er, 76 Jahre alt, am 17. Juli 1763 gestorben war und am 20. Juli auf dem Petersberg-Friedhofe begraben wurde, gestaltete sich die Totenfeier zu einer machtvollen und ehrlichen Kundgebung für den Toten. Von 1–2 Uhr nachmittags erklangen alle Glocken Nordhausens; und war wohl kein falscher Ton darin.

Ähnlich wie er wirkten sein Bruder Joh. Gottfried Riemann und dessen Sohn Heinrich Gottfried Riemann. Daneben stand die mit den Riemanns verschwägerte Filtersche Familie, aus der Großvater, Vater und Sohn Kaiserliche Postmeister in Nordhausen waren, zugleich aber als Bürgermeister, Ratsherrn und Stadtsekretäre in städtischen Diensten standen.

Und abgesehen von diesen meist als Juristen ausgebildeten Männern tat sich noch mancher wackere Theolog und Philolog hervor. Wir erwähnen nur den Pietisten und Rationalisten Goldhagen, der zunächst als Konrektor, dann von 1744–1753 als Rektor am Nordhäuser Gymnasium tätig war und der ebenso wie sein Vorgänger zu Beginn des Jahrhunderts, der Rektor Meier, nach Magdeburg berufen wurde. In den sechziger und siebziger Jahren löste diesen dann, nach dem Zwischenrektorat von Fabricius, Konrad Hake ab, ein vorzüglicher Erzieher und ein literarisch und ästhetisch hochgebildeter Mann, der leider schon 1771, noch jung an Jahren, dahinschied. Auch tüchtige Musiker hatte Nordhausen damals in seinen Mauern: Bis 1782 wirkte Gottlieb Schröter als Organist an St. Nikolai in der Stadt, und neben ihm trat bald der Kantor Frankenstein des Gymnasiums hervor, ein Sonderling zwar, aber ein geistvoller Lehrer, dem der junge Friedrich August Wolf, welcher um 1770 herum in Nordhausen die Schulbank drückte, die ersten bedeutungsvollen Anregungen verdankte. Und schließlich wollen wir auch noch des vielgewandten Nachfolgers Lessers in der Pfarre von St. Jakobi, des Pastors Joh. Heinrich Christian Hüpeden, gedenken, der als Seelsorger seiner Gemeinde getreulich in den Spuren seines Vorgängers wandelte, als Obstzüchter und Landwirt aber auf seinem 70 Morgen großen Gütchen an der Salza landwirtschaftliche Musteranlagen errichtete, die dem gesamten Nordhäuser Land- und Gartenbau zugute kamen.[50]

---

50 Riemenschneider, Joh. H. Chr. Hüpeden. Allg. Zeitung, 22. Juli 1926. –Noch heute lebt in der Erinnerung jedes Nordhäusers „Hübchens Garten".

Erst im Laufe des 18. Jahrhunderts bekamen auch weitere Kreise wenigstens einen gewissen Anteil an einer tieferen Bildung, die bis zu Beginn des Jahrhunderts nur eine dünne Oberschicht im Gymnasium erworben hatte. In Verbindung mit den protestantischen Stadtkirchen und dem Waisenhause wuchsen Volksschulen empor, die wenigstens Schreiben und Lesen lehrten. Auch der Erziehung und dem Unterricht der Mädchen widmete man endlich einige Aufmerksamkeit. Schon in der Reformationszeit, schon im Jahre 1557, hatte ja die Priorin des Frauenbergklosters Margarete Bese die Güter und das Einkommen des Klosters dem Rate der Stadt zur Errichtung einer Mädchenschule zur Verfügung gestellt. Doch die Begeisterung der humanistischen Zeit für die Erteilung von Unterricht an breitere Volkskreise verpuffte gar bald. Schon Ausgang des 16. Jahrhunderts trug der Rat kein Bedenken, die überkommenen Güter anderen Zwecken dienstbar zu machen. Im 17. Jahrhundert lag die Erziehung der Mädchen ganz danieder, und die zwei Schulmeisterinnen, die bei kärglichstem Gehalt in der nach der Pfaffengasse verlegten Schule unterrichteten, mögen der weiblichen Jugend nicht viel mehr als einige Bibelsprüche und etwas Lesen beigebracht haben. Erst seit dem 18. Jahrhundert legte man mehr Wert auf eine gediegene Vorbildung des weiblichen Geschlechts. Eine neue Schule wurde in der Pfaffengasse erbaut, die aber schon 1712 abbrannte. So mußte man sich denn zunächst mit einem Raume im Broihanhause an der oberen Rautenstraße begnügen, bis 1735 die neue Schule in der Sackgasse (heute Wolfstraße) bezogen werden konnte. Damals wurde auch endlich eine dritte Lehrkraft angestellt; neben Frauen unterrichteten jetzt auch Männer. Das wichtigste Unterrichtsfach war im Zeitalter des Pietismus die Religion und im Zeitalter französischer Vorherrschaft das Französische. Durch Handfertigkeitsunterricht suchte man die Mädchen für ihren späteren Beruf als Hausfrauen und Mütter vorzubereiten. In dieser Form blieb die Schule bis zu Beginn des 19. Jahrhunderts bestehen. [51]

Der pietistische Geist der Zeit, der das Waisenhaus geschaffen hatte, und der bureaukratische Charakter des Absolutismus, der dem Staate auf alle Funktionen des öffentlichen Lebens Einfluß verschaffte, nahm sich auch der untersten Schichten der Gesellschaft an. War früher die Armenfürsorge durchaus der Kirche und den von ihr beeinflußten Einzelpersonen zugefallen, so raffte auch auf diesem Gebiete der Staat jetzt alles an sich. [52] Er ordnete und regelte auch hier und schuf dadurch für notleidende Menschen gewiß viel Segensreiches; aber man darf doch auch nicht die schädlichen Wirkungen der Omnipotenz des Staates übersehen. Hatte sich früher jeder Besitzende verantwortlich gehalten für die Übernahme von kulturellen und sozialen Aufgaben, so schwand jetzt dieses Bewußtsein der *noblesse oblige* mehr und mehr. Der Staat sorgte ja für alles, und man hatte seine Pflicht getan, wenn man ihm widerwillig die Steuern bezahlt hatte. Gerade auf Gebieten aber, wo es, wie bei der Armen-, Kranken-, Mütter-, Kinder- und Säuglingsfürsorge, nicht allein auf Linderung der materiellen und physischen Not

---

51 Förstemann, Chronik, 77 ff. Reinsch, Festschrift der städtischen Höheren Mädchenschule zu Nordhausen, 1908.

52 Über Armenpflege vergl. besonders oben Kapitel 8, S. 272 ff.

ankommt, sondern wo die ganze hegende und pflegende Persönlichkeit auf die der Hegung und der Pflege bedürftige Persönlichkeit einwirken soll und muß, – gerade auf diesen Gebieten kann der immer bureaukratische und unpersönliche Staat niemals das leisten, was der einzelne vermag. Das erfahren wir ja heute, in unseren Tagen, mehr denn je, wo Staat und Gemeinden auch in der Wohlfahrtspflege, in der sie ein Heer von Beamten beschäftigen und besolden, alles an sich gerissen haben und wo dadurch das lebendige Verantwortungsbewußtsein des einzelnen für die leidende Menschheit immer mehr dahinsiecht.. Diese Entwicklung setzte im Zeitalter des Absolutismus ein, und diese Entwicklung ist ganz besonders jetzt nach dem Weltkriege wieder stark vorangekommen, seitdem der Staat, wenn auch in ganz anderen Formen, so doch in verschärftem Maße absolutistische Neigungen zeigt. Nicht die Kultur und das soziale Empfinden aus sich heraus, sondern die Wirtschaft scheint diesmal die Gärtnerin zu sein, die dafür Sorge tragen wird, daß die Bäume nicht bis in den Himmel wachsen.

Kurzum, im Nordhausen des 18. Jahrhunderts hören wir zum ersten Male von einer wohlgeordneten Armenpflege. Es wurde festgestellt, daß „die greuliche Menge fremder Bettler den hiesigen Armen die Almosen entzieht und der ganzen Stadt höchst gefährlich und schädlich wird". Deshalb wurde am 23. November 1728 alles Gassen- und Hausbetteln bei Gefängnisstrafe untersagt. Den Torschreibern und Pförtnern war es zur Pflicht gemacht, genaue Kontrolle zu üben und landfremde Bettler überhaupt nicht hereinzulassen. Nur die durch Krieg oder um des Glaubens willen Verfolgten durften durch das Sundhäuser Tor in die Stadt. Hier mußte ein Ratsdeputierter die Pässe der Ankommenden prüfen und besondere Quartierscheine für das Elisabethhospital ausstellen. Durch Feuersbrünste in Not Geratene und Kollektensammler, die für notleidende Kirchen und Schulen um Almosen baten, durften auch in Gasthäusern untergebracht werden. Reisende Handwerksburschen dagegen mußten sofort auf die Herberge ziehen, mußten von dort aus sogleich Arbeit suchen und nach zwei Tagen das Feld räumen, wenn sie keine Unterkunft gefunden hatten.

Wenn man sich einerseits auf diese Weise fremder Bettler zu erwehren suchte, so stellte andererseits die im Oktober 1728 herausgegebene Armenordnung klipp und klar fest: „Jeder Ort oder Kommune ist schuldig, seine Armen zu versorgen." Da die Stadtkasse diese Lasten nicht übernehmen konnte, wurde jeden Mittwoch bei sämtlichen Bürgern eine Kollekte für die Stadtarmen eingesammelt. Jeder war gezwungen, Almosen zu geben. Wohlhabendere durften durch monatliche Zahlungen von mindestens 4 Groschen oder Vierteljahresbeiträgen von mindestens 12 Groschen die Kollekte ablösen. In den Gasthäusern und Schankstätten wurden verschlossene Büchsen aufgestellt, und dem Wirte wurde befohlen, die Gäste zur Mildtätigkeit „zu ermahnen". Wöchentlich mußten die Stadtarmen sich im Martinihospital versammeln, jeder wurde vom Spitalgeistlichen nach dem Katechismus gefragt, bekam auch einen Katechismus und ein Gesangbuch in die Hand gedrückt, und der Pfarrer ordnete die Bedürftigen nach ihrer Würdigkeit und Arbeitsfähigkeit zum Almosenempfang ein. Derlei Bestimmungen und Kontrollen sind Musterbeispiele für die verheerenden Wirkungen, die staatliche Fürsorge mit sich bringen muß, auch in unseren Tagen, wo an die Stelle von Thron und Altar nur andere Potenzen getreten sind.

Die erzieherischste Bestimmung der Armenordnung war die, daß jeder Arme, der arbeiten konnte, auch zur Arbeit angehalten wurde. Für die Frauen wurde im Martinistifte eine Spinnstube eingerichtet. Für Invaliden, alte Leute und Kranke standen der Stadt ja seit alters auch das Martinihospital und der Siechhof zur Verfügung. Beide Spitäler besaßen selbst im 18. Jahrhundert noch ansehnliche Mittel. 1782 beliefen sich die von St. Martini ausgeliehenen Kapitalien auf 24928 Taler, 3170 Taler waren bar vorhanden; St. Cyriaci oder der Siechhof verfügte über 16193 Taler ausgeliehenes Kapital und 1.061 Taler baren Vorrat. [53]

So sehen wir, daß das Nordhausen des 18. Jahrhunderts in seiner Weise auch die soziale Fürsorge pflegt und auch in dieser Beziehung den Strömungen der Zeit folgte.

Nur auf einem Gebiet versagte sich die Stadt der Zeit und ihrem Charakter, besonders im Gegensatz zum toleranten Preußen: Nordhausen blieb, solange es Freie Reichsstadt war, unduldsam auf religiösem Gebiete. Mit den wenigen Katholiken der Stadt, die man gezwungen dulden mußte, war jeder Verkehr untersagt, Reformierte wurden als Bürger überhaupt nicht zugelassen, ebenso wenig die Juden. Selbst gegen die Bestrebungen der Freimaurer scheint man mißtrauisch gewesen zu sein. Als 1790, also erst ganz am Ende der reichsfreiheitlichen Herrlichkeit, einige Männer zusammentraten, um eine Loge zu gründen, hielten sie es für gut, die Zusammenkünfte zunächst unter dem Aushängeschild eines literarischen Kränzchens abzuhalten. Erst nach einigen Jahren und nach einigen Irrungen unter dem ersten Logenmeister, dem sonst verdienstvollen Pfarrer Plieth aus Salza, nahm die Johannisloge „Zur gekrönten Unschuld" unter dem Pastor Leopold aus Steigerthal, der 1797–1803 Logenmeister war, einen bemerkenswerten Aufschwung. [54]

Trotz dieses orthodoxen Charakters mußte auch das kirchliche Leben Nordhausens allmählich dem Zuge der Zeit folgen. Bis 1788 bestanden noch die dreimaligen Predigten an Wochentagen, dann beschränkte sie der Rat auf eine. In demselben Jahre, am 5. August 1788, wurde auch die allgemeine Beichte neben der privaten trotz des Einspruchs der Geistlichen zugelassen; nach und nach hörte die private Beichte gänzlich auf. An den Sonntagen waren die Kirchen zwar stark besucht, doch vermißten Reisende, die mit offenen Augen in Nordhausen weilten, die rechte innere Teilnahme der Bevölkerung. Der evangelische Gottesdienst habe „zu wenig Sinnliches für ein gesundes, starknervigtes Volk", meint einer dieser Beobachter. Ja, gegen Ausgang des Jahrhunderts bürgerte es sich sogar schon ein, nicht um des Wortes Gottes willen, sondern um der schönen, geistreichen Predigt willen in die Kirche zu gehen. Und da Nordhausen damals keine packenden

---

[53] Nordhäuser Armenordnung vom Oktober 1728. Nordhäuser Archiv N a 28 b. Die Erlasse für wandernde Handwerksbursche wurden zeitweilig verschärft; z.B. für wandernde Bäcker am 8. September 1730.

[54] Bürgel und Arnold, Festschrift zur Jubelfeier des 100jährigen Bestehens der St. Johannisloge, 1890. Becker, Die Logenmeister, Nordh. 1924.

Kanzelredner hatte, scheute man sich selbst nicht, in den katholischen Dom zu gehen, um einen guten Redner zu hören.

Kann man schon in kultureller und sozialer Hinsicht beobachten, daß Nordhausen, so sehr es sich um seiner politischen Selbständigkeit willen abzusondern strebte, im großen Strome der Zeit mitschwamm, so zeigt auch sein Verkehr, sein Handel, sein Gewerbe im 18. Jahrhundert, daß es trotz der besonderen Note, die sein Wirtschaftsleben aufwies, Anschluß an den allgemeinen Fortschritt gefunden hatte.

Seit dem Ausgange des Dreißigjährigen Krieges hatten sich die Verkehrsverhältnisse und der Güteraustausch in Deutschland ständig gebessert und gehoben. Der eigentliche Frachtverkehr war ja der Unternehmungslust von Privatleuten überlassen geblieben. Doch nahm die Beförderung von Gütern immer mehr zu, seitdem man sich die Anlage guter Landstraßen angelegen sein ließ und alles tat, um den friedlichen Handel vor räuberischen Eingriffen zu schützen. Das Haupthindernis des Verkehrs waren die tausend Schlagbäume, die an der Grenze jedes kleinen Ländchens die Landstraßen sperrten. Nicht zum wenigsten Nordhausen, das von preußischem, hannöverschem, schwarzburg-sondershäusischem Territorium umsäumt war, hatte unter den vielen Zollschranken und den damit verbundenen Abgaben sowie dem Zeitverlust zu leiden.

Neben dem privaten Speditionswesen stand aber seit Ausgang des 16. Jahrhunderts auch schon ein staatliches Postwesen, das Briefsendungen, Personen und auch Güter beförderte. Am 1. November 1597 hatte Kaiser Rudolf II. die Post für ein kaiserliches Regal erklärt und dasselbe dem Thurn- und Taxisschen Geschlechte erblich verliehen. Seit Mitte des 17. Jahrhunderts kehrten sich aber die größeren Staaten nicht mehr an dieses etwas schwerfällig arbeitende und nicht allen Anforderungen gerecht werdende Regal, sondern schufen sich eigene staatliche Posten.

Nordhausen fand ziemlich spät Anschluß an diese staatlichen Unternehmungen. Erst 1691 wurde die Stadt dem kaiserlichen Postnetze angeschlossen, und 1704 übernahm die aus Braunschweig stammende Familie Filter die kaiserliche Posthalterei. [55] Als kaiserliches Posthaus diente das Privathaus der Filter am Königshofe. Es war kenntlich an dem kaiserlichen Postschilde. Im April 1758 verlegte Joh. August Filter seine Posthalterei nach seinem Hause in der Jüdengasse, doch kehrte dessen Sohn im Dezember 1780 nach dem Ursprungssitze am Königshof zurück.

Diese kaiserliche Post sollte aber für Nordhausen nicht die einzige und nicht einmal die wichtigste bleiben. Schon 1703, nachdem Preußen die Freie Reichsstadt besetzt hatte, eröffnete dieser Staat eine eigene Post in dem Preußen gehörenden Walkenrieder Hofe; 1704 kam zu den beiden schon vorhandenen Unternehmungen noch die kursächsische Post, und 1736 endlich ließ auch noch Hannover eine Postlinie über Nordhausen laufen. Diese hannöversche Posten hielten im Ilfelder Hof.

---

55 1704 übernahm sie als Kaiserl. Posthalter Franz Filter, von ihm sein Sohn Joh. August Filter und von diesem dessen Sohn Joh. Kilian Filter, der sie von 1780-1803, bis zum Übergang Nordhausens an Preußen, verwaltete.

Die kaiserliche Post unterhielt nach Erfurt und Stolberg hin einen regelmäßig Brief- und kleine Postsendungen vermittelnden Boten; Ellrich und Duderstadt dagegen waren durch eine reitende und fahrende Post mit Nordhausen verbunden. Die Post nach Duderstadt fand dort Anschluß an die große Nord-Südlinie des Verkehrs, die Hamburg und Hannover mit Nürnberg verband, und in Ellrich traf man auf preußische Postlinien nach Halberstadt und Magdeburg. Direkte Verbindung war auch mit Halle und Leipzig aufgenommen worden, und zwar ging nach Halle *via* Sondershausen, Frankenhausen, Sangerhausen, Eisleben eine Postkutsche, während nach Leipzig durch die thüringischen Lande, Sondershausen, Weißensee, Greußen berührend, eine reitende Post den Verkehr aufrecht erhielt.

Während neben diesen kaiserlichen Linien die kursächsische nur geringen Einfluß gewann, waren die preußischen Posten und die hannöversche Linie für den Verkehr Nordhausens von besonderer Bedeutung. Preußen richtete schon 1703 eine Linie nach Halle ein und verband später, im Jahre 1756, wenigstens für einige Jahre, die Grafschaft Honstein mit der Stadt, indem es regelmäßige Posten zwischen Bleicherode, Ellrich und Nordhausen hin und her pendeln ließ. Hannover legte 1738 eine außerordentlich wichtige Fernlinie über Nordhausen, welche von Hamburg über Braunschweig, Hasselfelde, Nordhausen nach Gotha, Koburg und Nürnberg ging.

Nach und nach liefen die landesherrlichen Posten der kaiserlichen immer mehr den Rang ab. Das lag nicht zum wenigsten an Joh. August Filter selbst, der zwar ein höchst befähigter, gebildeter und in Nordhausen einflußreicher Mann war, aber allzu stark seinen persönlichen Vorteil im Auge hatte und deshalb sowohl die Nordhäuser Bürgerschaft wie auch das durchreisende Publikum übervorteilte. Vertragsgemäß fiel ihm nämlich die Hälfte des Briefportos zu, während er die andere Hälfte an die übergeordnete Postdirektion in Erfurt abzuliefern hatte. Deshalb scheint er reichlich hohe Porti genommen zu haben. Die Briefporti schwankten zwischen 6 Pfennig für einen Brief bis Sondershausen und 6 Groschen für einen bis Preßburg, Trient oder Straßburg. Man warf Filter aber sogar vor, daß er kaiserliche Postkutschen, die gar nicht vorgesehen waren, abgehen und die einkommenden Gelder in seine Tasche wandern ließ.

Trotz dieser nicht einwandfreien Verhältnisse suchte das offizielle Nordhausen eine Zeit lang die kaiserliche Post gegenüber den anderen zu begünstigen. Erstens tat die Stadt das schon, um auch durch diese Verkehrspolitik ihren Reichsstand und ihre Unabhängigkeit von anderen Ländern zu dokumentieren, dann aber suchte auch der Bürgermeister Chilian Volkmar Riemann als Schwiegervater Filters diesem möglichst große Einnahmen zu verschaffen. Seit dem Ausgange des Siebenjährigen Krieges ließ es sich jedoch nicht mehr verheimlichen, daß die Linien Preußens und Hannovers vom Publikum bevorzugt wurden. Die kaiserliche Post ging immer mehr zurück, bis mit dem Übergange Nordhausens an Preußen auch das Postwesen eine Veränderung von Grund aus erfuhr. [56]

Dieser Anschluß der Reichsstadt an das große deutsche Verkehrsnetz war vor

---

56 Heineck, Geschichte der Post in Nordhausen, in „Roland von Nordhausen", Heft 2, 1926.

allem für ihre Kaufleute und Krämer, weniger für ihr Gewerbe vonnöten. Eine Großindustrie hatte sich ja in Deutschland bis zu Beginn des 19. Jahrhundert kaum entwickelt, am allerwenigsten in Nordhausen mit seiner engherzigen Mittelstandspolitik der herrschenden Innungen. So beschränkte sich hier die Einfuhr von Eisen, Kupfer, Zink und Zinn auf das Notwendigste, was Schmiede und Klempner gebrauchten. Betriebe, die eine größere Belegschaft beschäftigten, waren nicht vorhanden, und der Handel mit Eisen wurde noch in den achtziger Jahren des 18. Jahrhunderts durch ein Verbot der Ausfuhr von Eisen unterbunden. Es sollte noch manches Jahrzehnt dauern, ehe sich Eisenindustrie und Eisenhandel in Nordhausen entwickelten.

Ebenso fehlten der Stadt größere Webereien und Tuchhandlungen. Die Gilden der Gewandschnitter und Tuchmacher waren aufs äußerste darauf bedacht, daß sich unter ihren Mitgliedern niemand zum Großhändler herausbildete. Alle Handwerker arbeiteten überhaupt nur in Kleinbetrieben für den Bedarf der Stadt und ihrer näheren Umgebung. Man kaufte zwar auf den Märkten von Braunschweig und Leipzig ein, besonders Krämerwaren, Leder, Rauchwerk und Glas, man hielt auch seine Erzeugnisse wie im Mittelalter auf den Jahrmärkten von Mühlhausen, Duderstadt, Frankenhausen, Sondershausen und Querfurt feil; mit diesem Absatz der gewerblichen Produkte in der näheren Umgebung begnügte man sich aber auch. Wenn die Stadt auf das Handwerk allein angewiesen gewesen wäre, hätte sie durchaus das Gepräge einer bedeutungslosen, armen Kleinstadt getragen.

Was Nordhausen wohlhabend machte und ihm seinen Ruf in den weiteren Gauen des deutschen Vaterlandes eintrug, waren die Bodenprodukte seiner Umgebung, die Erzeugnisse, die man aus ihnen gewann, und der Handel, den man mit ihnen trieb.

Nordhausen ist ja dadurch begünstigt, daß es einerseits in seiner nächsten Umgebung fruchtbare, für Acker- und Gartenbau außerordentlich geeignete Landschaften besitzt, und daß es andererseits in den unfruchtbaren Landstrichen des Harzes für diese Erzeugnisse des Bodens ewig hungrige Abnehmer findet. Schon deshalb war sein Getreide-, Gemüse- und Viehmarkt von jeher recht ansehnlich.

Das wenigste von dem auf den drei Wochenmärkten dienstags, donnerstags und sonnabends zum Verkauf Angebotene stammte aus der kleinen Stadtflur Nordhausens selbst. Was in den 71 Gärten Nordhausens, deren Größe auf etwas über 345 Morgen geschätzt wurde, geerntet ward, verbrauchte die Stadt für sich selbst, und auch die Produkte der wenigen Ländereien in der Stadtflur kamen für den Handel kaum in Betracht. Der jährliche Überschuß im Naturalienetat der Stadt von 306 Scheffeln Weizen, 685 Scheffeln Roggen, 230 Scheffeln Gerste, 125 Scheffeln Hafer im Werte von 1733 Talern war mehr den außerhalb der Stadtgrenzen liegenden städtischen Gütern Uthleben, Bielen, Wassterthalleben und Niederspier zuzuschreiben als der Stadtflur selbst. [57]

---

[57] Im Nordhäuser Archiv unter II X a 17. Von den 1733 Talern Wert wurden 259 Taler zur Deckung der etwa fallenden Preise abgezogen, so daß für das Getreide in den Etat 1474 Taler eingestellt wurden. – Ein Nordhäuser Acker oder Morgen = 2400 qm = 160 Nordhäuser Ruten. 1 Rute = 7½ Ellen.

Um so bedeutender war die Anfuhr von Gemüse und Kleinvieh auf den Wochenmärkten aus den reichen umliegenden Dorfschaften. Aus uralter Kaiserzeit her, wo einige der Dörfer noch Reichsgut waren oder für den kaiserlichen Hof in Nordhausen zu liefern hatten, besaß eine Reihe Dörfer noch immer Zollfreiheit, anderen, für den Markt in Nordhausen wichtigen Lieferanten war sie später gewährt worden. So brauchten Ilfeld, Crimderode, Petersdorf, Kehmstedt, Heringen, Windehausen, Görsbach, Urbach und Leimbach keinen Zoll zu zahlen, sondern mußten nur geringfügige Naturalabgaben entrichten. Sie waren auch dadurch bevorzugt, daß ihre Einwohner nur halbes Marktgeld, d.h. halbe Abgabe von den auf dem Markte zum Verkauf kommenden Waren bezahlten. [58]

Obst und Gemüse brachten vor allem die Dörfer Sundhausen, Uthleben und Windehausen auf den Markt, „die nichts als Gartenbau trieben". An diesen Gartenprodukten kam soviel auf den Markt, daß die Händler, die erst nach 10 Uhr morgens, wenn die Nordhäuser Bevölkerung ihren Bedarf gedeckt hatte, mit dem Aufkauf beginnen durften, noch reichlichen Vorrat fanden, den sie über den ganzen Harz hin abführten. Selbst Klausthal, Zellerfeld, Altenau, Andreasberg versorgten sich in Nordhausen mit Nahrungsmitteln.

Schon dieser Umschlag von ländlichen Produkten bedingte naturgemäß einen lebhaften Verkehr, aus dem alle Handwerke, besonders aber auch die Gaststätten, die Brauer, die Brenner und die Nahrungsmittelhändler reichen Verdienst zogen.

Viel bedeutungsvoller für den Wohlstand der Stadt aber war ihr Getreidehandel und der Vertrieb derjenigen Produkte, die mit dem Getreide zusammenhingen. Nicht nur daß ein großer Teil des Getreideüberschusses der reichen Goldenen Aue und der Grafschaft Honstein nach Nordhausen auf den Markt kam, sondern auch das Thüringer Becken und sächsische Gebiete bis vor die Tore Leipzigs schafften ihr Getreide nach Nordhausen. Die Stadt wurde vor allem von Roggen, dann aber auch von Weizen, Gerste und Ölfrucht zeitweise geradezu überschwemmt. Daher kam es, daß in der kleinen Stadt von 7800 Einwohnern mehr als 400.000 Scheffel Getreide gemahlen oder geschrotet und 14000–17000 Scheffel Ölfrucht zu Öl geschlagen wurde. Ein Übelstand war es nur, daß die Stadt bei der Einfuhr dieser Unmengen von Getreide ganz und gar von der Wirtschaftspolitik anderer Länder, besonders Schwarzburgs und Sachsens, abhängig war. Schränkte Sachsen in schlechten Erntejahren die Ausfuhr ein, oder ward sie bei kriegerischen Ereignissen gar verboten, dann wirkte sich eine solche Fruchtsperre sogleich in verhängnisvollem Umfange aus. Brauerei und Branntweinbrennerei mußten sofort eingeschränkt werden. Dennoch wurde Nordhausen von Krieg und teuren Jahren nie so betroffen wie andere Städte und Landschaften, bei denen die Brotfrucht zeitweilig derart knapp wurde, daß eine andere Verwendung des Roggens als zum Brotbacken gar nicht in Frage kam, Brennerein also

---

58 An Marktgeld wurde für ein Kalb 6 Pfennig, für eine Ziege und ein Schaf 4 Pfennig, für Gänse und Hühner 1 Pfennig, für eine Henne mit Kücken 2 Pf., für einen Korb Gemüse, Gartenfrüchte, Viktualien 2 Pf. erhoben. Seifensieder, Leineweber, Nagelschmiede, Posamentiere zahlten für die Bude wöchentlich 2 Pf., Fleischer, Gerber, Schuhmacher, Gürtler, Bohrschmiede, Höker, Öl- und Tabakhändler 1 Pf. An solchem Marktgelde kamen jährlich rund 148 Taler ein.

völlig stillgelegt werden mußten. Zu diesem letzten Mittel brauchte Nordhausen nur ein einziges Mal für ganz kurze Zeit zu greifen, so daß es allmählich in der Branntweinindustrie anderen Gegenden weit vorankam.

Die ursprüngliche Industrie infolge des Getreideüberschusses aber war für Nordhausen nicht die Branntweinindustrie, sondern die Bierbrauerei. Wir haben in früheren Kapiteln gesehen, daß Nordhausen durch sein Braugewerbe wohlhabend geworden war. Es hatte einst das alleinige Braurecht auf eine Meile im Umkreise gehabt, hatte sein Bier in der Grafschaft und der Aue abgesetzt, hatte aber auch weiter gelegene Ortschaften mit Bier versorgt. Gegenüber dieser Ausfuhr war die Einfuhr von Einbecker Bier, das bis ins 18. Jahrhundert hinein etwa denselben Ruf hatte wie heute echtes Münchener Bier, ganz geringfügig.

Allmählich kehrte sich aber kein Mensch mehr an die alten, von Karl IV. der Stadt verliehenen Privilegien; die Dörfer um Nordhausen brauten ihr eigenes Bier, zuweilen war es den Bauern, z.B. den preußischen, sogar verboten, Nordhäuser Bier zu beziehen. Schon im 16., dann aber besonders im 17. Jahrhundert hatte der Wohlstand der Stadt darunter bedenklich gelitten, bis die Verbesserung der Verkehrsstraßen, besonders aber der immer regere Warenaustausch in Nordhausen infolge der Bedürfnisse des Harzes und infolge der aufblühenden Branntweinbrennerei und Schweinemast einen solchen Zustrom von Fremden, vor allem Getreide- und Nahrungsmittelaufkäufern, Viehhändlern und Schweinetreibern brachte, daß die Brauer die Nachfrage nach Bier innerhalb der Stadt selbst kaum befriedigen konnten. Dadurch war das frühere, nunmehr verloren gegangene auswärtige Absatzgebiet wenigstens einigermaßen wieder ersetzt. Bis zum Übergang an Preußen gewährte das Braugewerbe den Bierbrauern reichliche Nahrung. Deshalb ist es hier am Platze, auf die Eigenart der Gesetze und des Verfahrens früheren Bierbrauens kurz einzugehen.

Gebraut wurden Braunbier, Broihan und Gose. Für das älteste Bier, das Braunbier, gab es 253 brauberechtigte Häuser, von denen rund 200 in der Oberstadt und 50 in den Vorstädten lagen. Das Brauen geschah also in den Privathäusern der Brauherrn, es stand aber unter strenger Aufsicht der städtischen Behörden. Alle 8 Tage wurde bei einem anderen Brauherrn ein neues „Gebräu aufgemacht". Die Reihenfolge dabei wurde innerhalb der vier Stadtviertel ausgelost. Nur die beiden alljährlich am Regimente sitzenden Bürgermeister hatten das Vorrecht, als erste in der Reihe zu marschieren, und der letzte war der jedesmalige Schützenkönig, der für dieses Gebräu aber keine Abgabe zu bezahlen brauchte. In den Zeiten der städtischen Mißwirtschaft um 1700 waren die „Braulose" nicht selten nach Gunst ausgegeben worden, was zu mancherlei Beschwerden Veranlassung gegeben hatte.

Wollte jemand auf sein Braurecht verzichten, so konnte ein anderer Brauer dessen Braulos mieten, doch durfte niemand mehr als drei Lose zu seinem eigenen hinzuerwerben. Auch war es streng verboten, das Braulos eines anderen Stadtviertels als des eigenen an sich zu bringen; erst vom 13. November 1798 ab konnten die Brauer auch Lose aus anderen Vierteln kaufen. Um 1700 waren auch bei diesem Aufkauf von Gerechtsamen Durchbrechungen der alten Ordnung vorgekommen, die erst durch die neue Brauordnung vom Jahre 1726 beseitigt wurden.

Wenn ein Nordhäuser Bürger die Braugerechtsame erwarb, so mußte er dafür an die Stadt 10 Taler Brauzins oder „Braugeschoß" entrichten; mietete er ein weiteres zu dem eigenen hinzu, so mußte er dafür 15 Taler an die Stadt abführen, zu zahlen in Gold, in Louisdor à 5 Taler. Im übrigen besteuerte die Stadt jeden Brauer mit 8 Talern sogenannten „Brauzeichengeldes" dann, wenn alljährlich an ihn die Reihe des Brauens kam. Diese Abgabe wurde von einigen Ratsherrn, den „Zeichenherrn", eingenommen. Im 18. Jahrhundert ermäßigte man dieses Zeichengeld auf 5 Taler 8 Groschen in Gold. Dafür durfte jeder Brauer ein „Biergebräu" einbrauen. Die Menge der Gerste und des Hopfens für ein solches Gebräu war genau vorgeschrieben, sie betrug im 17. Jahrhundert 72 Scheffel Gerste, 12 Scheffel Hopfen, im 18. Jahrhundert 108 Scheffel Gerste, 9 große Scheffel Hopfen. Durch einen von der Stadt angestellten Malzmesser wurde das Getreide auf dem Kornboden des Brauers abgewogen, in Säcke getan, und diese wurden dann versiegelt.

Aus dem Getreide sollten 14 Faß Bier zu 110 Stübchen (etwa 460 Liter), also ungefähr 6500 Liter gebraut werden. Da im allgemeinen 1 Liter Bier 10–12 Pfennige kostete, war der Bruttogewinn bei einem Gebräu etwa 6500 Groschen = 270 Taler. Die Steuer von 5 Talern 8 Groschen dafür war also sehr mäßig; doch mußte der Brauer noch andere kleine Abgaben entrichten. Die kupfernen Braupfannen waren nämlich Eigentum der Stadt und wurden durch die Ratspferde jedesmal von einem Brauherrn zum anderen gefahren. Für dieses „Pfannenrücken" gab der Brauherr 8 Groschen, für den Gebrauch der Pfanne selbst 1 Taler 16 Groschen. Ja, selbst die Gemäße, die der Brauer beim Ausschank benutzte, stellte die Stadt, um jede Unregelmäßigkeit zu unterbinden. Hierfür zahlte der Brauer 6 Pfennig, später 1 Groschen.

Ein „neues" Bier wurde alle 8 Tage, den ersten Tag eingerechnet, „aufgemacht". Der Marktmeister der Stadt hatte die Pflicht, dem jedesmal folgenden Brauer Nachricht zu geben, wann das vorhergehende „Gebräu ausging", damit der Abgang sofort ersetzt werden konnte und das betreffende Stadtviertel, in welchem der Brauer brauberechtigt war, niemals ohne Bier war. Das Bier vor der Zeit zu verkaufen, war bei 10 Taler Strafe verboten; ebenso wurde aber auch der Säumige mit der harten Strafe des Entziehens des Brauloses bestraft. War jemand während der 8 Tage, während deren er das Bier verschenken durfte, seine 14 Faß nicht losgeworden, so wurde ihm das Brauzeichen dennoch entzogen. Doch durfte er den Rest seines Bieres als Altbier für billigeren Preis weiter ausschenken.

Neben diesem Braunbiere stand seit 1602 der Broihan und seit 1721 die Gose. Diese beiden Biere wurden aber nicht in Privatbrauhäusern, sondern in von der Stadt errichteten Brauereien von Privatleuten gebraut. Das Broihanhaus wurde 1708 in der oberen Rautenstraße erbaut, das Gosehaus 1729 auf dem Hagen. Die beiden Häuser waren vom Rate mit Gerätschaften und Gefäßen ausgestattet, welche die Brauer in ebenso ausgeloster Reihenfolge benutzten, wie es beim

Braunbier der Fall war. Für jedes Gebräu Broihan rechnete man 56 Scheffel Gerste, 28 Scheffel Weizen, 36 Scheffel Hafer, 1 Scheffel Hopfen, woraus 14 Faß Bier gebraut wurden. Ein von der Stadt angestellter Braumeister besorgte das Brauen; der Brauer bezahlte an die Stadt jedesmal 6 Taler.

Ähnlich ging es beim Gosebrauen zu, nur hatte es sich hier eingebürgert, daß manche wohlhabenden Leute 4–12 Lose aufkauften. Doch wurde am 8. September 1730 diese Unsitte abgestellt und der Erwerb von nur 2 Losen zu dem eigenen gestattet.

In der Erntezeit wurde auch ein unschuldiges Dünnbier hergestellt, von dem der Eimer 1 Groschen kostete, und daneben konnten ganz arme Leute noch den sogenannten Kofent, den Eimer für 4 Pfennig, kaufen. [59]

Obgleich infolge des starken Fremdenverkehrs der Bierumsatz in Nordhausen nicht unbeträchtlich war und den Bürgern immer noch bedeutenden Gewinn brachte, bedingte das Braugewerbe den Wohlstand Nordhausens doch nicht mehr derart wie im ausgehenden Mittelalter. An seine Stelle war allmählich die Branntweinbrennerei getreten, die ebenso wie die Brauerei eine Folge des Getreidereichtums der Nordhäuser Umgebung war. Nur durch den Roggen, welcher in Nordthüringen schlechthin „Korn" heißt, wird das Aufblühen der Nordhäuser Branntweinindustrie, das Brennen des „Korns", verständlich.

Im 16. und 17. Jahrhundert hatte der Rat das Kornbrennen noch zu unterdrücken gesucht, weil er in der Brennerei eine Konkurrenz für das althergebrachte Braugewerbe fürchtete. Erst als er einsah, daß das alte Absatzgebiet draußen im Lande für Bier dahin war, begann er die Branntweinindustrie zu begünstigen. Doch fast 150 Jahre, von 1530–1680, sollte es dauern, bis man sich zu der Erkenntnis durchgerungen hatte, daß die Brennerei keine Konkurrenz der Brauerei bedeutete, sondern neben derselben den Wohlstand der Stadt bedingte. Diese 150 Jahre der Umstellung, wo die Brauerei daniederzuliegen begann und die Brennerei ihre Blüte noch nicht entfaltet hatte, sind deshalb auch die magersten Jahre Nordhausens gewesen. [60]

Noch nach dem Dreißigjährigen Kriege war die Branntweinbrennerei unansehnlich genug. Fast ausschließlich kleine Leute hatten eine einzige Blase für das Brennen aufgetan. Die Steuer aus den wenigen Blasen war noch so gering, daß sie im Etat der Stadt noch gar nicht erschien. Erst seit 1677 trat sie als Einnahmetitel auf.

Dazu kam die Feuergefährlichkeit des Brennens. Die Polizeiordnung schärfte deshalb 1668 ein, daß nur an „sicheren und aller Gefahr entfreiten Örtern" gebrannt werden dürfe; und nach den großen Bränden von 1710 und 1712 wurde am 13. September 1717 die durchgreifende Maßnahme getroffen, daß das Brennen in der Oberstadt überhaupt verboten wurde. Seitdem mußten die

---

59 Die Geschichte des Braugewerbes in Nordhausen ist noch nicht geschrieben worden. Wichtige Braugesetze vom 23. Dezember 1726 unter N a 28 b im Archiv. Diese Brauordnung wurde im August 1730 nochmals aufgelegt, am 14. November 1785 revidiert. Vergl. noch die Verordnung wegen der Goselose vom 8. September 1730.

60 Über die Anfänge der Branntweinindustrie vergl. oben S. 384.

Brennereien in die Vorstädte, vor den Aar, in die Neustadtstraße, auf den Sand, in den Grimmel, unter die Weiden und ins Altendorf übersiedeln.

Das Mißtrauen der Stadt gegen das Brennen und ihre einschränkenden Bestimmungen ließen also lange Zeit das neue Gewerbe zu keinem rechten Gedeihen gelangen. Erst gegen 1700 steigerten sich die Einnahmen aus dem Branntweinzins sprunghaft, und von da an begann der unaufhaltsame Aufstieg der Industrie. 1715 wurde der Blasenzins aufgehoben und statt dessen das Schrotgeld erhoben, das zeitweise für den Scheffel 6 Pfennig, im Siebenjährigen Kriege 8 Pfennig, seit 1760 aber nur 4 Pfennig betrug und erst gegen Ausgang des Jahrhunderts unter scharfem Protest der Brenner auf 1 Groschen erhöht wurde. Dieses Schrotgeld der Brenner gestaltete sich nach und nach zu einer trefflichen Einnahmequelle für die Stadt, wurden doch in den 90er Jahren nicht weniger als 354.079 Scheffel Getreide geschrotet, die bei dem geringsten Satze von 4 Pfennigen Schrotgeld 4.917 Taler Steuer brachten.

Die erste wirkliche Blütezeit für den Branntwein sollte der Siebenjährige Krieg werden. Denn trotz mancher Beschränkungen, die man sich wegen der durch den Krieg hervorgerufenen Getreidesperren auferlegen mußte, hob sich infolge der durchziehenden, zuweilen Monate lang in der Stadt liegenden Truppen der Konsum. Auch kleinere Heereslieferungen kamen wohl vor, wie z.B. 1760 fünfzig Faß Branntwein nach Duderstadt abgingen.

So hatte sich denn nach Beendigung des Krieges die Branntweinbrennerei zu dem wichtigsten Gewerbe der Stadt emporgeschwungen. Fortan wurde sie vom Rate in jeder Beziehung aufs pfleglichste behandelt, und diese Politik sollte belohnt werden: Allmählich errang der „Nordhäuser" geradezu eine Monopolstellung im westlichen Mittel- und Norddeutschland. Im Gegensatz zu anderen Gegenden, die in teuren Zeiten das Brennen stark beschränkten oder ganz verboten, entschloß sich die Stadt Nordhausen ganz selten zu solchen das Gewerbe schädigenden Maßnahmen. So mußte im September und Oktober 1756 wegen eines Zollkrieges der Stadt mit Preußen der Brennbetrieb auf eine Blase für den Brenner beschränkt werden, 1758 verursachte der Krieg vorübergehend Einschränkungen, und 1795 mußte der Rat wegen eines Getreideeinfuhrverbots Sachsens zu einschneidenden Maßnahmen schreiten, um die Versorgung der Bevölkerung mit Brotgetreide zu sichern. Aber nur einmal, vom 9. November 1771 bis zum 23. April 1772, wurde das Brennen gänzlich untersagt, weil Sachsen eine ganz schlechte Ernte gehabt hatte.

Der Überschuß Nordhausens an Getreide, dem die nur ganz seltenen Eingriffe in das Gewerbe zu danken waren, und das Entgegenkommen des Rates gegen die Brenner, das bis an die Grenze der Gefährdung des Brotbedarfs ging, ließen Nordhausen alle übrigen Branntwein brennenden Gegenden überflügeln. Der Rat tat alles, um der Stadt den Vorrang im Brenngewerbe zu sichern. Damit beim Handel der Käufer sich darauf verlassen konnte, daß er stets das rechte Quantum Schnaps bekomme, wurden die Böttcher schon 1725 verpflichtet, nur gleich große Fässer für Branntwein zu 58 Stübchen = etwa 260 Litern anzufertigen. Unvorhergesehen nahm der Rat viermal im Jahre eine Nachprüfung der Fässergröße vor, ohne doch ganz die immer wieder vorkommende Unredlichkeit unterbinden zu können. Damit ferner die Böttcher ihre Monopolstellung gegenüber den Brennern nicht ausnutzten und zu hohe Preise für die Fässer verlangten, wurde am 14. Februar 1759 der Preis für ein Faß auf 28 Groschen festgesetzt. Vor allem aber war der Rat darauf bedacht, den guten Ruf des Nordhäuser Branntweins dadurch zu bewahren, daß er die Brenner auf das Einmaischen eines ganz bestimmten Branntweinguts verpflichtet. Der gute Absatz nach dem Siebenjährigen Kriege scheint nämlich schon einige Brenner übermütig gemacht zu haben, so daß sie schlechte Ware herzustellen begannen und doch auf Abnehmer hofften. Da griff der Rat ein und ließ am 16. Februar 1789 einen am 30. Januar gefaßten Beschluß veröffentlichen, daß das Brennmalz stets zu $^2/_3$ aus Roggen und $^1/_3$ aus Gerste bestehen solle, damit nicht „dem guten Rufe, in welchem der Nordhäuser Branntwein bei Auswärtigen immer gestanden, Abbruch getan werde und in der Folge zu besorgen sei, daß dieses Kommerzium hierdurch leiden und zur Abnahme desselben Veranlassung geben möchte". [61]

Um endlich auch die Mysterien des Nordhäuser Brennverfahrens möglichst geheimzuhalten und dadurch das Fabrikat zu schützen, wurde am 25. September 1775 jedem „Brennknecht" bei Verlust des Bürgerrechts verboten, sich außerhalb der Stadt zu verdingen.

Diese sorgfältige Behandlung des Brenngewerbes durch die Stadt hatte also während des 18. Jahrhunderts einen riesigen Aufschwung dieses Industriezweiges zur Folge. 1726 gab es 69 Brenner mit 83 Branntweinblasen in Nordhausen, und nur 5200 Fässer Branntwein wurden hergestellt. Mitte des 18. Jahrhunderts zählte man schon 100 Brenner, unter denen etwa 40 zwei Blasen in Betrieb hatten; und um 1800 wurden 198 Blasen unterhalten. Um die Nachfrage zu decken, wurde selbst sonn- und feiertags gearbeitet. Die gleichzeitigen Nachrichten wissen von 1600 Scheffeln Getreide zu berichten, die täglich, und von 600000 Scheffeln, die jährlich verbrannt worden sein sollen. Das erscheint uns freilich etwas zu hoch gegriffen. Bei einem täglichen Verbrauch von 1600 Scheffeln wäre der Jahresverbrauch genau 584000 Scheffel. Doch auch diese Zahl dürfte nicht ganz erreicht worden sein, da nur 354000 Scheffel Getreide, also die gewaltige Summe von 230000 Scheffeln weniger, als angegeben wird, verschrotet wurden. Mag nun auch manches Getreide ungeschrotet eingemaischt sein, mag hie und da in auswärtigen Mühlen geschrotet worden sein, mögen auch kleinere Unterschleife und Steuerhinterziehungen vorgekommen und dadurch nicht die gesamte Menge des geschroteten Korns offiziell bekannt geworden sein, so erscheint doch die Mehrangabe von 230000 Scheffeln viel zu hoch. [62] Dennoch geht aus diesen Zahlen hervor, in wie hoher Blüte schon um 1800 das Branntweingewerbe stand, so daß der preußische Kammerreferendar Piautaz mit Recht schreiben konnte: „Die Branntweinbrennerei ist in Nordhausen unstreitig das Gewerbe, welchem

---

61 Unter II N a 28 b im Nordhäuser Archiv.
62 Vergl. Heineck, Brandenburg-Preußen und Nordhausen, der auf S. 100 den Bericht des Freiherrn von Heß über Nordhausen verkürzt abdruckt. Wie Heineck selbst S. 220, Anmerkung 11 feststellt, muß Hessens Bericht mit aller Vorsicht aufgenommen werden.

die Stadt einzig und allein ihren Wohlstand und, man kann füglich sagen, ihre Existenz als Stadt zu verdanken hat."

Die Französische Revolution und die Kriege in ihrem Gefolge in den 90er Jahren des 18. Jahrhunderts übten keinerlei hemmenden Einfluß auf die Branntweinindustrie aus: im Gegenteil, das durch die Kriege gesteigerte Hin und Her von Menschenmassen und die Heereslieferungen begünstigten den Absatz. Nur eine verringerte Versorgung mit Getreide konnte gegebenenfalls die Brennerei einschränken. Wenn die Ernten mäßig ausfielen, so mußte das bei dem Verbrauche von Brotfrucht, der sich im Anschluß an jeden Krieg steigert, auf die Industrie zurückwirken. Das war im Frühjahre 1795 der Fall. Schon am 11. März 1795 mußte Nordhausen die Getreideausfuhr erschweren. Gleich darauf verbot Sachsen seinerseits sogar jede Ausfuhr und ließ Reiter die Grenzen nach Nordhausen hin abstreifen. Diese Maßnahmen mußten Einschränkungen des Branntweingewerbes im Gefolge haben. Am 31. März machte der Rat ordnungsgemäß die Brauer darauf aufmerksam und ließ die Kenntnisnahme bestätigen. Von den noch heute besonders bekannten Firmen und Geschlechtern unterschrieben damals Appenrodt, Arnold, Degen, Feist, Förstemann, Lerche, Schulze, Sommer, Spangenberg, Stade, Stegmann, Stolberg und Uhley das Rundschreiben. Erst nach langem Zögern jedoch, erst am 23. Juni 1795 ergriff der Rat entscheidende Maßnahmen: Es durften von jedem Brenner wöchentlich nur 36 Scheffel Korn gebrannt werden. Doch waren Übertretungen häufig, und leider stand auch der Getreidewucher, das Aufkaufen und Anhalten der Ware, in schönster Blüte. Dennoch litten natürlich die Brenner beträchtlich, besonders da auch der Holzpreis – und im allgemeinen nahm man zur Feuerung Holz – gestiegen war.

Um endlich die Durchstechereien zu unterbinden, führte der Rat am 27. Oktober 1795 einen Beschluß zur strengsten Durchführung der Maßregeln herbei und erhöhte zugleich das Schrotgeld um das Dreifache, von 4 Pfennigen auf einen Groschen für den Scheffel. Die erstere Maßnahme des Rates ist durchaus verständlich; denn er hatte die Pflicht, zunächst die Brotversorgung der gesamten Bevölkerung sicherzustellen und dann erst auf das Gedeihen eines einzelnen Gewerbes bedacht zu sein. Das weitere Vorgehen aber verkannte sicher die ganze Lage der Dinge; denn es war nicht angängig, die Lasten, welche die Kriege mit sich brachten, auf die Schultern eines einzigen Gewerbezweiges abzuwälzen, eines Gewerbes, das unter der Fruchtsperre schon beträchtlich zu leiden hatte. So fühlten sich denn die Brenner durch die Beschlüsse des Rates aufs schwerste benachteiligt; sie kamen zu einer Protestversammlung in den „Drei Linden" zusammen, und aus dem Protest ward schließlich ein Prozeß der Brenner gegen die Stadt vor dem Reichskammergericht.

Der ganze Lärm war etwas übereilt begonnen; denn schon am 22. und 23. März 1796 konnten die versiegelten Blasen wieder freigegeben werden; das Schrotgeld blieb allerdings erhöht. Jedenfalls kostete der Prozeß beide Teilen viel Geld. Er kam erst am 28. November 1800 zum Ende; das Reichsgericht entschied gegen die Stadt und für die Brenner. Nach diesem Spruche mußte das Schrotgeld auf 4 Pfennig herabgesetzt und das seit 1795 zuviel gezahlte Schrotgeld, 50000

Reichstaler, den Brennern zurückerstattet werden. Der Rat dachte daran, gegen diesen außerordentlich schmerzlichen Entscheid Berufung einzulegen; doch kam es am 31. März 1801 zwischen Brennern und Stadt zu einer gütlichen Abmachung, nach welcher die Stadt den Brennern für jede Blase 50 Taler zahlte, zusammen 6500 Reichstaler, zu zahlen in Laubtalern zu 1 Taler 14 Groschen.

Wieviel damals die Brennherrn schon aus ihrem Geschäft heraushschlugen, geht daraus hervor, daß der Brenner Neuenhahn seinen durch die Versiegelung der Blasen vom 27. Oktober 1795 bis 22. März 1796 entstandenen Verlust auf 1800 Taler berechnete. Daraus läßt sich auf einen jährlichen Reingewinn von etwa 4000 Talern schließen, die damals mindestens die Kaufkraft von 35000 Reichsmark der Vorkriegszeit in unseren Tagen hatten.

Um 1800 verbrannte ein Brenner täglich 8–12 Scheffel Getreide zu „ungekünsteltem" Branntwein, d.h. Likör wurde überhaupt nicht hergestellt. Das Geschäft gestaltete sich überaus einfach, da in den seltensten Fällen ein Ausschank *en détail* stattfand, keine Reisenden ausgeschickt zu werden brauchten und Reklame unnötig war. Der Nordhäuser Branntwein hatte sich so eingeführt, daß die auswärtigen Fuhrleute von selbst kamen und die Fässer abholten. Die Hauptabnehmer waren abgesehen von der nächsten Umgebung das Eichsfeld, die hannöverschen und braunschweigischen Lande, Thüringen, Hessen und Westfalen. [63]

Nun wäre es aber ganz falsch, wollte man annehmen, daß der oben errechnete Jahresverdienst eines Brenners aus dem Absatze des Branntweins stammte. Der Brenner Neuenhahn rechnet vielmehr aus seinem bloßen Gewerbe für sich sogar einen Verlust heraus, und der ganz sachliche preußische Kommissar Piaùtaz, der 1802 seinem König über alle Verhältnisse in Nordhausen eingehenden Bericht erstatten mußte, nimmt auch nur den ganz bescheidenen Gewinn von jährlich 45 Talern bei einem täglichen Verbrauch von 8 Scheffeln Getreide für eine Blase an. Der eigentliche Gewinn für die Brennherrn sprang also nicht aus dem Schnapsvertrieb, sondern aus der Schweine- und Rindviehzucht, welche durch die außerordentlich wertvollen Abfallprodukte der Industrie möglich war. Man konnte nämlich mit der Branntweinhefe bei einem täglichen Verbrauch von 8 Scheffeln 50 Schweine, bei 10 Scheffeln 60–70 Schweine, bei 12 Scheffeln 8090 Schweine mästen. Diejenigen Brennherrn, die kein Ackerland besaßen, – und das waren die meisten – mußten sich mit dieser Schweinemast allein begnügen; andere wiederum, welche eine kleine Landwirtschaft nebenbei betrieben, konnten auch Rinder halten. Gegen Ausgang des Jahrhunderts, nachdem der Pfarrer Hüpeden den Kleeanbau in dem nur ganz wenig Wiesenland – 40 Morgen – besitzenden Nordhausen eingeführt hatte, scheint sich die Rindermast etwas gehoben zu haben.

Das Vieh selbst wurde von weither, aus Sachsen und aus Brandenburg, selbst

---

63 Neuenhahn, Die Branntweinbrennerey. Karl Meyer, Geschichte des Nordhäuser Branntweins, Ndh. 1907. Meyer, Neue Nachrichten über die ältesten Zeiten des Ndh. Branntweins, Nordh. Zeitung, Sept. 1925. Heineck, Kritische Prolegomena zu einer Geschichte der Branntwein industrie, Nordh. Zeitung 16. Sept. 1926. – Die Begründung für das Emporblühen der Industrie mußte, in gemeinsamer Betrachtung mit der Nordhäuser Brauindustrie, schärfer herausgearbeitet werden, als es bisher geschehen ist.

aus Mecklenburg, Pommern und Polen angetrieben. Die Brenner kauften das magere Paar Schweine für 10 Taler auf, mästeten es und verkauften es für 24 Taler wieder. Abnehmer fanden sie in erster Linie auf dem Harze, im Hannöverschen und im Thüringischen. Doch auch nach fernen größeren Städten wie Magdeburg und Berlin im Osten und Frankfurt am Main im Westen gingen die in Nordhausen gemästeten Schweine. Die Stückzahl gemästeten Viehs wird verschieden angegeben. Doch mästete Nordhausen jährlich wohl 40000 Schweine. Aus der Schweinemast errechnete man einen Gewinn von 68 %, aus der von Rindern einen von 85 %. [64]

Es nimmt nicht wunder, daß das Stadtbild Nordhausens, besonders das der Vorstädte, durch diese außerordentliche Viehhaltung ein eigenartiges Gepräge bekam. In den Ställen der Brenner grunzten durchschnittlich 70–80 Schweine. Diese Schweine mußten aber auch durch die Straßen in die Schwemme getrieben werden, und so bevölkerten denn im Sommer und Herbst große Schweineherden die Straßenzüge. Bis zum Jahre 1777 schwemmten einige am Stadtgraben wohnende Brenner ihr Vieh selbst in diesem Graben, dessen Wasser, wenn nicht als Trinkwasser, so doch als Spülicht verwendet wurde. Erst damals verbot der Rat, das Mühlgrabenwasser durch Schweine zu verunreinigen. Sonst befanden sich die Hauptschwemmen im Pferdeteiche zwischen Siechen- und Sundhäuser Tore. Die Benutzung dieses Teiches und seiner Fischausbeute stand einigen Bürgermeistern und Vierherrn zu, die sich deshalb für das Schwemmen der Schweine eine kleine Abgabe entrichten ließen. Doch auch der noch nicht einen Morgen große Pfützenteich nördlich des Grimmeltores diente als Schweineschwemme.

Neben diesen Schweineherden bevölkerten aber auch Schafherden nicht selten die Straßen, denn die Knochenhauer waren berechtigt, 400, der Pächter der sogenannten Schackenschäferei, die der Neustadt gehörten, 425, später 600 Hammel zu halten, und das Stift St. Martini besaß eine Schäferei von 550 Hammeln ohne Lämmer. Auch diese Herden trieben fröhlich durch die Vorstädte und belästigten den Verkehr und die Anwohner nicht wenig, so daß es verständlich ist, daß der Pächter der Neustädtischen Schäferei seine Schafe nur durch das Siechentor, nicht aber durch das Sundhäuser Tor treiben durfte. [65]

Ebenso wie die Viehhaltung hing der starke Holzverbrauch in Nordhausen mit der Branntweinindustrie zusammen. Der Holzbedarf der Stadt wurde auf jährlich 11461 Fuder Brennholz und 3400 Schock Wellholz für die Bäcker berechnet. Auch in dieser Beziehung war Nordhausen, das im Kirchhofsholze und in dem in Privathand befindlichen Wildeschen Hölzchen nur einen ganz dürftigen eigenen Holzbestand hatte, von der Umgebung abhängig. Die preußischen, hannöverschen, braunschweigischen und stolbergischen Forsten des Harzes belieferten Nordhausen mit Brennholz. Da aber bei dem dauernd steigenden Bedarf sich allmählich selbst die Wälder des Harzes lichteten, stieg gegen Ausgang des

---

[64] Wie stark die Viehhaltung in Nordhausen, das nur 7800 Einwohner zählte, war, ersieht man daraus, daß 1926 bei einer fünffach größeren Einwohnerzahl auf dem städtischen Schlachthofe angetrieben wurden: 2600 Stück Großvieh, 10000 Schweine, 4000 Kälber, 3000 Schafe und Ziegen.

[65] Am 6. April 1761 bei 10 Talern Strafe verboten.

Jahrhunderts der Holzpreis von Jahr zu Jahr. Dieser Mangel an Holz brachte die Nordhäuser schon früh dazu, nach anderem Brennstoff Ausschau zu halten und Steinkohle zu verwerten. So führte man denn seit 1789 auch geringe Mengen stolbergische Steinkohle ein, begann auch auf eigenem Nordhäuser Gebiet nach Kohle zu graben; jedoch ohne Erfolg, und noch auf Jahrzehnte hinaus sollte die Beschaffung von Kraftstoff eine für Nordhausen schwer zu lösende Aufgabe bleiben.

Der Seltsamkeit halber und zur Illustrierung der selbst im 18. Jahrhundert z. T. noch recht primitiven Verhältnisse sei hier noch angefügt, daß die Stadt von jeder Fuhre Holz, welche die Tore Nordhausens passierte, ein Scheit und einen Knüppel Holz als Zoll verlangte, das sogenannte „Torabwurfsholz", weil es von den Fuhrleuten im Torwege einfach vom Wagen geworfen und vom Torwächter aufgesammelt wurde. Das auf diese Weise gesammelte Holz diente zur Heizung der öffentlichen Gebäude.

Wenn wir im übrigen die sonst in Nordhausen ganz schwach vertretenen Industrien übergehen, so sei nur noch mit einem Worte der Stärke- und der Tabakindustrie gedacht.

Die Fabrikation der Stärke lag bis zu Beginn des 18. Jahrhunderts allein den Seifensiedern ob; seit 1726 trennten sich jedoch von diesen einige Stärkefabrikanten. Für die Herstellung der Stärke hatte ihnen der Rat vorgeschrieben, daß sie reinen Weizen benutzen sollten. Dafür gewährte er ihnen eine Monopolstellung und verbot jegliche Stärkeeinfuhr. Um 1800 gab es 7 Firmen, die kleine Stärkefabriken unterhielten.

Viel bedeutungsvoller als dieser Fabrikationszweig sollte für Nordhausen die Tabakindustrie werden; doch befand sich diese im 18. Jahrhundert noch in ihren ersten Anfängen.

Das Tabakrauchen hatte sich ja vor allem im Dreißigjährigen Kriege in Deutschland eingebürgert. Bald nach Beendigung desselben müssen die Nordhäuser schon eifrige Freunde des Tabaks gewesen sein; doch suchten die Behörden noch Jahrzehnte lang den Tabakgenuß zu unterbinden, besonders da im Jahre 1686 der große Brand, der die Unterstadt einäscherte, auf die Unvorsichtigkeit eines Rauchers von Pfeifentabak zurückzuführen war.

Auf eine eigentliche Tabakindustrie, die sich vom Eichsfelde her in Nordhausen eingebürgert hatte, treffen wir erst nach der Mitte des 18. Jahrhunderts. Aus dem Jahre 1756 ist ein Tabakfabrikant Joh. Tobias Seiffardt bekannt. Der bedeutendste und bekannteste Fabrikant im 18. Jahrhundert aber wurde J.A. Fleck, der 1789 in der Barfüßerstraße eine kleine Fabrik anlegte. Alle diese Fabrikanten führten nur Schnupf- und Rauchtabake. Erst 50 Jahre später, in den vierziger Jahren des 19. Jahrhunderts, begann die Kautabakindustrie ihren Aufschwung zu nehmen, und dieser führte dann zur Blüte eines neuen, für Nordhausen wichtigen Industriezweiges. [66]

---

66 Meyer, Die Nordhäuser Kautabakindustrie. Deutsche Rundschau für Handel und Gewerbe, 17. Mai 1914. Heineck, Zur Geschichte der Tabakindustrie in Nordhausen. Nordh. Zeitung, 26. August 1924. Heineck, Die Tabakindustrie in Nordh., Tabakwirtschaftliche Rundschau, 20. und 27. Juli 1924.

Keine Rolle für die freie Wirtschaft spielte der Weinkonsum in Nordhausen, da er städtisches Monopol war. Jeder Bürger durfte zwar selbständig Wein einkaufen, aber nur für den eigenen Bedarf; jeder Handel mit Wein war Privatleuten untersagt. Um den öffentlichen Bedürfnissen nach Wein gerecht zu werden, kaufte der Rat selbst den Wein ein und ließ ihn von dem Pächter des Ratsweinkellers ausschenken und verkaufen. Dieser Jahresumsatz an Wein muß ziemlich beträchtlich gewesen sein. Da nämlich der Pächter an einem Taler verschenkten Weins nur 8 Pfennig verdienen durfte und sein Durchschnittsgewinn mit 980 Talern angegeben wird, muß er, wenn man nur den Wein in Betracht zieht, für 28224 Taler Wein umgesetzt haben. Doch kann diese ungeheure Summe nicht allein dem Weinumsatz zugeschrieben werden; denn im Weinkeller kamen auch geringe Mengen Bier, vor allem aber Branntwein zum Ausschank, und auch der Verdienst an Speisen muß in Rechnung gestellt werden. Auch die Weinvorräte des Ratskellers, deren Wert um 1800 mit nur 5103 Talern angegeben werden, lassen auf einen geringeren Jahresumsatz schließen.[67]

Eine zur Nordhäuser Wirtschaft ganz parallele Entwicklung hatten Verfassung und Verwaltung der Stadt im 18. Jahrhundert genommen. Denn die Grundlage für die gesamten wirklich in Betracht kommenden Zweige des Nordhäuser Wirtschaftslebens war durchaus die alte geblieben: Die Bodenbeschaffenheit der Umgebung bedingte die Wirtschaft der Stadt. Aber eine Verschiebung in der wirtschaftlichen Struktur war im Laufe des Jahrhunderts durch das Emporblühen der Branntweinindustrie doch erkennbar gewesen. Einem ähnlichen Verlauf war die innenpolitische Beschaffenheit der Stadt unterworfen gewesen. Die Grundlagen für Verfassung und Verwaltung waren noch immer die Bestimmungen vom Jahre 1375 und 1627, und sie blieben es, bis die Stadt an Preußen überging. Aber der ganze Geschäftsgang und teilweise auch der Geist in der Verwaltung war durch die Riemannschen Reformen seit dem Jahre 1725 doch moderner geworden.

An der Spitze der Stadt standen wie in alter Zeit die drei Ratskollegien, die in der Führung der laufenden Geschäfte alle drei Jahre wechselten. Der jedesmal „sitzende" Rat und vor allem seine beiden Bürgermeister und seine Vierherrn hatten also die Exekutivgewalt, doch so, daß die Kompetenzen zwischen ihm und allen drei Räten nicht ganz so scharf abgegrenzt waren wie heute zwischen Magistrat und Stadtverordneten, da einerseits auch die anderen beiden, augenblicklich „quieszierenden" Räte gewisse ausführende Organe stellten, während andererseits der eine sitzende Rat auch ohne Hinzuziehung der beiden anderen Räte wenigstens in unwichtigen Angelegenheiten die Legislative besaß. Alle wichtigeren Erlasse und Gesetze mußten allerdings von allen drei Räten, meist sogar unter Hinzuziehung der „gefreundeten" Handwerksmeister, beschlossen werden, so daß man berechtigt ist, die Legislative den drei Räten zuzuschreiben. Das Kollegium der gefreundeten Handwerksmeister aber war ja eine Einrichtung,

---

[67] Wichtige Quelle für die wirtschaftlichen Verhältnisse Nordhausens ist der Kämmereietat der Stadt (1796–1801). Den Teil der Einnahmen hat mit einigen Kürzungen Heineck veröffentlicht: Der Kämmereietat ... Nordh. 1898 bei Haacke. Der Teil der Ausgaben befindet sich im Archiv unter II X a 19.

welche das Jahr 1375 geschaffen hatte: Die 9 ratsfähigen Gilden wählten je 2 Handwerksmeister zu jedem der drei Räte als beratenden Ausschuß hinzu, zusammen also 3x18=54 Handwerker. Doch nahmen an den Sitzungen der drei Regimenter, in denen wichtige Beschlüsse gefaßt wurden, nur jedesmal die 18 Handwerker, die dem sitzenden Regimente zugeteilt waren, teil, während die anderen 36 Handwerker völlig abtraten. Die 6 Bürgermeister endlich der drei Ratsregimenter bildeten eine engere Beratungs- und Verwaltungsbehörde, das *collegium seniorum*, einen Ausschuß, der regelmäßig alle 14 Tage zusammentrat und die Verhandlungen der Regimenter vorberiet.

Neben den drei Ratskollegien stand das Kanzleikollegium, dem der Syndikus, die beiden Sekretäre, ein Aktuar und ein Kanzlist angehörten. Der Einfluß der Syndici war im 16. und 17. Jahrhundert zeitweise überragend gewesen, da sie häufig die einzigen rechtskundigen Beamten der Stadt waren. Ein Meyenburg im 16. und ein Titius im 17. Jahrhundert, die beide Syndici waren, können geradezu als eigentliche Lenker des Staatswesens angesehen werden. Das änderte sich im 17. Jahrhundert, seitdem es Regel wurde, daß einer der beiden alljährlich amtierenden Bürgermeister ein *homo litteratus*, ein akademisch vorgebildeter Jurist, sein mußte. Das 18. Jahrhundert war deshalb das Jahrhundert der Bürgermeister, und ein Mann wie Chilian Volkmar Riemann konnte sich eine fast unumschränkte Machtfülle aneignen. Die Syndici waren nichts weiter mehr als die häufig beiseite geschobenen rechtlichen Berater der Stadt. Ebenso wie der Syndikus waren die Sekretäre meist Juristen, da sie auch als Beisitzer oder Protokollführer in den Gerichtssitzungen zu amtieren hatten.

Neben dem Rat und dem Kanzleikollegium standen ferner die sogenannten Offizianten der Stadt, von denen eine gehobene Stellung der Stadtphysikus, der Ratschirurgus, der zugleich Geburtshelfer war, und der Landmesser innehatten. Dazu kamen, abgesehen von zwei Hebammen, 49 untere Beamte und 16 Nachtwächter. Die Zahl dieser Polizeibeamten erscheint für eine Stadt von 7800 Einwohnern angemessen, dagegen setzt die große Zahl der übrigen Beamten auf den ersten Blick in Verwunderung. Doch wurden, abgesehen davon, daß die Tore und Zollgrenzen eine ganze Reihe Beamte beanspruchten, auch ein Ratszimmermann, ein Ratsmaurer, ein Schieferdecker, ein Feuermauernkehrer, zwei Flurschützen, ein Kuh- und ein Schweinehirte zu den dauernd städtischen Angestellten gerechnet. Schließlich wurden von der Stadt auch noch die paar Stadtmusikanten bezahlt, die unter Aufsicht der beiden Hausleute vom Blasii- und Petrikirchturm zu blasen und bei Festlichkeiten aufzuspielen hatten.

Die drei wichtigsten städtischen Kammern, denen jedesmal nur Mitglieder des sitzenden Rates angehörten, waren die *Kämmerei*, die *Vogtei* und das *Schultheißengericht*.

Die Kämmerer hatten den ganzen städtischen Etat zu überwachen. Ihre Vorsitzenden waren die beiden am Regimente befindlichen Bürgermeister, und zwar führte der dienstjüngere von Weihnachten bis Johanni, der ältere von da bis Weihnachten den Vorsitz. Dazu kamen 8 Kämmerer, von denen auch 4 vor und 4 nach Johanni amtierten. Bei Besetzung der Kämmererposten nahmen die

Vierherrn insofern eine Ausnahmestellung ein, als sie ohne weiteres zugleich Kämmerer waren, während die Kämmerer, welche die Handwerkergilden stellten, von den amtierenden Bürgermeistern hinzuernannt wurden. Diese Kämmererstellen waren außerordentlich begehrt, weil mit ihrer Verwaltung ganz stattliche Einnahmen verbunden waren, und deshalb war es vor der Riemannschen Verwaltungsreform nicht selten vorgekommen, daß den Bürgermeistern ein „*douceur*" gegeben wurde, um ihre Wahl zu beeinflussen.

Allerdings hatten die Kämmerer auch die meiste Arbeit. Abgesehen von der Überwachung aller Einnahmen und Ausgaben mußten sie auch die Löhnung der Beamten vornehmen und mannigfaltige Revisionen veranstalten. Sie waren es, die alle 14 Tage die unteren Beamten entlohnten und auch die übrigen Viertel- und Halbjahresgehälter auszahlten, was ja im 18. Jahrhundert bei der verwickelten Zusammensetzung des Gehalts aus Geldentlohnung und Naturalentschädigung nicht ganz einfach war. Außerdem hatten sie jeden Monat eingegangene Mahl-, Zoll-, Wege-, Hausier-, Visiergeld und das sogenannte kleine Geleit, worunter der Leibzoll der Juden und der Zoll für bestimmte, meist geringe Waren verstanden wurde, zu revidieren. Sodann führten sie die Aufsicht über das rechte Gewicht der Backwaren, hatten die Kontrolle über die Fleischer und mußten die Maße und Gewichte nachprüfen. Endlich unterstand ihnen noch die gesamte Überwachung der Bierbrauerei.

Ferner lag die Vogtei oder Strafgerichtsbarkeit und das Schulzenamt oder die Zivilgerichtsbarkeit in den Händen des sitzenden Rates. Seitdem Preußen diese einstigen Reichsämter im Jahre 1715 an Nordhausen verkauft hatte, war jedesmal einer der Bürgermeister Vogt und Vorsitzender des Strafgerichts, der andere Schultheiß und Vorsitzender des Zivilgerichts. Da besonders mit dem Schultheißenamte erhebliche Einkünfte verknüpft waren, suchten einflußreiche Bürgermeister wie die Riemanns das Amt dauernd in ihre Hand zu bekommen. Das führte in den vierziger und fünfziger Jahren zu schweren innerpolitischen Konflikten.

Als Skabini, Schöffen oder Beisitzer, fungierten zwei Ratsmitglieder. Zum Straf- oder peinlichen Gericht gehörten außerdem noch die beiden Sekretäre der Kanzlei. Bei der Strafgerichtsbarkeit war übrigens der alte Brauch beibehalten worden, daß nach Abschluß der Untersuchung das Gericht auf offenem Markte vor dem Weinkeller gehegt und das Endurteil von den auf dem Rathause versammelten drei Räten eingeholt wurde.

Als wichtigstes Ergebnis dieser Darlegungen stellen wir jedenfalls fest, daß Exekutive, Legislative und richterliche Gewalt, deren scharfe Trennung die Aufklärung des 18. Jahrhunderts forderte, in Nordhausen bis 1802 in denselben Händen lag. Das mußte zu Unzuträglichkeiten aller Art führen; von der „Unabhängigkeit" der Richter, die für die Sauberkeit, ja für den Bestand eines jeden Staatswesens unerläßlich ist, konnte in Nordhausen keine Rede sein.

Weniger wichtig als diese Ämter war das Paßamt, das ein Ratsherr aus dem sitzenden Regimente verwaltete, der die Pässe zu revidieren hatte.

Alle anderen Kommissionen wurden von den drei Räten gemeinsam besetzt.

Aus diesen Kommissionen sind einige als besonders wichtig hervorzuheben. So übte das Konsistorium die gesamte Sittenpolizei, die Kirchenzucht und die Aufsicht über die Geistlichen aus. Es setzte sich aus dem Syndikus als Vorsitzenden, den drei ersten Stadtgeistlichen, also den Pfarrern von St. Nikolai, St. Blasii und St. Petri, drei Vierherrn und einem Sekretär zusammen.

Ferner war nicht ohne Bedeutung das Wachamt, dem drei Ratsherrn, und zwar zwei Akademiker und ein Handwerker angehörten. Diese nahmen das sogenannte Wachtgeld ein, das die Einwohner für den Unterhalt der Stadtsoldaten aufzubringen hatten. Durchschnittlich kamen jährlich gegen Ausgang des 18. Jahrhunderts 1642 Taler an Wachtgeld ein, eine Summe, welche für die Besoldung der Soldaten ungefähr hinreichte. Dem Wachtamt unterstand auch die Beaufsichtigung der Inquilinen, derjenigen Bürger, die kein eigenes Haus besaßen, sondern bei anderen zur Miete wohnten.

Auch das Mahlamt, das die bedeutenden aus dem Mahlen, Schroten und Ölschlagen vereinnahmten Summen und die zahlreichen Wassermühlen sowie die eine erst 1801 auf dem Taschenberg erbaute Windmühle inspizierte, gehörte zu den wichtigeren Ämtern. Denn die Einnahmen, die aus den Mühlbetrieben der Stadt zuflossen, beliefen sich auf etwa 7809 Taler jährlich, welche den fünften Teil der gesamten aufkommenden Steuern ausmachten; und die Überwachung der Müller, bei welchen Unterschleife nicht selten vorkamen, war keine leichte Aufgabe und erforderte ganz besonders ehrenfeste Männer.

Die Armenversorgung weiterhin lag in Händen der Vormünder der drei Spitäler von St. Martini, Cyriaci und Elisabeth. Daneben gab es noch ein Almosenamt, das die für die Armen einkommenden Gaben verwaltete und verteilte. Den jedesmal drei ältesten Bürgermeistern stand ferner die Aufsicht über das Frauenbergskloster, über das Waisenhaus, über die Apotheken und über die große Schule zu, soweit es sich um Geldangelegenheiten handelte.

Sehr kompliziert zusammengesetzt war schließlich noch die Kommission, welcher die Erhebung des Schosses, der Grund- und Gebäudesteuer und des Personalschosses, zustand. Aus dem sogenannten Realschoß, der auf allen Grundstücken, Gebäuden, Gärten, Äckern und Wiesen lag, kamen jährlich 5436 Taler ein, aus dem Personalschoß, der von Leuten ohne Grund und Boden bezahlt ward, 187 Taler. Aus der Dürftigkeit dieser letzteren Steuer ersieht man, daß es in Nordhausen ganz wenig Bürger ohne Grundbesitz gab. Eigentliche Einkommen- und Vermögenssteuern aber, die wir heute als die notwendigsten und gerechtesten Steuern ansehen, gab es ja im 18. Jahrhundert überhaupt noch nicht. Diese wurden erst im 19. Jahrhundert in England eingeführt und dann allmählich von anderen Staaten übernommen. Die Kommission für den Schoß hatte im Dezember jedes Jahres die Steuern einzuziehen und dann an die Kämmerei abzuführen. [68]

---

68 Daneben standen noch folgende Kommissionen: Kriegsamt, Vormundschaftsamt, Bauamt, Brauamt, Weinamt, Censorenamt, Kunstgeldeinnahme (Wassergeld), Kommission für Zoll und Wage, Kommission für Revision der örtliche Rechnungen, für die Hausierer und ein akademisch gebildeter Ratsherr, der den Kornschreiber zu beaufsichtigen hatte.

Etwas abseits von der eigentlichen städtischen Verwaltung standen das geistliche Ministerium, dem sämtliche Pfarrer der Stadt angehörten und zu dem zuweilen der Rektor des Gymnasiums hinzugezogen wurde, ferner die Inspektion des Gymnasiums, die von den beiden Geistlichen von Nikolai und Blasii, und die Inspektion der Mädchenschule, die von dem Pfarrer an St. Petri ausgeübt wurde. Noch im 17. Jahrhundert hatten die beiden Inspektoren des Gymnasiums weitgehende Gewalt über die Schule, im 18. Jahrhundert war aber mit der immer weiter schreitenden Emanzipierung wenigstens der höheren Schule von der Kirche die Stellung des Rektors ziemlich selbständig geworden. Nur seine Prüfung vor der Anstellung nahmen noch die geistlichen Inspektoren vor.

Die Einnahmen der Stadt setzten sich gegen Ausgang des Jahrhunderts aus 56 Titeln zusammen, die Ausgaben aus 135–150, wobei aber die Besoldung jedes einzelnen Beamten einen Titel für sich bildete. Die größten Einnahmen brachten:

Die Grund- und Gebäudesteuer	5436 Taler (rund)
das Wachtgeld	1642 „
das Mahl-, Schrot- und Ölgeld	7809 „
das Brauzeichengeld	2079 „
das Branntweinvisiergeld	1203 „
das Kaution- oder Vorstandsgeld (Pachten aller Art)	9737 „
Mühlen- und Ziegelhütten	2328 „
der Ertrag des Zolls	2439 „
die gesamten kleineren Posten	5868 „
Summe	38541 Taler (12 Groschen 10 $^1/_3$ Pf.)

Abgesehen davon, daß eine Einkommen- und Vermögenssteuer noch unbekannt war, fällt besonders auf, daß sich die Gewerbelasten in sehr bescheidener Höhe hielten. Wenn man bedenkt, daß in einer Stadt wie Nordhausen jährlich 400000 Scheffel Getreide verbrannt, etwa 40000 Schweine gemästet, 17000 Zentner Öl im Werte von mehr als 150000 Talern geschlagen wurden, wenn man dazu den Umsatz an Bier und den guten Absatz der Handwerker veranschlagt, der durch den regen Verkehr in Nordhausen gewährleistet war, und wenn man dann bedenkt, daß, abgesehen von ganz geringen Abgaben der Innungen und ganz niedrigem Standgeld für Buden und Bänke auf den Märkten eigentlich nur das Mahl-, Schrot- und Ölschlaggeld in Betracht kam, so muß man zu dem Urteil kommen, daß die Nordhäuser Bevölkerung unter außerordentlich glücklichen steuerlichen Verhältnissen lebte. Das Scheffelgeld war deshalb auch am meisten umkämpft, wurde doch für das Mahlen eines Scheffels Getreide 1 Groschen, für das Schroten 4 Pfennig, für das Ölschlagen 1 Groschen erhoben. Wenn hier Erhöhungen der Steuern vorgenommen wurden, wie beispielsweise in den neunziger Jahren das Schrotgeld von 4 Pfennig auf 1 Groschen heraufgesetzt wurde, so erregten solche Maßnahmen böses Blut.

Im Verhältnis zu diesen Steuern waren die Pachten ziemlich hoch, obgleich der preußische Steuersachverständige auch sie noch für zu niedrig hielt. So mußte z.B. der Pächter der Rotleimmühle 200 Taler in Gold, 67 Taler 21 Groschen in Münze entrichten. Dazu kamen 3 Scheffel Weizen und 16 Scheffel Roggen, die er für den städtischen Kornboden zu liefern hatte, sowie 1 fettes Schwein im Werte von 8 Talern – sonst rechnete man 12 Taler dafür –, 6 fette Gänse à 1 Taler 12 Groschen = 9 Taler, und beim jährlichen Abschlag des Mühlgrabenwassers 8 Taler 16 Groschen, alles Abgaben, die der Müller an die Bürgermeister und Kanzleibeamten abzuführen hatte. Endlich zahlte er auch noch an das städtische Bauamt 8 Taler. Der Pächter der Ziegelhütte am Altentore hatte 230 Taler in Gold zu zahlen und an die Bürgermeister, an die Kanzleibeamten und an das städtische Bauamt 2900 Stück Ziegeln und 108 Scheffel Kalk zu liefern, deren Wert auf 56 Taler 16 Groschen veranschlagt wurde.

Nur in außergewöhnlichen Zeiten, etwa nach Kriegen, in denen die Stadt Kapitalien hatte aufnehmen müssen, suchte natürlich der Rat nach einer Vermehrung der Einnahmen. So erhöhte er 1764 nach dem Siebenjährigen Kriege die Grund- und Gebäudesteuer und legte eine Getränkesteuer um – 1 Pfennig für 1 Kanne Bier –, um die Zinsen bezahlen und die Schuld allmählich abdecken zu können.

Im übrigen konnte jeder, der diesen Verpflichtungen nachkam und sich sonst den Gesetzen der Stadt gehorsam zeigte, Bürger werden, wenn er nicht gerade das Unglück hatte, Reformierter oder Jude zu sein. Für die Erwerbung des Bürgerrechts zahlten Bürgersöhne und Gatten von Bürgertöchtern 1 Taler 19 Groschen, nämlich für das Schulzenamt 2 Groschen 4 Pfennig, für Verordnungen und Erlasse 10 Groschen 8 Pfennig, für das Gilderecht 12 Groschen, für die öffentlichen Anlagen 6 Groschen, für den Schulfonds 12 Groschen. Von ganz Fremden, die sich in Nordhausen niederzulassen beabsichtigten, wurden 10 Taler für den Bürgerbrief erhoben; seit 1799 erhöhte man diesen Satz auf 30 Taler.

Jeder Bürger war außerdem zum Waffendienst verpflichtet. Die Bürgerschaft war am Ausgang des 18. Jahrhunderts in 6 Kompagnien eingeteilt, jede mit einem Hauptmann, einem Leutnant, einem Fähnrich und 4 Korporalen. Zu kriegerischen und gefährlichen Exekutionen war das Blut der Bürger zu gut; das Bürgeraufgebot diente nur repräsentativen Zwecken. So zog in der Nacht der Ratswahl eine Kompagnie der Oberstadt vor dem Rathause auf, bei Vollstreckung eines Todesurteils bildeten die drei Kompagnien der Unterstadt den „Ring", und bei großem Empfang oder besonderer Festlichkeit wirkten sämtliche 6 Kompagnien mit.

Den wirklich militärischen Dienst verrichteten Berufssoldaten, die Stadtsoldaten, für die das „Wachtgeld" erhoben wurde und deren Stärke sich auf 1 Hauptmann, 3 Unteroffiziere, 4 Spielleute und 44 Mann belief. Das Kontingent, welches das Reich bei kriegerischen Unternehmungen von der Stadt fordern durfte, war auf 45 Mann festgesetzt. Diese 45 Mann rückten während des 18. Jahrhunderts auch mehrere Male ins Feld; doch kam es auch wohl vor, daß die Stadt, um ihre Truppen zu schonen, dem Reiche Geld als Ersatz anbot.

Neben dem Bürgeraufgebot und der Stadtmiliz war auch noch die Schützenkompagnie zu gewissen Dienstleistungen verpflichtet. Die Schützen wirkten bei

Grenzbesichtigungen mit, nahmen auf Anordnung des Rates Ackervisitationen vor und gingen in kriegerischen Zeiten an den Stadtgrenzen Patrouille.

Schließlich konnten Gesellen und junge Handwerksmeister auch zum Spritzendienst herangezogen werden. Die Stadt unterhielt 5 Spritzen, 4 in der Oberstadt und 1 in der Neustadt. Den 4 Spritzen der Oberstadt waren je 30 Mann unter 2 Spritzenmeistern zugeteilt; die Neustadt stellte 2 Kompagnien zu je 30 Mann und 4 Spritzenmeister.

Nach allen diesen Darlegungen sollte man meinen, daß die Stadt nach Beseitigung der Mißstände durch Chilian Volkmar Riemann seit 1725 in den glücklichen innerpolitischen Verhältnissen gelebt hätte. Ganz war das allerdings nicht der Fall. Die engen Verhältnisse der kleinen Reichsstadt forderten zu allerhand Reibungen geradezu heraus, und besonders wenn ein streitsüchtiger, ehrgeiziger und einflußreicher Mann überall seine Hand im Spiele haben wollte, blieben kleine Verdrießlichkeiten und selbst schwerere Erschütterungen nicht aus. Ein solcher Mann war der Stadt Nordhausen in Andreas Sigismund Wilde beschert. Dieser sollte in der zweiten Hälfte des 18. Jahrhunderts oft genug Anlaß zu innerpolitischen Spaltungen und Streitigkeiten geben.

Johann Andreas Sigismund Wilde entstammte einer uralten Nordhäuser Patrizierfamilie, deren Anwesen in der Predigerstraße lag (heute Gesellschaftshaus Erholung). Schon in jüngeren Jahren zeigte er eine merkwürdig verbildete Natur. Der Eigensinn war in ihm ausgebildet bis zum Unsinn, jedenfalls weit über das Maß der Selbstdurchsetzung hinaus. Bei jedem anderen sah er die kleinste Schwäche und ahndete den geringsten Verstoß; er selbst aber bot Angriffsflächen über Angriffsflächen und setzte sich über jede Ordnung hinweg. Hochmütig gegen kleine Leute, warf er anderen Hochmut vor. Abstoßend grausam und rachsüchtig, wenn er als Bürgermeister am Regiment saß und als Gerichtsherr präsidierte, versuchte er sich Anhänger zu verschaffen, indem er auf die Ungerechtigkeit und Härte anderer hinwies. Voller Habsucht selbst die heiligsten Pflichten gegen die Verwandten verletzend, stieß er sich gerade bei seinen Gegnern, den Riemanns, an ihrer Habsucht. Diese Wesensart, die jede Selbsterkenntnis und jede Sachlichkeit vermissen ließ, steigerte sich noch in seinem Alter, in den siebziger und achtziger Jahren des 18. Jahrhunderts, und man tut ihm wohl nicht unrecht, wenn man seine Handlungsweise im letzten Jahrzehnt seines Lebens als nicht mehr einem normalen Charakter entspringend ansieht und wenn es deshalb der Historiker ablehnt, die Äußerungen solcher pathologischen Unfähigkeit zu sachlichem Urteil zu werten.

Wenn man das abschreckende Bild eines Prozeßhansl zeichnen will, so bietet Wilde dazu ein durchaus zweckmäßiges Modell. Gleich das erste Alter des reifen Mannes führte Wilde vor die Schranken des Gerichts, und in Wetzlar, wo er sich aufhielt, um beim Reichsgericht einen Prozeß selber durchzufechten, ist er als hochbetagter Greis gestorben. Jeder Prozeß brachte ihm eine Niederlage, jeder Prozeß zerrüttete das Vermögen des ursprünglich wohlhabenden Mannes mehr, – dennoch ließ er nicht ab vom Prozessieren.

Es ist unmöglich, alle die Prozesse, die Wilde in privaten und öffentlichen

Angelegenheiten geführt hat, zu behandeln. Manche sind auch völlig belanglos für die Geschichte. Um den Charakter Wildes zu beleuchten, seien nur zwei seiner Fehden gegen Mitglieder der eigenen Familie erwähnt.

Seine Großmutter Katharina Elisabeth Wilde, geb. Grotjan hatte nach dem Tode ihres ersten Gemahls August Sigismund Wilde den Bürgermeister Joh. Michael Kegel geheiratet. Als sie 1728 starb, klagte der Enkel sofort gegen die Kegelschen Erben, und es entspann sich daraus ein Jahrzehnte dauernder Prozeß, der keinem als den Anwälten Freude bereitete.

Noch widerlicher war ein Erbschaftsstreit mit seiner Schwägerin. Am 17. Januar 1763 war Wildes einziger Bruder, der Advokat Joh. Friedrich Wilde, gestorben und hatte seine Frau, eine geborene Schultheß, zur einzigen Erbin eingesetzt. Sogleich ließ Wilde Haus, Grundstücke und Mobilien des verstorbenen Bruders mit Beschlag belegen und der Witwe vorenthalten. Der schwächliche Nordhäuser Rat stimmte diesem Vorgehen seines Bürgermeisters zu. Die Witwe wiederum, im Gefühl ihres unantastbaren Rechtes, tastete die Gerichtssiegel an, die der Rat an Haus und Möbel hat kleben lassen. So kam es zu einem zehnjährigen Prozeß der Witwe Wilde gegen den Rat der Stadt Nordhausen und gegen ihren Schwager vor dem Reichskammergericht zu Wetzlar. Erst am 12. Oktober 1773 fällte das Reichsgericht eine Sentenz, die der Frau Wilde recht gab. Dem Rate wurde bei einer Strafe von 3 Mark (Pfund) lötigen Silbers aufgegeben, die Klägerin sofort in ihre Besitztitel einzusetzen. Trotz dieses gemessenen Befehls weigerte sich die Stadt, ihren Bürgermeister fallen zu lassen, so daß man nicht sagen kann, daß sie sich, selbst unter Hintansetzung des Rechtes, nicht schützend vor den Mann gestellt hätte, der ihr damals schon hundert Schwierigkeiten bereitet hatte. Erst als sich Nordhausen dauernd ungehorsam zeigte, machte Wetzlar am 5. Juli 1775 Ernst und ordnete die Reichsexekution gegen die Stadt an. Dem Könige von Preußen und dem Herzoge von Braunschweig wurde aufgetragen, die Stadt zum Gehorsam zu zwingen. Da erst gab Nordhausen nach und auferlegte dem Bürgermeister Wilde, sich mit seiner Schwägerin zu vergleichen. Die Stadt selbst mußte um ihres Bürgermeisters willen die 3 Mark Silber – 288 Taler, nach heutigem Werte etwa 3000 *M* – Strafe bezahlen und führte sie am 12. Januar 1776 nach Wetzlar ab. [69]

Dieses Vorgehen Wildes gegen Angehörige seiner Familie entsprang in erster Linie seiner Habsucht. Dieser selbe Charakterzug zeigte sich auch in der Behandlung seiner Mitbürgermeister. Viele Jahre lang war er, der als Jurist Bürgermeister war, mit einem braven, geduldigen Lohgerber namens Lange (Bürgermeister 1753–1776) zusammen sitzender Bürgermeister. Nun war zwar seit der Riemannschen Besoldungsreform das Gehalt der akademischen Bürgermeister höher als das der Bürgermeister aus den Gilden, aber die sogenannten Akzidentien, die in Naturalien einkommenden Nebengefälle, wurden nach wie vor zu gleichen Teilen unter ihnen geteilt. Da führte nun Wilde für sich und Lange den Brauch ein, daß Lange die Nebeneinnahmen des ersten halben Jahres bis

---

[69] Akten im Nordhäuser Archiv, besonders unter II Y g, 6 c 1.

Johanni, er die des zweiten Halbjahres bezog, und nicht, wie üblich, die Einkünfte des ganzen Jahres geteilt wurden. Das erste Halbjahr brachte nämlich so gut wie keine Vorteile; alle Naturalabgaben liefen erst nach der Ernte im Herbste ein. Mit außerordentlichem Langmut ließ sich Wildes Kollege, jedesmal wenn beide im dritten Jahre wieder regierende Bürgermeister waren, diese Behandlung gefallen. 1756, 1759,1762, 1765, 1769 setzte Wilde seinen Kopf durch, bis Lange schließlich doch auf das, was ihm zukam, bestand. Wilde dachte natürlich nicht an Nachgeben, und ein Prozeß vor dem Kaiserlichen Hofrat in Wien war die Folge. Der Hofrat entschied im Dezember 1771 gegen Wilde. Er mußte Lange die zuviel vereinnahmten Akzidentien erstatten und 1 Mark lötigen Silbers (96 Taler) Strafe bezahlen.

Aber weit gefehlt, daß Wilde nun von seiner unlauteren Handlungsweise abgelassen hätte! Der Nachfolger Langes als Mitbürgermeister Wildes wurde 1777 der Kürschner Joh. Heinrich Förstemann (1777–1793), und mit diesem versuchte er trotz seiner Niederlage genau so zu verfahren wie mit seinem früheren Kollegen, so daß wieder das Gericht, diesmal das Reichsgericht, eingreifen mußte. [70]

Doch berührten alle diese Prozesse, obgleich sie der Stadt Nordhausen nicht gleichgültig sein konnten, immerhin kaum das Wohl des Gemeinwesens. Viel schlimmer war es, daß Wilde sich nicht scheute, sein Bürgermeisteramt zu mißbrauchen, um städtische Gelder an sich zu bringen. So benutzte er seinen Einfluß als regierender Bürgermeister im Jahre 1777, um mit schamloser Dreistigkeit für seine Bemühungen um die Stadt im Jahre 1762 ein „*douceur ex aerario publico*" von 3000 Talern zu verlangen. Dieses sein Verdienst hatte darin bestanden, daß er im Auftrage der Stadt nach Hannover gereist war, um eine Kriegskontribution der englisch-hannöverschen Armee abzuwenden. Dergleichen Missionen hatte in der Zeit des Siebenjährigen Krieges mancher Ratsherr übernehmen müssen und hatte sie übernommen mit mehr Erfolg als Wilde; denn Wilde hatte damals nicht das geringste erreicht. Und trotzdem wagte Wilde ein solches Ansinnen zu stellen, 15 Jahre später. Und er kannte seine Herrn Ratsmitglieder. Am 23. Juni 1777 stimmte der Rat tatsächlich der Auszahlung von 3000 Talern an Wilde zu und schädigte damit die Allgemeinheit. Nur die Frechheit hat eben Erfolg.

Viel tiefer aber berührte das Staatswesen ein anderer Streit, den Wilde mit dem Rate und der Stadt Nordhausen vom Jahre 1746–1753 und dann wieder von 1777–1784 durchfocht. Dabei ist es nicht richtig, von einer preußischen Partei, welche die Riemanns vertraten, und einer reichsstädtischen Partei, welche Wilde vertrat, zu sprechen und daraus den Gegensatz zwischen der Riemannschen Familie und Andreas Sigismund Wilde abzuleiten. Nur um während der preußischen Besetzung im ersten Jahrzehnt des 18. Jahrhunderts die Konjunktur auszunutzen und den auch von den Preußen geschürten Haß der Bürger gegen den Rat in ihre Dienste zu stellen, scheint es zunächst so, als ob das Geschlecht

---

70 Nordhäuser Archiv, vor allem II Y g, 6 a 1 c.

der Riemanns preußenfreundlich gewesen sei. Tatsächlich waren die Riemanns, wie wir noch sehen werden, nicht weniger reichsstädtisch und preußenfreundlich gesinnt als Wilde. Im Gegenteil: Wilde ging in seinem Haß gegen das einflußreichste Geschlecht Nordhausens so weit, daß er dem im 18. Jahrhundert als Erbfeind angesehenen Preußen gegen die Reichsstadt in die Hand spielte. Der Gegensatz zwischen den beiden Familien entsprang also allein aus der Voreingenommenheit des alten Patriziers Wilde, der alle Verhältnisse beim alten lassen wollte, um aus ihnen persönliche Vorteile zu ziehen, gegen die Riemanns als Emporkömmlinge, welche die Verhältnisse so zurechtstutzen wollten, daß sie und ihr Anhang dabei nicht zu kurz kamen. Konservativer Geist und Fortschritt prallten aufeinander.

Um den Einfluß Riemanns zurückzudrängen, brach Wilde in allerungeschicktester Weise einen Streit um die Vogtei und das Schulzenamt vom Zaun. Seitdem nämlich Nordhausen im Jahre 1715 diese Reichsämter von Preußen erworben hatte und auf diese Weise völlig selbständig geworden war, brauchte es, jedesmal wenn ein neuer Kaiser den Thron bestieg, nur noch zweierlei vom Reich und Kaiser nachzusuchen: Es mußte sich seine Privilegien bestätigen lassen, und es mußte sich mit den Reichsämtern belehnen lassen. Das war am 21. Juli 1716 und am 30. September 1716 von Kaiser Karl VI. geschehen, das war am 14. August 1743 von Karl VII. geschehen, und das geschah auch am 31. März 1746 von Franz I. und am 29. August 1767 von Joseph II.

Der Ratsbeschluß, der die Lehnsnachsuchung bei Franz I. herbeiführte, wurde am 16. Februar 1746 gefaßt, und diesen Beschluß nahmen Wilde und seine Anhänger zum Anlaß, gegen den Rat und die Riemannsche Familie vorzugehen, indem sie behaupteten, die Riemanns schädigten mit dieser Bitte um Belehnung die Reichsfreiheit der Stadt, welche seit 1715 gar nicht belehnt zu werden brauche. Diese ihre Auffassung begründeten sie mit Artikel 4 des Vertrages vom 22. Mai 1715, den Nordhausen mit Preußen eingegangen war und in dem es hieß: (Vogtei und Schultheißenamt gehen auf Nordhausen über) „Wobey aber auf Kgl. Preußischer Seiten ausdrücklich reserviert, von der Stadt Nordhausen auch angenommen und versprochen worden, daß dieselbe die in denen vorhergehenden *Articulis exprimierte iura* insgesamt zu ewigen Zeiten an sich behalten, und dieselbe ganz oder zum Theil nimmermehr an jemanden anders, er sey, wer es wolle, auch unter keinerlei Prätext, Vorwand und Ursache wieder cediren, abtreten oder verpfänden will."

Preußen, das die Reichsämter an Nordhausen verkauft hatte, verlangte also, daß diese Reichsämter immer bei Nordhausen allein bleiben sollten und nicht etwa an einen anderen Reichsstand, etwa an Sachsen oder Hannover, zum Schaden Preußens übergingen. Davon, daß die Reichsstadt die Belehnung mit den Ämtern nicht beim Reiche nachsuchen dürfe, war natürlich nicht die Rede. Um aber eine Handhabe gegen die Riemanns zu haben, schob Wilde dem Artikel 4 den Sinn unter, daß danach auch das Reich keinen Anspruch mehr auf die Ämter habe, also auch die Belehnung nicht mehr nötig sei, und daß derjenige, der sie nachsuche, Recht und Ansehen Nordhausens schmälere.

Wir sagten schon, daß Wilde keinen unglücklicheren Griff tun konnte, als gerade wegen der Reichsämter die Riemanns zu diskreditieren. Denn abgesehen von der rechtlichen Unmöglichkeit des Wildeschen Standpunktes mußte der nunmehr unvermeidliche Streit vor den Gerichten des Kaisers ausgefochten werden, und die Sympathie des Kaisers und seiner Räte war naturgemäß auf Seiten derjenigen, die loyaler Weise die Belehnung nachsuchen wollten.

Der Kampf begann also im Frühjahr des Jahres 1746. Auf Seiten Wildes standen der Vierherr Hoffmeister, die Senatoren Meyer und Joh. Wilhelm Reppel sowie der Sekretär Joh. Heinrich Reppel. Diese versuchten, „die beiden Riemänner in ehrenrührigster Weise anzutasten, als ob sie Nordhausen um seine Freiheit zu bringen suchten". Der Rat schritt daraufhin am 28. Juli 1746 zur Klage gegen die Aufrührer beim Kaiser, und dieser lud sie am 19. August 1746 wegen „ärgerlichen Unfugs und strafbarer Vermessenheit" innerhalb zweier Monate bei 10 M lötigen Silbers (etwa 1000 Taler) vor den Kaiserlichen Hofrat in Wien.

Wilde trat selbst die Reise an und muß in Wien seine Sache, vielleicht auch mit Hilfe des goldenen Esels, nicht ungeschickt geführt haben. Er suchte sich aus der Schlinge zu ziehen, indem er behauptete, er habe die Belehnung durch den Kaiser als solche nie in Zweifel gezogen; nur jene doppelte Nachsuchung, indem einmal um Bestätigung der Privilegien und zum anderen um Belehnung mit den Reichsämtern gebeten werde, halte er für falsch und unnötig.

Mehr noch als diese fadenscheinige Ausrede scheint Wilden aber der Gegenschlag genützt zu haben, den er jetzt in Wien gegen die Riemanns führte, indem er ihnen nicht nur eine Verletzung der Nordhäuser Verfassung vorwarf, da sie den Beschluß der Lehnsnachsuchung vom 16. Februar 1746 nur vor einem Rate und nicht vor allen drei Räten herbeigeführt hatten, sondern auch ihre Eigennützigkeit nachwies, mit der sie, um ihre Einnahmen zu vergrößern, die Zölle erhöht hatten. Davon wird noch unten die Rede sein. Kurz, Wilde erreichte, daß der Reichshofrat am 1. Dezember 1746 der Stadt Nordhausen befahl, den Bürgermeister Wilde in seinen Ämtern zu belassen. Voller Hoffnung kehrte Wilde nach Nordhausen zurück, wo er zur rechten Zeit ankam, da gerade für ihn das Jahr begann, in welchem er mit einem gewissen Pöppich zusammen regierender Bürgermeister war.

Sogleich im Januar 1747 begann er nun der Stadt zu zeigen, daß er Oberwasser habe und gewillt sei, jeden Gegner mit Skorpionen zu züchtigen. Das Ratssiegel eignete er sich allein an, ließ es in seine Privatwohnung bringen und verweigerte jedem anderen den Gebrauch des Siegels. Viel toller noch war es, daß er sogleich dem Agenten Middelburg in Wien, der Nordhausen bisher beim Hofrate vertreten und natürlich im Vorjahre auftragsgemäß die Sache der Stadt gegen Wilde geführt hatte, sein Amt aufkündigte und, ohne Ratsbeschluß herbeigeführt zu haben, einen Herrn von Fischer als Agenten annahm. Der Rat protestierte gegen diese Maßnahme, und seit März 1747 war Middelburg wieder städtischer Sachwalter.

Dann suchte sich Wilde aber auch in der Stadt weitere Anhänger zu verschaffen. Er war zwar wegen seiner Anmaßung außerordentlich unbeliebt, aber sein

555

und seiner Freunde Geld warb aus der Hefe des Volkes, *„infimae sortis"*, wie es in der Quelle heißt, begeisterte Freunde seiner Sache. Und um schließlich seine Popularität nach außen hin zu dokumentieren, wurde Wilde als Beschützer der Freiheit am 31. Januar 1747 von seinen Gesinnungsgenossen eine große Ovation dargebracht. Es wurde musiziert, illuminiert, Transparente, die Wilden verherrlichten, erschienen, Unterschriften wurden gesammelt und Lieder gesungen, welche die Feinde Wildes herabsetzten. Selbst in unseren Tagen, wenn eine Zeitung in unsachlichster Weise den politischen Freund verherrlicht und den Gegner verunglimpft, kann es nicht lustiger zugehen. Weniger aber aus dieser Beweihräucherung Wildes als aus seinem Vorgehen gegen diejenigen, die sich an der Harlekinade nicht beteiligten, spricht der häßliche Charakter des leidenschaftlichen Mannes. Wilde wagte es, den Pastor primarius Stange, einen Verwandten Riemanns, der von der Kanzel herab die Bevölkerung zur Besonnenheit ermahnt hatte, von zwei Ratsdienern auf das Rathaus holen zu lassen und ihm bei Strafe der Kassation das Predigen zu untersagen. Er wagte es, dem Rektor Goldhagen, der sich geweigert hatte, seine Schüler bei der Ovation aufziehen zu lassen, das Gehalt zu entziehen.

Daraufhin ermannte sich der Rat denn doch. Er suspendierte Wilde vom Amte und übertrug Pöppich allein die Bürgermeistergeschäfte; zugleich wandte er sich wieder nach Wien. Doch unser Wilde war nun einmal wild geworden. Er gab nicht nur nicht das Ratssiegel heraus, sondern nahm sogar den Rathausschlüssel an sich, so daß am 20. Februar 1747 die Ratsherrn, als sie gen Rathaus schritten, in der winterlichen Kälte stehen und dann betrübt abziehen mußten. Bis zum 24. Februar hielt Wilde das Rathaus unter Verschluß. Die Räte mußten auf dem Weinkeller tagen. Doch ließ es sich Wilde als herzhafter Mann nicht nehmen, alldort auch zu erscheinen, und nun hub ein Lärmen an, wie ihn das alte Gebäude noch nimmer erlebte. Wilde kam „mit dem größten Ungestüm dorthin, worauf ein solcher entsetzlicher Streit vorgefallen, dergleichen in Nordhausen niemalen erhöret worden", eine Situation, in die sich jeder Besucher moderner Parlamente unschwer wird hineinversetzen können.

Nach dieser Heldentat suspendierte auch Wien am 17. März 1747 Wilde und seine Genossen. Am 5. April wurde diese Suspensation öffentlich in Nordhausen bekanntgegeben, und 6 Wochen lang blieb das Kaiserliche Mandat unter Bewachung von zwei Stadtsoldaten angeschlagen, eine Kränkung, deren Wilde noch nach fast 40 Jahren, im Jahre 1781, in einem langen, für uns sehr aufschlußreichen Brief mit Bitterkeit gedachte.

Nun gingen die Anklageschriften von beiden Seiten nach Wien, und wenn der Historiker sonst durch seine Studien noch nicht zu ergebener Ruhe erzogen ist, so geschieht das bei der Durchsicht dieser Schriften, bei denen 170 Seiten Text und 28 Anlagen mit mehr als 200 Seiten Selbstverständlichkeiten sind. Im November 1747 war man endlich soweit, daß die Spießgesellen Wildes von Wien rehabilitiert wurden, und am 13. Februar 1748 beschloß der Rat auf Vorschlag Riemanns, die Vogtei und das Schulzenamt jedes Jahr mit den jeweiligen beiden Bürgermeistern der Stadt zu besetzen, um der Nachrede entgegenzutreten, als ob sie selbst diese Ämter um ihrer Einkünfte willen an sich bringen wollten. Wien konfirmierte diesen Beschluß, und seitdem wechselten bis 1802 die jedesmaligen Bürgermeister in der Führung der Reichsämter ab.

Wilde selbst aber blieb weiterhin seines Postens entsetzt, und wenn ihn die Aufregungen des Prozesses nicht klein bekommen konnten, so taten es die Kosten, die mit den vielen Reisen und Gerichtshonoraren verbunden waren. Am 28. Februar 1749 bat er den Kaiser de- und wehmütig um Restitution in seine Ämter, da er „die mehr als zwei Jahre dauernden schweren und herzfressenden Suspensationszeiten, die ihm Tage zu Monaten und Monate zu Jahren gemachet, und da er so viel unbeschreiblich und unzählbar als tödliche Verfolgungen seiner feindseligsten Gegner in einer mehr als menschlichen Gelassenheit geduldet habe".

Bald merkte er, daß nur durch Bestechungsgelder in Wien etwas zu erreichen war, und so wandte er denn mehr als 1000 Taler an, um die Richter des Hofgerichts gnädig zu stimmen. Mit Hilfe dieser goldenen Brücke gelang es ihm schließlich, das ersehnte Ufer, den Bürgermeisterposten, wiederzugewinnen. Der Reichshofrat hob die Suspension auf und beschloß auch, was für Wilde besonders wichtig war, daß ihm sein Gehalt nachgezahlt wurde. Da aber zeigten sich nun die Riemanns unversöhnlich und taten einen hinterhältigen Schachzug gegen Wilde.

Wilde neigte nämlich in religiöser Beziehung den damals gerade in Nordhausen wieder auftretenden Separatisten und Abendmahlsverweigerern zu.[71] Das benutzten nun seine Gegner, um ihn in Wien von neuem anzuschwärzen. Er sei ein Separatist und Atheist, hieß es, und während die Riemanns 1751 alle Sektierer in Nordhausen ihre Hand fühlten ließen und 12 Familien damals die Stadt räumen mußten, tat diese Anklage gegen Wilde auch in Wien ihre Schuldigkeit. Die Aufhebung der Suspension wurde abermals hinausgezögert; die Herren Reichshofräte witterten abermalige Bestechungsgelder.

Wilde wehrte sich, so gut er konnte. Er schrieb nun seinerseits am 17. April 1752 nach Wien, „daß die Riemannschen Stadtfeinde die allerärgsten Ketzer, Atheisten, Religionsspötter und solche Tyrannen seien, welche nicht nur über Hab und Gut, sondern auch über Seele und Seligkeit die Menschen grausamster Weise tyrannisierten ... , samt ihrer geschwägerten Geistlichkeit (Stange und Lesser) wahre, eingefleischte Teufel".

Endlich, am 7. August 1752, ließ sich der Kaiser erweichen, der Stadt zu befehlen, Wilde wieder in Gnaden aufzunehmen, aber unter den schwersten Bedingungen für ihn. Wilde mußte auf Nachzahlung seines Gehaltes verzichten, er mußte die Gelder, die er zur Führung seines Prozesses aus dem Stadtsäckel genommen, zurückzahlen, und er mußte „bei vollem Rate wegen seines Unfugs Abbitte tun".

Daraufhin wurde Wilde am 1. Dezember 1752 in Nordhausen rehabilitiert. Noch während der ersten Monate des folgenden Jahres versuchte er immer

---

71 Siehe oben Kapitel 14.

wieder, den Kaiser zu der Anordnung zu bewegen, daß ihm die Stadt sein Gehalt für die Jahre seiner Amtsentsetzung nachzahlte. Er erreichte nichts. Seine Wohlhabenheit scheint durch den Prozeß äußerst in Mitleidenschaft gezogen zu sein, so daß aus dieser Notlage die späteren Mißgriffe Wildes, von denen schon oben die Rede war, wenigstens teilweise ihre Erklärung finden.[72] Auch in diesem Kampfe um die Reichsämter zu Nordhausen, der nichts weiter war als ein Kampf gegen das Geschlecht der Riemanns, blieb Wilde unbelehrbar und starrköpfig bis zur Unverständlichkeit. Wenn er gegen die Riemannsche Familie vorgehen wollte, so mußte er eingesehen haben, daß die Reichsämter die ungeeignetste Angriffsfläche boten. Wilde sah das nicht ein. Jahrzehnte lang freilich ließ er den Streit ruhen. Doch am 17. Juli 1763 starb Chilian Volkmar Riemann, nachdem er fast 48 Jahre die Geschicke Nordhausens geleitet hatte, am 7. Juli 1774 starb sein Bruder, der Bürgermeister Joh. Gottfried Riemann. Die Tradition setzte dessen Sohn Heinrich August Riemann (Bürgermeister 1767–1801) fort. Da, nachdem die Alten zu Grabe getragen worden waren, wagte Wilde im ersten Jahre, wo er nach Joh. Gottfried Riemanns Tode wieder am Regimente saß, im Jahre 1777, noch einmal denselben Vorstoß wie im Jahre 1746. Er behauptete wieder, daß Nordhausen eine Lehnsnachsuchung für die Reichsämter nicht nötig habe.

Es müssen damals merkwürdig unselbständige und unfähige Männer im Nordhäuser Rate gesessen haben. Denn jeder von ihnen wußte, daß Wilde mit seiner Behauptung im Unrechte war, jeder wußte, daß der Kaiser Wildes Standpunkt ablehnen werde, jeder wußte, daß sich die Stadt, wenn sie sich zu dieser Behauptung bekannte, nur selbst schädigte, indem sie gegen die Rechte des Kaisers Stellung nahm, des einzigen Menschen, der der Reichsstadt noch einigen Rückhalt bot, – und dennoch gelang es Wilde, den Rat so zu bearbeiten, daß alle drei Regimenter am 15. Dezember 1777 einen Beschluß unterschrieben, nach welchem der Kaiser gebeten werden sollte, auf die Belehnung Nordhausens mit Vogtei und Schultheißenamt zu verzichten. Zugleich glaubte man eine günstige Aufnahme der Bitte durch den Kaiser dadurch erreichen zu können, daß man für die Bestätigung der Privilegien, für die man bisher 50 Dukaten bezahlt hatte, 100 Dukaten entrichten wollte.

Lange Zeit blieb das Gesuch Nordhausens in Wien unerledigt liegen, bis Anfang des Jahres 1781 aus Wien die Ablehnung der Bitte eintraf.[73] Längst war man aber auch in Nordhausen anderen Sinnes geworden. Sobald der starke Mann Wilde 1778 vom Regimente abgetreten war, regte sich der Widerspruch, und als nun gar die Ablehnung aus Wien angelangt war, beschlossen alle drei Räte am 17. August 1781, – aber in Abwesenheit Wildes, dessen Widerspruch man fürchtete – daß „das am 15. Dezember 1777 abgefaßte und bei Kaiserlicher Majestät übergebene Gesuch um Aufhebung der Lehen ... widerrufen und vielmehr beim Kaiser die Belehnung nachgesucht werden solle".

---

[72] Wichtigste Quelle II S a 6 des Archivs; dazu II Y g 6 a, II Y g, 6,c, Z a 1 b.
[73] II Y g, 6 a.

Wilde, der alte Haudegen, raste und schäumte, als ihm dieser Beschluß zu Ohren kam. Aber die Herren Stadtväter machten sich diesmal stark. Man hatte gegen den alten Bürgermeister einen starken Trumpf auszuspielen. Wilde hatte nämlich, wovon noch unten die Rede sein soll, vor langen Jahren von einem gewissen Liebenrodt, einem der Separatisten, die dann nach Preußen auswanderten, eine große Summe Geldes geborgt und hatte sich selbstverständlich Jahre lang geweigert, diese zurückzuzahlen, bis Friedrich der Große für seinen Untertanen eintrat und der Stadt Nordhausen, die Schlimmes befürchtete, nichts weiter übrigblieb, als ihrem Bürgermeister Wilde die verlangten 3000 Taler vorzustrekken. Ebenso selbstverständlich, wie Wilde dem Liebenrodt die Abzahlung schuldig geblieben war, blieb er sie der Stadt schuldig. Im Februar 1766 schon war die Stadt für ihn eingetreten, 1781 dachte Wilde noch gar nicht an Rückerstattung. Als nun aber Wilde wegen des umgestoßenen Ratsbeschlusses vom Jahre 1777 Schwierigkeiten machte, begann der Rat seinerseits, den Bürgermeister an das vorgestreckte Geld zu erinnern. Sofort schritt Wilde zur Klage gegen den Rat beim Reichsgericht und erging sich in seinen Anklageschriften in solchen Schmähungen gegen die Stadt, daß diese zur Gegenklage schritt. Am 3. Dezember 1781 wurde der Beschluß gefaßt, beim Kaiser wegen „Beleidigung des Rats und der Riemannschen Familie" vorstellig zu werden.

Das ganze Jahr 1782 kämpfte nun Wilde in alter Frische und Selbstverkennung für Aufhebung der Belehnung und für sein vermeindliches Recht gegenüber dem Rat. Ja, der Kampf hatte ihn so verbittert, daß er sich nicht scheute, zu den für die Stadt schädigendsten Maßnahmen zu greifen, die damals für Nordhausen bei seiner außenpolitischen Lage fast an Hochverrat streiften: Er wandte sich um Hilfe an Preußen und bot Preußen dafür gewisse Anrechte an der Vogtei und dem Schultheißenamte an! Außerordentlich bezeichnend ist es, wie der große König den fast Unzurechnungsfähigen abfahren ließ. Der König erteilte am 16. Dezember 1783 dem Bürgermeister Wilde auf verschiedene Eingaben die „allergnädigste Resulution", daß „Höchstdieselben gedachter Stadt das Reichsschulzenamt und die Reichsvogtei durch den Vertrag vom Jahre 1715 gänzlich abgetreten und übereignet, sich wegen deren Verwaltung und Ausübung nichts vorbehalten, sondern nur ausbedungen, daß sie an sonst niemand, das ist an keinen anderen Reichsstand, wieder überlassen werden sollte". [74]

Mit dieser deutlichen Erklärung hatte Wilde, der schon in den fünfziger Jahren, wie wir sehen werden, einmal mit Preußen gegen seine Vaterstadt konspiriert hatte, auch hier das Spiel verloren. Und dennoch wagte der starrsinnige, jetzt mehr als siebzigjährige Greis zu trium Regum 1784 vor dem Nordhäuser Rat nochmals den Antrag vorzubringen, beim Kaiser die Aufhebung der Belehnung nachzusuchen. Er erfuhr damit allseitige Ablehnung.

Und nun ward der Widerstand gegen ihn in der Stadt immer größer. Von 1781–1785 drängte die Stadt ihren Bürgermeister immer wieder wegen Rückzahlung der einst geborgten 3000 Taler, ohne zunächst ernsthaft gegen ihn

---

[74] II. Y g, 6 c.

vorzugehen. Wilde dachte gar nicht daran, seinen Verpflichtungen nachzukommen. Da schritt endlich am 2. Januar 1786 die Stadt zur Pfändung. Sie legte die Hand auf das Haus „Hinter den Predigern" (Erholung), auf die Wildeschen Ländereien und auf den Anteil des Bürgermeisters an dem Wildeschen Hölzchen. Den Prozeß, der sich wegen dieses Vorgehens der Stadt in Wetzlar entspann, wollte Wilde dort selbst durchfechten. Am 29. Juli 1786 reiste der Greis nach Wetzlar, am 10. Oktober ist er dort, fern von der Heimat und unversönlich gestorben. Er wurde mit den Ehren, die ihm als der Magnifizenz einer Freien Reichsstadt zukamen, begraben.

Nach seinem Tode einigte sich die Stadt schnell mit dem einzigen Verwandten Wildes, einem preußischen Geheimrat und *Dr. med.* Frese. Frese zahlte nicht nur sogleich die von Wilde erborgten 3000 Taler zurück, sondern im Dezember 1786 auch noch die 3000 Taler, welche Wilde als *„Douceur"* erhalten hatte. Der Rat verzichtete dafür auf alle Zinsen, und Geheimrat Frese spendete noch 50 Taler in die Kasse des Nordhäuser Waisenhauses. Wildes Hölzchen aber, das einzige, was noch heute an die Familie Wilde erinnert, ging im Jahre 1787 für 700 Taler an den Marktmeister Wedel über. Das ist der Ausklang eines alten Nordhäuser Geschlechts. [75]

Viel größere Sorgen als die inneren Wirrungen machten der Stadt die außenpolitischen Schwierigkeiten.

Nur die Zeit von 1715–1745 verlief leidlich ruhig. 1718 feierte die Stadt in glänzender Weise die Beendigung des dritten Türkenkrieges durch den Frieden von Passarowitz. 1735, im Polnischen Erbfolgekriege, schickte Nordhausen seine 45 Stadtsoldaten dem Prinzen Eugen an den Rhein zu Hilfe, 1738 bezahlte die Stadt 1750 Gulden Subsidien zum vierten Feldzuge wider die Türken. Auch durch den Österreichischen Erbfolgekrieg steuerte man das Schifflein noch einigermaßen glücklich hindurch, indem man erst den bayrischen Karl VII., nach dessen Tode aber sogleich Franz I. als Kaiser anerkannte. Vom ersten Schlesischen Kriege hörte man nicht viel; erst der zweite brachte das Kriegsgeschrei in bedrohliche Nähe. Im Sommer 1745 flüchteten viele Sachsen der näheren Umgebung in die Stadt und brachten dieselbe dadurch in einige Verlegenheit, da Nordhausen um alles in der Welt nicht den Anschein erwecken wollte, als bewahre es Preußen gegenüber nicht strengste Neutralität. Am 4. September 1745 erschien deshalb auch ein Ratserlaß: Man wolle zwar die geflüchteten Sachsen dulden; auf Geheiß des Rates müßten sie aber, ohne Schwierigkeiten zu machen, jederzeit die Stadt verlassen. Sachsens wegen war der zweite Schlesische Krieg auch sonst der Stadt nicht ganz gleichgültig. Preußen erhielt nämlich nach dem Kriege von Sachsen 1 Million Taler Kriegsentschädigung, zu deren Bezahlung auch die beiden Nordhäuser im sächsischen Hoheitsgebiet liegenden Güter Bielen und Uthleben mit 111 Talern herangezogen wurden. Doch man konnte sich immerhin glücklich schätzen, noch so davongekommen zu sein.

---

75 Die Wildeschen Prozesse sind hier etwa eingehender behandelt, als es vielleicht nötig gewesen wäre, da bisher ein Überblick über diese Verhältnisse noch nicht vorliegt.

Peinlicher wurde es, als im Zusammenhange mit dem Wildeschen Streite Ende der vierziger Jahre schwerere Konflikte mit Preußen ausbrachen.

Nur ein kleines Vorpostengefecht bildeten noch die Streitigkeiten um die Zollfreiheit aller nach Nordhausen in den preußischen Walkenrieder Hof eingeführten Früchte, von denen Riemann ebenso einen Zoll erheben wollte wie von den übrigen eingeführten Waren. Am 28. Juni 1747 protestierte die preußische Kammer zu Halberstadt gegen diese Belastung, und als Nordhausen dennoch auf seinem rechtlich unhaltbaren Standpunkt beharrte, sandte Friedrich II. am 15. Dezember unter Berufung auf Artikel 11 des Vertrages vom Jahre 1715 ein so nachdrückliches Schreiben an die Stadt, daß diese sich doch gemüßigt fühlte, einzulenken, „um mit einem so großen Herrn in keinen Verdruß zu geraten". [76]

In demselben Jahre 1747 veranlaßte nun aber die Zollpolitik der Stadt Nordhausen gegen die Bewohner der preußischen Grafschaft Honstein einen noch viel ernstlicheren Zwischenfall.

Nordhausen hatte in der Zeit nach dem Vertrage von 1715, der ihm ja für die Erwerbung von Vogtei und Schultheißenamt 50000 Taler Entschädigung auferlegt hatte, die Einwilligung der Nachbarstaaten erhalten, erhöhte Zölle festsetzen zu dürfen, bis die Stadt die Summen, welche ihr zur Abdeckung der preußischen Schuld von Hannover vorgestreckt worden war, abbezahlt hätte. Nun war diese Schuld, nachdem am 8. März 1735 die letzten 2000 Taler an Hannover bezahlt worden waren, getilgt, und Nordhausen mußte darauf bedacht sein, die Zölle herabzusetzen. Das geschah durch einen Ratsbeschluß vom 23. Juni 1735, der am 1. Juli bekannt gegeben wurde. Nach dieser neu aufgestellten Zollrolle wurden die indirekten Steuern erniedrigt, aber die alten, vor 1715 geltenden Sätze, die Preußen verlangte, erschienen nicht wieder, sondern die Stadt hatte ganz neue Tarife bekanntgegeben. So lagen die Sätze für das Mahl- und Schrotgeld, das die Bürgerschaft am meisten bedrückte, unter denen vor 1715. Die Abgaben für das Geleit- und Hausiergeld aber waren erhöht worden. Unter diesem Geleit verstand man erstens den Zoll, den jeder Jude, der nach Nordhausen kam, bezahlen mußte, dann den Zoll, der auf den Waren ruhte, mit denen fremde Händler in Nordhausen hausieren gingen, und endlich den Zoll von einer Reihe geringwertiger Waren, welche Fremde auf Fuhrwerk zum Verkauf auf den Nordhäuser Markt brachten, wie Salz, Butter, Kohl, Kümmel, Obst, Nüsse und dergl. Gerade an der Höhe des Zolls, der auf diesen Waren lag, war Preußen besonders interessiert, da seine Honsteinschen Untertanen den Nordhäuser Markt lebhaft beschickten. Preußen glaubte auch zu der Forderung berechtigt zu sein, daß Nordhausen diesen Zoll recht niedrig ansetze, da die Stadt vor allem durch Ausfuhr von Ölfrüchten –

---

[76] Punkt 11 des Vergleichs vom 22. Mai 1715 lautet: Weil auch oben der Walkenriedsche Kollekturhof erwähnt worden, so ist zu Vorkommung (Vorbeugung) aller Disputen und Mißhelligkeiten ... hiermit verabre det, daß die Kgl. Preußischen Kollektur-Bedienten zu Nordhausen von den bürgerlichen Oneribus, als Schoß, Wachgeld und dergl. beständig eximiert sein und bleiben sollen. Es verspricht auch der Rat, daß er die Kollektur-Früchte und andere Einkünfte, die S. Kgl. Majestät nach Nordhausen bringen lassen, mit keinem Import beschweren wolle, sondern sie von dergl. Auflagen allerdings frei und eximiert sein sollen. Wenn aber obgedachte Kollekturbediente zu Nordhausen Kornfrüchte aufkaufen, ... so gehöret und bleibet dem Magistrat von solchen Kornfrüchten der hergebrachte Scheffelpfennig.

561

jährlich mehr als 1000 Schock – aus der Grafschaft manchen harten Taler zog. Deshalb verlangte es, daß für das Geleit wenigstens die alten, vor 1715 geltenden Sätze wiederhergestellt würden. Während aber Chilian Volkmar Riemann den Bürgern in einer möglichst starken Herabsetzung anderer indirekten Steuern sehr entgegengekommen war, hielt er es für angebracht, den Geleitsatz höher anzusetzen als einst und auch daran festzuhalten. Früher wurde nämlich einfach für jede geleitpflichtige Ware 1 Pfennig Zoll erhoben, jetzt dagegen wurde der Zoll je nach der Menge der Ware festgesetzt.

Leider war dieses Vorgehen Riemanns nicht ganz einwandfrei. Das Geld, das aus dem Geleit einkam, stand nämlich nach altem Brauch dem Schultheißenamte zu, und da Riemann neben seinem Bürgermeisterposten auch sehr häufig den des Schultheißen bekleidete, flossen die Abgaben in seine Tasche.

Jahrelang scheint Preußen diese veränderte Erhebung des Zolls zum Nachteil der honsteinschen Bevölkerung entweder gar nicht bemerkt, oder aber ohne Einspruch Nachsicht geübt zu haben. Da machten die oben berührten Streitigkeiten, die Nordhausen mit Preußen wegen der Zollfreiheit des Walkenrieder Hofes hatte, König Friedrich auf diese Verhältnisse aufmerksam. Zugleich muß der preußische Kammerrat Walther, der in Nordhausen auf dem Walkenrieder Hof residierte, aus der Mitte der Nordhäuser Bürgerschaft selbst von der ungerechtfertigten Höhe des Geleitgeldes unterrichtet worden sein. Denn in den Akten beschweren sich die Nordhäuser über Denunziationen, welche die Sachlage falsch dargestellt hätten. Hier berührt sich der Streit zwischen dem Bürgermeister Wilde und der Stadt Nordhausen mit dem Streit zwischen der Stadt Nordhausen und Preußen. Denn in dem Augenblicke, wo Wilde die Riemanns in Wien wegen zu hoher Zollgebühren verklagte, kamen auch die Einsprüche Preußens wegen der Höhe des Geleitgeldes. Riemann hatte gewiß nicht recht getan, um seines Vorteils willen den Zoll zu erhöhen, aber die Machenschaften des Kreises um Wilde herum, die dem Haß und dem Neid gegen die Emporkömmlinge entsprangen, schädigten die Stadt noch viel mehr und grenzten an Hochverrat.

Während Riemann im Streit um die Befreiung des Walkenrieder Hofes vom Zoll schnell nachgegeben hatte, blieb er hier, wo es sich um seine eigenen Einkünfte handelte, äußerst hartnäckig. Neun Jahre lang, von 1747 bis 1756, tobte der Kampf.

Am 16. Februar 1748 forderte Preußen die Aufhebung des von den honsteinschen Händlern erhobenen Hausiergeldes. Am 11. April erwiderte Nordhausen, die Erhebung sei sein altes, gutes Recht und ergänzte am 14. November 1748 diese Äußerung noch ziemlich grob durch den Hinweis, die Stadt könne ja das Hausieren überhaupt verbieten; es sei der Nordhäuser Kaufmannschaft nur recht, wenn sie die lästige Konkurrenz los werde. Darauf drohte Preußen am 4. Mai 1749 mit Gegenmaßnahmen.

In diesem Stadium des Streites brachten nun die Riemanns im Rate einen für sie sehr vorteilhaften Antrag ein. In der Stadt waren nämlich Gerüchte verbreitet, die Bürgermeister und Schultheißen bezögen aus dem aufkommenden Geleitgelde 800–1000 Taler jährlich, ein Vorwurf, den die Betroffenen entkräften wollten.

Zugleich merkten die geschickten Diplomaten, daß Nordhausen in dem Konflikte mit Preußen wahrscheinlich doch den kürzeren ziehen werde, das Geleitgeld herabsetzen müsse und damit die Einnahme des Schultheißen vermindert würde. Unter dem Vorwande, sie möchten nicht wegen zu hoher Gehälter angegriffen werden, stellten deshalb Ende des Jahres 1748 sämtliche Bürgermeister den Antrag, man möchte ihnen nur den dritten Teil der auf 800–1000 Taler veranschlagten Zölle regelmäßig als Gehalt auszahlen, dann seien sie schon zufrieden. Diesem Wunsche kam der Rat am 1. Januar 1749 nach. Seitdem floß das Geleitgeld in die Stadtkasse; die Bürgermeister aber, die jeweils Schultheißen waren, bekamen fortan als Entschädigung für Verwaltung dieses Amtes die Summe von 270 Talern. Nun mochte der Zollzwist mit Preußen auslaufen, wie er wollte; die Schultheißen bekamen jedesmal ihr Gehalt, geschädigt wurde höchstens die Kämmereikasse. [77]

Sobald diese Ablösung erfolgt war, lag den regierenden Herren nicht mehr allzuviel an weiteren Auseinandersetzungen mit Preußen. Es erfolgte nur noch am 6. August 1749 eine lahme Rechtfertigung Nordhausens und dann ein Nachgeben in allen wesentlichen Punkten.

Erst am 23. Dezember 1754 nahm Preußen die Unterhandlungen wieder auf und legte dar, es sei erfreut, daß Nordhausen selbst sein Unrecht einsehe und von dem erhöhten Geleitgelde zurückgekommen sei. Die Stadt möchte doch nun die revidierte Zollrolle im Druck erscheinen lassen, damit sie jedem bekannt würde. Dieser preußischen Forderung suchte nun aber Nordhausen wieder auszuweichen, um sich nicht für immer festzulegen. Es suchte nach Ausflüchten über Ausflüchten, die dem einstigen Advokaten Riemann alle Ehre machen, so daß Preußen über einen Streit „voll greulicher Schikane" klagte und schließlich am 8. Dezember 1755 an die Stadt schrieb, sie wolle die Zollrolle nur nicht publizieren, weil sie die Zölle „nicht zu allgemeinem Besten, sondern willkürlich festsetzen wolle, so daß sie das Licht zu scheuen hätten".

Zugleich schritt Preußen nun zu scharfen Gegenmaßnahmen, welche Handel und Wandel Nordhausens nach und nach stark beeinträchtigen mußten. Den preußischen Untertanen der Grafschaft Honstein wurde bei Strafe der Konfiskation verboten, etwas in Nordhausen zu kaufen. Auf alle nach Nordhausen gehenden und von Nordhausen kommenden Waren wurde ein hoher Zoll gelegt, so daß die Abgabe, welche von 7 Oxhoft Wein entrichten werden mußte, 26 Taler betrug. [78]

Da suchte nun Nordhausen in seiner Bedrängnis am 30. Dezember 1755 den Kaiser für die Angelegenheit zu interessieren. Aber der Agent Middelburg in Wien konnte nur berichten, daß von Wien keine Hilfe zu erwarten sei; man solle allein mit Preußen weiter verhandeln. Doch dieses Hilfegesuch blieb nicht geheim, und nun schrieb der große König am 3. April 1756 recht bedrohlich:

„Solltet Ihr durch jene Einwendungen und daß Ihr vom Kaiserlichen Hof erst

---

[77] Bericht des preußischen Kammerrats Walther vom Walkenrieder Hof nach Berlin. Nordhäuser Archiv II. S a 10.

[78] 1 Oxhoft = 206 Liter.

Verhaltungsmaße darüber einholen müßtet, etwa die Absicht hegen, daß wir uns dadurch irre machen lassen ..., so versichern wir Euch, daß Ihr Euch deshalb vergeblich flattiert."

Als aus Wien keine Hilfe zu erwarten stand, wandte sich die Stadt an ihre alten Freunde Hannover und Braunschweig. Doch hier war seit 1715 ein völliger Umschwung eingetreten. Der Siebenjährige Krieg bereitete sich schon lange vor; England, Hannover und Braunschweig waren im Bunde mit Preußen. Daher gab Hannover am 13. September 1756 nur den Rat, nicht auf der Zollrolle von 1735 zu bestehen, sondern die alte von 1703 zu veröffentlichen, und Braunschweig schrieb noch gröber: „ ... Wir haben vielmehr die Ehre zu versichern, daß diesseits ebenso auf sotane Erfüllung in diesem Stück gedrungen werde."

Damit war für Nordhausen jede Möglichkeit auszuweichen erschöpft. Am 15. Februar 1757 schickte es die verlangte neue Zollrolle nach Berlin ein. Doch schon tobte der Siebenjährige Krieg, und König Friedrich hatte andere Sorgen als die des kleinen Zollstreites mit Nordhausen.

Erst am 30. März 1794 knüpfte Preußen an die alten Auseinandersetzungen wieder an, indem es Nordhausen um die alte Zollrolle bat. Daraufhin sandte der Rat die bereits 1757 genehmigte Zollrolle abermals ein; am 31. Januar 1795 erklärte sich Preußen mit den darin aufgeführten Sätzen einverstanden und ersuchte nur, um den Bleicheröder Juden eine Erleichterung zu verschaffen, um die Herabsetzung des Judenzolls. Deswegen machte aber Nordhausen wieder Schwierigkeiten, so daß die Sache nicht vorankam, bis dann die Einverleibung der Stadt in Preußen allem Hader ein Ende machte. [79]

Bei den mancherlei Unfreundlichkeiten, mit denen sich Preußen und Nordhausen schon vor dem Siebenjährigen Kriege bedacht hatten, nimmt es nicht wunder, wenn der große König mit einigem Groll an die Reichsstadt dachte. Als er deshalb am 15. Juni 1754 auf einer seiner berühmten Inspektionsreisen auch die Grafschaft Honstein aufsuchte und gezwungen war, Nordhäuser Gebiet zu berühren, ließ er seinen Wagen von der Heerstraße ablenken und in aller Eile am Nordrande der Stadtgrenze durch die Gumpe auf das preußische Schurzfell zuhalten. Nordhausen selbst, gerade im Zollstreit mit Preußen befindlich, hatte auch keinerlei Anstalten gemacht, dem Herrscher ein festliches Geleit bei der Durchfahrt zu geben.

So saß der König, nur von kleinstem Gefolge umgeben, mit seinem Adjutanten und dem Landrat der Grafschaft im Wagen, und als er von der Anhöhe südlich Petersdorf der Stadt ansichtig wurde, mag ein mokantes Lächeln die fest aufeinander liegenden Lippen umspielt haben. Vielleicht, daß der Monarch und sein Landrat damals folgende Anmerkungen beim Anblicke der Stadt gemacht haben. [80]

---

79 Wichtigste Quelle II S a 10 im Nordhäuser Archiv. Hierin auch die Zollrolle von 1794. Im übrigen bringt auch Filter manches; Z a 2 b im Nordhäuser Archiv.

80 Landrat: Da ist die Reichsstadt Nordhausen, Ew. Majestät!
   König: Ah, das ist die miserable Stadt, deren Bürgermeister meinen Untertanen zu hohe Abgaben auferlegt und sie in seine Taschen wandern läßt.

– Voilà, Sire, la ville impériale de Nordhausen! –
– Tiens! c'est donc cette ville misérable dont le bourgme stre frappe mes sujets d'impôts si lourds pour les empo cher lui – même! –
– Le bougmestre est un fort habile homme ...
– C'est un avocat, vrai gibier! Qu'il soit aux prises avec ses concurrents dans la ville autant que le coeur lui en dise; mais qu'il ne chicane point mes sujets. – Et que le landrat, ayez-en bien la conscience, ne manque pas à son devoir d'instruire immédiatement de toute irrégularité ma Chambre à Halberstadt. –

Dann aber gingen alle kleinen Streitigkeiten unter in der großen weltpolitischen Auseinandersetzung des Siebenjährigen Krieges.

Am 29. August 1756 hatte Friedrich II. mit dem Überschreiten der sächsischen Grenze den Krieg eröffnet. Im Frühjahr 1757 erklärten Frankreich, Rußland und Schweden an Preußen den Krieg. Schon vorher, in zwei Sitzungen des Reichstages zu Regensburg am 10. und 17. Januar 1757, hatte sich das Reich mit großer Stimmenmehrheit für den Anschluß an Österreich entschieden. Diese Beschlüsse zwangen auch die Reichsstadt Nordhausen an die Seite ihres Kaisers. Nordhausen mußte sein Kontingent von 45 Mann zur Reichsarmee stoßen lassen oder statt dessen monatlich 315 Gulden bezahlen. Dieses letztere zog die Stadt vor, so daß sie vom Reiche im Laufe der $6^1/_2$ Kriegsjahre mit 18742 Gulden Kriegssteuer herangezogen wurde. 3277 Gulden wurden später von dieser Summe gestrichen.

Auch sonst kam die Stadt ihren Verpflichtungen dem Reiche gegenüber zunächst durchaus nach. Schon am 22. November 1756, also noch vor der eigentlichen Kriegserklärung des Reiches an Preußen, ließ der Rat Wiener Erlasse, die eine Stellungnahme gegen Preußen verlangten, öffentlich bekanntgeben. Auch im September 1757 zeigte man noch offen diese gegen Preußen gerichtete Einstellung. Dann aber kamen die entscheidenden Siege des Königs vom 5. November und 5. Dezember dieses Jahres, und seitdem wagte Nordhausen nicht mehr, Partei zu ergreifen. Weitere Anordnungen des Kaisers, z.B. im Juni 1759, gingen zu den Akten und blieben unausgeführt.

Trotz dieser zunächst gegen Preußen gerichteten Front nahm Nordhausen doch keinen Augenblick aktiv am Kriege teil. Die Stadt war in ihrer Wehrlosigkeit den kriegführenden Parteien vollständig ausgeliefert, mußte, je nachdem Österreich und Frankreich oder Preußen und Hannover am Südharzrande die Oberhand gewannen, bald von dieser, bald von jener Armee geduldig alle mit den Kriegshandlungen verbundenen Plackereien hinnehmen und wurde, besonders von Preußen, mit Kontributionen nicht wenig belastet.

Dazu kamen alle die übrigen Nöte eines Krieges. Verwundete und in Nordhausen untergebrachte Soldaten verbreiteten unter der Bevölkerung das Lazarettfieber, Münzverschlechterungen führten Teuerungen herauf, Getreidesperren

---

Landrat: Dieser Bürgermeister ist ein recht geschickter Mann ...
König: Er ist ein Advokat, ein Galgenvogel, der sich mit seinen Nebenbuhlern in der Stadt herumschlagen mag, soviel er will; aber meine Untertanen soll er nicht schikanieren. – Er als Landrat hat die Pflicht, meine Kammer in Halberstadt von jeder Unregelmäßigkeit sogleich in Kenntnis zu setzen.

beeinträchtigten zeitweilig Handel und Gewerbe, eine scharfe Zensur unterband die freie Meinungsäußerung, das „Raisonnieren".

Dennoch brachte der Krieg wenigstens gewissen Kreisen auch wirtschaftliche Vorteile. Mancher Getreidemakler machte ein glänzendes Geschäft, und die Branntweinindustrie gedieh damals zum ersten Male wirklich ins Große, so daß am 19. Januar 1761 die preußisch-hannöversche Armee 1000 Faß Branntwein, das Faß zu 20 Talern gerechnet, anfordern konnte. [81]

Für Nordhausen läßt sich der Krieg ziemlich scharf in zwei Abschnitte zerlegen; der erste reichte von 1757–1759, der zweite von 1760–1763.

In der ersten Hälfte des Krieges kam die Stadt, ähnlich wie im Dreißigjährigen Kriege, außerordentlich glimpflich davon. Während Sachsen dem preußischen Staate eingegliedert wurde, immer wieder Geld und Truppen stellen mußte und schließlich, nachdem die preußischen Hilfsquellen erschöpft waren, systematisch ausgesogen wurde, spürte Nordhausen zunächst kaum etwas vom kriegerischen Geschehen. Selbst seine beiden in sächsischem Hoheitsgebiete liegenden Güter Bielen und Uthleben wurden erst 1759 von den Preußen zu Abgaben herangezogen.

Die ersten kriegsmäßig ausgerüsteten Truppen, die Nordhausen zu sehen bekam, waren Franzosen. Am 14. September 1757 erschien eine Patrouille von sechs französischen Husaren unter einem Rittmeister in der Stadt. Die preußische Grafschaft Honstein war damals von den Franzosen besetzt; der Landrat von Werther war auf seinem Gutshofe in Klein-Werther aufgehoben und als Gefangener nach Goslar gebracht, bald aber wieder freigelassen worden.

Im Oktober bezog dann ein Teil der französischen Armee unter dem Herzog von Broglie in Nordhausen selbst Quartier. Als Verbündete des Kaisers behandelten die Franzosen die Reichsstadt ganz manierlich. Kleine Unannehmlichkeiten, wie sie jede Besetzung mit sich bringt, mußte die Stadt natürlich in Kauf nehmen. So errichteten die Franzosen in der Spendekirche ein großes Heu- und Strohmagazin, stapelten im Walkenrieder Hofe Roggen und Weizen, im Ilfelder Hofe Hafer auf und nahmen das Martinihospital als Lazarett in Anspruch. Die Bäcker mußten für die Armee 51787 Brote zu je 3 Pfund backen.

Bald darauf war es aber mit der französischen Herrlichkeit vorbei. Am 5. November 1757 zersprengte der große König die Franzosen und Reichstruppen bei Roßbach. In größter Unordnung zog sich die Armee gegen die Weser zurück. Am 9. November langten der Oberbefehlshaber Prinz von Soubise, der General Broglie und der Prinz von Hildburghausen in Nordhausen an. Sie hatten zunächst nur wenige Truppen bei sich; in den Vorstädten konnten sich zunächst nur zwei Regimenter Infanterie und einige Kavallerie einquartieren. Erst in den nächsten Tagen langten immer wieder in völliger Auflösung befindliche kleinere Trupps an. Am 14. November rückten die Überreste der einst so stolzen und übermütigen Armee höchst kümmerlich gen Westen nach Duderstadt ab.

---

81 Ratserlaß vom 19. September 1759. In Gesellschaften soll niemand von „jetzigen Zeitläufen raisonnieren". – Die 1000 Faß Branntwein hatten also einen Wert von 20000 Talern. Der Jahresetat der Stadt verzeichnete damals ungefähr 30000 Taler Einnahmen.

Durch diesen Sieg bei Roßbach fiel Nordhausen fast drei Jahre lang ausschließlich in preußische Gewalt. Doch war die Besetzung der Stadt und der Landschaft für die Bevölkerung durchaus erträglich. Abgesehen von kleineren Anforderungen verlangten die Preußen nur zweimal größere Kontributionen: Im März 1758 mußte die Stadt 14000 Taler zahlen und im Oktober desselben Jahres noch einmal 5000 Taler.

Wirklich zu leiden begann Nordhausen erst in der zweiten Hälfte des Krieges. Das Jahr 1759 war für Preußen an Mannschaft und Material so verlustreich gewesen, daß der Staat seine Kräfte aufs äußerste anspannen und die Hilfsquellen der Länder, die in seiner Hand waren, rücksichtslos in Anspruch nehmen mußte. Und nicht bloß unter der Höhe der Kontributionen, sondern auch unter der Schärfe, mit der sie nunmehr eingetrieben wurden, hatte die Bevölkerung zu leiden. Dazu kam, daß in dem langen Kriege die Soldaten verrohten und verwilderten. Nach und nach sah mancher von ihnen, Offizier wie Soldat, den Ausnahmezustand des Krieges als normal an und ließ davon seine Haltung und sein Auftreten beeinflussen. Besonders in den Freischaren, welche die preußischen Armeen gebildet hatten, befand sich mancher verwegene Gesell, der seinem Könige größte Dienste leistete, der aber den Krieg nicht mehr um eines höheren Zieles willen, sondern nur um des Krieges selbst willen führte. Die Gegend, die von dergleichen Freischärlern heimgesucht wurde, hatte naturgemäß nicht bloß große materielle Opfer zu bringen, sondern mußte auch nicht geringe seelische Belastungen ertragen.

So erhielt gleich zu Beginn des Jahres 1760 auch Nordhausen eine empfindliche Kontribution auferlegt. Am 6. Februar 1760 kam der Befehl, die Stadt solle 40000 Taler bezahlen; und sie mochte sich noch so sehr wehren und winden und die Höhe der Summe für unerträglich halten, – schon am 19. Februar waren die Taler und Louisdor aufgebracht. Während diese Kriegssteuer aber auf Anordnung des Königs eingezogen worden war, wagten in der Gesetzlosigkeit des Krieges Freischarenführer, auf eigene Faust von den friedlichen und wehrlosen Bürgern Gelder zu erpressen. So verlangte der Freischärler von Kovats schon eine Woche, nachdem die Stadt mit Mühe und Not die 40000 Taler zusammengekratzt hatte, nochmals nicht weniger als 100000 Taler, erleichterte die Bürgerschaft tatsächlich wenigstens um 15000 Taler und ließ davon 5000 als „douceur" für sein Entgegenkommen in die eigenen Taschen wandern.

Hier treffen wir also wiederum auf dieses für uns heute gänzlich unbegreifliche Unwesen der Bestechungsgelder, das uns im 17. und 18. Jahrhundert schon so häufig begegnet ist. Alle Welt erscheint damals damit verseucht: Die Bürger lassen einander Bestechungsgelder zufließen, selbst Beisitzer der höchsten Gerichtshöfe, wie des Kaiserlichen Hofrates zu Wien, sind für Bestechungen zugänglich, und hier im Siebenjährigen Kriege beobachten wir, wie Offiziere und Mannschaften sämtlicher kriegführenden Mächte ohne Scham die Situation für sich ausnutzten. Selbst ein Georg von Holstein erhielt am 7. Juni 1760 von Nordhausen ein „douceur" von 3500 Talern. Erst aus dieser skrupellosen Einstellung der Soldateska wird uns erklärlich, wie auch Lessing sein Schauspiel

Minna von Barnhelm sich auf diesen Verhältnissen aufbauen lassen kann. Zugleich erfahren wir hier allerdings auch, daß es, Gott sei dank, genug vornehme und gebildete Männer gab, die der Seuche nicht zum Opfer fielen. So wissen denn auch die Nordhäuser Akten davon zu berichten, daß König Friedrich und Prinz Ferdinand von Braunschweig, so oft sie von dergleichen Übergriffen hörten, die Gauner zur Rechenschaft zogen, und der Oberst von Kleist, an den sich die Stadt mehrfach beschwerdeführend wandte, mißbilligte ausdrücklich das Vorgehen seiner Untergebenen, ohne doch dem Unwesen dauernd Einhalt gebieten zu können.

Bei seinem ersten Besuche Ende Februar 1760 nahm der Rittmeister von Kovats auch beinahe sämtliche Nordhäuser Handwerker für Heereslieferungen in Anspruch. Die Schmiede, die Wagner, die Sattler hatten Tag und Nacht für die Ausstattung seiner Truppen zu arbeiten, und die Requirierung mancher Tuch- und Lederwaren scheint dabei auch nicht gerade auf höheren Befehl vorgenommen worden zu sein.

Eine Belastung seelischer Art war es schließlich, daß Nordhausen jetzt auch eine Reihe treuer und angesehener Bürger hergeben mußte, welche für die loyale Haltung der Stadt während des Krieges bürgen sollten. So wurden denn die Bürgermeister Rennecke und Lange, der Vierherr Feist und die Ratsherrn Arens und Rosenthal als Geiseln nach Magdeburg abgeführt.

Bei einem zweiten ungebetenen Besuche im Mai des Jahres 1760 führte Kovats auch Nordhausens wertvollstes Geschütz, den 1519 gegossenen Lindwurm, mit sich fort, und trotz späterer Bemühungen konnte die Stadt dieses ihr Prunkstück nicht wiedererlangen. Vielleicht ist das Geschütz noch während des Krieges in den Schmelzofen gewandert. Die Nordhäuser aber haben seitdem bis in unsere Tage hinein den „olen Kowatsch" als Schimpfwort ausgeteilt. [82]

Als dann im Sommer und Herbst des Jahres 1760 Prinz Ferdinand alle seine Truppen im Westen, der König selbst im Osten zur Wiedereroberung von Sachsen gebrauchte, machten sich die lästigen preußischen Streifkorps davon. Dafür erschienen aber im August Reichsarmeetruppen, Württemberger, welche die Bewohner in nicht geringere Bedrängnis brachten. Gleich zu Beginn der Besetzung mußte Nordhausen 34564 Portionen Brot liefern. Außerdem verbrauchten die Truppen Unmengen von Hafer, Mehl, Branntwein, Vieh. An diesen Heereslieferungen verdienten zwar einige wenige Bürger manchen blanken Louisdor; aber die Gesamtheit der Bevölkerung hatte den Schaden. Im übrigen führten die Württemberger einige Unternehmungen gegen die südlich des Harzes liegenden braunschweigischen und hannöverschen Gebiete durch, vertrieben auch in einem

---

[82] Vom 5. Mai 1760 gelangt ein Schreiben des Obersten von Kleist an die Stadt, worin er die Aufführung von Kovats' mißbilligt. – Wegen des entführten Lindwurms richtete die Stadt noch am 5. März 1787 ein Gesuch um Rückgabe an Preußen. Am 16. März erteilte der König eine gnädige Antwort; auch scheint man sich in Preußen tatsächlich um das Geschütz bemüht zu haben. Doch am 27. Oktober 1790 erhielt Nordhausen die Mitteilung, „alle dergleichen Kanonen wären seiner Zeit eingeschmolzen worden." – Das Schimpfwort „oler Kovats" hat heute ver änderte Bedeutung angenommen, indem man es in Verbindung mit „Quatsch" gebracht hat. Oler Kowatsch = alter Quatschkopf.

A.   R.
Medaille 1717 zur Huldigung für Karl VI. (Christian Wermuth-Gotha).

A.   R.
Medaille 1764 auf die Krönung Josephs zum römischen Könige.

A.   R.
Medaille 1803, Huldigungsmünze, Vereinigung mit Preußen. (fec. Loos).

Carl Schiewek, Phot.

Alte Propstei, abgebrochen 1899.

Keller des ehemaligen Propsteigebäudes. Carl Schiewek, Phot.

Scharmützel die Braunschweiger, die den Paß von Ilfeld hielten, und ließen aus den friedlichen Ortschaften, besonders aus Ilfeld selbst, manches wertvolle Stück als gute Beute mitgehen. Die Nordhäuser aber fragten nicht lange nach der Herkunft der ihnen von den Soldaten angebotenen Gegenstände, sondern kauften schnell für billiges Geld die teuersten Sachen ein. Am 4. September mußte der Rat diesen Unfug verbieten und zur Herausgabe der eingehandelten Beutestücke auffordern. Wenigstens die Obrigkeit war anständig genug, eine Bereicherung aus der Not der Bevölkerung, mit der man sonst im freundschaftlichsten Verkehr lebte, nicht zuzulassen.

Nach der Schlacht bei Torgau war dann die Herrlichkeit vorbei. Preußische Truppen nahmen wieder von der Landschaft Besitz und verlangten sogleich Brot und Branntwein. Ende des Jahres aber überreichte der Major von Prittwitz der Stadt die böse Aufforderung, 50000 Taler zu zahlen und 100 Rekruten zu stellen. Das Geld wurde innerhalb 14 Tage den Preußen zur Verfügung gestellt; den Blutsold aber, den der König, dessen Grenadiere auf den Schlachtfeldern verblutet waren, forderte, zahlte man nicht. So gern sich die Brauer und Brenner von den Kriegslasten gedrückt hätten, – ehe sie ein Nordhäuser Kind die verhaßte preußische Uniform anlegen ließen, griffen sie doch lieber noch einmal tief in die Tasche, den letzten oder auch wohl erst vorletzten Taler zu suchen. Der Rat legte den Bürgern eine doppelte Grund- und Gebäudersteuer auf, erhöhte die Umsatzsteuer und brachte auf diese Weise auch noch weitere 5000 Taler auf, mit denen die Stellung von Rekruten abgewendet wurde.

Nicht weniger unruhig als das Jahr 1760 verlief das folgende. Wieder waren die Aue und das Eichsfeld zwar keine im eigentlichen Sinne umkämpften Gebiete, aber sie waren sozusagen „Niemandsland", das, zwischen den kämpfenden Parteien gelegen, des öfteren vom Westen und Osten her von feindlichen Streifen beunruhigt wurde. Daher kommt es auch, daß die Nordhäuser Kriegsgeschichte dieser Zeit einen recht hübschen Einblick in den Kleinkrieg dieser schlimmen sieben Jahre gewährt.

In den ersten Monaten des Jahres war die Stadt in der Hand der Gebrüder Selchow, eines Majors und eines Hauptmanns, die mit ihren preußischen Dragonern die Gegend abstreiften bis weit auf das Eichsfeld hinauf. Doch am 12. März, $4^1/_2$ Uhr morgens, überrumpelten Franzosen, Husaren und Infanterie, die sorglose Stadt, zersprengten die Dragoner und nahmen die Selchows selbst gefangen. Ein paar Tage nur sollten sie freilich die verwegenen Haudegen mit sich führen. In abenteuerlicher Flucht entwischten die beiden Freischärler und langten am 16. März schon wieder in Nordhausen an. Und nun sahen sie sich besser vor; leider nicht nur gegen den Feind draußen, sondern auch gegen die Bürger drinnen, die sie wohl im Bunde mit dem Franzmann glaubten. Sie setzten die Stadt in Verteidigungszustand, ließen zahlreiche Patrouillen gegen das Eichsfeld streifen, waren jeden Augenblick auf neue Angriffe gefaßt und jedenfalls bereit, die Stadt bis zum äußersten zu halten. Als einstmals blinder Alarm ertönte, sammelten sie ihre Dragoner auf dem Kornmarkte, um die Hauptmacht sofort nach der gefährlichsten Stelle der Stadtbefestigung werfen zu können.

Doch begannen die Selchows nun auch, die Bürger zu drangsalieren. Nicht allein, daß die Stadt für den Unterhalt und die Löhnung ihrer Truppen aufkommen mußte, – sie ließen auch die Tore schließen und unterbanden dadurch den Verkehr, sie ließen die Stadtsoldaten entwaffnen und behandelten selbst die ihnen verdächtigen Ratsherrn gar unfein. Voll Kümmernis schickte die Stadt darauf am 16. Juni den Pastor primarius Ostermann an den Prinzen Heinrich von Preußen nach Meißen, der wegen des bösen Treibens der Selchows daselbst vorstellig werden mußte. Irgendeine Erleichterung brachte der geistliche Diplomat nicht; im Gegenteil, die Dragoner machten sich daran, den Stadtsoldaten auf offener Straße auch noch ihre letzte armselige Waffe, das Seitengewehr, abzunehmen. Da aber halfen sich die Bürger selbst. Sie rotteten sich, wie einst im Dreißigjährigen Kriege gegen die Schweden, zusammen und nahmen eine so bedrohliche Haltung an, daß die Selchows befahlen, den Soldaten die Seitengewehre zu lassen.

Wie recht im übrigen die Preußen daran getan hatten, auf ihrer Hut zu sein, beweist ein zweiter französischer Angriff, der am 23. August mit überlegenen Streitkräften erfolgte. Morgens um $1/24$ Uhr gelang es dem General Grandmaison, die Stadt abermals zu überrumpeln. Dabei fielen der französischen Streife das gesamte Armeegepäck, die Regimentskasse mit 16000 Talern, 4000 Pferde und viele Gefangene in die Hände. Weiteren Schaden anzurichten, ließ sich der General keine Zeit, sondern zog alsbald wieder gen Westen ab. Doch hatten die Franzosen wohl bemerkt, daß Nordhausen ein nicht unwichtiger vorgeschobener Posten der Preußen war. Sie kehrten daher am 11. September nochmals zurück, um das große Magazin, das die Preußen in der Spendekirche angelegt hatten, zu vernichten. Da sie die Vorräte nicht fortschaffen konnten, streuten sie das Mehl in die Gossen oder schütteten Kalk hinein, um es zu verderben. Auch zeigten sie ein weniger artiges Benehmen gegen die Einwohner als im Jahre 1757. Einige Ausschreitungen, Plünderungsversuche und Gewalttaten kamen vor, so daß sich der Rat beschwerdeführend an Broglie wandte.

Nunmehr blieben die Franzosen fast ein Jahr lang, bis in den August des Jahres 1762 hinein, auf dem Eichsfelde und am Südharzrande überlegen. In dieser Zeit gelang ihnen ja auch die Heldentat, die Burg Scharzfels in Trümmer zu legen. Vor allem benutzten sie aber Mühlhausen als Stützpunkt. So kam es, daß auch Nordhausen nach Mühlhausen hin Betten und Bekleidung für die Franzosen liefern mußte. Schließlich wurden sogar für den Ausbau von Verteidigungslinien 400 Schanzer von Nordhausen gefordert. Tatsächlich gingen dann auch an drei verschiedenen Terminen im November und Dezember 1761 wenigstens 171 Nordhäuser Bürger als Schanzarbeiter nach Mühlhausen ab.

Bald darauf schied nun aber Rußland aus der Koalition gegen Preußen aus. König Friedrich konnte wieder aufatmen, und schnell war das Übergewicht Preußens in ganz Deutschland nördlich des Mains wiederhergestellt. Während der König selbst vor allem in Schlesien und in der Lausitz gegen die Österreicher kämpfte, deckte sein Bruder Heinrich Sachsen und Thüringen. Im Operationsgebiet dieser Armee lag deshalb auch Nordhausen. So gelangte denn am 14. September 1762 ein Befehl aus Freiberg in Sachsen an Nordhausen, sogleich

50000 Taler bar, für 50000 Taler Furage, 300 Wispel Roggen, 300 Wispel Gerste und 400 Wispel Hafer zur Verfügung zu stellen. [83] Das war die schwerste Kontribution, welche die Stadt während des ganzen Krieges traf. Neue Steuern mußten den Bürgern auferlegt, 20000 Taler mußten von neuem geborgt werden. Bei der unsicheren Haltung der Stadt, die es ein ganzes Jahr lang mit den Franzosen gehalten zu haben schien, mußte man auch fürchten, daß die Preußen abermals Geiseln verlangten. Das greise Stadtoberhaupt Chilian Volkmar Riemann, sein Neffe und der Stadtsekretär Filter als angesehene und ausschlaggebende Persönlichkeiten schwebten dauernd in Gefahr aufgehoben zu werden. Riemann und Filter flüchteten deshalb am 30. Oktober nach Braunschweig, Riemann junior nach Bovenden bei Göttingen, wo ein Verwandter seiner Familie Amtmann war. So mußten denn schließlich andere dran glauben: Der Bürgermeister Lerche, der erst am Weihnachtstage des Vorjahres von den Franzosen mißhandelt worden war, der Syndikus Seidler und der Schuhmachermeister Burchhardt wurden am 12. November als Geiseln nach Leipzig abgeführt und solange recht schnöde behandelt, bis die Preußen sich durch die Lieferungen von Geld und Getreide befriedigt erklärten. Am 17. Dezember kehrten die Geiseln aus Leipzig zurück, so daß sie wenigstens die Genugtuung hatten, zu Weihnachten wieder in der Heimat zu weilen und mit den Ihren in die Christmette gehen zu können. – Mehrfach nach allen Seiten, an den Prinzen Heinrich von Preußen und an den Herzog Ferdinand von Braunschweig gesandte Unterhändler setzten schließlich durch, daß Ferdinand von Braunschweig am 18. Dezember 1762 befahl, keine Truppen mehr in die Stadt zu legen.

Doch war Nordhausen deshalb noch nicht sicher vor weiteren Kontributionen. Gleich Anfang Januar 1763 traten die Preußen mit neuen Forderungen an die Stadt heran; abermals sollten 50000 Taler bezahlt werden, und es bedurfte erst langwieriger Unterhandlungen mit dem Obersten Lölhöffel in Langensalza, bis sich die Preußen mit 40000 Talern und einigen Douceurs zufrieden erklärten. Bis zum Februar 1763 war nach mancherlei Drohungen, die Stadt mit Einquartierung zu plagen, auch diese große Summe aufgebracht. –

Am 15. Februar war aber schon der Friede zu Hubertusburg geschlossen worden. Kurz darauf verkündete die ungebändigte Freude der Honstein-preußischen Bevölkerung den Nordhäuser Bürgern das Ende des Krieges. Doch erst am 13. März lief die offizielle Nachricht vom Friedensschlusse aus Regensburg ein. Mit Feuerwerk und Schießen auf den Straßen begrüßten die Nordhäuser die Kunde. Am 31. März kehrten nach dreijährigem Aufenthalt in Magdeburg auch die Nordhäuser Geiseln zurück und wurden mit allen schuldigen Ehrbezeugungen eingeholt. Und nun erst konnte Nordhausen wirklich frohen Herzens an das eigentliche Dank- und Friedensfest gehen. Am 4. April, dem 2. Osterfeiertage, ließ der Rat von den Kanzeln verkünden, daß das Fest am 10. April stattfinden sollte. Doch genügte naturgemäß zu solchem Anlaß ein einziger Festtag und eine einfache Ausgestaltung der Feierlichkeiten nicht, obwohl der Krieg die Stadt

---

83 Ein preußischer Wispel = 24 Scheffel = 1320 Liter.

400000 Taler gekostet hatte, wie alle Quellen immer wieder mit Groll anzumerken nicht vergessen.

Vom 10.–12. April ward also gefeiert. Umzüge und Illuminationen fanden statt, auf dem Königshofe war ein ganzer Tempel aufgebaut, in dessen Nischen Gruppen von Gymnasiasten höchst sinnreich lebende Bilder stellten. Überhaupt nahm die Schuljugend aufs eifrigste teil an dem Freudenfeste, bändergeschmückt. Und hier, beim Friedensfeste, war der Bevölkerung auch endlich einmal Gelegenheit gegeben, sich kriegerisch zu betätigen. Am zweiten Tage des Festes versammelten sich die Bürgerkompagnien zu Fuß und zu Pferde an einzelnen Punkten in der Stadt, zogen hinaus, vereinigten sich hier und rückten dann im festlichen Zuge ein. Vor dem Rathause wurden drei volle Salven abgegeben, die erste zu Ehren des Kaisers, die zweite zu Ehren der deutschen Fürsten, wobei man in der Freude des Augenblicks selbst Friedrich II. mit einschloß, die dritte zu Ehren des Rates der Stadt; und betrüblich war nur, daß des Lindwurms eherner Mund kein Feuer mehr speien konnte. Der stand leider irgendwo in Magdeburg oder in Potsdam, oder dies schöne Stück Nürnberger Metallgießerei war schon längst eingeschmolzen, zu Granaten gedreht, und sein Erz war irgendeinem braven österreichischen Grenadier ins Gedärm gefahren.

Doch zu derlei nachdenklichen Betrachtungen war für die Nordhäuser jetzt keine Zeit. Nach den drei eigentlichen Feiertagen erholte man sich zunächst am 13. April, und dann ging es am 14. und 15. April, zwei Tage lang , mit neuen Kräften an ein großes Festessen mit anschließendem Maskenball. Und der Chronist wird recht behalten, wenn er schreibt: „Es war das schönste Friedensfest, das Nordhausen gefeiert hat, und die späteren erscheinen dagegen matt und farblos." [84]

Bald nach dem Ende des Siebenjährigen Krieges, der die Preußen in Nordhausen nicht gerade beliebter gemacht hatte, sollte es noch einmal zu einer unerfreulichen Auseinandersetzung zwischen der Stadt und dem Großen Könige kommen. Wieder gab der böse Geist Nordhausens im 18. Jahrhundert, A. S. Wilde, den Anlaß dazu.

Wir hatten schon oben gesehen, daß Wilde der Sekte der Separatisten und Abendmahlsverächter nahestand. Mit dem Haupte dieser Sekte, dem Seifensieder Liebenrodt, muß er gute Beziehungen unterhalten haben; denn Liebenrodt hatte ihm 1744 schon 5000 Taler geborgt. 1751 folgte dann, auch um Wilde zu demütigen, der Prozeß gegen die Separatisten, und 1752 mußten 12 Familien, darunter Liebenrodt, Nordhausen räumen. Sie gingen in das freisinnige Königreich Preußen, und zwar wanderte Liebenrodt aus, ohne etwas von den geborgten 5000 Talern wiedergesehen zu haben. Auf spätere Anmahnung gab Wilde gar keine Antwort. Dann wurde aber Liebenrodt, da er „vor dem Rate keine Justiz fand", bei seinem Könige wegen der Schuld vorstellig, und Friedrich der Große mahnte aus seinem Leipziger Winterquartiere am 7. Januar 1761 den Rat, er solle

---

[84] Hake, Vollständige Nachrichten von den Feierlichkeiten, welche ... angestellt worden sind. Förstemann, Chronik, 377 ff. Förstemann bringt auch nach den Filterschen Aufzeichnungen – Archiv Z a 3 b – in chronologischer Reihenfolge die Kriegsereignisse.

den Bürgermeister zur Zahlung zwingen, andernfalls er Liebenrodt durch Repressalien bezahlt machen würde. Trotz dieser Drohungen wußte Nordhausen zunächst die Angelegenheit auf die lange Bank zu schieben, bis Liebenrodt im Jahre 1763 dem preußischen Major von Eberstein seine Schuld abtrat. Eberstein strengte nunmehr einen Prozeß gegen die Stadt an und interessierte auch den preußischen Minister Herzberg für sein Kapital. Als dennoch Nordhausen keine Miene machte, Wilden zur Begleichung seiner Schuld anzuhalten, und am 17. Dezember 1765 selbst ein sehr ungnädiges Schreiben des Königs nichts fruchtete, schritt Preußen in den ersten Monaten des Jahres 1766 tatsächlich zu Repressalien. Nordhäuser Fuhrwerk wurde im Preußischen aufgegriffen, und Nordhäuser Kapitalien wurden in der Grafschaft Honstein mit Beschlag belegt. Nun endlich kam es am 2. März 1766 vor dem preußischen Landrat in Klein-Werther zu einem Vergleich. Wilde zahlte, wenn auch nicht 5000, so doch 3500 Taler an den Herrn von Eberstein. – Etwa aus der gleichen Zeit liegt auch ein kaiserliches Schreiben an Preußen vor, daß das Reich das „rechtwidrige Benehmen Nordhausens geahndet hätte". [85]

Damit war auch dieser Zwischenfall aus der Welt geschafft, und bedauerlich war nur, daß sich Nordhausen erst nach Zwangsmaßnahmen entschlossen hatte, nach Recht und Billigkeit zu handeln.

In den nächsten Jahrzehnten lebte Nordhausen in ungestörtem Frieden. Einen Brand, der durch den Bairischen Erfolgekrieg 1778 und 1779 bedrohlich im deutschen Vaterlande zu glimmen begann, erstickte Maria Theresias weise Vorsicht, ehe noch die lichten Flammen emporschlugen. Nordhausen verhielt sich bei dem im Juli 1778 ausbrechenden Kriege völlig neutral und verbot am 12. Oktober, um Unheil zu verhüten, auch seinen Bürgern jegliche Stellungnahme. Als am 28. Januar 1779 der preußische Leutnant von Rheinbaben von der Stadt Rekruten verlangte, lehnte diese das Ansinnen unter dem Hinweise auf ihre strenge Neutralität ab. Sonst merkte Nordhausen nichts von dem Kriege, der schon im Mai 1779 ohne ernstliche Kriegshandlung erlosch. Am 30. Mai feierte die Grafschaft Honstein, am 27. Juni Nordhausen das Dankfest für den wiederhergestellten Frieden.

Wirklich schwere Wolken zogen erst wieder am Horizont herauf, nachdem die Französische Revolution ausgebrochen war und die Wetterschläge in ihrem Gefolge ganz Europa erbeben ließen.

In diesen Zeiten, in denen dem französischen Volke die Befreiungstat gelang, endlich die Schranken der unsinnigen Gliederung nach Ständen niederzulegen, in diesen Zeiten, in denen der große Korse versuchte, endlich die elenden mittelalterlichen Staatsgebilde Europas zeitgemäß umzugestalten, beherrschten alle Kreise des deutschen Volkes die mannigfachsten Stimmungen und Gesinnungen. Und nicht bloß erleuchtete Geister wie Klopstock und Schiller begrüßten die großen Gedanken der Revolution, sondern auch in dem Herzen manches Kleinbürgers und Bauern hallten die Schlagworte von der Gleichheit und Freiheit

---
85 Heineck, Der alte Fritz und die Kais. Reichsstadt Nordhausen, Nordh. Zeitung, 30. Januar 1912.

aller Menschen stark und lange nach. Und wieder einmal, wie einst im Bauernkriege, war es, daß auch in Nordhausen der gedrückte Hintersättler aufhorchte und trotz seiner geistigen Not – er konnte ja weder lesen noch schreiben – begierig die Nachrichten von jenseits des Rheins vernahm. Unterirdisch grollte es und schmollte es, und nur die im eigenen Blute ertrinkende Revolution sowie die bald einsetzenden kriegerischen Ereignisse verhinderten den Ausbruch einer grellen, alles verzehrenden Glut. Der Nordhäuser Rat mußte schon am 23. April 1790 den Erlaß anschlagen lassen, man solle sich „bei den gegenwärtigen so bedenklichen Zeitumständen in öffentlichen Wirtshäusern über die Handlungen und Bewegursachen großer Mächte aller ungebührlichen Reden und vorwitzigen Urteile enthalten". Verstärkte polizeiliche Überwachung von Worten und Taten schien also zur Unterdrückung freiheitlicher Äußerungen nötig. Wegen dieser Haltung des Nordhäuser Rates konnte 1802 der Magister Ehrhard in seinem Klagelied über die verlorene Selbständigkeit der Stadt auch schreiben:

> „Weint! Ward gleich bei uns der Jakobiner
> Lehre stets im ersten Keim erstickt,
> Doch hält Politik und ihre Diener
> Uns zum Friedensopfer für geschickt."

Doch war der Rat klug genug einzusehen, daß neben der Gewalt auch Versprechungen nötig seien, um das Volk im Zaume zu halten. Daher ließ er am 17. Februar 1791 eine Revision der Wahlstatuten verkünden.

Aber diese ersten Ansätze zu einer neuen Ordnung versanken alsbald in dem hereinbrechenden Chaos. Im April 1792 erklärte Frankreich an Österreich den Krieg, im August rückte Karl Wilhelm Ferdinand von Braunschweig in Frankreich ein, im Oktober desselben Jahres besetzten jedoch die unausgebildeten, aber begeisterten Bürgeraufgebote Frankreichs schon Mainz. Da erklärte endlich am 25. Oktober 1792 auch das Deutsche Reich an Frankreich den Krieg, und damit trat auch für Nordhausen der Kriegszustand ein.

Das Reich schien diesmal Eile zu haben. Schon am 26. November 1792 teilte der Gesandte beim Niedersächsischen Kreise, Freiherr von Binder, der Reichsstadt Nordhausen mit, sie solle ihre Truppen in marschfertigem Zustande erhalten. Doch wieder, wie seit den Zeiten des 15. Jahrhunderts so oft, versagte die Kriegsmaschine dieses jämmerlichen Reichsgebildes vollkommen. Wie alle anderen Reichsstände suchte sich auch Nordhausen sogleich um jede Unterstützung des Reiches zu drücken. Man glaubte schon viel zu tun, wenn man dem Reiche 4000 Gulden jährlich anbot, damit es irgendwoher Söldner anwerben könne. Bezahlte Söldner gegen opferbereite, freiheitsberauschte Mannschaften, bezahlte Söldner, die nur durch den Korporalstock wie eine Herde durch Hund und Hirte zusammengehalten werden konnten!

Aber das Reich fand nicht einmal Söldner für Geld. Daher schrieb Freiherr von Binder auch an Nordhausen, die Stadt möchte sich an den Landgrafen von Hessen-Kassel oder an Hannover wenden, die vielleicht bereit seien, für die Stadt Truppen zu stellen. Und als es nicht gelang, die Untertanen anderer Länder für sich bluten zu lassen, als alles nichts half, die und Nordhausen nun wirklich marschieren lassen mußte, da begann das Feilschen um die Anzahl der Truppen. Nordhausen sollte 75 Mann stellen. 75 Mann? War es nicht immer nur zu 45 verpflichtet gewesen, einschließlich des Offiziers?

So gingen denn, während draußen die Welt lichterloh brannte und in Frankreich ein Federstrich Carnots 100000 Mann auf die Beine brachte, die Verhandlungen während des ganzen Jahres 1793 um ein Dutzend Soldaten. Schließlich sandte Nordhausen am 29. Juli 1793 ganze 2000 Gulden nach Frankfurt – noch lange nicht so viel, wie ein einziger Brenner im Jahre verdiente! Am 7. Januar 1794 schwang man sich sogar zu einer „Kollekte" von Geld, Branntwein und Räucherwaren für die „kombinierte teutsche Armee" auf.

Doch mit der Lieferung von Branntwein und Speck war der Krieg nicht zu gewinnen. Preußen, das seine Augen in selbstsüchtiger Weise nach Osten, auf Polen, richtete, zeigt sich schon 1793 unlustig zum Kriege; der geniale jugendliche General Hoche war im Elsaß im Vordringen, Belgien ging bald verloren. Da kam endlich am 6. April 1794 der gemessene kaiserliche Befehl, unbedingt Soldaten zu stellen; Geld werde nicht mehr angenommen. Zwei Monate später ließ sich dann auch die Stadt wirklich schon herbei Truppen anzuwerben. Am 17. Juni begann ein eifriges Suchen nach Soldaten. „Die Werbung wurde unter Trommelschlage veranstaltet und denen Angeworbenen wurde jedem nicht nur 5 Taler Handgeld gegeben, sondern ihm auch, wenn er demnächst (sic!) nach Ende des Krieges wieder zurückkäme und sein Betragen gut gewesen sei, nach Befinden der Umstände entweder das freie Bürgerrecht oder 10 Taler Belohnung versprochen."

Dieser Lohn in klingender Münze und klingenden Worten verfehlte seine Wirkung nicht. Die 75 Mann, die das Reich verlangte, kamen zusammen. Am 9. Februar 1795 stand eine richtige Kompagnie Soldaten von 100 Mann auf dem Markte zwischen Rathaus und Weinkeller bereit. Vor ihr flatterte eine neu beschaffte Fahne, der Vierherr Joh. Chilian August Filter hielt eine prächtige Ansprache, und der Aktuar Riemann verlas die Kriegsartikel. Dann leistete die Truppe den Fahneneid. Am 11. Februar nahmen die Soldaten, die marschieren sollten, das Abendmahl, und am 16. Februar setzten sich 74 Mann zur Reichsarmee nach Mainz hin in Bewegung. Für weiter 50 Mann bezahlte die Stadt je 150 Gulden Kriegsumlage.

Wie ungeheuerlich es aber um die Rüstungen des Reiches selbst in dieser höchsten Notzeit bestellt war, ersieht man daraus, daß Nordhausen im ganzen großen Niedersächsischen Kreise, der vom Eichsfelde bis an die Mecklenburgische Küste reichte, die einzige Reichsstadt war, die wirklich Soldaten auf die Beine gebracht hatte. Triumphierend berichtet unser Gewährsmann Filter deshalb: „Dieses Mal hat Nordhausen unter den Niedersächsischen Reichsstädten allein sein Kontingent in *natura* gestellt."

Das war im Februar 1795, und im April desselben Jahres schloß Preußen, die deutsche Sache schnöde verratend, mit Frankreich den Separatfrieden von Basel. Es gab das linke Rheinufer dem Erzfeinde preis; dafür wurden Nord- und

Mitteldeutschland und damit auch Nordhausen aus dem Kriege herausgenommen. Österreich und Süddeutschland führten allein den ersten Koalitionskrieg weiter. Preußische, hannöversche und braunschweigische Truppen besetzten die sogenannte Demarkationslinie, die das befriedete Deutschland von dem kriegsdurchtobten trennte. Eine Zusammenkunft des Niedersächsischen Kreises in Hildesheim auferlegte für die Unterhaltung der Armee dem Kreise 400000 Taler für ein halbes Jahr; Naturallieferungen, Heu, Stroh, Früchte aller Art, übernahmen die einzelnen Kreisstände. Nordhausen sollte 1796 schon rund 1432 Taler, 138 Wispel 10 Scheffel Hafer, 549 Zentner 64 Pfund Heu, 56 Schock 30 Bund Stroh, 25 Wispel 20 Scheffel Mehl entrichten. Im nächsten Jahre steigerten sich die Lasten bedeutend; sie betrugen für den Kreis vierteljährlich allein an Geld 480000 Taler. Bei diesen hohen Umlagen schnellte natürlich auch der städtische Etat Nordhausens sprunghaft empor. Neue Steuern waren nötig, und die Erhöhung des Schrotgeldes, das die Brenner vor allem zu tragen hatten, erregte böses Blut.

Unterdessen war nun aber trotz des Baseler Friedens die Nordhäuser Mannschaft am Rhein zur Reichsarmee gestoßen und lag als Besatzung auf der Festung Königstein bei Frankfurt. Diese Feste kapitulierte aber am 22. Juli 1796, und damit wurden auch die braven Nordhäuser zu Kriegsgefangenen Frankreichs. Doch was sollte die junge Republik mit Gefangenen! So erhielten denn die Truppen freien Abzug auf das Versprechen hin, ein Jahr lang gegen Frankreich nicht zu kämpfen. Die Kompagnie Nordhäuser aber mußte nun mit der Kaiserlichen Armee in die Oberpfalz marschieren und sich dem Erzherzog Karl zu neuen Heldentaten zur Verfügung stellen.

Allgemach war jedoch dem Niedersächsischen Kreise bekannt geworden, daß Truppen seines Machtbereichs, der im Frieden mit Frankreich stand, im Begriffe waren, feindliche und verwerfliche Handlungen gegen die Franzmänner vorzunehmen. Es erging daher an Österreich die Aufforderung, die Truppen freizugeben, und Österreich war entgegenkommend genug, den Vorstellungen zu willfahren. Die Nordhäuser wurden also entlassen und langten am 1. Dezember 1796 wohlbehalten in der Heimat an.

Im April 1797 erzwang dann der General Bonaparte den Vorfrieden von Leoben, dem bald der Friede von Campo Formio folgte.
Am zweiten Koalitionskriege hatte Nordhausen keinerlei Anteil.

Nun hatte schon vor dem im Februar 1801 geschlossenen Frieden von Luneville der Schacher der deutschen Fürsten um innerhalb der deutschen Grenzen gelegene Länder begonnen. In glücklichster Lage befand sich Preußen dabei. Es hatte schon im Oktober 1800 den Marquis Lucchesini nach Paris geschickt, der dort die Interessen seines Staates vertreten sollte, und da Preußen mit einem Anschluß an Rußland drohte und England noch immer im Kampfe mit Frankreich stand, kam Napoleon Bonaparte dieser norddeutschen Großmacht weit entgegen. Am 23. Mai 1802 erhielt Preußen alle seine Wünsche erfüllt. Unter den Staaten aber, die damals das Königreich Preußen für die Abtretung von Landstrichen westlich des Rheins entschädigen sollten, befand sich auch Nordhausen. Am 6. Juni 1802 unterschrieb König Friedrich Wilhelm III. von Preußen in Königsberg, wohin er zu einer bevorstehenden Zusammenkunft mit dem russischen Zaren geeilt war, das Patent, das die Einverleibung der Freien Reichsstadt Nordhausen in das Königreich Preußen aussprach. Am 2. August 1802 nahmen die Preußen von Nordhausen Besitz. Nordhausen wurde aus einer Freien Reichsstadt eine preußische Landstadt; seine nahezu neunhundertjährige Selbständigkeit hatte aufgehört. –

Der Verlust der Reichsfreiheit bedeutete naturgemäß für Nordhausen die größte politische Umwälzung seit vielen Jahrhunderten. Die Bevölkerungsschichten, die von Urväter Zeiten her in der Stadt Heimat und Herd besaßen und aufs innigste verwachsen waren mit altererbtem Recht und Brauch, die weitblickenden Männer, die erkannten, daß die Angliederung an Preußen für jeden Nordhäuser in jeder Beziehung ein neues Schicksal bedeuten mußte, und endlich die Kreise, die aus der bisherigen Stellung Nordhausens als einer Freien Reichsstadt ihre persönlichen Vorteile gezogen hatten, – alle diese trauerten ehrlich und redlich dem verlorenen Glücke nach. Ihre Stimmung und Gesinnung brachte in rührendem und unbeholfenem Gedicht der Magister Ehrhardt zum Ausdruck, wenn er seiner Leier über den neuen Gebieter die kummervollen Verse entlockte:

> „Treu und ganz nach des Allvaters Bilde
> Sorget er für seiner Kinder Glück;
> Aber nie gibt er, bei aller Milde,
> Doch der Freiheit Kleinod uns zurück." –

Anders stand der Einverleibung in Preußen die große Masse der Bevölkerung gegenüber. Diese erlebte zunächst kaum bewußt das ungeheure Geschehen. Denn im Vordergrund des Alltagslebens stehen jederzeit wirtschaftliche und höchstens noch kulturelle Bestrebungen und Aufgaben, und deren Abhängigkeit von der politischen Gestaltung der Dinge, oft erst nach Jahren bemerkbar, tritt selten scharf und klar hervor. Und hier in Nordhausen berührte der neue Zustand die Lebensformen des Augenblicks kaum. Zudem war der Staat, der jetzt von Nordhausen Besitz genommen hatte, ein Nachbar, wohlvertraut seit 150 Jahren, mit dem man, wie es so unter Nachbarn üblich, manches Zerwürfnis wohl erlebt, an dessen Grafschaft Honstein die Stadt seit grauer Vorzeit aber doch gar manches Band der Freundschaft innig knüpfte. So lebte die Einwohnerschaft Nordhausens in ihrem überwiegenden Teile das alte Leben ziemlich ruhig fort.

Und dennoch beherrschte ein unbestimmtes Gefühl des Unbehagens auch die große Menge des Volkes, auch den, der nur von Tag zu Tage lebte. Man ahnte wenigstens, daß mit der Aufgabe der politischen Selbständigkeit ein Stück der eigenen Wesensart für immer schwinden mußte. Einmal eingefügt in das Räderwerk eines großen Staates mit anderem Antrieb, mußte fortan die Gangart auch des eigenen kleinen Motors anders werden. Es war doch etwas Unheimliches, daß statt der vertrauten Heimat eine unbekannte Ferne jetzt nach ihrem Willen die Zügel führte, die Rosse in ihrem Schritte laufen ließ und den Wagen in demselben Gleis wie hundert andere fuhr. Bisher kannte man nur sich selbst und lebte sich selbst genug; Stand und Meinung waren wohl verschieden, aber das

Gefühl, zu einem Körper mit einem Herzschlag zu gehören, war doch lebendig überall. Die liebenswürdige Duldsamkeit, die gemütliche Behäbigkeit, der enge Kreis und der frohe Sinn, – alles das verband jung und alt, arm und reich, vornehm und gering. Und alles das ward nunmehr einem anderen Rhythmus unterworfen. Das persönliche Verhältnis zwischen Herrscher und Beherrschten hörte auf, eine nie gekannte herbe Auffassung von Pünktlichkeit und Pflicht, Ordnung und Gehorsam forderte der neue Staat. Dagegen lehnte auch das Volk sich auf, nicht laut und heftig und bewußt, aber doch fühlbar und mit stummem Eigensinn. Der konservative Geist der Nordhäuser Bevölkerung, der stark und treu im heimatlichen Boden wurzelte, fühlte sein Eigenleben bedroht; und der liberale Geist der Nordhäuser Bevölkerung, der jeden möglichst frei gewähren ließ, fühlte sich beengt durch eine harte Notwendigkeit. Angeborene Wesensart und jahrhundertelange Gewöhnung wehrten fremden Anspruch ab.

Wenn so das warme Blut auch vielfach widersprach, so mußte die kühle Überlegung die Entwicklung der Dinge dennoch gutheißen. Die Trauer um den Verlust der Selbständigkeit, betrachtet unter dem Gesichtswinkel der ganzen europäischen Entwicklung jener Zeit, mußte kindisch und kleinlich erscheinen. Die Ideen der Französischen Revolution und in anderer Weise die des deutschen Humanismus hielten die Gemüter gefangen und gaukelten ihnen ein Bild seligen Weltbürgertums vor. Die Nordhäuser damals waren ja doch Zeitgenossen von Bonaparte und Goethe, und deren Taten und Gedankengänge lebten in ihnen und ließen sie hoffen, durch die Aufgabe des Alten und durch das Aufgehen in etwas Neuem in politischer und kultureller Beziehung voranzukommen.

Und diejenigen, denen Zweifel kamen an der Erfüllung der neuen Botschaft von der Brüderlichkeit aller Völker, mußten bei kühler Überdenkung des nun geschaffenen Zustandes dennoch einräumen, daß mancherlei Vorteile, besonders wirtschaftlicher Art, mit der Einverleibung in Preußen verbunden waren. Welche Hemmnisse hatten die engen Zollschranken dem Handel und Wandel bisher bereitet! Welch neues Leben mußte die Stadt durchpulsen, wenn sie, ungehindert durch Schlagbäume, ihren Verkehr nicht nur mit Ellrich und Bleicherode aufnehmen konnte, sondern wenn sie auch dem Wirtschaftsorganismus einer weiten Landschaft eingegliedert wurde und mit dem zum größten Teil preußisch gewordenen Eichsfelde, ferner mit Halberstadt und Magdeburg und Halle in nähere Verbindung trat. Das waren doch Erwägungen, die man gelten lassen mußte.

So widerstritt denn Herz und Kopf einander. Das Blut und Gefühl lehnte sich auf gegen Preußen, der Verstand aber hieß die Entwicklung der Dinge gut. Und so ist es eigentlich geblieben ein ganzes Jahrhundert hindurch. Was war es denn anders, was den Nordhäuser Freisinn des 19. Jahrhunderts schuf, wenn nicht die gefühlsmäßig bedingte Auflehnung gegen preußische Wesensart! Dieser preußische Militarismus und Staatssozialismus forderte den Widerstand des Nordhäuser liberalen Bürgertums heraus. Jahrzehntelang beherrschte er die Stadt so gut wie allein.

Doch dann kam die Einverleibung Hannovers und Hessens in Preußen und die Verbindung mit dem deutschen Westen. Neue Verkehrslinien, neue wirtschaftliche Möglichkeiten erschlossen sich gerade durch die Zugehörigkeit der Stadt zum preußischen Staatswesen. Die Schöpfung eines einigen deutschen Vaterlandes tat dann weiterhin das ihrige, um die Ansprüche mit Preußen zu versöhnen. Und wenn auch der Groll über die Ansprüche preußischer Beamter und Offiziere nie ganz im Nordhäuser Bürger schwand und das Mißtrauen, das die Knebelung der Geistesfreiheit in den fünfziger Jahren des 19. Jahrhunderts geschaffen hatte, nie ganz beseitigt ward, – Nordhausen wuchs doch immer mehr in den preußischen Staat hinein und fühlte sein Schicksal immer inniger verbunden mit ihm. Das haben der Weltkrieg gezeigt und die Umwälzung in seinem Gefolge. Als im letzten Jahrzehnt nur von fern einmal der Gedanke auftauchte, die Stadt einem anderen deutschen Staate anzuschließen, fand sich die ganze Bürgerschaft einig in dem Bekenntnis zu Preußen.

So lebt denn auch noch die alte Freie Reichsstadt Nordhausen ihr Eigenleben in selbstbewußtem und fortschrittlichem Bürgerstolz und fühlt sich doch als ein treues Glied des preußischen Staates und des großen deutschen Vaterlands.

Tafel der Jahreszahlen

5. und 6. Jahrhundert n. Chr.	Thüringer Reich.
531	Untergang des Thüringer Reichs; seine Einverleibung in das Frankenreich.
768–814	Karl I., der Große.
772–804	Sachsenkriege.
um 780	**Vermessung des Helme- und Zorgegebietes durch fränkische Markenscheider. – Allmähliche Christianisierung.**
780–790	Entstehung der fränkischen Siedlung „Nordhausen" am Frauenberge.
802	Erste Bezeugung des Namens „Helmegau".
kurz nach 800	Altnordhausen wird den Liudolfingern verliehen.
wahrscheinlich zwischen 908 und 912	Erbauung der Burg Nordhausen durch Heinrich I.
920	Heinrich, der Sohn Heinrichs I. und der Mathilde, wahrscheinlich in Nordhausen geboren.
13. Mai 927	**Erste bezeugte Erwähnung des Namens „Nordhausen" für die Burganlage Heinrichs.**
16. September 929	**Heinrich I. vermacht Nordhausen seiner Gemahlin Mathilde als Wittum.**
933	Ungarngefahr.
934	Heinrich I. weilt wahrscheinlich in Nordhausen.
961	**Gründung des Nonnenstifts zum Heiligen Kreuz durch Mathilde, die Gemahlin Heinrichs I.**
962 (oder kurz nachher)	**Das Stift erhält von Otto II. den Markt, den Zoll und die Münze zu Nordhausen geschenkt.**

965	Ottos I. Anwesenheit in Nordhausen.
14. März 968	Tod Mathildes in Quedlinburg.
10. April 970	**Reiche Schenkung der deutschen Könige an das Nonnenstift.**
14. April 972	**Otto II. vermacht Nordhausen seiner Gemahlin Theophano als Wittum.**
1069	Nordhausen und Mühlhausen werden für Kaiser Heinrich IV. gegen den Markgrafen Dietrich von Meißen verteidigt.
9. Juni 1075	Schlacht bei Homburg an der Unstrut; Heinrich IV. besiegt die Sachsen.
Sommer 1075	Das Heer der aufständischen Sachsen lagert bei Nordhausen. – Vertrag zu Spier bei Sondershausen.
1105	**Synode zu Nordhausen. – Anwesenheit Heinrichs V.**
1127	Gründung des Cistercienser–Klosters Walkenried. Das Kloster erwirbt bald darauf einen Hof in Nordhausen (Lage unbekannt).
um 1150	**Die „Vleminge" ziehen in Nordhausen ein. – Die Weberstraße bildet sich.**
1157	Hermann de Northusen erster bezeugte Schultheiß in Nordhausen.
16. März 1158	**Kaiser Friedrich I. überläßt die ganze Siedlung Nordhausen dem Nonnenstift. (1158 bis 1220)**
1169	Heinrich der Löwe „Schutzherr" Nordhausens.
April 1180	Heinrich dem Löwen wird in Gelnhausen die Schutzherrschaft genommen. Thüringen erhält dieselbe.
Mai 1180	**Erstürmung Nordhausens durch Heinrich den Löwen.**
1181	Unterwerfung Heinrichs unter Friedrich I. Barbarossa.
vielleicht Ende des 12. Jahrhunderts	**Aus einigen wenigen schon früher vorhandenen Häusern entstehen allmählich die Neustadt und das Altendorf.**
Ende des 12. Jahrhunderts	**Neubau des Doms; Bau der Frauenbergkirche. Gründung eines Nonnenklosters am Frauenberge.**
1192	Heinrich VI. in Nordhausen.
1195	Tod Heinrichs des Löwen.
1197	Tod Heinrichs VI.
Ende 1198	**Belagerung Nordhausens durch Hermann von Thüringen, seit Mitte Dezember auch durch Otto IV.**
um 1200	Die Stolberger zweigen sich von den Honsteinern ab.
1204	Nordhausen geht zu dem Staufer Philipp über.
1206	**Wilhelm der „Krämer" in Nordhausen bezeugt. Bürgerliche Gewerbe.**

15. August 1207	Philipp von Schwaben in Nordhausen.
1208	Dietrich Graf von Honstein Propst des Nonnenstifts. Er wandelt 1220 das Nonnenstift in ein Domherrnstift um.
22. Juli 1212	Hochzeit Ottos IV. mit Beatrix in Nordhausen.
1218	Tod Ottos IV. auf der Harzburg. Nordhausen wird staufisch.
1. April 1219	**König Friedrich II. faßt zu Hagenau den Entschluß zur Umwandlung des Nonnenstifts in ein Manneskloster.**
27. Juli 1220	**Gründung des Domherrnstiftes zum Heiligen Kreuz. Nordhausen wird ans Reich zurückgenommen. Geburtstag der Reichsfreiheit. (Nordhausen reichsfrei 1220–1802).**
1220–1290	**Entwicklung Nordhausens von der Herrschaft der feudalen Reichsritter zur Herrschaft der vornehmen bürgerlichen Geschlechter.**
wahrscheinlich 1220	**Die Honsteiner bekommen die Vogtei über Nordhausen.**
1221	Bulle Honorius' III. Einwilligung des Papstes in die Umwandlung des Nonnenstifts.
kurz nach 1220	**Burgenses, Bürger, treten in Urkunden auf.**
1223	Heinrich (VII.) in Nordhausen.
um 1225	**Erstes Nordhäuser Stadtsiegel (*Sigillum Northusensis Civitatis*). 1229 und 1230 Siegel an zwei Walkenrieder Urkunden. Entwicklung Nordhausens zur Stadt im mittelalterlichen Sinne.**
1229	**Zum ersten Male urkundet: *Universitas civitatis*. Teilnahme von Bürgern bei Staatsaktionen.**
um 1230	Honstein erwirbt klettenbergischen Besitz.
um 1230	**Die Franziskaner oder Barfüßermönche siedeln sich in Nordhausen an.**
1234	**Brand Nordhausens. – Gründung der Blasiikirche. Auf dem Hagen ist eine Siedlung entstanden.**
1234	**Friedrich II. schenkt Markt, Münze und Zoll in Nordhausen an Heinrich Raspe von Thüringen. (?)**
1235	Bulle Gregors IX. Siehe Bulle Honorius' III. vom Jahre 1221.
1235	Heinrich (VII.) abgesetzt und nach Italien verbannt.
1237	Nordhausen wird als Reichsstadt bezeichnet, ist also 1234 nicht etwa eine thüringische Landstadt geworden.
1238	Entstehung eines Cistercienser Nonnenklosters bei Bischoferode (Nicolausberg).

1242 und 1246	gehen noch Besitzungen von Nordhausen an die Kirche durch Schenkung über (um die Mitte des 13. Jahrhunderts verboten).
1247	Die Bürgerschaft Nordhausens protestiert gegen einen Schenkungsakt des Vogtes Johann Ruso.
1247	**Anhalt tritt nach dem Tode Heinrich Raspes das thüringische Erbe an, ohne daß Nordhausen eine anhaltische Landstadt wird.**
1253	Das Kreuzstift verkauft seine westfälischen Güter.
6. Mai 1253	Schultheiß und Bürgerschaft urkunden gemeinsam zu Buttstädt.
21. August 1253	Wilhelm von Holland bestätigt die Freiheiten der Stadt.
zwischen 1250 und 1260	**Die Burgenses geben sich ein erstes (nicht erhaltenes) Stadtrecht (Einung, Statuten).**
1256–1263	Thüringischer Erbfolgestreit.
um 1260	**Der „Rat" zu Nordhausen ist entstanden.**
27. Oktober 1263	Sieg Thüringens durch den Schenk von Vargula über Albrecht von Braunschweig bei Wettin.
2. Februar 1266	**Der Rat, *consules*, urkundet zum ersten Male.**
1267	Die Honsteiner erwerben die ganze Grafschaft Klettenberg.
1267	Chor des Domes gerichtet.
15. Juli 1267	**Privileg Albrechts von Meißen-Thüringen. Nordhausen braucht keinem Kläger außerhalb seiner Mauern zu antworten.**
wahrscheinlich 1267	**Turnier des Minnesängers Heinrich des Erlauchten in Nordhausen.**
1268	Honstein erwirbt Greußen.
13. Oktober 1273	Otto von Anhalt genehmigt die von den Bürgern geschaffenen Statuten.
1274	Reichstag zu Nürnberg. Rudolf I. von Habsburg faßt den Entschluß, die rechtliche Lage Nordhausens zu klären.
wahrscheinlich 1277	**Vertreibung der Reichsritter aus Nordhausen, Zerstörung der Burg.**
27. September 1277	Rudolf I. von Habsburg nennt Nordhausen „seine" Stadt. Nordhausen ist also nach wie vor Freie Reichsstadt.
1277	Die Klettenberger schenken dem Ilfelder Kloster einen Hof in Nordhausen.
1278	Die Franziskaner (Spende-)Kirche wird eingeweiht (1805 abgerissen).
9. September 1279	Die Schutzherrlichkeit über Nordhausen (und Lübeck, Goslar, Mühlhausen) wird an Braunschweig übertragen.

um 1280	**Festlegung des 2. Stadtrechts (Statuten, Einung). Es ist das älteste erhaltene Stadtrecht.**
um 1280	**Bau eines ersten Rathauses auf dem Platze, auf dem noch das heutige steht.**
23. Januar 1281	**Erzbischof Werner von Mainz gestattet beim Hospital St. Cyriaci ein Bethaus. Schon vorher bestand also der Siechhof.**
1286	**Die Dominikaner erscheinen in Nordhausen.**
29. März 1287	Rudolf I. ächtet Nordhausen.
5. März 1287	Die Dominikaner oder Prediger-Mönche erhalten einige Hofstätten. (Predigerkloster, Predigerstraße.)
1289–1290	Rudolf I. hält zu Erfurt Hof. Verkündung eines allgemeinen Landfriedens.
1289	Gründung der Georgskapelle am Kornmarkt.
um 1290	**Beginn des Baues der Petrikirche. (Ihr Turm erst nach 1400 vollendet.)**
28. Januar 1290	Aufhebung der Reichsacht. (Siehe 1287.)
1. November 1290	**Wichtiges Privileg Rudolfs I. für Nordhausen.**
23. November 1290	**Erstes Zeugnis von Ratsmeistern oder Bürgermeistern in Nordhausen. Neben den alten Geschlechtern nehmen schon Handwerker an der Geschäftsführung teil.**
12. November 1293	**Vertrag Nordhausens und Walkenrieds. Das Kloster Walkenried erwirbt den Walkenrieder Hof an der Ecke der heutigen Ritter- und Waisenstraße. (S.z. Jahre 1343.)**
vor 1294	Bau der Altendorfer Kirche.
1294	**Die Cistercienser Nonnen von Bischoferode siedeln ins Altendorf über.**
1294–1296	Adolf von Nassaus Krieg gegen Thüringen. Viele Weiler in Nordhausens Umgebung gehen zu Grunde.
4. Oktober 1294	Adolf von Nassau verpfändet Nordhausen an Albrecht den Entarteten von Thüringen (bis 1305).
1295	Kloster Himmelgarten gegründet.
1299	Der Frauenberg wird befestigt; weitere Befestigungen nach 1365.
wahrscheinlich zwischen 1290 und 1330	Neubau der Stadtmauer und starke Erweiterungen. (1. Periode der Stadtbefestigung.)
vor 1300	Der Deutsche Orden erwirbt einige Liegenschaften in Nordhäuser Flur.
um 1300	**Ausarbeitung des Schultheißenbuches.**
um 1300	**Nordhausen führt ein zweites Siegel ein.**

um 1300	**Anstellung eines Syndikus als Geschäftsführer der Stadt; um 1350 soll der Syndikus immer ein „gemeyne man" sein.**
1302	Eine Fehde zwischen Nordhausen einerseits und den Honsteinern und Stolbergern andererseits wird bei Kloster Himmelgarten beigelegt.
1303	Honstein erwirbt von den Beichlingern Roßla.
1304	Feldzug gegen den Burggrafen Otto von Kirchberg (Nordhausen greift gegen Friedrich und Diezmann ein).
7. März 1305	Albrecht der Entartete bestätigt, daß sich Nordhausen aus der thüringischen Pfandschaft losgekauft hat.
1306	**Bündnis zwischen Erfurt, Mühlhausen und Nordhausen. Es bewährt sich bis gegen Ausgang des 15. Jahrhunderts.**
1306	Die Nordhäuser nehmen an der Belagerung der Wartburg teil.
Juli 1306	Albrecht I. lädt Friedrich den Freidigen und Diezmann vor das Königsgericht nach Fulda.
31. Mai 1307	Friedrich der Freidige schlägt Albrechts Feldhauptmann Heinrich von Nortenberg bei Lucca in Sachsen.
11. August 1307	Albrecht I. schenkt dem Deutsch-Ritterorden einige Höfe in Nordhausen, auf denen die einstige Burg gestanden hat. (Siehe 1277.)
25. Juli 1307	Albrecht I. bestätigt im Lager zu Mühlhausen die Reichsfreiheit von Nordhausen und Mühlhausen.
1308	**Festlegung neuer, erweiterter Statuten. (3. Stadtrecht überhaupt, 2. uns erhaltenes Stadtrecht.)**
1308	**Das Töpferviertel hat sich gebildet.**
1310	Das Blidenhaus am Petersberge wird zum ersten Mal erwähnt.
1310	Friede Nordhausens mit Friedrich dem Freidigen. Dieser ist nur von kurzer Dauer.
um 1310	**Bau der Neustadt-Kirche (Jakobi-Kirche. 1744 abgetragen).**
1312–1356	**Honstein-Sondershausen (die jüngere Honsteinsche Linie) hat die Vogtei über Nordhausen. (1356–1593 Honstein-Klettenberg.)**
Februar 1312	**Die Augustiner siedeln sich in der Neustadt an.**
13. April 1312	Friedrich der Freidige muß im Frieden von Tangermünde auf die Lausitz verzichten.
5. Juli 1313	**Heinrich VII. bestellt für das bedrängte Nordhausen zu Pisa den Brandenburger Heinrich von Landsberg als Schutzherrn.**

23. Juni 1315	**Nordhausen erwirbt von Honstein für 100 M Silber einen Streifen Land rings um die Stadt.**
um 1315	**Eingemeindung des Neue-Wegs-Viertels.**
4. März 1317	Friede zu Magdeburg. Ludwig der Baier legt endgültig den Zwist um Thüringen bei.
1319	Abermaliger Friedensschluß zwischen Nordhausen und Friedrich dem Freidigen.
27. Juni 1319	**Papst Johann XXII. gestattet den Nordhäuser die Errichtung einer Stadtschule. (Bisher bestand nur die Domschule des Kreuzstiftes.)**
1320	Die Askanier in Brandenburg sterben aus.
1320	Vertrag Heinrichs von Braunschweig mit Nordhausen.
um 1320	**Schärferes Hervortreten des Gegensatzes zwischen vornehmen Geschlechtern und Handwerkern.**
1321	Die Honsteiner vermachen dem Kloster Ilfeld einen Hof in Nordhausen.
1322	Das Neue-Wegs-Tor wird zum ersten Mal genannt.
1322	*Curia calcificum*, das Gildehaus der Schuhmacher, der Schuhhof, ist am Kornmarkt bezeugt.
1322	Der städtische Marstall auf dem Hagen wird erwähnt.
30. März 1322	Vertrag Nordhausens mit Ellrich über die Münze.
7. Mai 1323	**Ludwig der Baier verpfändet Nordhausen an Thüringen (bis 1333).**
21. August 1323	**Ludwig der Baier verpfändet das Schultheißenamt zu Nordhausen an Honstein (1323 bis 1342).**
8. Mai 1324	Nordhausen legt seine Fehde mit den Grafen von Beichlingen bei.
1324	Plünderung der Judenschule und des Kreuzstiftes zu Nordhausen durch die Kleinbürger.
1324–1326	**Aufruhr Nordhausens gegen seine Geistlichkeit.**
22. November 1325	Der Papst greift in den Streit ein, Kurmainz setzt sich aber in einem Nordhausen feindlichen Sinne durch.
24. Juni 1326	**Unterwerfung Nordhausens unter den Willen der Geistlichkeit.**
16. Juli 1326	Kurmainz hebt den Bann über Nordhausen auf.
1327	**Die Honsteiner erklären Heringen zur Stadt.**
14. April 1329	**Der Versuch des Grafen von Honstein-Sondershausen, mit Hilfe vertriebener Nordhäuser Bürger die Stadt zu stürmen. (Seitdem Spende-Fest.)**
22. August 1329	Friede Nordhausens mit Stolberg.
31. Dezember 1329	Friede Nordhausens mit den Grafen von Regenstein.
1331	Erneuter Versuch feindlicher Bürger, in Nordhausen einzudringen.
1333	Graf Heinrich VII. von Honstein an Nordhausen ver-

	schuldet; er wendet sich beschwerdeführend an Papst Johann XXII.
1336	Der Rat zu Nordhausen bestreitet dem Geschlecht der Barte seine Vorrechte.
16. Juni 1336	Friede Nordhausens mit Honstein-Sondershausen.
1336	**Nordhausen legt ein Sekretsiegel an.**
1337	Prior Johann von Himmelgarten legt den Grundstein zu einer Kapelle in der Töpferstraße (Nordhausen gerät in Streit mit dem Kloster).
1336–1338	Nordhausen in der Reichsacht (19. Sep. 1338 freigesprochen).
24. Oktober 1337	Ludwig der Baier verzichtet zu Gunsten Nordhausens auf den Judenzins.
1338	70 Bürger werden aus Nordhausen vertrieben. (Ständekämpfe.)
1342	**Den Honsteinern wird das Schultheißenamt über Nordhausen abgesprochen; es wird ihnen eine hohe Buße auferlegt. (1352 das Amt endgültig bei Thüringen, später Sachsen.)**
1343	Der Walkenrieder Hof erbaut; 1540 abgebrannt und alsbald neu erbaut.
1344	Honstein-Klettenberg ist stark verschuldet bei Nordhausen.
1344	Die Heinrichsburg bei Harzgerode zerstört.
11. März 1345	Kloster Himmelgarten muß auf Kapelle, Altar und Klostergebäude in Nordhausen verzichten. (S. zum Jahre 1337.)
1346	Die Erichsburg bei Güntersberge zerstört.
1347	Überfall auf Nordhäuser im Harze, die Holz abfahren wollen.
1348	Vertrag Nordhausens mit Honstein-Sondershausen über die Grenzen.
1348–1349	Pestjahre.
5. Mai 1349	**Vermutliche Verbrennung der Juden auf dem Rähmenplatze.**
10. August 1349	**Privileg Karls IV. für Nordhausen, Nordhäuser Justiz betreffend.**
um 1350	Flagellanten in Thüringen.
um 1350	**Abermalige Aufstellung von Statuten. (Dritte erhaltene Statutensammlung, vierte, die überhaupt geschaffen worden ist.)**
11. März 1351	Nordhausen vermittelt bei Bürgerunruhen in Mühlhausen. (Ständekämpfe.)
3. April 1351	**Umfassender Vertrag Nordhausens mir Friedrich**

	dem Strengen von Thüringen. (Schutz- und Trutzbündnis.)
1351	**Demokratisierung der Nordhäuser Verfassung. 6 Handwerker ziehen neben 18 Gefreundten in den Rat ein.**
1352	**Das Schultheißenamt geht endgültig an Thüringen-Meißen über (s. zum Jahre 1342).**
12. März 1354	Karl IV. fordert Erfurt und Nordhausen auf, im Streite Mühlhausens mit Honstein-Sondershausen zu vermitteln.
8. Juli 1354	Karl IV. genehmigt das Schutzbündnis mit Thüringen.
10. September 1354	**Karl IV. erteilt zu Zürich für Nordhausen ein Privileg.**
1356	**Die Vogtei geht von Honstein-Sondershausen auf Honstein-Klettenberg über (bis 1593).**
8. April 1358	Karl IV. söhnt sich mit Nordhausen, das zu einem Romzuge nichts beigesteuert hatte, aus.
1359	Die Nordhäuser beteiligen sich an der Zerstörung Kindelbrücks.
1360	Das um 1280 erbaute Rathaus wird neu aufgeführt (bis 1608).
um 1360	Mehrere vornehme Geschlechter werden aus Nordhausen verbannt. (Ständekämpfe.)
nach 1360	**51 Knochenhauerfamilien werden aus Nordhausen verbannt (nur 5 Familien dürfen in der Stadt bleiben).**
zwischen 1360 und 1395	Erbauung der Nikolaikirche.
1365	Unternehmen gegen Herzog Albrecht von Braunschweig-Grubenhagen.
6. Februar 1365	**Eingemeindung der Neustadt.**
6. Juli 1365	Honstein verpfändet Burg Scharzfels an Thüringen.
1365–1406	**Zweite Periode der Stadtbefestigung.**
wahrscheinlich 1366	**Bau der Schnabelsburg.**
1366–1368	**Ernsthafte Fehde Nordhausens mit Honstein.**
1367	Unter ihrem Feldhauptmann Andreas Buttlar stecken die Nordhäuser Heringen und Kelbra in Brand.
Januar 1368	Verhandlungen der Kämpfenden in Weißenfels vor Friedrich und Balthasar von Thüringen.
11. Februar 1368	**Verkauf von Salzaer Flur an Nordhausen.**
28. März 1368	**Karl IV. verbietet zu Gunsten Nordhausens das Bierbrauen im Umkreise von 1 Meile um die Stadt.**
1368	**Zwei weitere Privilegien des Kaisers: Nordhausen darf Befestigungen anlegen. Nordhausen darf Reichslehen erwerben (Salza, Kohnstein).**

1369	Inquisition gegen Geißler in Nordhausen.
1369	**Sangerhausen fällt an Thüringen.**
26. Januar 1370	Thüringen läßt sich vom Kaiser die Schutzhoheit über Nordhausen bestätigen.
19. Juli 1370	**Vergleich mit Honstein. Nordhausen wird mit dem südöstlichen Rande des Kohnsteins abgefunden.**
1371	**Unternehmen gegen den Hanstein. Schwere Verluste durch Otto den Quaden von Braunschweig-Göttingen.**
14. Februar 1375	**Revolution. Sturz der gefreundten Geschlechter durch die Kleinbürger. Das Riesenhaus wird erwähnt. Neue Verfassung.**
1375	Treffen bei Gebesee. Die Thüringer Landgrafen schlagen ihre aufständischen Ritter und Städte aufs Haupt. Nordhausen wahrscheinlich nicht beteiligt.
1383	Bürgermeister Nikolaus Torbaum vertrieben.
1384	Heidelberger Stallung.
21. Oktober 1386	König Wenzel verbietet den Landfriedensrichtern von Westfalen, die Städte Erfurt, Mühlhausen und Nordhausen vorzuladen. (9. März 1391 nochmalige Bestätigung.)
1389	**Die Brüder Segemund stiften das reiche Martini-Hospital.**
1389	Nordhausen schließt mit dem Kloster Ilfeld einen Vertrag über den Ilfelder Klosterhof.
1390	König Wenzel erläßt allen Schuldnern von Juden die Schulden.
1394	Der Domscholaster Werner von Kahle einigt sich mit der Stadt über das Schulgeld.
1397	Die Honsteiner müssen sich Thüringen beugen.
1397	Unternehmung Nordhausens gegen Katlenburg.
seit 1397	Seelenmessen der Augustiner für die bei der Revolution von 1375 Gebliebenen.
16. Mai 1398	Abt Heinrich von Gerode vergleicht die Nordhäuser mit Katlenburg.
1399–1403	**Auseinandersetzungen Nordhausens mit Stolberg wegen des Frauenbergklosters (Segemunds).**
um 1400	Anstellung eines Sekretärs neben dem Syndikus.
18. Februar 1400	**Feierliche Erneuerung des Bündnisvertrages zwischen Erfurt, Mühlhausen, Nordhausen. (Engstes Zusammengehen bis 1472. S. zum Jahre 1306.)**
Erste Hälfte des 15. Jahrh.	Chorgestühl des Doms angefertigt.
1404–1410	Dietrichs IX. von Honstein Kampf gegen Kloster Walkenried.

1405	Roland zu Bremen.
August 1406	Heringen belagert. Ein Nordhäuser Aufgebot nimmt am Kampfe teil. Ebenso 1407. (Dietrich IX. von Honstein-Heringen gegen Walkenried.)
1408	Die Honsteiner legen auf dem Sande eine Richtstätte für ihre Untertanen an.
1410	Friede zu Ilfeld; Sieg des Honsteiners.
1411	**Erste Erwähnung des Nordhäuser Roland.**
1412	Fleglerkrieg. 15. September 1412 Überrumpelung der Burg Honstein.
1415	König Sigmund bestätigt in Konstanz Nordhausens Privilegien.
1416	Halberstadt, Aschersleben und Quedlinburg treten dem Dreistädtebündnis von Erfurt, Mühlhausen und Nordhausen bei.
1417	Stolberg und Schwarzburg erben die Grafschaft Honstein-Heringen.
2. November 1418	Das Hofgericht zu Regensburg entscheidet im Prozeß der Familie Junge gegen Nordhausen für die Stadt. (14. März 1426 endgültige Beilegung des Streites.)
1422	Simon Segemund, Stifter des Martini-Hospitals, gestorben.
1423	**Vereinigung Thüringens mit Sachsen unter Friedrich I. aus dem Hause Wettin.**
1424	Die Gerechtsame des Schulzengerichts werden zu Gunsten des Rates eingeengt.
1426	Hussitensieg bei Außig.
21. April 1426	**Halberstadt, Aschersleben, Quedlinburg treten der Hanse bei. Annäherung Nordhausens an die Hanse.**
1427	Barfüßer-Tor erbaut (1873 abgerissen).
9. Dezember 1428	Rathausdiebstahl. Die Verwicklungen der Berchtenfehden beginnen.
1429	Zug gegen den Hanstein um der Mühlhäuser willen.
1429	Taufbecken in St. Petri angefertigt.
1430	Aufnahme Nordhausens in die Hanse.
1430–1432	**Nordhausen Hansestadt. (Mühlhausen tritt 1432 aus, bald folgt Nordhausen.)**
1430–1432	Hussitengefahr.
24. November 1430	Papst Martin V. hebt das Interdikt gegen Nordhausen auf, das Mainz wegen Antastung von Geistlichen verhängt hatte.
1430–1443	Berchtenkrieg. (4. August 1443 Vertrag Nordhausens mit dem Geschlecht der Kirchhofs. Ende der Fehde.)
26./27. Juli 1431	Nordhausen zum ersten Male vor einem Femgericht.

1435	Zug gegen die Herrn von Schwicheld am Nordrande des Harzes.
5. Januar 1436	**Hermann v. Werther und Hans Swellingrebel stiften das Elisabeth-Hospital.**
1436	**Kaiser Sigmund gestattet Nordhausen die Anlage von Außenbefestigungen.**
27. September 1436	Versuch eines Sturmes auf Nordhausen vom Töpfer- und Altentor her.
1437–1487	**Dritte Periode der Stadtbefestigung.**
1437	Kurt Berchte und Heinrich von Braunschweig überfallen Nordhäuser, die nach Frankenhausen zum Jahrmarkt wollen.
26. November 1437	Heinrich von Honstein überfällt Bischof Burchhardt von Halberstadt im Alten Stolberg.
1442	Große Stiftung des wohlhabenden Bürgers Heinrich Swellingrebel.
1442	König Friedrich III. bestätigt der Stadt die Privilegien.
1443	Nachweislicher Handel der Nordhäuser mit Waid.
1445	Konflikt mit Sachsen wegen des Schultheißenamtes.
nach 1445	Mauer zwischen Töpfer- und Barfüßertor ausgebaut.
1446	Inquisition gegen eine Geißlergesellschaft in Nordhausen.
2. Hälfte des 15. Jahrh.	Bau der heutigen Blasii-Kirche.
2. Hälfte des 15. Jahrh.	Blüte der Pfeil- und Schützenbrüder; Schützenfeste.
1446–1451	Bruderkrieg in Thüringen.
1448	Die Honsteiner wollen die Vogtei an Nordhausen verkaufen. Nordhausen schlägt den Kauf aus.
1449–1453	Rautentor neu erbaut, Befestigungsanlagen am Primariusgraben.
7. Juli 1454	Sachsen ruft unter anderen auch Nordhausen zu Hilfe gegen Böhmen.
1455–1457	Ernsthafter Konflikt Nordhausens mit einem Femgericht.
1458	Feldzüge gegen Raubritter.
1458	Die Feldschlange, der „Schnellundebaldedavon", wird gegossen.
1464–1505	Nordhausen erwirbt von Honstein pfandweise die Vogtei. Beginn der Streitigkeiten über die Gerichtsbarkeit mit den Honsteinern.
1464	Beginn ernstlicher Reibungen mit Stolberg.
1464–1466	**Stolberg gegen Nordhausen. Die Nordhäuser kaufen die Gerichtsbarkeit über Teile der Stadtflur den Stolbergern für 4004 Gulden ab.**
17. Dezember 1469	**Vertrag Herzog Wilhelms v. Sachsen mit Nordhau-**

	sen. Der Vertrag geschieht nicht mehr auf gleicher Basis; das Landesfürstentum erstarkt.
17. November 1471	Vertrag mit den Grafen von Stolberg über das Frauenbergkloster.
1477–1479	Reibereien zwischen Stolberg und Nordhausen.
1480	Friedrich III. verbietet den Honsteinern, vor dem Siechhofe Zoll zu nehmen.
nach 1480	Rondel oder Zwinger am Töpfertor erbaut.
1480–1485	Stolbergs Kampf gegen Nordhausen. (Vergl. 1477 bis 1479.)
23. Oktober 1482–1604	**Dauernde Schutzhoheit Sachsens über Nordhausen. – Seit 1660 zahlt Nordhausen wiederum jährlich 300 Gulden für den Schutz.**
1482–1490	Scharfe Handhabung der Zivilgerichtsbarkeit durch den sächsischen Schultheißen Hans von Breitenbach. Seitdem verstärkte Angriffe der Nordhäuser auf dieses Amt.
1488	**Revision und Reformation des Kreuzstiftes.**
1489	**Die Städte erhalten als dritte Kurie auf den Reichstagen eine Vertretung.**
3. Juli 1490	**Endgültiger Friede zwischen Nordhausen und den Grafen von Stolberg (die Streitigkeiten hatten 1436 begonnen; seit 1464 besondere Spannung).**
1491 (1492)	**Michael Meyenburg, Syndikus und Bürgermeister Nordhausens, geboren (1555 gestorben).**
1495	**Reichstag zu Worms; Reichskammergericht geschaffen.**
12. Oktober 1497	Maximilian bestätigt Nordhausen, daß es vor keinem fremden Gericht zu erscheinen braucht.
1498	Berthold von Mainz befreit Nordhausen vom geistlichen Gericht. (1515 erneuert.)
um 1500	**Das Branntweinbrennen beginnt in Nordhausen.**
1503	Versuch einer Reformierung des Augustinerklosters in der Neustadt.
1503	Das Ablaßgeld des ausgeschriebenen Jubeljahres wird aus Nordhausen abgeführt.
1506–1521	**Blütezeit der Erfurter Universität. Viele Nordhäuser in Erfurt.**
1506	Sachsen kauft die Vogtei über Nordhausen von Honstein; doch bleibt sie nach einigen Streitigkeiten bei Honstein bis 1593.
27. Oktober 1506	Brief Maximilians an Nordhausen wegen der schlimmen Lage des Reiches.
1507	Der Rat führt eine Branntweinsteuer ein.

1509	**M. Meyenburg als 2. Stadtschreiber nach Nordhausen berufen.**
1512	**Reichstag zu Köln. Einteilung Deutschlands in 10 überterritoriale Kreise. Nordhausen kommt zum Niedersächsischen Kreis.**
1515–1517	Dunkelmänner-Briefe.
1516	**Luther in Nordhausen als Inspektor des Augustiner-Klosters.**
31. Oktober 1517	**Thesenanschlag.**
1518	Kloster Himmelgarten unter dem Prior Johann Huter führt Geld zum Bau der Peterskirche ab.
1519	Das schönste Geschütz Nordhausens, der „Lindwurm", wird gegossen. (3. Mai 1760 von den Preußen davongeführt und wahrscheinlich eingeschmolzen.)
1519	Lorenz Süße Prior des Augustiner-Klosters.
1520–1560	Versuche, in der Flur Nordhausens nach Erzen zu graben.
1521	Justus Jonas (Jodokus Koch) aus Nordhausen schließt sich in Erfurt Luther auf seiner Reise nach Worms an.
1521	Eobanus Hessus als Gast Meyenburgs in Nordhausen.
1521	Suleiman der Prächtige erobert Belgrad, Türkengefahr.
seit 1522	**Tilemann Plattner führt in Stolberg die Reformation ein.**
16. Februar 1522	**Erste evangelische Predigt in Nordhausen; Lorenz Süße in St. Petri.**
1523	Der Rat erwirbt die Scherf- und Rotleimmühle vom Altendorfer Cisterzienser-Kloster. Der Rat greift Gerechtsame des Domstifts an.
1523	Städtetag zu Speyer.
1523	**M. Meyenburg Syndikus Nordhausens.**
1523	Nordhausen und Honstein wegen der Vogtei vor dem Reichsgericht zu Speyer.
1524	Hans Swellingrebel verzichtet auf seine Rechte am Elisabeth-Hospital. (19. Mai 1546 auch die Familie Werther.)
1524	**Spangenberg als Prediger an St. Blasii nach Nordhausen berufen. Er richtet auch eine Schule an St. Blasii ein.**
18. Juli 1524	**Der Städtetag zu Speyer faßt den Beschluß, nichts als das reine Evangelium predigen zu lassen. Meyenburg vertritt Nordhausen.**
26. September 1524	**Ratsbeschluß zur Einführung der Reformation in Nordhausen auf Grund des Städtetag-Beschlusses.**

1524	Bilderstürmer machen sich in Nordhausen bemerkbar.
1525	**Bauernaufstand.**
16. März 1525	**Mühlhäuser Rat abgesetzt.**
April und Mai 1525	**Die aufständischen Bauern im Honsteinschen und in Nordhausen.**
24. April 1525	**Luther predigt in der Georgskapelle zu Nordhausen.**
15. Mai 1525	**Schlacht bei Frankenhausen.**
1526	Hans Kehner, ein Aufständischer, in Nordhausen enthauptet.
1526	Erster Reichstag zu Speyer. Jakob Hoffmann vertritt Nordhausen.
wahrscheinlich 1526	**Luthersche Geistliche predigen im Dom. Stadtwappen daselbst angebracht.**
kurz nach 1526	**Spangenbergs Schule, das spätere Gymnasium, wird in das Dominikaner-Kloster in der Predigerstraße verlegt.**
1527	Justus Jonas als Gast bei Meyenburg.
1529–1534	Lange Streitigkeiten wegen der Vogtei mit den Honsteinern.
1530	**Reichstag zu Augsburg. Confessio Augustana.**
29. Juli 1530	Karl V. bestätigt die Privilegien des Domstifts.
1530	Judenedikt; kein Jude darf sich in Nordhausen ansiedeln (schärfste Judenmandate 1546, 1552, 1559, 1567).
31. Dezember 1530	Gründung des Schmalkaldischen Bundes.
6. Dezember 1531	**Der Schmalkaldische Bund tagt in Nordhausen. Nordhausen tritt ihm bei.**
1532	Kleinodien der Kirchen eingeschmolzen.
1532	**Eine Schar Nordhäuser zieht in den Türkenkrieg.**
1532	Nürnberger Religionsfriede.
1533	**Die Karolina erscheint und wird alsbald in Nordhausen als maßgebendes Strafgesetzbuch eingeführt.**
1534	Letzter Versuch der Feme, in die Nordhäuser Gerichtsbarkeit einzugreifen.
1536	**Die Wittenberger Konkordie (Bucer).**
1537	**Die Schmalkaldener Artikel; von Nordhausen ebenso wie die Wittenb. Konkordie anerkannt.**
1538	**Neue Herausgabe des Schultheißenbuches.**
1539	Georg von Sachsen, starrer Anhänger des Katholizismus, stirbt.
1540	**Große Feuersbrunst in Nordhausen. Verfahren gegen die Brandstifter.**

seit 1542	**Nordhausen im Besitz des Schultheißenamtes (verpfändet von Sachsen).**
1542	Johannes Thal in Erfurt geb. (1581 Arzt in Nordhausen, 1583 gestorben.
1542	Zug gegen Heinrich von Braunschweig; auch Nordhäuser nehmen teil.
1542	**Mühlhausen wird protestantisch.**
1543	Honstein verzichtet auf das Zivilgericht am Siechhofe für eine Geldsumme.
1543–1591	Kampf und Prozeß der Familie Busch gegen Nordhausen.
1544	**Ilfeld reformiert.**
1544	**Reichstag zu Speyer; Zugeständnisse Karls V. an die Protestanten.**
18. Februar 1546	**Luther in Eisleben gestorben.**
1546	**Die Honsteiner versetzen die Vogtei an Nordhausen für 1500 Gulden. Seitdem bestellt Nordhausen den Gerichtsvogt selbst.**
10. April 1546	**Walkenried reformiert.**
1546	**Hans Laxner erbaut die „Oberkunst".**
1546–1560	Kampf und Prozeß Christian Heunes gegen Nordhausen.
1546	**Spangenberg geht als Generalsuperintendent nach Eisleben. (1550 gestorben.)**
1546–1547	**Schmalkaldischer Krieg.**
1547	**M. Meyenburg Bürgermeister.**
1547	Luthers Witwe und Kinder als Gäste Meyenburgs in Nordhausen.
1547	Die Protestanten wollen das Tridenter Konzil beschicken.
1547	Augsburger Interim.
1548	Nürnberg stimmt für Nordhausen zu Augsburg dem Beschlusse zu, sich an das Interim halten zu wollen.
1548	Adiaphoristischer Streit. Elevationsstreit in Nordhausen.
6. Februar 1549	**Lorenz Süße gestorben.**
1549	**Polizeiordnung Nordhausens.**
13. Juni 1550	**Joh. Spangenberg in Eisleben gestorben.**
1550	Tagung des Ober- und Niedersächsischen Kreises in Jüterbog. Kriegshilfe gegen Magdeburg auch von Nordhausen verweigert.
1550	Michael Neander geht von Nordhausen als Rektor nach Ilfeld. (1525 geb.)
1550–1551	Schwere Pestzeit.

1551	Belagerung Magdeburgs durch Moritz von Sachsen.
Pfingsten 1551	Angriffe Antonius Ottos gegen den Rat wegen Annahme des Interims.
4. August 1551	**Der Rat lehnt das Interim offiziell ab.**
1552	Bibliothek des Klosters Himmelgarten, schon länger in Nordhausen, wird nach St. Blasii überführt.
Winter 1551–1552	Die von Magdeburg zurückflutenden Heervölker z.T. in der Nordhäuser Umgebung. (Nordhausen zahlt 12000 Gulden.)
1553–1555	Majoristischer Streit in Nordhausen.
Juni 1553	Moritz von Sachsen in Nordhausen.
9. Juli 1553	Schlacht bei Sievershausen. Moritz fällt.
1555	**Religionsfriede zu Augsburg. Nordhausen besetzt den Walkenrieder Hof.**
seit 1555	Streit über den „dritten Gebrauch des Gesetzes".
13. November 1555	**M. Meyenburg gestorben.**
27. März 1556	**Synode der Honsteiner in Walkenried. Die Grafschaft wird endgültig protestantisch.**
7. Juli 1556	Ratsbeschluß über die Tracht der Geistlichen.
seit 1557	**Eine Reihe Güter des Frauenbergklosters fallen an Nordhausen (Uthleben, Bielen, Niederspier, Wasserthalleben).**
1557	**Mädchenschule aus Mitteln des Frauenbergklosters gegründet.**
1557	Anschlag von 20 Thesen Antonius Ottos *de tertio usu legis*.
1557–1560	Unruhige Zeiten; „Gardende" Landsknechte in Nordhausens Umgebung.
11. Februar 1560	Ermahnung des Rates an die Geistlichen, von Streitigkeiten abzulassen.
19. April 1560	**Melanchthon gestorben.**
1560	Antonius Otto als Pastor *primarius* nach Jena zur Disputation zwischen Flacius Illyrikus und Victorinus Striegel entsandt.
1560	Andreas Fabricius (1554–1560 Rektor der Schule in Nordhausen) wird Diakonus an St. Nikolai und 1564 erster Geistlicher an St. Petri. Verfechter orthodoxen Luthertums.
1562	Prozeß der Stadt mit den Rüxleben in Himmelgarten.
1563	Die Kurpfalz calvinisch.
1565	Schwere Pestzeit.
1565	Schlimmste Streitigkeiten der Nordhäuser Geistlichkeiten.

1565–1569	**Der Walkenrieder Hof dient als Rathaus wegen Baufälligkeit des eigentlichen Rathauses.**
1566–1567	Grumbachsche Händel. Nordhausens Beteiligung an Gothas Belagerung.
1567	**Himmelgarten an Nordhausen verkauft (1720 von Stolberg zurückgekauft).**
19. September 1567	Sächsische Abgeordnete verlangen Ottos und Fabricius' Entlassung.
1567	Beschluß Nordhausens, nach keinem Landrecht, sondern nur nach Kaiserlichem Recht (Karolina) zu richten.
10. Juli 1568	**Der Rat entläßt sämtliche streitenden Geistlichen; er muß auf Befehl Sachsens die gemäßigten wieder aufnehmen.**
1569	Synode der Honsteinschen Geistlichen in Walkenried; Beschluß, sich nicht an geistlichen Streitigkeiten zu beteiligen. (Antoninus Otto in Stöckey.)
1569–1570	**Martin Burggrav Superintendent in Nordhausen; das einzige Mal, daß Nordhausen einen Superintendenten gehabt hat.**
1572	Nordhausen erhält die 1552 bezahlten 12000 Gulden z.T. zurück.
1573	Das Stift Halberstadt (Braunschweiger) erhält im Wege des Tauschs die Herrschaft Lohra und das Amt Bodungen.
1573	Hexenprozesse in Nordhausen (ebenso 1586, 1616 u.a.).
1574	Deutschordensland in Nordhäuser Flur geht an Nordhäuser Bürger über.
1576	**Nordhausen verpflichtet aus politischen Gründen die Geistlichen auf das Braunschweigische *corpus Julium* und lehnt die Konkordienformel von Kloster Berge ab.**
20. Juli 1582	**Rudolf bestätigt die Freiheit des Domstifts. Das Stift endgültig dem Katholizismus gerettet.**
1583	**Grundlegende Schulgesetze für das Gymnasium.**
1585	Rektor Ratzenberg des Gymnasiums wegen Verdachts des Calvinismus amtsentsetzt.
1590–1600	Pastor Primarius Pandochäus des Calvinismus verdächtig. (1596–1597 verfaßt er verdächtige Schriften).
1591	Nordhausen streckt Heinrich IV. von Frankreich 4000 Gulden vor.
1592	**Das geistliche Ministerium zu Nordhausen erhält eine Verfassung.**

1593	Die Honsteiner sterben aus.
7. Januar 1594	Die Vogtei über Nordhausen, bisher bei Honstein, geht auf Sachsen über. (1595 Vergleich mit Sachsen über die Vogtei.)
1593–1605	Walkenrieder Hof im Besitze Nordhausens (1648 an Braunschweig, 1694 an Brandenburg-Preußen).
1594–1597	Nordhausen erwirbt Dorf Stempeda. (1720 von Stolberg zurückgekauft.)
1597	*Confessio Nordhusana de praedestinatione* (Streitigkeiten mit Geistlichen calvinischer Richtung).
1598	Die Wildesche Familie erwirbt „Wildes Hölzchen". (Besitz bis 1787.)
1598	**Peter Günther verbessert die Oberkunst und legt die Unterkunst an.**
6. Januar 1599	Versuch, die bei den Ratswahlen eingerissenen Mißstände zu beseitigen.
Seit 1. Januar 1601	**Jeder Geistliche, der in Nordhausen angestellt wird, muß einen Revers unterschreiben.**
1602	Zum ersten Mal in Nordhausen Broihan gebraut (St. Martini).
1603	Der „Römische Kaiser" entsteht als privilegiertes Gasthaus.
1608	Gründung der Union.
1608	Norm für theologische Streitigkeiten der Geistlichen aufgestellt.
1608–1610	**Neubau des Rathauses. (1562 schon beschlossen.)**
1612	**Großer Brand Nordhausens.**
1612	Das Kirchhofholz wird auf 12000 Bäume geschätzt. (1589, 1649, 1664 u.a. Jahre Auseinandersetzungen Nordhausens mit Stolberg wegen des Wäldchens.)
1614	Die Reichsstädte tagen in Ulm.
1617	Reformationsfest in Nordhausen (ebenso 1630).
1618–1648	**Der Dreißigjährige Krieg.**
1619–1621	Sachsen kauft das Schulzenamt von Nordhausen zurück. Streitigkeiten deswegen; seit 1621 das Amt wieder bei Nordhausen.
1619–1624	**Münzverschlechterung; Kipper- und Wipperzeit.**
1620	Nordhausen läßt 30 Mann zu den Truppen des Niedersächsischen Kreises stoßen.
1621	Beilegung der Streitigkeiten der Geistlichen über die Begleitung der armen Sünder bei der Hinrichtung.
1623	Nordhausen schickt 100 Mann an die Weser.
1626	Schlachten an der Dessauer Elbbrücke und bei Lutter am Barenberge.

19. Februar 1626	Ferdinand II. nimmt Nordhausen in seinen Schutz. Erste größere Einquartierung.
1626	**Die Pest in Nordhausen.**
1626–1631	**Bandenunwesen im Harze, Harzschützen.**
1. Januar 1627	**Verfassungsänderung in Nordhausen; Verringerung der Ratssitze.**
21. Mai 1627	Unwirksames Ratsverbot, Harzschützen aufzunehmen. (5. Juli 27 erneuert.)
1627	**Zerstörung von Schloß Honstein.**
1629	Restitutionsedikt; Versuch in Nordhausen, das Augustinerkloster wiederherzustellen.
1630	Reichstag zu Regensburg. Abdankung Wallensteins; Landung Gustav Adolfs.
Februar 1631	Konvent in Leipzig. Aufhebung des Restitutionsedikts gefordert.
7. September 1631	Schlacht bei Breitenfeld.
2. März 1632	Der schwedische Oberst von Wedel läßt die Stadttore aufbrechen. Plünderung des Domstifts. (19. Juli die Schweden nochmals in Nordhausen.)
16. November 1632	**Schlacht bei Lützen; Gustav Adolfs Tod.**
1633	Die Regierung der Grafschaft Honstein flüchtet nach Nordhausen. (1636 wiederum.)
16. März 1633	Nordhausen verpflichtet sich in Erfurt zu Subsidien für Schweden und den Obersächsischen Kreis.
1633	Fürstentag zu Heilbronn; Oxenstiernas Zugeständnisse an die deutschen Fürsten.
1634	Kreistag zu Halberstadt. Nordhausen gehört zu Niedersachsen.
6. September 1634	Niederlage der Schweden bei Nördlingen.
15.–29. Mai 1635	**Fürstentag zu Nordhausen. Verhandlungen über einen Separatfrieden mit dem Kaiser.**
1635	Separatfriede zu Prag.
1635	Rückkehr der seit 1632 vertriebenen Domherrn nach Nordhausen.
1636–1639	**Die vier schlimmsten Kriegsjahre für Nordhausen.**
1640	Neue, von Rektor Girbert verfaßte Schulordnung.
1640	Reichstag zu Regensburg. Nordhausen nicht vertreten.
1640	Mainz und Nordhausen als Vermittler bei innerpolitischen Streitigkeiten in Mühlhausen.
27. Mai 1641	Vergleich zu Eisenach; Beilegung der Mühlhäuser Zwistigkeiten.
1643	Johannes Hecklaur vermacht dem Nordhäuser Gymnasium eine ansehnliche Stiftung.

1643	Schulkämpfe in Nordhausen. Die Geistlichkeit gegen Rektor Girbert.
1647	Der schwedische Oberstleutnant Kannenberg versucht den Nordhäuser Roland umzustürzen.
24. Oktober 1648	**Friede zu Münster und Osnabrück.**
21. März 1649	General Königsmarck fährt durch Nordhausen.
6. Oktober 1649	**Honstein-Klettenberg wird an Brandenburg übergeben.**
2. September 1650	**Friedensfest in Nordhausen.**
1658	Neue Schulordnung.
1661	Besonders feierliche Kaiserhuldigung Nordhausens (Leopold I.).
1663–1674	Friedrich Hildebrand Rektor des Gymnasiums. Größte Blüte der Anstalt.
1664	Erfurt vom Erzbischof Joh. Philipp von Mainz gebeugt; Ohnmacht der Städte.
1666	Revision eines Teiles der Nordhäuser Statuten durch Syndikus Titius.
1668	**Wichtige Polizeiordnung.**
1672	Montecuculi zieht mit 12000 Mann durch die Goldene Aue, um in den zweiten Raubkrieg einzugreifen.
1673	Letztes Gregorsfest (ausgelassenes Schulfest) gefeiert.
1674	Brandenburgische Truppen in der Nähe Nordhausens.
1680	**Versuch, die Ratswahlen einer Revision zu unterziehen. (Vorher schon 1599, 1667, 1671, 1674.)**
1681–1682	**Furchtbare Pestjahre. Die Pest das letztemal in Nordhausen.**
1685–1688	Dauernde Truppendurchzüge. (2. Türkenkrieg.) Hannöversche Truppen halten zeitweilig die Stadt besetzt.
22. März 1686	Vertrag von Berlin. Brandenburg erhält den Kreis Schwiebus und die Anwartschaft auf Ostfriesland. Es verlangt vom Kaiser die Reichsstädte Dortmund, Mühlhausen, Nordhausen.
4. Mai 1686	**Großer Brand der Unterstadt Nordhausens.**
1686	Christian Demelius, Kantor des Gymnasiums, gibt ein Nordhäuser Gesangbuch heraus.
Juni 1687	Nordhausen wendet sich aus Furcht, seine Reichsfreiheit an Brandenburg zu verlieren, an den Kaiser.
25. Januar 1688	Nordhausen wendet sich an den Reichstag in Regensburg, um die Besetzung durch Brandenburg abzuwenden.
Juli 1688	Konferenzen von Goslar, Mühlhausen und Nordhausen in Duderstadt.

1688	Anlage eines Eisenhammers auf dem Bielenrasen.
1689	Eine Hochflut der Zorge reißt die Siechenbrücke fort. 1693 neu erbaut.
21. Oktober 1689	Erste bedeutende Feuerordnung.
1690	Französische Emigranten, Hugenotten, durchziehen Nordhausen.
1691	**Die Kaiserliche Thurn- und Taxissche Post hält in Nordhausen eine Posthalterei.**
1692	Mühlhausen gibt sich ein neues Stadtrecht, das auch auf Nordhausens Verfassung nicht ohne Einfluß bleibt.
1694	**Neubelebung der Schützenkompagnie; Bestätigung durch den Rat am 2. August 1694.**
6. Oktober 1695	Umfassende Bestätigung der Nordhäuser Privilegien durch Kaiser Leopold.
1697	**Brandenburg erhält den Walkenrieder Hof. (Vergl. 1343, 1565, 1593.)**
1697	Die Altendorfer Kirche erneuert.
20. Juli 1697	Kurfürst August II., der Starke, von Sachsen sucht unter anderem auch seine Gerechtsame über Nordhausen zu veräußern.
27. November 1697	**Brandenburg kauft die Vogtei und das Schulzenamt über Nordhausen von Sachsen.**
12. Dezember 1699	**Die Grafschaft Honstein, die Brandenburg seit 1648 dem Hause Sayn-Wittgenstein überlassen hatte, kommt direkt unter Brandenburg.**
7. Februar 1703	**Brandenburg-Preußen besetzt Nordhausen.**
1704	Kursachsen richtet in Nordhausen eine Posthalterei ein.
6. April 1705	Der Kaiser gebietet den Preußen die Räumung der Stadt.
1706 und 1718	Wichtige Verträge der Stadt mit dem Domstift.
23. auf 24. August 1710	**Großer Brand Nordhausens. Der ganze westliche Teil der Oberstadt wird in Asche gelegt.**
Januar 1711	Die Preußen bereiten sich innerhalb Nordhausens auf hannöversche Angriffe vor.
1712–1713	**Höhepunkt des Konflikts der von Preußen unterstützten Bürgerschaft mit dem vóm Kaiser unterstützten Rate.**
21. August 1712	**Großer Brand Nordhausens. Der ganze nördliche und östliche Teil der Oberstadt wird in Asche gelegt.**
11. Oktober 1714	**Vertrag zwischen Preußen und Nordhausen. Preußen verzichtet für 50000 Taler auf sein Anrecht an die Stadt. (1. Mai 1715 wird das Geld bezahlt; der König quittiert darüber am 23. August 1715.)**

22. Mai 1715	**Der Vertrag wird von Nordhausen unterzeichnet. (3. August 1715 mit Preußen ausgewechselt; 30. Sept. 1716 vom Kaiser bestätigt.)**
1715	**Der Bau des Waisenhauses wird begonnen. 2. Nov. 1717 eingeweiht.**
1715	Anstelle des „Blasenzins" wird das „Schrotgeld" von den Brennereien erhoben.
1716	Konflikt der Stadt mit Preußen wegen des Schurzfells.
1716	**Friedrich Christian Lesser, der Chronist Nordhausens, wird Pastor an der Frauenbergkirche (Lesser 1692–1754; 1741 Pastor an St. Jakobi).**
1717	Der Roland erneuert.
1719	Sekte der „Engelsbrüder" in Nordhausen.
23. Dezember 1720	**Himmelgarten und Stempeda, bisher von Stolberg an Nordhausen verpfändet, werden von Stolberg eingelöst (s. zum Jahre 1567).**
1724	**Die Bürgerschaft unter Riemanns und Filters Führung wendet sich, Beschwerde über den Rat führend, an das Reichskammergericht. Beginn der Revision von Verfassung und Verwaltung in Nordhausen.**
1725–1763	**Chilian Volkmar Riemann Bürgermeister von Nordhausen.**
5. Januar 1726	**Ratsbeschluß, Verwaltung und Verfassung umzugestalten.**
23. Dezember 1726	**Neue wichtige Brauordnung (1730 neu aufgelegt, 1785 revidiert).**
1727	Feste Brücke beim Sundhäuser Tor über die Zorge gebaut. (1775 beim Hochwasser fortgerissen; 1782 wieder erbaut.)
7. Dezember 1727	**Das Reichskammergericht heißt die Neuregelung der Gehälter gut. (Beginn der Streitigkeiten 1725, endgültige Regelung 1729.)**
1728	Armenordnung für Nordhausen.
seit 1728	**Pflasterung der Hauptstraßenzüge.**
1729	Gosehaus auf dem Hagen gebaut. (Seit 1721 wird Gose gebraut.)
28. Februar 1730	Neue Feuerordnung. Vgl. 1689.
1730	Reformationsfest.
seit 1730	Verschärfung der Streitigkeiten der Stadt mit dem Domstift.
seit 1730	**Nordhausen erhält Straßenbeleuchtung.**
1730–1745	Die städtischen Befestigungen erneuert.

1731	Beckersches Legat für das Gymnasium.
1732	Zwei Züge Salzburger Emigranten berühren Nordhausen; sie wandern nach Preußen.
30. September 1732	Durch Ratsbeschluß wird die Reichshandwerkerordnung vom Jahre 1731 für Nordhausen verbindlich.
1732–1733	Beginn, die Stadtflur zu vermessen. (Töpferfeld.)
1732–1782	**Gottlieb Schröter, Verbesserer des Fortepianos, Organist an St. Nikolai.**
1733	Umbauten am Innern des Rathauses.
1734	Gildehaus der Gerber am Lohmarkt errichtet, nach der Trennung der Gerber von den Schuhmachern.
Februar 1735	**Friedrich Chr. Lesser und Joh. Chr. Tebel (St. Petri) geben ein neues Nordhäuser Gesangbuch pietistischer Richtung heraus.**
1735	Die Nordhäuser Stadtsoldaten ziehen in den Polnischen Erbfolgekrieg.
1735–1737	Gesangbuchstreit.
1735	Die Mädchenschule bezieht ihre in der Sackgasse (Wolfstraße) erbaute Schule.
1736	Letzter Maiengang des Gymnasiums.
1736	Hannover richtet im Ilfelder Hofe eine Posthalterei ein.
1736	Verbot des Merwigslindenfestes der Schuhmacher.
1736	**Anfertigung eines neuen Stadtsiegels.**
seit 1738	**Entstehung des Gehegeparks.**
1738	Hannover legt eine Fernstrecke (Hamburg-Nürnberg) über Nordhausen.
seit 1742	**Lesser wirkt für ein neues Gotteshaus von St. Jakobi.**
1744–1749	**Bau der Jakobi-Kirche.**
1745	Flüchtige Sachsen (2. Schlesischer Krieg) bereiten der Stadt Ungelegenheiten.
1746–1753	**Streit um das Nordhäuser Schultheißenamt (Wilde gegen Riemann).**
1747–1756	**Schwere Zollstreitigkeiten mit Preußen.**
1747	Streit mit Preußen wegen der Zollfreiheit des preußischen Walkenrieder Hofes.
1750	Der Aar erneuert. (1693 schon einmal; 1836 abgerissen.)
nach 1750	**Die Tabakfabrikation bürgert sich langsam in Nordhausen ein.**
15. August 1751	Ratserlaß gegen die Sekte der Separatisten.
1752	12 Familien müssen wegen Verweigerung des Abendmahls auswandern.

1754	Reise König Friedrichs II. von Preußen in die Grafschaft Honstein. Der König berührt Nordhäuser Stadtgebiet.
1755	Nordhausen mit einer Reihe von Brunnen geschmückt. (Vorher schon 1698 Kornmarktbrunnen; 1734 Königshof-Brunnen; 1735 und 1738 Pferdemarkt.Brunnen.)
1756–1763	**Siebenjähriger Krieg.**
17. Januar 1757	Eintritt des Deutschen Reiches in den Krieg zu Gunsten Österreichs.
1757–1759	Nordhausen hat nur wenig unter dem Kriege zu leiden.
1760–1763	Schwere Kriegsjahre.
Mai 1760	Rittmeister Kovats führt den „Lindwurm" hinweg (siehe zum Jahre 1519).
12. März 1761	Die preußische Besatzung in Nordhausen wird von Franzosen überrumpelt (am 23. August 1761 nochmals).
15. Februar 1763	Friede zu Hubertusburg.
31. März 1763	Die Nordhäuser Geiseln kehren aus Magdeburg zurück (seit 1760 in Haft).
10.–12. April 1763	**Außerordentlich glänzendes Friedensfest.**
17. Juli 1763	Chilian Volkmar Riemann stirbt. (20. Juli auf dem Petersbergfriedhofe begraben.)
1766	Konflikt mit Preußen wegen einer Schuld des Bürgermeisters Wilde an einen preußischen Untertanen wird beigelegt.
November 1771– April 1772	Das Branntweinbrennen wird untersagt.
14. Februar 1775	**Glänzendes Jahrhundertfest zur Feier der Nordhäuser Revolution vom Jahre 1375.**
1777	Nochmaliger Streit um das Schultheißenamt (Wilde).
1778–1779	Bairischer Erbfolgekrieg.
24. Dezember 1780	Große, sechs Wochen lange Trauer wegen des Hinscheidens Maria Theresias angeordnet.
1781	Zum letzten Mal wird eine Person an den Schandpfahl (Gack) gestellt und gestäupt.
1781–1786	Prozesse der Stadt gegen ihren Bürgermeister Wilde.
10. Oktober 1786	Wilde in Wetzlar gestorben.
1787	Wildes Hölzchen von den Wildeschen Erben verkauft.
1788	Die bisherigen drei Wochenpredigten werden auf eine beschränkt. Neben der Privatbeichte ist die allgemeine Beichte zulässig.
23. April 1790	Erlaß wegen ungebührlicher Reden. (Französische Revolution.)

1790	Gründung der Nordhäuser Loge.
9. Juli 1792	Letzte Feier zu Nordhausen aus Anlaß der Thronbesteigung eines Römischen Kaisers deutscher Nation (Franz II.).
1792–1797	**Erster Koalitionskrieg.**
Seit Juni 1794	Nordhausen wirbt Truppen gegen Frankreich an.
16. Februar 1795	**Ausmarsch von 74 Nordhäuser Soldaten nach Mainz.**
April 1795	**Preußen schließt mit Frankreich den Separatfrieden von Basel. Auch Nordhausen muß zur Besetzung der Demarkationslinie Geld und Naturalien beisteuern.**
1794–1795	Verhandlungen mit Preußen über eine Zollrolle (siehe zum Jahre 1747).
1795	**Einschränkung des Branntweinbrennens. Erhöhung des Schrotgeldes. Prozeß der Brenner gegen die Stadt. (1800 zu Gunsten der Brenner entschieden).**
22. Juli 1796	Die Feste Königstein bei Frankfurt kapituliert. Das Nordhäusische Truppenaufgebot wird gefangen, erhält dann aber, ebenso wie die übrige Besatzung, freien Abzug.
1. Dezember 1796	Die Nordhäuser Söldner kehren zurück.
1799	Das Bürgergeld wird für Fremde von 10 Talern auf 30 Taler erhöht.
1801	Friede von Luneville.
23. Mai 1802	**Preußen schließt mit Frankreich ab; es erhält unter anderem auch die Reichsstadt Nordhausen zugesprochen.**
6. Juni 1802	**König Friedrich Wilhelm III. unterschreibt in Königsberg das Patent der Einverleibung Nordhausens in Preußen.**
2. August 1802	**Preußen nimmt von Nordhausen Besitz. Die Stadt verliert ihre Reichsfreiheit.**

Orts- und Personenverzeichnis

A

Aachen 263
Abraham, Jude 193, 199
Adolf, Graf von Nassau 74, 75, 105, 106, 116, 129, 131, 142, 154, 188
Agnes von Hessen 193
Agrikola 344
Albert von Ebeleben 117
– von Sachsen 182
– von Scharfe 130
Albrecht Alcibiades von Brandenburg 351, 357, 371
– Anton von Rudolstadt 439
– von Braunschweig 64, 68, 74
– der Entartete 74, 129, 131
– Erzbischof von Mainz und Magdeburg 280, 332
– Georg, Graf von Stolberg 374
– Graf von Mansfeld 328
– I., König 113, 129, 131, 135
– Landgraf von Thüringen 49, 117, 191
– II. von Magdeburg 35, 42
– Markgraf von Brandenburg 340
– Sohn des Ernst von Braunschweig-Grubenhagen 150
– von Sachsen 68
Alesius, Dr., aus Halle 354
Alexander III., Papst 28
– VI. Borgia 269, 270
Allstedt 5, 277, 316
Altenau 535
Alten-Kampen 27
Amsdorf, Nikolaus 353
Andreas von Stolberg 165
Andreasberg 535
Anna, die heilige 276
– von Rüxleben 299, 309

Anton Günther, Graf von Schwarzburg 439
– Heinrich, Graf von Schwarzburg 281
Appenrode 116, 117, 341
Appenrodt, Brennereibesitzer 541
Arens, Konrad Philipp 505
– Ratsherr 568
Aristides 301
Aristoteles 305
Arnold, Brennereibesitzer 541
Arnstadt 42, 143, 267
Arnstedt 516
Artern 277
Asseburg 184
Aschersleben 179, 180
Athen 294
Attila 451
Augsburg 261, 266, 327, 332, 334, 341, 343, 344, 347, 351, 354, 358, 418, 431
August I. von Sachsen 334, 350, 355, 357, 358, 363, 368, 369, 373
– II. 337, 453
Augustin, Kirchenvater 517
Augustus 494
Auleben 6
Ausonius von Gelama, Propst 333
Außig 195
Avignon 139

B

Bach, Joh. Seb. 503, 504
Badra 192
Balrode 24
Balthasar, Landgraf 154, 156
– von Harras 183, 191

– von Sundhausen 321
Baner, General 424
Barbararode 74
Bart 112
– Hermann 112
Basel 304, 577, 578
Beatrix 35, 41
Becker, David, Oberst 416, 417
– Stadtschultheiß von Bleicherode 502
Behrens, Georg Henning, Stadtphysikus 467, 485, 499
– Johann Henning, Apothekenbesitzer 446
Beichlingen 47, 115, 127, 128, 132, 134, 149, 150, 154, 183, 280, 350
Beier 318
Belgrad 325
Bellstedt 117
Below 59, 90, 224, 225
Benderode 104
Benneckenstein 128
Bennungen 117, 185, 309
Belisar 301
Berchte, Kurt 189, 190, 191, 199, 265
Berga 6, 9, 117, 187
Bergheuer, Rittmeister 429
Berlin 452, 458, 485, 516, 526, 543, 564
– -Cöln 181
Bernhard, Herzog von Sachsen 30
– Herzog von Weimar 424
– Graf von Honstein 141
Berthold von Mainz 270, 331
– von Werther 261
v. Besa, Hans 204
Bese, Margarete 529
Biedermann, Rektor in Freiberg 504
Bielen 6, 14, 24, 28, 37, 45, 96, 105, 108, 117, 187, 188, 204, 299, 321, 324, 374, 440, 464, 483, 484, 485, 534, 560, 566
v. Bielstein, Graf 20
Bierlich, Torwart 455
v. Bila, Friedrich 45
v. Binder, Freiherr 576
Bischoferode bei Woffleben 115
Bismarck 346
Blankenburger Grafen 128
Blasius 47
Bleicherode 56, 339, 341, 502, 533, 564, 580
Blesse, Georg 387
Blicherode 188
Bliedungen 24
Bocholt 24
Bochorst 24
Bock jun. Meister 231
Bodungen 366
Böhme, Jakob 518
Bohne, Ratsherr 318
– Chronist 486, 489, 501
Bonaparte, General 578, 580
Bonifacius (Winfried) 5, 270
– IX., Papst 183, 270

v. Bordfeld 304
Bordeaux 510
Borgh, Vincenz 271
Bornhöved 63
Bösenrode 6
Botho, Graf von Stolberg 188, 193, 212, 272, 300, 301, 307, 373
Böttcher, Bürgermeister 478
– Hans aus Sachsa 184
– Hermann 364
Bouvines 35
Bovenden bei Göttingen 573
Boyneburg 156, 184
Brachmann, Meister 231
Bramburg 184, 197
Brandenburg 75
v. Brandenstein 156
Branderodt 309
Brassel 130
Braune 231
Braunlage 485
Braunschweig 30, 81, 127, 150, 153, 179, 180, 181, 192, 193, 195, 219, 235, 267, 288, 328, 330, 337, 338, 340, 351, 358, 363, 366, 410, 527, 532, 533, 534, 552, 564, 573
v. Breitenbach, Hans 216, 217
Breitenfeld 419
Bremen 262, 267, 328, 439
Breslau 177
Bringmann, Kurt 329
Brocken 485
v. Broglio, Herzog 566, 572
Brüchter 318
Brüssel 332
Bucer 329, 344
Bücher 223
Bückersleben 117
Bugenhagen 299
v. Buhla 185
Bukko, Bischof von Halberstadt 26
Bülzingsleben, Heinrich 337
Burchard 10
– von Halberstadt 192
Burggrav, Martin, Superintendent 356
Busch, Leonhard 217, 373
Buttlar, Andreas 156
Buttstädt 60

C

Cäcilie 36
Calenius, Konrektor 466
Calvin 358, 392
Camillus 301
Campo Formio 578
Carlyle 388
Carnot 577
Cäsar 266
Cassel 6, 423

Chlodwig 4
Christian von Braunschweig, Herzog 416
– IV. von Dänemark 413, 415
Christoph von Stolberg, Graf 417
Cicero 301
Cocles, Otto von Braunschweig-Göttingen 186
Conradus albus 60
– *pistor de Solsted* 68
– *de Saxa* 60
– *scultetus* 60
Copernicus 304
Cornarius, Dr. Jonas 304
Crimderode 14, 24, 82, 96
Cyriacus 273

D

Dankwarderode 31
Danzig 147
Degen, Brennereibesitzer 541
Demelius, Andreas 509, 510, 519
– Christian 519
Dessau 413
Dielfeld, Pfarrer an St. Nicolai 444, 518
Dietfurt 128
Dietrich von Ellrich 146, 165
– (Enkel von Elger) 116, 118, 127
– von Hohnstein 42, 48
– IX. von Hohnstein-Heringen 186, 187, 188
– von Mainz 185
– Markgraf 24, 25
– von Mildenstein 124
– von Nantzesdorf 184
Diezmann (Sohn Albrecht des Entarteten) 74, 129, 131, 132
Döffingen 181
Dorfmann 318
Dortmund 452
Dresden 261, 279, 440, 454
Drübeck 186
Dschingis Khan 451
Duderstadt 10, 15, 176, 179, 183, 453, 533, 534, 539, 566
Dunkelberg, Rektor 443, 488

E

Ebersborn 117
Ebersburg 49, 198
v. Eberstein, Major 575
Echte, Albrecht 190
Eck 301, 305
Eckstädt 416, 417
Edgar III. 42
Ehrenfriedus Faber 68
Ehrenpfort, Johann 315
Ehrhard, Magister 579

Ehrich 127
Eilhardt, Bürgermeister 457
– Ratsherr 318
– Senator 466
– Syndikus 492
Einbeck 179, 328, 333, 536
Einbrodt 484
Eisenach 81, 131, 143, 429, 446
Eisleben 74, 277, 317, 340, 341, 344, 533
Elende 184
Elger III. 48
– Propst 116, 118, 141
Elisabeth, Gemahlin Friedrichs des Freidigen 133
– die Heilige von Hessen 64
Ellrich 47, 81, 156, 279, 339, 341
Elre 27, 82
Eltmann, Moses 193
Emdenius, Pastor prim. 432
v. Ende, Hans Heinrich, Oberst 430
Erasmus 299, 301, 302, 304, 305, 306
Erfurt 30, 64, 71, 72, 74, 122, 124, 125, 126, 127, 129, 130, 131, 132, 141, 142, 143, 145, 146, 148, 149, 151, 152, 153, 176, 178, 179, 180, 191, 194, 195, 196, 200, 203, 212, 216, 219, 260, 267, 274, 277, 278, 280, 294, 296, 304, 308, 309, 328, 334, 338, 362, 363, 382, 396, 407, 417, 420, 421, 422, 423, 438, 486, 533
Erich, Heinrich de Erich 269
Erichsburg 141
Ernst, Andreas, Bürgermeister 419
– von Braunschweig-Grubenhagen 150
– Caspar 462
– Cyliax 386, 462
– Ernst 294
– Familie 387, 467
– von Germershausen 375
– V. von Honstein 212, 341
– Johann Christoph 370
– Ottilie 387
– von Sachsen 182, 205
– Ursula 387
v. Eschwege 185
Eßke, Alexander Graf 421
Eugen, Prinz 451, 560
Eugen von Fürstenberg, Bischof 452
Everdt, Oberpostmeister 480

F

Faber, Basilius 303
Fabricius, Andreas 355, 356, 369
– Rektor 528
v. Falkenberg, Hans 196
Falkenburg 185
Färber, Joachim 339
Fegestock, Hans 191
Fehr, Johannes 332
Feist, Brennereibesitzer 541
Ferdinand I., Kaiser 333, 339, 373, 409, 416

610

– II., Kaiser 414, 418, 490
– III. 502
– Prinz von Braunschweig 568, 573
Filter, Familie 467, 468, 528, 532, 533
– Franz, Postmeister 479, 509, 510
– Johann August 479, 480, 511, 532, 533
– Joh. Chilian August, Vierherr 577
v. Fischer 555
Flacius, Illyricus 303, 346, 349, 353, 354, 355
Fleck, I.A., Tabakfabrikant 544
Förstemann, Chronist 27, 46, 47, 68, 110, 155, 287, 405, 505
– Brennereibesitzer 541
– Joh. Heinr., Kürschner 553
Francke, August Hermann 504, 516, 521
Frankenhausen 112, 143, 192, 266, 272, 277, 319, 320, 423, 429, 449, 486, 534
Frankenstein 528
Frankfurt a. M. 28, 182, 261, 266, 267, 299, 328, 343, 499, 543, 577
Frankfurt a. O. 396
Franz, Herzog von Braunschweig-Lüneburg 328, 330
– I. von Frankreich 325, 343
– II., deutscher Kaiser 526
Freiberg i. Sachsen 504, 572
Freiburg i. B. 294
Frese, *Dr. med.*, Geheimrat 560
Friedrich Barbarossa 28, 30, 41
– I. von Zollern-Brandenburg 181
– I., König von Preußen 456, 458, 459
– II., Eisenzahn 181
– II., deutscher Kaiser 42, 46, 51, 63, 67, 71, 114
– II. von Preußen, der Große 399, 481, 512, 524, 526, 559, 561, 562, 564, 565, 568, 572, 574
– III. 182, 193, 203, 206, 219
– Sohn Albrechts des Entarteten 74, 129, 131, 132, 133
– von Beichlingen 195
– der Ernsthafte von Thüringen 133, 136, 149
– von Gleichen 195
– von Halberstadt 26
– von Heldrungen 117, 188
– Kurt, Schützenmeister 277
– von Magdeburg, Erzbischof 199
– von Meißen, Markgraf 76, 123
– von Preußen, Kronprinz (siehe Friedrich II.) 484
– von Sachsen, Kurfürst 199
– von Sachsen (Sohn des Kurf. Joh. d. Beständigen) 328
– von Salza 157
– der Strenge 145, 149, 151
– der Weise 269, 308
– von Wolkramshausen 130
– Wilhelm I. von Preußen 459, 504
– Wilhelm III., König 578
– Wilhelm von Sachsen 365, 375
– Wilhelm von Brandenburg, Kurfürst, später Gr. Kurfürst 431, 453, 490
Frommann, Bürgermeister und *Dr. med.* 402, 445, 446, 457, 465, 467, 468, 483, 499

– Christoph Walter 479
Fulda 131, 132
Fultsch, Straßenräuber 401
Fuß, Johann 355

G

Galen 296
Gamen a. d. Lippe 24
Gander, Ernst Christoph 452
Gandersheim 302
Gerberga 11, 22
Gebesee 154
Gebhardt von Mansfeld 328
Gegenbach 407
Gelnhausen 30
Genf 359
Georg, Herzog von Braunschweig-Lüneburg 424, 428
– von Holstein 567
– Ludwig, Herzog von Braunschweig-Lüneburg 469
– Wilhelm von Brandenburg 419
– Wilhelm von Braunschweig-Lüneburg 453
Gerber, Christoph 499
Gerbsleben 143
Gerhard, Paul 519
Gerhardt von Mainz 75
St. Germain 452
v. Gerweshausen 185
Gesner 303
Gigas, Johannes 302, 332
Girbert 429, 443
Girbuchsrode 14, 74
v. Gladebeck, Frau 505
– Hans 196
v. Gleichen, Grafen 151
Gloxinus, David 431
Goeckingk 528
v. Goethe 580
Goldhagen 445, 524, 528, 556
Gorm v. Dänemark 22
Görlitz 267
Görsbach 6, 7, 14, 27, 56, 82, 117, 321, 535
Goslar 28, 30, 35, 45, 62, 68, 80, 156, 179, 180, 187, 219, 284, 288, 328, 330, 410, 431, 439, 452, 453, 489, 566
Gotha 143, 146, 197, 267, 299, 357, 453, 486, 533
Gottfried von Schwarzburg-Sondershausen 151
St. Gotthardt an der Raab 451
Göttingen 151, 179, 180, 195, 196, 279, 328
Gottsched 510
v. Götze, Gen.-Feldmarschall 426
Grandmaison, General 572
Gregor IX. 43
Greußen 47, 124, 127, 267, 273, 533
Greutscher, Ezechiel 387
Grona 10, 15, 117
v. Grosse, General 516
Groß-Keula 266
Großwechsungen 24, 340

611

- -Wenden 141
- -Werther 14, 24, 96, 116, 324
Grubenhagen 150
Gruber 410
Grumbach, Dorf 82
v. Grumbach, Wilhelm 357, 371
Gründler 400, 484
Grünwald 306
Guarinonius, Hippolyt 513
Gudersleben 15
Gumprechtrode 14, 74, 104, 105, 117
Gunsdorf 188
Günther, Christian 509, 510
– Franz 308
Günther, Peter 381
– von Schwarzburg 76, 153
– von Salza 134, 157
Gunzelin 35
Gustav Adolf 419, 420, 423, 424
Gutenberg 306

H

v. Hackeborn 132
Haferung, Klaus 191
Haferungen 341
v. Hagen, Heinrich 203
Hagenau 42
Haineko pellifex 68
Hainrode 341
Hake, Konrektor 527, 528
Halberstadt 81, 179, 180, 185, 186, 212, 280, 304, 335, 337, 366, 414, 415, 416, 417, 423, 426, 431, 439, 455, 459, 489, 491, 533, 561, 580
Halle 179, 180, 277, 343, 344, 354, 355, 381, 386, 498, 504, 506, 516, 532, 561, 580
v. Haller, Albrecht 499
Hamburg 439, 459, 533
Händel 503
Hannover 179, 180, 336, 437, 452, 454, 456, 457, 458, 459, 480, 527, 532, 553, 561, 564, 565, 576, 580
Hans von Buhla 183
– von Hardenberg 185, 186
– von Honstein 209
– von Sundhausen 183
Hanstein 151, 153, 189
v. Hanstein Berld 204
Harprecht, Joh. Wilhelm Syndikus 467
– Pfarrer in Wolkramshausen 467
Hartkese, Martin 353
Hartung von Northoven 142
Hartwig von Ellrich 273
Harzburg 35, 186
Harz-Rigi 192
Hasenburg 25
Hasselfelde 141
Hecklaur, Johannes 445
Hedwig, Äbtissin 41

Heidelberg 178, 281, 358, 437, 451
Heilbronn 424
Heiligenstadt 56, 89, 179, 401
Heine 241
Heineck 238, 241
Heinrich I. 10, 11, 12, 14, 15, 16, 20, 21, 22, 23, 28, 36, 102, 289
– II. 25
– IV. 25, 26
– V. König 26, 27
– VI. Kaiser 31
– VII. Kaiser 75, 129, 131
– IV. König von Frankreich 406
– VIII. König von England 343, 406
– Herzog von Braunschweig 191, 199
– von Erfurt 261
– der Erlauchte von Meißen 49, 64, 65, 67
– Sohn Friedrichs 43, 46, 51, 63
– von Gerode, Abt 183
– von Hardenberg, Kurmainzer Vasall 150
– Herzog von Sachsen 329, 330
– IV. Graf von Honstein 104, 192
– V. Graf von Honstein-Sondershausen 128
– von Honstein-Kelbra 188
– von Honstein-Klettenberg 279
– von Husacken 136
– Julius, Herzog 358, 366
– der Jüngere von Braunschweig-Wolfenbüttel 329, 330, 336, 350, 351, 371
– Kalwe 136
– von Landsberg (Brandenburger) 75, 132
– der Löwe 28, 31, 35, 36, 41
– Erzbischof von Mainz 142
– von Nortenberg, Kgl. Hauptmann 131
– Bischof von Paderborn 26
– Prinz von Preußen 572, 573
– Raspe von Thüringen 48, 63, 64
– von Rüxleben 373
– von Snoze 144
– von Schwarzburg 279
– der Ältere von Stolberg 199
– von Stolberg 279
– Graf von Schwerin 63
– von Talheym 60, 68
– von Weißensee 60, 68
– von Wernrode 130
– I. Abt von Walkenried 114
– VI. Abt von Walkenried 336
– von Werther 130
Heinrichsburg 141
Heinz von Wechsungen 123, 124, 125
Heise, Friedrich 318
– Valentin 315
Helbig, Nikolaus 387
Held 299
Helding, Michael 344
v. Heldrungen, Grafen 183, 186, 191
Helmbertus institor 68
Helmsdorf, Bertold 319
Helmstedt 179, 180

Helwig von Harzungen 134, 135
Henricus *colorator* 68
– *Wizense* 60
Henrikus, Schultheiß 52
Henze von Stolberg 165
– von Urbach 167
Herbothe 231
Herford 22
Heringen 6, 108, 117, 128, 134, 139, 154, 156, 187, 188, 205, 287, 320, 321, 376, 428, 430, 535
Hermann von Bibra 124
– von Hunoldisdorf 136
– de Northusen 52
– von Salza 63, 112
– von Stolberg 261
– von Thüringen 30, 32, 35, 41, 48
– von Torstadt 145
Hermann, von Urbach 126
Herrmannsacker 321
Herreden 15, 50, 96, 105, 117, 244
Hersfeld 132
Herzberg 453
– Minister 575
Hesse, Hans 347
Hessen (Landgraf v. Hessen) 177, 190, 194
Hesserode 15, 50, 96, 206, 373, 455
Hessus, Eobanus 296, 299, 302, 309
Heune, Christian (Kersten) 332, 333, 338
v. Hildburghausen, Prinz 566
Hildburghausen 381
Hildebrand, Friedrich, Rektor 443, 444, 467
Hildesheim 111, 179, 180, 185, 186, 288, 578
Himmelgarten 24, 130, 141, 142, 301, 302, 317, 324, 373, 374, 375, 418, 474
Hindenburg 151
Hoche, General 577
Hochstedt 15, 50
v. Hoditz, Graf 424
Hoffmann, Andreas Jakob 460
– Jakob 294, 326, 327, 409, 413
– Johann Günther 457, 458, 459, 460, 468, 469, 471, 492
– Johann Günther, Rektor 429, 443
Hoffmeister, Vierherr 555
Hohenrode 14, 19, 27, 47, 102, 115, 116, 488
Holtegel, Johann 300, 336, 337, 380
Holtzappel, Johannes, Diakonus 339, 347
Homburg 25, 35
Honorius III. 43
Honstein 128, 181, 188, 200, 317, 370, 417
v. Hopfgarten, Wilhelm 373
Horn, General 424
– Heinrich 378
Horne 27
Hörningen 15, 50
Hubertusburg 573
Hunsdorf 24, 188
Hüpeden, Joh. Heinrich Christian 528, 542
Huter, Johann 301, 373
Hutten 299

Huxhagen, Bürgermeister 492

I

Ildehausen, Christian 261
Ilfeld 48, 82, 114, 115, 188, 303, 304, 317, 318, 323, 336, 340, 418, 480, 497, 532, 535, 566, 571
Ilmenau 143
Immenrode 339
Ingolstadt 301
Innozenz IV. 115

J

Jakob, Rabbi 144
Jan von Lengefeld 145
Jechaburg 25, 269
Jena 130, 267, 304, 354, 359, 363, 396
Jenis, Konrad 309
Jerusalem 294, 339
Johann von Augsburg 139
– von Beichlingen 199
– der Beständige, Kurfürst von Sachsen 328
– Christian 375
– Friedrich von Sachsen 328, 343, 351, 364
– Friedrich von Sachsen-Gotha 341
– Georg, Kurfürst 278, 414, 419
– von Mainz 271
– XXII., Papst 123, 139
– Prior 142
– von Sachsen 280, 326
– von Salza 157
– von Stockhausen 319
– von Weimar, Herzog 319
Johánna, Die Heilige 194
Johannes *villicus* 52
Jonas, Justus 289, 295, 299, 301, 303, 305, 307, 308, 316, 341, 343, 351
Jödicke, Ratsherr 479
Josep, der „alte Josep", Jude 194
Joseph I., Kaiser 439, 458
– II. 554
Jühnde 196, 199
v. Jühnde, Hans 196
Junge 167, 176, 271
– Berlt 176
– Bruno 177
– Heinrich 177
– Henze 176, 177
Jungemann, Hans 272
Justinian, Kaiser 271, 295
Jüterbog 347, 363

K

Käfernburg 42
von Kahla, Werner 270

Kamerarius 299
Kammermeister, Hartung, Chronist 190
Kannenberg, Oberstleutnant 430
Kappel 328
Karl von Braunschweig, Herzog 521
– Erzherzog 578
– der Große 4, 5, 7, 9, 22, 223, 262, 263
– IV. 76, 107, 115, 141, 145, 152, 153, 156, 157, 158, 177, 191, 266, 382, 489, 502
– V., Kaiser 79, 182, 211, 220, 280, 300, 325, 332, 339, 342, 343, 344, 365, 368, 392, 395, 399, 409
– VI., Kaiser 554
– VII. 554, 560
– Wilhelm Ferdinand von Braunschweig 576
Karlowitz 344
Karlstadt 352
Kassel 506
Katlenburg 183
Kegel, Bürgermeister 478, 506, 509, 510, 511, 552
– Quatuovir 472, 478
Kehmstedt 19, 116, 535
Kehner, Hans 319, 321, 403
Kelbra 6, 89, 128, 156, 277, 449
Kellermann, Bürgermeister 478
Kersten von Berga 184
v. Kerstlingerode 185
Keutgen 58, 225
Kindelbrück 149, 150, 154, 277
Kinderode 516
Kindervater, Pfarrer 449, 500, 504, 505, 520
Kirchberg 127
v. Kirchberg, Burggraf 195
– Hartmann, Graf 269
Kirchhof, Apel 189, 190, 199
– Gerke 189, 190, 191
– Hans 189
Kirchner, Klaus 234
– Nikolaus 331
Klausthal 535
Kleinwechsungen 15, 50
Kleinwenden 141
Kleinwerther 24, 96, 116, 117, 324, 566, 575
v. Kleist, Oberst 568
Klettenberg 128, 183, 185, 211, 383, 431
v. Klettenberg, Grafen 45, 47, 52, 113, 116, 117
Kling, Hans 216
Klingen 127, 267, 326
Klopstock 575
Kloß 318
Knulberge, Hermann 193
Koburg 533
Koch, Jobst (Justus Jonas) 308
Koch, Quatuovir 469
Köln 80, 147, 176, 219, 255, 261, 266, 267
Königsberg 579
Königsmarck, schwed. General 430, 431
Königstein bei Frankfurt 578
Konrad III. 30
– Bischof zu Metz 42
– von Mainz 49

– von Sachsa 68
– von Schiedungen 130
– von Wolkramshausen 261
Konstantin 303
Konstanz 182, 284
Kornmann, Hans 216
v. Körner, Gottfried 113
v. Kovats 567, 568
Kraft, Georg 410
Krakau 454
Kranach, Lukas der Ältere 280, 296
– der Jüngere 296, 306
Krause, Johannes 340
– Kaspar 194
Kreuzberg 143
Kunigunde von Ellrich 261
Kürmes, Georg 518
v. Kutzleben, Melchior 218
Kyffhäuser 25

L

Lachenper, Ursula 299
Landsberg 132
Lange, Bürgermeister 552, 553, 568
Langenrieth 27
Langensalza 267, 277, 573
Laran, Heinrich, Stadtschreiber 164
Lauer, Benjamin 487
Laurentius quondam Judaeus 145
Lauterbach, Waisenvater 488
Laxner, Hans 381
Leibnitz 525
Leimbach 14, 24, 96, 321, 374, 535
Leipzig 132, 220, 235, 261, 267, 277, 279, 321, 354, 363, 364, 419, 451, 480, 498, 503, 504, 510, 516, 533, 534, 535, 573, 574
Lenin 526
Leoben 578
Leopold I., Kaiser 438, 439, 453, 458, 464, 502
– Pastor in Steigerthal 531
– Wilhelm, Erzherzog 429
Leporinus, Melchior 304
Lerche, Brennereibesitzer 541
– Bürgermeister 472, 481, 483, 492, 506, 509, 510, 573
Lesche, Benedikt 443
Lesser 294, 312
Lessing 522, 567
Leyser (urspr. Name Meyenburgs) 296
Lichtenstein 151
Liebau 268
Liebenrod, Hermann 189, 190
Liebenrodt, Separatist und Seifensieder 559, 574, 575
Liebichenrode 188
Limlingerode 116
Lionardo 305
Locke, John 517
Lohr, Senator 466

Lohra 128, 141, 266, 366, 417, 431
Lölhöffel, Oberst 573
Lorenz, Hans 185
Lothar von Süpplingenburg 27
Lübeck 68, 179, 266, 328, 431
Lucca i. Sa. 131
Lucchesini, Marquis 578
Luder, Mathias 347
Ludolf von Morungen 132
Ludwig der Baier 75, 76, 122, 123, 129, 133, 139, 140, 152
– Herzog von Baiern 329
– (Bruder Friedrichs des Strengen) 154
– von Hessen 194, 199
– der Milde 30
– Graf von Stolberg 301, 374
– von Thüringen 30
– II. von Ungarn 325
– IV. von Frankreich 22
– XIV. 438, 439, 451, 452, 490
– Wilhelm von Baden 451
Lüneburg 81, 219, 363, 401, 410, 428, 439
Lünen 24
Luneville 578
Luther 221, 269, 284, 295, 296, 299, 300, 301, 302, 305, 306, 307, 308, 309, 310, 311, 312, 315, 316, 317, 319, 326, 328, 330, 338, 340, 341, 342, 343, 344, 348, 351, 352, 353, 354, 358, 360, 386, 388, 389, 390, 392, 404, 406, 517, 519
Lutter am Barenberge 413, 415
Lützen 423

M

Mackenrode 341
Magdeburg 10, 35, 80, 111, 133, 147, 148, 179, 180, 193, 196, 261, 264, 284, 303, 304, 321, 328, 340, 342, 344, 347, 348, 349, 350, 354, 358, 363, 371, 408, 410, 419, 494, 528, 533, 543, 568, 573, 574, 580
Magnus, Bischof von Hildesheim 191
– Herzog von Sachsen 26
Mahrhold, Andreas 340
Mainz 24, 116, 150, 154, 185, 269, 286, 332, 344, 362, 493, 577
Major, Georg, Pfarrer in Eisleben 353, 354, 356
Malitsch, Jakob 244
Manegold, Freigraf 193, 194
Mansfeld 27, 278, 284, 307, 315, 340, 360, 389
Marburg 396, 403
Maria Theresia 526, 575
Marktsteinach 296
Marsilius von Padua 122
Martin V. 270
Martini, Lukas 360, 391
Mathias von Mainz 126
Mathilde (Gemahlin Heinrichs I.) 15, 21, 22, 23, 28, 36, 117, 289,

Mauderode 116
Max Emanuel von Baiern 451
Maximilian 81, 182, 194, 219, 220, 362, 502
– II., Kaiser 333, 335, 406
Mechthild 76
Meier, Joachim, Rektor des Gymn. 443, 444, 449, 494, 516, 528
Meil, Bildhauer aus Ilfeld 497
Meißen 129, 572
Melanchthon, Philipp 295, 296, 299, 300, 301, 303, 305, 325, 343, 344, 348, 349, 351, 352, 353, 354, 355
Melchior von Aachen 296
Memleben 10, 21
Merck, Medicus 446
Merseburg 10, 21, 444
Merwig, König 256, 257
Metz 98
Meyenburg 208, 212, 213, 296, 299, 300, 301, 302, 309, 310, 317, 320, 325, 326, 327, 329, 331, 332, 333, 336, 338, 339, 340, 343, 346, 347, 348, 350, 353, 368, 443, 546
Meyer, Karl 6, 7, 11, 12, 13, 27, 47, 61, 74, 84, 102, 105, 106, 107, 110, 144, 155, 263, 296, 339
– Senator 555
Michaelis, Johann Georg, Stadtsekretär 467
– Paul 419
Michel, Blasius 307
– Jakob 422
Middelburg, Agent 493, 555, 563
Mohacs 325
Mohr, Johann 407
Montecucculi 451
de Montesquieu, Baron 510
Mörbach 116
Moritz von Sachsen 208, 219, 280, 330, 336, 342, 343, 344, 347, 349, 350, 351, 363, 368, 371
Morungen 128
Mosellanus 299
Mücheln 277
Mühlberg 280, 343
Mühlhausen 24, 28, 30, 32, 35, 62, 64, 68, 74, 75, 76, 80, 83, 109, 113, 122, 123, 127, 129, 130, 131, 132, 133, 139, 141, 146, 149, 151, 154, 177, 178, 179, 180, 187, 189, 191, 195, 196, 200, 203, 216, 219, 260, 266, 267, 277, 316, 319, 320, 321, 328, 340, 373, 389
v. Mühlhausen, Hans 215
– Heinrich 216
Mülich 381
Müller, Friedrich, Ketzermeister 286
– Johann Jakob, Landmesser 484
Mülverstedt 373
München 536
Münster 431
Mutian 299, 305
Münzer, Thomas 309, 311, 316, 319, 320, 328
v. Mützschefahl, Bernhard, Abt 340

615

N

Napoleon Bonaparte 494, 578
Nasenus 299
Naumburg 203
Neander (Michael) 303, 304, 340
Nebra 143
Neckerkolb, Georg 311, 331
v. d. Nesse, Ullrich 192
Neuber(in) 510
Neuenhahn, Brennereibesitzer 542
Neuhäusel 451
Neustadt 317, 430, 457, 469
Neuwerk 48, 198, 200
Niclasberg bei Bischoferode 116
Niehus, Berthold 418
Niedergebra 141
Niederrode 14, 105, 115, 117, 198
Niedersachswerfen 128, 469
Niedersalza 14, 105, 113, 198
Niederspier 534
Nienburg 401
v. d. Nieß, Niklas 193, 194
Nohra 141
Nördlingen 424
Noricus, Pfarrer 353, 355
Nörten an der Leine 150
Northeim 179, 189
Nöschenrode 186
Numburg 6, 185, 266, 300
Nürnberg 49, 67, 147, 213, 261, 264, 267, 269, 294, 300, 325, 329, 330, 346, 347, 348, 368, 379, 383, 422, 533, 574
Nydeck 275

O

Obergebra 141
Obernburger, Johann 300
Oberrode 24, 198
Obersachswerfen 24
Obersalza 14, 117, 157
Oberspier 117
Oda, Tochter des Burgrafen von Magdeburg 42
Oethe, Andreas 312
– Jakob 312
Offenburg 407
Offney, Christian Ernst 471
– Christoph Wilhelm, Bürgermeister 469, 472, 492
Opitz, Martin 428
Osnabrück 431
Ostermann, Pastor prim. 572
Osterode 179, 180, 189, 339, 427, 489
Oßwaldscher Turm 108, 371
Otto I. 23, 24
– II. 20, 21, 24, 45
– IV. 32, 35, 42, 114, 116
– IV. mit dem Pfeile von Brandenburg 74
– von Anhalt 49, 61, 67
– Antonius 347, 348, 349, 353, 354, 355, 356, 369
– von Braunschweig (s. Otto IV.) 31
– der Erlauchte 10, 11
– Johann Richard, Pfarrer 504
– von Kirchberg, Burggraf 130
– von Northeim 26
– der Quade 151, 156, 279
Ottokar von Böhmen 67
Oxenstjerna, Kanzler 424, 425

P

Pandochäus 359
Pappenheim 420, 421
Paracelsus 304
Paris 578
Passarowitz 560
Passau 418
Pauland, Bürgermeister 459, 492
Paulus, Abt 336
Pavia 304
Peckenstein, Heinrich, Münzmeister 410, 413
Pegau 277
Pegnitzer, Andreas 264
Peseckendorf 305
Perschmann 307
Peter der Große 4, 485
Petersdorf 14, 24, 96, 105, 117, 376, 385, 440, 457, 515, 535
Pfeifer, Heinrich 316
– Liborius 413, 415
Pflug, Julius 344
Pforta 302
Philipp, Landgraf von Hessen 320, 326, 328, 343
– von Schwaben 31, 32, 35, 42, 116
Piautaz, preuß. Kammerreferendar und Kommissar 540, 542
Pippin 9
Pirkheimer, Willibald 300
Pisa 75, 132
Plattner, Tilemann 301, 307, 311
von Plesse 184
Plieth, Pfarrer aus Salza 531
v. Podewils, Ewald, Oberstleutnant 418
Pöhlde 10, 15, 221
Pöllnitz, Baron 485
Pompeius 4
Pöppich, Bürgermeister 481, 555, 556
Potsdam 574
Prag 157, 999, 425, 432
Preßburg 533
v. Prittwitz, Major 571
Prokop 195
Pufendorf, Samuel 437

Q

Quedlinburg 15, 21, 22, 23, 81, 179, 180, 275, 454

Querfurt 183, 255, 266, 519, 534
v. Querfurt, Bruno 279
– Grafen 42, 127, 132, 183, 186, 191
Questenberg 128, 198

R

v. Rabyl, Wolf 302, 373
Ranis 32
Ratzenberg, Johann 359
Regensburg 177, 211, 333, 335, 419, 428, 439, 452, 453, 457, 565, 573
Regensteiner Grafen 128, 134, 136, 184, 186, 204
Reichardt 307, 322
Reinecke, Johann 299, 300
Reinhard, Bürger 448
Reinhardt, Simon 369
Rennecke, Bürgermeister 481, 568
Rentwig, Johann 375
Reppel, Joh. Heinrich, Sekretär 555
– Joh. Wilhelm, Senator 555
Reuchlin 299
v. Reuental, Neithard 315
v. Rheinbaben, preuß. Leutnant 575
Rheinsberg 484
Rhodes, Cecil 4
Richard Löwenherz 31
Richburg 23
Richelieu 425
Riedel, Bürgermeister 469
– Walter 471
Riemann, Chilian Volkmar 457, 471, 477, 478, 479, 480, 484, 493, 500, 506, 510, 519, 520, 521, 522, 527, 528, 533, 545, 546, 551, 552, 556, 561, 562, 564, 573
– Familie 231, 232, 468, 480, 481, 485, 493, 496, 497, 499, 500, 551, 554, 555, 556, 557, 558, 559, 562
– Heinrich August (Sohn von Johann Gottfried), Bürgermeister 479, 528, 558, 573
– Johann Gottfried (Bruder von Chilian Volkmar), Bürgermeister 579, 528, 558
– Johann Günther 479, 517
Riestedt 5
Rieterode 96
Rietschel 27
Rimbach 189
Rinckardt, Martin 433
Rinckleb, Asmus 244
Rindfraß, Johann 359
Rinteln 396
Risbach, Dr. Ulrich 331
Risla 24, 116
Ritterode 14, 24, 117
Röblingen 261
Rockersleben 117
Rockstedt 117
Rodishain 321
Rom 126, 269, 301, 342

Rosenberg, Heinrich 337
Rosenthal, Ratsherr 568
Rossungen 19, 24, 74, 116, 142
Roßbach 566, 567
Roßla 6, 47, 127
Roßmann, Hans 417
Rothe, Werner 190
Rotterdam 301
Rottleberode 23, 321
Rüdiger von Hayn 274
Rüdigsdorf 24, 375
Rudolf von Habsburg 49, 67, 68, 71, 72, 73, 74
– II. 335, 532
– Graf von Sulz 177
Rüger, Johann 359
Ruprecht, Vogt 41, 48, 102, 187, 192, 198
– der Pfälzer 181
Ruso, Johannes 51
Ruthard von Mainz 26
Rüxleben 6, 204
v. Rüxleben, Geschlecht 440
Ryterode 50

S

Saalfeld 32, 81
Sachsa 341
Sachsenburg 25
Sachswerfen 116, 272, 381
Sack, Siegfried 302, 308, 309
– Thomas 302, 309
Salza 14, 24, 113, 116, 117, 155, 156, 157, 206, 318, 339, 373, 429, 464, 528, 531
Salzburg 490, 520
Salzderhelden 151
Sander, Hans 319, 321
Sangerhausen 5, 47, 56, 153, 277, 287, 358, 363, 389, 533
Sarcerius, Pfarrer aus Eisleben 354
Sayn-Wittgenstein 454
Schade, Heinrich 261
Scharzfeld 128, 153, 341, 572
Schate 115, 261
Schenk von Nebra 132
– von Vargula 64, 66
Schernberg 6, 117
Schiedungen 321
Schieferdecker, Martin 380
Schiller 575
Schlotheim 320
Schmalkalden 328, 351, 354
Schmid, Andreas 455
– Erasmus 294, 295, 303
– Julius 106, 107, 110
– Kurt 286
Schnabelsburg 155, 157
Schneider, Wilhelm, Bürger 449
Schnepf, Dr. aus Jena 354
Schönau 318

617

Schongauer 306
Schönhausen 516
Schope, Johannes 193, 271
Schotte, Thomas, Domherr 418
v. Schraplau 132
Schreiber, Joh. Christoph, Ratsherr 483, 487
Schröter, Gottl., Organist 503, 504, 524, 528
Schultheiß, Johann 374
Schultheß 552
Schulze, Brennereibesitzer 541
– Johannes 189, 270
Schwalbe, Joachim 375
Schwarzburg 181, 200
– Grafen 48, 197, 198, 199, 200, 271, 281
Schweinefleisch, Else 404
Schweinfurth 296
Schwichelde 186
Schwiebus 452
v. Segemund, Familie 272, 274
– Hans (Johannes) 274, 288
– Simon 198, 200, 270, 288
Seidler, Syndikus 573
Seiffardt, Joh. Tobias, Tabakfabrikant 544
Selchow, Hauptmann 571, 572
– Major 571, 572
Seligenstadt, Abt von S. 124
Sickingen 197
Siegold, Bürgermeister 387
Sievershausen 351
Siford, Johann 359
Sifridus de Molehusen 60
Sigmund, Kaiser 108, 182, 191, 192, 193, 199
Silberbalt, Konrad 118
Simon, Johann 272
– Stefan 194
Simrott, Heinrich 312
Sittichenbach 113, 114
Sixtus IV. 270
Smed, Heinrich 267
Solling, Kurt 264, 288
Sollstedt 141
Sommer, Brennereibesitzer 541
Sondershausen 6, 16, 25, 47, 112, 127, 134, 143, 272, 281, 287, 295, 319, 533, 534
– Grafen 127
Sophie von Flandern 64
– Charlotte, Gemahlin Friedrichs I. von Preußen 486
– Gemahlin Konrads von Tannrode 275
Sorau 303
Soubise, Prinz 566
Spalatin 299, 308
Spangenberg, Brennereibesitzer 541
– Johannes 271, 294, 295, 302, 303, 311, 312, 317, 323, 326, 331, 334, 337, 340, 341, 349, 351, 391
– Cyriakus 302
Spatenburg 25
Speiser, Dietrich 281
Speyer 35, 154, 194, 212, 294, 310, 326, 330, 332, 350, 372, 391, 410, 439
Spinoza, Baruch 517, 518

Spitznase, Johann 335
Spier 26
v. Spork, Oberst 427
Stade, Brennereibesitzer 541
Stalhanske, Oberst 423
Stange, Otto, Fischhändler 485
– Pastor 556, 557
– Ratsherr 429
– Thomas 340
v. Staupitz, Johann 269
Stegmann, Brennereibesitzer 541
Steigerthal 24, 374, 531
Steinach 296
Steinbrücken 14, 82, 96, 105
Steinsee 15, 50
Stelze, Walter 317
Stempeda 185, 321, 374, 375, 418, 430
Stendal 304
Stender, Johann Heinrich, Schultheiß 445
Stöckey 356
– Heinrich, Bürgermeister 191
Stockfisch, Nikolaus 272
Stolberg 112, 127, 128, 136, 181, 193, 199, 203, 277, 279, 287, 301, 302, 304, 307, 311, 317, 321, 373, 374, 375, 376, 416, 427, 428, 430, 474, 533, 543
– Christoph Günther, Waisenvater 505
– Franz Gebhardt 491, 502
– Grafen 48, 127, 130, 151, 197, 198, 199, 200, 204, 215, 271, 274, 279, 281, 373, 374
Stralsund 459
Straßburg 329, 344, 452, 533
Strauß, Dr. Georg 271
Straußberg 6
Striegel, Victorinus 354
Suleiman 325
Sülzhayn 398
Süße, Lorenz 302, 308, 309, 341, 361
Swellingrebel 179, 267, 272, 275
Sybold, Jakob 352, 355, 356
Syfert, Walburge 126

T

Talebra 117
Tangermünde 132
v. Tannrode, Konrad 275
Tebel, Christoph 519
Tennstädt 143, 267
v. Tettau, Oberst 455, 456
Tettenborn, Geschlecht 112, 206
Thal, Johannes 303, 304
Thalheim 185
Theophano 21
Theuerkauf, Hans 445
Thiemrodt, stud. theol. 487, 488
Thilo von Bockelnhagen 136
– von Tettenborn 112, 166
Thomas, Leonhard 387

Thomasbrück 143
Thomasius, Rechtslehrer 498
Thorn 304
Thube, Heinrich 301
Thüringehausen 117
Thyra 5
Tiefenbach, Heerführer 418, 419
Tilesius 340
Tilleda 9, 25, 31
Tilly 408, 415, 419, 420
Titius, Johannes 370, 441, 443, 456, 461, 466, 467
Titius, Johann Martin, Stadtsekretär 467
Tockenfuß, Konrad 126
Torbaum, Nikolaus 176
Torgau 279
Trebra 117
Trient 149
Triseberg, Kommissar in Niedersachswerfen 469
Truthe, Äbtissin 324
Tübingen 359
Tunger, Diakon 353
Tütcherode 386

U

v. Uckermann 527
Uder, Friedrich 326
Uftrungen 321
Uhley, Brennereibesitzer 541
Ulm 343, 407
Ulrich, Graf von Honstein 128, 141, 156
Unterberga 24
Urbach 6, 15, 24, 82, 535
– Heinrich 261
Uslar, Geschlecht 184
Uthefelde 116
Uthleben 6, 117, 324, 464, 534, 535, 560, 566

V

Valla, Lorenzo 303
v. Veltheim 180
v. Verulam, Baco 517
Vitzthum, Busse 195
Vitzthum, Georg 218
Vitzthum, Christian, Oberst 416, 417, 422
– Damian Oberst 417, 418
Vockstedt 128
Vogelsberg 24, 45, 334
Volkerode, Abt v. V. 124
Volkmar, Wolfgang, Graf von Honstein 356
Vollrat, Graf von Mansfeld 279
Vorrieth 24, 27, 82

W

Wachtler 486

Waldemar II. von Dänemark 63
Walkenried 25, 27, 46, 49, 67, 82, 110, 113, 114, 176, 186, 187, 188, 267, 295, 300, 317, 323, 336, 337, 338, 340, 356, 379, 380, 382, 383, 416, 418, 448, 453, 454, 456, 457, 458, 459, 468, 489, 515, 521, 532, 561, 562, 566
v. Wallenstein, Albrecht 413, 415, 419, 420, 422, 423, 424
Wallhausen 7, 9, 13, 22, 108
Walroth, Jakob 317
Walter von Werna 185
Walther, Claus 216
– Kammerrat 562
– von der Vogelweide 510
v. Wangenheim 183
Wartburg 32, 75, 129, 131
Wasserthalleben 534
Weber, Andreas 353, 354, 469
– Bürgermeister 457, 458
– Rektor 509, 510
Wechsungen 44
v. Wechsungen 136
Wedekind von Uslar 183
v. Wedel, Oberst 421
Weimar 197, 200, 203, 279, 319, 355, 364
Weißenfels 156
Weißensee 30, 81, 146, 190, 199, 287, 337, 533
v. Weißensee 117, 272
Wende, Andreas 301, 387
v. Wenden, Heinrich 200
Wennemann, Hofprediger 341
Wentzel, städt. Unterdiener 496
Wenzel, König 145, 178, 191, 194
Werd, Claus 267
Werner, Steinsetzmeister 109
Wernherus de Dorstedt 60
Wernigerode 186
Wernrode, Geschlecht 206
Werther 19, 117, 273, 455
v. Werther (Geschlecht) 272, 275, 276, 288
– Heinrich 261, 275, 288
– Hermann 275, 288
– Katharina 288
– Landrat 566
v. Westernhagen 183
Wettin 64
Wettiner (Geschlecht) 141, 181
Wetzel v. Magdeburg 26
Wetzlar 439, 471, 474, 478, 551, 552, 560
Wichmann, Erzbischof von Magdeburg 31
Widukind von Corvey 15, 16, 19
Wiechstädt 82
Wieda 5
Wiegand, Apollo, auch Apel 295, 296, 334, 337, 441
Wiegandt, Johann Günther 413
Wiehe 143
Wien 177, 328
Wigbert 5
Wilde (Geschlecht) 480, 488, 543
– August Sigismund 552

619

– Georg 295, 296, 359, 365, 441, 522
– Johannes 244, 409, 415, 419, 462
– Johann Andreas Sigismund 522, 524, 551, 552, 553, 554, 555, 556, 557, 558, 559, 560
– Johann Friedrich 552
– Katharina Elisabeth, geb. Grotian 552
Wilhelm, Erzbischof von Mainz 23
– der Ältere von Braunschweig 195, 204, 205
– v. Honstein 209
– von Holland 49
– der Krämer 57
– Leopold, Erzherzog von Österreich 423
– von Rüxleben 440
– von Weimar 424
Wille, Katharina, gen. Klötzgen 405
Willigis 25
Windeberg 266
Windehausen 14, 24, 28, 37, 45, 82, 116, 188, 535
Winzingerode (Geschlecht) 185
Wirth, Nicolaus 353
Wittenberg 269, 293, 294, 295, 301, 305, 307, 308, 329, 341, 343, 344, 346, 351, 353, 359, 363, 408
Wittstock 426
Woffleben 15, 116, 205, 489, 511
Wolf, Friedrich August 528
– Klaus 185

Wolfenbüttel 330, 336
Wolfgang, Graf zu Stolberg 301
Wolfhagen 193
Wolkramshausen 366, 467
Wollenweber, Lamprecht 136
Wolfsheim 191
Worms 181, 220, 307, 308, 326, 327, 388
Wrangel, General 421, 422
v. Wulffen, Leutnant 512
Wurm, Konrad 145
– Ludwig 366, 383
– (Geschlecht in Furra) 217
Würzburg 209, 357

Z

Zeitfuchs 430
Zell 407
Zellerfeld 535
Zellmann, Konrad 465
Zerbst 180
Zimmermann 398
Ziska 195
Zürich 80
Zwingli 328

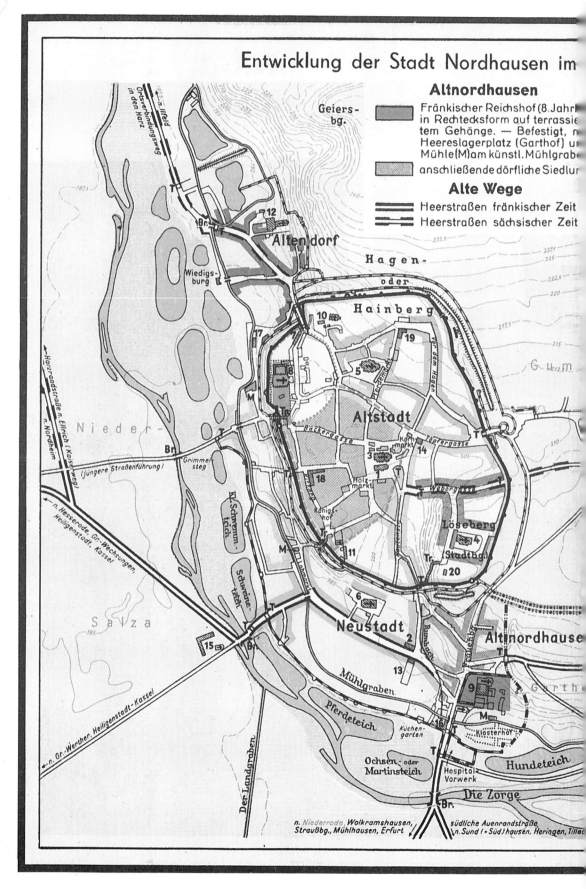